Le Kasaï, son histoire, ses peuples et son developpement

Mémoires

Collection « Géopolitique mondiale »

Dirigée par Mwayila TSHIYEMBE

L'objet de la collection « Géopolitique mondiale » est de susciter les publications dont la vocation est double : d'une part, donner un sens aux mutations provoquées par la mondialisation, étant donné la perte des repères du monde ancien et la nécessité d'inventer des repères du monde nouveau ; d'autre part, analyser la complexité des enjeux territoriaux, des rivalités d'intérêt et de stratégies qui pousse les acteurs à user de la force ou de la diplomatie, pour modifier ou tenter de modifier le rapport de force (ressources naturelles, humaines, culturelles), selon des idéologies qui les animent. A cette fin, la prospective et la pluridisciplinarité sont des approches privilégiées.

Déjà parus

Jean-Pierre LOTOY ILANGO-BANGA, *Décentralisation chaotique en République Démocratique du Congo*, 2018.
Jean OTEMIKONGO MANDEFU YAHISULE, *Guerre des méthodes en sciences sociales, Du choix du paradigme épistémologique à l'évaluation des résultats,* 2018.
Mwayila TSHIYEMBE (dir), *Relations internationales, Une science appliquée au service du pouvoir, Mélanges en hommage au professeur Philippe Biyoya,* 2018.
Fraternel AMURI MISAKO, Abdon KASEREKA MAHALIBO, Jules KASEREKA MAHALIBO Jean OTEMIKONGO MANDEFU YAHISULE, *La recherche scientifique en sciences sociales et humaines*, 2018.
Wenu BECKER, *Diplomatie et sécurité en RDC de 1960 à 1965*, 2018.
Gilbert Malemba N'Sakila, *Au-delà de la sorcellerie*, 2017.
Dyna Albert POMBO NGUNZA, *Communication des entreprises commerciales en République Démocratique du Congo*, 2016.
Jules MAIDIKA ASANA KALINGA, *Le drame migratoire à l'aune du droit cosmopolitique*, *Relecture de la sagesse Kantienne, 2016.*
Glombert LOKO MANTUONO, *Couverture sociale des maladies à caractère professionnel*, *Plaidoyer pour la réforme technique de la sécurité sociale en République Démocratique du Congo, 2016.*
Mwayila TSHIYEMBE, *Question africaines post-guerre froide*, 2016.
Evelyne GARNIER-ZARLI (Sous la direction de), *Réflexions autour de l'enseignement scientifique. Un enjeu majeur de l'espace francophone,* 2015.

Germain MANIA KATOMPUA

Le Kasaï, son histoire, ses peuples et son développement

Mémoires

Préface de Grégoire BAKANDEJA wa MPUNGU

L'Harmattan

5-7, rue de l'Ecole-Polytechnique, 75005 Paris

www.editions-harmattan.fr

ISBN : 978-2-343-15413-8
EAN : 9782343154138

A mes défunts parents et beaux-parents, qui m'ont donné ainsi qu'à leur lignée ce beau et grand Kasayi en héritage.

A Marie-Rose Malu mon épouse ; mes enfants, mes neveux, nièces et petits-enfants.

A mes frères, sœurs, amis et connaissances.

A tout fils et toute fille du Kasayi.

Sigles et/ou abréviations

A.D.I.R. : Action pour le Développement Intégral Rural
A.F.D.L. : Alliance des Forces Démocratiques de Libération
A.F.KANA : Association de Football de Kananga
A.G.R. : Avocat Général de la République
A.I.A. : Association Internationale Africaine
A.I.C. : Association Internationale du Congo
A.N.C. : Armée Nationale Congolaise
A.N.D. : Agence Nationale de Documentation
A.N.E. : Agences Non Etatiques
A.N.R. : Agence Nationale de Renseignements
A.P.C.M. : American Presbyterian Church Mission
A.S.S.P. : Assistance en Soins de Santé Primaires
A.T. : Administrateur de Territoire
A.T.A. : Administrateur de Territoire Assistant
AZDA : Agence Zaïroise de Distribution d'Automobiles
B.C.B. : Banque du Congo
B.C.D.C. : Banque Commerciale du Congo
B.C.K. : (Chemin de Fer du) Bas-Congo au Katanga
B.D.O.M. : Bureau Diocésain des Œuvres Médicales
B.I.T. : Bureau International du Travail
Bon : Bataillon
B.S.R.S. : Brigade Spéciale de Recherches et Surveillance
C.A.A . : Compagnie Africaine d'Aviation
C.A.A.C. : Congrès des Alliés pour une Action au Congo
C.A.D.I.ME.K. : Centre Administratif et de Distribution des Médicaments au Kasaï
C.C.U. : Convention des Congolais Unis
C.E.C. : Centre Extra-Coutumier
CENI : Commission Electorale Nationale Indépendante
C.E.V.B. : Communautés Ecclésiales Vivantes de Base
C.F.L. : Chemin de Fer des Grands Lacs
C.I.C.M. : Congrégation de l'Immaculée Conception de Marie
C.H.K. : Centre Hospitalier de Kananga
C.Ka : Compagnie du Kasaï
C.M.B. : Compagnie Maritime Belge

C.N.D. : Centre National de Documentation
C.N.I. : Commission Nationale Indépendante
CNPP : Centre National Psycho-pathologique
CNS : Conférence Nationale Souveraine
Corsu : Corps de Surveillance
C.S.K. : Comité Spécial du Katanga
C.N.R.I. : Centre National de Recherches et Investigations
C.P.N. : Consultations Prénatales
CTB : Coopération Technique Belge
DG : Directeur Général
D.G.I. : Direction Générale des Impôts
DDRR : Démobilisation/Désarmement/Réinsertion/Réintégration
E.I.C. : Etat Indépendant du Congo
E.C.G. : Electrocardiogramme
EPRO : Ecole Professionnelle
E.P.S.P.-I.N.C. : Enseignement Primaire, Secondaire et Initiation à la Nouvelle Citoyenneté
E.T.S.I. : Ecole Technique Supérieure et Industrielle
E.U. : Etats-Unis
EXFORKA : (Sté pour l') Exploitation Forestière au Kasaï
F.A.O. : Organisation des Nations-Unies pour l'Alimentation
F.B.I. : Fonds du Bien-être des Indigènes
F.B.I. : Federal Bureau of Investigations
F.A.R.D.C. : Forces Armées de la République Démocratique du Congo
F.E.C. : Fédération des Entreprises du Congo
FOMULAC : Fondation Médicale de l'Université de Louvain au Congo
FOREAMI : Fonds Reine Elisabeth pour la Formation des Assistants Médicaux Indigènes
FORMINIERE : Société Forestière et Minière (du Kasaï)
H.C.B . : Huileries du Congo-Belge
I.B.T.P. : Institut Supérieur du Bâtiment et Travaux Publics
I.F.A.D. : Institut Facultaire de Développement
I.N.E.A.C. : Institut National d'Etudes Agronomiques au Congo
I.N.S.S.: Institut National de Sécurité Sociale
I.P.P. : Inspecteur (Inspectrice) Principal (e) Provincial (e)
I.R.S.A.C. : Institut pour la Recherche et Sciences Agronomiques du Congo
I.S.T. : Institut Supérieur de Théologie
I.S.T.M. : Institut Supérieur des Techniques Médicales
I.T.M. : Institut Technique Médical
K.H.R.T. : Kasaï Horizon Radio-Télé
Kin : Kinshasa
L'shi : Lubumbashi

Léo : Léopoldville
M.A.S. : Messageries Automobiles du Sankuru
MP : Majorité Présidentielle
MIBA : Minière de Bakwanga
M.L.C. : Mouvement pour la Libération du Congo
M.N.C. : Mouvement National Congolais
M.P.R. : Mouvement Populaire de la Révolution
MONUC : Mission des Nations Unies au Congo
MONUSCO : Mission des Nations Unies pour la Stabilisation du Congo
O.C.C. : Office Congolais de Contrôle
O.C.P.T. : Office Congolais des Postes et Télécommunications
ONATRA : Office National des Transports Coloniaux
ONU : Organisation des Nations Unies
ONUC : Organisation des Nations Unies au Congo
OTRACO : Office des Transports Congolais
O.V. : Ordre dspecte Virement
P.A.D. : Président Administrateur-Délégué
PALU : Parti Lumumbiste Unifié
PDG : Président Directeur Général
P.E.K. : Plantations et Elevage de Kakobola
P.M. : (Camp) Police Militaire
PNC : Police Nationale Congolaise
PNUD : Programme des Nations Unies pour le Développement
P.P.R.D. : Parti du Peuple pour la Reconstruction et le Développement
R.A.U. : République Arabe Unie
R.C.D. : Rassemblement des Congolais pour la Démocratie
RDD : Radio Diku Dietu
R.T.N.C. : Radio Télévision Nationale Congolaise
R.V.A. : Régie des Voies Aériennes
R.V.F. : Régie des Voies Fluviales
SANRU : Soins de Santé en milieux Ruraux
SECOPE : Service de Comptabilité et Paie des Enseignants
S.E.P. : Société d'Entreposage des Produits Pétroliers
S.N.EL : Société Nationale d'Electricité
SONAS : Société Nationale des Assurances
STA : Service des Transports Administratifs
SCTP : Société Congolaise des Transports et des Ports
TGI : Tribunal de Grande Instance
U.D.P.S. : Union pour la Démocratie et le Progrès Social
U.Ka : Université (Notre Dame) du Kasayi
U.M.H.K. : Union Minière du Haut Katanga

U.S.A.	: United States of America
UTEXCO	: Usine Textile du Congo
UTEXKIN	: Usine Textile de Kinshasa
U.R.S.S.	: Union des Républiques Socialistes Soviétiques
VIH	: Virus d'Immunodéficience Humaine
YMCA	: Young Men Church of America.

Préface

Il n'y a pas longtemps que j'ai fait la connaissance de l'auteur de cet ouvrage. Je ne devrais donc pas mériter du privilège et de l'honneur qu'il me fait de me demander d'être le préfacier de son ouvrage.

Ce fut d'ailleurs, par un heureux hasard, que sa demande m'a été adressée, en marge de la commémoration de son anniversaire, à Kinshasa, loin de sa ville natale « Luluabourg », qu'il adule en se rappelant les meilleurs souvenirs de son enfance dans cette métropole régionale. Cette ville a été rebaptisée aujourd'hui du nom de « Kananga », désormais, chef-lieu de la nouvelle province du Kasaï Central, issue du démembrement de l'ancienne province du Kasaï Occidental ; celle-ci ayant été aussi le fruit du démembrement de la province du Kasaï d'avant l'indépendance de la République Démocratique du Congo.

C'est donc avec un grand plaisir que j'ai répondu favorablement à la demande de Monsieur Germain MANIA Katompua pour relire son manuscrit. L'auteur a par ailleurs accepté que j'en fasse la recension, preuve d'une humilité certaine.

Cet ouvrage constitue en réalité une sorte de Mémoires, certes rédigés par une personnalité n'ayant pas exercé des fonctions politiques, mais qui a eu l'occasion et le privilège de côtoyer les hommes politiques et qui vit avec le peuple du Kasaï.

Les mémoires sont des œuvres historiques et parfois littéraires, ayant pour objet le récit de sa propre vie, considérée comme révélatrice d'un moment de l'histoire. Plus précisément, il s'agit d'un recueil de souvenirs qu'une personne rédige à propos d'événements historiques ou anecdotiques, publics ou privés.

Très peu de mémoires sont rédigés par des politiques en République Démocratique du Congo. L'ouvrage que nous offre Monsieur Germain MANIA peut être considéré, et c'est à juste titre comme ses Mémoires. C'est une excellente initiative qu'il a prise de rendre compte de l'histoire d'un peuple auquel il appartient, d'une communauté unie par des liens historiques et linguistiques : « le peuple Kasaïen », un peuple qui occupe un espace géographique dénommé dans l'imagerie populaire « le Grand Kasaï » avant son morcellement actuel que consacre le découpage territorial dans le cadre du régionalisme politique institué par l'actuelle constitution de la République Démocratique du Congo.

Malgré ce découpage territorial qui éclate cet espace en cinq nouvelles provinces administratives : le Kasaï Central, le Kasaï, le Kasaï Oriental, le Sankuru et le Lomami, le Grand Kasaï survit et survivra toujours dans la conscience collective.

Le lecteur de cet ouvrage trouvera qu'il s'agit d'un ouvrage de culture générale et globale traitant à la fois de l'anthropologie, de l'histoire, de la géographie, de la géologie, de la sociologie, de la science politique, du droit (droit public - constitutionnel et administratif), de l'économie, de l'environnement, des mines, de l'énergie, etc. Un livre qui rappelle les hauts faits des héros, de grands rois et grands chefs mêlés d'anecdotes pour éveiller la conscience.

— C'est un livre d'anthropologie qui rappelle la construction du pouvoir dans l'espace Katanga – Kasaï qui a connu les grands empires et royaumes : empire luba avec l'ancêtre commun (ILUNGA MBIDI KILUE et son successeur KALALA ILUNGA), empire lunda (alliance entre les lunda et les baluba), royaume kuba, tshokwe, etc., dont les descendants occupent l'espace kasaïen actuel.

— C'est également un livre d'histoire administrative du Congo avec la mise en œuvre progressive de l'administration d'Etat (de l'Etat Indépendant du Congo à la colonie du Congo Belge et particulièrement le rattachement du Kasaï à partir de l'Angola).

— C'est aussi un livre d'histoire de l'enseignement au Congo qui rappelle les débuts de cet enseignement avec les missions catholiques et protestantes, puis la prise en charge par la colonie.

— Il y a plus encore, l'ouvrage traite de la géographie, de l'environnement et de la botanique en donnant le paysage du Grand Kasaï avec ses forêts, ses savanes, ses plaines, ses fleuves, ses rivières, ses lacs, ses chutes… Il traite de la géologie et indique les principales richesses du sol et du sous-sol (diamant, or, cassitérite, cobalt, cuivre).

— Il traite également de la sociologie du milieu, des comportements des acteurs dont les rôles sont définis au regard des attentes des populations.

— Enfin, et c'est peut être le plus important, au regard des objectifs visés par l'auteur, de conscientisation et de sensibilisation aux enjeux qui handicapent le développement des contrées et de la région, l'ouvrage fait une très belle part au droit constitutionnel et des institutions politiques et à l'économie.

— Le droit constitutionnel et des institutions politiques est décrit chronologiquement depuis les origines jusqu'à l'accouchement difficile de l'indépendance suivi du processus de construction et de fondation d'un Etat à travers les différentes réformes institutionnelles intervenues depuis l'adoption de la première constitution de la République jusqu'à ce jour.

— L'économie du Grand Kasaï est décrite avec nostalgie par le rappel des périodes de prospérité dans lesquelles la région a vécu et en même temps, avec regret au regard du recul du développement caractérisé par une paupérisation croissante des peuples de cet espace. Mais, l'auteur garde l'espoir de voir son espace retrouver sa grandeur d'antan. Il présente pour ce faire, les atouts et les opportunités qui s'offrent en vue de la construction d'une économie régionale solide pouvant faire de l'espace kasaïen un véritable îlot de progrès pour les populations.

Il est difficile de résister au plaisir de lire et de relire les Mémoires de Germain MANIA. La compréhension de ces mémoires exige une lecture circulaire, ce que le lecteur constatera par les nombreuses redites. De plus, le choix a été fait de ne pas renvoyer toutes les notes des auteurs en bas de page pour des raisons d'approfondissement de la pensée. Ces notes sont reprises dans le corps de l'étude. De même, on constatera l'emploi fréquent d'expressions dans les langues du Kasaï (tshiluba, tshokwe, kuba, luala, bindi, leele, londengese).

Il est intéressant de souligner que l'auteur a privilégié un style à la limite de l'injonction adressée à ses concitoyens en fustigeant leurs comportements parfois déviants aux antipodes des intérêts de leur espace – région et donc, contre eux-mêmes. C'est ainsi que les lecteurs, destinataires des présents Mémoires, observeront qu'il les martèle en mettant l'accent sur les maux ou fléaux qui rongent l'homme Kasaïen : la trahison en politique, l'inconscience et même parfois, l'irresponsabilité et la naïveté des acteurs, l'inconstance. Maux à la base du recul en termes de développement et même de l'exclusion en politique nationale.

Au centre de l'étude : un appel pathétique pour le renversement de la tendance actuelle d'immobilisme et de fatalisme en vue d'un rayonnement de l'espace à partir d'une ville charnière, Luluabourg, actuellement Kananga, ville qui était destinée à devenir la capitale du Congo Indépendant au regard des atouts qu'elle présente ou qu'elle présentait. C'est donc à partir de cette ville de Kananga que le peuple du Kasaï pourrait rebâtir un nouvel espace viable, à l'instar du rôle qu'a joué Tel-Aviv pour la construction de l'Etat juif (Israël).

On peut affirmer, sans risque de se tromper, qu'il s'agit d'un livre d'appel à la conscience et au rassemblement (unité) de tous les Kasaïens pour qu'ils bannissent tous les maux qui les habitent encore.

Monsieur Germain MANIA nous laisse là un chef-d'œuvre qui permettra aux générations actuelles et futures de comprendre les enjeux actuels et le sens de l'histoire pour construire l'avenir.

Patrice Emery LUMUMBA n'avait-il pas dit qu'un jour l'histoire du Congo devra être écrite non par des étrangers, mais par les propres fils et filles du Congo ? Voilà qu'aujourd'hui, l'histoire du Grand Kasaï est écrite par un fils « Kasaï ». Il faut l'en féliciter.

Je souhaite donc une belle lecture à toutes celles et tous ceux qui prendront le temps de parcourir cet ouvrage.

Fait à Kinshasa, le 20 novembre 2015

Grégoire BAKANDEJA wa MPUNGU
Professeur des universités
(Université de Kinshasa, Université de Brazzaville,
Université Sorbonne Paris 1)

Doyen Honoraire de la Faculté de Droit de l'Université de Kinshasa

Epigraphe

L'activité morale est équivalente à l'aptitude que possède l'être humain de s'imposer à lui-même une règle de conduite, de choisir entre plusieurs actes possibles celui qu'il considère comme bon, de se libérer de son égoïsme et de sa méchanceté.

[…].

Dans le *Fondement de la Morale*, Schopenhauer constate que les êtres humains ont des tendances innées à l'égoïsme, à la méchanceté ou à la pitié.

Comme l'écrit Gallavardin, il y a parmi nous les égoïstes purs auxquels le bonheur ou le malheur de leurs semblables est également indifférent.

Il y a ceux qui éprouvent du plaisir à voir l'infortune ou la souffrance des autres, et même à les provoquer.

Il y a enfin ceux qui souffrent véritablement de la douleur de tout être humain. Ce pouvoir de sympathie engendre la bonté, la charité et les actes qui en découlent.

La capacité de sentir la souffrance des autres fait l'être moral qui s'efforce

Alexis Carel

Liminaire

L'on parle d'une ville ou d'une localité soit pour l'attraction qu'elle a exercée ou dont elle est l'objet. **Our-en-Chaldée**, en Mésopotamie, d'où partit Abram, était une grande ville : administration et économie y furent florissantes[1], rôle que jouent présentement **Bruxelles**, **Genève**, **Johannesburg**, **Londres**, **New York**, **Paris**, **Rome, Tokyo**…, comme centres d'affaires ou sièges des institutions internationales.

L'on parlera également d'une ville lorsqu'un événement y est considéré comme étant « à la Une ». C'est le cas pour ce « recensement de toute la terre[2] », décrété par César Auguste, en ce temps-là… Et ici, nous trouvons deux villes : **Nazareth** (domicile de Joseph et Marie) et **Bethléem** (ville de David dans laquelle se rendit ce couple pour s'y faire recenser, car Joseph était de la maison et de la famille de David,[3] donc « *Kuabu kumulela* » et c'est là que naquit Jésus qui eut aussi un ''chez soi'', en tant qu'homme).

Rappelons-nous que nombreux sont descendus dans nos contrées, en août et septembre 2005, pour se faire enrôler — qui à Kananga ; qui à Luiza ; qui à Ilebo ; qui à Muene-Ditu ; qui à Mbuji-Mayi ; qui à Kabinda ; qui à Lusambo ; qui à Lubefu ; qui à Dimbelenge — chacun *''kuabu kumulela''* (= en terre natale) — en vue des Législatives 2006 — 2011. Le même exercice était attendu à partir d'octobre 2015 pour les provinciales, municipales et locales, prenant en compte 10 anciennes provinces plus les 24 Communes de Kinshasa ; 20 anciennes Villes et 145 Territoires (les nouvelles provinces non comprises), mais cela n'a pu s'opérer.

Une ville ou une localité sera en machette lorsqu'elle se trouve être frappée par un sinistre, une catastrophe. Ici : un tremblement de terre dans la matinée du 13 janvier 2001, à 11 h 34, de magnitude 7, 6 sur l'échelle Richter, a secoué tout **le Salvador** et a été ressenti du Panama jusqu'au Mexique. Le glissement de terrain provoqué par le séisme a englouti plus de 300 maisons dans le Quartier de **Las Colinas**. A peu près 500 personnes ont perdu la vie, l'avons-nous lu dans le « *Réveillez-vous !* » qui a relaté cet

---

[1]. Pierre Lanarès, Mystère d'Israël, Ed. Sdt, 1975, p. 4

[2]. … « toute la terre » : dans le contexte du mot grec « *oïkoumene* » c'est-à-dire la terre habitée (en ces temps-là) ; cette expression a un sens restrictif, elle désigne l'empire romain, en son temps.

[3]. Luc 2,1-7

événement[4]. Et nous ajouterons cet autre séisme de même magnitude, qui vient de secouer **Katmandou** au Népal où l'on a dénombré plus de 7 000 morts et 14 000 blessés, depuis le samedi 25 avril 2015.

Là le passage d'un cyclone ; un crash d'avion (le cas du Boeing 727 de la Compagnie ''Hewa Bora'', de triste mémoire, crash survenu à **Kisangani** le 8 juillet 2011) ; un naufrage au large de... ; une épidémie (choléra, fièvre « Ebola », etc.) ; une sécheresse, etc., voici d'autres occasions qui feront que l'on parle d'une localité. **Kinshasa** n'a-t-elle pas fait parler d'elle lorsqu'un avion de type Antonov ayant pris feu à peine avait-il décollé, s'est abattu sur le Quartier Kingasani en cette matinée-là d'octobre 2007, causant mort et désolation, mort non seulement de l'équipage et des passagers, dont deux cerveaux — les ingénieurs Tube et Majambu —, mais mort aussi de dizaines de paisibles résidents, pères, mères et enfants ! ... (Et dire que quelques jours avant ce crash, une mesure frappait ce type d'appareils en les clouant au sol — mesure-les interdisant d'opérer !)...

Toujours dans ce volet des coins qui font parler d'eux, **New York** n'a-t-elle pas été à la une en ce matin-là du 11 septembre 2001, avec l'attaque de triste mémoire des deux Tours jumelles ? ... Mais on dira **d'Athènes** qu'elle est célèbre pour ses sites touristiques, dont l'Acropole, pendant que l'Egypte ne cesse d'attirer vers elle des milliers de touristes à cause de ses fabuleuses et impressionnantes pyramides (à **Saqqarah et Giseth**) et que la destruction de **Palmyre** plonge l'UNESCO dans un deuil pour perte de ce patrimoine mondial.

Aussi, une suite d'hostilités ayant dégénéré en troubles sanglants, voire même meurtriers, feront parler d'une localité comme foyer des tensions ou centre d'agitations. Tel fut le cas de **Léopoldville** où eurent lieu des manifestations anti-administration coloniale en date du 4 janvier 1959, et de **Luluabourg** en août de la même année qui connut un conflit fratricide.

C'est le cas également de **Belfast** en Irlande du Nord (ou Ulster) où de temps à autre, des querelles opposent des protestants (majoritaires) aux catholiques (moins nombreux). S'il y a accalmi pour l'instant, il n'en est pas de même pour **Bagdad** : l'après Saddam Hussein dénombrant ici et là des pertes en vies humaines et en des intervalles rapprochés. Présentement **Tikret, Mossoul, Ramadi, Al-Ambar, Tal Afar, Raqqa, Deir Ezzor**... sont en tête d'affiche. Il en est de même pour **Damas** et surtout **Homs** et **Hama** (où l'arme chimique aurait été utilisée), et la ville d'**Alep** s'est illustrée par d'autres carnages. Il y a également lieu de noter que **Port Vila,** plusieurs coins de **Vanuatu** ont été frappés par ''Pam'' (cyclone de catégorie 5, de 320 km/heure), que l'ouragan Harvey a fait des ravages au **Texas**, que Irma a tout détruit à St **Martin, St Barthélemy** et a touché **la Floride**, et qu'un séisme de magnitude 8,1 a durement secoué **le Mexique**...

---

[4]. « *Réveillez-vous* ! », du 22 octobre 2001, pp. 23-25.

Ici au pays dans le Nord-est, des dépêches font état des exactions et violences répétées — presque chaque mois, et entretenues par des mains obscures — ainsi qu'autres calamités, dont cet incendie causé par un camion-citerne qui a terminé sa course dans un cinéma de **Sange** (dans le Sud-Kivu) alors bondé de jeunes gens visualisant un match de football — le vendredi 2 juillet 2010 — bilan : 245 morts. Notons qu'à la région de **Beni** qui enregistre des violences récurrentes et sans nom viennent s'ajouter Kananga et plusieurs contrées du Kasayi depuis l'entrée sur scène de l'« affaire Kamuina Nsapu » — n'anticipons pas. Et si nous retournons encore plus loin nous verrons que **Ninive**, à cause de son comportement repentant, est citée comme exemple à suivre… En effet, il est dit que « Tout Ninive s'est humilié : le roi a quitté son trône ; a ôté son manteau ; s'est couvert d'un sac de cendres, alors Dieu est revenu de son ardente colère[5] ». Mais si Ninive a été épargnée, cela n'a pas été le cas pour **Sodome et Gomorrhe** tombées détruites par le feu et le souffre pour avoir été des hauts lieux d'abominations[6].

L'on pourra aussi focaliser son attention sur un coin lorsque de grands chantiers ou ouvrages y sont entrepris ou projetés par exemple :

— la construction d'un barrage (cf. **Inga** III sur le fleuve Congo, et cet autre bientôt — ''la Renaissance'', sur le Nil, projeté par l'Egypte) ;

— la construction d'un métro, d'une autoroute, d'un tunnel (cf. celui sous la Manche entre **Calais** en France et **Douvres** en Angleterre) ;

— la construction d'un grand aéroport ou d'un complexe sportif devant abriter les compétitions internationales (les éliminatoires ; les Jeux olympiques ; les 16es ; les 8es ; les quarts ; les demi-finales et la finale de la coupe du monde (cas « FIFA » 2010 à **Johannesburg** ; FIFA 2014 à **Brasilia… ;** 2018 à **Moscou ;** 2022 au **Qatar**…) ;

— la construction d'un chemin de fer, d'un grand pont, etc. ;

– des trouvailles de gisements miniers et/ou nappes pétrolifères ;

— des découvertes de vestiges du passé rendus à nu par des archéologues après fouilles.

N'avons-nous pas été — le monde entier — inquiets de connaître le sort de 239 passagers ayant pris à **Kuala Lumpur** le Vol MH 370, samedi 8 mars 2014, de la Compagnie *''Malaisian Air Lines''* en route vers la Chine ? Et l'année suivante, le crash, sur le sol français dans les Alpes, de l'Airbus A 320 de la ''*germanwings*'' (une compagnie allemande) parti de **Barcelone** pour **Dusselfort** en date du 23 mars 2015 est allé ébranler plus de trois nations : 150 morts !…

Donc que ce soit dans l'un des cas cités ci-haut…, une ville et/ou ses environs seront en exergue. Sa localisation sur la carte et la présentation des lieux s'imposent, afin d'en éclairer l'opinion. Et depuis la fin du 2^e

---

[5] Jonas 3, 1-10

[6] Genèse 19, 1-29

millénaire, la science a fait des progrès spectaculaires en la matière. Le monde est à la portée de la main : devant soi, grâce aux technologies très avancées, les événements nous parviennent depuis n'importe quel coin du globe... N'avons-nous pas dernièrement visualisé des séquences relatant les événements qui ont frappé **Paris** — *Charlie Hebdo* — le vendredi 13 novembre 2015 et **Ouagadougou** le 16 janvier 2016 ?...

Oui, dans cette ronde, nous venons de dire un mot sur des villes d'ailleurs ; des villes de très loin ; des villes d'autrui. Mais dans ce modeste volume que vous allez bientôt parcourir, il y sera question de **KANANGA** comme ville et chef-lieu de province. Il y sera question des contrées qui composent la province, le **KASAYI**.

Et, aller parler de Kananga, aller parler de Kasayi, nous n'en avons pas la primeur.

En effet, **Explorateurs** (voir P. Pogge, Hermann von Wissmann, D. Livingstone et autres) ; **Historiens** (entre autres les pères Aimé Van Zandijcke, Marcel Scheitler, Joseph Van Keerberghen, Prosper Denolf...) ; **Professeurs** (Mabika Kalanda, Samuel Tshijuke Kabongo...) ; **Patriarches** (Ngandu Etienne, Mulumba Diulu, Nyembwe Albert, Mukenge Shabantu, Muine Remy...) ; **Cinéastes** (dont le père Albert Van Haals — producteur de « Mata-Mata et Pili-Pili »...) ; **Administratifs** (Benoît Moritz...) ; **Missionnaires** (Sheppard, Morisson...) ; **Grillots, Poètes, Artistes peintres et sculpteurs** (Bapende, Basonge, Bakuba, Bena Lulua, Batshioko...) ; **Artistes musiciens** Kapinga Yamba, Bukasa, Kabongo *Mbonkodi,* Kabasele Tshiamala *Kallé Jeff*, Kasanda Nicolas *Dr Nico,* Kabasele Yampanya *wa ba Mulanga,* Kaboya, Tshibaka, ''Lelimba *wa ku Tshîla*'', J.B. Mpiana, Tshiala Muana, Mike Kalambayi, ''Ka Diyoyo'', le Folkore (Pende, Tshioko, Songe, Kete, Sala, Bindi), Papa Wemba... ; **Géographes et Topographes** (Jean Jadot...) ; **Chercheurs** (Paul Timmermans)... et même des **Photographes** (Bel-Photo...), etc., chacun, bien avant nous, a exploité un quelconque aspect de cette Ville et/ou de nos contrées.

« Buamba mbuamba kale, kubuamba kabidi nkubuambulula » dit un proverbe Tshiluba — traduisez : « ce qui s'est déjà dit, le redire n'est que le répéter » ; c'est comme pour paraphraser l'Ecclésiaste : « *ce qui a été ; c'est ce qui se fera, et ce qui s'est fait, c'est ce qui se fera ; il n'y a rien de nouveau sous le soleil...* »[7] Et les plus récents chevaliers de la plume dans le contexte de l'heure se trouvent être Bakajika Ntumba Wishiya[8] et Antoine Bushabu Ming, que nous félicitons pour leurs publications. Aussi nous nous serions dits : « nous voici devancés..., même par un « *muakunyi kutudi* » — traduisez : un plus jeune que nous (entendez Bakajika Ntumba Wishiya) — qui nous a coupé l'herbe aux pieds ! »... Mais non, par contre, nous nous

[7] Ecclésiaste 1, 9
[8] Bakajika Ntumba Wishiya, les Dirigeants de la ville de Kananga (de J.Merckx à J.M. Ndumbi Tshingombe, Ed. la vie, Kananga 1999 — il nous a quittés l'année dernière

sommes sentis très fiers d'avoir à nos côtés, des « bibliothèques vivantes » en leur personne.

Oui, le passé de Kananga et de la Province ; le présent ainsi que le devenir de nos contrées doivent toucher et ronger le cœur de plus d'un natif, n'est-ce pas ? Et si tel est le cas aussi pour vous, faites vôtre cet adage :

« Muena buebe wabuamba bikole, nanku bena pâshi bâkuambishabu ! » ; ce qui se traduit : « toi le concerné, défends-toi à corps et à cris ; bec et ongles, alors les autres soutiendront ta cause ».

Ainsi, allons-nous assigner à ce modeste travail comme but, un essai de faire connaître tant soit peu, KANANGA, chef-lieu qui eut l'insigne honneur d'organiser une fois, la finale de la Coupe du Congo de football en 1985 (ce fut la victoire de Tshinkunku sur Bilima de Mobati) ; par deux fois consécutives, la Coupe nationale de Basketball éditions 2004 et 2005, et une fois la Convention Nationale Full Gospel,[9] la 12e, et aussi, faire découvrir la province du KASAYI – en général – et celle du Kasaï Occidental – en particulier…

« Ku mahenu ahu …. ! Kunambata… ! Ku mahetu ni yena ! » - (en Tshiokwe) ;

« Kuenu kukulela ! … Kuetu neebe ! Kuetu neenu ! » — (en Tshiluba) ; ce qui se traduit, en s'adressant particulièrement à tout enfant du Kasayi :

Le Kasayi ! »… Chez vous où vous êtes né ! … ; Le Kasayi votre terre natale !, Chez moi !, Chez vous aussi !, Chez nous ! …

Mais, de grâce, au nom de l'abondance, au nom de la prospérité, ne nous permettons plus de citer cet autre adage : *« n'kuetu kundela nansha bakuamba (nansha mutuku) nzala »* ; ce qui se traduit : « c'est chez nous, même si la famine y sévit ». Mais scandons plutôt celui-ci ; ***« n'kuetu kundela, katukumvu ne kudi nzala »*** — traduisez : *« Oui, c'est chez nous où nous sommes nés, et qu'on n'y entende pas dire qu'il y a famine ! »…* **« nkuetu kundela, katukumvu ne : betu badi bafua belangana nyima » !...** Entendez : « c'est chez nous où nous sommes nés, qu'on n'y entende pas dire qu'il y a viols, carnage…! »…

Ke diyi dia kasuikabu kudi bilobo ne ba nyinka, pa Gare. Entendez : ''Or présentement, il y a plus que la faim ; il ya mort d'hommes ! Ce n'est

---

[9] **Full Gospel** : l'abrégé de *Full Gospel Business Men's Fellowship International* et qui se traduit en français : (la) Communauté Internationale des Hommes d'Affaires du Plein Evangile. (La 13e Convention Nationale s'est tenue dans la ville de Goma en 2006, la 14e à Lubumbashi en 2007… et du 8 au 11 septembre 2010, la Communauté a tenu à Kinshasa une Convention Panafricaine. Du 12 au 17 juin 2017 la Communauté a tenu au Chapiteau de Pullman Grand Hôtel de Kinshasa, sa Vingt-troisième Convention Nationale dont Thème : *« Ambassadeur de Christ, atteinds le monde pour la gloire de Dieu »* et assortie du 11è Forum sur « les Opportunités des Affaires et l'Entreprenariat » qui a centrée sur le comment (et pourqoui) ''Investir dans l'Economie Verte pour un Développement durable''.

pas ce que nos patriarches et héros ont conclu comme pacte de paix (à la « Place de la Nation ») devant la Gare de **Kananga,** *Mu mbeyilu wa nyonyi* (là où ils se sont dégarnis de leurs cheveux).

Oui, cette publication est née d'un sentiment animé tantôt de mélancolie, tantôt de résignation, tantôt de révolte, tantôt de culpabilité, mais aussi de rappel à l'ordre, de pardon, d'espoir, de foi et d'appel à un bel avenir ! Elle est le fruit d'un travail abattu à travers la récolte des données que nous croyons crédibles ; dans la relecture du passé (archives) ; dans le *''feed-back'* ; à travers notre vécu personnel ; dans les déplacements sur terrain et à travers les dialogues avec des personnes fiables (notables et autres anciens), que dans les échanges avec les compétences et structures en la matière en rapport avec l'intitulé.

Avant de continuer, nous nous sentons dans l'obligation de présenter nos remerciements les plus sincères et de profonde gratitude à Leurs Excellences ; aux Révérends Abbés et Pasteurs ; aux Dames et Messieurs que voici :

Bakole Katompua Martin ; Bakandeja wa Mpungu Grégoire (Pr) ; Bakatupenda Jean-Baptiste ; Pascal Boucherez ; Elameji Olivier ; Kabuaki Georges (Me) ; Kalamba Clément ; Kalonji Alphonse ; Kande Katanku R. (Abbé Pr) ; Kande Mukinayi Paul ; Kande Mupompa Alex (Gouv); Kantu Kalala Daniel ; Kapajika Vincent (Père) ; Katubadi Luaba P. ; Leta Bruno ; Madila Basanguke Marcel (Mgr) ; Makidi Mushosho Gaston ; Makolo Jean Jibikilayi (Gouv. Hon.) ; Mandefu Buanga Jeanot (Abbé) ; Mboyamba Zacharie ; Mikoso Mathieu ; Muamba Kawaya Cardoso ; Muamba Nkufulu Jules (Mag) ; Muanza Eugénie ; Mudiandambu Marcel ; Mukadi Luaba Honoré (Pr) ; Mukanda Martin ; Mukenge Mathieu ; Mukenge Shabantu (Gouv. Hon.) ; Mulenda Jeans ; Mulumba Georges (Pr) ; Mupinganayi Kadiakuidi (Pr) ; Mutamba Jean-Pierre ; Ngalamulume Jean-Marie (Dr) ; Ntumba Katompua Léon (Mag) ; Ntumba Kande Victor ; Ntumba Tshitenge Simon ; Nyashi Véronique (Sr) ; Nyembwe Louis ; Shamuimba Médard ; Shikayi Kuamba Hilaire ; Shikayi Luboya André (Pr) ; Tshibamba Ofeke Daniel ; Tshibuabua Olivier ; Tshimbombo Pierre (Abbé Pr) ; Tshipamba Dikamba Jean-Pierre (Pr) ; Tshisekedi Emmanuel (Père) ; M,Tshiyembe (Pr.) ;Wafuana Kalamba Eméry (Sénateur).

Les mêmes remerciements vont à Marie Rose mon épouse, à mes enfants Lydia, Marcel, Johnny, Paul, Adèle, Esther, Hermine, Marina ainsi que tous ceux qui, de loin ou de près, nous ont été utiles, dans la conception, rédaction, saisie, correction et publication de cet ouvrage.

Aussi quelques avertissements s'imposent-ils avant d'entrer dans le vif de notre sujet :

— Il vous arrivera de trouver qu'au cours de notre travail, nous passons de « moi » ou « je » à « nous ». Tout en paraphrasant Meinrad P. Hebga qui dit : « je sais que le « moi » est haïssable et que le « nous » est prétentieux... »[10], nous irons demander au lecteur de ne pas nous tenir rigueur si nous passons de l'un à l'autre.

— Cette « étude du milieu » ainsi que sa « problématique » ne sont pas seulement à l'adresse des enfants des circonscriptions traitées ; elle est aussi à l'adresse des enfants originaires des provinces avoisinantes et même de celles non limitrophes. Elle intéressera également, nous l'espérons, les personnes désireuses de découvrir cette partie du pays qu'est Kananga ; cette partie du territoire national qu'est le Kasayi et d'y apporter leur implication, comme partenaires.

Oui, cette publication est plus, et mieux même, une interpellation devant éveiller la conscience des fils et filles des entités qui les ont engendrés, ainsi que celle de nos hôtes qui ont élu domicile chez nous ; une interpellation sur ce que le Créateur d'abord, et ensuite la province du Kasayi (entendons le Grand Kasayi), la province du Kasaï - Occidental et la Ville de Kananga en particulier, attendent d'eux, car : *« On demandera beaucoup à qui l'on a beaucoup donné, et on exigera davantage de celui à qui l'on a beaucoup confié ».*[11]

Et quelques remarques s'imposent : Ariel Hart[12] ne dit-elle pas, nous citons : *« Jamais je n'ai trouvé '' zéro faute '' dans un article ; qu'il fasse cinq pages ou deux paragraphes. Ce, peut être une erreur d'année ; des données périmées; des fautes d'orthographe ; une information de seconde main largement répandue, mais erronée »* ?

Eu égard à ce qui vient d'être dit, nous vous demanderons, cher lecteur, de nous faire part de ces erreurs d'ordre scientifique ou autres qui se seraient glissées dans cette communication, afin de l'étoffer pour une présentation ultérieure meilleure. Aussi, qu'il nous soit permis de faire remarquer — en particulier aux lecteurs non luba phones — que certaines citations, tout au long de l'ouvrage, ont gardé leur formulation en langue maternelle, ceci parce qu'une tout autre présentation ne pouvant traduire fidèlement la profondeur de leur énoncé.

Nous ouvrirons une parenthèse pour signaler qu'à ce propos, Lambert Museka[13] parle de l'« intraduisibilité ». Il cite G. Steiner qui a étudié le problème de la traduction comme centre de gravité du problème théorique du langage en général, et livré des réflexions historiquement très fouillées et ajoute que Steiner a fait mention d'une vieille querelle entre les philosophes

---

[10] Meinrad P. Hebga, Sorcellerie, chimère dangereuse... ? Inades Ed., Abidjan 1980, p. 18

[11] Luc 12, 48b

[12] Ariel Harel, in « Columbia Journalism Review » cité par « Réveillez-vous ! » du 22 octobre 2005, p. 8

[13] Lambert Museka, La Nomination Africaine de Jésus-Christ, quelle christologie ?, Louvain – la – Neuve, mars 1988, pp. 27-28.

relativistes et les philosophes universalistes du langage. Les premiers, aussi appelés monadistes (cf. Leibniz, Sapir, Whorf...), considèrent les langages comme des monades linguistiques autonomes dont la traduction dans une langue étrangère serait non seulement impossible, mais à éviter, sous peine d'altérer leur pureté propre...

Ce refus de la traduction, d'après Steiner[14] — continue L. Museka — est une idée chère aux grammairiens mystiques qui s'efforçaient d'empêcher que soit dénaturé le texte sacré par la traduction, car non traduite, une langue conserve son innocence essentielle et ne souffre pas de l'apport nocif d'un sang étranger. Nous fermons la parenthèse.

---

[14] Steiner, Une poétique du dire et la traduction, Albin-Michel, Paris 1978, pp. 84-93, cité par L. Museka, Ibidem

Avant-propos

On a constaté que « l'œuf est dans l'oiseau, et que l'oiseau est dans l'œuf » : une citation prononcée en lever des rideaux dans le film « Banco à Bangkok » (1966), par Hubert Barton, acteur principal.

Oui, cette citation est une réalité… Mais il y a (aussi) cette autre réalité : lorsqu'on est devant une femme enceinte — cet autre miracle du Créateur, notre Dieu — l'on a devant soi un seul personnage, mais en réalité, il y a deux êtres vivants : l'un en l'autre…

Oui, la mère portant son bébé en elle et le bébé à naître évoluant dans le sein de sa mère et relié à elle par un cordon, ne nous offrent qu'une unité apparente. Aussi, aux consultations prénatales — « CPN » dans le langage approprié — le « bébé » à naître n'a pas sa fiche : le diagnostic le concernant ou son suivi (battement du cœur, poids, etc.) est consigné dans la fiche de la « mère », idem pour l'échographie qui donnera mieux la position de l'enfant…

Cela étant, c'est au regard de cette unicité, de ce constat totalitaire, que nous nous proposons de peindre nos contrées, de peindre le chef-lieu et la province — ce duo — dans un même tableau qu'est cet ouvrage. Aussi, que le lecteur ne soit pas surpris du « rétro » ou de la reprise de certaines séquences, en « médaillon » ou en flash « replay », à l'instar de celles revenant dans le coin de l'écran de son téléviseur, lui permettant de continuer à visualiser l'évolution du match, tout en faisant revivre une intervention loupée, une pénalité ou un superbe goal…

Les Sociologues Georges Balandier, Emile Durkheim, G. Gurvitch, Marcel Mauss ; Max Weber et autres n'ont-ils pas fait, leur, cette préoccupation d'analyser les faits ou phénomènes sociaux dans leur totalité, dans leur globalité ?... Oui autant est complexe et délicat l'intitulé de notre ouvrage, autant va l'être son développement. Et d'emblée, aller définir ces « mots – clés », bien que n'apparaissant pas dans l'intitulé — à savoir ; Ville ; Chef-lieu et Province — nous sera d'un grand apport dans le traitement de notre sujet. Commençons par :

— *Ville* : Pour définir ce qu'est une ville, l'on fait appel à certains critères ou normes. On peut recourir au nombre d'habitants et ici-même, les pays n'ont pas une commune référence. L'on peut aussi se référer aux activités qu'exercent les habitants, activités principalement non agricoles et qui sont en fait leur raison d'être en ce lieu. L'on peut encore considérer la physionomie, la configuration ou le panorama, l'aspect ou le paysage qu'offre cette localité. Ainsi donc, l'union de ces trois critères permet de définir une ville comme étant : une agglomération importante (à la différence du village, du hameau) ; un complexe à la fois sociologique et démographique, dont les habitants exercent des activités non agricoles[15].

Remarquons que la connotation « ville »/« village » existait déjà dans les temps très anciens. Pour ce qu'est de « ville », nous lirons par exemple ceci : *« Tous allaient se faire recenser, chacun dans sa propre ville »*[16]. Ici, les deux villes dont il est question c'est Nazareth et Bethléem, tandis que le vocable « village » est cité dans ce verset : *« Allez au village qui est devant, vous trouverez une ânesse attachée et un ânon avec elle, détachez-les et amenez-les-moi... Or ceci arriva afin que s'accomplisse la parole du prophète*[17] ; et ajoutons cet autre passage : *« et voici que ce même jour, deux d'entre eux allaient à un village nommé « Emmaüs », éloigné de Jérusalem de soixante stades*[18] *»...*

Mais voyons comment Petit Larousse Illustré (1986) définit une ville : *« agglomération relativement importante, et dont les habitants ont des activités professionnelles diversifiées, notamment dans le secteur* ***tertiaire*** *où se retrouvent administration, commerce, banques, enseignement, armée, etc., et dans le secteur* ***secondaire*** *qui lui englobe les activités économiques correspondant à la transformation de ces matières premières en biens productifs ou en biens de consommation »,* (le **primaire** étant l'ensemble des activités économiques productrices des matières premières : agriculture et industries extractives).

Il y a ensuite :

— *Chef-lieu* : Petit Larousse le définit comme : *centre d'une division administrative* et définit la capitale comme *ville d'un Etat où se trouve le siège des pouvoirs*. Sur ce, chef-lieu et capitale se joignent.

Enfin, il y a :

— *Province* : Elle est définie comme suit (toujours par Petit Larousse) : division territoriale placée sous l'autorité d'un délégué du pouvoir central, dans notre cas, un Gouverneur de province.

Nous admettrons tous alors que Luluabourg — devenue Kananga — est le chef-lieu de cette division territoriale jadis Province du Kasayi... Et de Kananga, Petit Larousse dit ceci : « Ville du Zaïre[19] sur la Lulua, affluent du Kasaï ». Comme toute ville, Kananga a des liens d'indépendance avec son

---

[15] Cf. Bethmont, La géographie générale, Bordas, Paris, 1973, p. 315, cité par Mudiji Muanza, ISP/Kga, 1983 in *Rôle d'une ville dans le développement...*

[16] Luc 2, 3-4

[17] Cf. Mt 21, 1-4 ; (et le prophète dont il s'agit est Zacharie, cf. Zac 9,9).

[18] Idem.

[19] Zaïre : nom qu'a porté le pays — la République Démocratique du Congo — de 1971 jusqu'en 1997 ; voir la relecture de l'histoire du pays dans cet ouvrage.

milieu environnant, son hinterland dont elle ne peut être dissociée, et avec lequel elle constitue une région urbaine, avec ses banlieues.

Le Petit Larousse nous sera encore utile dans cette autre définition, celle relative à la « Région » dont il dit que c'est « une étendue de pays qui doit son unité à des causes physiques (climat, végétation, relief...) ou humaines (peuplement, économie, structures politiques, découpages) ; à des fins administratives... »

Oui, **« Le KASAYI : son HISTOIRE, ses PEUPLES, et son DEVELOPPEMENT/MEMOIRES de Germain MANIA,** est un sujet délicat et complexe !...

Nous nous sommes proposé de le traiter à travers l'ossature qui comprendra, en dehors des « Généralités » ou « Etat des lieux », **Six Parties :**

— La Première sera consacrée aux **Premières Explorations**

— La Deuxième à l'**Etat Indépendant du Congo** (E.I.C.)

— La Troisième à **La Colonie** ou **Le Congo-Belge**

— La Quatrième traitera des **Débuts difficiles de l'Indépendance octroyée le 30 juin 1960**

— La Cinquième se penchera sur **La Province (du Kasayi /Région du Kasaï-Occidental)**[20], et

— La Sixième et dernière Partie sera consacrée à **la Problématique ou Viabilité de la Province**.

L'Auteur.

---

[20] L'ouvrage est rédigé avant ''le découpage''

Introduction générale

D'aucuns n'en disconviendront, nos contrées formant le Kasayi sont cette partie du centre du territoire qui fut l'E.I.C. et devenu après le Congo belge : la République Démocratique du Congo.

Le Kasayi, grâce à son éloignement de l'Equateur (le pays est à cheval sur celui-ci), jouit d'un climat subéquatorial et connaît deux saisons : une pluvieuse (neuf mois) et une sèche (trois mois). On trouve une végétation luxuriante et/ou forêt dense dans la partie septentrionale de la province (Nord de Dekese, de Dimbelenge et du Sankuru), mais de vastes savanes s'étendent entre le reste du Kasayi et le Katanga. Et le Kasayi est baigné par un dense réseau hydrographique.

Grâce à l'étude des pierres dont on a fait usage pour la chasse du gibier dans la nuit des temps, l'on est arrivé à découvrir une occupation humaine du territoire datant de l'acheuléen final. Il y a plus d'un million d'années, des Australopithécidès, cousins du Zinjanthrope découvert par Leakey à Oldoway (au Tanganyika) en 1959, fabriquaient des galets aménagés dits « *Pebble tools* ». Des exemplaires de ces galets ont été découverts dans les régions minières du Kasayi, du Katanga et dans le fossé du lac Edouard. Cette « pebble culture » dite aussi « *Sangoen* » est caractérisée par des bifaces taillés suivant la technique acheuléenne et nettement adaptés au travail du bois[21].

Et faisant appel à la Préhistoire[22], on distingue, après les trois premières phases géologiques, une climatologie spécifique du quaternaire dans le bassin « zaïrois[23] ». Notons que ce bassin est abondamment alimenté par les eaux que lui apporte le Kasayi, principal affluent du fleuve Congo, avec Ubangui. Aussi, a-t-on dénombré quatre périodes pluviales suivies de deux périodes humides, qui se représentent de la manière suivante :

[21] R. Cornevin, Histoire du Congo, Ed. Berger – Levraut, Paris, 1970 pp. 23-26

[22] Préhistoire : science qui étudie les sociétés humaines avant l'histoire ou plus exactement avant la découverte de l'écriture : cf. Tshimanga wa Tshibangu, Histoire du Zaïre, 1976, Céruki, Bukavu, p.8.

[23] Cf. Tshimanga wa Tshibangu, o. c. p. 10
zaïrois : du Zaïre (appellation tombée en désuétude depuis la fin de la deuxième république)

Nakurien : 2e humide
Makalien : 1er humide
Gamblien : 4e pluvial : 90 à 10 000 ans (grand nombre d'outils taillés)
Kanjérien : 3e pluvial
———— 450 000 ans (usage des bifaces)
Kamasien : 2e pluvial
Kaguerien[24] : 1er pluvial : 1 000 000 d'années

Retenons toutefois que cette « *pebble culture* », c'est-à-dire l'industrie des galets aménagés ou encore le « **Sangoen**[25] » existerait selon les archéologues, dans le Kamasien et le Kanjérien, donc serait « Prégamblien ». En outre, le *Sangoen* — cet outillage lithique répandu dans les régions de l'Afrique — s'est signalé aux environs de Kallina (d'où cette autre appellation : « Kalinéen[26] ») ainsi que dans les terrasses des rivières et dans les fouilles du Kasayi[27]. Ensuite sont venus quatre stades de **Lupembien** avant un **Tshitolien** qui précède de peu le néolithique.

Par *« lupembien »* Tshimanga wa Tshibangu[28] désigne cette industrie de la pierre ainsi dénommée d'après la station préhistorique de Lupemba, au Kasayi, tandis que le mot *« tshitolien »* a été créé sur base d'une collection d'objets taillés, récoltés dans le village de **Bena Tshitolo,** au Kasayi.

Notons cependant que le Lupembien est dit *« sangoen moyen »* chez R. Cornvin[29], et le Tshitolien : *« sangoen final »*. Et le schéma préhistorique de notre pays — **Kasayi** y compris — peut se représenter de la manière suivante :

Métaux	0
Néolithique	2.000
Tshitolien	8.000
Lupembo – Tshitolien	10.000
Lupembien III - IV	
Lupembien I – II	10.000
Complexe Sangoen	40.000
Acheuléen évolué	60.000

D'après Mortelmans, cité par Tshimanga wa Tshibangu[30].

---

[24] Kaguerien : d'après la vallée de la rivière Kaguera où les fouilles ont été effectuées
[25] Sangoen : de Sango, village de l'Ouganda près du lac Victoria, cf. R .Cornevin, o. c. p. 24.
[26] Kalinien : de Kallina, c'est l'actuelle partie de la Gombe qui abrite le Centre administratif, le centre d'affaires et des résidences officielles à Kinshasa.
[27] R. Cornvin, o. c. p. 24.
[28] Tshimanga, o. c. p. 10
[29] Cornevin, o. c. p. 24
[30] Tshimanga, o. c. p. 10

Comme on peut le voir, le *Tshitolien* sert de transition entre le *Lupembien IV* et le Néolithique. Et avec la découverte et le travail de **fer**[31], nos ancêtres ont connu une réelle révolution. En effet, le fer a augmenté les possibilités de chasse, de culture et même les moyens de défense voire même de s'imposer…

---

[31] Celui-ci est l'œuvre des autochtones pour certains historiens, et est amené au cours des migrations parties du Nord vers le Sud. Tshimanga wa Tshibangu, o. c., p. 12 penche pour cette hypothèse, au vu de plusieurs indices linguistiques (p. ex. des termes que l'on retrouve au Kivu et au Kasayi) et autres sciences auxiliaires à l'histoire, qui semblent prouver une progression des populations.

Première partie
Les premières explorations

Avant d'en arriver aux « Explorations » proprement dites, voyons ce que fut le premier contact avec l'extérieur, et cela nous demandera obligatoirement de faire la relecture de l'histoire du pays. Les archives à notre portée – quatre ressources[32] nous ont servi de support – vont nous retracer, d'abord, ce qu'il y eut au cours des années quatorze cent jusqu'au début des années dix-sept cent, et ensuite ce qu'il y eut dans la tranche fin des années dix-sept cent et dix-huit cent.

---

[32] Nous citons : - Léon Goffin, *Histoire du Congo Belge*, in Encyclopédie du Congo Belge, Tome I, 1954 pp. 5 à 44 ;
- Blanchart et Cie, Le Rail au Congo Belge, Bruxelles/Brussels, T.I. (1890 à 1920)/D1993/0121/1 et T. II (1920 – 1945)/D 1999/0121/1 ;
- Robert Cornevin, Histoire du Congo Belge, Ed. Berger – Levrault, Paris, 1970.
- Tshimanga wa Tshibangu, Histoire du Zaïre, Ed. CERUKI, BUKAVU, 1976. Mais il y en a plus que ces quatre.

Chapitre I
Les explorations : De 1400 à 1700

Au début des années mille quatre cent, les Portugais se lancent à la découverte de l'Afrique. Les explorations aux motivations autant religieuses que maritimes et commerciales entrent en compétition. Il faut à la fois faire échec à la pénétration de l'Islam dans le continent noir et s'ouvrir une voie maritime vers les Indes, l'or et les épices.

En 1482, la flotte de Diego Caô (Diogo Cao in C.Mutombo, Histoire germano-congolaise, Pistes Africaines, 2013, Chastre, p. 22) pénètre dans l'embouchure d'un grand fleuve nommé « Nzadi » par les autochtones ; le capitaine portugais lui, prononcera et écrira « Zaïre ». Pour marquer cette découverte en même temps que la prise de possession portugaise, Diego Caô plante sur la rive gauche du fleuve, un « padraô », sorte de stèle surmontée des Armoiries et de la Croix du Portugal. Or non loin de l'embouchure s'érigeait un puissant royaume indigène des « Kongo » dirigé par le roi Nzinga-a-Kuvu… Diego Caô dépêche vers ces lieux, en reconnaissance, trois de ces officiers ; ils y seront faits prisonniers. En 1484, il remonte vers Lisbonne avec quatre notables, afin d'apporter au roi Jean II les preuves de ses découvertes… Revenu en terre africaine accompagné de quatre notables, Nzinga-a-Kuvu relâche les trois officiers, et exprime même son désir d'accueillir des missionnaires (tout comme le fera **Kalamba Mukenge Matadi**, nous aurons à le voir plus loin…). Soldats, maçons et charpentiers sont associés à cette expédition et un comptoir commercial devait s'établir. Des rapports amicaux s'établissent entre le Portugal et le Royaume de Kongo.

Le 3 mai 1491, le roi Nzinga-a-Kuvu se fait baptiser et reçoit le nom de Joâo (comme le roi du Portugal). Et un mois plus tard, c'est le tour de sa femme qui devient Leonor (comme la reine) et de l'un de ses fils qui devient Alfonso (nom de l'infant du Portugal). Mais malgré les efforts missionnaires, le roi Joâo retourne aux pratiques fétichistes et ne peut résister à ses femmes auxquelles sa nouvelle religion lui imposait de renoncer. En outre, comme son second fils, Mpanzu, restait attaché au paganisme, le climat se détériora et il s'en suivit la division du pays en deux clans : celui de Mpanzu et celui d'Alfonso (fils aîné du roi, à l'esprit ouvert et curieux).

En 1506, le roi Joâo est malade. Au lendemain de sa mort, Don Alfonso s'en va en guerre contre son frère et arrive en vainqueur à Mbanza Kongo, la capitale. Son règne (1506-1511) a été d'un souverain enflammé du désir de gagner son pays tout entier au christianisme. Ce roi chrétien ira jusqu'à se considérer l'égal au roi chrétien du Portugal ; il chercha même à avoir des relations diplomatiques indépendantes avec le Saint-Siège, à qui il fit une demande pressante de prêtres. Mbanza Kongo devint « San Salvador ». Mais hélas, la qualité de ces prêtres, d'ailleurs insuffisants pour cet immense empire que le Portugal venait de conquérir et s'étendant depuis la Chine jusqu'au Brésil, était des plus médiocres. Aussi beaucoup ne supportaient-ils pas le climat…

Lisbonne fit alors confiance aux exécutants sur place, et dans le cas du Kongo, les métis portugais établis dans l'île de Sao-Tomé avaient plein pouvoir. L'on notera que les premiers habitants de l'île, occupée en 1470, avaient été des condamnés à mort expulsés du Portugal. Ces déportés avaient dû épouser — conformément au décret royal — des femmes esclaves achetées sur les côtés de l'actuel Ghana et l'île devint un repère de trafiquants sans scrupules. Si le christianisme semblait prendre racine, ce qu'il fallait aux Portugais s'était des esclaves. Et comme ils jugeaient qu'il ne serait pas à leur dignité de travailler eux-mêmes pour s'en procurer, les Nègres de la côte furent utilisés. Ceux-ci emportaient hommes et femmes pour les leur revendre. Cinq à sept mille esclaves devaient ainsi chaque année quitter le royaume de Kongo[33]… Et il s'était trouvé parmi ces Portugais, de nombreux aventuriers qui, spéculant sur la confiance et le zèle naïf d'Alfonso, leur nouveau frère en l'Eglise, eurent à le duper en lui présentant au besoin de fausses lettres de créance…

Le roi Alfonso qui était lui-même obligé de payer en esclaves ce qu'il achetait au Portugal, envoya à Lisbonne de nombreuses missives pour protester contre ces abus, mais en vain. Et comme le lancement des plantations de canne à sucre en Amérique du Sud au Brésil — colonie portugaise — avait fait naître, à partir de 1510, un immense besoin de main-

[33] Notons que ce royaume de Kongo s'étendait entre le Kwilu – Niari au Nord, passait par le Pool Malebo (ex Stanley Pool), longeait le Kwango à l'Est, la Kwanza au Sud et à l'Ouest l'océan Atlantique. Il fut fondé par un certain Nimi a Lukeni entre le début du XIVe siècle. Ce premier roi épouse une fille du clan des Nsaku Vunda qui détenait des droits sur la terre. A la suite de cette union, le *mani* Kabunga, chef de ce clan, sacre « mani » Nimi a Lukeni qui prend alors le titre de « Mani Kongo ». Le royaume s'agrandira avec assujettissement des populations locales *Ambundu* et le regroupement de multiples royaumes en un grand Etat centralisé : Mbata et Soyo en furent les grandes provinces et Kongo la plus grande ville. Plus tard, la monarchie connaîtra des troubles lors de la succession ; les contestations des voisins Ndongo et Teke ; les menaces des Yaga venus de l'intérieur ; les empiétements portugais à partir de 1660, la guerre de Mbwila en 1665 au cours de laquelle le roi et une grande partie de la noblesse périrent ; des guerres civiles dues à la prétention au trône ainsi que la perte de plusieurs millions d'êtres humains valides, emportés Outre-mer, affaiblirent le royaume. Pour autres détails, nous recommandons de lire Clément Mutombo.

d'œuvre, le trafic des esclaves s'accrut et devint plus rémunérateur. Le *Regimento* (ordre de mission détaillé) donné par le roi Manuel à son Ambassadeur Simao da Silva envoyé auprès du Manikongo, lui demandait d'expliquer à ce dernier avec le maximum de tact : combien il serait dommage que des navires venus de si loin apporter tant de bienfaits, s'en retournent les cales vides ! Aussi, ce ''*Regimento*'' mettait-il fin au monopole qu'exerçaient, en matière de trafic, les habitants de l'île de Sao Tomé.

Dès 1514, il y eut de véritables razzias menées à l'intérieur même du royaume. Le roi Alfonso réagit vivement et mit en place ses fonctionnaires pour conditionner le marché ; ceux-ci devaient vérifier dans chaque cas s'il s'agissait bien d'esclaves et non d'hommes libres. Et à propos, R. Cornevin[34], fait noter que c'était en général des éléments ''asociaux'' du Kongo, ceux qui avaient été condamnés pour raison ou une autre. Ils étaient alors envoyés sur les plantations de canne à sucre dans les îles de Sao-Tomé ou du Cap-Vert en face de Dakar. Rome envoya au roi Alfonso une lettre le félicitant des sentiments chrétiens qui l'animaient. Et des jeunes nobles sont envoyés s'instruire en Europe. Parmi eux : Don Henrique — fils du roi et le plus célèbre — sera même nommé évêque.

En 1543, le roi Alfonso meurt. Parmi les fils qui se succéderont sur le trône, on notera Nkumbi-a-Mpundi Nzinga dit « Diego 1er », les « Alvaro » et autres... Attaqué par des guerriers « Yaga » le roi Alvaro 1er fait appel à Sébastien, roi du Portugal. Celui-ci lui dépêche François de Gouvea avec 600 soldats qui le rétablissent dans ses droits. (Ici déjà, on peut découvrir comment le pouvoir est protégé par des puissances et, qui ne le cautionnent pas gratuitement...). Après la mort du roi Sébastien (1578), l'influence portugaise diminua... Les Hollandais qui s'approvisionnaient en épices à Lisbonne et qui les redistribuaient dans toute l'Europe septentrionale iront eux-mêmes jusqu'aux sources des épices.

En 1599, ils tenteront de débarquer dans l'île de Sao-Tomé très affaiblie par la révolte des esclaves, survenue quatre années auparavant. Et c'est avec l'aide hollandaise que le roi Bernardo 1er réussit à chasser les Portugais de son royaume, qui se retireront alors plus au Sud, dans le royaume de Ngola — au sud de la rivière Kwanza — où ils espéraient recruter plus facilement des esclaves.

En 1602, le gouverneur Rodriguez Cotinho à Loanda, reçoit l'ordre de mettre en exploitation les mines d'argent à 325 km de la côte (à Cobambé), et de fournir annuellement 4250 esclaves aux colonies d'Amérique. Les ports d'embarquement sont Loanda, Boma sur le fleuve, Loango et Mayumba (en République du Congo). L'influence de cette traite se retrouve dans l'actuelle composition de la population brésilienne : dans la musique, la danse et les religions du Brésil.

---

[34] R. Cornevin, o. c. p. 35

Il y avait à la fois l'appât du gain et la cupidité de ses nationaux tout au long de ces explorations, ainsi que cette détermination du Portugal de ne pas abandonner tout dessein politique au Congo.

Au XVIIe siècle, il y a reconquête du pays par les Portugais. D'âpres luttes s'ensuivront…

En 1665 le roi Antonio est battu et décapité. De ce comportement naissent une vive hostilité et une grande méfiance à l'égard de tous les Européens.

En 1784, les Portugais construiront un fort à Cabinda, au nord du fleuve, mais l'année suivante, la France — par les mains du marquis de Marigny — les en fait partir. Il s'en serait suivi sans doute une occupation française, si la Révolution (1789) n'avait détourné le cours de l'histoire. En dehors de cet incident, peu de choses sont connues du Congo au XVIIIe siècle et au début du XIXe. Le voyageur allemand, le Docteur Bastian, qui explora San Salvador en 1857, n'y trouva qu'un village indigène comme les autres, mais avec quelques monuments dispersés, seuls vestiges de l'occupation portugaise. Mais entre-temps, la traite se poursuivra et les Portugais fourniront davantage des armes à feu aux populations côtières et même plus loin, aux Batshiokwe. Tels furent les contacts qu'eut la contrée devenue notre pays avec l'extérieur, via la côte occidentale.

Les contacts avec la côte orientale sont marqués par l'arrivée, dès le début du XVIIIe siècle, des Arabes originaires d'Oman. Ils entretiennent le commerce de l'or, de l'ivoire ainsi que celui des esclaves. Ces Arabes, dans leur incursion atteindront même l'est de notre pays, tout en recrutant des collaborateurs, subjuguant les populations locales, créant des sultanats, contractant des mariages avec les femmes du pays. Leur principal centre au pays fut Nyangwe — nous y reviendrons plus loin — et leur influence, suite à leur passage dans les contrées de l'est du continent est encore vivante. On le constatera dans l'habillement et la coiffure (cf. le port de boubou…). On le constatera également dans le parler : une nouvelle langue est née, le **Swahili,** synthèse de langues bantoue, arabe et anglais. Le swahili est, depuis, parlé dans l'Est du continent en Uganda, au Kenya, au Rwanda, au Burundi, en Tanzanie, en Zambie, au Zimbabwe, dans tout le Sud-Afrique sauf au Mozambique. Il est même la langue nationale en Tanzanie et l'une des langues nationales de la République Démocratique du Congo, mais principalement parlé dans la province Orientale, dans le Kivu et au Katanga. (Notons qu'un bon nombre de Kasaïens vivant au Kasayi parlent aussi le Swahili).

Mais quoi à retenir de ces premiers contacts de l'extérieur avant la colonisation : un seul mot : **la traite**.

Chapitre II
Les explorations : De 1700 à 1800

Aux approches du XIXe siècle, l'Afrique reste en majeure partie une « *terra incognita* ». En effet, les Portugais ne s'étant bornés qu'à explorer la côte occidentale. Le Nord et l'Est étant restés la proie des Arabes ; plus au Sud s'étalant l'immensité sablonneuse du Sahara et le centre demeurant recouvert de végétation luxuriante et d'inextricables forêts regorgeant des cours d'eau coupés de torrents et chutes et à l'embouchure souvent ensablée, l'Afrique ne restait qu'une étape sur la route des Indes. L'intérêt de l'Europe pour l'Afrique est resté faible entre le XVe et XIXe siècle.

1. Naissance des sociétés géographiques

C'est en Angleterre où s'éveilla d'abord l'intérêt pour les questions africaines. Il y avait à cela, certes, des raisons humanitaires (la traite et ses abominables excès commençaient enfin à émouvoir l'opinion publique), mais aussi des motifs économiques, car, après la perte des colonies américaines, il fallait rechercher des nouveaux débouchés. Pour atteindre ces buts une exploration systématique était indispensable et c'est ainsi que naquit en 1788 l'« **African Association** » qui s'attacha surtout à résoudre d'abord la question du Niger, ensuite la séculaire énigme des sources du Nil... Ces problèmes géographiques commencèrent à susciter un intérêt général qui se traduisit d'abord par la création des sociétés savantes que voici :

- La Société Géographique de Paris ;
- La Société Géographique de Lisbonne ;
- La Société Géographique de Berlin — (Die) Deutsche Geographische Geselleschaft von Berlin et
- La Société Géographique de Londres — (The) Royal Geographical Society — qui absorba « l'African Association ».

Et c'est au même moment que le Portugal, particulièrement, commença à s'attacher davantage à ses possessions africaines.

En effet, ce fut un portugais qui donna le signal des expéditions, José Lacerda Almeida. Il voulut, en 1798, traverser l'Afrique d'est en ouest. Parti de Ntete en Mozambique, il atteignit le Tchambezi, le principal affluent du lac Bangwelo, mais fut massacré par les Indigènes ; ses notes et observations disparaissent avec lui. Plus tard, **James Tuckey**, un capitaine anglais, quittera Londres en février 1816 sur le voilier « Congo ». Son expédition part de l'embouchure du fleuve, remonte sur plus de 450 km, avec mission d'explorer la région du Bas-Congo et franchir les rapides et cataractes qui barrent le fleuve, mais elle s'avéra très macabre (48 personnes dont officiers, marins, botanistes, zoologistes et autres scientifiques périssent, décimées par les fièvres). Tuckey lui-même épuisé, avait déjà succombé avant d'atteindre Isangila. D'autres expéditions s'engagèrent (1826-1843), mais sans toutefois donner solution aux problèmes géographiques en suspens : l'énigme des sources du Nil intriguait. La *Royal Geographical Society* envoie en 1857 deux officiers de l'armée des Indes, Richard Burton et Speke…

De son côté, **David Livingstone**, un médecin missionnaire (pasteur) Ecossais, entreprend, autour des années 1850, une série d'expéditions à l'intérieur du pays. Il découvre les lacs Moero (1867), Bangwelo (1868) et arrive au lac Tanganyika en 1869, d'où il atteint Nyangwe sur le Lualaba qu'il croit être le Nil. Par la suite, il ne donne plus signe de vie et, dans cette inquiétude, en 1870, un Américain, Gordon Benneth, directeur du journal « New York Herald », charge Henry Morton **Stanley**[35] d'aller à la recherche de Livingstone.

Le 5 février 1871, parti de Zanzibar — des rives de l'océan Indien, l'accès était plus aisé — Stanley se retrouvera devant Livingstone à **Udjidji**, sur le Tanganyika, le 3 novembre 1871 et s'écriera : « *Doctor Livingstone, I presume !* »[36]… Livingstone qui aura refusé de rentrer en Europe s'enfoncera vers le Sud dans la région marécageuse proche du lac Bangwelo, dans l'actuelle Zambie, et y meurt en 1873… Notons que la « London Geographical Society » avait déjà chargé un lieutenant de la marine anglaise Verney **Cameron** de porter secours à Livingstone… Mais Cameron ayant appris sa mort, il continue sa route, découvre la Lukuga et se dirige vers Nyangwe.

Ce sont les hostilités des Indigènes qui le font changer la direction. Au lieu de remonter le Lualaba, il oblique vers l'Ouest, traverse les rivières Lomami, **LULUA**[37] et **KASAÏ** (ces deux derniers noms apparaissant pour la première fois entre nos lignes, formeront le noyau de notre préoccupation) et

---

[35] Né **John Rowland**, d'origine galloise, **Stanley** est le nom de son père adoptif, il se naturalisera Américain.

[36] Cf. Rail au Congo Belge, t.1, p. 22

[37] Veuillez lire «**Loulouwa** », mais c'est l'orthographe **Luluwa** qui répond mieux à la phonétique dans toutes les contrées parcourues par cette rivière. Pour **Kasaï** : à lire Kasayi. Nous soutenons par-là **Tshimbombo Mudiba** qui, à travers son ouvrage La Famille Bantu-Luluwa et le développement, Edition de l'Archidiocèse, Kananga 1983 p.19, a utilisé cette orthographe « Luluwa » comme « Kasayi » autant que ses prédécesseurs les pères Prosper Denolf, Aimé Van Zandijcke et Joseph Van Keerberghen ; orthographe vraiment en harmonie avec la phonétique locale.

débouche ensuite, en novembre 1875, sur la côte atlantique en territoire portugais (au nord de la baie de Benguela). Stanley lui, repart pour Zanzibar en 1874 où il recrute des hommes pour porter une embarcation démontable et autres effets ; de là, il atteint Nyangwe sur les rives du Lualaba, une importante étape des caravanes arabes. Les fièvres, les difficultés du terrain, l'hostilité des Indigènes et les attaques des esclavagistes ralentissent et diminuent les effectifs de l'expédition, mais qui réussit cependant à atteindre Ubundu (future Ponthierville, redevenue Ubundu) où une longue série des chutes empêchent toute progression.

Après 23 jours par voie de terre, l'embarcation poursuit sa route sur le fleuve à nouveau navigable qui oblique vers l'Ouest... Stanley réalisera qu'il n'est pas sur le Nil ; il baptisera ce fleuve « Livingstone ». Le fleuve portera ce nom dans son haut cours (voir les cartes d'alors : 1870-1880), tandis que son bas cours s'appellera « Zaïre » ou « Congo »...

En 1877, Stanley arrivait au « Stanley Pool ». Epuisé et en détresse, il lâchera quatre de ses hommes, porteurs d'un message à l'attention de quiconque les découvriraient, message ainsi libellé : « J'arrive de Zanzibar avec 115 personnes, hommes, femmes et enfants. Nous mourrons de faim (sé) : Stanley, celui qui avait découvert Livingstone en 1871 ». Ces quatre Zanzibariens arrivent à Boma le 5 août. Les secours s'organisent et le 9 août, Stanley atteindra le bief navigable d'Isangila, point où James Tuckey renonça 60 ans plutôt à toute pénétration du continent en partant de la côte Atlantique.

Entre 1869 et 1876, d'autres explorateurs dont le juriste et agronome allemand **Pogge** (nom qui nous sera utile plus loin) ; Alexander von Homeyer et l'Autrichien Anton Erwin Lux feront d'importantes découvertes et Schweinfurth venu de Karthoum aura découvert l'Uélé en 1870. De leur côté, Giovani Miami (Italien) avait atteint la rivière Bomokandi en 1872 et en 1876 le docteur Potagos explorait la rivière Bomu, pendant que l'Allemand Güssfeld remontait le Kwilu et autres rivières de la région alors que le capitaine Medlycott et le commandant Flood dressaient la première carte topographique de l'estuaire du Congo. Ces hommes entrèrent en contact avec des milliers de petites tribus continuellement en guerre et où l'ordre social reposait sur l'esclavage et la polygamie. La croyance aux esprits était générale, les sacrifices humains fréquents et les sorciers tout puissants. Ces premières explorations ont-elles éveillé l'espoir que la civilisation viendrait bientôt mettre un terme à ces pratiques barbares ? On ne le pense pas, on n'en était pas encore là ; elles n'avaient qu'un caractère scientifique et l'heure du partage n'avait pas encore sonné... Cependant, lorsque que l'Amérique se repliait sur elle-même selon la doctrine de Monroe : *« l'Amérique aux Américains ! »* ; pendant que l'Australie était aux mains des Anglais, l'Asie au pouvoir des chefs qui s'étaient opposés jusque-là avec succès à la mainmise sur leurs territoires, les puissances de l'Europe s'intéressaient à l'activité coloniale en Afrique — cfr ce slogan *« Amerka den Amerikanern, Afrika den Europäern »* in Mutombo, o. c., p. 77. Cet intérêt s'inspirait de considérations diverses tantôt politiques, tantôt religieuses et humanitaires. Ces dernières furent largement évoquées et si, sans doute, elles pouvaient servir de faciles prétextes, le sort réservé aux Indigènes par les négriers était tragique et digne de pitié !

Bien qu'en pleine efflorescence, l'Angleterre est la première à supprimer la traite en 1807 et, à sa demande, le Congrès de Vienne (1815) la condamna, mais pour satisfaire l'Espagne et le Portugal, ne l'abolit pas. (Le capitaine Tuckey, estimait encore à 2000 le nombre d'esclaves embarqués chaque année, dans le Bas-Congo vers les deux Amériques). En outre, malgré les conventions conclues entre les pays sur le droit de visite, devant améliorer la situation, un bateau négrier est capturé en 1808 sur la côte occidentale de l'Afrique, et la traite continua à fleurir dans le Nord et à l'Est africain (10 000 Nègres enchaînés prenaient chaque année le chemin de Zanzibar).

Ce commerce honteux était exercé par les Arabisés, métis d'Arabes et d'Indigènes dont certains étaient parvenus à constituer des véritables Etats sur lesquels ils régnaient par la terreur.

Tippo-Tip, fils d'un marchand demi-sang de Zanzibar et d'une esclave noire exerçait la souveraineté sur 30 à 40 000 Noirs et ne cessait d'agrandir son territoire. Déjà en 1867, il s'était fait nommer gouverneur de Kasongo par le sultan de Zanzibar et plus tard, il établit son quartier général à Nyangwe d'où son activité s'étendit jusqu'à la vallée du Lomami… L'Angleterre est allée même jusqu'à conclure un traité avec le sultan de Zanzibar, mais en vain… La traite subsista… et nous verrons plus loin **Ngongo-Lutete** dans le Nord du Kasayi, au service de ce Tippo-Tip…

Mais en plus de ces considérations ci-haut citées, il y en avait plus et d'ordre économique. L'Algérie, le Sénégal et le Gabon relevaient de **la France** ; **l'Angleterre** avait quelques points sur la côte de Guinée, le Natal ainsi que la colonie du Cap ; et **le Portugal** administrait l'Angola et le Mozambique. Ces trois métropoles tiraient profit de leurs possessions africaines. Et pendant que la république des Boers (au nord du Cap) ; l'Orange Free State ; le Transvaal ; Zanzibar ; le Maroc ; l'Abyssinie et le Libéria étaient des états indépendants, d'immenses territoires gardaient leurs secrets millénaires. Les chancelleries d'Europe eussent été étonnées si on leur avait dit que, moins de dix ans plus tard, le sphinx congolais aurait trouvé son Œdipe en la personne du monarque d'un des plus petits pays d'Europe.

2. La Belgique en quête de colonies

Vers la moitié du XVe siècle, Jacques de Bruges s'embarque pour le Portugal. Une violente tempête lui fait perdre la direction de ses navires et il échouera dans les îles Açores. Il se fera octroyer l'île de Terceira puis disparaîtra à la faveur des caprices des mers... Henri le Navigateur disposera de l'île alors que les Flamands, sous les ordres de Guillaume Van der Haegen, iront occuper l'île voisine de San Yorge et que Philippe le Bon obtiendra en 1466, la cession des îles Açores qui déçurent le grand Duc d'Occident (parce que, à cette époque, on n'attendait des terres lointaines que profits immédiats). Les Portugais les reprendront alors.

En 1624, quelques artisans et agriculteurs Wallons, sous la conduite de Yesse de Forest d'Avensnes s'installent à l'embouchure de l'Hudson et nomment cette bourgade « Nouvelle Belgique ». Noyée sous le flot successif des Hollandais, puis d'Anglais, elle devint Niew Amsterdam et finalement New York. Au siècle suivant, un groupe de marchands et d'aventuriers Ostendais, fascinés par les dividendes fabuleux que distribuait l'Oost Indische Compagnie d'Amsterdam arma un vaisseau « Le prince Eugène » en vue d'établir des comptoirs près de Canton... Une série de comptoirs furent créés. En 1725, il n'y résidait pas mois de 9000 familles belges... Mais en juillet 1731, la Compagnie cessa d'exister. L'union « intime et complète » de la Belgique à la Hollande donna aux deux pays un essor économique tel que personne ne songea à d'autres colonies que celles que possédait le Royaume des Pays-Bas, mais il n'en fut plus de même quand le jeune royaume (la Belgique) a eu à faire ses premiers pas dans la voie de l'indépendance si longtemps désirée.

Oui, le brusque essor du machinisme se révéla, surtout dans les années 1840 – 1850, à bien d'égards, désastreux : les tissus anglais fabriqués à la machine, envahirent le marché belge. Pour lutter contre cette concurrence, l'on comprima les salaires ; ce fut le paupérisme et c'est en vain que l'on essaya d'y porter remède par des traités de commerce... Il fallait trouver autre chose : donner aux Belges une colonie qui leur assurât le pain quotidien et gardât le profit de leur travail... Léopold 1er, roi des Belges (lié à la couronne d'Angleterre de par la princesse Charlotte) avait pris connaissance de l'intérêt que portaient les Britanniques à leurs territoires d'outre-mer. Il s'intéressa tour à tour :

— à la Nouvelle-Zélande (où le Baron Charles de Thierry s'était créé dès 1823, un domaine) ;

— à la Côte d'Or, dont il prit des renseignements (1837-1838) sur les possibilités d'y créer un établissement auquel s'opposa le ministre Lierde ;

— à l'Abyssinie, qu'explora le consul général de Belgique à Alexandrie en août 1840 ;

— au Guatemala, dont la concession de Vera-Paz aura amené le Comte de Hompesh à fonder à Bruxelles (en décembre 1841), la *Compagnie belge de Colonisation* ; 8 à 900 colons belges s'établissent à Santo Thomas dans le golfe de Honduras, mais sans succès à cause de l'inexpérience des colons, la médiocrité de leurs ressources et l'inclémence du climat…

Cette même année, le Roi ratifia les statuts de la *Société belge brésilienne*, créée à l'initiative d'un ancien officier supérieur du Génie, en rapport avec une concession de 10 000 Km2 sur le Rio Itajahy. Par après, une série d'occasions s'offrirent à Léopold 1er : il aurait pu acquérir l'île de Paris près de Cuba ; l'île de Cozumel près du Yucatan (dans les Petites Antilles) ; l'île de Saint Barthélemy (1845) ; l'archipel de Nicobar (1848), mais le ministre refusa chaque fois de le suivre. En effet, le Roi se heurta à deux obstacles de taille :

— la mentalité casanière de trop nombreux Belges, et

— le refus du parlement (ici le parlement est pris dans son contexte qui l'honore, pas comme chez nous où cet organe délibérant, détenant un pouvoir pourtant, s'est fait longtemps marcher ! Ils sont excusables, cela vient de très loin… l'impréparation…)…

Mais Léopold II, alors qu'il était encore Duc de Brabant[38] n'avait pas caché l'intérêt qu'il portait aux pays d'outre-mer susceptibles de donner un jour à la Belgique une expansion qu'il jugeait indispensable. Devant les Sénateurs le 29 décembre 1855, il prononce ces étranges paroles : *« Une nation jeune comme la nôtre doit être hardie... et confiante en elle-même ! »...* Pareillement, pourquoi **Kananga** et pourquoi le **Kasayi** ne le seraient-ils pas aussi ? Devons-nous nous poser aussi la question !... Le Duc renchérit : *« ... Nos ressources sont immenses, je ne crains pas de le dire... »*

Oui les nôtres, celles de Kananga, celles du Kasayi aussi : capital humain comme capital nature ; il ne manque que finances et volonté politique… Il continuera en ces termes : *« ... nous pourrons en tirer un parti incalculable ; il suffit d'oser pour réussir ».* Cette interpellation ne nous concerne-t-elle pas aussi ?... Kananga osez !... Kasayi osez donc également…. Pourquoi pas !... Le Duc ira ajouter : *« C'est là un des secrets de la puissance et la splendeur dont jouirent pendant plus d'un siècle nos voisins du Nord : les Provinces unies. Nous possédons sans aucun doute autant d'éléments de succès... »* Et il terminait :

---

[38] Brabant : une des provinces de la Belgique. Une Avenue au Quartier Katoka II à Kananga (Quartier qu'a habité avant l'Indépendance Mukenge Shabantu — premier Gouverneur du Kasaï — a porté le nom de Brabant. Les Avenues dans ce Quartier ont eu pour noms entre autres : Anvers, Bruges, Bruxelles, Ixelles, Namur, Ostende (ancienne Avenue de Shabantu — présentement c'est l'Av. Okito — en mémoire de l'un des deux compagnons de Lumumba, assassinés avec lui en janvier 1961 au Katanga). L'actuel **Mapangu**, jadis grande agglomération industrielle, avec ses Huileries dites « Huileries (du Congo Belge — H.B.C.) », à 44 Km d'Ilebo (présentement sous l'Administration de Tshikapa), s'est fait appeler **« Brabanta ».**

« *... pourquoi nos vues porteraient-elles moins haut ? »...* A nous de nous poser aussi cette question : **Pourquoi les vues de nos contrées porteraient-elles moins haut ? ...**

Le 17 février 1860, le Roi incitait ouvertement à la colonisation et le 22 décembre, il précisait : « Tout ce que je demande à la nation, et uniquement dans son intérêt, c'est d'épier le moment favorable ; c'est de se mettre en état... si la fortune lui fait des avances... les saisir au bond... Si cette politique d'observation intelligente et de préparation à l'action, que je recommande au pays pour l'avenir avait prévalu dans le passé, nous aurions déjà de belles possessions d'outre-mer ». Ces idées trouvèrent un écho dans le *Journal de l'Armée belge*. L'auteur de l'article était un capitaine du génie, Henri Alexis Brialmont, le dessinateur des Forts de Liège. En outre, un haut fonctionnaire des Affaires étrangères, baron Lambermont[39], avec qui le prince Léopold entretenait d'excellentes relations, avait déjà remarqué un livre publié l'année précédente : « Complément de l'œuvre de 1830 » dans lequel le même auteur exposait sous l'anonymat, que si la génération de 1830 avait achevé la formation de la Belgique, il incombait à celle qui la suivait de lui donner une organisation économique...

N'incombe-t-il pas à la génération présente ainsi qu'à celle à venir de redorer Kananga, de positionner nos contrées, de positionner le Kasayi dont l'image est ternie ?...

Et en rapport avec cette recommandation, il fallait créer une flotte marchande et assurer un champ d'expansion. L'on ne proposait rien de moins à cet effet, que de participer, aux côtés de l'Angleterre et de la France, à la guerre contre la Chine... Le prince y avait fait un voyage... et il espérait que la Belgique, en raison même de sa médiocre puissance militaire — comme c'est le cas pour notre pays présentement — y obtiendrait des concessions plus aisément qu'un grand pays. C'est pourquoi il envisagea avec faveur le départ pour la Chine d'une expédition franco-belge. Plus tard il fit étudier un plan de concession de l'île Formose. Mais ces projets n'aboutirent pas. Il fut question ensuite d'acheter les îles Fidji et de coloniser les Nouvelles Hébrides auxquelles on joindrait les îles Salomon, mais rien ne fut fait... Un autre projet plus avancé, visait les îles Philippines.

Déjà en 1840, des capitalistes belges avaient conclu un accord préliminaire — (vous voyez, comment, des dignitaires, pour ne citer que le futur monarque ainsi que les opérateurs économiques de sa patrie se dressent comme un seul homme et se coupent en quatre, à la recherche du bien-être des leurs) — avec le gouvernement espagnol, au terme duquel celui-ci leur empruntait 50 millions de francs et leur donnait en échange le monopole de

[39] Lambermont : l'actuelle Avenue Bena-Dibele, dans la Commune et Ville de Kananga, a longtemps porté le nom de ce Baron belge.

commerce et le droit de disposer des ressources de ces îles. Mais les Cortès n'ayant pas ratifié cet accord, on s'en était tenu là... Alors que, en 1859, les concessions européennes se multipliaient en Chine, le gouvernement et l'opinion publique belges affichaient une attitude timorée. C'est donc plein de rage probablement que *prins Leopold, Hertog van Brabant* (Prince Léopold, Duc de Brabant), le futur Roi offre en 1860 au ministre des Finances W.F. Orban, une plaque de marbre (ramenée d'Athènes) sur laquelle étaient gravés ces quelques mots :

''België moet kolonie hebben'' = ***« Il faut à la Belgique une colonie »...***

Monté sur le trône en 1865, Léopold II se sent enfin en position de force. Il tente d'acheter une partie importante des Philippines aux Espagnoles (pour la culture du tabac), mais cela n'aboutira pas. Puis, il s'informe discrètement si en Afrique, il n'y a rien à faire...

Cette occasion de s'occuper de l'Afrique lui est offerte sous forme d'une invitation à une conférence internationale organisée par la Société Géographique de Paris. Il y envoie le Baron de Borchgrave. Celui-ci informe le roi des multiples rivalités qui existent entre explorateurs et sur le caractère sauvage de leurs actes. Il lui fait également part de l'existence d'immenses territoires et compagnie sans idées aucunes de progrès humanitaire ou scientifique. Voilà alors Léopold II à Londres où il rencontre, Verney Cameron. Celui-ci entretient le roi des Belges de la beauté des paysages du Katanga et du **Kasayi**...

Le Roi se détourne alors de l'Asie et porte ses regards du côté de l'Afrique... Ce changement d'orientation est dû peut-être à un autre de ses collaborateurs, **Emile Banning.** (Celui-ci, bien qu'homme de petite taille, s'était fait remarquer par Charles Rogier, ministre des Affaires étrangères qui l'attacha à son Département).

En 1876, Banning écrit trois articles dans *l'Echo du Parlement* sur les explorations africaines. L'un des articles finissait par ces mots aux accents prophétiques :

« Le désert livre ses secrets ; le grand mystère de l'Afrique intérieure se révèle de jour en jour, aucun insuccès partiel, aucun désastre particulier n'arrêtera désormais l'élan ; une génération ne s'éteindra pas que le voile ne soit levé et la lumière faite. Or la conquête de la science devient promptement celle de la culture morale et intellectuelle, de l'industrie et du commerce. Comme l'Amérique et l'Australie, l'Afrique a certes son jour marqué dans les desseins de la providence ». Amen et gloire à Dieu !...

Je crois à cette prophétie et invite mes concitoyens d'y croire fermement. Nos contrées, comme le reste du pays, ont leur jour marqué dans les desseins de la providence... Aussi, Banning avait-il renchéri en ces termes : *« ... et des symptômes semblent annoncer que ce jour est proche ».* Ce fut alors le 15 février 1876...

Dès lors, les efforts du Roi s'orientèrent définitivement. C'est l'Afrique qui serait le champ d'action de sa volonté de puissance. Il était cependant un point sur lequel les idées de Léopold II ne s'accordaient point avec celles de Banning. Celui-ci était un idéaliste et tenait en piètre estime les nécessités de l'action et les détours de la diplomatie : la Belgique, au su de tous devait sans le cacher, se créer une colonie au cœur de l'Afrique. Cela était une chose. Mais, ne tenir compte ni de l'opinion publique, forte peu portée aux choses coloniales ni aux ambitions parallèles des autres nations, était une autre chose. Et Lambermont lui, était qualifié pour recevoir certaines confidences, telle cette lettre dans laquelle, au début de son règne, le Roi révèle sa pensée :

« Il ne faut pas compter sur l'intervention directe du gouvernement (ici nos contrées doivent arriver à cette même conviction, pourquoi pas, lorsqu'on sait que souvent, tout « Plan directeur » ne fait mention d'elles !) ; *« ... ses idées* — entendez le gouvernement — *lui interdisent tout secours pécuniaire »* (avait ajouté le Roi). Et le monarque de terminer : *« ...nous devons tenir compte aussi de la jalousie des puissances. En conséquence, une société composée en majorité des capitalistes belges, ayant son siège chez nous, devient un être impersonnel et universel, qui peut tout tenter et tout espérer. »*[40] Voilà aussi une exhortation pour nous !...

3. Association internationale africaine (A.I.A.)

3.1. Genèse

Quelques mois après la publication des articles de Banning, le Roi invita les explorateurs des différents pays à se réunir à Bruxelles en une « Conférence géographique » aux fins d'étudier les résultats obtenus dans la découverte de l'Afrique, et de préparer une collaboration plus étroite. Et le Roi insista, pour n'inquiéter personne, sur le caractère scientifique et humanitaire de la Conférence. Dans son discours d'ouverture, le Roi invite d'emblée l'assistance à applaudir à ses propositions.

« Ouvrir à la civilisation cette partie du globe où elle n'a pas encore pénétré et en même temps lutter contre les trafiquants d'esclaves... » — avait dit le Roi — constituaient d'excellents prétextes pour organiser une Conférence géographique à Bruxelles, du 12 au 14 septembre 1876. Les pays invités y avaient envoyé des représentants les plus distingués, entre autres :

— le Baron Von Richthofen, président de la Société de Géographie de Berlin et les Explorateurs Nachtigal et Schweinfurt, pour l'<u>Allemagne ;</u>

[40] Cf. Liebrechts, cité par Léon Goffin, « Histoire du Congo-Belge » in Encyclopédie du Congo-Belge, T.1. p.13.

— Sir Rutherford Alloc, président de la Société Royale de Géographie et les Explorateurs Cameron, Grant ainsi que Sir Bartle Frere (Vice-président du Conseil de l'Inde), pour l'Angleterre ;

— le Vice-amiral Baron de la Roncière-le-Noury (président de la Société de Géographie de Paris), l'Explorateur Marquis de Compiègne, Duveyrier (le célèbre anthropologue), Quatrefages de Bréau et Ferdinand de Lesseps, pour la France ; et

— Lux représenta l'Autriche.

Et le monarque avait renchéri en ces termes ; « … percer les ténèbres qui enveloppent des populations entières, c'est, j'ose le dire, une croisade digne de ce siècle de progrès… »

» Messieurs, parmi ceux qui ont le plus étudié l'Afrique, bon nombre ont été amenés à penser qu'il y aurait avantage, pour le but commun qu'ils poursuivent, à ce que l'on pût se réunir et conférer, en vue de régler la marche, de combiner les efforts, de tirer parti de toutes les ressources, d'éviter les doubles emplois ».

Les fils de nos contrées ne sont-ils pas aussi appelés à se réunir et conférer — à se concerter, par rapport à certaines thématiques[41] — en vue de combiner les efforts, de régler la marche de la province ?... Et le Roi d'avoir continué : « Il m'a paru que la Belgique, Etat central — (tels Kananga et **le Kasayi** qui occupent le centre du pays et de ce fait, doivent devenir incontournables, doivent compter avec et comme les autres entités, « Etat central et neutre » disait le Roi) — serait un terrain bien choisi pour une semblable réunion, et c'est ce qui m'a enhardi à vous appeler tous ici, chez moi, dans la petite Conférence que j'ai la grande satisfaction d'ouvrir aujourd'hui.

Ai-je besoin de dire qu'en vous conviant à Bruxelles, je n'ai pas été guidé par des vues égoïstes ? Non, Messieurs. Si la Belgique est petite, elle est heureuse et satisfaite de son sort. Mais je n'irai pas jusqu'à affirmer que je serais insensible à l'honneur qui résulterait pour mon pays de ce qu'un progrès important, dans une question qui marquera notre époque, fût daté de Bruxelles ! Je serais heureux que Bruxelles devienne, en quelque sorte, le quartier général de ce mouvement civilisateur » — **Wewe muena**

---

[41] Nous approuvons le programme du « Conclave du Grand Kasaï » qui s'est tenu du 1er au 2 mai 2015 en la salle du Collège Boboto à Kinshasa/Ngombe (nous y avons été présents), programme qui s'est articulé sur les thèmes que voici : « Leçon publique sur ''l'identité linguistique kasaïenne, face à la diversité culturelle du Grand Kasaï'' – forces et pesenteurs (développé par le professeur Kambayi Buatshia ; « Décentralisation et Découpage territorial, cas de 5 provinces de l'espace Grand Kasaï - enjeux et perspectives » (développé par le gouverneur honoraire J. Makolo Jibikilayi) ; « De la problématique de l'énergie et de l'industrialisation du Grand Kasaï » (Prof. Mupinganayi Kadiakuidi) ; « Des infrastructures routières et du Désenclavement du Grand Kasaï » (ADG Victor Ntumba) ; « Des enjeux électoraux 2015 et 2016, dans le Grand Kasaï » (aspect scientifique et politique : Professeur Jean Louis Esambo — aspect technique et organisationnel : Honorable Jean Pierre Kalamba) ; et exhortons la Coordination à la matérialisation des résolutions du Conclave.

KANANGA, wewe muena KASAYI, diumvuila mudi Mutanda wa Bena Belege uteesha kuabo !... (Traduisez : toi de Kananga, toi du Kasayi, vois combien le Roi exalte sa terre natale !)... Nous avions salué la descente à Kananga de certains d'entre nous dit « notables » vivants à Kinshasa — dans la suite du Premier-vice E. Shadari — et aimerions voir ces fils du terroir faire des sentiments du roi les leurs !... Puisse KANANGA — au centre de ce grand KASAYI — devenir et rester un forum des fils et fils du KASAYI, même après morcellement dit « découpage » en provincettes, où ils viendront discuter et préciser en commun les voies et moyens pour faire du grand KASAYI, chez vous, une fierté !...

« Nyunga diakuile, ne kudiakuile, utakabomba ! » (proverbe Tshiluba)**;**

« Ya totosho awene mbe wabe ya totosho ubua buak (a) « (proverbe Lèlee). Ces deux citations en langues locales du Kasayi se résument en : « **(Levons-nous !)... Lève-toi pour bâtir !... Quelqu'un d'autre ne le ferait à ta place !** »...

Le monarque ira terminer en ces termes : « Je me suis donc laissé aller à croire qu'il pourrait entrer dans vos convenances de venir discuter et préciser en commun avec l'autorité qui vous appartient, les voies à suivre ; les moyens à employer, pour planter définitivement l'étendard de la civilisation sur le sol de l'Afrique centrale... »[42]

Dès lors, la pensée profonde du Roi était sans contexte, de donner une colonie à la Belgique. Les discours du Duc de Brabant ; le don qu'il avait fait à Frère Orban d'une pierre rapportée d'Athènes, sur laquelle il avait fait graver : « ***Il faut une colonie à la Belgique*** » ; son activité ultérieure, tout porte à le croire. Aussi, cela ne permet-il cependant pas de mettre en doute ses intentions humanitaires qui allaient pouvoir mettre un terme aux maux dont souffraient les Indigènes... Après délibération, l'on se mit rapidement d'accord sur la création des postes, qui auraient un triple caractère : hospitalier ; scientifique et humanitaire. En effet :

— ces postes fourniraient aux explorateurs un refuge en cas de maladie ou de danger et leur procureraient des approvisionnements nécessaires ;

— ces postes serviraient de centres d'études du climat ; du sol ; de la population, etc., et enfin ; ces centres poursuivraient un but humanitaire en devenant des centres de rayonnement de civilisation et de répression de la traite.

Aussi, la délimitation du territoire à exploiter a-t-elle été tâche plus ardue. Toutefois, le projet présenté par Mr. De Semenov, le délégué Russe, proposant de favoriser l'exploration des parties inconnues du centre africain — par la création de postes à Bagamayo près de Zanzibar, et à Loanda d'abord ; à l'intérieur des terres ensuite (le long de l'itinéraire de Cameron,

---

[42] Extrait de la Conférence Géographique de Bruxelles (p. 4) in Encyclopédie du Congo Belge, o. c., p. 14.

notamment à Udjidji et Nyangwe) — fut retenu. Mais on émit le vœu de relier, autant que possible, ces stations entre elles.

3.2. Création de l'Association Internationale Africaine

Pour activer les recommandations ci-dessus retenues, la Conférence décida de la création d'une Association qui prit le nom d'« *Association Internationale Africaine* ».

Celle-ci comprendrait :

1) une ''commission internationale'' réunissant des Sociétés de Géographie qui agréeraient le programme de l'Association, avec deux membres délégués par chaque comité national ;

2) un ''comité exécutif'' composé d'un président et de quatre membres, auquel incombe le soin de diriger les entreprises et les travaux de l'Association. Léopold II est proposé à la présidence pour une durée de un an.

4. Le comité d'études du Haut-Congo

Plus question ici d'œuvrer à l'idéal humanitaire, mais bien de mettre sur pied une entreprise basée sur les affaires : il faut créer des comptoirs commerciaux et veiller à leur rentabilité. Des intérêts anglais, hollandais et belges y sont présents, et des banquiers proches du souverain tels Brugman, Goffin, Bischoffsheim, participent à l'apport des fonds. Le capital de cette « Société en participation » a été fixé à un million de francs, représenté par des parts nominatives de 500 francs. Sous le nom du Baron Lambert, son banquier, le Roi souscrit pour plus d'un quart du capital, et une société hollandaise s'engage pour 130.000 francs (l'*Afrikaansche Handelsvereeiging*)…

Les relations avec les Indigènes et la recherche des richesses minérales et végétales du pays étant désormais les buts fixés, le transport de ces richesses vers la côte atlantique devenait une préoccupation… Outre l'étude approfondie des problèmes de navigation sur le fleuve et ses affluents, le Comité s'assignait l'étude des possibilités de relier le Haut et le Bas-Congo par une voie de communication, et d'amorcer un mouvement commercial suffisamment important pour assurer la rentabilité d'une société de transport (tarification à la tonne/km...). C'est la première fois que l'on parla de créer un chemin de fer. En décembre 1878 et janvier 1879, tout fut mis au point : les plans définitifs adoptés et les instructions données à Stanley qui venait de s'engager, dès ce moment, par un contrat spécial à rester au service du Roi. Et la discrétion devait être de mise. (Pendant cinq ans ; ceux qui se mettaient au service du comité devaient s'engager, par écrit, à garder le secret…).

Le 14 août 1879, Stanley est à Banana où il prendra livraison d'une flottille démontable apprêtée par les membres de l'expédition. Le 22 août, la flottille arrive à Boma, à la grande surprise des seize Européens de diverses factoreries (anglaise, française, portugaise et hollandaise) qui craignaient, non tant la concurrence que l'instauration d'un pouvoir régulier et ses servitudes… Stanley remontera alors le fleuve jusqu'aux limites possibles de la navigation et atteint Vivi, presque en face de Matadi, en septembre. Stanley y aménage, sur un plateau dominant le fleuve, l'emplacement du premier Poste que le chef local lui avait cédé contre une somme de 800 francs et une indemnité de location mensuelle de 50 francs. Lorsque les Indigènes verront Stanley apprendre à ses hommes le maniement du marteau à deux mains, les Indigènes le nommèrent « Boula-Matari » — *Mbulamatadi* (en Tshiluba) — vocable qui incarnera et symbolisera depuis, l'Administration, le Pouvoir, l'Etat.

Le 21 février 1880, Stanley quitte le joli petit village (aux maisons de tôles amenées de Belgique) qu'il venait de créer… La tâche la plus ardue commençait : la construction de la route des caravanes. Elle fut entamée le 25 mars et quelle pénible entreprise ! Il a dû falloir escalader des collines, traînant « le Royal » et le « En-Avant » montés sur chariots (200 à 300 Indigènes étaient à la besogne)… ! Stanley, pour se reposer, dresse un camp à Nyongena, d'où il apercevait les chutes d'Isangila…

Dans cette même période — fin des années dix-huit cent septante et début quatre-vingts — le Comte Pierre **Savorgnan de Brazza**[43] (Italien naturalisé Français) qui s'est approché du Congo par le Nord, après avoir remonté l'Ogoué depuis son embouchure au Gabon et exploré son bassin avec la découverte de l'Alima et la Licona (autres affluents du Congo), apparaît devant Stanley le dimanche 7 novembre 1880… Cet explorateur est au cours de son séjour en Europe, invité aussi par Léopold II à se mettre à son service. En plus, Léopold II propose au comité français de l'A.I.A. de confier à Brazza une expédition sur le bassin de l'Ogoué, semblable, disait-il, à celle de Stanley sur le Congo, avec le même but scientifique et philanthropique.

Brazza qui semblait se méfier, accepte tout au plus d'accompagner le chef de cette expédition, Mizon, pour choisir l'emplacement des deux Stations, l'une sur le Haut-Congo, l'autre sur l'Ogoué. Il put ainsi sans éveiller trop de méfiance, planter le drapeau français au Stanley-Pool. C'est ce qu'il annonce à Stanley ce dimanche 7 novembre. Voilà Stanley battu de vitesse et, par sa faute, car les avertissements ne lui ont pas manqué : à différentes reprises, le colonel Strauch, qui a eu vent du plan de Brazza, a mis Stanley en garde contre la réalisation de ce plan particulièrement dangereux, qui risquait de couper la voie à l'expédition du Comité d'Etudes… Heureusement, Savorgnan redoutera de franchir le mont Ngoma

[43] Brazza, ce nom sera donné à la Ville devenue la capitale de la République sœur d'en face.

au pied duquel la route s'arrêtait, en estimant que cela lui prendrait six mois. Il prend alors congé de Stanley qui lui, trouvera la solution la plus simple.

En effet, au lieu de faire grimper la route, il fait suivre le bord de la montagne sur des rochers qu'il avait fait ébouler dans le fleuve, si bien que le 21 février 1881 le drapeau bleu à étoile d'or flottait à **Isangila**. La direction de ce deuxième Poste est confiée au lieutenant Valcke,[44]qui, avec le capitaine Charles Marie Braconnier[45] et le lieutenant Harou, aura rejoint l'expédition en 1880. De là, il restait à Stanley 153 km à parcourir pour atteindre Stanley-Pool. La route jusque-là avait été construite sur la rive droite. Puisque les Français l'occupaient, il fallait l'établir sur la rive gauche. En novembre 1881, la caravane atteint une corniche surplombant un vaste élargissement du fleuve avec une plaine avoisinante : le « Stanley-Pool »… et plusieurs chefs se prétendaient souverains sur le territoire… Stanley parvient — malgré les intrigues de l'astucieux sergent Sénégalais Malamine, préposé par Brazza à la garde du « *Stanley-Pool* » où flottait le drapeau français — à obtenir le terrain nécessaire pour fonder la Station… Celle-ci prendra le nom de **Léopoldville**, en amont des cataractes.

Stanley aura usé de l'argument de poids qui était sa flottille, rapidement amenée et remontée à Léopoldville, pour faire comprendre qu'il avait la maîtrise des eaux et que ce drapeau (français) devait se contenter de l'autre rive, celle où naîtront plus tard « Brazzaville » et le Congo-français (proclamé avec le Gabon, souveraineté française, par Brazza)… **Chaque contrée a sa genèse… Le Kasayi, Kananga et chacune de nos contrées ont la leur, pourquoi pas !...**

Ensuite, Stanley remonte le fleuve sur l'« En-avant » et crée un poste à M'Suata, sur le territoire du chef Gobila (dont le nom sera donné au Beach du même nom, bien connu des Kinois, particulièrement ceux qui passent par là pour emprunter la vedette vers Brazza et retour).

En avril – mai 1882, Stanley remonte de nouveau le fleuve Congo, le Kwa et Fimi (affluents de notre **Kasayi**) ; et fait le tour du Lac Léopold II (l'actuel Lac Mai-Ndombe, en juin 1882). A bout des forces et handicapé par les fièvres, Stanley devait quitter Vivi le 15 juillet 1882, pour rentrer en Europe. Le Dr Eduar Pechuel Loesche, un Allemand, dépêché par le Roi inquiet de l'intrusion de Brazza sur le Stanley-Pool, prend les pouvoirs de Stanley… Le 14 septembre 1882, le Dr reçoit du Roi une lettre d'instructions contenant une coupure du « *London Times* », traitant des accords conclus par la « *British North Borneo Company* » avec les sultans de Brunei et Sulu, aux termes desquels ceux-ci cédaient à cette Société des droits de souveraineté sur des larges territoires. Pechuel devait suivre cet exemple au Congo. Et

---

[44] Ancien nom de l'actuelle Avenue de la Justice dans la Commune de la Gombe à Kinshasa.

[45] Nom donné au site comprenant l'Ambassade de la Belgique (en train de se délocaliser), les Galeries présidentielles, etc.

pour faire œuvre utile, il était indispensable de créer un Etat indépendant qui aurait son propre drapeau…

En Belgique cependant, cette nouvelle orientation restait ignorée. Et comme le Comité d'Etudes ne fonctionnait plus depuis deux ans, et que l'*Afrikaansche Handelsveeiging* ou l'Association Commerciale Africaine (aux capitaux hollandais) — l'un des souscripteurs avec l'Entreprise anglaise « Hutton » pour la construction de la ligne entre le Haut et le Bas-Congo — était déclarée en faillite, cela devenait un prétexte pour Léopold II de proposer aux souscripteurs, la dissolution du Comité d'Etudes. Celle-ci eut lieu le 17 novembre 1879, selon les modalités qui donnaient d'amples satisfactions aux souscripteurs. Cependant, le Roi qui a continué à se servir du nom du Comité d'Etudes[46], finira par fusionner cet organe avec l'A.I.A., pour donner naissance à une nouvelle structure, l'« A.I.C. ».

5. Association internationale du Congo

Pour des raisons politiques et diplomatiques, et afin de ne pas trop donner l'impression qu'il s'agissait là d'un simple relai des volontés du Roi, cette nouvelle Association -- fusion du Comité d'Etudes et de l'A.I.A. -- prit l'appellation de « Association Internationale du Congo », A.I.C. Ce fut un enfant naturel dont on dut admettre l'existence, mais dont personne n'aurait pu et ne peut préciser l'origine ni la date de naissance. L'Association prit comme symbole le drapeau bleu étoilé d'or. Un nouvel « Etat » se formait… Le roi s'entoure des conseillers dévoués à sa cause tels : le colonel Strauch, confident à la fois du Roi et de Stanley et Auguste Beernaert, un ministre d'envergure ; et surtout de celui qui devient le véritable bras droit du Souverain dans son œuvre coloniale, le capitaine Thys[47] ainsi que le baron Lambert (banquier).

Ce qui était la structure et les Statuts de cette A.I.C., on ne saurait le dire ; les archives sont muettes... Sans doute, le Roi aurait pu dire : « l'A.I.C., c'est moi », mais tous ces efforts tendaient à éviter que ce mot fût dit ; le secret étant une des conditions du succès… Or, que des prétentions territoriales ! Ce fut le symptôme de l'heure : toutes les puissances (européennes) ne s'adonnaient qu'à affirmer leurs droits physiques sur le plus de territoires possibles, et pour cause, l'étendue des richesses de cet immense bassin du Congo !... Et le bruit qui se fit, surtout à la Chambre et dans la presse française autour de la rencontre Stanley - Brazza et de leur différend latent, avait déjà éveillé l'attention du Portugal.

---

[46] Cf. Thomson, R.S. Fondation de l'Etat Indépendant du Congo, p.74 (Histoire du Congo), Encyclopédie de C.B.,

[47] Albert Thys : Une ville du pays a été longtemps appelée Thysville, c'est l'actuelle Mbanza - Ngungu, dans le Bas - Congo, sur la route vers Matadi, Inga, Boma, Moanda.

Celui-ci, invoquant des « droits historiques », s'avisa soudain d'une prétendue intrusion sur son domaine. Luciana Cordeiro, le bouillant Secrétaire de la Société de Géographie de Lisbonne se fit le champion des prétentions de son pays. Le 13 octobre 1882, il adressait une lettre au colonel Strauch dans laquelle il posait trois questions embarrassantes, destinées à lui faire avouer un but politique. La réponse de Strauch sera évasive et habile (comportement qu'incarnent ou affichent certains acteurs — diplomates et hommes politiques — qui font appel à la ruse ; au camouflage ; aux figures de style dont le conditionnel, pour atteindre leur but ; nous recommandons de lire à ce propos, Mulumbati Ngasha[48], qui a traité de ces moyens d'action).

Dès novembre 1882, le Portugal prend contact avec l'Angleterre en vue d'obtenir qu'elle reconnaisse ces prétentions sur l'embouchure du fleuve Congo. Si ses démarches aboutissaient, l'œuvre du Roi était compromise. Et comme ces prétentions portugaises n'étaient pas ignorées du Roi, ni la volonté Française de s'implanter dans les régions explorées par Savorgnan de Brazza — (les Français, forts d'un accord passé entre Savorgnan et un chef indigène, affirmaient être en droit d'occuper ces régions) — et, qu'en outre, dans son souci d'assurer aux immenses territoires de l'intérieur un accès à la mer, le Roi devait agir et agir vite... Il devenait alors urgent de mettre à exécution le plan (déjà conçu) d'occupation de la région du Niari-Kwilu. C'est à la fois parer la menace portugaise et menacer l'entreprise française (afin de limiter son influence dans cette zone s'étendant de Léopoldville à l'Atlantique et proche de celle déjà visitée par Savorgnan). Et des instructions formelles sont données à Stanley pendant son séjour à Bruxelles, instructions conformes au programme, cette fois, ouvertement politiques. Stanley s'embarque en grand secret sur un navire qui, par surcroît de précaution fut repeint et rebaptisé en pleine mer !

Le 20 décembre 1882, Stanley retrouve Vivi atteinte d'une maladie pire que les fièvres tropicales : la désorganisation. Notez que Pechuel, qui s'était avéré incapable de poursuivre l'entreprise et étant convaincu que la situation était perdue, s'en était retourné en Europe... A Léopoldville non plus, tout n'était pas parfait. Le « En-avant » était en panne et Ernest **Kallina**, lieutenant autrichien — (l'épouse du roi Léopold II, Marie-Henriette de Habsbourg, était autrichienne ; c'est qui explique la présence notable des Autrichiens dans les expéditions au Congo'' nous apprend Clémént Mutombo dans son « Histoire germano-congolaise », p. 85) — ira se noyer, avec porteurs et matériel, lorsqu'une des pirogues du chef indigène Ngobila où il s'était embarqué heurtera (dès qu'il s'était mis debout pour dire au revoir à Grang Chef de Poste de Léopoldville), les abords de la pointe de la

[48] Mulumbati Ngasha, Introduction à la Science Politique, Ed. Africa Kinshasa- Lubumbashi, 1977, pp. 56-63).

Gombe ! Ce fut le 23 décembre 1882 ; l'endroit fut baptisé « *Kallina Point* »[49].

Par la suite, un Belge, le capitaine Hanssens, avait repris le commandement et fait de la bonne besogne. Selon les instructions reçues de Pechuel, il remonte le fleuve ; fait signer des traités par les chefs indigènes, et a même fondé un poste à Bolobo où il a eu des relations les plus cordiales avec le chef Ibaka. Mais, comme nous le verrons plus loin, un grand chef au Kasayi aura-t-il eu lui, tord d'entreprendre des relations cordiales avec les **Pogge, Wissmann, Cambier** et autres ?...

Stanley charge aussitôt Hanssens de fonder des postes entre le Congo et le Haut-Niari ; il enjoint le capitaine anglais Grant Eliot de mettre la main sur le cours moyen du Niari-Kuilu, et le lieutenant belge Liévin Van de Velde de s'emparer de l'embouchure de ce fleuve et toute la région côtière. Cet encerclement stratégique réussit pleinement. Hanssens avait acquis par traité, la pleine souveraineté sur la région comprise entre Philippeville qu'il avait réussi à fonder et Manyanga.

De son côté, Van de Velde avait décroché deux traités lui accordant des cessions de territoires et Eliot mêmement. La partie était gagnée de justesse, malgré un crédit de 1.275.000Fr. voté fin décembre 1882 par la Chambre française, pour la création de huit stations sur l'Ogoué, l'Alima ainsi que dans la région du Niari-Kwilu depuis la côte jusqu'à Brazzaville. Le lieutenant Cordier à bord du « Sagittaire » ne put que constater, en mars 1883, que Van de Velde l'avait devancé à l'embouchure du Kwilu. Aussi, Stanley en compagnie de Van Gele, Coquilhat[50] et Roger, allait-il pousser le plus avant possible dans le Haut - Congo, en créant des stations et en acquérant la souveraineté des chefs. En outre, Stanley pouvait maintenant mettre à profit la remarque de Livingstone qu'il fit sienne : « Mouini Moukata, qui a voyagé plus loin que la plupart des Arabes, m'a dit : **'' Si l'on procède avec douceur et en parlant avec civilité, on peut passer sans danger chez les peuplades les plus sauvages de l'Afrique'' »...** '' avec douceur'' par exemple !...

Ici nous ouvrons une parenthèse : en effet, ne dit-on pas au Kasayi : « *Kanyankanya n'kena tshiaku* » ; ce qui se traduit : ''Même s'il est de taille médiocre, ce bien-(là), est à lui, il en est propriétaire''. Oui, nos contrées recèlent des potentialités ; l'Extérieur possède le savoir, le savoir-faire, la technologie et les finances. Il faut que celui-ci en arrive à négocier, mieux à coopérer, sur base d'un code minier et/ou d'investissements rédigés en bonne et due forme et non pas via des ''contrats léonins''... *« Je mange, tu*

---

[49] Kallina : l'actuel quartier résidentiel dans Gombe (cfr Collège Boboto ex Collège Albert 1er ; ex Sacré-Cœur ; la Primature, ex Clinique Danoise, etc.) a longtemps porté le nom de cet explorateur Autrichien.

[50] Son nom sera prêté à une Ville de l'Equateur : Coquilathville devenue présentement MBANDAKA, tandis que celui de Stanley sera prêté à une ville de la province Orientale : Stanleyvile l'actuelle KISANGANI.

manges » — du *''gagnant - gagnant''* n'est-ce pas ? Et non, ravir et/ou spolier ; et non de ces opérations qui ne laissent que quelques miettes tomber dans les poches d'une poignée de hauts fonctionnaires, donc non profitables à l'ensemble des autochtones ou natifs. Nous fermons la parenthèse.

Fort de la remarque de Livingstone, Stanley entre en contact avec les Indigènes pour gagner leur amitié et acquérir la souveraineté... Sur l'Equateur, au confluent du Lulonga, il crée une Station et en remet le commandement à Van Gele et Coquilhat, puis rentre à Léopoldville. Il remontera le 22 août ; passe par Kwamouth[51] créé par le lieutenant suédois Pangels, puis par Bolobo, et arrive le 1er décembre **1883** aux ''Falls''— **Stanleyville** est fondée. Le mécanicien écossais Bennie en reçoit le commandement. En janvier 1884, Stanley rentrera à Léopoldville avec 450 traités. Dans le Bas et Moyen-Congo aussi, de nombreux traités avaient été signés notamment par Alexandre **Delcommune**[52], les lieutenants Valcke et Van Kerckoven. En mai, Sir Francis de Winton, un colonel, arrive à Vivi. Stanley lui remet ses pouvoirs et rentre en Europe avec la conscience d'avoir bien rempli sa mission : une grande partie du Congo et la vallée du Niari-Kwilu inscrites à son actif. Mais en France et au Portugal, les juristes avaient trouvé le défaut de la cuirasse, dans cette acquisition des traités... Et les Français d'en conclure tout naturellement que Brazza pouvait planter le drapeau français partout où ne flottait pas celui d'un autre Etat.

Des pamphlets paraissent tant à Paris qu'à Lisbonne et en Belgique, une hostilité systématique est entretenue contre les entreprises africaines. Le Roi s'en défend en consultant deux juristes, le Professeur Arntz de Bruxelles et Sir Travers d'Oxford, qui lui donnent raison. (Des juristes très estimés ne manquent pas chez nous au pays, mais pourquoi ça ne tourne pas chez nous ? Est-ce l'impunité, l'ambiguïté de nos textes, le clientélisme, la modicité des émoluments ou honoraires ? — Une analyse à propos, dite « Les Etats Généraux de la Justice », du 27 avril au 2 mai 2015, au cours de laquelle d'imminents orateurs parmi lesquels des hommes de la loi ; hommes politiques ; hauts fonctionnaires ; Société civile et même l'Union européenne en la personne de l'Ambassadeur Jean-Michel Dumond, afin d'appeler le mal par son nom)... Revenons à notre relecture...

Aussi, avec tant d'Anglais à son service (cf. Stanley, Goldsmith, Winton et autres), le Roi, d'une part, avait un besoin plus urgent de se rapprocher de l'Angleterre, d'autant plus que la menace d'un accord de celle-ci avec le Portugal se précisait davantage et que les négociations se nouaient déjà.

---

[51] Kwamouth (littéralement : la bouche de la rivière Kwa), c'est le confluent du Kasayi et fleuve Congo.

[52] Lorsque nous sommes allés en 1966, demander la main à celle qui est devenue la compagne de notre vie et la mère de nos enfants, l'Avenue de son toit paternel, dans la Commune et Ville de Kananga se nommait Alexandre Delcommune, présentement c'est l'Avenue Katoka, depuis l'Hôtel Musube jusqu'au Guest House SNCC. Un barrage à Kolwezi a porté le nom de Delcommune ; présentement c'est le barrage Nzilo.

Mais d'autre part, il pressait les agents de l'Association de poursuivre sans désemparer la création des Postes, de faire signer des traités et d'explorer autant qu'il se pouvait. C'est ainsi que le capitaine Hanssens partira de Léopoldville le 24 mars 1884, en compagnie du lieutenant suédois Wester, de l'ingénieur Amelot et du pharmacien Courtois ; il remonte à son tour le fleuve. A Bolobo où se trouvait Liebrechts, il apprend que Brazza avait rendu visite à ce dernier le 18 février et n'avait guère obtenu de succès dans les avances faites aux chefs Bayanzi à Tshumbiri. (... Ah, oui, il faut savoir compter avec l'autorité coutumière de la place)... Arrivé dans la région de l'Ubangui avec Van Gele, Hanssens acquiert des droits de souveraineté en territoire Bangala où il laisse **Coquilhat**.

Il explore la région de la Mongala, de l'Itimbiri, de l'Aruwimi où il obtient un traité de Mata-Buike, chef des Bangala auprès duquel Stanley avait échoué ; en juillet, il est aux Stanley-Falls, ayant fait ample provision de nouveaux traités. Rentré à Vivi, il y meurt de fièvres le 28 décembre 1884, alors que de son côté, le missionnaire baptiste Grenfell explorait, sur son bateau « Peace », les régions de l'Itimbiri, de l'Aruwimi, du Lomami, et remontait l'Ubangui jusqu'aux rapides du Zongo.

Comme la région du **Kasayi** — notre contrée — restait inconnue dans son ensemble, le Roi chargera **Wissmann** de l'explorer. Ce paragraphe nous sera très utile plus loin. Aussi, tout ce qui a précédé ce dernier paragraphe, dans cette relecture de l'histoire du Congo, nous permet-il d'évoquer la « conception » du **KASAYI** (et de Luluabourg - Kananga en particulier), ainsi que l'évolution de cette conception et/ou gestation, jusqu'à la « problématique » de nos contrées. Et c'est cela justement l'objet de notre ouvrage... En effet, un proverbe Tshiluba ne dit-il pas : ***« Londeshila, londeshila ; Londeshila ne pa kapasu***

Ne paa kànyi ka ditele ; Nanku keele katua mu nyama » ... ou cet autre dicton : ***« Tuyee too tuimane, Tuebeje mutoto wa kulu, witabe »***.

Notons que l'idée force qui est dans le premier comme dans le second dicton les rend identiques ou complémentaires : « Il faut rentrer aux origines, à la genèse, afin de mieux comprendre le présent et la suite... » Voilà l'entendement de ces deux adages.

Deuxième partie
L'état indépendant du Congo

Chapitre I
Intense activité diplomatique

1. Le traité anglo-portugais

Pendant que sur terrain les explorateurs continuaient leur travail, dans les métropoles, particulièrement à Londres et à Lisbonne, des négociations jusque-là secrètes sont subitement portées à la connaissance du public par une déclaration du ministre des Affaires étrangères du Portugal, Senhor Serpa, à un journaliste ; et ce fut par rapport à l'acquisition de la rive droite du Stanley-Pool par Savorgnan de Brazza, acte jugé par le Portugal comme une intrusion sur le site où sa présence est séculaire. Londres est saisie afin de décrocher d'elle la reconnaissance de la souveraineté portugaise entre le 5°12 et le 8° latitude Sud ; en contrepartie Lisbonne s'engageait à assurer à Londres la liberté de navigation dans l'embouchure du Congo ainsi qu'un statut de partenaire commercial privilégié dans toutes ses colonies.

La Grande-Bretagne qui s'inquiétait des visées expansionnistes de la France, cédera à la demande du Portugal. Londres reconnaît à Lisbonne la possession des deux rives du fleuve. Néanmoins, fallait-il que le Portugal s'engageât à ne pas dépasser les points qu'il occupait et que les autres nations acceptassent les conventions à prendre … Et il se fera que Paris et Berlin refuseront de reconnaître les prétentions portugaises. Les démarches faites par Lisbonne auprès du gouvernement français pour obtenir son appui échouent. Tous les cercles intéressés crient haro contre la conclusion d'un traité sur de semblables bases. En effet :

- En **Angleterre**, les missions protestantes et le mouvement anti-esclavagiste font chorus avec les Chambres de Commerce de Liverpool et de Manchester : ces Missions protestantes craignent d'être écrasées par les Missions catholiques portugaises ; le Mouvement anti- esclavagiste redoute l'extension du déplorable système colonial portugais et les Chambres de Commerce enfin, veulent s'opposer à l'abolition de l'actuelle liberté de commerce ; et
- **La France** a une crainte pour les territoires occupés par Brazza ; tandis que

- **L'Allemagne** — pour les intérêts de son commerce d'exportation et dans sa politique de rapprochement avec la France — ne demande pas mieux que de saisir cette occasion de lui faire plaisir sans se faire de tort.

Mais, l'opposition la plus documentée vient de **la Belgique**. Dans un mémoire qui sert de réponse au pamphlet de la *Société de Géographie de Lisbonne*, Banning détruit les prétentions historiques du Portugal. Cette démonstration solide est publiée en toute hâte à la fois en anglais et en français, et distribuée à Londres, par fascicules séparés, en raison de l'urgence. Tout cela ne devant guère favoriser les négociations, le Portugal juge qu'*« on n'est jamais mieux servi que par soi-même »...* (Nuenu bana betu wa yaya badi mu Kananga ; bana betu badi ku **Luiza Kâmayi** ; wewe muanetu **Mukuba Mbelenge** ; muanetu **Mutetela muanaa Ngongo** ; muanetu **Luntu wa ku Mayi** ; muanetu **Muluba wa Kabamba** ; muanetu **Mutshioko** wa bi bwâdi, tuetu neenu, tulekela kuetu kufwa !... Entendez : « Pourquoi laissons-nous nos contrées se mourir ! »)...

Ce principe de « n'être jamais mieux servi que par soi-même » le Portugal le comprit en son temps !... Oui, le Portugal fera occuper Landana sur le 5°12 le 29 septembre 1883. Brito Capello, commandant de l'expédition, obtient en même temps des Indigènes la cession de la région comprise entre la rivière Shiloango et Molembo et cinq mois plus tard, le **26 février 1884**, le traité anglo-portugais est quand même signé.

Aussitôt le roi Léopold II entame une campagne diplomatique pour empêcher la ratification du traité — celui-ci ne pouvant avoir d'effets que s'il rencontrait l'assentiment des autres puissances, dont la Hollande qui possédait des établissements à l'embouchure du fleuve et ayant chacune ses idées et ses intérêts. C'est ainsi que l'Allemagne du chancelier Bismarck, qui fait aussi preuve d'appétits coloniaux (de plus en plus grands), refuse de reconnaître le traité anglo-portugais et décide même d'apporter son appui à l'A.I.C. ; et la Grande-Bretagne de son côté notifiera au Portugal qu'elle renonçait à ce traité... Voilà le danger écarté et un triomphe pour le Roi ! Il lui restait à préparer, en Europe, une conférence internationale et à continuer en Afrique dans la voie où il s'était engagé... Un autre fait à signaler est que bien que de nombreux traités de cession aient été signés au nom de l'A.I.C., la France et le Portugal contestaient leur validité et déniaient à une simple Association de droit privé, le pouvoir de conclure de semblables conventions de droit public.

2. Reconnaissance de L'A.I.C.

2.1. Les Etats-Unis

Par la suite, le colonel Strauch ayant pensé que le meilleur moyen de réfuter la thèse ci-haut évoquée, était d'obtenir d'un grand Etat, la reconnaissance de l'A.I.C., ira songer tout naturellement aux Etats-Unis et avec raison. Le public y était particulièrement sensible aux idées humanitaires de lutter contre les marchands d'esclaves ; et il semble que Strauch ait justifié cette demande d'appui à Washington par les réminiscences libériennes. En effet, la république nègre de Libéria avait été fondée par une société américaine… et Stanley lui-même était devenu citoyen américain. Aussi pour mener à bien ce plan, le Roi fait-il appel au général Henry Sanford, ancien ministre plénipotentiaire des E.U. en Belgique et proche du Roi. L'affaire est menée des mains de maître : Sanford parvint à gagner à sa cause et, la presse qui met une telle ardeur à critiquer le système colonial portugais et, les Chambres de commerce, séduites par les avantages du libre-échange… Avec un grand sens de diplomatie, il laissait croire que le seul but était de mettre un terme à la traite… En outre Sanford soutiendra auprès du Président Arthur et ses compatriotes qu'il s'agit de constituer au cœur de l'Afrique centrale, une confédération de tribus nègres sous le protectorat global du roi des Belges — un peu comme l'on procéda — quelques décennies auparavant, dans la constitution de la République du Libéria (1847).

Le 10 avril 1884, le Sénat américain votait une résolution approuvant le message annuel du président, où celui-ci admettait que l'A.I.A. — et non l'A.I.C. — était une société sans visée politique, ayant pour but d'instaurer la liberté de commerce et de supprimer la traite des esclaves. Et Sanford n'avait fait rien pour empêcher que ses interlocuteurs confondissent l'A.I.C. avec l'A.I.A. ; bien au contraire, il présenta lui-même le Comité d'Etudes comme une branche de l'A.I.A. ! Par la même occasion, le Sénat reconnaissait le drapeau de l'Association comme étant celui d'un Etat souverain et ami. Le 22 avril, un échange de déclarations rendait cela public. Celle des **Etats-Unis** était ainsi libellée :

> « Le Gouvernement des E.U. proclame la sympathie et l'approbation que lui inspire le but humain et généreux de l'A.I.C., gérant les intérêts des Etats libres établis dans cette région ; et donne ordre aux fonctionnaires des E.U., tant sur terre que sur mer, de reconnaître le drapeau de l'Association Internationale, à l'égal de celui d'un gouvernement ami ».
> (Sé) T. Frelinghuysen, Secrétaire d'Etat[53].

Celle de l'Association, signée par Sanford, était ainsi conçue :

> « L'A.I.C. déclare par la présente, qu'en vertu de traités conclus avec les souverains légitimes dans les bassins du Congo et du Niari-Kwilu et dans les territoires adjacents sur l'Atlantique, il lui a été cédé un territoire pour l'usage et au profit d'Etats libres déjà établis ou en voie d'établissement, sous la

---

[53] Cf. Codes Louwers, 1914, p. 1357, « Histoire du Congo », in Encycl. du Congo-Belge, o. c., p. 26.

protection et la surveillance de ladite Association, dans lesdits bassins et territoires adjacents et que, lesdits Etats libres héritent en plein droit de cette session[54] ».

(Sé) Sanford.

Le sens des textes pâtissait (...) ; il y avait sans doute (de) la confusion dans l'esprit des négociateurs américains au sujet des rapports existant entre les trois organismes ; et en Belgique-même, le Comité d'Etudes et l'A.I.C. étaient considérés comme des organes de l'A.I.A. (tout portrait d'ailleurs à le croire : ils avaient la même administration, le même personnel, le même drapeau !)... Mais, le Roi disposait ainsi maintenant d'un argument de poids pour discuter en Europe... Le lendemain de la signature de cette déclaration, si lourde de conséquences pour l'avenir, une lettre tout aussi importante quittait le bureau du Président de l'A.I.C. Le colonel Strauch écrivait à Jules Ferry, ministre des Affaires étrangères de France :

« Monsieur le Ministre,
L'A.I.C., au nom des stations et territoires libres qu'elle a fondés au Congo et dans la vallée du Niari-Quilou, déclare formellement qu'elle ne les cédera à aucune puissance, sous réserve des conventions particulières qui pourraient intervenir entre la France et l'Association, pour fixer les limites et les conditions de leur action respective. Toutefois, l'Association désirant donner une nouvelle preuve de ses sentiments amicaux pour la France, s'engage à lui donner le droit de préférence, si, par des circonstances imprévues, l'Association était amenée un jour à réaliser ses possessions ».

(Sé) Strauch[55].

Jules Ferry répondit :

« Monsieur,
J'ai l'honneur de vous accuser réception de la lettre en date du 23 courant par laquelle, en votre qualité de Président de l'Association Internationale du Congo, vous me transmettez des assurances et des garanties destinées à consolider nos rapports de cordialité et de bon voisinage dans la région du Congo »...

Ici, nous ouvrons une parenthèse : Oui, ces deux métropoles, la Belgique et la France, vivent dans une parfaite cordialité et dans un climat vraiment de bon voisinage, et cela fut pareil durant tout le temps que les deux Congo vécurent comme leurs colonies. Leurs frontières communes ne sont ni en cause ni inquiétées ; leurs populations ne sont pas en perpétuels déplacements, en quête d'abri pour la survie, sauf par hasard nos populations du Nord-est de la province Orientale ; du grand Kivu ; du Nord-Katanga ; de

---

[54] Ibidem

[55] Documents diplomatiques, France, Congo 1884, pp. 48-49, in Histoire du Congo-Belge, p. 27.

celles vivant dans Tshikapa et autour de Kahemba ! Nous fermons la parenthèse et rentrons à nos déclarations officielles... Aussi, le ministre Ferry avait-il continué :

> « Je prends acte avec grande satisfaction, des déclarations et en retour, j'ai l'honneur de vous faire savoir que le gouvernement français prend l'engagement de respecter les stations et territoires libres de l'Association, et de ne pas mettre obstacle à l'exercice de ses droits ».[56]
>
> (Sé) Ferry.

En outre, lorsque Ferry ira dire à l'Ambassadeur d'Italie à Paris que dès maintenant, la France pouvait, à la suite de cet échange de notes, exercer en fait une espèce de protection sur l'Association, le roi Léopold II s'est vu du même coup protégé contre les prétentions du Portugal. En effet, si Paris accepte que l'Association abandonne à la France ses possessions africaines, cela entraîne de sa part une reconnaissance de fait de la capacité internationale de l'Association. Aussi, ce droit de préférence permettait-il au Roi d'exercer un véritable chantage sur l'Allemagne et l'Angleterre, autres grandes puissances en présence. En conséquence, si celles-ci n'aident pas Léopold II dans son entreprise, il ne resterait au Roi qu'une possibilité : céder à la France les territoires qu'il s'était acquis...

Cela étant, **Bismarck** s'inquiétera de la tournure des événements en Afrique centrale ; et le Chancelier ira chercher à assurer à ses nationaux, les avantages de la liberté de commerce dans le bassin du Congo. Et devant cette inquiétude de Bismarck, le Roi propose la reconnaissance du nouvel Etat et la neutralisation des territoires de l'Association. Cela implique pour le nouvel Etat, une sauvegarde pour sa création, mais aussi, une sécurité pour les puissances et le meilleur obstacle à l'exercice du droit de préférence par la France.

2.2. L'Allemagne

Après de longues négociations — au cours desquelles Victor Gauthier (journaliste belge séjournant à Berlin) contribua à vaincre la méfiance que le roi des Belges inspirait à Bismarck — l'Allemagne accepte de soutenir la création de l'Etat Indépendant du Congo, qu'elle subordonne à ce préalable : obtenir un traité accordant la liberté commerciale aux marchands allemands, même en cas de cession du pays. Léopold II y cédera, mais en contrepartie, il reçoit l'appui de l'Allemagne pour l'acquisition de la rive gauche du Stanley-Pool.

---

[56] Documents diplomatiques, France, Congo 1884, pp. 48-49, in Histoire du Congo-Belge/Encycl. du C.B., p.27.

Le colonel Strauch, président de l'A.I.C., et le Comte Bradenburg, ministre d'Allemagne à Bruxelles, signent la convention de cette reconnaissance, le 8 novembre 1884.

Le texte en était plus précis que celui de l'accord conclu avec les Etats-Unis ; et il y est fait mention, sans ambages, du « nouvel Etat ». C'était un nouveau succès pour Léopold II qui s'assurait de la plus forte tête politique de l'Europe et partant, les derniers obstacles devaient être vaincus.

Chapitre II
La conférence de Berlin

Il y a lieu de prendre en compte ''les prodromes de l'impérialisme européen'' (dont les principaux acteurs sont entre autres la Prusse ; l'Allemagne ; la France ; l'Autriche ; l'Italie ; la Grande-Bretagne ; le Portugal), ainsi que ces grands congrès que ''l'Europe impérialiste'' a eu à organiser pour régler les questions majeures concernant ses intérêts (le Congrès de Vienne en 1815 ; le Congrès de Paris en1856 ; le Congrès de Berlin en1878 — cfr Clément Mutombo, Histoire germano-congolaise, Pistes africaines, Chastre, 2013, pp. 37 – 38 et qui ajoute que *« la Conférence du Congo à Berlin est, sans doute, à inscrire sur la liste de ces grands congrès européens eu égard à son enjeu (l'Afrique), à sa durée ainsi qu'au nombre et rang de ses participants »*.

A l'origine de cette réunion dans la capitale allemande : le *Traité anglo-portugais* du 26 février 1884. En effet, parce que ce traité fermait les bouches du fleuve à toutes les autres puissances, cela provoqua un vif mécontentement de celles-ci et ce danger commun ira rapprocher la France de l'Allemagne. C'est ainsi que dès le 7 août 1884, leurs gouvernements se sont concertés en vue de convoquer une conférence internationale — celle-là même qui ira marquer un tournant fondamental dans l'histoire de l'Afrique, car elle allait fixer les règles du jeu et les conditions générales du partage… Le 6 octobre, les invitations sont lancées…

1. Ouverture et agenda

Le 15 novembre 1884, les délégués des quatorze pays sont présents à Berlin, répondant ainsi à l'invitation qui leur avait été lancée ; il s'agit de : **l'Autriche-Hongrie** ; du **Danemark** ; de l'**Espagne** ; de **l'Italie** ; de la **Norvège** ; des **Pays-Bas** ; **du Portugal** ; de **la Russie** ; de **la Suède** ; de **la Turquie** ; de **la France** (représentée par son Ambassadeur le Baron Alphonse de Courcel) ; **de l'Angleterre** (par Sir E. Baldwin Malet) ; **des Etats-Unis** (par le ministre Kasson et surtout par Henry S. Sanford dont l'intervention sera encore une fois précieuse au Roi) et de **la Belgique** (représentée elle, par le Comte Auguste Van Straten Penthez et le Baron Lambermont qui, avec Banning, jouera un rôle de premier plan). L'**Allemagne,** pays hôte, a été représentée par son ministre des Affaires étrangères le Comte de Hatzfeld et l'Association l'était, officieusement, par le colonel Strauch. L'on notera que la présence de Stanley avait même été souhaitée par Bismarck. Et le Palais Radziwill, 77, Wilhelminenstrasse, est le lieu historique où s'était tenue cette conférence qui a aussi porté d'autres noms dont :

— ''*La Conférence africaine*'' (cfr Mutombo, o. c., p. 29) ou encore ''*Ruée sur l'Afrique* du 15 novembre 1884 au 26 février 1885 '' — Idem p. 125 (en effet écrit Mutombo « faute de grive, on mange le merle » et/ou « à défaut de l'Amérique, sus à l'Afrique » — Idem p. 45) ;

— ''La Conférence de Berlin '' (*Die Berliner Konferenz* '') ;

— ''*La conférence du Congo à Berlin* (1884 – 1885)'' — ici Mutombo, o. c. p. 29 se réfère à l'Article de Fedor Fedorovich Martens (1845 – 1909) intitulé « *La conférence du Congo à Berlin et la politique coloniale des Etats modernes* » in « *La Revue de Droit international* » XVIII, n° 2 et 3 de 1886 ;

— '' *Die Berliner Kongo – Konferenz* 1884 – 1885 '' (Thèse de doctorat de Georg Könïgk, préfacée par le Professeur Rein, Recteur de l'Université de Hambourg et présentée en 1938) — cfr. Mutombo, o. c. p. 20.

Les raisons qui ont prévalu à la convocation de cette Conférence, pour le Chancelier Bismarck qui eut l'honneur de prononcer le discours d'ouverture, étaient de deux ordres :

— **primo** : un taux d'expansion très élevé de l'industrie allemande éprouvait le besoin de se procurer au-dehors, des matières premières pour ses usines ainsi que des débouchés pour ses produits ;

— **secundo** : l'Allemagne qui ne cachait pas d'appétits coloniaux désirait obtenir elle aussi des colonies qui lui auraient apporté puissance et richesse.

Mais à l'Agenda, il y était aussi inscrit des questions humanitaires telles que la lutte contre la traite des esclaves ; l'amélioration du niveau de vie des autochtones ; l'établissement de la liberté de commerce dans le bassin du Congo et ses embouchures…

Notons que pendant qu'évoluent les travaux de la Conférence, le Roi ira menacer de se retirer, si on ne concédait pas aux territoires de **l'Association** leur ouverture sur la mer. Il obtiendra gain de cause, mais en cédant le 5 février 1885, le bassin du Kuilu-Niari à la France qui, de son côté, décline la rive gauche du Stanley-Pool.

Par la suite, l'on verra le Portugal abandonner ses prétentions au nord de l'estuaire du fleuve, sauf pour l'enclave de Cabinda. Faire des concessions fait avancer ! Il faut éviter de rester figé, opaque... Et depuis lors, l'A.I.C. s'engage dans un véritable ballet diplomatique, avec les puissances présentes à la Conférence afin d'obtenir la reconnaissance diplomatique… C'est ainsi que l**a Grande-Bretagne** ira à son tour reconnaître l'Association le 16 décembre 1884, suivie de l'**Italie** le 19 ; de **l'Autriche-Hongrie** le 24 ; des **Pays-Bas** le 27 ; de l'**Espagne** le 7 janvier 1885 et de **la France** le 5 février.

Quant à **la Belgique** — fidèle à sa tradition politique d'effacement — elle fut la dernière en Europe, à reconnaître l'Association ; ce fut le 23 février 1885. Restait la grosse et terrible difficulté : le **Portugal,** qui s'obstinait à revendiquer l'embouchure du fleuve Congo.

2. Clôture de la conférence

Le 26 févier 1885, prennent fin les travaux de la Conférence, travaux qui ont été sanctionnés par la signature de l'Acte Général de Berlin. Cet Acte — un document diplomatique de 38 articles répartis en 7 chapitres[57] — déterminait entre autres le statut du bassin du Congo ; statut qui s'articulait en trois volets :

- sur le plan politique : ce statut prévoyait l'occupation effective et la neutralité des territoires compris dans cette zone en temps de guerre ;
- sur le plan économique : la liberté de commerce et de navigation sur le fleuve est établie ;
- sur le plan social : on interdit l'esclavage ; on décide de réprimer la traite des esclaves en Afrique et sur mer ; et on envisage d'améliorer les conditions de vie des autochtones.

L'on retiendra toutefois que le plus important est que, par cet Acte Général de Berlin, **un Etat Indépendant est reconnu** (bien que ses limites géographiques restaient encore à fixer avec précision afin que l'occupation effective du terrain entraîne la validité des droits) et que, **Léopold II** est reconnu à l'unanimité, par l'ensemble des puissances présentes, Chef du nouvel Etat. Clément Mutombo, o. c., p. 34 écrit que ''l'Allemagne a eu raison de l'appeler « Conférence du Congo » ou « Conférence africaine » parce que prendre le Congo, c'est tenir l'Afrique. ...)''. Cela étant, il va être question d'une part, que **les Belges autorisent leur Souverain à devenir également Souverain du nouvel Etat,** car la Belgique demeurait timorée dans cette inquiétude de voir ce jeune Etat — l'E.I.C. — l'entraîner dans des dépenses ; dans une aventure... Mais en dépit de tout cela, deux mois plus tard, et plus précisément **le 30 avril 1885**, le gouvernement et le parlement iront lever l'option. Léopold II qui aura pris son nouveau titre, désigne Sir Francis de Winton — de nationalité anglaise — Administrateur Général de l'Etat Indépendant du Congo. En plus de ces quelques points saillants, la délimitation avec précision des frontières du nouvel Etat, par rapport à ses voisins, posait problème ; mais des compromis iront se dégager au travers de longues et pénibles négociations...

[57] Nous invitons le lecteur qui le désire de consulter Mutamba Makombo, L'Histoire du Zaïre par les textes, Tome 2 : 1885 – 1955, Edideps, Kinshasa, 1987, pp. 11 - 30 pour prendre connaissance de ce document.

En effet, les premières difficultés surgissent du côté français à propos de la délimitation de ses possessions dans le Haut-Congo (région du bassin de la Likona Nkundja). Un protocole est signé le 29 avril 1887. Celui-ci fixe pour limites entre l'E.I. et ses possessions l'Ubangui jusqu'au 4e parallèle nord et au –delà de ce point, le cours de la même rivière pour autant qu'il se maintienne au nord du 4e parallèle acquis à l'Etat libre. Une fois cet accord conclu, la France augmente ses possessions coloniales et possède une large possibilité d'accéder à la région du Nil.

Sur la frontière avec la colonie portugaise de l'Angola, les limites fixées par la convention du 14 février 1885 devaient suivre le parallèle de Noki jusqu'à son intersection avec la rivière Kwango et partir de ce point, le cours du Kwango dans la direction du Sud. Cette délimitation rattachait le pays lunda aux possessions de l'Etat libre. (Les missions d'explorateurs agissant pour compte du jeune Etat continuent à occuper divers points dans cette région sans soulever la moindre protestation des autorités de Lisbonne). Mais à la fin de 1888, le Portugal demande à l'Etat Indépendant de reconnaître comme l'avaient fait en 1886 la France et l'Allemagne, ses droits historiques sur les territoires africains situés entre l'Angola et le Mozambique. Cette requête intervenait au moment où Londres exigeait de Lisbonne la cession d'importants territoires en Afrique australe.[58]

Fin 1888, il est décidé que « l'E.I.C. posséderait les territoires situés entre le 6e et le 8e degré latitude Sud. La frontière méridionale est tracée par le 8e parallèle jusqu'à la rivière Kwilu — (donc, **Kahemba** y compris) — et à l'Est, par le cours de cette rivière dans la direction du Nord jusqu'à la limite des Etats d'Amando ou Kuangula et *Matamba* dont une partie touche au 7èmeparallèle ; tandis que leur démarcation à l'Est descend au-dessous du 7° 30' et s'arrête au **Kasayi**. La région à l'Est de la rivière **Kasayi** appartient ensuite à l'Etat Indépendant depuis le 6e degré jusqu'au lac Dilolo, la ligne de séparation des deux puissances étant établie au Sud par la crête de partage des eaux du Zaïre et du Zambèze. Au Portugal reviennent les autres territoires de Lunda qui s'étendent entre le Kwango et le Kasayi, depuis le 8e degré de latitude Sud.Cette transaction offre à l'Etat Indépendant l'avantage de garantir le maintien de ses positions le long du Kwango et aussi dans la partie septentrionale du pays située en dessous du 6e degré. Le roi réussit à s'assurer une région abondante en richesses minérales[59]... Comme on peut le voir, le **KASAYI** fut bel et bien une portion et/ou une des contrées formant l'E.I.C. devenu Congo-Belge ; et nos contrées restent une composante à part entière de la République Démocratique du Congo... donc, à ne pas marginaliser...

Enfin le traité de 1891 procure à l'Etat libre la solution définitive sur la question des frontières à l'embouchure. La limite dans le fleuve est fixée par

---

[58] Cf. Tshimanga, o. c. p. 44
[59] Cf. Tshimanga, o. c. p. 44

le chenal de grande navigation où passent les navires du plus fort tonnage. Il s'agit donc d'une frontière mobile qui permet en tout temps, à chacun des riverains, de naviguer sur le fleuve par la meilleure passe et en territoire national. La frontière méridionale est (également) négociée avec la Grande-Bretagne. A ce propos, l'on notera d'une part que déjà le 29 octobre 1889, une compagnie à charte, la « *British South African Company* » avait reçu de Londres le droit d'établir la domination anglaise sur des contrées où il ne voulait pas assurer les risques et les frais de la colonisation — tout au moins au départ. La charte mentionne que les frontières du domaine de cette compagnie s'étendent du Bechuanaland et du Transvaal au Sud, aux colonies portugaises à l'Est. Rien n'était stipulé sur les limites septentrionales. D'où risque de voir cette société s'étendre ce côté.

Le Roi ira alors proposer une convention fixant la limite au 14e parallèle. Aussi, redoutant les convoitises de Cecil **Rhodes** sur le Katanga et devant les réponses dilatoires de Londres, il décide d'occuper cette province. Pour ce faire, le Roi demande à l'Allemagne d'autoriser le passage à travers l'Afrique orientale allemande, des troupes qu'il voulait envoyer en renfort dans l'Etat libre. Berlin consent facilement à cette demande parce que lui-même redoutant l'installation des Anglais dans cette région. La solution revient aux armes, et le Roi charge le capitaine Stairs d'occuper la région du Katanga (alors ***Garangaze***) que contrôlait le célèbre M'Siri depuis Bunkeya, sa capitale.

M'Siri se sera illustré par son refus de reconnaître l'emblème de l'E.I.C. ainsi que l'autorité de la Compagnie du Katanga[60]... C'est ainsi qu'en décembre 1891, Stairs construit un fort à Bunkeya et, un peu après, M'Siri se fera descendre d'un coup de revolver par Bodson, un des collaborateurs du capitaine Stairs. (L'actuelle Avenue Kilela-Balanda, dans la Commune et Ville de Lubumbashi a porté le nom de Stairs).

D'autres expéditions ont été dirigées dans cette région par Paul Le Marinel avec Descamps et Legat (partis de **Lusambo** le 23 décembre 1890), et Delcommune (parti de Ngandu en mai 1891). Une dernière expédition « Bia /Franqui » couronnera l'exploration décisive du Katanga. Elle partira de Lusambo, remonte le **Sankuru** jusqu'à **Mpania-Mutombo** et parvient à Bunkeya. Après avoir traversé les Monts Kundelungu, elle arrive au lac Moëro. Plus tard, elle atteint Tenke et couvre ainsi toute la région. Le géologue **Jules Cornet** y aura joué un rôle de premier plan, dans la reconnaissance des ressources minières de cette région. Il est vu comme un

[60] La Compagnie du Katanga est constituée le 15 avril 1891. Ce fut une compagnie à charte, animée par les hommes d'affaires décidés et jouissant de droits et de pouvoirs exceptionnels, appelés à assurer l'occupation effective et la sauvegarde des intérêts de l'Etat. Aussi, d'après la convention (du 12 mars 1891) avec l'E.I.C., elle s'engageait à explorer la région et organiser, directement ou par des filiales créées à cet effet, la colonisation (organisation territoriale ; installation des Postes et une force de la Police), ainsi que l'exploitation du sol et du sous-sol du Katanga.

véritable fondateur de la géologie congolaise. Le 12 mai 1874, le gouvernement britannique signe avec l'Etat Indépendant une convention qui fixe les frontières du Katanga. Le Roi comprenant qu'il est souhaitable de composer avec les Britanniques, fera nommer trois Anglais dont Cameron au Conseil d'administration de la Compagnie du Katanga.

En rapport avec **les frontières dans la partie du Nord-est**, nous retiendrons que le tracé définitif des limites oppose les puissances en présence. En effet, la France et l'Angleterre se livraient depuis le début des années 1800 à une compétition effrénée pour la domination de l'Egypte ainsi que l'occupation des régions du Haut-Nil où la « *British East Company* » jouissait des droits souverains et l'Angleterre avait mis des troupes à la disposition du khédive d'Egypte. Mais lorsque les Mahdistes se sont soulevés contre le khédive, l'Egypte et l'Angleterre abandonnent cette province, pendant que le roi Léopold II poursuit le dessein d'étendre le domaine de son empire jusqu'au Nil et de lui ouvrir un débouché sur la Méditerranée. Le Roi visait à appuyer les frontières de l'Etat sur les Grands Lacs et à prendre dans le Bahr-el-Ghazal des positions qui garantissent son territoire contre l'invasion des Mahdistes ». C'est ainsi que, le 24 mai 1890, Stanley, au nom du Roi, ira négocier avec la ''British East Company'' et une convention intervint. Aux termes de celle-ci : « la frontière de l'E.I.C. devait longer le lac Albert [61] à trois miles de distance de la rive jusqu'à l'embouchure de la rivière Semliki.

De là, la frontière suit cette rivière jusqu'à sa sortie du lac Albert, en laissant à l'Est le massif montagneux du Ruwenzori, coupé par le 30° méridien de Greenwich ; et contourner ensuite la rive occidentale et méridionale de ce dernier, jusqu'à un point central d'où une ligne oblique était menée à l'extrémité septentrionale du lac Tanganyika »[62]. Nous sommes toujours dans notre relecture :

Par cet accord, la frontière orientale est tracée ; d'autre part, l'Etat limite son action politique à l'Ouest, tandis que la Compagnie arrête la sienne à l'Est. Mais cette convention, pour être valable, ne devait rencontrer aucune objection de la part du gouvernement britannique. Or, ce dernier en souleva justement, au sujet de la région du Haut-Nil. En définitive, le Roi conclut un accord avec l'Angleterre le 12 mai 1894, à propos du Bahr-el-Ghazal. La publication de cette convention provoque une vive émotion en France et en Allemagne (…). Confronté alors avec les revendications françaises, le Roi accède aux conditions de la France sur la délimitation de la frontière Nord. Celle-ci suit le thalweg de l'Ubangi jusqu'au confluent du Bomu et de l'Uelé, et continue ensuite par le thalweg du Bomu jusqu'à sa source, par

[61] Pendant la 2è République, ce lac avait été débaptisé : on l'a appelé « lac Mobutu » et le lac Edouard lui : « lac Idi Amin Dada » (alors président de l'Uganda).
[62] Tshimanga, o. c. pp. 46 - 47

une ligne droite rejoignant la ligne de partage des eaux entre les bassins du Nil et du Zaïre (lisez Congo). A partir de ce point, la frontière de l'Etat Indépendant est constituée par ladite ligne de partage jusqu'à son intersection avec le 3e degré de longitude Est de Greenwich.

En définitive, le projet d'extension sur le Haut-Nil et les expéditions qu'il avait entraînées ont constitué les dernières tentatives de Léopold II pour élargir son domaine... Sur la frontière orientale, les difficultés apparaissent après 1895. Avant cette date, l'Allemagne avait reconnu la frontière formée par le 30e degré longitude Est de Greenwich jusqu'à la hauteur de 1° 20' de latitude Sud ; c'est à dire, une ligne droite menée de l'intersection du 30° longitude Est avec le parallèle 1° 20' de latitude Sud, jusqu'à l'extrémité du lac Tanganyika. Elle suit la ligne médiane du Tanganyika, une ligne droite menée du lac Tanganyika au lac Moëro par le 8° 30' de latitude Sud ; ensuite, une ligne médiane du lac Moëro, le cours d'eau qui unit le lac Moëro au lac Bangwelo »[63].

Mais à partir de 1895, le gouvernement allemand souhaite voir la frontière orientale formée par le large et profond fossé géologique qui relie le lac Tanganyika aux lacs Albert et Edouard. Dans ce fossé, le lac Kivu et la rivière Ruzizi présentent des points de repère naturels. Au Nord, c'est le fond de la vallée encaissée entre les Monts Virunga et le versant occidental du plateau du Rwanda qui formerait jusqu'au parallèle 1° 20' de latitude Sud, une frontière reconnaissable. A la suite des troubles provoqués par la révolte des troupes du baron Dhanis qui s'étaient réfugiées au Kivu, les Allemands en profitent pour occuper cette région. Ils justifient leur établissement sur la ligne lac Kivu — Ruzizi afin d'éviter des violations de frontière par les insurgés et les sultans voisins. En dépit des protestations belges, l'Allemagne maintient sa présence jusqu'en 1910 au moment des négociations entre Bruxelles et Berlin. Aux termes de ces pourparlers, la vallée de la Ruzizi et le lac Kivu constituent la ligne naturelle pour servir de frontière. Cette délimitation enlève au pays une superficie d'environ 8 000 km². La solution transactionnelle ainsi réalisée coupe le lac Kivu en deux alors que l'Allemagne en avait réclamé l'entière possession. »[64].

3. Combattre l'esclavagisme

3.1. Implantation des négriers dans le pays

Des éléments arabes venant de Zanzibar, chez le sultan Oman, se sont infiltrés à l'intérieur du continent. Depuis Udjidji sur le lac Tanganyika, ils traversent celui-ci (d'autres ont dû le contourner) et les voilà dans le Maniema et à Nyangwe, sur le Lualaba. C'est la forêt équatoriale qui fera

[63] Tshimanga, o. c. pp. 47 - 48
[64] Tshimanga wa Tshibangu, o. c., p. 49.

obstacle à leur progression. Cependant, ils atteindront entre 1882 et 1883, la région des Chutes de Stanley (''Stanley Falls''), riche en ivoire. Lors de leur pénétration, ils étaient les bienvenus : ils amenaient avec eux des articles, dont la poudre et les fusils qui étaient très recherchés pour la chasse. Et plus les années passaient, plus ces éléments s'intéressaient non seulement à protéger les grandes voies de pénétration pour assurer ainsi leurs intérêts commerciaux, mais aussi aux affaires locales. C'est ainsi qu'ils ont placé des Noirs de la côte qui les ont accompagnés à la tête des chefferies. Il y a alors un chef indigène qui représente la propriété du sol et un chef arabe en charge du commerce. Et cela n'a pas tardé à provoquer une situation d'ambiguïté qui se terminait souvent à l'avantage de l'Arabe. Notez que dans leur marche vers l'intérieur des terres, ces Arabes de Zanzibar s'intéressaient plus au commerce (principalement de l'ivoire) qu'au prosélytisme, et n'ont cependant pas profité de leur influence pour imposer l'Islam comme au Soudan et au Sénégal.

Au Nord-Ouest, les Arabes descendus des *Falls* occupent les régions entre les rivières Lopori et Bolobo ; au Nord, ils s'installent au camp Yambuya sur l'Aruwimi et opèrent sur tout le cours de cette rivière jusque dans l'Ituri. Cette expansion des Arabes venus du Zanzibar n'a jamais fait de jonction avec d'autres trafiquants venus du Soudan : la zone d'occupation était comprise entre le Lomami, l'Aruwimi, la Lukuga et le Tanganyika. A cette époque les principaux chefs arabes sont : **Tippo-Tip** (Hamed ben-Mohamed), propriétaire des grandes plantations aux environs de Stanley-Falls, à Kasongo et sur toute la rive gauche du fleuve jusqu'à Isangi et au confluent du Lomami ; **Sefu**, son fils ; **Rachidi**, son neveu et **Rumaliza**, son associé. R. Cornevin[65] ajoute comme autres collaborateurs : Mounié Mouhara à Nyangwe ; Nserera à Riba-Riba (Lokandou) ; Kibonge (sultan de Kiroundou — 50 km au Sud de Ponthierville sur le Lualaba) ainsi que Roumaliza dans la région d'Oudjidji.

Si on reconnaît aux Arabes venus du Zanzibar d'avoir contribué à l'expansion de la langue Swahili ; à l'introduction de légumes tels oignons, tomates ; à la culture des céréales (sorgho, riz) et des arbres fruitiers (manguier ; oranger ; avocatier ; citronnier…) ; ainsi qu'à la lutte contre la variole (en utilisant du pus prélevé sur les boutons d'un varioleux — procédé connu des Turcs depuis longue date et émanation du vaccin ad hoc), il est retenu à leur endroit, renchérit Tshimanga wa Tshibangu, qu'ils ont laissé le douloureux souvenir du trafic d'esclaves[66]. Appelons cela '' l'implantation des Négriers dans le pays ''. Voyons maintenant le trafic proprement dit.

---

[65] R. Cornevin, o. c. p. 149

[66] Tshimanga, o. c. pp. 48-52

3.2. Le trafic des esclaves (particulièrement au Kasayi)

A partir de leurs bases (Kasongo ; Ngandu ; Nyangwe ; Udjidji… etc.), des éléments arabes commanditaient des expéditions qui ont couvert la région comprise entre le Lomami, l'Aruwimi, la Lukuga et le Tanganyika. Dans la direction du Sud-Ouest, les Arabes avaient à leur solde ces grands chefs indigènes : **Ngongo Lutete** ; **Mpania Mutômbo** et **Lumpungu** (deux satellites de Ngongo Lutete). Ngongo Lutete poussa ses incursions loin dans le Kasayi, jusqu'aux Bena Tshimungu, entre la rivière Lubi et la Bushimaie. C'est à cet endroit qu'il fut arrêté par le grand chef des Bena Lulua[67]. Chez Tshimanga on lira que c'est dans la région ci-dessus mentionnée que le grand chef **Kalamba Mukenge** des Bena Lulua, à l'aide des fusils et de la poudre achetés aux Portugais, a réussi à stopper l'avance de Ngongo Lutete qui semait la terreur et la désolation parmi les populations baluba[68].

Et avant d'arriver à la lutte même contre l'esclavagisme, quelques lectures s'imposent :

(1). Scène de Traite (décrite dans les pages 46 et 47 de l'ouvrage de David Van Reybrouck — Congo. Une Histoire — qui a cité Northrup, D., Africa's Discovery of Europe, New York, 2002) :

> « Nous fumes jetés nus dans la cale du navire, les hommes d'un côté et les femmes de l'autre ; la cale était si basse que nous ne pouvions pas nous tenir debout et devions nous accroupir ou nous asseoir par terre ; le jour et la nuit ne faisaient aucune différence pour nous ; il nous était impossible de dormir dans cet espace trop étroit, et la souffrance et la fatigue nous plongeaient dans le désespoir. …). Nous avons reçu pour toute nourriture pendant le voyage des céréales qu'on avait fait macérer puis cuire. …). Nous manquions cruellement d'eau. Nous avions droit à un demi-litre par jour, pas plus ; et beauoup d'esclaves mourraient pendant la traversée. …). Quand l'un de nous se révoltait, on lui entaillait la chair et on étalait du poivre et du vinaigre sur les plaies ».

(2). Les horreurs de la traite

« Lors d'un trajet du convoi, vers le littoral, de lourds poids à chaînes s'enfonçant dans la chair et causant des plaies virulentes étaient suspendus au cou des esclaves. Les esclaves marchaient mi- morts de faim et de fatigue ; ils ne recevaient même pas suffisamment d'eau et étaient soumis avec insouciance au péril de la mort par insolation. S'ils se couchaient à terre pour se reposer un peu ou s'ils tombaient de fatigue, ils étaient achevés sur place, percés à coup de lance, ou on leur tranchait la gorge avec une cruauté féroce. On fracassait la tête des enfants que leurs mères ne pouvaient porter ou qui

---

[67] Ceulemans, P., La Question Arabe et le Congo (1883-1892), A.R.S.C., Bruxelles, 1959, p.45 ; et le R.P.Ceulemans d'ajouter : Pour les détails, prière lire Aimé Van Zandijcke dans son ouvrage « Pages d'Histoire du Kasayi », Namur, Grands Lacs, 1953.

[68] Tshimanga, o. c. p. 52

n'étaient pas à même de suivre le convoi. De nombreux esclaves ne pouvant supporter la séparation de leurs foyers et de leurs enfants se suicidaient. Ils étaient marqués du poinçon d'esclave, battus et fouettés, ne recevant évidemment aucune aide médicale pour soigner les plaies résultant de ce traitement. Telles étaient les conditions de leur transport dans les esclaveries ou les comptoirs des marchands d'esclaves européens... »

Haary Johnston[69].

L'explorateur David Livingstone dit aussi son mot à propos de la Traite :

« Que ne pouvons-nous faire le récit exact des horreurs de la traite de l'homme et donner un total approximatif des existences qu'elle détruit chaque année ! ...). Si la moitié de ces horreurs pouvaient être connues, l'indignation et la pitié qu'elles éveilleraient seraient telles que ce trafic infernal disparaît bientôt, quelques sacrifices qu'il dût en coûter pour l'anéantir...
Pour quelques centaines d'individus que procure une de ces chasses, des milliers d'hommes sont tués ou meurent de leurs blessures ; tandis que les autres mis en fuite, expirent de faim et de misère ou périssent dans les guerres civiles et de voisinage, tués qu'on ne l'oublie pas, par les demandes des acheteurs d'esclaves. Les nombreux squelettes que nous avons trouvés, dans les bois ou parmi les rochers, près des étangs, le long des chemins qui conduisent aux villages déserts, attestent l'effroyable quantité d'existences sacrifiées par ce trafic ».

Livingstone, "Exploration du Zambèze''[70].

3.3. Actions sur terrain

Les échos de ces descriptions et certainement d'autres feront naître des sentiments de compassion ici et là et surtout à travers diverses conférences internationales. Pour les entreprises léopoldiennes, c'est même un motif humanitaire. D'autre part, l'on verra le Cardinal **Lavigerie** — ici, c'est l'Eglise sous le pape Léon XIII, qui s'y mêla — mener une campagne acharnée pour la libération des esclaves et l'affranchissement des peuples qui sont encore sous le joug des marchands arabes.

3.3.1. La Conférence Anti-esclavagiste de Bruxelles (1890)

— Résolution

Le temps est maintenant arrivé. Toutes les nations d'Europe qui (au Congrès de Vienne en 1815 et à la Conférence de Vérone en 1822 ont pris une série de résolutions condamnant sévèrement le commerce des esclaves) doivent prendre des mesures sérieuses pour arriver à un effet pratique. Comme les brigands Arabes dont les dévastations sanguinaires dépeuplent ce

---

[69] In Tshimanga, o. c. p. 62
[70] Cf. Tshimanga o. c. p. 61

moment l'Afrique ne sont ni sujets à des lois, ni sous une autorité responsable, il appartient aux gouvernements de l'Europe d'assurer leur disparition de tous les territoires où ils ont eux-mêmes quelques pouvoirs. Ce meeting se propose également de faire instance auprès du gouvernement de Sa Majesté, pour que, de concert avec les pouvoirs européens qui réclament en ce moment une possession ou une influence territoriale en Afrique, il adopte telles mesures qui puissent assurer l'abolition de l'affreux commerce des esclaves, qui est encore maintenant pratiqué par ces ennemis de la race humaine[71].

— **Envoi des Expéditions Armées**

Par rapport à la résolution ci-dessus, l'on procéda alors à la création de plusieurs sociétés anti-esclavagistes qui rassembleraient les fonds nécessaires au financement d'expéditions armées, destinées à lutter contre les chasseurs d'esclaves. Un poste sera installé aux Falls par l'E.I.C., mais il sera attaqué le 24 août 1886. Tippo-Tip est au sommet de sa puissance[72] et l'E.I.C. ira même jusqu'à négocier avec Tippo-Tip !... Le contrat stipule que pour des appointements de 750 francs par mois, Tippo-Tib — le commandement du District des Falls lui aura été proposé par Stanley, au nom de Léopold II — s'engage à faire respecter l'autorité de l'Etat à partir de l'Aruwimi et y empêcher le commerce des esclaves.

Mais, soit mauvais vouloir de Tippou Tib, soit manque d'autorité réelle, le trafic d'esclaves se poursuit, si bien que des Postes fortifiés sont construits à Basoko (1889) et **Lousambo** (1890) d'où les colonnes militaires de l'E.I.C. peuvent efficacement mener le combat contre les bandes arabes. C'est ainsi que Ngongo Lutete, chef africain établi à Ngandu sur Lomami et fidèle allié des Arabes, sera défait une première fois en 1890 par le lieutenant **Descamps**[73], et après s'être lancé contre la base de Lusambo, Ngongo Lutete sera battu définitivement le 6 mai 1892 par Dhanis, au passage du Sankuru à Batubenge. En 1893, il sera exécuté pour insoumission. Les négriers ne désarmeront pas pour autant. Sefu est l'offensive : la mission Hodister est massacrée à Riba - Riba ; le lieutenant Lippens[74] et le sergent De Bruyne sont faits prisonniers, mais Sefu essuiera de lourdes pertes devant Dhanis et son adjoint **Michaux**[75]. D'autres expéditions seront lancées, à travers lesquelles, les noms ci-après sont

[71] Idem

[72] Cf. Brode, «Tippo Tib, the Story of his career in Central Africa, Londres, 1907 », cité par Cornevin, o. c. p. 151.

[73] Descamps : L'actuelle Avenue Dibanda dans la Commune et Ville de Kananga, a longtemps porté le nom de ce lieutenant.

[74] Lippens : ce nom a été porté par l'Avenue débouchant sur l'ex rond- point « Léopold II » (monté sur son pur-sang), à côté de l'actuel Palais de la Nation (à Kinshasa) ;

[75] Michaux (commandant) : ce fut le nom de l'actuelle Avenue du 20 mai dite *Avenue de la mort* – cf. le Bureau de la REGIDESO, dans la Ville et Commune de Kananga ;

retenus : lieutenant Hinck ; Van der Kerkhoven ; Ectors (première expédition) ; Renier, Jacques, Joubert, Vrithoff, **Cassart**[76], Didderich (deuxième expédition)… Et les opérations contre Rumaliza (1893-1894) sont organisées grâce aux forces réunies de Ponthier[77], Lothaire, Henry et Dhanis.

La campagne arabe est un événement de haute importance dans l'histoire de la pacification et l'occupation du territoire de l'Est du Congo ; la fin de cette campagne rendait libre l'accès du Kivu qui sera occupé par les détachements du capitaine Milz et des commandants Silley, Bastien, Tombeur et Olsen[78].

Notre ouvrage n'a pas pour objectif de relater avec force détails, ce qui fut la campagne arabe. Cependant, nous ne pourrons passer sous silence ce que l'histoire a appelé :

— **« La Révolte des Batetela »**

Et d'emblée, un avertissement s'impose : « Sur ce problème — signale le père Tshisuaka Kamuasay, cicm, in *''Des Notes sur l'histoire de l'Eglise au Kasayi''* (inédite) p. 30 — existe une littérature de première main d'un nombre de protagonistes historiques, mais contradictoires dans les relations des faits advenus, et celle des contemporains où l'apologie personnelle n'est toujours pas absente (telle cette assertion d'un chef militaire rechignant à accepter une prévarication à sa charge — Henri Lassaux, chef de poste de *Mukabua*, qui se donne comme ayant été présent aux événements — assertion mise en doute par les pères Marcel Storme et Emeri Cambier) ». Et au nombre de ceux qui ont évoqué ce problème, le père Tshisuaka cite entre autres Cassart ; le père Emeri Cambier ; une étude du père A. Van Zandijcke qui se prévaut de ses vingt-cinq ans de séjour à la Mission de **Mikalayi** St Joseph (cf. son ouvrage, o. c., p. 163) ; Auguste Verberken et Marcel Storme. L'étude de ce dernier — **La mutinerie militaire au Kasayi en 1895** — est sans doute la plus fouillée ; l'auteur ayant disposé du recul nécessaire et d'une impressionnante bibliographie déjà disponible… Et avant d'aller comprendre ces évènements, voyons ce que le père Aimé Van Zandijcke[79] appelle *''Prélude à la Révolte''* :

« Dans l'analyse des causes probables des troubles de Luluabourg (dit-il) — Lassaux[80] parle du paiement irrégulier de la solde, du ravitaillement défectueux, ou encore du fait que les soldats n'étaient pas licenciés au temps convenu. Ces motifs pour vrais qu'ils puissent paraître, n'étaient pourtant pas particuliers au camp de **Luluabourg**. Ces déficiences dans l'organisation

---

[76] Cassart (lieutenant) : ce nom a été longtemps prêté à l'actuelle Avenue du Sapin, idem

[77] Ponthier : l'actuelle ville d'Ubundu s'est longtemps appelée « Ponthierville » ;

[78] Cf. Cornevin, o. c. pp. 152-155.

[79] A. van Zandijcke, o. c. pp. 175-179

[80] Lassaux, « Les Evénements de Luluabourg », Revue Congo, avril 1926, p. 582, in Van Zandijcke, ibidem

de la Force Publique du jeune Etat étaient plutôt généralisées. Il arrivait que les soldats en expéditions dussent pourvoir eux-mêmes à leur entretien »[81].

Ce prélude renseigne qu'au commencement de l'année 1894, on fut informé à Luluabourg que des troubles avaient éclaté dans la région de **Kandakanda** chez les Bena Kanyoka. L'origine en remontait à 1890, lorsque **Muzembe**, grand chef des Bena Kanyoka s'était opposé au passage de l'expédition de **Le Marinel**, dépêchée pour atteindre le Katanga (convoité par Cécil Rhode pour compte de l'Angleterre).

En 1893, après s'être enfui de Malandji et à peine arrivé dans sa contrée, Muzembe est assassiné par ses anciens ennemis. Son frère **Kalenda** lui succède, mais le Commissaire de district Ghillain ordonne au Commandant Mathieu **Pelzer** d'aller s'emparer de Kalenda et d'investir **Mutonji** wa Kandakanda comme chef des Bena Kanyoka — notez que celui-ci avait prêté aide et assistance à l'expédition. La colonne Pelzer subit une attaque furieuse de la part de Kalenda et ne dut son salut qu'à l'intervention de Cassart. Pelzer commanda alors le retour à **Malandji** d'où il était parti en août. Fin janvier 1895, accompagné du Lieutenant Böhler et de l'Adjudant Dehaspe, Pelzer repartira de Malandji avec ordre de recommencer son expédition contre Kalenda, et de l'amener à Malandji, **mort ou vivant**. Pour motiver ses hommes à se battre sans se ménager, Pelzer leur promit de lever la restriction d'une femme par soldat et que chacun recevrait un boy et des nouvelles couvertures. La victoire acquise et de retour à Luluabourg-Malandji, Pelzer ne tint aucune de ses promesses et envisagea plutôt le plan de mener une campagne contre le chef Kalamba devenu ''persona non grata'' (!?).

— Les faits :

Van Zandijcke[82] qui aura fait remarquer que l'étude qu'il présente « n'a pas de prétention scientifique, mais elle voudrait soulever un coin de voile qui enveloppa si longtemps un des événements les plus pénibles de l'histoire de notre colonie » rappelle en quelques traits rapides le récit qui en été fait peu de temps après, et « tel que nous le connaissons » (dit-il) :

« Le 4 juillet 1895, à l'appel du matin, la révolte éclate. Les soldats font feu sur leurs officiers : le Commandant Pelzer est tué… Le Poste d'Etat de Luluabourg-Malandji est pillé, beaucoup de Noirs sont massacrés, d'autres emmenés en esclavage.

Les révoltés se dirigent ensuite vers la Mission de Luluabourg - Mikalayi (…). Pères et Sœurs[83] avec tout leur monde prennent la fuite, fuite qui se

[81] Ici Van Zandijcke cite Félicien Cattier, Etudes sur la situation de l'E.I.C., p. 263

[82] Van Zandijcke, o. c. pp. 163 et 165

[83] Il s'agit des pères Cambier et De Clercq, et des Sœurs Humilienne (arrivée au Congo en 1892, mais à Mikalayi en 1894), Albanie, Hygine et Godelieve, qui sont les premières

déroule dans des circonstances tragiques. Les révoltés s'en retournent à leur pays d'origine, tuant et saccageant tout sur leur passage ».

Van Zandijcke ajoute : « Comme par un accord tacite, tous les rapporteurs — Michaux, Cassart, les P.P. Cambier et De Clercq, Lapière et Lassaux — commencent l'histoire de la *révolte* par l'appel du matin du 4 juillet. Le père Cambier écrit : ''Je connais cette scène en détail et je la raconterai peut-être un jour, mais pas maintenant qu'on s'apprête à fêter les héros de la campagne arabe'' ».[84]

— **Les causes** (de *La Révolte* dite *des Batetela*)

A ceux qui se poseraient la question pourquoi (une telle connotation) ''… *des Batetela''* ? R. Cornevin fait savoir qu'« il y a ce fait que les vides creusés dans les rangs de la Force Publique par la campagne arabe appela un nouveau recrutement qui s'effectua parmi les anciens guerriers des sultans arabes. Ces éléments qui étaient un ramassis de brigands esclaves et fils d'esclaves ont constitué des noyaux d'insoumission parmi les recrues Batetela du fait qu'ils étaient plus instruits et aguerris. (Et) beaucoup de ces anciens guerriers avaient appartenu aux armées de Ngongo-Lutete lequel, en récompense de son aide, avait reçu des terres pour les installer dans la région du Lomami. C'est ce qui explique comment ces anciens guerriers — Batetela de leur état — furent enrôlés ; d'où le nom donné à cette sédition de « *Révolte des Batetela* »[85].

Mais Tshisuaka Kamuasayi (cicm)[86] nous informe que « le père Storme se garde des jugements sans nuance, exprimés par ceux qui parlent de la révolte des Batetela tout court et ignorent la présence de diverses entités présentes dans la ''Force Publique'' (corps armé au service de l'E.I.C.

En lisant A.Van Zandijcke[87], nous apprenons que : ''en dehors des soldats Batetela (2 /3), la garnison de Luluabourg comptait également d'autres éléments. Les gradés Ntambwe (sergent-major), Mubiayi, Mulondambuji, Mudiase et autres étaient Baluba, et que ces gradés et soldats Baluba ne se sont pas abstenus de la conspiration qui a entraîné les 200 hommes — pas plus — de la garnison. Eux comme les Batetela étaient impliqués dans l'affaire, ils avaient à défendre leurs intérêts qui étaient les mêmes[88]. C'est ainsi que le père Storme — dira Tshisuaka — en est arrivé à parler de **« La mutinerie militaire au Kasayi, en 1895 »**, refusant l'expression *révolte des Batetela*, laquelle pourrait faire croire (encore) à une

---

femmes blanches à être arrivées au Kasayi — cf. P. Tshisuaka in *Des Notes sur l'Histoire de l'Eglise au Kasayi* (inédites), p. 37.

[84] Van Zandijcke, o. c. p. 193

[85] Cornevin, o. c. p. 156

[86] Père Tshisuaka, *'' Des Notes sur l'Histoire de l'Eglise au Kasayi ''*, inédites, p. 31

[87] Van Zandijcke, o. c. pp. 168-169

[88] Idem, p. 185

insurrection populaire de la tribu qui porte ce nom''. ''Or (dit-il) — ceci n'est pas le cas.

Il s'agit d'une vraie mutinerie militaire qui, de plus, a éclaté hors du territoire des Batetela'', conclut-il. Il en vient ainsi à parler des Batetela — dans un sens strict — désignant par-là ceux qui avaient été des anciens gardes de corps de Ngongo Lutete et qui s'étaient mis au service de l'E.I.C., pour les différencier des Batetela — dans un sens large — faisant allusion à ceux qui s'embauchèrent dans les postes d'Etat comme membres de la Force Publique sans avoir fait partie de la garde rapprochée de Ngongo Lutete''.

Aussi, allons-nous noter que toute mutinerie se fait (toujours) précéder par une insurrection. Et dans la recherche des causes de la *révolte* dite *des Batetela*, le père Storme signale qu'il est imprudent de désigner une cause particulière comme l'origine de cette insurrection, mais plus exact d'évoquer plutôt une concaténation des causes qui se sont enchaînées les unes dans les autres pour créer finalement les germes d'une situation explosive qu'une cause prochaine fera éclater… (Ici irons-nous aligner l'« *Affaire Kamuine* » dans cette réflexion ? Nous ne pouvons l'infirmer ou le confirmer...)… Et que nous dit la relecture de l'histoire ?

Ngongo Lutete, ancien esclave de Sefu et éduqué par son maître dans le métier de marchand d'esclaves, s'en est allé plus tard s'installer à son propre compte. Pour ce faire, il fonde un grand village à Ngandu Kitenge sur la rive gauche du Lomami et a besoin des soldats aguerris qu'il recrutait parmi la population batetela. Après avoir terrorisé toute la contrée, il marche même sur Lusambo en 1890. Mis en déroute par Descamps (mai 1892) et finalement battu par Dhanis à Batubenga, il se soumet (en septembre 1893) et devient un allié dans la lutte contre les bandes esclavagistes de Sefu… Ngongo et ses hommes se joindront aux forces de l'E.I.C. commandées par Dhanis et il y sera d'une aide indiscutable qui lui vaudra, de la part de Dhanis, une promotion comme grand chef dans la région des Batetela. Mais il se fera que Ngongo, ''despote sans scrupules, n'en continuait pas moins son ancien métier de chasse à l'homme.

Ce traitant esclavagiste cruel et impénitent est fusillé à Ngandu Kitenge, le 15 septembre 1893, en application d'une mesure arrêtée la veille — en conseil de guerre — par les Lieutenants Scheerlinck, Duchesne et Lange[89], exaspérés par ses cruautés. Après son exécution, une garde de corps ayant servi Ngongo avait le choix (ou) de s'enrôler dans la Force Publique, fondre dans la nature, entreprendre des activités plus honnêtes ou encore de rentrer dans son pays d'origine.

Ne pouvant pas surtout opter pour ce dernier choix, car ayant massacré, pillé et livré des milliers de gens en esclavage au profit de leur patron Ngongo et devant compter avec la vindicte populaire, ces hommes choisirent de s'engager dans la Force Publique. Et celle-ci ne pouvait laisser ces

[89] Van Zandijcke, o. c. p. 170

éléments ensemble ; elle les répartit dans les différents Postes. Ceux qui atteignirent *Luluabourg-Malandji* étaient sous une escorte militaire de 5 soldats. Si — chemin faisant — l'idée de se révolter leur était arrivée, il n'y aurait (eu) aucun obstacle à cette éventualité, c'est ainsi qu'ils arrivèrent à destination avec leurs femmes — qui une, qui deux, voire même plus — et enfants. Au lendemain de leur arrivée, le Commandant Pelzer intima cet ordre aux soldats : de leur harem, ne faire le choix que d'une seule épouse. On sait que les femmes victimes de cette disposition ou mesure préférèrent vivre dans les parages du Poste au lieu de rentrer dans leurs villages d'origine.

Continuant ses analyses, le père Tshisuaka[90] dira qu'il y a d'une part, cette historiographie classique traitant de la cause de la ''révolte batetela'', qui désigne le désir exprimé par les anciens gardes de corps de Ngongo Lutete de venger l'exécution de leur chef — ici le père Van Zandijcke cite le Dr Hinde comme le premier à avoir suggéré une telle interprétation, dans son livre « La chute de la Domination des Arabes au Congo », ainsi que Michaux qui écrit lui, dans son livre ceci :

''La fusillade de Luluabourg n'a été que la répercussion ou l'écho lointain du feu de peloton qui a exécuté Ngongo Lutete »[91] — ou encore *l'irrégularité dans les paiements des soldes due aux effectifs de la Force Publique* (Michaux en a parlé également, mais ajoute aussi cette autre cause secondaire : *une erreur d'avoir engagé dans la Force Publique d'anciens mercenaires de Ngongo Lutete*). Il y a d'autre part cette réflexion du père Van Zandijcke qui dit qu'*« à côté de tout cela, il est pour le moins étonnant que ni Cassart, ni Lapière, ni Cambier — qui tous trois ont écrit un rapport sur ''la révolte de Luluabourg'' — ne soufflent mot des origines possibles ou causes de la révolte. Si réellement c'était une affaire de vengeance, on ne voit pas très bien pourquoi ils — ces trois précités — auraient dû garder le silence ».*

Et il en est de même des auteurs du livre « A nos Héros coloniaux morts pour la Civilisation » — un des livres les mieux documentés sur le développement de l'E.I.C. — qui ont longuement disserté sur la '*'révolte de Luluabourg''*, mais ont gardé un silence prudent sur la cause qui y aurait donné lieu. C'est peut-être parce que les causes étaient ailleurs et que l'on préférait ne pas en parler… (Oui, nous ajouterons que souvent, les causes sont ailleurs, et il faut fouiller, il faut du temps)… Ce n'est qu'en 1943 que nous entendons porter un jugement sans ambages, ni équivoques, sur les

[90] Père Tshisuaka, o. c. p. 33

[91] Michaux, Carnet de campagne, pp. 280 - 283

causes de la révolte »[92]. Van Zandijcke ajoute que ce jugement nous est donné par le Baron Dhanis, dans un livre qui porte son nom[93] :

« Dans leur nouvelle garnison de Luluabourg, les hommes de Ngongo Lutete se trouvaient placés sous les ordres du Commandant Pelzer, lequel, par sa très grande sévérité, n'avait pas tardé à s'aliéner la sympathie des trublions qui lui étaient confiés. En juillet 1895, les hommes exaspérés, se sont révoltés ».

Toujours en rapport avec ce jugement, Van Zandijcke donne à contribution le recul des années et des investigations sur place, en dehors de tout intérêt personnel. Il fait ainsi appel à un séjour de 25 ans à la Mission de Luluabourg, qui lui a permis de faire des recherches lentes et patientes, en même temps qu'il lui a donné de s'entretenir longuement avec des témoins directs — désintéressés maintenant — et même avec des personnes qui ont été intimement mêlées au drame[94]. Parmi ces personnes nous retrouvons des **Bimbadi** et **Bena Nsapo** qui avaient leurs habitations non loin du Poste — « ce sont ces Noirs, précisément, qui nous ont raconté force détails à ce sujet, ainsi que le sergent Mubiayi, le caporal Mulondambuji, le clairon Katembwe, Mudiase et Adolphine (une Mutetela aimée de Mubiayi) ; il y a aussi Lumbala Joseph (boy de Lapière).

En outre, Van Zandijcke renseigne — nous dit P. Tshisuaka[95] — que le père E. Cambier était au courant des détails croustillants sur cette révolte, mais il refusa de dire la vérité qu'il connaissait et préféra en reporter à plus tard la communication, pour ne pas gêner la célébration projetée des héros belges tombés en Afrique. (Le Livre d'Or où Cambier lui-même a contribué en évoquant la présence missionnaire au Congo est le fruit de cette célébration). En temps opportun, Cambier fit un rapport, sans doute partiel et incomplet, mais où l'on peut prendre la mesure de tout le drame. En

[92] Van Zandijcke, o. c. p. 162

[93] Dhanis, par Mlle Coméliau, p. 49, cité par Van Zandijcke, o. c., p. 162

[94] La révolte de Luluabourg, en effet, occupe une place à part dans le développement et l'organisation de l'Etat Indépendant, non pas tant à cause de la révolte elle-même — il y en a eu d'autres —, mais bien plus à cause des suites fâcheuses qu'elle traîna derrière elle. Il y a entre autres que, la répression immédiate de cette révolte coûta la vie à onze officiers de la Force Publique et fit un grand nombre de victimes parmi les combattants noirs. — Van Zandijcke, o. c. p. 163. Il y a aussi ces opérations pénibles et infructueuses que connut Dhanis fin 1895 alors Vice-gouverneur Général de l'Etat Indépendant et Administrateur des districts des ''Stanley Falls'', de l'Aruwimi et des Uélé. « Au lieu de marcher contre les Mahdistes qui menaçaient de s'emparer de Lado (confié par les Anglais à l'E.I., le 2 mai 1894), Dhanis se vit obligé de se tourner d'abord contre les anciens mutins — hommes recrutés des troupes avec lesquelles il l'emporta sur les Arabes à Kasongo et à Nyangwe (1892 et 1893) et qui étaient en ordre principal des éléments Batetela. Tout cela demandait du temps et des forces considérables pendant que les anciens soldats de Luluabourg parcouraient la région du Lomami, y semant un esprit de discorde et de soulèvement, augmentaient chaque jour leurs bandes. Ce qui explique le drame qui s'est joué dans l'Aruwimi… Cf. Van Zandijcke, o. c. pp. 164, 188, 195, 200 et 205.

[95] Père Tshisuaka, o. c. p. 34

reprenant une partie de ce rapport tapuscrit — nous dit Tshisuaka — où, après avoir posé des questions rhétoriques telles que '' Pourquoi les soldats Batetela ont-ils fait leur coup plus d'un an après l'exécution de Ngongo, après avoir servi l'Etat dans tous ses postes et de façon exemplaire ? '' ou encore '' Voulez-vous savoir pourquoi les Batetela le recherchait particulièrement ? '', il poursuit et répond : '' Je vais vous le dire :

Vers le 20 août 1894, dans une action contre les Batshioko et Kalamba, aux environs de Mukabua, Cassart avait une jambe fracassée par une balle. Comme il n'y avait pas de médecin dans la région, Cassart vint faire soigner sa jambe à la Mission. Je la lui remis. Sa convalescence dura des semaines (…). Il ne se passait pas un dimanche que les soldats Batetela (…), les sergents Kandolo et Tshimpuki, ne vinssent le voir et passer leur congé près de lui. Cassart était bien leur dieu (…). Un dimanche après-midi (…) Kandolo ou Tshimpuki me dit : '' Père, l'un ou l'autre jour, nous allons tuer Dibala'' (…). ''Ce n'est pas encore assez pour lui d'avoir treize femmes dans son lupangu (harem), mais il prend encore les nôtres, et quand nous réclamons, il nous fait donner de la chicote''…

Le cas d'une épouse emmenée du village de **Kalala (Kafumba)** fut rappelé par le sergent au père qui le reconnut et se souvint même du nom de cette dame prénommée Agnès. (Aussi, le père avait-il réussi à remettre le mari dans ses droits)'' ».

Pour terminer avec cette ''***révolte*** dite ***des Batetela''*** , le père Cambier ira faire savoir ceci : « Je vous avoue que je n'ai pas cru à cette menace *''L'un ou l'autre jour, nous allons tuer Dibala''* (par *Dibala* entendez le chauve, car Pelzer était chauve). *Ces soldats Batetela surtout, tous les Blancs les admiraient ! Dhanis, Cassart, Michaux, tous les aimaient, tous en étaient fiers ; on aurait ri de celui qui aurait dit qu'un jour ces soldats pourraient se révolter. Mais la patience, comme toute corde, même celles qui font vibrer le cœur, a un bout ; et la fierté a ses droits »*[96] — cf. P. Tshisuaka (o. c., p. 35), d'après ''Les pages d'un cahier (brouillon) du R.P. Cambier contenant les notes du ''*rapport – vérité* ''qu'il s'était résolu à écrire sur la ''*révolte des batetela*'', mais qu'il n'a malheureusement pas achevé d'écrire.

[96] Père Tshisuaka, o. c. p. 35

Chapitre III
Occupation effective et régime personnel

Certes, le roi Léopold II a remporté un réel succès à Berlin... Mais aller gérer son nouvel Etat ne va pas se faire sans difficulté. En effet, il va falloir réunir des sommes nécessaires ; implanter l'Etat en créant des Postes (à sécuriser et à administrer) ; résoudre les problèmes de la mobilité et valoriser même cette situation.

1. Finances

Les dépenses des premières expéditions — de 1876 à 1885 — ont dû ronger la fortune du Roi. Il faut un financement. Or, le concours des grandes banques belges était encore timide et les actions nouvelles n'étaient pas classées dans leur portefeuille.[97] Et c'est à grand-peine que la C.C.C.I. (la Compagnie du Congo pour le Commerce et l'Industrie) — une impulsion du souverain créée en 1887 — a pu réunir un million de francs, son capital initial. Aussi jusqu'en 1893, les valeurs congolaises étaient méconnues : ni la Société Générale ni la Banque de Bruxelles n'en faisaient mention.[98] Albert **Thys**[99] réussira à susciter un engouement auprès de nombreux financiers. Durant de longues années et jusqu'au moment où le Congo devint une affaire rentable, les banquiers privés Cassel ; Nagelmakers ; Philippson et surtout Léon Lambert, furent d'un grand soutien au Roi. Mais peu après, l'on a vu les difficultés financières contraindre le Roi à publier son testament, pour obtenir le prêt qui éviterait la banqueroute et, en 1895, l'Annexion ne sera évitée que d'extrême justesse.

---

[97] Cf. R.J. Lemoine, in « Finance et colonisation », Anales d'histoire économique, 1934, p. 439, cité par Cornevin, o. c. p. 159.

[98] Cf. Pierre Joye et Rosine Lewin, in Les Trusts au Congo, p. 19, cités par Cornevin, o. c., p. 159

[99] Albert Thys, alors jeune officier, est dès 1878 attaché au Secrétariat de l'Association Internationale Africaine. Il aura participé à plusieurs explorations. ; par la suite il deviendra le Directeur de la C.C.C.I.

2. Implantation de l'état

Dans la possession des lieux ou l'occupation effective, Léopold II a eu à diligenter plusieurs expéditions armées :

- vers le Nord : l'expédition du capitaine Van Kerckhoven - Milz ; la colonne Ponthier et l'expédition Van Gèle ;
- vers le Nord-est : l'expédition du capitaine Delanghe et celle du capitaine Franqui dans l'enclave de Lado contre les Mahdistes ;
- vers le Sud : la mission Paul Le Marinel, Descamps et Légat (partie de Lusambo) ainsi que les expéditions ''Stairs'' et ''Bia /Franqui'', pour le Katanga…

Et comme les accords de Berlin avaient été conclus trop rapidement sur des zones géographiques trop vastes, **le Roi** a eu à lutter contre la France à propos de l'Ubangui ; contre les visées anglaises au Katanga ; contre le Portugal pour le Lunda et à la fois contre la France et l'Angleterre sur le Nil… mais ce fut une réussite pour le souverain. Ici, nous nous joindrons à Pierre Van Zuylen[100] qui a qualifié cette réussite d'**un homme qui sut** *« se faire attribuer un royaume, par des puissances, malgré les ambitions de plusieurs d'entre elles ; malgré la faiblesse de ses moyens ; malgré la répugnance de la plupart de ses sujets à le suivre ».*

Aussi, d'après l'étude du père Roeylens[101], l'objectif de Léopold II était d'abord l'expansion coloniale pure et simple (nous avons eu à le voir plus haut dans ce que nous avons nommé *« La Belgique en quête de colonies ».*

En effet, l'industrie devait trouver et, débouchés et matières premières. Mais Cornevin ajoute que la surpopulation belge posait un problème particulier d'émigration. C'est ainsi qu'une tentative d'exploitation belge au Transvaal avait même suscité les plus grands espoirs, tant en raison des sympathies linguistiques flamandes que par les vifs désirs des dirigeants Boers de trouver des appuis en Europe contre les menaces britanniques… Nous terminons ici par cet avis de Pierre Daye [102] qui a écrit :

« Il voulait entreprendre une œuvre africaine ; il voulait la développer pour la prospérité de son propre pays. L'idée coloniale était devenue chez lui presque une obsession. Et comme l'opinion publique belge n'était pas mûre pour une entreprise coloniale, la couverture internationale était nécessaire à ses desseins. Ce ne fut pas tant la découverte de l'intérieur de l'Afrique, ni l'abolition de la traite, mais bien une organisation supranationale qu'il put manœuvrer à sa guise de façon à prendre pied fermement au centre de l'Afrique, y installer des intérêts belges, mais aussi et surtout se créer un empire personnel pour satisfaire sa soif de création et de pouvoir, en faisant

---

[100] Cf. R. Cornevin, o. c. p. 91

[101] Père Roeylens, « Le dessein africain de Léopold II… », A.R.S.C., 1956, p. 264, cité par Cornevin (ibidem)

[102] Pierre Daye, Léopold II, Ed. Fayard, 1934, cité par Cornevin, o. c. p. 91

fructifier la considérable fortune personnelle (15 millions de franc-or) que lui avait léguée son père »[103].

Certes, des collaborateurs de talent comme Banning ; Brialmont ; Lambermont ; Van Eevelde ; Strauch et autres ont eu une part considérable dans le succès de la politique du Roi, mais un fait reste certain et c'est l'avis de tous ceux qui ont fait la relecture de l'histoire du pays — plusieurs ouvrages en témoignent unanimement — **''l'E.I.C. et suite'', c'est signé Léopold II ; c'est son œuvre,** devons-nous dire. Cependant, la Conférence de Berlin avait recommandé à l'E.I.C des devoirs administratifs et moraux :

— *les devoirs moraux* consistaient principalement dans la lutte contre la traite ; ici Léopold II fera impliquer l'action des sociétés anti-esclavagistes. Celles-ci ont eu à enfreindre les négriers qui étaient un obstacle à l'extension de son autorité. Les autres pratiques entre autres les sacrifices humains ; le poison d'épreuve (ordalie — en Tshiluba : « *tshipapa* ») — furent également combattues au fur et à mesure que l'implantation des Postes s'opérait ;

— *les devoirs administratifs* : l'on devait entendre par là l'organisation même de l'Etat. Certes, il a manqué une Constitution officielle. Pour y palier, des lois, décrets et arrêtés du Roi ou du gouvernement ne pouvaient être élaborés, mais dans le respect et en harmonie avec l'Acte général de Berlin.

Sur terrain, le tout premier responsable de l'Administration naissante fut désigné par le vocable « Chef d'expédition » et ce fut **Stanley**. Francis **de Winton** qui prit sa relève fut nommé « Administrateur général ». Dans la Métropole-même — à Bruxelles — le cabinet en charge de **l'Administration** centrale que forma le Roi en mai 1885 comprend : un Secrétaire d'Etat unique, assisté d'un chef de cabinet ; un Trésorier général et trois Secrétaires généraux. Fin octobre 1885, trois Départements sont créés, à savoir :

— **Affaires étrangères et Justice** : ce département s'occupera des rapports avec l'Extérieur ; de l'État-civil ; du Commerce et des Postes ; des Cultes et de la Justice. Il est confié à Edmond Van Eetvelde ;

— **Finances** : ce département traitera des Impôts ; du Régime foncier ; de la Comptabilité ; du Budget ; de la Trésorerie et du Système monétaire. Hubert Van Neuss en assumera la charge ;

— **Intérieur** : ce département sera en charge de l'Administration territoriale (découpage du territoire ; administration des Entités) ; Instruction et Hygiène publique ; Marine et Transports ; Intendance ; Industrie ; Agriculture ; Voies de communication ; Force publique et Matériel militaire. Le général Strauch en assuma la charge.

Et comme il y avait grand éloignement entre la Métropole et la Colonie, une large délégation de pouvoirs s'imposait. C'est ainsi que le décret du 28

[103] Cf. Cornevin, o. c. p. 92

mars 1886 donnait à l'Administrateur général le droit d'édicter des ordonnances ayant force de lois.

Le 16 avril 1887, il est mis en place un Gouvernement local avec à sa tête un Gouverneur général, représentant le Roi. Et à partir du **30 juin**, un Comité consultatif avait été créé pour aider le gouvernement local. Le 17 avril 1887, Camille Jansen — qui fut nommé Administrateur général le 15 août 1885 alors qu'il avait 48 ans — deviendra Gouverneur général. L'ouverture du poste de **Lusambo** dans le Kasayi en 1890 et autres œuvres sont à mettre à son actif. Rentré en Europe en mai, Jansen refusera de s'associer à la nouvelle politique économique de Léopold II et démissionnera (cette culture n'est pas en Afrique) et ce vide juridique fera créer un Comité exécutif pour assumer l'intérim. (Souvenons-nous de notre « 1 + 4 »).

Notons qu'à partir de cette même année, la **Justice** est progressivement mise en place : il y a un embryon de Code pénal et création des juridictions : les **Tribunaux de Grande Instance** sont ouverts à travers le territoire et un **Tribunal d'Appel** à Boma.

Le 5 août 1888, la ''**Force Publique''** est créée. Son commandement est confié à Léon Roger, un capitaine. Chaque District — initialement l'E.I.C. en compta 12 puis 15) — dispose d'une compagnie et d'un camp d'instruction. De huit, en 1888, les compagnies passent à seize en 1893 et en 1907, elles seront à 27. Voici, pour mémoire, ce que dit un rapport sur cette Force publique — rapport adressé au Roi, en 1900 : *« Le souci constant du gouvernement est d'élever progressivement le niveau moral et matériel du soldat indigène : mariage légal, nourriture et logement pour femmes et enfants... ».*

Nous dirons ici que l'Etat pourvoyait à cette charge. Il ne doit pas revenir à chaque citoyen de s'acquitter, à chaque coin de rue, de ce qui est appelé « *madesu ya bana* » ou « *makolo »* — traduisez ''haricot pour enfants'' ou ''pieds'' (de l'élément et/ou messager dépêché par un Mandataire ou Préposépour atteindre tel ''prévenu'' et/ou '' tel convoqué'' et/ou ''invité'') — entendez cette rançon qu'exigent nos éléments en uniforme ; rançon érigée en « un droit » ou ''redevance''.

Ce rapport parlait également de cet autre souci constant : ''inculquer aux soldats des notions d'une morale supérieure en leur inspirant notamment le respect de la personne humaine et de la liberté d'autrui, et que les soldats s'assimilant les principes de la discipline et de la vie régulière devenaient des propagateurs de l'ordre dès leur retour dans leurs villages''.[104]... En est-il encore le cas, présentement ?...

[104] Cf. R. Cornevin, o. c., p. 130 : rapport cité par le major D'Hooge in *Histoire du Congo*, T. II, l'Etat Indépendant, p. 127

3. Les premières productions

Ici, deux remarques s'imposent :

1) Dans ce volet, il sera noté que le social — entendez Santé et Enseignement — ne venait pas en ordre utile dans les priorités ; les ressources que devait tirer l'Etat, de l'occupation, primaient sur les autres préoccupations... Ce « social » sera confié plus tard — à partir de 1906 — aux Missions chrétiennes. Et parmi les Missions catholiques, nous retiendrons la Congrégation C.I.C.M. (qui a sa Maison-Mère à Scheut) et celle des Pères Joséphistes. Parmi les Missions protestantes — toutes dénominations confondues et d'ailleurs presque toutes d'expression anglo-saxonne — nous irons retenir l'*American Presbyterian Congo Mission (APCM)* ; la Mission Ménonnite (Tshikapa/Kalonda) ; les Missionnaires Méthodistes (dans le Sankuru) ; les Adventistes à Luebo...

2) Pour sa survie, l'Etat ira axer sa politique sur les produits des terres domaniales (droit que lui réservait le décret du 21 septembre 1891).

3.1. Ivoire et caoutchouc

L'**ivoire** et le **caoutchouc** furent les premières productions auxquelles s'attela l'Etat. Mais l'on notera ici que d'immenses terres étant devenues *Domaine privé* ou *Domaine de la Couronne*, cela porta atteinte au commerce privé (alors que la liberté de commerce garantie par l'Acte général de Berlin, permettait à toutes les puissances signataires de s'installer dans l'ensemble du bassin du Congo sans autorisation préalable sur des terres inoccupées n'excédant pas 10 hectares) et qu'en plus, l'Etat s'assurait une part importante dans les bénéfices[105] générés par des grandes Compagnies concessionnaires — telles la Compagnie du Katanga ; la C.C.C.I. ; la Société Anversoise ; ABIR ; la Compagnie du Kasayi (C.Ka) et autres — que l'Etat faisait administrer par des Agents choisis par lui.

3.2. Productions agricoles

Le développement de celles-ci restait encore des plus restreint. En effet, jusqu'à la fin du XIXe siècle, les grands espoirs du roi Léopold II restaient fondés sur la production du caoutchouc et la récolte de l'ivoire. Et lorsque l'on entreprit de vastes plantations de café ; de cacao et d'hévéa, ces actions se sont soldées par un échec, car menées par un personnel inexpérimenté. Aussi, l'agriculture tropicale présentait-elle à cette époque, d'énormes inconnues techniques...

---

[105] Paul Bourdarie — cité par Cornevin, o. c., p. 163 — en parlant des Sociétés de colonisation qui sont en réalité des filiales de cette vaste entreprise qu'est l'Etat Indépendant — dit que celui-ci fait des apports en échange desquels il reçoit des parts de capital au titre de Fondateur ou Actionnaire — une participation particulière dans les bénéfices, en dehors des redevances publiques ou spéciales en tant qu'Etat.

C'est bien plus tard qu'il sera créé le jardin botanique à Eala ; et encore plus tard, l'Institut National d'Etudes Agronomiques du Congo (INEAC), dans le but de mieux développer scientifiquement l'agriculture (Cf. labos ; stations météorologiques et centres d'expérimentation).

4. Mise en valeur

Le développement du territoire ne pouvait s'opérer et s'intensifier sans résoudre le problème de la mobilité c'est-à-dire : l'évacuation des produits coloniaux et l'entrée des produits manufacturés.

4.1. Les chemins de fer

« Le Congo, sans chemins de fer, ne vaut pas un penny », avait laissé entendre Stanley. En effet, pour cet immense territoire, la construction des voies ferrées en complément des transports via le fleuve et ses affluents sur leurs parcours navigables s'imposait. C'est ainsi qu'il fut entrepris la mise en chantier d'un premier chemin de fer afin de relier ce vaste réseau de communications à l'embouchure du fleuve d'où remonteraient les navires de haute mer. Les étapes suivantes ont dû être franchies :

- 1888 : reconnaissance topographique par Cambier[106] ;
- 1889 : création de la Compagnie du Chemin de fer du Congo. Le 31 juillet a eu lieu la constitution du capital social. Celui-ci s'est chiffré à vingt-cinq millions de francs dont 15 ont été souscrits par des groupes privés belges, anglais et allemands et 10 millions par l'Etat belge. Par la suite, l'on procéda à l'augmentation du capital ; l'aval du gouvernement à un emprunt - obligataire de dix millions ira grossir l'apport de l'Etat belge.

La construction du tronçon **Matadi - Léo** (390 km) a débuté fin 1890. Ce chemin de fer a été inauguré le 1er juillet 1898 et sa construction fut pénible ! En effet, son tracé s'est jalonné à travers un relief accidenté (Monts de Cristal) ; dans un climat hostile et malsain et la méconnaissance de la nature du sol ainsi que du régime, des eaux ont rendu la tâche encore plus difficile… et sur un fond funèbre !... Oui, ce travail — qui s'est étalé sur neuf ans et qui a dû recruter une main-d'œuvre nombreuse aussi bien en Afrique, aux Antilles, en Chine qu'en Europe — a décimé plus de 2000 vies humaines : 1800 Noirs et 132 Blancs (chiffres qui sont d'ailleurs probablement au-dessous de la réalité). La Société des Chemins de fer du **Mayumbe** sera créée en 1898, et la construction des Chemins de fer du Congo Supérieur aux Grands Lacs, pour compte de la Compagnie **CFL**, interviendra à partir de 1903. Ces derniers ont dû contourner en amont de Stanleyville, les parties non-navigables du fleuve. Il s'agit du

[106] Cambier à ne pas confondre avec un autre Cambier (prêtre, lui) que nous rencontrerons encore plus loin ; celui-ci est officier (un major).

tronçon **Ponthierville** (présentement Ubundu) — **Stanleyville** (présentement Kisangani) construit de 1903 à 1906 ; et du tronçon **Kindu - Kongolo** (1906-1910) qui se prolongera plus tard pour rejoindre la voie ferrée B.C.K.[107] venant de **Sakania** vers et à **Kamina**. Notons que ce dernier tronçon dispose d'une bretelle allant de Kabalo jusqu'à **Kalemie** (ex Albertville) sur Tanganyika.

4.2. Les difficultés financières

Déjà au lendemain du lancement du Chemin de fer **Matadi — Léopoldville,** le Roi (dont la fortune personnelle se trouvait entamée) éprouvera des difficultés financières, d'autant plus que, à cette époque, la seule exploitation n'était que l'ivoire ; et l'on était encore loin de prendre en compte les ressources minières... Alors le Roi — comme le note Liebrecht[108] — se mit à multiplier les démarches pour trouver des fonds ; satisfaire ses créanciers ; obtenir des échéances et essayer de faire partager à des financiers sceptiques sa foi ardente dans l'avenir de la Colonie... Et lorsque l'emprunt à lots du Congo qui n'aura trouvé de débouchés (même pas à Paris) chute à la Bourse de Bruxelles, le Roi va aller jusqu'à rendre publique une partie de son testament (daté du 2 août 1889).

Auguste Beernaert, chef de cabinet, en donnera lecture devant la Chambre des Représentants, le 9 juillet 1890. En voici la teneur :

> « Nous, Léopold II, roi des Belges, souverain de l'Etat Indépendant du Congo,
> Voulant assurer à Notre patrie bien aimée les fruits de l'œuvre que depuis de longues années, nous poursuivons dans le continent africain avec le concours généreux et dévoué de beaucoup de Belges,
> Convaincu de contribuer ainsi à assurer à la Belgique, si elle le veut, des débouchés indispensables à son économie et à son industrie et d'ouvrir à l'activité de ses enfants des voies nouvelles,
> Déclarons par les présentes, léguer et transmettre après notre mort, à la Belgique, tous Nos droits souverains sur l'Etat Indépendant du Congo tels qu'ils ont été reconnus par les déclarations, conventions et traités intervenus depuis 1884 entre les puissances étrangères d'une part, l'Association Internationale du Congo et l'Etat Indépendant du Congo, d'autre part ; ainsi que tous les biens, droits et avantages attachés à cette souveraineté.
> En attendant que la législature belge se soit prononcée sur l'acceptation de Nos dispositions prédites, la souveraineté sera exercée collectivement par le Conseil des trois Administrateurs de l'Etat Indépendant du Congo et par le Gouverneur General ».
> Fait à Bruxelles, le 2 août 1889.

---

[107] B.C.K. : Chemin de fer du Bas-Congo au Katanga, avec Siège social à Elisabehville (présentement Lubumbashi).
[108] Cf. Liebrecht, Léopold II fondateur d'empire, p. 211, cité par R. Cornevin, o, c. p. 161

C'est ainsi que les Chambres consentiront un prêt conditionnel de 25 millions — s'étalant sur dix ans : 5 millions comptants et le solde à raison de 2 millions par an. En 1900 — faute de remboursement — la nation a le choix soit d'exiger le remboursement soit de reprendre l'Etat à titre de « Colonie ». Telle fut la clause dont était assorti ce prêt… Mais faisons quelques pas en arrière pour comprendre le cheminement des faits :

— Il y a que, le 15 avril 1891, il est créé la *Compagnie du Katanga*. Celle-ci a une double mission (nous l'avons vu) : mission politique : la colonisation, et mission économique : l'agriculture ; le commerce ; l'exploitation minière et le transport ; bref, l'occupation effective de la région. Et comme l'Etat se déchargeait ainsi d'une lourde partie de ses responsabilités, il concède à la *Compagnie du Katanga* la propriété du tiers des terres de la région concédée, pendant 99 ans. Au terme de la Charte, l'E.I.C. reçoit 10% des actions et le droit de nommer un délégué auprès de la Compagnie et de ses filiales ;

— le 21 septembre 1891, un décret consacre la politique d'exploitation des terres domaniales ;

en 1893, le géologue Jules Cornet rentre en Europe, accompagné de Delcommune et Franqui. Cameroun, l'un des trois représentants Britanniques à la Compagnie du Katanga, est dépêché par Léopold II pour les accueillir à Lisbonne et leur recommander la discrétion sur ces richesses minières (mais) déjà signalées par Livingstone (1886 - 1873), Böhm et Reichard (1883), Capello et Ivens (1884 – 1885) ;

— le 5 janvier 1895 : le Comte H. de Mérode, ministre des Affaires étrangères, dépose à la Chambre un Projet d'Annexion. Mais ce projet, sous la pression active du Roi — (le roi considérait l'E.I.C., cette œuvre, comme « le produit de ses peines et ses dépenses » et « œuvre sur laquelle ses droits étaient sans partage ») — est retiré de la Chambre au mois de mai, avant tout débat. Aussi, le Roi avait-il estimé que « ni le Congo ni la Belgique n'étaient mûrs pour l'Annexion ».

4.3. Les abus et l'enquête

Il y a d'une part que depuis 1891, l'Etat Indépendant se réservait le produit des terres domaniales à savoir : ivoire et caoutchouc. Ces mesures ont été d'une extrême gravité, car une grande partie du Congo se trouvait ainsi déclarée « *domaine privé de l'Etat* ». Et l'agriculture ayant été presque oubliée, les difficultés d'argent ne pouvaient que surgir. Pour y parer, le Roi ira chercher à faire une entorse à l'*Acte général de Berlin*, lors de la *Conférence anti-esclavagiste* de Bruxelles (1890 - 1891). Oui, le roi Léopold II en attend la révision de l'article 4 de l'Acte général de Berlin, qui interdisait l'établissement de droits d'entrée dans le bassin conventionnel du Congo… En dépit de la vive opposition des grandes maisons de commerce des Pays-Bas, de la France ainsi que des réserves des Etats-Unis, Léopold II obtient par une déclaration additionnelle signée le 2 janvier 1892, le droit de percevoir, pendant dix ans, des droits de 10% *ad valorem* sur les marchandises importées dans le bassin. Et même alors, le besoin d'argent restait toujours constant... Il s'en suivra la création d'autres Sociétés dont *Société Anversoise* ; *Compagnie du Lomami ; ABIR* ; etc., appelées à œuvrer dans les régions que le Roi s'était réservées et où la récolte de l'ivoire et du caoutchouc était la plus intéressante... Et dans l'entre-temps depuis le 23 décembre 1901, le roi aura transformé « Le Domaine » en *Fondation de la Couronne* et le 24 il était créé la *Compagnie du Kasayi* (C.Ka.).

Cette exploitation s'étant accompagnée des abus de la part des préposés — préposés à la valeur morale parfois douteuse — cela ira provoquer des critiques qui vont fuser de toutes parts, contre l'administration du Roi, y compris les protestations des grandes maisons de commerce ainsi lésées par l'Etat. Mais les critiques les plus acerbes sont lancées depuis la Grande-Bretagne. D'un côté, c'est l'*Aborigenes Protection Society* qui s'est appuyé sur les lettres des Missionnaires protestants anglais, témoins des exactions congolaises et de l'autre, c'est Edmond **Morel** — ancien employé d'une Société de navigation, devenu Secrétaire de la *Congo Reform Association* — qui dénoncera particulièrement les méthodes pratiquées et les peines qu'enduraient les autochtones, sommés de produire le caoutchouc rouge (*red rubber*)... Donc, il était reproché au Roi de violer la liberté de commerce ; de créer des monopoles à son profit ; de maltraiter les Indigènes ; de confisquer leurs terres[109] ; de les astreindre à d'excessives corvées. En plus de l'*Aborigenes Protection Society* et de Morel, il y a eu également l'Irlandais Roger **Casement**, Consul de Grande-Bretagne à Boma, qui viendra lui aussi à la charge à travers son rapport qui est publié en 1903 à Londres.

Les Missionnaires protestants de la *Prebyterian Church in the United States* (P.C. USA) reçurent eux aussi des rapports analogues rédigés par un des leurs, notamment William **Sheppard** — Missionnaire presbytérien Noir de Waynesboro (Etat de Virginie), qui foula le sol du **Kasayi, à Luebo**, en 1889, accompagné de son compatriote et confrère Samuel Lapsley, pour fonder la première Mission protestante : the *American Presbyterian Congo Mission* (veuillez lire « *Mishionn* » d'où « *Mishionyi* » en Tshiluba. L'on notera que c'est à partir de Luebo (cité créée par Ludwig Wolf et « les 150 Bena Luluwa », en 1885, au retour de leur exploration des rivières **Luluwa et Kasayi** — exploration dite « *Expédition Hermann von Wissmann* ») et

[109] Or, tous ceux qui ont étudié les coutumes africaines savent qu'il n'existe pas de terres sans maîtres en Afrique. Henri Carton de Viard cite d'ailleurs à ce sujet l'avis de Mgr Augouard, évêque du Congo-français fréquentant le Roi, qui déclarait que le Noir, est possesseur légitime du sol. Les limites des terres tribales ; terres de chasse et terres de culture, sont parfaitement connues.- Cf. R. Cornevin, o. c. p. 163.

plus précisément depuis **Ibanshi** (deuxième Station), que « Shapeta » (déformation locale de Sheppard) s'organisa pour s'enquérir du mauvais sort dont étaient victimes les populations des contrées au-delà de Ibanshi et autres villages bakuba, de la part de leurs propres frères de race (pourtant) — **Tshibemba et ses Bena Nsapo** — mais qui étaient à la solde des préposés à la récolte et/ou fourniture de caoutchouc.

L'on notera également qu'avant d'atteindre Luebo qui ne cessait de devenir — depuis 1885 — un centre cosmopolite regroupant Bakete ; Bena Luluwa ; Bakuba et Baluba, les deux pionniers missionnaires APCM ont dû passer par Londres où ils s'inclinèrent — à Westminster Abbey — sur la tombe du Missionnaire Ecossais, **David Livingstone**. Dans ses notes au Dr Henkel, Shapeta signale qu'il dénombra un jour, quarante et un corps gisant au sol et un peu plus loin sur un séchoir au feu : plus de quatre-vingts mains coupées, au motif de n'avoir pas livré les quantités de caoutchouc. Ce fut au temps de Dufour[110], l'Agent en charge de l'Administration dans cette contrée.

Des notables de la place interrogés à propos de ces exactions ont rapporté que : « *mu dikuma dia ndundu* — entendez : lors de ''la corvée dite récolte du latex et son traitement — le tout manuellement, pour produire le caoutchouc'' — les Indigènes étaient qui, chicotés, qui emprisonnés ; certains y ont même perdu leur vie »...

Il existe dans le « *Congo illustré* » de 1895 /Bruxelles, à la page 199, un article relatif à l'exploitation du caoutchouc chez les Bashilange dans le Kasayi, nous dit Mutombo, o. c. p 45.

Wilifred Thesiger, Consul britannique au Congo, arrivera alors au Kasayi. Sheppard qui connaissait les langues Tshiluba, Tshikete, Tshikuba, accompagnera Thesiger dans les investigations ; et ce dernier, dans son rapport, demanda simplement la liquidation de la Compagnie du Kasayi... Un peu après, un procès s'ouvrit à charge du Missionnaire Sheppard, intenté par la Compagnie du Kasayi (CKa). De son côté, pour la défense de son missionnaire, APCM prit M. Emile Vandervelde, parlementaire belge... Mais en 1909, le dossier est classé sans suite[111] !

Par la suite, la Chambre des Communes ira saisir le Cabinet britannique, à travers la motion que voici :

« Le Gouvernement de l'Etat Indépendant du Congo au moment de sa constitution ayant garanti aux Puissances :

— que ses sujets indigènes seraient gouvernés avec humanité, et

---

[110] Nous retrouverons Dufour dans la liste de ceux qui auront administré le site « Kananga » de 1895 à 1897, chez Bakajika Nt. W. in Les Dirigeants de la Ville de Kananga, o. c. p. 84.

[111] Cf. Dr W. Phipps (de l'Université St Andrews (Ecosse), vivant présentement à Richmond en Virginie, aux USA), in Shapeta, Tshilobo tshia mu Kasayi, Improka, Kananga, 1999 — traduit de l'anglais par les missionnaires Tshipamba Kasonga et Ntambwe Kazadi.

— que, aucun monopole ou privilège commercial ne serait autorisé sur son territoire, la Chambre demande au gouvernement de sa Majesté de conférer avec les autres Puissances signataires de l'Acte général de Berlin, en vertu duquel l'Etat Indépendant du Congo existe, à l'effet de prendre les mesures pour mettre un terme aux abus qui prévalent dans cet Etat ».

Il s'en suit un échange de notes entre Londres et Bruxelles, si bien que, devant cette vive menace de voir une immixtion des Puissances étrangères dans les affaires intérieures du pays, le 15 septembre 1904, le roi Léopold II accepte l'envoi au Congo d'une commission internationale d'enquête. (Comme l'histoire se répète, il a été question d'une enquête internationale en juin – juillet 2017, mais sous la conduite de la RDC, au sujet du drame dans le Kasayi — les ''fausses communes et du meurtre de la suédoise Zaïda Catalan et de l'américain Mickael Sharp). MM. Jansens (Belge), Nisco (Italien) et Schumacher (Suisse) en seront membres et l'enquête prendra 4 mois et demi. Le rapport des enquêteurs[112] signale les abus[113] et suggère les réformes.

Charles Péguy — qui a préfacé Pierre Mille in « *Le Congo léopoldien* » (cf. ''Sixième Cahier de la Quinzaine'') — ira expliciter : *« Nous avons mis partout Congo léopoldien et non pas Congo- belge... Il ne faut point confondre un peuple avec un gouvernement, un régime, un système véreux et criminel »...*

Charles Péguy[114] ajoute que des documents rassemblés par E. Morel servent de base à cet impitoyable réquisitoire qui montre dans quelles conditions, la Commission d'Enquête fut imparfaitement renseignée ; et les ouvrages du R.P. A. **Vermeersch** (« La question congolaise », Bruxelles, 1906 et « Destinées du Congo-Belge, 1906) ; de **Cattier** (« Etude sur la

---

[112] Cf. Jansens, Nisco, Schumacher, Rapport de la Commission d'Enquête, Bulletin Officiel de l'Etat Indépendant du Congo, 1905, pp. 135 - 185, cité par R. Cornevin, o. c. p. 166

[113] E. D. Morel ira relever les lacunes du Rapport de la Commission et le commente ainsi, dans une lettre adressée à Pierre Mille le 7 novembre 1905 : « Je constate que la totalité ces dépositions faites devant la Commission d'Enquête a été supprimée pour des raisons qui ne me paraissent nullement convaincantes... Ces témoignages sont précisément publiés dans les « Cahiers de la Quinzaine ». Le rapport admet que l'accaparement des terres des Indigènes, institué par ce régime, est un abus.

-Il admet que les impôts en nature réclamés des indigènes sont exagérés ;

-Il admet que les Sociétés dites « commerciales » font usage de la force ;

-Il admet le fréquent usage de la chicotte et l'existence d'innombrables atrocités ;

-Il admet que l'indigène — forcé à la récolte du caoutchouc — passe ses jours dans une existence misérable dans les conditions où on l'y oblige ;

-Le Rapport admet que le système des camps d'otages créé pour forcer les populations à produire est de règle ordinaire et que les indigènes, dans ces prisons, sont mal nourris, souvent maltraités et meurent ;

-Il admet que les Agents de l'Etat ont toléré que leurs soldats leur apportassent des mains et des membres sexuels coupés, comme preuves de leurs prouesses...

(Heureusement pour ces Agents, la CPI tardait encore à naître...).

[114] Cf. Cornevin, o. c. p. 167

situation de l'E.I.C. ») ; et de **Vandervelde** (« Les derniers jours de l'E.I.C. », 1909 ; « La Belgique et le Congo : le passé, le présent et l'avenir », Paris, 1911), iront eux aussi faire le procès de l'E.I.C…

L'on notera également que dans l'entretemps, le Roi aura transformé, depuis le 23 décembre 1901, le Domaine en « *Fondation de la Couronne* » ; et le 24 décembre 1901 il était créé la Compagnie du Kasayi — C.Ka…

Cette Fondation couvrant un territoire productif dix fois plus vaste que la Belgique, formant une personnalité civile indépendante de l'Etat libre, fera que l'opinion belge n'admît pas la thèse de la domanialité sur laquelle elle reposait. Et E. Morel avait insisté sur l'aspect financier du rapport. Il aura fait voir en effet, qu'en affirmant que le gouvernement équilibre avec peine son budget, le rapport *glisse* complètement sur les revenus secrets du Domaine de la Couronne ; revenus qui ne sont pas versés au budget[115]. Morel renchérit que « même en supposant, comme disent les amis du Roi que ces revenus secrets sont usités par lui en des travaux publics en Belgique — de quel droit le Souverain absolu du Congo fait-il exécuter des travaux publics et construire des monuments avec les revenus arrachés à une population en Afrique, écrasée sous un régime… de contrainte… ? » — ibidem. Mais le Roi s'en défendra en ces termes : « *Mes droits*… (car il en avait) *sont ceux et eux seuls qui ont rendu possible et légitime mon legs à la Belgique. Ces droits, il importe de les proclamer hautement, car la Belgique n'en possède pas au Congo en dehors de ceux qui viendront de moi »*[116].

Pour en finir avec le rapport des commissionnaires, Morel fait savoir que celui-ci a *glissé* aussi complètement sur ce fait que les comptes administratifs eux-mêmes n'étaient jamais publiés sauf en forme de prévisions ; et que le monde ignore aujourd'hui, la véritable situation financière du gouvernement congolais. En cela, le gouvernement du Congo est unique au monde.[117] Et comme la Fondation devait poursuivre, même après la mort du Roi, ses entreprises somptuaires en Belgique et que cette institution présentait l'inconvénient d'enlever à l'Etat une bonne part de sa souveraineté, le 3 juin 1906, le roi ajoute à son testament de 1889 ***un codicille*** au terme duquel le Congo serait un bien inaliénable aux mains des Belges qui, lorsqu'ils en hériteraient, devaient respecter tous les engagements de l'Etat Indépendant. Mais dans l'entre-temps, ce fut *« des fonds congolais que l'on dépensait pour des travaux somptueux ».*[118]

D'autres critiques aussi bien belges, françaises, allemandes qu'américaines s'ajoutèrent… Une violente opposition est menée par Paul Hymans, chef du parti libéral. Le 2 mars 1907, la Chambre belge se

---

[115] Idem, pp. 167 - 168

[116] Cf. R. Cornevin, o. c. p. 168, citant Daye, L'Empire colonial belge, p. 50.

[117] Idem

[118] Cf. J. Stengers, Combien le Congo a-t-il coûté à la Belgique ?, Bruxelles, 1957, cité par R. Cornevin, o. c. p. 169.

prononce pour l'*Annexion* du territoire créé en Afrique… Le Roi ne s'avouant pas vaincu, fait déposer, en décembre 1907, sur le bureau de la Chambre, par Mr. Trooz, un nouveau projet de « Domaine de la Couronne »… Il s'en suit une hostilité générale à la personne du Roi, et les juristes présentent ce projet comme incompatible avec la souveraineté de l'Etat belge.

Par des dispositions additionnelles, Mr. Schollaert qui succéda à Trooz, parvint à transformer le Domaine de la Couronne en une simple dotation royale, mais régie par des lois belges et donc avec le contreseing ministériel — dotation composée de deux fonds spéciaux : l'un de 45 millions pour achèvement des travaux d'embellissement en cours en Belgique (Ostende, Laeken…) ; l'autre de 50 millions, en témoignage de gratitude nationale à Léopold II… Mais les attaques ne s'effaceront pas pour autant. Sir Ed. Crey, ministre britannique des Affaires étrangères, voire même le roi Edouard VII feront surgir de nouvelles attaques… Et l'on ira voir le roi Léopold II se rallier finalement à l'**Annexion** pure et simple préconisée par Schollaert…

Retenez que notre ouvrage se passe de juger l'œuvre du Souverain. Mais celle-ci, très grandiose et qui a eu certainement des implications dans le présent, n'a pas manqué d'être redite. En effet, R. Cornevin écrira : « On ne sait, en cette œuvre, ce qu'il faut haïr ou admirer : des abus incontestables ; du caoutchouc rouge ; de l'exploitation éhontée du pays, ou de l'œuvre méthodiquement et fermement poursuivie sur le plan international contre les Arabes esclavagistes et en faveur de l'œuvre sociale et missionnaire. Machiavel, chevalier d'industrie, protecteur des missions catholiques, des Lettres et des Arts ; c'est tout cela et peut-être par-dessus tout la soif de créer et de laisser derrière lui, une œuvre qui porte son nom.

Nombreux sont ceux qui se sont mis à analyser l'œuvre complexe de Léopold II ; le professeur Jean Bruhat et les autres. Pierre Joye et Rosine (in Les trusts au Congo, Bruxelles, 1961) ont dit :

''Chez ce monarque orgueilleux et têtu, les soucis dynastiques se combinaient avec un sens des affaires digne des grands capitaines d'industrie dont il fut le contemporain des Vanderbilt ; des Pierpont Morgan (dont il fut l'associé) ; des John D. Rockfeller. Comme eux, il osait risquer […]. Ni la contrainte économique (dans la collecte de l'ivoire et du caoutchouc) ni les opérations de pacification (conflit avec des ''potentats africains'' et concurrents arabes esclavagistes), n'ont entraîné de coûteuses dépenses. Le nombre d'officiers et de sous-officiers ne fut jamais plus d'une quarantaine dont les héros Lippens (Lieutenant) et Debruyne (Sergent) massacrés à Riba-Riba en mai 1892 par Sefu ; le Roi ayant surtout puisé dans les cohortes des volontaires de l'Armée belge'' » [119].

---

[119] Cf. Cornevin, o. c. p. 172

Mutombo, o. c., p. 18 signale que « l'historien Jean Stengers a cité son propre roi qui avait écrit à un diplomate belge (Solvyns) ceci le 17 novembre 1877 (bien avant la Conférence du Congo à Berlin) : *''Nous devons être à la fois prudents, habiles et prompts à agir... (afin de) nous procurer une part de ce magnifique gâteau africain''* — J. Stengers, ''L'Impérialisme colonial de la fin du XIX siècle : Mythe ou réalité'' in Journal of African History, III, 3 (1962), pp. 469 – 491 ».

Jean Stengers[120] lui écrira : *« Ce qui est capital, c'est que dans la période initiale — à un moment où nul ne savait s'il pourrait ne jamais y avoir le moindre remboursement — le Roi a donné sans compter, permettant ainsi à son œuvre de s'édifier sans que la Belgique doive intervenir ».*

5. Réformes administratives : fin années 1800 à 1907

Avant d'entamer cette relecture, nous invitons le lecteur à garder à l'esprit ce que nous avons vu dans les GENERALITES. Aussi, dans le volet présent de l'ouvrage, n'irons-nous épingler que quelques réformes intervenues dans cette période précoloniale et ayant une connotation avec notre ouvrage. Et nous irons parcourir ces étapes sous forme d'éphémérides :

- **1881 :** En octobre de l'année 1881, au nom de la *Deutsche Afrikanische Gesellschaft von Berlin*, un Poste d'attache allemand est fondé non loin du village de Mukenge **Kalamba**[121], où le Dr **Pogge** et le lieutenant Hermann **Wissmann** ont été fort aimablement reçus par Kalamba, grand chef des Bashilange.

Ce Poste s'appellera *Pogge Station*, du nom du Dr Pogge. Comme il fallait consolider le Poste, Wissmann rentre en Europe... tandis que Pogge restera à la Station, dans l'attente d'être bientôt relevé par d'autres Allemands que devait expédier la « Gesellschaft », pour en faire l'occupation définitive. Mais dans l'entretemps, la *Gesellschaft* aura connu des difficultés...

- **- 1883 :** Alors le roi Léopold II ira saisir la balle au bond. Comme au temps où l'Angleterre afficha de l'indifférence aux propositions de Stanley (nous l'avons vu plus loin). Il invite Wissmann à organiser une expédition pour l'exploration du **Kasay**i. Feront partie de cette expédition d'abord le Major Ludwig Wolf (médecin militaire et anthropologiste) ; le capitaine Kurt von François (géographe) ; le lieutenant Hans Müller (zoologiste et botaniste) ; le lieutenant Franz Müller (frère de Hans, météorologiste et photographe) ; et il fut ajouté Bugslag (charpentier du vaisseau) ainsi que Schneider et Meyer : armuriers.

---

[120] J.Stengers, o. c. p. 354

[121] Ce Mukenge Kalamba est l'arrière-arrière grand –père de Me Emery Kalamba Wafuana, l'actuel Grand chef et Muanangana Kalamba sur le trône présentement.

L'expédition Wissmann part du port d'Hambourg le 16 novembre 1883.

- **1884 :** Partie de Malange le 16 juillet, l'expédition arrive à St Paul de Loanda (le 17 janvier). Dix jours plus tard, ils sont à Dondo (par la rivière Kwanza). Fin février, en route vers ''Pogge Station'', les expéditionnaires rencontrent le Dr Pogge, malade d'une toux violente et se rendant à St Paul de Loanda où il meurt le 17 mars (1884).

La caravane — plus de 500 âmes (j'aime mieux ce vocable que personnes, car ce sont des êtres appelés ou devant devenir eux aussi, des enfants de Dieu) — traverse la Kwango le 17 août et arrive à la rivière Kasayi le 18 octobre ; c'est à environ 20 km au nord de ce qui sera le Poste **Forminière,** à Tshikapa. Le 2 novembre, l'expédition traverse la rivière Luebo ; le 5 elle atteint Miyawu. Et le 8 à l'aube, elle est à Shamatenge, sur la rive droite de la Miao[122] . Là, il y a un court arrêt pour préparer — avec drapeau allemand en tête — l'entrée triomphale de la caravane à la résidence du grand et puissant chef ***Kalamba*** Mukenge Matadi.

En ce 8 novembre 1884, la caravane est accueillie sur la grand-place, par Kalamba, entouré de tous ses notables, sous les acclamations de la population. Kalamba honoré de cette arrivée et présence dans sa cour, avait l'intention de garder ses hôtes chez lui, question de prestige que de profit. Mais ceux-ci n'y restèrent que deux jours : la « Pogge Station » — cette maison en pisé de 10 m sur 5 m, presqu'en ruines depuis le départ du Docteur allemand et qu'occupait un forgeron indigène — n'était pas en mesure d'accueillir toutes ces nouvelles unités. Wissmann et ses compagnons iront s'établir à 10 km au Nord-ouest, sur une colline près de la Luluwa — aux coordonnées que voici : 6° latitude Sud, 22° 15 longitude Est. De là, non seulement l'on a une belle vue sur la rivière et la région environnante, mais aussi, l'endroit était-il supposé être indiqué et conseillé par Pogge à Wissmann, lors de leur dernière rencontre en Angola, car répondant au critère « stratégique ». En effet depuis cette colline, l'on allait bien se défendre contre les commerçants Batshioko et autres Bangala du Kwango, qui n'étaient pas favorables à l'établissement des Blancs dans leur contrée[123].

Kalamba chez qui ce comportement hostile à la pénétration était absent, ira aider Wissmann de son mieux, tant pour la cession du terrain nécessaire à l'établissement du Poste, que pour l'apport des matériaux de construction. En outre, Mukenge Kalamba promet son concours et celui de son peuple pour la construction des pirogues ainsi que pour l'exploration de la rivière Kasayi ; et ce sera chose faite, nous le verrons plus loin…[124].

---

[122] Miao : orthographe qu'adoptera l'Administration

[123] Cf. A. Van Zandijcke, o. c., p. 59

[124] *Ibidem*

Le **10 novembre 1884**… : avec l'aide de Kalamba, quelques maisons provisoires en pisé sont construites. Cette nouvelle Station est baptisée… « **LULUABOURG** »… Les Indigènes de l'expédition l'appelleront « **Malange** » en souvenir de leur lieu d'origine — en Angola — d'où ils ont été recrutés comme porteurs. Mais ce vocable « Malange » sera déformé par les hommes de Kalamba, en « **Malandji** » ou « Malandi »[125].

Aussi, allons-nous convenir que c'est avec l'arrivée du Dr Pogge et sa suite, mieux de l'expédition Wissmann avec nos frères « **Bimbadi** », originaires de Malange, en cette fin de l'année 1884, sur cette colline de Malandji, que débuta l'embryon d'une « entité administrative » au Kasayi… Peut-on déjà parler de la « Fondation de Luluabourg » ?... De la Fondation de Kananga ? N'anticipons pas…

-1885 : En début de cette année, l'on démarre non loin du village de Tshiefu, les travaux de construction des pirogues. Aidé de Bugslag, Hans Müller (qui aura perdu son frère Franz Müller le 9 janvier 1885 à Luluabourg-Malandji — deuxième décès après celui de Meyer l'armurier) dirige le chantier « pirogues » ; ce site est dénommé, « *ku Bipatu* »[126]…

Le **26 février (1885)** : prenaient fin les travaux de la **Conférence de Berlin** et parmi les résolutions prises par cette dernière, la région du Kasayi est attribuée au domaine de l'Etat Indépendant et conséquemment, les Allemands perdent le contrôle de **Luluabourg – Malandji**.

Le **1er juillet 1885** : **L'E. I. C.** est proclamé à Banana, par Sir Francis de Winston, premier Administrateur de l'E.I.C. et **Vivi** est désigné capitale de l'Etat Indépendant et le restera jusqu'en 1886. Nous nous rappelons que Léopold II, roi des Belges et également souverain de l'E.I.C. incarne les pouvoirs législatif et exécutif, qu'il exerce à partir de la Métropole, par le biais de trois collaborateurs qu'il s'était choisis : les Administrateurs Strauch (Intérieur) ; **Van Eetvelde** (Affaires étrangères) et Van Neuss (Finances).[127]

Le **15 juillet 1885** : l'expédition Wissmann, partie du Kasayi fin mai 1885, débarque à **Léopoldville** alors « Poste de Léopoldville ». Cette expédition — forte d'un personnel blanc dont le Dr Ludwig Wolf ; du chef Tshinkenke (Nkonko) ; de 150 **Bena Luluwa** et du grand chef Kalamba ainsi que de sa sœur Meta Sankulu — comprenait également des femmes et enfants et a connu des pertes en vies humaines (trois noyés dont le chef Ndemba)[128]. Notons qu'à ce Poste de Léopoldville, Wissmann et ses compagnons y ont rencontré Richard Kund, les officiers allemands Hans

---

[125] - ibidem et également M. Scheither, o. c. p. 10
- Veuillez noter que c'est l'orthographe « Malandji » qui sera, depuis, plus usitée ; l'autre orthographe « Malandi » et qui est prononcée « Malândi » désigne les escargots.

[126] Quand on taille le bois, ses déchets qui tombent s'appellent « bipatu »,

[127] Cf. Léon Goffin, *Histoire du Congo-Belge*, in Encyclopédie du Congo-Belge, T.I, o. c. p. 31

[128] A. Van Zandijcke, o. c. p. 69

Tappenbeck et R. Büttner (botaniste), qui étaient déjà en route pour aller occuper la « Pogge Station » dans la contrée du Kasayi, mais qui durent rebrousser le chemin, cette région ayant été attribuée à l'E.I.C.

Après cette exploration de la Luluwa et du Kasayi — soutenue fortement par le roi Kalamba et ses 150 Bena Lulua, il était question de rapatrier ceux-ci, d'autant plus que leur séjour prolongé à Léo était devenu néfaste : plusieurs d'entre eux étant tombés malades de pneumonie[129]... Oui, cela devait arriver : qu'était Léopoldville en ces temps-là (1885...) ?, sinon un poste d'Etat — entre Kitambo-Magasins et le Siège communal de Ngaliema — avec quelques agents blancs dont Mr. R. Troup comme chef de Poste.

Ici, nous ouvrirons une parenthèse : lorsque nos « Bena Luluwa » — hommes du Kasayi, mais également *explorateurs*, pourquoi pas — foulèrent le sol « kinois » — ceci nous est rapporté par un notable Lulua de la famille régnante des Kalamba — ce fut non loin du site actuel « Gare Centrale-Building Onatra ». Et, c'est sur ce terrain nu, en ce temps-là, balayé par les vents des quatre coins, que nos ''expéditionnaires'' Lulua ont dû se construire des logis pour s'abriter ; des logis de fortune appelés « *bisaasa* » — le pluriel de « *tshisaasa* ». Et c'est de ce mot « *tshisaasa* » que dériverait l'appellation ***« Kisaasa »*** — orthographe répondant fidèlement à la phonétique kinoise : la syllabe « tshi » étant méconnue en lingala. Vous comprendrez pourquoi, un homme du Kasayi, en particulier un « Muluba », n'ira pas prononcer Kingasani, mais « *Tshingasani* »... (Aux Ethnologues et Linguistes de nous en dire mieux !). Nous fermons la parenthèse pour aller nous poser cette question :

Nos vaillants hommes, femmes et enfants que portaient leurs mères, n'ont-ils pas œuvré à enrichir les travaux des Sociétés Géographiques, et particulièrement *La Société Géographique de Bruxelles*, au même titre que les Livingstone, Cameron, Stanley et autres ?

Bien sûr que oui, parce que l'on verra le roi Léopold II — tout comme l'on prit tous les soins afin que fût rapatrié le corps de Livingstone en Angleterre pour y être inhumé — ordonner le rapatriement de nos hommes du **Kasayi** (ces 150 ''Bena Lulua'' — appelons-les aussi « Explorateurs Indigènes »), dans leur contrée d'origine, et dans les conditions meilleures que lors de la descente vers Léopoldville à bord des embarcations de fortune. La dimension de leur « apport », le Roi Léopold II l'avait bien comprise[130].

---

[129] Idem, p. 77

[130] En effet, le 5 octobre 1885, le « Stanley », gloire de la Marine Congolaise de l'époque — long de 24 m et jaugeant 35 tonnes — ira rapatrier le roi Kalamba et ses hommes. Aux commandes de ce bateau, il y avait le lieutenant Anderson (de la Marine royale suédoise) secondé par Olsen. Ce rapatriement était honoré d'un passager de marque à bord : Sir Francis de Winton (colonel et Administrateur de l'Etat indépendant du Congo), ainsi que de l'ingénieur Waal.

Et comme destination, le « Stanley » où nos hommes prirent place devait atteindre le point navigable extrême de la Luluwa, de façon à ramener Kalamba et ses gens le plus près possible de leur patrie[131].

Mais l'on verra que bien après Léopold II, les préposés du Roi — entre autres Braconnier, Lienart, Pelzer, Valleys, etc. — dans leur zèle, s'emploieront à ternir l'image, le prestige et mieux, « l'effort » pas de guerre, mais « de pénétration » ; « l'effort de bannissement de l'esclavage » et plus tard, « l'effort d'évangélisation » et « de l'alphabétisation ». Oui, la contribution de ce roi indigène — pardon, de Kalamba Mukenge et ces fils et filles du Kasayi — est à comptabiliser parce que dans d'autres régions, la flottille expéditionnaire avait été l'objet d'attaques de la part des autochtones[132]. Il est signalé que lors de ce voyage de rapatriement entamé le 5 octobre 1885, on dut faire « halte » près d'un gros village Basongo Meno, à l'endroit où, quelques mois auparavant, la flottille de Wissmann avait été attaquée. Une courte expédition punitive y eut lieu ; les gens s'enfuirent, mais le village fut incendié. Le voyage reprit, mais l'on dut le stopper à cause d'une barrière infranchissable de rochers, tout près de l'embouchure de la rivière Luebo dans la Lulua (ici la Lulua n'est plus navigable) ; ce fut le **7 novembre 1885**.

Ici, il y a encore lieu d'exalter cette disponibilité, cette disposition à soutenir l'œuvre coloniale dont furent animés Kalamba et ses Bena Lulua qui, nonobstant l'envie brûlante de rejoindre les leurs — après des mois d'absence et de manque de chaleur familiale — consentirent à déboiser non loin de ce confluent, un large terrain et d'y construire quelques maisons en pisé, travail qui leur prendra une quinzaine de jours. Ce fut là même, la fondation du **Poste de Luebo** qui sera confié au lieutenant Bateman, ancien officier anglais au service de l'Etat Indépendant. Puis de là, Kalamba ramena ses hommes dans leur pays où ils arrivèrent après cinq jours de marche. Et avant d'en finir avec l'année 1885, voyons comment le père Van Zandjicke termine cette partie de son épopée :

« Je ne puis résister à un sentiment de reconnaissance envers Kalamba et ses Bena Lulua qui, inconsciemment peut-être, mais, courageusement et bénévolement, ont rendu possible, par leur aide précieuse, l'exploitation du fleuve Kasayi, au début de notre occupation précoce du Kasayi-Sankuru et du Katanga »[133].

Aussi, le petit vapeur « En Avant » — long de 12 m et jaugeant 6 tonnes — avait-il escorté le « Stanley », naviguant sous le commandement de Van der Felsen, assisté de Walker, ingénieur. Comme passagers, il y avait le lieutenant Bateman ; 15 Zanzibarites et Angolais ; 3 Bena Lulua et 2 boys. (A.Van Zandijcke, o. c. p .77).

131 Van Zandijcke, o. c. p. 78

132 Idem, p. 77

133 Idem, p. 58

-1886 : Cette année s'ouvre avec le retour **à Luluabourg - Malandji** de Wissmann (qui, depuis septembre 1885, était allé refaire sa santé dans l'île de Madère alors que Hans Müller malade également, était rentré lui définitivement en Europe).

En **juin 1886**, **Luluabourg-Malandji** verra arriver deux Belges : le capitaine **De Macar**[134] et le lieutenant Paul Le Marinel ; ils prennent — au nom de l'E.I.C. — possession du Poste qui change alors de drapeau : c'est l'étoile jaune sur fond azur qui est hissé.

Le 16 novembre 1886 **Wissmann** (fin mandat) quitte définitivement Luluabourg - Malandji. Dans ce voyage de rapatriement, l'officier belge Le Marinel se fait aider de Kalamba « un puissant auxiliaire »[135]. Cette expédition composée de Le Marinel, **Kalamba Tshisungu** et 900 personnes, accompagne Wissmann jusqu'à Nyangwe (en Tanzanie) ; elle regagnera Luluabourg-Malandji le 21 février 1887. Pendant ce temps, De Macar administre le Poste… Mais qu'est-il arrivé ?...

Au lendemain du départ des Allemands, le climat devient tendu entre le roi Kalamba Mukenge et l'Administration — entendez les nouveaux maîtres du Poste de Luluabourg- Malandji. En effet, Kalamba qui jusque-là n'a souffert ni de restriction ni de contestation quelconque — par contre, il n'a joui que de l'entente et de l'amitié de la part des premiers Blancs en commençant par le Dr Paul **Pogge** (Allemand) qu'il rencontra en **1875** en Angola et qui répondit volontiers à l'invitation lui faite par Kalamba — (invitation à laquelle Saturnino de Souza, un commerçant portugais installé à St Paul de Loanda et qui venait régulièrement à Malange) donna son avis favorable — Kalamba se verra interdire de gouverner, d'administrer et de gérer ses contrées… Ce malaise ira croissant jusqu'à dégénérer en une guerre ouverte, trois années plus tard. Nous irons le voir d'ici là…

Vunduawe Te Pemako[136] nous fait remarquer (ici), que dans ces postes, « les préposés du Roi, à l'époque, n'étaient pas tous (des) Belges » — cf. Wissmann (à Luluabourg-Malandji) ; De Winton à Vivi ; les Bateman à Luebo, et autres ; et que, « l'administration dont étaient en charge ces représentants du Roi était du type européen, qu'appuyait parallèlement une administration coutumière ». En effet, étendre l'implantation des structures de l'Etat Indépendant du Congo sur l'ensemble du territoire ; y asseoir l'autorité du roi et permettre l'exploitation des ressources à son compte sans

[134] De Macar : nom bien connu des Kasaïens et particulièrement ceux habitant Kananga ou s'y rendant régulièrement. C'est le nom qu'a longtemps porté la principale Avenue, au cœur commercial de KANANGA ; bien que débaptisée et devenue Av. Shabunda (une localité du Kivu), les Kanangais ne se retrouvent qu'en leur donnant la référence : Avenue « MaCAR » voir même : mu « Magare » ou « Makar ».

[135] Van Zandijcke l'appelle ainsi à sa page 58.

[136] Vunduawe Te Pemako, *La Décentralisation territoriale* in Zaïre –Afrique n°165, mai 1982, cité par Bakajika Ntumba Wishiya, o. c. p. 79 (Il est professeur et l'un des 9 membres de la Cour Constitutionnelle).

résistance aucune, cela exigeait l'appui du pouvoir autochtone.[137] Cette « politique de l'administration indirecte » — le fameux « *indirect rule* » — expérimentée par les Britanniques dans les territoires sous leur dépendance, impliquait justement la reconnaissance du pouvoir coutumier, pouvoir local, ainsi que l'administration « des populations en s'appuyant sur un pouvoir relevant par ailleurs de la coutume »[138].

En outre, par rapport à cette disposition, le décret du 6 octobre 1891 — art. 16 — confirmait les chefs « dans l'autorité qui leur est attribuée par les coutumes », en leur permettant par ailleurs d'exercer « leur autorité conformément aux us et coutumes » (art.5). La circulaire émise par le Gouverneur Général à ce sujet « va jusqu'à spécifier que la chefferie reconnue par l'Etat, constitue un petit Etat dans un Etat ».

Cependant, nous verrons plus loin que l'Administration coloniale cherchera à tailler cette administration coutumière sur ses mesures ; à la reconditionner à son obédience. La confirmation de certains chefs ; la destitution ou l'interdiction à tel ou tel autre d'exercer — cf. cette interdiction qui frappa Kalamba Mukenge, au lendemain même de l'arrivée de **De Macar** et Le Marinel à Luluabourg-Malandji — ainsi que le déplacement de certaines chefferies pour les implanter ailleurs (tel le déplacement des villages et/ou groupements Lulua dans l'hinterland de Luluabourg par l'Administration de Luluabourg dans les années 1930) sont à ajouter à cet ''agir'' dans le chef de l'Administration. Aussi, cet agir n'a-t-il pas manqué d'engendrer des tensions et bras de fer entre chefs lésés et les Administrateurs et, a même été compté comme l'un des agents vecteurs de la fièvre dont ira souffrir la Ville de Luluabourg avec ses Zones Annexes voire même plus loin, fin des années 1950, dans ce qui a fait le dossier dit « Le conflit Lulua-Baluba », de triste mémoire. (Comme l'histoire se répète !)… Rentrons au Poste de Luluabourg-Malandji :

- **1889** : Le capitaine Braconnier relève Le Marinel et De Macar (1889-1890)…
- **1890** : **Lusambo**, sur la Sankuru, est érigé en Poste d'Etat.

Après Braconnier, Malandji fut entre les mains du commandant Liénart (de 1890 à 1891) ; De Croy remplace Liénart pendant trois mois puis laisse le Poste (de 1891 à 1892) au capitaine Descamps qui sera relevé par le commandant Pelzer (1893-1895)… Mais quelle lecture pouvons-nous faire du climat entre l'hôte — le roi Kalamba — et les préposés qui se relayent à Malandji ?…

Nous avons vu plus haut qu'au lendemain de l'arrivée de De Macar et le Marinel en 1886, un climat malsain s'afficha entre les nouveaux venus et

---

[137] Cf. Focard, cité par Bakajika Ntumba, o. c. p. 80, « La Territoriale : du Roi Léopold II au Maréchal Mobutu Sese Seko, coll. Etudes I.M.M, Kin, 1984

[138] ibidem

Kalamba Mukenge, et cela ; malgré les actions d'éclat à l'actif de Kalamba dont l'arrêt de la progression de l'esclavagiste Ngongo Lutete et sa disponibilité lors de l'expédition sur la Luluwa, le Kasayi et le fleuve.

D'ailleurs, voici ce qu'écrit Luntumbwe wa Mafuala : *« Kalamba Mukenge était un chef clairvoyant, intrépide, serviteur de son peuple. Mais curieusement, après le départ des Allemands de Luluabourg-Malandji, et à peine installée, l'Administration belge prit le risque d'interdire à Kalamba de gouverner et d'administrer »*[139]...

Toujours à propos de ce climat, Kalamba Tshikomo (petit fils de Kalamba Mukenge Matadi) aura rapporté au père Van Zandijcke ceci : *« Le jour où Wissmann vint faire ses adieux à mon grand-père, il lui dit : '' désormais, vous aurez affaire à une autre espèce de Blancs ; vous ne serez pas toujours aussi bien avec eux qu'avec moi [...] '' »* (sic)[140].

Or, ce Kalamba Mukenge — dont le pouvoir est parti d'un petit village des Bena Kashiye habitant la rive gauche de la Luluwa, non loin de l'endroit où se trouve le Poste médical de **Matamba** (un nom *Tshimbadi*, présentement ce site se nomme Kempe) — était devenu un chef puissant, depuis sa rencontre avec **Mukuadianga**, chef d'une tribu Batshioko d'Angola, qu'une partie de chasse amena jusque sur ces terres d'une autre tribu inconnue de lui, justement sur les terres de Kalamba. Kalamba s'étant lié d'amitié avec Mukuadianga qui possédait déjà l'arme à feu, des échanges s'opéreront depuis, entre les deux amis : fusils à piston ; poudre à canon ; étoffes blanches (que l'on appellera « *malakanyi* ») ; gobelets en métal (*makopo*[141] *a bitata*), contre ivoire ; caoutchouc ; esclaves et autres objets. Les fusils et objets acquis par Kalamba lui permirent en effet de se distinguer.

Dans toute la région, tout le monde s'accorda alors que le « *nkuembe* », c'est-à-dire « l'esprit de force » s'est révélé à Mukenge Kalamba ; que celui-ci est l'élu de notre tribu, choisi par les « *bajaanyi* » (= les mânes)[142].

Kalamba devint ainsi le personnage le plus en vue. Tous venaient se soumettre à son obédience ; ce qui fit perdre du crédit à **Luandanda Muamba-Mputu,** arrière-arrière-grand-père de Luandanda Denis Kalombo, Lukanyi et Mukuta (chefs des Bakwa Mushilu à Luandanda (contrée des baa Général Mulamba Nyunyu ne muanabo major Mbuyangandu wa bà Mulamba ; des baa Munganga Tshibamba ; baa « *Ngûuve* » Trésor Kapuku et Alex Kande Mupompa ne mukuluende directeur Victor Ntumba *''mukishi-mujanyi'' ;* des baa notables Diop ; Ntumba Tshididi ; et

---

[139] Luntumbwe wa Mafuala, Histoire de la Luluwa, Jeune Afrique, Paris, 1967, p.97

[140] Van Zandijcke, o. c, pp. 33 et 34

[141] *makopo* : le pluriel de dikopo, traduit de l'anglais « the cup » — Notons qu'il n'existe pas d'article en Tshiluba.

[142] Van Zandijcke, o. c. pp. 14 - 16

Luandanda Mbakisha ; des baa colonel Mbayi Kalombo ; baa major Bilolo ne major Médard Muamba…).

Et pourtant, ce Muamba Mputu s'était déjà rendu célèbre de par le rêve qu'il fit, des mois et des mois avant, sur l'arrivée imminente des « *bajaanyi* » (entendez les mânes, les défunts qui reviendraient sur terre, en chair et en os, pour leur donner le secret de la vie nouvelle, agissante) ; de par le culte du chanvre[143].

Ces deux phénomènes lui avaient procuré des égards auprès des Bakwa Mèta ; Bakaa Kasaasu ; Bashila Kasanga et une fraction des Bakwa Katawa (A. Van Zandijcke l'atteste[144]). La tradition orale rapporte que cette « perte de crédit » par Muamba Mputu fut à l'origine de ce que l'histoire locale appela « *Mvita ya Mukenge ne Muamba* », traduisez : « la guerre entre Mukenge et Muamba ». A ce propos, l'histoire raconte qu'il y eut un « activiste » qui réussit à toucher les sensibilités des deux « prétendants » pour qu'ils en arrivent là, en la personne de « *Mbukula'a Diùlu* » — traduisez : « qui fait ébranler le ciel » et qui ne fut autre que Nkonko. D'où l'adage ci-après : « *Muamba ku mutu, Mukenge ku mânda, pankatshi pikale Mbukula'a diûlu !* ». De ce bras de fer, Muamba Mputu en sortit affaibli, tandis que le prestige de Kalamba ne cessait de monter :

1) à cause des relations qu'il s'était tissées avec les premiers Blancs qui ont foulé le sol du Kasayi ;

2) à cause de nombreux villages qui répondaient à sa mouvance ; et

3) à cause de l'arsenal et autre équipement dont il disposait.

P. Raucq[145] nous en dit aussi long, dans le récit que Tshimbombo Mudiba a repris et titre :

« *L'entrée des Bena Lulua dans l'histoire* » (récit dont les grandes lignes se retrouvent dans la Fondation de Luluabourg, ainsi que dans « les Populations du Kasayi », plus loin)… Et notons qu'il n'y a pas eu que Van Zandijcke et Raucq à parler de l'affermissement du pouvoir de Kalamba et de son prestige. A.Dequenne, alors Commissaire de Distirct-Assistant, en fait lui aussi largement mention dans son rapport qu'il rédigea le 8 juillet 1959 au sujet du dossier dit : « Conflit Lulua-Baluba », sur demande de Mr

---

[143] « Et plus que jamais — dira A. Van Zandijcke, o. c. pp. 17 — l'on se mit à fumer du chanvre, à danser et à s'enduire de « *lupemba* » — entendez : une terre blanche (calcaire) — symbolisant ici la résurrection des êtres chers, afin de se rendre les « bajanyi » favorables ; pour les évoquer et les invoquer et cela en étant rassemblés toute la journée et/ou durant une grande partie de la nuit au tour du « tshiota » — traduisez : foyer ou feu (symbolisant la force). — A. Van Zandijcke, op. c. pp. 16-17). Et du chanvre, A. Van Zandijcke o. c. p. 13 dit que « c'est un excitant narcotique qui enivre un peu comme l'alcool aussi appelé chez nous '' eau vive'' ».

[144] Idem, pp. 13 - 18

[145] P.Raucq, Les Relations entre tribus au Kasayi ; in Africa Tervuren, VII, 2 (1961) 47, cité par Tshimbombo M., o. c. pp.79-80.

De Jaegher, Gouverneur de la province du Kasayi. Nous exploiterons ce rapport plus loin.

Oui, l'interdiction faite à Kalamba de se considérer comme chef de terre engendra une guerre entre Kalamba et la nouvelle Administration en place et cette guerre durera 15 ans. En effet, après la mort de Kalamba Mukenge, en 1898, son fils **Kalamba Tshisungu** continua le combat. Par des actions de guérilla qu'il mena depuis Kasadisadi, non loin de Mai-Munene, où il avait fixé sa résidence, Kalamba Tshisungu réussit à récupérer une partie du territoire… C'est alors que l'Administration, humiliée, demandera de négocier. Celle-ci, en la personne de Mr De Grune, se fit accompagner de Kayembe Mbote, beau-frère de Kalamba Tshisungu et qui entretenait des relations particulières avec lui… L'accord intervint en 1907, et le dialogue put de nouveau reprendre. Cependant, l'Administration gardera une dent contre les Kalamba et le peuple… jusque plus tard ![146]… C'est ainsi que **Kalamba Tshikomua** (qui avait succédé à son père Kalamba Tshisungu décédé en 1916) se retrouvera relégué, depuis le 7 janvier 1932, loin dans le Bas Congo, à Banana, au motif d'« insoumission aux institutions coloniales ». Relâché en 1947, il mourut deux ans plus tard[147].

De son côté, E. Wafuana Kalamba, nous fait remarquer que c'est ce Kalamba Tshikomua que Mr Benoît Moritz alias « Kumanda Kapia » désigne dans son rapport qu'il établira en 1951, comme un « héritier de la haine de ses prédécesseurs contre les Blancs et insoumis aux institutions de l'Etat colonial »[148]. Wafuana ajoute que « Kumanda Kapia » enverra ce rapport pour publication — pas à un quelconque journal paraissant au Congo-Belge, mais bien à « *Lovania* », journal des Etudiants de l'Université de Louvain, en Belgique, rapport qui sera publié sous le n° 19 au deuxième trimestre 1951. Aussi, Wafuana aura-t-il qualifié le contenu de ce rapport de « Réquisitoire » contre les […] Kalamba[149]. Cette relecture pourra-t-elle nous être utile plus loin, dans le cheminement de l'ouvrage, et particulièrement dans la « Problématique » ?... Attendons voir… Nous voilà en…

- **1895** : par décret Royal du 17 juillet 1895, Luluabourg-Malandji est érigé en **Poste d'Etat**. Et en cette même année aura éclaté ce que l'Histoire a appelé « *La révolte des Batetela* », dans laquelle le Chef de Poste et Commandant Pelzer alias *Wa Dibala* se fit tuer — (nous venons d'en dire un mot plus haut). Dufour succède à l'infortuné ; et lui-même sera relevé par le Commandant Michaux, en 1897 ; puis viendront les De Cocq ; Ghillain ;

[146] Mukenge Shabantu, o. c, pp. 40-41
[147] Retenons qu'en 1944, Mangole Sylvestre, fils de Kalamba Tshikomua, était monté sur le trône laissé par son père en relégation à Banana.
[148] – cf. E. Wafuana, La dynastie des Kalamba, p. 218
[149] Idem pp. 218 - 219

Vendyk ; Declercq et autres Bradefer (ce dernier administra le Poste de 1905 à 1906).

- **1907 :** le Poste de **Luluabourg-Malandji** est élevé au rang de **Secteur**. Le Comte De Grune en assume la charge. (Rappellons-nous que c'est cet Administrateur qui conclut un accord de paix avec le chef Kalamba Tshisungu). Il quittera Malandji en **1908**.

Troisième partie
La colonie ou le Congo belge

Chapitre I
La charte coloniale

Mutamba Makombo[150] fait savoir que cette Charte est contenue, en germes, dans la convention du 3 juillet 1890, signée entre l'Etat Indépendant du Congo et la Belgique. En effet, l'article 2 de cette convention spécifiait qu'une loi allait régler ‘‘ le régime spécial ‘‘ sous lequel serait placé le Congo si la Belgique se prononçait pour l'annexion. Peu de temps après, l'article premier de la constitution belge révisée en 1893 prévit l'acquisition de colonies par la Belgique et stipula que ces colonies seraient régies par des lois particulières.

Le 2 avril 1908, le Projet d'Annexion est déposé et celui de la Loi Coloniale le 5 du même mois. Lors des débats, de violentes passions animent et, partisants et, adversaires de l'Annexion, ces derniers craignant une aventure pour la Belgique. La discussion en séance plénière eut lieu à la Chambre du mois d'avril au mois d'août 1908. Le Sénat se pencha aussi sur le même projet de loi durant cette période. Avec les amendements du Parlement et du Gouvernement — c'est Jules Renkin, ministre de la Justice qui défendit le projet — on passa de 24 articles regroupés en cinq chapitres à 38 articles regroupés en six chapitres. Les modifications eurent pour but de mettre fin au régime absolutiste de Léopold II et d'accroître le contrôle du Parlement.

Le jour même où il eut à se prononcer sur l'annexion du Congo par la Belgique, le Parlement belge émit un vote sur la Charte coloniale ; celle-ci fut approuvée à la Chambre le 20 août 1908 par 90 voix contre 48 et 7 abstentions, et au Sénat le 9 septembre par 66 voix contre 22 et 10 abstentions.

Le **18 octobre 1908** sont publiées : la loi de transfert de l'E.I.C. à la Belgique, ainsi que la loi sur le gouvernement du Congo-Belge — dite aussi « **Loi coloniale** » ou encore « **La Charte coloniale** » — document définissant le nouveau statut du Congo et devant régir celui-ci . Et de ce fait, le Congo cessait d'être l'E.I.C. et devenait **une Colonie** dénommée « **Congo belge** ». (C'est ‘‘suite à la pression anglaise sur les abus au Congo — Roger Casement — que cette Charte a été élaborée, cfr Mutombo, o. c. p. 126 ; voir

[150] Mutamba, o. c. p. 93 cite le Bulletin Officiel du Congo Belge, 1908, pp.65 - 88

également ce qui a été dit au point 5 du Chapitre II de la Partie III). **Le 30 octobre 1908**, il est créé un « Ministère des Colonies » que l'on confie à Mr Jules Renkin[151].

Le 15 novembre 1908, l'Annexion de ce que fut l'E.I.C. devient effective. A Boma, le drapeau belge est hissé au mât, remplaçant le « Bleu étoilé d'or », et le Congo devenait ''Belge''. C'est à partir de cette date que la Belgique exerce sa souveraineté sur le Congo et en prend l'Administration. Au pouvoir absolu allaient succéder l'appui et le contrôle tutélaire d'un Etat constitutionnel. Les puissances reconnaissent aussitôt l'Annexion, mais pas toutes. Londres et Washington iront se prononcer sur ce en 1913.

Le 17 décembre 1909, le roi Léopold II rend l'âme à Laeken. Mais le monarque aura eu le temps de laisser entendre à Schollaert que ''si vous céder un pouce de ce territoire, le fruit de mon labeur, votre vieux Roi se réveillera de sa tombe pour vous le reprocher'' (sic). Au Kasayi, cela se dit : « diyi dia Mufue » !, c'est-à-dire le vœu du disparu. Et ici, ce n'est pas n'importe quel disparu, c'est le roi Léopold II.

Allons prendre connaissance de ce que fut cet exploit :

« LEOPOLD II, Roi des Belges
A tous présents et à venir, SALUT.

CHAPITRE PREMIER
De La Situation Juridique du Congo belge.

Article 1er. – Le Congo belge a une personnalité distincte de celle de la métropole. Il est régi par des lois particulières. L'actif et le passif de la Belgique et de la colonie demeurent séparés. En conséquence, le service de la rente congolaise demeure exclusivement à la charge de la colonie, à moins qu'une loi n'en décide autrement.

CHAPITRE II
De Droits des Belges, des Etrangers et des Indigènes.
Article 2. - Tous les habitants de la colonie jouissent des droits reconnus par les articles 7 alinéas 1er et 2 ; 8 à 15 ; 16 alinéa 1er ; 21 ; 22 et 24 de la Constitution belge. Les mots '' la loi '' mentionnés dans les articles 7 alinéas 2 ; 8 ; 9 ; 10 ; 11 ; 17 alinéas 1er ; et 22 de la Constitution belge sont remplacés, en ce qui concerne la colonie, par les mots '' les lois particulières ou les décrets ''. Aucune mesure ne peut être prise en matière de presse que conformément aux lois et aux décrets qui la régissent. Nul ne peut être contraint de travailler pour le compte ou au profit de particuliers ou de

[151] Renkin, nom très familier aux Kinois (= habitants de Kinshasa) ; c'est l'entité administrative « Renkin » qui est devenue MATONGE.

sociétés. Des lois régleront, à bref délai, en ce qui concerne les indigènes, les droits réels et la liberté individuelle.

Article 3. – L'emploi des langues est facultatif. Il sera réglé par des décrets de manière à garantir les droits des Belges et des Congolais, et seulement pour les actes de l'autorité publique et pour les affaires judiciaires. Les Belges jouiront au Congo, en ces matières, de garanties semblables à celles qui leur sont assurées en Belgique. Des décrets seront promulgués à cet effet au plus tard dans les cinq ans qui suivront la promulgation de la présente loi. Tous les décrets et règlements ayant un caractère général sont rédigés et publiés en langue française et en langue flamande. Les deux textes sont officiels.

Article 4. – Les Belges, les Congolais immatriculés dans la colonie et les étrangers jouissent de tous les droits civils reconnus par la législation du Congo belge. Leur statut personnel est régi par leurs lois nationales en tant qu'elles ne sont pas contraires à l'ordre public.

Les Indigènes non immatriculés du Congo belge jouissent des droits civils qui leur sont reconnus par la législation de la colonie et par leurs coutumes tant que celles-ci ne sont contraires ni à la législation ni à l'ordre public. Les indigènes non immatriculés des contrées voisines leur sont assimilés.

Article 5. – Le Gouverneur général veille à la conservation des populations indigènes et à l'amélioration de leurs conditions morales et matérielles d'existence. Il favorise l'expansion de la liberté individuelle, l'abandon progressif de la polygamie et le développement de la propriété.

Il protège et favorise, sans distinction de nationalités ni de cultes, toutes les institutions et entreprises religieuses, scientifiques et charitables, créées ou organisées à ces fins ou tendant à instruire les indigènes et à leur faire comprendre et accepter les avantages de la civilisation. Les missionnaires chrétiens, les savants, les explorateurs, leurs escortes, avoirs et collections sont l'objet d'une protection spéciale.

Article 6. - Il est institué une commission permanente de sept membres chargée de veiller sur tout le territoire de la colonie, à la protection des indigènes et à l'amélioration de leurs conditions morales et matérielles d'existence. La commission est présidée par le Procureur général. Les autres membres sont nommés par le Roi parmi les personnes résidant sur le territoire de la colonie qui, par la nature de leurs fonctions ou occupations, paraissent spécialement qualifiées pour accomplir cette mission protectrice. La commission nomme son secrétaire dans son sein. Elle se réunit au moins une fois chaque année ; son président la convoque.

Tous les ans, la commission adresse au Roi un rapport collectif sur les mesures à prendre en faveur des indigènes. Ce rapport est publié. Les membres de la commission dénoncent, même individuellement, aux officiers du ministère public, les abus et les illégalités dont seraient victimes les indigènes.

CHAPITRE III

De l'Exercice des Pouvoirs

Article 7. – La loi intervient souverainement en toute matière.
Le Roi exerce le pouvoir législatif par voie de décrets sauf quant aux objets qui sont réglés par la loi. Toute loi a pour effet, dès sa publication, d'abroger de plein droit les dispositions des décrets qui lui sont contraires. Les décrets sont rendus sur proposition du ministre des colonies. Aucun décret n'est obligatoire qu'après avoir été publié. Les cours et les tribunaux n'appliquent les décrets qu'autant qu'ils ne sont pas contraires aux lois.
Article 8. - Le pouvoir exécutif appartient au Roi. Il est exercé par voie de règlements et d'arrêts. Les cours et les tribunaux n'appliquent les règlements et les arrêts qu'autant qu'ils sont conformes aux lois et aux décrets. Aucun règlement ou arrêt n'est obligatoire qu'après avoir été publié.
Article 9. - Aucun acte du Roi ne peut avoir d'effet s'il n'est contresigné par un ministre, qui par cela seul s'en rend responsable. Sont également soumises à cette formalité les dépenses faites au moyen du fonds spécial de 50 millions de francs dont le montant est attribué au Roi et à ses successeurs par l'article 4 , alinéas 3 et 4, de l'acte additionnel du 5 mars 1908. Les annuités fixées par cet acte additionnel sont affectées par le Roi, dans les proportions qu'il indique, aux destinations énumérées dans l'alinéa 5 de l'article 4 du même acte.
Article 10. – Aucune taxe douanière, aucun impôt, ni aucune exemption d'impôt ne peuvent être établis que par décret. Le décret entrera en vigueur en même temps que la loi budgétaire qui en fera la première application. Le gouverneur général et les fonctionnaires ou agents de l'administration coloniale dûment autorisés par lui peuvent, même en dehors des cas prévus par décret, accorder aux indigènes des exemptions temporaires d'impôt. Le produit des douanes et impôts est exclusivement réservé aux besoins de la colonie.
Article 11. - Les monnaies d'or et d'argent ayant cours en Belgique ont cours aux mêmes conditions dans la colonie. Un arrêté royal fixera la date à laquelle les monnaies d'argent frappées par l'Etat Indépendant du Congo n'auront plus cours et ne seront plus échangées par la trésorerie coloniale. Le bénéfice qui pourra résulter de la frappe des monnaies belges nécessaires à la colonie sera attribué au budget colonial.
Il est loisible au Roi de frapper des monnaies spéciales pour la colonie ; ces monnaies n'ont pas cours en Belgique.
Article 12. - Le budget des recettes et des dépenses de la colonie est arrêté chaque année par la loi. Quatre mois au moins avant l'ouverture de l'exercice, le projet de budget est imprimé et distribué aux membres des Chambres législatives par les soins du ministre des colonies. Si les Chambres n'ont pas voté le budget cinq jours avant l'ouverture de l'exercice, le Roi arrête les recettes et, de trois mois en trois mois jusqu'à la décision des Chambres, ouvre au ministère des colonies les crédits provisoires nécessaires. Le Roi ou, dans la colonie, le Gouverneur général ordonne les virements et, en cas de besoins urgents, les dépenses supplémentaires nécessaires. Dans les

trois mois, le ministre des colonies transmet une expédition de l'arrêté royal ou de l'ordonnance aux Chambres et dépose un projet de loi d'approbation.

Article 13. – Le compte général de la colonie est arrêté par la loi après vérification de la Cour des comptes. La cour examine si aucun article des dépenses du budget n'a été dépassé et si les virements et les dépenses supplémentaires ont été approuvés par la loi. La cour des comptes se fait délivrer par le ministère des colonies tous états, pièces comptables, et donner tous renseignements et éclaircissements nécessaires au contrôle de la recette et de la dépense des deniers. Le compte général de la colonie est communiqué aux Chambres avec les observations de la Cour des comptes.

Article 14. - La colonie ne peut emprunter, garantir le capital ou les intérêts d'un emprunt, exécuter des travaux sur ressources extraordinaires que si une loi l'y autorise. Toutefois, si le service du trésor colonial l'exige, le Roi peut, sans autorisation préalable, créer ou renouveler des bons du Trésor portant intérêt et payables à une échéance qui ne dépassera pas cinq ans. Les bons du Trésor en circulation ne pourront excéder 10 millions de francs et leur produit ne pourra être affecté qu'au paiement de dépenses régulièrement votées.

Article 15. – Une loi spéciale déterminera les règles relatives aux concessions de chemins de fer et de mines, toute cession ou concession, pour quelque durée que ce soit, de biens domaniaux d'une superficie excédant dix hectares, est consentie ou autorisée par décret.

Seront déposés, avec toutes les pièces justificatives, pendant trente jours de cession, sur les bureaux des deux Chambres, tous projets de décret portant :

Concession de chemins de fer, mines, minières ou alluvions aurifères ;

Cession d'immeubles domaniaux d'une superficie excédant dix mille hectares ;

Concession de la jouissance d'immeubles domaniaux, si leur superficie excède vingt-cinq milles

Hectares et si la concession est consentie pour plus de trente ans.

Pour déterminer le maximum de superficie prévu aux alinéas 2 et 3, il est tenu compte des cessions ou concessions de biens domaniaux dont le cessionnaire ou le concessionnaire a bénéficié antérieurement.

Tout acte accordant une concession la limitera à un temps déterminé, renfermera une clause de rachat et mentionnera les cas de déchéance.

Article 16. – Le contingent de la force publique est fixé annuellement par décret.

Article 17. – La justice civile et la justice militaire sont organisées par décret. Les officiers du ministère public exercent leurs fonctions sous l'autorité du ministre des colonies, représenté dans la colonie par le procureur général près le tribunal d'appel.

Article 18. – Après avoir été désignés provisoirement pour une période dont la durée ne peut excéder trois ans, les magistrats de carrière sont nommés définitivement par le Roi pour un terme de dix ans. Le Roi a le droit de suspendre et de révoquer le procureur général près le tribunal d'appel. Il ne peut suspendre ni révoquer les autres magistrats de carrière que sur la proposition du procureur général, pour les causes prévues par décret et de l'avis conforme du tribunal d'appel. A l'expiration de leur terme de dix ans, les magistrats de carrière sont admis à la pension.

Les magistrats de carrière définitivement nommés ne peuvent plus être déplacés sans leur consentement que pour des besoins urgents et par mesure provisoire. Dans tous les cas de déplacement, ils reçoivent un traitement au moins équivalent à celui qui était attaché à leurs anciennes fonctions.
Les traitements, congés et pensions sont fixés par décret.
Article 19. – L'autorité administrative ne peut empêcher, arrêter ou suspendre l'action des cours et tribunaux. Toutefois, le Roi peut, pour des raisons de sûreté publique, suspendre, dans un territoire et pour un temps déterminé, l'action répressive des cours et tribunaux civils, et y substitue des juridictions militaires.
Article 20. – La justice est rendue et ses décisions sont exécutées au nom du Roi. Les audiences des tribunaux sont publiques, à moins que la publicité ne soit dangereuse pour l'ordre et les mœurs et, dans ce cas, le tribunal le déclare par un jugement.
Tout jugement est motivé. Il est prononcé en audience publique. Le Roi a le droit de remettre, de réduire et de commuer les peines.
Article 21. – Le Roi est représenté dans la colonie par un gouverneur général assisté d'un ou de plusieurs vice-gouverneurs généraux. Sauf les personnes qui ont administré en l'une ou l'autre de ces qualités le territoire de l'Etat Indépendant du Congo, nul ne peut être nommé aux fonctions de gouverneur général ou de vice-gouverneur général s'il n'est Belge de naissance ou par grande naturalisation.
Article 22. – Le pouvoir exécutif ne peut déléguer l'exercice de ses droits qu'aux personnes et aux corps constitués qui lui sont hiérarchiquement subordonnés. Toutefois, la délégation consentie par l'Etat Indépendant du Congo au comité spécial du Katanga restera valable jusqu'au 1er janvier 1912, à moins qu'un décret n'y mette fin à une date antérieure.
Le Gouverneur général de la colonie exerce par voie d'ordonnance le pouvoir exécutif que le Roi lui délègue. La délégation du pouvoir législatif est interdite. Toutefois le Roi peut autoriser le gouverneur général, s'il y a urgence, à suspendre temporairement l'exécution des décrets et à rendre des ordonnances ayant force de loi. Les ordonnances ayant cet objet cessent d'être obligatoires après un délai de six mois si elles ne sont, avant l'expiration de ce terme, approuvées par décret. Les ordonnances ayant force de loi et les ordonnances d'administration générale ne sont obligatoires qu'après avoir été publiées.

CHAPITRE IV

Du ministre des Colonies et du Conseil colonial
Article 23. - Le ministre des colonies est nommé et révoqué par le Roi. Il fait partie du conseil des ministres. Les articles 86 à 91 de la Constitution belge lui sont applicables.
Article 24. - Il est constitué un conseil colonial composé d'un président et de quatorze conseillers. Le ministre des colonies préside le conseil. Il y a voix délibérative et, en cas de partage, prépondérante. Huit conseillers sont nommés par le Roi. Six sont choisis par les Chambres législatives : trois par

le Sénat et trois par la Chambre des représentants ; ils sont élus au scrutin secret et à la majorité absolue des voix. Un des conseillers nommés par le Roi et alternativement un des conseillers nommés par la Chambre ou un des conseillers nommés par le Sénat sortent chaque année. Les conseillers sortent d'après leur rang d'ancienneté ; le rang de ceux qui ont été nommés le même jour est déterminé par un tirage au sort. Les conseillers sortants peuvent être renommés. Les fonctions de conseiller et de membre de la Chambre des représentants ou du Sénat sont incompatibles. Les fonctionnaires de l'administration coloniale en activité de service ne peuvent faire partie du conseil.

Article 25. – Le conseil colonial délibère sur toutes les questions que lui soumet le Roi. Sauf le cas d'urgence, le conseil colonial est consulté sur tous les projets de décret. Les projets lui sont soumis par le Roi ; ils sont accompagnés d'un exposé des motifs. Le conseil donne son avis, sous forme de rapport motivé, dans le délai fixé par son règlement organique. Le rapport indique le nombre des opposants ainsi que le motif de leur opposition. Si le projet de décret soumis à la signature du Roi n'est pas conforme à l'avis du conseil, le ministre des colonies y joint un rapport motivé. Si le conseil ne s'est pas prononcé dans le délai fixé par son règlement, le décret peut être rendu sur un rapport motivé du ministre des colonies. Le rapport du conseil colonial et, éventuellement, le rapport du ministre des colonies sont publiés en même temps que le décret.

Les décrets rendus en cas d'urgence sont soumis au conseil dans les dix jours de leur date ; les causes de l'urgence lui sont indiquées. Le rapport du conseil est publié au plus tard un mois après la communication du décret.

Article 26. – Le conseil colonial demande au gouvernement tous les renseignements qu'il juge utiles à ses travaux. Il peut lui adresser des vœux.

CHAPITRE V
De Relations extérieures

Article 27. - Le Roi fait les traités concernant la colonie. Les dispositions de l'article 68 de la Constitution belge relatives aux traités s'appliquent aux traités qui concernent la colonie.

Article 28. – Le ministre des Affaires étrangères du Royaume a dans ses attributions les relations de la Belgique avec les puissances étrangères au sujet de la colonie.

CHAPITRE VI
Dispositions générales

Article 29. – Les décisions rendues en matière civile et commerciale par les tribunaux siégeant dans la métropole et les sentences arbitrales exécutoires en Belgique ont dans la colonie l'autorité de la chose jugée et y sont exécutoires de plein droit. Les actes authentiques exécutoires en Belgique sont exécutoires de plein droit dans la colonie.

Les décisions rendues en matière civile et commerciale par les tribunaux siégeant dans la colonie et les sentences arbitrales exécutoires au Congo, ont en Belgique, l'autorité de la chose jugée et y sont rendues exécutoires, si elles réunissent les conditions suivantes :
1° que la décision ne contienne rien de contraire à l'ordre public ou aux principes du droit public belge ;
2° que, d'après la loi coloniale, elle soit passée en force de chose jugée ;
3° que, d'après la même loi, l'expédition qui en est produite réunisse les conditions nécessaires à son authenticité ;
4° que les droits de la défense aient été respectés.
Les actes authentiques exécutoires dans la colonie sont rendus exécutoires en Belgique s'ils remplissent les conditions suivantes :
— Que les dispositions dont l'exécution est poursuivie n'aient rien de contraire à l'ordre public ou aux principes du droit public belge ;
— Que, d'après la loi coloniale, ils réunissent les conditions nécessaires à leur authenticité.
Les décisions de justice sont rendues exécutoires par le tribunal civil, les sentences arbitrales et les actes authentiques par le président du tribunal civil du lieu où l'exécution doit être poursuivie.
Article 30.- Quiconque, poursuivi pour une infraction commise dans la colonie, sera trouvé en Belgique, y sera jugé par les tribunaux belges conformément à la loi pénale coloniale, mais dans les formes prévues par la loi belge. Les peines de servitude pénale prévues par la loi pénale coloniale sont, suivant leur durée, remplacées par des peines d'emprisonnement, de réclusion ou de travaux forcés de même durée. La chambre des mises en accusation pourra renvoyer l'inculpé, soit à sa demande, soit en vertu d'une décision unanime rendue en séance publique sur la réquisition du ministère public, l'inculpé entendu ou dûment cité, devant la juridiction coloniale. Le cas échéant, la chambre prolongera, pour autant que de besoin, la durée de la validité du mandat d'arrêt.
Quiconque, poursuivi pour une infraction commise en Belgique, sera trouvé sur le territoire de la colonie, sera livré à la justice belge pour être jugé conformément aux lois belges. L'inculpé, si l'autorité belge n'en a pas réclamé la remise, pourra se faire représenter devant la juridiction belge par un fondé de pouvoir spécial.
Quand une infraction consiste en faits accomplis en partie sur le territoire belge et en partie sur le territoire colonial, elle sera considérée comme ayant été commise en Belgique. Sil y a plusieurs coauteurs dont les uns sont trouvés sur le territoire belge et les autres sur le territoire colonial, les tribunaux belges sont seuls compétents. Le tribunal compétent à l'égard des auteurs principaux est également compétent à l'égard des complices.
Les décisions rendues en matière pénale par la justice belge ou la justice coloniale ont sur le territoire belge et sur le territoire colonial l'autorité de la chose jugée et y sont exécutoires de plein droit.
Article 31. – En toutes matières, la signification des actes judiciaires et extrajudiciaires destinés à des personnes domiciliées ou résidant dans la colonie est soumise en Belgique aux règles générales relatives à la signification des actes destinés aux personnes domiciliées ou résidant à

l'étranger. Toutefois, le ministre des colonies intervient, le cas échéant, en lieu et place du ministre des Affaires étrangères. Réciproquement, la signification des actes judiciaires et extrajudiciaires destinés aux personnes domiciliées ou résidant en Belgique est soumise dans la colonie aux règles générales relatives à la signification des actes destinés aux personnes domiciliées ou résidant à l'étranger.
Les commissions rogatoires émanant de l'autorité compétente belge ou coloniale sont exécutoires de plein droit sur le territoire belge et sur le territoire colonial.
Article 32. – Les membres des Chambres législatives ne peuvent être en même temps fonctionnaire salarié, employé salarié ou avocat en titre de l'administration coloniale. A dater de la promulgation de la présente loi, aucun membre de l'une des deux Chambres législatives ne peut être nommé, ou s'il occupe actuellement pareilles fonctions, à l'expiration de leur terme ne peut être renommé délégué du Gouvernement, administrateur ou commissaire dans des sociétés par actions qui poursuivent dans le Congo belge des entreprises à but lucratif, si ces fonctions sont rétribuées à un titre quelconque et si l'Etat est actionnaire de la société. Cette dernière interdiction s'applique également aux membres du Conseil colonial, au gouverneur général, aux vice-gouverneurs généraux, aux magistrats et aux fonctionnaires du Service de l'Administration coloniale.
Les candidats aux Chambres, élus bien qu'ils exercent des fonctions sujettes aux interdictions qui précèdent, ne sont admis à la prestation du serment qu'après les avoir résignées. Les membres des Chambres ne peuvent être nommés aux fonctions et emplois prévus aux alinéas 1 et 2 qu'une année au moins après la cessation de leur mandat. N'est pas soumise à ce délai, la nomination aux fonctions de gouverneur général ou de vice-gouverneur général de la colonie.
(Voilà entre autres des textes qui doivent être d'application chez nous).
Article 33. – Les magistrats, fonctionnaires et militaires belges, autorisés à accepter des emplois dans la colonie tant avant qu'après l'annexion de celle-ci, conservent leur ancienneté et leurs titres à l'avancement dans la magistrature, l'administration ou l'armée qu'ils ont temporairement quittée.
Article 34. – Les Belges mineurs ne peuvent s'engager dans l'armée coloniale sans le consentement écrit de leur père ou de leur mère veuve, ou s'ils sont orphelins, de leur tuteur. Ce dernier devra être autorisé par délibération du conseil de famille. Pendant la durée de leur service actif, les miliciens belges ne peuvent être autorisés à prendre du service dans l'armée coloniale. Toute autorisation qui leur serait donnée en violation de la présente disposition de la loi sera considérée comme nulle et non avenue.
Article 35. – Indépendamment du drapeau et du sceau de la Belgique, la colonie du Congo peut faire usage du drapeau et du sceau dont s'est servi l'Etat du Congo.
Article 36. – Les décrets, règlements et autres actes en vigueur dans la colonie conservent leur force obligatoire, sauf les dispositions qui sont contraires à la présente loi et qui sont abrogées.

Article 37. – Chaque année, en même temps que le projet de budget colonial, il est présenté aux Chambres, au nom du Roi, un rapport sur l'administration du Congo belge.
Ce rapport contient tous les renseignements propres à éclairer la représentation nationale sur la situation politique, économique, financière et morale de la colonie. Il rend compte de l'emploi pendant l'exercice écoulé de l'annuité prévue par l'article 4 de l'Acte additionnel au traité de cession de l'Etat du Congo à la Belgique.

DISPOSITION TRANSITOIRE

Article 38. – Après l'annexion, les magistrats de carrière, les fonctionnaires et tous autres agents de l'Etat Indépendant du Congo conserveront leurs attributions jusqu'au terme et dans les conditions prévues par leur contrat d'engagement. Promulguons la présente loi, ordonnons qu'elle soit revêtue du sceau de l'Etat et publiée par le Moniteur.

Laeken, le 18 octobre 1908.
LEOPOLD.[152]

La Charte coloniale a servi de constitution au Congo belge. Elle définit le mode de gouvernement, organise les attributions des pouvoirs, et fixe les rapports de la métropole belge avec sa colonie. Par la suite, cette Charte fut remaniée à plusieurs reprises : quatorze fois en quarante et un ans de 1911 à 1951 ‘’. Entre autres les articles 6 ; 7 ; 10 ; 12 ; 14 ; 15 ; 17 ; 18 et 18 bis ; 19 ; 22 ; 24 ; 29 ; 30 ; 30 bis/ter/quater/quinquies ; 33 et 37 l'ont été par des lois, arrêté-lois et loi budgétaire du 22 juillet 1931, art. 21 in B.O., 1931, I, p. 504)’’.

[152]Bulletin Officiel du Congo belge, 1908, pp. 65 – 88, cité par Mutamba Makombo, o. c. p. 93.

Chapitre II
Réformes administratives : de 1910 à 1945

Au cours des années ci-après, il a été procédé à certaines réformes administratives :

— **1910** : Le 7 mars de cette même année, un Arrêté Royal ordonne la subdivision des Districts en Zones, Secteurs et Postes. Ces Districts, en cette année-là, étaient au nombre de 12, à en croire « Le Rail au Congo-Belge », o. c. p. 17 ainsi que Bakajika Ntumba Wishiya, o. c. p. 8. Mais l'on notera cependant qu'une carte administrative de l'E. I .C. (année 1885), laisse voir 15 Districts (Banana, Boma, Cataractes, Matadi, Stanley - Pool, Kwango, **Kasayi,** Loualaba, Stanley Falls, Arouwimi, Ouellé, Oubangui, Bangala, Equateur et Loukenie[153]). Et une autre carte elle, dressée par A. Michiels et N. Laude en 1934, dénombre également 15 Districts, mais avec la nomenclature que voici : Bas-Congo, **Kasayi,** Kibali-Ituri, Kivu, Kwango, Lac Léopold II, Lomami, Lualaba, Ubangi, Maniema, Stanleylville, Tanganyika, Tshuapa, Ubangi-Congo et Uélé — cf. Congo Physique, Economique et Administratif, dressé à l'échelle de 1.4.000.000.

— **1912 :** L'Arrêté Royal du 28 mars de cette année crée 22 Districts lesquels seront subdivisés en Territoires.

— **1913** : En exécution de l'Arrêté ci-dessus, **Luluabourg-Malandji** devient **Territoire**, par ordonnance n° 168/2 du 28 novembre 1913 (cf. Bakajika[154] et Muena Kapangi[155]), mais le Bulletin Officiel 1914, p. 201 donnera lui, la date du 28 septembre). Emile Valleys, alias « Ngulumingu »[156], prendra en mains l'administration du Territoire de 1913 à 1914. De...

— **1914 à 1918** : Le Congo-Belge est entraîné à prendre une part active à la **Première Guerre mondiale** à la suite de l'attaque de sa partie Est par les troupes allemandes venues du Tanganyika. Nos soldats de la Force Publique

---

[153] Cf. R. Cornevin, in Histoire du Congo..., Berger - Levrault, Paris VI, 1970, p. 169

[154] Cf. Bakajika, o. c. p. 8

[155] Muine Kapangi wa Lukunyi, Les Bajila Kasanga et autres descendants de Nkole, Ed, Katoka, 1985, p. 121

[156] E.Valleys : 1) il est alias « Ngulumingu » pour Muena Kapangi, Wafuana Kutambi ainsi que d'autres notables, alors que Bakajika attribue ce sobriquet à Descamps.
2) l'avenue colonel Tshiatshi, dans la Commune et Ville de Kananga a longtemps porté le nom de E.Valleys ; c'est présentement l'Avenue de Me et Muanangana E. Kalamba Wafuana.

parviendront à repousser l'envahisseur et remporteront des victoires significatives sur le territoire de l'ennemi à **Kigoma, Mahenge**, etc.

Qu'en était-il au juste ? — Pour mémoire — l'histoire raconte que l'Article 2 de l'Acte Général de Berlin disposait :

« Dans le cas où une puissance exerçant des droits de souveraineté ou de protectorat dans les contrées mentionnées à l'Article 1 et placées sous le régime de la liberté commerciale serait impliquée dans une guerre, les hautes Parties signataires du présent Acte s'engagent à prêter leurs bons offices, pour que les territoires appartenant à cette puissance et compris dans la zone conventionnelle de la liberté commerciale soient placés, pour la durée de la guerre, sous le régime de la neutralité et considérés comme appartenant à un Etat non belligérant ; les parties belligérantes renonceraient dès lors, à étendre les hostilités aux territoires ainsi neutralisés, aussi bien qu'à les faire servir de bases à des opérations de guerre »...

Or, en août 1914, il y a violation de la neutralité belge : les troupes allemandes ont envahi la Belgique afin de mieux attaquer la France. Et depuis, Bruxelles qui redoute de voir l'Allemagne adopter en Afrique la même attitude qu'en Europe, ordonne au Gouverneur général de la Colonie de prendre des mesures préventives... Mais voilà que le 22 août le port de Lukuga est attaqué par les troupes allemandes et en septembre les Anglais se voient attaqués à Abercorn (devenu Mbala) en Rhodésie (présentement Zambie). La France et l'Angleterre (puissances possédant aussi des droits dans la zone conventionnelle) étant ainsi en guerre contre une puissance également intéressée dans cette région, la Belgique autorise ses troupes à coopérer à cette action militaire des soldats alliés. On verra alors nos hommes dans le combat contre le Cameroun (territoire acquis par l'Allemagne en 1884 et augmenté depuis 1911 d'une partie du Congo français par les deux tentacules de la Lobaye et de la **Sangha**).

En octobre 1915, une offensive est lancée par les Alliés : les Anglais sont au front Nord-ouest, les Français et nos troupes commandées par les Belges sont au Sud, pendant que les croiseurs anglais bloquent la côte. Le 1er janvier 1916, Yaoundé encerclée tombe.

Le district du Kivu (au nord du lac Kivu), la Ruzizi (trait d'union entre les lacs Kivu et Tanganyika) et plus loin les Postes de Kasongo et de Stanleyville étant menacés, le Général Tombeur (ancien Gouverneur général du Katanga et Inspecteur d'Etat), déclenche l'invasion de l'Est africain le 18 avril 1916. Nos troupes prennent **Tabora** (centre allemand, sur le sol du Tanganyika devenu avec le Zanzibar la ''Tanzanie''), et en 1917 nos braves hommes y prennent **Mahenge** et atteignent les rives de l'océan Indien, pieds nus et coiffés du fez.

Fin décembre 1917, les Alliés se partagent toutes les colonies allemandes occupées :

L'Angleterre reçoit l'Afrique orientale, l'Union-Sud-africaine et le Sud-ouest africain ; la France et l'Angleterre se partagent le Cameroun et le Togo ; l'Australie et le Japon reçurent les possessions allemandes du Pacifique ; le Rwanda et l'Urundi reviennent à la Belgique qui recouvra les 8000 Km2 de terre enlevés au pays en 1910 sur la frontière orientale par l'Allemagne.

— **1917** : **Luluabourg-Malandji** devient **chef-lieu de « Territoire des Lulua »** par ordonnance n° 77/SG du 22 septembre 1917 (alors que Muine Kapangi lui, parle de 1918, mais même mois et même date). Malandji perd de ce fait le statut de Territoire de Luluabourg et c'est Mr Sengrin qui en prend l'administration de 1917 à 1919.

Le Rail au Congo-Belge Tomme II p. 17 nous renseigne que les 22 Districts en place depuis 1912 ont composé quatre provinces à savoir :

- la Province du Katanga ;
- la Province orientale ;
- la Province de l'Equateur, et
- la Province du **Congo-Kasayi** ; avec (toujours) Boma comme capitale

et que tout Gouverneur du Katanga avait rang ou était en même temps Vice-gouverneur Général.

Mais *« Léopoldville* — ajoutera le Rail au Congo (ibidem) — *lieu de transit fluvial obligé, ville de commerce et résidence de nombreux Européens, affichait aussi ses prétentions... »* ... Oui, ces « prétentions qu'affichait Léopoldville, ne pourraient-elles pas être aussi celles de Kananga, pourquoi pas ! — à cause de sa situation géographique qu'elle occupe au centre du pays ?...

Rentrons un instant à « Léopoldville »... Le Rail au Congo-Belge nous ajoute que le Commissaire général du Moyen-Congo, Georges Moulaert (nom très bien connu des Kinois, en particulier ceux de « Bandal » [157]) avait adressé dès le 12 février 1912, une note au Gouverneur Général Fuchs, résident à Boma, traitant de la réorganisation administrative du Congo belge ; et insistant pour que la capitale se trouvât au centre économique le plus important, en l'occurrence sur les rives du « Stanley-Pool ». Et de ce fait, des rivalités socio-économiques feront décider, mais bien plus tard, du transfert de la capitale du Congo-Belge de Boma à Léopoldville[158], comme il pourra en être également le cas un jour, de Kinshasa à Kananga, nous l'espérons !... (La désolation qui a vu le jour à Kananga des suites du ''Phénomène Kamuine Nsapu'', comme toute chose qui a un commencement et qui a une fin, appartiendra à l'histoire). D'**Abidjan** n'est-on pas allé à **Yamoussoukro** (depuis le 21 mars 1983) ? **Brasilia** n'a-t-elle pas remplacé **Rio de Janeiro** ? Et Abuja n'assume-t-elle pas le rôle autre fois dévolu à **Lagos** ?...

Toujours à propos et évoquant l'évolution de la situation politique au Kasaï, l'on entendit B. Moritz, alors Président d'Honneur de la Chambre de Commerce de Luluabourg (devenue une composante de la « Fédération des

[157] Bandal : diminutif de (commune de) Bandalungua.
[158] Cf. Le Rail au Congo-Belge, o. c, p. 18

Entreprises du Congo » — FEC en sigle) — ira s'exprimer en 1959 devant une mission de prospection CHANIMETAL en ces termes :

> ''Il est vrai que Luluabourg, capitale du Kasayi, est le centre géographique du Congo, en plus, le centre névralgique qui, par ses avantages de toute nature s'impose de plus en plus au titre de nouvelle Capitale gouvernementale, siège central du futur gouvernement. Cela est vrai au point que, déjà le ministre a décidé de transférer à LULUABOURG dans toute la mesure du possible, les parastataux métropolitains et qu'il envisage favorablement et sérieusement d'y installer les futures institutions qui préfigureront la Chambre des Députés et le Sénat''.

Ce fut le 21 juillet 1959.[159] Nous reviendrons sur cette prédisposition plus loin…

— **1923** : Le 12 janvier de cette année, une innovation administrative est introduite : Léopoldville est fait « District Urbain » — cf. la carte « Michiels et Laude, déjà citée). Et…. Le 1er juillet 1923, Léopoldville est désignée « capitale de la Colonie, tout en étant chef-lieu de (la) province (du **Congo-Kasaï**), notre juridiction d'alors. En cette même année débutent les travaux de construction du Chemin de fer BCK, tronçon Ilebo-Bukama.

Le site de KANANGA dit « *mpata'a Kananga* » s'avéra incontournable, mieux : « un point obligé », dans le tracé qui a retenu les haltes (''garages'' et/ou ''gares'') au départ de Port-Franqui[160] entre autres que voici : **Domiongo, Mweka, Kakenge, Demba, (Lulua-Gare), Tshimbulu, Kamponde, Muene-Ditu, Luputa, Tshiobobo, Kaniama, Kimpanga, Kamina, Kabondo-Dianda**[161]**,** avant d'atteindre Bukama.

-1925 : Les travaux du Rail vont bon train. Ce chantier entraîne de 1925 à 1928 des constructions ici et là autour de la Station ou halte « **Lulua-Gare** », qui font du site de Kananga, une entité en progression… Celle-ci, de par l'ordonnance n°78 du 22 juin 1927 avait également reçu le nom de « Lulua-Gare »…

-1928 : Partis d'Elisabethville, le Roi Albert 1er et la Reine Elisabeth sont à bord du train royal, inaugurant le Chemin de fer B.C.K..

-1929 à 1932 : L'on notera que dès le début de l'année 1929 jusqu'au milieu des années 30, l'on parlait de « *Lulua-Gare* »[162] tout en parlant de « *Luluabourg-Gare* » — cf. l'ordonnance n°31/AIMO du 21 mars 1932, relative au transfert du Siège de l'Administration du « Territoire des Lulua »,

---

[159] Cf. Benoît Moritz, cité par Bakajika, o. c. p. 51

[160] Port-Franqui est l'ancienne appellation de Ilebo, une gare du chemin de fer B.C.K. et port OTRACO sur la rivière Kasayi, dans le Territoire du même nom.

[161] Cf. carte générale du tracé du chemin de fer BCK « Nicolaï et Jacques », in Le Rail au Congo-Belge., t1, p. 205

[162] Cf. Bulletin Administratif 1932, p.190, cité par le professeur Tshijuke préfaçant Bakajika, o. c. p. V.

de Luluabourg-Malandji (l'actuelle Malandji-*Makulu*) à Luluabourg-Gare. Quelle confusion !... Les autochtones eux, au vu des transformations qu'était en train de connaître le site kanangais[163], nommeront ce site : « **Luluabourg - Kananga** - ***Malandji wa Nshinga*** ».[164] Signalons qu'au 31 octobre de l'année 1932, il fut procédé à Léopoldville, à l'installation du Gouverneur Tilkens et son Vice, et que depuis cette date, Léopoldville assume pleinement son rôle de capitale du Congo-Belge.

Mais **1932** est particulièrement une grande date pour Luluabourg - KANANGA car c'est en cette année que « **Malandji** » comme « Autorité » ; comme « Pouvoir » — en Tshiluba : « *Mbulamatadi* » — (Malandji) aura vécu ; c'est en cette date que, pour profiter de la proximité du rail, le « Poste » "Luluabourg-Malandji" est transféré de la rive gauche à la rive droite (de la Lulua) ; sur le site kanangais, à KANANGA, qui deviendra Ville de Luluabourg[165]... Et rappelons-nous que c'est également en cette même année 1932 que l'Administration coloniale relègue le roi Kalamba Tshikomua à Banana, au motif d'insoumission aux institutions coloniales[166] — nous l'avons vu et aurons à y revenir plus loin... Nous voici en...

-1935 : Par Ordonnance n° 51/AIMO du 15 mars 1935, Luluabourg recouvre le statut de Territoire, et il faudra attendre l'ordonnance N° 228 du 17 août 1935 (art. premier), désignant la circonscription qui s'est développée (autour de notre Gare alors « Lualua-Gare ») : '' **LULUABOURG**'', pour que la confusion « Lulua-Gare /Luluabourg-gare » soit dissipée — cf. Bulletin Administratif 1935, p. 418, cité par Tshijuke préfaçant Bakakajika, o. c., p. V. ...

Nous sommes encore en 1935... De quatre — la province du Katanga ; la province orientale ; la province de l'Equateur et la province du Congo-

163 « site ''kanangais'' » : traduit du tshiluba : « *mpata'a Kananga* »

164 « *wa nshinga* » : traduisez : « aux cordes » mieux « aux fils » ; c'est le surnom donné à ce (nouveau) Malandji parce que lui — ce Malandji — est traversé par des poteaux aux fils téléphoniques jalonnant le chemin de fer, un phénomène non connu à l'ancien Malandji. Il est aussi ajouté à Kananga des attributs tels que : ''Mu Tshimanga tshia Mulamba'' ; ''Mu mbeyelu wa nyonyi'' — nyonyi, synonyme de nsuki/cheveux : là où tous héros de l'heure s'accordèrent pour se couper les cheveux en guise de paix (c'est dans leur chevelure que résidait leur bravoure) afin de faire de ce site une oasis de paix ; paix que viendront troubler les échauffourées entre forces armées et le pouvoir coutumier en la personne de Kamuine Nsapu.

165 Cf. Marcel Sheitter, o. c. p.10

166 E. Wafuana Kutambi (Kapanda Mbwebwe), o. c. pp. 20 et 147, (A ne pas confondre avec Me et Honorable Sénateur E. Kalamba Wafuana, son neveu) ; Mme Marthe Ngalula Wafwana, ancien ministre, fut une de ses enfants.
Entendons par « institutions coloniales », les Agents territoriaux (Administrateurs de Territoire, tels Gelders ; Moritz qui eut à revenir plusieurs fois à la tête du Territoire de Luluabourg), etc. ...

Kasayi (formant ensemble 22 Districts de depuis 1912, voir plus haut) — les provinces passent à six, toutes du nom de leurs chefs-lieux, à savoir :

	Province	Chefs-lieux
1.	Léopoldville	Léopoldville
2.	Coquilhatville	Coquilhatville
3.	Stanleylville	Stanleylville
4.	Costermansville	Costermansville[167]
5.	Elisabethville[168]	Elisabethville
6.	Lusambo	Lusambo

Vous aurez noté que l'entité **Lusambo** — sans résonance étrangère — sur la rive droite du Sankuru, Poste d'Etat depuis 1890 et qui relevait de la province du Congo-Kasayi, est élevée au rang de chef-lieu d'une nouvelle province (la province de Lusambo, par Arrêté Royal du 05 février 1935 qui a également créé les cinq autres provinces [169] dédiées, elles, aux personnages étrangers).

En **1939** : Luluabourg redevient Territoire par ordonnance n° 129/AIMO du 9 décembre 1939 ; et depuis jusqu'au milieu des années 40, plusieurs fonctionnaires — les « A.T. » (Administrateurs de Territoire) — se seront succédé à la tête du Territoire de Luluabourg entre autres : **Paul Pierrot** (décembre 1940 - octobre 1941, nous le retrouverons plus tard, à Luebo comme Commissaire de District) ; **Benoît Moritz** ; **Troquet** (orthographe selon E. Wafuana, o. c. 147 ou Troquay, selon Mukenge Shabantu, o. c. p. 84) ; **A. Dequenne**, et autres…

En cette même année 1939, débutent les hostilités dites ''**Deuxième Guerre mondiale''.** Ici, une relecture pour notre édification s'impose :

> Une théorie raciste — celle qui fait du peuple allemand ''une race supérieure'' et partant, donnerait à celui-ci des droits sur d'autres peuples — pousse le régime en place que dirige **Adolf Hitler** depuis 1933, à dominer sur le monde, en commençant par l'Europe. L'Autiche aura été envahie en mars 1938 par ce régime ''nazi'' et/ou le « IIIe Reich » ; la Tchécoslovaquie en mars 1939. Retenons que les forces allemandes — de cette Allemagne qui avait déjà perdu ses colonies d'Afrique et ne constituait pas une menace directe pour notre pays — avaient débarqué en Afrique du Nord pendant que

---

[167] Costermansville : la province s'appellera plus tard KIVU — ce grand Kivu qui connaîtra son découpage (1988) en Nord-Kivu, Sud-Kivu et Maniema) — tandis que le chef-lieu Costermans est devenu Bukavu.

[168] Elisabethville : du nom de la reine Elisabeth ; cette appellation sera remplacée par Lubumbashi (nom du cours d'eau qui baigne la ville).

[169] Cf. Nyembwe, Albert, N'embrassez pas la haine, Panu Bula, Louvain-la-Neuve, 1999, p. 35.

l'Italie (pays de **Benito Mussolini**, également à la tête d'un régime autoritaire depuis 1922 et qui possédait la Lybie, la Somalie et l'Erythrée et avait conclu un pacte militaire avec l'Allemagne) envahit l'Ethiopie et contraint le ''négus'' — l'empereur Hailé Sélassié — à l'exil ; ce fut en 1936... Et lorsque la Pologne sera envahie le 1er septembre 1939, la France et le Royaume-Uni, le 3 septembre 1939, déclarent la guerre à l'Allemagne. Celle-ci réplique en attaquant la Belgique qu'elle occupe le 10 mai 1940, et la France est envahie en juin 1940 ; le gouvernement s'exile à Londres. Pour la Belgique, tous les pouvoirs conférés au Roi sont exercés, par un Administrateur Général de la colonie — ancien ministre des Colonies — qui est également habileté à exercer tous les pouvoirs exécutifs et législatifs.

La présence de l'Italie en Afrique et surtout l'occupation de certaines bases aériennes belges par les forces italiennes s'étant révélée comme une menace à l'endroit de la Grande-Bretagne, déterminent le Gouverneur Général Ryckmans à placer nos troupes aux côtés des Alliés. En effet, le Congo-Belge, parce que colonie et surtout disposant de minerais recherchés, y prend une part active, en fournissant à la Belgique et Alliés : hommes de troupes, cuivre, cobalt, caoutchouc et autres produits, pour faire face à la guerre. Le Gouverneur Général à Léopoldville avait même mobilisé les populations civiles valides et utilisé la Radio du Collège Albert 1er (devenu Collège Boboto) pour soutenir le moral de la population... A partir de février...

1941 : nos troupes participent aux opérations offensives du commandement britannique du Moyen-Orient. La prise d'**Asosa** et de **Gambela** sont inscrites à leur actif. Ces deux victoires sont immortalisées à Kinshasa par deux grandes artères qui traversent les Communes de Kasa-Vubu et Ngiri-Ngiri. Bousculés par les Anglais à l'Est, les Italiens refluent vers les positions tenues par nos hommes commandés par les Belges dans la région de **Saïo**. Notons que la place de Saïo, ses neuf généraux, ses trois cent soixante officiers et ses six mille cent sept sous-officiers et soldats sont tombés sous l'action de nos troupes (qui étaient composées de trois bataillons et de deux batteries et qui avaient quitté Stanleyville, et traversé le Soudan). Ce fut le 6 juillet 1941. Et cette prise de **Saïo** a constitué une aide précieuse pour les Alliés. Au même moment **le canal de Suez**[170] jusque-là menacée par **Rommel**[171] retrouve sa sécurité ; il s'en suivit en outre la reddition de toutes les troupes italiennes au sud du Nil bleu. Comme vous pouvez le constater, '' **Saïo**'' est un grand nom ! L'avenue qui est derrière la Banque TMB, la Clinique St Luc, les bureaux CAA, Vodacom et Airtel, dans la Ville de Kananga, porte le nom ''Saïo et à Kin, les avenues Saïo et **Birmanie** traversent également les deux Communes précitées.

De la campagne d'Ethiopie, nos hommes sont en Afrique de l'Ouest où les opérations avaient leur Quartier général au Nigéria. Des divisions ayant marqué

---

[170] Canal de Suez : ouvrage partant de Port Saïd à Suez (161 Km), construit sous la direction de Ferdinand de Lesseps (1859 – 1869). Il a été nationalisé en 1956 par le colonel Gamal Abdoul Nasser, alors président égyptien. Ce canal raccourcit de presque la moitié le trajet entre le Golf persique et la mer du Nord. Ce canal vient d'être doublé d'un deuxième axe de 35 km de long, que vient d'inaugurer le président Egyptien en juin dernier.

[171] Rommel : Allemand qui se distingua en France en 1940 et en Lybie ; fut battu à El-Alamein, en Egypte.

cette région n'ont pas permis à nos troupes d'opérer efficacement. En effet, les colonies françaises d'Afrique avaient les avis de leurs gouverneurs généraux respectifs après l'armistice ; des pays tels que le **Dahomey** (devenu le Bénin) s'étaient prononcés pour le **gouvernement de Vichy**[172], tandis que le Congo (entendez le Congo devenu le **Congo ''Brazza''**) — avec **Félix Eboué** à la tête — s'était rangé dans le camp de la France Libre. Mais il se fera qu'avec le débarquement, en 1942, des troupes américaines en Afrique du Nord, le changement de **Dakar** et son ralliement à la France Libre ainsi que celui des territoires voisins iront contribuer à la chute des derniers bastions du régime de Vichy. De ce fait l'intervention de nos hommes sur ce théâtre d'opérations était devenue sans objet. Et au début de 1943, les troupes allemandes et italiennes perdent leur emprise sur l'Afrique ; elles battent en retraite sur tous les fronts le long de la ligne méridionale de la Méditerranée. Notre 8e Armée partie d'El Alamein par la côte libyenne se joint aux troupes françaises et américaines pour arracher l'Algérie et la Tunisie à l'ennemi… En avril…

1943 : nos hommes partis par mer et par terre atteignent le Moyen-Orient. Ils devaient participer à la campagne des Balkans, mais n'ont pas pu le faire, à cause du débarquement allié en Normandie, mais ont cependant apporté leur concours jusque dans la jungle asiatique en Birmanie… En…

1944 : la Guerre est encore là, elle s'achèvera l'année suivante…

Notons que c'est en cette année (1944) que **Kalamba Mangole** Sylvestre devenu adulte, succède à son père **Kalamba Tshikomua** qui est en relégation à Banana. L'on signalera que la montée sur le trône de Muanangana Kalamba Mangole (père de feu Muanangana Me Emery Kalamba Wafuana, qui nous a quittés il y a un an) n'a pas été assortie d'un cérémonial de la part de l'Administration [173] ; seuls la coutume et rites des ancêtres en la matière avaient été en usage… Et Luluabourg est dans la fièvre de ce que l'on a appelé :

[172]Gouvernement de Vichy : gouvernement français (juillet 1940 – août 1944) — le maréchal Pétain est chef de l'Etat et Pierre Laval chef de gouvernement. Dès l'automne 1940, ce gouvernement avait pratiqué une politique de collaboration avec l'Allemagne. Après l'invasion de la zone libre par les Allemands (novembre 1942), le régime de plus en plus inféodé à l'occupant ne cesse de perdre du crédit auprès des Français ; la libération entraîna son effondrement.

[173] Celle-ci avait introduit depuis un temps l'approbation ou la désignation par elle du (nouveau) chef coutumier, ainsi que le port d'une médaille dite « *tshitadi tshia bukalenge* » entendez « médaille de pouvoir ». Aussi, les Kalamba ont-ils rejeté cette pratique jugeant qu'il n'appartient pas à l'Administration de conférer le pouvoir coutumier ; et cela aux yeux de l'Administration s'est appelé « insoumission ».

« Mutinerie des soldats de Luluabourg »

Celle-ci eut comme meneur le sergent Mukalamushi... Lisons :

« En effet, nos hommes au front dans cette guerre (décrite ci-dessus) y ont payé un lourd tribut. Ils ont enduré la variole, la dysenterie, la méningite, etc. La morbidité s'est même élevée à 63% et 2487 hommes ne sont jamais rentrés dans leur foyer à cause de ces maladies[174]. Les conditions d'existence de nos soldats étaient si pénibles qu'en 1944 une révolte militaire s'était produite dans la garnison de Luluabourg. Les soldats restés pendant de nombreux mois sans toucher leur solde, sans revoir leurs familles étaient soumis à une discipline très dure et tatillonne. Ils se sont alors livrés à des actes de pillage et à certaines exactions contre la population civile. De cette révolte est sortie l'image légendaire du soldat courageux **Mukalamushi**. Cette révolte — que le papa de l'auteur et ses pairs ont surnommée *''Bitumba bia Mukalamushi''* — a été très sévèrement réprimée par les autorités coloniales… ».[175]

En 1945 : la Guerre s'achève avec la capitulation de l'Allemagne le 8 mai 1945 et Hitler se sera donné la mort le 30 avril 1945 ; c'est la fin de la guerre en Europe. Le Japon annoncera sa reddition le 15 août après qu'une bombe (''Little boy'') ait été larguée (à 10.000 km d'altitude) sur Hiroshima (le 6 août) et une autre (''Fat man'') sur Nagasaki trois jours plus tard, et il a capitulé le 2 septembre 1945 (ce fut alors la fin de la guerre du Pacifique et fin de cette Deuxième guerre mondiale).

Cette guerre avait causé de multiples souffrances à la population de notre pays. La monnaie était dévaluée de 50% et le coût de la vie avait beaucoup augmenté… Les dépenses encourues par notre pays à cet effet ont été évaluées forfaitairement à quatre milliards de francs belges. La Belgique avait accepté le remboursement de trois milliards et demi parce que la guerre avait un caractère de souveraineté.

Comme la Belgique avait fait pour le compte du Trésor colonial des paiements de l'ordre d'un milliard quatre cents millions pour la Dette coloniale et les pensions des cadres administratifs coloniaux, on avait alors décidé le remboursement de deux milliards six cents millions de francs belges. Cette décision sera exécutée en 1947, et sur les sommes d'argent ainsi versées, deux milliards ont été affectés à la dotation du Fonds du Bien Etre Indigène (F.B.I.) — une des réalisations de cette structure s'observe ici au Kasayi, à Mikalayi, l'Ecole des Infirmières, qui deviendra l'I.T.M. /Mikalayi, nous y reviendrons plus loin — et de l'Institut pour la Recherche Scientifique en Afrique Centrale (I.R.S.A.C.). Quant à nos

[174] Cf. Tshimanga, o. c. p. 76
[175] Ibid

anciens combattants de cette guerre, la Belgique ne s'est résolue à leur verser une pension en reconnaissance des services rendus qu'à partir de 1971.[176]

A propos de cette guerre, beaucoup d'observateurs sont unanimes : des centaines de livres ont été écrits sur la tragédie de la **Deuxième guerre mondiale**, mais très peu de personnes connaissent l'arrière-plan de cette guerre qui fut la plus onéreuse de tous les temps. L'histoire telle qu'elle est narrée dans les livres d'histoire officielle, en Allemagne, aux Etats-Unis, en Angleterre et au Japon n'a qu'une lointaine ressemblance à ce qui s'est réellement passé, avec les causes et les buts poursuivis. Ce que l'on avait est exact, mais l'autre moitié de la vérité a été omise[177].

Toujours à propos, Mutamba Makombo nous édifie avec ce qui suit : ''L'effort de guerre fourni par le Congo belge durant le second conflit mondial fut de trois ordres : *économique* (production intensifiée de matières premières), *militaire* (envoi de trois corps expéditionnaires en Ethiopie, au Nigéria et au Moyen-Orient) et *sanitaire* (tenue d'un hôpital de campagne en Afrique et en Asie).

Le R.P. Jans est un ancien curé de paroisse à Coquilhatville (Mbandaka). Il prit part à la bataille de Saïo (en Abyssinie/Ethiopie) en qualité d'Aumônier du XIe Bataillon d'Infanterie intégré au 5e Régiment. Par la suite, il fut nommé Aumônier général de la Force Publique. A la veille du quinzième anniversaire de cette bataille de Saïo, et à la demande du colonel Edmond Van Meersch, alias *Kasongu Murefu* qui commandait le 5e Régiment en tant que Lieutenant-colonel en 1941, le R.P. Jans déploie la machine à remonter le temps et égrène ses souvenirs dans une lettre. Oubliant volontairement le '' yass '', le soldat belge, l'aumônier n'a d'yeux que pour le '' sirkani '', le soldat noir qu'il admire. En effet, il reconnaît devoir '' une grande dette de reconnaissance '' pour ce soldat noir qui s'est révélé '' splendide '', qui a souffert de la faim, du chaud, du froid, de la solitude, de la fatigue, alors que ce conflit de Blancs ne le concernait pas directement.

Voici ce qu'écrit le père dans cette lettre datée du 9 mai 1956 et partie d'Ekeren :

''Et cet homme paisible est allé avec nous, par monts et par vaux, nous suivant docilement, faisant sans tapage, mais aussi sans trop rechigner ce qu'on exigeait de lui ; sans murmurer, sans se révolter, sans déserter. Nous permettant à nous, qui savions le pourquoi et le comment de la guerre, de faire tout notre devoir à côté des autres''[178].

David Van Reybrouck dans son Congo/Une histoire, pp. 253 – 254, donne d'autres détails. Il parle de l'inflation qui s'en suivit ; la rareté ; la baisse de l'offre ; la flambée des prix ; le coût de la vie ; des grèves et

[176] Ibidem
[177] Ibid
[178] Cf. ''Document 35'' in Mutamba, o. c. pp. 158 - 166

révoltes (à Manono et Elisabethville… et écrit : « Au début de 1942, après la destruction de **Pearl Harbour**, les Japonais avaient conquis de vastes pans de l'Asie du Sud-Est : l'Indonésie, Singapour, la Malaisie et la **Birmanie**. Les importations en provenance de ces régions à destination du camp des Alliés s'étaient donc totalement interrompues. Le Congo dut venir en renfort. Là encore, ses minerais et ses matières premières furent très appréciés. Le **cuivre** servait à fabriquer les douilles des balles et des obus. Le **tungstène** était nécessaire aux armes antichars. L'**étain** et le **zinc** entraient dans la composition du **bronze** et du **laiton**. Même les produits végétaux comme le **caoutchouc**, le **copal**, le **coton** et la **quinine** présentaient une valeur stratégique. **L'huile de palme** était transformée en savon Sunlight, mais aussi utilisée en sidérurgie. Les **militaires congolais** ne furent donc pas seuls à apporter leur contribution aux actions alliées. Les **mineurs**, les **ouvriers** des usines et les **journaliers** dans les plantations durent eux aussi mobiliser tous leurs effots ;

En 1948 : Vingt années après la mise en service du chemin de fer BCK (= ''Bas-Congo au Katanga'' bien que commençant à Port-Franqui devenu Ilebo), la main-d'œuvre ainsi que de nombreuses populations se sont implantées le long du rail et autour des gares et « garages », et particulièrement plus nombreuses aux alentours de la gare de Luluabourg (Kananga).

Aussi, va-t-on se rappeler ici que, à cause de l'effort de guerre, l'industrialisation du Congo s'était accélérée, ayant entraîné de nombreuses conséquences sur le plan administratif entre autres : la création de plusieurs Centres Extra-Coutumiers (C.E.C.) — (celui de Luluabourg est créé, selon Muine Kapangi[179] en 1945). En effet, avec ce flux des populations devenant de plus en plus nombreuses, il s'avéra alors nécessaire de créer des centres formant en quelque sorte des chefferies artificielles où des ethnies diverses se côtoyaient, mais dont les attaches restaient coupées d'avec la collectivité d'origine. Ces « Chefferies », « Secteurs » et/ou « C.E.C » — entités, ayant chacune une personnalité civile — étaient administrés par des chefs assistés des conseils et disposant d'un personnel engagé afin d'assurer divers services : police territoriale ; perception des taxes ; justice (tribunaux indigènes) ; comptabilité. Nous y reviendrons plus loin.

[179] Muina Kapangi, o. c. p. 121

Chapitre III
Réformes administratives : 1945 à 1960

Il s'est passé plus ou moins quatre années, après la fin de la Deuxième Guerre, pendant lesquelles l'Administration devait se remettre.

1. Grandes réformes de 1950 à 1958

En 1950 : La Province de LUSAMBO et son Chef-lieu Lusambo (situé loin du chemin de fer inauguré depuis 1928) cesseront d'être province et chef-lieu de province. En effet, l'Arrêté du Régent[180] du 20 juin 1950 crée la **province du KASAYI** en lieu et place de la province de Lusambo et élève **Luluabourg** au rang de **chef-lieu** de la province du Kasayi. Depuis juin 1950, il y eut d'autres modifications et Luluabourg restera chef-lieu de province tout en devenant chef-lieu de Territoire de Luluabourg (par ordonnance N°21/427 du 8 décembre 1954[181]).

En 1954 : En avril de cette année, le libéral **Auguste Buisseret** est nommé ministre des Colonies et alors s'amorce, sinon, une nouvelle politique belge vis-à-vis du Congo, du moins un esprit plus ouvert aux réformes. Cette même année est considérée par E. Wafuana comme date de création du District de Luluabourg ; District qui sera plus tard, en 1966,

[180]« Régent » : titre que porta et fonction qu'exerça Son Altesse Royale le prince Charles, frère du roi Léopold III, lorsque ce dernier dut laisser le trône et pendant que son fils — qui deviendra Baudouin 1er (notre futur « Buana Kitoko ») — attendait sa majorité d'âge (qu'il ateindra en 1951) pour monter sur le tône. Notons que cette disposition — la régence — se retrouve également dans le pouvoir traditionnel, dans toute famille régnante. Pour ne citer que le cas des Kalamba, l'on a vu **Kalamba Lungonso** assumer l'intérim de *mukalenge* (= roi) **Kalamba Nzambi Tshikomua**, en relégation à Banana ; et **Kalamba Mpinda** Paul alias *Dintshiantshia* assumer celui de Kalamba Lungonzo.
Ces intérimaires furent des « régents » ; ils ont exercé le pouvoir sans en être officiellement ni traditionnellement investis ou intrônisés, en attendant que Kalamba Mangole ne devînt adulte pour monter sur le trône laissé par Kalamba Tshikomua, son père. « Régents » et/ou « intérimaires », en Tshiluba, cela s'appelle « Bakalenge baa tshimpitshimpi » — cf. E. Wafuana Kutambi, o. c, p.187.

[181]Muena Kapangi, o. c. p. 121 parle du N°21/423, mais avec la même date.

transféré à Tshimbulu, sous la dénomination « District de la Lulua »[182] (Notons qu'il a été documenté, dans cette agglomération devenue elle aussi une Ville dans le Kasayi — Kasaï Central — des pertes en vies humaines des suites des échauffourées entre le pouvoir central et les ''éléments'' du pouvoir coutumier (''dossier Kamuina Nsapu).

L'on notera également que, en cette même année 1954, le site de Luluabourg abrite et, le chef-lieu de Territoire de Luluabourg, ainsi que le chef-lieu de la province du Kasayi qui lui, verra s'implanter chez lui, un nouveau type d'Enseignement dans les Etablissements dits « **Ecoles laïques** » ; nous allons retrouver ce dossier plus loin…

En 1955 : Point n'est besoin de nous rappeler que lors de la 2e Guerre mondiale (1940-1945), les soldats congolais ont contribué à la victoire des Alliés en remportant plusieurs batailles décisives — loin de chez eux, sur le sol étranger — cf. Gambela, Assossa, Saio (en Abyssinie), et nos éléments de la Force Publique ont également été à l'œuvre au Soudan, en Palestine et en Birmanie. L'expérience de cette Guerre ayant en quelque sorte ouvert les yeux des Congolais et autres colonisés d'Afrique, cela demanda — ici chez nous — de *« dorer la pilule au colonisé »,* en d'autres mots, d'amadouer ces Congolais « avertis » et de les garder dans le giron civilisateur belge. C'est ainsi que la Belgique ira inventer la formule des « **Evolués** », cette classe intermédiaire entre les Blancs et le reste des Indigènes.

Ici nous ouvrons une parenthèse, à propos de ces « Evolués », pour ne pas dire « Elites ».

Oui, lorsque R. Cornevin se posera la question de savoir « en quoi consistaient ces élites congolaises ? »… « la réponse sera accablante », nous dira-t-il ; et il s'explique :

— les pourcentages de scolarisation, continue-t-il, n'étaient pas certes négligeables, mais l'essentiel de l'enseignement était donné en langue vernaculaire ;

— en outre, bien qu'une réforme soit intervenue en 1948, l'Enseignement fut, jusqu'en 1954, exclusivement dispensé par les « Missions », entendons l'Eglise catholique et l'Eglise protestante[183].

Cornevin renchérit que le rapport de la « Mission d'enquête pédagogique Coulan-Deheyn — Renson »[184] — mission envoyée en 1954 au Congo, est une condamnation nuancée du système pratiqué jusqu'alors. Cornevin ajoute qu'ainsi, l'Enseignement (entendez l'Enseignement normal ; l'Enseignement

---

[182] '' District de la Lulua'' : à ne pas confondre avec un autre « District de la Lulua » qui lui, est dans la province du Katanga — avec Sandoa comme ''localité de premier rang'' — District créé par Ordonnance n°63/2 du 19 septembre 1919 (cf. Bakajika Ntumba Wishhiya, o. c., p. 33).

[183] Cornevin, o. c. pp. 231 - 232

[184] Cf. « cf. La Réforme de l'Enseignement au Congo Belge, ministère des Colonies, 1954, p. 79 » cité par Cornevin, o. c. pp. 231-232

paramédical ainsi que les cours spécialisés de la Force Publique) formait des ouvriers, des auxiliaires de l'Administration et des Missions ». Mais il fera remarquer que bien que **l'Université** (fondée d'abord à Kimwenza en 1949) commença à fonctionner en 1954 — **Université Lovanium** — et, que l'**Université d'Etat** à Elisabethville avait ouvert ses portes en 1956, les sections techniques de l'Etat n'avaient octroyé que 17 diplômes en 1958 ; et au 30 juin 1960, il n'y avait qu'une demi-douzaine de licenciés congolais en Sciences diplomatiques, psychologiques et sociales ; et un seul juriste ![185], et que Thomas Kanza fut le premier Congolais à avoir fréquenté une université européenne[186]. Nous fermons la parenthèse et revenons à nos « Evolués »...

Nous sommes encore en 1955... Le 3 mars de cette année, dans une note secrète adressée au Ministère des Colonies, le colonat belge fait savoir ceci :

« Il faut organiser une classe **d'Indigènes évolués** qui se déclareront d'accord avec les idéaux et les principes de notre civilisation occidentale et qui seront — à standing égal — nos égaux en droits et devoirs... » — formule à laquelle, il (c'est-à-dire le colonat) n'y croyait pas lui-même — « et qui seront moins nombreux que la masse indigène, mais puissants et influents ; ils seront nos alliés. Ces classes moyennes seront la bourgeoise noire qui commence à se développer, que nous devons aider à s'enrichir[187] et à (...) ; et qui comme tous les bourgeois du monde, seront opposés à tout bouleversement aussi bien intérieur que venant de l'extérieur... ».[188] Et cette note continuait :

« Les commis, instituteurs et anciens séminaristes, pas tous, mais des hommes étiquetés, dont même les affinités vont être consolidées et méticuleusement suivies à travers des structures[189] ; des hommes, dont les ambitions légitimes ne vont pas aller au-delà de leur statut d'évolués allaient former la pépinière de ces agents auxiliaires que l'on voudra voir obéir au doigt »[190].

De **1955 à 1958**, l'on ira dénombrer quelque 1.500 ''Evolués'', ces Congolais formant « une classe intermédiaire » de *ni Nègres ni Blancs* ;

---

[185] Mais maintenant que cette demi-douzaine a été multipliée par 1000 et plus, dont une part non négligeable venant du Kasayi, pourquoi tournons-nous en rond ?
[186] Cf. Cornevin, o. c. p. 232
[187] Et posez-vous ces quelques questions, s'enrichir :
- Comment ?
- Au détriment de qui ?
- Où seront logées ces masses d'argent et
- Et qui en tirera profit ?...
Et vous comprenez alors d'où viennent entre autres les tares de la classe politique du pays !...
[188] Cf. « Cœurd'Afrique » n° double 10-11, février-mars 2004, pp. 60-61.
[189] Ici nous citerons entre autres : les '' Anciens Elèves des Frères des Ecoles Chrétiennes'' (« ASSANEF » et '' UNELMA'' (« Union des Anciens Elèves des Frères Maristes »).
[190] Ibid

certains d'entre eux possédant une carte d'immatriculation qui leur donne l'accès aux quartiers réservés aux Blancs (terrasses, pharmacies, etc.)...

Pour **Luluabourg** et la cité minière de **Tshikapa**, quelques noms nous reviennent en mémoire : Bernard Kabese (Assistant médical) ; Loma Diese (Assistant médical) ; Nzuji Henri (Assistant médical) ; Ngandu Etienne (Assistant médical) ; Mudingayi Silvestre (Commis à la BCB — devenue Banque Commerciale du Congo — BCDC) ; Shikayi Louis (idem) ; Badibanga Samuel (Commis à l'Interfina — et père du premier ministre Samy Badibanga — Interfina, cf. l'actuel bâtiment du Dépôt pharmaceutique de l'Eglise protestante) ; Ngindu Augustin (Mécanicien à la CEGEAC — cf. bâtiment « SACOR » à côté de l'Immeuble de l'Education) ; Wafuana Emery (Commis à la SIMIS) ; Mabi Evariste — oncle du professeur E. Mabi Mulumba — (Commis à la B.C.K.) ; Kashale Grégoire (Commis à la Forminière/Tshikapa) ; Mulumba Emile (Commis à la Merilco)...

Ici, ce que nous relate Mutamba Makombo[191] peut nous édifier :

Le texte 37 reproduit — dit-il — le mémoire présenté en mars 1944 par les évolués de **Luluabourg** au Commissaire de District Gustave SAND, peu après la mutinerie du dimanche 20 février. Le porte-parole fut l'assistant médical **Etienne Ngandu** qui avait fait partie de l'hôpital belge de campagne à Madagascar. Estimant qu'un Noir du Congo belge ne pouvait pas écrire seul ce genre de mémoire, les autorités coloniales accusèrent Etienne Ngandu de complicité avec l'Etranger et le reléguèrent de Luluabourg à Lusambo puis à Lodja ». (Dans ce ''mémoire E. Ngandu avait osé comprendre le comportement des mutins ; ce fut en quelque sorte un plaidoyer).

Le texte 39 — continue Mutamba — est du cru de **Paul Lomami Tshibamba**, Président de la section bibliothèque du Service d'Information du Gouvernement Général à Léopoldville. Celui-ci saisit l'opportunité de la parution de ''la Voix du Congolais '' au début de l'année 1945 pour se livrer à une réflexion sur la stratification de la société coloniale : '' Quelle sera notre place (à nous les évolués) dans le monde de demain ? ''. Après la sortie de cet article, son auteur subit un long interrogatoire afin de citer le Blanc qui l'avait inspiré. En butte aux vexations sans nombre du régime colonial (bastonnade, intimidation, menace d'arrestation), Lomami Tshibamba gagna Brazzaville en décembre 1949 et se mit au service de l'Administration française ». Notons que P. Tshibamba, auteur de Ngando (Contes, 1948), est premier Ecrivain congolais. Et en été de cette même année...

1955 : a lieu la toute première visite de **Baudouin 1er** dans la colonie, acompagné de Mr Pétillon, Gouverneur Général. Rappelons-nous que l'Etat

[191]Cf. Mutamba Makombo, l'Histoire du Zaïre par les texts, in Documents n°s 37 – 41 : Les Aspirations des '' Evolués '' dans l'Après-Guerre (1944 - 1948), o. c. pp. 174 – 180. J'ai connu les deux ''évolués'' ; papa P. Lomami Tshibamba (*Mukwa Tshidimba* et père de nombreux enfants) a été tiré de Brazza par le Gouverneur Mukenge qui a fait de lui son conseiller au lendemain de son investiture, en 1960...

Indépendant du Congo (ex possession personnelle du roi Léopold II depuis 1885 est devenue colonie belge le 18 octobre 1908) et que le domaine africain de la Belgique s'était agrandi, dans la région des Grands Lacs, de ces deux territoires, le Ruanda et l'Urundi, de par mandats lui confiés par la Société des Nations, en 1919.

Notons également que l'accueil enthousiaste que reçut le roi des Belges manifestait une attente. En effet, ce voyage du jeune monarque — du 16 mai, un lundi, au 11 juin 1955 — connut un succès retentissant auprès des Indigènes à cause d'une part, de son physique séduisant : les populations ainsi que les quotidiens apparaissant tant à Léopoldville que dans chaque chef-lieu de province ne se sont-ils pas exclamés « *Buana Kitoko* »[192] et/ou « *Muana Kitoko* » ! Traduisez : "Bel Homme" ; "Bel enfant" ; "Beau chef" ; "Beau Monsieur" !, et surtout parce que ces Congolais avaient vu dans la personne du Roi, non pas le Représentant de la Belgique, mais plutôt leur propre Souverain qui prendrait soin de leur bien-être social et les assisterait dans les difficultés de leur vie quotidienne ; qui ferait tomber les barrières sociales entre Blancs et Noirs[193], d'autre part.

Mais il y eut aussi cette autre cause du succès du voyage du Roi : l'immense espoir qu'il suscita auprès des **Evolués** et l'**élite** congolaise, de voir bientôt là mise en œuvre ou la concrétisation "d'une communauté belgo-congolaise" ; de voir ces Congolais accéder à certains postes de responsabilité. Et comme cette mise en œuvre allait être progressive — les Blancs et les Noirs n'accédant aux postes de commande que "suivant leurs qualités et capacités" et le nombre d'universitaires congolais étant infime — cela remettait « au bas mot à demi-siècle l'accession des Congolais à des postes de direction »[194].

En effet, J. **Van Bilsen**, professeur à l'Institut Universitaire des Territoires d'Outre-mer d'Anvers (formant des Administrateurs…) ira publier, en décembre 1955, un « **PLAN DE TRENTE ANS POUR L'EMANCIPATION DE L'AFRIQUE BELGE** ».

Il aura évoqué « le retard pris par le Congo belge sur les pays voisins sous administration française et anglaise », afin de justifier sa publication — ce qui n'était pas mal en soi… Charles Zorgbibe[195] nous rappelle que Van Bilsen dans son plan qui eut un immense écho et suscita un vif débat en Belgique, avançait trois propositions :

---

[192] "Buana" est un mot swahili, synonyme de mukalenge et/ou mfumu (en Kikongo et Tshiluba), et "Kitoko" un mot Lingala et Kikongo, "tshitoko" en Tshiluba, "muzuri" en Swahili (ou encore '' buimpayi'', "bulengayi" en Tshiluba) ; et dire qu'il n'est pas d'usage de mélanger ou adjancer ainsi des mots de langues différentes, mais pour cette circonstance là, cela fut.

[193] Ici, Cornevin (o. c. p. 234) rapporte ce qu'a dit Ruth Slade cité par Merriam in *Congo : Background of conflict, p. 67.*

[194] Cornevin, ibidem

[195] Cf. ''Géopolitique Africaine'' n° 6 Printemps mai 2OO2 p. 219

— l'indépendance devait être considérée comme le but ultime des rapports de la métropole avec la colonie du Congo, s'il n'était pas utile de fixer immédiatement une date d'accession à la souveraineté ;

— la Belgique devait se consacrer de toute urgence à la formation des cadres congolais, auxquels devraient être transférées les responsabilités ;

— le Congo étant très vaste et ses ethnies très diverses, une structure fédérale devait être envisagée et aménagée.

Ayant pris connaissance de cette publication (version française, en **1956**), la « **Conscience Africaine** » — un groupe d'Instituteurs, de Journalistes et de Commis de l'Administration, créé par l'Abbé Joseph **Malula** (devenu plus tard notre sage et éloquent Archevêque de Kinshasa et Cardinal), animé par un deuxième Joseph (le papa) **Ileo** — rédigera au **30 juin** 1956 un MANIFESTE dans lequel elle refuse *''l'assimilation au colonisateur''* ou *''la fausse identité du colonisé''*, mais admet en gros les étapes du PLAN BILSEN, à condition qu'il soit diligenté et que les Congolais y soient associés.

De sa part, l'Association culturelle « **ABAKO** » (Association des peuples du Bas-Congo) animée par l'Instituteur Joseph **Kasa-Vubu** répliquera, par un « contre-manifeste » qui juge timide le plan Van Bilsen, mais approuve l'objectif final du plan : l'Indépendance, mais voudrait voir cette émancipation effective aujourd'hui même, que de la retarder de trente ans, tout en se ralliant à ses propositions fédéralistes… C'est alors que l'on notera la présence de quelques Congolais au Conseil du Gouvernement, parmi lesquels : **Lumumba** Patrice, Joseph **Kasa-Vubu**, **Pinzi** Arthur, **Luangi** Pascal, **Shikayi** Louis, **Kamba** Eugène etc.

Aussi, cette revendication à caractère politique, va-t-elle donner un signal fort. Le Parti Social Chrétien s'intéressera à ce cas. Il demandera à l'opinion — entendez : l'opinion publique ; la position des partis politiques ; et la position du gouvernement — de *regarder la réalité en face, d'autant plus que ces Indigènes commençaient à « secouer le cocotier »…*

« Secouer le cocotier » — à propos — Mgr Roelens[196], Vicaire Apostolique du Haut-Congo, parlant en son temps de ces ''Evolués'' — plutôt de « *ces demi-savants qui, fiers du pauvre bagage dont leur faible cerveau est garni* » selon ses propres mots — n'avait-il pas ajouté que « *ces pauvres faquins, mécontents de ce que leur prétendu mérite n'est pas reconnu, sont fort exposés à laisser envahir leur esprit par ces idées subversives, d'origine étrangère, qui s'infiltrent dans le pays, où ils peuvent devenir, si on n'y veille, des fauteurs de troubles* » *!…*

En effet, les choses iront même vite ; nous allons le voir…

[196] Mgr Roelens, in « Cœur d'Afrique » n° double 10/11 – février – mars 2004, p. 61

En 1957 : le 16 juin (1957) : des voitures des Européens sont lapidées à Léopoldville, à la suite d'un arbitrage malheureux, au cours d'un match de football ayant mis aux prises Blancs et Noirs. Ici, nous ouvrirons une parenthèse avant d'enchaîner avec nos pages politiques, pour signaler un fait culturel.

Toujours en été de cette même année, huit compatriotes « Scouts du Kasayi » ont pu voir l'Europe (mot qui est traduit par tout Kasïen : *« ku Mputu »* — émanation de « Portugal » et « portugais ». Altérés ces deux mots sont devenus ***Putugal*** et ***putukesh*** tel que les Portugais eux-mêmes prononcent le nom de leur patrie et langue. Et rappelons-nous que les Portugais ont été les premiers Blancs, venus d'Europe, à avoir foulé notre sol).

Ce fut à l'occasion d'un grand Rassemblement des Scouts venus des quatre coins du globe, rassemblement qui s'est tenu en Angleterre à Birmingham[197]. Ce voyage a été à la fois une aubaine, mais aussi une récompense à ces quelques Scouts pour leur attachement et leur loyalisme. Voici les noms de ces huit fortunés : Dibanda Bonyi / Unité Notre – Dame Kananga ; Tshibanda Athanase/Unité Notre – Dame ; Ilunga Jean Hubert (wa Ngondo Etienne) / Unité Notre Dame ; Mutombo Honoré / Unité Notre Dame ; Tshibemba Jean / Unité Notre Dame ; Bakampaka Gérard / Unité St Guillaume B.C.K. ; Kabasele Théo / Unité St. Pierre Mbulungu (à 80 km de Kananga, sur la route Kananga – Tshikapa) ; Mutombo Henri / Unité Notre Dame. Ce fut sous la houlette du Révérend père **''Kabata''** (ainsi avions-nous, Ecoliers et Scouts surnommé le Père Joseph **Jorissen ;** *Kabata* est la déforation de ce dernier du mot « kapata » signifiant la détonation d'un ''explosif '' — en carrière —, car sa gifle qu'il avait l'habitude d'administrer du revers de sa main droite aux Elèves et Scouts était comparée à une détonation).

Le père « Kabata » est l'un des missionnaires Scheutistes (ils ont leur Maison- mère ou administration centrale sur chaussée de Ninove, Bruxelles 7 (1070), Belgïe) qui ont marqué le KASAYI et y sont restés attachés. Il a été Directeur de la célèbre Ecole primaire Notre Dame où l'auteur a évolué (c'est le site actuel des Ateliers pour meubles en bois ; du Centre Mpandilu (chez ma Soeur Muanji) et de l'Ecole primaire (E.P.) Njila Muimpe (qu'encadrent l'ancienne église Notre Dame devenue « la Coordination des Ecoles conventionnées catholiques » (chez le Coordinateur diocésain Sylvain Kasonga Ngandu) et le marché « *Tshinseleka* » en face de l'I.TI.KA). C'est ce prêtre qui introduira le **Scoutisme** à Luluabourg en 1949 et soutiendra d'autres mouvements d'encadrement des jeunes (tels le mouvement des Croisés ; l'Athlétisme ; le Volleyball ; la Gymnastique ; le

[197] Ce fut à l'occasion de la commémoration du 100e Anniversaire de la mort de Baden Powell, le Fondateur du Scoutisme — il s'était inspiré des idées de Kipling (avec des personnages tel ''Mowgli'', ''Bageera'', ''Bâlo'', ''Sher Khan'', etc.).

Football. Concernant cette dernière discipline, « Notre – Dame » fut une pépinière pour les grandes formations de l'époque dont **F. C.** (que nous prononcions « fécé » avec ses célèbres joueurs entre autres le gardien Otumba *alias* ''tshibuikiji'', Kabasele dit ''poudrou'', Mumbalayi Katombe, Kamba Lunde, Kangudie *Table ronde*) ; **Simba ; Standard ; Dynamo ; B.C.K**. ; ''LuFres'' qui deviendra ''Union St Gilloise'' puis '' Union Sportive Tshinkunku''.

Parler « père Kabata » — Aumônier Scout (totem ''Epervier tenace'') — sans parler du **Stade de Kananga** appelé communément **« Stade des Jeunes »,** serait vraiment une ingratitude à l'endroit de « Mumpeere » Kabata ! En effet, ce Stade construit en 1972 est l'œuvre de ce prêtre ; et ''Demba Cité'' comme ''Demba Mission'' est particulièrement marqué par les œuvres du père Jorissen. Nous ajouterons que le vœu du père Kabata, de mourir et d'être inhumé en terre du Kasayi, à Kananga, terre à laquelle il est longtemps resté attaché comme homme de Dieu, comme éducateur, a été exhaussé, et ce, en dépit de la décision de la « Maison Provinciale » (sa hiérarchie, en la personne du Rév. père Marcel **Mestag**) de le rapatrier en Belgique dès le début de sa maladie…

Le père Kabata rendra l'âme le 1er novembre 1995, et plus de ce Stade, il laisse une fabrique de craies scolaires. Après une messe d'action de grâce en la pro-cathédrale St. Clément nous l'avons enterré ici au KASAYI, sa deuxième « partie », à Kananga, au cimetière du clergé, derrière le Grand Séminaire « Theologicum » de Malole. Ajouterai-je encore que j'ai vu ce jour- là, des Noirs, dont moi-même, pleurer un Blanc, lorsqu'il a été entonné le « Ce n'est qu'un au revoir, mes frères… », pendant que le cercueil gagnait le fond du caveau !... Notons également que ce Stade est l'unique tant pour la ville que pour la province, et qui répondrait plus ou moins aux normes… En plus de ce Stade, le père Kabata a laissé une Usine de craies scolaires, à côté de Ste Famille – Katoka / Kapanda.

Un autre Stade, servant d'entraînements, est à Mikalayi, à 36 km de Kananga, l'œuvre d'un autre missionnaire — pour s'occuper, en plus du spirituel, de tout l'homme, de sa santé physique et mentale, de son moral, de son humeur — (l'œuvre d'un autre prêtre) nous avons cité : le père **Feys**, comme si l'émergence de ce secteur n'est réservée qu'au clergé (et clergé expatrié) ! Et l'Etat alors ?... Celui-ci est depuis peu à pied d'œuvre à Matadi pour offrir à cette Ville un Stade. Nous pensons qu'il en sera de même pour d'autres Villes. Et la province ? Et les élus du peuple ? Et les opérateurs économiques ?...

Le « Sport » n'est-il pas devenu présentement une entreprise, une industrie, une affaire, du ''biz'' !... A bon entendeur !… A. Ngoyi Kasanji semble l'avoir compris. Aussi, avant de mettre fin à ce mot sur le père ***Kabata***, irons-nous demander aux autorités urbaines de débaptiser le « Stade des Jeunes » et dédier celui-ci au père *Kabata*, afin d'honorer sa mémoire !... N'a-t-on pas honoré la mémoire du Rév. Père **Raphaël de la Kéthulle** à

Kinshasa ?... Nous fermons la parenthèse. Et revenons sur la scène politique :

Par le décret du 26 mars 1957, le Gouverneur général du Congo belge et du Rwanda-Urundi organise des élections municipales dans les principaux centres urbains.

En décembre (1957) : ont lieu les premières élections communales dans trois Villes du Congo belge et des Indigènes deviennent des Bourgmestres. Nous citons pour **Léopoldville** devenue Kinshasa : Joseph Kasa-Vubu à Dendal (devenue Commune Kasa-Vubu) et Gaston Diomi (à Ngiri-Ngiri) ; pour **Elisabethville** (devenue Lubumbashi), les Communes Ruashi, Albert (devenue Kamalondo), Kenia et Katuba ont eu pour Bourgmestres : Pascal Luangi, Thadée Mukendi, Tshinkula et Musengeshi. A **Jadotville** (devenue Likasi), la Commune de Kikuka a eu Victor Lundula.

En 1958 : En été de cette année (1958) va avoir lieu l'**Exposition Internationale de Bruxelles** mieux connue sous le sigle "EXPO 58" et avec l'*Atomium* comme symbole ou logo, à laquelle sont conviés des centaines de Congolais. Cette manifestation permet aux "Evolués" venus des six provinces dont notre Kasayi — qui, jusque-là ne se connaissaient pas — d'échanger entre eux et même de rencontrer des milieux sociopolitiques belges. Et il semble d'ailleurs que les autorités belges aient envisagé d'un œil favorable, la constitution d'un grand parti national du Congo qui ferait pièce à l'**ABAKO** qui semblait développer en son sein un virus nationaliste et incarner ainsi une force politique…

Mais une déclaration faite le 28 août 1958 à Brazzaville (cette cité presque jumelle de Léopoldville, de l'autre côté du Stanley pool) par **le Général** Charles **de Gaulle**, viendra troubler les attentes de l'élite congolaise. Elle fut faite en ces termes :

« *L'indépendance, quiconque la voudra pourra la prendre aussitôt. La France ne s'y opposera pas* ». Ce fut lors de la campagne pour la "communauté franco-africaine"…

Et par rapport à cette déclaration, cette élite congolaise s'interrogera : **« Mais là-dessus, quelle est la position de la Belgique ? »…** Le temps que cette question reste pendante, l'action de ces élites est menée ouvertement au sein des organisations politiques congolaises dont le Parti du Peuple (de Nguvulu). Mais le M.N.C. (Mouvement National congolais) ira se démarquer et s'affirmera comme un regroupement supra-ethnique : des personnalités telles **P. Lumumba**, **Joseph Ileo**, **Cyrille Adoula, Albert Kalonji**, **Joseph Ngalula** et autres **Makoso** en seront (les) animateurs de la première heure…

Nous sommes encore en 1958 : nous retiendrons qu'en application du Décret du 26 mars 1957, relatif à l'organisation des Villes, **LULUABOURG** est élevée au rang de Ville, par ordonnance n°12/357 du 06 septembre 1958. Et cette même ordonnance conférait le statut de Ville également aux agglomérations et/ou chefs-lieux de province ci-après : **BUKAVU** (ancien Costermansville) ; **COQUILHATVILLE** (devenue Mbandaka) ; et **STANLEYVILLE** (devenue Kisangani) ; et ce, à partir du 1er janvier 1959. Ci-dessous, le texte de cette ordonnance in extenso :

Pour le Gouverneur Général
Le Vice-gouverneur Général,
Vu la loi sur le Gouvernement du Congo-Belge,
Vu l'Arrêté du Régent du 1er Juillet 1947 suivant l'organisation administrative de la Colonie, spécialement en son Article 11,
Vu spécialement en son Article 1, le Décret du 26 mars 1957 sur l'organisation des Villes,
Ordonne
Article unique :
Les agglomérations de BUKAVU, COQUILHATVILLE, ***LULUABOURG*** *et STANLEYVILLE, sont constituées en Villes à partir du 1er janvier 1959.*

Léopoldville, le 6 septembre 1958.
SCHOLLER.

Toujours en 1958, en exécution du Décret du 26 Mars 1957 relatif à l'organisation des Villes, l'Arrêté du Gouverneur de province du Kasayi n° 111/216 du 25 septembre 1958, affecte Mr J. MERCKX à la Ville de LULUABOURG. Parmi les derniers Administrateurs de Territoire de LULUABOURG (Territoire ayant son Siège au sein de l'agglomération qui vient d'être élevée au rang de Ville), nous avons : Mr HENTGEN, assisté de M.M. GUILLAUME et Jean GOFFARD (l'auteur, pour avoir habité alors jeune du Quartier à Kele-Kele sur l'Avenue Albertville, non-loin de la résidence de Mr GOFFARD dans Katoka "Urbain" — Cf. site du Siège communal de Katoka présentement — a été témoin de plusieurs va-et-vient qu'effectuait Mr. GOFFARD).

Le 09 octobre 1958, le Commissaire Provincial,[198] Mr CLERIN, signe pour le Gouverneur de province, l'arrêté n° 111/228 créant trois COMMUNES et une ZONE- ANNEXE.

En voici les noms :

1. la Commune de LULUABOURG ;
2. la Commune de la NDESHA ;
3. la Commune de la NZANGA, et la Zone annexe de Tshikaji.

Les élections communales seront organisées en décembre 1958, et les lauréats ci-dessous seront portés à la tête de ces Communes :

[198] Commissaire Provincial : il avait rang de vice-gouverneur de province.

- SIBENALER Guy : Bourgmestre de la Commune de Luluabourg (1958-1960) ;
- NZUJI Henri : Bourgmestre de la Commune de Ndesha (1958-1960) ;
- TSHIMBI Adolph : Bourgmestre de la Commune de Nganza (1958-1960).

Notons qu'avant les « Communes », ces entités avaient respectivement le statut de « Centre Urbain » de Luluabourg ; « Centre-Extra-Coutumier de Ndesha » ; et « Centre-Extra-Coutumier de Tshimbi ». Si les lauréats ci-dessus sont devenus « Bourgmestres », ce fut par la voie des urnes — élections communales nous l'avons vu — par contre, les chefs de Centre avaient été désignés.

Et toujours à propos de ces élections communales qui eurent lieu en décembre 1958, l'on notera que ce fut à la fois « une première » et « un événement ». En effet, c'est lors de la campagne ayant précédé celles-ci que l'on entendit parler vivement « tendances » et/ou « clivages »... Alors une démarcation se traça entre les deux clans frères (Lulua et Baluba), sous l'œil et par une main obscure — entendez l'Administration — que chaque fraction chargera de ses allégations. Nous y reviendrons plus loin, mais... faisons un pas en arrière pour trouver ceux qui ont dirigé les « Centres-Extra-Coutumiers » :

1) C.E.C. de Ndesha : Il y a eu :

— d'abord (« Chef ») Kanda Isaac (communément appelé, question de phonétique ou accent : « Kandîzaka ») : chef de Centre de 1948 à 1951, un Muluba ; puis l'on a eu...

— (« chef ») Katambu Joseph, un Kanioka : chef de Centre de 1951 à 1953 ; curieusement, il lui sera adjoint un Lulua, Kabasele Gustave, présenté par l'Association Lulua-Frères ; ensuite vint...

— (« chef ») Beya Barthélémy,[199] un Muluba, de 1954-1957.

2) C.E.C. de Tshimbi : Celui-ci, créé bien après celui de Ndesha, eut pour chefs :

— (« chef ») Tshimbi Adolph, un Muluba, chef de Centre de 1956 à 1957 ; suivi de

[199] Beya comme Katambu, l'auteur a eu à les connaître : Beya parce qu'ayant résidé dans une maison « Fonds d'Avance » à Kele kele — même Quartier que nous — non loin de notre ISP-Kananga et le complexe scolaire Lycée de Kele Kele ; et Katambu parce que nous avons régulièrement emprunté, pour nous rendre à notre Ecole primaire Notre Dame « Basongo », l'itinéraire nous faisant passer devant son habitation, une maison Fonds d'Avance également). Celle-ci se situait au coin des Avenues Roi Baudouin (présentement Avenue de la Révolution) et Mweka — habitation que nous pouvons indiquer, parce qu'encore là.

— (« chef ») Kambala Modeste (qui deviendra « Kambala ka Mudimbi » de triste mémoire), un Lulua : chef de Centre de 1957 à 1958. Il aura été présenté — lorsque le mandat de Mr. Tshimbi prit fin — par B. Mukenge alors Président de l'Association Lulua-Frères, après consultation improvisée par Mr. Jean Goffard, A.T.A.[200] chargé des Centres-Extra-Coutumiers — Sources : Jean Katompua, père de l'auteur ; Mukenge Shabantu, o. c. p. 6 ; Bakajika Ntumba, o. c. pp. 103-106 et 118 plus nos analyses. Et ces sources sont concordantes sauf que Kanda Isaac n'a pas dirigé le C.E.C. de Tshimbi, selon les notables J. Katompua, Bakajika'a Tshituka Pierre et Léonard Bakadipanda. Vous comprenez alors — entre parenthèses — que l'Administration savait souffler au froid et au chaud… Tirait-elle à la ficelle ou jouait-elle au catalyseur ?... l'un et l'autre !...

Nous revenons à la Ville pour signaler que l'Arrêté n°111/301 du 29 décembre 1958 du Gouverneur de province, désigne Mr. MERCKX aux fonctions de Premier Bourgmestre de la Ville de Luluabourg.

Et en cette même fin d'année **1958**, l'on verra trois personnalités politiques congolaises, notamment P.**Lumumba**, J.**Ngalula** et G.**Diomi**, prendre part aux assises de la **Conférence Panafricaine** qui s'ouvre à Accra, au Ghana, du 5 au 13 décembre 1958.

Là, **Sékou Touré** de la Guinée (pas « Bissau », mais « Conakry ») et **Kwame N'krumah** du Ghana — grands leaders panafricanistes — les entretiendront de « la solidarité des peuples africains », et « L'accession des colonies africaines à l'indépendance avant 1960 » en a été la principale résolution… Nous sommes au seuil de l'année 1959.

1959 est l'année où les Indigènes osent braver, pour la quatrième fois, l'Administration coloniale. La 1ère fois, ce fut lors de la « Révolte (dite) des Batetela » qui eut lieu à Luluabourg en juillet 1895 ; la 2e : lors de la Révolte de Mukalamushi, toujours à Luluabourg, en février 1944 ; et la 3e : lors du match de football ayant opposé une équipe belge et une équipe congolaise, le 16 juin 1957 à Léopoldville (nous l'avons dit plus haut). En évoquant ces trois dates, cela ne veut pas dire que nous avons banalisé les négations qu'ont affichées « les générations qui nous ont précédé » — réactions « au démolissement psychique de notre peuple », selon les propres termes de Mabika Kalanda[201] — telles :

— l'insoumission des Kalamba entre 1891 et 1907 ;

— l'insoumission de Kasongo Nyembo de 1906 à 1917 ;

— l'insoumission de Simon Kimbangu à Nkamba, dans le Bas-Congo en 1921 ;

---

[200] A.T.A : Administrateur de Territoire Assistant.

[201] Mabika K., la Remise en Question, une Conférence au Zoo à Kinshasa, avril 1968, pp.9à10 et 16.

— la révolte des Pende (au village Kilamba, dans le Kwango en 1931). Ici il fut documenté : le refus de payer l'impôt ; l'intervention armée du préposé colonial Belge (Maximilien Balot) ; l'assassinat de celui-ci et la descente punitive des forces de l'ordre au cours de laquelle périrent 400 villageois — cf. D.Van Reybrouck, Congo Une Histoire, p. 255, qui a cité Perrings, C., Black Mineworks in Central Africa, Londres, 1979) ;

— la grève des travailleurs qui eut lieu au Siège de l'Union Minière[202] à Elisabethville en 1941. (Perrings, C., Black Mineworks in Central Africa..., Londres, 1979, cité par Van Reybrouck, Congo Une Histoire, p. 255 donne le nom du contre-maître **Mpoyi Léonard** qui est tombé avant les 60 travailleurs et il y eut 100 blessés — le Gouverneur Amour Maron avait la province en mains)... Le tout rentre dans le lot de divergences de vue et/ou comportement qui a fait que les deux Communautés — colonisateurs belges et colonisés congolais — en soient arrivées là, à cette **date : le '' 4 janvier 59 ''.**

2. Faits saillants de l'année 1959

2.1. Les émeutes du 4 janvier 1959

Qu'en était-il au juste ? Pour votre information, tenez :

« La haine viscérale qu'affichent les colons face à tout ce qui a trait aux Indigènes, et leur comportement agressif à l'endroit des Noirs va amener ces derniers au mépris[203] ... Oui, à peine a-t-on entamé l'année (19)59, la colonie bouge !... Cette colonie qui passait pour le ventre mou de l'Afrique — le Congo belge, cité pourtant en exemple — où le Belge se targuait d'avoir réussi à s'imposer !... Oui... La somme des vexations et des rancunes cumulées, poussent le Congolais à sortir de ses gongs et à briser le carcan qui l'en gangue de toute part » [204].

« Oui, la Colonie bouge !... les diverses Associations congolaises dont L'ABAKO et '' l'Association Lulua Frères '' et autres, ainsi que les partis politiques qui voient le jour — avec le MNC de P. Lumumba comme fer de lance — sont à l'œuvre. Ils attaquent le mal à sa racine et démontre aux masses d'où vient réellement le mal ; ce fut un travail de lobbying... »

Nous ouvrons ici une parenthèse pour dire un mot sur les deux Associations :

[202] André Corneille, « le Syndicalisme au Katanga », Elisabethville, 1945, pp. 44-45, cité par R. Cornevin, o. c. p. 147. parle de 60 morts, suite à la fusillade de la Force Publique.
[203] Cf. « Cœurd'Afrique » N° double de février-mars 2004, p. 51
[204] Ibid

1) **Abako** (« Association des Bakongo » pour la défense de la langue kongo), créée en 1950 par Edmond Nzeza Landu. Elle regroupe les ressortissants kongophones et particulièrement ceux des Districts du Bas-Congo, Kwilu et Kwango ainsi que ceux de la province de Léopoldville. Joseph Kasa-Vubu en est président depuis 1954, et en décembre 1957, lors de son installation comme Bourgmestre, l'Association prendra une connotation politique.

2) **Association « Lulua-Frères »** : Deux années après la naissance de l'ABAKO, une autre Association culturelle, en gestation depuis 1951, verra le jour dans le Kasaï, à Luluabourg : « l'Association Lulua-Frères ».

Ci-dessous, deux textes relatifs à la création de cette Association :

Luebo, le 28 juillet 1952.
Monsieur le Président,
J'ai l'honneur de vous accuser réception de votre lettre du 3 juillet 1952.
Veillez trouver en annexe l'autorisation demandée.
Agréez, Monsieur, l'assurance de ma considération distinguée.

Le Commissaire de District,
P. PIERROT

Le Commissaire de District du Kasaï,

Vu la loi sur le Gouvernement du Congo belge ;
Vu l'Arrêté du 1er juillet 1947 sur l'organisation administrative de la Colonie ;
Vu l'ordonnance N° 14 du 11 février 1926 ;
Vu la demande introduite par le Comité de l'Association « Lulua-Frères », en date du 3 juillet 1952, par l'intermédiaire de l'Administrateur de Territoire de Luluabourg ;
AUTORISE :
La création à Luluabourg de l'Association « Lulua-Frères ».

Luebo, le 28 juillet 1952.
Le Commissaire de District,
P. PIERROT

Nous fermons la parenthèse pour revenir au **4 janvier 1959...**

L'on notera que ceux qui avaient écouté les propos du Général de Gaulle n'étaient pas des sourds. Encore moins ceux qui, une semaine avant le **4 janvier 1959** avaient été nourris des résolutions ayant sanctionné la Conférence d'Accra (1958). Et comme ces résolutions que leur avaient restituées Patrice Lumumba, Gaston Djomi et Joseph Ngalula préconisaient l'accession à l'indépendance des pays africains colonisés, les esprits étaient préparés…, et l'on ignorait le temps s'écoulant entre la mèche allumée et la détonation...

Oui, il ya eu cette somme des vexations et rancunes !... Mais la goutte qui a fait déborder le vase, c'est l'interdiction, par l'Administration coloniale, de la tenue — dans la Commune de Kalamu (une Commune de Léopoldville très populaire et jusqu'à ce jour d'ailleurs), chez Arthur Pinzi, Bourgmestre d'alors — d'une grande réunion de l'Abako, retenue pour le 4 janvier 1959. L'histoire révèle à propos quelques noms ci-après comme acteurs et grands témoins :

— **Côté belge** : Mr. Cornelis (Gouverneur Général qui, malgré l'avis du Général Yansens, passa outre : « *les troupes blanches devaient rassurer les Européens chez qui régnait une nervosité* » — avait-il indiqué, mais ne sachant pas qu'il allait être le dernier Gouverneur général comme il en sera le cas avec les autres) ; Jean Tordeur (Premier Bourgmestre) ; Edmond Maertens (Commandant de la Ville) ; Robert Vanlaetem (Adjudant en chef) ; Georges Lafontaine (Procureur du Roi) ; Emile Yansens (Général, Commandant en chef de la Force Publique, il demanda à Thysville de venir en renfort) ; R.Gheysen (Colonel, Commandant des Forces Métropolitaines basées à Kamina dont un contingent débarqua à Ndjili le 5 janvier à 18h 00) ;

— **Côté Indigènes** : Arthur Pinzi (Bourgmestre de Kalamu) ; Daniel Kanza, Joseph Kasa Vubu et Vital Moanda (trois leaders Abako)…

Qu'a-t-on retenu ? : ''Ici et là : un Belge est pris en otage ; quelques Blancs sont malmenés au pont Cabu ; les commissaires de police sont hués et accueillis par une pluie de pierres ; des véhicules de la Police sont mis à sac et feu ; le fascinant Quartier "Foncobel" (actuel "Mariano") avec tous ses biens inaccessibles aux Indigènes est pris d'assaut et pillé ; les prisonniers à Ndolo se rebellent ; le Commissariat de Ngiri-Ngiri est saccagé ; le Marché Central brûlé…

Voici la relecture des faits :

En ce dimanche du **4 janvier 1959,** des préparatifs sont en cours pour la réception annuelle du Nouvel An dans le jardin de la résidence du Gouverneur général, nous dit D. Van Reybrouck, o. c. p. 321… Mais, « lorsque Joseph Kasa-Vubu, Président de l'Abako annoncera aux militants Abako amassés devant la Salle '' YMCA '' de la Commune de Kalamu, que la réunion qui allait s'y tenir à 14 h 00 était reportée à plus tard (le Premier Bourgmestre de la Ville de Léopoldville) étant revenu — à 11 h 00 — sur son autorisation), cela avait suffi pour servir de détonation,

Oui, ces grappes humaines qui s'étaient agglutinées sur les lieux du meeting, attroupements devenus comme pétrifiés, resteront en place ; et comme n'ayant pas obéi à l'ordre donné par la Police, celle-ci usera de la force. … Alors la foule de son côté se déchaînera ; elle sera gonflée par celle venue du Stade Tata Raphaël, mécontente elle, de la défaite de V.Club (ayant perdu devant Mikado)... Ensemble, maugréant, protestant, ils clamaient haut et fort : "Kimpwanza !», "Lipanda !", "Dipanda !" (= déformation de « Indépendance » !)...

Ces masses d'Indigènes, des milliers et milliers de Noirs, sortiront de leurs cités pour envahir les rues et briser ainsi le mythe de la cohabitation "pacifique" Blanc et Noir, qui d'ailleurs était une illusion du calme — Cœur d'Afrique (o. c. p. 53) parlera d' '' une véritable insurrection '' ou « la dimension exacte du **ras le bol** du ressentiment des Congolais » et il continue en disant que les émeutiers sortent de toutes parts en vociférant ; ils sont décidés à ne faire de ceux qui les ont tenus en laisse depuis des décennies qu'une bouchée. En dépit des sommations, ces assaillants — une véritable marée humaine — progressent imperturbablement vers le Centre-ville... Pour disperser la racaille, l'ordre est donné d'ouvrir le feu sur la foule... Cette action et l'application du "PLAN TROUBLE" donnent un bilan lourd :

— **côté humain** : les chiffres parlent de 42 morts tous des Indigènes, et de 250 blessés[205], (Van Reybrouck écrira dans ses pages 324 et 325 que ''l'armée — les services de police avaient des effectifs très réduits, seulement 1380 agents pour une population de quatre cent mille habitants, et il n'y avait pas de gendarmerie) — entre en action, d'abord avec du gaz lacrymogène, puis avec l'artillerie lourde. Les manifestants tombent en masse. Cela revenait à tuer une mouche avec un marteau de forgeron, comprit-on par la suite. Le bilan est insupportable : 47 morts et 241 blessés du côté congolais, du moins d'après les chiffres officiels. Les témoins oculaires parlent de deux cents, peut-être même trois cents morts'') ;

— **côté matériels** : dégâts importants surtout à Foncobel chez les commerçants portugais ;

— **côté arsenal** : plus de mille cartouches (7,65 et 9 mm confondues) et 257 grenades offensives fusantes utilisées ».

L'on ajouterait aussi à ce bilan ce que l'on appela '' *le défaut de la cuirasse* '' : en effet, cette réticence qui s'est fait remarquer dans le chef de quelques-uns des subordonnés à ouvrir le feu devant leurs frères, a fait tiquer les officiers blancs qui se demanderont si '' leur '' Force Publique, qui avait la réputation **d'obéir au doigt** et à **l'œil**, avait en quelque sorte favorisé le dérapage ?... Dieu merci, car ce dérapage a justement freiné le carnage...

La raison du comportement de ces Indigènes sous le drapeau n'avait-elle pas comme loge : **leur conscience ?** En effet, « la mort dans l'âme fera comprendre à ces éléments, que leurs frères n'étaient pas des bêtes de

---

[205] R. Cornevin, Histoire du Congo-Belge, T.1, Ed. Bieleved, Bruxelles, 1954, p. 243

somme, et que les réalités qui étaient les leurs étaient aussi celles que vivaient ces frères dans leur chair ! » — **Source**[206].

Si cette génération présente pouvait assimiler cette leçon et l'appliquer ; cette leçon barrerait le chemin à ceux qui ne cherchent qu'à diviser pour régner, à ceux qui commanditent la balkanisation en utilisant les frères contre leurs frères !...

Albert Nyembwe[207] — en rapport avec ce qui vient d'être relaté sur **"les événements du 4 janvier 1959"** — nous fera savoir ceci : « Diverses autres manœuvres de division de la part de l'Administration provinciale de **Luluabourg** avaient été enregistrées... Un cas : En février 1959, une réunion se tiendra au Bar "Flamingo" dans le Quartier **Kele Kele** — l'auteur revoit encore le site où fut ce bar sur l'Avenue Léopoldville, dans le coin Sud-ouest de l'ancien Stade de Luluabourg devenu Marché ''Nkashama'', non loin de l'ex-église Notre-Dame (l'actuelle Coordination) — réunion sous la présidence de Mr. Westoff, Conseiller juridique du Gouverneur de province.

Y prirent part :

MM. - Westoff, Conseiller juridique du Gouverneur ;

- Henniquiau, colonel et Commandant du 8e Bataillon ;
- Lux, chercheur à l'IRSAC
- Zilberman, Directeur des Etablissements ''Amato-Frères'' (cf. site ex-Moulins Amato en face de la localité dite *Batetela* ainsi que l'actuel bâtiment "Beltexco" sur l'Avenue de la Concorde, non loin de la Gare, qui abritait la Direction ''Amato-Frères'') ;
- Lambert, Gérant de la Banque belge d'Afrique (cf. le site qui jusqu'il n'y a pas longtemps, avait abrité la Banque du Peuple, au coin du Bd Lumumba et l'Avenue De Macar, en face de la BCDC, et qu'occupent des Indiens) ;
- Kalonji Albert, Président provincial du MNC ;
- Nyembwe Albert, commis à la Cophaco[208] ;
- Kabangi Aloïs, commis à l'Administration provinciale ;
- Manono Dominique, idem
- Mudingayi Sylvestre, Commis à la Banque du Congo belge ».

A. Nyembwe nous signale que les invitations, du moins pour les Congolais, n'indiquaient ni l'objet de la réunion, ni en quelle qualité il leur était demandé d'y prendre part. Le lecteur retiendra toutefois que Albert

---

[206] Les rapports secrets de la Sûreté Congolaise (archives) Tome I, par le Colonel Vandewalle et Jacques Brassines, in Cœur d'Afrique n° double 10-11/Février-Mars 2004, p. 53.

[207] A. Nyembwe, N'embrassez pas la haine, o. c. pp.48-50.

[208] Cophaco : Compagnie pharmaceutique du Congo (cf. le bâtiment qu'occupe présentement le Magasin Roffe Congo).

Kalonji, Albert Nyembwe et Sylvestre Mudingayi sont "Baluba" ; que Aloïs Kabangi, Dominique Manono sont Basonge. A. Nyembwe ajoutera que l'ordre du jour dont ils ne prendront connaissance qu'à l'ouverture de la séance ne fut pas moins surprenant : il s'agissait de liguer les populations du KASAYI, contre les Bakongo.

En outre, A. Nyembwe se demande « comment dans un court exposé, Mr. Westof peut-il rejeter toute la responsabilité de ces événements du **4 janvier** sur les Bakongo !... Aussi, un silence un peu prolongé s'en était-il suivi et A. Nyembwe s'inquiétera de voir que, rien n'indiquait que cette réunion ne fût pas aussi un piège tendu aux ''Baluba'' qui luttaient contre la division de leur peuple...

Ayant alors pris la parole, A. Nyembwe fera comprendre que les événements sanglants survenus le **4 janvier 1959** à Léopoldville leur sont parvenus par la radio, la presse et par les passagers. Et que chacun les ayant commentés à sa manière, ils ont été placés devant des contradictions ; ce qui ne leur a pas permi d'y voir clair. Il ajoutera que seule la vérité qui reste à connaître déterminera la position qu'ils seront appelés à prendre. Néanmoins, ils sont convaincus que rien jusqu'à présent, ne prouve que la réunion que devait tenir l'Association « Abako » (Association des Bakongo) eût été programmée dans le but de préparer un soulèvement et, encore moins, que les auteurs de l'incendie ainsi que les victimes de ces événements eussent été tous Bakongo.

Le lieu où allait se tenir le meeting et son périmètre devaient avoir attiré des ressortissants de différentes provinces, dont certains furent victimes de la fusillade de la part des éléments de la Force Publique[209] ».

Continuant son intervention A. Nyembwe dira :

« pour nous les Kasaïens, ceux que l'on appelle Bakongo, Bangala, etc. sont communément appelés ici — au Kasayi — « Bena Mayi » (entendons : des personnes familières avec l'eau ; qui connaissent bien l'eau. Cela veut dire que la pêche et la nage ne sont pas un problème pour ces autres frères du Congo, depuis leur jeune âge). L'on ignore ainsi qui est réellement Mukongo ou Mungala et qui ne l'est pas ; il en est de même des ressortissants des colonies françaises et britaniques, qui sont appelés ici soit "Nshingangadi"[210] (du sénégalais), soit "Bawuza" (de Haousa) ; et que le problème du **4 janvier** nous est très complexe si l'on ne nous parle que de Bakongo, [...] »...

Mr Westof n'ayant pas donné les éclaircissements demandés, la séance fut levée »...

---

[209] Cf. A. Nyembwe, o. c. p. 50.

[210]A Kinshasa l'on dira : « Dingali »

"**4 janvier 1959**"... Bien que cette opération prit fin le samedi 10 janvier (la Police avait continué le ratissage jusqu'au 19), il fut pris acte de la fermeté et (de) la farouche détermination du peuple congolais. Celui-ci avait osé ce jour-là affronter l'Administration coloniale !... Et les annales de l'Histoire du pays venaient de s'enrichir du recueil ci-dessus.

R. Cornevin dira que *« c'est le heurt le plus violent qui se soit jamais produit entre les deux communautés* — entendez Européens et Indigènes (Congolais)[211]... Aussi...

le **4 janvier 1959** est-il aujourd'hui célébré "Journée des **Martyrs de l'Indépendance"** ».

En outre, bien que l'ABAKO ait été poursuivie et ses dirigeants emprisonnés, la gageure venait d'être gagnée... Et pourtant, cela aurait pu être évité (comme le cas présent dit ''**phénomène Kamuina**'' qui charrie derrière lui des conséquences multisectorielles déplorables en rapport avec : santé ; sécurité ; scolarisation ; production agricole ; économie ; transport ; emploi ; enrôlement, etc.), car un groupe d'études[212] avait laissé entrevoir comme signaux forts entre autres :

— les malaises sociaux : la difficulté des contacts humains entre Blancs et Indigènes ; la migration irrégulière de la population rurale vers les villes qui a généré le surpeuplement des banlieues, le manque d'hygiène, le chômage, l'influence des syndicats ;

— les causes politiques et administratives : l'inefficience de l'Administration ; diversité des mouvements nationalistes ; frictions religieuses ; insuffisance de l'information et de la presse...

2.2. Message du roi Baudouin

Le message du souverain Belge donné depuis la métropole le 13 janvier 1959 et radio diffusée par Léopoldville, annonçait ce qui suit :

> « Mes chers compatriotes de Belgique et du Congo,
> Répondant à une longue attente, le Gouvernement de Bruxelles annoncera aujourd'hui devant le Parlement un programme de Réformes qui ouvrira une étape décisive pour les destinées de nos populations africaines. Je crois devoir à la mémoire de mes illustres prédécesseurs, fondateur et consolidateurs de notre œuvre en Afrique, d'en porter moi-même à votre connaissance le caractère et l'esprit.
> Le but de notre présence sur le continent noir a été défini par Léopold II : ouvrir à la civilisation européenne ces pays attardés ; appeler leurs

[211] Cf. Cornevin, o. c. p. 243

[212] Une commission parlementaire d'enquête (arrivée au Congo à partir du 20 octobre 1958) avait consulté plus de 400 personnalités (212 Africains et 250 Européens) lors de sa tournée à travers les six chefs-lieux de province.

populations à l'émancipation, à la liberté et au progrès, après les avoir arrachées à l'esclavage, aux maladies et à la misère.
Continuant ces nobles visées, **notre ferme résolution est aujourd'hui de conduire, sans atermoiements funestes, mais sans précipitation inconsidérée, les populations congolaises à l'indépendance ; dans la prospérité et la paix.**
Dans un monde civilisé, l'indépendance est un statut qui réunit et garantit la liberté, l'ordre, le progrès. Si nous n'hésitons pas à approuver les aspirations de nos frères noirs, nous ne pouvons pas cependant laisser oublier que, par 80 années de services et d'efforts, **la Belgique a acquis des droits incontestables à leur sympathie et leur coopération loyale.**
A cet égard, une large décentralisation conjuguée avec une extension rapide du système électoral et l'abandon de toute discrimination entre Noirs et Blancs, permettra de hâter et de diversifier l'épanouissement des régions, selon leurs particularités géographiques, culturelles, raciales, ainsi que leur développement économique ».

Le mot « ***indépendance*** » prononcé par le Roi, a été à même de déclencher l'accalmie et des comportements conséquents… Arthur Gilson, ministre belge de la Défense '' a peiné tout le week-end du Nouvel An, sur le texte d'une déclaration du gouvernement qui constituera les fondements d'une nouvelle politique coloniale, lors de son entrevue afin d'avoir un éclairage à props, avec J. Van Bilsen, l'homme du ''Plan de 30 ans''. Jean Cordy chef de cabinet du Gouverneur général, en voyage à Bruxelles, comme Van Bilsen, avait souhaité et insisté (sur recommandation du Gouverneur) pour que ce mot fût inclus dans cette déclaration gouvernementale.

Par la suite, il naîtra plusieurs partis politiques à forte connotation tribalo-ethnique dont ATCAR (Association des Tshokwe du Congo, Angola et Rhodésie)[213] ; **BALUBAKAT** (de J. Sendwe), au Nord Katanga ; PSA (Parti Solidaire Africain d'Antoine Gizenga, au Kwilu) ; CEREA (Centre du Regroupement Africain, dans le Kivu. A l'Equateur l'on aura **l'Union des Mongo,** et la **Conakat** (Confédération des Associations du Katanga) naîtra à Elisabethville[214] alors qu'au KASAYI nous aurons deux formations : **l'Union Congolaise** de (Kitenge Gabriel) à laquelle adhèreront les **Lulua,** ainsi que le **M.N.C.**[215]. ces acronymes comptant parfois plus de lettres que de membres. Et dire que cette mosaïque de regroupements et groupuscules si pas créée et voulue — acronymes comptant parfois plus de lettres que des membres — était saluée et même encouragée par des « labos » dans la Métropole afin de s'approprier la situation ! En effet, les

---

[213] Ceux-ci sont également en Angola et en Zambie (ex Rhodésie)
[214] Les leaders CONAKAT sont tous notables Balunda et ou Bayeke : cf. Moise Tshiombe, Godefroid Munongo et autres…
[215] En juillet 1959, l'aile Kalonji — dissidente — regroupera les **Baluba** au sein du MNC/Kalonji

faiseurs des rois savaient très bien que les Indigènes — dans cette impréparation (à ces nouvelles charges) — n'iront que symboliquement prendre les commandes en mains !... N'avons-nous pas entendu plus tard ce "mécanisme" « donner de la main droite pour reprendre avec la main gauche » ou encore cette (autre) équation : « avant l'indépendance = après l'indépendance » [216] ! En effet, la Métropole savait qu'elle resterait associée tant **au Pouvoir** (des hauts fonctionnaires belges deviendraient des conseillers) ; **à l'Armée** (des officiers belges garderaient les commandements) qu'à **l'Economie et Finances** (ici les grandes entreprises et les Banques continueraient à fonctionner avec le statut de droit belge)…

C'est ainsi que des ''laboratoires'' qui ne devaient pas avoir apprécié la volonté exprimée par le jeune monarque iront réussir à séparer **Ileo** et **Kalonji** de **Lumumba** ; d'où deux M.N.C. (un MNC aile Kalonji et un MNC aile Lumumba ; ces deux derniers leaders étant pourtant deux frères, fils de ce KASAYI, bien que Lumumba eût à évoluer longtemps à Stanleyville, en dehors du KASAYI)...

Et deux mois plus tard, Kasa-Vubu, Kanza et Nzenza — trois des derniers prisonniers « ABAKO » — seront isolés des leurs, en Belgique, pour ne revenir au Congo que le 13 mai 1959 ; et l'ABAKO dissoute, ses leaders n'ont pu être présents au Congrès des partis politiques (huit) qui s'est tenu **à Luluabourg** du 7 au 12 avril 1959 — (le Cercle « Lulua-Frères » en offrit le cadre).

Le 24 juin 1959, les leaders de divers partis politiques reçus en audience collective par le ministre Maurits Van **Hemelrijik** revendiquent :

- la garantie des libertés publiques et individuelles telles que prévues par les Nations-Unies ;
- l'institution des commissions pour superviser les prochaines élections (au suffrage universel) ;
- la fixation d'un calendrier[217] pour l'indépendance.

Mais l'on apprendra que l'Abako ne désarme pas[218]. Aussi, voulant faire cavalier seul, elle souhaite obtenir l'indépendance avant les autres. Avec ses

---

[216] Cette équation que posa le Général Yanssens sur un tableau noir devant les sous-officiers en date du 5 juillet 1960 au Camp militaire devenu Camp Kokolo.

[217] **Ce calendrier** prévoyait : • des élections provinciales en mars 1960
• en juin : des élections générales (échelle nationale) ; réunion d'un parlement et formation d'un gouvernement provisoire ;
• au 1er décembre un référendum pour adoption de la Constitution ; dissolution du parlement et fin du gouvernement provisoire.
• en janvier 1961 : élections générales (sur échelle nationale) ; réunion du parlement et formation d'un gouvernement responsable.

[218] L'Abako jusqu'alors mouvement essentiellement urbain, s'étendra dans les campagnes, grâce au refoulement des sans travail, effectué par l'Administration après les émeutes de janvier 1959 et en partie grâce à la structure clandestine du Kimbaguisme. (Cornvin, o. c. p. 246)

tendances séparatistes elle ferait de la région de Léopoldville et du pays des Bakongo un Etat autonome : "République du Kongo Central avec Léopoldville comme capitale — in lettre Abako du 21 juin et l'interview de Kasa-Vubu à l'Agence France Presse en date du 23 juin 1959[219]... L'on notera toutefois que :

1) Bien que le gouvernement belge ne pût envisager favorablement un tel projet — c'est la réponse du ministre Van Hemelrijik le **25 juin** — au Kasayi cependant, certains colons persuaderont les Baluba à durcir leur position, à cause de leur forte présence numérique ou leur poids démographique dans la ville de **Luluabourg** et son hinterland. Tandis que d'autres apprécieront, comme les Lulua — qui craignaient voir être dominés par leurs frères Baluba dans le Congo indépendant de demain — que le moment était venu pour que les « immigrés »[220] rentrent à « **Bakwanga** *ba Muela wa Yombo* »... (cf. conflit Lulua Baluba plus haut).

2) A Stanleyville, la clôture du congrès MNC qu'a présidé Lumumba du 23 au 29 octobre, se solde par des émeutes qui ont fait une vingtaine de morts et une centaine de blessés... Lumumba est en prison depuis le 1er novembre ; des Européens sont molestés et leurs voitures lapidées. La situation à travers le pays devient de plus en plus tendue et la Force Publique a du mal à maintenir l'ordre...

3) Les partis politiques belges ne s'accordent pas sur l'action à entreprendre. De nombreux coloniaux croient qu'une descente du **Roi Baudouin** — qui avait marqué de sa popularité les masses congolaises lors de sa première visite en 1955 — ferait l'affaire ; d'autant plus que l'opinion était nourrie de l'idée que c'étaient les chefs de l'Administration belge au Congo, qui contrecarraient la politique d'émancipation voulue par le Roi.

Lorsque le monarque débarquera alors à Stanleyville de **16 décembre 1959**, en compagnie de Mr. August **De Schrijver**, la foule avec enthousiasme ira scander : « Vive le Roi » ! ; « Vive Baudouin !»; « Vive Indipanda » (entendez : l'Indépendance)... Au cours d'une visite à Bruxelles le 23 décembre 1959, le cartel ABAKO, PSA et MNC (Kalonji et Ileo) ébranle suffisamment l'opinion politique belge ; ce cartel demande qu'une « **table ronde** » soit convoquée à Bruxelles et qu'un gouvernement fédéral soit formé en janvier 1960.

Du 24 au 27 décembre 1959 aura lieu à **Kinsantu**, le congrès des partis fédéralistes ; ceux-ci envisagent de créer six Etats fédérés alors que chez les autres acteurs il s'observent des tendances régionales et locales. Le seul véritable courant national congolais était celui de Patrice Lumumba. Celui-ci

---

[219] Cf. Cornevin, o. c. p. 245

[220] Immigrés : Cornevin dira à sa page 248 que « le chef Lulua Mukenge (Kalamba) avait dû accueillir de nombreux contingents Baluba chassés par les négriers arabes ; en ce temps-là, il y avait abondance de terres et les immigrés ne gênaient personne ».

n'avait certes pas une surface tribale importante, mais avait compris la fondamentale nécessité d'un Congo unifié. Ça c'est dans les esprits, mais sur terrain, la situation demeurait tendue… Comme c'en est le cas, présentement, depuis l'avant, pendant et après le dialogue de la Cité de l'Union Africaine (septembre – octobre 2016), comme pendant et après le dialogue modéré par la CENCO…

Alors que le professeur **Van Bilsen** juge cette rencontre dite **''table ronde** belgo-congolaise'' de « pré-constituante », le ministre De Schrijver lui a du mal à satisfaire les tendances politiques et élus quant à leur représentativité (car au départ il n'envisageait qu'une participation de dix à quinze hommes). En fin de compte, son critérium fera participer à cette conférence des responsables Belges dont le Premier ministre **Eyskens** ; **De Schrijver** (lui-même) ministre des colonies, ainsi que des délégations congolaises[221]. Se trouvait au dessus de la mêlée, un jeune monarque sensible aux problèmes de l'heure.

Notons que Bruxelles qui s'inquiétait des revendications de l'Abako — celle-ci étant fichée comme parti « radical » (comme s'en est le cas avec l'UDPS d'Etienne Tshisekedi, G 7 et autres…) — (Bruxelles) avait également retenu dans son collimateur, Lumumba, qui fut pourtant le poulain de l'Administration coloniale[222]…

Et jusqu'à la veille de cette **Table ronde** qui allait ouvrir ses portes au Palais de Congrès à Bruxelles **du 20 janvier** (un lundi) **au 20 février 1960** (un mercredi) en la salle ''Europe'', Lumumba est l'homme du geôlier de Buluwo (près de Likasi alors Jadotville), loin des enjeux politiques de l'heure qui s'opéraient à Léopoldville et dans la métropole… (Comme l'histoire se répète : présentement, les Bemba et Katumbi sont loin d'ici…). Mais Dieu merci, le 18 janvier 1960 au soir, sous l'impulsion des étudiants congolais présents à Bruxelles, un front commun composé des responsables

---

[221] "Alerte-Plus" apparaissant à Kinshasa, n° 750 du lundi 13 juin 2005, conserve la liste des participants à la Table ronde : effectifs, et suppléants, qu'il nomme « pionniers de l'indépendance ».

Nous ne dénombrons ici que les membres effectifs :

• **côté belge** : 6 ministres ; 19 conseillers (auprès du premier ministre et des ministres en charge des Affaires étrangères, de la Défense et de l'Ecofin) ; 5 membres du Sénat, 5 de la Chambre des Représentants (Parti Social Chrétien ; Parti socialiste belge ; Parti libéral) ; 14 Conseillers auprès des partis politiques congolais et 2 conseillers auprès des Chefs coutumiers ; soit au total une cinquantaine de participants ;

• **côté congolais** : 34 délégués des partis politiques (Abako, Abazi, FGC, Parti du Peuple, PSA, MNC/Kalonji,

PNP, MNC/ Lumumba, Balubakat, Union Congolaise, CEREA, CONAKAT, ASSORECO, Alliance Rurale Progressiste ; ainsi que 12 Chefs coutumiers représentant leurs provinces

[222] En effet, aux yeux des autorités belges, comme l'Abako semblait concentrer le virus nationaliste et qu'il n'était pas facile de la contrôler, il avait été souhaitable de constituer une opposition, au sein d'un grand parti politique, ayant sa base à l'arrière-pays — Léopoldville, le chef-lieu, étant aux mais de l'Abako ; et ce grand parti irait faire pièce à l'Abako… Mais le MNC, parti de Lumumba, ne se verra pas retenu dans ce rôle.

des partis, Chefs coutumiers (car dans le choix des participants à la Table ronde, Mr. De Schrijver en avait tenu compte et même des étudiants) — sera mis sur pied. Ce collectif obtiendra que **Lumumba** soit amené de là à Bruxelles. Et cette revendication aura connu un cachet particulier de Kalonji Albert — et il l'a bien fallu — quand il laissa entendre : *« je demande à vous congolais, et à vous les Belges, de prendre très au sérieux ce que j'ai à vous dire : **Lumumba** doit absolument siéger à nos côtés. Il vous appartient à vous les Belges, de le libérer et de l'amener ici... »*[223].

Oui, cette prise d'option d'un Kalonji Albert, dans le contexte de l'heure, devait surprendre les Belges[224]. Et ce sont justement de tels comportements qui doivent nous animer : bannir ce qui nous oppose et privilégier l'intérêt supérieur de la nation (cfr l'agir de J.P. Bemba qui a pesé de son poids (depuis sa cellule à la Haye) sur Mme Eva Bazaîba, afin qu'elle facilite la signature de l'Accord de la Saint Sylvestre... Et la Table ronde se tint...

Ici, nous ouvrons une parenthèse : quelques jours avant ces assises, certains préalables s'imposaient, entre autres : « la nature même de la table ronde ». En effet, les conceptions belges et congolaises divergeaient :

— **pour certains milieux belges** (les élus et la presse écrite), la ''Table ronde'' ne devait être qu'une simple assemblée consultative ; le pouvoir législatif resterait libre de tenir compte ou pas de ses avis ! ; et le gouvernement se réservait le droit de saisir le parlement des projets de loi concernant les structures et institutions congolaises qui seraient mises en place ! Aussi devaient-ils réclamer des Congolais, des engagements moraux quant à la sécurité des biens et des investissements ;

— **pour les Congolais**, la position est dure : la Table ronde devra être une véritable constituante. Aussi, voudront-ils denier à la Table ronde — dira encore J. Kasa-Vubu — le droit de s'occuper des structures politiques du Congo.

Après l'exposé du ministre De Schrijver, les Congolais seront saisis de quelque inquiétude : voir demeurer entre les mains de la Belgique, les « matières réservées » telles les communications ; la haute hiérarchie de la Force publique ; l'économie ; les transports ; la monnaie et les Affaires étrangères ! (Paternalisme oblige !. et comme qui dirait '' matières relevant de la souveraineté'' — ici, comparons avec les exigigences de la M.P. dans ce dossier de la répartition des portefeuilles de cette Transition de moins de 10 mois jusqu'en décembre 2017 en principe — et en rapport avec le pouvoir régalien du Chef de l'Etat — la ''souveraineté'', le ''pouvoir discétionnaire'')...

223 « Congo 1960 » : La succession du Sud-Kasaï, cité par Cœur d'Afrique, n° double 24-25/janvier-février 2007 p. 28

224 Bilsen, cité par Cornevin (o. c. p. 252) notera cette volonté des Congolais d'être unanimes et solidaires et de chercher des solutions communes. (Ce qui leur manque présentement, hélàs)...

Alors, au nom des parlementaires socialistes, Mr **Rolin** s'implique et tranche : « la Belgique remettra **le 30 juin** toutes les clés au Congo ; et ce sont les Congolais eux-mêmes qui décideront de l'usage qu'il conviendra d'en faire ». Et l'assemblée plénière ira confirmer le principe de la souveraineté totale : « l'indépendance du Congo signifie que le Gouvernement et les Chambres congolaises seront en possession de tous les pouvoirs... »[225]

Mais en sera-t-il le cas ?... Des « *forces obscures et de division* » dont parle Mabika Kalanda[226] feront en sorte qu'une attention particulière eût été accordée aux textes qui allaient régir le futur Etat — la métropole devant détenir à sa guise, la vanne de la bonbonne (à oxygène)... C'est dans cet esprit que sera rédigée et adoptée le 19 mai 1960, la Loi Fondamentale...

2.3. La loi fondamentale

Oui, il semble qu'on la voulut « ambiguë », à dessein !... Cette loi déterminait cependant les traits fondamentaux de l'organisation constitutionnelle provisoire[227] d'où le vocable « loi fondamentale ». Les dispositions territoriales restaient en place, ainsi que le maintien de six provinces. Le pouvoir est réparti en organes centraux et organes provinciaux ; le parlement central de Léopoldville comprend une Chambre des Représentants élus au suffrage universel (137 membres) et un Sénat de 87 membres (désignés par les assemblées provinciales). Et l'on y trouvera mêlées (à dessein), à travers donc ces plus de 250 articles (d'importance inégale), non seulement des dispositions transitoires et définitives d'organisation des pouvoirs publics, mais aussi de nombreuses dispositions concernant les traitements des parlementaires (donc ces hauts décalages de rémunérations viennent de très loin !...) et l'ensemble de la législation électorale pour la désignation des Sénateurs et des Conseillers provinciaux cooptés. Ainsi des points importants sur l'organisation des pouvoirs publics de la République congolaise sont « noyés » au milieu des dispositions d'intérêt plus réduit[228].

Van Bilsen qui avait fait preuve dans cette « fuite en avant » belgo-congolaise d'une remarquable perspicacité déplora l'absence d'un gouvernement provisoire qui aurait su ménager les transitions... Et dire que cette proposition lancée pourtant par Kasa-Vubu et par Lumumba

---

[225] Cf. Cornevin. o. c. pp. 253-254.

[226] Cf. Baluba et Lulua, une ethnie à la recherche d'un nouvel équilibre, Remarques congolaises, Bruxelles, 1959, p. 16.

[227] Le professeur van Bilsen ayant analysé le véritable caractère de cette table ronde avait noté que celle-ci devait devenir une véritable « pré-constituante » (Van Bilsen, in l'Indépendance du Congo, p. 123, cité par R. Cornevin, o. c. p. 251).

[228] Cf. Luc Muracciole, Loi fondamentale du 19 mai 1960 relative aux structures du Congo, Revue juridique et politique d'Outre-mer, Paris 1962, p. 280 cité par R. Cornevin, o. c. p. 256.

représentait une chance unique ; mais celle-ci ne fut pas saisie par le gouvernement belge !...

Ah !, **l'impréparation** !...[229]. Aussi, les violons ne vont-ils pas s'accorder entre tendances fédéralistes[230] et unitaristes. Et à ce propos, lorsque A. Stenmans envisage — dans son rapport du 24 août 1959 — les avantages et inconvénients du fédéralisme, il fait remarquer que les Belges tiennent à tout prix à éviter la sécession du Bas-Congo ; celle-ci privant le pays de son débouché sur la mer, provoquerait la dislocation en chaîne du Congo, tout en assurant à la Belgique l'hostilité des provinces unitaires. Cela étant, c'est la structure para-fédérale qui est élaborée... ; et les résultats politiques de la table ronde devaient entraîner d'importantes conséquences économiques...

En effet, au lendemain déjà du débat qui a fixé la date de l'indépendance — d'abord 1er juin puis 30 juin, puis encore 1er janvier 1961 (selon Lumumba à qui deux ans paraissaient largement suffisants pour préparer la transition vers un nouveau régime, comme ce fut le cas au Ghana, cfr Van Reybrouck, o. c. p. 330) — n'a-t-on pas assisté à l'effondrement des valeurs congolaises à la Bourse de Bruxelles ainsi qu'à un rapatriement massif des capitaux du Congo vers l'Europe ?...

Une Table – Ronde ''Economique''

Cette autre table ronde se tiendra (du 26 avril au 16 mai 1960) — consacrée elle aux problèmes économiques, financiers et sociaux. Mais les leaders congolais — peu au courant des matières en cause — refuseront de s'y engager, laissant au futur gouvernement congolais la responsabilité de conduire les négociations. Mais les Belges les y amèneront, insistant sur les garanties que devaient donner la future République en cas d'éventuelle nationalisation.

Les conclusions de la table ronde économique seront à la base du **Traité d'amitié, d'assistance et de coopération** qui sera signé le 29 juin 1960... Dans l'entretemps, sur terrain, il y a un malaise généralisé ; l'Administration belge n'est plus en état d'assurer les tâches courantes. Cornevin, o. c., p. 258 est allé jusqu'à se demander comment l'amoncellement des signes avant-coureurs n'a-t-il pas ouvert les yeux aux responsables belges ?... La seule explication dira-t-il, réside dans la confiance absolue placée dans la Force Publique. L'armement ultramoderne dont on venait de la doter devait

---

[229] En rapport avec les futurs gouvernants et gestionnaires, une enquête « CRISP » auprès des participants à la Table ronde — citée par R.Cornevin. o. c. p. 252 — relèvera que 30 Congolais avaient fait des études post-primaires et moyennes ; 9 l'école normale ; 8 les humanités ou études secondaires ; 7 la comptabilité ; 3 des études d'assistants-agronomes et médicales ; 2 les écoles professionnelles ; 12 des études théologiques, philosophiques ou de droit (donnant ainsi une équipe de quelques commis, instituteurs, défenseurs judiciaires, journalistes et commerçants à côté des chefs coutumiers) ; et que la moyenne d'âge des délégués congolais était de 36 ans — (la délégation la plus jeune était celle du PSA : 31 ans).

[230] Les discussions opposaient essentiellement la Conakat et l'Abako aux autres partis.

aggraver la sédition, entraîner une véritable panique et déclencher une crise politique nationale et internationale qui devait douloureusement marquer les premiers pas de la jeune République du Congo...

Et pourtant des bonnes volontés n'avaient pas manqué : deux territoriaux étaient même allés jusqu'à promettre d'offrir leur expérience aux Congolais qui prendront leur relève, s'ils le désiraient...[231] Mais qu'a-t-on vu... Mr Bomans, gouverneur de Léopoldville qui aura soutenu courageusement les bonnes dispositions de ses deux Administrateurs, se fera rapatrier peu après !... Aussi, fut-il difficile de suivre, en matière congolaise, la politique du gouvernement belge, car celui-ci évolua, changea son personnel et connut des opinions divergentes ; et il fut même ''prisonnier'', semble-t-il, d'un certain juridisme dira R. Cornevin. En outre, Cornevin ajoutera que, ''nombreux furent ceux qui crurent longtemps jusqu'aux élections de mai, aux possibilités d'une communauté belgo-congolaise maintenue à travers la personne du Roi Baudouin qui, reconstituant ainsi une sorte de formule constitutionnelle hybride du dominion britannique et du Congo léopoldien, sauvegarderait les intérêts belges (idem). Aussi dira-t-il '' qu'en fait, il parut certain qu'il n'y eut pas réellement de politique belge de décolonisation... Le 30 juin, le gouvernement belge allait livrer en effet toutes les clés du Congo à un gouvernement africain totalement impréparé à ces tâches, et ne disposant plus nulle part de structures administratives valables... ''.

Et Cornevin de conclure que '' dans ces conditions, l'explosion était inévitable et il fallait être aveugle pour ne pas le voir (...).

Il est possible d'ailleurs que certains Belges aient voulu montrer au monde que jusqu'au 30 juin 1960, la Belgique avait elle, magistralement administré le Congo et qu'ensuite... on ait attendu (voire espéré) le chaos administratif, qui rendrait la présence belge indispensable[232]... Epinglons les faits saillants des...

Elections de mai 1960 :

Ici, l'on retiendra qu'il y eut une forte participation électorale forte : 70 à 90% ; et que le vainqueur de ces élections fut le MNC Lumumba qu'avaient soutenu des listes apparentées ou alliées dont le CEREA avec audience localisée au Kivu et le P.S.A. Ce regroupement pouvait espérer contrôler trois gouvernements provinciaux (Kasayi, Kivu et Province orientale) et totalisaient 64 sièges (38 MNC/Lumumba et alliés, 13 P.S.A, 10 CEREA et 3 Union nationale au Kasaï) sur 137.

Il fut aussi documenté des votes de préférence très élevés :

---

[231] Il s'agit de Saintraint et son Adjoint André Ryckmans, A.T. de Madimba. Le dernier, 31 ans, fils de Pierre Ryckmans (Gouverneur général honoraire/1934-46), perdra sa vie quelques semaines plus tard, assassiné par des mutins, alors qu'il allait porter secours à des Italiens travaillant sur un chantier de bitumage de route — cf. Jean Kestergat, in A. Ryckmans, Paris, 1961, cité par R. Cornevin, o. c. pp. 257-8.

[232] Cf. Cornevin, o. c. p. 258

Lumumba obtient : 84 602 voix ;
Albert **Kalonji** : 78 075 ;
Jean **Bolikango** : 53 121.

Voici les enjeux qui s'en suivront :

— Mr Ganshof Van der Meersch est désigné ministre responsable des affaires générales du Congo ;

— Lumumba est chargé par Mr Granshof de former le gouvernement (ce que Lumumba avait d'ailleurs exigé lors de sa conférence de presse du 4 juin) et Lumumba voudra ce gouvernement d'union nationale, mais il rencontrera l'opposition du cartel ABAKO, à laquelle se joindront les démarches des conseillers européens ;

— Mr Ganshof retire alors à Lumumba la mission de former le gouvernement et la confie à Kasa-Vubu qui se retrouvera lui aussi devant les mêmes difficultés ;

— Après des tractations complexes, Lumumba ira négocier avec l'ABAKO… Certaines tendances particularistes[233] et/ou appétits individuels provoqueront des réactions hostiles à l'équipe constituée, cependant...

— le gouvernement Lumumba est investi : 74 voix pour, 1 contre, 5 abstentions et 57 absences, à la Chambre ; et 60 voix pour, 12 contre et 8 abstentions, au Sénat ;

— Deux jours plus tard, Kasa-Vubu est élu Chef de l'Etat, par 159 voix contre 43 (pour Bolikango Jean) ; il y eut 11 votes blancs.

Et pendant que la proclamation de l'indépendance est en veilleuse, que des conflits sanglants, opposant des fractions en divergence... sous l'œil de l'Administration à la fois en crise d'autorité et complice. (Ce qui se passe présentement au Tanganyika entre les communautés Twa et Luba, pourtant tous congolais, ne nous dit rien ?)… L'on verra **à Léopoldville,** le PSA contrarier l'ABAKO ; **au Katanga**, la CONAKAT de Moïse Tshombe s'en prendre à la BALUBAKAT de Janson Sendwé ; **à Luluabourg** le MNC/Kalonji cheminer parallèlement au MNC/Lumumba et là même sur place (l'on verra) **les Baluba** en venir aux mains avec leurs frères **Lulua**, dans ce qui s'est appelé « Conflit Lulua-Baluba ». Et d'ailleurs, autant en parler, car, il (c'est-à-dire ce conflit) a eu lieu sous l'Administration coloniale qui n'a pas manqué d'avoir ses implications dans cette « Lutte fratricide » — (l'Auteur préfère ce dernier vocable, également utilisé par Mukenge Shabantu[234], à celui de « Conflit Lulua-Baluba », parce que « conflit » cachant derrière lui une haine difficile à transcender ; par contre

---

[233] Mopipi menace de pousser le Maniema vers l'autonomie sous prétexte qu'il n'a pas de ministre ; Mr. Dericoyard (qui deviendra « Delikoye » avec « l'authenticité »), envisage de reconstituer l'empire azandé ; Mr. Tshombe parle d'autonomie du Katanga ; Mr Kalonji veut constituer la province Muluba du Kasayi — cf. R. Cornevin, o. c. pp. 259-260.

[234] Mukenge, o. c. p. 75

parler de « lutte fratricide », cela revient à reconnaître qu'il y a eu effectivement « un ça ne va pas », « une rupture », et que, dans ce dossier, ce n'est pas le conflit qui a eu le dernier mot. Le dernier mot s'étant retrouvé dans la réconciliation des deux communautés sœurs pour des lendemains meilleurs !)...

Oui, ce vécu a certes déjà été évoqué par Mabika Kalanda[235] ; Muine Kapangi [236]; E. Mulumba Diulu[237]; Albert Nyembwe[238] ; M.J. Herskovits[239] ; Lazare Mpoyi ; Mgr E. Kabongo avec le professeur Bilolo Mubabinge ; Luntumbwe, etc. Mais si nous l'abordons à notre tour c'est pour insister sur l'authenticité des faits et leurs implications, leurs retombées ou des leçons à en tirer.

2.4. Deux clans frères s'affrontent

L'on notera que tout événement se déroule dans un cadre qui en indique le début — *terminus a quo* — et la phase finale (*terminus ad quem*). Il devient ainsi impératif d'habituer l'esprit à placer chaque fait du passé dans le cadre qui lui est propre (et d'éviter ainsi l'anachronisme par le respect des repères chronologiques précis). Et avant d'entrer dans les détails, l'on va parcourir ces quelques noms des personnes qui auront joué, de loin ou de près, un quelconque rôle dans ce bras de fer ; l'histoire étant tissée des dates, des lieux et de personnages.

— **Côté LULUA** nous citerons entre autres :

- Tatu NTUMBUA Joseph « *Tshintu wa Bakwa Mbuyi* », « *Wa mu Nkunze ne mu Dilenge* ») : diplômé de la célèbre Ecole Moyenne de Katoka. Il fut le 1er Président Général de l'''Association Luluwa-Frères'' (juillet 1952-1953) : commis des Postes ;
- Papa SHIKAYI Louis (« *Tshintu wa Bashila* », « *Muena Ngoyi wa mua Katubadi* ») : également diplômé de ''Katoka''; Président du « Cercle (Amical) des Evolués » de 1948 à 1950 et Président Général de l'''Association Lulua-Frères'' (1953-1955). Pendant son mandat, il a visité officiellement (avec l'accord du Gouvernement Général de Léopoldville), les Sections ''Lulua-Frères'' du Katanga, de Ndola, Brocken Hill, Lusaka, Livingstone et Bulawayo, et un Congrès de tous les Présidents sectionnaires se tint à Luluabourg sous sa présidence. De 1956 à 1960 Shikayi fut Chef de Secteur de Dibatayi et de 1957 à 1960 il fut membre du Conseil de Province et membre du Conseil de Gouvernement. Général de Léopoldville. Il a été

[235] Mabika Kalanda, o. c. pp. 9 à 63 ; 91 à 106.
[236] Muena Kapangi, o.. c. pp. 174-202.
[237] Mulumba Diulu, o. c. pp. 57 à 60, 72 à 89, 124 à 157 et 162 à 171
[238] A. Nyembwe, o. c. pp. 73 à 93, 97 à 102 et p. 116
[239] Cf. Herskovits, l'Afrique et les Africains, Payot, Paris 1965 p. 221

cosignataire des documents officiels d'agrégation de l'Ecole officielle laïque. Papa Shikayi — dont nous sommes beau-fils — est le premier Lulua envoyé par le Gouvernement Général en visite officielle en Belgique en 1957. En octobre 1960, il regagne la B.C.B. et meurt aux Cliniques Universitaires de Lovanium le 27 juillet 1975 avec le grade de Chef de Service/Adjoint au Gérant.

- Tatu Nzuji Henri : Diplômé de l'Ecole A.M.I., Président de l'Association Lulua-Frères : 56-58 (père de Mme Nzuji wa Mbmbo)/Av. Dekese ;
- Tatu Mukenge Barthelemy ; Diplômé de l'Ecole Normale de Mikalayi, Directeur Adjoint de l'Ecole Primaire Notre-Dame, et 4e Président de l'Association « Lulua-Frères » : 1959-1960 ; donc Président en exercice en ces temps forts de l'événement ; je fus son élève en 6e primaire à Notre Dame et il est notre parrain de mariage/Katoka II ;
- Tatu Mutapikayi Auguste : Commis au C.E.C./Ndesha ;
- Tatu Kapuku Laurent : Commis chez Librairie ''Mestag'' ;
- - Tatu Mulumba Diulu Emile : Diplômé de Mikalayi, Commis à la Merilco (une Savonnerie — Cfr le site occupé présentement par l'Eglise Orthodoxe au Quartier Tshiela) ;
- Tatu Wafuana Emery ; Diplômé de Katoka, Commis chez Simis ;
- Tatu Katompua Fernand : Notable/Av. Katanga ;
- Tatu Buana Michel : Commerçant/Av. Mikalayi ;
- Tatu Kande Pius (''Mukupi''/*Mukulu* Pius), Commerçant/Av. Luiza (père de Alex Kande Mupompa) ;
- Tatu Kabamba Benoît : Propriétaire du Bar ''Kasayi Bar''/Av. Luiza ;
- Tatu Kabasubabu Georges : Commis à la B.C.B./Ndesha, Av. Lusambo ;
- - Tatu Kayembe Martin (Alias Kayembe ka Tshitupa): Commis chez Simis
- Tatu Ngalamulume Ignace : Commerçant/Av. Luiza
- Tatu Mpuka Thomas : Entrepreneur/coin des Av. Tshimbulu et Révolution ;
- Tatu Mutulukayi Benjamin : Clerc-vendeur/ Av. Dibindi
- - Tatu Mapumba René : Diplômé de Katoka, Commis chez Royal Nord (présentement Bâtiment « Lifan »/Ndesha, Av. Katende ;
- Tatu Kapongo Sébastien : (Ancien Séminariste) : Commis/Ndesha ;
- Tatu Ngindu Tshiamua Henri /Commis – Av. Luiza/Ndesha ;
- Tatu Kabula Jean : Commis/Ndesha ;
- Tatu Tshitenge Samuel/Commerçant – Av. Lulua/Ndesha ;
- Tatu Tuambilangana Mufuankolo : Notable/Ndesha ;
- Tatu Luboya Pierre (Alias Pierre wa tshidar — entendez ''guitare'') /Ndesha Av. Bunkonde ;
- Tatu Kabwebwe Benoît : Notable/ Av. Katende ;

- Tatu Tshiaba Théodore : Commis Interfina ;
- Tatu Kavulu Mathieu : Commis M.A.S. / Ndesha ;
- Tatu Kabupu Isaac : Commis à la Brakasayi/Ndesha ;
- Papa Katompua Jean : certifié de Brabanta, Agent Regideso, père de l'auteur/Av. Albertville ;
- Tatu Tshiawuke Alphonse : Clerc-vendeur/Av. Banningville ;
- Tatu Ntambwe Edmond : Commis/Etat ;
- Tutu Tshitenge Joseph **:** ancien Séminariste, Commis/Colonie ; ainsi que d'autres Notables, sans oublier les 115 Chefs Coutumiers Lulua qui se réunirent à cet effet, à Matamba.

— **Côté BALUBA** : Les noms des « bâ Manseba » [240]ci-après nous reviennent en mémoire :

- Manseba Badibanga Samuel wa Mundadi : ancien de APCM/Luebo, commis chez Interfina et propriétaire du Bar ''Samy Bar'' — cfr emplacement actuel du couvent des Sœurs Ndesha – Christ Roi (son fils Samy Badibanga deviendra Premier ministre du Gouvernement né au lendemain de l'Accord du 18 octobre 2016) ;
- Manseba Tshitoko Joseph : commis chez **Simis**/Ndesha ;
- Manseba Luabeya Samuel : commis/Ndesha
- Manseba Mbikayi Charles : commerçant avec un Bar/coin des av. Roi Baudouin et Luebo/Ndesha (il y est présentement construit l'église « FEPACO/ Nzambe Malamu ») ;
- Manseba Mudingayi Sylvestre : ancien élève des Frères de la Charité à Lusambo/commis-chef à la Banque du Congo belge/Ndesha ;
- Manseba Odia David : commis au garage S.T.A. (Kamayi)/ Kelekele ;
- Manseba Nyembwe Albert : commis chez Cophaco (bâtiment présentement occupé par Roffe-Congo ; « papa » Nyembwe est père de notre frère et ami congénère Louis Nyembwe, haut- cadre à la MIBA) ; habitation : Av, Boma, dernière l'ancienne église Notre-Dame ;
- Manseba « Paul wa tubobo » : commerçant/Ndesha (coin av. Roi Baudouin et Tshikapa) ;
- Manseba Mukuna Pierre : commerçant Ndesha av. Lulua (non loin de Ilunga wa Tshimbaku) ;

[240] Manseba (au singulier), traduit ''oncle'' en français, a son pluriel : « bâ-manseba ». Et nous appelons ces personnages ci-haut cités « bâ-manseba » à juste titre, car, tout frère de la mère — même par extension, comme c'est le cas ici — est ''oncle''. En effet, la culture luba — cf. l'adage luba : « ku bâ-manseba kakutu tshi-manseba-nseba » (ce qui veut dire : ''chez les frères de la maman, il n'y en a pas un qui soit moins oncle) — insiste sur cette particularité pour réserver une déférence particulière à l'endroit de tout homme, ''frère'' (côté) mère. Aussi, l'oncle — manseba — reste-t-il le frère de la mère, tandis que le frère du père est soit « tatu mukulu » soit « tatu muakunyi » suivant la position de celui-ci par rapport au père — moins ou plus âgé que le père.

- Manseba Kadima Nzuji Nicolas : Assistant Médical (Ndesha);
- Manseba Ngalula Joseph : qui deviendra Ngalula “Mpanda Njila”;
- Manseba Kabese Bernard :Assistant Médical/ Ndesha ;
- Manseba Tshimanga Louis : idem/Kelekele Av. Albertville ;
- Manseba Mfunyi Alphonse : Infirmier/Av. Stanleyville ;
- Manseba Tshisekedi Poncien : propriétaire du Bar ‘’Au Café des Sports’’ derrière le grand Marché/Kelekele (où dançait le « *Ndombolo* ! » le barbu Mukendi ‘’wa Bena Kapuku’’ — les années 58-60) ;
- Manseba Kalengayi Joseph : Moniteur – Kelekele, av. Charlesville ;
- Manseba Ngandu Etienne : Assistant Médical — Kelekele ;
- Manseba Kazumba Léon : clerc-vendeur/Av. Albertville — voisin des parents de l’auteur ;
- - Manseba Mpolesha Albert : idem Av. Boma — à côté de l’église Notre-Dame (devenue ‘’la Coordination’’) ;
- Manseba Ngondo Etienne : Sous-Directeur E.P./Notre-Dame ;
- Manseba Matamba François : commis/Av. Ponthierville ;
- Manseba Mpoyi wa Bajilila : meunier / Ndesha ;
- Manseba Maweja Joseph : photographe et frère du précédent/Ndesha.
- Il nous revient à l’esprit ces deux « activistes » :
- Manseba Kabengele « Ntelu » et manseba Kalengayi « Tintin » : (deux d’entre autres « *baa lusalulu, baa tshikebela nswa lufu* ») [241] ;
- Manseba Kabalu Pierre : commis/av. Stanleyville — Kelekele et certainement…
- Manseba « wa dibala ne muânya wende » : **Kalonji Albert** wa Mukanya, ancien de Kamponde (Cadulac) puis de Mons — il deviendra « Kalonji *Mulopwe* » puis « Kalonji *lumu ndipungi* »… Il a habité sur l’Avenue Luebo à la Ndesha, à droite vers le croisement avec l’Avenue Kakenge, au n° 262 d’alors (sa maison de couleur bleue garde encore cette robe bleue, mais 262 est devenu 25).

Aussi allons-nous pas oublier ces deux sympathisants, tous deux « Bimbadi » — autre appellation des porteurs venus d’Angola avec Wissmann et leurs descendants — **Joseph Mutudi**, horloger de son état, à Kelekele et **Kasonga’a Mukuku**, entrepreneur [242] (comme Mpuka Thomas, un Lulua), agréé par l’Administration coloniale ; il a habité au coin des Av. Roi-Baudouin et Kanda-Kanda, à droite en descendant vers Lukonga. D’autres personnages qui ne sont ni Lulua ni Baluba, sont des Territoriaux (agents et fonctionnaires blancs) ; leurs noms apparaîtront au fur et à mesure que nous avancerons dans cette partie de l’ouvrage... Toujours à propos, Mukenge Shabantu écrit (cf. Mukenge, o. c., pp. 6 – 7) :

[241] C’est-à-dire, des « incitateurs » qui exposent les autres au danger, alors qu’eux se tiendront à distance !...

[242] Entrepreneur : entendez architecte et/ou constructeur des maisons d’habitation type ‘’Fonds d’Avance’‘, écoles et autres

« Pareil conflit n'est pas particulier au Kasayi ou au Congo ; même en dehors de notre pays, il en existe. En Belgique par exemple où vivent Wallons et Flamands, existait un cliché défavorable à ces derniers. Et pendant la colonisation, les ressortissants de certains pays européens, particulièrement méditerranéens étaient considérés comme inferieurs aux Belges. Au Proche-Orient, entre Juifs et Arabes, existent des préjugés défavorables qui ne peuvent être détruits que par une lutte dont la stratégie principale n'est autre que le travail organisé. Si aujourd'hui en Belgique, les Flamands jouissent d'un prestige certain, c'est parce qu'ils travaillent beaucoup et ne se contentent pas de consommer uniquement les produits de la culture des autres, mais ils s'intéressent avant tout à leur propre culture. Ils ont pour ainsi dire quelque chose à apporter à la culture de leur pays et partant, à toutes les autres cultures. Ce que les Flamands ont réussi en Belgique, les Lulua l'ont, dans une certaine mesure, réalisé au Congo ».

Et nous d'ajouter : ce que les Flamands et autres peuples, ramenés à une grande échelle ; ce que les autres ont réussi, les Lulua , les Baluba, les Kete , les Lèlee, les Tshokwe, les Bindi, les Songe, les Lualua, **ensemble**, ne peuvent-ils pas le réaliser aussi — chez nous, en nos contrées qui forment le ''Grand Kasayi'' ?...

Pour terminer cette introduction, voyons ce que quelques éminents chercheurs disent de ces deux clans frères dont on ne peut parler isolement, car étant, généalogiquement, historiquement et culturellement liés... oui...

2.4.1. Un mot sur le Clan Lulua

— M. RAE[243] nous dit qu'avant l'arrivée des Européens en 1881, les Lulua occupaient déjà le territoire qui leur revient, territoire défini en ces termes par...

— Paul TIMMERMANS[244] : « le KASAI tout entier se situe entre les 20° - 26° longitude Est et 2° - 8° latitude Sud ; et la région des Luluwa se trouve dans les zones de KANANGA (Luluabourg), DIBAYA, KAZUMBA, DEMBA, et une partie de TSHIKAPA et LUEBO ».

— R. CORNET[245] lui nous dit ceci : « les Lulua qu'on appelle aussi Bena Luluwa, occupent un territoire vaste de la province du Kasayi, à la limité Sud de la forêt de Dekese. La rivière Kasayi en marque exactement la frontière Ouest. Le pays est traversé par la Lulua — un affluent du Kasayi — dont les Européens ont emprunté le nom pour désigner la tribu, car vers 1880, au début de l'exploration, on parlait de **Bena Moyo**, et surtout de

[243] *Note d'Histoire et de Droit coutumier sur le litige Luluwa – Baluba avant le 30 juin 1960*, dans Bull. Acad. Royale/Science d'Outre-mer, VII, 3 (1961) 366 ; cité par Tshimbombo Mudiba, o.c.p. 83

[244] TIMMERMANS : *Essai de Typologie de la sculpture des Bena Luluwa du Kasayi,* in Africa Tervuren XII, 1 (1966) cité par Tshimbombo Mudiba (idem)

[245] R.CORNET : L'Art de l'Afrique au pays du fleuve Congo, p. 144, cité par Mukenge Shabantu, o. c. p. 19

Bashilange... Et cette ethnie — les Luluwa — a une réelle parenté avec les Baluba, surtout en ce qui concerne le Tshiluba[246], leur langue commune ».

A propos de ce vocable **« les Luluwa » :**

— J. VANSINA[247] nous apprend que les habitants de la vallée de Lulua se nommaient des Luba comme leurs frères de la vallée de la Lubilanji. Selon...

— R. VERVAECKE [248] **:** jusqu'en 1865 lorsque Kalamba commença son commerce avec les Tshokwe, toutes les fractions Lulua s'appelaient des Luba ; et il ajoute que Wissmann avait même présenté les deux appellations « Bena Luluwa » et « Baluba » comme synonymes ;

— TSHIMBOMBO Mudiba — de mère Muluba comme l'auteur — nous dira à la page 90 de son ouvrage La Famille Bantu Luluwa et le Développement ceci : « au Katanga, les Lulua portaient le nom de Mupemba ; et que ce Mupemba était, selon la tradition orale, le « muanabu » ou frère de Muluba. On n'ignore qui était le père de Mupemba et Muluba. Cependant, en nous basant sur une habitude culturelle « bantu », un homme[249] donne des noms divers à ses enfants, mais aussi lui arrivera-t-il de donner son propre nom à l'un de ses enfants ».

Effectivement, il ya chez l'auteur (moi-même) un enfant qui porte mon nom — ce qui s'appelle : *« kudinyika (dina) ».* Tshimbombo ira ajouter : « ainsi le père de Mupemba et Muluba se serait appelé aussi **Muluba ;** et selon VERVAECKE, Mupemba aurait été (peut-être), à son avis, l'ancêtre des Luluwa, Luntu, Baluba-Kasayi, des Kanioka et même des Babindi ». Cela l'a conduit à construire l'arbre généalogique que voici :

---

[246] Tshiluba : Tshimbombo Mudiba (o. c. p. 88) nous fait remarquer que les quelques particularités du parler des Luluwa avec le mot « wàndi » (son ; sa ; sien, etc.), et l'emploi fréquent du « sh » au lieu de « j » à la fin de certains mots, les rapprochent davantage des Luba Shankadi, que tout le monde considère comme la souche des peuples Luba.

[247] J. VANSINA : Les anciens royaumes de la savane, I.R.E.S., Léopoldville p. 167 cité par Tshimbombo, o. c. p. 86.

[248] R. VERVAECKE : *Les Bena Lulua*, in Revue Congolaise, Edition de Yonghe 28, Bruxelles 1910, pp. 69-70, cité par Tshimbombo, o. c. pp 90-91.

[249] 253 Un homme pourra aussi — pour honorer son épouse qui ne perd pas son nom de jeune fille comme d'ailleurs toute femme africaine (et ses amies et proches l'appellent soit par son nom de famille, soit et souvent par « mua... » ce qui se traduit « la mère de tel enfant » ; cela pour l'exalter) — permettre que celle-ci donne son nom de famille à une de ses filles, c'est-à-dire : « udinyika ». Chez l'auteur également, une fille porte le nom de sa mère, mon épouse.

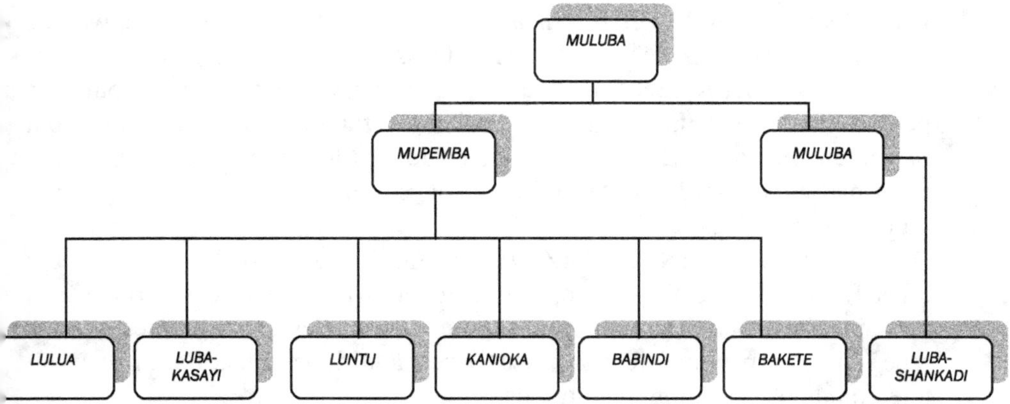

Tshimbombo Mudiba, o. c., p. 91.

Aussi, en examinant la généalogie des anciens des Bapemba (Bena Luluwa) consignée dans l'ouvrage de Mukenge Shabantu[250], découvrons-nous que l'ancêtre Mupemba est frère de […] et de **Muyembi** (et autres)**…** D'après les notes recueillies par P. VERVAECKE, ces habitants de la vallée de la Luluwa se disaient originaires du Katanga qu'ils ont dû quitter, lorsque Muyembi, un de leurs ancêtres, fut battu dans la guerre qu'il fit contre les Baluba Shankadi. Ils seront suivis par d'autres à cause de la famine qui s'en suivit[251].

Et étant donné que les Lulua, de par leur origine, se rattachent à l'ancêtre **Nkole'a Tshilonda Luabanya** dont la résidence se serait fixée à « Nsanga'a Lubangu » — selon Mukenge Shabantu[252], pouvons-nous être amené à conclure que Mupemba et Muluba ont pour ancêtre NKOLE et que, dans ce cas, ce NKOLE se serait aussi appelé NKOLE-Muluba ?...

Oui, il y a eu **Cornet, Timmermans, Rae, Vervaecke, Vansina**… Mais que nous dit Grégoire **Luntumbwe** [253] **?...**

— LUNTUMBWE dit : « ... mais les Lulua sont parmi les descendants de Nkole Luabanya, frère du célèbre Ilunga Mbindi (des Songe Shankadi) et de bien d'autres — fils de Bende Muana qui est fils de Bende Bende, ce dernier lui-même considéré comme fils de Bende dit '' wa Maweja Mvidi-Mukulu''... Après avoir parcouru des centaines et des centaines de kilomètres ; ils quittèrent Nsanga-a-Lubangu, traversèrent les territoires de Kabongo ; Mutombo-Mukulu ; Kanda-Kanda ; Ngandajika ; Bakwanga et

[250] Mukenge, o. c. p. 21
[251] Tshimbombo, o. c. p. 90
[252] Mukenge, o. c. p. 20
[253] Luntumbwe wa Mafuala, Histoire de la Lulua, Jeune Afrique, Paris 1967, p. 67 op. c pp. 19-20. Il fut notre premier Directeur Provincial de l'Enseignement (cf. l'actuel Proved /EPSP) qui remplaça Monsieur Latouche en 1960.

Dimbelenge, avant de s'établir dans la vallée de la Moyo ; de la Luluwa ; de Kaluebo ; de la Tshikapa et de Nsandi ou Kasayi... »... De son côté...

— F. VAN KERKEN[254] dit ceci : « les ancêtres Bantu se sont racontés de père en fils, que leurs populations n'ont pas toujours été là où elles sont présentement ; que même elles viennent de très loin : les migrations bantu étant parties du Nord vers le Sud et ayant remonté du Sud vers le Nord ; et de l'Est vers l'Ouest ». De leur côté...

— R. CORNEVIN, F. BAZIOTA et G. BALANDIER[255] diront ceci : « les Portugais, premiers Européens à toucher les côtes de l'Afrique et à entrer vraiment en relations politiques, commerciales et religieuses avec la race noire, trouvèrent à leur surprise deux magnifiques Etats Bantu accusant une grande organisation ; il s'agit de :

1) Royaume du Kongo (sur la côte ouest de l'Afrique centrale) qu'ils atteignirent en 1482, et dont Nzinga Mbembe baptisé Don Alfonso 1er fut le plus célèbre roi (qui régna de 1506 à 1543)[256]. Et les Portugais admirèrent l'habileté avec laquelle ces Noirs savaient tisser le raphia et travailler le cuivre et le fer et l'amabilité avec laquelle ils furent reçus[257] ;

2) L'Etat dit « le Monomotapa », dont Ki-ZERBO[258] (également cité par Tshimbombo[259]) dit que ce fut un ''Etat bantu'' d'une splendeur inégalable, aux constructions immenses, qui n'ont d'égales en Afrique que les pyramides pharaoniques ». Et...

— H. BAUMANN et D. WESTERMANN[260], aussi cités par Tshimbombo Mudiba (à sa page 60), situent l'apogée de l'empire du Seigneur des Mines (Mwene Mutapa, devenant Monomotapa) — entre 1000 et 1500 après Jésus-Christ, avant l'arrivée des Portugais.

Mais ce qui nous intéresse, c'est plutôt ce que nous dira **Tshimbombo** : « Entre ces deux royaumes, celui du Kongo (matriarcal) situé sur la côte Ouest de l'Afrique et celui du Monomotapa (patriarcal) à l'Est de l'Afrique, se situaient plusieurs autres qui ont pu échapper aux explorateurs et commerçants portugais ; et parmi ceux-ci : **le royaume Luba**, qui a brillé d'un grand éclat ». Tshimbombo ajoute ceci : « pour nous, ce royaume revêt une importance toute spéciale par rapport aux autres, du fait que le peuple Luluwa en a fait intégralement partie et semble, de par sa position géographique, y avoir joué un grand rôle » — N'est-ce pas !... Nous le verrons par la suite... Le père **Van Zandijcke** n'ira-t-il pas écrire, dès le

---

[254] F.Van Kerken : cité par Tshimbombo, o. c. p. 60

[255] Cornevin, Baziota et Balandier : cités par Tshimbombo, o. c. pp. 62 - 63

[256] Cf. F. Baziota, Ne-Kongo en Afrique centrale, Officium Libri Catholici, Roma, 1971, p. 80 - G. Balandier, Sociologie Actuelle de l'Afrique Noire, P.U.F. , Paris 1971, p. 382

[257] Cf. R.Cornevin, Histoire de l'Afrique, T.I., Payot 1967 p. 379 Hâtier, Paris 1972, p. 188

[258] Ki - ZERBO, Histoire de l'Afrique Noire, Hâtier, Paris 1972, p. 188

[259] Cf. Tshimbombo, o. c. pp. 63 - 64

[260] H. BAUMANN et D. WESTERMANN : Les peuples et les civilisations de l'Afrique, éd. Payot, Paris, 1970 p.143

début même de son ouvrage, que « *la fondation de Luluabourg occupe une place des plus importante dans l'histoire et le développement de notre colonie* » ?[261] — entendez le Congo-Belge devenu la République Démocratique du Congo... **Mais, qu'est Kananga ? Que sont nos contrées ? Qu'est le Kasayi ?...** Revenons au « royaume Luba » :

— J. VANSINA[262]dira que le territoire de ce royaume s'étendait depuis le **Maniema** au Nord-ouest du Lac Tanganyika jusqu'au haut Zambèze et depuis l'indestructible « Etat *kuba* » à l'Ouest jusqu'au lac Moero ; tandis que...

— KI-ZERBO[263] nous en donne les fondateurs : il y a d'abord un certain **Nkongolo**, homme dynamique et infatigable guerrier, qui conduisit les Songe du Maniema beaucoup plus au Sud et qui, par regroupement de plusieurs tribus, fonda **le premier royaume luba** ; et ensuite, un « Kunda » du nom de **Ilunga Mbidi**, venu de l'Est qui, vers 1585, fonde **le second royaume luba.** Selon...

— E.VERHULPEN[264] : les Luba ont connu plusieurs couches d'immigrants (dont les deux dernières sont les couches Ba-Songe et les Buis), qui ont fondé les royaumes Luba ; ils seraient venus du nord-est de la région du Kivu... Cependant [...], lorsqu'on cause avec des anciens parmi les diverses tribus Luba tout le monde donne comme lieu de dispersion le célèbre et « mystérieux » « Nsanga'a lubangu ». Et...

— TSHIMBOMBO revient pour nous dire que les linguistes, ethnologues et anthropologues considèrent « LUBA » entre autres : les Luba-Hemba ; les Luba du Maniema ; les Kanioka et les Kalundwe ; les Luba du centre (sur le Lomami et Lualaba) ; les Luba « *Bena muntu wa mukuna* » et les (Luba) « *Bena tshibanda* »[265] ; les Bena Luluwa et les (Bakwa) Luntu[266].

Ici nous ouvrirons une parenthèse à propos de « Bena mutu wa mukuna » et « Bena tshibanda » :

Les « Bena mutu wa mukuna » et les « Bena tshibanda » sont deux vocables au regard topographique : le premier grand ensemble se localisant sur les hauts plateaux au-delà de « deux Mbilaji » et parlant avec un accent légèrement particulier par rapport à l'autre grand ensemble qui lui, habite dans les basses plaines et plus près des Bena Luluwa. Aussi, est-il heureux que ces deux appellations soient tombées en désuétude (et, c'est également

---

[261] Van Zandijcke, o. c. p. 5

[262] J. VANSINA, - l'Etat Kuba dans le cadre des institutions politiques Africaines, in Zaïre » XI, Mai 1957 pp. 485- 492 ;

- le Royaume Kuba, Tervuren, 1964 in Tshimbombo, o. c. p. 66.

[263] KI-ZERBO : idem, p. 326, cité par Tshimbombo, o. c. p. 67.

[264] E. Verhulpen, Balulba et balubaïsés du Katanga, l'Avenir belge, Anvers, 1936, cité par Tshimbombo, o. c. p. 68

[265] Les « bena muntu'a mukuna » et les Bena tshibanda »

[266] Cf. Tshimbombo, o. c. p. 67

le cas des vocables « Bena Mutombo » et « Bakwa Katawa » au sein des Lulua), car vocables ayant une tendance ou connotation séparatiste. Autant parler, de « Baluba du Kasayi » ou « Baluba ba Kabamba », que l'on désigne communément depuis un temps « Baluba de Mbuji-Mayi », pour les différencier de leurs frères Baluba du Shaba (plutôt du Katanga) ou « Baluba baa Kabongo », et de leurs frères Bena Luluwa, Luntu, Keté, Sala, etc. ; que nos frères de Mbuji-mayi appellent communément « Bena Kananga ». Aussi, devons-nous noter que ces « clivages » offrent un terrain propice à l'ennemi du Kasayi pour matraquer davantage les fils et filles de l'espace kasaïen — prudence exige ! Pourquoi pas ?...

— A. VAN ZANDIJCKE lui, parlant des Bena Luluwa, dira ceci : « A l'arrivée des premiers Blancs (Pogge et Wissmann en 1881) la région de Lulubourg était habitée par des populations que Wissmann appela '' Bashilange ''. Cette appellation erronée pour désigner « les Bena Lulua », est une altération de mot due aux Batshioko. Jusque vers 1870, aucun terme générique ne désignait ceux que nous sommes convenus d'appeler les Bena Lulua. Quand eux-mêmes voulaient se désigner sous une appellation commune, ils se disaient des ''Baluba émigrés, venant du sud'', ce qu'ils sont en réalité (...). Ils étaient dispersés dans toute la région et constituaient des groupements plus ou moins importants, ayant chacun un nom spécifique : Bena Tshinema, Bena Katau, Bena Mutshipayi, Bena Mukangala, Bakwa Muanza, etc. ; il y avait des appellations comme : Bashila Lungu, Bashila Kasanga, Bashila Mbua, Bashila Mbembele, Bashila Nkaka, etc. »[267].

Et cela rejoint ce qu'a écrit E.VERHULPEN : « Les Baluba sont un groupe linguistique formé par les populations... parlant divers dialectes luba. Ce groupe — continue-t-il — comprend : les Baluba du Kasayi, les Bena Lulua, les Bakwa Luntu (Bena Konji), les Bena Kanioka, les Bakwa Kalundwe, les Baluba Shankadi, les Baluba Hemba, les Baluba Sanga, les Wazula et quelques groupes **Wagenia** »[268].

Oui, émigrés du Sud, venus de très loin ou pas, les voici « frères ». En effet, lorsqu'on cause avec les anciens parmi les diverses tribus Luba citées plus haut, tout le monde donne comme lieu de dispersion ou leur « *Tour de Babel* », le célèbre et mystérieux « Nsanga'a Lubangu ». L'artiste musicienne **Tshiala Muana** alias « Mamu nationale » ne pérennise-t-elle pas cette conviction populaire en chantant : *« ... Ku Nsanga'a lubangu, kua kafumina Mukwanga ne Mupemba ! »* Traduisez : « de Nsanga'a lubangu, d'où sont issus (le) Mukwanga et (le) Mupemba pour ne pas dire le Muluba et le Lulua ; N'sanga'a lubangu devenant ainsi le symbole d'une même origine ; faisant de Muluba et de Lulua, pour ne citer que ces deux-là, des frères, dans ce grand Kasayi...

---

[267] Van Zandijcke, o. c. pp. 7 - 10
[268] Verhulpen, o. c. p.

En effet, Auguste MABIKA Kalanda[269] écrit ceci : « les Bena Lulua disent qu'ils tirent origine de **Nsanga a Lubangu** ? Les Bakwa Luntu, Bakwa Mputu, Bakwa Kalonji, Bena Kanyoka, Basonge, Bakwa Disho, Bena Tshiyamba, etc., bref, tous ceux qui, étymologiquement, forment le groupe luba au Kasayi affirment qu'ils sont venus de '' N'sanga a Lubangu'' »...

Et ayant entrepris des recherches à propos de ''N'sanga'a Lubangu'', le professeur Mabika Kalanda (ibidem) dira que ''ce mot à deux substantifs que joint une particule déterminative, est une **'' énigme** '' qui subsiste''. Il ajoute ceci : « les plus avertis en fait de traditions, désignent du bout de l'index, la direction Sud-est du Kasayi comme étant celle de leur lieu d'origine » ; pour certains Nsanga'a lubangu est une localité dans l'actuel pays des Bena Kalota (Disho), pour d'autres ils la situent chez les Bakwa Mulumba (Bena Tshiyamba) ; et rares sont ceux qui disent que Nsanga'a Lubangu se trouve au pays de Kasongo Nyembwe, à Kamina ».

Une autre version lui est confiée par Bernard Kabese — que ce dernier aura recueillie auprès des peuplades luba du bassin de la Lubi et de la basse Mbuji-Mayi — selon laquelle : Nsanga'a Lubangu — l'arbre *lusanga* à entaille — se trouverait dans le pays de Mutombo Mukulu ; et que l'entaille faite dans l'arbre serait le début de la migration vers le Kasayi[270]... Ici, nous vous invitons à réfléchir un peu :

— que l'on eût déménagé à une époque donnée, cela ne peut être que vrai : chaque chose ayant son alpha ou sa genèse, bien qu'il pût y avoir des divergences à ce propos ;

— que l'on eût déménagé de quelque part, cela est un fait ;

— mais quant à trouver une explication de causes à effets, une corrélation entre faire une coupure (entaille) dans un arbre et, cela sitôt fait, entamer une migration (= *kumuangala*) : voici encore une énigme ! ;

— qu'il y eût une guerre, cela ne peut être nié ; et qu'il y eût vainqueurs et vaincus, c'est toujours ainsi — rare est le verdict « ni vainqueur ni vaincu » et que les derniers (c'est-à-dire les vaincus) n'eussent pas accepté de se soumettre, cela arrive... ;

— mais, mais, pour montrer qu'ils (les vaincus) brisaient, coupaient, rompaient avec les vainqueurs qui restaient eux sur place — en faisant des entailles dans un arbre — voilà qui fait encore tiquer !... (dans la version de *manseba* Kabese Bernard, père de notre congénère Ilunga Jean-Ber) !...

Aussi, on allait l'oublier, Mabika Kalanda qui a fait savoir que d'après le R.P. Van Bulck[271], **Nsanga a Lubanga** serait l'arbre **lusanga** à entaille et village-même où nouveaux et anciens résidents ont conclu un pacte d'amitié

---

[269] Mabika Kalanda, **Baluba et Lulua Une Ethnie**à la recherche d'unnouvel équilibre, éd. Remarques congolaises, Bruxelles 1959 pp. 80-85

[270] Mabika, o. c. pp. 81 - 82

[271] Van Bulck, in Sommaire français du « Aan de rand van de Dibese », du R.P. Denolf .

mutuelle, en pratiquant une entaille dans l'arbre du village — ira-t-il trouver que cette interprétation ne saurait être acceptée sans réserve, du moins quant à la signification de l'entaille dans le **lusanga**... En effet — continue le professeur Mabika — la pratique d'une entaille dans un arbre en guise de pacte d'amitié est inusitée chez les Baluba dans leur généralité ; en la circonstance, ils pratiquent le **lusalo** (ou **lusalu**), le **ndondo** ou boivent à une même coupe »[272]...

Nous nous joignons à Me Tshibuabua Albert alias Ashila-Pashi[273] qui lui aussi, a critiqué la version du père Van Bulck : *« dans l'agir des Baluba —* dit-il *—, ceux-ci ignorent la pratique des entailles. En signe de grandes réconciliations, ils pratiquent le **lusalu**, le **ndondo** (pacte) et boivent à la même coupe »*, comme nous aurons à le voir plus loin...

Cette préoccupation a amené ainsi Mabika Kalanda — qui dans ses investigations aura même fait certaines approches d'ordre linguistique[274] — à terminer ses réflexions en disant ceci :

---

[272] Mabika, o. c. pp. 80 - 81

[273] Tshibuabua Ashila Paashe (également de mère muluba), cité par Tshimbombo, o. c. p. 70
- Lusalu (de Kusala) = tatouer, faire une coupure (une scarification) dans le corps. Selon Mabika Kalanda, o. c. p. 81 :
- **Lusalo** (de kusala = faire une coupure dans le corps). Après une convention chacune des deux parties fait une petite incision sur la main de l'autre. Quelques gouttes de sang sont recueillies. On en asperge la viande de poule avant sa préparation. Quand le repas est apprêté les parties à la convention le prennent seuls et ensemble. (C'est ce ''pacte de sang qui a scellé une fraternité séculaire sans précédant'' entre Mukenge Kalamba et le lieutenant Hermann Wissmann, au nom de la partie allemande, en 1884 — cf. Clément Mutombo, Histoire germano – congolaise, Pistes Africaines, Chastre, 2013, pp. 84 et 88).
- **Kutua ndondo :** sceller un pacte d'amitié. Ceux qui concluent ce pacte prennent ensemble un pilon à piler le manioc et l'enfoncent dans le sol par un mouvement des bras. Idem
- **Kutua** : piler ; **ndondo** : trou **(de kuondola).** Cette formalité suit la convention (traité de paix, ou une espèce de mariage cum manu) et la rend indissoluble — ibidem

[274] Mabika Kalanda a même recouru à ce procédé d'abstraction propre à la langue Luba où le préfixe ou la syllabe « Lu » précède et/ou se rattache à une ou deux autres syllabes — cf. « ludiu » (gourmandise) de kudia (manger) ; « lusu » (volonté) de kusua (vouloir) ; « lufika » (colère) de kufiika munda (se fâcher) et cela ne l'a pas avancé... Toutefois, il aura trouvé que le mot Lusanga, commun au Tshiluba et au Kiluba, est le nom d'un arbre de l'espèce de chêne et que le mot « Lubangu » pris comme substantif normal signifiera « entaille » ou « coupure » tout court ; et si par exemple rattaché à « mputa wa... » — ce qui donnera « mputa wa lubangu » (plaie incurable), « lubangu » devient adjectif.
Mais, lorsque pris comme substantif verbal, il aurait pu s'écrire alors **« Nsanga'a lubanga »** — pas lire « **lubànga** » qui s'apparente au menton — ce qui se traduirait « l'arbre du commencement ». Or cette traduction ne se retrouverait pas en KILUBA (= le Tshiluba du Katanga), d'autant plus que commencer (**kubanga** en Tshiluba) est traduit par **kualula** en Kiluba ; et nous ajouterons que le mot *kualula* en Tshiluba signifie produire une ou des choses qui n'avaient pas été là, par des pratiques ou procédés occultes, magiques. Aussi, existe-t-il en ce dernier dialecte — le Kiluba — le mot « **kimango** » dira Mabika, qui signifie cicatrice et dont l'équivalent en Tshiluba est « **tshibangu** ». Si à la rigueur, **kimango** pouvait signifier entaille, le Nsanga'a lubangu du Tshiluba deviendrait en Kiluba « Nsanga'a Kimango », or, les Baluba du Katanga ne connaissent pas cette appellation. Cf. Mabika Kalanda, o. c. p. 84-85.

— (parce) « qu'en somme, les Baluba du Katanga ignorent le Nsanga' a Lubangu ;

— (parce) « que dans ces régions, l'arbre **Lusanga** est rare pour ne pas dire inexistant ;

— (parce) « que même en regard de leurs croyances, les Baluba (ceux du Katanga comme ceux du Kasayi), ne vénère pas le ''lusanga'' ; ils font usage des arbres tels mulemba ; mûmbu ; muâbi (cf. ces arbres au tronc et branches tout blancs, mais feuilles mi vertes mi brunes, qui bordent le petit boulevard devant le Château d'eau et conduisant vers le Centre Protestant), pour des motifs religieux, l'énigme du **Nsanga'a Lubangu** reste insondable...

L'hypothèse la plus vraisemblable reste donc celle d'après laquelle une partie de la peuplade Luba aurait quitté le Katanga à la suite de la mort de Kisulu Malwa, tué par son frère **Ilunga Mbidi** — lors d'une guerre de succession — et que d'après la chronologie établie par E. VERHULPEN, cet événement se situerait entre les années 1500 et 1560 »[275]...

Notre ''Nsanga'a lubangu'' aura fait aussi la préoccupation de Bakajika Ntumba Wishiya. Etant allé à la recherche de la localisation et/ou explication de Nsanga a Lubangu, il dira : « Nsanga'a lubangu... un point de chute, également point de départ [...] que d'aucuns font passer pour un arbre à entaille !... [...], mais pareil arbre, des mémoires de ceux qui vécurent longtemps au Katanga, pareil arbre n'existerait pas, sinon il aurait été réputé un haut-lieu touristique, à l'instar du baobab de Stanley à Boma, au Bas-Congo »[276].

Et nous ne fermerons pas cette parenthèse sans dire aussi un mot de notre part sur le « **Nsanga'a Lubangu** » — ce vocable à deux composantes.

Prenons d'abord la première composante :

— **NSANGA**

Le mot **nsanga** est le pluriel de *lusanga*, un arbre gros et de haute taille, du genre chêne. Dans notre contexte, il ne s'agit pas de plusieurs « lusanga » faisant « nsanga » sinon l'on aurait dit « nsanga ya lubangu » au lieu de ''nsanga a lubangu'' ; le « **a** » (synonyme ou contraction de **wa**) étant le singulier de « **ya** ».

Le mot **nsanga** peut être pris comme adjectif ou attribut : en effet, dérivant du verbe **kusanga** ou **kusangisha** (= assembler, rassembler), « **nsanga** » signifiera rassembleur comme qui exalterait le Seigneur Jésus en disant de Lui que c'est un « **Nsanga bantu** » — entendez : Celui-là-même qui disposa ensemble terre et eau ; qui fit que pagaies et pirogues composent

[275] Idem p. 83

[276] Bakajika, o. c. p. 12

ensemble ![277] ou « *Mukwa tshisanga, wa kasànga buloba ne mayi, wa kasànga mibambu ne mâtu* ». Le mot ''nsanga'' peut aussi être pris comme un substantif, par exemple : le lieu de rassemblement communément appelé « *tshinkunku nsanga bilembi* »[278].

Prenons maintenant la deuxième composante :

— LUBANGU

Ce mot est précédé d'une particule de détermination « **a** ». C'est ainsi que l'on écrira et prononcera le plus souvent : **nsanga' a lubangu** — le déterminatif « a » étant obtenu par contraction de *nsanga* et « *wa* ».

« *Lubangu* » s'apparente-t-il avec « **tshibangu** » qui signifie **cicatrice** (d'une plaie guérie) ? Dans ce cas, il y a eu coupure dans l'arbre ou blessure sur le corps. Et parlant toujours blessure ou mieux **plaie**, il existe en Tshiluba un autre entendement de **lubangu** dans l'expression « *mputa* (= plaie) *wa lubangu* », qui signifie une plaie qui ne guérit pas malgré soins et traitements — une gangrène .

« Lubangu » s'apparente-t-il avec **mbangilu** (également dit **tshibangilu**) et signifiant introduction, commencement, origine, début, genèse, etc. L'un comme l'autre dérivant du verbe **kubanga** synonyme de *kutuadija* c'est-à-dire : commencer, débuter ?... C'est probable pour cette dernière hypothèse, dans la mesure où ''Nsanga'a lubangu'' serait admis comme lieu de départ vers d'autres cieux, lieu considéré par les autres chercheurs comme point focal de dispersion — dans notre cas, vers le Kasayi.[279]...

Qu'il existe une localité quelque part au Nigeria portant le nom « SANGHA », c'est possible. Que dans leurs migrations nos ancêtres eussent séjourné longtemps au pays de l'actuel Nigeria, nous ne pouvons l'exclure ni l'infirmer. Mais, quant à faire une corrélation entre le soi-disant « NSANGA » et « SANGHA » ce dernier évoquant cette éventuelle localité quelque part au Nigeria et dont le nom aurait été donné en souvenir,

---

[277] Ici nous invitons le lecteur à prendre en compte les relations lignagères, familiales et sociales qu'a étudiées Lambert Museka, in La nomination africaine de Jésus Christ, quelle christologie, Louvain La-Neuve, 1988 pp. 198-201 – « nsanga bantu » = rassembleur d'hommes ; en effet, en Jésus Christ, il n'y a ni Grecs ni Juifs, ni esclaves, ni hommes libres, cf. Galates 3,28

- « *mukua tshisanga* » : ici allusion est faite à une appartenance ; *mukua tshisanga wa baa kasanga mibambu ni maatu* — traduisez : un de la tribu des rassembleurs, de ceux qui rassemblèrent pagayes et pirogues. L'on peut ainsi exalter quelqu'un — ici — Jésus Christ, comme ''un Rassembleur''.

[278] *Tshinkunku* est également un arbre ; ici, il est le lieu où les chasseurs (*bilembi*) du village ont convenu de se rencontrer aux jours et heures indiqués, avant de s'en aller à la chasse. Ils s'y donnent mot d'ordre et/ou consigne (s) à ne pas violer. « *Tshinkunku nsanga bilembi* » est un autre attribut de Jésus Christ ; plusieurs de ses attributs et noms de gloire sont consignés dans l'ouvrage pré-cité.

[279] Tshimbombo, o. c. p. 68

au site avoisinant les lacs KISALE et UPEMBA (au Katanga dans le Territoire de BUKAMA) — comme en a été le cas pour MALANGE et MALANDJI (non loin de Kananga) ici chez nous au KASAYI — les preuves ne sont pas réunies… Aussi parce que nous venons d'évoquer cette partie de l'ouest de l'Afrique, allons-nous vous relater cette autre version :

Mbidi Kiliwe un prince d'une contrée dans l'Ouest Afrique (probablement entre le Nigeria) et l'actuelle Côte d'Ivoire entrera en opposition avec son père, car n'obtenant pas de ce dernier (poutant encore en vie) de régner à sa place… Furieux, Mbidi Kiliwe fera ses bagages et videra les lieux. D'haltes en haltes…, il se retrouvera dans les plateaux de **Kamina**.

Là, il sera recueilli par **Ilunga Tshibinda**, un *Musonge* qui, en dehors des fils n'avait qu'une fille — *mukalenge mukaji* (= une princesse) du nom de **Bulanda…** Par la suite, le père de Mbidi Kiliwe enverra des hommes à la recherche de son fils. Les envoyés seront un jour face à face avec un chasseur, frère à Bulanda répondant au nom de **Nkongolo** qui les conduira à la résidence. Les messagers convaincront Mbidi Kiliwe de rentrer au pays, son père ayant consenti à lui céder le trône… Mbili Kiliwe à peine parti, Bulanda qui était entre temps enceinte de lui enfantera un fils.

Traditionnellement, chez les Luba, régis par le patriarcat, les enfants nés d'un père n'ayant pas versé la dot, reviennent au clan de la mère. (Les enfants sous ce statut sont appelés « *nkanda bîpwa* » ce qui signifie « *batambe bîpwa* » — entendez « neveux ou nièces avec préséance », tandis que sont neveux ou nièces tout court les enfants nés des sœurs dotées en bonne et due forme ; cette disposition accorde à ces neveux le droit de monter sur le trône). pouvoir… Alors, lorsque le père de Bulanda voulut donner son nom **Ilunga Tshibinda** au nouveau-né, Bulanda la mère du bébé singulièrement s'interposa. En guise de souvenir du géniteur de l'enfant — son homme parti — elle donna à l'enfant le post-nom de **Mbidi,** tandis que par égard pour son propre père, Bulanda donna à son fils le nom d'**Ilunga** et l'enfant s'appellera alors **Ilunga-Mbidi,** un nom composé. (Notons qu'il existe toujours et quelque part, une genèse… ; rappelons-nous ce qui est dit de ''la Fondation de Rome'' : les deux enfants — *Remus* et *Romulus* — allaités par une louve)...

Plus tard, lorsqu'Ilunga Tshibinda (père de Nkongolo et Bulanda) s'affaiblira, il cédera son pouvoir à Nkongolo et celui-ci ira initier au pouvoir ni son propre fils, ni un de ses jeunes frères, mais plutôt son neveu c'est-à-dire Ilunga- Mbidi, l'enfant de sa sœur Bulanda. Mais ce neveu depuis sa montée sur le trône n'ira que des déceptions en déceptions. En effet, que d'abus !... Et le comportement de ce Ilunga Mbidi le rendra indésirable…

Pour ôter le mal, les sages et anciens persuaderont le neveu que : jusqu'à présent, il régnait sans pour autant être investi. La cérémonie d'intronisation consistait à le hisser puis le laisser perché, seul sur le chêne du village pendant que d'autres rites (d'ordre occulte) compléteraient le rituel… Ilunga

Mbidi ainsi perché, l'on commença à abattre le chêne… Or, pour abattre un arbre de cette trempe, voire même tout autre arbre jugé dangereux, dans nos villages, les paysans ont une technique très sécurisante : ils commencent par faire une entaille du côté où ils veulent que l'arbre échoue, pendant que l'abatteur continuera l'achèvement en se tenant dans le flanc opposé. C'est ce qui s'appelle **« kuela mbangu »** — l'entaille étant le « **mbangu »** ou cette plaie ou coupure que l'on provoque à dessein afin de gérer et orienter la chute de l'arbre et s'en protéger… Du haut de *lusanga* (chêne), l'infortuné ayant senti sa mort imminente, il demandera grâce avec supplication, en promettant un comportement et des égards plus civiques au sein du groupe… Alors, on l'en fit descendre… Mais une fois à terre, l'homme redevint « *lion et léopard* » (c'est une expression luba : '' **muntu kulua ntambwe, kulua nkashama** '' — et vous connaissez la férocité de ces deux fauves)... Ilunga-Mbidi se rallia quelques hommes (dans tout pouvoir ces mouchards ne marquent pas), et il s'en suit des représailles…

Les deux fractions s'opposèrent et en vinrent aux mains[280] ; la contrée s'ébranla et les gens vidèrent les lieux, se disséminant en étoile… Donc, plus d'une personne parlant du site d'où seraient partie la majorité des populations du Kasayi parlent de « *nsanga'a lubangu* ». Cet arbre famille des agacées est de grande taille (nous l'avons vu). Situé dans un village le chêne tend à donner son nom à celui-ci ou à l'endroit-même où il se dresse. C'est ainsi que l'on parlera de : « *mu lusanga* » = au *lusanga*, au chêne — cf. cette localité dans la Mission de Mikalayi : le site-même où sont construits le couvent des Frères ainsi que l'ex Ecole Saint Dominique Savio s'appelle « *mu Lusanga* ». Et Tshimbombo revient pour nous dire que le *lusanga* (chêne) devient alors un point de repère très important pour les voyageurs ; un centre pour les renseignements topographiques. C'est ainsi que celui dont question dans ce mot composé « *Nsanga' a lubangu* » donne à ce site une

---

[280] Si ce que nous venons de coucher est une « version/légende », il y a, à la lumière de ce qui dégénéra en débandade à partir de « lusanga »…, un fait réel, qui y eut lieu : Mvita ya Kayowa wa Bayombo — traduisez : « conflit au sujet de Kayowa, fille du clan des Bayombo » décrite par l'Abbé Mpoyi Lazare (lu par Mukenge Shabantu, o. c. pp. 88-89 pour illustrer, dit-il, la stupidité d'un conflit sanglant entre les Baluba eux-memes) : « Mvita ya matshimbu, ivua mienzeke munkatshi mua Muluba ; yanyangisha bintu; yoshisha misoko mijima, yabutuisha bantu. Kayowa kushiya bayende, kuya kubanza kua mulume mukuabu wa Bena Tshimungu ; mumuke mu Bakwa Tshimuna, bobo bantu bamwe. Bayende kukeba mua kumuangata, mvita pa makasa ; e kunyiemaye. Uya muabu (e) kulonda bualu ; abu ne : « mbimpe mukajetu apingane » ; bavua ne mukaji kubenga.
Mvita mikole, mioshe ne mibutule bantu ne midie bilobo kuenzekayo. Bakua Mbuyi kubwela mu mvita ; badisange ekubilabo Mukwa Nsumpi. Kutapabo Muena Tshimungu kushiya muende tshipela ; bantu kufua belangana nyima ! kuangata Kayowa kuya nende… . ».
En résumé, l'histoire de Kayowa, une femme infidèle, entraîna un carnage parmi les Baluba. Kayowa fut jugée et mise à mort. (Avant d'être pendue, Kayowa demanda la parole : elle voua au même sort « toute femme qui déserterait le toit conjugal pour aller cohabiter avec un autre mari » ; et ajouta : « que désormais tout homme ne prenne en mariage une femme de telle espèce ».

importance, un repère ; repère parce qu'il était considéré comme site de l'arbre *lusanga* avec entaille, là même où certains auteurs fixent le centre de dispersion des Bantu[281]. ...

Après cette ronde à travers les différentes versions, avons-nous trouvé la localisation exacte de *Nsanga'a lusangu* et son explication ? La réponse est que l'énigme de *Nsanga'a lubangu* reste (jusque-là) insondable !... Toutefois, n'ayant trouvé ni à redire ni à contredire, on conviendra avec Mabika Kalanda ainsi que toute l'oralité en la matière — le père, la mère ainsi que tout le clan nous l'ont souvent répété — que les Baluba du Kasayi, qu'on les appelle Bapemba, Bena Lulua, Bena Konji (Bakwa Luntu) ou tout simplement Baluba, sont originaires du mythologique **Nsanga'a Lubangu**, (tout comme leurs frères Baluba Shankadi, du et au Katanga)... Au sujet de leurs migrations spécialement en direction du Kasayi. J.VANSINA[282] écrit que ces migrations ne sont pas faites d'un coup ; elles se sont échelonnées sur une période longue et en couches successives, les **Bakete** ayant probablement fait partie de cette première couche (comme strate de recouvrement). Et Mabika Kalanda qui a pris en compte et aura comparé les investigations de J. Vansina à celles de Verhulpen, dira qu'on peut être fixé sur quelques points non sans importance :

— les Bena Lulua — premier groupe des Bapemba, immigrants venus de *Nsanga' a Lubangu*— sont arrivés au Kasaï avant 1700. Ils font une percée vers Luebo par la Miyawu entre 1700 et 1800 ;

— les Bakwa Kalonji de Mutombo Katshi sont au Kasayi entre 1750 et 1800 ; ils viennent aussi de *Nsanga' a Lubangu* ;

— les Bena Konji ou Bakwa Luntu et les Bakwa Mputu sont aussi au Kasayi entre 1750 et 1800 ; ils viennent aussi de Nsanga a Lubangu ;

— le dernier groupe des Bapemba (Bakwa Disho, Bakwanga...) marche vers l'Ouest entre 1800 et 1850.

Donc, cette arrivée des Bapemba au Kasayi s'est faite par vagues successives depuis la dislocation du Premier Empire Luba. Et qu'à l'intérieur du Kasayi-même, il y a eu des mouvements d'expansion de ce peuple qui a formé une strate de recouvrement sur un substrat autochtone[283].

Notons que la préoccupation de notre ouvrage n'étant pas de chercher à localiser avec exactitude le *Nsanga' a Lubangu*, ni de savoir lequel des Luba au Kasayi y a le premier planté son étendard — en d'autres mots, lequel le premier y a foulé le pied ?, ce qui créerait des interprétations et polémiques sans objet — nous nous emploierons à ne relever que les points saillants devant définir le rôle qu'aura joué tel ou tel clan, dans le cheminement de notre Histoire du Kasayi. C'est ainsi que l'on ne cessera de le répéter, les

[281] Cf. Tshimbombo, o. c. p. 69

[282] J. Vansina, Les anciens royaumes de la savane, Léopoldville 1965 p. 124, cité par Tshimbombo, o. c. pp. 71-72

[283] Cf. Mabika, o. c. p. 79

Luluwa, dans l'immense Etat luba, avaient (certainement) joué un rôle : d'abord comme véritable Luba nous dira A. Van Zandijcke. En effet, au point de vue linguistique, les Luluwa n'ont point d'autre langue que le Tshiluba, qu'ils partagent avec les Luntu et les Luba du Kasaï-Oriental[284].

Aussi en parlant d'eux-mêmes, les Lulua se qualifient de « descendants du grand frère[285] » par rapport aux Luba du Kasaï Oriental qui sont eux, « descendants du petit frère » et ensuite, de par leur position géographique à la frontière Ouest, ils étaient des véritables gardes-frontières pour le royaume Luba.

Oui, étant l'aile la plus avancée des migrations Luba à l'Ouest du pays, ils devaient — les Lulua — de par leur bravoure et leur diplomatie, dissuader toute ambition Kuba et surtout Tshokwe (bien équipés en armes) d'attaquer le royaume Luba, nous apprend R. Cornevin[286]. En effet, le côté de l'empire Luba tenu par les Luluwa fut tellement solide — (et c'est là que c'est très important) — que les envahisseurs Tshokwe et les Bayeke de Msiri l'évitèrent, quand ils se mirent à détruire le grand royaume Luba par le Sud et par l'Est[287].

Tshimbombo dira que les Lulua utilisaient des lances, couteaux, massues, haches et surtout des flèches empoisonnées qui les rendaient redoutables et inattaquables ; et plus tard les Luluwa, par leur commerce avec les Tshokwe, ont possédé des fusils et ainsi ont pu dissuader les Arabisés de les attaquer. Disposant de beaucoup d'armes et guidés par des chefs clairvoyants et dynamiques, les Luluwa étaient devenus les protecteurs de leurs frères de la Lubilanji qui venaient se réfugier chez eux, et envers qui, ils montraient un véritable esprit d'accueil et de fraternité[288].

Le père A. Van Zandijicke[289] de son côté écrit ceci : *« les Baluba pouvaient compter sur la protection des Bena Lulua [...]. Les Lulua — leurs demi-frères — possédaient déjà beaucoup de fusils qu'ils s'étaient procurés depuis 1870 par leur commerce avec les Batshioko. Et Kalamba leur grand chef était un personnage puissant et bien disposé à leur égard ».*

Oui, d'éminents chercheurs et d'autres notables viennent de nous brosser, tant soit peu, les origines et/ou causes plus ou moins encore fraîches en

---

[284] Cf. Van Zandijcke, o. c. p. 326

[285] Il y a une pratique selon laquelle, avant d'ouvrir une mine artisanale au Kasaï Oriental et particulièrement en milieu Baluba, il revient à un Lulua présent sur les lieux, de donner le premier coup de pioche parce qu'étant **« muana wa mukulu »** c'est-à-dire « enfant du fils **aîné** »...

[286] R. Cornevin, Histoire des peuples de l'Afrique Noire, Berger Levrault, Paris, 1963, pp. 590-598, cité par Tshimbombo, o. c. p. 76. Et il fait remarquer que les Tshokwe venant de l'Angola étaient, depuis le XVIe siècle, en contact avec les Portugais qui leur fournissaient des fusils (et autres moyens de prestige).

[287] Ki-Zerbo ; o. c. p. 326, cité par Tshimbombo, o. c. p. 76

[288] Cf. Tshimbombo, o. c. p. 77

[289] A Van Zandijcke, o .c. pp. 118-119

mémoire, du déménagement des populations Luba qui se rattachent à ce mythologique *Nsanga' a Lubangu*, contrée d'où elles se sont dispersés...

Après avoir parlé du **clan Lulua,** nous irons, dans les lignes qui suivent, tenter de parler du **clan Baluba ;** et toute cette relecture, c'est pour nous amener à comprendre comment les Luluwa et les Baluba — deux frères — qui, après Nsanga a Lubangu, installés chacun éloigné de l'autre : l'un dans le bassin des « Mbilanji Ibidi » et l'autre dans celui de la Luluwa, en sont venus aux mains et ; comment ils ont transcendé le différend qui les avait opposés, par **une réconciliation fraternelle.**

2.4.2. Un Mot sur le Clan Baluba

Nous ferons remarquer au lecteur qu'avoir parlé d'une manière particulière des Lulua et bientôt des Baluba, retiendra ces deux faits :

— le premier fait dénote que ce conflit de triste mémoire qui a opposé deux frères a évolué sous les yeux de l'Administration coloniale ; et...

— le second retient que les Luluwa et Baluba — deux des composantes des populations du Kasayi — ont été et *acteurs* et *victimes* ; l'administration qui a conditionné l'agir de chaque force en présence s'étant fait metteur en scène et vous le savez tout aussi bien que nous, que les metteurs en scène ne sont jamais sur la scène, mais plutôt dans les coulisses...

Aussi, revenant sur ce que nous avons dit au lecteur plus haut qu'il n'est pas aisé de parler des Luluwa sans parler des Baluba, allons-nous vous demander de remarquer qu'il n'est pas non plus aisé de parler des Baluba isolément, sans parler des Lulua... Et que disent les auteurs à propos des Baluba et qui sont ces auteurs ? Il y a entre autres :

— E. VERHULPEN dont Mabika Kalanda[290] dira que « de tous ceux qui se sont occupés de l'histoire des Baluba, Verhulpen est considéré — sans méconnaître le père P. Colle[291] et les autres — comme le seul à avoir tenté un travail à la fois d'analyse et de synthèse ». Il aura définit les Baluba comme ''un groupe'' linguistique formé par les populations parlant divers dialectes **luba''**[292]. Toujours d'après Verhulpen, ce groupe comprend — outre les Bena Lulua — les Baluba de Mbuji-Mayi ; Les Baluba de Kinkonja (Bukama) ; les Baluba Shankadi ; les Bena Kanyoka ; les Bakwa Luntu ; les Baluba *Sanga* ; les Bayembi ou Basonge ; les Bapemba et/ou Bahemba (ou encore Baluba *Hemba*) ; les Wazula et quelques groupes Wagenia [293] ;

---

[290] Cf. Mabika, o. c. p. 71

[291] **P. Colle**, les Baluba, coll. Monographies Ethnologiques, T. I et II, Ed. A. Dewit, Bruxelles 1913, p. 45 — cité par Mabika Kalanda, o. c. p. 71

[292] **E. Verhulpen**, o. c. p. 23

[293] Wagenia : le pluriel de mugeni — étranger en swahili — est un ensemble ou groupe des Baluba qui seraient venus de Kongolo en descendant (avec) le fleuve et puis, se sont installés là où on les trouve présentement, un endroit propice pour la pêche (voir cette pêche à la nasse pratiquée par les Wagenia, dans les anciens billets de 50 NZ), dans la province orientale. Source : Constantin Kimuha, un notable du Kivu.

— le père A. SAMAIN[294] qui, parlant des Basonge, écrit ceci : « Ils sont un embranchement de la grande peuplade des Baluba, ils viennent des environs du lac Samba » ;

— le père VANDERMEIREN[295] qui nous renseigne que les Baluba *Hemba* sont intimement apparentés aux Baluba de l'Ouest et du Sud-ouest dont ils partagent les croyances, les coutumes et la langue ;

— le père E. VAN CAENEGHEM[296] : celui-ci — pour mettre en évidence les liens qui unissent les Baluba et les Bena Lulua — affirme quant à lui que *« les Bakwa Kalonji (ka Mpuka et ka Tshimanga) et les Bena Lulua sont deux branches de la grande lignée Baluba qui est répandue sur toute la province du Katanga... Ils sont tous essentiellement Baluba sous quelque aspect qu'on les considère »...*

Ici nous irons paraphraser Mabika Kalanda qui dit : **« dès lors, les Baluba — du Katanga au Kasayi — sont un seul et même peuple ».**

Et nous de nous poser alors cette question : **Pourquoi alors ces êtres humains, frères de leurs frères du Katanga, sont-ils l'objet des tracasseries au Katanga ?... (**Le père Aimé Van ZANDJICKE n'a-t-il pas dit — nous l'avons vu plus haut — que *« jusque vers 1870, aucun terme générique ne désignait ceux que nous sommes convenus d'appeler les Bena Lulua. Quand eux-mêmes voulaient se désigner sous une appellation commune, ils se disaient des Baluba émigrés, venant du sud, ce qu'ils sont en réalité »* ?)[297]...

— E. WAFUANA : de lui nous retenons qu'une légende laisse entendre que ceux qui sont devenus (les) Baluba ont habité une vaste contrée dans le sud-est du continent africain. L'homme qui régna sur eux en ces temps-là mobilisa le peuple pour ériger une haute tour à partir de laquelle ils iront voir où réside Dieu... L'on ignore quel était le nom de ce roi, mais le sobriquet de « **Kalunga** »[298] lui fut collé en rapport avec le chantier de la tour en question... Mais la « tour de *Kalunga* » se renversera tout comme la célèbre « Tour de Babel »[299] ; et beaucoup de Baluba périrent... Les rescapés

---

[294] **A. Samain,** La langue Kisonge, Ed. Goemaere, Bruxelles, Coll. Bibliothèque Congo Fasc. XIV, p. 6 cité par Mabika Kalanda (o. c. p. 67)

[295] **Vandermeiren** « Vocabulaire Kiluba-Hemba », p.5 cité par Mabika Kalanda, idem.

[296] E. Van Caeneghem « Dispositions pénales coutumières chez les Baluba et Bena Lulua du Kasaï » in Revue Aide Médicale aux Missions, mars 1949, pp.13-16 – cité par Mabika Kalanda, o. c. p. 68

[297] Mabika, o. c. p. 67

[298] « *kalunga* » : du verbe *kulunga* = joindre, superposer – mieux : *kulungakaja* = surperposer l'un sur l'autre (en parlant de différents niveaux, paliers ou étages).

[299] -Louis Second (Bible) nous dit que le mot Babel (Gn 11, 1-9) est expliqué par le verbe Balal = confondre ; et que le même mot en babylonien peut être traduit par « porte de Dieu ».
- Franck Reisdorf- Reece (Encycl. Biblique), également, traduit Babel par confusion, en explicitant que c'est la ville du royaume de Nimrod (Gn 10 ,10) par qui, elle aurait été appelée Bab-Il, « la porte de Dieu". Et c'est là que les descendants de Noé un siècle après le déluge, s'entendirent pour bâtir une ville et une tour dont le sommet atteindrait jusqu'aux cieux c'est-

s'éloignèrent de la contrée sous la conduite de *Kalunga* ; et durant le reste du règne de celui-ci, les Baluba sont désignés par le vocable « *Bakwa Kalunga* », « *baa kalunga diulu* » — traduisez : « ceux qui érigèrent une grande tour vers le ciel »[300]. Après la mort de Kalunga, sa fille Ntumba lui succéda... Nous sommes quelque part dans notre vaste plaine du bassin du Zambèze dite « *Mpata a Kalunga* » où fleurissent plusieurs civilisations dont celle du Zimbabwe. Toutes les personnes âgées tant au Kasayi qu'au Katanga — nous dit E.Wafuana — parlent avec vitupération sinon avec exaspération de « Mpata a Kalunga »... Et bien plus tard, un groupe des Luba atteindra la région du lac Upemba puis, s'installera dans la plaine ou site qui deviendra « Nsanga' a Lubangu »...

Il est de coutume de désigner, chez les Luba son successeur avant sa mort ; et le plus souvent, parmi ses fils (et pas nécessairement le fils aîné)[301]. Aussi, le choix du dauphin ne faisant pas l'unanimité, un prince aigri voire même un frère du chef également mécontent, se ralliera à d'autres aigris ; et ces opposants videront les lieux...

S'étant ainsi retirés, ils iront s'organiser pour livrer un jour la guerre au nouveau régnant, à l'issue de laquelle le vainqueur tuera le « frère ennemi » ou le neveu pour prendre ou conserver le pouvoir. Beaucoup de gens y auront péri ; des champs et villages ravagés, dévastés et incendiés !... Alors les sages des différents clans se pencheront sur la situation... et après réflexion, ils réussissent à faire rassembler toutes les forces en présence, à savoir tous les clans Luba avec leurs chefs respectifs en tête, afin de dégager les pistes de solution[302].

Tous les clans se rassemblèrent avec leurs chefs respectifs sous le grand chêne appelé « *Mutshi wa (lu) sanga* » qui de par sa hauteur et les dimensions de ses branches dominait la grande plaine au centre de la région de (l') Upemba, en vue d'y faire le point sur la situation et en tirer les conclusions salutaires pour tous. Chaque clan, par la bouche de son chef, dévoila toutes les rancunes et haines ; et exprima son opinion sur la situation et proposa une solution... Puis vint le tour du plus âgé des notables qui

---

à-dire, une tour d'une très grande hauteur pour se faire un nom... Mais leurs efforts furent anéantis par Dieu qui confondit leur langage ; et c'est de là que l'Eternel les dissémina sur toute la surface de la terre... Nous y reviendrons plus loin, dans « les Populations du Kasayi ».

300 Cf. E. Wafuana, o. c. p. 46

301 A propos, il y a un adage luba qui dit : « mukulu kutumba, mmulela wa muâbi ! » :

- **mukulu** = l'aîné (et/ou le plus âgé),
- **kutumba** = être exalté,
- **mulela wa muabi**... C'est comme pour dire que c'est un cas rare, de voir un aîné devenir le chef du groupe — l'un de ses fils oui. Toutefois, il lui sera réservé les prérogatives et/ou privilèges d'officier le (s) culte (s) à l'égard des ancêtres et a droit à des égards particuliers – cf. le cas de Aaron et Moïse.

302 Cf. Wafuana, o. c. p. 47

harangua l'assemblée en insistant sur l'origine commune des Luba. L'on en vint à conclure une alliance dont voici la teneur : « Tous les Luba doivent vivre dans des chefferies séparées et indépendantes et peuvent, s'ils le veulent, se retirer dans d'autres régions. Ceux qui sont voisins se doivent la paix mutuelle »… C'est ainsi que depuis, la palabre se tient toujours sous un grand arbre choisi ; comme ce fut le cas avec le « Nsanga a Lubangu »[303]

Au regard de ce que vient de nous relater E. Wafuana, nous retiendrons :

— qu'après querelles ou différends, il y a eu rencontre — genre « *commission-vérité et réconciliation* » — pour faire le point, et remettre les choses en place ;

— que cette rencontre a eu lieu quelque part, et il est de coutume à l'africaine, que la rencontre se tienne sous un (grand) arbre (assez ombrageux pour contenir les assemblées) souvent appelé en Tshiluba « *mutshi wa masambakanyi* » ;

— que cet **arbre** ('' lusanga ''), arbre de grande taille et sous lequel et autour duquel aura eu lieu cet événement, a joué un rôle de repère. Repère, bien qu'un doute subsiste dans ce fait que notre arbre — appelé chez nous « lusanga » (= le chêne) et qui se nomme « **bolondo** » en Kimongo à l'Equateur ; en Province orientale : « **bokongo** » ; au Bas-Congo : « **kambale** » en Kiyombe, « kambale » et **Iroko** étant le nom commercial de cette essence dont le bois est très apprécié à cause de sa qualité et sa résistance alors que « **chlorophora excelsa** »[304] en est le nom scientifique) — identifié à « **Nsanga à Lubangu »,** se serait localisé dans les plaines avoisinant l'actuel **Kamina,** alors que le relief de cette localité ne laisserait pas supposer l'existence d'un arbre de ce genre !...

Mais cela n'empêche pas les Bakwa Luntu, les Badindji, ceux qu'on a appelés Bapemba puis Bashilange même Bena Moyo et présentement Bena Lulua, ainsi que les Baluba (tout court) — entendez ceux de Mbuji-Mayi — de clamer : ''nous sommes (tous, hommes, femmes, enfants et biens — sujets, mieux ''propriété'' de et) descendants d'un ancêtre commun, **Ilunga**

---

[303] Toujours et encore à propos de Nsanga a Lubangu, Mabika Kalanda, (o,c. p.85) nous fait remarquer que le « lubangu » en Tshiluba traduit par entaille, signifie « Kibale » en Kiluba ; et qu'il existe en ce dernier grand dialecte le mot « Kimango » pour traduire cicatrice qui est elle en Tshiluba : tshibàngu. Si à la rigueur, Kimango pouvait signifier entaille, le Nsanga a Lubangu du Tshiluba deviendrait en Kiluba « Nsanga ya Kimango ». Or les Baluba du Katanga ne connaissent pas cette appellation — nous l'avons dit plus haut.

[304] Le « **chlorophora excelsa** » :

- est une essence protégée et réglementée ; on ne peut l'abattre avant qu'il n'ait atteint un diamètre minimum de 80 cm. Si abattu à moins de 80 cm, on est poursuivable ; et déjà à ce diamètre, il fournit 6 m³ de bois d'œuvre ;
- en savane, le **lusanga** peut atteindre 1,20 m de diamètre et 6 m de fût ;
- en foret, il ira jusqu'à 2 m de Ø et avoir 15 à 20 m de fût.

Source : Liste des Essences forestières du Zaïre, Département des Affaires Foncières, Environnement et Conservation de la Nature, SPIAF, 1988 et Julien Kweto chef de Division de l'Environnement/Kasaï Occidental

Mbidi, un même peuple venu de Nsanga'a Lubangu. Et l'histoire la mieux connue de ce peuple commence à la fin du XVe siècle de n.e., avec l'avènement d'un seigneur Songe (ou Musonge) des Babui, du nom de **Kongolo** venu du Maniema, qui par les armes, s'imposa et rassembla toutes les chefferies (luba) — jusque-là indépendantes les unes des autres, mais parlant une même langue, le Tshiluba ou le Kiluba — qui vivaient entre le fleuve Lualaba et la rivière Lomami. Et Kongolo créa ainsi le Premier Empire Luba…

Oui, selon E. Verhulpen, les Basonge sont les fondateurs du Premier Empire (14e et 15e siècle) avec Nkongolo comme « *Mulopwe* » ou Seigneur ; et les Bakunda fondèrent le Second Empire. Ce fut une seule dynastie, mais avec changement de régime successoral : l'on est passé du patriarcat Basonge au matriarcat Bakunda pour revenir au régime patriarcal.

Le seigneur de ce Second Empire est Ilunga Mbidi, fils de Mbombwe Mbidi (mukunda) et de mère *musonge*, Bulanda (sœur de Kongolo) et ce Second empire des Baluba aura traversé trois périodes :

a) une période de conquête qui va de 1550 à 1600 ;

b) une période de guerres fratricides pour la succession, et période également d'insoumission de certains seigneurs : il s'ensuivra désorganisation sociale et disettes ! Cela est allé de 1600 avec Kasongo Muine à 1700 avec Kadilo ;

c) une période d'invasion étrangère (Tutshiokwe ; Bayeke ; Européens…) ; cette période est allée de **Kadilo** à **Kasongo Nyembo** soit de 1700 à 1885…

Et ce Second Empire muluba a fini par se scinder en trois parties : le royaume de **Mutombo Mukulu** à Kaniama ; le royaume de **Kasongo Nyembo** à Kamina[305] et le royaume de **Kabongo** à Kabongo. Aussi, les populations actuellement au Kasaï n'auront pas fait partie de ce Second Empire. En effet, VANSINA — qui a de son côté tenté de chercher à combler des lacunes laissées par l'éminent auteur Verhulpen (entre autres les causes et l'époque à laquelle une partie des Baluba ont émigré vers l'Ouest ; et qui, après avoir étudié parmi les migrations au Kasaï celles des Lulua et celles des Bapemba[306] (en faisant appel à la méthode linguistique qu'auront appuyée les traditions orales recueillies sur place) — retiendra l'hypothèse comprenant quatre parties dictées par les nécessités chronologiques autour desquelles gravitent les faits historiques, qu'il s'est forcé de localiser dans le temps :

---

305 Il existerait un lac du nom de Kipukwe — entre Kamina et Kabongo, à plus ou moins 80 km de Kamina — considéré comme site sacré et dont l'eau sert de purification de tout nouveau Kasongo Nyembo, avant son investiture — propos recueillis du notable Tshinuishi.

306 Mabika Kalanda (o. c. p. 74) nous fait savoir que « dans cette partie de l'exposé, nous respecterons l'orthographe qu'adopte l'Institut International de Linguistique Africaine et qu'utilise VANSINA.

Avant 1700

Avant cette date, J. VANSINA — qui aura découpé le Kasayi en sept zones[307] — estime que les zones IV et V, soit les territoires devenus Luluabourg, Luiza, Tshikapa, Luebo etc., étaient occupés, jusque vers 1700 de n.e. par les **Batwa** vivant en symbiose avec les ancêtres des **Bakete** (ceux du Nord comme ceux du Sud).

Les **Bena Lulua** (dira MABIKA Kalanda) sont — jusqu'à preuve du contraire — arrivés au Kasayi avant 1700 et qu'en route, ces populations assujettirent beaucoup de groupes autochtones[308]. TSHIMBOMBO Mudiba de son côté signale que selon le même professeur Vansina, le peuple Lulua serait dans l'emplacement actuel depuis le 15e ou 16e siècle.[309]

Pour E. WAFUANA[310], les anciens occupants notamment les Bakete trouvés sur les lieux, avaient réussi à ne pas se faire refouler par ces immigrants, qu'ils appelèrent « **Bapemba** ».

Ici, nous ouvrons une parenthèse pour dire au lecteur que le comportement des Gabaonites, devant les immigrants Israélites[311], n'a pas été imité par nos frères Bakete. Nous pensons que l'intégration, l'assimilation, la cohabitation ''Bapemba (nouveaux venus) et Bakete'' ont dû s'opérer sans difficulté.

De 1700 à 1750

C'est la période des invasions du Kasayi par des peuplades étrangères à la région, entre autres celles venues du Nord-ouest (peuplades originaires du Bas-Kwango) ; celles venues du Sud-ouest (peuplades du Haut-Kwango) ; et encore celles des **Bapemba** (venus du Sud-est).

Il fut cependant noté que depuis la dislocation de l'empire en trois royaumes (voir plus haut), le terme ''**Bapemba**'' qui, à l'origine avait désigné l'ethnie Luba dans son ensemble, sera appliqué aux Baluba de Kasongo Nyembo et de Mutombo Mukulu ; ceux-ci l'appliqueront sur toutes les tribus émigrées au Kasayi alors qu'au Kasayi-même, les Kanioka rejetteront cette appellation sur les Baluba de Mbuji-Mayi tandis que ces derniers l'emploieront pour désigner les Bena Lulua. Ceux-ci, qui l'ont toléré jadis, l'acceptent encore volontiers, car se reconnaissant descendre directement de **Mupemba** wa Nkole'a Tshilonda, ancêtre de tous ces

---

[307] Zones : dans les limites desquelles il (J.Vansina) montre quelles tribus constituent le substrat de la population actuelle du Kasayi, c'est-à-dire, lesquelles peuvent être considérées comme autochtones. Il en fait de même pour ce qui concerne les groupes qui forment un recouvrement sur le substrat ; le stade de recouvrement étant formé par les nouveaux venus au Kasayi – cf. J. Vansina, Migrations dans la province du Kasayi. Une hypothèse, Zaïre, janvier 1956, cité par Mabika Kalanda, o. c. pp.74-75.

[308] Cf. Mabika, o. c. p. 77

[309] Cfr J.Vansina, Les anciens royaumes de la savane, I.R.E.S, Léopoldville 1965, p. 167

[310] Cfr E. Wafuana, o. c. p.19

[311] Cf. Josué, 9, 1 - 2

groupes. D'ailleurs les travaux du R.P. Colle (cité par E. Wafuana) ainsi que d'autres recherches ethnologiques tiennent pour vraie la thèse défendue sur une partie de l'histoire commune et à propos d'une parenté plus rapprochée entre les **Bapemba** de « l'entre Mbuji Mayi — Lulua — Kasaï » et les Baluba-**Bapemba** et les **Bahemba** du Katanga. Le grand chef Kabamba Mudiangombe alias **Tshipama** des Kanioka et le *Mulopwe* Kasongo Nyembo (alors membre du Comité central du MPR) ont confirmé cette version chez *Muanangana* **Kalamba** Mangole Sylvestre en 1986, lors d'une réception en leur honneur[312]...

Ici, une préoccupation voit le jour : qu'ils se soient rejetés le vocable « *Bapemba* » les uns sur les autres, c'est un fait... Mais est-ce par mépris ?... Tshimbombo se demande : « Y aurait-il eu quelque chose d'humiliant du côté de Mupemba en rapport avec son frère Muluba... une défaite peut-être ou autre fait ayant conduit à considérer le vocable « *Bapemba* » avec dédain ? On ne saurait le dire », a-t-il répondu[313].

Toutefois, nous sommes amenés à conclure avec Tshimbombo que du fait que les Lulua ne se fussent pas déchargés sur un autre clan du Kasaï en le désignant « Bapemba » ou pire « Tupemba » et encore plus pire « *Tupembapemba* » (un diminutif plus amoindri), cela prêterait à croire que la liste des Luba, fils de Mupemba se réduit aux Kanioka, Baluba (de Mbuji-Mayi), Lulua et Luntu. Et, pour mieux comprendre ce que nous venons de dire à propos de ce « rejet » (Bapemba) et des deux « frères » Mupemba et Muluba, allons-nous revenir au tableau généalogique dressé par Tshimbombo dont nous avons pris connaissance plus haut... et le laisser nous dire que ce Mupemba était, selon la tradition orale, le « muanabu » c'est-à-dire « le frère » de Muluba ; et que l'on ignore qui était le père de Mupemba et Muluba.

Et comme il arrive à un homme de donner son propre nom à l'un de ses enfants — cela s'appelle ''kudînyika'' — le père de Mupemba et Muluba se serait appelé aussi Muluba. Tshimbombo aura même ajouté que selon VERVAECKE[314], Mupemba aurait été l'ancêtre des Luluwa, Luntu, Baluba (ceux appelés communément Baluba de Mbuji-Mayi), Kanioka et même des Babindi ; d'où l'arbre généalogique dont nous avons pris connaissance plus haut et que nous reproduisons ci-dessous :

---

[312] Cf. Wafuana, o. c. pp. 19 et 50
[313] Cf. Tshimbombo, o. c. p. 62
[314] VERVAECKE, ''Les Bena Lulua'', in Revue Congolaise, Bruxelles, 1910, pp. 69-86, cité, par Tshimbombo, o. c. p. 91

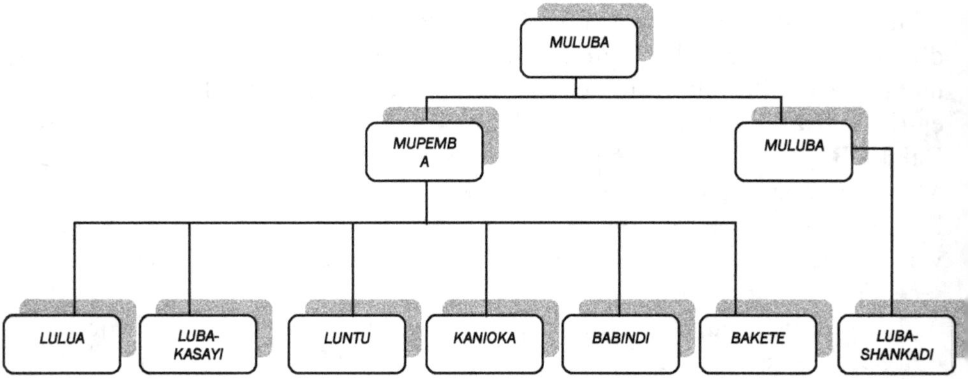

Or, nous avons vu que les Luluwa — les derniers sur qui le terme Bapemba a été appliqué — ont volontiers accepté ce vocable en tant que descendants directs de Mupemba wa **Nkole wa Tshilonda**. Et dans l'arbre qui vient de nous être reproduit, Mupemba comme MULUBA sont fils ou descendants de MULUBA (qui doit s'être donné le nom — ''*mudîdike*'' — c'est-à-dire qu'il aura donné son nom à l'un de ses deux fils notamment à Muluba ; cela est d'usage chez les Bantu, nous l'avons vu plus loin)[315]... Pouvons-nous déduire que MULUBA — père de Mupemba et de Muluba (*mudîdika*) — aurait eu pour autre nom « Nkole » ? Ou, ce vocable « Nkole » il l'a eu comme sobriquet ou post-nom ?... C'est possible, et dans ce cas, le sobriquet — plus usité — doit avoir pris une prédominance sur le nom[316]. Notons qu'à ce Nkole, il a été ajouté des attributs à tel point qu'il est devenu **Nkole a Bayembi** (de qui descend l'ancêtre Muyembi des Songe) ou **Nkole Luabanya** (du verbe *kuabanya = distribuer*), parce que un peu avant sa mort, il se mit à distribuer, à léguer ses insignes de pouvoir — sceptre, lance, hache, bracelet, toque, collier, etc. — à chacun de ses fils)... Au Kasaï, la majorité des tribus qui y vivent présentement sont d'avis qu'elles viennent de **Nsanga-a-Lubangu** — site devenu une coordonnée géographique, un repère. Et quant à ce qui a trait à la généalogie, ces tribus admettent une légende commune qui les fait descendre de Nkole ; ils se disent « *ndelanganyi ya* = descendance de NKOLE » lui-même arrière-arrière-petit-fils de ILUNGA Mbidi, Nkole wa Tshilonda, dont la résidence se serait fixée à Nsanga'a Lubangu que l'on situe entre l'Est de Kamina et Malemba-Nkulu, suivant certaines personnes interrogées dont feu grand chef Kasongo

[315] Chez les Bantu, il est d'usage que l'on donne à l'un de ses fils le nom de son père (vivant ou mort), et à l'une de ses filles le nom de sa mère (en vie ou décédée), cela pour l' l'honorer, pour conserver à jamais la lignée.

[316] Nous connaissons des cas où le sobriquet est passé pour nom par exemple « MUKOLE » : ici, il doit y avoir un même nom pour un adulte et pour un plus jeune et pour les différencier, l'adulte sera appelé « Mukole ». Les vocables « Tshianda » ou « Tshiandanda » (se rapportant à Ngalula) ; ou encore « Wa Mukala » (pour désigner le cadet ou la cadette de la famille), sont les sobriquets qui sont devenus des noms.

Nyembo, nous dira Mukenge Shabantu[317] (qui a passé deux jours chez Kasongo Nyembo ; mais pour d'autres il se situerait dans la sous-région de Tanganyika, à Kalemie)…

Oui, cela étant, nous aimerions savoir pourquoi tous les « Kasayi » — en Swahili « *Baa-Kasayi* » — sont-ils l'objet de mépris, dédain, menaces et violences, au Katanga dans les « chambres » — entendez grands centres de l'intérieur du Katanga — et même présentement au « salon » c'est-à-dire (à) Lubumbashi (chef-lieu du grand Katanga) ?...

Parlant toujours Nkole, la tradition révèle qu'il a eu pour enfants : **Mutombo, Muyembi, Kasonga, Kanioka, Ngindu** (Nyambi) et **Mupemba** (et non Kapuku Muluba comme l'écrit Muena Kapangi ; Kapuku Muluba étant fils de Katawa et arrière-petit-fils de Mupemba). Et chacun de ses six enfants de NKOLE aura sa descendance :

— de l'ancêtre KANIOKA naîtront entre autres : les Ngandajika, Bulangu, Kalenga, Mbale, Mupemba Nzewu, Luangi, Matamba, Tshimenga, Ditu ;

— de l'ancêtre MUYEMBI descendront entre autres les Tshitoko, Kalanda, Kalume ;

— du patriarche MUTOMBO descendront entre autres les Kasanga, Kabiye, Nkongolo, Mpongo (cf. Ngoshi) ;

— de MUPEMBA naîtront entre autres les Katawa ; Kabombo Muluba ...

Mais ce qui nous intéresse dans cette partie de notre ouvrage c'est de dire un mot sur les Baluba qui sont devenus les Baluba de Mbuji-Mayi — ceux-là mêmes qui sont arrivés à entrer en conflit, plus tard, avec leurs frères Baluba-Bapemba (Bena Moyo…) devenus Bena Luluwa — un mot sur leur origine qui nous fera voir qu'elle est la même que celle des Luluwa (issus de deux embranchements : MUTOMBO et MUPEMBA (aussi enfants de NKOLE comme KASONGA patriarche des BOWA, NSUNPI, DISHI, TEMBWE, TSHITOLO etc. Et bien que cela soit admis, il se dégagera cependant quelques réflexions entre autres celles-ci :

- **premièrement** : Dans le tableau généalogique présenté par Tshimbombo Mudiba (voir son ouvrage, o. c. p. 91) — et suite à l'avis du père VERVAECKE disant que « Mupemba aurait été (peut-être) à mon avis l'ancêtre des Luluwa, Luntu, Baluba-Kasayi, les Kanioka et même des Babindi[318] » — nous y voyons la relation entre les Baluba Shankadi (aussi dits Baluba-Lolo ou Baluba du Katanga) et les autres Baluba dits

[317] Cf. Mukenge, o. c. p. 20
[318] Cf. Vervaecke, o. c. p. 69

« Bapemba » par les Shankadi ; ce qui ne se fait pas voir dans le tableau dressé par E. Wafuana alias *Kapanda Mbuembue*.

- **Deuxièmement** : Dans l'arbre dressé par E. Wafuana il est clair d'y voir de qui descendent quelques familles BALUBA de Mbuji-Mayi ; les Kanioka et les Bayembi (aussi appelés Basonge) ; les patriarches MUTOMBO[319] et MUPEMBA[320] formant deux embranchements des clans Lulua. Il y aura eu omission des descendances « LUNTU » (chez E. Wafuana.), BABINDI et BAKETE alors qu'elles se retrouvent dans l'arbre inspiré par Vervaecke à Tshimbombo (heureusement que E. Wafuana fait noter que son étude sur la généalogie des Bapemba-Baluba [...] n'a pas la prétention d'affirmer que cette généalogie est exacte[321].

- **Troisièmement** (nous sommes toujours au tableau d'E. Wafuana) : En plus de 5 familles (Bowa ; Nsumpi ; Dishi ; Ntembwe et Tshitolo) issu de KASONGA (l'un des six enfants de NKOLE et à qui Muena Kapangi[322] donne la quatrième position), Muena Kapangi donne cette autre descendance : les Bakwa Ntembwe ; Bakwa Ndoba ; Bena Nshimba ; Bayômbo ; Bena Kalambayi ; etc.

Nous retiendrons que de MUTOMBO (que Muena Kapangi classe premier-né de NKOLE) et de Nkusu « la *muâdi* »[323] sont sortis 7 enfants (Kasanga, Kabiye, Nkombwa, Ndolo, Mukuna, Nkongolo et Mpongo surnommé **Luntu** [324] *lua Mutunda*) ; et que la seconde femme — Kabedi'a Ilunga — n'a donné que deux enfants à Mutombo : Mpuka Tshitonta et Kumuimbaie.

Muena Kapangi fait venir de ce Mpuka Tshitonta cette autre fraction des Baluba de Mbuji-Mayi : Bakwa Ntombolo ; Bakwa Lonji ; Bakwa Bilonda ; Bakwa Kashila ; Bakwa Nsulu ; Bena Muya ; Bena Kazadi ; Bena Diyoka ; ainsi que Bena Ngeleka ; Bakwa Tshinowa ; Bakwa Kanjinga ; Bena

---

319 En plus de quatre familles que lui rattache E. Wafuana, Muena Kapangi ajoute au patriarche MUTOMBO ces autres enfants : NDOLO ; MUKUNA et NKOMBWA (fille) soit au total 7 enfants avec NKUSU (sa "muâdi" ou première épouse)...

320 De Mupemba se déploieront les embranchements issus de ses enfants KATAWA et KABOMBO MULUBA.
De Katawa naîtront Kapuku Muluba et Kapalu ; et Kapuku Muluba engendrera huit enfants dont Mande Katawa, Biyombo et Kalonji-Mbuyi (patriarche des (sous -) familles ci-après : Kambaji, Dilenge, Mabika, Tshiowa, Kapile et Nkunze, au sein du groupement Muamba-Mbuyi).

321 Wafuana, o. c. p. 22

322 Cf. Muena Kapangi, o. c. p. 30

323 La « *muâdi* » : à ne pas confondre avec « *muâdi* » (les pleurs), est le vocable pour désigner la première épouse ; la seconde s'appelant « *mutu'a lubanza* ».

324 Luntu : de Mpongo Luntu, fils cadet de Mutombo, naîtront les Bakwa Tshisumba, Bakwa Mputu, Bakwa Tshipamba, Bakwa Tshishimbula, Bashila Mpampi, Bakwa Kanyinga, Bakwa Mpungu.

Tshikulu ; Bakwa Kanyinda ; Bena Kabuanseya ; Bena Nzemba ; Bena Mulombo, etc.[325].

Eu égard à ce qui précède, les Baluba qui entreront en conflit avec frères Bena Lulua fin des années 1950 (plus précisément à partir de mai 1959...) sont ceux qui, comme leurs frères Lulua, sont venus du Katanga notamment de ces hauts plateaux dits « Nsanga-a-lubangu » (qui se serait situé à 100 km au nord de KAMINA) —, mais qui ont dû d'abord dans « l'entre Lubilanji — Mbuji-Mayi », où la dynastie des Bakwa fondée par **Mutombo Katshi** se sera fait célèbre.[326]. Oui, du KATANGA, d'abord de son Sud-est, puis l'Est (avant le XVe siècle), pour enfin au KASAYI, au XVIIIe siècle... Nous fermons la parenthèse.

De 1750 à 1800

Ici, nous voici arrivés à la 3e période dans l'histoire des migrations au Kasayi (que Vansina[327]situe dans la tranche ci-dessus). Mais nous pas nous y attarder, tout comme pour la 4ème et la dernière période que ''l'hypothèse Vansina'' fait partir de 1850 à 1950, cela nous écarterait de notre « sous-sujet » : ''Deux Clans Frères s'affrontent'' (cfr le Point 2.4. du Chapitre III de notre Partie III). Cette relecture nous apportera un plus sur ce dossier :

La province du KASAYI compte un nombre étonnant des Baluba qui ont quitté leur territoire d'origine, pour venir fonder des villages plus ou moins importants dans la région des Bena Lulua, principalement aux environs immédiats des premiers postes des Blancs, notamment : Luluabourg-Malandi, Mikalayi, Hemptine St Benoît (Bunkonde), Luebo...

Ces Baluba, dits *Baluba ba Kabamba,* pour les distinguer de leurs frères *Baluba-Shankadi* et *Baluba-Hemba* fixés dans la province du Katanga, n'occupèrent ces postes qu'après 1895, à travers une immigration massive qui se produisit entre 1895-98, suite aux ravages que firent subir à leur pays de 1891 à 1894, l'esclavagiste arabisé **Ngongo Lutete** et ses satellites **Mpania Mutombo** et **Lupungu** (Idem).

Ils se ruèrent vers la région des Bena Lulua d'autant plus allègrement que ces Bena Lulua étaient leurs (demi-) frères et chez qui ils pouvaient trouver protection ; qui les défendraient contre une attaque éventuelle des chasseurs d'hommes[328]. Et à cette date, les Bena Lulua possédaient déjà

---

[325] Cf. Muena Kapangi, o. c. pp. 24-25

[326] Mutombo Katshi était exalté à travers la chanson populaire « *Dibwe wa Nshimba mukwa Kalonji, muena nshingu wa kuvuala busanga* » — traduisez : fils de Nshimba, du clan des Bakwa Kalonji ; le seul chef à pouvoir porter l'insigne de perle en pierre au cou. Cette perle dite *busanga* est l'un des onze insignes de pouvoir traditionnel, que lègua le patriarche Nkole « Luabanya » à chacun de ses 6 fils (cf. E. Wafuana, o. c. p. 25).

[327] Vansina, cité par Mabika, o. c. p. 76

[328] Van Zandijcke, o. c. pp. 117 - 118

beaucoup de fusils, qu'ils s'étaient procurés depuis 1870 par leur commerce avec les Batshioko[329].

Une autre relecture de cette vague d'immigration nous vient d'Emile **Mulumba Diulu**[330] dans ce qu'il appelle : « *Dibuela dia Baluba mu Bena Luluwa* », nous traduisons : *''L'arrivée des Baluba chez les Lulua''.* Laissons dire Mulumba Diulu :

« Ngongo Lutete[331] mumane kupeta tshingoma tshia ntota kudi ba Arabe Arabe ekujula bulungu ; kudibuika mu misoko ya bana betu ba Baluba dîshiya dia Mbilanji Ibidi ; ukuata Baluba upânyisha kudi ba Arabe, bakuabu ushipa. Buloba bua dîshiya dia Mbilanji ibidi kuluabu bukese ; bualu pavuabu bumvua tshingoma, bavua bapambuka : badi mu madimi kabayi bapingana pa mbelu bua kukeba bakaji ne bana... Ke Baluba kutshimuka, balua bapueka mu misoko ya Bena Luluwa bua kuela kabuendela ; bakeba dibasungila ku kabutu kavua kalua kabalonda... Ebi biakenzeka ku baa (Emile Mulumba Diulu parle de) 1850 ! »...

Ce que Diulu a dit en Tshiluba plus haut peut se résumer en ces termes : ''Lorsque les Baluba furent dans **la tourmente** — razziés par les esclavagistes arabisés, ils vinrent chercher refuge chez leurs frères — nous insistons : chez leurs frères (les Bena Lulua) — qui les accueillirent avec beaucoup de compassion... ''. Et A.Van Zandijcke avait ajouté que « dans une lettre écrite en 1892, le père Cambier dit que Kalamba et ses gens possédaient déjà à cette date environ 10 000 fusils à piston ».

---

329 Dans une lettre écrite en 1892, le père Cambier dit que Kalamba et ses gens possédaient déjà, à cette date environ 10.000 fusils à piston — cf. A. Van ZANDJICKE o. c.p. 119.

330 Emile Mulumba Diulu, o. c. pp. 57-62

331 **Ngongo Lutete** : Mulumba Diulu a dit de lui qu'il était: « mfumu munene wa Batetela (=grand chef des Batetela) » ;

A.Van Zandijcke dira de Ngongo que jusqu'à présent, ce qui fut écrit à son sujet — « qui fut-il ? » ; « d'où venait-il ? » ; « comment obtint-il le titre de grand chef des Batetela ? » — diverge et a suscité beaucoup de malentendus Mais A.Van Zandijcke croit trouver ce que fut ce Ngongo Lutete, dans un extrait de la lettre du 7 février 1905 qu'aura adressée le Commissaire de District au Gouverneur Général — (lettre conservée dans les ''Archives Dhanis'', au Musée de Tervuren) — où il est dit entre autres :

Ngongo Lutete, fils d'un notable du nom de MAKALA ou Muana'a Kasongo est né au village de Kalembwe, de la tribu des Basonge sur la rive droite de la Lomani. Kinkumbi, un des principaux sujets de son père, supplantera ce dernier à l'époque où les Arabes ont commencé à pénétrer de Nyangwe vers l'Ouest pour atteindre Sankuru ; Ngongo aura pour mission de faire acte de soumission. C'est alors qu'il fut remarqué par les chefs des bandes Arabes... Il s'entoure des gens, dont Lupaka, prêts à servir les envahisseurs (tranfiquants d'ivoire et d'esclaves) ; il reçoit pour ce faire des fusils et, en fort peu de temps, il a sous sa coupe un vaste territoire situé sur la rive droite du Lomami.

Vers 1880, il s'établit à Ngandu ; entreprend la rive gauche du Lomami ; soumet les Batetela, les Kalembwe et reçoit l'impôt de Lumpungu.

Il est même arrivé à Mpania Mutombo lorsque Lusambo est créé en 1890. — cf. A. Van Zandijcke, o. c. pp 126-127.

Mais qu'était la contrée ou le pays des Baluba avant les exploits de Ngongo Lutete ?...

D'une superficie à peu près égale à celle de la Belgique, le pays des Baluba (ba Kabamba) est situé approximativement dans la région baignée par le cours inférieur des rivières Lubi, Mbuji-Mayi et Lubilanji''[332]. De population de ce pays, A. Van Zandijcke qui a lu pour nous **Wissmann**[333] fait savoir que celui-ci et **De Macar**, dès qu'ils arrivèrent — en voyage prospection — le 8 juillet 1886 sur la rive droite de la Lubi à l'endroit où pied sur la terre des Baluba, ils furent stupéfaits de voir cette immense population. Wissmann aura écrit :

''Aussi loin que nos yeux portaient sur les plaines, nous n'y voyions des agglomérations de huttes'' ! Et deux jours plus tard, passant par la de Bakwanga, Wissmann note : ''et encore et encore, nous passons par centaines d'agglomérations ''. Ayant traversé les régions de Bakwa des Bakwa Bowa il note encore : ''... nous arrivons dans une autre plaine peuplée, même plus peuplée que toutes les plaines que nous avons vues jours précédents''. Sur une carte géographique, en annexe à son livre, Wissmann écrira en travers de toute la région située entre la Lubi et la Mbuji-Mayi : *« Sehr stark bevölkerte Gebiete »*, c'est-à-dire ''région population extrêmement dense''[334].

Quelques remarques :

— Ce que nous dit Nyembwe A.[335], que « la rivière portant présentement le nom (de) Mbuji-Mayi s'est appelée, jadis, *Lubilanji Lukese* (petite Lubilanji) par rapport à *Lubilanji Lunene* (grande Lubilanji) » n'est pas correct. Il existe effectivement une « Lubilanji Lukese » entre Tshilenge et Ngandajika, et une « grande Lubilanji » vers Katanda d'où le vocable ''Mbilanji ibidi'' ; la *Mbuji-Mayi* a toujours été **Mbuji-Mayi** même si sur carte c'est « ***Bushimaie*** » ;

— L'on se rappellera que le capitaine De Macar est arrivé en compagnie du lieutenant Paul Le Marinel à Luluaboug en juin 1886 pour reprendre — au nom de l'E.I.C. — le Poste de (Luluabourg) Malandji fondé en 1884 (jusque-là géré par Wissmann). C'est ainsi que De Macar partit avec ce dernier (en juillet 1886) en prospection à l'intérieur du territoire ;

— Toujours et à propos des populations baluba, l'expédition BIA /FRANQUI (partie le 18 novembre 1891 de Mpania Mutombo vers le

---

[332] Cf. Van Zandijcke, o. c. pp. 119 - 120

[333] Wissmann, Meine zweite Durchrquerung Aequatorial Afrikas , p. 87, cite par Van Zandijcke, o. c. p. 120

[334] Van Zandijcke, Ibid

[335] A. Nyembwe, o. c. p. 11

Katanga en suivant la rive droite du Sankuru - Lubilanji[336] et arrivée 6 jours après au pays des Baluba dans le village de Batubenga, chef des Bena Tshitolo, premier village peuplé qu'elle rencontre depuis Mpiana Mutombo) dira de ce village que c'est une vaste agglomération entourée de magnifiques plantations[337]. Les Indigènes sont paisibles ; ils font à l'expédition un accueil enthousiaste. A.Van Zandijcke cite Jules Cornet[338] qui écrit : *« des haïes d'indigènes se pressent sur notre passage : ce sont des « môyo »* (entendez des salutations ou '' bonjours '' *et des « malengela »* (nous dirons aussi *« malu malenga »* ou « *malu mimpe »* ce qui signifie : ''bonnes nouvelles'', la même chose que '' nous nous portons à merveille ''), *à n'en pas finir... Le chef vient saluer les Blancs (...) et en guise de cadeaux, un véritable troupeau de chèvres et de moutons et une multitude de poules. Dans les villages prochains le même accueil »...*

Une parenthèse peut-elle s'ouvrir ici ? Oui, cher lecteur, ces frères du « Sud », à l'instar de leurs aînés et hôtes qui invitèrent, déjà en 1875, le Dr Paul Pogge Denkmal — ce juriste et agronome Allemand (1838 —1884) de Mecklenburg — à venir au Kasayi et qui l'accueillirent accompagné de Wissmann en 1881 avec autant d'enthousiasme, ces « Indigènes » du Kasayi étaient-ils hostiles à la « pénétration ?... L'Histoire ne le pense pas, car, ces Indigènes se mettront même à soutenir les explorations (cf. cette descente sur Léopoldville de *Kalamba* Mukenge Matadi avec ses 150 hommes ayant ainsi appuyé l'expédition Wissmann, sans oublier cet autre voyage vers Nyangwe). Nous fermons la parenthèse et revenons à l'arrivée des Baluba chez leurs frères Lulua.

Hélas, en 1891, une vague de feu et de sang déferla sur ce pays heureux et prospère, pour n'y laisser que destruction et désolation. Cette vague infernale fut lancée par le terrible chasseur d'esclaves Ngongo Lutete, vassal et à la solde de Tippo-Tip. La première action de son corps d'expédition eut lieu à Ngandajika où il se livra à la destruction et à une chasse à l'homme. D'innombrables villages furent pillés et brûlés ; beaucoup d'hommes furent tués et d'autres encore furent emmenés comme esclaves. Même férocité dans les villages des Bena Tshiyamba. Ngongo Lutete recueillit un trésor de crânes humains pour paver et orner sa résidence de Ngandu Kitenge au bord du Lomami[339]. Rependre certains passages faisant état de compromission de la part de certains chefs Baluba (les K... et autres T...) qui auraient cherché à plaire et à composer avec Ngongo, au détriment de leurs frères, seraient

[336] Notons que la Mbuji-Mayi (qui prend sa source dans le Territoire de Luiza) et la Lubilanji (qui prend la sienne au Katanga) auront fusionné en amont de Mpania-Mutombo et ; à partir de là, ce cours d'eau prend le nom de Sankuru.

[337] Ce qu'à la famine a pu succéder un temps de prospérité ; les populations s'étant mises à travailler beaucoup la terre pour produire davantage.

[338] Jules CORNET, Katanga, p. 169, cité par A. Van Zandijcke, o. c. p. 123.

[339] Van Zandijcke, o. c. p. 123

alors notre malheureuse contribution à susciter, à entreprendre des divisions que condamne notre ouvrage…

Après avoir parcouru le gros du territoire des Baluba (Bena Kalambayi, Bakwa Kalonji …), aidé de ses lieutenants **Lumpungu** (qui marcha sur les Bakwa Tshinene, Bakwa Kande, Bakwa Ndoba et Bena Tshitolo) et **Mpania Mutombo** (dont le terrain de chasse fut chez les Bena Nshimba ; Bakwa Bowa ; Bakwa Nsumpi ; Bakwanga ; Bakwa Kalonji, il installe son camp sur une colline des Bena Tshimungu (chez la grand-mère maternelle de l'auteur, Kapinga Marie « *Muena Tshimungu* ») — à mi-chemin entre Bakwanga et ''Mérode''/Tshilundu (chez notre belle-mère Adèle Ngalula « *Muena Mulenga* »).

De-là il tâcha d'entrer en négociation avec un chef important des Bena Lulua nommé **Kasonga'a Luaba** (alias **Mfuamba**), habitant l'autre rive de la Lubi, afin de pénétrer dans le pays des Bena Lulua, pour atteindre les Batshioko en vue de se procurer des munitions… Mfuamba dira à Ngongo qu'il devait en référer au chef Kalamba. La réponse de Kalamba ne se fit pas attendre ; des messagers dépêchés de toute urgence rapportaient à Ngongo les paroles de Kalamba que voici : *« Allez dire à Ngongo que je lui défends formellement de mettre pied sur le sol des Bena Lulua. S'il devait passer outre à ma défense et se risquer à passer la Lubi, je lui opposerais tous mes gens… qu'il parte aussi vite que possible de la proximité de mon territoire… »*

L'ordre lui étant ainsi intimé de rebrousser chemin, et disposant des centaines et des centaines d'esclaves (ce qui fut pour lui un encombrement pour les emmener tous jusqu'au Lomani, beaucoup accusaient la fatigue et d'autres étaient malades…), Ngongo résolut de les vendre sur place, dans la contrée des Bena Tshimungu *ba mfumu Tshikunga*. Des esclaves furent exposés en des longues rangées... Ce marché dura plusieurs jours ; les esclaves s'y vendirent à des prix dérisoires et il ne prit fin que lorsque furent épuisées les provisions d'articles d'échange… Que des pleurs chez ceux des esclaves « invendus », non achetés !... A ce propos, l'Abbé Lazare Mpoyi écrira : « Pavua Baluba badidila Bena Mfuamba ne : '' Nutusumbe '', ki ntshianana to ; bualu bavua bamanye bimpe se : ''Bena Luluwa mbana beetu ; ne batulame bimpe ; ka bakutukengsha to !''... »[340] Et A. Van Zandijcke de son côté d'écrire : *« Dans la crainte de reprendre la route avec leurs maîtres cruels, les malheureux pleuraient, hurlaient ; et suppliants, ils criaient aux Bena Luluwa : ''Achetez nous ! Achetez nous. On ira nous vendre aux Arabes ! '' ».* Il ajouta que les Baluba, qui étaient en proie à l'extermination, arrivés sur les terres des Luluwa, n'y ont pas

[340] Lazare Mpoyi, Luendu lua Muluba, Mbuji-Mayi, p.12, cité par B. Mukenge Shabantu, o. c. p. 42

été considérés par ceux-ci comme des esclaves, mais plutôt comme des frères de sang ; ils furent accueillis chez eux comme des enfants de la maison[341].

Laissons encore le père Van Zandijcke dire un mot là-dessus, et en particulier sur Kalamba :

« Il faut dire ici aussi, à l'honneur de Kalamba, que c'est lui qui empêcha Ngongo Lutete de pousser vers l'Ouest et de se rapprocher des Batshioko. Sinon, que serait-il arrivé des Postes de Lusambo et de Luluabourg que Ngongo avait l'intention de détruire ? Les *Batshioko auraient certainement prêté leur concours à l'exécution de ce projet »*[342].

Encore une parenthèse :

Lorsqu'on se remémore que, ici et là, ce sont les Ngongo, Lumpungu et Mpania qui sont utilisés pour enchaîner leurs frères du Kasayi à acheminer vers Nyangwe... ; et que, un peu après, ce sont les mêmes Mpania et Lumpungu — l'un comme l'autre fiché *''homo homini lupus''* — qui seront l'objet d'investiture, l'un comme ''chef de groupement'' des Baluba (partie) du Nord et l'autre comme chef des Baluba (partie) du Sud, de la part de Dhanis et Le Marinel (respectivement Commissaire de District et Inspecteur d'Etat d'alors) !, il y a lieu de se demander comment cela a-t-il pu s'opérer, pour faire de ces gens extérieurs aux groupes, des chefs de groupements ?... L'autorité administrative (l'E.I.C) en ce temps-là, se sera trouvée comme excuse qu'elle ignorait l'ethnographie et la situation politique au Kasayi et, la région des Baluba n'avait pas encore été explorée » ![343]...

Toutefois, l'on notera qu'à part ces quelques traîtres de leurs frères du Kasayi (et du Congo, pourquoi pas !), les Ngongo Lutete, Lumpungu et autres Mpania Mutombo — à part ces traîtres avons-nous dit — le Kasayi (oui le Kasayi pourquoi pas) aura également mis la main à la pâte, pour inquiéter et même endiguer la progression des négriers (et l'on a su par après pour qui ils ont roulé, car ces vies humaines extraites de l'Afrique centrale se sont retrouvées, moins chez les Arabes qu'en Outre-Atlantique, dans les plantations de gros propriétaires).

Oui les fils du Kasayi ont non seulement soutenu cette campagne antiesclavagiste et humanitaire, et cela avant Dhanis et à côté des Dhanis, Descamps et autres héros belges.

Les fils du Kasayi ont également soutenu les explorations aux côtés de ce militaire et géographe allemand, Wissmann (né à Francfort sur l'Oder le 4 septembre 1853, parti en Afrique en 1865 à 27 ans et mort le 15 juin 1905 en Styrie /Autriche), mais aussi sont-ils allés — nous le verrons plus loin — apporter leur contribution et à l'évangélisation, et à l'administration. Nous fermons la parenthèse.

---

[341] Van Zandijcke, o. c. pp. 139 - 140
[342] Van Zandijcke, o. c. p. 141
[343] Idem, pp. 146-147

2.4.3. La Tourmente et l'Exode

Comme conséquences de ces incursions répétées de Ngongo et consorts, il y eut de 1891 à 1894 un désarroi dans les contrées des frères Baluba, et une grande famine s'en suivit. En outre, la plupart de vieilles chefferies stabilisées depuis des temps reculés s'étaient disloquées, plusieurs chefs de clans, grands et petits ayant été destitués par Mpania et Lumpungu, et remplacés par des chefs illégitimes… Et dans ce régime forcé et ce désordre politique le plus complet, que des disputes et des rixes sans fin !... De ce fait, des populations lasses de reconstruire leurs villages régulièrement anéantis et de refaire leurs champs dévastés, perdirent tout courage. Elles résolurent de se replier chez leurs frères Bena Lulua...

Voilà pourquoi, dans la contrée des Lulua, il y eut tant de Baluba dispersés, en dehors de leur propre région, nous dira le père Van Zandijcke. Et on les retrouvera ainsi regroupés autour des anciens Postes européens et des Missions. Vous noterez qu'à l'instar des autres Bantu qui se déplaçaient par villages entiers (et cela suite à la mort d'un chef ou à la suite d'une épidémie ayant rendu la région inhabitable), l'homme ou le chef de clan lui-même si vivant partait accompagné de sa femme, de ses enfants et de ses vieux parents, pour aller fonder un nouveau village (une nouvelle résidence). Ici, Tshimbombo nous renvoie à A. Doutreloux[344] ainsi qu'au clan de Jacob [345] qui se mit en marche avec hommes, femmes, animaux et tous les biens portables. Pour illustrer le cas qui nous concerne, il nous est cité ce premier groupe d'immigrants, qui se présentera chez Kalamba au début de 1896 : les Bakwa Lukanda, avec à leur tête un certain **Kasanda**. Kalamba les reçut avec beaucoup de bienveillance puis, les conduira auprès du père Cambier à Mikalayi (dit ''Luluabourg St Joseph'') où ils fondèrent un petit village…

Les mélomanes congolais comprendront alors l'expression « **Kasanda** wa Mikalayi », en parlant du célèbre artiste musicien Nicolas Kasanda alias ***Dr Nico***[346] (dont nous savourons les œuvres produites au sein de l'ensemble « *African Jazz* » sous la direction de Joseph **Kabasele** Tshiamala alias ''*grand Kallé*'', et puis dans « *African Fiesta* » avec ''*Rochereau*'' (devenu Tabu **Ley**) et enfin dans « *African Fiesta Sukisa* » qu'il créera lui-même. Noter également que c'est ce duo '' grand Kallé'' et ''Dr Nico'' de l'*African Jazz* (avec Jeannot **Bombenga**, Dechau Muamba et compagnie) qui a produit le célèbre et immortel

---

344 A. Doutreloux, L'ombre des fétiches Nauwelarts, Louvain 1967, p.57 in Tshimbombo, o. c. p. 87.

345 Ex. 12,37 et 18,27.

346 Dr = docteur : cet artiste musicien, Kasanda, fut le premier guitariste congolais à savoir manier la guitare ''hawaïenne'', cet instrument
d'origine latino-américaine qui a fait de '*'Tu m'as déçu Chou Chou''* ; '*'Nakeyi Abidjan''* et bien d'autres morceaux, de véritables chefs-d'œuvre de la musique congolaise moderne dite « Anciens Succès ».

« *Indépendance Cha Cha* »[347] — auditionné pour la première fois à **Bruxelles**, au lendemain de la **Table-Ronde** — mélodie qui se joue et se jouera autour du ''**30 juin**'' de chaque année, de génération en génération dans notre R. D. Congo.

La nouvelle de cette première installation des ''*Kasanda*'' — des Baluba — en terre lulua, fut un branle-bas dans toute la région des Baluba. En deux ou trois ans — dira le père Van Zandijcke — des milliers et des milliers de gens affluèrent sur la terre hospitalière des Bena Lulua ; jouissant d'une double protection : de la part de leurs frères Lulua (le puissant chef Kalamba et les Lulua possédaient beaucoup de fusils et étaient bienveillants à leur égard) ainsi que de la part de l'Administration générale de l'Etat Indépendant à Bruxelles dont un décret de 1895 appuya cet exode, en recommandant aux Postes et Missions existants de faciliter leur implantation[348].

Cependant, Mabika Kalanda nous fait ouvrir cette parenthèse pour nous dire que : *''Les Baluba sont arrivés chez les Lulua bien avant l'arrivée des Blancs, donc avant qu'ils n'arrivent plus nombreux après l'occupation blanche''*. Il réfute ainsi ce qu'écrit le père Van Zandijcke que c'est un décret de l'E.I.C., promulgué en 1895, qui aurait facilité leur immigration. Mabika Kalanda ajoutera que *''nous n'avons pas malheureusement pu trouver ce décret dans le répertoire officiel du Ministère des Colonies''* [349]. (Mukenge Shabantu de son côté parle de l'arrivée de nos frères Baluba lors de la famine qui secoua les régions dont ils sont originaires, soit vers les années 1870, donc avant que le colonisateur ne mette le pied sur notre territoire. « *Cette arrivée-là* — dit-il — *fut ''éclipsée. Il ne fallait pas que l'opinion sache qu'il pouvait y avoir eu d'autres actions d'éclat réalisées par les Noirs avant l'arrivée de l'homme blanc, une exception le père Prosper Denolf* » [350]... Pour notre part, de véritables actions d'éclat que nous voulons et appelons de tous nos vœux, de la part de tous les fils et toutes les filles de nos contrées, c'est la mise à contribution de leur génie créateur en vue de bouster le développement de toutes nos contrées !).

---

[347]En voici les paroles, car nombreux sont de nos compatriotes qui les prononcent à tort et de travers :
Indépendance Cha Cha tozui eh / Oh Kimpuanza Cha Cha tobakidi
Oh Table-Ronde Cha Cha bagagné oh / Oh Lipanda Cha Cha tozui eh (= refrain)
— 1er couplet : *Na MNC na Ugéco/ Abazi na PDC/ na PSA African Jazz*
Na Table-Ronde mpe bagagné (puis refrain)
— 2è couplet : *Assoreco na Abako Bayokani moto moko*
Na Conakat na Cartel Balingani na front commun.
Bolikango, Kasa-Vubu, mpe Lumumba na Kalonji /
Boliya,Tshiombe, Kamitatu/ na Ilunga, mbuta Kanza (puis refrain).

[348] Van Zandijcke, o. c. pp. 118-119

[349] Mabika, o. c. pp. 37-38

[350] Mukenge, o. c. p. 41

Et Mabika ira renchérir que : ''parler de « faciliter » c'est impliquer l'idée d'une opposition soit de la part de l'Administration locale soit de la part des Lulua. Or, l'Administration avait déjà besoin, à cette époque et après, de la main-d'œuvre et les Lulua accueillaient volontiers les Baluba parce que leurs frères''. Aussi est-il allé réfuter — en commentant le ''Rapport Dequenne''— la « protection » que les Blancs auraient aux Baluba chez les Lulua en ces termes : *« les protecteurs des fuyards furent bel et bien les Lulua et leurs chefs. Ils les acceptèrent dans leurs villages jusqu'en 1925 quand l'Administration coloniale eut l'idée de les séparer »* — Ibidem. Nous fermons la parenthèse et revenons à Mulumba Diulu. Et nous lirons ceci chez E. Mulumba Diulu [351] :

« Baluba balua kushala mu Bena Luluwa, ke Bena Lulua kubaleja ya kudima. Aba bakavua bantu bakole bikale bajike, pamutu pa mukaji patupu, bumuvuabo kabayi mua kupeta nkanu (ya biombo) ne mbuji ne luepu (lûme) bivuabo baselangana nabio matuku awo, bâkadi babambila ne : '' ke mukaji eu, undimine pebe budimi ebu, nkupeshaye ''. Awu pende udima, bamupa mukaji ». (Rappelez-vous que Jacob[352] fut soumis aux conditions semblables par son beau-père Laban ; il a dû travailler sept années pour épouser Léa, et sept autres pour épouser Rachel ; vous connaissez l'histoire…). Mulumba Diulu continuera :

« Baluba bonso kabavua balue ne bujika to. Kuvua kabidi bakuabo bavua banyeme ne bakaji babo ne bâna. Kadi pâkalua malanda ne makue kubuelakanangana ne maku munkatshi mua Baluba ne Bena Luluwa, bikavua Muena Luluwa ne lufu, ulaya Muluba ; Muluba ne lufu ulaya Muena Luluwa…Tuetu kubuelakanangana mashi ; malanda kutua mulu kutua panshi, kabitshiyi mua kusunguluja ne ewu m'Muluba, wawa m'Muena Luluwa ».

Effectivement quand nous on évoluait à Notre-Dame Luluabourg, mes congénères dont Nyembue Louis (Miba), Tshiakatumba Alphonse (Médecin en France), Kalombo Réné (Ir SNCC/Kga), Mukuna Benjamin alias *Fondé* (homme d'affaires à Kin), colonel Dr Lumangu (PNC/Kin) ; Aboubacar Karim (alias *Karimex* — Nigérian de mère Lulua, sur l'Avenue Lusambo, Président de la Communauté Islamique Kasaï-Occidental et commerçant) ; Ir Muteba Grégoire (SNCC) ; Dr Jeamar Ngalamulume (Banque Centrale/Kin). Makelela Paul ; Kanyiki Jean ; Mpetemba François ; Dr Kabengele Ignace ; Mulumba Kalengayi Jean (INRB) ; Muamba Laurent ; Tshiula wa mua Tshiula ; Babi Mathieu ; Kataku Hubert ; Lumbala Amandus ; Ndumbi Martin ; Muteba Libert ; Kalambayi Amand ; Ntumba Martin ; Tshisekedi Robert ; Kazadi

---

[351] E. Mulumba Diulu, o.c. pp. 60 – 61.
[352] Jacob : Gen 29, 15 et suite

Alidor ; Mutombo Honoré ; Diba Laurent…, personne ne distinguait qui était ***Luluwa*** ; qui était ***Muluba*** : qui était ***Konji*** ou ***Luntu*** ?...

Et quand bien même il arrivait de connaître, à la volée, le village d'un tel tel camarade et/ou voisin, cela n'était jamais scandé ou brandi ; on n'en faisait pas cas, car sans objet — sinon pour l'exalter (= *kumuseenga*)[353].

Veuillez noter qu'à cette même époque — fin des années 1800 — l'on accusait également, sur les terres *lulua,* la présence des soldats **Batetela**. Ce fut un détachement du lot de 400 à 500 hommes qui, au lendemain de l'exécution le 15 septembre 1893 de Ngongo Lutete[354], leur chef, à Ngandu Kitenge (résidence de ce négrier, sur la rive gauche de la Lomani, à 10 jours de marche de Lusambo) — étaient arrivés à Lusambo : question de quitter aussi vite que possible, par crainte de représailles, la région où ils avaient commis leurs exactions.

Lusambo s'étant ainsi trouvé devant un problème de logement et de vivres, il fut décidé d'expédier ces hommes — avec leurs femmes et enfants, au total 574, sous escorte de 5 soldats — à Luluabourg-Malandji, qu'administrait le Commandant Pelzer[355].

A ces populations vivant dans le bassin de la Luluwa et particulièrement aux alentours de Luluabourg Malandji viendront s'ajouter 400 **Bena Nsapo**, qui ont dû quitter leur contrée — située à l'Est de Kabinda — à cause des incursions esclavagistes, et s'étaient établis sur les bords du Sankuru, à quelques dizaines de kilomètres au sud de Mpania Mutombo, où ils menaient leur vie de nomades. **Nsapo Nsapo**, leur chef présentera ses doléances au grand chef Kalamba qui revenait de Nyangwe, dans ce voyage au cours duquel Kalamba a soutenu, avec ses hommes, **Le Marinel** rapatriant Wissmann et son compatriote Bugslag (qui ont dû quitter définitivement

---

353 *Kusènga* (= exalter quelqu'un), en disant par exemple de lui que *« Muena Muya » ; Mukwa'a Kashila » ; « Muena Muamba » ; « Mbuyi Kalonji » ; « Muena Ngoyi »* ou *« Mukwa Kubula », « Mukua Diyaya. « Mbuyi'a dipa » ; « Mukwa Kunda » ; « Mukwa Ntomlbolo » ; « Muena Tshilanda » ; « Muena Mpâtu » ; « Mukwa Ndoba » ; « Muena Kande »,* etc. ; cela valant une exaltation. Par contre, dire par exemple : « Baa mulongo wèbe ewu ku Bena Nzèba si bakaadi ne bana banayi ! » — ce qui se traduit : '' Ceux ou celles de ta taille (dans le clan de ou) chez les Bena Nzeba, sont déjà pères ou mères de de quatre enfants'', et cela vaut ou traduit une taquinerie « kunékesha », pour faire rire…

354 Le père Van Zandijcke dira de Ngongo qu'après sa défaite devant Dhanis à Batubenga, en mai 1892 il se soumettra en septembre de la même année, avec ses hommes, aux forces armées, pour combattre Sefu et ses Arabes ; et qu'il y fut d'une aide indiscutable ; et qu'en guise de récompense, après la victoire finale, Dhanis le promit « grand chef » dans la région des Batetela. Toutefois, non loin de Ngandu Kitenge, un Poste fut fondé afin de mieux surveiller les allées et venues de ce nouvel allié.

Mais ce dernier despote sans scrupules continuera son métier de chasse à l'homme. Exaspérés par ses cruautés, les officiers de l'E.I.C furent forcés d'intervenir. Ngongo, condamné à mort par Sheerlink, Duchesme et Lange, le 14 septembre 1893, est fusillé le lendemain à 7 heures. Cf. A. Van Zandijcke, o.c. pp. 169 – 170.

355 Pelzer: voir « la révolte des Batetela » plus haut.

Luluabourg-Malandji le 16 novembre 1886 pour l'Allemagne). **Kalamba** offre alors spontanément à Nsapo Nsapo de s'établir, avec ses ***Basonge***, ses terres. Et avec l'accord de Le Marinel, une colline près de Malandji fut cédée par Kalamba. Ce fut en 1887...

Aussi, n'allons-nous pas oublier la présence sur les lieux, non loin de la route automobile vers Mikalayi, des « ***Bimbadi*** » c'est-à-dire ces Angolais, anciens porteurs qui ont fait partie de la caravane de Wissmann quand il revint d'Allemagne en 1884 pour fonder le Poste de Luluabourg/Malandji et qui restèrent depuis dans la contrée ; ainsi que cette autre population (non indigène, en dehors des celle en place au Poste de Luluabourg-Malandji), composée de : R.P. Emery **Cambier** dit *Ngangabuka* (par les Indigènes lorsqu'ils l'ont vu soigner ceux des leurs malades), arrivé lui en 1891 ; (du) R.P. Auguste **De Clerq** alias *''Kèle Katue''*, arrivé en 1894 (il deviendra plus tard Mgr De Clercq) ainsi que des Sœurs de la Charité de Gand (dont **Amalie, Godelieve** et **Maurille**), également arrivées en 1894.

Telle fut, en cette fin des années 1800, la configuration et/ou les premières agglomérations du milieu.

L'on se rappellera que le 7 décembre 1891, le père Cambier — prêtre missionnaire Scheutiste — est arrivé à Mikalayi (cette colline située à une douzaine de kilomètres du Poste d'Etat '' Luluabourg-Malandji '', et à 4 km du village du chef Kalamba Mukenge des Bena Luluwa, comme suite à la pétition faite par ce dernier via Le Marinel en 1887. Après avoir pris possession de ce site lui offert par ce grand chef, le jeune prêtre s'attellera à élever quelques constructions pour lui même, pour son personnel (à recruter) et pour d'autres missionnaires qui devaient venir ; ce fut là sa première préoccupation. Ensuite le père Cambier sera confronté au problème des esclaves et autres personnes déplacées, tant adultes qu'enfants, ayant pu s'enfuir sans être pris au cours des razzias. Ces personnes constitueront la naissante population de la Mission, et ne bénéficieront, dans ce premier temps, que des œuvres caritatives (soins et autres)[356].

Installation et Premières Activités

La première école pour garçons ouvrira ses portes en février 1893, avec l'arrivée à Mikalayi du père Jules **Garmyn** (alias *Talatala* parce qu'il portait des lunettes), tandis que l'instruction et l'éducation des filles débuteront fin janvier 1894 avec l'arrivée des Sœurs de la Charité. Le mélange d'enfants abandonnés ou rachetés ainsi que les enfants libres : voilà la population des premières écoles, d'où sortiront les premiers collaborateurs.

[356] Joseph Van Keerberghen, Histoire de l'Enseignement Catholique au Kasayi, pp. 11 – 15

Le père Auguste De Clerq qui prit la relève du père Garmyn (parti fonder la Mission de Mérode présentement ''*Tshilundu*'') écrira dans une lettre : *« ... nous comptons sur nos bancs des Baluba, des Bena Lulua, des Bakete, des Bena Kanyoka, (...) ; nous voulons en faire des chrétiens instruits et laborieux. A cet effet, notre plan d'éducation comprend l'enseignement de la religion, les sciences humaines ainsi que l'apprentissage des arts et métiers ».*

2.4.4. Du Coportement

Van Keerberghen fait remarquer qu'au début, le nombre des enfants libres — enfants Lulua — n'était pas important, car il était difficile d'obtenir des parents libres (Lulua) [357] l'envoi de leurs garçons à l'école et, encore moins l'envoi de leurs filles. Ils ne comprendront l'utilité et l'importance de l'école que plus tard... **Mutapikayi** Auguste et **Kapuku** Laurent, deux intellectuels Lulua — ex-Séminaristes de Kabwe — reconnaîtront cette faille que nous nommons « naïveté » à l'endroit des Lulua.

Au nom de ces derniers, Mutapikayi et Kapuku adresseront une lettre à l'Administration coloniale ; elle fut adressée à l'Administrateur du Territoire de Luluabourg[358] en date de du 15 juin 1951. Et à propos de cette faille, les deux signataires diront : *« ... nos pères ne comprenant pas bien ce que vous poursuiviez, au lieu de vous donner leurs propres enfants, ils vous donnaient des esclaves ; et que vous, au lieu de leur nuire, vous avez travaillé leur intelligence jusqu'à en faire des hommes dont en peut se servir (...) »*[359].

Muena Kapangi lui dira que les Lulua, qui se sentaient maîtres chez eux, chaque fois qu'on leur demandait des hommes, des serviteurs, ils envoyaient les Baluba. Ceux-ci, complexés et se considérant ''étrangers'', se comporteront en fidèles serviteurs et profiteront de la civilisation européenne[360]. Pendant que de nombreux Lulua se laissaient plonger dans cette naïveté (traduite en Tshiluba par *tshinyenye*), leurs frères Baluba se sentaient plus rapprochés de leurs nouveaux maîtres — les Blancs — qu'ils flattaient... (Pour ça oui cf. les apostrophes tels que *« Chefu wanyi » « Diletekele waanyi », « Kumanda waanyi », « Mumpèla waanyi »*)...

Se voyant ainsi affranchis de l'emprise lulua, les Baluba se mettront à freiner l'avancement des Lulua, tant sur le marché de l'emploi que dans les écoles des Missions placées presque toutes sous leur contrôle en disant d'eux

[357] J. Van Keerberghen, o. c. pp.14 - 15

[358] L'A.T. de Luluabourg cité fut Mr. Troquay ; et des copies de cette lettre furent adressées à Mr. Peigneux, Gouverneur de province à Luluabourg ; à Mr. Paul Pierrot, Commissaire de District à Luebo ; ainsi qu'à Mgr le Vicaire Apostolique à Mikalayi. Cette lettre est reprise in extenso par Mulumba Diulu (pp. 260 à 266) et Mukenge (pp. 58 à 62).

[359] Cf. Mukenge, o. c. p. 58 § 2 et p. 59 § 3 et Mulumba Diulu, o. c. p. 261.

[360] Muena Kapangi, o. c. p. 175

qu'« ils sont paresseux », qu'« ils ne sont pas dociles », qu'« ils ne sont pas intelligents », etc.

Et quand les Blancs s'y mêlèrent… (Nous irons voir la suite)… Oui, ajoutera Muena Kapangi, les Blancs, même les Missionnaires, se montreront plus favorables aux uns qu'aux autres. Alors, au fur et à mesure que les années s'écoulaient, les Lulua et les Baluba commencèrent à oublier leur origine commune : le complexe céda place à la vanité ; et le mépris, la haine à l'amour qui a existé entre les deux communautés. Mabika Kalanda ne l'a-t-il pas dit en ces termes, en parlant « des vérités » : *Les Baluba et les Lulua sont d'origine commune. Ils entretenaient de très bonnes relations avant l'arrivée des Européens comme après. Ils se mariaient entre eux. A l'arrivée des Européens, les Baluba ont mieux profité de la nouvelle civilisation que les Lulua.* ***Ils en ont tiré vanité et cela a vexé les autres »*** [361.]

Par la suite, les Lulua se rendront comptent qu'au lieu d'équilibrer les progrès entre les deux clans, les Blancs se méfient d'eux. Aussi ne verra-t-on aucune action menée (que ce soit du côté de l'Administration ni du côté des Missions aussi bien catholique que protestante), pour inviter les deux antagonistes (Baluba et Luluwa) à corriger « chacun » ses erreurs et à s'unir pour œuvrer à promouvoir, au sein et entre les deux communautés, la cordialité, le respect mutuel, l'épanouissement. Au contraire, les Missions[362] et surtout l'Administration, laisseront le fossé se creuser davantage. L'ambiguïté dont faisait montre l'Administration — tantôt c'est une indifférence, tantôt c'est une prise de position — ne pouvait s'expliquer que dans ce principe « *divide ut impers* » c'est à dire : *''diviser pour régner''*, cher à tout celui qui voudrait s'imposer.

Aussi, dans ce comportement qu'affichaient les deux communautés, l'Administration devait-elle s'en frotter les mains... car elle venait de trouver là une brèche devant lui permettre d'appliquer cette politique de « diviser pour régner » chère à son principe... D'où sa part de responsabilité dans ce conflit dont nous venons d'épingler la genèse et dont nous allons parcourir le cheminement, à travers les paragraphes qui vont suivre.

---

361 Mabika, o. c. p. 41

362 Une mention spéciale sera faite à l'endroit des Abbés Ngoyi Alphonse et Nkongolo Joseph (*Minor*) — alors vicaires du père Germain Verfaille alias *Kasonga muana* (par opposition à *Kasonga mukole* le père Aimé Van Zandijcke et l'on s'appelait avec le père Verfaille « Shaakeena » c'est-à-dire « homonyme » parce que ayant le même prénom Germain) — qui ne manquèrent pas de peser de leur poids et de leur sagesse, pour convaincre les leurs d'aller jusqu'au Cercle Lulua–Frères — (Siège de l'Association, situé au coin des Avenues Kamuandu et Révolution ex-Roi Baudouin, bâtiment construit en 1957 par l'entrepreneur italien Cangelaris avec les fonds « Lulua – Frères ») — se concerter avec les Lulua, afin de sauvegarder ce qui pouvait encore l'être... Mais hélas…

2.4.5. Prise de conscience

Voici ce que nous relate l'Histoire : lors de la construction du Chemin de de fer B.C.K. — tronçon Ilebo/Bukama (1923-1928) — la main-d'œuvre s'est recrutée en grande partie parmi les Baluba qui, à la fin des travaux, se se sont implantés par regroupements ou villages, le long de la voie ferrée. D'où l'argument de ces derniers que *« la terre leur était concédée non par par les chefs Lulua, mais par les Européens qui les avaient embauchés ».*[363]
embauchés ».[363]

Peu après, fin des années 1940, il se produira un incident, à propos des champs. Les Baluba incendient le village de Ilunga Luntu, à la Mission **Ntambwe St Bernard** (non loin de la voie ferrée — cf. le site au-delà de SEP/Congo et camp « Inga-Shaba » sur la route vers Tshikaji plutôt Nkonko). Ce fait peut s'inscrire comme le premier acte de provocation et le commencement du conflit...

Dès le début des années 50 (1950), les Lulua commencent à prendre conscience de la discrimination dont ils sont l'objet ainsi que de leur retard sur leurs frères Baluba notamment dans le domaine de l'Enseignement et autres secteurs, surtout de l'Administration. Et cet éveil amène les Lulua à créer l'« Association Lulua-Frères » dont les actions devaient mener à redorer leur image ternie, ainsi qu'à se tailler une place dans le concert des peuples. Veuillez noter que cette création est la réponse même à la lettre qu'auront adressée deux Lulua : Mutapikayi Auguste et Kapuku Laurent — nous l'avons dit — en date du 15 juin 1951. Aussi, cette lettre Mukenge Shabantu l'aura-t-il qualifiée de « Lettre ouverte à l'Administrateur Territorial » ou encore de « Réquisitoire sévère à l'Administrateur du Territoire de Luluabourg », car dénonçant tout haut les abus que l'Administration commettait contre les Lulua sur leur propre sol[364].

Vu la teneur de la lettre, ce n'est pas l'A. T. Mr Troquay qui y répondit, mais plutôt le Gouverneur de province. En effet, Mr **Peigneux** convoquera les deux signataires — nous allons le voir —, mais ouvrons d'abord une parenthèse : avant que le Gouverneur ne fît venir les deux « rédacteurs », l'A.T de Luluabourg prit le soin de faire amener Mutapikayi. A la vue de celui-ci, l'Administrateur ne fut pas convaincu que ce fût ce jeune homme l'auteur de cette lettre ; aussi l'avait-il renvoyé lui chercher les copies y afférentes, et en toute hâte.

Or celles-ci, y compris celle réservée au (Commissaire de) District à Luebo, avaient déjà fait l'objet d'expédition trois jours avant qu'il — l'A.T.

---

[363] En regard de ceci, R. Cornevin (o. c. p. 248) dira qu'une telle idée se retrouve chez les Kabré du Moyen-Togo (dans la région de la vallée de l'Anié) où l'administration française les a fait venir pour construire la voie ferrée Agbounou – Blitta (circonscription d'Atakpamé) et où ils invoquent cet argument, pour ne pas donner des cadeaux coutumiers aux chefs traditionnels.

[364] Mukenge, o. c. p. 57

— ne reçût celle qu'il avait en main, donc l'originale ! Notons qu'en ces temps-là, bien que Télex, Fax, Internet, Scanners, WatsApp, Réseaux sociaux n'eussent été inventés, la Poste — en partenariat avec la M.A.S., avait fait son job ; d'autant plus que ce fut « une lettre recommandée » à-dire à expédier avec grande vitesse et dont on devait accuser réception avec retour du « récépissé »... Toujours à propos, Mulumba Diulu écrira ceci :

« Diakamwe, Administrateur wa Territoire wa Luluabourg kubuela mu mashinyi, kuya mutangile ku Luebo kuvua mfumuende Commissaire wa District bua kumubueja ne : mukanda udi basenji ba Bena Luluwa bafunde ewu, ukaadi muwupeta anyi ? ». Commissaire wa District kumuandamuna ne : '' kuambi kabidi miaku yaa ne : **basenji** nansha. Mukanda eu udi muambe bintu bia bungi bidi mua kushipa misoko eyi yonso mpindieu »[365].

Ceci se traduit en ces mots : l'A.T. prit précipitamment sa voiture pour atteindre Luebo et s'enquérir auprès de son chef direct le Commissaire de District, si la copie de cette lettre lui destinée lui était déjà parvenue... Et celui-ci de le reprendre : *« Ne dis plus lettre écrite par les Basenji »*[366] *; car dans cette lettre, beaucoup de choses y sont dites et qui peuvent inciter sans délai, à détruire, à mettre à feu toutes ces contrées ! »...*

De Luebo, les deux Territoriaux atteindront Luluabourg où leur supérieur, le Gouverneur de province, les instruira de ne pas répondre aux Bena Luluwa ; il les rencontrera lui-même en temps utile... Et Diulu continuera :

« Bamwe Batôke baa bulaku baakadi batumanye bietu (bu colonel Hennequiau, mfumu munene wa basolayi), kuluabo kutuambila ne : '' Paa kumbana tshikondo tshia kuyukila ne Gouverneur, kanuthinyi to ; mukanda wenu udi muimpe ; baa kutubadilawu mu tshisangilu ; batôke bonso badi ne bôwa'. Paa nubikilabo kudi Gouverneur, nu mulondele maalu onso anudi bamanye. Pa nukonkaye, numuleja patôke tshidi diswa dienu (...). Kanutshinyi to! ; C'est votre droit'' »[367]...

Avant que ce patriarche n'ajoute également autre chose, nous traduisons ce qu'il vient de nous relater en Tshiluba :

---

365 Mulumba Diulu, o. c. pp. 80-81

366 « *Basenji* » : (au singulier : « musenji ») : est un mot venu de Kikongo : besi nsi (mwi nsi nsi au singulier) et se traduisant en Lingala : mokolo mabele, et en français : autochtone, indigène (ce dernier étant souvent utilisé). La Colonie ou l'Administration aura utilisé le mot « indigène (s) » souvent avec mépris, pour désigner le colonisé. Et pour l'humilier (au Kasayi), elle l'aura désigné (ou insulté) par « Musenji ».

367 Mulumba, o. c. p. 81

« Certains Blancs (entendez Administratifs et autres) qui ne savent pas se taire (indiscrets, bavards, sans discrétion, criards) et qui nous connaissaient nous diront : '' lorsque l'entrevue (ou rencontre) Gouverneur et vous aura lieu, n'allez pas froussez ; votre lettre est bonne, on nous en fait la lecture dans une réunion (entendons ''Conseil de sécurité''). Tous les Blancs sont dans la crainte... Vous raconterez au Gouverneur tout ce que vous savez ; lorsqu'il vous demandera quel est alors votre désir, faites-le lui savoir clairement — (c'est-à-dire, n'y allez pas par quatre chemins) — c'est votre droit, de recouvrer vos droits'' »...

Et Mulumba Diulu de continuer :

« Dimwe edi — c'est-à-dire la veille de la rencontre avec l'autorité provinciale — tuetu kumvua bènda beela dîyi kudi baa katuma [368] ba mfumu wa tshimenga tshia Luluabourg ne :

'' Wewe Mutapikayi Auguste, Kapuku Laurent, ne baa tatuênu badi bafunde mukanda mubi batumine Gouverneur ; fikaayi bonso ku bureau bia Gouverneur makelela pa diba dia mapingaja (= 14 heures). Bangabanga nuânji kupitshila ku bureau bia Administrateur (wa Territoire wa Luluabourg)'' »[369].

Et ici, chose étrange, après que l'A.T eût demandé à la foule où étaient Mutapikayi et Kapuku, et que ceux-ci se fussent présentés, l'Administrateur leur serra la main...! Et ensuite il dira à la foule : « Allons tous chez le Gouverneur » (ibidem). Mulumba Diulu nous fait vivre l'événement :

« Mukalenge Gouveneur upatuka, tuinyika mitu (...), tukuma ne bikashi.

Gouverneur kuebueja musangu umue ne : '' Mutapikayi weepi ? Mutapikayi ne : '' M'meme ewu ''. Gouveneur kumuamba ne : '' uvua muntumine mukanda ngwewe anyi ? Mutapikayi ne : '' Eeyowa, m'meeme''. Gouverneur udi webeja (tshiakabidi) ne : ''mukanda ewu nuaakadi bafunde ne baanganyi ? '', Mutapayi kuandamuna ne : ''Tuvua baufunde ne bâ tâtu bonso badi apa aba''. Gouverneur kukonka (tshiakasatu) ne : ''mu tshisumbu emu mudi bamfumu beenu ba kabukulu (**chefs coutumiers**) anyi ? ''. Tuetu se : '' Badi balua kunyima eku ''. Gouverneur ne : '' bambilayi balue apa ''.

Diâkamue tuetu kutuma Tshisekedi Adrien wa Bakwa Beya (ku Ndemba) ne dikalu se : '' angata mfumu Kanyuka nulue neende apa lukasa '' »... (Il s'agit ici de **Kanyuka** *mukole* — père de Benoît Kabamba Kanyuka Nkashama *muîpu'a Bak'a Mbuyi*)...

---

[368] Du verbe : *kutuma* = envoyer ; donc un « *katuma* » est un envoyé, un messager (mieux « planton » et/ou « huissier », dans notre cas, de l'A.T. de Luluabourg.

[369] Mulumba Diulu, o. c. p. 82

Et le bureau de l'A.T. se trouvait être dans l'Immeuble abritant présentement le Musée de Kananga ainsi que la Division de la Culture et Arts (à côté de l'Immo-Kasaï) ; tandis que le bureau du Gouverneur était l'actuel bâtiment de l'Etat – Major/Inspection Provinciale — Commandement PNC— entre la Banque Commerciale et le Stadium de l'Espoir.

Le Gouvrneur à chef Kanyuka : ''mukanda ewu udi bana aba bafunda udi muwumanye anyi ? '', mfumu Kanyuka ne : '' Eeyowa, ntshipangu tshia Bena Luluwa bonso ''. Gouverneur kulua kuebeja Mutapayi ne : '' nudi baswe tshinyi ? '', Mutapikayi kumuandamuna ne : ''' Baluba bonso aba baye kuabo '' »…

Pour la circonstance, nous dit Mulumba Diulu, ''nous avions choisi quatre interprètes qui s'étaient tenus juste en face du Gouverneur'' :

« Bantu bafikishi ba meeyi a Bena Luluwa mu français kudi Gouverneur batubâdi basungule m'bobo aba : Mutapikayi Auguste, Luakabuanga François, Tshiyombo Pascal ne Banyishayi André. Bantu aba m'Bena Luluwa bafukila. Mutapikayi wa Tshipamba (mu Bena Mukangala mua Ndaye Nkufulu, uvwa mulonge mvula itanu mu Séminaire wa Kabwe ne muenze manga malonga mu Ecole postale wa Kinshasa ; Tshiyombo Pascal (wa Bakwa Tshitudi njila wa Tshikapa) : mmumanyi wa muakulu wa français bu bakuende aba pamwe ne Luakabuanga François (Muena Tshiâdi ku Ndemba) ; muinayi ke Bânyishayi André (Muena Kasase mua Nkandi) : yeye ewu uvua mujikije tulasa tua Ecole Moyenne wa Katoka mu 1940 ne diplôme dia kumpala pa Bena belges apu (…) »...

Et nous attirons l'attention d'un chacun que ce fut quatre **Lulua** et non quatre « *Bena Mutombo* » et/ou quatre « *Bakwa Katawa* » ; **ce virus de malheur n'existait pas, d'où la force du peuple** en ces temps-là !… Ne prêtons pas oreille à ceux qui nous divisent ! Revenons à nos vertus !...

« Tshitupa etshi, Mukalenge Gouverneur kuamba ne : ''Tshimuângi ntshibengibwe ne ntshikandika ; meme tshiena ne mushindu wa kumuanga Baluba to ; ndi n'nulomba bua tumvuangane neenu ne boobo. Bua banuangate ku midimu, balekele baana beenu batungunuke paabu mu tulasa'' »…

La rencontre avec l'autorité de la Province s'étendit de 14 heures 30' à 17 heures ; et le Gouverneur qu'entouraient ses proches collaborateurs et autres Territoriaux se tint débout, devant cette foule immense qu'est venue grossir la masse des employés et autres travailleurs, curieux d'entendre ce que l'Exécutif provincial allait répondre aux Lulua…

Le Gouverneur avait continué en disant — (notons que les questions et interventions du Gouverneur sont traduites en Tshiluba par Mulumba Diulu) :

''Mukanda weenu unudi bafunde kawena ukengela dinyoka to, udi muimpe. Bilongelu binene bitubo bipata bana beenu ba Bena Luluwa m'bilongelu kayi ? ''.

Tuetu se : '' Séminaire wa Kabwe, Ecole Moyenne (...) [370] ne Ecole Normale wa Mikalayi''.

Ke Gouverneur ne : '' Ndi nfunda mikanda butuku ebu ntumina bena bilongelu...'' (avec instructions de ne plus renvoyer les enfants Luluwa). '' Pâjikijàbo tulasa tuabo atu, meme nkayânyi nenye ngenda mbateeka pa miaba ya midimu ''. Bena Luluwa bumvwa nanku, tshibingu bee woooo ! ...

Ke Gouverneur kuebeja ne : '' Kadi nudi basue tshinyi ?''

Bena Luluwa : '' tudi basue tuikale ne mBulamatadi wa Luluwa pà buende ; ba pères, ba mansèle ne bakalenge ba mishonyi (protestants) ba Bena Luluwa pàbuàbo. Wewe Gouverneur kabidi, pawudi muswe Baluba nuye naabo kuâbo''.

Ke Mukalenge Gouverneur kutukonka ne : ''Kadi kuâbo nkunyi ?''

Tuetu se : '' kuâbo n'dishiya dia *Mbilanji Ibidi* ''.

Après un moment de soupire... le Gouverneur demandera :

'' Mukanda ewu m'mufunda anu kudi Mutapikayi kaana katekete aka, kakuyi dîna dia mfumu wa kaabukulu (**un chef coutumier**) ; kakuyi dîna dia muntu musunguluke bu muludiki wa tshisangilu tshienu (Président) ? Ebi ke bidi bindeja se : munkatshi muenu mudi mukutakane (désordre wà bungi) ... Nutuku peenu ne tshieenu tshisangilu tshia Bena Luluwa munudi mua kuikala nuamba mâlu diyi dimwe anyi ? ''.

Tuetu kuandamuna se : '' Katutu nâtshio to ''.

Yeye Gouverneur ne : ''Mbimpe nupete tshisangilu tshienu ; kanudienzedi to, lombâyi kudi Administrateur weenu nyeye ewu. Yeye pende alombe kudi Commissaire wenu wa District dienu nyeye ewu biende apa. Pa nuikale ne tshisangilu tshimwe, président muludiki wa tshisangilu umwe, ne bipànda (notables) bia Tshisangilu, nanku dîyi dienu dinuikala nusuika mu tshisangilu ne dikale ne bujitu. Tshilema ki n'tshietu tuetu Batoke to.

Badi badienzeje maalu aa onso anudi nufika ku dilônda leelu ku shoo n'nuênu bîne. (...). Numbushe butekete, bînji ne mpata yênu ; nulekele kulonda bantu munyima. Tumaayi penu tshiâdi kumpala. Nuenze maalu ne bukitu '' ».

Ce qui vient d'être relaté en Tshiluba se résume en ces mots : ''Si vous avez un regroupement unique, avec un président, avec des notables et/ou piliers de l'association, votre plaidoyer aura alors du crédit. La faute ne revient pas à nous Blancs (entendez l'administration). Vous vous êtes fait

[370] Il s'agit de cette célèbre Ecole Moyenne des pères Josephites qui a fonctionné à Katoka/Kapanda de 1931 à 1950. Notons que depuis son ouverture jusqu'en 1937, l'Ecole s'est appelée officiellement Ecole des Candidats – Commis. Fin 1950, l'Ecole Moyenne a été transférée à Bulongo (à 17 km au Nord de Mweka) — Cf. J. Van Keerberghen, o. c. pp. 195, 196 et 200. Toute la concession des pères Josephites à Katoka a été reprise par les pères de Scheut comme résidence pour le Supérieur Provincial et ses services.

subir les préjudices que vous venez de brandir tardivement. Bannissez le défaitisme, l'amertume ; cessez d'être à la traînée. Osez aller de l'avant. Agissez avec courage''.

Le Gouverneur avait achevé son adresse en ces termes (traduits par Mulumba Diulu en Tshiluba) :

'' Tudi bamanye ne bumwe ne ntèma yonso bionso binudi balonde ebi ; tudi kushala tuela meji bua kunukumbajilabio. Ne, katuena kabidi tunupua môyo to. Nuâya bimpe ! ''.

Mulumba Diulu ajoute : ''Tuetu kulua kukuma bikashi ; kutangalaka...

Bena Luluwa kuambabo ne : Kakuena bualu to, nansha yeye Mukalenge Gouverneur mutubueje ku luânyi, kadi wàkumana kutumvua ''. Traduisez : '' même si Mr le Gouverneur nous a poliment renvoyés, mais il nous aura entendus'' »[371].

Pour clôturer ce volet, Mulumba Diulu écrira : « Monâyi mushindu utuakapeta tshisangilu tshietu tshia *Lulua – Frères* wa bidîla nanku » — à traduire : ''C'est ainsi que nous sommes arrivés à créer l'*Association Lulua-Frères* (''wa bidila '' : retenez que la rivière Luluwa compte plusieurs îlots sur son parcours). Mulumba Diulu avait renchéri :

«... Ke tuetu kuâsa tshisangilu tshivua tshitutêka bonso kâba kamue ; tuamba dîyi dimue (…). Devise wetu wâkadi ne : *« Luluwa dîyi !... Dîyi dimwe ! Muamba balume, m'muamba Bakaji. Muamba Bakaji, m'muamba ba Bayabu... »*.

Aussi allons-nous souligner, que jusque-là, le clivage qui se nommera **« Mutombo/Katawa » n'existait pas !** Nous l'avons dit plus haut. Fort heureusement…

Par la suite, l'on se mit d'accord sur le critérium ou le profil des personnes devant prendre la direction de l'Association. Suivons Mulumba Diulu :

« … Bantu batudi tusungula bikale bakumbanangane ne mianzu itudi tubapa. Bua kuikala Président wa *Luluwa-Frères*, bivua bikengela muntu wa nsongo, muenji wa mudimu wa kalânda musènga ; muikale ne nsombelu muakane ne mumanyi mupiluke wa malu a bukalanga bua, patuikale tumutume kudi Batoke, ikala ubaneemeka ne bôbo biabo bamuangata ne mushinga »… Et en attendant d'arriver à concrétiser tout ceci, l'on se donna un mot d'ordre : « kanusaadi tshiombo, muana' a nkulupa udi mulale »[372].[373]…

[371] Mulumba, o. c. pp. 82-88

[372] Ce qui signifie : la discrétion reste de rigueur pour ne pas réveiller le camp « adverse »

[373] Mulumba, o. c. p. 92

2.4.6. Création de L'"ASSOCIATION LULUA-FRERES"

Le 3 juillet 1952, la demande de création de l'Association est introduite auprès du Commissaire de District du Kasaï à Luebo. Et le 28 du même mois, Paul Pierrot, Commissaire de District, accorde l'Autorisation sollicitée… Vous en avez pris connaissance plus haut. Mulumba Diulu nous parle de la composition du premier Comité directeur :

— « Muaba wa muludiki munene[374] (Président Général) tuâkateeka **Ntumbua Joseph** (wa Ntumba Mukongu) wa Bakwa Mbuyi. Mukalenge Ntumbua uvwa mujikije Ecole Moyenne wa Katoka, muenze mudimu wa Mbulamatadi ku Poste wa Lubumbashi bidimu 10 ; mumanye tshiluba bimpe, wàkula ne anglais. Buende yeye kàtuaakanèngakana bua kumusungula to, bualu tuâkamusangana mudikumbaje ku mikîya yonso ;

— (…) muàba wa tshîndodî tshiende anyi Vice – président, tuâkateeka mukalenge Shikayi Louis wa Bashila Kasânga. Yeye pende uvua mujikije Ecole Moyenne mu Katoka, muikale mumanyi ne mufundi wa muakulu wa français wà dilâmbu ;

— muàba wa bafundi (Secrétaires) tuètu kuteeka Tshitenge Joseph (wa baa Mukole Antoine, Muena Mfwamba). Tshindodi tshiende tuâkateeka Mukalenge Kambala Modeste wa Mudîmbi. Bonso babidi bavwa benze malonga abo mu petit Séminaire wa Kabwe' a Nkanka (…).

— (…) Bua muaba wa Mulami wa mpetu (Trésorier), tuàkasungula Mukalenge Bunga Bualu Valentin (Mukwa Mushilu). Uvwa comptable ku Banque Commerciale eku (…) ; uvwa mujikijé Ecole Normale wa Mikalayi ; muntu wa lutûlu lua bungi… Tuetu kulua kusungula kabidi Mukalenge Mukenge[375], mujikije Ecole Normale (…)[376].

A ce premier Comité furent accrédités quatre conseillers : Mulumba Diulu Emile (Mukua Mushilu) ; Kâbupua Isaac (Mukwa Biayi ku Ndemba) ; Tshingombe Pierre (Mujila Kasanga) et Kanumbedi Emery (Mukwa Mushilu kua Luandanda). Ce premier comité qui alla de juillet 1952 à juillet 1953 est relayé par le comité **Shikayi** (Louis) avec comme Conseillers : Mulumba Diulu ; Wafuana Emery (Muena Kashiye kua Kalamba) ; Buana Michel (Mukua Lôngo ku Ndeba) ; et Nkongolo Philippe (Mukwa Mpîka ku

---

[374] Président général munu mu Kananga

[375] Il s'agit de Mukenge Barthélemy ; on l'appellera depuis juin 1960 (Mukenge) « Shabantu » (un nom composé) voulant dire « le père d'une multitude, parce qu'étant devenu le père de toutes les populations du Kasayi en tant (1er) gouverneur de province Noir (après Mr De Jaegher et tous ceux qui l'ont précédé). « Sha » est le masculin de « muaa » (= la mère de) ; et « bantu » = hommes, mieux personnes humaines : hommes ; femmes et enfants.

[376] Ecole Normale : en parlant de cet Etablissement scolaire, Mulumba Diulu dit ceci : « Kanuambi ne : nkaadi mbekesha to ; bualu bikondo abio, wêtu Université uvua Ecole Secondaire. Kadi, bua wewe kupeta diplôme kudi Bena Belges, wikale mukupè munyaka (= avoir sué). Kabiakadi bu bienu bia matuku aa binukaadi nu apeshângana mu dimanyangana ne ku makuta ». Mulumba, o. c. p. 94.

Ndemba) ; ainsi que Martin Kayembe alias *Kayembe kâ tshitupa* (Muena Kashiye ku Kazumba) et Tshiamuîne Gérard comme Commissaires aux Comptes… Puis viendra le comité **Nzuji**…

Notons que de nombreux notables auront apporté leur soutien à l'un comme à l'autre Comité ; nous citerons quelques noms : Luâkabuânga François (Muena Tshiàdi ku Ndemba) ; Tshiyombo Pascal (Mukwa ku Mbulungu) ; Kabasele Gustave (Mushila Kasanga ku Dibaya) ; Katômpwa Fernand (Muena Mutshipayi kua Nkongolo-Môshi[377]) ; Thomas (Mushila Kasanga) ; Tshipamba Matthias (Muena Kabîye kua Tshikelé) ; Mutulukâyi Benjamin (Muena Kamuànga) ; Ilunga Charles (Mukwa Bêya) ; Mulamba Adolphe (Mukwa Kasanzu) ; Kasonga (Muena Mânde mua Tshiteebwa); Bilôlo Edmond (Mukwa Tshipamba Ndubi'a Tshiamala).

Comme vous pouvez le constater, au travers de toutes les parenthèses ci - dessus, **il ne fut question ni de (Muena) « Mutombo » ni de (Mukwa) « Katawa » !... On était « Lulua » un point un trait.**

2.4.7. Les Elections Communales de 1958

Jamais les Luluwa ne furent si unis ! Si soudés ; si solidaires (de par leur devise *''Lulua Diyi ! Diyi Dimwe !* '', entendez : ''Ensemble comme un seul homme'') et cela même en dehors du Congo-Belge ! En effet, l'« Association Luluwa-Frères » avait des assises à Usumbura, à Ndola, à Lusaka, à Salisbury (prononcé par nos pères et frères qui en revenaient : ''Sôssbiri'', l'actuel Harare), à Brocken Hill, à Livingstone, à Bulawayo ; et c'est le comité **Mukenge** qui dirigera l'Association depuis 1958 à 1960, et qui aura ainsi le privilège de conduire, avec succès, les Luluwa aux Elections Communales de 1958 ainsi qu'aux Législatives de 1960.

A propos, R. Cornevin dira : *« En décembre 1958, les résultats des élections de Luluabourg avaient donné l'avantage aux Bena Louloua grâce à leur très forte solidarité clanique... »*[378] (L'on se rappellera que les Lulua ont gagné la Commune la plus populaire de la Ville, celle de la **Ndesha**, que dirigea le Bourgmestre **Nzuji Henri**).

De son côté Mabika Kalanda (un Muluba de haut rang et de surcroît, professeur d'Université) reconnut cela quand il écrit ceci : *« Après la victoire que les Lulua remportèrent aux consultations du 8 décembre 1958, ils s'empressèrent de proposer aux Baluba une formule de collaboration. Celle-ci consistait à se partager les charges communales.*

---

[377]C'est l'accent luluwa de '' mônji'', le ''j'' devenant « sh », (pour Kazumba un Luluwa au village prononcera Kasumba au lieu de Kazumba ; le « z » devenant « s » etc.) — cette particularité de la phonétique se retrouve aussi en Allemand où le '' v '' se prononce '' f '' ; le ''w '' devient '' v '' ; le ''z '' '' tsu''…

[378] R. Cornevin, o. c. p. 248

Les Baluba ne répondirent pas favorablement à cette proposition » [379]... Ce que vient de dire Mabika Kalanda évoque ce que peut engendrer un comportement d'isolement !

Nous signalerons cependant que dans le cheminement de l'Association, à l'Association, à l'instar de toute œuvre humaine, quelques incidents — divergences de vue ; incompréhensions et/ou tiraillements — n'ont pas manqué, aussi ont-ils été qualifiés d'anodins ou de mineurs ; et ils ont même même été vite gérés... L'Association demeura une œuvre de taille, de par ses Statuts et Règlements d'ordre intérieurs ; de par ses ramifications (des Sections se sont retrouvées même au-delà de nos frontières, nous l'avons vu). Et en plus de cet aspect administratif, l'Association disposait d'une Boîte postale (à l'Hôtel des Postes, n° 217) ; d'un Compte bancaire [380] et d'une publication (le Journal « FRANCHISE » qui fut un organe de communication et d'expression et surtout de conscientisation). Aussi l'Association va-t-elle conduire les populations Luluwa à soutenir, à l'approche de l'Indépendance, l'« Union Nationale Congolaise » (de Kitenge Gabriel) et à faire cartel avec le MNC/Lumumba — parce qu'ayant découvert un manque de bonnes dispositions dans le chef des frères Baluba regroupés au sein du MNC (aile Kalonji).

Mais depuis avril 1959, **Luluabourg** — Chef-lieu de la province du **KASAÏ** et Siège de l'Association Lulua-Frères — va vivre une situation qui n'a pas de nom sinon « ambiguïté ».

Oui, tantôt ce sont des leaders qui, malgré leur appartenance à des partis différents (Kalonji Albert a en mains les commandes d'une aile du Mouvement National congolais et Ilunga Alphonse, leader Lulua dit plus tard Ilunga *''Dibwe Luakamanyabo''*), s'attellent à prôner l'idée d'unité nationale et le danger du tribalisme [381]; tantôt ce sont ces mêmes leaders et mieux, les regroupements d'obédience tribale auxquels appartiennent ces deux hommes — entendez l'*Association Lulua–Frères* (dont Mukenge Barthélemy, son président général et Kalamba Mangole Sylvestre, grand chef coutumier Lulua rapportent fidèlement les desiderata) d'une part ; et le

---

[379] Mabika Kalanda, o. c. p.14, § II

[380] Le n° 3965 à la B.C. B. (Banque du Congo Belge devenue présentement la Banque Commerciale du Congo — BCDC). Le chap. III des Statuts Lulua – Frères avait trait aux Finances ; son art. 13 avait trait aux ressources de l'Association ; l'art 14 avait désigné le banquier. Et le compte à la BCB n'avait pas tardé à franchir le seuil du million (1.000.000) de francs congolais. « Quand on sait qu'un franc Congolais valait 0,99 franc belge d'alors on peut comprendre l'origine de la jalousie de nos frères » dira Mukenge Shabantu, o. c. p. 68.

[381] Ceci, conformément à la résolution (b) : « maintien de l'unité géographique du Congo » — qui est de temps en temps et présentement menacée (pourquoi et par qui ?...) — ainsi qu'à la résolution (d) : « négation aux associations tribales le droit de s'ériger en partis politiques » ; deux des résolutions ayant été prises par le Congrès de Luluabourg en avril 1959, cf. Mabika Kalanda, o. c. pp. 14 – 16.

« *Mouvement Solidaire Muluba* » [382], d'autre part — qui iront d'allégations en allégations ; leurs revendications des sont adressées tant à l'autorité provinciale, au Roi qu'aux Chambres belges…

Aussi, en regard des enjeux politiques d'alors, et pour ne pas subir — après que l'Administration coloniale soit partie — des exactions, au sein d'un pouvoir entre les mains des « ingrats » (c'est-à-dire ceux-là mêmes à qui ils ont offert hospitalité et cédé des terres), les Lulua se trouveront contraints de demander le départ de leurs frères Baluba, que cette Administration aura privilégiés… Et ceux-ci, dans l'inquiétude de perdre avantages acquis, accuseront à leur tour les Blancs de soutenir les La tension entre les deux communautés[383] ira dégénérer et il est question d'appeler les chefs Lulua et Baluba à se rencontrer…

Rencontre du lac Munkamba

Celle-ci se tiendra du 2 au 3 mai 1959 ; et Mr RAES, juge près la Cour d'Appel de Léopoldville en fut l'animateur. Des résolutions sont prises ; elles annonçaient principalement un accord (apparemment historique) intervenu entre les chefs coutumiers Lulua et Baluba. Alors que l'on s'attelait à l'applicabilité de ces résolutions, la tension allait croissante quotidiennement ; chaque camp mettant en cause l'Administration (la classe dirigeante baluba particulièrement lui reprochait d'appuyer les revendications des Lulua…). L'Administration est dépassée. **Mr De Jaegher**, Gouverneur de province, cherche des issues ; il en attend des suggestions… Un de ses collaborateurs, A. DEQUENNE de son nom, Commissaire de District Assistant de la Lulua, sera le premier à terminer son étude, avant le Premier Bourgmestre…

2.4.8. Le « Rapport Dequenne »

Mais il se fera que cette étude, que l'histoire a nommé « Rapport Dequenne » — du nom de son rédacteur — se retrouvera entre les mains de l'élite baluba et cela, avant-même que le Gouverneur à qui elle était destinée n'en prenne connaissance !... Vraiment, ce rapport d'une dizaine

[382] « Mouvement Solidaire Muluba » (MSM en sigle) : une réplique à l'Association Lulua – Frères. Le MSM aura vu le jour le 5 juillet 1959 et se vulgarisera sous le vocable « NKONGA YOO ! » auquel l'on répondait « *YOO* ! …». Bien que les pères du Mouvement Solidaire Muluba eussent laissé entendre que le Mouvement s'assignait comme objectif « l'unité politique de tout le groupe linguistique luba, y compris les Lulua, les intentions cachées des fondateurs n'ont pas convaincu leurs frères Lulua d'adhérer à ce groupement naissant (présidé par Kalonji Evariste, sous les impulsions de Kalonji Albert et Nyembwe Albert…Et cet échec ne pouvant que réjouir l'Administration…

[383] Cornevin, o. c. pp. 247-248 parle lui de deux « ethnies ». Non, nous nous disons deux « communautés » ; et là nous sommes d'accord avec Mabika Kalanda qui ne considère pas les Baluba comme une ethnie et les Lulua comme une autre. Et il l'a bien dit en intitulant son ouvrage Baluba *et Lulua Une Ethnie à la recherche…* . Aussi, d'après d'autres chercheurs dont « Verhulpen, Van Zandijcke et Caeneghen, les Lulua sont « Baluba » et aucun Lulua n'a jamais nié cela » — cf. Mabika Kalanda. o. c. p. 35.

de pages ''avait trouvé des pieds et des yeux'', à partir de la « frappe », pour sortir et revenir à l'endroit !... et dire que les *scanners, bluetooth, WhatsApp, Résaux sociaux* étaient inexistants !... Nyembwe Albert [384] qui ne pouvait en tout cas pas parler de ''vol'' dira que le soir du 8 juillet 1959 (c'est la date-même de la rédaction de ce ''Rapport''), ce document « *tomba entre les mains des Baluba* »... Voici ce que Mr. De Jaegher lui-même dira à ce propos :

« Afin de rechercher un terrain d'entente sur des bases bien étudiées, j'avais, au mois de juin, chargé le District de la Lulua et la Ville de Luluabourg de faire des études sur la portée des divergences de vues qui existent entre les Baluba et les Lulua... Le District termina le premier son travail. Il y mit la dernière main le 8 juillet. Le soir même de ce jour, son étude fut volée (...) et replacée à l'endroit (...). Aussitôt commença une campagne d'agitation »[385]... Nous reviendrons sur ces propos plus loin...

Oui, parce qu'il y eut agitation... il y a lieu de chercher à savoir ce que contenait ce rapport en substance. Pour ce faire, nous renvoyons le lecteur à lire, in extenso, le Rapport DEQUENNE du 8 juillet 1959/objet : Revendication Lulua (conflit Lulua – Baluba) – CL : B2, adressé à Monsieur le Gouverneur de la Province du Kasaï (Service des A.I.M.O.) à Luluabourg)[386]. Nous ne ferons appel qu'à quelques citations et/ou faits y évoqués que nous tenons pour plus ou moins vérifiables, et ayant concouru au cheminement de cette partie de notre ouvrage.

Au Point I. 1.

L'on pourra noter : « ... les populations (Lulua,) qui ont porté jadis d'autres surnoms [387] ont pris le nom de **Bena Lulua**, du nom de la rivière Lulua, de part et d'autre de laquelle elles se sont établies. Ces populations ont émigré en groupes plus ou moins importants, et pour des raisons diverses. Toujours est-il qu'elles ont occupé le bassin de la Lulua.

L'aire de dispersion est la suivante : Au Nord : le Territoire de Demba ; A l'Est : le Territoire de Dibaya, à l'exception des Secteurs Kalonji ka Mpuka [388] (Baluba) et

---

[384] Nyembwe Albert, o.c., p.57

[385] Ceci est un extrait de son adresse à la population devant le micro de la Radio provinciale (notre présente « *Tshiondo Tshikulumpe* » (RTNC/Kananga), en date du 6 août 1959. Les principaux extraits de cette allocution sont consignés par Nyemlbwe Albert, in « N'embarrassez pas la haine », o. c. pp.75 – 79.

[386] Cf. Muena, o. c. pp. 78 – 94

[387] Rappelons-nous ce que nous a dit A. Van Zandijcke (o. c. pp. 7 et 10) que ''... *jusque vers 1870, aucun terme générique ne désignait ceux que nous sommes convenus d'appeler les Bena Lulua. Quand eux-mêmes voulaient se désigner sous une appellation commune, ils se disaient des « Baluba » émigrés (...) ; ce qu'ils sont en réalité. Ils étaient dispersés dans toute la région et constituaient des groupements plus ou moins importants, ayant chacun un nom spécifique : Bena Tshinena, Bena Katau, Bena Mukangala, Bakwa Muanza, (...) Bashila Lungu, Bashila''.*

[388] Cf. l'actuel Territoire de Kabeya-Kamuanga

Tshishilu (Bakete) [389] ; Au Sud : le Territoire de Kazumba, à l'exclusion des 4 Secteurs Babindji — (ici, le territorial et notable G. Makidi nous fait remarquer pour être plus exacte ces Secteurs sont trois et non quatre ; il s'agit de Kavûla, Mbôyi et Tshitadi) ; A l'ouest : les Territoires de Tshikapa (4 C.I.) et de Luebo C.I) ; La Ville de Luluabourg (est) évidemment comprise ; elle est en fait cœur de l'ensemble formé par les circonscriptions Lulua ».

Au Point I. 2. Nous (y) trouvons :

« … les divers groupes ne niaient pas leur parenté, mais aucun des nombreux chefs n'avait encore réussi à asseoir son pouvoir politique sur tous les autres. Cependant, à l'arrivée de Wissmann (1881), Kalamba — il s'agit de Kalamba Mukenge Tshitadi — était un des notables les plus en vue, sinon le plus en vue. Actuellement son prestige reste énorme. Je suis convaincu — c'est Mr. DEQUENNE qui écrit — que si un referendum posant aux notables lulua la question : '' Voulez-vous que l'Administration reconnaisse KALAMBA comme votre représentant le plus attitré'' était organisé, la réponse serait dans une très majorité affirmative [390] ''.

J'en vois une nouvelle preuve dans un article du journal KASAI en date du 4 courant — juillet 1959 — disant ce qui suit : '' Monsieur MANGOLE Sylvestre, grand chef des Lulua, invité aux fêtes du Xe Anniversaire de la Base de Kamina, sera accompagné des chefs NKONKO, MFWAMBA, TSHIKELE et **KAMUENA NSAPO** du Territoire de Dibaya ; KATENDE du Territoire de Kazumba ; LUANDANDA du Territoire de Demba[391].

Ces chefs lulua très importants étaient considérés pas comme les rivaux de KALAMBA[392]. Qu'ils aient accepté de faire partie de sa suite indique suffisamment combien fort est le désir d'unité des Lulua, et combien grand est le prestige de KALAMBA aux yeux de tous les Lulua''…

Au Point II.

De ce Rapport nous retiendrons ceci (et d'emblée il y est dit) : « De la solution qui sera adoptée pour Luluabourg [393] dépend la paix publique dans tous les endroits où cohabitent Baluba et Lulua ».

La relecture qui suit nous fait entrer dans le contexte du conflit – (quelques-unes des causes et son cheminement) :

---

[389] Vous trouverez présentement nos frères Kete dont question ici : une partie (au Kasaï-Oriental) dans le Territoire de Kamiji — cf. Kele et une portion de Lubi ; et une partie au Kasaï-Occidental, dans le Territoire de Dibaya, cf. Kamponde et Luekeshe sur le rail, et d'autres encore dont l'Honorable Sénateur André Mbweshi dans le Territoire de Mweka.

[390] Cela est encore d'actualité ; feu KALAMBA (feu Me et Sénateur Emery Kalamba Wafuana a dirigé '' l'Alliance des Chefs Traditionnels du Kasaï - Occidental ''dont les chefs Lulua).

[391] Présentement, le village de Luandanda est dans la juridiction de la Commune de Lukonga

[392] Pendant un temps relativement long, Luandanda (Muamba Mputu) eut des querelles avec Kalamba ; et celui-ci en eut également avec Kateende (Mbuyi-Kateende wa Bakwa Muansa)…

[393] Prenez Luluabourg comme entité, agglomération, car la même tension est présente dans les autres entités, autour de Luluabourg et dans les Secteurs…

« Le premier Poste européen fut Malandji, rive gauche de la Lulua (cf. l'arrivée de Pogge et Wissmannen 1881). Très rapidement furent fondées les Missions voisines (de) Mikalayi (1891) et Kabwe (1926). Les Lulua refusant d'entrer au service des Européens, d'une part, d'aller dans les écoles des Missions, d'autre part, il fut nécessaire de faire appel à des étrangers à la région[394]. C'est ainsi que les premiers auxiliaires : soldats, plantons, commis, moniteurs, catéchistes… furent en majorité Baluba.

Fin de contrat ou terme, une bonne partie de ces Baluba refusèrent de rentrer dans leur milieu d'origine et s'installèrent avec l'accord des Européens et sous leur protection, dans les environs.

C'est ainsi que furent créés les premiers noyaux des actuels villages baluba du Secteur Muswaswa. Les Lulua ne s'opposèrent pas à cette installation :

1° parce qu'elle se faisait avec l'accord et l'appui des Européens ;

2° parce que la densité de la population était très faible ; il y avait donc de nombreuses terres non exploitées ;

3° parce que ces étrangers — nous nous disons ''des Baluba'' — avaient pour la plupart épousé des femmes Lulua ;

4° parce qu'en fait, Baluba et Lulua sont d'origine commune ». — (Retenons cela)…

Ces petits groupes grossirent par des apports extérieurs : nouveaux auxiliaires fin terme ; esclaves ou descendants d'esclaves [395] rachetés par les Missions et qui, libérés, s'installaient chez leurs congénères ; des Baluba fuyant les razzias des esclavagistes et se mettant sous la protection des Européens. Ces immigrations se firent sinon individuellement, tout au plus par petits groupes familiaux.

Lorsque le Poste de l'Etat fut transféré de Malandji à Luluabourg, la plupart de ces étrangers — (non, des Baluba s.v.p.) — restèrent sur place (entendez à Malandji et ses environs), admis par la population Lulua. Dans ce Secteur, il n'y a pas de problème majeur pour le moment, les Baluba reconnaissaient occuper des terres lulua. Lorsque le Poste de Luluabourg fut créé, la population de la région était très peu dense ; le pays était habité, donc occupé, par plusieurs groupements Lulua qui se partageaient le pays — (effectivement, nous le verrons plus loin…)…

Le même phénomène que celui enregistré à Malandji se produisit : des auxiliaires Baluba fin terme, ayant épousé des femmes Lulua s'installèrent aux environs de Luluabourg, avec l'accord des Lulua.

Avec le développement du Poste et surtout la construction du Chemin de fer, les immigrations individuelles se multiplièrent, plus particulièrement des Baluba, constituant ainsi le noyau du futur Centre Extra-Coutumier, et dans les environs, en se groupant selon des affinités familiales ou claniques. Les terres non exploitées étant nombreuses, les propriétaires, les Lulua, ne s'opposèrent pas à ces installations d'autant plus que les Européens protégeaient ces étrangers — vocable que nous

---

[394] Des étrangers : nous pensons croire que l'auteur du rapport a cherché à différencier les propriétaires des terres – entendez les Lulua – des immigrés c'est-à-dire les Baluba qui sont venus trouver refuge chez leurs frères Lulua (nous l'avons vu…) ; le terme ''immigrés'' ou « Baluba » aurait adouci…, aurait été moins choquant.

[395] Rappelez – vous le marché des esclaves chez Mfwamba dont nous a parlé l'Abbé Lazare Mpoyi (in Mukenge, o. c. p. 42)

n'approuvons pas — qui constituaient une réserve fournissant les auxiliaires dont on [396] avait tant besoin, les Lulua continuant à se tenir à l'écart »[397]... Mr Dequenne continue :

« Ces immigrés n'avaient aucune organisation politique. Ils n'en aucune, demandant seulement à vivre en paix, là où ils se trouvaient. Mais au fur à mesure qu'ils devinrent nombreux, les Baluba commencèrent à émettre des revendications. D'autre part, l'Administration, soucieuse d'organiser les de la région, intervint. (Notons que cela ne s'entreprenait qu'en vue de ses intérêts). On commença par inviter[398] **Ndaye Nkufulu** (wa Bena Mukangala) et son groupement, à rejoindre KALAMBA, installé Rive gauche de la Lulua... Puis, après les avoir triés, on groupa en différents endroits les Baluba se réclamant ou se souvenant d'une origine commune, d'un ancêtre commun. Lorsqu'un village lulua faisait obstacle à cette politique — ce qui démontre très bien que ce ne fut pas une ''invitation'' — on l'écartait en l'invitant à rejoindre d'autres groupes Lulua apparentés.

C'est ainsi que le groupement **Bakwa Mbuyi**[399] qui, à l'époque (années 1925 à 1930 environ) était installé à la rivière Tshibashi[400], à hauteur de l'actuelle route de Luluabourg — lac Munkamba, où ils étaient les voisins du groupement lulua des **Bakwa Mushilu** — (chez le Général Mulamba ; le Dr Tshibamba Marcel et premier médecin congolais ; le ''Gouv honoraire'' Kapuku Trésor et l'Honorable et Gouverneur Alex Kande Mupompa) — (actuel Secteur Biofwa — c'est plutôt Diofwa — du Territoire de Demba), furent invités à rejoindre **Nkonko** » (et nous de dire : expédiées chez Nkonko)... Une fois regroupés, Baluba et Lulua furent érigés en chefferies...

---

[396] Par ''on'' entendez l'Administration, les Missions, Commerce et autres...

[397] Cf. Mabika, o. c. pp. 24 – 25. (D'une part, ils — c'est-à-dire les Lulua — se causaient du tort ; s'exclure, s'effacer — la politique des chaises vides — ne paie pas ; c'est se préjudicier (cf. ce refus de s'enrôler et de ce fait de n'avoir pas participé aux élections de 2006 /2007 reste jusque-là un coup dur... pour l'UDPS... Mokolo wa Mpombo — in *Monuc Magazine* de juin 2006, p. 13 dira que « En politique, être absentéiste ou manquer de position n'est pas payant. Même si vous êtes absentéiste les résultats des élections pèsent sur vous, vous allez les subir... ». Et d'autre part, il y a eu effectivement exclusion : les auxiliaires ne se sont – ils pas recherchés entre eux en tenant à l'écart les Lulua quand bien même ils ont cherché à se ressaisir ?...

[398] Non ici, l'Administration ne pouvait inviter ; elle a ordonné, et avec ce que cela impliquait....

[399] Sont natifs de ce groupement Bakwa Mbuyi : Mgr Bakole (Archevêque Emérite de Kananga) ; les professeurs et MM. les Abbés P. Tshimbombo (de mère Muluba) et René Kande (jeune frère de l'auteur — de mère Muluba du village (de) **Bena Mulopo mua Tshimpânga** (village qui fut voisin de celui des Bakwa Mbuyi) ; vous retrouverez présentement nos oncles à **Kabeya-Kamuanga**, sur la route Kananga – Mbuji-Mayi, non loin de la Paroisse **Kena Nkuna** et Kabeya-Kamuanga est à 45 km après le **lac Munkamba** et à 45 km de Mbuji-Mayi).

[400] Mieux : depuis « mpata a Kananga » Tshibâla Mpanda, un clan Bakwa Mbuyi a habité depuis le site de l'actuelle RTNC (Radio Kananga) jusqu'à « **Mînkungu** » (rive droite de la rivière Tshibashi, vers Mbuji-Mayi.

Pour les Lulua, il n'y eut pas de grands drames, puisqu'ils possédaient terres et chefs[401]. Pour les Baluba, cette organisation aurait dû être plus compliquée, car ils ne possédaient ni terres ni chefs »... (Notons que les Lulua en étaient devenus propriétaires de par le principe ''*la terre appartient au premier occupant*'' ; et Le Lulua doit avoir trouvé le **Mukete** — une autre branche Muluba — dans son coin, peu nombreux, sans ambition et qui s'est laissé supplanter, un mot à propos a été dit plus haut). Et Dequenne de continuer :

« On ne se fit pas de souci inutile, on donna des terres Lulua aux Baluba ; et comme chefs, on plaça le plus souvent d'anciens auxiliaires de l'Administration. Tel par exemple, MUBIAYI, ancien gradé de la Force publique (qui) fut nommé — par l'Administration — chef de la ''chefferie conventionnelle'' de
« Mubiayi » !... C'est Monsieur VALLAEYS, ancien Commissaire de District, qui fut responsable de cette organisation qui, pour l'époque, était sans doute justifiée »...

(L'Administration s'assurait ainsi le recrutement des auxiliaires dont elle avait besoin et tirait profit du principe de '*'diviser pour régner*''...

Deux clans, un même peuple pourtant, se trouvaient ainsi divisés et préparés à s'affronter un jour... Il a été dédié, nous l'avons vu, une Avenue dans la Commune et Ville de Luluabourg à Emile Vallaeys, c'est présentement l'Avenue Gécamines)...

Dequenne continuait :

« J'ai abordé le problème qui nous occupe dans ma note d'inspection du Territoire de Luluabourg, n° 1.676 /F.3.m. du 8 juin 1956. » — (Elle disait quoi cette note ?... Revenons au ''Rapport'') :

« Si l'on admet que les Baluba ont des droits fonciers sur les terres qu'ils occupent actuellement, ces droits ne remontent qu'aux années 1925 – 1930. Les Lulua ne réagirent pas à l'époque parce que : c'était l'Administration qui avait décidé — (**donc, pas invité...**) ; la densité de la population était très faible, il y avait donc des terres en quantité suffisante pour tout le monde ; Baluba et Lulua entretenaient de très bonnes relations. Lorsque Luluabourg jusqu'alors petit Poste sans importance devint le chef-lieu de la province, les

---

[401] Comment il n'en y eut pas ? Les « terres » (*maloba ne mêtu*) des Bakwa Tshidimba relevant de NKONKO ne sont pas des terres (des) Bakwa Mbuyi injectés par l'Administration chez NKONKO. Aussi à ce dernier les Bakwa Mbuyi n'ont – ils pas accepté de lui payer le tribut (kulambula) d'où animosités entre les deux groupements ; cf. la chanson ad hoc : « NKONKO ôfwa mênu ulela Muamba – Mbuyi ! » — nous traduisons : « Nkonko, brosse tes dents et engendre (ou adopte) Muamba Mbuyi ».
''Brosser les dents'', ici, c'est une figure pour s'apprêter à mâcher, à manger, à absorber, mieux à assujettir ; et les Bakwa Mbuyi scandaient cela pour ironiser, pour se moquer de NKONKO ; voilà encore un autre genre de malaise que créa l'Administration au sein d'un même clan !

immigrations individuelles s'intensifièrent. Des régions entières se dépeuplèrent au profit de Luluabourg.
Les Administrateurs de Territoire, ceux de **Dibaya**[402] et de **Bakwanga** en particulier, essayèrent de s'opposer, ou tout au moins de ralentir le mouvement. Leurs plaintes demeurèrent sans suite, l'Administration de Luluabourg fermant les yeux ; Luluabourg prenant un développement quelque peu inattendu et les notables Baluba ne demandant qu'à voir grossir le nombre d'hommes se réclamant d'eux. Tout comme précédemment, les Lulua ne réagirent pas, ils n'avaient guère l'esprit aventureux[403] ; (ils) ne tenaient pas à entrer en conflit avec l'Administration (... ») — (J'aimerais que l'on parle ici **d'une obstruction**, dont les Lulua étaient victimes, et d'une résignation dont eux-mêmes faisaient montre ainsi que de la crainte d'être matraqués par l'Administration)... Cette situation ne changera que lorsque, rompant, avec leur ancienne mentalité[404], les Lulua commencèrent à envoyer leurs enfants à l'école et leurs jeunes gens au service des Européens. Ils s'aperçurent alors que toutes les situations qu'ils briguaient étaient occupées par des Baluba ; que ceux-ci les traitaient en inférieurs et que la plupart des Européens faisaient fi de leurs offres de service. On ne leur donnait que les emplois les plus subalternes. Peu à peu, sous l'influence de quelques rares évolués issus de leurs rangs, la jeunesse lulua bientôt suivie par la masse des anciens, commença à réagir.

En 1953, l'Association, '' Lulua-Frères '' fut créée[405]. Elle eut rapidement une très large audience (...). Actuellement, elle est incontestablement une puissance, qui a des ramifications dans tout le Congo — nous l'avons vu — et une doctrine. Celle-ci peut se résumer comme suit : ''Les Lulua forment un peuple nombreux (...) qui possède un domaine foncier propre ; une organisation coutumière complète.
Notons que celle-ci comprend des groupements importants, dont celui du grand Chef Kalamba Mangole Sylvestre que Mr. Dequenne lui-même reconnaît comme successeur en ligne directe de Kalamba Mukenge, celui-là même qui traita d'égal à égal avec Von Wissmann, et qui conclut un traité

402 Dans ses anciennes limites au sein de la province du Kasaï, Dibaya comptait des groupements Baluba (Secteur Kalonji ka Mpuka — devenu Territoire de Kabeya Kamuanga) ; présentement Dibaya (en province du Kasai-Occidental puis au Kasaï Central après démembrement) — plus précisement le **village Ntende** — fait frontière avec le Kasaï – Oriental). Nous reparlerons de ce village Ntenda à la fin de ce Chapitre d'ici – là...

403 N'avoir guère un esprit aventureux ce serait trop affirmer. Les Lulua que représentaient Kalamba, Tshikenkenke (Nkonko) et autres Ndemba avec leurs 150 hommes qui acceptèrent d'explorer la Lulua et le Kasayi jusqu'à Léopoldville, en mai 1885 en compagnie de Wissmann, étaient-ils animés de quel esprit ?... Ils sont même allés jusqu'à accepter de retarder l'arrivée dans leurs demeures, pour construire Luebo, revenant de Léopoldville, en novembre 1885 !...

404 Ont-ils été tirés de là par cette recommandation biblique : ''Réveilles-toi, toi qui dors d'entre les morts — cf. Ephésiens 5,14 — on le dirait...

405 Muena Kapangi, o. c. p. 176 et Dequenne parlent de 1953, mais c'est plutôt 1952.

d'alliance avec le représentant du Roi Léopold II, le commandant Le Marinel[406] »...

Et ici, nous ouvrons une parenthèse avant de continuer avec notre ''*Rapport Dequenne*'' : Que Kalamba Mangole Sylvestre eût demandé à l'Administration de reconnaître — pas de l'investir par un arrêté — l'existence d'un royaume Lulua, par sa lettre du 6 mai 1959, cela ne peut nous surprendre. L'on notera que le bien-fondé de cette lettre dont R. Cornevin a également fait mention[407] n'était autre que celui de rappeler et d'attirer l'attention de l'Administration qu'elle a affaire à toute une composante coutumièrement structurée ; que l'Administration a affaire à un interlocuteur et non de moindre, à une composante incarnant toutes les masses paysannes ainsi que la minime élite, décidée à obtenir ce qu'elle revendique.

C'est ainsi que, devant un ennemi commun c'est-à-dire « des exactions » tant de la part de l'Administration que de leurs frères, cette autorité morale et traditionnelle lulua — toutes particularités confondues (chaque groupement ayant à sa tête un chef coutumièrement investi) — devait se dresser comme un seul homme en la personne de Kalamba Mangole Sylvestre — lui-même chef de Groupement des Bena Kashiye, mais mieux connu tant de ses pairs que de l'Administration, à cause du passé célèbre de la dynastie dont il est descendant [408]''... Nous fermons la parenthèse. Dequenne continue :

« Si pendant une courte période, les relations entre l'Etat Indépendant devenu colonie belge furent tendues (révolte de Kalamba), dans l'ensemble, les Lulua furent les alliés loyaux des Belges »...

Encore une parenthèse : **Wafuana Kutambi**[409] écrit à propos ceci :

« Le Poste de Malandji est le premier poste que l'E.I.C. a érigé au centre du pays, dans notre Kasayi. La fondation de ce poste de Malandji occupe une place importante dans l'histoire et le développement de notre pays et en particulier du Kasaï ainsi que l'explique judicieusement le Révérend Père **Van Zandijcke** (alias *Kasonga*) dans son plaidoyer qui laisse entendre que '' Si l'expédition, conçue et financée par Léopold II et dirigée par **Wissmann**, n'avait pas exploré dès 1885 le cours du Kasaï en prenant **Luluabourg** pour

---

[406] Cf. également Mabika, o. c. p. 28

[407] Cf. Cornevin, o. c. p. 248

[408] De son arrière-arrière-grand-père le R.P. Aimé Van Zandijcke dira : « Mukenge Kalamba devint le personnage le plus en vue. Tous venaient se mettre sous son obédience. Muamba – Mputu, au contraire, perdit son crédit antérieur... » (cf. Pages d'histoire du Kasayi, o. c. pp. 17 (18).
« L'ascendant dont jouissait Kalamba provenait donc de ce que les Bena Lulua étaient intimement convaincus que c'était lui le favori et l'élu de '' Nkuembie '' (l'esprit de force) et des bajaangi » — ibidem.

[409] Cf. Wafuana, o. c. p. 8

base d'opérations et en s'appuyant sur le chef **Kalamba** et sur ses Bena Lulua ; la fondation de **Lusambo,** en février 1890, eût été retardée de beaucoup. Il est certain que les Arabes se seraient trouvés, deux ans plus tard, au cœur du **Kwango**, avec **Ngongo Lutete**, le puissant et terrible chasseur d'esclaves à leur service, vaincu par **Dhanis** en mai 1892…
De plus, sans l'établissement préalable du Poste de Luluabourg-Malandji, ni **Le Marinel** en 1890 ni **Bia** et **Franqui** en 1892 n'auraient devancé **Cecil Rhodes** dans l'occupation du Katanga''[410] ».

Notons que nous sortirions du cadre de cette étude si nous voulons expliquer ici l'urgence avec laquelle Le Marinel, sur ordre de Bruxelles, devait gagner le Katanga — ces raisons sont longuement exposées par R.J. Cornet dans son livre Katanga. Nous fermons la parenthèse. Revenons au **''Rapport Dequenne''** qui continue :

C'est pour faire plaisir à ceux-ci — entendez : les ''alliés''— que les Lulua admirent que des étrangers[411] s'établissent parmi eux. C'est également sur les instances de leurs alliés belges que certains groupements lulua acceptèrent de céder la place aux auxiliaires de l'Etat, anciens et nouveaux… » (Ici, Mr. Dequenne parle bien)… Mais il n'est jamais entré dans leurs intentions — c'est-à-dire les Lulua — d'abandonner leurs droits sur les terres ainsi cédées… D'autre part, il fut un temps où les Lulua refusèrent d'envoyer leurs enfants dans les écoles[412], de travailler pour les Européens.
Ils ont donc compris et admis que les Belges fassent appel à des étrangers[413]. Mais la situation est changée. A présent les Lulua ont de nombreux [414] éléments instruits, capables d'accéder à toutes les fonctions. Il est donc normal qu'on leur fasse place et même qu'on leur donne priorité, puisqu'ils sont chez eux. [415]Or, profitant d'une situation qui leur était favorable, les Baluba ont pris possession de toutes les fonctions publiques et privées quelque peu importantes ; ce qui leur a permis de brimer les Lulua »… **Mabika Kalanda** reconnaît ce fait quand il écrit :

---

[410] Cf. Van Zandijcke, o. c. pp. 5 - 6

[411]Ce n'était pas « pour faire plaisir » ; ils étaient — depuis l'action du Commissaire de District VALLEYS (Ngulumingu) nous l'avons vu — contraints de ne pas s'y opposer… En outre, nous nous demanderons de savoir si avec et après l'action de Mr. Valleys, les Lulua pouvaient être désignés ''alliés''…

[412] Ici, « refuser d'envoyer… à l'école », c'est différent de ne pas se faire admettre, différent de se faire renvoyer... Dequenne l'a dit de manière plus respectable que R. Cornevin qui lui, a parlé à sa page 248 que « les Bena louloua renâclaient autant à l'école… ».

[413] Non : ayant subi ils se sont résignés, jusque-là…

[414] Mais du côté clergé, hélas, les Lulua ne comptaient que quatre prêtres : les Abbés Mukenyi Amandus, Kapanga Jacques, Bakole Martin (qui deviendra Mgr Bakole) et Kabangu François (devenu Mgr Kabangu wa Mutela) !... contre plus de 12 dont un évêque, Mgr Nkongolo.

[415] Mais présentement, Kananga et notre Kasayi ont et doivent avoir une vocation globalisante, cosmopolite…

« … Ils (c'est-à-dire les Baluba) se sont généralement comportés d'une façon qui n'a pas toujours été correcte et fraternelle à l'égard des Lulua. Ces derniers en ont ressenti à bon droit d'ailleurs une certaine frustration. L'Administration a-t-elle exploité d'une part la vanité des uns et d'autre part la jalousie des autres ? Les missionnaires ont laissé faire. On ne peut songer à les mettre en cause. Ils ont normalement collaboré à la politique de leur pays »[416]. Voyons la suite du ''Rapport'' :

> « A partir des années 1950 — écrira Dequenne — vraisemblablement sous l'influence de l'Association, on constate un regroupement des groupes Lulua dispersés un peu partout ; des tentatives de réoccuper les terres abandonnées aux étrangers et de se rapprocher de Luluabourg. Dans certains cas, ce retour à la terre des ancêtres se fit sans opposition des populations qui s'étaient installées après le départ des Lulua. Tel fut le cas des Bakwa Lule disposés dans divers Territoires, qui se regroupèrent aux environs de Dibatayi ; ex Secteur **Bèneki-Bambu** ; actuel Secteur de la Tshibungu.
> Par contre les tentatives de réoccuper les environs de Luluabourg se heurtèrent à une opposition farouche tant — (de qui et pourquoi ? nous nous sommes demandé) — des Baluba qui tenaient à conserver les droits et avantages qui leur avaient été reconnus, que de l'Administration locale qui tenait à ce que la paix publique soit maintenue. Cette politique qui fut approuvée tant par la Province que par le District ne fut pas comprise par les Lulua qui y virent une discrimination intolérable d'autant plus que les immigrations des Baluba continuaient avec l'approbation des notables Baluba installés…

La création des partis politiques mit le feu aux poudres. Le Mouvement National congolais s'adressa plus particulièrement aux Baluba. Les leaders ne cachèrent pas leurs intentions de prendre le pouvoir. Certains firent état de soi-disantes promesses qui leur auraient été faites, créant l'inquiétude et la haine chez les Lulua qui se voyaient dans un avenir plus ou moins proche, livrés aux Baluba.

Une première réaction fut l'adhésion des Lulua au parti politique rival, l'Union Congolaise... Et puis vinrent les incidents de Ntambwe Saint Bernard qui firent déborder la coupe »[417]…

Nous arrivons au…

Point III du ''Rapport Dequenne'' où il est question de la position des deux parties en cause :

> 1. Pour les Lulua : ''La terre nous appartient, nous avons marqué notre accord aux propositions de l'Administration de céder l'usage de ces terres qui nous appartiennent aux étrangers, plus particulièrement aux Baluba. Mais il

---

[416] Cf. Mabika, o. c. p. 37

[417] « … à propos des champs — un conflit champêtre — les Baluba incendièrent le village d'ILUNGA LUNTU à la Mission Ntambwe St Bernard… » : cf. Muena Kapangi, o.c. p. 176

est bien évident que nos droits de propriété restent entiers ; que cette autorisation d'occupation que nous avons donnée jadis, nous avons le droit de la retirer à tout moment. Ce moment est arrivé, car les Baluba ont rompu le contrat tacite conclu avec nous, en ne nous respectant pas, en accueillant chez eux d'autres Baluba en nombre sans cesse croissant, sans nous en demander l'autorisation ; en s'opposant à ce que certains Lulua s'installent sur les terres données en usufruit aux Baluba ; en œuvrant ouvertement pour faire de nous une classe d'inférieurs, de subalternes et ce, dans un pays qui est le nôtre''.
2. Pour les Baluba : ''L'Administration a reconnu notre organisation politique. Elle a reconnu que le domaine foncier que nous occupons nous appartient. Nous avons donc le droit d'exercer les pouvoirs du propriétaire, notamment de nous opposer à ce que les Lulua viennent s'installer chez nous. Nous sommes indépendants de qui que ce soit '' ».

4

Et voici ce que dit le…

Point IV du Rapport Dequenne, qui en est sa ''**Conclusion**'' :

1. « J'estime — conclura Mr.Dequenne — opportun, la reconnaissance de l'ethnie[418] Lulua, et la fixation des limites de cette ethnie comme dit au début de cette note. Cette ethnie comprendrait :
- tout le Territoire de Demba ;
- le Territoire de Dibaya, sauf les Secteurs Kabeya Kamuanga (ex Kalonji ka Mpuka) et Tshishilu (ex Bakete) ;
- le Teritoire de Kazumba, sauf les (4) — non, nous corrigeons : les 3 — Secteurs Babindji ;
- la Ville de Luluabourg ;
- quatre C.I. du Territoire de Tshikapa (à vérifier) ;
- quatre C.I. du Territoire de Luebo (à vérifier)...
2. « Il serait utile d'étudier la possibilité de créer un District de la Lulua comprenant toute l'ethnie Lulua, et rien qu'elle »[419]...

Dequenne ira également estimer opportun de voir interroger les chefs de groupements coutumiers afin d'obtenir éventuellement leur approbation sur les points suivants :

a) voulez-vous voir reconnaître par l'Administration une chefferie unique ayant à sa tête Kalamba ? Nous considérons cette préoccupation sans objet, dans la cause qui oppose les Lulua aux Baluba ».

---

[418] « Ethnie » : notons que Mr. Dequenne a fait remarquer au Point I. de son Rapport ceci : « j'emploie ce terme à défaut d'autre »… Mabika Kalanda et moi-même ne sommes (pas) d'accord de confier ce vocable ni aux Baluba, ni aux Lulua.
[419] Il est vrai que cette création d'un District exclusivement pour les Lulua ne pouvait se concrétiser… ; qu'allaient devenir toutes ces masses des Baluba et autres non en cause ?..

Ici, retenons que cette proposition de chefferie ne pouvait pas réussir : les Luluwa étant situés dans plusieurs Territoires, administrer une chefferie dans ces conditions devait être difficile, nous fera remarquer le territorial et notable Gaston Makidi et nous le rejoignons) ;

b) voulez-vous que l'organisation actuelle en C.I. distinctes soit maintenue, mais que Kalamba soit reconnu comme chef de tous les Bena Lulua ? — (Nous trouvons ceci également sans objet…) ;
c) idem que b), mais avec la variante :... que Kalamba soit reconnu comme le représentant attitré de tous les Lulua ? — (encore sans objet ; nous avons dit assez sur Kalamba…).

3. Pour ce qui concerne le cas particulièrement épineux du Secteur Tshikaji, Zone-annexe de la Ville de Luluabourg, la solution n'apparaît pas clairement. Il est incontestable que l'assiette foncière de ce Secteur a été occupée, jusqu'à une époque relativement récente par des groupements Lulua. Cette occupation fit des Lulua les propriétaires coutumiers de ces terres... Il est également incontestable que les Lulua ne firent aucune opposition à l'installation des premiers noyaux des Baluba, à qui ils étaient — nous disons : **à qui ils sont unis jusqu'à ce jour** — unis par des liens de parenté... Il est non moins incontestable que c'est l'Administration :
a) qui invita — (nous corrigeons : qui **obligea**) — certains groupements lulua à céder la place à des immigrants Baluba ;
b) qui organisa les actuels ''groupements Baluba'' [420] ;
c) qui favorisa l'immigration d'étrangers — c'est Dequenne qui le dit — Baluba pour pourvoir aux besoins en main-d'œuvre de Luluabourg et du rail.
Il est hors de question d'exiger le refoulement de la majorité des habitants de ce Secteur, sous prétexte qu'ils sont Baluba. Il est indubitable que ces Baluba ont acquis des droits qui doivent être respectés et protégés. Il est non moins certain que les Lulua, et plus particulièrement les groupements qui se trouvaient sur place à l'arrivée des premiers immigrants, ont des droits coutumièrement imprescriptibles sur le domaine foncier occupé, petit à petit, par les Baluba... »

Nous ne sommes pas très loin de voir Dequenne achever son Rapport ; mais déjà il ne cache pas de faire admettre à sa hiérarchie (leur Administration) que '' La responsabilité de l'Administration qui a favorisé la création de la situation actuelle est très grande ; il lui appartient donc de trouver une solution satisfaisante pour les deux parties en cause ''.

Oui, ici, Dequenne ira même jusqu'à recommander à l'Administration l'abandon de toute politique d'autorité, afin d'éviter le retour d'incidents qui auraient pu être évités avec un minimum de diplomatie (sic). Il (Dequenne)

[420] Nous verrons plus loin, lorsque nous parlerons particulièrement de Kananga, ce que fut la configuration de Luluabourg avant l'action (de) VALLEYS et son collaborateur l'A.T. Benoît Moritz (alias *Kumanda Kapia*) dans les années 1920 et 30.

songe particulièrement à cet incident ''qui a provoqué les récriminations indigènes des Lulua du groupement Bakwa Mbuyi — Groupement de l'Auteur — et les chefs Lulua ''. Aussi, Dequenne n'a-t-il pas oublié de signaler que :

> « En **1957**, la fixation des limites des Territoires de Luluabourg et de Dibaya avait été faite en présence de l'Administrateur Territorial Assistant Principal **Guillaume** et des chefs Baluba du Territoire de Luluabourg d'une part, de Mr. L'Administrateur de Territoire **Laurent** et des chefs Lulua du Territoire de Dibaya, d'autre part. La limite avait été fixée de commun accord et satisfaisait tout le monde. (Mais...)... En **1959**, la matérialisation sur le terrain de cette limite fut faite par un Agent du Cadastre, en présence de Mr l'Agent territorial **Sels** et des chefs Baluba pour le Territoire de Luluabourg et du seul Agent territorial **Morent** — nouveau venu dans la région et ignorant l'accord intervenu précédemment, pour le Territoire de Dibaya, d'autre part. Les chefs Lulua étaient absents. Le chef de Secteur **Shikayi** — devenu notre cher beau-père — principal intéressé, était au Conseil de Gouvernement »...

On aurait pu attendre son retour, non, on s'en ficha... Chez Dequenne c'est dit :

> « On aurait pu attendre son retour, mais on y pensa pas. Et... Le résultat est que cette limite est contestée par les Lulua qui prétendent que l'accord conclu en 1957 n'a pas été respecté. (En effet !). Il serait intéressant de connaître la solution adoptée dans les territoires de l'Est — entendez l'Est du pays — où l'immigration des Banya Rwanda et Banyarundi a été dirigée par l'Administration » !...

Ici nous ouvrirons une parenthèse : ''La solution (a été) adoptée ''... mais où est ce que nous en sommes ?... Après le génocide de triste mémoire qui eut lieu en 1994, c'est plus de vingt années que nos frères de l'Est endurent des supplices de la part de ceux à qui on a ouvert un ''couloir''. L'Administration et autres interférences n'ont-elles pas leur part de responsabilité ?... Mais là n'est pas la préoccupation de notre ouvrage... Et nous pensons que, laissés à eux-mêmes, ces « frères ennemis Africains » peuvent trouver des solutions opposables à tous — *''A la palabre africaine''* — cela n'est pas impossible ! Mais à condition que ces « interférences » cessent de ''s'interférer'' (une totologie), d'entêter les uns et les autres et d'armer les forces en présence ; à moins que ces interférences veuillent bien s'appeler « bons offices » au franc-jeu, au lieu de s'appeler « Naïrobi I », « Naïrobi II » et autres ''Amani''... Notez que les Lulua et les Baluba y sont parvenus — nous irons le voir, n'anticipons pas — sans immixtions, sans interférences ni injonctions venues loin de l'Afrique...

Nos frères **Twa et Luba** au Tanganyika, nos frères **Tshiokwe, Pende et ''Luba''** à Tshikapa peuvent y arriver aussi. Nous fermons la parenthèse. Et Dequenne est allé proposer :

> — « la reconnaissance officielle de la propriété du domaine foncier aux Lulua et conjointement ;
> — « la reconnaissance des droits d'usufruitiers aux Baluba, occupants actuels. Et que si cette solution était adoptée, il y aurait lieu d'inclure le Secteur de Tshikaji et même les trois Communes de Luluabourg »... Dequenne est allé en outre proposer :
> — « la reconnaissance officielle des droits identiques aux Lulua et Baluba sur les terres actuellement occupées par les Baluba ; ceux-ci ne pourraient donc s'opposer à ce qu'un Lulua s'installe « chez lui » sous le seul prétexte qu'il est Lulua, et toute terre ne faisant l'objet d'aucun droit individuel serait considéré comme disponible et pourrait être occupée par tout celui qui, en règle avec la législation sur la résidence, justifierait d'une raison suffisante pour s'y installer ».

Or cette législation en cette matière de '' résidence '' se trouvait être très sévère à l'endroit des Lulua...

Comme autre piste de solution, Dequenne proposa : l'« éloignement des plus excités tant des Lulua que des Baluba » ; et la « création d'une '' commission des bons offices '' composée de représentants des deux parties, en vue d'établir un '' traité '' admissible par tous. Cette dernière proposition n'était autre que celle déjà avancée par Mr. **Troquay** le Commissaire de District, que reprenait le Journal ''Communauté'' du 16 juin 1959, préconisant une rencontre entre les leaders de l'Association Solidaire des Baluba (de création récente), sous la présidence d'un '' arbitre '' neutre, impartial, honnête et intègre pour reprendre les termes de l'auteur de l'article, **Mbayi** Gilbert...

Cependant, bien que le chef Kalamba et les principaux notables aient accepté de prêcher le calme à la population, Mr Dequenne — qui est allé jusqu'à avouer à ces derniers que les problèmes qu'ils estiment vitaux, non sans raison, sont à l'étude — fera remarquer qu'*un atermoiement excessif peut provoquer le pire, et que nous* (c'est-à-dire l'Administration) *nous n'accepterions pas d'avoir la main forcée...* Et que s'il s'est étendu sur ce problème, « c'est parce qu'il est urgent de trouver une solution.

Il confirme pour ce faire, sa lettre n°66 D. 262 du 25 mai 1959 et tout spécialement sa conclusion... Aussi, ce n'est pas pour rien que Dequenne achèvera son Rapport en ces termes :

> « J'insiste donc pour qu'une décision soit prise dans le plus bref délai possible et en tout état de cause, avant les prochaines consultations ».
> (Sé) A. Dequenne, Commissaire de District Assistant.

Ce fut le 8 juillet 1959...

Mais hélas, ce document — dont nous venons d'épingler les idées forces exprimant l'avis personnel de son auteur — a été considéré par les Baluba [421] comme étant une prise de position officielle de l'Administration ; suite à quoi il y eut énervement et agitation dans le camp baluba... Considérés comme meneurs, M.M. Kalonji Albert, Nyembwe Albert et Kalonji Evariste seront internés le 3 août 1959 et le lendemain, une mesure d'éloignement (3 mois à Kole pour le premier, et 2 mois pour les deux derniers) intervenait...

Mais avant qu'on en arrive à cet éloignement, une autre « pièce » est versée au dossier : la visite improvisée, à Luluabourg, de Mr. Eugène **Jungers**, Gouverneur Général honoraire[422]. Cette descente en trompe d'un si haut fonctionnaire faisait suite à la présence pour lui ''étrange'', de Me Wolf, Avocat belge d'obédience communiste, venu au Congo sur invitation de l'*Association Lulua – Frères* pour défendre les chefs coutumiers et autres notables Lulua arrêtés à cause du « conflit » naissant...

De 14 h 00' à 17 h 00', eurent lieu des pourparlers entre *Muanangana* Kalamba Mangole Sylvestre, le président Général de *l'Association Lulua-Frères*, et le Gouverneur Général honoraire. Ce qu'exigeait '' l'Autorité '' — c'est-à-dire le retour de Me Wolf sans avoir plaidé devant le Tribunal la cause de ses clients — ne lui fut concédé qu'en contrepartie de ces deux revendications Lulua à savoir : l'application des résolutions [423] du lac Munkanba et la libération par l'Administration, des prisonniers politiques et d'opinion dont la détention était jugée arbitraire. (Comme l'histoire se répète : il a été question des '' préalables'' à obtenir avant le 18 octobre 2016 — Dialogue de la Cité de l'Union Africaine — comme avant le 31 décembre — Dialogue ''CENCO'' au Centre Interdiocésain à Kinshasa, dont la libération des ''détenus'' politiques et d'opinion, en vue de décrisper la situation)... Ce fut le 3e dimanche du mois de mai 1959, le 17, en la

[421] (Les Baluba) qui en connaissaient déjà la teneur dans les conditions que vous connaissez ; les Lulua n'en auront connaissance qu'après sa publication (le 18 juillet) par Mr. Mbungu Joseph patron de « Présence Congolaise », publication qui mettra mal à l'aise non seulement l'opinion publique en général, mais même plus l'Administration.

[422] Pour mémoire, Mr Jungers fut en poste (comme Gouverneur général) de 1946 à 1952. Avant lui, les Gouverneurs généraux ci-après ont eu à se succéder : Baron Théophile Wahis (1892 – 1912) ; Félix Fuchs (1912 – 1916) ; Eugène Henry (1916 – 1921) ; Auguste Tilkens (1927 – 34) ; Pierre Ryckmans (1934 – 1946). Après Jungers, l'on eut Léon Petillon (1952 – 1958). Ce dernier devenu ministre des Colonies (1958) est remplacé par Henri Cornelis (alors Vice-Gouverneur Général et résidant à Elisabethville) qui devint G.G. jusqu'au 30 juin 1960.

[423] Ces résolutions annonçaient un accord apparemment historique intervenu entre les chefs Lulua et les chefs Baluba, mais qui furent rejetées par l'élite baluba avec sa masse laborieuse, bien que leurs dispositions ne concernaient pas les Baluba vivant en ville (ouvriers ; employés des sociétés et fonctionnaires de l'Administration).

résidence du Gouverneur de province De Jaegher... Et Mr. Jungers regagna Léopoldville le même jour, dans la grande discrétion[424].

Mais les choses ne s'amélioreront pas pour autant... Les deux communautés, aussi bien dans les milieux ruraux que dans les centres urbains et/ou extra-coutumiers se lanceront des pamphlets ; et la cohabitation ne sera plus aisée... L'égoïsme et/ou la discrimination (*didimanya ne didivuluka anu bôbo*) ; les dénonciations calomnieuses et autres accusations ; « la gueule » (= *mukana, mushiku, diditemba*) et le dédain (= *kapètu*)[425], etc., dans le chef du Muluba, atteindront leur comble ! Ce qui ne sera pas supporté par le Lulua...

Le Lulua se sentant humilié, diminué et même conscient de sa naïveté dans laquelle il est longtemps resté attaché, et décidé à se libérer de ce joug, (le Lulua) en arrive à traiter son frère Muluba d'« étranger ». Celui-ci rétorquera que lui comme le Lulua : ils sont tous originaires de **Nsanga'a Lubangu**, de la province du **Katanga**, mais venus au **Kasaï** à des époques différentes, alors que le Lulua s'en tient au droit du ''premier occupant'' des terres querellées...

Dans la suite des événements, l'Administration tentera de concilier les deux communautés au cours d'une réunion qu'elle tiendra dans la matinée du 31 juillet 1959, au Bâtiment Administratif, réunion animée par le Commissaire provincial, Mr. **Henroteau**, et le premier Bourgmestre, Mr. Hengten. Les deux forces en présence sont appelées à rédiger chacune un communiqué devant inviter les siens à la trêve ; mais celui rédigé par Kalonji Evariste et Nyembwe Albert ne sera pas de nature à favoriser, à entretenir le calme...

Le 6 août 1959, la situation est telle que, Mr. **De Jaegher**, gouverneur de province, en est arrivé à prendre la parole devant le micro de la Radio Luluabourg, et en ces termes (nous n'épinglons que les grandes lignes de cette adresse à la population ; l'allocution in extenso peut être lue chez Mabika Kalanda[426] :

> « Mesdames, Messieurs,
>
> Il m'a paru opportun de m'adresser à vous, ce soir, pour vous exposer (...) les raisons qui m'ont amené à prendre des mesures spéciales en vue de maintenir l'ordre à Luluabourg (...).
> Le Congo n'est pas encore complètement libéré des rivalités tribales qui lui font tant de tort. Dans certaines parties du Kasaï, nous connaissons depuis de longues années des rivalités entre Baluba et Lulua. Nous pouvions espérer

---

[424]Cf. Mukenge Shabantu, o. c. pp. 78 – 79.

[425]Toutes ces injures, du genre : « *Mupemba wa luendu lua kansukala ; ununka muaamba musenga*»...

[426] Cf. Mabika, o. c. pp. 45 - 52

que l'évolution du pays aurait eu pour conséquence d'atténuer ces rivalités et même de les faire disparaître, les uns et les autres s'unissant avec d'autres populations **pour faire du Kasaï, une province prospère au sein du Congo de demain.** Je persiste à croire que cette union et cette concorde sont possibles et je continuerai à m'y employer de toutes mes forces…
Le Gouverneur, représentant du pouvoir exécutif dans la province, a le devoir sacré de mettre intégralement en œuvre la politique (définie par la déclaration) gouvernementale dont un des principes fondamentaux est l'union de toutes les populations… Malgré les efforts déployés sans relâche par l'Administration, il se commit, d'un côté comme de l'autre, des maladresses et des fautes psychologiques qui devaient rendre la situation plus difficile…
Afin de rechercher un terrain d'entente sur des bases bien étudiées, j'avais, au mois de juin, chargé le District de la Lulua [427] et la Ville de Luluabourg de faire des études sur la portée de divergence de vues qui existent entre les Baluba et les Lulua. Le District termina le premier son travail ; il y mit la dernière main le 8 juillet[428]. Le soir même de ce jour, son étude fut volée… et replacée à l'endroit… Aussitôt commença une campagne d'agitation.

Le 13 juillet, M.M. Kalonji Evariste et Kasanda Justin adressèrent aux présidents des Chambres belges une lettre, indignée, attribuant faussement à l'autorité provinciale les idées émises à titre de suggestion par le District ; allant d'ailleurs jusqu'à déformer ces idées.
L'*Abeille*, le 16 juillet, et *Présence Congolaise*, le 18 juillet, portèrent la question devant l'opinion en attribuant à l'étude de District la même déraisonnable portée. L'Administration de la province (…) proposa alors aux Lulua et aux Baluba de constituer une mission paritaire de dix membres chargés d'étudier la question… Mais l'agitation continue.
Le 24 juillet, M.M. Evariste Kalonji et Albert Nyembwe, signant pour le comité du M.S.M[429], exigèrent du Gouverneur des sanctions contre l'auteur de l'étude du District ; déclarèrent s'opposer à toute mesure administrative ou autre qu'on serait tenté de prendre à l'égard du personnel congolais quel qu'il soit et ce, au départ d'un simple soupçon ; protestèrent contre la mutation du commis Badibangi, mutation sans rapport avec l'affaire[430]. En même temps, la position des Lulua se raidit.
Le 24 juillet, ils adressèrent une lettre aux présidents des Chambres, concluant au refoulement pur et simple de tous les Baluba qui, disaient-ils, habitent leur région, sauf les habitants des Centres Extra-Coutumiers ; à condition qu'ils ne s'occupent plus de politique.[431]

Le 31 juillet — nous l'avons vu — dans la matinée, le premier Bourgmestre réunit les présidents de toutes les Associations (…) pour leur demander de

[427] Il s'agit du Commissaire de District Assistant, Mr. Dequenne.
[428] C'est le fameux rapport dit ''Rapport A. Dequenne''.
[429] Mouvement Solidaire Muluba
[430] Badibangi se trouvait être le commis ayant eu à dactylographier '' l'étude''dite ''Rapport Dequenne''.
[431] Une loi en la matière, octroyant à tout Congolais d'élire domicile et d'y jouir des droits civiques ne fut pas encore là…

l'aider à rétablir le calme dans les esprits. Le même jour, après réunion, un tract signé par M.M. Albert Kalonji et Fréderic Muamba contribuera au contraire à exciter les passions. Le même jour encore, au début de l'après-midi, Mr. Albert Kalonji déclara notamment que les Baluba devaient faire appel à leurs sorciers en vue d'obtenir des buanga [432] qui les rendaient forts. Tous ceux qui vivent au Congo savent combien de telles paroles peuvent exacerber l'émotion des populations très émotives et déjà apeurées... M.M. Albert Kalonji, Evariste Kalonji et Albert Nyembwe constituent une menace certaine pour l'ordre public... M.M. Albert Kalonji, Evariste Kalonji et Albert Nyembwe seront simplement éloignés de Luluabourg (...) un à Kole, un à Lomela et l'autre à Dekese. Il est évident que lorsque le calme sera entièrement rétabli, je leur permettrai de revenir à Luluabourg, mais pas avant ».

Malgré cette adresse valant une mise au point, mais également une mise en garde..., la tension ira croissante et préoccupera les responsables politiques aussi bien Baluba que Lulua...

2.4.9. La Réunion de Matamba

Dans le camp des Lulua, 115 chefs coutumiers s'impliquent de leur côté, ils se réuniront du 22 au 23 août 1959 à Matamba (localité située après le pont Lulua, à 24 Km de Kananga sur l'axe Kananga – Tshikapa). Ils prennent acte du refus de leurs frères Baluba de respecter les résolutions du lac Munkamba, et décident de leur départ du territoire lulua ; la date en est même fixée : le 15 septembre 1959...

Si la classe dirigeante baluba était impulsive, les Abbés **Ngoyi Alphonse** et **Nkongolo Joseph** (aussi Baluba) et Vicaires à la Mission Notre Dame se comporteront eux, en vrais hommes de Dieu et artisans de la paix. Ils convaincront leurs frères à mettre de l'eau dans leur vin, et à se rendre au Cercle « Lulua – Frères » (coin des avenues Révolution — ex-roi Baudouin — et Kamuandu, en face de la Commune de la Ndesha), pour une concertation avec leurs frères Lulua. Les Abbés prenant la parole les premiers diront :

« En tant que frères, les Lulua et les Baluba, doivent absolument s'entendre afin de désamorcer la situation et faire baisser la tension qui risque en débordant, d'avoir les conséquences incalculables que nous craignons ». Mbikayi Charles, Ngandu Paul et même Kalonji Albert soutiendront les Abbés... (Comme l'histoire se répète, voilà encore présentement les hommes de Dieu — la Cenco — dans une médiation)...

---

[432] Des « buanga » : ici, l'Autorité provinciale n'a pas su distinguer le singulier (''buanga = fétiche ; autre vocable ''tshizaba'' — une pratique mieux une initiation ou unr rituel oculte ; de nombreux jeunes gens se sont fait administrer ce rituel chez le Chef Kamuina Nsapu — qui rendrait invulnérable) du pluriel (manga = fétiches).

Répondant à leurs frères Baluba, la délégation lulua accepte d'oeuvrer pour la sauvegarde de l'entente entre les communautés. Ce fut le premier septembre. Pour concrétiser cette action commune, Baluba et Lulua allaient composer et cheminer ensemble en un comité mixte M.N.C… Mais quelle n'allait pas être cette surprise dans le camp Lulua, cinq jours plus tard, au Bar de Mbikayi Charles, de se voir refuser le poste de Secrétariat au sein du comité… Nos Abbés se virent floués, humiliés par les leurs — *bêla mâyi ku makasa* !... Voici ce que **Mabika Kalanda** écrira à propos de ce refus :

« Kalonji a persisté dans son entêtement au point de rejeter même les conseils de ses propres pairs. Il ne s'était pas gêné de déclarer tout haut : ''Muntu wa tshikwabo tshisamba kêna mua kuanji kubuela mu M.N.C. wende to, nangananga muena Lulua '' » — (nous traduisons : ''je ne peux accepter dans mon M.N.C. quelqu'un d'une autre tribu, et surtout pas un Lulua '')[433]… Ce qui fit dégénérer le climat…

Par la suite, le Commissaire de District, Mr. Troquay, invitera les Lulua dans son bureau (cf. l'actuel bâtiment du Commandement de la Police nationale, qui avait d'abord servi de Gouvernorat avant que celui-ci ne déménage pour le Bâtiment Administratif) afin de les fléchir… De leur côté, pour gagner l'Administration à leur cause, les Baluba iront rappeler à celle-ci ''l'insoumission'' que Kalamba, chef Lulua, lui opposa en 1881…

L'Autorité — entendez la Province ; la Ville ; le Commandement du 1er Groupement ; le Parquet de Première Instance (en la personne du Procureur du Roi ainsi que le Territoire — inquiète, fera remarquer qu'elle ne manquera pas depuis, d'être présente dans toute réunion qui se tient quelque part… Mais en dépit de toutes ces précautions, le pire arriva !...

L'assassinat d'un intellectuel Lulua – Modeste Kambala (ka Mudimbi) non loin de la rivière Muanza-Ngoma (après le village Muamba-Mbuyi) ainsi que l'attaque du village de Nsatu'a Kapongo (vers Demba), voici entre autres ce qui déclencha et précipita le drame. Deux communautés, ''sœurs'' pourtant, en vinrent aux mains… Il y eut des pertes en vies humaines dont le nombre reste indéterminé ; des cases incendiées et de nombreux blessés… Que ce fut pénible !... Parce que l'on ira même jusqu'à se séparer… Nous irons le voir plus loin… L'auteur que vous lisez a eu à vivre ces événements de triste mémoire et quelle ne fut pas sa peine de s'être retrouvé partagé — (à peu près comme le fut Rodrigue dans *Le Cid* de Corneille et qui déclara : *« je suis l'offensé et l'offenseur est le père de Chimène »*) — partagé entre un père Lulua et une mère Muluba... Ce fut l'amertume, au niveau individuel, mais elle était aussi là, cette mort dans l'âme, à l'échelle communautaire !...

---

[433] Cf. Mabika, in « Tabalayi », Léopoldville, 1963 p. 19

2.5. Les élections au Kasayi en 1960

Celles-ci se sont déroulées dans un climat de triste mémoire, décrit ci-dessus. Cependant, les Lulua — (je ne parle pas s'il vous plaît de « *Mutombo* » et « *Katawa* », de ce clivage qui ne fut pas là, fort heureusement... et qui ne doit pas être là, de grâce !) — vont s'illustrer, au travers de ces élections :

Les Législatives :

- *Les législatives nationales* : Lors de celles-ci, les Lulua ne faisant pourtant que 25% ([434]) de la population de la Ville de Luluabourg — et résidant ici et là à la Ndesha et à Tshimbi ainsi que leurs frères Bena Mutshipayi de Kanyuka — produiront un député (national) à Luluabourg : **Lubaya André Guillaume**, avec 8.000 voix ! ; et cinq Territoires sur les dix leur offriront chacun un député. Aussi réussiront-ils à faire copter cinq Sénateurs[435].

- *Les législatives provinciales* : Ici, six Circonscriptions[436] ont donné aux Lulua seize Conseillers provinciaux[437] et l'Assemblée provinciale sera composée de 79 Conseillers (élus et coptés). Le poste de Président de l'Assemblée provinciale fut confié à un frère Musonge, **Manono Dominique**, suite à un jeu de cartel bien pensé et pesé : Union Nationale Congolaise (regroupant les Lulua) ; le P.S.A. ; le M.U.B. et le MNC/Lumumba, à l'Hôtel *''La Bonne Auberge''* (présentement ''Centre Protestant'')... Comme vous pouvez le remarquer, il n'y a pas eu d'exclusion. Tous les partis politiques étaient là, même le MNC/Kalonji...

Un premier Gouverneur Noir (au Kasaï)

Le sort devait être tiré entre deux candidats : Kabeya André (greffier au Tribunal de Première Instance) : un Muluba et **Mukenge Barthélemy** (enseignant, Président de l'*Association Lulua-Frères* et à peine nommé Sous-Directeur de l'Ecole Primaire Notre-Dame) : un Lulua. Ce dernier candidat, ''soutenu'' (en Tshiluba : *''muela lupemba''*) par 72 chefs coutumiers Lulua réunis à Kanyuka, sortira avec 55 voix ; Kabeya n'en

---

[434] D'après les statistiques officielles 1958 — cf. Nyembwe A. o.c. p. 59 — les Baluba en avaient 56 ; les Konji (Luntu) 5,8 ; les Basonge 4, les Batetela 2,7 ; les Babindi 1,6 ; Autres 4,9

[435] Luluabourg (chef Kalamba Mangole) ; Dibaya (Mukengele Honoré) ; Kazumba (chef Mbuyi Katende) ; Luebo (Muennya Mputu) et Ndemba (Luakabuanga François — il y renoncera pour devenir chef de cabinet dans le Gouvernement Mukenge).

[436] Luluabourg ; Dibaya ; Kazumba ; Luebo ; Demba et Tshikapa.

[437] Badibake Modeste alias *TSHIPUKA*, chef Luandanda Kalombo Mubidi, chef Badibanga Tshikele, Kabula Jean, Kabumvu Louis, Mutshiôko Hypolite, Mfwamba Ntalaja (copté), Kapanga Sylvain, Mukanzuji Silvestre, Tshishiku Luanyi Trudon, Bipendu André, Kalama François, Kayembe Théodore,, Tshimanga Etienne, Kamba Eugène, Mukôlo Fernand (devenu notre voisin à côté de **''Tshiondo tshia Moyo''**).

réunira que 23 et il y eut un bulletin nul. Ce fut le 11 juin 1960, en présence de Mr Henroteau, Commissaire provincial [438] qui en assuma le déroulement ou la police des débats (en regard de la Loi fondamentale). Cette victoire des Lulua ébranlera encore le camp adverse…

Mais le Kasayi n'appartenant pas aux Lulua seuls, le nouveau « Gouverneur », en formant son cabinet, ira tenir compte de la représentativité, mieux, de toutes les sensibilités. Et il est même allé jusqu'à privilégier le camp adverse afin de préserver la paix, en lui accordant trois ministères sur les dix que prévoyait la Loi Fondamentale, alors que les autres clans frères du Kasayi n'en avait qu'un chacun… Voici comment fut composé le cabinet :

- Intérieur Luhata Jos. / *Mutetela* … suivi de Kengele Athanase/*Mubindi*
- Justice Mubanga Dominique / *Mukwa Luntu*
- Economie Ngalula Joseph /*Muluba*
- Finances Kayembe Samuel / *Lulua* (Mujila Kasanga)
- Education Maboshi Samuel Josué /*Mukete* (Mweka); encore fraîchement en fonction, il est assassiné à Kin, et sera remplacé par Mikobi Gabriel /*Mukuba*
- Trav. P. Woto Clémént /*Mushilele* (il sera relevé par Mudiaka D./*Musala*
- Santé Mbayi Kalala Evariste / *Muluba*
- Affaires F. Maole Vincent /*Musonge*
- Agriculture Onia Albert /*Mutetela*
- Fonction P. Mbombo Robert/*Mutshioko* (Ilebo) ; Nanshakale Théodore/*Muena Konji* prendra ce poste.

N.B. : Nos trois frères Mbombo, Mbayi et Ngalula, tous les trois du M.N.C/Kalonji, déclineront l'offre leur faite au sein du ''cabinet Mukenge'', au lieu de se joindre aux autres afin de travailler ensemble, pour faire du Kasayi, une province prospère. Monsieur **De Jaegher**, le Gouverneur sortant n'avait-il pas émis ce vœu dans son adresse radiodiffusée du 6 août 1959 ?... Et nous pensons que ce haut fonctionnaire a dû faire partie de ceux de ses pairs à la grandeur d'âme et ayant la culture de l'honneur !... Au temps fort du conflit, n'étant pas parvenu à maîtriser la situation et dépassé par les évènements, il démissionna !...

Une parenthèse : Oui, il y a des accusations à mettre à charge de l'Administration, entre autres :

— a) le fait d'avoir séparé les deux communautés — action que l'Administration a menée entre 1925 et 1930 — en déplaçant des villages

[438] Commissaire provincial : dans l'Administration coloniale, c'est ce haut fonctionnaire qui secondait le gouverneur de province.

« lulua » entiers qui étaient dans la périphérie de Luluabourg ainsi que dans la proximité des Postes et/ou Missions catholiques (sauf Tshikula), vers de nouveaux sites, afin d'installer et de créer des villages « baluba » sur ces sites vidés [439] par les Lulua ; à tel point que, tout Lulua habitant ainsi « l'arrière-pays », devait nécessairement traverser une entité, un village « Baluba » avant d'entrer dans Luluabourg ; de même que tout Lulua du Centre-Extra-Coutumier (C.E.C.) Luluabourg, voulant se rendre en visite chez les siens, devait également passer par un village Baluba !... Dequenne lui-même n'a-t-il pas écrit : « **la responsabilité de l'Administration qui a favorisé la création de la situation actuelle est très grande** »[440] ? ;

— b) le fait de s'être montrée (il s'agit de l'Administration) — autant que les Missionnaires — plus favorable aux Baluba qu'aux Lulua ; ainsi que…

— c) celui d'avoir facilité l'installation de plusieurs villages Baluba le long de la voie ferrée.

Mais aller jusqu'à dire que l'Administration aidait les Lulua voire même préparait ceux-ci à attaquer leurs frères Baluba, en indiquant les villages et le jour de l'attaque, comme l'écrit papa et ''*manseba*'' Albert Nyembwe, cela n'a pas été ainsi[441]. Nous fermons la parenthèse.

La passation des pouvoirs — entre l'Administration coloniale que représentait le Commissaire provincial, en lieu et place du Gouverneur belge sortant et le Président provincial du Kasayi (entendez : ''Gouverneur'' entrant) — a eu lieu le **30 juin 1960** — jour de l'Indépendance — sur la **Grand' Place de Luluabourg** (site quadrillé par le Palais de Justice, la Banque Centrale, l'Hôtel de Ville et le Bâtiment administratif) — **devant le moment du Roi Léopold II** (site qu'avait pris d'assaut une foule nombreuse à la fois émue, curieuse). Et le protocole d'Etat fut de mise : Accueil et Honneurs militaires ; revue des troupes par la nouvelle Autorité provinciale en compagnie du Colonel belge Materne) ; installation dans la tribune ; hymnes nationaux belge (La Brabançonne) et congolais ; discours de circonstance ; un grand Défilé (Militaires de Garnison et Police) et l'Hymne national (le ***Débout Congolais***) clôturèrent ces cérémonies. Mr. Henrotau, Commissaire provincial qui avait représenté le Gouverneur belge sortant, conduisit Mr. Barthélemy Mukenge — suivi par une foule en liesse —— à la Résidence officielle de l'autorité provinciale et l'y installa.

La population baptisa depuis cette Résidence : *« **Mu Mitete** »,* car celle-ci était entourée d'une haute haie vive de bambous très serrés qui ne laissaient rien passer à part l'air ; haie pourvue naturellement de deux grands portails (dont un servant d'entrée principale). Présentement, la résidence est clôturée d'une grande muraille maçonnée en durables, et tout un quartier

---

[439] Ces vieux sites sont appelés : « *makôlo* »

[440] Cf. Mabika Kalanda, o. c. p.31

[441] Cf. A. Nyembwe, o. c. pp. 88 - 89.

''résidentiel'' s'est érigé dans le périmètre immédiat de la résidence officielle. Mais avant qu'on arrive à ce grand événement du 30 juin 1960, il y a cette…

Relecture :

Celle-ci mérite d'être faite et sert de charnière avec les faits qui vont suivre, et nous la tirons de *« Le Puzzle congolais »*[442] :

> « Un regard rétrospectif et une autre circulaire sur les années antérieures et postérieures à l'Indépendance retiennent une image de fond qui doit demeurer permanente. Celle-ci doit accrocher nos souvenirs, c'est celle de ces milliers des personnes tombées sur les ''routes des pionniers'' : l'âpre voie, battue à l'infini par les pieds nus des porteurs, durcie comme une aire… Incessamment, nous rencontrions ces porteurs, isolés ou en file indienne, noirs. Pour tout vêtement : un pagne horriblement crasseux. Misérables, tête crépue et nue supportant la charge : caisse, ballot, pointe d'ivoire, panier bourré de caoutchouc, baril ; la plupart, cédant sous le faix multiplié par la lassitude et l'insuffisance de la nourriture faite d'une poignée de riz et d'infect poisson sec. Pitoyables cariatides ambulantes… organisées en un système de transport humain, réquisitionné par l'Etat armé de sa Force publique irrésistible ; livrés par les chefs dont ils sont esclaves et qui raflent leurs salaires, crevant… ou allant crever…
>
> Des réalités sur lesquelles il fallait se taire. Toutes ces réalités nous paraissent aujourd'hui lointaines, et semblent ne plus nous concerner. Et pourtant, elles appartiennent à cette histoire de l'histoire tissée chez nous — **oui, chez nous, même au Kasayi** — une histoire qui continue à se tisser sous nos yeux, sous d'autres formes, sans que, pour autant, nous ne nous en rendions compte… Il ne nous est, certes, plus possible aujourd'hui de revoir ces cohortes d'hommes ahanant sous le poids des produits d'exploitation, le regard apeuré et hagard : n'osant fixer en face d'eux ces maîtres impassibles, véritables satrapes qui se doivent de tirer le maximum de toutes les bêtes de somme sous leurs ordres pour forger et doter le Congo d'une économie voulue extravertie.
>
> C'est le seul impératif. Qu'importe les morts ! Ces milliers de Congolais qui peuvent tomber comme des mouches, puisqu'ils se reproduisent à chaque instant à une vitesse hallucinante !…
>
> La loi du silence étant la règle d'or — le capitaine Bia en avait reçu la consigne — avait réussi à transformer le Congo en ''ventre mou''…

Mais ces paroles n'ont pas été respectées par un certain petit nègre, Patrice Emery Lumumba, premier ministre fut-il. Son sort sera scellé le jour où, dans cette rotonde devant laquelle, à l'endroit où est érigé aujourd'hui le mausolée Laurent Désiré Kabila, trônait monté sur un pur sang, le souverain Belge Léopold II. De son regard conquérant, il donnait l'impression de ramasser d'air supérieur et imposant,

---

[442] Un article de Gaston Kalubi, in Cœur d'Afrique n° double 14-15 septembre/octobre 2004, pp. 126 et suite.

toute son œuvre au cœur de l'Afrique. La politique du recours à l'authenticité le jeta brutalement de son piédestal »…

(Ce fut également notre impression lorsque nous nous trouvâmes devant cette œuvre d'art et nous ne pûmes savoir si elle était en une pièce — ce pur sang et son cavalier — que nous avons rencontrée pour la première fois en juillet 1964 lors de notre séjour en grandes vacances de l'année scolaire 63 – 64, résidant non loin de là sur l'Avenue Maurice Lippens, chez l'oncle Grégoire Kashale, alors ministre. Puisse notre vœu voir tous ces monuments — **à Kananga** par exemple, **le roi Léopold II** en tenue d'apparat, taille nature, trois mètres de haut, vêtu de rindingote et sabre à la main, cette œuvre jonche à même le sol au ''Musée'' — réoccuper un espace ici et là, dans chaque ville où ils ont été érigés, afin d'appuyer les leçons d'histoire et susciter, redorer le Tourisme)…

> « Oui, le 4 janvier 1959 eurent lieu les émeutes… On ne peut hésiter à qualifier la situation de grave… Le peuple congolais en a ras-le-bol et veut prendre en main son destin… La Belgique est désemparée… Il faut se décider de colmater les brèches et de récupérer la situation. Jusqu'au 7 janvier l'Administration belge ratisse large, nettoie les poches de résistance, arrête et relègue ces rejetons de nègres qui ont osé la braver… Et le Roi Baudouin, dans la Métropole, ira faire une importante déclaration le 13 janvier »…
>
> En rapport avec cette déclaration, l'administration (un Arrêté Royal) va promouvoir environ quatre cents agents autochtones dans la quatrième catégorie au grade de ''Rédacteur'' (c'était le dernier échelon barémique pour les Européens) et les coloniaux, énervés, n'épargneront pas les nouveaux promus de leurs sarcasmes. Sur le plan économique, les effets de la récession s'aggravent. Les finances qui avaient été en équilibre pendant plusieurs années commencent à accuser un grand déficit : les valeurs boursières intéressées au Congo dont l'Union-Minière dégringolent à la Bourse de Bruxelles. A cela il faut ajouter la multiplication des transferts de fonds des particuliers, qui amène le gouvernement à instaurer des restrictions afin d'éviter la banqueroute. L'administration essayait de parer au plus pressé à la dernière minute.
>
> En mars 1959, les trois leaders de l'Abako auxquels on joindra d'autres, sont envoyés en Belgique. En dépit de cette mesure d'apaisement et de la levée d'interdiction de l'Abako, ses leaders ne s'arrêteront à revendiquer l'indépendance et iront même jusqu'à envisager de faire sécession, de fonder une république du '' Congo Central ''. (Anticipation ?! — Il naîtra de par l'article 2 de la Constitution de février 2006 vingt-six provinces dont une au même vocable Kongo Central). Cette même idée de ''sécession'' couve dans les milieux coloniaux du Katanga, qui poussent ses dirigeants dans la même voie »[443].

[443] Cf. Tshimanga wa Tshibangu, o. c. p. 95

Toujours dans la même année, le ministre des Colonies (Mr Van Hemerlrijck qui multiplie les signes d'apaisement en recevant les leaders politiques congolais, tout en s'opposant aux courants séparatistes) est accueilli au Kivu avec des tomates par des colons, l'accusant de trahison (il sera remplacé par De Schrijver) **pendant qu'au Kasaï, la situation déjà confuse avec le conflit Lulua – Baluba s'envenime avec l'arrestation des leaders Baluba : Kalonji Albert, Nyembwe A. et Kalonji E., arrêtés et relégués à Dekese, Kole et Lomela.**
Le 16 octobre 1959, le ministre De Schrijver lance le plan d'émancipation du Congo pour 1964. Il s'attire les foudres des leaders congolais... Une drôle de mouche a certainement envahi les Tropiques. Elle a piqué les Congolais qui veulent tout avoir ''hic et nunc''. La Belgique veut mettre sur pied un gouvernement provisoire ; il lui faut avoir des hommes de main avec qui composer réellement.
L'idée de ''Colloque général de Léopoldville'' lancée par le gouvernement belge est rejetée par les leaders... Ils font leur, celle de la ''Table ronde''... Cette Table ronde — pour les Congolais — devait fixer un timing au processus de l'indépendance, une indépendance aménagée avec une autonomie immédiate. Et ces exigences amenèrent la Belgique à tout lâcher (stratégiquement au Congo). Sans transition aucune, elle oblige la nouvelle République à se lancer à l'aventure, car, sans cadres, sans expérience politique ni démocratique ; le Congo passe d'un régime colonial centralisé à Bruxelles à un régime de ''souveraineté'' totale que dirigeront à Léopoldville, des gens venus de tous les horizons... [444] ... Dans l'esprit du gouvernement belge, cette date du 30 juin ne sera que le début de la Transition, avant que la République du Congo n'élabore sa propre constitution. En attendant, c'est la loi fondamentale qui régira cette république bananière »[445].

Voici, pour mémoire, quelques noms de ceux qui prirent part à ces assises :

— **Membres du gouvernement belge** : Albert Lilar (Vice-président du Conseil, Président de la Table ronde) ; Auguste De Schrijver (ministre des colonies), Raymond Scheyven (Ecofin du Congo-belge et Rwanda-Urundi), René Lefebvre (Intérieur), Pierre Harmel (Culture), Laurent Merciers (Justice),

— **Conseillers du Vice-premier ministre et Secrétaires de la Conférence :** A. Goldschmidt (chef de cabinet), J. Brassine (attaché),

— **Autres Conseillers et Attahés** : A. Scholler (Vice-gouverneur général), A. Stenmans (Secrétaire du gouvernement), M. Willaet, A.Vander

[444] Cf. « Cœur d'Afrique », o. c. p. 128 — R. Cornevin dira de son côté : « en fait au moment de l'indépendance, il n'y avait pas sur l'échiquier politique congolais de leader ayant stature d'homme d'Etat. Ceux qui avaient l'appui populaire n'avaient pas la maturité politique et ne disposaient pas de Parti organisé ; aucun des leaders n'avait fait l'apprentissage ni de la gestion de l'Etat, ni même de la simple administration ». — R. Cornevin, o. c. p. 262.
[445] Cf. « Cœur d'Afrique » n° double 14-15 octobre 2004 pp. 126-131.

Stichele, F.Verviers, G.Walter, M. Zwaenepoel, J.J. Palmers, L. De Groete, E. Van Wylick et J. Westhof (Conseillers juridiques), P. Piron, J. Durieux, J. De Meyer, H. d'Aspremont Lynden, M. Van Putte, P. Deschamps, E. Davignon ;

— **Membres du Sénat** (effectifs et suppléants) : Jean Duvieusart, Henri Delport, Paul Estienne, Hubert Leynen, Henri Rolin, Auguste Buisseret, Norbert Hougardy… — **Chambre des Représentants** : André Dequae, Charles de Warnaffe, Ludovic Moyersoen, Maurice Brasseur, Théo Lefebvre, Hilaire Willot, Jos de Saeger, Georges Housiaux, Antoine Spinoy, Léo Collard, Henri Fayat, Jos Van Eynde, Hilaire Lahaye, Maurice Destenay, René Dreze, Ferdinand Boey…

Ces élus de la Chambre haute comme leurs collègues de la Chambre basse dont quelques noms ci-dessus, sont issus du Parti Social-chrétien, du Parti Socialiste belge et du Parti Libéral.

— **Partis politiques congolais** : **MNC** /*Lumumba* : Patrice E. Lumumba, Joseph Kasongo, Jean Marie Yumba. (Suppléants : Sébastien Ikolo et Bruno Bukasa) ; **MNC** / *Kalonji* : Albert Kalonji, Joseph Ileo, Paul Ngandu. (Suppléants : Joseph Ngalula, P. Muamba et Pierre Misakabu) ; **ABAKO** : Joseph Kasa-Vubu, E. Nzenza Landu, Daniel Kanza. (Suppléants : P. Luyeye, Simon Nzenza et Joseph Yumbu) ; **PSA** : A. Gizenga, Cléophas Kamitatu, Sylvain Kama et Justin Matiti. (Suppléants : Valentin Lubuma et Christian Mafuta) ; **PNP** (Parti National du Progrès dit aussi ''Pene pene na Mundele'') : Jérôme Anany (il sera l'un des ''quatre conjurés et pendus de la Pentecôte''), Jean Marie Kititwa, Alphonse Ilunga, Albert Delvaux, Antoine Lopes, André Anekonzapa, Paul Boliya, André Marie Edindali, Fernand Esandja, Léopold Likinda, Sylvestre Mudingayi. (Suppléants : Dominique Mubanga, Gilbert Mpongo et Victor Kande) ; **CONAKAT** : Moïse Tshombe, Jean-Baptiste Kibwe. (Suppléants : Charles Mutaka wa Dilomba et François Kasongo que remplacera Prosper Muyumba) ; **BALUBAKAT** : Janson Sendwe (il deviendra Vice-premier ministre — comme Gizenga — puis sera assassiné…) ; Rémy Muamba fut son suppléant ; **Union Nationale Congolaise** : Gabriel Kitenge et Alphonse Ilunga. (Suppléant : Joseph Shango) ; **ABAZI** (Alliance des Bayanzi) : Gaston Midu. (Suppléant : Wenceslas Mbuenyi) ; **Parti du Peuple** : Alphonse Nguvulu. (Suppléant : Antoine Mandungu) ; **Assoreco** (Association des Ressortissants du Haut Congo) : Armand Bobanga ; **Puna** : Jean Bolikango ; **CEREA** : Anicet Kashamura, Weregemere et Marcel Bisukiro…

Notons que la Société civile était représentée par quelques syndicalistes et certains chefs coutumiers venus des six provinces. Nous citerons entre autres les chefs Emery Penesenga, Sylvestre Kalamba (accompagné d'E. Wafuana), Michel Ohanga, Louis Tshibambe pour le Kasayi… Ici nous nous rendrons compte que le Kasayi a compté avec les Pionniers de l'Indépendance — et sa part alors ?)…

Notons également qu'à chaque délégation congolaise, il fut attaché 1 ou 2 conseillers tels Gérard Libois (MNC/Kalonji), Perin (Parti du Peuple), Mme Spitaels (PSA).

Revenus de la Table ronde, les leaders Baluba et Lulua en feront la restitution à leurs bases respectives ; et celle-ci se fit dans un climat qui ébranla les sensibilités... Puis vinrent les élections et l'installation du gouverneur à Luluabourg (nous en avons dit un mot plus haut)...

Séparation des deux frères

Ayant manqué de prendre les commandes de l'Exécutif provincial (ce qu'ils escomptaient, confiants en leur supériorité numérique[446] et en ce privilège dont ils jouissaient auprès de l'Administration) ; le chagrin qu'avait engendré en eux cette ''guerre civile'' et la coexistence devenue compromise, nos oncles — les Baluba — durent quitter les terres des « Lulua ». Certains d'entre eux qui disposaient des véhicules se sont bonnement mis en ordre de marche ; ce n'est pas que l'Administration les eut évacuées de force comme l'a écrit *Tatu* Nyembwe Albert[447]. Mais comme ce fut des mouvements de véritables grappes ou masses humaines, cette Administration (dont Dequenne a dit que ''sa responsabilité, pour avoir favorisé la création de la situation actuelle était très grande'' [448] et qui disposait des forces de l'ordre, avait l'obligation de protéger, de sécuriser les personnes et leurs biens. C'est ainsi qu'elle mit à la disposition des émigrants quelques camions STA et sous escorte, afin de leur permettre d'arriver sur les terres de leurs ancêtres. Des centres de regroupement ont été créés à la Mission Notre Dame et à la Maison Provinciale (à Katoka/Kapanda) ; au Grand Marché, à la Gare de Luluabourg, à la gare de Katumanga, aux villages de Mpania Malumba et de Kalonji Tshikunga (sur l'axe Luluabourg — Bakwanga). E. Mulumba Diulu dira ceci, afin de vous faire sentir que cela fut pénible !... Tenez :

« *Bamwe baa ku Bena Luluwa bâkadi balamba biakudia, batuadila Baluba mu Tshisalu Tshinene. Bakuabo Bena Luluwa bavua babatuma kudi Baluba bua*

---

[446] Mais rappelez – vous que leurs frères Lulua se sont illustrés par leur organisation musclée et cohérente, et ce, depuis les communales de 1958 — le journal '' Kasaï '' avait eu à le reconnaître à travers les colonnes de la page 6 de son édition du 10 décembre 1958 :

« ...ce ne fut pas le fait d'un vote tribal ; on doit mettre leur succès sur le compte d'une organisation plus rationnelle » — jusqu'aux législatives et provinciales de 1960.

En effet, sur 23 sièges prévus à la commune NDESHA, en 1958, les Lulua enlevèrent 11 sièges contre 10 pour leurs frères (Nkonga ou M.N.C./Kalonji. La prise de position des deux conseillers, l'un Musonge et l'autre Tshimbadi devait conférer la victoire à l'un des deux regroupements : Manono Dominique ayant voté pour Nzuji Henri (Lulua), la commune de la Ndesha revenait aux Lulua (... 12 sur 11, malgré le vote de Kasonga' a Mukùku (Tshimbadi) pour Beya Barthélemy (Muluba)...

Et plus tard, Manono D. sera surpris de se voir soutenu par les Lulua dans le vote qui fera de lui président de l'Assemblée provinciale — nous l'avons vu plus haut.

[447] Cf. A. Nyembwe, o. c. p. 97

[448] Cf. ''Rapport Mr Dequenne, cité par Mabika Kalanda, o. c. p. 31.

kubasumbilabo bintu, amu nanku... Bimueneka bu tshilota ; bu sendema »[449]. Ce qui se traduit : « quelques Lulua apprêtaient de la nourriture et apportaient celle-ci aux Baluba en transit au grand Marché en attente de leur départ ; quelques autres Lulua étaient envoyés par les Baluba afin de leur trouver ce dont ils avaient besoin ; l'on dirait un rêve !, un film ! ». L'auteur a eu à faire plusieurs de ces navettes. Et (*tatu*) Nyembwe d'écrire de son côté :

« A la Commune de la Ndesha, ce ne fut pas la joie pour leurs frères Bena Lulua qui se tenaient nombreux le long de la route. Plusieurs parmi eux, des mouchoirs sur les yeux pour sécher des larmes qui coulaient en abondance, n'ont même pas eu le courage de regarder leurs frères Baluba qui criaient ''Au revoir'' »[450]. **Ce fut en mi-août 1960.**

Ce qui compte ici, après ces épisodes de triste mémoire, n'est pas de savoir qui vainquit et/ou qui perdit la guerre ?... Ce qui compte n'est pas non plus de continuer à pointer du doigt l'Administration coloniale, pour avoir réussi à séparer les deux communautés ; **c'est plutôt de retenir :**

- 1) qu'il y a eu ce qu'y a eu... ; qu'il y a eu des maladresses de part et d'autre — Mabika Kalanda l'a d'emblée reconnu dans son Avant Propos en ces termes : *« Dans l'actuel ''conflit'' Baluba – Lulua, la responsabilité est nécessairement partagée par l'Administration du Kasaï, les Missionnaires du Kasai, les Baluba et les Lulua ».* Cependant, ayant fait cette réserve qu' *« il serait facile d'accuser le colonisateur de semer la division entre Congolais »,* Mabika Kalanda persiste et signe qu'*« il est puéril d'espérer qu'il* — c'est-à-dire le colonisateur — *accueille favorablement le développement du sentiment d'unité entre différentes ethnies du Congo »*... Il ira achever son Avant Propos en ces mots :

« Rien ne sert d'accuser les uns et les autres, il s'agit pour tous de reconnaître leur part de responsabilité et de rechercher ce qui est juste. Il suffira que l'une ou l'autre des entités responsables refuse de reconnaître sa part pour qu'immédiatement ou dans les années à venir, elle soit victime de la haine et de la rancune »[451] ;

- 2) que Lulua et Baluba, en tant que frères, n'ont pas dû attendre longtemps pour transcender ce qui les a opposés ;

- 3) qu'en si peu de temps, ils y ont mis une croix : une réconciliation sincère et véritable a été conclue ; réconciliation qui a dû d'abord se concevoir et se préparer avant de se concrétiser... Nous allons y arriver avec force détails. Mais avant août 1960 et plus précisément dix jours après l'indépendance, une situation se créait à Elisabethville et un peu après à Bakwanga, et même ailleurs...

---

[449] Cf. Mulumba, o. c. p. 167
[450] Cf. Nyembwe, o. c. p. 101
[451] Cf. Mabika K.alanda, o. c. p. 7

Quatrième partie
Les débuts difficiles de l'indépendance octroyée le 30 juin 1960

Chapitre I
Les turbulences de la première république

1. La sécession du Katanga

Cette sécession est à retenir comme un grand coup de poignard dans le dos du jeune Etat congolais et ce, dès le 11ème jour de son indépendance. En effet, depuis le 11 juillet 1960, cette province n'obéira plus à l'autorité de Léopoldville ; elle se déclarera un ''Etat'' — l'Etat Indépendant du Katanga — qui formera son gouvernement, disposera de ses forces armées dites ''la Gendarmerie Katangaise'', qui frappera sa monnaie (le *franc katangais*) et imprimera ses timbres poste... Cet Etat aura également composé son hymne national (la *Katangaise*) et qui plus est, refusera de s'impliquer dans le Budget de la jeune République congolaise… Nous allons y revenir dans le cheminement de notre ouvrage... Mais retenons déjà que c'est **le 11 juillet 1960** que Moise **Tshiombe** — Président provincial du Katanga — proclame ''l'indépendance du Katanga''. A propos de cette indépendance, Cornevin[452] dira ceci :

1) ''celle-ci a été proclamée avec l'appui de certains militaires Belges ; et le lendemain l'aérodrome d'Elisabethville était interdit à Loumoumba ;

2) c'est le Gouvernement belge qui laissa se développer la dissidence katangaise''.

(De son côté Tshimanga fait remarquer que les milieux coloniaux du Katanga manifestaient ouvertement, et cela bien avant l'indépendance du pays, leurs intentions de faire sécession et de pousser les dirigeants de la Conakat — Confédération des Natifs du Katanga — dans cette voie[453]) ;

3) que sans aller jusqu'à la reconnaissance du Katanga, le Conseil des ministres de Bruxelles, le 15 juillet, promettait une assistance technique[454]

---

[452] Cf. Cornevin o. c. p. 267

[453] Cf. Tshimanga, o. c. p. 65

[454] Une mission technique belge (*Mistebel*) dirigée par Mr. D'Aspremont-Lynden (chef de cabinet du 1er ministre) réalisera cette assistance dès le 20 juillet. Et celle-ci se révéla particulièrement efficace en permettant le recrutement d'anciens officiers de la Force Publique ; en fournissant certains armements et en donnant quelque apparence à la toute jeune Gendarmerie katangaise (Cornevin, o. c., pp. 271-2).

aux régions où l'ordre règne et où les Belges ne sont pas menacés[455] » ; cela fait penser justement au Katanga et au Sud Kasai [456] et dans cette dernière contrée, une instruction y avait été donnée aux émigrés de ne pas prendre pour ennemis les Blancs qu'ils y trouveront, que ceux-ci ne représentent pas l'Administration provinciale — entendez ''Luluabourg'' — qui a perturbé la paix, l'entente et l'amour fraternel entre les fractions du peuple Muluba du Kasayi[457].

Aussi, à cette époque le gouvernement Lumumba étant considéré comme le symbole du désordre et le fourrier du bloc soviétique — sans preuves d'ailleurs — les forces belges ont-elles contribué à affaiblir celui-ci. C'est pourquoi les conseillers Belges de Mr. Tshombé l'ont aidé à mettre sur pied une Constitution qui prévoit l'association avec d'autres contrées du Congo — cf. Art.1 de la Constitution du Katanga (du **08 août 1960**, due pour une large part, au Professeur Clemens de L'Université de Liège) ; constitution qui assurait à la province — entendez le Katanga — un statut d'Etat souverain[458].

2. La sécession du Sud-Kasayi

Celle-ci est proclamée **le 8 août 1960** par le chef de file des Baluba, Kalonji Albert que les enjeux avaient précédemment réussi à séparer d'avec Lumumba. Cette ''sécession'' (vocable qu'aura rejeté Kalonji au bénéfice de « Etat autonome » cfr ses propos en radiodiffusion dans une émission Okapi captée en juillet dernier) sera gérée par une administration dite **''Etat Autonome du Sud-Kasayi''**, Etat composé des Territoires de Bakwanga, Ngandajika, Kabinda et Muene-Ditu.

2.1. Le Sud-Kasayi dans ''la suite'' du katanga

Par la suite, le Gouvernement Lumumba se trouvera confronté à un ensemble de problèmes dont : la reprise en mains des provinces en sécession ; la réorganisation administrative du pays ; la réorganisation financière (ici des négociations menées du 14 au 24 août à Genève devaient

[455] Cf. Cornevin, o. c., pp. 271 - 272

[456] L'on se rappellera ici que Cornevin a signalé que, par ailleurs l'on eut cru à la possibilité de reprendre le contrôle d'autres provinces à partir du Katanga. Et à ce propos, le ministre Wigny (cité dans « Courrier d'Afrique » du 18 janvier 1963, p.10) — dans les directives données le 26 juillet à Mr. D'Aspremont-Lynden — avait laissé entendre que la Belgique s'est particulièrement réjouie des récentes déclarations de M. Tshombe par lesquelles il affirme considérer le Katanga comme le noyau d'une future confédération des Etats du Congo. Et que tout ralliement d'autres provinces du Congo au Katanga est donc à encourager bien entendu avec discrétion — cf. R. Cornevin, o. c., p. 271 – 2).

[457] Cf. Nyembwe, o. c., pp. 99 - 100

[458] Cf. Cornevin, o. c., p. 272

conduire à la liquidation de la Banque Centrale du Congo-Belge et du Rwanda – Urundi)…

En outre, le fait, pour Lumumba d'être à Léopoldville — c'est la capitale bien sûr, mais c'est le fief de l'ABAKO — devait nécessairement aboutir à des manifestations hostiles à sa personne entre autres : des manifestations commanditées par les parlementaires des groupes ethniques déçus lors de la répartition des portefeuilles[459], et celles de l'ABAKO défendant le particularisme ''*mukongo*'' (vu que la personnalité de Lumumba reléguait dans l'ombre celle de Kasa-Vubu — cf. la visite de P. Lumumba[460] aux Etats-Unis fin Juillet/début Août puis, en divers pays africains). L'on y ajoutera également ces autres manifestations, plus violentes et plus significatives, car ayant su réunir pour la première fois les forces principales de l'opposition dont les syndicalistes de l'UTEXCO (devenue UtexAfrica puis Utexkin) qui étaient en grève, les mouvements de jeunesse toutes tendances confondues, et du MNC /Kalonji, sans oublier la Presse que représentaient le « *Courrier d'Afrique* » et « *Présence Congolaise* ». Ces manifestations eurent lieu du 25 août 31 août 1960.

Un autre cas à signaler est qu'au même moment se tenait la ''Conférence des peuples indépendants''. Les représentants de l'Ethiopie, du Ghana, de la Guinée, du Libéria, du Mali, du Maroc, de la Guinée, de la République Arabe Unie (R.A.U. : formée de l'Egypte et la Syrie, en 1958…), du Togo et de la Tunisie, plus les délégués du Gouvernement Provisoire de l'Angola (GPRA) et des Etats africains non indépendants, s'étaient ainsi réunis, sous

---

459 Voici pour mémoire, comment furent répartis les Ministères dans le cabinet Lumumba (un Gouvernement de 57 jours — de juin à septembre 1960) : Défense : Lumumba (MNC/L) ; Affaires étr. : Bomboko (Unimo) ; Commerce ext. : Bisukiro (CEREA) ; Justice : Muamba (BALUBAKAT) ; Intérieur : Gbenye (MNC//L) ; Finances : Nkayi (ABAKO) ; Affaires éco. : Yav (CONAKAT) ; Travaux p. : Ilunga Alphonse (UNC) ; Transports et Com. : Songolo (MNC/L) ; Agriculture : Lutula (MNC/L) ; Travail et prév. s. : Masena (P.S.A.) ; Classes moyennes : Mbuyi (MNC/L) ; Santé p. : Kamanga (COAKA) ; Mines et énergie : Rudahindwa (Reco) ; Affaires foncières : Mahamba (MNC/L) ; Affaires sociales : Ngweza (PUNA) ; Education nationale : Mulele (P.S.A.) ; Information : Kashamura (CEREA) ; Jeunesse et sp. : Mpolo (MNC/L) ; Coordination économique et plan : Kabangi Aloïs (M.U.B.) — au total 20 ministres. Six autres membres avaient rang de ministre : Gisenga (PSA)/Vice-premier ministre ; Delvaux (Luka)/Ministre résident en Belgique ; Kanza /délégué aux Nations Unies, Bolya (Unimo), Grenfell (MNC/L), Kisolokele (Abako) et Genge (Puna) étaient ministres d'Etat sans portefeuille.

460 Mais l'on pourra se demander sur le bien-fondé, d'une mission qu'effectuera Mr. Youmbou, un membre du comité central de l'ABAKO, accompgné du professeur Bilsen, à New-York — mission dite de ''prospection et d'information aux Etats-Unis, aux Nations Unies et à la Banque Mondiale'' — et au cours de laquelle le professeur envisageait l'installation dès avril déjà, d'une mission de liaison de l'ONU à Léopoldville, éventuellement d'un corps de Police internationale !... L'objet de cette mission qui resta strictement privée, a très probablement contribué à éclairer le Secrétariat général de l'ONU sur la situation réelle du Congo ; et que si la décision de Mr. H. fut si rapide, c'est sans nul doute qu'un solide dossier avait été constitué ! Cf. Cornevin, o. c. p. 267, et qui cite également A. J. Van Bilsen, l'Indépendance du Congo, Ed. Castermann, pp. 165 – 169).

la présidence de Mr. Bomboko Justin-Marie ministre des Affaires étrangères ; et trois résolutions s'en dégagèrent :

— la première, condamnant sécessions et manœuvres colonialistes, proclame la nécessité de maintenir l'unité et l'intégrité territoriale ;

— la 2e décide de poursuivre l'Assistance africaine et exprime le vœu d'une coordination harmonieuse entre Etats africains ; enfin…

— la 3e proclame la nécessité d'une franche et loyale coopération entre l'Organisation des Nations Unies et la République du Congo. (cf. R. Cornevin, o. c. pp. 269 – 270). Et qu'y avait-il de mal en tout cela ?...

Sur le plan intérieur, le gouvernement Lumumba avait avant même le 30 juin, opéré trois options :

— neutralisme positif à l'égard des blocs de l'Est et de l'Ouest (la guerre froide que se livraient les grandes puissances et ''maîtres à penser'' des Etats sous leur botte et/ou obédience faisant parler d'elle…) ;

— panafricanisme et décolonisation ;

— traité d'amitié et d'assistance avec la Belgique. (Et ici encore, où se trouvait le mal ?)...

Mais Cornevin nous dira que l'on sait comment la révolte de la Force Publique et l'indépendance du Katanga ont modifié ces positions politiques[461]...

Toutefois, en regard de ce traité avec la Belgique, l'on verra, à la fin d'août 1960 — quand bien même un ultimatum avait été adressé aux Nations Unies le 17 juillet (menace signée Kasa-Vubu /Lumumba) disant que '' si les troupes belges ne se sont pas retirées avant le 19 juillet à 24 heures, l'intervention de l'U.R.S.S. sera sollicitée'' ; et quand bien même aussi l'on aura mis les Belges en accusation (après avoir rendu hommage à l'œuvre de la Belgique au Congo) et l'on aura décidé la fermeture de l'Ambassade belge de Léopoldville ainsi que le départ du ministre Van den Bosch avec le personnel de l'Ambassade (le 9 août 1960) — l'on verra le jeune gouvernement congolais faire appel aux magistrats belges. Alors, le grand péché n'aura été autre que celui d'avoir assorti l'ultimatum de ce chantage : ''… l'intervention de l'URSS''… ... Et comme suite, le Secrétaire Général des Nations-Unies, qui, saisi déjà au lendemain même de la proclamation de l'indépendance du Katanga, confirmera, lors des séances des 20 ; 21 et 22 juillet, la compétition de l'intervention onusienne.

Deux semaines plus tard, il y a renforcement de la sécession katangaise et qui ira même faire échec à L'ONU. Cornevin dira ceci de cet échec : *« dans ce fiasco, la médiocrité du personnel des Nations Unies, sa rapacité, sa nullité professionnelle, son absence d'idéal ont une écrasante responsabilité »*[462].

---

[461] Cf. Cornevin, o. c. pp. 269 - 270

[462] Idem, pp. 268 - 269

Ainsi, très vite, l'échec de mettre fin à la sécession katangaise — à laquelle notre « **Sud–Kasayi** » a emboîté le pas — révélait le véritable bénéficiaire de cette assistance fournie par la Belgique, qui ne fut autre que le Katanga. En outre, nous ne voyons pas Cornevin ne laisser entendre lune assistance à fournir au Sud–Kasayi qui était pourtant dans le besoin d'assistance sociale ; il a plutôt parlé de l'assistance technique des Nations Unies, qui se trouvait être paralysée par les principes de ''non-ingérence dans les affaires intérieures de l'Etat'', entendez l'Etat du Katanga. (C'est le respect des normes de politique internationale[463], ainsi que de leurs retombées)... Ah, qu'il est important de revisiter le passé pour voir où, comment et quand on est tombé, pour ne plus revenir sur les mêmes erreurs !... Et que nous dit l'histoire ?

Au lendemain de leur arrivée à Bakwanga, les frères Baluba, qui auront réussi à mettre sur pied une entité politico-administratrice — jusque-là « inédite », une entité que l'Administration coloniale n'a pas mise en place — (un exploit alors !) — (nos frères Baluba) n'ont pas tardé à rejoindre le Katanga dans la dissidence (nous l'avons dit). Mais qu'en ont-ils retiré ? Sinon mort et désolation !... En effet, quand Cornevin écrit que le 22 août (1960) les avions de la SABENA [464] sont réquisitionnés pour transporter au Kasayi les militaires de l'A.N.C (Armée Nationale Congolaise), en vue de *« mettre fin au tragique conflit Louloua – Balouba »*[465] — ça c'est peut-être ce que les dessous des cartes avaient fait croire... mais pour nous, à cette date, ce conflit s'était déjà éteint faute de belligérants, mieux : les Baluba étant partis de Luluabourg, leurs frères Lulua ne pouvaient se trouver que sans autre force en présence... Réfléchissons :

Lorsque des détachements de l'Armée sont à ''Loulouabourg'' le 24 et que **le 27 (août 1960) voilà Bakwanga occupé par les troupes de l'ANC et que, par la suite, des massacres y auront lieu,** ne peut-on pas penser qu'il pût y avoir eu des agendas cachés... de ce déploiement des troupes à Luluabourg, non loin de Bakwanga ?... Cornevin ne le dit pas, cependant, il écrit que : « le 25, un accord '' Tshombe – Kalonji '' crée *une confédération* entre Katanga et Kasai, et le 27 Bakwanga est occupé... ! »[466]... Etait-il à Bakwanga de payer la dissidence ?... Aussi, peut-on se demander : ces troupes avaient-elles obéi à l'ordre de qui ? Car, selon Cornevin : « au cours des relations qui s'établissent entre leaders congolais et militaires de la Force Publique, celle-ci conservera sa finalité coloniale. En effet, amenée depuis

---

463 R. CORNEVIN, o. c. p. 268

464 SABENA : Société Anonyme Belge d'Exploitation et Navigation Aérienne, avec ''S'' comme symbole — voir queue de chaque appareil. Son Siège social était Bruxelles. Elle a été l'ancêtre de notre « AIR CONGO » (devenue ''Air Zaïre'' puis ''LAC'' ou Lignes Aériennes Congolaises et présentement ''Congo Airways'').

465 C'est l'orthographe de Cornevin qui est Français ; ce qui se prononce » « u » en Tshiluba s'écrit en français « ou ».

466 Cf. R. Cornevin, o. c. p. 273

longtemps à considérer les politiciens congolais avec méfiance et mépris, elle ne peut se mettre du jour au lendemain à leur service »[467]...

Selon Tshimanga, o. c., p. 112, les batailles de Bakwanga à la fin d'août 1960 entre l'ANC et la population civile organisée en bandes armées, qui entraînèrent la mort de plusieurs personnes, sont des ''actes tragiques qui ont été **habilement exploités** pour discréditer davantage Lumumba. **Dag Hammarskjöld** l'a même accusé de crime de génocide'' [468]. Ici, nous prenons en compte ce que nous dit Gerald Schlabach : *« Rien n'est plus important pour les historiens que de rendre compte du principe de causalité »*[469].

Et '*'Réveillez – vous !* '' fait savoir ceci : '' le travail d'historien s'apparente plus au métier de détective qu'à celui de scientifique ; et que les historiens — en enquêtant, (en) interrogeant et en s'assurant de la véracité des documents qu'ils consultent — ils ne visent que la vérité. Mais leur cible est souvent indistincte, car la majeure partie de leurs analyses portent sur des individus ; or ils (les historiens) ne possèdent pas la faculté de lire dans les pensées — bien moins encore dans celles des morts ! '' [470]... (Ici nous citerons entre autres : Kalonji Albert ; Nyembwe Albert ; Ngalula Joseph ; Odia David. Mais le Général Dinanga Mukunze, Commandandt de la ''Gendarmerie'' du Sud Kasayi vit encore sur l'Avenue Canard, dans la Commune de Diulu, à Mbuji-Mayi).

3. La crise congolaise

3.1. Relecture

En effet, pour mieux comprendre la suite des événements, la relecture de l'histoire s'impose encore :

Quelques mois avant le 30 juin 1960, l'administration coloniale avait commencé le mouvement d'africanisation des cadres de la Force Publique, mais les nouveaux promus ne dépassaient pas le grade d'Adjudant. Quelques jours après la proclamation de l'indépendance, les militaires réclament l'africanisation immédiate des cadres, la promotion générale à tous les échelons de la hiérarchie militaire et l'augmentation des soldes.

---

[467] Cf. R. Cornevin, o. c. 265
Et ici n'oublions pas qu'une ordonnance du 11 mai 1960 prise par le Collège exécutif général, fixait les modalités d'emploi de la Force publique et octroyait à la Gendarmerie un rôle préventif en lui accordant le droit d'initiative. En d'autres termes, la F.P. qui jusqu'au 16 mai n'intervenait que sur la demande des autorités civiles, pouvait désormais intervenir de son propre chef — idem p. 263.

[468] Cf. Tshimanga, o. c. p. 112

[469] Cité par « Réveillez – vous ! » du 8 mars 2001, p. 4, in ''Que pouvons-nous apprendre du passé ? ''

[470] *Réveillez – vous !,* idem

Etant donné que tous les officiers de la Force Publique étaient des Belges et que les Services de Sécurité se trouvaient encore entre leurs mains, ceux-ci ne pouvaient pas manquer d'utiliser le mécontentement des soldats contre le gouvernement…

Le 5 juillet 1960, le général Janssens écrira au premier ministre (Mr Lumumba) en ces termes : *« J'ai l'honneur d'attirer votre attention sur la question du moral de la Force Publique (...). Votre discours du 30 juin a été une injure pour tous les officiers belges »...* C'est le début d'une guerre ouverte contre **Lumumba**... Le même jour, au Camp Léopold II (devenu Camp Kokolo), le Général s'adresse aux militaires et leur déclare : *« Comme je vous l'ai toujours dit, l'ordre et la discipline seront maintenus tels qu'ils l'ont toujours été. (...). Il est vrai que maintenant le Congo est indépendant, mais dans l'armée, les Blancs resteront supérieurs aux Noirs. Les politiciens vous* ont menti ». Et il ira écrire au tableau : **''Avant l'indépendance = Après l'indépendance''**.

Les soldats exaspérés dépêchent alors une délégation chez le premier ministre. Celui-ci pressentant le danger qui le guette, décide de promouvoir chaque soldat au grade supérieur. Encore une maladresse qui s'ajoute à son discours du 30 juin.

Le Général Janssens brutalisé donne sa démission, pendant qu'éclatent des troubles au sein de la Force Publique. L'ancien Sergent-major **Victor Lundula** (alors Bourgmestre de la Commune de Kikula à Jadotville lors des municipales de 1957) — présenté par Lumumba — est nommé par le Président Kasa-Vubu, Général et Commandant en chef de l'Armée Nationale Congolaise. Cela ébranle profondément les officiers Belges et certaines déclarations intempestives exploitées par les Belges et des hommes opposés à Lumumba sèment la panique parmi les Européens qui quittent le pays… Le gouvernement belge (y) trouve un prétexte pour faire intervenir ses troupes afin de protéger la vie et les biens de ses ressortissants — il aura évoqué l'article 6 du traité d'amitié belgo-congolais du 30 mai 1960.

En effet, pendant que le Président Kasa-Vubu et le premier ministre Lumumba entretiennent une tournée d'apaisement des esprits à l'intérieur — tout en nommant les nouveaux Commandants des troupes — des troupes belges envahissent le pays[471]. **Dans la journée du 11 juillet 1960**, Matadi qui n'accusait plus la présence des Belges est bombardée par la force navale belge, et **ce même jour à Elisabethville**, la province du Katanga proclame son indépendance (et une sécession maintes fois brandie voit le jour, nous l'avons vu plus haut). Il devenait alors très clair que l'intervention belge dépassait sa mission officielle et couvrait les bases de la sécession contre toute attaque du gouvernement central.

On organise alors une mission d'assistance technique et militaire. Les troupes belges qui étaient intervenues sous prétexte de protéger leurs ressortissants sont utilisées pour désarmer et repousser toutes les troupes des militaires non originaires du Katanga. Par conséquent, toutes ces manœuvres aggravaient une situation économique déjà préoccupante. Elles faisaient partie de l'arsenal de mesures de sabotage utilisées par l'administration coloniale en vue de laisser une situation chaotique… Le chef de l'Etat et le premier ministre se verront même interdire d'atterrir à Elisabethville

[471] C'est en ce temps-là que les Luluabourgeois et moi-même alors jeune adolescent, avons vu pour la première fois des parachutistes largués par des ''gros porteurs'' de la Force aérienne belge, envahir le ciel du site devenu le Quartier ''Abattoir''…

Le 14 juillet, les relations diplomatiques avec la Belgique sont rompues. Lumumba, chef du gouvernement, ira menacer de recourir aux forces soviétiques si la Belgique ne cesse d'envoyer des troupes au Congo. Et comme le président du Conseil soviétique, Mr Khroutchev, est saisi (un télégramme lui adressé aux fins de suivre de près la situation qui prévaut au Congo) — le climat de la guerre froide des années 1960 était à son point chaud — le gouvernement américain suggère au Congo de solliciter une aide militaire (qui devait avoir pour but non de rétablir la situation intérieure du pays, mais la protection du territoire national contre l'agression des troupes belges) ainsi qu'une assistance technique de l'ONU. Sur proposition de la Tunisie (Mr Slim), le Conseil de Sécurité demande à la Belgique de retirer ses troupes et autorise le Secrétaire général de l'ONU de fournir l'assistance nécessaire au Congo. C'est ainsi que…

Le 15 juillet 1960, le premier contingent des **''Casques bleus''** débarquait **à Léopoldville**. Par la suite, l'on ira constater que les sécessionnistes iront dénier à l'ONU le droit d'intervenir sur le sol du Katanga, soutenant que l'ONU ne doit pas s'immiscer dans les affaires intérieures des Etats, de par son statut… Il s'en suivra alors une lenteur dans l'agir de l'ONU. Cette lenteur s'explique par le fait que l'ONU était écartelée entre d'une part le gouvernement de Léopoldville qui lui demande de réprimer la sécession, et l'attitude de certains pays occidentaux favorables à la cause katangaise d'autre part. Ceci amènera Lumumba à se rendre à New-York dans le but de défendre ses convictions[472] »…

Mais hélas, quelque chose se tramait… Pour mémoire, voyons ce qu'écrit Cœur d'Afrique n° double 18 et 19 de mai – juin 2005 sous le sous–titre : '' ***Véritable toile d'araignée*** '' :

''Par des provocations délibérées des officiers belges, des troubles éclatent au sein de la Force Publique. Le 7 juillet, contrairement au traité d'amitié qui venait d'être signé la veille, les troupes belges saisissent le prétexte pour intervenir au Congo, sans l'aval des autorités congolaises. C'est la rupture des relations diplomatiques avec la Belgique. Joseph Ileo, en complicité avec l'Ambassadeur belge à Léopoldville, Van den Bosch, déclare que lui et ses amis Sénateurs s'emploient à neutraliser Lumumba. En effet : « Monsieur André Wendelen, délégué permanent adjoint belge auprès des communautés européennes, est dépêché à Léopoldville le 15 juillet, pour convaincre Bomboko de prendre la tête d'un gouvernement sans Lumumba. Le ministre belge Wigny, multiplie des notes et mémorandums définissant le point de vue belge à l'intention de « ami Bomboko » et aux « modérés Congolais » les invitant à partir à zéro en liquidant politiquement Lumumba.

Le ministre des Affaires africaines, Mr. De Schrijver ordonne dès **le 16 juillet** la constitution à Brazzaville de groupes (…) des opérations de déstabilisation du gouvernement Lumumba. On y trouve l'ancien directeur de Surêté de Léopoldville, André Lahaye (envoyé par M.L. Caymax, son patron, aux côtés du consul belge Marcel Dupret, qui deviendra plus tard ambassadeur au Maroc pour les services rendus ; il périra lors de l'attentat de 1971 contre le roi Hassan II). Il (A. Lahaye) sera chargé (avec le SDECE français représenté par Mr. Delarue, le directeur

[472] Cf. Tshimanga, o. c. pp. 110 - 111

politique du cabinet de Fulbert Youlou et M. Larry Delvin de la CIA), de coordonner l'opposition au gouvernement Lumumba.

(Coïncidence ?!). André Lahaye deviendra plus tard le conseiller de Damien Kandolo, commissaire à l'Intérieur proche de Victor Nendaka ; sans pour autant ignorer les va – et – vient permanents du colonel Marlière, conseiller belge de Mobutu à Brazzaville et agent de liaison entre les deux capitales.

Il sera aidé dans sa besogne par quelques Congolais, dont Mr Louis Akunda qui lui remettra le double des clés de la boîte postale de Lumumba, par deux Belges Dubois et Schumaker (du cabinet de Mr. Christophe Gbenyé, ministre de l'Intérieur de Lumumba.

Le Vicomte E. Davignon fréquente aussi l'officine de Brazzaville pour le compte du gouvernement tshombiste. Ils installeront une radio clandestine… animée par le Belge Jo Gérard et le Congolais Rapaël Batshikama. Un second émetteur « Radio Uhuru » est entre les mains de Victor Nendaka opposant irréductible à Lumumba.

A Léopoldville, le réseau sera animé par M.M Jean Bruck, Gaston Dieu (Directeur de la Sabena, ancien sbire belge hostile aux Lumubistes) et Mr. Marlière devenu au mois de juillet le conseiller le plus écouté de Mobutu (voir plus haut). Mr. Démets travaille depuis Kitona aux écoutes radio pour le compte du Ministère belge de la Défense et M.M. Gilliam et Putteman s'occupent d'Inga. Les six autres agents belges à Léopoldville seront placés sous la protection de l'Ambassadeur de France, Mr. Charpentier. L'arme financière fut aussi utilisée (…) pour noyauter Lumumba. (D'une part) il y avait la situation critique de la trésorière congolaise au 30 juin et la dépendance de la Banque du Congo à celle de la Belgique, sans qu'il y ait la séparation des patrimoines ; (d'autre part) il fallait trouver d'autres palliatifs pour pomper dans les vannes et distribuer à large échelle de la monnaie. Les Belges utiliseront les négociateurs congolais (ba) Kongo siégeant à Genève, notamment Albert Ndele, Yan Nsele, Albert Delvaux, Paul Mushete et Joseph Nkayi, ministre abakiste des finances de Lumumba pour le déstabiliser et l'isoler de l'affaire, surtout celle concernant la création du ''Conseil Monétaire'' sans l'aval du Conseil des ministres. Le Gouvernement Eyskens opta carrément pour une opération de déstabilisation de Lumumba ''.[473]

Le même ''Cœur d'Afrique'' — sous le sous-titre ***'Mission à la Kamikaze''*** nous fournit cette autre (re) lecture :

« Le 18 août 1960, déjà, G. Eykens donne en ces termes durs, les ordres à M.J. Van Bilsen, l'auteur du Plan de 30 ans, en route pour rejoindre son poste de conseiller auprès de Kasa-Vubu : '' Lumumba doit partir. Cela ne peut continuer ainsi. Il faut dire à Kasa-Vubu de révoquer Lumumba et il en a les moyens''. Le message sera transmis à qui de droit. Le Président Kasa-Vubu qui en ce moment avait (désormais) le soutien de la Belgique, complotait à Léopoldville, à Brazzaville, à Elisabethville, à Paris, à Washington et à Bruxelles pour que Lumumba soit éliminé le plus rapidement possible… Et pourtant, jusqu'au 14 juillet, Lumumba bénéficiait d'un préjugé favorable du côté américain. M. Rober Owens, diplomate américain qui l'accompagnera à Washington l'avait tenu en haute estime.

Lors de la formation du Gouvernement, contrairement aux Belges, les USA étaient favorables pour une solution incluant Lumumba comme premier ministre ;

---

473 Cf. ''Véritable toile d'araignée'' in « Cœur d'Afrique » n° double 18/19, mai/juin 2005 pp. 116-7.

estimant même qu'il n'y avait pas d'autre carte à jouer que celle-là, malgré les oppositions belges. ''Les Anglais et les Américains ne cachaient pas l'intérêt qu'ils attachaient à la désignation de Lumumba en qui ils voyaient l'homme d'autorité nécessaire pour gouverner le Congo.

Robert Murphy, désigné par le Président Eisenhower pour représenter les USA lors des festivités du 30 juin parut lui aussi séduit par Lumumba et s'arrangea pour rencontrer cet homme dont tout le monde disait qu'il aurait une grande influence sur l'enfance de la nouvelle République. ''Il me fit une bonne impression, il me parut vif, cordial et intelligent'' dira Murphy, de Lumumba. C'est la même impression que garde l'Ambassadeur Timberlake tout au début, mais il est tout de même inquiet des activités débordantes du consul de Tchécoslovaquie, M. Virus, trop bavard et, de l'importance de la délégation soviétique aux fêtes conduites par le Vice-président du Présidium du Soviet Suprême. Pour la crise, Timberlake va jouer un rôle de premier plan dans les différents processus de prise de décisions en faveur du gouvernement Lumumba pour aboutir rapidement à la restauration de l'ordre (...). Les Belges se montreront inquiets de cette attitude '' sympathique '' de Timberlake vis-à-vis de Lumumba (...).

A propos, M. Cléophas Kamitatu (alors président de la province de Léopoldville) dira ceci : ''jusque-là, le Président Kasa-Vubu et le premier ministre Lumumba travaillaient en parfaite harmonie dans l'élan du front commun ; ils avaient même effectué une tournée ensemble à l'intérieur du pays du 10 au 18 juillet. Je pense que les Belges étaient contre cette harmonie, ce sentiment commun (...), cette volonté de sauver le Congo du morcellement auquel certains intérêts étrangers s'emploient à le vouer... ''. Et Cléophas Kamitatu ira conclure :

'' c'est pourquoi ils avaient créé cette division. Mon ami Diomi, qui était du MNC, subissait des pressions pour qu'il quitte Lumumba afin de rejoindre l'Abako. De l'autre côté, l'Ambassadeur américain Timberlake faisait pression sur Kasa-Vubu pour qu'il se détache de Lumumba. Moi, j'ai téléphoné à Lumumba pour lui faire part de tout cela. A son tour, il a contacté le président Kasa-Vubu. J'ai cru qu'ils avaient pris des précautions contre ces manœuvres.

J'étais surpris d'entendre à la radio à 12 heures 15, le 5 septembre 1960, **la révocation brutale de Lumumba** par Kasa-Vubu et le même jour aussi celle de Kasa-Vubu par Lumumba. Dommage que ni l'un, ni l'autre n'avaient rien compris des Blancs ! '' » [474]. Oui, *''rien compris des Blancs'',* mais pas tous, car « il n'y a pas de règles sans exception dit-on ». Sont dans ces exceptions entre autres le président Kennedy (les Mr. Dayal et autres)...

Cependant, « Thomas Kanza détenait par-devers (lui) une note qui servit à ce dernier de faire parvenir un message à Lumumba pour lui conseiller ainsi qu'à ses partisans de rester à Léopoldville jusqu'à l'arrivée de la Commission de conciliation de l'ONU, d'une part, et à l'intronisation de Kennedy à la présidence, d'autre part [475]. Aussi, Kanza avait à transmettre à Lumumba une lettre du président Sekou Touré de la Guinée/Conakry qui venait de rencontrer le président Kennedy et avait

[474] Cf. ''Le front anglo-saxon'' et Mission à la kamikaze'', ibidem
[475] Cf. '' coup de filet '' in « *Cœur d'Afrique* », o. c. p.120.

obtenu de lui la promesse ferme de réhabiliter Lumumba dès son intronisation le 20 janvier 1961, en tant que président des Etats-Unis. Mais Kanza sera trahi (…), parce que la scène devait se jouer avant le 20 janvier… »

Voici l'Ordonnance du 5 septembre 1960 révoquant le premier ministre et certains ministres :

> Nous, Joseph Kasa-Vubu, Chef de l'Etat :
> « Vu la loi fondamentale du 19 mai 1960, spécialement en son article 22, ordonne :
> Article 1er : Monsieur Lumumba Patrice, membre de la Chambre des représentants, est révoqué de ses fonctions de premier ministre et de toutes ses autres fonctions ministérielles.
> Article 2 : Messieurs Mwamba Remy, Gbenye Christophe, Kashamura Anicet, Bolamba Antoine, Gisenga Antoine et Lumbala Jacques, sont révoqués de leurs fonctions respectivement de ministre de la Justice ; ministre de l'Intérieur ; ministre de l'Information ; Secrétaire d'Etat à l'Information ; vice-premier ministre et Secrétaire d'Etat à la Présidence du Conseil des ministres.
> Article 3 : Monsieur Ileo Joseph, sénateur, est nommé premier ministre, ministre de la Défense nationale et ministre de la Justice.
> Article 4 : notre premier ministre, Monsieur Ileo Joseph, est chargé de l'application de la présente ordonnance qui entre en vigueur immédiatement.
>
> Donné à Léopoldville, le lundi 5 septembre 1960 ».
> Joseph Kasa-Vubu.

Par le Chef de l'Etat : le ministre des Affaires étrangères, J. Bomboko /Le Ministre Résident, A. Delvaux — in Moniteur Congolais/1ère Partie – Actes du gouvernement/République du Congo — 1ère Année N° 40 /1960 – 3 octobre. (Ici, il y a eu anticipation)...

Retenons qu'il est reproché à Lumumba d'avoir semé la zizanie parmi les populations et de jeter le pays dans une guerre civile atroce, et c'est Ileo qui est nommé à sa place… Mais rentrons voir comment les choses se sont déroulées, deux jours plus tard, après la révocation de Lumumba par le Président Kasa-Vubu et cela après que ce dernier eut obtenu les signatures des ministres **Bomboko et Delvaux** (en vertu de l'article 22 de la Loi Fondamentale) :

— **le 7/9 : Lumumba** (qui aura réagi dans les quarts d'heures qui ont suivi sa destitution en révoquant à son tour Kasa-Vubu et cela en référence à l'article 51 de la Loi Fondamentale) ira saisir par deux interventions la Chambre des Représentants et le Sénat (en séance extraordinaire) ;

— **le 13/9 :** sous la présidence de Mr. **Kasongo** (M.N.C), les Chambres donnaient les pleins pouvoirs à Lumumba ; cependant, un Communiqué du Cabinet du Président de la République daté du 8 septembre 1960 fera savoir que le vote émis le 7 septembre par la Chambre des Représentants et le 8 septembre par le Sénat appelait une mise au point…

— **le 14/9** : **Kasa-Vubu et Joseph Iléo** (nouveau Premier ministre) signent une ordonnance congédiant les deux Chambres pour un mois…

Le colonel **Joseph Mobutu** alors Chef d'Etat-Major de l'ANC, dans cette impasse, ira annoncer à la Radio, la neutralisation des Institutions, entendez le Président de la République ; les deux Chambres et le Gouvernement, à partir de cette date jusqu'au 31 décembre 1960 ;

— **le 19/9 :** le colonel Mobutu met en place un « **Collège des Commissaires généraux** »[476]. Ce Collège compte en son sein plusieurs Baluba dont Auguste **Mabika Kalanda** (Fonction P.) ;

Etienne **Tshisekedi** (Justice); Ferdinand **Kazadi** (Défense) ; Jonas **Munkamba** devenu *Kadiata Nzemba* (Intérieur) ; Aubert **Mukendi** (Télécom.) ; Cléophas **Bizala** (Education n.) ; Claude **Ngondo** (Agriculture) ; Marcel **Tshibamba** (Santé) et autres…

Le décret-loi du 29 septembre ira préciser en son Article 2, que les Chambres législatives étaient ajournées et le pouvoir législatif leur dévolu par la Loi fondamentale du 19 mai 1960, était désormais exercé par le Collège des Commissaires généraux, sous forme de décrets-lois contresignés par le Président du Conseil ainsi que le Commissaire général intéressé[477].

Les options de ce Collège furent :

— établir des relations avec plusieurs gouvernements provinciaux ;

— reconnaître l'autorité du Chef de l'Etat malgré la neutralisation décrétée par le colonel Mobutu ;

— tenter de restaurer l'autorité du pouvoir central sur la province du Katanga en novembre/décembre — nous sommes toujours en 1960 — et négocier avec Mr. Sendwe, chef de file du cartel Balubakat[478] ;

— envoyer à New-York une délégation présidée par Mr. Cardoso pour y défendre la politique du Collège devant les Nations–Unies ;

— rompre avec certains pays africains (car la légitimité du Collège des commissaires restait contestée par les Etats africains les plus engagés dont Ghana, R.A.U., Guinée, Mali et les pays de l'Est) ;

---

[476] Douze universitaires diplômés plus une dizaine encore à la faculté, ont composé cet organe que présidait Mr. Justin Marie Bomboko (licencié de l'Université de Bruxelles et attaché à l'Institut de Sociologie Solvay). Bomboko — qui vient de nous quitter en avril 2014 — avait en charge les Affaires étrangères ; Albert Ndele qui le secondait était en charge des Finances et questions monétaires et Mario Cardoso (qui deviendra Losembe avec ''l'authenticité'') en fut le porte-parole.

[477] Cf. Congo 1960, p.882, cité par Cornevin, o. c. p. 274

[478] L'on notera que Moïse Tshombe qui avait pris l'appui sur les Balounda et les Bayéke (dont Munongo Godefroid, descendant du fameux M'siri), avait lancé un appel au cartel Balubakat (le 15 juillet 1960), appel qui devait aboutir au ralliement de certains membres dont Jacques Masangu et Evariste Kimba, Ministre des Affaires Etrangères de Gouvernement de Tshombe.

— mettre en place un régime d'occupation militaire et un blocus économique de la province orientale, en fin novembre… (Voir également Cornevin, o. c. pp. 273 – 275).

Nous sommes encore dans cette relecture de l'histoire du pays, et la situation territoriale à la fin de l'année 1960 se résume alors à peu près en ces points :

— il y a une province dissidente (le Katanga) qui s'est proclamée indépendante depuis le 11 juillet 60 ;

— il y a également la partie Sud-est du Kasayi, avec Bakwanga comme capitale, qui est dans la même situation depuis le 8 août 1960 ;

— il y a deux gouvernements du Congo (l'un à Léopoldville, l'autre à Stanleyville) prétendant chacun détenir la légitimité…

Mais la situation en fait est plus complexe **dès septembre 1960** nous dira Cornevin, lisons :

« Il y a d'une part la nomination du Comte d'Aspremont-Lynden comme ministre des Affaires africaines dans le Cabinet Eyskens remanié qui renforce la tendance pro katangaise du Gouvernement ; et d'autre part l'élimination de Loumoumba et la présence à Léopoldville d'un gouvernement modéré qui amènent de nombreuses personnalités à jouer à nouveau la carte du gouvernement central » — cf. R. Cornevin, o. c., p. 276.

« En fait — continue-t-il — dès septembre, la politique officielle belge se caractérise par une sorte de double jeu : un jeu appuyé sur Brazzaville — chez l'Abbé Fulbert Youlou — en direction de Léopoldville, qui vise à donner un appui matériel et politique au Collège des commissaires généraux et colonel Moboutou (pendant qu'à Elisabethville, l'assistance technique et la collaboration du soutien industriel privé continuent à fournir à Mr. Tshombé les moyens de maintenir un Etat séparé »[479] — Etat qui aura composé son hymne national : ‘' la Katangaise ‘' [480] et créé sa monnaie : ‘' le franc katangais ‘'… Mais ce qui nous fait tiquer c'est ce fait de voir :

— que pendant que le Katanga et le Sud-Kasayi consolident leur sécession [481], au Katanga particulièrement, les Mines de **Kipushi** ; les Mines de **Kambove** et de **Kakanda** ; les A.C.P [482]; les Usines de **Shituru** ; les Carrières et le Concentrateur de **Kolwezi** ; les Carrières de **Musonoï** ; l'Usine d'Electrolyse de **Luilu** ; les Usines et la Fonderie d'**Elisabethville** avec évidemment sa célèbre **cheminée** surplombant la ville et qui éjecte d'immenses panaches sombres, bref toute l'Union Minière (du Haut-Katanga) tourne à plein rendement et fait tourner ses filiales et autres « engrenages » ;

---

[479] Cf. Cornevin, o. c. pp. 275 - 277

[480] ‘'Allons, allons, marchons… Enfants du Katanga… ‘'…

[481] Cependant, la sécession du Sud-Kasayi, avec A. Kalonji (chef de file des Balouba du Kasayi), se trouvera dans une position particulière d'autonomie interne, mais sans rompre avec Léopoldville où le collège des commissaires compte de nombreux Baluba — cf. R. Cornevin, o. c. p. 277

[482] A.C.P. : Ateliers Centraux de Panda, à Jadotville (Likasi)

— que, si pour maintenir cette production, les enjeux politiques et les finances sont au « rendez-vous », toutes ces machines ne pouvaient tourner sans la présence physique, sans la main de l'homme ; sans sa disponibilité, sans son cerveau, sans son amour du travail et du travail bien fait. Et rappelons-nous que cette main-d'œuvre dénombrait, en ces temps-là, **environ 80 % des ressortissants du Kasayi,** toutes souches confondues **(Lulua, Baluba, Kanioka, Tetela, Songe, Kêté, Leele, Luntu, Kuba etc.).** S'ils ne savaient pas d'où venaient les finances, ils savaient actionner les manettes, les machines que voici : le Dispatching du Concentrateur, les Bennes 100 T et Kiruna, les Jumbo Jets, les cages de mines ou ascenseurs, les Hauts founeaux, les réducteurs pour bandes transporteurs, les ventilateurs et pompes de refoulement, les excavateurs, ces pelles (Bucyrus, P & H, Poclain et Cat), les Locos, les Armoires IBM de la DTI (Direction du Traitement de l'Information), les Tours, les Ponts roulants et que sais-je ?... Ils avaient en mains le Petit commerce et on retrouvait ces *Ba Kasayi* en grand nombre dans l'Industrie chimique (peinture et agro-alimentaire, textile), dans le Transport, à l'Administration publique, dans l'Enseignement, à la Santé, dans les Petites et Moyennes Entreprises… ;

— que malgré les services rendus par ces masses laborieuses à travers tous les secteurs vitaux au Katanga, ces masses, mieux ces « ressources humaines » sont converties en '' cibles'', en ''indésirables'', en ''bons pour rapatriement ''.

Refoulés de là, des « ***Bà Kasayi*** » arrivèrent par contingents au **Kasayi**, à bord de trains bondés et parfois sous escorte des éléments de l'ONUC, et quelques-uns par avions ONUC. C'est en cette période que débarquèrent ici à Luluabourg, entre autres la famille de papa Mabi Evariste (agent B.C.K.) avec ses neveux (qui deviendront Professeurs Mabi Mulumba et Lumu (*Fofo*)…

Mais ce qui fera plus mal au cœur, c'est la situation sociale qui prévaut au Sud–Kasayi et particulièrement à Bakwanga, depuis l'arrivée de toutes ces marrées humaines venues de Luluabourg et auxquelles se sont ajoutées celles en provenance du Katanga !...

En effet, ceux de ces ***''Baa Kasayi''*** dits aussi « réfugiés » qui foulent le sol de Bakwanga… s'ajoutent ainsi à leurs frères venus de Luluabourg et y grouillant et en mal de logement, de nourriture et de soins médicaux !... Il n'y a qu'une formation médicale avec à peine une centaine de lits pour les travailleurs de la MIBA, donc incapable de faire face aux sollicitations, aux cas en instance d'être admis qui allaient croissants chaque jour — alors que, nous a-t-on laissé entendre, Elisabethville, auquel **Bakwanga** s'était rallié recevait de ces cas délicats que l'Afrique du Sud n'était pas en mesure de traiter !... Et le lecteur ira alors se demander ce que **le Sud–Kasayi** a alors tiré de son chevauchement, de son ralliement au Katanga ; et même de son appui au pouvoir central (Léopoldville) par le biais de ses fils en grand nombre au sein du Collège des Commissaires généraux, pendant que son diamant s'envolait vers d'autres cieux (Anvers, etc.), sans contre - partie pouvant concourir au social des natifs du terroir...

N'eût été cette recommandation : ***« Article 15 : Débrouillez – vous ! »***, que chaque Muluba inoculait dans la tête de son concitoyen en ces termes : « Mulopwé » — entendez Albert Kalonji ''*Ditunga*'' — (**Mulopwé**) *wâmbi* ne : *''Article quinze ! ''*. (''Mulopwe'' équivaut à ''Grand seigneur'', à ''Vénérable chef'' voire même ''Empereur''. Albert Kalonji a réussi à décrocher ce titre d'auprès des Chefs coutumiers de sa juridiction avec à leur tête le Chef Tshibambe Tshiewunge de Kabinda dont il fit ministre. Rappelons-nous que Mobutu se fit aussi ''Mulopwe'' que nous avons chanté à travers le « Dia Lelo », dont la toque en peau de léopard et une canne furent les symboles) ; **Kalonji** *mmuamba ne* : *« ''débrouillez-vous ! '' ; ''Article quinze ! '' ».*

Vous noterez cependant que les articles 1 à 14 ni 16 et suite sont inexistants ! Et ce '' *Débrouillez-vous !* '' s'opérait quand bien même des balles crépitaient, tirées d'un petit-porteur piloté par un expatrié surnommé '' Tshiamakanda '' qu'appuyait ses « *Blondo* » (entendez des Gardes industriels)... De nombreux malheureux y ont laissé leur peau !...

Nous avons été (un) grand témoin vivant de ce que fut **Bakwanga** en 1961. En dehors de ses quelques résidences pour les Agents de Direction et autres cadres de la Miba, du Cercle d'agrément pour cadres (le ''Club Miba ''), du Centre de triage et des trois camps pour travailleurs, camps baptisés '' Baudine I ; ''Baudine II ; Baudine III '' (du nom de Mr Baudine Jules, premier Directeur de la Miba), d'un Hôpital d'environ 100 lits, la grande partie de Bakwanga ressemblait à un ensemble de regroupements d'abris de fortune, hétéroclites. Ces cités disparates étaient reliées entre elles par des pistes, sentiers et/ou raccourcis... Pour ceux qui connaissent la configuration ou le relief de la place, les nouveaux occupants devaient faire face entre autres :

— au problème d'approvisionnements en eau potable (Bakwanga est dépourvue de ruisseaux alors que Luluabourg en est quadrillée, en est sillonnée), en produits de première nécessité, en produits pharmaceutiques, en denrées alimentaires[483] ;

---

[483] Les premières récoltes n'ont pu être faites qu'à la deuxième année après le débarquement. Avant cela, quelques camionneurs intrépides exploitaient les axes Bakwanga – Kamina et même Bakwanga – Luluabourg, mais très péniblement — c'est à partir de ces longs trajets et pénibles qu'est née cette intervention ''Mutombo ela mayi'' afin de refroidir le moteur — et les quantités ramenées à Bakwanga étaient insuffisantes par rapport aux masses en quête de nourriture. Ce témoignage vient de l'auteur qui, avec tout son courage — la réconciliation n'avait pas encore eu lieu — à bord d'un des deux camions faisant le convoi, avait ainsi mis à profit deux semaines de ses vacances de l'année scolaire 1960-1961 pour rendre visite à ses oncles, frères de sa mère, partis depuis ''l'exode'', à Bakwanga.
Après la visite, l'oncle Albert **Mukendi *wa ba Mulanga*** — il deviendra père de l'Abbé Jacques Mbayi — qui semblait tenir Bakwanga en main avec la production du pain (il avait

— aux problèmes liés au logement (oui les nouveaux venus exposés aux intempéries, ont dû se fabriquer des logis de fortune et les latrines manquaient), ainsi qu'à ceux d'ordre moral (le vandalisme, la promiscuité)...

Et faisant toujours appel à la relecture, nous en arrivons à :

3.2. Assassinat d'un premier ministre

— Depuis le 10 octobre 1960, les sorties de la résidence du premier ministre où habite Lumumba sont contrôlées par des éléments de l'AN.C. bien que les forces de l'ONUC disposées dans les jardins assurent sa sécurité...

— En novembre, Mr. A. Gizenga (Vice-premier ministre dans le gouvernement Lumumba) arrive avec un groupe d'amis à Stanleyville, chef-lieu de la Province orientale et de mouvance lumumbiste. Il profite de bonnes dispositions de ce gouvernement provincial pour poursuivre l'action du gouvernement Lumumba qui continue à se considérer légal en vertu de la Loi Fondamentale.

Ici, l'on notera que pendant que la zone du Kwango /Kwilu sous le contrôle du Parti Solidaire Africain (PSA) d'A. Gizenga [484] — également pro Lumumba — ne peut se rattacher physiquement au bloc de Stanleyville, les éléments du cartel lulua (à Luluabourg) sont tenus en respect par d'importants contingents militaires aux ordres du colonel Ndjoku, ami personnel du colonel Mobutu ; et Luluabourg ne peut, elle non plus, ni se rattacher physiquement à Stanleyville ni répondre aux impératifs venant de ce gouvernement qui n'est d'ailleurs reconnu que par les pays de l'Est ainsi que les Etats du Groupe de Casablanca (Ghana, Guinée, Mali...)... Par la suite, le sort fera que la dernière semaine de novembre 1960 soit choisie pour orchestrer l'évasion de Lumumba.

Oui, dans la nuit **du 27 au 28 novembre**, Lumumba ''parvient'' à quitter (sa) « la résidence surveillée » avec quelques fidèles ministres et parlementaires... Non seulement le parcours emprunté (via le Bandundu) est long et entrecoupé de pistes, mais le convoi perd le temps très précieux

---

été chef boulanger d'abord chez Wastiau — voir actuel Bâtiment Jean Asaka en face de Diab's Hôtel — et puis chez Peclaris —voir le bâtiment Sonal et Complexe Mukendi Kabikabu /MKD présentement) — nous retourna à Luluabourg, à bord d'un ''Air Brousse'' (= un petit porteur) affrété par Mr Jaquie Israël alias *Buana Jaqui*, patron de SIMIS (de Simon Israël, une des grandes Maisons de commerce d'alors à Luluabourg), venu en prospection à Bakwanga. Plus tard, un grand marché du nom de ''SI... MIS'' (*mu Sîmis*) y verra le jour dans ce qui sera appelé Commune de la Muya. Notez que ce voyage de retour sur Luluabourg fut notre premier ''avion''...

[484] Depuis 60, A. Gizenga refera surface — cette fois-ci à la tête du PALU (Parti Lumumbiste Unifié) — lors des Législatives et Présidentielles de 2006... Joseph Kabila qui en sortira Président de la République le nommera — par alliance — Premier ministre ; mais il a dû rendre le tablier (par démission) en faveur de Adolphe Muzito, également « Palu », en 2008...

pourtant, en s'arrêtant pour haranguer les foules... Il est repéré par un avion de reconnaissance (à basse altitude) prêté au pouvoir central...

Lumumba est arrêté et, sérieusement molesté, il est ramené à Léopoldville **le 2 décembre**. Le 3, un samedi, il est interné au camp Hardy de Thysville (présentement Mbanza - Ngungu)... Le 12 janvier 1961, le commandant Pwati, officier de confiance du colonel Mobutu, et Mr Delvaux (qui deviendra Mafuta Kizola) viennent à Elisabethville. Ils ont pour mission d'amener les dirigeants du Katanga à un rapprochement entre Elisabethville et Léopoldville. Tshombe exige le transfert au Katanga de l'encombrant et visionnaire de l'unitarisme Lumumba. (G. Kalubi K. écrira que « les grands de ce monde avaient-ils décidé de réécrire, une nouvelle page de l'histoire du Congo ; celle-ci sera orientée méthodiquement vers l'oligarchie qui renforcera l'ordre néocolonial au Congo »[485])...

Le 17 janvier 1961 (un mardi) : Kalonji Albert ayant refusé de réceptionné Lumumba (dit *''le colis''*), **Lumumba** est transféré, avec Mpolo (ministre de la Jeunesse et des Sports) et Okito (Vice-président du Sénat) au Katanga qui est en sécession. Il sera **assassiné**, avec ses deux compagnons d'infortune, peu après son arrivée — c'est-à-dire le jour même — **à Elisabethville**, dans ce Katanga, dissident pourtant du pouvoir central — très bizarre !... '' Et en des conditions encore mal élucidées''...

Léopoldville et Elisabethville se sont ligués !... C'est comme Hérode et Pilate jadis ennemis, qui devinrent amis pour la condamnation de Jésus (Cf. Luc 23, 12)... (L'on avait entendu dire *'' **Lumumba** must be killed ''*... Et l'on put lire un peu après : *''De moord op **Lumumba**/... '' Tijdens zijn overbrenging werd hij zo zwaar gefolterd dat hij stervend aankwam in **Elisabethstad.** Daar werd hij op **17 januari 1961** vermoord, samen met zijn getrouwen **Mpolo en Okito** ''*).

Un des grands témoins

Ecoutons ce que nous dit un des acteurs politiques de cette heure-là : « Nous serions incomplets sur ce plan — (il s'agit des difficultés qu'aura rencontrées, en son temps, B. Mukenge Shabantu, alors Président provincial de Luluabourg) — si nous n'évoquions pas nos rapports avec le pouvoir central après l'assassinat de feu Patrice Emery Lumumba et de ses compagnons d'infortune Mpolo et Okito.

Feu le Premier Ministre Lumumba ne voulant pas laisser sa chère épouse entre les mains de ses bourreaux retraversera la rivière Lodji[486] (d'où son arrestation)... N'eût été la trahison de trois Tetela : **Luhata** Joseph, **Wania**

---

[485] Cf. G. Kalubi, « Le puzzle congolais » in « *Cœur d'Afrique* » n° double 14 - 15 de septembre -octobre 2004 pp. 126 à 131

[486] Mukenge Shabantu a parlé lui de la rivière Lodji, mais c'est plutôt la rivière Sankuru, qui passe par le Territoire de Mweka bien sûr. Lodji où eut lieu l'arrestation est une Localité dans le Territoire de Mweka ; elle est sur la rive gauche du Sankuru. A la rive droite et en face, c'est la Localité de Longo, qui est elle dans le Territoire de Dekese.

Albert et **Onia** Joseph (…), on l'aurait sauvé. Les trois Tetela envoyés à la rencontre de Lumumba à Mweka à bord d'une draisine refusèrent catégoriquement de continuer leur voyage à la gare de Beya Bwanga, malgré l'insistance de François Luakabuanga notre Directeur de cabinet en leur compagnie, qui tenait à ce qu'ils arrivent à l'étape. Ils rebroussèrent le chemin vers Luluabourg »...

Une réflexion : Et pourtant, Lumumba était sur ce sol du Kasaï ; et ce sont ces frères de sang qui lui furent dépêchés… Ou, Lumumba a scellé de son sang l'unité du pays — bien que celle-ci soit de temps en temps inquiétée et, ou Dieu l'avait-Il voulu ainsi… L'arrivée de Lumumba à Stanleyville aurait certainement provoqué la balkanisation du pays voire même un conflit à multiples facettes… Heureusement Dieu merci, jusqu'à présent, l'unité du pays est là ; le territoire national n'est pas morcelé[487] — dans le langage kinois on parle de « gillette », Dieu merci… Des efforts étant menés ici et là : la diplomatie comme des hommes de troupes (environ 5000 hommes de l'Armée patriotique rwandaise a-t-on dit se sont joints aux FARDC dans le Nord-Kivu, à partir du 20 janvier 2009 pour en finir avec les FDLR et autres groupes armés dont celui commandé par le général Laurent Nkunda qui se fera arrêter dans la nuit 24 au 25 janvier 2009… En outre, à cette pénétration étrangère sera liée la démission, le 16 mars 2009, de Vital Kamerhe, alors Président de l'Assemblée Nationale (?!)… La suite et la vérité, l'avenir nous le dira)…

Revenant à Lumumba, l'on retiendra ce fait que Kalonji Albert, alors Président du Sud-Kasayi, refusa de réceptionner « le colis » — c'est-à-dire, Lumumba (et ses compagnons d'infortune) et, c'est alors que l'avion continua sur Elisabethville… Et la suite nous l'avons vu plus haut.

Plus tard, Mr. Munkamba Jonas alors PAD de la MIBA fera une intervention pathétique, après une messe solennelle qui fut concélébrée par tous les Evêques du Kasayi, devant les **chutes Mbombo**, en vue de consacrer à l'Eternel — le Créateur ; le Maître de l'univers ; celui-là même qui a offert au KASAYI cette merveille sur la Lulua — les travaux de construction du barrage dit ''KATENDE I'' ; intervention dont voici la teneur :

''Au nom de tous les responsables et fils politiques du Kasayi, qui de loin ou de près, ont joué un rôle quelconque ayant contribué à la régression ;

---

[487] Mais cette réponse lue à propos — (cf. Afrique 24, Magazine n° 1 de janvier - mars 2011, p. 113) donnée à la question lui posée dans l'article '' Rencontre avec… Charles Onana « Où se situe le Kivu ? » : ''C'est une zone frontalière en R.D.C., bourrée de matières premières et de minerais rares convoités par les multinationales et un certain nombre d'Etats occidentaux'') — irait quotidiennement faire tiquer…'' Et C. Onana aura renchéri en ces termes : « Je constate le blanc-seing donné au Rwanda alors qu'il viole le territoire congolais, ce qui est répréhensible sur le plan international. Or, il n'y a pas de reproches de la part de la communauté internationale, pas plus que de l'Union africaine » — Ibidem.

ayant nui au développement du pays et de notre KASAYI ; n'ayant pu empêcher ou refuser ce qui compromet le KASAYI, je demande pardon ! '' (en Tshiluba : *dibuikidila*)''.

Et cela fut très pathétique parce que c'était dit en un Tshiluba qui venait du fond du coeur, devant une population pas facile à dénombrer, entourant plusieurs sommités du KASAYI venues pour la circonstance… Ce fut en avril 1995… Oui, *baa Nyinka bàkâmba ne* (nos ancêtres ont dit) : « *muntu mupîle utu wâbinga biende* ! » — traduisez : « un inculpé peut un jour se racheter ». Et c'est ce que nous attendons voir… car le mandat 2006 – 2011 et celui qui est « or mandat » — comme l'a dit L. Kengo wa Dondo, Président du Sénat, le 15 mars 2017 — ne font que nous amener déception sur déception !...

4. Réconciliation Lulua–Baluba

La rupture qu'il y a eu entre les deux clans frères — nous avons vu à la fin de la Partie III de notre ouvrage que Lulua et Baluba sont frères — ne pouvait se pérenniser : les deux frères n'ont pas dû attendre longtemps pour transcender ce qui les a opposés. Et voici les **étapes** qui ont préparé cette réconciliation :

— A la Conférence de Tananarive qui eut lieu du 8 au 12 **mars 1961**, Mukenge Barthélémy en fera la proposition à Kalonji Albert (chef de l'Etat Autonome du Sud Kasayi et chef de file des Baluba)… Ce dernier ne voulut pas en entendre parler ; mais Mukenge reviendra là-dessus, à la Conférence de Coquilhatville (24 avril – 28 mai 1961). Nous reviendrons sur ces deux assises plus loin...

— En **octobre 1961…** Soit un an après les hostilités, la communauté Baluba enverra Nyembwe Albert à Léopoldville s'entretenir avec Ilunga Alphonse (député Lulua), sur le principe et la matérialisation du vœu mutuel… Nyembwe Albert n'écrira-t-il pas plus tard — en 1999 — que *''les Baluba et leurs frères Lulua devaient considérer ce conflit comme une querelle surgie en famille et qui, selon leur tradition, devait être réglée entre eux-mêmes''* ?[488] Rappelons-nous qu'Abram (avant de devenir Abraham) avait fait savoir à Loth **: « qu'il n'y ait pas, je te prie, de dispute entre moi et toi, ni entre mes bergers et tes bergers : car nous sommes frères ! » ?** — Cf. Gn 13, 8… Et un adage Tshiluba ne dit-il pas : *« Mukalenge benga nkuna, nanku bukwa matunga bumvuangane ! »* ?... Traduisez : ''Chef, renonce à la rancune, cela mènera tout le monde à renouer (à s'entendre) ! ''.

Il y eut alors préparation des esprits et l'on se mit d'accord sur les modalités traditionnelles en la matière… Mais une préséance a été réservée à l'Eternel *''Kafukeela Muena Bantu, Muena Bakaji Muena Baana''* — traduisez : ''Créateur des hommes, femmes et enfants'' — qui est au-dessus

[488]Cf. Nyembwe, o. c. p. 117

de tout agir. Oui, une place de choix a été réservée à Dieu... C'est ainsi que les cérémonies de réconciliation débutèrent par une action de grâce en l'honneur de l'Eternel, en la pro-cathédrale St Clément de Luluabourg, au travers d'un « ***Te Deum*** » qu'avait entonné S.E. **Mgr Bernard MELS**, Archevêque de Luluabourg, le 21 octobre 1961... Ne dit-on pas que ''l'église est au milieu du village'' ?... Puis, des discours de circonstance furent prononcés sur la Grand-Place[489] et un bal populaire dans la soirée à la résidence du Gouverneur de province, clôturèrent ces cérémonies du 21 octobre (à Luluabourg)... Le lendemain, des personnalités se sont rendues à Ntende et à Bakwanga pour en finir avec ce litige (= *mukiya,* en Tshiluba). Notons que le Président **Joseph Kasa-Vubu,** chef de l'Etat, avait rehaussé de sa présence et à Luluabourg et à Bakwanga l'événement qui mettait un terme à ce conflit fratricide.

En effet, après les volets spirituels et officiels, la tradition avait sa place. Par un pacte, le Lulua et le Muluba ont scellé leur réconciliation. L'événement a eu lieu à **Ntenda** (Territoire de Dibaya, village en face du village baluba de Tshintshianku ; et Ntenda se trouve être avec Lubi, la frontière entre les terres lulua et les terres baluba). C'est là qu'eurent lieu les cérémonies coutumières :

— du **côté Lulua**, l'on nota la présence des grands chefs **Kamuina Nsapo**, **Kalamba Mangole, du chef Ntenda** ainsi que plusieurs notables dont Ilunga Alphonse, Mukengele wa Mfwamba, Wafuana Emery, Kashale Grégoire.

— du **côté Baluba** : le grand chef **Mutombo Katshi** fut présent ainsi que les personnalités ci-après : Kalonji Albert, Kazadi Ferdinand, Ngandu Paul, Nyembwe Albert et autres.

Un mouton, une chèvre et un chien furent immolés : les doyens d'âge des deux côtés égorgèrent et brûlèrent les bêtes, puis enfuirent les restes calcinés en déclarant : « **Tudi bâna ba Mutânga, nansha batânda, nansha baluangane, bulanda buetu mbushale !** » — traduisez : *« nous sommes les enfants du même père (Mutânga)* [490] *; nous nous sommes querellés, nous nous sommes fait la guerre certes, mais nos liens de fraternité perdureront à jamais ! »* C'est ce proverbe qui servit d'introduction aux paroles incarnant le pacte lui-même ; paroles que prononcèrent les chefs **Kalamba Mangole** et **Mutombo Katshi** et que voici :

« *Jamais plus personne ne pourra verser le sang de son frère Muluba ou Lulua. Celui qui irait à l'encontre de ce pacte, qu'il soit Muluba ou Lulua*

[489] En ce temps-là la Grand 'Place s'appelait « Pa monima » entendez le monument du Roi Léopold II ; présentement c'est la « Place de l'Indépendance ».

[490] *Mutanga* : du verbe *kutangula* : s'inquiéter, redouter, fustiger, scander des allégations, se plaindre, craindre, ne pas savoir à quoi s'en tenir (à qui se vouer), s'agiter, se sentir lésé. Le Lulua et son frère Muluba, dans ce conflit, ont été chacun fils de ''Mutanga'', un qui a été lésé et dont les fils ont été lésés et amenés à se quereller.

exposera les siens aux conséquences incalculables, voire même à l'extermination des siens ! »...

Une fille de *Muanangana* Kalamba Mangole, *muakunyetu* Bamana, est devenue depuis épouse de François, fils Dr Mbiye ; Mr Katende Numbi (*Muena Kalambayi*) est devenu mari de *muakunyetu* Monique Kashale (l'oncle Kashale ayant approuvé cette union malgré les sévices dont il fut l'objet à Bakwanga, alors en voyage dans la suite du Président Kasa-Vuvu) ; notre jeune frère Luboya Alphonse a épousé Muadi Marie-Thérèse ; notre sœur cadette Marie Katompua et Roland Tshiamala (wa Bakwa Ndaba) sont en couple… d'autres cas sont légions, marquant la cordialité revenue.

« *Achtung !* » ; « *Warning !* » ou « *Mind !* », comme diraient respectivement les Allemands et les Anglais. En effet ici, un avertissement s'impose. Il s'écoulera entre 1961 et 1993 une trentaine d'années, lorsqu'un feuilleton baptisé « **Le *Régulateur*** » daté du 24 mai 1993 viendra inciter à violer le pacte !... Oui, quand on n'a pas une même vision, quand on ne parle pas un même langage, quand on se démarque de ce qui a été scellé, voilà comment l'on est devant un comportement lourd de conséquences... Ne dit-on pas « *musoko wa meyi – meyi tshiawu nkabutu* ! », souvenez-vous d'un royaume divisé dont le Christ a parlé en Mt. 12,25… Ce que les signataires du « Régulateur » — (entendez ces trois jeunes, universitaires pourtant, mais ils sont excusables pour n'avoir lu ni Mulumba Diulu in Malu a mu Kasayi..., ni Mabika Kalanda in Lulua et Baluba une ethnie…, ni Mpoyi Lazare dans l'Histoire des Baluba) — devaient faire, c'était de scruter les ouvrages ayant traité de (''Bapemba''), Lulua et Baluba ; et de s'informer auprès des aînés, auprès des sages et bibliothèques vivantes (dépositaires de la tradition), au lieu de jouer avec le feu, comme ils ont osé le faire au travers de leur ''Régulateur'' N° 1 paru le 24 mai 1993, incitant à la haine…

Pour prévenir et étouffer toute idée qui viendrait embarquer d'autres incitateurs, nous nous joignons à Mukenge Shabantu qui, en guise de rappel à l'ordre à ses trois *quidam*, signataires de leur « Régulateur » et nous disons (comme lui) : « préserver les acquis ; revendiquer nos droits ; promouvoir la compréhension, le dialogue, la concertation, oui ! Mais chasser, rejeter les Baluba, NON ! »... Et il avait renchéri en ces termes : « N'avons-nous pas d'yeux pour voir, les oreilles pour entendre et de l'intelligence pour discerner ? Ayant des yeux, ne voyez-vous pas ? (Marc 8,18). L'homme avisé voit le mal (Prov. 22,3 /27,12) »…

Mukenge Shabantu ne s'est-il pas interrogé : « Dans l'épuration ethnique du Shaba (entendez Katanga), qui ont été épargnés parmi les ressortissants des deux KASAI ? Combien de morts et combien de dégâts (les 2 Kasaï) — autrement dit le '' Grand Kasaï '' — n'avons-nous pas enregistrés ? Ce serait une folle inconscience que de jeter de l'huile sur le feu pour nous brûler davantage, alors que nous le sommes déjà tous, indistinctement ! »[491]...

Nous retenons avec Mukenge Shabantu que '' l'exode '' (dit *''tshimuanyi''*) aurait pu être évité parce certaines dispositions avaient été formulées de concert entre les chefs Lulua et Baluba au lac Munkamba (cf. le ''Rapport Dequenne'' plus haut), mais elles ont été par la suite banalisées''. Mukenge signale que ''Mr. Kalonji Albert a fait savoir — dans « Cobalt » [492] paraissant à Elisabethville, daté du 2 octobre 1960 et portant le n° 33, à la p.13 — son indignation à propos de ''*Tshimuangi*'' (= Exode) : en ces termes :

« *''* Joseph Ngalula (qui était alors député du M.N.C/Kalonji, qui me suivait de plus près dans la hiérarchie de notre Mouvement National et qui était mon conseiller), s'est entêté en refusant avec ses collègues les 3 sièges ministériels nous réservés dans le gouvernement provincial, en dépit de mon ordre. (Ici le lecteur y a voit ''la politique de la chaise vide''...).

Il s'est donc entêté pour exciter la masse des Baluba à quitter [493] Luluabourg. J'ai dit non ; je ne voulais pas que les gens partent de Luluabourg et comme réfugiés sur leur territoire d'origine, où il n'y avait que 7 petites villas[494], sans aucune autre structure d'accueil »''...

Une parenthèse :

Nous exhortons les Services en charge de Communication d'épargner au Président de la République et Père de toute une nation, la délicatesse d'évoquer des souvenirs de nature à réveiller des sensibilités. Il s'agit des « Evénements de Luluabourg 1959 » dont les tenants et aboutissants sont même de nos jours ignorés par de nombreux natifs (le présent ouvrage étant notre économie d'information à leur bénéfice).

Autant a-t-on admis que nos frères Songe — tout un peuple – ne pouvaient tous s'identifier ni à **Ngongo Lutete**, ni à **Lumpungu** ni à **Mpania Mutombo** (dans les années 1890) ; autant a-t-on admis que nos frères Tetela ne pouvaient tous s'identifier à **Kandolo, Mubiayi** et consorts (en 1895 à Malandji) ; autant a-t-on admis que tout le peuple Pende (du Bandundu et du Kasaï) ne pouvait s'identifier ni à **Matemu a Kelenge** ni à ses adeptes (village Kilamba dans le Kwango) lors de l'assassinat d'un fonctionnaire Belge (en 1931), autant admettre que le « Phénomène Kamuina Nsapu » né d'une vision d'un seul et qui a ébranlé l'Espace Kasaï hélas, a été un cas spécifique et pas analogue. Toutefois, l'initiative du Chef de l'Etat d'avoir ordonné la tenue d'un **Forum à Kananga** pour panser les

---

[491] Cf. Mukenge, o. c. p. 169

[492] « Cobalt », cité par Mukenge Shabantu, o. c. p. 169.

[493] Quitter : ici = Kumuangala (un verbe qui donne le substantif « Tshimuangi » = ''exode'' ; c'est alors que l'on donnera à Mr Ngalula Joseph le nom de ''Ngalula Mpanda – Njila'' : celui qui fréya le chemin, la route...

[494] Entendez quelques maisons de la MIBEKA devenue depuis la Miba

plaies, amorcer la Réconciliation et penser Développement de l'Espace Kasaï reste louable. Nous fermons la parenthèse.

Oui, s'il n'y a pas eu cette politique de ''la chaise vide'', les officiels Baluba (retenus au sein des Institutions provinciales à peine nées en juin 1960 à savoir : le Gouvernement provincial, l'Assemblée provinciale) ainsi que les fonctionnaires et autres agents, allaient cheminer ensemble avec **leurs frères Lulua, Songe, Tetela, Bindi, Kuba, Ketee, Luntu, Sala, Tshioko, Leele, Pende, Lualua, Kanioka**..., pour faire du Kasayi une province prospère... Certes, dans un premier temps la coexistence devait boiter... mais, un peu après, probablement avec l'alternance et la tolérance aidant, l'harmonie devait finir par être là... N'a-t-on pas vu des choses que l'on croyait impensables, se réaliser avec le cours de l'histoire ?... En effet :

— **l'apartheid** n'est-il pas tombé ?... Les Noirs en sont à leur troisième mandat de pouvoir en Afrique du Sud, cohabitant harmonieusement avec ceux-là mêmes qui les avaient tenus sous la botte, des décennies ;

— **le Mur de Berlin** est démoli, les deux Allemagnes unifiées, et non seulement il a été pardonné à l'Allemagne (nazie), mais celle-ci est admise comme composante à part entière de et au sein de l'ONU ainsi que dans l'Union Européenne ;

— et en Outre-Atlantique le 4 novembre 2008, un Noir — Barack **Obama** — est élu, par des « Grands Electeurs » Blancs en grande majorité, et investi président des Etats-Unis d'Amérique le 20 janvier 2009 !... L'histoire fait son cours et son chemin...

Oui, un fait est là, les frères Baluba partis de Luluabourg - Kananga, sont rentrés aux « *Mbilanji – Ibidi* ». L'avaient-ils voulu ?, non. Cela a-t-il été un fait du hasard ou voulu par Dieu ? Qui le sait... (Y) ont-ils été contraints par les événements ?... Selon Nyembwe Albert, nous avons une explication : *« ... les Baluba avaient quitté le district de la Lulua pour rejoindre les leurs, dans les régions où ils habitaient depuis le XVIIe siècle. Leur départ avait pour but de vivre en paix et de laisser les autres vivre aussi en paix »* — cf. Nyembwe A., o. c. p. 103. Et Abram n'avait-il pas dit à Loth : « sépare-toi donc de moi »... **Abram** et **Loth** résolurent alors de se séparer ; afin d'en finir avec les récurrentes querelles qui opposaient leurs suites (hommes et troupeaux) — cf. Gn 13, 1 – 12.

5. Bipolarisation des institutions

Nous revenons ici à nos années « 60 », car le passé explique le présent et les deux influent sur l'avenir... Oui, l'année 1960 s'est achevée dans cette confusion :

— Moïse Tshombe à Elisabethville est soutenu par des milieux financiers et autres forces extérieures ; il maintient le Katanga en sécession depuis le 11 juillet 60.

— Le Sud-Kasayi se trouve dans une position particulière. S'étant fait *Etat,* qui s'est doté d'un Président en la personne de Kalonji Albert, chef de file des Baluba et d'un gouvernement soutenu par la MIBA, avec à sa tête Mr Ngalula, le Sud-Kasayi s'est installé dans une situation d'autonomie interne (il a même créé ses timbres Poste), mais, sans rompre (toutefois) avec Léopoldville où le Collège des Commissaires généraux compte de nombreux Baluba — nous l'avons vu — et dont le travail[495] a donné lieu à de nouvelles espérances, dira Mr. Paravicini lors d'un rapport économique des Nations Unies en date du 12 février 1961.[496]

— En Province orientale, Stanleyville se confirmant dans sa revendication lumumbiste du pouvoir légitime, cesse d'avoir des relations avec Léopoldville et ira même jusqu'à proclamer une ''République Libre du Congo''...

Il y aura alors coexistence de deux républiques congolaises (chacune avec sa capitale), dotées chacune d'un corps diplomatique l'assurant d'une certaine caution internationale. En plus de la Guinée et de l'Egypte, des pays socialistes, dont l'U.R.S.S., avaient reconnu le gouvernement que dirigeait Gizenga à Stanleyville. Ces pays de l'Est ont offert aux Congolais des bourses et des stages (formations militaires et entraînements à la guérilla). L'Egypte aura même recueilli la veuve Lumumba (née Pauline Opango — elle vient de quitter cette terre des hommes le 23 décembre 2014 à Kinshasa) ainsi que les enfants, dont François, Juliana... (Roland est devenu un homme présentement), et (l'Egypte) a ouvert sur son sol l'*Université P. Lumumba.*

A la fin du mois de décembre, le gouvernement de Stanleyville contrôle cette province orientale, la province du Kivu et même une partie du Nord – Katanga. Aussi, Mr. A.Gizenga avait-il réussi à rallier autour de lui, plusieurs ministres du Gouvernement central et qui avaient pu atteindre Stanleyville. Parmi eux : Christophe Gbenye et Masena du MNC ; Pierre Mulele du PSA ; Anicet Kashamura et Bisukiro du CEREA... Et dans ce camp, le général Lundula Victor ainsi que la quasi-totalité des militaires du 3e Groupement, constituent une véritable armée autonome et un soutien pour le gouvernement Gizenga.

— Elisabethville — avec à son bénéfice la présence des troupes belges ainsi que des conseillers, et grâce à de nombreux avantages que lui concédaient les compagnies (l'Union Minière et ses filiales ainsi que d'autres entreprises), sans oublier toutes ces recettes (taxes sur les bénéfices des sociétés et les droits d'exportation) qui étaient antérieurement versées à Léopoldville — (Elisabethville) se maintient dans sa sécession. L'on notera

[495] Le travail du Collège s'est attelé entre autres à la mise sur pied d'un Conseil Monétaire et la création d'une Banque Nationale (cf. le décret du 3 octobre 1960) ; au contrôle des changes et le commerce extérieur ainsi qu'aux transferts.

[496]Mr Paravicini, in ''Congo 1960'', p. 887, est cité par Cornevin, o. c. p. 274

que beaucoup de cet argent a servi à la formation de la gendarmerie katangaise, à son équipement ainsi qu'à la gracieuse paie des encadreurs.

Cependant, nous allons noter que Léopoldville tirait sa force de la légitimité du Chef de l'Etat, et est la plaque tournante : il est le Siège du gouvernement central, des Ambassades et Quartier général de l'ONUC... Et ici, nous ouvrons une parenthèse pour faire **une réflexion** :

Au regard de ce travail du Collège que l'on a pu apprécier en son temps — voir plus haut — et où les « Baluba » ont donné le meilleur d'eux-mêmes comme « technocrates » — nous nous demandons : A ces fils de nos contrées, il n'est chaque fois réservé qu'« appréciation » ?...

Nos contrées attendent voir **Leurs Excellences** Samy Badibanga, Bruno Tshibala Nzenze, Raymond Tshibanda Ntunga-mulongu, Lambert Mende Omalanga, Maker Muangu Famba, She Okitundu et les **Honorables** Iyolo Jean-Baptist, Evariste Mabi Mulumba, Sesanga (père), Modeste Mutinga Mutuishayi, Muyamba Ngove John, Mbweshi Kwongo André, Clément Kanku, Beyeye, Sesanga (fils) Hipungu Delly, Mulangala Luakabuanga Médard, Jean Pierre Kalamba, Dénis Kambayi, Jean Marc Malumba, (le Sénateur et Grand Chef Emery Kalamba Wafuana aurait pu aussi être là, hélas !), composer avec les **Gouverneurs** Jean Makolo Jibikilayi, Jonas Munkamba, J. Charles Lokoto, Nzuji wa Mbombo, Claudel A. Lubaya, Gilbert Tshiongo, Symphorien Mutombo, Alphonse Ngoyi Kasanji, Trésor Kapuku et Kande Mupompa, Marc Manyanga et composer avec ces hauts Fonctionnaires : François Tshishimbi Muamba, Ntumba Luaba et Beya François *(Sorcier)* ; nos contrées attendent voir **Leurs Excellences Messeigneurs** Marcel Madila Basanguke, T. Tshibangu Tshishiku, Godefroiy Mukenge, Léonard Kasanda, Eméry Kabongo, Bernard Kasanda, Valentin Masengu, Félicien Muanama, Mulumba Kalemba, Pierre Tshitoko, Oscar Nkolo Kanowa échanger avec les **Professeurs** Christophe Lutundula Opala, A. Kamukunyi, G. Bakandeja wa Mpungu, Honoré Luaba Mukadi, Josephine Bitota, Mathias Buabua wa Kayembe, E. Mabi Mulumba, Evariste Bushab, S. Tshijuke Kabongo, Mupinganayi Kadiakuidi, J.L. Esambo, Tshibangu Kalala, Muayila Tshiyembe, André Shikayi Luboya, Luaba Nkuna Dieudonné, Remy Tshipamba, Raphaël Musampa Tshibalabala ; Kambayi Buatshia, Nyoka Mozart, Kanku Tubenzele, Tshikuna Matamba, échanger avec les **Ir** Mulenda Mbo et Mwepu Katombe, échanger avec les **Bâtonniers** Dominique Kambala (Barreau du Kasaï-Occidental) et François-Xavier Nkita (Barreau du Kasaï-Oriental) ainsi que leurs Estimés Confrères (**les Premiers ministres** Mulumba Lukoji, Mpinga Kasende, G. Malumba Mbangula ; Me Tshibuabua Ashila Pashi ; l'**Ir** Mutamba Dibwe et **le Professeur** Philippe Biyoyo auraient pu être du nombre, hélas !) ; nos contrées attendent voir **Leurs Majestés** Lukengu, Lumpungu, Mutombo-Katshi, Mbuyi Katende, Ntolo, Madila, Biduaya,

Tshipama, Kasanji, Shamusanda ; Mudiaka Kamayi ; A. Mbweshi, **Leurs Honneurs, Révérends, Responsables politiques, Hommes et Femmes d'affaires** (dont Jean Assaka, Mona Tshiebe ''*Mona-Luxe*'', ''Mama Fatuma'', ''Ya Lolo (*la Crevette*) ; ''Quin–Med'' (Médard Makenga), Biduaya Muamba, Muamba Kawaya (*Cardoso* Muamba wa Kena), Tharcise Tumba (*Douze Maisons*), Tshikenkula ''*Tshikem* '', ''PDG Mpambu'', ''Groupe Petit Bea'', ''Tatu Nkolongo'', ''Hôtel Kabe'', ''Hôtel Nkumbikumbi'', ''Maison Tshianyi'', ''Trois Paillotes'', **les Animateurs de la Société Civile** dont Georges Kapiamba, Jean Claude Katende, Hubert Tshisuaka et Jonas Tshiombela ainsi que nos **Artistes musiciens** *papa* Wemba (hélas), Tshiala Muana, *Lelimba* (*wa ku Tshila* Ilunga Kankolongo), J.B. Mpiana et *Ka Diyoyo* (Shungu), nos contrées attendent vous voir vous lever à la fois comme un seul homme et en ***Groupe de pression***, et peser de votre poids pour décrocher des hautes Instances, le désenclavement du Gand Kasaï ; des ouvertures vers ''la modernité'' ; des opportunités devant conduire à la croissance et que l'on parle de ''made in Kananga'', ''made in Ngandajika'', ''made in Luiza'', ''made in Bashimike'', ''made in Lubefu'', ''made in Kamonia''...

Et du ''groupe de pression'' Mulumbati (o. c., p. 121) nous dit que c'est « une organisation regroupant plusieurs personnes qui, sans chercher à *conquérir et à exercer le pouvoir politique, font des pressions sur le pouvoir, sur les gouvernants de façon à les amener à concevoir des projets, à prendre des mesures et des décisions, bref à agir dans le sens qui leur est favorable — cf. les Eglises, les sociétés de pensée* » ; nous y ajoutons ''La Coordination du Grand Kasaï Fondation''... (Un **Forum** de trois jours avec Thème « **Paix/Réconciliation/Développement de l'Espace Kasaï** » semble être une balle à saisir au bon ; il s'ouvrira à Kananga où le premier ministre Bruno Tshibala, le V/Premier en charge de l'intérieur E. Shadary, les Présidents des deux Chambres A. Minaku et L. Kengo ainsi que quatre des cinq Gouverneurs du Grand Kasaï (il manque celui du Kasaï-Central pourtant présent au pays !?), ont précédé le Président Joseph Kabila pour ouvrir ces assises le 18 septembre 20017)... Oui, ce qui leur est favorable, ce qui est favorable au Grand Kasayi.

Nous refusons de voir nos fils du Kasayi rester *« Baa tekunokalata baa woo, bapiluke !; « Baa Luenyi kapu mu mbuku ! ».* Wetu neenu wonso ngowo awu, wa kuikala *« Baa Kajadikilangana bilowa, bia muabu bishala bisendame » !...* Non mes frères ! Non !...

Nansha mudi **Kabasele Yampanya** wa ba Mulanga muimbe ne: *"Kuetu kudi bionso..., kuetu kudi bionso tâtu! ''*, eyowa, bidiye muteela abi bionso bidikôku :

- tshiombe tshia kabiola, tshidiku ;
- konyi mutengela, kadiku ;
- mvuadivuadi ne tshidibila, bidikôku ;
- nzawula ne dilombolombo bidiku ;
- bowa (bua katondu, tshisunkala ne bua tshilundu), matela ne kampampa, bidiku ;
- muloongu, bintunte, nswa ne mankenene bidiku ;
- mèshi a mangaya, miansa nkelende, biketeketeete, mansamba ne maboobua bidikôku ;
- tushi, ndakala ne mayele a nkodi bidiku ; tshidibuâluenyi tshidiku ;
- madiimbi nee mbulu, bipàku ne nkuamina bidikôku'' ..., **kadi... kuêtu, kuênu, kakuena kapia! Kakuena nzembu!... Kuêtu, kuênu, kakuena mâyi a ku milonda, mayi a kazeze !...**

Cette réflexion en Tshiluba peut se comprendre et se résumer ainsi : « Vous, fils du Kasayi, n'êtes-vous bons que pour être appréciés !... N'êtes-vous bons que pour concourir à l'essor d'autres contrées ? » Ici les fils du Kasayi sont comparés à '' *luenyi* '' entendez le ''**labié**'' ou l'''**occimum**'' spp : cette plante aromatique toujours présente lors de toute « consultation » ; « dans tout oracle » entre les mains du devin. Celui-ci, pendant qu'il travaille à prononcer ses oracles, il s'en sert. Après usage, il s'en débarrasse, mais lui aura encaissé son dû!... Bien que l'artiste musicien Kabasele Yampanya alias *Pépé Kallé* ait chanté ''chez nous — entendez (au) Kasayi — on y trouve tout (là il cite toutes sortes de plats et/ou mets très prisés par l'homme du Kasayi et/ou tel autre résident ou visiteur) : champignons ; chenilles ; anguilles ; fourmis ailées ; fretins (ici l'enfant du Kasayi voit en plus de ''*ndakala*'' ou ''*mayele*'' les *''nsensa'', ''kafindondo'', ''ntempa''* et *''sendama''...*'', nous ferons remarquer qu'**il n'y a pas ''tout'' chez nous. Il y manque l'électricité ! Il y manque l'eau potable !... ''Dream bigger !''. ''Rêvons plus grand ! ''.** Nous fermons la parenthèse et revenons à la relecture de l'histoire…

Bien qu'il ait été dit : *''Morte la bête mort le venin''*, il y a problèmes (même après la mort de Lumumba). Pour tenter de les résoudre, il faut des négociations. Voilà la voie obligée… Nous allons cheminer dans la recherche des solutions aux problèmes de l'heure, à travers des pistes dites '' les trois tables rondes ''…

6. Les trois tables rondes

En effet, la problématique depuis la révocation de Lumumba en septembre de l'année 1960 se peint en deux volets :

- formation d'un gouvernement dont la légitimité serait incontestable aux yeux des instances internationales et des pays étrangers ;

- et réunification du Congo sous l'autorité unique d'un gouvernement central… Cela fera aller d'une table – ronde à une autre.

La première est celle qui **devait se tenir à Léopoldville du 25 janvier au 16 février 1961** et dont les préparatifs étaient confiés à une commission que présidait Mr. Ileo. Elle devait prendre en compte les thèses, avertissements et/ou préalables que voici :

1) le refus du Katanga de prendre part à cette table – ronde si celle-ci ne se tient pas à Elisabethville ;

2) la libération de tous les détenus politiques ;

3) la réouverture du Parlement et la participation de tous les parlementaires à la table – ronde ;

4) la constitution d'un gouvernement provisoire ;

5) le maintien de l'unité du Congo…

(Comme l'histoire se répète : lors de la tenue des dialogues — celui de la Cité Africaine et celui du Centre Interdiocésain — il a été question des ''préalables'' entre autres le déblocage des médias ; la libération des détenus politiques et d'opinion ; la non-poursuite de tels prévenus afin de décrisper le climat)…

Mais hélas, pendant que se préparait la tenue de cette conférence, il y eut assassinat de Lumumba, le 17 janvier 1961 !... Et par la suite, la sécession du Katanga continua à s'affermir...

Le 21 février 1961, le Conseil de sécurité ira voter la résolution ordonnant d'expulser les mercenaires du Katanga… Il y aura tergiversations se dans l'applicabilité de cette résolution — en d'autres mots : l'on traînera les pieds… Et il fut documenté un autre fait : **le 24 février 1961**, les troupes *gizengistes* venues de Stanleyville atteignent **Luluabourg,** ce qui préoccupera encore Léopoldville... où le colonel Mobutu est nommé général…

La deuxième table ronde sera dite '' **la Conférence de Tananarive''**.

Celle-ci **s'est tenue du 8 au 12 mars 1961** et était appelée à donner une base politique au « rapprochement » d'Elisabethville et Léopoldville. Il y fut pris acte de reconnaissance des représentants des Etats dont les autorités exercent effectivement le pouvoir ; et la résolution de former une confédération de seize républiques souveraines fut également retenue : Mr. Kasa-Vubu présiderait un Conseil d'Etats composé de 16 chefs d'Etat… C'est comme si cela saluait une « *katanguisation* » du Congo et un succès de Mr. Tshombe[497].

A propos des ''troupes guizenguistes'', l'on se rappellera que c'est dans la **nuit du jeudi 23 février au vendredi 24 février (1961)** que des éléments

[497] cf. R. Cornevin, o. c. p. 279. Toutefois, il y fut condamné les forces de l'ONU de n'être pas intervenues lors de la **prise de Luluabourg…**

encadrés par le commandant Ramazani et venus de Stanleyville via Lusambo — un peloton — encerclent l'**Aéroport de Luluabourg** qui n'est pas loin du camp militaire… Cependant, dans la nuit du samedi 25 au dimanche 26 février, les troupes de Luluabourg réussissent à reprendre la situation en main. Mais après opérations, le pauvre Major Mulamba (qui deviendra le Général Mulamba Nyunyu) se verra arrêté au motif d'avoir ''facilité à cette quarantaine de soldats de s'emparer de l'Aéroport. Il est détenu au Camp militaire Janssens (devenu Camp Général Bobozo), et en instance d'être expédié (où s'il vous plaît ?) à Bakwanga !... Notons que Mulamba commandait alors le 9e Bon GD secondé par le Capitaine Fréderic Nkashama ; le Major Tshimanga était à la tête du 8e Bon Infanterie ; le commandement de la Garnison était entre les mains du Colonel Ndjoku, pendant que les officiers Raphaël Ngayi et Jules Demole s'occupaient de l'instruction (Administration ; Transmission…).

L'Auteur a fait partie de la foule qui avait pris d'assaut le building Immokasaï — Siège de l'ONUC — pour réclamer et obtenir de cette dernière le relâchement de Mulamba… L'on notera que le major Mulamba qui avait été accusé d'avoir été de mèche avec « les envahisseurs » venus de Stanleyville (!) aura la vie sauve grâce à la pression de la population, l'implication de Muanangana Kalamba et la prise de position de l'ONUC — action qui rencontra la volonté de l'Eternel… Et ici, Thomas Nkashama (alors Premier bourgmestre) se sera fait remarquer par son courage exceptionnel… en tête du cortège.

Toujours à propos, dans la soirée même du relâchement du major Mulamba, un incident malheureux se produira ; il y aura une descente punitive à la cité, principalement à la Ndesha (entre les Avenues Basongo et Luebo), qui fera plus de trente morts (hommes, femmes et enfants) : des civils, fusillés au motif d'avoir taquiné deux soldats en civil qui déambulaient à la Cité, ce soir-là après le relâchement de Major Mulamba ! Chez Mulumba Diulu (dans ses pages ''Annexes''), vous avez les noms et adresses de toutes les victimes dont la ''célèbre'' **Ngala Ndènga** (une ''activiste des droits de l'homme'' de cette époque. Mais, revenons à nos « tables – rondes »…

La troisième s'appellera **''la Conférence de Coquilhatville''**. Celle-ci **s'est tenue du 24 avril au 28 mai** 1961. Là, Mr. Tshombe présente d'emblée certaines préoccupations entre autres :

— dénoncer l'accord signé récemment par le Président Kasa -Vubu avec l'ONU… ;

— restreindre les participants : seules les autorités de droit et de fait ayant siégé à Tananarive peuvent conférer et protester au sujet de l'attaque des contingents éthiopiens (ONUC) à Kabalo… Sa mise en demeure n'obtient pas satisfaction… Aussi Mr Tshiombe qui était déjà à l'Aérodrome ne pouvait-il vider les lieux, car des éléments de l'Armée avaient respecté la consigne *« qu'aucune autorité politique, quelle qu'elle soit ne pourrait quitter Coquilhatville sans qu'une décision satisfaisante intervienne pour faire sortir le Congo de l'impasse dans laquelle il se trouve »...* (Il faut parfois de telles sommations, s'il y va de l'intérêt du peuple !... Comme présentement)... Revenons à la Conférence :

Un **Etat fédéral,** composé **de vingt-trois à vingt-cinq républiques** (Tananarive parlait déjà de **seize)** ; et une Assemblée fédérale unique où siégeraient des députés désignés par les parlements régionaux en nombre égal par ''République'' ainsi qu'un Exécutif en la personne d'un Président de la République et d'un gouvernement qui devra obtenir la confiance de l'Assemblée fédérale. Voilà entre autres ce que furent les résolutions qui se dégagèrent de cette conférence.

Le professeur Périn[498] dira que « ces conceptions de Coquilhatville relèvent d'un fragile amalgame entre un féodalisme monarchique d'un autre âge (le suzerain et ses vassaux...) et le parlementarisme classique de l'Europe du XIXe siècle et du début du XXe siècle ? »...

6.1. Les 21 provinces

La loi du 9 mars **1962** viendra remplacer l'article 7 de la Loi Fondamentale en stipulant qu'on peut créer d'autres provinces. La Loi du 27 avril devait définir les conditions à remplir par une région pour accéder à l'état de province, entre autres : réunir une population d'au-moins 700 000 habitants ; et une situation économique permettant de couvrir son budget ordinaire. Et lors de la matérialisation sur terrain de ces « Etats fédéraux », l'on obtiendra non pas 25, mais plutôt 21 provinces. Notre **ex-province du Kasayi** — qui se sera éclatée d'abord en deux entités (l'une de droit : la province du Kasayi ; et l'autre de fait[499] : l'Etat Autonome du Sud-Kasayi — connaîtra le découpage que voici :

---

[498] Le professeur Périn, in R. Cornevin (o. c. p. 280) est cité par Benoît Verhaegen dans Congo 1961, p. 104

[499] Oui, ''Sud-Kasayi'' une province de fait : en effet, cette entité s'est créée dans et après l'arrivée de nombreux Baluba partis de Luluabourg. Il y avait de l'espace dans ce qui était le Territoire de Bakwanga et son hinterland (Tshilenge et le Territoire de Ngandajika etc.). Il y avait également une population très nombreuse à administrer. Il y avait aussi des fonctionnaires et agents de bureau anciens administratifs ainsi que des élus venus de Luluabourg qui, au lendemain de leur arrivée à Bakwanga, ont confectionné l'appareil administratif avec tous ses volets ; un gouvernement provincial et même l'organe délibérant de la province ou l'assemblée provinciale, etc.
Et ceux-ci, bien que sous des abris de fortune, ont su se mettre à la hauteur de leur tâche. En plus de ces agents et animateurs politiques, il faut ajouter l'implication des opérateurs économiques. (En effet, parmi les Baluba, beaucoup ont ce charisme, on dirait d'eux des ''Juifs'' et pourquoi pas des ''Libanais'') sans mettre de côté la bravoure ou cette détermination du peuple à se faire maintenir et admettre (''à la Darwin''). Tout cela a concouru à la création d'une entité politico- administrative : ''la province du Sud-Kasayi''.

- la province de **Lomami**, chef-lieu Kabinda ;
- la province du **Sud Kasaï,** chef-lieu Bakwanga ;
- la province du **Sankuru**, chef-lieu Lodja ;
- la province de **Luluabourg**, chef-lieu Luluabourg ; et
- la province de l'**Unité - Kasaïenne**, chef-lieu Tshikapa.

Les 21 provinces (dont les cinq ci-dessus ayant composé notre ancienne province du Kasayi en 1962), seront maintenues par la Constitution de Luluabourg (1er août 1964) en son article 4. Voici — pour mémoire — les dispositions de l'art. 4 de cette Constitution de Luluabourg à propos du nombre et de la nomenclature des provinces :

« La République Démocratique du Congo se compose de la ville de Léopoldville et des provinces autonomes énumérées ci-après :

- la province de la Cuvette Centrale
- la province du Haut Congo
- la province du Katanga Oriental
- la province du Kibali Ituri
- la province du Kivu Central
- la province du Congo Central
- la province du Kwango
- la Province du Kwilu
- la province du Lac Léopold II
- la province du Lomami
- la province du Lualaba
- la province de Luluabourg
- la province du Maniema
- la province du Moyen Congo
- la province du Nord Katanga
- la province du Nord - Kivu
- la province du Sankuru
- la province du Sud Kasayi
- la province de l'Ubangi
- la province de l'Uélé
- la province de l'Unité-Kasaïenne.

Les limites des provinces et celles de la ville de Léopoldville sont fixées par une loi organique nationale ».

Nous vous ferons remarquer que le fonctionnement de ces entités, et en particulier au KASAYI, a eu à souffrir…

6.2. Des querelles partisanes

— **Au Lomami**, « l'opposition » se soulèvera contre le pouvoir du gouverneur Manono ; ces rivalités conduiront à la proclamation d'un ''Etat d'Urgence'' ;

— **Au Sud-Kasayi** : il en sera de même entre les partisans de Ngalula Joseph (au pouvoir) et ceux de Kalonji Albert ; et ce fut même pire, car il y eut des pertes en vies humaines… A propos, Nyembwe A. (o. c., p. 118, 3e paragraphe) écrit : *« de 1961 à 1962, plusieurs et regrettables problèmes politiques étaient survenus à Bakwanga et beaucoup de choses qui avaient déjà été réalisées, avaient été totalement mises en désordre ».*

Toujours à propos, Tshimanga wa Tshibangu parle d'une crise profonde qui mit aux prises les populations de *Bena Tshibànda* et celles de *Bena mutu wa mukuna* ;

— **Au Sankuru** : les Tetela dits « de la savane » s'en prendront au gouverneur Wetshindjadji… ; il s'en suit un ''Etat d'urgence''… ;

— **A Luluabourg** : depuis janvier 1962, il y eut crise de gouvernement provincial… En effet, André Guillaume Lubaya est chef de l'Exécutif provincial dans les conditions que l'on connaît (veuillez lire Mulumba Diulu in Malu a mu Kasayi…).

Il s'en suivra contestations et revendications. Une commission des Affaires intérieures est diligentée sur Luluabourg pour enquête. Le 25 mai 1962, la Chambre se penche sur le rapport de la Commission, celle-là même qui avait pu déceler le non-respect du quorum à l'Assemblée provinciale, lors du vote ayant conduit à la destitution du gouvernement Mukenge, ainsi que l'incompatibilité de la dignité de parlementaire avec les fonctions de salarié exercées par tel et tel autre membre de l'Assemblée provinciale.

En outre, comme la Loi organique du 27 avril 1962 avait suspendu les Assemblées provinciales jusqu'à l'installation des nouvelles provinces, la Commission[500] avait émis et soumis les vœux ci-après à l'approbation de la haute Assemblée : ''**reconnaître** le gouvernement Mukenge comme étant légal **; neutraliser** le gouvernement Lubaya (« d'obédience Stanleyville ») ; nommer un Commissaire spécial chargé d'expédier les affaires courantes de l'ex-Province du Kasayi ; remplacer tout membre frappé d'incompatibilité par son suppléant afin de permettre à l'Assemblée provinciale de siéger valablement… ''.

En conséquence : **le gouvernement Mukenge** est reconnu par la Chambre ; Mr. Bondekwe, Commissaire spécial arrive à Luluabourg le 18 juillet (1962) et deux jours plus tard, il réinstalle Mukenge dans ses fonctions de Président provincial ; le Colonel Masiala et ses troupes de la Garnison de

[500] Via son Rapporteur Remy Ndunduri, en date du 4 mai 1962 — cf. Moniteur Congolais n° 274 – 12—1962, pp. 278-9, in Mukenge Shabantu, o. c. pp. 163-5

Luluabourg veillent sur la Ville… Mr. André Guillaume Lubaya se fait protéger par des éléments de l'ONUC à l'Immokasaï puis, quittera Luluabourg… Mr. Mukenge conduira l'Exécutif provincial jusqu'en septembre 1962… Mais quelques mois plus tard, les pro-gouverneur Tshilumba Constantin sont en opposition avec les partisans de Luakabuanga François : il sera décrété un '' Etat d'urgence'' ;

— A l'Unité Kasaïenne : le gouverneur Kamanga Grégoire (Mukete de Luiza)/62 – 63, a été remplacé par Minga Mbenge Fr. de Mweka (63 – 65) et ce dernier par Mbombo Robert de Ilebo (de 65 à 66).

Et voici pour mémoire, la chronologie des personnages qui ont conduit **l'Exécutif Provincial à Lusambo et à Luluabourg de 1935 au 30 juin 1960 :**

N° Nom	Fonction/Entité	Chef – lieu	Date
1. Wauters	Gouv. prov. de Lusamb	Lusambo	01/10/35-1940
2. Wenner	'' ''	''	1940 - 07/2/45
3. Preys	'' ''	''	07/2/45-21/9/45
4. Hofkens	'' ''	''	21/9/45-19/7/48
5. Peigneux[501]	'' ''	''	19/7/48-1950
Peigneux	Gouv. prov. du Kasayi	Luluabourg	1950-11/4/52
6. Le Bussy	'' ''	''	11/4/52-1955
7. Lamborel[502]	'' ''	''	1955-22/6/58
8. De Jaegher[503]	''	''	22/6/58-mars 60
° Henrotau	Com. prov ''	''	mars 1960 -30/6/60
9. **Mukenge**	Prés.prov./prov. de L'bourg	Luluabourg	30/6/60 - janv.62

Notons qu'à partir de janvier 1962, il y eut un imbroglio : le gouverneur Mukenge s'est vu remplacé par **Lubaya** André Guillaume (à classer au n°10, de janvier 62 à mai 62), puis Mukenge est rétabli dans ses droits… *(Mukenge wa tshibîdi…)* — nous en avons dit un mot plus haut. Ensuite ce sera le tour de **Luakabuanga** François (n° 11) dit *Mukungishi.*Viendra alors le tout jeune Tshilumba Bertin dit *Muanyishayi* (12) et pas pour longtemps, car l'on verra revenir…

Luakabuanga François…

13. **Muhona** Paul Tony (ancien de la Philosophie à Kabwe) — gouverneur de Luluabourg, à Luluabourg, du 1/3/67 au 9/8/68 ; il est natif de

---

[501] Mr Peigneux, c'est ce gouverneur qui reçut la lettre des deux intellectuels Lulua (Mutapikayi Auguste et Kapuku Laurent) en date du 15 juin 1951…

[502] Mr Lamborel est le gouverneur qui accueillit Sa Majesté le Roi Baudouin en 1955 à Luluabourg. En 1935, il était A.T. (Administrateur de Territoire de et à Lusambo — vous voyez qu'il a dû attendre 20 ans pour devenir ''gouverneur de province''.

[503] Mr De Jaegher : gouverneur démissionnaire un peu avant le 30 juin 1960. Son intérim (depuis sa démission) a été assumé jusqu'au 30 juin par Mr Henroteau, Commissaire provincial (l'équivalent du Vice-gouverneur présentement).

Dilolo au Katanga. (C'est le début des permutations des Gouverneurs ; Luakabuanga qu'il a relevé est envoyé à Kikwit au Bandundu)...

A partir du 3 mai 1967, nous avons **la Province du Kasaï-Occidental.**

14. **Ntikala** Ibole André William : natif de Mai-Ndombe/Bandundu, gouverneur du 9/8/68 au 23/2/70. Et **à partir du 27 octobre 1971, le chef-lieu de province devient Kananga,** en remplacement de **Luluabourg.**

15. **Monguya Mbenge** Daniel André — également de Mai-Ndome — gouverneur du 23/2/70 au 24/72.

16. **Takizala Luyanu** Musi Mbingini Henri — natif du Kwilu/Bandundu — gouverneur du 24/2/72 au 19/3/74.

17. **Ngoma Toto Buangi** — natif du Bas-Congo— gouverneur du 19/3/74 au 10/2/76.

18. **Ndebo a Kanda di Ne Kenza** — également du Bas-Congo — gouverneur du 10/2/76 au 20/10/76.

19. **Mpika Masamba Ngolomiso** — idem — gouverneur du 7/5/77 au 21/1/78.

20. **Konde Vila Kikanda** — idem — du 21/1/78 au 18/1/80 (il commanda du semoule pour les Kanangais lors de la détresse d'alors).

21. **Kamakanda Nkoma** — natif du Maniema/Kivu — du 18/1/80 au 27/8/80.

22. **Kembwa wa Lumona** (Révérend Pasteur) — natif du Kivu également — du 27/8/80 au 19/3/8

23. **Zamundu Agenong' Kasongo** — natif de la province Orientale — du 19/3/83 au 1/1/85.

24. **Bangala Basila** Benjamin — natif de la province Orientale — (85-87).

25. **Bomandeke Bonyeka** — natif de l'Equateur — (87-89).

C'est après ce gouverneur ''non originaire'' que l'on revint aux gouverneurs — toujours nommés (donc non élus) — natifs de la province.

26. **Bayanganga** — Lèlé d'Ilebo — (89 – 94).

27. **Tshibuabua Kapia Kalubi** — Lulua (Muena Mutshipayi mua Kanyuka'a Badibanga) — il a eu deux Vice-gouverneurs (Tim **Muteba** wa Kambala et **Malengela**), et est le dernier gouverneur désigné du régime Mobutu — (1995 – 97).

Alors arrivera l'AFDL au mois de mai 1997. Celle-ci, afin de combler le vide juridique de l'Exécutif provincial, initiera un vote populaire — à main levée — et c'est ainsi que Mr **Tshitoka Ngalamulume**, natif de Luebo, plébiscité au Stade des Jeunes de Katoka /Kapanda, se vera confié les fonctions de gouverneur de province — le **28**ème — fonctions qu'il exercera de 1997 à 1999.

29. **Lubaya Claudel André** — natif de Kazumba et fils du gouverneur André Guillaume Lubaya qu'il n'aura pas connu, car assassiné alors qu'il était en bas âge. Il est le premier gouverneur nommé par Mzée Laurent

Kabila, tombeur de Maréchal Mobutu — il restera en poste de 1999 à 2005. Il est venu au pouvoir avec le programme : *''Rendre l'Espoir''*.

30. T**shiongo Tshibinkubula** Gilbert (PPRD) — natif de Dimbelenge — il gouvernera la province pendant quatre mois puis aura des fonctions ministérielles à Kinshasa. Il sera remplacé par…

31. Me **Mutombo Bakafua Nsenda** — natif de Kazumba — il est le dernier gouverneur nommé (par PPRD).

32. Me **Kapuku Ngoyi** Trésor (PPRD) — natif de Luandanda et sorti vainqueur lors des élections de 2007 (voir plus haut), il se fera démettre de son poste quatre années, pour être remplacé le 18 avril 2011 par…

33. **Kabasubabo Hubert** — natif de Demba — il ira jusqu'au 13/11/2012. Il sera relevé par…

34. **Kande Mupompa** Alex, depuis le 18 mars 2014… (Son cheval de bataille : *« Gouverner Autrement »*) Et effectivement, on a vu ce natif de Luandanda gouverner autrement : conception des projets en développement au bénéfice de la province ; rigueur dans la chaîne des dépenses ; assistance communautaire… mais se verra impliqué dans la complexité du « Phénomène Kamuena Nsapu qui a vu le jour en août 2016… et sera retenu en Mission de service à Kinshasa depuis fin décembre 2016… **Milonga** Justin, Vice-gouverneur ira assumer ce long intérim…

Une parenthèse : Celle-ci est un tableau peint par Luntumbwe, de nos Gouverneurs des premières heures et qui est sombre, tenez :

« En janvier 1962, Mukenge est illégalement et brusquement renversé (…). La province est sous la férule du gouvernement dirigé par le charmant Lubaya wa Ngoshi. Il a enseigné les autres les grandes divisions du peuple lulua. Après Mukenge, Lubaya, Mukenge (après sa réhabilitation par le Parlement) vient Luakabuanga (…) dit Mukungishi wa Ndemba, qui va s'efforcer de renforcer l'unité et la fraternité lulua, l'amour du travail et le respect des droits de l'homme. A-t-il réussi ? En 1965, Cilumba Muanyishayi gagne à la compétition politique, hissé par Lubaya. Commettant des gaffes de jeune homme, il perd sa place au profit de Luakabuanga qui revient et débanalise le pouvoir. » — Cf. Luntumbwe, o. c., p. 107 - 108.

Au regard de ce tableau, tout homme qui aura assumé une parcelle de pouvoir dans la province devra savoir que son propre portrait sera également peint un jour et que celui-ci reflétera la façon dont il aura géré ''la chose publique'' ; l'Histoire le rattrapera pour le jugera ! Nous fermons la parenthèse.

Notons que nos 21 « provinces » se sont inscrites dans la dernière tranche des Réformes Administratives intervenues au cours des cinq années qui ont suivi le 30 juin 1960. Mais que pouvons-nous retenir de cette multiplication des provinces ? Nous conviendrons avec Cornevin (o. c. pp. 298-9) que celle-ci, d'abord saluée comme un moyen d'apaiser des querelles tribales, n'a pas tardé à susciter de sérieuses réserves… Le découpage administratif était sans doute souhaitable, mais le découpage politique a multiplié les

Assemblées et a renforcé les tribalismes provinciaux. Cornevin (ibid.) nous renvoie à l'article de Benoît Verhaegen où les défauts du système sont soulignés, ainsi qu'au Bilan de *''Congo 1960 – 1964'' : quatre années d'Indépendance*[504]...

Au regard de ce chaos (insubordinations, indiscipline, contestations... et surtout l'épineux problème de la sécession du Katanga), un plan américain sur le Congo — conception de l'entourage du président Kennedy — proposera de neutraliser simultanément toutes les forces militaires (présentement le langage est « groupes armés », qui sont obligés de marcher au pas de « DDRR », « MONUSCO » et FARDC) — de par la résolution du Conseil de sécurité n° 1925 entrée en vigueur depuis le 1er juillet 2010.

Dans ce plan américain, la responsabilité de l'ordre incombait aux forces de l'ONU et à la mise en place d'un gouvernement élargi, plus représentatif, avec toutes les tendances. Aussi fallait-il, pour être accepté, que ce plan trouvât l'approbation de l'Union Soviétique or cette dernière y vit une manœuvre colonialiste... Et toutes ces tracasseries amèneront le Conseil de Sécurité à prendre sa résolution du 21 février 1961. (Comme l'histoire se répète : Ce Conseil ira prendre d'autres résolutions, dont la **2277,** la **2348 et la 3533...**). En voici la lecture :

A. Le Conseil de Sécurité

Ayant examiné la situation au Congo. Ayant appris avec un profond regret, la nouvelle du meurtre des dirigeants congolais, M. Patrice Lumumba, M. Maurice Mpolo et M. Joseph Okito. Profondément préoccupé par les répercussions de ces crimes et par le risque d'une guerre civile et d'effusion de sang généralisée au Congo, ainsi que par la menace à la paix et à la sécurité internationales, notant le rapport du Représentant spécial du Secrétaire général (S/4691), daté du 12/O2/1961, qui expose l'apparition d'une grave situation de guerre civile et les préparatifs faits à cette fin :

— Recommande instamment que les Nations Unies prennent immédiatement toutes mesures (...) notamment des dispositions concernant le cessez – le- feu, la cessation de toutes les opérations militaires, la prévention de combats et le recours à la force, si besoin est, en dernier ressort ;

— Demande instamment que des mesures soient prises pour le retrait et l'évacuation immédiate du Congo, de tous les personnels militaire et paramilitaire et conseillers politiques belges et d'autres nationalités ne relevant pas du Commandement des Nations Unies, ainsi que des mercenaires ;

---

[504] B. Verhaegen, Présentation morphologique des nouvelles provinces, Etudes Congolaises IV n° 4, avril 1963

— Prie tous les Etats de prendre immédiatement des mesures énergiques pour empêcher sur leur territoire le départ de ces personnels pour le Congo et leur refuser le passage et autres facilités ;

— Décide qu'une impartiale enquête aura lieu immédiatement en vue de déterminer les circonstances de la mort tenante de M. Lumumba et de ses collègues et que les auteurs de ces crimes seront châtiés ; (...).

B. Le Conseil de Sécurité :

Gravement préoccupé par la dégradation continue de la situation au Congo et par l'existence des conditions qui mettent gravement en danger la paix et l'ordre ainsi que l'unité et l'intégrité territoriale du Congo (...), notant avec regret et un souci profond les violations systématiques des droits de l'homme et des libertés fondamentales et l'absence générale de légalité au Congo (comme l'histoire se répète !). Reconnaissant la nécessité impérieuse de restaurer les institutions parlementaires au Congo conformément à la Loi Fondamentale du pays, **de façon que la volonté de la population se reflète par l'intermédiaire du parlement librement élu ;**

Convaincu que la solution du problème du Congo est entre les mains du peuple congolais lui-même, à l'abri de toute ingérence de l'extérieur, et qu'il ne peut y avoir de solutions sans conciliations — (par exemple !) ;

Convaincu en outre que toute solution imposée, y compris la formation de tout gouvernement ne résultant pas d'une réconciliation véritable, augmenterait grandement les dangers de conflit à l'intérieur du Congo et la menace à la paix et à la sécurité internationale :

1) Demande instamment la convocation du parlement et l'adoption des mesures de protection nécessaires à cet effet ;

2) Demande instamment que les unités et le personnel armés Congolais soient réorganisés et soumis à une discipline et à un contrôle (...) en vue d'éliminer toute possibilité d'ingérence de ces unités et de ce personnel dans la vie politique du Congo ;

3) Prie tous les Etats de prêter leur coopération et leur assistance (...) en vue de l'exécution de la présente Résolution.

MM. Robert Gardiner (Ghana) et Mokwedi (Nigeria) sont envoyés à Léopoldville pour expliquer la portée de la résolution.

Mais du côté du gouvernement congolais, MM. Iléo et Bomboko iront préciser le 11 avril 1961 — afin de lever l'évoque — que :

— la collaboration avec l'ONU doit se faire dans le respect de la souveraineté congolaise ;

— le gouvernement congolais a proposé un plan de réorganisation de toutes les forces armées avec la collaboration de l'ONU ;

— le gouvernement congolais est prêt à accepter l'aide de l'ONU dans la formation de ses cadres, mais entend rester seul maître dans le choix de ses techniciens étrangers.

Et comme les envoyés avaient laissé entendre qu'il n'a jamais été dans l'intention du Conseil de sécurité de procéder au désarmement de l'A.N.C. (…), un accord de principe est conclu le 17 avril (1961) — accord qui prit le nom de '' *Accord Gardiner / Kasa-Vubu* '' et qui en quatre points, définissait clairement les engagements de l'ONU vis-à-vis du Congo et vice-versa. (Cf. Cornevin, o. c., p 284 – 285). Pour aller dans la prévention de combats préconisée par la résolution et en vue d'en arriver à former un gouvernement plus représentatif, un autre cadre de concertation sera négocié par les deux envoyés de l'ONU auxquels s'est ajouté Mr. Khiari (Tunisie), entre Léopoldville et Stanleyville d'une part et entre Léopoldville et Elisabethville d'autre part. Nous en arrivons au …

7. « Conclave de Lovanium » et ''gouvernement adoula''

Oui, le lieu de rencontre retenu après concertations est l'Université **Lovanium** — chez **Mgr Luc Gillon,** sur le mont Amba — site également dit en ces temps-là par les étudiants : *Colline inspirée.* Là, caractère et discipline devaient être de mise. Aussi, ne pouvait- on y entrer ni en sortir comme on voulait ; des éléments de l'ONUC déployés tout autour aidaient à tenir en respect les participants…

Les deux Chambres convoquées par le président Kasa-Vubu y sont montées, le Sénat le 22 et la Chambre des Représentants le 23 juillet. Et le 27, devant les deux Chambres réunies, Kasa-Vubu insiste sur le rôle important du Parlement, sur la nécessité d'une réunion constitutionnelle, sur l'unité du Congo et le retour du Katanga. Et il ira terminer son adresse par rendre hommage à l'ONU pour avoir facilité la tenue de ces assises dites « **Conclave de Lovanium** » qui se tint du **22 juillet au 2 août 1961**.

Ce 2 août, une résolution — présentée par le Bureau de la Chambre et approuvée à l'unanimité — fait état d'une absence d'un gouvernement central ; et que ce vide doit être comblé, par la formation d'un gouvernement dont le pouvoir sera fondé sur une base constitutionnelle incontestable et universellement reconnue. Cette résolution stipule également qu'avec la formation du nouveau gouvernement, nul (autre) gouvernement ne pourra prétendre exercer les fonctions constitutionnelles du gouvernement de la République du Congo ; et qu'en outre, ce nouveau gouvernement, d'unité nationale, sera le successeur légal du premier gouvernement central de la République du Congo — (dit ''**Gouvernement Lumumba**'', qui n'aura connu que **67 jours**).

Ainsi fut mis fin à ce bicéphalisme qui a laissé évoluer deux républiques : la République du Congo (avec capitale Léopoldville) et la République Libre du Congo (avec capitale : Stanleyville).

Cyrille Adoula, un ancien syndicaliste, est désigné par Kasa-Vubu pour former le **gouvernement.** Ce gouvernement dit **« d'union nationale »**

obtient la confiance des deux Chambres, et **entre en fonction depuis le 2 août 1961.** C'est un cabinet de 26 ministres (dont 16 avaient appartenu en 1960 à la mouvance lumumbiste) et 15 secrétaires d'Etat ; **Gizenga** est maintenu à son poste de vice-premier ministre, et des puissances occidentales iront reconnaître sans tarder le ''**Gouvernement Adoula**''. (Nous avons connu un dit ''gouvernement de cohésion nationale'', une émanation des ''concertations nationales de fin septembre et fin octobre 2013 suivi d'un deuxième en novembre 2014 baptisé *Matata Ponio 2* mais avec omission du ministère des Affaires sociales ainsi que la représentation de la province du Kasaï Central !...).

Les Etats-Unis en particulier, soutiennent le gouvernement Adoula, le jugeant seul « capable de prévenir la pénétration communiste au Congo » (ce fut aux temps forts de cette ''guerre froide'' dont la flamme ira s'éteindre fin des années 80 – début 90). Et notons que le 16 octobre à New-York, Mr Bomboko, ministre des Affaires étrangères, confirmera les principes d'une politique de non-alignement — option déjà prise lors de la ***« Conférence des pays non alignés à Belgrade le 5 septembre 1961 »***. Le premier ministre Adoula y avait pris part et Gizenga qui fut également présent à ces assises reconnut publiquement (lors de ces assises) le caractère légal du nouveau gouvernement.

La position britannique fut officiellement une politique de soutien, encore que certaines considérations rhodésiennes aient lourdement pesé sur certains aspects de sa diplomatie.

La Belgique reconnut le nouveau gouvernement, mais continua à jouer son double jeu au sujet du Katanga. Mr Bomboko ira mettre en accusation, le 16 novembre à New-York, le gouvernement de Bruxelles pour ce faire, mais laissera entrevoir la possibilité de renouer les relations diplomatiques. Ensuite viendront **les pays de l'est,** dont la Russie de Mr. Khrouchtchev en tête le 31 août, suivis de la Tchécoslovaquie le 6 septembre...

Il est assigné au **gouvernement Adoula** de rétablir l'unité en mettant fin aux diverses sécessions qui disposaient chacune des troupes armées dont les plus fortes — plus fortes que celles du gouvernement central — appartenaient au Katanga (**Bakwanga** ne comptait que quelques milliers de milices et encore, sous le commandement du Général Dinanga). Et comme Moscou qui a soutenu Stanleyville venait de reconnaître le gouvernement de Léopoldville et était suivi par les pays de son bloc, Gizenga n'a pu que se trouver dans l'isolement diplomatique. En outre, le général Lundula s'étant rallié au gouvernement central, il lui était difficile de continuer à contrôler ''ses'' territoires de ''l'est'' où les actes d'indiscipline et d'insubordination se multipliaient, aussi ce régime ne pouvait-il survivre...

Par la suite, ayant perdu son immunité diplomatique Gizenga est arrêté et interné à Bula-Bemba dans le Bas-Congo. En 1962, après un court et difficile séjour à Bakwanga, Kalonji connaîtra le même sort, il est incarcéré à Luzumu, mais s'en échappera en pour s'exiler en Espagne. C'est ainsi que toute l'action du gouvernement central ira se focaliser sur le Katanga.

8. Fin de la sécession katangaise

Ayant constaté plus d'une fois, une mauvaise volonté dans le chef de Moïse Tshombe par rapport au retrait et à l'évacuation des mercenaires et autre personnel étranger du Katanga, et en vue d'en finir avec cette sécession katangaise, l'on recourut à ces mesures afin de mettre en chantier cette fin :

— le **24 août (1961)** : le gouvernement Adoula décide d'expulser mercenaires et officiers non congolais du Katanga ;

— **le 26** : un ultimatum de Mr. O'Brien, représentant de l'ONU à Elisabethville somme Mr. Tshombe de rejoindre Léopoldville. Sinon, les forces de l'ONU répondront à la demande de Mr. Adoula pour résoudre par la force le problème de la sécession katangaise ;

— **le 28 août** : l'ONU applique le **''Plan Rumpunch''**. Les troupes indiennes et suédoises occupent l'Aéroport, le commandement de la Gendarmerie, le Central téléphonique, la Radio ainsi que d'autres points chauds d'Elisabethville.

De cette action qui est menée sans coup férir, l'on obtient d'expulser plus de 100 conseillers et plus de 300 mercenaires, mais cela engendre cette réplique de la part du Katanga : arrestation du ministre résident du Sud-Kasayi, Mr Bintu (wa Tshiabola) et brimade de plusieurs Baluba accusés de mèche avec l'ONUC (!)... Il s'en suivra la création des camps des ''réfugiés''— alors que ces ''sans-abri'' se trouvaient être des Congolais et sur le sol congolais ; l'ONUC en assurera la protection... Et l'Etat sécessionniste, rusé, ira regrouper ses forces...

Au vu de ces manœuvres, **le 13 septembre 1961**, l'ONU ira chercher à répéter l'opération du 28 août. Mais ses troupes sont harcelées par des commandos de la gendarmerie katangaise, appuyés par un chasseur bombardier. **Ce fut un grand échec** pour l'ONU qui subit de lourdes pertes. Cornevin dira *« qu'il est encore maintenant très difficile de voir clair dans la masse de documents, de faits et démarches qui ont précédé ou accompagné l'action de l'ONU dans « la tragique semaine du 13 au 20 septembre 1961 ».*[505] Des protestations fusent alors de toutes parts : Moscou, Londres,

---

[505] En effet, il y a ce fait qu'il manquait 105 personnes dont 64 Belges, 11 Français et 30 d'autres nationalités, cela en rapport avec le bilan de l'évacuation du personnel non congolais de la gendarmerie katangaise qui devait aboutir le 8 septembre à un total de 273 — cf. R. Cornevin, o. c. p. 289. Il y a aussi cet autre fait que Mr Khiari qui était chef des opérations civiles des Nations Unies, ait mis feu aux poudres, le 1er septembre, alors que les instructions comportant des ordres d'arrestation du gouvernement de Léopoldville pour G. Munongo, ministre de l'Intérieur ; Kibwe, vice-président et ministre des Finances, ainsi que pour E. Kimba, ministre des Affaires étrangères du Katanga (Tshombe aussi devait être arrêté) étaient

Paris, Bruxelles… Et l'ONU est accusée de ne pas respecter l'esprit de sa Charte… (L'on notera que ce sont les Etats-Unis qui ont supporté l'essentiel des contributions de ces opérations armées). Un cessez-le-feu est réclamé par Bruxelles et Londres.

Le Secrétaire général des Nations Unies**, Dag Hammarskjöld,** qui aura proposé le 16 septembre de rencontrer Tshombé à Ndola afin de négocier ce cessez-le-feu, **ira trouver la mort** (une mort tragique de ce grand homme avec suite et équipage : 12 victimes au total) dans **la nuit du 17 au 18 septembre.** Son avion a connu un crash **en terre rhodésienne** (en Zambie présentement). A propos de cette bizarre disparition, Mgr Gillon (il avait causé avec le pilote la veille) dira un mot plus tard)…

Et le 20 septembre, un accord provisoire Khiari /Tshombe ordonne le cessez-le-feu immédiat…

L'A.N.C. avait-elle cherché à saisir la balle au bond ?... On la verra déclencher, au lendemain de l'accord Khiari – Tshombe, à partir du 21 septembre, des opérations militaires… Mais l'offensive du général Mobutu **à partir du Kasaï,** ira se terminer par la mutinerie de Luputa et par les violences dont furent l'objet les Européens à **Luluabourg** du 1er au 3 novembre 1961[506] tandis que celle menée par le général Lundula à partir du Kivu s'est tristement illustrée par le massacre de treize aviateurs Italiens de l'ONU à Kindu (entre le 11 et le 12 novembre) et la mutinerie d'Albertville… Notons que la faiblesse manifeste de l'équipement militaire dont disposaient les troupes de l'ONU a amené le Conseil de sécurité de réviser sa position par rapport à la sécession. Sa résolution du 24 novembre l'autorisait à user de la force — la résolution du 21 n'en avait-elle pas parlé : ''si besoin est'', en d'autres mots « le cas échéant » ?...

Après plus d'un an de tergiversations futiles, on comprit le bien fondé de l'une des demandes de Lumumba : **l'usage de la force de l'ONU afin de maintenir l'unité du pays…** C'est ainsi que les opérations de décembre à Elisabethville seront qualifiées de plus graves que celles de septembre. Il y eut même le bombardement de l'Hôpital Prince Léopold — présentement Hôpital (Général ou) de Référence de Lubumbashi dit communément (Hôpital) ''Sendwe'' — par l'artillerie, le 7 décembre. Et la nuit… que d'Européens molestés (hommes et femmes) par les soldats — dira Cornevin, o. c., p. 290. Aussi, depuis l'existence du gouvernement Adoula dont la légitimité n'est pas contestée, le gouvernement belge et Mr. **Spaak** ne peuvent-ils plus continuer à soutenir la sécession katangaise ; et au

---

données à Mr O' Brien et au Général Radja (O'Brien laisse supposer cela dans ses déclarations faites à l'Observer'' le 10 décembre 1961, ibidem).

[506] L'auteur se rappelle ce fait ; il a vu de ses yeux de nombreux soldats de l'A.N.C. en route pour le Katanga, entassés dans les villas INSS (alors Caisse des Pensions) dans son Quartier Bianchi… L'un d'eux, natif de l'Equateur, avait logé une photo de ses deux garçons et sa fille à l'intérieur de son casque ; il se demandait devant nous s'il allait retrouver les siens un jour !…

télégramme indigné de Mr. Spaak, la réponse embarrassée de Mr **U THANT** (nouveau Secrétaire Général de l'ONU) faisait état d'un plan secret d'attaque des forces katangaises... C'est au regard de cette réponse que Mr. Tshombe adressera un télégramme au Président Kennedy indiquant qu'il souhaitait négocier les divers problèmes du Congo avec le premier ministre Adoula. Le Secrétaire Général U THANT immédiatement prévenu, désigne MM Ralph Bunche et Robert Gardiner pour en assurer les bons offices. Le 20 décembre, les deux parties — le gouvernement central et le Katanga — sont à **Kitona.**

A l'issue des entretiens, Moïse Tshombe et sa suite (Jean-Baptiste Kibwe, Odilon Mwenda...) acceptent l'application de la Loi fondamentale du 19 mai 1960 et que la gendarmerie katangaise soit placée sous l'autorité du Président de la République. La délégation du Katanga accepte également la participation le 3 janvier 1962 à Léopoldville, des Représentants de la province du Katanga à la commission gouvernementale devant étudier et examiner l'Avant-projet de la Constitution. Ils reconnaissent aussi **le caractère ''un'' et ''indivisible'' de la République du Congo** ainsi que la qualité de Président et Chef de l'Etat à Kasa-Vubu. En dernier lieu, nos frères du Katanga s'engagent à faire respecter les résolutions du Conseil de sécurité, pendant que Tshombe émettra — comme toujours — **une réserve** : il va *''s'en référer aux autorités katangaises compétentes''.* — (Ne voyons pas ici le Porte-parole du gouvernement en rapport avec ''la signature de la Saint Sylvestre).

Bien que son gouvernement et la Chambre auront tiré la discussion en longueur, le 27 décembre, Léopoldville ira noter avec satisfaction la volonté — pour une fois — du Président (provincial) du Katanga, Mr Tshombe, de respecter l'Accord de Kitona. Une délégation des parlementaires Conakat ainsi que quelques experts sont envoyés à Léopoldville (l'ONUC assura leur protection)... Mais voilà qu'une avancée des troupes de Léopoldville dans le Nord-Katanga fera raidir la position d'Elisabethville et amène celle-ci à louvoyer au sujet des mercenaires... Cependant, les points retenus lors des entretiens de Kitona seront adoptés le 15 février 1962 par l'Assemblée katangaise ; ce qui permit d'entreprendre les entretiens Adoula /Tshombe à partir du 18 mars...

Alors que l'on en attendait une heureuse fin, l'on ira constater que ces entretiens qui se sont étalés sur cinq semaines n'ont pas abouti à un accord concret. Pour Léopoldville, le Katanga doit purement réintégrer dans le Congo unifié (cf. Loi fondamentale du 19 mai 1960) ; pour le Katanga, il lui faut consolider juridiquement sa sécession en échange de la mince participation financière au budget du reste du pays. Après interruption et reprise des négociations le 18 mai, quatre commissions sont chargées d'étudier l'applicabilité de cette réintégration (les modalités et/ou aspects militaire, monétaire, économique et fiscal et autres)... Mais l'obstination de Tshombe de maintenir la constitution de ''son'' Katanga et de voir l'intégrité territoriale de celui-ci respectée fera échouer ces assises, le 26 juin 62 et convaincra en même temps beaucoup d'observateurs de la mauvaise foi de Tshombe.

En outre, vu que le déséquilibre de la balance des paiements prenait des proportions inquiétantes plongeant le gouvernement central dans une position de faiblesse, et que la charge financière des opérations devenait très lourde pour les Etats (Etats-Unis...) qui jusque-là contribuaient, le Secrétaire Général de l'ONU conçut le plan qui sera appelé de son nom **« plan U THANT »**. Ce plan (daté **du 10 août 1962**)[507] est accepté par Mr. Adoula le 25 août. Tshombe ne l'acceptera qu'à la veille du délai de dix jours soit le **2 septembre.**

Et comme il y eut encore de longues semaines d'atermoiements, dans les premiers jours de décembre 1962, Mr. Tshombe est prévenu par le Président **Kennedy** des E.U. et le ministre belge, Mr. **Paul Henri Spaak**, que des mesures économiques diverses seraient prises s'il persistait à refuser de se soumettre aux exigences de l'ONU...

Le 12 décembre, Mr. **Gardiner** adresse un ultimatum à Mr. Tshombe le menaçant de sanctions internationales et de représailles militaires, s'il ne se conformait pas au plan du Secrétaire général de l'ONU. **Le 18 décembre**, l'ONU annonçait que les Etats-Unis avaient accepté de fournir du matériel supplémentaire aux forces expéditionnaires de l'organisation internationale. **Le 21 décembre**, une mission militaire américaine dirigée par le général Truman arrivait à Léopoldville. En effet, Mr. Kennedy, sur la lancée de son succès cubain, avait décidé d'intervenir dans l'affaire katangaise... Nous ouvrons ici, pour mémoire, une parenthèse à propos de cet illustre personnage que fut J. Kennedy, avant de continuer la suite des événements :

> John Fitzgerald Kennedy est né d'une riche famille d'origine irlandaise, le 29 mai 1917. Jeune diplômé d'Harvard (thèse d'Histoire sur les politiques étrangères britanniques des années 30), John choisit de servir dans la marine lors de l'entrée en guerre des Etats-Unis en 1941 ; pour sa bravoure, il est décoré en 1943. Après la guerre, il occupe le siège de Boston à la Chambre

---

507 Ce plan prévoyait une constitution fédérale congolaise (...). Une loi devait répartir les revenus en tenant compte des moyens et des besoins économiques et financiers des différents Etats ; et autant que possible, assurer aux différents Etats le minimum des revenus provenant de leurs régions.
Comparez avec ce dont parle la Constitution (du 18 février 2006), son Article 175, alinéa 2 qui dit notamment : '' la part des recettes à caractère national allouées aux provinces'' qui est de « 40 % » et « retenues à la source » et à rétrocéder... ; ainsi qu'à son Article 181, alinéa 2 qui stipule : ''... la caisse nationale de péréquation en vue d'assurer la solidarité nationale, et de corriger le déséquilibre de développement entre les provinces (...)''. Le Fonds Monétaire devait établir un plan pour l'unification de la monnaie ; et l'on devait également procéder à l'intégration et l'unification des forces armées. Cf. Cornevin, o. c. p. 291.
Si le plan U Thant ne faisait aucune allusion à des sanctions économiques contre le Katanga c'est parce que les Bruxelles et Londres s'y étaient opposés ; il les avait prévues néanmoins dans les modalités d'application pour le cas où le plan ne serait pas accepté — dira Tshimanga wa Tshibangu, o. c. pp. 122-3.

des représentants, puis est élu au Sénat en 1953, année de son mariage avec Jacqueline Bouvier. John — démocrate — se lance en 1960 dans la course à la présidence, soutenu par son frère Robert F. Kennedy (Bob) ; il devient, en 1961, le 35e président des E.U., le premier de confession catholique, et le plus jeune président.

Peu de temps après son arrivée au pouvoir, Kennedy lance une série de programmes économiques qui renforcent le pays. Mais son soutien aux exilés cubains pour renverser Fidel Castro (opération dans la Baie de cochons) lui crée des démêlées avec les Soviétiques qui, pour augmenter leur pression sur les Etats-Unis, installent des missiles nucléaires à Cuba. Comme réponse à cette menace, Kennedy, invoquant un cas de conflit nucléaire, impose aux Russes de rapatrier sans délai leurs missiles ; ce qui fut fait et cela donna le coup d'envoi au programme de diminution des armes nucléaires — cf. le traité d'interdiction d'essais de 1963… (L'Administration Obama ira aussi connaître un succès, dans les relations diplomatiques entre Cuba et les E.U.).

Le 22 novembre 1963, le président John F. Kennedy est assassiné à Dallas ! (Nous étions alors en 3e année des humanités au Collège St. Louis, ce matin – là, quand la triste nouvelle retentit !)… Bien que la commission d'enquête chargée d'examiner les circonstances de cet assassinat — commission présidée par le juge Farl Warren — aboutit à la seule responsabilité de Lee Harvey Oswald, cette version est restée depuis remise en question tant par les autorités officielles américaines que par de nombreux chercheurs indépendants… cf. Biographies John F. Kennedy — J.F.K.- fr. com. Nous fermons la parenthèse.

La mise en application du plan U Thant ayant rencontré beaucoup de difficultés, l'on en est venu à passer aux phases qui prévoyaient des mesures de pressions économiques. Celles-ci consistaient entre autres à inviter les différents Etats à cesser d'acheter le cuivre du Katanga et sommer l'**Union Minière** de verser le produit de ses exportations, en totalité, au ''Conseil Monétaire''. Mais voilà que dans la matinée du 24 décembre 1962, les forces katangaises déclenchent une fusillade généralisée contre les troupes de l'ONU en divers coins d'Elisabethville. Cela servit de prétexte et quatre jours plus tard, une offensive onusienne fut lancée contre la Gendarmerie katangaise**…**

Le 28 décembre 1962, Elisabethville tombait !... Il en fut de même de Kipushi, Jadotville et Kolwezi où les barrages Delcommune et Le Marinel étaient minés par les mercenaires… **C'en était fini avec la Sécession katangaise** et cela, bien qu'il y eut le refus de certains Etats membres de contribuer à l'effort financier de ces opérations…

Mais un fait reste retenu : l'implication dans cet exploit de cet illustre disparu — nous avons cité J.F. Kennedy — reste gravée dans les annales de l'histoire du pays. Les Congolais lui doivent moralement beaucoup... comme ils pourront apprécier d'ici-là, l'agir d'autres structures dans la recherche de la stabilité pour le Congo... Ils doivent également beaucoup à U Thant, à tous ces Casques bleus ainsi qu'à nos soldats tombés pour cette cause.

Alors, d'un remaniement à l'autre, le cabinet Adoula est enfin admis — le 14 avril 1963 — comme un gouvernement de réconciliation nationale. Celle-ci ira se concrétiser par la réouverture du trafic ferroviaire entre **Elisabethville** et Port Franqui (notre actuel Ilebo) ; et l'auteur — alors élève à St. Louis — a vécu l'événement dans la gare de **Luluabourg** et a applaudi de ses mains, le Premier ministre Adoula qui regagnait la voiture-salon accouplée au train de circonstance en route vers **Ilebo**.

9. Les rébellions (de Pierre MULELE...)

Mais hélas, une tension viendra ébrancher l'Exécutif et le Législatif en septembre – octobre 1963. Le président Kasa-Vubu a congédié les deux Chambres et l'opposition se réfugie dans la clandestinité et dans l'exil. Peu sympathique au pouvoir de Léopoldville, le gouvernement Massamba D. à Brazzaville — après la chute de l'Abbé Fulbert Youlou — offre aux leaders insurgés de constituer un gouvernement et celui-ci jouira même d'une audience internationale !... Déclenchée vers la fin 1963 par Pierre **Mulele,** ancien ministre de l'Education du gouvernement Lumumba, la rébellion se développera dans le Kwilu en début de 1964. Puis, à partir de mai et depuis le Burundi, G. **Soumialot** et Nicolas **Olenga** atteindront le nord du Katanga. La rébellion atteindra la province orientale, le Kivu-Maniema et même le Sankuru ici au Kasaï...

10. Le gouvernement Tshombe

Notons que pendant ce temps, comme l'effort financier n'a pas été conjugué — nous l'avons vu — les derniers contingents de l'ONU ont tout le mois de juin pour quitter le Congo, et le 30 juin 1964 le gouvernement Adoula (entré en fonction depuis le 2 août 1961) aura cessé de fonctionner. Notons que depuis la fin de la sécession katangaise, Moïse Tshombe s'est retiré en Espagne. Là, des rencontres le rapprocheront des représentants de la rébellion. Il s'y verra chargé d'abord d'une mission d'information, puis de formation d'un gouvernement « d'union nationale », gouvernement appelé à endiguer la progression de la rébellion et éviter ainsi au pays son éclatement. **Le 10 juillet 1964,** Moïse Tshiombe forme **un gouvernement** dit de **« salut public »...**

Cependant, sur terrain, les forces rebelles — composées de jeunes gens fanatisés et souvent drogués — feront encore des progrès sensibles, mais **le**

colonel Mulamba (« *Mulé nshingu wa mua Kalombo* » ainsi exalte-t-on les Bakwa Mushilu, sujets du Chef Luandanda Kalombo aussi dit Muamba Mputu) s'illustrera avec ses hommes. Il sera même dit de lui : « Mulamba, l'homme de Bukavu et de Stanleyville »… Et sur la scène africaine, à la « conférence annuelle de l'OUA » (présentement l'Union Africaine), tenue au Caire du 17 au 21 juillet 1964, Tshombe n'arrive pas à se faire admettre par les chefs d'Etat et de gouvernements et ce, malgré l'intervention de Mr Tombalbaye (président du Tchad), car Tshombé était tenu pour responsable de la mort de Lumumba… Tshombe ne réussira pas non plus à se faire admettre à la conférence des ''Etats non alignés'' au Caire (fin septembre). Et ce qui compliquera encore la situation, c'est d'une part cette entente secrète intervenue entre dix chefs d'Etat de l'Afrique révolutionnaire[508] qui ont décidé de soutenir l'Armée populaire de libération (nous sommes au temps fort de la guerre froide entre le bloc communiste et le bloc capitaliste), et d'autre part cette offensive engagée depuis septembre, entre mercenaires et ANC. Cette offensive fera qu'en novembre, l'opinion publique occidentale s'inquiète du sort des centaines d'Européens retenus dans les carrés contrôlés par les rebelles… Alors eut lieu l'intervention des paras commandos belges sur Stanleyville les 24 et 26 novembre 1964…

11. La constitution de Luluabourg (1er août 1964)

Cependant, en dépit de toute cette situation de grande tension — conflits intérieurs et poursuite de la contestation lumumbiste sous le signe des rébellions — une commission constitutionnelle, mise en place par le président Kasa-Vubu, travaille au centre du pays, à **Luluabourg,** à l'élaboration d'une première et véritable « constitution » du pays, devant remplacer la Loi Fondamentale du 19 mai 1960.

Nous avons retrouvé les deux allocutions de circonstance prononcées par le président Kasa-Vubu — le 10 janvier 1964 (lors de l'ouverture des travaux) et le 11 avril 1964 à la clôture — dans le Recueil des Discours, allocutions et messages prononcés par le Président de la République, S.E. Mr J. Kasa-Vubu (juin 1960 – juin 1965)/Bureau de Documentation et des Relations Publiques du Ministère de l'Information, Imprimerie Concordia - Léopoldville, pp. 166- 172 et 175 – 179.

Cette « **Constitution** » dite « **de Luluabourg** », adoptée par le référendum du 28 mai 1964 et promulguée le **1er août 1964**, consacre pour la première fois, l'appellation (de la) « **République Démocratique du**

---

[508] … dix chefs d'Etat… dont : Abdoul Nasser (RAU : Egypte…), Ben Bella (Algérie), Modibo Keita (Mali), Sekou Touré (Guinée/Conakry), Kwame N'Kruma (Ghana), Julius Nyerere (Tanzanie), Jomo Kenyata (Kenya), Masamba Deba (Congo Brazza) ; et Simon Mallet — cité par R. Cornevin (o. c. p. 294) — dira d'eux, à propos : « Dix pays d'Afrique déclarent la guerre à Tshombe (in Jeune Afrique n- 210 du 13 décembre 1964.

Congo ». L'hémicycle de l'Assemblée provinciale de Luluabourg — dans l'enceinte de l'Athénée Royal (devenu ''Complexe Scolaire et/ou Institut Kananga I et consorts) — en a servi de cadre. Mais allez voir ce bâtiment qui devait depuis lors s'inscrire parmi les sites touristiques du pays, ce qu'il est devenu ! Nous dirons ici que sa réfection s'impose...

Pour mémoire, les quatre signataires de ce document historique de 46 pages contenant 204 articles sont : Joseph **Kasa-Vubu**, Président de la République ; Moïse **Tshombe**, premier ministre ; Godefroid **Munongo**, ministre de l'Intérieur ; Léon **Mamboleo**, ministre de la Justice et garde des Sceaux.

Revenons à l'opération de Stanleyville qui a eu pour retombées, entre autres : cette réaction dans l'opinion publique africaine qui amena Tshombe à repousser les projets belges de l'OATRA[509] et à supprimer le 29 novembre 1964 (trois jours après l'opération de Stanleyville), le Comité Spécial du Katanga (CSK) [510]. Il faut akouter cette autre réaction et extrêmement violente, venue de 22 Etats membres de l'OUA (dont l'Algérie, le Burundi, le Congo Brazzaville, le Dohomey devenu le Bénin, l'Ethiopie, le Ghana, la Guinée/Conakry, le Kenya, le Mali, la Mauritanie, le Soudan — non encore éclaté en Nord et Sud, la Tanzanie, la Zambie), qui auront demandé le 17 décembre (1964) la convocation du Conseil de Sécurité.

Mr. Ganao du Congo Brazza et divers orateurs n'approuveront pas l'opération de Stanleyville. Et la parenthèse que nous ouvrons en rapport avec ces interventions nous édifiera... En effet, à ce Conseil il fut d'emblée rappelé les heures difficiles de juillet et septembre 1960 ; puis est venu ce réquisitoire violent de Mr. Ganao annonçant l'aspect racial de l'opération de Stanleyville... Oui, une réflexion s'impose : que des nègres et peuples de couleurs s'entretuent par milliers, et avec des armes et des balles vendues par des tueurs aux mains propres, habitant loin des contrées africaines..., cela importe peu.

Ce qui compte plutôt, c'est écouler ces instruments de la mort ; c'est ce trafic d'armes ; c'est comment rentabiliser le fabriquant et faire vivre le réseau ! Ce qui compte c'est opposer et diviser pour tirer le maximum du sol et sous-sol d'autrui et garder une main – mise sur les lieux ! Parce que, décideurs ! Nous fermons la parenthèse et revenons aux intervenants...

Après Mr. Ganao, divers orateurs interviendront à leur tour pour souligner l'aspect de précédent que peut revêtir cette opération pour les Etats

---

509 ''OATRA'' : Office d'Assistance Technique et de Reconstruction Administrative

510 Pierre Joye — in ''Remarques Congolaises et Africaines'' du 6 janvier 1965 — cité par Cornevin (o. c. p. 294), a fait une analyse consacrée à la dissolution du CSK (ce géant ou baobab des finances et dividendes métropolitaines, nous l'avons vu plus haut). C'est par le souci de se trouver en position de force pour les négociations belgo-congolaises de Bruxelles et de montrer aux étrangers (Français et Allemands surtout) susceptibles d'investir, que Tshombe se sentait ''maître à bord'' alors qu'il revenait au gouvernement de Léopoldville de prendre une mesure qui s'imposait.

africains qui ont des nombreux ressortissants européens… (Toutefois, pour notre part, nous saluerons l'action humanitaire que revêtirait toute intervention si musclée soit-elle, aux fins de sauver des vies humaines. Ici, nous pensons à ce raid israélien qui s'opérera en juillet 1976 sur **Entebbe**, pour sauver les otages victimes du terrorisme. Mais souhaiterions qu'il n'y ait pas ''deux poids deux mesures'' **; des êtres en perpétuel péril à l'Est et au Kasaï sont aussi des vies humaines…**).

Comme réponse à ces intervenants qui l'ont précédé, Mr. Paul Henry Spaak usera de son calme… tandis que Mr. Idzumbuir, notre Ambassadeur à l'ONU ira condamner l'aide apportée aux rebelles par les Etats africains (Soudan et autres…).

Alors, en vue d'aboutir à un cessez-le-feu et au retrait des mercenaires, l'OUA recevra mandat de suivre l'affaire. Son action sera menée jusqu'en mars 1965… Mais lorsque l'on voit d'une part les chefs de diverses tendances de l'insurrection se réunir au Caire, pour créer « un Conseil suprême de la Révolution »…, l'on voit d'autre part surgir une tension, quelques jours après, entre Soumialot et Gbenyé (il nous a quittés en février 2015). Les rebelles ainsi divisés perdront leur unité d'action et, privés de soutiens extérieurs, ils ne maintiendront que quelques zones d'insécurité…

12. Fin de la première législature

Oui, pendant toute cette crise, Moïse Tshombe mène des actions politiques en rapport avec les élections législatives qui sont en vue (**pour mars 1965)…** Le 3 février 1965, il aura regroupé 49 partis dans une Confédération Nationale des Associations qui devient le 24 du même mois, à **Luluabourg**, (la) Convention Nationale Congolaise '' CONACO'' en sigle.

Pour les présidentielles, **Kasa-Vubu**, Président « sortant », se porte **candidat** ; de même que **Moïse Tshombe,** son premier ministre. Mais ce dernier dispose d'une majorité dans le nouveau parlement[511], et partant, il (Tshombe) **est crédité d'avance gagnant** (cf. Art. 56 de la **Constitution de Luluabourg**, qui stipule entre autres ceci : *« le président de la République est élu par un corps électoral composé des membres du parlement et des délégués de la ville de Léopoldville* [512] *qui votent dans la capitale, ainsi que*

[511] Et cela malgré que certains ennemis de Mr Tshombe eussent fait semblant de se rallier à son parti alors que ce fut pour mieux l'abattre !... Nous irons nous rappeler la victoire de Sylvestre Mudingayi au Sénat, le 1er octobre, en lieu et place d'Isaac Kalonji, candidat tshombiste ! Tous deux frères du Kasayi pourtant !...

[512] La ville de Léopoldville désigne un nombre d'électeurs du Président équivalant au nombre des conseillers provinciaux auquel cette ville aurait droit si elle était constituée en province (alinéa 2)…. L'élection a lieu à la majorité absolue des suffrages aux deux premiers tours de scrutin, à la majorité relative au troisième tour. Au deuxième tour, seuls restent en

des membres des Assemblées provinciales qui votent chacun au chef-lieu de la province qu'il représente — alinéa 1 — »...).

Le président **Kasa -Vubu** refusera de se laisser aller au fatalisme. Décidé à se battre jusqu'au bout, le 13 novembre, il **révoque le premier ministre Moïse Tshombe et propose** — en remplacement — Evariste **Kimba**, que le parlement rejettera. Kasa - Vubu ne désarme pas. Pour lui : point de pièce de rechange ; il n'a d'autre candidat que Kimba. Et le gouvernement que présentera celui-ci n'obtient pas la confiance... Un conflit s'ouvre entre Kasa-Vubu et Tshombe... L'inattendu se produit alors : « l'Armée » prend le pouvoir...

Oui, **le 24 novembre 1965, le Général Mobutu destitue le Président Kasa—Vubu** ; décharge Evariste Kimba de la mission de formateur (de gouvernement lui confiée par Kasa-Vubu) ; et le général Mobutu lui-même exercera les prérogatives constitutionnelles de Président de la République. Nous sommes en novembre 1965. C'est le début de la 2e République »... qui introduira aussi ses Réformes...

13. Relecture

Pour une meilleure compréhension des faits, retenons ce qui suit : le 6 juillet 1960, il y a eu une promotion générale dans l'Armée : Lundula est promu général. Le 7 juillet il y a mutinerie auca mp de Thysville (présentement Mbaza-Ngungu)... A partir de mi-juillet 1960, Elisabethville n'obéit plus à Léopoldville et cela venait de très loin. (A ce propos, nous lisons ceci chez le professeur Kabatu-Suila — cf. Patrice E.Lumumba..., Edition Ka–Immo, nov. 2004, p. 157 : « les conclusions du rapport de la commission d'enquête parlementaire[513] affirment que ce sont les Belges qui géraient l'Etat Katangais... »... Et le Professeur Kabatu-Suila de renchérir :

> « ... le commandant Guy Weber, Chef du détachement venu de la Base militaire de Kamina, s'installa sur place à Elisabethville. En moins de quatre jours seulement, l'ancien officier de la Force publique, fils d'un colon, devint l'homme de confiance du Président Tshombe qui lui confia la haute direction de toutes les forces armées du Katanga. Le premier ministre belge Mr. Gaston Eyskens, décida au lendemain de la proclamation de l'indépendance du Katanga (le 11 juillet 1960) que tous les Belges en poste au Katanga devaient y rester. L'Union Minière, quant à elle, proclame que tous ses agents réfugiés en Rhodésie (présentement la Zambie) devaient revenir... Quoi de plus pour démontrer que la sécession katangaise était l'affaire du

---

compétition les deux candidats qui ont recueilli le plus grand nombre de voix au premier tour (alinéa 5).

[513] Lire à ce propos, quelques conclusions épinglées par Kabatu-Suila, o. c. pp. 29-30 ; enquête menée entre 2001 et 2002, en vue d'élucider les circonstances de la mort de P.E. Lumumba et conclusions « qui ont démontré l'implication des autorités belges de l'époque dans la révocation de Lumumba par Kasa-Vubu, son arrestation et son assassinat au Katanga ».

Gouvernement belge ? Tshombe était leur homme. Il leur a obéi jusqu'au bout, mais en fin de compte, ils l'ont abandonné, pour mourir pauvre et incognito, dans une prison sombre en Algérie »... Idem p. 157.

— Le 12 juillet 1960 : A cause de la violation du territoire congolais par les troupes belges, le gouvernement Lumumba rompt les relations diplomatiques avec la Belgique et sollicite l'intervention à la fois des troupes américaines et (celles) de l'ONU. Dans l'incertitude de la réponse de l'ONU et, étant donné l'urgence extrême de la situation, Kasa-Vubu et Lumumba s'adresseront à Nikita Kroutchev, chef du Kremlin, pour intervenir au cas où '' le camp occidental '' ne mettait pas fin à son acte d'agression contre la République du Congo » (Kabatu-Suila, o. c., p. 158) ;

— le 14 juillet 1960 : Le Conseil de Sécurité ne condamne pas la Belgique pour son agression contre un pays souverain, le Congo, mais décidera que les troupes de l'ONU remplacent les troupes belges.

— Fin juillet : arrivée des troupes des Nations Unies (à Léopoldville).

— Le 8 août 1960 : poussé et encouragé par le gouvernement belge et, probablement avec le soutien des autres pays occidentaux, Albert Kalonji proclame l'« **Etat Autonome du Sud-Kasaï ».**

— Le 18 août 1960 : le Professeur Van Bilsen, Directeur de cabinet du Président Kasa-Vubu, reçoit via Mr. Vanden Bosch, Ambassadeur belge délocalisé à Brazzaville (à cause de la rupture des relations diplomatiques entre Bruxelles et Léopoldville) — l'ordre du Premier ministre belge Mr. Eyskens, de faire révoquer Lumumba... Et depuis, sous la pression instante du gouvernement belge, les relations entre les deux hommes à Léopoldville — entendez Kasa-Vubu et Lumumba — se détériorent, jusqu'en septembre ; et...

— Le 5 septembre 1960 : en marge de toute légalité Kasa-Vubu révoque Lumumba...

— Le 7 septembre : Lumumba obtient l'appui du Parlement qui recommande une réconciliation entre le premier ministre et le Président...

— Le 19 septembre 1960 : le colonel Mobutu met en place un « Collège des Commissaires Généraux », pour gérer l'Etat, et ce Collège dont la plupart de commissaires ne furent pas de « la classe politique » naissante, mais plutôt des jeunes cadres universitaires, fonctionnera jusqu'au 9 février 1961.

— Le 10 octobre 1960 : Lumumba est bloqué dans sa résidence officielle de premier ministre...

— En novembre 1960 : la Province orientale se reconnaît d'obédience lumumbiste. En effet, les partisans de Lumumba qui se sont regroupés autour d'Antoine Gizenga à Stanleyville, décident, de ne plus obéir à l'autorité du gouvernement de Léopoldville...

— Dans la nuit du 27 au 28 novembre 1960 : Lumumba réussit à s'évader de sa résidence... Le 29 novembre, il est arrêté **au Kasayi, dans le Territoire de Mweka,** et acheminé à Léopoldville le 2 décembre ;

— Le 3 décembre : il est interné au camp Hardy à Thysville.

— Le 12 décembre 1960 : le gouvernement de Stanleyville ayant déclaré détenir toute la légitimité et la légalité du pouvoir, proclame la '' République libre du Congo ''. Il y a ainsi deux républiques congolaises : l'une ayant comme capitale Léopoldville, et l'autre avec comme capitale Stanleyville.

— Le 25 décembre 1960 : Bukavu est investie par des forces lumumbistes de Stanley ville.
— Le 8 janvier **1961** : Manono tombe. Notons que Manono est le fief de Janson Sendwe (Vice-premier ministre dans le gouvernement Lumumba) et des Balubakat, opposants à Moïse Tshombe.
— Le 17 janvier 1961 : Lumumba est transféré et assassiné à l'Elisabethville, avec ses trois compagnons. (Shilatembo, distancé d'E'ville de quinze kilomètres sur route vers Likasi est retenu comme lieu de ce drame).
Notons qu'Albert Kalonji aura refusé de réceptionner '' le colis '' à Bakwanga ; pour lui, *''Lumumba est après tout un frère du Kasayi. Il ne faudrait pas se mettre à dos tous les frères Batetela ''* — cf. Kabatu-Suila, o. c. p. 165.
— Le 12 septembre 1960 : Kasa-Vubu nomme Iléo premier ministre. Le Gouvernement qu'aura formé celui-ci ne fonctionnera pas à cause de l'obstruction du parlement (dont Lumumba détient la majorité).
(Ne va-t-il pas en être le cas avec le gouvernement que formera un premier ministre issu du ''Rassemblement'' — la ''Majorité présidentielle'' persistant détenir une majorité au Parlement ayant épuisé son mandat ?!)...
— Le 14 septembre (1960) : Mobutu Joseph, alors chef d'Etat - Major Général de l'A.N.C, neutralise les Institutions en place, c'est-à-dire : le Chef de l'Etat ; le premier ministre et les deux Chambres... Dans l'entre faits, les affaires courantes sont conduites par le Collège des Commissaires généraux que préside le ministre des Affaires étrangères, Justin - Marie Bomboko.
La difficile recherche d'un gouvernement légitime se fait sentir ; le cadre constitutionnel ne se prêtait pas à une solution du problème en raison de l'opposition katangaise... Une voie extra-parlementaire — (comme l'histoire se répète, cfr la Cité africaine et le Centre interdiocésain/Cenco) — s'imposait, d'où '' les trois tables rondes '' :
1) celle prévue à Léopoldville : du 25 janvier au 16 février 1961, mais qui n'eut pas lieu ;
2) celle dite « Conférence de Tananarive » : du 8 au 12 mars 1961 ;
3) celle dite « Conférence de Coquilhatville du 24 avril au 28 mai 1961.
Et toutes les trois ne s'avérèrent pas efficaces. C'est ainsi qu'interviendront les assises dites : « Conclave de Lovanium », qui se sont tenues du 22 juillet au 2 août 1961. Le mérite de ce Conclave est qu'il mit fin à ce bicéphalisme, par la mise en place d'un gouvernement d'union nationale (que présida Cyrille Adoula — un ancien syndicaliste — du 2 août 1961 au 30 juin 1964)... (Cette voie extra-parlementaire, afin de dégager un consensus a presque élu domicile, depuis Sun City, Cité de l'Union Africaine et nous voilà au Centre Interdiocésain, pour faute de non-respect des textes, pourtant rédigés par eux-mêmes !).
— Le 18 août 1961 : A. Gizenga reconnaît le gouvernement Adoula ; cependant l'on notera sa présence, en plus de celle d'Adoula, à la Conférence des pays non alignés » à Belgrade, en Yougoslavie, du 1er au 6 septembre 1961.
— Le 28 décembre : A. Kalonji s'exile en Espagne.

— Le 14 janvier **1962** : L'Assemblée provinciale de Luluabourg que préside Modeste Badibake (il a pris les commandes de l'Assemblée après le départ de D. Manono), destitue le gouverneur Mukenge.

— Le 15 janvier 1962 : Gizenga est destitué par Léopoldville, il perd sa qualité de Vice – premier ministre, qu'il détenait depuis le 30 juin 1960.

— Le 10 août 1962 : annonce du plan U Thant… pour en finir avec la sécession katangaise.

— **Fin décembre 1962** : l'on assiste à une **offensive concertée** — forces de l'ONU et ANC, appuyées par la logistique américaine — **contre Moïse Tshombé** ; puis à la **reddition de celui-ci.** Nous sommes dans la première semaine de janvier 1963.

— **Le 14 janvier 1963**, Tshombe est suivi par ses ministres. Ceux-ci annonceront leur capitulation non à Léopoldville, mais plutôt à Mr. Paul Henry Spaak, ministre belge des Affaires étrangères !... **C'est la fin de la sécession Katangaise**.

Moïse Tshombe, qui s'était retranché à Kolwezi, prend le chemin de l'exil ; les hommes des troupes, dits « gendarmes katangais » et leurs familles, ainsi que d'autres mercenaires, se réfugient qui en Angola, qui au Portugal. Ces gendarmes referont surface, nous le verrons plus loin…

Réfléchissons avec Kabatu-Suila (o. c., p.170) : En s'adressant au ministre belge des Affaires étrangères, les ministres Katangais (Munongo et consorts, d'ailleurs tous décédés), annonçaient-ils sincèrement leur reddition ? Espéraient-ils recevoir un soutien conséquent et où de nouvelles instructions ? Ou exprimaient-ils leur amertume d'avoir été entraînés dans l'aventure de la « sécession » et qu'en fin de compte les voilà l'objet de non-assistance, les voilà abandonnés par Bruxelles ? Peut-être aussi qu'ils cherchaient de leur obtenir auprès d'Adoula, à Kinshasa, un traitement meilleur !... Qui y répondrait ?

Ce que l'on sait est que : le 23 janvier 1963, Joseph Ileo est nommé par le premier ministre Adoula, ministre résident au Katanga ; il s'installe à Elisabethville et s'attelle à la réintégration du Katanga au gouvernement central…

— **Le 31 août 1963** : le président Kasa-Vubu renvoie les deux Chambres pour leurs réticences à réviser la constitution, il s'en suit la proclamation de *l'Etat d'exception…*

— En **octobre 1963** : certains hommes politiques mécontents se regroupent à Brazzaville et y créent le C.N.L. (Conseil National de Libération) — parmi eux **André G. Lubaya (le père)…** A cette même date, il y a éclatement des rébellions. Celle qui a vu le jour dans le Kwilu est dite « Rébellion des Mulelistes » ; les coins les plus touchés sont Gungu (chez A. Gizenga et Pierre Mulele) et Idiofa. Tandis que celle qui a secoué l'Est du pays (notamment le Kivu - Maniema, le Nord du Katanga, la province Orientale **et même notre Sankuru**) a été dite « Rébéllion des Simba » ; en ont été meneurs : Christophe Gbenye, Gaston Soumialot, général Olenga et le « colonel » **Kabila** (le père).

Ainsi, devant les multiples risques de balkanisation du Congo — manœuvres encore présentes et qui hanteraient encore (à ne pas souhaiter) — Mr. Tshombe (en villégiature en Espagne), se verra chargé d'une mission d'information puis, de formation d'un gouvernement qui s'appellera ''d'union nationale'', d'abord, et par après de « salut public », l'impulsion de cette mission étant à inscrire à l'actif probablement des pays occidentaux...

— **Le 1er juillet 1964** : voilà M. Tshombe nommé premier ministre, par Kasa-Vubu, en remplacement d'Adoula. Le pays chemine vers la fin de la première législature...

Et pendant que des tensions, conflits intérieurs et/ou autres contestations sont signalés ici et là, une commission constitutionnelle aussi dite « la constituante » est à pied d'œuvre **à Luluabourg** depuis le 11 avril 1964, pour élaborer la constitution du pays — la première en son genre — devant remplacer la « *Loi fondamentale* » du 19 mars 1960 et en vigueur depuis cette date ; et cet exploit fut dit « **Constitution de Luluabourg ».**

Adoptée après référendum populaire (du 25 juin au 10 juillet), et promulguée le **1er août 1964**, celle-ci consacre pour la première fois l'appellation « **République Démocratique du Congo** ». Pour la circonstance — et l'événement fut de taille — le Président Kasa-Vubu ainsi que les sommités d'alors furent en nos murs, ici à **Luluabourg Kananga Malandji wa Nshinga.** C'est la deuxième fois — après la visite du Roi Baudouin en 1955 — que Luluabourg (l'auteur y compris) contemplait un si beau cortège — avec en tête la « buick » noire décapotable à bord de laquelle avaient pris place le président Kasa-Vubu et le gouverneur Luakabuanga, escortée des motards — parcourant le boulevard P.E. Lumumba. Signalons que depuis fin novembre 1964 jusqu'à la fin de **1964,** un temps d'accalmie est observé...

En effet, sur le plan territorial et sécuritaire le premier ministre Tshombe réussit à vaincre la rébellion. Il aura fait appel à des milliers de gendarmes Katangais pour renforcer l'A.N.C. ainsi qu'à de nombreux mercenaires. D'autre part, pour mettre un terme au gouvernement de Stanleyville et surtout contrer la menace qui pesait sur les otages blancs de Stanleyville, l'on a eu recours à l'intervention[514] musclée des commandos belges qui

[514] R. Cornevin, o. c. p. 295 signale que ''la réaction de l'ONU vis-à-vis de l'opération de Stan — entendez Stanleyville — est extrêmement violente ; 22 Etats (dont l'Algérie, le Bouroundi, le Congo Brazzaville, le Dahomey — présentement le Bénin — l'Ethiopie, le Ghana, la Guinée/Conakry, le Kenya, le Mali, la Mauritanie, l'Ouganda, la R.A.U., la R.C.A., la Somalie, le Soudan, la Tanzanie, la Zambie) demandent le 11 décembre, la convocation du Conseil de sécurité''. Et nous ajouterons que bien qu'il y fut dénoncé ''l'aspect racial de l'opération'' (cf. Mr. Ganao du Congo Brazzaville) et souligné ''l'aspect de précédent que peut revêtir cette opération dans les Etats africains qui ont de nombreux ressortissants

furent largués sur Stan les 24 et 26 novembre… (Bernard Balto a produit à propos, un long métrage de 55 minutes qu'il a dénommé *« Little no body »* entendez ''Petite demoiselle personne'' dans lequel, Brigitte, une petite Belge a été filmée à côté du corps de son oncle, à l'aéroport de Stanleyville…).

— L'année **1965** : celle-ci s'ouvre avec des scénarios précédant toutes les élections républicaines… Notons que le 24 juin 1965 la première législature arrivait fin terme, tandis que le mandat du président de la République devait courir six mois encore après le 30 juin (cf. la Constitution de Luluabourg, art. 55). Et en rapport avec ces législatives devant avoir lieu en mars 1965, des tractations et alliances sont en chantier. C'est ainsi que Moïse Tshombe entreprend et constitue son front politique dénommé la « CONACO » — Confédération Nationale des Associations Congolaises. Le 3 février, cette plate-forme (à l'instar de nos présentes ''AMP'' devenue ''MP'') et ''Opposition parlementaire''[515] qui évoluent depuis les législatives de 2006 ainsi que ''Le Rassemblement''), réussit à réunir 49 partis politiques d'alors.

Le 24 février, lors de ses assises à **Luluabourg**, la CONACO devint la « Convention Nationale Congolaise » et lors des élections, cette plate-forme confère à Moïse Tshombe — encore premier ministre — la majorité parlementaire, et cela malgré les recours en annulation des scrutins dans certaines régions. Aussi cette victoire de Tshombe inquiéta-t-elle le camp adverse… Celui-ci ira, lors de la formation du bureau du Sénat, instrumentaliser deux frères du Kasayi, qu'il a convertis en frères ennemis. Il s'agit de **Mudingayi Sylvestre** qu'ils ont opposé à **Kalonji Isaac** (candidat tshombiste), pour le porter au poste de président du Sénat, et là c'était pour préserver ses intérêts…

Notez que si nous évoquons toute cette relecture, c'est pour épingler tout ce qui a trait au cheminement de **notre Kasayi**… Et nous ouvrons ici une parenthèse pour signaler que de telles manipulations ou d'autres de nature à ne pas concourir au bien du Kasayi sont de temps en temps à la touche, n'attendant que de monter sur le terrain. Tenez, au lendemain des législatives de 2006, n'a-t-on pas vu des natifs du Kasayi empêchés… tel l'honorable A. Mbueshi qu'on aurait pu simplement confirmer à la tête du bureau du Sénat — pas provisoire — ou à la place, le professeur Mabi Mulumba ; tel l'honorable Tshiongo qui aurait pu prendre les commandes de l'Assemblée Nationale ?… L'élévation d'Evariste Boshab peu après a paru plus un réajustement de tir qu'un apaisement… (Et que dire de la nomination de **Samy Badibanga** à la Primature fin 2016 alors que son ''paternel politique''

---

européens et l'on pourrait se croire autorisé à intervenir militairement pour protéger ses nationaux ; ce que l'on comptait prévenir eut lieu, douze années plus tard, en juillet 1976, avec le raid israélien sur **Entebbe**, au Kenya. Mais il y a d'une part « violation » et d'autre part « le côté humanitaire » — soit, là n'est pas l'objet de notre ouvrage.

[515] ''AMP'' : Alliance pour la Majorité Présidentielle — ''MP'' : la Majorité Présidentielle — ''UN'' : Union pour la Nation

se trouvait être dans un combat ultime ! — il n'y fera d'ailleurs que trois mois avec des semaines d'expédition des affaires. Notre frère Bruno **Tshibala Nzenze** lui a succédé et a dû attendre presque un mois et demi, depuis sa nomination, pour former le gouvernement, qu'il présentera devant l'Assemblée nationale le 16 mai 2017). Nous fermons la parenthèse et rentrons à 1965…

Nous avons vu que la victoire de la CONACO inquiétait… car Tshombe, Premier ministre, briguait lui aussi la présidence de la République, comme Kasa-Vubu (celui-ci pour un second mandat). Mais Tshombe disposait d'un atout parlementaire et par conséquent, il était pressenti gagnant, d'avance. Tshombé, en principe, devait devenir nouveau chef de l'Etat conformément à la nouvelle constitution — celle de Luluabourg : cf. ses Art. 55 et 56 ainsi que des dispositions transitoires (Titre IV) spécialement en ses Art. 180 et 182… C'est ainsi que pour l'en empêcher, il est créé un FDC (Front des Démocrates Congolais), relevant du groupe de Binza, avec à la tête Victor Nendaka (qui avait réussi en 1960 à provoquer une dissidence du MNC, parti cher à P.E. Lumumba). Et comme le FDC s'avéra n'être pas en mesure de faire le poids face à la CONACO, une manœuvre politique contraint le président Kasa-Vubu à démettre Tshombe ; et à mettre ainsi fin au mandat transitoire du gouvernement Tshombe. Ce qui fut fait, le 13 octobre 1965 [516].

— Le 17 octobre 1965 : Evariste Kimba est nommé premier ministre, mais celui-ci et le gouvernement qu'il forme n'obtiennent pas la confiance du parlement.

— Le 14 novembre 1965, le Président Kasa – Vubu qui ne désarme pas revient à la charge en désignant de nouveau E. Kimba — un candidat FDC — comme formateur. Notons que Kimba est du Katanga comme Tshombe. Un temps d'impasse s'observe… Et des aspects ci-après sont à prendre en compte dans l'évolution de la situation :

---

[516] Voici à propos ce qu'écrit Mr Tshombé, dans son livre Quinze mois de gouvernement au Congo (1966), cité par Kabatu-Suila : « (…) l'accueil qu'il m'a réservé lors de mon retour au gouvernement suffit à démontrer que le président ne témoignait guère de prédilection pour une pareille entente. Tout au long de ce mois, j'ai eu de nombreux conflits avec lui. Il se méfie, il voit avec angoisse grandir ma popularité et baisser la sienne. Des supporters enthousiastes m'ont rendu un bien mauvais service le jour où ils se sont précipités vers moi à Kitona pour me faire un triomphe, en présence du président Kasa-Vubu qui passait inaperçu dans sa propre région. Depuis, j'ai évité de me présenter devant la population en même temps que le président, mais le mal est fait : le président Kasa-Vubu est persuadé que je vais poser ma candidature à la présidence de la République et je serai élu. Mes adversaires politiques ne manquent pas de l'encourager et lui conseiller de me retirer aussitôt mes fonctions de premier ministre ».
Professeur Kabatu-Suila nous fait remarquer que ''ce livre de Moïse Tshombé — Quinze mois de gouvernement au Congo (du 10 juillet 1964 au 13 octobre 19 65) fut publié en 1966 avant le décès du président Kasa-Vubu ; ce qui lui laisse une bonne marge d'objectivité'' — cf. Kabatu-Suila, o. c. p. 174.

1) l'on aura constaté dans le chef de Tshombe un comportement qui ne rassure ni les forces qui l'ont ramené de son exil au pouvoir à Kinshasa en juillet 1964, ni les gens qui se trouvaient au pouvoir à Kinshasa et surtout ceux du groupe de Binza : Mobutu, Bomboko, Nendaka et autres. En effet, ceux – ci ne pouvaient en aucun cas avoir pensé partager ce pouvoir avec Tshombe qui ne rassure non plus de sa loyauté républicaine à l'égard de l'unité du Congo (rappelons – nous qu'en 1962, Tshombé et Adoula se sont rencontrés à la base de Kitona. Rentré au Katanga, Tshombe dénonça l'accord conclu ; et ce fut pareil après les négociations qui eurent lieu cette fois-là à Léopoldville, en mars – avril 1962).

2) L'on a retenu qu'il est possible — renchérit le professeur Kabatu - Suila — de penser que : constatant l'impossibilité d'une cohabitation constructive entre Kasa-Vubu et Tshombe, pour ne pas livrer le Congo éternellement aux mains de la rébellion, les Américains aient encouragé Mobutu (et non Nendeka quoique aussi de la ''CIA''), à prendre le pouvoir… (Ici il y a lieu d'appeler une cohabitation entre M.P. et Rassemblement, de tous nos vœux, pour l'intérêt supérieur de la nation).

C'est ainsi qu'ira se préparer le coup d'Etat, « avec le soutien probable du gouvernement belge, mais surtout avec l'appui de la CIA…

Chapitre II
L'Etat de la deuxième république

1. Relecture

Le 24 novembre 1965 : le général Joseph **Mobutu** commandant en chef de l'Armée **renverse le président Kasa-Vubu** et prend le pouvoir : il décharge Kimba du mandat de formateur et désigne le colonel Léonard **Mulamba** : premier ministre (celui-là même que l'on a surnommé « l'homme de Bukavu » (pour s'y être distingué par sa bravoure et son savoir-faire comme stratège, dans les offensives contre les rebelles). (Notons que ce chiffre « 24 » qui compose avec « novembre », la date même du renversement de l'ordre qui jusque-là prévalait, s'est vu pérennisé... En effet, l'Avenue qui porte le nom de cette date se trouve au cœur même de la capitale du pays. C'est une artère très fréquentée, au trafic intense, et servant de repère. Bien que débaptisée, cette avenue du 24 novembre est devenue depuis mai 1997 l'« Avenue de la Révolution », cela pour commémorer l'avènement de l'AFDL[517] (à la tête de laquelle se trouvait **Laurent Désiré Kabila** tombeur du Maréchal Mobutu, le 17 mai).

Pour les Kinois (= habitants de Kinshasa), c'est trop long à prononcer « avenue du 24 novembre ». Vous les entendrez, taximen comme clients, dire simplement : « *24* » (se prononçant avec l'accent kinois « *vin cât* »). Aussi, dans l'indication d'une adresse ou itinéraire ils diront : « *zwa vin cât* » ou « *olandi vin cât* » — traduisez : « empruntez 24 ; suivez ou continuez avec 24... ») — (un accent analogue se retrouve dans « Vik toir » entenez ''Victoire'', « Oui- lérie » entendez les ''Huileries'' du Congo Belge).

Le 25 novembre 1965 : Le président **Kasa-Vubu** s'en va dans son village au Bas-Congo et **ira s'éteindre**, trois ans plus tard, **en avril 1968**. Tshombe soutient le nouveau gouvernement et le 26 novembre, Kimba fait de même. Les parlementaires de leur côté approuvent les décisions lues par Mudingayi, président du Sénat (et du Congrès) ; décisions comportant entre autres les points suivants :

— Régime d'exception depuis la date 24 novembre ;

---

[517] AFDL : Alliance des Forces Démocratiques pour la Libération ; mouvement politico-militaire qui a soutenu Mzée Laurent Désiré Kabila pour renverser le président Mobutu.

— Exercice des prérogatives constitutionnelles de président de la République par le général Mobutu ;

— Limitation du nombre des ministres à 22 (représentant chacun une province) ;

— Création d'un « Conseil de législation », organisme consultatif composé de 24 membres nommés par le président de la République : moitié sur proposition des bureaux de deux Chambres ; moitié par le gouvernement central... Décembre 1965 : Tshombe s'exile en Europe.

En **1966**, au mois de mars, il y a eu la première restructuration des organes de l'Etat en provinces avec la **suppression** des ''provincettes'' ou réduction **du nombre de provinces** (de 21 à 12) ;

— Le 2 mai 1966 : Débaptisation de la capitale et certaines villes ; Léopoldville prend le nom de Kinshasa ;

— Le 28 mai : vote au Parlement de la loi Bakajika ;

— Le 2 juin : procès et **pendaison** à Kinshasa (alors Léopoldville) des « **quatre conjurés de la Pentecôte** » : Evariste Kimba, Bamba, Mahamba et Jérôme Anany. (Chef d'accusation : ''complot de destitution du pouvoir établi''). Le Professeur Kabatu-Suila, ''en tant que scientifique'', fait quelques commentaires à propos de ce ''complot'' et ''ses pseudo conspirateurs'', cf. Kabatu-Suila, o. c. p. 177 ;

— Le 7 juin 1966 : Promulgation de la ''**loi Bakajika**'' (du nom de son auteur Bakajika Kangombe, député de Luluabourg avec résidence principale à Luebo) — cf. l'ordonnance n° 66 - 343 du 7 juin 1966 — loi portant sur les cessions et concessions minières et forestières, et stipulant que : *« La République Démocratique du Congo reprend la pleine et libre disposition de tous ses droits fonciers, forestiers et miniers concédés ou cédés avant le 30 juin 1960 en propriété ou en participation à des tiers, personnes physiques ou morales ».*

En bref, cette loi se résume en ces mots : (« *le sol et le sous-sol appartiennent à l'Etat, mais la loi prévoit, au profit des nationaux, un régime de concession perpétuelle* ») — cf. Tshimanga, o. c. p. 165. (Une ''carte à 1.000.000 '' sur les gisements que recèlent les pays africains est en chantier, impulsion de la Banque mondiale, afin d'aider les dirigeants africains à développer leurs contrées — qui aide qui ? A suivre...). Toujours en cette même année :

— Le 30 juin 1966 : L'Union Minière et toutes les sociétés sont sommées de transférer leurs sièges de l'extérieur à Kinshasa, au plus tard le 31 décembre à minuit... Il s'en suivra détérioration des relations et bras de fer entre la Belgique et le Congo ;

— Le 23 juillet 1966 : mutinerie et insurrection des gendarmes Katangais, mais les assaillants seront rapidement mis au pas ;

— Le 26 octobre 1966 : le général Léonard Mulamba est démis de ses fonctions de premier ministre ; ce poste de « primature » disparaît et le président Mobutu cumule depuis, les fonctions de Chef de l'Etat et celles de Chef de gouvernement.

C'est le ***régime présidentiel*** qui s'installe. Mais l'on notera que, avant d'en découdre d'avec Mulamba, le président Mobutu a eu à l'utiliser pour négocier la reddition des militaires Katangais révoltés à Kisangani, suite au renvoi de M. Tshombé, leur chef traditionnel. L'on a parlé d'un grand crédit que se serait fait Mulamba auprès des hommes de troupe... et depuis, **le général Mulamba** fut écarté, loin dans les Ambassades (Inde ; Japon) ; on ne revit Mulamba à Kinshasa que plus tard, à la Chancellerie des Ordres nationaux après quoi, il entra dans les oubliettes jusqu'à sa mort.

— En décembre **1966**, il y eut une deuxième réforme administrative et **suppression des Assemblées** provinciales et...

— En janvier **1967** : la permutation des Gouverneurs (appelés désormais ''Commissaires provinciaux et Commissaires provinciaux Assistants'').

Au cours du même mois de janvier, les Belges ayant refusé de retourner le Siège de l'Union Minière du Haut-Katanga (UMHK) au Congo — affirmant qu'il s'agit d'une Société de droit belge — il est créé une Société de droit congolais : ''La Générale Congolaise des Minerais'' (**Gécomin**, en sigle), devenue '' La Générale Congolaise des Mines'' (**Gécomines)** et par la suite ''La Générale des Carrières et des Mines'' (**Gécamines**), à partir de 1971.

- Le 20 mai : création du M.P.R. (Parti cher à Mobutu). Après la création de ce parti, toute tentative de création d'un parti d'opposition — comme le prévoyait la Constitution de Luluabourg (du 1er août 1964) — fut vaine ; les conditions posées (entre autres le non-regroupement des anciennes formations politiques) ayant été de nature à décourager les promoteurs.

— Le 24 juin 1967 : promulgation de la nouvelle Constitution plus la création du **« Zaïre-monnaie » ;**

— Le 27 juin 1967 : fin des travaux du Parlement de la première République ;

— Le 30 juin 1967 : Moïse **Tshombe est kidnappé** : l'avion qui l'emportait de Palm de Majorque à Ibiza (en Espagne) est détourné et sommé d'aller au-delà de la Méditerranée, sur Alger. Ici nous ouvrirons une parenthèse : ce que nous dit Kabatu-Suila, o. c. pp. 179-180 mériterait notre attention. Il nous apprend qu'« un piège aurait été tendu à Mr. Tshombé en lui faisant miroiter une opération immobilière juteuse, du côté de Ibiza, toujours en Espagne, mais pas trop loin d'Alger... Même s'il appartenait aux Congolais d'en décider en dernier ressort, afin d'en porter les responsabilités historiques, n'y avait-il **qu'un ''Kasayi'' — A. Kabeya —** pour être nommé Ambassadeur et dépêché sur Alger, afin d'obtenir du président Houari Boumediene, le transfert de Moïse Tshombé ici au Congo ? Cela n'allait-il pas rester un précédent sérieux pour **les ''Kasayi''** vis-à-vis de leurs frères du Katanga ?... Retenons que le président **Boumediene** déclina les offres du président Mobutu. Et Tshombé — ''fiché'' dans les pays communistes comme le vrai assassin de Lumumba et l'homme des Occidentaux — vécut prisonnier et probablement, faute de soins, rendit l'âme en terre arabe ». (Mort survenue en juillet 1969). Nous fermons la parenthèse.

— **Du 5 au 13 juillet 1967** : il y a révolte des mercenaires (Bob Denard, Jean Schramme et consorts) et insurrection des gendarmes Katangais, à Kisangani et à Bukavu (première invasion). Ces insurgés se sont trouvés '' l'objet de mauvais traitement'' et surtout ''déçus'' ; en effet ils ont vu Tshombe en qui ils s'estimaient davantage liés, être écarté des affaires du pays…

— Août 1967 : deuxième occupation de Bukavu et construction de la cité de L'OUA à Kinshasa ;

— Du 4 au 10 septembre **1967** : tenue à Kinshasa du **4e Sommet de** l'Organisation de l'Unité Africaine (O.U.A.), créée en 1963 le 25 mai à Addis-Abeba par 32 chefs d'Etat dont J. Kasa-Vubu ; c'est présentement l'Union Africaine (U.A. en sigle).

— Le 13 octobre 1967 : les gouverneurs de province deviennent (des) présidents provinciaux du MPR. (il y a dédoublement des fonctions) et le 4 novembre (1967) : retrait des mercenaires de Bukavu pour Shangungu, au Rwanda.

Année **1968** : en avril, mort du Président Joseph Kasa-Vubu… Un hommage particulier sera rendu en son honneur le 29 juin 2010, par le Président Joseph Kabila, la veille du Cinquantenaire de l'Indépendance, à au Rond-Point « Kimpuanza » dans la Commune Kasa-Vubu où trône une statue représentant celui qui fut le tout premier Président et Chef de l'Etat de notre pays.

— En septembre 1968 : les Commissaires de Districts, les Bourgmestres, les Administrateurs de Territoire et les Chefs de Collectivités (jadis Secteurs deviennent eux aussi des présidents du MPR chacun dans son entité).

Année **1969** : **le 4 juin,** l'Armée fait usage des balles létales pour disperser une manifestation publique des étudiants (Lovanium et autres Instituts de la capitale) et il y a eu mort d'hommes. (A Lubumbashi nous avons marché à travers la ville (encadrés par les hommes du Général Zoyiba, sur conseil du Gouverneur Engulu), en guise de solidarité, et l'Université a été momentanément fermée. Le 28 juillet il est créé la JMPR et un peu plus tard, tous les mouvements de jeunesse y compris ceux d'obédience confessionnelle, seront supprimés et absorbés par la Jeunesse du Mouvement populaire de la Révolution.

Année **1970** : en mai 1970 a lieu Congrès extraordinaire du M.P.R. Ce congrès institutionnalise le MPR. Le 30 juin, le Roi Baudouin vient au Congo pour le 10e Anniversaire de l'Indépendance. **En novembre** 1970 sont organisées — du 14 au 15 novembre — les **élections** présidentielles et législatives au suffrage direct.

Les candidats députés sont désignés par le MPR et pour les présidentielles, un unique candidat est présenté à la nation : le Président du Parti, qui n'est autre que le président sortant J. Mobutu (qui avait pris le pouvoir ''au nom du Haut Commandement de l'Armée'', le 24 novembre 1965, pour cinq ans). Le président Mobutu est ''élu'' Président de la République et entre en fonction le 4 décembre, pour un septennat. Le bureau de l'Assemblée nationale issue de ces élections comprend : Bo-Boliko : Président ; Kapwasa et **Tshisekedi :** Vice-présidents ; Bomandeke, Paluku, Kayembe Lusambo et Bweta : Secrétaires parlementaires. Une parenthèse peut-elle s'ouvrir ici ?...

Oui, tant que le pouvoir en place n'avait pas encore toléré, mieux, autorisé le multipartisme (chose à laquelle le Général Mobutu ira céder, sous de fortes pressions, et dans une grande « émotion » le 24 avril 1990), ces « présidentielles » ne pouvaient même pas porter le nom d' ''élections''. En effet, on peut élire ou porter son choix, lorsqu'il y a deux ou plusieurs objets, dans notre cas des candidats pour un même poste en présence ou lorsqu'il y a des candidats défendant l'idéologie et le programme d'action ou projet de société de leurs partis respectifs (deux au moins)... Il n'était pas vraiment question de parler (des) ''élections'' dans ce régime politique qui s'était voulu « totalitaire ».

Et du régime totalitaire, Mulumbati Ngasha[518] dit ceci : *« ... régime où les gouvernants de l'Etat exercent sur les citoyens, les pouvoirs quasi absolus ; disposent d'une police politique ; ont la main mise sur les différents mass-médias ; pratiquent la censure*[519] *; etc. ».*

N'avons-nous pas connu le C.N.D. (C.N.R.I., A.N.D., et...) avec son détachement spécialisé pour la réception et le traitement des B.I. (bulletins d'information) ? Combien les « Cader » n'ont-ils pas agacé les citoyens ? Combien les « S 2 » et autres « informateurs n'ont-ils pas harcelé des paisibles populations déjà en mal du bien-être, en mal d'autosuffisance ? De bonnes initiatives privées, visant à améliorer tant soit peu le socio-économique tant de KANANGA que de la province en général, n'ont-elles pas été obstruées ; empêchées, interdites ? :

— « Pas de Blancs au KASAÏ (!) ; c'est la zone '' A'' », « zone minière », alors que le sol congolais recèle les minerais de diamant, d'or... ailleurs qu'au Kasayi ! ;

— Tout était filé et contrarié : la construction des maisons d'habitation, hôtels, centres de santé et encore moins la construction des écoles.

---

[518] Mulumbati Ngasha, Introduction à la Science Politique, Ed. Afrique/Collection Savoir et Connaître, 1977, Lubumbashi, p. 96

[519] Idem, p.116

L'achat d'immeubles auprès des anciens propriétaires (expatriés) ne pouvait s'opérer !... Vous avez sous vos yeux, des chantiers Tshiebwe, Mukandila, Kalala Nzaji et autres, inachevés !... et pour cause **: « Kasaï » !, « Baa-Luba » !...**

Non, l'organisation de véritables élections ne pouvait être possible dans ce système qui fut celui d'un parti unique — le MPR — système s'identifiant également au tableau peint par Mulumbati Ngasha qui nous explique que ce système est né au début du siècle passé, en Allemagne et en Italie, puis s'est implanté en U.R.S.S., et dans les pays à démocratie populaire ; et aujourd'hui on le retrouve dans beaucoup de pays d'Amérique latine, d'Asie et d'Afrique »[520]. Et Mulumbati ajoute ceci : *« Le parti unique est caractérisé par le fait que tous ceux qui, aux différents échelons du pays assurent la gestion de la chose publique, qu'il s'agisse des chefs politiques ou des chefs administratifs, sont recrutés dans le parti »*[521].

Souvenez-vous du slogan : « *Olinga, olinga te, ozali kaka MPR !* » ; ce qui se traduit : « que vous le vouliez ou pas, vous êtes dans ou membre du M.P.R... Le slogan est en lingala, l'une des quatre langues nationales. C'est ainsi que l'on a dévolu à tout responsable, en plus de ses attributions administratives ou d'Entreprise, les fonctions du Parti. En conséquence, l'autorité politico-administrative de la province était désignée ''Président provincial (ou Régional) du MPR et Gouverneur de province (ou Commissaire de Région) ; et un chef d'entreprise, le Directeur provincial de la Regideso par exemple, était d'abord « Président Sectionnaire du M.P.R. » et ensuite Directeur Provincial de la Regideso (Kananga), et ainsi de suite.

Mulumbati ira renchérir en disant que le parti apparaît à cet égard, comme ayant pour fonction d'administrer, d'assurer le dynamisme, et de vérifier la '' fidélité '' — le vocable plus usité chez nous fut ''le degré du militantisme'' de chaque responsable.

N'est-ce pas là l'une, sinon la cause majeure de la médiocrité de toute l'administration du pays en général, et de celle de la province et de Kananga en particulier, lorsque celle-ci a été confondue avec ou mêlée à la politique ou plutôt politisée, parce que c'est le degré du militantisme qui primait sur les compétences et l'expérience, dans les affectations des responsables tant du Parti que de l'Administration ?

Au regard de ce que Mulumbati développe comme analyse, nous pourrons alors conclure que, le parti unique, qui fut le nôtre et ce, pendant trois décennies, a été à la fois :

---

[520] Ibidem
[521] Ibidem

— « **L'affaire de tout le monde** » comme il le dit lui-même[522].

Et ici les différents organes du Parti ont eu pour tâche principale « l'encadrement des populations dans la crainte de l'autorité établie, et dans l'enseignement du mobutisme — idéologie du parti. Des séances d'animation nourries ou agrémentées de chansons dites ''révolutionnaires '' et des danses étaient entrecoupées par des slogans panégyriques, le tout faisant passer ces séances d'animation d'une exaltation à un culte d'adoration ; la personne du '' Président Fondateur '' du parti unique étant devenue '' sacrée '' ».

En effet, si Kinshasa, Shaba (Katanga), Kivu, Haut-Zaïre (province Orientale), Equateur, **Kasaï-Oriental**, Bas-Zaïre (Bas-Congo) et Bandundu n'ont pas été épargnés de cette contagion, **Kananga** en particulier et le **Kasaï-Occidental** en général ont été plus qu'atteintes ! Kananga, et le Kasaï-Occidental ont excellé dans cette abomination en faisant du mobutisme, leur affaire personnelle, plus que toute autre entité ! Et qu'avons – nous obtenu en retour ? N'est-ce pas là même le couronnement de nos abominations et pourquoi pas l'une des causes de nos malheurs ?...

Certes, comme tout malade, comme tout blessé, nous chercherons par nous-mêmes à panser notre plaie ; nous nous proposerons des thérapeutes et pistes de solutions, mais nous ne pourrions mieux et vite y arriver qu'en comptant avec Dieu, le Créateur, qui a été offensé, qui est le « réparateur des brèches », qui seul restaure, qui seul restitue les années qu'ont dévorées la sauterelle, le grillon, le criquet et la chenille (« sa grande armée » qu'Il a envoyée contre nous) : Joël 2, 25 — car Dieu Lui-même promet la guérison. Mais cette promesse est assortie d'une condition :

« Si… », que nous trouvons dans 2 Chroniques 7, 14 ; nous citons : « *Si mon peuple sur qui est invoqué mon nom s'humilie, prie et cherche ma face s'il revient de ses mauvaises voies, moi je l'écouterai des cieux, je lui pardonnerai son péché et je guérirai son pays* » ;

— **« l'affaire d'un individu ou groupe d'individus »**[523]

Dans ce cas, Mulumbati nous convainc que « l'individu ou groupe d'individus autour de qui s'articule le parti, s'entoure de quelques collaborateurs qui sont d'ailleurs plus des courtisans et des clientèles que des collaborateurs ; et que c'est parmi ces courtisans ou clientèles que sont recrutés les responsables du parti aux différents échelons (comités, sections, cellules) reliés entre eux par des liaisons verticales et horizontales) » — et nous ajouterons les responsables ou chefs d'Entreprises.

L'énoncé de Mulumbati (nous sommes à sa page 117), continuera à nous être utile en ce qu'il nous apprend que **Sur le plan idéologique :**

[522] Ibid
[523] Ibid

- « **Un parti unique** peut s'inspirer des idéologies révolutionnaires ; dans ce cas, il constitue le fer de lance du régime, un instrument pour promouvoir un développement socio – économique général ;

- « **Un autre** (parti unique) s'inspirera des idéologies conservatrices ou réactionnaires ; dans ce deuxième cas, le parti unique constitue un instrument au service d'un individu ou d'un groupe d'individus ; instrument qui leur permet de réaliser leur propre bien – être » ;

- « **et tel autre** est un instrument que le Président de la République utilise pour conforter ou renforcer son autorité ».

Nous en arrivons à penser qu'au regard de ces deux dernières considérations, nous pourrons admettre que tel a été le type du parti unique qui a fonctionné chez nous au Zaïre : un véritable instrument, à la fois au service du détenteur du pouvoir (pour renforcer son pouvoir) et également au service d'un groupe d'hommes ; instrument qui leur a permis de réaliser, non pas le bien-être social et/ou le confort des populations, leurs semblables, mais le leur propre !... Et dire que même **le Kasayi, et en particulier le Kasaï-Occidental, avec son chef-lieu Kananga** — qui se sont pourtant distingués, non seulement par leur « haut degré de militantisme », mais aussi dans les actes de compromissions, coups bas, B.I., lettres anonymes et autres accusations à caractères claniques, au bénéfice du régime — n'a pas su en tirer profit !... La preuve est là, nous pataugeons dans cette « problématique » du **''non-développement de Kananga et du Kasayi''!...** Et pourtant, un nombre relativement important des fils, voire même des filles du Kasayi, et de Kananga en particulier, ont eu à siéger, tant au milieu qu'au sommet de la pyramide de ce pouvoir totalitaire, qui au Conseil Législatif, qui au Conseil Exécutif, qui au Bureau Politique, qui au Comité Central ! L'histoire de la Province pourra-t-elle, un jour, leur demander en quoi ils ont été utiles à nos contrées, au « pays de leurs ancêtres » ?

Ou, en d'autres mots : quel a été leur apport en vue d'un meilleur « social » de leurs frères et sœurs vivant au bercail ?... **Ils se connaissent ; seule leur conscience répondra à cette interpellation !...**

Toutefois, comme on fit appel au ''livre des mémoires'' [524], pourrons – nous retenir que certains fils se sont quand même démarqués du lot, en faisant fi à l'esprit non favorable aux « BAA – LUBA », pour donner, chacun en ce qui le concerne, une contribution en vue d'une vie meilleure de leurs compatriotes ; nous citerons entre autres :

— **Mgr Martin Bakole** wa Ilunga, Archevêque Emérite de Kananga, cité longuement par Tshimbombo[525]. Nous sommes d'accord avec les

---

[524] livre des mémoires : ici ce sont les chroniques ou anales au temps du roi Assuérus qui régna sur l'empire des Perses et Mèdes, à Suse, la capitale, relatant les hauts faits et actes de bravoure ou de loyauté accomplis par les sujets de l'empire, et même MARDOCHEE (un sujet juif en captivité avec les siens à Suse, cité dans ces annales, pour avoir sauvé la vie du roi lors d'une conspiration contre sa personne) — Cf. Bible, Esther 6, 1 – 12.

[525] Cf. Tshimbombo M., La Famille Bantu Luluwa et le développement, pp.261 à 289

appréciations de Tshimbombo le concernant, pour avoir connu personnellement Mgr Bakole ; pour l'avoir vu à l'œuvre ; pour avoir eu à travailler de temps en temps sous les ordres de l'illustre disparu. L'on retiendra de Bakole, de nombreuses actions en développement dont la construction des centres de Santé, ponts, églises et centres pastoraux, écoles, instituts d'enseignement supérieur (l'ISDR, l'ISSR, l'Uka), sans oublier l'Usine Bisoka[526] et autres)… (Mgr Madila est en train de suivre son exemple : des églises, une clinique, des complexes scolaires, un centre commercial…) ; et

— **Gilbert Tshiongo** Tshibinkubula wa Tumba (devenu honorable député national lors des législatives 2006, dans la circonscription électorale de Dimbelenge, donc par la voie des urnes, au suffrage universel, comme il en fut le cas en 1960 et en 2006…). De ce dernier, nous avons en place ici à Kananga — bien qu'elles tournent à 10% — deux usines : une unité de Pompage à la Tshibashi et une autre pour le Traitement des eaux à Kanyuka (qui n'a pas son pareil à l'intérieur du pays dit-on). Ainsi, Mr. Tshiongo n'a pas oublié le slogan cher au président Mobutu : « *Moto na moto abongisa* » c'est-à-dire « que chacun arrange ! » (chez lui, là où il est) — mais Mobutu était-il incompris et avait-il manqué de dire ''avec quelles cagnotes'' ! Tshiongo a également pensé à doter **Dimbelenge et Mutombo Dibwe** de systèmes d'adduction d'eau… « *Wa ku Mayi* » (entendez Gilbert Tshiongo), cet homme du Kasayi qui a su gérer dans la rigueur et la transparence durant une trentaine d'années la Direction Générale de la Regideso, pensait ''nation'', mais pensait en même temps '' province'' : *kuabu ku mulela* !

Et pourtant, les deux plébiscités, Mgr Bakole wa Ilunga et G. Tshiongo, l'un comme l'autre, pendant ce régime décrié, étaient en marge de ces forum parlementaires !... Notons que le premier — Mgr Bakole — s'est distingué au travers de son ministère épiscopal, tandis que le deuxième — Tshiongo — l'histoire lui décerne les palmes ou une bonne côte (même si dernièrement, en 2011, il fut l'objet d'ingratitude dans son propre fief !… Le Seigneur l'en a tiré par la main de l'un de ses serviteurs… un Abbé).

Une autre observation se dégageant toujours de l'énoncé de Mulumbati Ngasha, à propos du parti unique fait savoir que *« dans certains Etats, le parti politique est considéré comme le fer de lance de la révolution. Son rôle consiste, dans ce cas, à dispenser une éducation politique* — cf. l'ouvrage « le Manifeste de la N'Sele » (auquel **Etienne Tshisekedi** a donné une grande contribution) ainsi que l'« Ecole **Makanda Kabobi** » (du nom de Hubert Makanda, **un fils du Kasaï, natif d'Ilebo**) — *et à convaincre, grâce*

[526] Bisoka (Biscuiterie Soja du Kasayi). Cette usine installée produisait à Ntambwe St Bernand dans la banlieue de Kananga, après l'Aéroport, produisait des Biscuits à base du soja aux fins de palier à la carence en protéines. Ces biscuits très appréciés tant par les centres nutritionnels que par la population ont disparu, l'usine étant à l'arrêt depuis des années… ! L'illustre disparu a-t-il emporté l'œuvre avec lui dans l'au – delà ?... Des efforts sont en cours… pour le redémarrage. Aboutiront-ils ?...

à une propagande musclée (cf. « la Mopap »[527]*) ; ceci afin de créer chez les citoyens, une plus grande « conscience nationale ».*[528] Ah, pour cela oui, « conscience nationale », tout n'a pas été gauche chez Maréchal Mobutu ; aussi allons-nous, en toute honnêteté, lui reconnaître certains mérites dont ce fait d'avoir concouru à la consolidation de la culture de « la nation ». En effet, le chef du parti — Mobutu lui-même — en était convaincu et voulait le vivre ; c'est ainsi qu'il était respecté même plus loin, et surtout par les voisins, qui gardaient d'ailleurs leur distance !...

Oui, la culture de la « nation » : un chacun ne s'est-il pas senti chez lui là où il était résident ou en fonction ; exemple, tel se trouvant à Beni alors qu'il était natif de Mbanza Ngungu, et tel autre à Mbuji-Mayi pourtant natif de Boende !... Chacun et tous ont répondu et en chœur, à un même « OYEE ! » ; chacun se sentait fier d'être Zaïrois, même si — je ne sais si c'était pour blaguer ou si cela venait tout droit du fond du cœur — on pouvait entendre dire dans Kinshasa, nous citons : « *Accident esalami na ba coin oyo... pene na…* » — ce qui se traduit du lingala : ‘‘ Un accident s'est produit au coin (des avenues)… près de…’’. Et à la question de savoir s'il y a eu des victimes, le narrateur de répondre : « *mawa e ee* ! **Zaïrois *mibale*** *naa* ***Muluba môko*** » (sic) ; ce qui se traduit toujours du lingala (avec consternation) : « Hélas, oui » ou « pitié » ! : 3 morts : deux Zaïrois et un **Muluba** » (entendez : **Kasaï**).

Mais un fait est là, chacun se sentait fier d'être Zaïrois, en se distinguant même dans le port vestimentaire, par son « abacost, » contrairement au reste du monde occidental ; et cette fierté est allée même à outrance, en scandant que : « … *Tokufa nzala likambo te…* » (en Lingala) ; ce qui veut dire : « qu'on meure de faim, peu importe, mais la liberté, la souveraineté »…

Et de cette « philosophie », *Kallé Jeef,* célèbre chanteur congolais (avec son ensemble ‘‘African Jazz’’) en a fait un beau morceau, même si paradoxalement le peuple militant du Kasaï-Occidental a exécuté cette autre chanson révolutionnaire : *« Bana bânyi kabena mua kulala ne nzala to ... Tshisululu tshia budimi tshiakantûka bua buledi... »* (= littéralement : « Que mes enfants ne dorment avec la faim ou affamés »…) — thématique qui reste lettre morte lorsque l'on ne joint pas l'action à la parole ; lorsque l'on ne se met pas au travail pour endiguer la sous-alimentation qui sévit !)... Aussi, cette fierté exaltée plus haut tombera-t-elle plus bas, lorsqu'en vous présentant à l'étranger comme Congolais, et qu'il vous sera demandé de quel Congo vous venez ? … Car il y aussi un deuxième, celui d'en face ou d'à côté (comme vous voulez), dit « Congo Brazza » dont les natifs semblent être plus crédibles et mieux considérés, plus réfléchis et posés (mais nous avons cependant réussi à débarquer son onze national de la compétition

[527] Mopap : Mobilisation, Propagande et Animation Politique (un des organes du MPR).
[528] Mulumbati, o. c. p.117 – paragraphe 3

africaine « Can 2015 » en Guinée)… Soit, cela n'est pas la matière qui nous préoccupe… Nous fermons la parenthèse.

Année **1971** :

— Le 4 juin : **Enrôlement des Etudiants**. Afin d'étouffer la commémoration du deuxième anniversaire de la fusillade de juin 1969 ainsi que des troubles éventuels, il est décidé d'enrôler les étudiants de l'Université Lovanium et Instituts Supérieurs… Les voilà des ''**miliciens**'' pour une période de deux ans, mais sans port d'arme ; ils en sortiront qui caporal, qui sergent, et ''réservistes pour la vie''.

— Le 6 août : Afin de mettre un terme au caractère frondeur des étudiants, les trois universités : Lovanium (catholique et à Kinshasa), Université Libre du Congo (protestante et à Kisangani) et l'Université Officielle du Congo (Lubumbashi) sont intégrées en une seule « *Alma Mater* » dite : Université Nationale du Zaïre (**UNAZA**).

Le Rectorat est confié à **Mgr T. Tshibangu Tshishiku** assisté du pro-Recteur **Wembi** et de trois Vice-recteurs (un à la tête du Campus de Kinshasa ; un pour le Campus de Kisangani et un pour le Campus de Lubumbashi). Kinshasa ouvrira les Facultés suivantes : Droit, Sciences économiques, Médecine et Polytechnique (une partie) ; le Campus de Kisangani installera les Facultés de Psychopédagogie, Sciences naturelles et Agronomie (car non loin de l'INERA) ; tandis que Lubumbashi organisera les Lettres, les Sciences sociales, la Médecine vétérinaire et la Polytechnique (partie tournée davantage vers les mines).

Le 27 **octobre 1971** :

— le pays **(Congo)** devenait **''Zaïre''**. (Nous avons évoqué anticipativement ce vocable dans les paragraphes plus haut, pour dire que c'est une altération ou tel que les Portugais ont prononcé le mot « Nzadi », lorsqu'ils débarquèrent pour la première fois à l'embouchure du fleuve Congo (lequel s'appelle *Lualaba* depuis sa source jusqu'à Kisangani) ;

— le drapeau du Parti remplaçait l'ancien drapeau du Pays, et l'hymne national changeait (le ''Debout Congolais'' était remplacé par « la Zaïroise ») ;

— les Villes et les Avenues sont débaptisées (cela en rapport avec ''le recours à l'authenticité'' — tous les monuments jadis à la gloire de la colonisation sont détrônés de leur piédestal et pourtant, ce sont les vestiges du passé à regrouper et en faire un complément de leçon d'histoire, en faire un apport au Tourisme…

Année **1972** : Depuis fin **janvier début février** : il y a **crise** entre **l'Eglise catholique et l'Etat ;** il s'en suivra l'exil du Cardinal Albert **Malula** en Europe, accusé de subversion. Oui, un violent conflit s'était ouvert entre le Président Mobutu et le Cardinal ; il est reproché au prélat d'avoir critiqué, à travers l'hebdomadaire catholique '*'Afrique Chrétienne*'', la politique de « retour… » — pardon, de « recours à l'authenticité ». Il s'en est suivi la suppression de ce journal, l'expulsion de Son Eminence de sa résidence qui deviendra le Quartier général de la JMPR ainsi que l'obligation à tous les Zaïrois de renoncer aux prénoms chrétiens. (Le Président de la République de Cuba — Cuba a des démêlées avec l'Eglise depuis des décennies — vient de confier à la presse que « Si le pape — il s'agit du pape François qui a reçu l'homme d'Etat cubain seul pendant une heure — continue à parler tel qu'il vient de parler, je retourne prier à l'Eglise catholique »)…

— **mai** : Congrès ordinaire du MPR. Le Bureau Politique, organe de conception et d'orientation du Parti, fusionne tous les organes de l'Etat et du Parti. Désormais, l'on ne distinguera plus l'Administration du ''politique'', le MPR assumant toutes les fonctions dévolues jusque-là à l'Etat. Il est amorcé **une profonde Réforme administrative** : Les ministres deviennent des Commissaires d'Etat (en abrégé ''Commétats'' et le premier ministre '' Premier Commissaire d'Etat'') ; la Province s'appelle ''Région'', le District ''Sous-Région'', le Territoire ''Zone'' et le Secteur ''Collectivité''.

— **juillet/août : suppression de la Police** et son intégration dans la Gendarmerie nationale ;

— 24 novembre : **démarrage** de la première phase des **travaux du barrage d'Inga** ;

— décembre : création de l'ANEZA (devenue FEC) ;

Année **1973** :

— février : instauration du ''*Salongo*'' (travaux collectifs de salubrité chaque samedi jusqu'à midi). Mais que d'immondices (déchets de ménage ; sachets ; bouteilles et autres objets bio-dégradables et non dégradables), présentement dans tous les coins, trottoirs et caniveaux (communement dits ''teracés'') ;

— Le 4 octobre : Discours du président Mobutu à l'ONU ;

— Le **30 novembre** ; « **zaïrianisation** ». Désormais, l'exploitation et le commerce tombent entre les mains des Zaïrois !... (Qu'est ce qu'ils vont en faire ?... Vous irez le voir !...)

Année **1974** :

— **juin** : participation des Léopards (équipe nationale, à la Coupe du monde (avec le phénomène **Ndaye** ''***Mutumbula***'' — meilleur buteur avec 9 goals ou buts) ;

— Le 15 août : promulgation de la nouvelle Constitution ;

— 30 octobre : le combat de boxe Mohamed Ali /Georges Foreman, dit ''combat du siècle'', à Kinshasa — victoire par K.O. d'Ali. (Un autre combat dit également ''du siècle'' a opposé, le samedi 2 mai 2015, l'américain Mayweather au philippin Many — victoire aux poings du premier) ;

— Année **1975** : 4 janvier : fin du mandat des Commissaires du peuple ;

— Année **1977 :** le 6 mars : les ex-gendarmes Katangais basés à la frontière Congo/Angola sous le commandement du général **Bumba** Nathanaël, attaquent les Territoires de Dilolo. Sandoa, Kapanga. Le 25 avril ils prennent Mutshatsha (chef-lieu de District du Lualaba) mais Bumba est vaincu en mai, grâce à l'intervention musclée d'un corps expéditionnaire marocain appuyé par la logistique française, ainsi qu'à l'implication personnelle du général Mobutu qui s'était installé lui-même avec son État-major à Kolwezi. Ces opérations (incursions et refoulement) sont dites « **première guerre du Shaba** » ou encore **« guerre de quatre-vingts jours ».** En décembre 1977 : le président Mobutu succède à lui-même après un mandat de sept ans.

Année **1978** : le 28 mars les mêmes gendarmes Katangais assaillent la ville de Kolwezi. Cela s'est appelé ''la **Deuxième guerre du Shaba''**. Encore une fois le Maréchal insistera qu'on vole au secours de son régime en proie de déstabilisation par les forces du « bloc » opposé. Si Bruxelles a traîné les pas, le président Valéry Giscard d'Estaing répondra... Mais les parachutistes français laisseront entendre dans leur livre « Secret du raid » : '' *une ville* — entendez Kolwezi — *prise d'assaut par quelques individus seulement comme en 1977 où on avait donné Kolwezi comme tombe alors qu'il n'en était rien''*... Et Kolwezi tombera économiquement plus tard, lorsque nos frères Katangais seront instrumentalisés pour chasser du Katanga, **leurs frères du Kasayi**. Et cela fait, la **Gécamines** est ce qu'elle est depuis !... Et ce sont de gros manques à gagner pour la République !... Présentement ce sont des ''Mining'' — véritables Etats dans un Etat — qui font la besogne...

— septembre 78 : **fin du phénomène ''Acquéreurs'' :** il y a **''rétrocession'' des entreprises « zaïrianisées »** (mais qui sont dans un état de délabrement très avancé), à leurs anciens propriétaires (étrangers de surcroît). En effet, il était plus que temps de revenir sur cette mesure (non mûrie) de ''zaïrianisation'' qui avait été prise pour s'étaler sur dix ans, car il y eut une incapacité notoire dans la gestion de ce patrimoine (stocks, finances, sources d'approvisionnements, équipements et maintenance) chez la plupart de nos Acquéreurs parce qu'ils ne connaissaient ni la provenance ni les rouages des affaires, que maîtrisaient les propriétaires. Une des quelques exceptions : La M.A.S. au Kasaï.

Oui, cette Entreprise belge de Transports qui fut confiée au trio Mafuta Mingi, Takizala Luyanu et Ilunga Dibwe est l'une de rares Entreprises qui se sont démarquées : matériel roulant ou charroi automobile maintenu ; les tours et autres outils de maintenance en bon état ; pas d'arriérés de salaires et il y eut même l'engagement de nouvelles unités et majoration des rémunérations ; les cotisations INSS, vignettes et Contributions, Polices Assurance/Sonas en ordre sans oublier le disponible ou avoirs en Banque)...

Chers lecteurs, si nous évoquons tous ces souvenirs, ce n'est pas pour nous-mêmes, ni pour vous que nous savons plus outillés, amis de la culture, et qui avez sous vos yeux cet ouvrage. Mais c'est plutôt pour l'avenir. Ces souvenirs seront utiles aux générations après nous ; l'histoire n'est-elle pas faite plus du passé que du présent et de l'avenir ? Les écrits depuis les temps du Roi Léopold II et même d'avant, ne sont-ils pas encore d'actualité ? L'histoire recèle des leçons utiles pour notre vie, pour la vie des générations après nous. Aussi, allez-vous retenir que le passé est-il semblable à une rose ; il a ses charmes et ses épines ; il peut fasciner comme il peut égratigner. Que ceux qui pensent trouver leur passé terni s'évertuent dans l'humilité ; Dieu élève les humbles — Luc 1, 52.

— Année **1979** : juillet 1979 : plus de 200 creuseurs de diamant trouvent la mort dans une fusillade **au Kasaï - Oriental**, et la mort de ces jeunes gens de Katekelayi provoque un tollé chez les parlementaires du Kasayi.

— Année **1980** : en octobre, treize parlementaires prennent leur courage en mains et adressent une lettre ouverte (de 52 pages) au président Mobutu ; il s'en suivra en décembre des arrestations et relégations...

— Année **1982** : Fondation de l'UDPS, un parti politique qui était déjà en gestation. Et ce parti politique — **Union pour la Démocratie et le Progrès Social** — ne tardera pas à devenir le fer de lance de la contestation. Et depuis, le ''Parti Etat'' est décrié et le pouvoir en place (est) entamé...[529]. **Six fils du Kasayi** n'ont pas hésité à témoigner de leur courage en devenant membres du ''collège des Fondateurs'' : **Ngoyi Mukendi, Anaclet Makanda, Paul Kapita, Raymond Mukoka, Christophe Balanganayi et certainement E. Tshisekedi wa Mulumba,** à côté de leurs camarades Mbwakem, Gabriel Kiungu wa Muanza et autres.

L'opposition naîtra également à l'extérieur, tant loin du pays (menée par les Congolais dits '' la diaspora'') que juste à côté (en Tanzanie) et l'UDPS, totalise en cette année 2017 trente-cinq ans d'existence...

... **1985** : **Laurent Désiré Kabila**, ancien de l'école de guérilla chinoise (sous Gao Liang et Qiao Shi), déclenche depuis un massif montagneux proche du lac Tanganyika vers le petit port de Kabimbi (sur Tanganyika), plusieurs opérations de guérilla contre le régime de Mobutu dont deux seront dénommées **Moba I** et **Moba II** en juillet **1985.**

— Entre **1989** et **1990 :** le Président Mobutu parcourt le pays dans le cadre de ce qui s'appela les **''Consultations populaires''**, initiées par lui-

---

[529] ''Monuc Magazine'' de juin 2006, pp.13-14 nous apprend que le nom de Mokolo wa Mpombo — devenu Sénateur en 2006 et Vice-président du Sénat — reste lié aux Consultations populaires dont il avait reçu du Maréchal Mobutu la lourde tâche de conduire en 1990, et dont les résultats avaient déterminé l'ancien Chef de l'Etat zaïrois à démocratiser le pays. Et Edouard Mokolo wa Mpombo de conclure : « J'ai sillonné tout le pays, je le connais bien ; j'ai écouté le peuple et connu ses aspirations. Ces aspirations n'ont pas changé... Les aspirations des populations exprimées en avril 1990 n'ont jamais été satisfaites, c'est-à-dire la soif de démocratie (la soif) d'un Etat fort, qui sécurise les personnes et leurs biens ».

même d'ailleurs. Mais ce test de sa crédibilité lui donne une cote très faible ; sa popularité légendaire était réellement entamée…

Ici à **Kananga** ces consultations se déroulèrent en la Salle Lulua-Film (au Quartier Kapanda, Commune de Katoka, derrière le Stade des Jeunes ; donc en pleine cité). L'on notera ici que lors de ces assises, **Me Mutombo** Symphorien (alors notre voisin en diagonale sur l'avenue Uvira — Commune et Ville de Kananga et Avocat au Barreau de Kananga), prit son courage et s'illustra par ses interventions osées, mais pertinentes. C'est ainsi que depuis, Me Mutombo devint très utile au pouvoir — il deviendra Vice-ministre ; ministre ; gouverneur de province (présentement il est Ambasadeur au Brésil) — **mais nos contrées en auront retiré quoi ?...** (Comme l'histoire se répète : cette même gymnastique est remise sur scène opérée en mai 2015 à Kinshasa au Palais de la Nation, avec le président Aubin **Minaku** de l'Assemblée Nationale comme ''consultant'' et ''animateur'', sur ordre du Président J. Kabila).

La même année 1989 connaîtra un grand bouleversement politique sur la scène internationale. En effet, l'on assiste à **la perestroïka** c'est-à-dire au **changement**, à la **restructuration** du système qui jusque-là a prévalu, et cet exploit est l'œuvre de **Mikhaël** Sergueïevitch **Gorbatchev**, Président russe d'alors. La **perestroïka** entraînera l'écroulement du mur de Berlin, la dislocation du bloc communiste ainsi que la fin même de la guerre froide entre les deux blocs (communiste et capitaliste) dans laquelle le président Mobutu a eu à jouer à la couverture pour contrer les Soviétiques en Afrique centrale. Et ce même vent puissant du changement n'a pas tardé à venir souffler également au Zaïre de Mobutu. Ces événements isolés, mais en même temps concomitants, ce vent puissant du changement venu de loin, se chargera de cris et des pleurs du peuple, et ira contraindre le Maréchal Mobutu à desserrer, à lâcher… C'est ainsi que, au **24 avril** de…

— l'Année **1990** : dans les avant-midi, à N'Sele (à la cité du Parti), le Maréchal, en tenue d'apparat sombre, s'adressera à la Nation pour annoncer des changements politiques qui inaugurent ainsi un nouvel ordre institutionnel au Zaïre, son pays.

Il annonça entre autres : la suppression du Parti–Etat ; l'acceptation du multipartisme (ou le pluralisme politique pas intégral, mais à trois) et cela, dans une si grande « émotion » qu'il ne pût cacher : *''comprenez mon émotion''* ! Il y a de cela 27 ans, et le port de la cravate ainsi que du costume fut également admis… Cependant, le mois de **décembre** 1990 débutera avec des agitations généralisées. Le peuple est au comble de la misère ; il surnommera les Commissaires du peuple (nos Députés) : « Affameurs du peuple », et des détachements de l'Armée ici et là iront piller Entreprises et autres points de vente…

2. La conférence nationale souveraine (CNS)

Année **1991** : - entre janvier et février, le président Mobotu tente de fléchir les forces vives de la contestation (Partis politiques et Société civile…) ;

— le 13 mai : une commission préparatoire des travaux de la Conférence nationale est mise en place et le 19, l'on conviendra que cette conférence pour trouver des solutions aux attentes du peuple, soit souveraine et que ses décisions soient exécutives dans le chef du pouvoir. Il y aura tergiversations dans le chef du pouvoir et renvoi de la tenue de la Conférence au 31 juillet**…**

— le 7 août 1991 : la CNS ouvre ses portes. Son Bureau provisoire est ainsi composé : **Kalonji Mutambayi** (président) ; B. Wazabanga et Kabongo Mwadi (vice-présidents)… (Le président se fera surnommer « adopeté » en lieu et place de ''adopté'').

Interrompue plus d'une fois, la CNS reprend ses travaux, mais cette fois-ci, avec un prélat à la tête. En effet, même le clergé avait jugé bon de s'impliquer, de mettre la main à la pâte afin qu'il y ait la paix et le pain pour tout le monde.

C'est **Mgr** Laurent **Monsengwo** — consacré '' Président de la Conférence (1497 voix contre 767 voix pour **Kanku,** ''photographe de son état''), lors d'une séance élective conduite par Mandungu Mbulanyati alors ministre de l'Intérieur (il avait préséance, car **Ngunz**, premier ministre, était en mission aux Etats-Unis[530]) — qui ira conduire la Conférence et des mains des maîtres…

Durant tout le temps que cet homme de Dieu fut à la tête de la Conférence, ce fut une véritable anamnèse, un déballage de tout, une autopsie du boa. Il y eut même des rapports d'écoute qui couvraient tout le territoire national. Mais par la suite, il n'a plus été aisé de contenir presque trois mille conférenciers venus des quatre coins du pays !...

Si la sélection de la plupart de ces hommes et femmes en avait été une chose (l'on se rappellera qu'un certain « Bodolar » avait apparu un soir sur l'écran, parlant **au nom du Kasayi-Occidental**, quel triste échantillon !), gérer ces Dames et Messieurs en était une autre : logistique ; « *per diem* » et autres exigences posaient problème. L'on apprendra même qu'il y eut des déboires : cas d'endettements à usure (dits *''banque Lambert''*) ; de débauche ; de ''surnuméraires'' et/ou ''intérimaires'' dans les foyers et même de rupture de ménages. Et le prélat lui-même fut peiné de subir certaines pressions tant du pouvoir que de l'extérieur ! … Cela étant, nous dirons cependant que le peuple que représentait la CNS avait semblé récupérer une partie de son pouvoir et que la CNS a pu offrir une base juridique aux faits de l'heure et pu permettre d'élaborer une Constitution (de transition) stable.

---

[530] Détails reçus de Shindanyi Pierre, conférencier

En outre, l'on notera que tant dans ce forum — où des cerveaux pour chaque domaine, mais incompris et étouffés n'ont pas manqué — que dans les rues, tant dans les églises, temples et/ou assemblées chrétiennes que dans la presse écrite qui elle, a osé caricaturer l'intouchable, bref, au sein de toutes ces « forces vives » (pardon, « ces forces ayant aussi droit à la vie ») et forces éprises de paix et en mal de pain, le pouvoir était décrié ; le pouvoir était remis en question, remis en cause !... Il naîtra même une plate-forme dénommée l'''Union sacrée de l'opposition''... Par la suite il y eut une nouvelle interruption de la **C.N.S.**...

Des grèves et autres revendications sont courantes et vécues au quotidien. Et depuis le 2 septembre, l'avenir des travaux de la CNS est sombre...

— les 23 et 24 septembre **1991** : il y a **pillages** tant à Kinshasa qu'en provinces. Ici à **Kananga**, les éléments en uniforme dits *''Kama-kama''* suivis par la population (même des chrétiens) en ont fait leur affaire... Ces actes de vandalisme ont ruiné l'Economat de l'Archidiocèse (dite ''Procure'', magasins et boutiques.

Année **1992** : le 16 février :... S'est-on retenu d'envoyer la mort causer la désolation parmi des « paisibles » manifestants ne disposant d'ailleurs d'aucune arme ?... Cette marche pacifique à laquelle ont pris part plus de 500.000 personnes (chrétiens catholiques, protestants et orthodoxes, et même des musulmans), n'avait qu'une seule revendication : ''Réouverture de la Conférence Nationale Souveraine''. Mais des vies humaines seront fauchées en ce **16 février 1992,** hélas ! ... (L'on a parlé de **20 à 30 morts**) !... C'est le gouvernement Nguz Karl -I - Bond [531] qui était en place, *« avec force ! »*... Une marche pour commémorer cette marche dite en son temps « Marche de l'Espoir », le ''février 2016'' aurait été décommandée ; cela éviterait ''une récupération politique'' a-t-on dit... Mais l'histoire semble tenir à demander que le 16 février de chaque année soit décrété et célébré ''Journée des Martyrs de la Démocratie''...

Une réflexion :

Aussi, tant chez les commanditaires que chez les vecteurs — ceux par les mains de qui cette mort a été véhiculée, ces hommes en arme — une investigation ne nous convaincrait-elle pas qu'il y eut, parmi eux des personnes pas seulement portant des prénoms chrétiens, mais des baptisés quelque part ; des Ambroise, Serge, Gilbert... ; certains se disant même

[531] Ici, il y a lieu de noter une instabilité caractérisée au sein de l'institution ''gouvernement'' : Le premier ministre Lunda Bululu démissionne en mars 1991 ; il est succédé par **Mulumba Lukoji**. Le 22 juillet **Tshisekedi** est nommé premier ministre... Le 25 juillet Mulumba Lukoji est reconduit. Le 1er octobre, **Tshisekedi** nommé premier ministre récuse le vocable « garant de la nation » cette qualité ''allouée'' au Chef de l'Etat (entendez président Mobutu) ; et même si nous ne sommes pas juristes, Tshisekedi se devait de ne pas porter des ratures sur le texte de circonstance... Tshisekedi sera éjecté le 4 décembre 1992 et remplacé par Mungul Diaka...

''nés d'eau et d'Esprit'' (Jn 3,5) et en tant que tels, initiés à mener une vie digne de l'appel qu'ils ont reçu ! (Eph 4,1…) ?... Les quelques noms que voici restent liés à la réussite de cette marche : Paul Mido ; José Pundu ; Pierre Lumbi ; Julien Lukengu ; J. Kandolo…

— le 14 octobre **1992** : à la **reprise** des travaux de la CNS, **Tshisekedi** est élu premier ministre… Cela devient une inquiétude…

L'ancien Premier ministre Ngunz et le gouverneur du Katanga iront obéir à une injonction selon laquelle il faut distraire et empêcher l'évolution de la situation en leur faveur, par le déclenchement de cette grande manœuvre de « **chasse à l'homme du Kasayi vivant au Katanga** », au motif d'occuper les emplois des Katangais.

Mais au fait, qui est Katangais et qui ne l'est pas ?... Quand on sait que, avant que l'on en arrive à la province de **Lusambo**, puis à la province du Kasayi, cette dernière a été d'abord une portion du Katanga ; en d'autres mots, **la province du Kasayi**, anciennement province de Lusambo, est bel et bien née du découpage de la province du Katanga et, ses fils ont du sang du Katanga dans leurs veines, de par **Ilunga Mbidi**.

Le professeur Kabatu - Suila nous fait découvrir que Mr. **Ngunz** Karl I Bond qui a pour mère une Lunda — au régime matrilinéaire — (Ngunz) **est aussi du Kasayi de par son père qui est Mukete**… Avoir obéi à cette injonction s'appellerait simplement une naïveté… une naïveté qui a conduit des hommes lettrés dans une épuration ethnique ayant entraîné « mort d'hommes » au cours de cet exode massif des hommes, femmes et enfants, dans des conditions très pénibles… Mais revenons à la présence du prélat à la CNS et autres hommes de Dieu sur la scène politique, pour enrichir notre réflexion :

A ces hommes qui pensent que les hommes de Dieu s'occupent de l'Evangile et non de la politique » nous demandons de faire de la pensée de ces illustres personnages, **le pape Paul VI** et **Mgr Bakole** wa Ilunga, nous cités par Tshimbombo Mudiba, o. c. pp. 272-3, la leur.

Mgr Bakole postule qu'« *Evangéliser c'est développer* ». Ce postulat est consigné dans sa lettre pastorale du 19 mars 1971. (Ah oui, le 19 mars, cette date dédiée à St Joseph nous renvoie au jour où Bakole wa Ilunga alors ''*Mukalenge* l'Abbé Bakole Martin'' reçut son ordination sacerdotale en 1953, le 19 mars à Kabwe[532]. L'auteur — âgé de huit ans, au milieu du clan,

---

[532] Kabwe : localité située à 70 km de Kananga, où sont formés les futurs prêtres dans ses célèbres Petit et Grand Séminaires. Le Grand Séminaire s'étale sur trois années de philosophie à Kabwe à l'instar des autres ''**Philosophie**'' ouvertes à Mbuji-Mayi, Kabinda, Kole, Luebo et Luiza et les quatre années de **Théologie** sont à poursuivre au Grand Séminaire Theologicum de Malole (non loin de l'habitation de l'auteur, dans la banlieue de Kananga.

Notons que Leurs Eminences les Cardinaux Joseph Malula, Fréderic Etshu et Laurent Monsengwo Pasinya ; Leurs Excellences les Archevêques Bakole wa Ilunga, Mukeng' a Kalond, Emery Kabongo Kanundowi, et Marcel Madila Basanguke ; Leurs Excellences Messeigneurs J. Nkongolo Kabue ka Ntanda, Fr. Kabangu wa Mutela, Mathieu Kanyama,

amis et connaissances venus pour soutenir le nouvel Abbé — fut présent à cet événement qu'il vivait pour la toute première fois, en l'église Christ-Roi du Grand Séminaire aux colonnes et arcades impressionnantes, église dont la décoration pour la circonstance concordait avec les vitraux que perçaient les rayons solaires).

Dans cette lettre Mgr. Bakole énonce que : *« l'évangélisation réelle doit conduire au **développement** à tous points de vue : matériel, intellectuel, moral et spirituel... et il ne peut y avoir dichotomie ».* Pour ce faire Bakole a préconisé de créer une nouvelle mentalité propice au **développement**, par une animation (par) une motivation suffisante permettant de faire passer le peuple — et dans le cas qui nous concerne **: le peuple du Kasayi** — d'une mentalité **''a-économique''** à un éveil, à un désir commun d'un **développement intégral** »[533].

Ce changement de mentalité, n'est-ce pas l'un des objectifs de notre modeste ouvrage qui se veut *un plus* à côté du concept *« une nouvelle citoyenneté et nous »*... Aussi, allons-nous convenir avec Tshimbombo Mudiba qui ira renchérir que « la pensée de Mgr. Bakole rencontre donc celle de **Paul VI**[534] qui énonce : *« le développement ne se réduit pas à la simple croissance économique ; pour être authentique, il doit être intégral, c'est-à-dire, promouvoir tout homme et tout l'homme ».*

Eu égard à ce qui vient d'être évoqué ne pouvons-nous pas conclure que cette préoccupation doit être à la fois et, l'enseignement lui-même et, sa pratique (ou l'exemple à suivre) ? Nous parlons de l'enseignement donné par le grand « *Magister* », notre Seigneur Jésus-Christ, tout au long de son ministère qui a duré trois ans sur notre vieille terre et qu'Il fait continuer, en particulier, au travers des « hommes de Dieu » et autres « ministres » et/ou mandataires (Chefs d'Etat, hommes politiques et fonctionnaires — car tout pouvoir vient de Dieu !).

En effet, **Jésus** a montré : comment consoler ; comment compatir ; comment soigner et guérir ; comment traiter les affamés et les prisonniers et même nos ennemis ; comment délivrer ; bref, Il a traité tout l'homme et tout homme qui est allé vers Lui et vers qui Il est allé (cfr la belle-mère de Pierre — Mt 8, 14 - 15)... Qui pourra alors nous indiquer la démarcation entre politique et Evangile ?... N'est-ce pas là la raison d'être de (nos) différentes structures sociales (départements d'Etat et ONGD) ? Et si celles-ci ne sont

---

Barthelémy Malunga (Evêque Emérite de Kamina), Valentin Masengu et Pierrre Célestin Tshitoko — pour ne citer que ceux-là — plus presque deux cents prêtres dont le professeur Abbé René Kande (frère de l'auteur) ainsi que de nombreux laïcs dont S.E. Joseph Kasa-Vubu (premier Président de la République), ont reçu leur haute culture et solide formation dans ce creuset qu'est KABWE.

533 Tshimbombo, o. c. p. 273 cite M.J., Kananga, « Avec Bakolé vous décollez », in Journal *Libre Belgique* du 8 janvier 1973.

534 Paul VI, in Populorum progressio, A.A.S. 59 (1967) 264-265 — traduction : R. de Montvalon, cité par P. Tshimbombo Mudiba, ibidem.

pas à la hauteur de leurs tâches, les « garants de l'œuvre divine » (au nom du Créateur qui s'est révélé en son fils, Jésus-Christ, « Emmanuel », ''Dieu parmi nous'', qui a prôné la vie et la vie en abondance (Jn 10, 10b), ces serviteurs et tout homme craignant Dieu ont-ils tort de rappeler à l'ordre ?... Voilà qui explique l'implication de ce prélat à **ces assises** de haute facture pourtant, mais qui **se verront fermées le 31 décembre 1992 !**

(Pour ceux qui désirent en savoir plus, « ***Le Virage Manqué d'Un Consesus National*** », ouvrage avec force détails sur la CNS est en chantier ; travail d'un participant)...

La conférence des évêques de l'Afrique centrale

Alors que certains fils du pays pensaient trouver des pistes de solution à cette misère criante dans les guerres[535], des hommes de Dieu, toutes confessions confondues ont eux décrété et initié le jeûne et des prières sous toutes leurs formes, dans les églises et temples, voire même en assemblées œcuméniques sur de grands espaces (au Stade, au Palais du peuple...).

De leur côté 41 Evêques du Congo auxquels se sont joints 7 du Burundi et 8 du Rwanda, rédigeront deux documents qui se complètent. Le premier : un message daté du 15 novembre 1999, insistait surtout sur le *« dialogue entre les Etats de toute notre région »* ; et le second portant la date du 19 novembre 1999, était une déclaration par rapport aux problèmes propres à notre pays et les remèdes à proposer. « Congo-Afrique » N°340 de décembre 1999 a publié in extenso, ce message et cette déclaration respectivement dans ses pages 581 à 585 ; et 586 à 592. Et ce que nous pourrions appeler « *Editorial...* », pp. 578 à 580 du même ''Congo – Afrique'', nous laisse lire cet extrait de ce qu'ont énoncé les Evêques de l'ACEAC[536] :

« Vous êtes tous des frères (Mt. 23, 8) ; arrêtez les guerres. Remettez votre glaive dans le fourreau, tous ceux qui prennent le glaive périront par le glaive (cfr Mt 28,52) (...) » — nous disent les Evêques et ils continuent : « En ce moment de division entre nos peuples, dans la prière, nous souhaitons que notre unité soit signée d'espérance qui vous aide à surmonter les épreuves et les drames actuels ».

Parlant de l'établissement d'une paix durable — (ici retenons que la date du 21/9 de chaque année est dite ''**Journée mondiale de la paix**'' et la

---

535 « guerres » dont a parlé l'Exposé des Motifs (p. 1 de la Constitution) en ces termes : ''Cette contestation a pris un relief particulier avec les guerres qui ont déchiré le pays de 1996 à 2003...'' et dont les Evêques ont énuméré les affres — pertes en vies humaines, pillages, paupérisation accélérée, maladies endémiques, destruction des infrastructures socio-économiques, effritement des valeurs humaines (en particulier le respect de la vie et de la personne humaine), un grand nombre de réfugiés, de personnes déplacées ou regroupées, de veuves et d'orphelins'' — cf. le point 3 de l'Appel de la Conférence Episcopale, page 581 du Congo-Afrique n° 340 de décembre 1999. Et la Conférence ne situe pas ces affres seulement sur ''1996 à 2003'', mais sur quatre décennies dont en particulier celle-ci.

536 ACEAC : Association des Conférences Episcopales d'Afrique Centrale

célébration de celle-ci l'année 2015 a eu pour cadre la Ville de Goma, plus précisément son Aéroport international qui a été pris d'assaut par environ 40.000 jeunes et des Stars internationaux dont P Square ; le gouverneur J. **Paluku** du Nord-Kivu et le patron de la MONUSCO Martin **Kobler** étaient de partie) — les Evêques d'Afrique centrale, donc aussi ceux du Rwanda et du Burundi, déclaraient :

« Nous encourageons toutes les initiatives (poursuite des négociations d'Arusha, application des Accords de Lusaka, et tenue d'une Conférence Internationale sur les pays des Grands Lacs) visant la réalisation de ces objectifs :

— « respect de la souveraineté et l'intégrité territoriale de chaque pays (donc, y compris la RDC, n'est-ce pas ?) ;

— « respect des droits des personnes individuelles ;

— « respect des droits des groupes humains — conditions menant vers l'indispensable dialogue entre les Etats de toute notre région, en vue d'une paix durable ». Ibidem.

Aux chrétiens ils écrivent : « soyez de vrais témoins de Jésus-Christ, vivant en frères et sœurs ; membres d'une même famille de Dieu en Afrique. (...). Combattez donc la division, la haine » — ibidem. Mais hélas, ce message combien noble est de temps en temps contrarié par des consignes méchantes telles que : *« Kazi iko, Kasayi apana »* !, ce qui veut dire : '' il y a du travail, mais pas pour un Kasaïen ! '' ; ou encore : « *Maison à louer*, mais *pas pour Muluba* »... N'est-ce pas là une haine et la volonté même de détruire le prochain ? Et cela devient encore plus fort lorsque le clivage cherchera à circoncire les « Twa », « Luba », les « Hutu », les « Tusi », (et/ou) les « Banyamulenge »...

Alors les Evêques en sont arrivés à se poser la question, et ils nous la posent aussi :

« Est - il permit, en cette fin du vingt et unième siècle — les Evêques s'étaient réunis en novembre 1999 — et en ce début du 3e millénaire (et nous ajouterons : près de soixante années après l'accession du pays à l'indépendance) de continuer à vivre dans l'instabilité politique, le marasme économique et social, et l'incertitude de l'avenir ? »...

Aussi, est-il épinglé dans cet Editorial à la page 580 de ce « Congo-Afrique », qu'en plus de suggestions faites pour une paix durable, il y a :

« le besoin de dirigeants nouveaux qui mettent en pratique les principes de la bonne gouvernance, qui créent les meilleures conditions de vie pour le peuple, et donnent à chacun l'occasion de travailler, de gagner honnêtement sa vie et de se prendre en charge ;

des dirigeants nouveaux, des ''élites intellectuelles et sociales'' qui cultivent en elles le sens du service pour le bien de la nation et la prospérité de tous les fils et filles de notre pays ».

Et les Evêques de renchérir, toujours à cette même page 580 :

« Nous reconnaissons que vos prières individuelles et communautaires, vos jeûnes et vos œuvres de miséricorde sont devenus une des expressions quotidiennes de votre espérance en Dieu, l'unique qui puisse assurer la victoire totale sur le mal ».

Oui, les Evêques ont dit : *''le mal''*, nous nous dirions *: « bubi, bubi budi butapa bu meshi »,* traduisez : le mal qui s'est répandu comme des chenilles (dans toute la forêt). Mais pour votre meilleure compréhension, veuillez remplacer « chenilles » par « une épidémie », épidémie qui a affecté le Congo en général, et nos contrées du Kasaï en particulier ! ; « le mal » sous toutes ses formes…

Enfin, nos Evêques formulaient un vœu, comme l'a un jour si bien exprimé **Dom Helder Camara**, cet ancien archevêque Brésilien de Recife, qui, après avoir pendant toute sa vie, fait sienne, la cause des plus faibles, s'écriait : ***«*** **j'ai faim et soif de dialogue, et c 'est pourquoi je cours partout où l'on me fait signe, à la recherche de ce qui peut rapprocher les hommes au nom de l'essentiel »** — cf. l'avant-dernier paragraphe de la page 380 du même « Congo-Afrique » n° 340 ; ce vieil évêque est décédé à l'âge de 90 ans…

Le dialogue inter-congolais

Nos Evêques émettaient (également) un vœu analogue ; et dans leur prière de Noël 1999, ils demandaient voir le ''Dialogue Inter – Congolais'' devenir un fructueux dialogue de paix… N'est- ce pas que leur vœu — plus, leur prière — ainsi que les prières des fidèles ont été exaucées par Dieu ?... Réunis, sans exclusivité, les fils et les filles du pays — au nom de toutes les sensibilités — signeront à Pretoria, en Afrique du Sud, l'**Accord Global et Inclusif**, le **17 décembre 2002**, par lequel ils convenaient de mettre en place un nouvel ordre politique, fondé sur une nouvelle constitution, laquelle allait donner au peuple congolais, l'occasion de se choisir souverainement ses dirigeants, à travers des élections libres, pluralistes, démocratiques, transparentes et crédibles.

Une grande étape venait d'être franchie ; on faisait du chemin… Pour mémoire, le Sénat issu de l'Accord global et inclusif avait déposé à l'Assemblée Nationale — conformément à l'Art. 104 de la Constitution de la Transition, un ''Avant-projet de la nouvelle Constitution''. L'Assemblée Nationale l'approuvera ; puis un Référendum l'adoptera dans les conditions connues de tous…

Cependant, des remous viendront ébranler les Congolais à propos des inquiétudes ci-après :

- la Transition prend fin à quelle date ?
- le 30 juin 2005 est-il la fin de la Transition ?

- les Institutions de la Transition étant réputées démissionnaires, *quid* du vide juridique ? Et celui-ci sera comblé par quel organe ou quelle autre Institution ?
- qu'adviendrait-il au 30 juin 2005 ?
- faudra-t-il vider les lieux et aller se sécuriser ailleurs ?
- Oui ou non, les élections vont-elles avoir lieu ?
- Si oui, quand, comment et quel en sera le calendrier ?... etc.

Comme l'histoire se répète, les mêmes inquiétudes iront mettre les Congolais dans une psychose à l'approche de la date du **19 décembre 2016** (le mandat 2011 – 2016 arrivé fin terme, sans tenue des élections) !...En effet, plus d'une personne avouera avec nous que ces moments de suspens ont été bien gérés par le Très Haut, grâce aux prières qui Lui ont été adressées à travers le pays — (et présentement grâce aux bons offices de la CENCO et la sagesse d'un patriarche). Et si vous, cher lecteur, un parent ou autre connaissance, n'avez pas pris part, en solo ou en groupe à ces invocations pour la ville, pour le pays, vous avez eu tort ! Car il est écrit, et c'est un impératif (il n'est pas dit : « si vous (le) voulez, ou « veuillez (s'il vous plaît)... », mais il est dit plutôt : ***« Recherchez la paix de la ville et intercédez auprès de l'Eternel en sa faveur, parce que votre paix dépendra de la sienne »* : Jér. 29,7...**

Notons que la paix est l'un des facteurs de développement ; en effet sans la paix, lorsqu'il y a tumultes ou troubles, lorsqu'il y a **insécurité**, l'on ne peut entreprendre des actions de et en développement. Comme c'en est le cas, hélas, dans notre Kasayi, depuis les altercations entre les éléments **Kamuina Nsapu** et le pouvoir.

Par la suite, des sensibilités seront apaisées par rapport à l'interprétation de l'Art. 196 de la Transition, et les élections rééchelonnées au 30 juillet 2006 (du moins pour les présidentielles et les législatives nationales et provinciales) ont eu lieu.

Votre candidat n'a pas était élu ? Vous-même candidat n'avez pas été plébiscité ?... N'arrêtez pas de prier ?... Il est écrit, *« en toute circonstance, rendez grâces »* : 1 Thés. 5,18. Aussi est-il écrit ; *« priez sans cesse »* — 1 Thés. 5,17... Demandons au Seigneur de cheminer avec ceux qui ont remporté, et de nous aider à porter notre choix — lors des prochaines élections (Assemblée Nationale, en souffrance depuis 2016 ; provinciales et sénatoriales, en souffrance également depuis 2011 ; communales, municipales et locales qui ont tardé à venir depuis 2006) ainsi que dans toutes les élections ultérieures — sur des mandataires qui craignent Dieu, et qui portent en eux, l'intérêt qu'ils défendront, chacun dans sa juridiction, dans son rayon d'action (au Sénat, à l'Assemblée Nationale, à l'Assemblée provinciale, au sein de l'Exécutif provincial, à la Mairie, à la Commune, au Secteur, etc.)... En effet, quel constat amer lorsque le peuple visualise (devant l'écran) plusieurs de ses représentants, à l'Assemblée, en train de se raconter des histoires, en train de se restaurer et même de somnoler en pleine séance !... Nous encourageons nos cameramen qui sont prêts avec de telles séquences.

Nous n'irons pas non plus taire cette objection : l'opinion publique, plutôt, « l'électorat » se demande si le « législateur » ne peut revenir sur le mode d'élection des gouverneurs, vice-gouverneurs et Sénateurs, et cela pour plus de réalité, et d'efficacité… En effet, « *nos grands électeurs* » ne sont pas encore devenus réellement ''grands électeurs'' — comme ailleurs (E.U. par exemple) — par leur prestance et maturité politique, leur agir étant facilement marchandable et/ou obéissant de temps en temps aux injonctions ou impératifs venant de l'extérieur de la province… Et il serait même mieux de revenir — pendant un temps — à la procédure coloniale, qui commissionnait les Territoriaux plus méritants aux postes de Gouverneur, Commissaire de District et Administrateur de Territoire, parce que ces postes et fonctions étant plus du domaine de l'Administration Publique (la Territoriale) que de ''la politique''…

Oui, des « hommes » qui craignent Dieu — avons-nous dit — et méritant ainsi les révérences et civilités de la part du peuple qui les aura hissés au pouvoir, grâce à ses voix ; et non ceux ou celles qui nous auront distribué un morceau de pagne, un mouchoir de tête, un t-shirt à leur effigie, un képi voire même quelques grammes de sel de cuisine !... Soyons conséquents avec nous-mêmes, pour ne pas remettre en cause notre propre choix.

Oui, « des hommes qui craignent Dieu ». La Bible a consigné dans **Exode 18,13-25** (à propos du choix que Moïse devait opérer au milieu du peuple, afin de former son conseil devant l'épauler dans la conduite des enfants d'Israël), ce qui suit, particulièrement aux :

- verset 21 : « Discerne parmi tout le peuple des hommes de valeur, craignant Dieu, des hommes attachés à la vérité et qui haïssent le gain malhonnête ; établis-les (…) comme chefs de mille, chefs de cent, chefs de cinquante et chefs de dix… » ;
- verset 22 : « qu'ils jugent le peuple en tout temps, qu'ils portent devant toi toute affaire importante et qu'ils jugent eux-mêmes les affaires secondaires » ;
- verset 23 : « si tu fais cela…, tout ce peuple parviendra en paix à destination » ;
- verset 24 : « Moïse écouta la voix de son beau-père (Jéthro)… » ;
- verset 25 : « Moïse choisit des hommes de valeur… parmi tous Israël et les établit à la tête du peuple, chef de… ».

Et… si nous ne mettons pas à profit ce temps jugé plus qu'assez pour devenir matures, si nous nous plaisons à préférer les clivages, coteries et clientélisme ; à privilégier les candidats « frères et/ou sœurs de sang » ou ceux, inconnus de nous, mais qui auront acheté notre conscience, nos voix contre une poignée de sel, contre un ''t-shirt'' (tel que ça se prononce), un képi, un morceau de pagne, alors que votre voix vaut plus qu'un *t-shirt*, nous aurons ainsi compromis notre avenir, non pas seulement pour la période de ces 5 années que durera tout mandat, mais bien plus, car il ne nous sera pas facile de réparer des erreurs (même) âgées de 5 ans (10 ans…), et qui auront des répercutions sur l'avenir !...

Puisse en conséquence, et dès maintenant, les éducateurs ; les confessions religieuses, les médias, les partis politiques, travailler en synergie, pour sensibiliser, pour en rappeler à la culture électorale ?… Présentement ce sont les concepts « ''bonnes manières'', ''nouvelle citoyenneté et nous'' et/ou ''soyons ensemble'' » qui sont en exergue…

Puisse en conséquence ce slogan être érigé en adage : « ***katshi keebe kakeena kôna !*** » — kôna : du verbe *kona*, qui veut dire gaspiller, jeter par la fenêtre, banaliser ! (ce slogan se traduit : ''ta voix ou ton bulletin n'est pas à jeter par la fenêtre'', il est à accorder au plus méritant). Ce qui revient à dire, en d'autres mots : « ***Votez utile !*** »…

D'aucuns se poseront la question de savoir pourquoi l'auteur recourt-il, ici et là, dans son ouvrage, aux Saintes Ecritures ? Nous répondrons d'abord que nous sommes croyant et chrétien et en tant que tel nous sommes régis par les textes que contient la Bible ; et celle-ci se trouve être la Parole de l'Eternel Dieu et comme telle, elle est, et elle restera toujours d'actualité et un ouvrage de référence. En effet la Bible est un document de référence pour savoir ce que le plus grand conducteur d'hommes, Dieu, le Créateur, dit en telle matière précise ou telle autre. Le psalmiste **David,** sous l'inspiration divine, n'a-t-il pas consigné ceci, nous citons : « *Ta parole est une lampe à mes pieds et une lumière sur mon sentier* » ? — Ps 119, 105.

Et le roi David, ce grand conducteur d'hommes après Saül ayant été convaincu de la place de Dieu dans la conduite de la chose publique, n'a-t-il pas dit cette prière : « *Eternel, fais-moi connaître tes chemins, enseigne-moi tes voies, fais-moi cheminer dans ta vérité, et instruis-moi ; car tu es le Dieu de mon salut* » — Ps. 25, 4 – 5a.

Aussi, allez-vous voir qu'après David, son fils le roi Salomon n'a pu avoir une telle sagesse (sagesse qu'il a su mettre au service du peuple) que de la part de l'Eternel Dieu de qui vient tout pouvoir ; Dieu, source de toute sagesse et la sagesse elle-même ! Rappelons-nous le jugement — sans précédent — que rendit **Salomon**, lors du procès ayant opposé deux femmes au sujet de l'enfant resté en vie...! (1R. 3, 16 – 28). Et même avant ces monarques, l'on a vu **Josué** s'efforcer de suivre les recommandations lui faites par Moïse, son prédécesseur dans la conduite des hommes, ainsi que celles lui prescrites par Dieu lui-même — cf. Jos. 1,7-8 ; et le verset 8 fin est assorti d'une action en retour : « … *Car c'est alors* (c'est à dire après avoir respecté ces recommandations) *que tu mèneras à bien tes entreprises ; c'est alors que tu réussiras* ».

Donc, ces quelques illustrations tirées parmi tant d'autres, nous convainquent du succès et de la réussite qui accompagnent les « meneurs » et « conducteurs d'hommes », dans l'exercice de leurs fonctions, lorsqu'ils sont dans le Seigneur !

Nous répondrons ensuite qu'étant devenus disciples, nous saisissons l'opportunité qui s'est offerte à nous, à l'occasion de la rédaction de cet ouvrage, pour en appeler d'autres à devenir disciples de Jésus-Christ, le modèle par excellence de pasteur, de « conducteur d'hommes ». Cet ordre ne vient-il pas de Lui : « *Allez, faites de toutes les nations des disciples* » (Mt. 28 – 19) et ne sommes-nous pas sommés de l'écouter ?...

Les Ecritures disent en effet ceci : *« En ces derniers jours, Dieu a parlé aux hommes par son Fils »* — (Héb. 1,1) — dont Il a dit lors de la transfiguration : « *Celui-ci est mon Fils élu : « écoutez-le* » — Lc. 9, 35... Et devenir son disciple c'est se faire artisan de la paix comme Lui-même qui est Prince de paix (Es. 9, 5) ; c'est se faire ami de la justice (une justice distributive, équitable) ; c'est aussi se faire acteur de la bonne gouvernance, afin de booster le développement de nos contrées.

Comme il est relevé que c'est depuis plusieurs années que n'a pas existé la culture des élections, aussi faudra-t-il, non seulement aux mandataires présents et à ceux à venir, de s'initier, de se faire initier, d'initier leur base ou électorat à cette culture, à travers des séminaires, colloques et conférences-débats, afin que l'éducation civique ; la connaissance des droits et obligations du citoyen ; l'apprentissage des mécanismes démocratiques ; la culture de la tolérance ; l'étude, la compréhension et la critique d'un projet de société, leur deviennent familiers. Que nos mandataires s'adonnent à la familiarisation de ces pratiques et comportements ; à la lecture de l'histoire et autres publications sur le pays et la province.

Qu'ils mettent à profit des missions et autres déplacements qu'ils auront à effectuer pour mieux connaître leur circonscription en particulier, et le pays en général. Certes, nous reconnaissons que le temps qui avait été imparti à la CEI et aux formations politiques pour la tenue des élections avait été très serré ! En effet, de la publication de la Loi Electorale aux Législatives — mars 2006/juillet 2006 — il ne s'était écoulé qu'environ quatre mois ; ce qui n'était pas suffisant pour assimiler et maîtriser une culture qui venait à peine de (re) naître, pour s'attendre à un travail sans failles. Et nous avouons que le travail abattu par la CEI : enregistrement des partis politiques ; élaboration de la loi électorale ; structuration des services (coordinations, centres, bureaux de liaison, etc. ; conception des imprimés ; confection du calendrier électoral, rotation ou heures des vols pour acheminement du matériel et kits électoraux ; formation des agents électoraux et autres), loin d'être parfait — a été considérable.

Nous avions souhaité voir ces faiblesses relevées en 2006 être traitées amplement en 2011 — au nom de l'expérience —, mais hélas !... Et qu'apprenons-nous encore ? Leurs rencontres en commissions, sous-commission ou plénières, sont de complaisance et entrecoupées des pamphlets, satires, diatribes, quolibets, coup-bas, polémiques, insultes. Pour faire accepter ou imposer son vocable ou opinion ; pour enlever ou remplacer une conjonction, un article (le ou les), un artcle (le) ou un chiffre (3 ou trois) ou un autre mot dans un texte, cela doit leur prendre des heures, des journées entières voire même des ajournements parfois à dessein, pendant que le peuple continue à croupir dans la misère, nos mandataires ne sont pas à la hauteur des attentes du peuple ; et ce ne serait pas faux que **Abdoulaye Wade** ait traité la classe politique congolaise de « médiocre » ! — « *Mawa !, Bundu be* ! » (traduisez : Pitié ! Quelle honte !)… Nous ne cessons de leur demander de se comporter en véritables défenseurs des intérêts du peuple et non les leurs propres.

N'avons-nous pas vu plus haut, comment un parlement — le Parlement belge — prenait son courage pour signifier au Souverain, qu'avec tous les égards dus à sa Majesté, il (le Parlement) ne pouvait être d'accord avec ceci ou cela. (Nos pères-Evêques de la CENCO, au Centre Interdiocésain, ont eu à déplorer ce comportement dans le chef de nos politiques).

Chers *Représentants*, bien-aimés Mandataires du peuple (le Représenté) ; il est dit en Tshiluba : *« Muntu mupile, ùtu wâbinga biendi »* ; ce qui veut dire — parlant d'un condamné une fois, deux fois — que « non, pour ce forfait-ci, il (c'est-à-dire le condamné d'autre fois) n'y est pour rien, ce n'est pas lui, d'ailleurs, il s'est même redressé, il s'est amendé depuis ; pour ce présent forfait, il n'en est pas l'auteur ».

Pourquoi ne pas alors mériter la confiance du peuple ? Pourquoi ne pas craindre Dieu de qui vient tout pouvoir ? Pourquoi ne pas vous attendre à ses bénédictions si vous demeurez dans ses voies ? (…). Et dire qu'au sein de cette classe politique, les hommes de bonne foi ne manquent pas ! Ils y sont, mais en un si petit nombre qu'ils sont étouffés hélas, par des véreux, rapaces et égoïstes !... C'est ce que nous renseigne d'ailleurs **Proverbes** 29,2 : « *Quand les justes sont nombreux le peuple se réjouit, quand le méchant domine, le peuple gémit* ». Oui, cette citation reflète le sort ou train de vie des populations du pays en général, et de nos contrées en particulier. Quel triste sort ! Et pourquoi ne pas en sortir ?...

L'histoire du pays nous rappelle encore que le Sénat aura gardé son vocable, tandis que l'autre Chambre se sera fait appeler tour à tour : « Parlement » ; « Assemblée Nationale » ; « Conseil Législatif » ; « Haut Conseil de la République/Parlement de Transition (HCR – PT) » et c'est ce dernier vocable qui aura couru jusqu'au 17/5/1997…

Ah, notre pays ! jadis « Congo-Belge » (cela s'est expliqué…) ; tantôt « République du Congo » (Congo – Léo) et/ou Congo-Kinshasa » ; tantôt « République Démocratique du Congo » ; tantôt « Zaïre » et présentement encore « *République* — pas n'importe laquelle, mais (la République) *Démocratique du Congo* » (la RDC) — comme si la République française ou la France tout court) ; la Grande-Bretagne ; le Royaume de Belgique (ou la Belgique) ; les Etats-Unis d'Amérique (ou l'Amérique) ; la République Sud – Africaine (ou l'Afrique du Sud) ne le sont pas ou le sont moins !... Acceptons que c'est peut être par opposition à la République – sœur d'à côté ou d'en face (l'autre Congo, mais dit : « Congo-Brazza »)…

« République Démocratique du Congo », soit ! Mais si nous pouvions faire de notre Congo, une… « démocratique » ! Tant mieux ! Et gloire à Dieu !

Chapitre III
L'école de la démocratie/ la troisième république

Oui, plus d'une personne se demanderont le quid de nous attarder sur ce pouvoir Législatif ? C'est justement parce que ce pouvoir se trouve être le terrain par excellence ou champ d'action de la démocratie.

Et qu'entend-on par ***« démocratie »*** ? Pour y répondre, recourons à « Démocratie et Développement » — un extrait de '' Notes de Cours'' (1991-1992) inédites, du professeur **Bibombe Muamba** — pages 3 à 10. Nous lisons : « Traditionnellement, le mot démocratie désigne le gouvernement auquel le plus grand nombre participe. Il est formé de deux racines grecques : ***demos*** : peuple et ***cratos*** : règne, gouvernement, pouvoir. Le terme *demos*, au sens général couvre l'ensemble de la population (masculine libre) englobant aussi bien les nobles (*aristoï*) que les paysans des communes agraires appelées *demos* (en latin : *pagus*).

« Démocratie » en grec, c'est l'exercice du pouvoir par les *demos*, réunis en cités — polis — c'est-à-dire un état fondé sur l'assemblée du peuple (***ecclésia***). Bibombe Muamba qui continue dira : « **Montesquieu** énonce que :

'' comme dans un Etat libre tout homme qui est sensé avoir une âme libre doit être gouverné par lui-même, il faudrait que le peuple en corps eût la puissance législative ; mais comme cela est impossible dans les grands Etats, et est sujet à beaucoup d'inconvénients dans les petits, il faut que le peuple fasse par ses représentants tout ce qu'il ne peut faire par lui-même '' » — cf. Montesquieu, l'Esprit des Lois, livre XI, chap. 6.

En outre, Bibombe Muamba fait noter ceci : « Dans la démocratie antique, tout le monde n'était pas citoyen ; cette démocratie était minoritaire : un dixième de la population. En effet, lors même que le régime est démocratique, une petite fraction seulement de la population y participe, et la liberté et l'égalité ne concernent qu'une minorité des privilégiés. Les esclaves et les étrangers (appelés ''**métèques**'') — qui jouaient un rôle économique et intellectuel important dans les villes grecques — étaient exclus, ainsi que les femmes (même grecques et libres) ; de même et comme aujourd'hui les mineurs »[537].

Bibombe fait également remarquer que « la démocratie antique était directe. Elle ignorait la représentation et faisait un très grand nombre d'abstentionnistes, volontaires ou non, parmi ceux qui naviguaient ou habitaient loin… Le peuple — dira Bibombe Muamba — s'assemblait sur l'‘'Agora ‘', puis sur la ‘'Pnyx‘'.[538] C'est en cette Assemblée, organe souverain, que tout se décidait »… Bibombe (qui nous a quittés le 18 mai 2010) fait savoir que « le message évangélique a déposé le germe de la démocratie moderne en enseignant l'égalité de tous les hommes devant Dieu » (il nous donne la référence : Colossiens 3,11 [539]) tandis que la chrétienté médiévale s'accommodait avec l'ordre hiérarchique féodale. » En continuant, il renchérit : « Il faut aussi savoir que si la réforme a introduit la liberté dans l'Ordre ecclésiastique, la Renaissance restaurant l'idée de l'Etat exalte la souveraineté et même l'absolutisme »[540].

Il a fait également voir que « la disparition de l'esclavage, la suppression ou l'atténuation progressive du servage ont engendré une nouvelle notion du peuple, qui englobe cette fois l'idée de participation, **la** grande masse de la population. Et l'**idée force** va être l'idée de **liberté**. En effet, le point de départ de la démocratie moderne coïncidera avec **l'éveil du libéralisme** ».

Il enchaîne que « C'est à la fin du 18e siècle, après les révolutions d'Angleterre, d'Amérique et de France, que se trouvera formé le contenu politique et juridique de la liberté moderne'' et que les révolutions d'Amérique et de France proclament quatre principes à savoir :

1) le principe de la souveraine nationale ;
2) le principe de séparation des pouvoirs ;
3) le principe des droits individuels ;
4) le principe des constitutions écrites.

L'autre legs est venu de l'Angleterre, considérée comme pays modèle, ayant empiriquement résolu le problème de la liberté politique avec l'établissement du :

— gouvernement représentatif ;
— système des deux chambres ; ainsi que de la

---

537 (ibidem).

538 - *Agora* : dans l'Antiquité grecque, place bordée d'édifices publics ; centre de la vie politique, religieuse et économique de la cité
- *Pnyx* : colline à l'Ouest d'Athènes, où se tenait l'Assemblée des citoyens

539 Colossiens 3, 11 dit ceci : ‘' Il n'y a là ni Grec, ni Juif, ni circoncis ni incirconcis, ni barbare ni Scythe, ni esclave ni libre ; mais Christ est tout et en tous''

540 Ibidem

— responsabilité ministérielle et du gouvernement de cabinet »[541].

Toujours selon Bibombe : « Pour notre temps, tout régime dans lequel **librement**, **une majorité populaire** détermine **l'orientation** et assure **le contrôle** du gouvernement et de la législation, est **démocratique**. »…

Donc, à l'opposé, nous avons le régime nous décrit par Mulumbati Ngasha, plus haut.

« La notion du nombre ne suffit pas — nous apprend Bibombe Muamba — il faut lui joindre celle de **liberté**. Les termes de démocratie, de gouvernement démocratique, ne peuvent vouloir dire qu'une chose suivant la vraie signification des mots : un gouvernement auquel le peuple prend **une part** plus ou moins grande »[542] …

1. Les fondements ou piliers de la démocratie

a) *L'universalité de la participation*

Ici, Bibombe nous dit ceci : *''dès le début du 19e siècle, étaient généralement considérés comme démocratiques, les Etats où le suffrage universel est instauré''*. Il appelle ceci : « l'universalité de la participation » qui se trouve être le premier fondement ou première caractéristique de la démocratie. *Pour être démocratique, un régime doit assurer quantitativement et qualitativement la participation à la chose publique du plus grand nombre ; actuellement la définition générale de la démocratie tient à l'appel aux urnes de toute la population adulte* (18 ans et plus) *sans exclusive* (si l'Enrôlement en cours prend en compte les jeunes gens ayant accompli 16 d'âge en 2016, c'est pour obéir à la tenue des élections en 2018). *Les interdictions strictement individuelles résultent d'incapacités évidentes ou d'indignités manifestes… Le peuple doit avoir le pouvoir du dernier mot, selon la définition juridique de la souveraineté »*[543], a-t-il ajouté ;

b) *La liberté des individus*

A propos de celle-ci, Bibombe dit ceci : *« Pour que le peuple puisse manifester collectivement son pouvoir, il faut que ses membres soient libres individuellement, la démocratie étant un régime de liberté ;* cela qui constitue le deuxième fondement de la démocratie »[544] …

Nous faisons remarquer au lecteur que ce n'est ici ni un cours de Droit qui est dispensé en cette partie de notre ouvrage — nous n'en avons ni la prétention ni qualité —, mais nous pensons que ce retour aux origines ne

---

541 Bibombe, o. c. p. 5.
542 Ibidem.
543 Ibidem.
544 Ibidem

peut qu'être utile pour mieux comprendre le présent et… l'ultérieur. C'est ce qui se dit au Kasayi en tshiluba : *« **Londeshila londeshila, londeshila ne pà kapasu, ne pa kaanyi ka ditela, nanku keele katua mu nyama** »* ! ou cet autre proverbe : « ***Wamanya didîmbi kupôla, kumanyi buloba buà kaluadio !*** » ;

c) *Un pluralisme idéologique*

Ici Bibombe Muamba dira qu'autant qu'un régime d'universalité, *la démocratie implique un ensemble de droits individuels* que **Pellegrimo Rossi** distingue en trois catégories :

1° **droits privés** : cf. les rapports de famille, le règlement des transactions privées ; c'est le droit privé proprement dit (ils pourraient exister sans la société) ;

2° **droits publics** : qui ne peuvent être conçus hors de l'Etat social ; ce sont des droits dont le germe est dans la nature humaine, mais dont le développement demande une société plus ou moins avancée et c'est pour cela qu'on pourrait les appeler « droits sociaux » qui sont la liberté, elle-même garantie dans ses diverses manifestations par la loi fondamentale du pays. Et cette liberté s'exerce par :

— les actes extérieurs, une simple manifestation de la liberté, liberté d'action, de déplacement ;

— les actes qui ont rapport au développement de la pensée et de sentiments moraux : les discours, les publications (entre autres notre cas présent), la presse, le culte, la religion de chacun… l'enseignement ;

— les actes par lesquels nous nous approprions les choses pour notre bien-être matériel : la liberté appliquée à la propriété, à l'industrie, au commerce, à ses moyens d'existence ;

3° **droits politiques** proprement dits : qui consistent dans la participation à la puissance publique ; ils sont la liberté de participation, ils constituent en eux-mêmes la démocratie »[545].

Pour être l'expression d'un pouvoir réel, le dernier mot doit constituer non une simple adhésion, mais une option aussi large et aussi libre que possible entre diverses opinions ou orientations ouvertement débattues. La démocratie postule ainsi un pluralisme idéologique qui se trouve être le troisième fondement de la démocratie » (ibidem). Ce pluralisme idéologique implique (dit Bibombe) '' **la conversion de la mentalité ''**. Il ajoute que :

- *« les croyances doivent nécessairement se concilier dans la **tolérance** et le **respect mutuel** ;*

- *le libéralisme estime bon, sinon **que tout soit dit**, du moins **que tout ait la liberté d'être dit** ; il juge que la libre discussion a pour elle-même une valeur ;*

---

[545] ibidem.

- il y a utilité ***à la confrontation des opinions*** *; l'esprit de la démocratie étant avant tout « le sens du dialogue »* (comme il en est le cas présentement, hélas !)…

Bibombe (qui croit aussi à l'avantage négatif de *la libre expression des opinions*) dit que *«* ***la prohibition et la répression suscitent la violence et que les inquisitions policières ont pour rançon la clandestinité*** *»*[546]... C'est vrai, c'est cette vie qu'ont menée et mènent un grand nombre d'opposants restés au pays ; ceux qui ont disposé de possibilités ayant pris le chemin de l'exil (la diaspora)… Et continuant son énoncé il dira qu'« *alors la pensée s'aigrit et se fausse dans l'impossibilité d'une confrontation ; il est préférable de lui laisser cet exécutoire*, en comptant sur le bon sens général pour neutraliser les excès »[547], puis il s'interrogera :

« Est-ce à dire que la démocratie ne fixera aucune limite à la contestation ? » Voici sa réponse :

« elle (la démocratie) peut avoir à se défendre elle-même et, en étant largement tolérante, elle peut exclure des opinions visant directement à la subversion de la société, à la destruction de l'Etat, au renversement du régime. (Pensons ici aux actes de vandalisme auxquels on s'est livré les 19 et 20 janvier 2015 à Kinshasa). *Mais ce sont là de regrettables extrémités révélatrices d'un malaise de l'opinion ».*

Il termine en disant : *« ... Elle (*la démocratie*) écarte toute orthodoxie d'Etat, pourvu qu'elle-même soit respectueuse de la liberté ; chaque conception de la conduite des affaires publiques peut courir sa chance »* — ibidem. Mais nous ne saurions mettre fin à ce volet « **Démocratie** » sans y joindre l'apport ou une contribution de l'Abbé José **Pundu**[548].

L'Abbé Pundu dit que ''la démocratie n'est pas seulement un mode de gouvernement, mais aussi un ensemble de valeurs ''. Il en retient quatre, qu'il considère comme (constituant les) piliers de tout système démocratique, notamment : *la participation, l'égalité, la liberté, et le sens du bien commun.* Voyons ce qu'il dit de ces quatre piliers[549] :

1) la participation : J.M. Pundu énonce que la participation de tous à la chose publique postule que le peuple participe à l'exercice du pouvoir, soit directement (on dit qu'il s'agit de la *démocratie participative*), soit indirectement par l'intermédiaire des représentants élus (celle-ci est appelée

---

546 ibidem

547 ibidem.

548 Mr l'Abbé J. Mpundu, prêtre de l'Archidiocèse de Kinshasa est cité par Bibombe Muamba dans ses *Notes de Cours* à la page 6. L'Abbé Mpundu a écrit ''Démocratie, Engagement social 1, Kinshasa, 1991''. Notez que l'auteur a eu l'occasion d'entendre l'Abbé Mpundu au cours d'une conférence sur ''La Démocratie'' que celui-ci était venu donner à Kananga, en 1994, en la Salle-chapelle de la Paroisse Universitaire St Marc.

549 (cf. J. Mpundu, in Bibombe Muamba, o.c., p.9).

démocratie représentative — cf. ce que nous avons accompli en novembre 2006 ainsi qu'en novembre 2011 avec les présidentielle et législatives par nos suffrages universels ; et en février 2007 pour l'élection du gouverneur Tr. Kapuku et ''suite'' via nos députés provinciaux. (Notre vœu à ce sujet a été déjà émis plus haut).

J.M. Pundu signale que « la participation suppose la conscience **d'être tous responsables** de la marche ou de la construction de la nation ; chacun de nous doit assumer sa part de responsabilité »[550]. Ici, chers frères et sœurs, nous dirons en conséquence que si la chose publique n'a pas bien marché, votre part de responsabilité y a été : l'erreur de votre choix ; votre mauvais choix, hélas !

2) l'égalité : Ici, que nous dit J. Pundu ? :

— que tout système démocratique repose sur la conviction que ''tous les hommes sont égaux'' ;

— que **la Déclaration universelle des Droits de l'Homme** proclame, dans son article premier : que tous les êtres humains naissent libres et égaux en dignité et en droits. Ils sont doués de raison et de conscience, et doivent agir les uns envers les autres, dans un esprit de fraternité'' ». De même, l'art. 7 de la même déclaration dispose…

— que tous sont égaux devant la loi et ont droit sans distinction à une égale protection de la loi ;

- que La Charte Africaine des droits de l'homme et des peuples (art. 3) et la Constitution zaïroise — l'Abbé Mpundu a écrit ses réflexions en 1991 — (art. 12) soutiennent cette vérité démocratique ;

- que l'égalité n'est cependant pas égalitarisme. En effet, nous sommes tous égaux, mais pas identiques. Les différences de sexe, de culture, de formation, d'idéologie et de statut social demeurent.

A cet égard, répondant aux signes du temps, l'actuelle Constitution a introduit une innovation de taille en formalisant la **parité « homme – femme »**. Nous appuyons pour notre part, les alinéas 1 et 2 de l'Art. 14 de la constitution où il est stipulé que : « Les pouvoirs publics veillent à l'élimination de toute forme de discrimination à l'égard de la femme et assurent la protection et la promotion de ses droits… Ils prennent dans tous les domaines, notamment dans le domaine civil, politique, économique, social et culturel, toutes les mesures appropriées pour assurer le total épanouissement et la pleine participation de la femme au développement de la nation ».

Nous saluons les Nations Unies d'avoir dédié à la femme une « Journée internationale de la femme » le 8 mars de chaque année, de même que l'**Unicef**, pour avoir érigé en idéal la scolarisation de la femme qui jusque là, n'était vouée qu'aux travaux des champs, aux travaux ménagers, au mariage

[550] Ibidem.

et à la maternité — mariage même en énième position communément appelée « bureau » ; à un célibat à vie et/ou prostitution, réponcant à cet ordre : « … *ewu asomba panshi, ku mabaka kutu tshinyi ?* ». Ou encore : « … *ewu asomba apa, atulame*[551] » — heureusement ce noble et louable impératif de l'Unicef : '' **Toutes les filles à l'école !** », **et surtout en ce moment « post Kamuena Nsapu » dans l'Espace Kasaï.**

Un autre grand mérite revient aux **confessions religieuses** (Eglises '' mères '' et Assemblées chrétiennes naissantes dites « Eglises de réveil », qui ces derniers temps — où l'on voit encore se pratiquer certaines coutumes dégradantes à l'endroit de la femme, où l'on voit se légaliser ici et là l'avortement et même le mariage homosexuel — œuvrent avec acharnement autant ou plus que les Défenseurs des droits de l'homme et le Code de la famille, à relever le statut et la dignité de la femme.

En effet, par des exhortations, prédications et enseignements à travers des séminaires, récollections et carrefours en la matière — en exploitant les volets tels que la prière, les devoirs réciproques des conjoints, l'harmonie conjugale (le pardon et le respect mutuel, l'offre de soi, les soins de la chambre, les soins du corps particulièrement le caractère sacré du lit conjugal, les soins culinaires, etc.) ; et également les volets tels que dot, coutumes, divorce, polygamie, polyandrie, adultère, inceste et autres unions illicites, veuvage, virginité, etc. Ces structures ci-haut citées ainsi que les hommes de Dieu, apportent une grande contribution pour que la mentalité et le comportement changent, pour que soient bannies les pratiques avilissantes.

Ayant scruté les Ecritures, leurs outils de travail ne sont autres que les références bibliques (et autres ouvrages les appuyant) ; nous en citerons quelques-unes et en regard de leur matière :

- l'adultère et toute autre union illicite : Lév 18, 1-23 ;
- le pardon mutuel : Col. 3,13 ;
- le lit conjugal : Hé 13,4 ;
- les devoirs mutuels des conjoints : Eph 5,25 ; 1 Cor. 7,2-5 ;
- le divorce : Mt. 19,1 ;
- le respect et la soumission : Eph 5, 22-24
- l'indissolubilité du mariage : Mt. 19,6 ;
- le port, habillement ou parure de la femme : 1Tim. 1,9-10 ;
- l'attachement : Ruth 1,16 ;
- les veuves : 1Tim. 5,5-6 et v. 9 à 14 ;
- l'origine de la femme : Gn 1, 27-28 et autres.

[551] Entendez : '' que celle-ci — souvent la cadette — ne soit pas prise en mariage, en tant qu'épouse elle ne tirera profit, tout ce qu'elle fera au mariage ne contribuera qu'à épanouir la famille de son mari ; qu'elle reste à nos côtés pour nous soutenir et veiller sur nous lorsque nous avancerons en âge'' — donc, une culture ou mentalité à combattre.

Ici, nous irons vous recommander de lire Graf, J., Problèmes de la Jeunesse/du Mariage/de la Femme, Bibles et Publications Chrétiennes, Valence, France, 2014 (128 p.)

Et dans la référence Gn 1, 27 – 28 citée en dernière position, nous découvrons que la femme est un être humain créé par Dieu, d'où il ne peut être question de faire des femmes un sujet de moquerie, de dénigrement ; ni de faire sien (au vu de leur faiblesse si faiblesse il y a et à quel point de vue, qu'on se le demande) et/ou au vu de leur comportement inné découlant de leur nature) cet adage : *« Bakaji m'bantu bafuka kudi Tshisungu Danyele*[552] », c'est qui est de surcroît une abomination envers le Créateur qui, en créant la femme, a fait d'elle, une aide à l'homme et qui sera son vis-à-vis ; partenaire inséparable de l'homme (Gn 2,18 et 24).

L'avant-dernier alinéa du même art. 14 de la Constitution retiendra notre attention. Oui, il est vrai, le législateur a édicté la représentation équitable de la femme au sein des institutions nationales, provinciales et locales, c'est-à-dire, accorder à la femme les mêmes droits et/ou les mêmes chances qu'à son partenaire (masculin). Mais qu'avons-nous constaté ?

— il y a eu un faible taux de participation de la femme aux législatives nationales 2006 : 42 élues contre 458 sur l'ensemble du pays ;

— aux provinciales : il y a eu également très peu de femmes qui ont battu compagne aux côtés des hommes ; prenons un cas, celui du **Kasaï-Occidental :** 4 élues sur les 54 députés provinciaux — donc même pas 1/10è. Et, particulièrement dans la circonscription électorale de **Kananga** (ville) 1 seul siège a été gagné par une dame, idem **à Kamonia**, **à Ilebo et Luiza.**

Allons-nous évoquer la réticence ou le manque d'enthousiasme pour ce genre de profession chez les mamans ? Ou plutôt le manque de logistique pour mener campagne ? Ce domaine — la carrière politique — reste-t-il encore (un) tabou pour les femmes ? Ou c'est très tôt et, le facteur temps n'est pas encore lui aussi de la partie ? Laissons à d'autres chercheurs (sociologues, politicologues, psychologues…) cette besogne… mais pour notre part, bien que ce soit un métier de beaucoup de délicatesse, un seul siège, cela n'a été ni équitable ni assez représentatif ; en d'autres mots, il n'y a pas eu **parité** (qui ne veut **pas** nécessairement dire **nombre égal**).

3) la liberté : ici, comme Pundu, nous dirons que pour actualiser le soutien de notre 3e République à ce sujet, nous recourons encore une fois à l'Exposé des motifs inhérent à la Constitution, spécialement à son point 2,

[552] Oui, quelle abomination ! Comment peut-on attribuer la création des femmes à une autre créature, à un homme ayant répondu au nom de Tshisungu Daniel, fut-il un éminent missionnaire presbytérien ?

traitant « des droits humains, des libertés fondamentales et des devoirs du citoyen et de l'Etat » où il est dit ceci :

« Le constituant tient à réaffirmer l'attachement de la République Démocratique du Congo aux droits humains et aux libertés fondamentales telles que proclamées par les instruments juridiques internationaux auxquels elle a adhéré. Aussi a-t-il intégré ces droits et libertés dans le corps même de la Constitution ». — Nous prions le lecteur d'en faire la lecture au Titre II — art. 11 à 61 (droits civils et politiques) ; et art. 62 à 67 (traitant des devoirs du citoyen) ;

4) le sens du bien commun : ici J.M Pundu nous apprend que « cette notion du **''bien commun''** appelle celle de la justice distributive ; celle qui veille à ce que personne ne puisse manquer du nécessaire ».

Partant de cet énoncé, il y a de quoi nous demander : pourquoi KANANGA en particulier, et la province — le Kasayi — en général, arrivent à manquer du nécessaire, notamment l'**Electricité** et même pire l'**Eau** ? Mais, n'anticipons pas la « **Problématique** »!...

Et revenant à Bibombe Muamba qui aura évoqué et pris en compte les avis et énoncés de J. Mpundu, nous voyons qu'il est allé terminer ce volet « Démocratie » avec cette **conclusion** :

« **Le développement socio-économique n'est pas possible sans démocratie.**

C'est pourquoi les objectifs ci-après doivent être défendus :

— formation des citoyens informés et agissant de manière responsable et d'une large couche de dirigeants politiques animés par des convictions démocratiques ;

— apprentissage des comportements démocratiques, y compris l'aptitude au compromis, au règlement pacifique des conflits, à la recherche du consensus ;

— renforcement d'un ordre juridique dans lequel s'appliquent les droits de l'homme et existent une justice indépendante et des droits pour les minorités ;

— octroi des libertés d'action et d'expression à tous les partis politiques (donc pas deux poids deux mesures) — (pour notre part, nous souhaitons voir évoluer de véritables partis et non des ''dédoublements'' maîtres en débauchage. Pour ce faire, nous proposons de ramener nos partis politiques — celui au pouvoir avec ceux de ses alliés, ainsi que ceux se respectant comme partis d'opposition, de la pléthore qu'ils sont, à tout au plus 52 à raison de 2 par province. En outre Et comme il est requis qu'un électeur ne peut l'être que quand il a accompli 18 ans d'âge, qu'il en soit de même pour nos partis politiques : qu'une loi réglemente et supprime tout parti qui a moins de cinq ans avant tout scrutin) ;

— respect du travail parlementaire avec des séances démocratiques, à travers lesquelles les représentants du peuple interpellent l'Exécutif, défendent les intérêts du peuple »…

Nous pensons, à juste titre, qu'Etienne Tshisekedi a été à la fois **une Ecole et un Combat pour la Démocratie, dans notre pays.**

Cinquième partie
L'histoire de la province du Kasaï, région du Kasaï-Occidental

Chapitre I
Du mot « Kasayi », du chef-lieu de la province et des villes

Des vocables « Province » ; « Chef-lieu » ; « Ville » ; « Village » ; etc., nous en avons dit un mot dans l'Avant Propos ; le mot **Kasayi** (et/ou **Kasaï**) lui, va nous plonger ou nous renvoyer dans la nuit des temps. Et que nous dit cette nuit des temps ? Avant d'y répondre et d'emblée, nous nous mettrons d'accord que « **Kasayi** » est un nom. Et d'un nom, l'Encyclopédie Biblique[553] dit que c'est un mot par lequel on désigne une personne, un animal, une chose ; et dans notre cas : une province, la nôtre — qui fut grande et que nous souhaitons voir se comporter en « Grand Kasaï »…

Bien que C.Faik Nzuji Madiya[554], à propos des noms propres, discerne trois critères : la fonction ; le but ; et les causes d'attribution des noms — ce qui permet de répondre à la question « pourquoi ce nom ? », et d'appréhender aussi bien les attitudes psychologiques […] que les événements vécus qui se trouvent cristallisés dans ces noms — nous n'allons pas chercher à savoir pourquoi le nom « **Kasayi** » a été donné, cela n'est pas la préoccupation de notre ouvrage ; celle-ci étant de faire un effort pour connaître et faire connaître notre contrée — le Kasayi — et exhorter ses fils et filles (et pourquoi pas ceux qui ont choisi le Kasayi comme leur deuxième patrie) à aimer leur contrée, notre contrée : le grand Kasayi. Et cela devient un préalable au développement, à l'émergence de ce site ; de cette entité ; de cette grande *polis* ou « cité ».

Cependant, nous retenons comme l'a affirmé C. Faïk Nzuji Madiya, ''qu'un nom provienne d'une particularité physique ou morale ; qu'il soit dérivé d'une action ou d'un nom de métier ; qu'il soit d'origine animale ou végétale ou qu'il soit un nom d'objet, il s'intègre parfaitement dans une

---

[553]Encyclopédie Biblique Frank Reisdorf-Reece, E. La croisade du Livre Chrétien/La Bégude de Mazenc, 1974, France. Nous nous sommes référés à cet ouvrage qui appuie « les Saintes Ecritures car le pouvoir et l'action de donner le (s) nom (s) qu'a l'homme, datent de depuis la création, cf. Gen 2, 19.

[554] C. Faik Nzuji – Madiya, les Différentes catégories des noms propres… pp.555 à 571, citée par Lambert Museka in La Nomination Africaine de Jésus – Christ, Louvain – la Neuve, 1988, p.337.

catégorie déterminée où il assume une signification dans un ensemble culturel cohérent''.

Cela étant, nous allons dire comme pour paraphraser C. Faïk Nzuji, que le nom « Kasayi » assume une signification dans un ensemble, dans notre ensemble géo-culturel cohérent, qui s'accorde à ramener le mot « Kasayi » à un cours d'eau portant le nom « Kasayi ». Et ce nom ne pouvait sortir de nos contrées caractérisées par l'oralité et arriver plus loin et surtout par écrit que par le contact avec l'extérieur qui a exploré nos contrées, a couché ses exploits à travers les pages qui restent et, pour nous et, pour la postérité, « Archives et/ou références ».

C'est ainsi que les archives — entre autres A. Van Zandijcke[555] — nous renseignent que :

— **Le 20 février 1853**, Livingstone arrive pour la première au lac Dilolo. Parti de là et en direction du Nord, il traverse un marais. Le 24 février, il fait une constatation importante et écrit : ''Ici je découvre avec surprise que [...] les eaux du district où nous sommes actuellement prennent une direction septentrionale pour aller se jeter dans la Cassïe ou Loke, tandis que les rivières que nous avons rencontrées jusqu'à présent coulaient toutes vers le Sud''... Le 27 février, à la page 371 de son livre <u>Explorations dans l'intérieur de l'Afrique Australe</u>, cité par Van Zandijcke, o. c. p. 45 Livingstone écrit : '' Nous franchissons (...) la Kasye appelée aussi **Kasaï** ou Loke''. Il est ainsi le premier explorateur qui fait mention du nom ''Kasayi''.

Deux ans plus tard, au début de **juin 1855**, à son retour de St Paul de Loanda, Livingstone arrive pour la deuxième fois au lac Dilolo. Il avait dû retraverser la Casaie au même endroit que précédemment. Il fit alors une constatation bizarre : il venait de traverser une ''rivière'' profonde d'un mètre seulement. Ce lit était couvert de papyrus et de plantes aquatiques. Cette rivière obéissait à deux courants : l'un en direction du nord dans la rivière Casaie et l'autre dans le lac Dilolo. A ce sujet, il note (le 8 juin) ceci : ''Il est dès lors certain que le lac Dilolo sert de déversoir entre les rivières qui coulent d'un côté vers l'Orient et de l'autre vers l'Occident '' !. (En Amérique du Nord également, la ligne de séparation des sources du Missisipi et de la « Rivière Rouge » est presque invisible — Cf. A. Van Zandijcke, o. c., p. 48).

— En **1869** : **Livingstone** découvre les sources du Lualaba, il suit le cours de celui-ci jusqu'à Nyangwe...

— En **1873** : le lieutenant **Cameron,** envoyé par l'Angleterre pour retrouver Livingstone, rencontre à mi-chemin la caravane ramenant à la côte le corps de ce célèbre explorateur, décédé le 1er mai de la même année, au Lac Bangwelo. Ayant atteint le lac Tanganyika, Cameron constate que ce lac

---

555 Aimé Van Zandijcke, pages d'Histoire du Kasayi, Grands Lacs, Namur, 1953, pp.43 – 47.

se déverse via la rivière Lukuga dans le Lualaba (qui est le cours supérieur du fleuve Congo). Arrivé à Nyangwe, Cameron rebroussera le chemin vers le Sud-est, à cause de l'hostilité des Indigènes

— En **1874**, soit vingt ans plus tard, Cameron constate que les marais de Dilolo sont, non un déversoir, mais bien plutôt les sources du **Kasayi**. Il suivra cette rivière bien plus loin que l'endroit où Livingstone l'avait traversée, jusqu'aux lieux où elle s'appelle aussi « Kassabe » (Sur la carte annexée à son livre A travers l'Afrique, Cameron donne à cette rivière le nom de Cassabe). A la Conférence géographique de Bruxelles dont Cameron fut membre, il lui gardera le nom de Cassabi.

— En **1876** : **le roi Léopold II** préconise — lors de la Conférence géographique de Bruxelles (1876) qui se proposait d'amener à la civilisation l'Afrique Centrale, et d'y abolir la traite des esclaves — qu'un des moyens principaux pour atteindre ces objectifs était le suivant :

''Préciser les routes à ouvrir vers l'intérieur'' — (''intérieur'' que Banning a signalé dans son livre L'Afrique et la Conférence géographique de Bruxelles, p. 125 [556] de très et de très riche, surtout en minerais[557]). C'est ainsi que Léopold II, avec l'aide de Stanley, ira accorder toute son importance à l'exploration du Kasayi (Kassabi) qui lui permettrait d'occuper et d'exploiter l'intérieur[558] du pays » — Cf. A. Van Zandijcke, o. c. p. 46.

— **En 1881** : quand **Pogge et Wissmann**, sur ordre de l'*Afrikanische Gessellschaft von Berlin,* feront leur traversée fameuse de l'Afrique Centrale, de l'Ouest à l'Est, ils ont franchi la rivière **Kasayi** au 6e degré de latitude sud (environ 20 Km au nord de Tshikapa). Sur la carte annexée à son livre « Querdurch Afrika », Wissmann appelle cette rivière « Kasaï ou Saire ». Précédemment dans son livre « Im Reiche des Muata Yamvo », le Dr Pogge l'appelle « Enzaddi ». Il devait avoir entendu ce nom, lors de son voyage dans le pays des Bena Lunda et Batshioko, en 1875 ; ceux-ci connaissaient ce nom pour l'avoir entendu de la bouche des Bashilange (Bena Lulua), qui donnent le nom de « Nsadi » au fleuve **Kasayi** — Cf. A. Van Zandijcke, o. c., p. 48.

Que dire maintenant de tous ces divers noms : Loke, Cassaï, Kasyé, Kassabi, Kassabe, Saïre, Enzaddi ? Nous sommes à la page 49 et suite de Van Zandijcke :

---

556 Cf. Banning cité par A. Van Zandijcke, o. c. pp. 43-46

557 Par minerais (traduits en Tshiluba par *'' mabanji a muinshi mua buloba''*) entendons : cuivre (*biamu bia mikuba)* ; fer (*biamu bia bia tubaanda*) ; pierres précieuses (*mbonga anyi diâma*) ;or (ngolo anyi mpawunyi).

558 En effet, l'intérieur du pays encerclé par le cours du fleuve Congo et dont Livingstone et Cameron avaient vanté les beautés et les richesses, restait toujours vierge et inaccessible ; pour y pénétrer, il fallait trouver un chemin, une voie d'accès, une rivière navigable — A. Van Zandijcke, o. c. p. 45.

— **Loke** : est le mot indigène dans la région de Dilolo pour traduire « rivière ». Ainsi y appelle-t-on un ruisseau « Muana loke » (enfant de la rivière). Probablement les indigènes ont-ils dit « Loke » à Livingstone pour lui expliquer que c'était-là « la rivière », et Livingstone écrit alors par erreur, que Loke en est le nom.

— **Cassaï** : Les Tutshiokwe, Tuminungu et Andembo (vivant près de Dilolo) appellent ainsi cette rivière « Kasayi » et mettent l'accent tonique sur le « i ».

— **Kasyé** : est probablement l'orthographe anglaise de la prononciation de Kasayi par les Tulunda qui appellent ainsi cette rivière.

— **Kassabi** et/ou **Kassabe** : est le nom que les Tuluena et les Vimbundu donnent à la rivière Kasayi. La prononciation est plutôt : Kassawi ou Kassawa (« w » comme bilabiale fricative entre « w » et « b » avec l'accent sur le « i » ou le « e » — (nos frères linguistes doivent en savoir mieux...).

— **Enzaddi** : plus loin au Nord, chez les Bakete, les Basala Mpasu... la rivière Kasayi est appelée « Nzali » ou « Nzari » ou « Nzadi » avec un « n » fort accentué, de sorte que la prononciation est « Enzaddi » (suivant Pogge). Ceci peut aussi expliquer le « Saïre » de Wissmann. Il est en effet, un phénomène phonétique normal que le « i » vient se placer devant le « r » — (A vous ! nos linguistes du KASAYI...).

Dans la région de Dilolo, en entend aussi le nom de « **Lukaseyi** ». Il est à remarquer que certains indigènes prononcent le « a » comme le « e » grec (epsilon), comme « è » dans « mère ». Le préfixe « Lu » est un augmentatif et signifie que le *Kaseyi* est une grande rivière. Le père Van Zandijcke continue : « Attendu que la région de Dilolo, traversée par le Kasayi, est peuplée de plusieurs sous – tribus dont la prononciation des consonnes et des voyelles est différente, il n'y a pas lieu de s'étonner qu'il y eût de telles confusions dans l'appellation de cette rivière ». Il note aussi qu'en juin 1885, Kund et Tappenbeck, deux officiers Allemands de l'*Afrikanische Gesellschart von Berlin*, avaient traversé la rivière Kasayi au 4e degré latitude Sud environ, qu'ils nommèrent « Sankuru », dans leur rapport, tel qu'ils l'ont appris des Basongo Meno dans cette partie du pays.

Van Zandijcke renchérit que pour combattre cette dénomination, **Wissmann** dans son livre « Meine zweite Durchquerung Aequatorial - Afrikas[559] », édité en 1890 p. 4, écrira :

« ce n'est pas sans raison que j'ai choisi le nom « Kasayi ». Kund et Tappenbeck ne l'ont cependant traversée qu'en un seul endroit ; moi je l'ai explorée et étudiée sur toute sa longueur [...]. Livingstone — dira Wissmann — appelle le bief supérieur '' Kassabi '' et '' Loke ''. En aval, il s'appelle '' Kassaï '', nom qu'il conserve sur la majeure partie de son cours.

---

[559] Cité par A. Van Zandijcke, o. c. p.50.

Puis les noms changent continuellement […] '' Nzaïre '', '' Nsadi ''[560], '' Nshale '' ; '' Loke '' ; '' Nsali munene '' »… Et Wissmann d'achever : « Pour la dénomination de cette rivière importante, deux noms seuls pouvaient s'imposer : '' Kasaï '' ou '' Nsaïre''. Comme le fleuve Congo, dans son cours inférieur, est appelé généralement '' Nzaïre '' par les Indigènes et que les Portugais ont également repris ce nom[561], j'ai adopté le nom '' Kasaï '' et j'estime pouvoir demander que les cartographes l'acceptent également » — Cf. A. Van Zandijcke, o. c., pp. 49 - 51.

Revenons au père Van Zandijcke qui conclue son raisonnement en ces termes : « … le mot '' Kasaï '', généralement employé pour désigner cette rivière, est le meilleur, avec la réserve cependant que l'accent se porte sur le « i » et non sur le « a ». Nous irons ainsi rejoindre le père Van Zandijcke qui dit qu'il serait donc souhaitable et plus exact d'écrire « Kasayi » ou « Kasaï » [562]. Aussi, **tous les fils du Kasayi s'accordent-ils à faire usage, et dans leur langage, et dans leurs écrits, de la phonétique et de l'orthographe '' KASAYI ''**, pour ce nom propre que porte cette grande rivière, ce plus grand cours d'eau qui baigne leur province. L'Administration elle, (la coloniale comme l'actuelle) use l'orthographe **''Kasaï ''.**

Oui, la rivière **Kasayi** — prenant sa source en Angola ; passant par Dilolo, traversant Tshikapa et y recevant la Tshikapa, et plus loin la Lulua à Luebo ; puis passant par Ilebo et y recevant le Sankuru et la Lukenie, et cheminant après avoir reçu Kwilu et Kwango, jusqu'à se jeter dans le fleuve Congo à Kwamouth — (la rivière **Kasayi**) a donné son nom à la province du même nom.

---

[560] « Nsadi » : ce vocable est très usité à partir de Tshikapa.

[561] Nous pensons que ces riverains — les Kongophones trouvés dans les contrées de l'embouchure du fleuve Congo — devaient avoir prononcé « Nsali » ou « Nzadi » et qui signifie ''fleuve''dans leur langue. Le président Mobutu avait-il vraiment raison de revenir sur le nom du pays ?. Cela n'est pas la préoccupation de notre ouvrage. Ce qui est acquis est que : le pays ne s'est pas appelé « Lualaba » et que son vocable « Congo » tiré du puissant royaume Kongo qui s'est étalé de part et d'autre de l'embouchure du fleuve est réhabilité depuis 1997, avec l'avènement du Président Mzee L.D. Kabila.

[562] Bien que les trémas n'existent pas en nos langues bantoues.

Chapitre II
De l'histoire de la province du Kasaï-Occidental

1. Dénomination

La Province du Kasaï-Occidental tire la première partie de son nom — « **Kasaï** » — du principal cours d'eau de la province, la rivière Kasayi, nous venons de le voir plus haut. La deuxième partie du nom, « **Occidental** », vient de la position géographique de cette province par rapport à l'autre province sœur — **le Kasaï-Oriental** — située elle, à l'Est. Et notons que le Kasaï-Occidental forme, avec les dix autres provinces[563], la République Démocratique du Congo — (Ceci avant le découpage du territoire national en 26 provinces…).

2. Genèse du Kasaï-Occidental

Aller relire « les Réformes Administratives » vues plus haut — Cf. point 5, du Chapitre III de la DEUXIEME PARTIE de notre ouvrage — est une bonne chose. Mais nous irons ici retenir les faits saillants ci-après :

— **En 1912** : l'E.I.C. est découpé en quatre provinces totalisant en 22 districts ;

— **En 1935** : un nouveau découpage portera le nombre des provinces de quatre à six dont la province de **Lusambo**, chef-lieu Lusambo — de par l'Arrêté Royal du 5 février 1935 ;

— **En 1950 :** le Régent, S.A.R. le Prince Charles, crée la province du **KASAÏ,** avec chef-lieu **Luluabourg** — par son Arrêté du 20 juin 1950.

[563] Ces dix provinces sont : le Bas – Congo ; le Bandundu ; le Kasaï – Oriental ; le Katanga ; le Maniema ; le Sud – Kivu ; le Nord – Kivu ; la Province – Orientale ; l'Equateur et la Ville – province de Kinshasa. Et nous souhaitons qu'il en soit encore ainsi et/ou aussi… ; le morcellement, émiettement ou « découpage » — vocable officiel — étant fragilisant ; pendant qu'ailleurs on se soude, on globalise ! … Qu'il en soit encore ainsi, car, découper c'est une chose… et viabiliser ces entitésen sera une autre ! … Plus tard, oui, lorsque le pays se sera stabilisé et devenu prospère ou économiquement assis.

Vous noterez que ce sont ces six provinces (dont celle du Kasaï) qui ont constitué l'héritage colonial, au 30 juin 1960.

— **En 1960 :** Dix jours après la proclamation de l'Indépendance, soit le 11 juillet 1960, une de ces six provinces — la province du KATANGA — va se désolidariser des cinq autres... Et un mois après (nous sommes en août 1960) **Bakwanga, Ngandajika ; Miabi ; Tshilenge ; Katanda ; Mwene-Ditu,** etc. — entités connues dans et par l'Administration coloniale et composant avec les autres Territoires et Secteurs, la province du KASAYI — deviennent de véritables « agglomérations ». L'explication est à trouver dans les arrivées massives des Baluba venus de Luluabourg et ses alentours, après une lutte fratricide qui les avait opposés aux Lulua, leurs frères... Kalonji Albert alias *Kalonji Ditunga*, ''chef de file'' de toutes ces populations déplacées et avec elles, érigent alors toutes ces agglomérations en un Etat dit **"Etat Autonome du Sud-Kasayi"** et cet Etat se dote d'un gouvernement qui s'installe à **Bakwanga,** dont voici la composition (au 2 mars 1961) :

- - Albert Kalonji : Président de l'Etat Autonome du S.K.
- - Joseph Ngalula : Prémier ministre et Président du Conseil

Ministres

- Honoré Kadima : Intérieur
- André Kabeya : Justice
- Etienne Biangandu : Agriculture
- Nicolas Kadima Nzuji : Santé publique
- Louis Mbuya : Economie
- Michel Kazadi : Affaires sociales
- Robert Mbombo : Enseignement
- Antoine Katombe : Travaux publics
- Justin Kasanda : Télécommunications
- Joseph Kabuya : Classes moyennes

Secrétaires d'Etat

- Hilaire Ngoyi : Dommages de guerre
- Pierre Misakabo : Education civique
- Symphorien Kabeya : Gendarmerie
- Frédéric Muamba : Information

Secrétaire général

- Albert Nyembwe

Secrétaire des Conseils

- Honoré Kasongo[564].

---

[564] Cf. A. Nyembwe, o. c. p. 98

Bakwanga comme Elisabethville n'obéira plus à Léopoldville. Et quelques semaines plus tard, Stanleyville s'étant aussi démarquée, il s'en suivra des complications qui conduiront à la tenue des trois tables rondes — (Léopoldville, Tananarive et Coquilhatville, cf. plus haut) — au cours desquelles il fut envisagé de créer de nouvelles provinces. Notons qu'à l'issue du « Conclave de Lovanium » l'autorité centrale, en la personne de Cyrille Adoula, premier ministre d'alors, s'engagea à étudier le problème. On était alors au début du mois d'août 1961.

Après étude, la loi du 9 mars 1962 — nous l'avons vu — viendra remplacer l'article 7 de la Loi fondamentale en stipulant qu'une loi peut créer d'autres provinces ; et les conditions à remplir ont été définies par la Loi du 27 avril. Citons entre autres :

- - 700.000 habitants pour qu'une région accède à l'état de province ;
- une situation économique permettant de couvrir son budget ordinaire[565]; en d'autres mots : sa viabilité.

Au regard de cette loi, vingt et une provinces furent créées[566]. De l'ancienne province du KASAYI l'on a obtenu 5 nouvelles provinces : nous l'avons également vu :

1) La province de Luluabourg, chef-lieu Luluabourg, en septembre 1962 ;
2) La province de l'Unité Kasaïenne, chef-lieu Tshikapa, idem ;
3) La province du Sankuru, chef-lieu Lodja ;
4) La province de Lomani, chef-lieu Kabinda ; et
5) La province du Sud-Kasaï, chef-lieu Bakwanga ; province créée en juillet 1962.

L'on a cru ainsi avoir apaisé les querelles tribales, bien au contraire : ce découpage politique avait multiplié les Assemblées renforçant le tribalisme !... R. Cornevin[567]cite Benoît Verhaegen qui a parlé des défauts du système à ce propos, dans "*Présentation morphologique des nouvelles provinces*, Etudes Congolaises IV, n°4, avril 1963.

Pour ne parler que des provinces créées dans l'ex KASAYI, l'on signalera :

— **à Luluabourg** : un bras de fer entre les gouverneurs Tshilumba et Luakabuanga ;

---

565 R. Cornevin, o.c. p. 297.

566 Pour mémoire, en voici seize autres (avec à côté leur chef – lieu) : Congo-Central (Matadi) ; Kwango (Kenge) ; Kwilu (Kikwit) ; Lac Léopold II (Inongo) ; Cuvette centrale (Coquilhatville) ; Moyen-Congo (Lisala) ; Ubangi (Gemena) ; Ouelé (Paulis) ; Haut- Congo (Stanleyville) ; Kibali-Ituri (Bunia), Nord – Kivu (Goma) ; Maniema (Kindu) ; Sud-Kivu (Bukavu) ; Nord-Katanga (Albertville) ; Lualaba (Kolwezi) ; Sud - Katanga (Elizabethville).

567 R. Cornevin, o. c. p. 299

— **à Kabinda** (province de Lomami) : le gouverneur Manono n'est pas senti ; un Etat d'urgence sera mis en place… ;

— **dans le Sankuru**, chez le gouverneur Wetshindjadi : les Batetela dits *''de la savane''* (Lubefu, Katako-Kombe) croiseront les fers avec ceux dits *''de la forêt''* (Lodja, Kole, Lomela) ;

— **à Bakwanga** (dans le Sud-Kasayi) : les partisans de Ngalula Joseph alias Mpanda Njila s'attaqueront à ceux de Kalonji Albert dans le différend dit « *Bena Mutu wa Mukuna* et *Bena Tshibanda* » ; et

— **à Tshikapa** (Unité Kasaïenne) : c'est une instabilité totale : le gouverneur Kamanga Grégoire n'aura la province en mains que pendant quelques mois (62/63) ; Minga Mbenge Fr. lui succédera (63/65) puis vint Mbombo Robert (65 à 66).

Ce climat malsain est pareil dans les autres entités du pays. Il s'en suivra l'exode rurale et un clientélisme politique, constituant des classes socio – politiques privilégiées et entretenant un réseau d'informateurs et d'hommes de paille entre les chefs-lieux de province et Léopoldville, la capitale… Devant ce chaos et cette anarchie, l'Armée prendra le pouvoir dans la nuit du 24 novembre 1965, et elle ira amener le nombre des « provinces de 21 à 11, y compris la ville de Léopoldville.

C'est ainsi que **« Unité Kasaïenne » et « Luluabourg »** ont fusionné pour donner **le Kasaï-Occidental** avec Luluabourg comme chef-lieu — province avec **2** Districts : Lulua (chef-lieu : **Tshimbulu**) et Kasaï (chef-lieu : **Luebo**) — tandis que les ex-provinces de Sankuru, Lomani et Sud-Kasaï ont-elles, formé la province du **Kasai-Oriental**, comptant **3** Districts : Kabinda, Sankuru et Tshilenge.

Les deux provinces : KASAÏ-OCCIDENTAL et KASAÏ-ORIENTAL sont créées par l'Ordonnance n°66/205 du 6 avril complétée par l'Arrêté ministériel n°288 du 11 avril 1966.

3. Localisation

3.1. Coordonnées géographiques

Le Kasaï-Occidental se trouve au centre-sud de notre pays, la République Démocratique du Congo. Il se situe entre : les parallèles 2° 28' Nord et 8° 3' latitude Sud, et les méridiens 19° 40' et 23° 41' longitude Est.

3.2. Limites

Le Kasaï-Occidental est limité :

- au Nord : par la province de l'Equateur ;
- au l'Est : par la province du Kasaï-Oriental ;

- au Sud : par la province du Katanga et la République d'Angola ;
- à l'Ouest : par la province de Bandundu.

3.3. Superficie

La province du Kasaï-Occidental s'étend sur une superficie de 156.967 Km², soit 6,7% du territoire national (2.345.400 Km²).

La superficie de la province (découpée en 2 Districts composés chacun de 5 Territoires) est ainsi détaillée :

1) **District de la Lulua**

Territoire	**Superficie**	**Densité**
Kazumba	12.881 km2	52 hab/km2
Demba	8.961	37
Dimbelenge	13.223	38
Luiza	14.702	30
Dibaya	11.191	37
La densité du District :		**39**

2) **District du Kasaï**

Tshikapa	26.217	32
Ilebo	15.634	28
Mweka	20.155	20
Dekese	25.175	4
Luebo	8.450	38
La densité du District :		**22**[568].

3.4. Population

La population du Kasai-Occidental est estimée à 10.000.000 d'habitants, soit une densité de 68,6 Km² (estimations de 2006). Nous y reviendrons plus loin, dans la viabilité de la Province, volet « le Capital Humain ».

4. Données physiques

4.1. Altitude

Elle est en moyenne de 400 m dans les plaines et de 500 m dans les bas et moyens plateaux.

568 Cf. Monographie de la Province du Kasaï-Occidental (1998), o. c. p. 28

4.2. Relief

Il est constitué du prolongement de la Cuvette centrale, des plaines dans le Nord ainsi que des bas et moyens plateaux au centre et au Sud.

4.3. Hydrographie

Le Kasaï-Occidental est desservi par un réseau des cours d'eau qui baignent toute la province. (Quelle grâce de la part du Créateur ! Privilégié que vous êtes, peuple du Kasaï-Occidental en particulier ; et du Kasayi tout entier ! Voyez le Sahel, le Maghreb et ces autres contrées arides, sans pluies ! *Tuetu si nudi baa diese !, baa muabi !* Bénissons notre Dieu !)...

4.3.1. Les grands cours d'eau du Kasaï-Occidental

- la rivière Kasayi (Angola, Tshikapa, Bandundu)
- la Sankuru (Lusambo, Mweka, Dekese et Ilebo)
- la Lulua (Kapanga, Luiza, Dibaya, Kananga, Kazumba, Luebo et Demba)
- la Loange (limite Bandundu et Kasayi-Occidental)
- la Lovua (Tshikapa)
- la Lutshiadi (Mweka et Ilebo).

Les localités citées en parenthèses sont celles par où ces cours d'eau passent et ces rivières coulent parallèlement du Sud vers le Nord et sont navigables (la Lulua ne l'est que depuis Luebo seulement).

4.3.2. Principaux Lacs :

- Lac Munkamba (dans Dimbelenge)
- Lac Fwa (dans Dimbelenge)
- Lac Tusombe (dans Dekese). Source : I.G.C. (Institut Géographique du Congo).

4.4. Le climat

Le Kasaï-Occidental jouit d'un climat du type tropical humide. Et la classification (de) KOPPEN distingue, pour le Kasaï-Occidental :

— un climat de type équatorial ''Af'' (caractérisé par l'absence de la saison sèche) et de transition entre Af et Aw. C'est le climat de l'extrême et du centre Dekese ; et

— un climat de type soudanien (Aw) dans le Sud ; c'est un climat chaud et humide — voir Sud/Dekese, Nord/ Ilebo, Mweka, Demba et Dimbelenge (Aw 2) ; Kananga, Sud/ Luebo, Sud/ Ilebo, Dibaya, Nord/ Tshikapa, Kazumba, Luiza (Aw 3) et Sud Luiza et Tshikapa (Aw 4). Source : Min.Agri/Service d'Etudes et Planification (SEP) — Moniteur du Kasaï-Occidental, 1987, pp.17 – 20.

4.4.1. Les Saisons

Deux saisons caractérisent la province du Kasaï-Occidental : la saison sèche et la saison pluvieuse.

a) la saison sèche : la petite saison sèche, de plus ou moins un mois, va du 15 janvier au 15 février ; la grande saison sèche de 3 mois, débute vers le 15 mai pour se terminer vers le 15 août. La durée de la saison sèche augmente au fur et à mesure que l'on s'écarte du nord vers le sud de la province ;

b) la saison des pluies : la grande saison de pluies va de mi-août à mi-janvier, soit 5 mois, avec une recrudescence de pluies en novembre et décembre ; puis un fléchissement en janvier – février ; une seconde saison de pluies va du 15 février au 15 mai, soit 3 mois ; le mois de mai étant le mois de transition qui annonce la saison sèche à travers toute la province.

4.5. La pluviométrie

Les précipitations moyennes annuelles du Kasaï-Occidental sont comprises entre 2000 mm (dans le Nord) et 1500 mm (dans le Sud), et décroissent progressivement jusqu'à 1.400 mm dans l'extrême Sud de la province.

4.6. L'amplitude thermique

Annuellement, elle est de 10,74° C. en moyenne. Les extrêmes thermiques sont 19,6° C et 30,34° C.

4.7. La température

La température moyenne annuelle est de 24,18° C. On enregistre les pointes à Kananga en mai (31,40°C) et à Tshikapa en juin (32,40°C). La température diminue en juillet pour l'ensemble de la province, avec une moyenne de 19° C. Le point le plus bas est atteint à Tshikapa au cours du même mois : 15,7° C. Les pointes à Kananga s'enregistrent en mai : 31,4° et à Tshikapa : 32,4°. Les températures nocturnes régionales demeurent pratiquement constantes autour de 23,4° C.

4.8. L'insolation

C'est en saison sèche que l'on note les valeurs les plus élevées de l'insolation. La durée de celle-ci accroît dans le sens N – S. En effet ces valeurs sont comprises entre 1983 dixièmes d'heures en juillet et 1325 en février à la Station d'Ilebo (Nord), et se situent entre 2500 dixièmes d'heures en juin et 1850 en fin octobre à la Station de Kananga (Sud). Source : Monographie de la Province du Kasaï-Occidental, PNUD/UNOPS

(Programme National de Relance du Secteur Agricole et Rural — PNSAR 1997 - 2001), octobre 1998, p. 14.

5. La pédologie (Types des SOLS et leurs valeurs agricoles)

5.1. Les sols sablonneux

Généralement, nous trouvons ceux-ci dans les plateaux ; plus précisément dans le sud des Territoires de Demba, Dibaya, Dimbelenge, Ilebo, Luebo, Kazumba, Tshikapa et le Nord de Luiza. Ce genre de sol est léger, altéré, pauvre en minéraux et argile et a une économie en eau médiocre ; leur aptitude agricole est faible ; il faut améliorer celle-ci avec des cultures de légumineuses, la jachère et l'apport du fumier.

5.2. Les sols sablo-argileux et ferrallitiques

On les retrouve dans le fond des vallées. Quant à leurs caractéristiques, ces sols sont de bonnes structures ; ils ont des réserves minérales appréciables, une bonne teneur en argile et en rétention hydrique. Vous trouverez particulièrement ces sols dans le sud de Dekese ; dans le nord des Territoires de Demba, Dimbelenge, Ilebo, Luebo, Mweka, Tshikapa, et surtout dans le sud de Luiza et même dans le nord de Dekese (qui reste enclavé, privé de routes, et non ouvert à la commercialisation). Comme valeur agricole, ces sols sont bons et aptes à l'intensification. Notons que l'aptitude agricole provinciale décroît du Nord au Sud, mais s'accroît vers le fond des vallées surtout des rivières Kasayi, Lulua et Loange.

6. La végétation

La végétation au Kasaï-Occidental correspond aux différents types climatiques rencontrés dans la province. C'est ainsi que nous y rencontrons des forêts, des galeries forestières et des savanes.

6.1. Les forêts

Nous avons premièrement **les forêts** ombrophiles dites « **équatoriales** » ; elles sont denses, humides, sempervirentes[569]. Ces forêts couvrent le nord de la province (Parc National de Salonga) et environ la moitié du Territoire de Dekese. Leur taux de boisement est de 75%.

[569] Sempervirentes : dont le feuillage ne se renouvelle pas selon un rythme saisonnier ; ces forêts apparaissent toujours — (du latin *semper = toujours*) — vertes.

La province dispose également de **forêts** mésophytes dites « **subéquatoriales** ». Celles-ci sont également denses et humides ; mais semi – décidues[570].

6.2. Les galeries forestières

Celles-ci se rencontrent généralement le long des cours d'eau.

6.3. Les savanes

Kananga, Kazumba, Dimbelenge, Demba et Dibaya accusent particulièrement une savane boisée ; tandis que dans le sud de Luiza, c'est la savane herbeuse. Le Kasaï-Occidental possède ainsi un potentiel végétatif considérable et varié, dont l'exploitation rationnelle doit positionner la province ou ranger celle-ci parmi les producteurs des cultures tant pérennes (palmier à l'huile, caféier, etc.) que vivrières (riz, maïs, manioc, niébé, etc.).

7. La faune

La flore ainsi décrite ci-dessus, est habitée par une faune diversifiée : bêtes féroces, dont hyènes, chacals, léopards, éléphants, etc. ; divers reptiles dont serpents dangereux tels des pythons et des vipères (connues localement sous les noms de *ntôka, mubinga, diàmba, tshiânga, ditulà*, etc.) ; oiseaux aux plumages beaux à voir ; des singes dits « magistrats »[571] et autres ainsi que ceux dits « matungulu [572]». Et l'on n'oubliera pas cette grande famille de gibiers très prisés, composée entre autres de sangliers, antilopes (nommées ici : *mupaala, kabuluku, ngulungu, nkulupa, dikaya, lusumbi, mbudi* [573], etc.) ; porcs – épics, lièvres, etc.

Toujours à propos de la faune, vous noterez que les rivières du Kasaï-Occidental regorgent de poissons de haute qualité tels les *lukenda, mabanga, mbôto, lundebele, mubumba, tshisaka-mamba, dimona, kakunda,* etc., et le ʻʼ capitaine ʻʼ se fait attraper des temps à autres dans la Lulua. Veuillez noter que tout Kasaïen, où qu'il se trouve, voire même tout autre compatriote ayant vécu au Kasayi-Occidental, ne pardonnera pas à son frère ou camarade qui se serait régalé d'un plat d'anguilles (= *tushi*), sans l'y avoir convié, sans avoir mis de côté pour lui une part si minime soit-elle ! Notons également que, par certains endroits, hippopotames et crocodiles (*makamba — dikamba*

---

570 "Décidues": également du latin: *déciduus* = qui tombe ; se dit des feuilles qui tombent selon un rythme saisonnier.

571 Le pelage de ce genre de singe est fait du noir sur tout le corps et du blanc à la gorge ; quelle similitude avec la toge de nos magistrats ! …

572 En disséquant cette espèce, l'odeur qui s'en dégage est pareille à celle des oignons.

573 Mbudi: même orthographe et même résonance que le "fameux barème initié par Zaïdi Ngoma »…

au singulier ou *ngàndu* — même nomenclature au singulier comme au pluriel) inquiètent les baigneurs, piroguiers seuls ou avec passagers. (Le cas de ce caïman mort avec sa proie (une jeune fille), tirés tous deux de la rivière Miao en mai 2015, reste ''un cas à part'' pour les Kanangais et l'Inspection de la Police)…

8. Le potentiel hydraulique

Les rivières de la province ainsi que leurs affluents offrent, de par leurs étiages, beaucoup de possibilités de production de courant électrique — cf. les sites ci-après : **Chutes Mbombo** sur la Lulua (dites Katende I) à Tshibambula via Tshikaji ; **Chutes Katende**, à Bunkonde toujours sur la Lulua ; **Chutes** de Mai-Munene sur le Kasayi ; **Chutes** dites « **Wissmann** » à Ndjoku Punda sur le Kasayi ; **Chutes** de Kâluebo sur la Luebo ; **Chutes** de la Lovua, près de la Mission Kitangua… Mais hélas, leur présence sur notre sol ne contribue que de peu voire même pas, au développement de nos contrées…

9. Le sous-sol

Il est réellement constitué des roches granitiques — (cf. ce moellon que nous utilisons pour poser la fondation de nos maisons en durables…) — ainsi que d'autres matières dont **le diamant** qui est la principale ressource minière jusque-là, de la province et qui se retrouve dans chacun des dix Territoires et surtout dans les Territoires de **Tshikapa** (à Kamonia, Mai-Munene, Sumbula, Mutshima, Kamakelekese/Kamako, Diboko, Kabungu, Tshisenge, Lunyeka, Kamabanji, etc.), de **Luebo** (à Kabemba, Ndjoku Punda, Kônyi…), **d'Ilebo** (à Mayimbi, Bipongo, etc.), de **Demba** (à Lombelo, etc.) et de **Dimbelenge** (à Bakàmba, etc.). La production du diamant est artisanale, alors que jadis, à l'époque de la Forminière (qui en avait d'ailleurs l'exclusivité d'exploitation), celle-ci se faisait de manière plus méthodique. Nous y reviendrons plus loin…

Le sous-sol de la province recèle également de l'**or** et l'**étain.** Les gisements d'or ainsi que de la cassitérite se localisent dans les Territoires de Luiza ; l'exploitation y est également artisanale. **Le fer** est signalé dans Luebo, Kazumba et Tshikapa alors que des réserves appréciables de **pétrole** sont signalées dans le Territoire de Dekese et celles de **nickel** et de **chrome** à Tshimbulu et non loin de Kananga.

En ce qui concerne ces deux derniers minerais, nous dirons que la MIBA était déjà présente à Nkonko (dans la banlieue de Kananga) et même à Kazumba ; la prospection était encourageante, mais hélas ! … De façon également artisanale, on extrait de la chaux vive — le **calcaire** — dans les Territoires de Dimbelenge et Dibaya ; la production est vendue sous forme de petits lingots. Nous reviendrons sur ces potentialités plus loin, dans « **La Viabilité de Province** »…

Voilà-là, comment nous avons, tant soit peu, cherché à situer la Province du Kasaï-Occidental. Et présentement, nous irons recourir à quelques données qui font de cet espace géographique dit « Kasaï Occidental » une entité politico-économico-administrative. C'est la préoccupation même du Chapitre suivant de notre ouvrage.

Chapitre III
L'administration de la province

On partira de la définition de l''Administration'' puis nous ferons une relecture de la gestion de la cité en nos milieux traditionnels ; ensuite nous dirons un mot sur l'Administration extra-coutumière et enfin sur l'Administration congolaise au lendemain de l'indépendance (donc sans cadres Belges) et présentement.

1. Définition

« Administration », « Administrés », « Administrateurs », sont des mots qui dérivent du verbe « Administrer », nous dit Petit Larousse.

Et de « Administrer » Reisdorf – Reece dira que c'est « *Régler la marche* » ; c'est « *Avoir la conduite de...* » ; C'est « *Gouverner* ». C'est aussi « *exercer l'autorité sur* » nous dira lui Le Petit Larousse Illustré ; et nous ajouterons que cela se fait dans l'application des textes et/ou lois conçues pour régir les entités. Aussi tous ces mots qui nous ont servi à définir l'« administration » peuvent-ils se résumer en un seul mot emprunté du grec : la politique.

Nous irons insister sur ce concept ''politique'' d'autant plus que c'est la définition (de) « *politique* » qui nous amène à comprendre que c'est la gestion même des hommes ; définition nous donnée par le Nouveau Petit Robert et en ces termes : « *Art et pratique du Gouvernement des sociétés humaines* ».

Cependant, lorsque nous irons écarter ces deux définitions de la politique — *« Art de tromper les hommes »* venant d'Alembert (in Le Nouveau Petit Robert), et « *Art de créer des faits, de donner, en se jouant les événements et les hommes* » (cette dernière nous venant de Beaumarchais, cité également par Le Nouveau Petit Robert), car l'idée force qui se retrouve dans les deux définitions données ci-haut répond très bien à la traduction que donne notre Tshiluba au mot « **politique** » : « *malu a tshidiidi* » ou : « *tshidiidi* »[574] tout court (concept incarnant la jonglerie et/ou la tromperie, et cette tromperie, le Kasayi n'en veut plus !...) — (oui, lorsque nous irons

[574] C'est Mukenge Shabantu qui aura introduit ce vocable depuis son avènement au pouvoir — comme gouverneur — en 1960, nous a-t-il confié.

écarter ces deux définitions d'Alembert et de Beaumarchais), nous prendrons alors en compte celle que nous donne Valery (via toujours Le Nouveau Petit Robert) et que voici : *« La politique consiste dans la volonté de conquête et de conservation du pouvoir »*.

Oui, conquérir le pouvoir et le gérer de façon à le conserver. Or, gérer le pouvoir, c'est l'exercer sur des personnes humaines... Ici, nous irons remonter jusque dans la nuit des temps pour comprendre comment est né le **pouvoir traditionnel** et/ou...

2. L'administration en milieux coutumiers

Lorsque l'homme blanc a foulé le sol du Kasayi, les populations de cette partie du territoire national n'étaient pas des êtres régies par la « jungle ». Ces populations, bien que ne sachant ni lire ni écrire, elles avaient des us et (des) coutumes qui les régissaient et qui se transmettaient par la tradition (orale bien entendu). Leur société était donc marquée par l'oralité et la tradition orale. C'est-à-dire que s'il y a eu absence de textes légaux (droit écrit), leur société ou (leur) mode de vie avait des assises ou traditions séculaires — donc solides — qui se concrétisaient à travers une organisation ayant (elle-même) en son sein des structures politiques, juridiques, économiques et socio – culturelles. Ne dit-on pas en Tshiluba : *« Mukelenge wa Bantu, Bantu wa Mukalenge !... »* — traduisez : « Seigneur » ou mieux « Chef des hommes, et hommes (ou sujets) du chef » ? L'idée force qui est dans ce dicton étant que tout « seigneur » l'est parce qu'il a des sujets sur qui il règne, mais ces sujets mieux, ces hommes, sont des personnes humaines qui attendent de ce « seigneur » protection et bien-être. Ainsi, par rapport à ce dicton, allons – nous convenir que la gestion des hommes en nos contrées n'a pas apparu ni avec les explorations ni avec la colonisation. En effet, déjà, dans la nuit des temps, l'on a vu un homme d'entre ses pairs, devenir leur personnage de référence :

— « *Que dira « tel* » ? (en le citant nommément) ;

— « *Attendons le retour de « tel* » !... Et ce « tel » devait s'être arrogé ce privilège, cette référence ou cette préséance, soit de par son charisme de bienveillance à l'égard des membres du groupe ; soit de par sa sagesse lors du traitement des différends, ou dans la recherche des pistes (vers) des solutionsopposables à tous, bénéfiques pour le groupe ; soit de par sa position socio-économique (avec un nombre relativement important de femmes et ipso facto de nombreux enfants, de grands champs, de beaucoup de chèvres ainsi que des croisettes en cuivre, et fusils à piston) ; soit encore de par ses actes de bravoure en défiant les ennemis au groupe, en remportant des victoires et devenu ainsi '' *muadiamvita''* ou *''tshilobo''* (= « le héros » du groupe).

En dehors de ces atouts, quelques autres prédispositions ou vertus telles l'habileté, le savoir-faire, le sérieux, l'intégrité ; l'autorité, la maîtrise de soi, la délégation du pouvoir ou partage des responsabilités avec les notables ; la tolérance, l'écoute, l'attention, le pardon, le respect des femmes d'autrui, etc., étaient attendus du « chef ». Tels sont des propos recueillis auprès du notable Jean Katompua, père de l'auteur, lui-même noble et dignitaire dans la lignée des « *Mudiandabu* », au sein de la chefferie et groupement Muamba Mbuyi — *« mu Nkunsa nee mu Dilènge »* — non loin et même dans la banlieue de la ville de KANANGA. Toujours à propos, B. Mukenge Shabantu (congénère de J. Katompua et son voisin à Bianchi) nous dira qu'une telle personne — aux vertus ci-dessus citées — était souvent sollicitée par les membres du groupe pour les diriger.

Le notable Katompua nous aura ajouté qu'une fois la sollicitation acceptée, un collège de quelques anciens investissait cette personne comme « chef » c'est à dire lui conférait ''le pouvoir'' ; en d'autres mots : « *bamupa ''bukalenge'' ne ''diyi''* ». Et cette personne devenait *« Mukalenge » ne « Mfumu » wa bantu ne ditunga »* ; avec ce que cela comportait parfois sur le plan mystique ; si pas occulte... C'est ainsi qu'était née une chefferie... Mukenge Shabantu dira également qu'à ce chef une condition était posée : se montrer capable de se plier aux décisions du groupe. N'est-ce pas là l'esprit démocratique qui hantait déjà nos communautés, qui n'accordaient pas de place au tyran ou dictateur ? Un adage ne dit-il pas — jusqu'à ce jour — *« kulu tshilubi tshia ntanda, kulu kutupakana muâkamba bantu »* ou cet autre : *« Wâtamba mulamba kutambi ditunga, (bualu) ditunga ndidi dikutèka »*[575]...

En échange, le chef avait droit aux honneurs et/ou égards, ainsi qu'aux tributs (produits des champs lors de la récolte et produits de la chasse) ; mais aussi, était-il tenu de partager les produits lui offerts avec les indigents de la communauté tels les veuves et orphelins ; les sinistrés ; les *« bênyi »* (visiteurs) ou « *bena luendu* » (voyageurs en transit dans sa cour ou sous son toit)...

Plus tard, ces différentes chefferies ayant vu le jour ici et là, sous l'une ou l'autre impulsion évoquée ci-dessus — tout en étant autonomes[576] — ont entretenu entre elles des rapports, en concluant des pactes d'amitié, d'entente

[575] Le premier adage invite le nouveau chef à ne point se mettre en conflit avec le peuple ou à le contrarier ; et le deuxième lui rappelle qu'il peut bien enjamber un tronc (d'arbre), mais jamais enjamber (= outrepasser ou défier le village ou la population, car c'est de cette population qu'il détient le pouvoir qu'il exerce.

[576] De ces chefferies ''autonomes'', Tshimbombo (o. c. p. 95) dit que c'est « une sorte de petits royaumes indépendants entre eux, mais liés les uns aux autres par certains liens de parenté — cf. les chefferies qui constituent les Bena Luluwa en général, et en particulier les Bena Mutshipayi ; les Bakwa Tshidimba ; les Bashila Kasanga, etc. — et unis (lorsque) devant un ennemi commun par un mot d'ordre (tel '*'Luluwa diyi, diyi dimwe...* !'' qui invite tout le monde à s'unir contre un danger commun ». (Notons que Nkongolo Môshi , Ndaye Nkufulu ; Kanyuka'a Bilolo sont les clans qui composent les Bena Mutshipayi).

et de bon voisinage. Toutefois, chaque entité tenait à ce que l'entité voisine la tienne en estime. En outre l'on verra un peu après et partout, le pouvoir dans le groupement, tenir compte avant tout du lignage ou de l'arbre généalogique, de l'affinité parentale ou de consanguinité — ce qu'affirme également B. Mukenge (o. c. p. 22).

De son côté, le père A. Van Zandijcke (o. c. p. 10) nous renseigne que jusque vers 1870, les gens vivaient dans une tranquillité relative, fidèles aux coutumes et pratiques ancestrales. Il y avait évidemment de temps en temps, de petites palabres qui, à l'occasion, dégénéraient en combats… cependant dans l'ensemble la situation était calme.

Notons par ailleurs que certaines personnes devenues chefs de village ou de groupe, émergeront jusqu'à exercer leur influence au-delà de leur entité, sur deux ou quelques autres groupes. C'est ainsi que, par la suite, cet expansionnisme ou hégémonie fera naître d'imposantes entités tel le royaume KUBA dans la région de Mweka, tel plus loin l'empire Lunda chez Mwata Yamvo dans le sud du Katanga. Dans les contrées de KANANGA. Mukenge Kalamba deviendra le personnage le plus en vue. Tous à part Muamba Mputu (qui perdit son crédit antérieur) venaient se soumettre sous l'obédience de Mukenge Kalamba, nous dira A. Van Zandijcke (o. c. p.17) et qui aura ajouté que de nos jours encore, lorsque Kalamba parle comme chef de tous les Bena Lulua ses paroles sont recueillies avec vénération. (o. c. p. 18). Nous venons de voir là, comment naissait l'autorité dans une entité « traditionnelle » ; comment elle s'exerçait, comment elle pouvait s'affermir et émerger ; comment elle se transmettait… Disons maintenant un mot sur ces autres structures inhérentes à la gestion des hommes ?...

2.1. Les appuis à l'autorité traditionnelle

2.1.1. L'Organisation juridique

Dans ce volet, il sera question de savoir comment assurer l'ordre et la tranquillité au sein du groupe. Pour ce faire, on recourt aux « *Masambakanyi* », traduisez ‘’ assemblées ‘’ du peuple ; et celles-ci étaient distinguées selon les circonstances et l'importance des sujets à débattre. C'est ainsi que l'on avait :

a) des assemblées pour légiférer et réglementer la conduite d'un chacun et de tous au sein de la société, au sein de l'entité ;

b) des assemblées pour appréhender (répondant ainsi au dicton *‘’muntu wa tshilema tumubelela pa bantu*), et

c) des assemblées pour trancher des palabres ou différends opposant les membres du groupe — sous « l'arbre à palabres » (souvent un chêne = « *lusanga* ») — et quelques fois à la résidence du chef.

La cour comprend, en dehors du chef, des juges (= ***ba Nzuji*** *anyi* ***ba Ndumbulula***). Ces derniers sont un collège de notables choisis pour leur intégrité, loyauté, interprétation et maîtrise de ce que la tradition appelle « *meyi a ditunga anyi mikanyi* » — entendez : édits, règles et coutumes, bref la loi, à ne pas transgresser. Sous cet arbre, hommes et femmes confondus, ayant suspendu chacun son programme du jour, venaient s'amasser et répondre à l'assemblée plénière qu'aura convoquée le chef. Cette convocation est lancée par retentissement de la flûte (= *lushiba*) ou résonance du ''*tshiondo*''[577], soit par le ''*kaboobo*'' (un appel vocal) lancé par le ''*Tshikuma-mbila*'' qui est le porte-parole ou le chargé des communications ou de l'information. Le ou les points à l'ordre du jour sont alors proposés ; l'assemblée examine, amande et retient tel ou tels points, tandis que tel(s) autre(s) est ou sont reporté(s) et cela à travers les dictons tels : « *Abu bulaale bufuke* ! » ou « *Bua kulaala leelu mbua Mukwa Longo, bua Muena Mbala kabulaadi* » — entendez : ''le dossier de ou à traiter ce jour est celui de *Mukwa Longo* et non celui de *Muena Mbala*'', etc.

Après l'adoption de l'ordre du jour, la cour siégeait pour auditionner, trancher ou rendre jugement. Tel était acquitté et tel autre reconnu coupable et sommé de payer des amendes dites en Tshiluba « *bibawu* ». Toutefois, chacune des deux parties devait honorer les frais judiciaires dites ''*mâyi a mukanda*'' *anyi* ''*diunzulula*'' *ne* ''*dikanga dia Kabadi*'' entendez clôturer le dossier et/ou faire lever la séance du Tribunal. L'on notera qu'il était exigé des juges, esprit de synthèse, autorité, compétence en la matière concernée et esprit d'équité, dans l'analyse des faits.[578] Un verdict mal rendu suscitait des contestations… Trois remarques s'imposent ici avant d'en finir avec ce volet :

— Retenons que les juges forment un corps dit ''*Kabadi*'', ''*Baa Nzuji*'', ''*Balumbuluishi*'' *anyi* ''*Baa Ndumbulula*'', vocable dérivant du verbe « *kulumbulula* » c'est-à-dire : prendre la parole dans l'audience soit pour se plaindre, accuser, attaquer, revendiquer (en parlant du *plaignant* ou de *la demanderesse*), soit pour rétorquer, récuser, réfuter, se défendre (en parlant de *la partie adverse*, *l'accusé* ou *la défenderesse*) ; et/ou du verbe « *kulumbuluisha* » c'est-à-dire : entendre et confronter les deux parties.

Ce n'est qu'après l'audition et/ou le plaidoyer que les juges iront trancher, ce qui se traduit en Tshiluba par le verbe ''*kukosa (kua) tshilumbu*''.

---

577 Instrument de résonance, taillé dans un tronc d'arbre dont se sert celui qui le manie — un initié — pour communiquer, en morses, un message destiné à un village plus loin (il peut y avoir des relais).

578 A propos des faits, les maximes ci-après sont de mise : - « *Tshibawu mpolonto mpolonto ! Tudi tuya ka baa muanda katuena tuya ku baa wetu !* »ou« *Waasa* (du verbe ''*kuashisha*'') *kudi tshibawu ! Kwashi kudi muanenu !* ». Ces deux dictons ne recommandent qu'une seule chose aux juges : ne dire que le droit et rien que le droit, donc sans parti pris !

— Il n'existe pas un Ordre des Avocats en nos milieux traditionnels — ''Avocats'' que nous traduirons par le vocable « *Baakuidi* » (du verbe « *kuaakuila* ») c'est-à-dire : des personnes qui offrent leur service en plaidant la cause d'un client.

— Telle personne voudrait-elle intervenir pour prendre sa défense, soutenir ou défendre telle autre, elle en a le droit ; mais aussi doit-elle solliciter la parole et attendre que celle-ci lui est accordée. Si oui, cette personne commence son intervention par saluer l'assemblée et dire merci à la cour pour lui avoir accordée cette parole dite ''*dîyi*'' ; ensuite elle enchaîne en évoquant un proverbe pour soutenir son adresse. Si cette entrée est bien introduite, l'assemblée laisse la personne évoluer. Dans le cas contraire, l'intervenant se faisait huer et la parole lui était retirée…

2.1.2. La vie économique

En plus de l'administration du groupe, qu'il n'assure pas d'ailleurs seul — nous l'avons vu — le chef est également chargé de la survie du groupe. En effet, si un groupe s'affirmait par entre autres le nombre de ses populations, la survie de celles-ci impliquait des activités économiques c'est-à-dire : le travail d'un chacun et de tous les membres du groupe, hommes et femmes. Ces activités consistaient dans la production des denrées alimentaires (manioc ; maïs ; patates douces ; ignames ; haricot ; huile de palme ; arachides ; gibier, produits de la pêche et de l'élevage) et en quantité suffisante (afin d'assurer la croissance ainsi que la subsistance des membres du groupe et leur procurer un mieux-être), et le chef devait y veiller. Aussi, un cachet particulier était-il accordé à ces activités, à telle enseigne que, dès le bas – âge, les jeunes membres du groupe étaient l'objet de l'initiation à ces différents travaux (pêche, chasse, forge) et particulièrement aux travaux des champs. Et à propos de ces derniers, il leur était inoculé cet adage : « *tudimine baaba, nkudia kuetu* » entendons : défrichons, plantons entretenons des champs pour maman, ce sera notre repas. Remarquons qu'avant que les groupes ne deviennent sédentaires — entre le 17e et le 18e siècle — la cueillette fut la toute première, sinon l'exclusive ressource alimentaire.

Vous noterez également que cette vie économique était réglementée. A titre d'exemple : il y avait un temps pour le défrichement ; un temps pour le semi ; un temps pour la récolte ; un jour du marché[579] et un jour « off », c'est-à-dire de trêve (de pause ou de temps mort). Oui, en ce jour-là, il n'y avait pas de « descente » « mu mpata anyi mu bipôngu » pour des travaux champêtres ou autres. C'était le jour dit de « *dia nshidi* » en Tshiluba, « *imbomb* » en Lèlé, « *mingesh* » en Kuba.

---

[579] Celui-ci se pratiquait sous forme de troc et à l'aide des croisettes appelées ''nkanu ya biômbo'' : objets en forme de croix et en métal, obtenus à la forge (dite ''*mubanza*'') à partir de minerais de cuivre (*mikuba*).

2.1.3. La vie sociale

2.1.3.1. Fondement, Initiation et Champ d'action

Toute la vie de nos populations traditionnelles du Kasayi en général n'est-elle pas une vie de communauté, de sociabilité, de solidarité ? Le « chacun pour soi » n'existait pas. Tout était fait en référence au groupe : que ce soit l'initiation aux travaux ('' ici chez nous on fait ceci, on s'y prend comme ça, on plante ainsi, on pêche de telle façon, etc.''), ou l'initiation aux rites propres au groupe ou à la tribu dont fait partie le groupe (par exemple l'initiation que subissent des jeunes garçons au village sur un site isolé appelé *''ku mikanda''* avant la circoncision, etc.).

La vie sociale était une école où l'on apprenait les règles et traditions[580] ; les interdits (dits *''bibindi''* et certains mets ou plats impropres au groupe tel le *''nkanka''* — pangolin — particulièrement chez les Bajila Kasanga) et autres principes voire même les tabous ayant trait au mariage, au deuil, au veuvage, à la succession, etc. Ces principes se transmettaient — dans nos sociétés de l'oralité, le soir, autour du feu dit *« tshiota »* (du verbe *kôta kapia*, c'est-à-dire se réchauffer autour d'un foyer — à travers des proverbes[581] , contes et mélodies exaltant les vertus et bannissant les vices.

Loisirs

En parlant « mélodies » cela a certainement sous-entendu les moments des loisirs. En effet, ceux-ci n'ont pas manqué. Nos populations s'y adonnaient à cœur joie. Nous citerons entre autres :

— « ***Dielangana dia maja*** » ou « la Ronde de dances ». Celle-ci se pratiquait d'un groupe ou d'un village à un autre. A travers ces rondes, les danseuses arrivaient à emballer tout le village hôte ; et celui-ci, ultérieurement ou à son tour, allait réciproquer, mieux, allait en réplique, avec ce que cela impliquait comme joie et réjouissances populaires, détente, liens d'amitié, voire même des unions !... ;

---

[580] Nos frères Arabes nomment cet ensemble de règles et traditions : les « *hadiths* » ; notez que certains d'entre eux sont en voie de disparition comme le port de voile, en certains milieux.

[581] Proverbes : en Tshiluba = tusumuînu (le pluriel de ''kasumuînu'') ; ils sont les synonymes de adages ; dictons ; maximes ; pensées. Le Nouveau Robert ajoute que c'est « une formule présentant des caractères formels stables, souvent métaphorique ou figurée et exprimant une vérité d'expérience ou un conseil de sagesse pratique ou populaire commun à tout un groupe social ».
Notons qu'ils servent à introduire un discours et récits divers ; à les ponctuer ou paraphraser. Leur finesse et leur développement peuvent tenir l'auditoire en haleine, l'amenant ainsi à faire évoluer un raisonnement. Nous en avons recueilli plus d'un millier qui feront l'objet d'un ouvrage ultérieur, Dieu voulant.

— « ***Dibeyisha*** » et/ou « ***Dilongolola dia Bana ba Mapaanga*** ». Retenons que le mot *Mapânga* est le pluriel de *''bupânga''* (synonyme de ''*mukîya*'' dont le pluriel est ''*mikîya*'').

Ici, une particularité singulière ayant accompagné la conception et la naissance est considérée par la tradition comme un litige ; litige qu'il faudra régler (afin d'apaiser les ancêtres à défaut, il y aurait malheur soit sur l'enfant soit sur la mère, soit dans la famille !).

Les enfants dits : "*Bana ba mapanga*" sont entre autres :

1) le *Ntumba* (pas *Ntumba* « muidika » c'est-à-dire portant le nom d'un autre Ntumba déjà dans la famille ou chez les amis) : ce ''Ntumba'' est un enfant conçu sans qu'il y ait eu cessation de règles chez sa mère ; ce nom est donné à la fille ou au garçon conçu dans le même phénomène ;

2) le *Ngalamulume* : celui-ci est un garçon né après 3 filles d'affilée ; tandis que la*Ngalula* est la fille née après trois ou quatre garçons d'affilés. Est également *''Ngalamulume''* ou *''Ngalula''* le garçon ou la fille venu après trois garçons ou trois filles d'un même père, mais ce quatrième enfant étant enfanté par une maman du deuxième lit ; dans ce cas il est appelé « *Ngala'a ntamba mbelu* » ; et aussi…

3) les *mapasa* (traduisez : « jumeaux ou jumelles »). Ces enfants ont chacun son nom : l'aîné (e) est *Mbuyi (Tshibuabua)* et son frère jumeau (ou sœur jumelle) : *Kànku (ka baa Mbuyi)* ou *Kabange* (le Président Kabila l'est).

Le cas des tiercés et/ou plus — cas d'ailleurs rare — donne à tous ces « enfants également le nom de *Mapasa* ; mais individuellement ils sont *Mbuyi* (aussi *Tshingu* ou *Kiungu*) ; *Kanku* ou *Kabange* ; et *Katuma*. Aussi, tout enfant venant après les *Mapasa* portera le nom de *Mputu* chez les Lulua et Luntu ; et *Musuwamba* (comme la mère de l'auteur, en plus de son nom Mulanga) chez les Baluba.

Le père des *Mapasa* se nommera « *Shambuyi* » ou « *Shabanyi* », et la mère « *Muambuyi* » (ou *Nyinabanyi*). Ces enfants sont tellement liés qu'une brimade faite à l'un affecte l'autre. Capricieux, ce sont des enfants à chérir (= *kusengelela),* à supplier si mécontents. En outre, l'on n'ira pas pleurer un « *dipâsa* » de peur de n'entraîner le décès du vivant ! … Dans le cas des tiercés ou quadruplés, les parents sont *Shambuyi wa basatu* (ou *wa banayi*) et *Muambuyi* mêmement.

A ces enfants dont la venue au monde s'est opérée avec une particularité singulière nous ajouterons les *Mujinga* : naissant entourée — et c'est souvent chez les filles — du cordon ombilical ; les *Tshiela (makasa)* : sortant en présentant, en envoyant d'abord les pieds et le siège ; les *Ndomba* : chez ceux – ci, c'est d'abord la main (le bras) qui se dégage. Lorsque les *Tshinguta* sortiront tout enveloppés, non défaits de leur « poche », les *Kadikele* verront le jour, séparés déjà du cordon !… Les *Tshibola* (pas ''bîdika''c'est-à-dire qui portent le nom d'un ou d'une autre *Tshibola*), enfants nés vivants après qu'on aie enregistré 2/3/4 ou plus mort-nés, sont également des enfants sujets à un rituel devant les protéger et préserver ceux après eux.

Oui, la philosophie ancestrale a enenregistrétouré ces phénomènes ou cas particulièrement cliniques de certains mythes et/ou tabous ; croyant que ce qui est arrivé, l'est de par une force « cosmique » ; de par « les esprits », qu'il faudrait chérir ou apaiser par voie de rites appropriés. L'on recourt alors à un rituel qui se veut respecter, si l'on tient — question de mythe et/ou croyances — à ce que l'enfant soit protégé et où préservé des maux ou mauvais sort. Cela est resté une tradition jusqu'à nos jours et, ira se perpétuer… Oui, ne pas s'y conformer attire sur soi « envoûtements » et « malédictions »[582], croit-on : et c'est en cela justement que ces « phénomènes » et/ou « enfants à phénomènes ou à litiges » sont des « *mapaanga* ».

Il y a des auteurs qui ont également parlé des « *mapaanga* » ; l'Abbé Lambert Museka les énumère dans son « Nomination Africaine de Jésus – Christ… », Louvain – la Neuve, mai 1988, p.200, en citant :

— Tshinyama Badibanga (Abbé) qui a écrit '' la Thématique du port du nom chez les Luba – Bantu du Kasayi'', 1975, pp. 533 – 534 ;

— L.L. Malu Bungi qui lui a écrit ''*Contes populaires Luluwa/Essai de commentaire*'' (Mémoire de Licence en Philosophie et lettres, U. Lovanium 1971) ; et '' Meena a bukole (Poésie d'exaltation Luba'', Buzarth, Lubumbashi 1986) ;

— O. Bimwenyi Kweshi (Abbé) qui a fait sienne cette même préoccupation dans son ouvrage ''Discours théologique négro-africain/Problème de fondements'', Présence Africaine, Paris 1981 p. 556 note 73 ; ainsi que

— C. Faïk Nzuji Madiya qui elle a réfléchi sur '' *Les différentes catégories des noms propres des personnes dans la société Luba,* in « Zaïre-Afrique » n°189 nov. 1984, pp. 557 – 571.

Nous dirons pour terminer, que les rites que l'on officiait pour « ôter » et/ou « en finir » avec les « *mikîya* » ou « *mapaanga* » se régénéraient alors en réjouissances populaires.

[582] A propos nous dirons qu'il y a des chrétiens qui soutiennent et qui obéissent à cette pratique séculaire. Il n'est pas question ici d'être convertis ou pas ; c'est plutôt et à la fois, une question de culture, de conformisme. Aussi, l'Eglise locale, dans sa vocation de rechercher à rapprocher (le) Christ du chrétien et/ou vice – versa, a saisi la balle au bon. Présentement, pour les fidèles qui le désirent, les rites ayant une même connotation ont lieu à l'autel-même. Le rituel est simplifié, mais son fond est là : un litige, vis-à-vis des esprits or, le plus grand de tous les esprits n'est-il pas Jésus – Christ ? L'auteur et son épouse, à deux jours du mariage de leur **Ngalula** (Bijou) avec son « Gaulois » (Boucherez) qui lui, ne comprenait rien au « bupaanga », n'ont-ils pas conduit leur fille devant l'autel — devant le Christ, le Restaurateur ? Question de paix avec sa conscience… et de foi.

Dibeyisha est un rite se rapportant à la coupe des cheveux de l'enfant ''à litige''. Au cours de ce rite, la mère de l'enfant ou des enfants ''à litige'' se fait accompagner d'un bain de foule composée de femmes qui lui sont proches ainsi que de celles qui se seront embarquées dans l'euphorie de ce ballet, à travers des chansons de circonstance (parfois assorties des mots et d'expressions impudiques) et la dance. Ces mamans et les jeunes filles iront de maison à maison — une sorte de sérénade — et principalement sur les places publiques (marchés et carrefours), exhiber cette dance rituelle, au rythme du tam-tam que fait résonner un « *Tshiombela* » ou *''Dibaka''*.

Ce spectacle aussi appelé *''Dijija dia bana''* sensé *''kulongolola''* (= arranger le litige) deviendra très attrayant et avec beaucoup d'engouement si :

1) la mère, la *''Mua Mbuyi* '' et danceuse du jour (enduite d'huile de palme et de fard (*kakula*) sur tout son corps, vêtue d'une mini-jupe en raphia trempée dans l'huile de palme, ses mollets et cuisses à ciel ouvert), s'y connaît dans l'exécution de ses pas et avec élégance. Elle est pour ce faire aux seins nus ou cachés par un bandeau de foulard de tête et son dos est assorti d'une grappe de petites calebasses auxquelles sont liées des pattes et têtes de poulets séchées qu'elle croquait avec ses paires lors de l'apparition de chaque nouvelle lune ; et si…

2) la danseuse du jour — qui est sortie de la case où on l'a maquiée tenant dans une main la tête de la chèvre qui a été immolée en son honneur — aura mangé en se servant non de sa main, mais plutôt de ses lèvres le *tshivuku tshia bidia anyi nshima* (entendez le morceau de *fufu, ou bugari*) lui présenté sur une machette — rite qui attestera que depuis la naissance des enfants en cause, la mère n'a pas connu une union avec son homme ! (La maman de ''Mua Mbuyi'' ou sa belle-mère allait pour ce faire habiter chez ''Mua Mbuyi — ce qui s'appelle ''kukola'' (ne prenez pas la phonétique de ''grandir'') — jusqu'au jour du rituel ; elle aura ainsi aidé la ''Mua Mbuyi'' d'endurer sa continence et son homme non plus ne pouvait aller vers elle tant qu'une ''visiteuse'' de ce haut rang vivait sous son toit, assistant sa femme.

A ces **Loisirs**, nous irons ajouter les **jeux collectifs** entre autres :

- le ''*kapulu* '' : ce jeu qui consistait à faire circuler une boule de main en main et en courant, au sein d'une équipe de quatre, six joueurs (ou plus) ; boule que l'équipe adverse devait chercher à intercepter. — nous tenons cela de Mukenge, o. c. p.34 et ce jeu ou sport, du genre rugby, s'appelait aussi « *nkasa* » et se jouait surtout lors d'un clair de lune ;
- le *''Diepu eh, dia muana katènde''* ;
- le *''Sungula sungula, sawanda ... nansha mulemule sawanda nansha wa tshitupa...''* ;
- le *''Nkusu yoo, yoo, wa katènde, tende''* ;
- le *''Ntambwe wa lumana midioko, Ntamwe''* ;
- le « *Ngala Muana kebee ! Keba musa ; musa ku tshibelu tshiebe, keba musa …* » et ou le " *Patudi'apa padi katende kàsa nsala !* " ;

- le « *Kansokoma – nsokoma* » (*kalàla mbwé ... wàsokoma bikole...)* ou le *''kukululu kululu''*, entendez le « cache – cache », etc.

Ces jeux se pratiquent, en groupe et souvent dans une mélodie propre à chaque jeu, presque chaque jour présentement... Il a également existé des jeux individuels et des jeux à deux tels que le ''*mbenga*'' ; « *tshisolu* », la « La lutte »... Ici, ne traduisons pas lutte par « *diluangana* » ou « *mvita* », mais plutôt par « *dishindangana* » mieux, « *dielangana (dia) bibula* » ou « *bibula* » (tout court) en Tshiluba et en Tshishileele : « *mîkâta* ». Dans ce corps à corps et sans arme, il n'est utilisé que mains, bras, jambes, pieds, dos, épaules, masse, poids et son intelligence et/ou techniques pour renverser l'adversaire. Cette ''lutte'' est à classer dans les arts martiaux. Notons que chez nos frères Leelé, ce sport était considéré comme « sport roi », entre les villages. Tellement que cette compétition virile était périlleuse, les acteurs de part et d'autre en tombaient victimes. En effet, que des fractures, et combien délicates !...

C'est ce qui a poussé les « médecins » du groupe à découvrir et à exceller comme ''tradi-praticiens'' en matière de fractures, quelles qu'elles soient. Aussi, cette ''tradi-médecine'' va-t-elle jusqu'à défier la médecine classique, dans certains cas désespérés, déclinés ou nécessitant un amputement, nous ont confié Gaston Makidi et Julien Kweto, tous deux notables Leelé ; et ce dernier a même convaincu un proche du Gouverneur Claudel Lubaya à changer de clinique pour se confier à un ''tradi-praticien'' Leelé, que l'Occident n'ose pas appeler « médecin », mais plutôt « guérisseur »... Et cela a été un succès ! Nous en avons été témoin ! Richard s'est rétabli et se porte bien et dans un pays du vieux Monde.

2.1.3.2. Arts (Sclupture ; Tissage ; Musique ; Dance)

Oui, nous n'irons pas terminer ce volet « vie sociale » dans nos sociétés traditionnelles, sans parler de cette dimension. En effet, évoquant cet aspect et après avoir lu le R.P. Placide **Tempels,** M.J. **Herskovits**[583] a retenu et renseigne ceci : « En étroit rapport avec la vie religieuse, les arts étaient florissants... ; outre les arts plastiques (sculpture sur bois et sur ivoire), on trouve un grand nombre d'expressions musicales fondées sur l'emploi d'un grand nombre d'instruments (à percussion, à cordes et à vent). On trouve partout la danse, les mythes et les fables, des proverbes et des énigmes, cette liste n'étant pas d'ailleurs exhaustive, car il y a des formes esthétiques plus humbles comme les célèbres peintures figuratives et stylisées qu'on trouve sur les murs des maisons ». Toujours à propos des sculptures sur ivoire, Herskovits ajoute ''des petits masques finement ouvragés des **Bapende** aux représentations spiralées sculptées en bas-reliefs sur les trompes

[583] - P. Tempels, Philosophie Bantou, Elisabethville, 1945
- M.J. Herskovits, L'Afrique et les Africains, 1965, Payot, Paris, pp. 64-65

d'éléphants''. Herskovits n'a pas cité que le père Tempels ; il a également cité Olbechets F.M.[584] dont il dit qu'il a fait une analyse très soignée des sculptures sur bois… et distingue 5 aires artistiques, dont le Bas-Congo… ; la région Bakuba (Bassin du Kassaï) et les Baluba à l'Est, Sud-est du bassin du Congo et Nord-ouest de la Rhodésie du Nord (cfr Zambie).

Parmi des sculptures les plus connues, Herskovits ira citer *« les statues d'ancêtres et les coupes **Bakuba** ; les personnages à genoux des **Baluba** ; les cannes de chefs et les masques peints des **Benalulua** et des **Bapende** ; etc. » ; et parlant de vêtements de raphia du Kasaï, il dira que le jeu des motifs et des couleurs montre le grand art des tisserands »*… Herskovits ira conclure que les arts étaient et continuent souvent d'être partie intégrante de la vie quotidienne ; pour ce faire, il cite les décorations des tambours, des boîtes à pigments, des appuie-têtes et même les scarifications de la face, des bras et du torse.

Parlant toujours « Arts », nous ne pouvons ne pas faire mention de l'éloge que voici — éloge fait à propos des statuettes sculptées au Kasaï-Occidental : *« Les sculpteurs jouissent d'une grande considération et ont la réputation de détenir des secrets émanant des forces invisibles. La qualité de leurs créations est parfois exceptionnelle : certaines statuettes **lulua** sont à ranger parmi les chefs d'œuvre de l'art congolais »*. Cet éloge vient du frère Cornet (Académie des Beaux-Arts)[585]. Et il y en a encore un, le voilà : *« ... que du point de vue artistique, les **Bakuba** venaient en tête, suivis des **Lulua** »* ; éloge recueilli par Mukenge Shabantu dans une conversation qu'a eue celui- ci avec le Président L. **Senghor**, en compagnie de Paul Tshibamba Lomami, le 16 décembre 1960 à Brazzaville[586].

Aussi, allons-nous paraphraser Mukenge Shabantu en disant que la fierté que l'on peut tirer d'une telle révélation, d'une telle appréciation par l'un des monuments de la culture — entendons le Président et poète Senghor — est immense. Et n'oublions pas d'ajouter à nos œuvres d'Art du Kasaï-Occidental nos « *bifwadi* » ou « *ngesu ya mabûngu* » ; nos « *milôndo* » (ces *ngesu* ou casseroles et *milôndo* ou cruches se classent dans la poterie) ; le *nkobo* pour conserver les aliments ; le *luànda* (''bua kupepula'' — dans ce verbe il y a le mot ''lupepele'' = le vent) qui sert à trier et débarrasser les céréales (maïs, riz…) des impuretés y associées depuis la récolte en les ventilant, ainsi qu'à dépouiller les fourmis ailées de leurs ailes (ce qui s'appelle *« kuesha **nswa** »* et notez que ces fourmis saisonnières n'apparaissant qu'une fois l'an en novembre/décembre et très prisées — crues ou séchées — par tout homme du Kasayi où qu'il soit). Le *luanda* et le *nkobo* font partie de la vannerie et/ou tissage auxquels l'on ajoute les nasses

[584] Olbrechts F.M., Plastik van Kongo, Anvers, 1946

[585] Cornet, in L'art de l'Afrique au pays du fleuve Congo, cité par B. Mukenge, o. c. p. 33

[586] Ce fut lors d'une conférence ayant réuni une dizaine des Chefs d'Etat ex-colonies françaises, en vue de la recherche de l'unité du Congo-Léopoldville en décembre 1960.

ou pièges (*misasa* et *mikïnda*), *bisaka*[587] et *bibôndo* (paniers) ainsi que les nattes (*biàta bia ntupu ne bia makaka*) — et nous dénombrons également parmi nos œuvres d'art les travaux en raphia : pagnes et tapis dits « velours du Kasayi », mais communément appelés « *madiba a Bakuba* ».

Nous n'allons pas non plus oublier d'ajouter à nos œuvres d'art un répertoire des chansons folkloriques et traditionnelles aux mélodies envoûtantes et concernant chaque circonstance (fête, deuil, solitude, etc.) et ayant souvent un message au travers d'elles), composées par nos artistes-musiciens dont **Kapinga Yamba, Kaboya, Tshibaka, Lilimba, Kulupusu, Kadiata, Kadiyoyo** et autres, qui se savourent et se dansent à travers nos contrées. Voilà qui fait de nos contrées une province artistique !

Comme vous pouvez vous en rendre compte, nos sociétés d'avant l'arrivée du Blanc, dites traditionnelles, n'étaient pas une jungle ; elles avaient une civilisation, la leur, et pas une barbare. Les générations avant nous n'ont vécu ni comme les « Vikings », ni comme les « Huns » ; elles ont vécu en sociétés structurées, organisées avec une culture administrative, une culture juridique, une culture socio-économique. Elles ont vécu comme des entités ayant des structures culturelles et sociales adaptées à toutes les circonstances (mariage, maternité, deuil…) ainsi qu'à la moralité ; au respect du prochain et à la crainte de Dieu ; au respect des morts et au culte des ancêtres… Aussi, pouvons – nous signaler que ces sociétés n'ont connu ni cadenas ni serrure, ni grille communément appelée « anti – vol » ; un « *tshikundulu* » tissé de bambous servait de porte de la case !…

2.1.4. La vie spirituelle

Et abordant de son côté le volet religieux, Bakole wa Ilunga[588] ira nous édifier en ces termes :

« Il y a de fait cent ans depuis que l'Evangile a retenti pour la première fois dans notre Kasayi. Cent ans depuis que les chemins de libération ont été tracés dans nos savanes et forêts. Est-ce à dire qu'avant l'arrivée du père Cambier à Mikalayi (en 1891), il n'y avait pas eu de chemin de libération et de salut pour notre peuple ? […]. Il y eut un temps où une certaine opinion aimait présenter les choses comme si avant le christianisme, il n'y avait que le vide religieux et moral chez les peuples d'Afrique. Selon cette mentalité, il n'y aurait pas eu de connaissance de Dieu, ni de conscience morale ; il n'y aurait eu que toute sorte de magie et de fétichisme ; il n'y aurait eu que ce paganisme *sine Deo, sine amore.*

Plusieurs expressions utilisées pour identifier un non-baptisé dans les langues africaines en font foi ; c'est le cas au Kasayi par exemple où on le désignait par

---

[587] Les ''*bisaka*'' ont pratiquement disparu et sont remplacés par les ''*mbafu*'' (métalliques) et/ou ''*malongo*'' dits « bassins » qui sont en plastique ou métalliques dits ''six tonnes'', ''ma famille'' et/ou ''*kashipa malanda*''.

[588] Bakole wa Ilunga, Chemins de libération, Archidiocèse de Kananga, 1991, cf. Avant Propos, pp. II à VI ; aussi, toujours à propos de ce volet religieux, irons-nous recommander au lecteur à lire Tshimbombo, o. c. pp. 134 à 236.

l'expression « *muena diabolo* », traduisez ''l'homme du démon''. Des théories savamment agencées et documentées par les philosophies de lumière et même par certaines théologies à propos du salut des Noirs renforçaient la confusion : '' *Comment Dieu si bon, peut-il mettre une âme dans un corps noir ?* '', se demandait Montesquieu !... Parmi les hommes blancs, beaucoup se contentaient d'un regard de l'extérieur et très superficiel sur les réalités africaines [...].

Ce préjugé faisait d'ailleurs partie d'une idéologie plus large [...] : avant l'arrivée de l'homme blanc, il n'y avait rien, il n'y avait que barbarie ; l'histoire commence avec l'arrivée de l'homme blanc ; avant il n'y a que ténèbres [...].

On ne peut nier la ténacité — continue Bakole — avec laquelle cette idéologie s'est maintenue et se maintient encore chez nombre d'étrangers, au point que certains africains ont fini par l'intérioriser. C'est la page sombre de la colonisation [...]. Toutefois, il faut positivement reconnaître que parmi ces hommes blancs et particulièrement parmi les missionnaires, certains n'ont pas manqué d'entrer dans la culture de nos sociétés chez nous ; ils ont étudié la langue et approfondi les coutumes et ont vécu ici avec une sensibilité positive envers l'esprit de nos sociétés — et leurs écrits en sont un éloquent témoignage ».

En effet, et nous paraphrasons Mgr Bakole en disant que « Quand la semence de l'Evangile a été semée dans nos régions, elle n'est pas tombée dans le vide. Nos ancêtres vivaient déjà leur vie dans la conscience que celle-ci — cette vie — est un don du Créateur[589] ; dans la conviction que : ''Celui que l'on ne saurait fixer dans les yeux'' (en Tshiluba il est dit de Lui : '' *Maweja N'nangila, diba katangila tshishiki* ''), le Maître de tout, n'est pas un spectateur indifférent, mais un Dieu juste qui accueille les hommes de bonne volonté et punit le mal. Une large constellation de noms de puissance et louange le témoigne...

On pouvait s'appuyer sur l'esprit des ancêtres pour adresser sa prière au Tout – Puissant. (Donc), ni la foi en Dieu, ni l'action de grâce et la supplication ne manquaient à nos bons ancêtres. (Et) un grand nombre parmi eux entendront le Seigneur leur dire : « venez, recevez en héritage le Royaume qui vous a été préparé depuis la fondation du monde. Car, j'ai eu faim et vous m'avez donné à manger ; j'ai eu soif... [Mt 25, 34 - 36]. (Et) même s'ils n'ont pas pu savoir que c'était Jésus, le Fils lui – même qu'ils avaient servi à travers un de leurs frères ou sœurs, la réalité reste la même : Dieu s'identifie aux hommes et ce qu'on a fait au plus petit, c'est à Dieu qu'on l'a fait ».

Lorsque Mgr Bakole ira se demander : « Est-ce à dire que l'évangélisation n'a fait que confirmer ce que tout le monde savait et pratiquait déjà ? », il répondra lui-même : « L'évangélisation est effectivement la confirmation et la clarification de cette image de Dieu que chaque homme porte en lui, et l'annonce du Dieu vivant qu'on adore sans le savoir ». Oui, ce Dieu dit chez nous '' **Maweja** '' était connu, mais la dimension ''rédemption'' ; les vocables '' **salut** '' et/ou '' **Jésus-Christ '' ; '' le Rédempteur ''**, restaient ignorés »... Aussi, pour complément

[589] Cf. cet adage : « *kulela kakuena ku makanda, anu Nzambi wa kûlu wakuela lupemba* » — entendez : ce n'est pas de par sa force que l'on devient géniteur (père ou mère) si cela n'est que (par la) grâce de Dieu!

d'édification, allons-nous inviter le lecteur à lire Tshimbombo, o., c., pp. 134 à 236.

En conclusion, nous dirons qu'avant l'arrivée de l'homme Blanc au **Kasayi** — prenons la période qui s'étend de l'occupation effective par des clans Lulua, du site qui est devenu **Kananga** — de 1750 à 1884 (date de la création du Poste de **Luluabourg-Malandji** par Wissmann), il y eut une **administration territoriale autochtone**, assurée par des chefs de village assistés de chefs de clans qui étaient en même temps en charge du culte ; de notables ; juges et autres responsables en charge des communications, de la sécurité et du social…

3. L'administration extra-couturière ''précoloniale''

Les premières relations des représentants de l'Association Internationale Africaine avec les natifs se traduisirent par la conclusion avec les chefs, de nombreux traités sur la base desquels fut fondée et assurée l'occupation coloniale. Au regard de ces traités, les chefs reconnaissaient la suzeraineté de l'Association et celle-ci s'engageait en retour, à leur assurer une protection doublée d'une assistance ''à tous points de vue''. Cela eut lieu lors des « explorations », qui furent suivies de l'occupation effective… Notons cependant que cette suzeraineté ne s'est pas fait admettre facilement partout :

— Au Katanga : M'Siri Munongo des Bayeke y a réservé une résistance ;

— Au Kasayi : Ngongo Lutete dans le Sankuru, et Kalenda, successeur de Muzembe des Bena Kanioka à Kanda-Kanda, refusèrent d'accepter la tutelle de l'E.I.C.… Et de son côté, Kalamba Mukenge des « *Bashilange* » puis Kalamba Tshisungu, auront des démêlées avec les représentants de l'E.I.C. (pendant 16 ans) — nous y reviendrons plus loin.

L'on notera également que l'occupation effective généra le problème de fixation des frontières : il fallut délimiter le territoire qu'occupa chaque puissance. C'est ainsi que l'Allemagne, la France, l'Angleterre et le Portugal engagèrent de nombreuses négociations pour ce faire, après lesquelles, l'espace couvrant notre pays (alors l'E.I.C.) se retrouve ainsi circonscrit par ses voisins, notamment : le Congo (Brazza) ; la République Centre-Africaine (anciennement Oubangui-Chari) ; l'Angola, le Soudan (éclaté présentement en deux Soudan), l'Uganda, le Rwanda et le Burundi (anciennement Rwanda-Urundi) ; la Tanzanie (obtenue par fusion du Tanganyika et du Zanzibar) ; et enfin la Zambie (autrefois Rhodésie du Nord). Aussi, ces frontières ont-elles séparé en même temps des mêmes peuples qui vivaient ensemble, sous l'autorité des mêmes chefs. C'est ainsi qu'on retrouve depuis et présentement, des **Bakongo** en RDC, en Angola et au Congo ; des **Zande** en RDC, en Centrafrique et au Sud-Soudan ; des **Lunda** en RDC et en Zambie ; des **Babemba** en RDC et en Zambie ; des **Tshokwe** chez nous au Kasayi, au Katanga et en Angola ; des **Pende** au Kasayi, au Bandundu et en

Angola... La Monographie de la province du Kasaï-Occidental, o. c. p. 36 nous a dressé un tableau reprenant nos divers groupes ethniques, leurs aires culturelles ainsi que leurs localisations principales.

Nous signalons que nous revenons à tous ces faits et/ou circonstances ainsi qu'aux dates qui suivent, parce qu'ils auront des connotations avec les Réformes administratives nous concernant.

— **1885** : L'E.I.C. installe le 1er juillet 1885, sa première capitale à Vivi. Cet Etat « fictif » — propriété privée du Roi belge Léopard II — fonctionnera sous ce régime pendant 23 ans (jusqu'en 1908). Mais il y a lieu de noter que depuis le 6 octobre **1891**, l'E.I.C. avait par décret portant la même date, reconnu **les chefferies indigènes**. Les chefs étaient ainsi confirmés dans l'autorité qui leur est attribuée par la coutume ; ils pouvaient exercer leur autorité conformément aux *us et coutumes*. Ce même décret redéfinissait les nouvelles méthodes de choix du successeur d'un chef décédé... Aussi, quand le chef n'était pas « coopérant » on le limogeait (« *mmbuena kuamba ne : bamunyenga tshitadi, ne bateeka mfumu mukuabo* ») et le remplaçait par un autre, docile et d'obédience coloniale. Nous y reviendrons...

— **1907** : Luluabourg-Malandji devient Poste d'Etat. L'on se rappellera que ces chefs de village et/ou de tribu ainsi que leurs sujets étaient des administrés du Chef de Poste.

4. L'administration coloniale

— **1908** : il y eut Annexion : L'E.I.C. devint une colonie belge et s'appelait depuis '' le Congo-Belge'', nous l'avons vu plus haut. G. Vander Kerken[590] nous dit que les principes et les méthodes de la politique coloniale adoptée par la Belgique au Congo résultaient :

(1) des principes et des méthodes régissant en Belgique l'organisation de l'Etat (monarchie constitutionnelle et parlementaire) au moment de la reprise du Congo ;

(2) des réactions de l'opinion publique belge devant les abus de l'E.I.C., etc.

Cependant, **le statut politique du Congo-belge** ne provenait pas directement de la Constitution belge, mais découle de l'article 1 de la Constitution belge révisée en 1893 qui disposait que : « les colonies, possessions d'outre-mer ou protectorats que la Belgique peut acquérir sont régis par **des lois particulières** »[591]. **Celle concernant l'Annexion et le**

[590] G. Van der Kerken, la politique coloniale belge, Ed. Zaïre, Anvers 1943, p. 83 cité par R. Cornevin, o. c. p. 182.

[591] G. Van der Kerken, La politique coloniale belge, Ed. Zaïre, Anvers, 1943, p. 83 — cité par R. Cornevin, o. c. p. 182

Gouvernement du Congo belge avait été votée le 20 août 1908 par la Chambre, et le 9 septembre par le Sénat. Elle **fut promulguée par l'Arrêté royal du 18 octobre1908** et était plus connue sous l'appellation de « **Charte coloniale** » — nous l'avons vu plus haut — et cette Loi a joué le rôle d'une véritable constitution. Les articles 2 à 6 de son Chapitre II contenaient les principes fondamentaux servant de base à l'exercice des (3) pouvoirs :

— **Le Pouvoir législatif** : Ici, ce sont les autorités de la métropole — le Roi, par voie de décrets et sur proposition du ministre des colonies (qui contresignait) — qui légiféraient sur le Congo ; ces autorités étaient assistées par un Conseil colonial ;

— **Le Pouvoir exécutif** : celui-ci revenait au Roi qui l'exerçait par voie d'Arrêtés contresignés par le ministre des colonies ou des Affaires étrangères. Mais pour une très large part, les droits de l'Exécutif étaient délégués au Gouverneur général qui représentait le Roi au Congo et qui avait la haute direction sur l'ensemble de Services administratifs et militaire de la Colonie.

En **1914**, était créé un *Conseil de gouvernement* qui servait de comité consultatif au Gouverneur général ; quelques Indigènes dits « Evolués » y ont siégé à partir de 1957 ;

— **Le Pouvoir judiciaire** : il était exercé par les officiers du Ministère public ; d'abord d'une façon indépendante et puis, dans la subordination au Gouverneur général, et ce, depuis la loi de 10 août 1921. Il a existé deux types de juridiction :

1) *La Juridiction de droit écrit* : celui-ci relevait de la compétence des Cours et Tribunaux :

- une Cour de Cassation à Bruxelles
- les Cours d'Appel à Léopoldville et à Elisabethville ;
- les Tribunaux de Première Instance (un par province), ainsi que
- les Tribunaux de District et les Tribunaux de Territoire ou de Police.

2) *La Juridiction coutumière* : on y recourait pour beaucoup de cas concernant les Congolais :

A la base existaient des Tribunaux de Chefferies, les Tribunaux de Secteurs et les Tribunaux des Centres Extra-Coutumiers. Les juges étaient des indigènes qui étaient chefs et/ou notables. Quant à l'Administration proprement dite, celle-ci était bipolarisée : en Belgique et au Congo.

En Belgique : L'Administration comprenait un dispositif complexe que chapeautait le *Ministère des colonies* créé depuis le 30 octobre 1908, ayant en son sein six directions (Affaires Politiques, Administratives et Judiciaires ; Affaires Indigènes, Cultes et Enseignement ; Finances ; Economie ; Travaux publics, et Agriculture). A ce ministère était greffé un certain nombre d'Organismes dont : L'Office de colonisation ; Le Musée du Congo-Belge ; L'Institut des Parcs nationaux du Congo Belge ; le Fonds Reine Elisabeth pour l'Assistance Médicale aux Indigènes (''FOREAMI'' en sigle, une antenne de cet organisme a fonctionné ici chez nous, à Luluabourg, dans la concession qui est devenue l'Hôtel Musube).

L'Ecole Coloniale de Bruxelles recevait les candidats à un emploi de l'Administration coloniale pour une formation spéciale de six mois ; l'Université d'Anvers produisait, après 4 années d'études, les Administrateurs ; et l'Institut de Médecine Tropicale « Prince Léopold » formait les Médecins, Infirmiers, Agents sanitaires et Agents vétérinaires.

Au Congo : Ces étapes sont à retenir :

— **1908** : le 16 novembre, Mr. Ghislain, Inspecteur d'Etat, hissait les couleurs belges à Boma, capitale du Congo-Belge.

— **1909** : ont eu lieu au Congo-Belge, les visites d'information et d'inspection. D'abord ce fut MM. Tibaut et Emile Vandervelde — deux parlementaires — puis, Mr. Renkin (ministre des colonies) et enfin le Prince Albert (devenu le roi Albert Ier ; le roi Léopold II attendait de rendre l'âme le 17 décembre 1909). Ces deux derniers hauts responsables du Congo avaient résolu de se faire une idée personnelle des problèmes prévalant sur place[592]. (En effet, « des campagnes s'étaient déchaînées contre les abus léopoldiens »[593], nous l'avons vu plus haut)…

Et en guise de réparation, le Prince Albert rentrant de son voyage au Congo (via le Cap), annonçait le 16 août **1909** — à l'Hôtel de Ville d'Anvers — que « … C'est en poursuivant le relèvement du niveau moral des Indigènes ; c'est en améliorant sans cesse leur situation matérielle ; c'est en combattant les maux dont ils souffrent ; c'est en multipliant aussi rapidement que possible les voies de communication, que nous assurerons l'avenir du Congo »[594]. Aussi, plus tard, le roi Albert 1er allait-il déclarer devant les deux Chambres le 23 décembre :

« La Nation, de son plein consentement, désireuse de mener à bien l'œuvre de son roi — entendons feu Léopold II — vient d'assumer la souveraineté des territoires du Congo.

Avec la conscience de ses devoirs, avec fermeté aussi, elle a tracé la politique coloniale qu'elle entend suivre. C'est une politique d'humanité et de progrès.

Pour un peuple épris de justice, une mission colonisatrice ne peut être qu'une mission de haute civilisation. En l'acceptant loyalement, un petit pays (entendons la Belgique : '' petit pays '' de par sa superficie, mais…) se montre grand »[595].

---

[592] Mr. Renkin a visité le Mayombe et la région du chemin de fer, et même le Sankuru (Lusambo)

[593] R. Cornevin, o. c. p. 186

[594] Idem p. 187

[595] Ibidem

Comme pour concrétiser les propos du Roi, des réformes seront entreprises à partir de 1910. Nous allons épingler quelques-unes de ces réformes, avant de nous pencher sur l'Exercice du pouvoir en Province.

— **1910 :** - *Le décret du 22 mars (1910)* ira supprimer le système qui refusait aux Indigènes la libre disposition des produits naturels du sol [596]; toutefois, une taxe domaniale sur chaque kilogramme de caoutchouc récolté restait maintenue…

— *Le décret du 2 mai 1910* supprimait les prestations en nature et instaure des taxes en argent, à mesure que disparaissait l'exploitation en régie ; ces taxes étaient ramassées par des collecteurs d'impôts (impôt principal dû par tout contribuable et impôt supplémentaire frappant les signes extérieurs de richesse notamment les femmes).

— *Le décret du 10 mai 1910* s'étant référé à la coutume, s'était mis à répartir les Indigènes en chefferies et sous-chefferies et à les recenser.

N'était autorisé à émigrer de sa chefferie que l'Indigène muni d'un *passeport* de mutation lui accordé par le Chef de Poste dont dépendait la chefferie. En plus, l'avis du chef ou sous-chef investi était-il requis. Un mois d'absence sans autorisation entraînait servitude pénale. Aussi ces dispositions avaient-elles constitué un réseau dense de tracasseries (nées justement de la restriction aux Indigènes de la liberté d'aller et venir ainsi que du comportement des messagers — policiers du chef de Poste — qui transformaient les indigènes en véritables serfs du fisc.[597] (Et rappelons-nous le drame qu'eut lieu chez les Pende dans le Kwango en juin 1931).

— **1913** : le Poste de **Luluabourg-Malandji** est élevé au rang de **Territoire**.

— **1917** : Luluabourg-Malandji est **Siège** de Territoire

— **1920** : seront créés les *Groupements* des Indigènes ; deux ouvrages[598]en ont donné l'impulsion. Ils insistaient sur la valeur des sociétés africaines, leurs cultures, leurs langues, et préconisaient une administration indirecte. Celle-ci consistait à associer davantage l'Africain à la gestion des affaires de son pays, par une meilleure utilisation des tribunaux indigènes ainsi que par le développement de l'agriculture par et pour l'Indigène… Un ensemble de groupements a donné naissance au *Secteur* (qui est lui-même une chefferie artificielle où les groupements gardaient une certaine autonomie…) — R. Cornevin, o. c. p. 192.

---

[596] C'est-à-dire : l'exploitation en régie des produits végétaux des terres domaniales (dans l'ancien '' Domaine de la Couronne '', à partir du 1er juillet 1911 ; et dans le District de l'Uélé, à partir du 1er juillet 1912.

[597] Cf. Emile Vandervelde, in La Belgique et le Congo, Paris, 1911, cité par R. Crnevin, o. c. p. 189

[598] 1) Paul Salkin, Etudes Africaines, Larcier, Bruxelles, 1920

2) Van der Kerken, Les sociétés bantoues du Congo-belge et les problèmes de la politique indigène, Bruxelles, Bruylant, 1920 ; deux ouvrages cités par R. Crnevin, o. c. p. 192

— **1932** : le Siège du Territoire de Luluabourg-Malandji est transféré de la rive gauche à la rive droite de la Lulua sur le site autour de « Lulua – Gare », et prend le nom de **Luluabourg**.

En **1933**, il est créé les **Secteurs** : 20 dans le District du Kasaï et 33 dans celui de la Lulua.

— 1935 : **Lusambo** est fait **province** avec chef-lieu Lusambo par **Arrêté Royal du 5 février** de cette même année (nous l'avons vu plus haut). Et le même Arrêté créait cinq autres provinces : **Léopoldville, Coquilhatville, Stanleyville, Costermansville et Elisabethville**.

Chaque province était administrée par un gouverneur de province . Au-dessus des gouverneurs il y a un Gouverneur général résidant à Léopoldville, et au-dessus de celui-ci il y avait le ministre des colonies résidant à Bruxelles… Plus de dix ans s'étaient écoulés, au cours desquelles il y eut d'autres dispositions — nous renvoyons le lecteur au Chapitre II de notre Partie III (Les Grandes Réformes Administratives de 1910 à 1945)...

— 1950 **: L'Arrêté du Régent** (le Prince Charles) **crée la province du KASAYI,** en remplacement de la province de Lusambo et fait de Luluabourg, le chef-lieu de province. Nous continuons notre relecture… Et l'on notera que les cadres de l'Exécutif colonial ont longtemps fonctionné sans associer les Congolais aux affaires à la gestion de la chose publique…

C'est quelques années seulement avant l'Indépendance, qu'une poignée des Congolais ont pu faire partie du *Conseil de Territoire, de District et de Province* ; aussi, ne pouvaient-ils que donner des avis sans pouvoir de décision ; et l'on n'a pu compter que quelques Chefs de Secteur (dont Louis Shikayi — notre beau-père, chef de Secteur de Dibatayi dans le Territoire de Dibaya à partir de 1957…).

L'on se rappellera qu'après la Seconde Guerre mondiale et surtout au milieu des années 1950, « la crème intellectuelle » du pays — appelée « les Evolués » — s'est mise, elle aussi, à manifester son mécontentement. Ces « évolués agissaient dans le cadre de leurs réseaux associatifs — ''Cercle des …'' ; ''Les Anciens Elèves de…'', etc. Ils s'insurgeront contre l'injustice sociale et les discriminations pratiquées dans la colonie. En plus du refus de l'Administration coloniale de leur permettre de prendre part à la gestion du pays qui est le leur, l'on notera l'influence grandissante des idées anti-colonialistes dans le monde et les expériences de décolonisation en cours dans certaines autres colonies d'Afrique… Voilà autant de raisons qui les conduiront finalement à réclamer eux aussi, « l'indépendance »…

— 1959 : les émeutes du **4 janvier 1959** à Léopoldville, donneront un signal fort qui fera prendre conscience aux Belges qu'il est grand temps de changer de politique. Baudouin 1er, le jeune monarque, s'impliquera lui-même. Sa déclaration du **13 janvier 1959** annonçant sa volonté de conduire le Congo vers son indépendance apaisera les esprits…

— 1960 : la « **Table ronde** » de **Bruxelles** regroupera (les) leaders congolais et (les) responsables belges, du 20 janvier au 20 février 1960.

Celle-ci avait-elle était un véritable face à face, pour un au revoir ?... Toutefois, la date du 30 juin 1960 est retenue comme jour de l'indépendance ; mais la tâche est immense. Il faut s'atteler aux préparatifs de l'événement entre autres : il faut résoudre beaucoup de problèmes politiques, pour permettre au futur Congo — ''indépendant'' — de fonctionner et en même temps, il fallait résoudre d'autres problèmes complexes liés à l'économie, aux finances et au social. Et ici, il y a lieu de signaler que, malgré une « **table ronde économique** » qui se tint en **avril 1960** à Bruxelles, ce volet économique est resté « pendant », sous le vocable « le **Contentieux Belgo-Congolais** »...

Le **19 mai 1960** : est promulguée la **« Loi Fondamentale ».** Celle-ci comprenait environ 260 articles où sont entremêlées les dispositions transitoires et définitives concernant l'organisation du pouvoir (organes centraux et organes provinciaux), y compris les dispositions relatives au traitement des parlementaires, à la législation électorale (désignation des sénateurs ; cooptation des conseillers provinciaux, etc.). Ainsi, des points importants sur l'organisation des pouvoirs publics de la République étaient « noyés » au milieu des dispositions d'intérêts plus réduits[599] (nous avons vu cela, cette ambiguïté, plus haut) ; et l'organisation mise en place conservait les dispositions territoriales de la Charte coloniale de 1908 et maintenait les six provinces (dont celle du KASAYI).

Cette loi, qui pouvait passer pour la **première constitution** de l'Etat congolais, présentait l'inconvénient d'être une œuvre du parlement belge et d'être à l'image de sa constitution[600]. En effet, dans son contenu, le Roi était simplement remplacé par un Président de la République, désigné par le parlement. Comme le roi des Belges, ce président représentait le pays, mais ne gouvernait pas ; la gestion du pays était confiée aux ministres conduits par un premier ministre[601], et responsables comme ce dernier, devant le Parlement. Celui-ci, composé de la Chambre des Représentants (137, élus au suffrage universel) et d'un Sénat (87 membres désignés par les Assemblées provinciales), représentait le peuple congolais, et était supposé être le grand responsable de la politique dans le pays[602].

[599] Cf. Muracciole, Loi fondamentale du 19 mai 1960, Revue juridique et politique d'Outre-mer, Paris, 1962, p. 280, in Cornevin, o. c. p. 256

[600] En ces temps-là, le Congo dénombrait à peine ses juristes ; et ses leaders (d'alors), sans expérience en la matière n'étaient en mesure ni d'apprécier ni d'appréhender les délicatesses et/ou faiblesses de cette Loi fondamentale.

[601] Cette disposition accordant ainsi au Premier ministre (Lumumba) les commandes de la chose publique n'était pas de nature à laisser Kasa-Vubu, Président de la République, en paix...

[602] ... Alors, revenait-il au Président Kasa-Vubu de révoquer Lumumba?...

Oui, **le 30 juin 1960**, c'est ''la fin de l'idylle''. **Baudouin 1er Roi des Belges,** proclame l'indépendance de l'ex Congo-Belge. Ce fut à Léopoldville un jeudi, à 11h 00, au Palais de la Nation à Gombe alors Kallina. La solennité de ce mémorable événement a été marquée par deux adresses (respectivement prononcées par Sa Majesté le Roi Baudouin et le Président Kasa-Vubu). Une troisième est venue s'ajouter, celle du premier ministre[603], et la signature de la Déclaration que voici scella l'événement.

DECLARATION CONJOINTE DES GOUVERNEMENTS CONGOLAIS ET BELGES

Le Congo accède, ce jour, en plein accord et amitié avec la Belgique, à l'indépendance

Léopoldville, le 30 juin 1960.

Le premier ministre de Belgique	Le premier ministre du Congo
Le ministre des Affaires Etrangères de Belgique,	Le ministre des Affaires Etrangères du Congo,

Les signataires de la déclaration sont : MM. Gaston Eyskens (premier ministre) et Pierre Wigny (ministre des Affaires étrangères) pour la Belgique ; MM. Patrice Lumumba (premier ministre) et Justin Bomboko (ministre des Affaires étrangères).

Cependant, l'après-événement n'avait pas manqué de se commenter... Il fut même question de convaincre le monarque de plier bagage et regagner la Métropole juste après la troisième adresse !...

5. Début de l'administration congolaise

L'on notera d'emblée que cette administration se caractérise par l'absence des cadres belges. En effet, le Gouvernement Lumumba entre en fonction dès le lendemain du 30 juin. Mais le 4 juillet 1960, les soldats de la Force Publique se révoltent : il y a mutineries et la Garnison de **Luluabourg** n'a pas été épargnée par le même virus... Dans la suite, la Belgique — sans consultation avec le gouvernement de Léopoldville — interviendra avec ses troupes au Congo ; et la rupture entre les deux pays — l'ancienne colonie et la métropole — s'en suit, car cela ayant été considéré par le gouvernement congolais comme une agression à l'endroit d'un pays souverain... A la demande du gouvernement congolais, les troupes belges — qui auront

---

[603] Le discours prononcé par Lumumba le 30 juin 1960 peut être lu chez Tshimanga, o. c. pp. 106 - 107

rapatrié ¾ de leurs ressortissants — sont remplacées par « les Casques bleus » de l'ONUC[604] — dont les contingents étaient principalement venus de l'Ethiopie, Nigéria, Maroc, Tunisie et Ghana[605].

Veuillez noter que certains fonctionnaires Belges, qui avaient désiré continuer à servir au sein de l'administration, avaient été contraints de vider les lieux, et la jeune administration en pâtira, faute de cadres de commandement (qui étaient tous Belges) et naturellement, faute de cadres nationaux, car la colonie n'en ayant pas formé suffisamment…

L'on recourut même à une ''assistance technique'' internationale, fournie par l'ONU. C'est ainsi qu'un « fonctionnaire » Congolais fut doublé d'un « expert », conseiller. Ce dernier se trouvait alors dans la situation confortable, car surpayé, malgré le déficit de ses compéténces !… Et pour couvrir le défaut de sa cuirace, cet ''expert'' prétendait que ses précieux conseils n'avaient pas été suivis !...

Luluabourg connut cette assistance dans l'Enseignement secondaire : Haïtiens (dont Luc Simon, Robespierre) ; Libanais (dont Maalouf, Anoush) ; Chinois (nous citerons Lang Lonsong, Tchen, Tchang et autres) et même des Syriens (Mr. Malachi Malak…) et un Egyptien nous vient à l'esprit : Mr Sanchez (au Lycée de Kelekele).

Nous irons trouver une explication à cette insuffisance des cadres administratifs au lendemain de l'indépendance, chez Cornevin. Celui-ci, après avoir critiqué le système d'éducation pratiqué au Congo-Belge, ajoutera que l'indépendance posait de douloureux problèmes de cadres, car, en effet les plus valables des enseignants s'étaient trouvés fréquemment frappés par la vie politique — cf. Cornevin, o. c., p. 307. Cela est d'autant vrai que B. Mukenge Shabantu, premier gouverneur Noir du **KASAYI** au 30 juin 1960, venait de l'Enseignement, nous l'avons vu. Et nous donnons ici — pour mémoire — quelques dates à rattacher à **« l'impréparation »** ou à la formation sur mesure, lente, des futurs cadres Indigènes, nationaux :

— 1925 : l'Université de Louvain crée au Congo une Fondation médicale et un Centre agronomique ;

---

[604] ONUC : Organisation des Nations Unies au Congo (1961 – 1964). Son mandat fut différent de celui ou de ceux reçus par la MONUC — Mission de l'Organisation des Nations Unies au Congo — depuis 2005… Notons qu'à partir du 1er juillet 2010, l'on a la ''Mission de l'Organisation des Nations Unies pour la Stabilité du Congo'' — MONUSCO — et ce, conformément à la résolution n° 1925 du Conseil de Sécurité.

[605] L'officier Lasmar dont parle Mukenge (o. c. p. 124) a commandé le contingent tunisien à Luluabourg en 1961 ; et nous avons vu de nos yeux ces hommes patrouiller dans la Ville de Luluabourg. Notons que quand les soldats ghanéens répétaient « Ghâna, Congo ; wane » comme pour signifier que ''le Ghana et le Congo font un'' (en anglais : ''one'') ; que ''le Ghana vient soutenir un pays frère le Congo'', les Kanangais eux hocheront la tête : *« Kana weetu yeess, Kana wa baaba ''kud''* (entendez : good = bien) ! »… Et lorsque ''tel indigent'' demandait au soldat Ghanéen de l'amener avec lui lors du rapatriement : ''Kana wetu tuya neebe kuenu'' celui-ci répondait « no good ! » (= pas bien ! ; cela n'est pas possible ! ; cela n'est pas permis !).

— **1949** : le Centre Universitaire de Lovanium est érigé en institution d'utilité publique de droit congolais, par un Arrêté Royal du 21/2/février 1949, et à cette époque, il y a faiblesse numérique de l'enseignement secondaire congolais, mais en…

— **1950**, pour ne pas décevoir les aspirations des élites congolaises, et sans doute également pour obéir à la volonté des colons européens qui souhaitaient voir leurs enfants poursuivre leurs études au Congo sur place, la création d'une véritable université est envisagée.

Léopoldville est retenue : il y a la vitalité intellectuelle de la capitale ainsi que l'existence d'une population beaucoup plus évoluée que dans le reste du Congo. Il y a également la présence de laboratoires et des musées, sans oublier la collaboration des spécialistes attachés aux institutions publiques et privées.

— **1954** : le 15 janvier (1954), est inauguré le premier cours de la Section pré – universitaire : trente jeunes étudiants sont en formation pour recevoir un complément d'instruction préalable avant d'accéder aux études universitaires proprement dites. Dix mois plus tard, onze d'entre eux y arrivaient — Cf. Cornevin, o. c., pp. 218 – 9… Le 26 septembre…

— **1954** : il y a pose de la première pierre du bâtiment de la Faculté des Sciences. Sur cette pierre sont gravées deux dates : 1425 – 1954, symbole de continuité unissant la jeune Université congolaise à Louvain (l'une des plus anciennes universités du monde) ; elle avait été prélevée dans un mur de la Halle de Louvain.

— **Le 12 octobre 1954 :** ouverture solennelle de la première année académique, par le Chanoine **Gillon** et, en **juillet 1955** aura lieu la première session des examens dont les résultats sont encourageants… ;

— **1956** : le **3 février,** un Arrêté institue officiellement **Lovanium** en **Université**.

C'est au cours de cette même année qu'**Elisabethville** est choisie pour ouvrir une **Université d'Etat** (une mission pédagogique en avait indiqué la nécessité au Ministre Auguste **Buiseret** déjà en 1954). Le recteur **Hiernaux** conduira avec dynamisme la jeune université qui prendra plus tard le nom de l'Université Officielle du Congo — **U.O.C**. en sigle. (L'auteur y évoluera fin des années soixante début soixante-dix, sous le recteur René **Deckers** que secondait le Vice-recteur, Dr **Marcel Tshibamba.** (Le nom Hiernaux rappelle à l'auteur un autre Hiérnaux ancien directeur des Imprimeries du Kasayi, sur l'actuelle Avenue Kinkole, dont les presses tiraient le plus grand quotidien de Luluabourg : le Journal « KASAYI »). Dekers sera relevé par le Professeur Ferdinand **Ngoma** — ancien Doyen de la Faculté des Sciences Economiques et Sociales, où se distinguaient entre autres les professeurs Bianchi, Pierre Grégoire, Machiraffi, **Elungu**…) ;

— **1958** : à la fin de l'année 1958, l'Université Lovanium, par les mains de **Mgr Gillon** son Recteur, décernait à **dix** étudiants leurs diplômes de

licenciés en Sciences pédagogiques ; en Sciences po et administratives et en Sciences économiques. Et depuis, Mgr Gillon n'a cessé de porter *« duc in altum »,* c'est-à-dire (toujours) plus haut. Lovanium s'affirmera alors tant sur le plan national qu'international...

— **1960** : le 2 septembre, le conseil d'administration de l'Association internationale des Universités admettait Lovanium en son sein et depuis, son Vice-recteur, **Mgr Martin Bakole** (qui deviendra Evêque auxiliaire en 1966 puis Archevêque de Kananga en 1967) ira parcourir le monde entier, par deux fois, défendant et vendant l'image de Lovanium.

— **1961** : le 22 juillet (1961) sortait le premier docteur en Médecine, le Dr Marcel Tshibamba. Bien que le nombre d'étudiants marquait une progression : 485 (dont 140 Européens) en 1959 – 60 ; 629 (dont 58 Européens) en 1961–62 — cf. R. Cornevin, o. c., pp. 308 – 9 — le jeune Etat avait un problème sérieux de cadres. C'est pourquoi furent créées d'autres institutions dont :

- l'**ENDA** (Ecole Nationale de Droit et d'Administration que dirigera Etienne **Tshisekedi**, puis le professeur Auguste **Mabika Kalanda**) ;
- l'**IPN** (Institut Pédagogique National), inauguré en 1961, pour former des professeurs de l'Enseignement secondaire et c'est parmi ces pédagogues de l'IPN — devenu présentement UPN (Université Pédagogique Nationale) — que seront nommés les premiers Préfets du Secondaire à Kananga : les préfets Bondo, Mashala Gaspard et autres...

Un adage Tshiluba dit : « *Pikala Katundula kayipu, balekela nyama abole ?* », nous traduisons : '' Si *Katundula* (= nom propre et attribut que porte l'homme que le clan a reconnu comme seul habileté à éventrer le gibier) est absent, laissera-t-on la bête s'infester ?''... »...

C'est ainsi que, en l'absence de cadres belges, ceux qui étaient leurs auxiliaires, mieux leurs collaborateurs immédiats, furent commissionnés et désignés à des postes plus méritants. Ici il y a lieu de citer les cas des ''Administratifs'' Bokanga Gabriel et Dominique Mubanga ; le dernier cité se retrouvera plus tard en charge de la Justice, dans le premier gouvernement du gouverneur Mukenge, pour avoir presté longtemps dans cette matière. Dans les premiers mois l'Administration a tâtonné, puis a été plus ou moins maîtrisée durant la première législature (60 – 65), mais sera teintée de clientélisme et deviendra politisée, avec l'avènement du Parti Etat...

Chapitre IV
L'exercice du pouvoir en province

Le Titre III de **la Constitution (de février 2006)** nous parle en long et en large de l'organisation et de l'exercice du Pouvoir dans la République Démocratique du Congo.

Pour ne pas sortir du contexte de notre ouvrage, nous allons retenir les Articles ci-après : 3 ; 193 ; 194 ; 195 ; 196 ; 197 ; 198 ; 202 ; 203 ; 204 et 207. Commençons avec…

— l'art. **193** : cet article confère à l'Administration publique[606] un cachet apolitique, neutre et impartial. Aussi, nul ne peut la détourner à des fins personnelles ou partisanes ; en d'autres mots, il est un avertissement !...

— L'art. **195** lui, nous énumère les Institutions politiques provinciales qui sont :

1) l'Assemblée provinciale [607] ;

2) le Gouvernement provincial.

— L'art. **196** : se complète avec l'Art. 3.

Retenons que les Provinces et les Entités Territoriales [608] Décentralisées (E.T.D.) de la R.D.C. sont dotées de la personnalité juridique ; et sont gérées par les organes locaux. (art. **3**). Ce même art. 3 nous intéresse en ce que ces entités territoriales décentralisées qui sont la Ville, la Commune, le Secteur et la Chefferie jouissent de la libre administration et de l'autonomie de gestion de leurs ressources économiques, humaines, financières et techniques. Il en est de même de l'art. **4** qui offre cette latitude : la possibilité de créer des nouvelles provinces et entités territoriales « par regroupement ou par dénombrement, dans les conditions fixées par la Constitution et par la Loi » ; ainsi que cette autre latitude en regard de l'art. **199** qui dispose que

---

[606] Administration Publique : entendez la Fonction publique ainsi que les organismes et services assimilés (Cf. Art. 194). Une loi organique fixe l'organisation et le fonctionnement des services publics du pouvoir central, des provinces et des entités territoriales décentralisées. Elle est, avec ses différents embranchements et son imposante ossature, une plate-forme, un outil en appui au ''pouvoir''.

[607] L'Assemblée provinciale est l'organe délibérant de la province, sur des compétences réservées à la province. Cet organe — aussi dite ''autorité budgétaire de la province — est appelé à contrôler le gouvernement provincial ainsi que les services provinciaux et locaux — Cf. (Art.197).

[608] ou encore des subdivisions territoriales à l'intérieur des provinces ; elles sont fixées par une loi organique (Cf. Art. 196).

« deux ou plusieurs provinces peuvent, d'un commun accord, créer un cadre d'harmonisation et de coordination de leurs politiques respectives, et gérer en commun certains Services dont les attributions portent sur les matières relevant de leurs compétences ».

Et ici, nous pensons particulièrement aux deux provinces qui forment le grand KASAÏ ainsi qu'à la province du Katanga dont le Kasaï est longtemps tributaire... Aussi, allons-nous faire appel aux Art. 198, 146 et 147 qui ont également trait au Gouvernement provincial, dans notre cheminement.

Toujours dans ce Titre III à la Section 2, nous avons la répartition des compétences entre le pouvoir central et les provinces :

- L'art. 202 nous donne les matières relevant de la compétence **exclusive** du pouvoir central ; tandis que l'art. 203 nous énumère les matières qui sont de la compétence **concurrente** du pouvoir central et des provinces et l'art. 204 nous dénombre celles relevant de la compétence **exclusive** des provinces (cette disposition a été évoquée lors du ''dossier fosse commune à Kinshasa'' des corps ex Morgues en 2016 — lorsque le gouverneur A. Kimbuta a rejeté le grief à sa charge).

Notons que ces trois Articles ci-dessus sont assortis de la clause : « *Sans préjudice des autres dispositions de la présente constitution* ». Aussi n'allons-nous pas terminer cette introduction sans parler de l'art. 207 qui reconnaît **l'autorité coutumière** (également appelée **pouvoir coutumier**), pour autant que celle-ci ne soit contraire à la Constitution, à la Loi, à l'ordre public et aux bonnes mœurs.

Et nous irons parler alors du **''Pouvoir''** (en province), à travers ses trois composantes traditionnelles et/ou régaliennes qui sont : le pouvoir législatif ; le pouvoir exécutif ; le pouvoir judiciaire.

1. Le pouvoir législatif

1.1. Définition

Législatif : du latin *lex,* la loi. Le Petit Larousse définit ainsi le « pouvoir législatif » : ''pouvoir chargé d'élaborer la loi''. A ce pouvoir est dévolu le rôle de légiférer ; d'étudier des textes ou projets de lois ; leur élaboration et leur adoption (après amendements éventuels). En province, c'est l'Assemblée provinciale qui exerce ce pouvoir.

Ici à Kananga alors Luluabourg, le bâtiment qui a abrité l'Assemblée provinciale dans les années 60 est présentement en ruines, comme vous pouvez le constater, dans l'enceinte de l'ex Athénée Royal (devenu « Complexe de l'Athénée et consorts... »). L'immeuble a été démoli, méchament détruit : tôles, latrines, portes, fenêtres ont été emportées, et même la charpente pourtant métallique a été sectionnée et déboulonnée !

Si une main peut réfectionner ce local, celui-ci compterait parmi les sites touristiques de la Province. En effet, ce lieu n'a-t-il pas offert son cadre à la tenue des assises qui ont produit la « Constitution » dite « de LULUABOURG » (1964), cette Constitution, la première dont allait se doter le jeune Etat qui avait accédé à « l'indépendance » en juin 1960, sans sa Constitution sinon la *Loi Fondamentale* ?...

Une relecture de l'histoire

Des Assemblées provinciales, et particulièrement de celle de Luluabourg, nous avons retenu une présence caractérisée des clivages géo – tribalo – claniques ; un manque de maîtrise de pratiques et/ou comportements parlementaires, ainsi que le non-respect de procédure.

Emile Mulumba Diulu[609]nous raconte comment l'Assemblée provinciale de Luluabourg que présidait Modeste Badibake dit « *Tshipuka* »[610], se compromettra dans l'éjection d'un Gouverneur élu (il y eut vice de procédure)... En voici les grandes lignes :

Le 31 décembre 1961, le gouverneur B. Mukenge (Shabantu), en plein conseil des ministres, est informé depuis Bruxelles par l'Ambassadeur Joseph Mbeka[611], de l'agonie de son fils aîné (l'Auteur a bien connu le pauvre Maurice Musungayi). Au lendemain de son départ pour l'Europe, une action est menée par un groupe de '' parlementaires '' en vue de destituer Mukenge, pour le remplacer par un autre, déjà connu — André Guillaume Lubaya — à faire venir diligemment de Stanleyville où il se trouvait... Le ''nouveau Gouverneur '', de l'aéroport, gagne directement la résidence (officielle) où demeurait encore la famille du '' destitué ''. Certaines voix se sont élevées (nous sommes à la page 240 de Mulumba Diulu) pour dire : '' Pourquoi ne pas attendre son retour et l'enterrement de son fils, et alors l'interpeller et l'entendre sur les « griefs » (si griefs y en avait) que vous retenez à sa charge ? »...

Mais nous verrons plus loin, que les mêmes erreurs reviennent. On ne sait, si c'est pour confirmer le soi-disant principe « l'histoire se répète » ou si c'est par complaisance ou pour carrément nuire aux intérêts de la province, que l'on amorce de telles actions ? Et celles-ci une fois engagées, même s'il y a retour du « destitué », la cohabitation « Exécutif provincial et Assemblée provinciale » est compromise et partant, les intérêts de la province mis en jeu !... Ce fut le cas après la reprise des fonctions par Mukenge...

---

[609] E. Mulumba Diulu, Malu a mu Kasayi..., Imprimerie Katoka, Kananga, p. 236 – 250

[610] Badibake qui avait remplacé Manono a été à son tour relayé par Muamba Minga de l'Unité Kasaïenne avec Mulumba Diulu (1er Vice-président) et Lupaka Boniface (2è Vice-président), ceci lors de l'unification des ''provincettes'' par le président Mobutu après sa prise de pouvoir en 1965. Notons que l'Exécutif provincial fut assumé par Luakabuanga (ex Luluabourg), assisté de Kiwuyu (ex Nord Sankuru) et Mbombo Robert (ex Unité Kasaïenne).

[611] Mukenge, o. c. p. 125.

En effet, rentré au pays pour enterrer son fils (le deuil s'est tenu à la maison qui est l'actuelle résidence du Directeur Kamba Omer de la S.E.P./Congo, en face de la résidence des Vice-Gouverneurs), le « destitué » avait pris le soin de saisir le Parlement de « l'affaire » — (B. Mukenge, o. c. p. 126). Cléophas Kamitatu, ministre de l'Intérieur, dépêchera sur les lieux un *Commissaire Extraordinaire* en la personne de Mr. Bondekwe pour entendre les parties en cause…

Le Parlement, après délibération, réhabilitera le gouverneur Mukenge — et la population dira de lui : *''Mumbusha mu nkuasa, mupingaja kabidi bu bia tshianda''* ; *''Mukenge wa tshibîdi…''* (ce qui se traduit : « Destitué et réhabilité comme par quelle magie ! » ; « Mukenge 2 !… »).

L'histoire n'est-elle pas là pour nous aider à ne pas répéter les erreurs du passé ?... Mais non, ça fait toujours plaisir à certains d'entre nous d'œuvrer à ralentir le décollage de la province avec les ''destitutions'' de l'Exécutif provincial, parce qu'entre le renvoi d'un gouverneur (Kapuku) et l'entrée en fonctions d'un autre… ; entre le départ de Kabasubabo et l'arrivée de… Kande Mupompa, c'est la province qui perd !...

Alphonse **Ngoyi Kasanji** est gouverneur à Mbuji-Mayi, depuis 2007 ! **Julien Paluku** au Nord-Kivu mêmement, **Moïse Katumbi** au Katanga idem (jusque mi-2015 lorsqu'il a rendu de lui-même le tablier)... Et une motion à charge de Kande, en gestation aurait été mise à découvert en décembre 2014…

Pour mémoire, voici quelques noms de ceux qui reçurent mandat du peuple pour parler en son nom et le défendre, lors des **toutes premières législatives (de 1960) :**

— **Tshikapa** : Grégoire Kashale *Ntoyi* (il deviendra ministre deux fois, puis Président de la Cour des comptes… et même chef coutumier, dans ses vieux jours, parce que de la famille régnante et à cause de sa sagesse… (chef Muamba Mbuyi Kashale — Muamba Mbuyi, notre cher village natal) ;

— **Luebo** : Marcel Tshishiku (*Luanyi*) ;

— **Kazumba** : Eméry Wafuana (devenu *Kampanda Mbwebwe*) ;

— **Demba** : Sébastien Kapongo (*Tshintu wa Demba*);

— **Luluabourg** : André Guillaume Lubaya (le père) ;

— **Dibaya** : Alphonse Ilunga Dibwe (Luakamanyabo).

Source : B. Mukenge Shabantu, Gouverneur honoraire, qui nous donnera également les noms des sénateurs d'alors que voici :

- (Muanangana) Kalamba Mangole Sylvestre, chef coutumier/Kazumba ;
- Honoré Mukengele wa Mfuamba/Dibaya ;
- Muenya Mputu Joseph, Chef coutumier/Luebo;
- Kamba Eugène, chef coutumier/Tshikapa ;
- Mbuyi Katende, chef coutumier/Kazumba ;

- François Luakabwanga/Demba (il déclinera ce siège pour devenir chef de cabinet Mukenge) ;
- Norbert Pero Mishondo, chef coutumier/ Ilebo.

Cette reproduction devra être une mise en garde pour chaque ''élu du peuple'', pour chaque mandataire, lui signifiant qu'il a des comptes à rendre et que l'histoire le lira — en bien ou en mal — selon ce qu'il aura posé comme actes vis-à-vis de ses électeurs, vis-à-vis de la province et du pays !... Nous irons continuer notre relecture plus loin.

Quelques réflexions

Le concept Tshiluba donne au pouvoir législatif une connotation toute particulière, en traduisant ce pouvoir par ces mots : **« Tshî Mamuende wa Bukalenge »** — littéralement : **''la Distinguée mère du Pouvoir''.** Oui, comme toute mère incarne la vie et la protège, depuis la conception jusque même après sevrage, ainsi en est-il du « Pouvoir législatif », car, au sein de cette institution est sensée se trouver la vie de toute la nation ; vie préservée et régie par des textes, des lois élaborées par cet organe. C'est d'ailleurs en cette qualité de « organe délibérant » que « le pouvoir législatif » valide le mandat des élus ; investit l'Exécutif et interpelle les autres mandataires et autres hauts fonctionnaires politico – administratifs…

Le pouvoir législatif n'est-il pas en quelque sorte « un garde-fou » même à l'endroit de la magislature suprême ? Et lorsqu'il est retenu que : *« il n'y a pas de mauvaises troupes, il n'y a que de mauvais chefs »* ou encore : *« le poisson commence à pourrir par la tête*[612] *»* — « chef » et « tête » étant synonyme — le chef que nous voyons dans cet entendement précis n'est-il pas le « législateur » ?... Comment peut-on admettre qu'une loi dont on a été soi-même initiateur, auteur, soit bafouée par celui-là même qui l'a édictée ?

En d'autres mots, si ceux qui édictent les lois sont eux-mêmes des « hors – la – loi » ; s'ils ne respectent pas la loi et sont même au-dessus de celle-ci (alors que ''personne n'est au-dessus de la loi'') ; s'ils sont dans la corruption et privilégient l'impunité ; que ferait alors le peuple qui est le corps du poisson ?...

Cher lecteur, nous nous étendons sur ce volet, parce que la nation doit compter avec les Parlementaires venus du KASAYI, mandatés par le KASAYI, devant défendre tout aussi bien — à l'instar de leurs pairs des autres provinces — les intérêts de la nation entière, que ceux de la province en particulier ; défense qu'ils doivent bien prendre lors des examens des budgets ; des plans directeurs et autres dotations ou affectations...

Puisse cet ouvrage être notre modeste contribution, un « vade-mecum » de chaque mandataire au niveau de la province — je ne vois pas encore « l'émiettement » ou « le morcellement » ou encore mieux « le découpage »

[612] Un proverbe chinois.

(vocable légal, nous y reviendrons plus loin) !... Puisse ce condensé rappeler à chaque mandataire, une relecture de notre histoire !...

A travers ces quelques passages, il trouvera certains énoncés utiles dans l'exercice de ce métier, de cet art et de ces fonctions de mandataire de la province et du pays (un pays qui vient de très loin et qui, depuis des décennies, s'était éloigné de l'apprentissage et de l'exercice de ce métier oh combien noble et délicat, métier de ''défenseur du peuple'', auquel il est appelé)...

1.2. La constitution et le pouvoir législatif

Le Larousse nous a donné, la définition du « pouvoir législatif », plus haut. Notre jeune constitution de 2006 elle, traite de ce pouvoir, à travers une cinquantaine d'Articles (voir TITRE III, Chapitre I, Section II, Art.100 à 148). Il y a entre autres :

— Les conditions ou critères d'éligibilité des personnes devant exercer ce pouvoir ;

— Les immunités accordées à ces parlementaires et les incompatibilités avec leur mandat ;

— La fin de ce mandat ;

— Les droits dont ils jouissent ;

— Le fonctionnement des institutions qui exercent ce pouvoir ;

— Les rapports entre le pouvoir exécutif et le pouvoir législatif.

Nous dirons ici, que bien qu'on ait traité notre Constitution du 18 février 2006 d'un travail confectionné depuis ''l'extérieur'' (à en croire certains juristes et autres compatriotes parmi lesquels cette dame qui prit part depuis la Belgique, au ''Dialogue Inter-Congolais'' dans une émission de la Radio Okapi d'un certain mardi de juin 2006), l'on retient que : ''De l'extérieur ou pas ; ambiguïtés ou pas, cette Constitution c'est quand même un acquis ! En effet, un certain processus a été suivi. Il y a eu :

1) **proposition** de la part du Sénat ;

2) **adoption** par l'Assemblée Nationale ;

3) **approbation** de cette Constitution par « le peuple », lors du *Référendum* du 18 au 19 décembre 2005 (bien que l'on ait laissé entendre que plusieurs « localités » et/ou individus ne se seraient pas prononcés en faveur de ce Référendum, cela aura été « leur » point de vue qui cadre d'ailleurs très bien avec la liberté d'opinions ou de convictions ; liberté se trouvant être garantie par la constitution, spécialement en son Art. 23. Tous les Français ont-ils plébiscité le Référendum de la Communauté Européenne ?... Et c'est là justement un des aspects de la démocratie)... Enfin, il y a eu...

4) **promulgation** par le chef de l'Etat, le 18 février 2006[613].

---

[613] N'en déplaise, c'est un grand pas, quand on sait que l'on vient de très loin !... Reste au temps de conduire la barque vers les aspirations les meilleures : le Titre VII de la Constitution et ses Articles 218 à 220 accordant aux Institutions de la République (hormis les Cours et

1.3. Loi électorale (2006) et répartition des sièges

Ici nous trouvons que la loi n°06/006 du 09 mars 2006 devant régir les Elections présidentielle, législatives, provinciales, urbaines, municipales et locales, se trouve être un complément et un appui à la Constitution, au regard de ses dispositions contenues à travers une cinquantaine d'Articles (de 115 à 142. Cf. Titre III, Chapitre III Section 1ère), relatives :

— au nombre de sièges ;
— à la circonscription électorale ;
— au mode de scrutin ;
— aux conditions d'éligibilité, etc.

La C.E.I. n'avait-elle pas, pour 500 sièges à pourvoir — (Art. 115 de la loi Electorale ci-dessus) — enregistré plus de 9000 candidats députés nationaux (dont une centaine pour notre KASAÏ-OCCIDENTAL), alors que notre province n'avait droit qu'à 40 sièges ?, dont voici d'ailleurs la répartition :

•	Tshikapa ville	:	4
•	Kamonia	:	8
•	Dekese	:	1
•	Mweka	:	3
•	Ilebo	:	3
•	Luebo	:	2
•	Kananga ville	:	6
•	Demba	:	3
•	Dibaya	:	2
•	Dimbelenge	:	2
•	Kazumba	:	3
•	Luiza	:	3
Total		:	**40**

Chaque circonscription électorale a eu ainsi droit à un nombre de députés égal au résultat des opérations ayant fait appel entre autres au :

— nombre d'électeurs enrôlés de la République Démocratique du Congo (25. 712.552) ;

— nombre d'électeurs enrôlés de la province (2.038.310 pour notre KASAÏ-OCCIDENTAL) ;

— nombre total des sièges à pourvoir à l'Assemblée Nationale (500) ;

Tribunaux), ainsi qu'à une fraction du peuple congolais, en l'occurrence 100.000 personnes s'exprimant par une pétition adressée à l'une des deux Chambres, la latitude de réviser la présente Constitution…

— quotient électoral (obtenu en divisant le nombre d'électeurs enrôlés de la RDC par le nombre total de sièges à pourvoir à l'Assemblée Nationale ;

—nombre de sièges à pourvoir dans chaque circonscription, obtenu par la division du nombre total d'électeurs enrôlés de cette circonscription par le même quotient électoral.

Source : CEI - Loi électorale, o. c., Chapitre II Section 1ère. (Art. 115).

Voici la liste des 40 (lauréats ou heureux candidats), élus députés nationaux, mandataires de notre KASAÏ-OCCIDENTAL, pour cette « législature »/mandat 2006 – 2011 :

- Circonscription de DEKESE
1. Beyeye Djema Christophe/Forces du Renouveau

- Circonscription de DEMBA
1. Beya Mubiayi Bernard Sylvain/CNRP
2. Ngalula Kalala Mamie /PPRD
3. Mulangala Luakabuanga Médard/UMR

- Circonscription de DIBAYA
1. Beya wa Kabenga Jean/PPRD
2. Kanku wa Tshibuabua Clément/Indépendant

- Circonscription de DIMBELENGE
1. Mbata Mangu André /PPRD
2. Tshiongo Tshibinkubula wa Tumba Gilbert/PPRD

- Circonscription d'ILEBO
1. Kumaluta Shangu Michel/MLC
2. Nyami Nguamashi Séraphin/PPRD
3. Pero Mahota Banyath Télésphore/Indépendant

- Circonscription de KAMONIA
1. Binyenge Mukabi Nzuji David/PALU
2. Kambala Robert /RCD
3. KalonjiA Tshisenge Omar /FRODECO
4. Luete Katembo Raymond /PALU
5. Me Kikadi Wilifrid /Forces du Renouveau
6. Mulumba Izuela Arthur/SODENA
7. Tshimanga Buana Watala Housman P/PPRD

- Circonscription de KANANGA Ville
1. Kande Mupompa Alex/MLC

2. Kapuku Ngoyi Trésor/RCD (Il deviendra Gouverneur de Province ; Donatien Mulamba, son premier suppléant prendra son siège à l'Assemblée Nationale)

3. Lubaya A. Claudel /PPRD (qu'il abandonnera pour aller chez ''Union pour la Nation)

4. Musungayi Rémy/MLC
5. Ntumba Petumpenyi Willy/Force du Renouveau
6. Ntombolo Camille Victor/Indépendant

- Circonscription de KAZUMBA

1. Makepa Ntambwe Cyrille/PPRD
2. Milolo Tshianda /MLC (sera invalidée en faveur de Katshiela /PDS)
3. Ndaye Nkondo Laurent Godefroid/UMR

- Circonscritpion de LUEBO

1. Ntumba Torro wa Ntumba Roger /MLC
2. Tshitoka Ngalamulume Pascal/RDC

- Circonscription de LUIZA

1. Mbwebwe Kaseu Cyrille/MLC
2. Munayi Muntu Monji Thomas/CODECO
3. Sesanga (fils) Hipungu Delly/MLC

- Circonscription de MWEKA

1. Bope Lobo Albert/Indépendant
2. Boshabu Mabud Evariste/PPRD
3. Mbokashanga Mikobi Hélène/RCD-N

- Circonscription de TSHIKAPA /Ville

1. Kambala Ilunga Faustin /MLC (il deviendra ministre provincial/intérieur (cabinet A. Kande Mupompa)
2. Midu Shamuhambu Godefroy/PALU
3. Muangu Famba Maker/PPRD : il deviendra ministre national de l'EPSP. (Cabinet Muzito et Matata Ponyo 1 et 2)
4. Mukeba Tshikala Jean-Baptiste/Indépendant.

AU TOTAL : 40 DEPUTES NATIONAUX dont seulement trois dames : une sortie à Mweka, une à Demba et une à Kazumba (et qui sera même invalidée).

Et sur ce cheminement de la ''**PARITE**'', nous retiendrons ces autres malheureuses candidates :

- Anne-M. MBILAMBANGU (à Ilebo), mais elle passera aux nationales 2011
- Beatrice TEMBO MUNUNGA (à Kamonia) ;

- Victorine MUETSHIENU (à Kamonia) ;
- Elisabeth BASHALAKUDIA (FONUS) ;
- Marielle META KABONGO (MCC) ;
- Astrid NTUMBA KABEYA (PANU) ;
- Marie Josée KAPINGA (PDS) ;
- Marie NDJEKA WATO (PANADI) ;
- Mireille KASONGO NGOY (RCD-N) ;
- Adolphine MITANGU LOMBELA (RCD).

Aussi allons-nous noter qu'il y a des provinces qui sont allées au-dessus de 40 députés nationaux : cas du Nord-Kivu, avec 42 ; du Kasaï-Oriental avec 66 ; le Bandundu est même allé au-dessus de notre double, avec 84 (= 40 x 2 + 4). Notons également que pendant que la province orientale se battait pour atteindre la centaine — elle a pu inscrire à son actif : 96 sièges — les provinces du Katanga et de l'Equateur sont allées au-delà de 100, avec respectivement 102 et 108 sièges ! — Source : C.E.I.

Et le Kasaï-Occidental va-t-il être fier de s'être positionné devant le Maniema qui a eu 24 ; devant le Bas-Congo avec 30 ; devant le Sud-Kivu avec 36 ; voire même devant la Ville – Province de Kinshasa qui n'a pu décrocher que 48 sièges et ce, malgré sa forte démographie à laquelle elle ne pouvait recourir ? ([614])… Fier ?, pas du tout, parce que, bien que le député national représente la nation ([615]), nous ne devons pas oublier que les enjeux politiques se font autour et à cause des intérêts.

En effet, à cause des intérêts, l'on cherchera toujours à composer avec « celui » ou « ceux » dont on attend son soutien ; et c'est la raison même des « plates-formes ». Et l'on ne doit pas perdre de vue que cette sollicitation doit s'attendre à « un retour », qui se traduit en termes d'avantages et/ou privilèges à soutenir — avantages qui sont entre autres : postes ou porte – feuilles ; marchés publics, investissements et autres dotations. Aussi, faut-il être ‘' musclé '' pour savoir le revendiquer et l'obtenir !... Ici alors, nous pensons qu'en plus de la présence numérique des mandataires, il y a aussi, ou il faut également compter avec la force d'intervention que doivent avoir nos élus au cours des débats ou défense d'un projet (en commissions, sous-commissions ou plénières). En d'autres mots, il est question que la province se dote des mandataires sachant ce qu'ils veulent ; maîtrisant ce qu'ils défendent, pour l'intérêt supérieur de la nation oui, mais de celui de Kananga, celui du Grand Kasayi !...

Nos ancêtres n'ont-ils pas dit : **« *Tubela nswa, tubela kamonya* ! »[616].**

---

[614] Nous retenons ici que le seul grand paramètre pris en compte a été le nombre d'électeurs enrôlés

[615] En effet, le député national a un mandat national, lui conféré par l'Art. 101 de la Constitution

[616] Tubela : verbe « *kubela* » = donner conseil ou conseiller à

Permettez que nous désignions nos honorables députés par « nswa » et nos honorables Sénateurs par « *kamonya* ». En effet, le parlement n'étant pas uniquement un forum pour les députés nationaux qui en forment la chambre basse, nous allons également dire un mot sur les Sénateurs qui eux forment la chambre haute de cette auguste institution. Les matières qui concernent cette dernière chambre — le Sénat — sont traitées — à l'instar de celles concernant l'Assemblée nationale — au Titre III, Chapitre 1er, mais à la Section 2, paragraphe 2 (article 104… etc.) ; et l'Art. 128 de la loi électorale n°06/0d06 du 09 mars 2006 nous donne la circonscription électorale pour l'élection des Sénateurs : c'est-à-dire la ville province de Kinshasa et chaque province ; tandis que l'Art. 129 de la même loi nous en donne la répartition :

— 4 Sénateurs par province ;

— 8 Sénateurs pour la ville-province de Kinshasa ; et que les provinces prises en considération sont les 25 énumérées à l'article 2 de la présente Constitution, auxquelles s'ajoute la ville-province de Kinshasa — au total : 26 provinces — déjà prises en compte, avant même d'être effectives.

En ce qui nous concerne et en exécution de l'article 130 de la loi électorale, l'Assemblée provinciale — formée de nos 54 députés provinciaux — a élu 8 Sénateurs à raison de 4 revenant à « la province du Kasaï- Central » et 4 revenant à « la province du Kasaï » — les 2 provinces obtenues de l'éclatement de la province du Kasaï-Occidental (la ''Commission de dénombrement des provinces'' était arrivée à Kananga le 8 juillet 2015 aux fins d'évaluer le patrimoine de l'ancienne province…)… Ont été élus **Sénateurs** mandat 2006/2011 :

— pour la province du Kasaï :

- MBWESHI Kwongo Mulendu André/Mweka – RCD
- IYOLO Ndjondo Jean-Baptiste/ Ilebo – PPRD
- NKOLE Tshimuanga Gaston/Kamonia – MLC[617]

- nswa : fourmis ailées très appréciées au Kasayi ; qui se font attraper une fois l'an — elles sont saisonnières — novembre et décembre.
- kamonya : matière combustible dont on fait l'encens ; on s'en sert pour illuminer les lieux ou le site de la récolte de ces fourmis, récolte qui s'opère très tardivement dans la nuit. Le conseil est ainsi donné aux unes — les ''*nswa*'' (fourmis) — de ne profiter que de l'éclairage circoncis par le *kamonya* pour sortir de leur terroir (*tshilùndu*) et ne tomber que dans le « *ngulu* » creusé dans le sol à cet effet ; et non de s'abattre avec leurs ailes sur le kamonya pour l'éteindre ; et un conseil est également donné à l'autre — le ''*kamonya*''(encens en boule allumé) — de ne pas se consumer vite ou s'éteindre ni de soi ni à cause d'un vent si petit soit – il, car le rallumer prend du temps et l'on perdrait une bonne quantité de fourmis… Ce qui revient à dire, qu'un conseil doit être prodigué aux deux blocs en présence, afin d'harmoniser leurs actions, en vue d'un même objectif.

[617] Il était sorti député national dans la circonscription électorale de Kamonia : son suppléant Tshikuayi Ntumba Abdalah prendra son siège à l'Assemblée provinciale. (Notons que ces deux orthographes : Kamonia et Kamonya, se prononcent de la même façon ; elles ont la même phonétique.

- MUYAMBA Ngove John / Tshikapa – PPRD

— pour la province du Kasaï – Central
- Me KALAMBA Wafuana E. / Kazumba – Indépendant
- Prof. MABI Mulumba Evariste / Dibaya – PPRD
- MUTINGA Mutuishayi Modeste /Demba – Indépendant
- SESANGA (père) Denis Valentin /Luiza – PPRD

1.4. Le mandat

Nous avons vu que nos députés nationaux (40) et nos sénateurs (8) ont un mandat national ; comme leurs pairs ils ont ''représenté'' la nation de 2006 à 2011. (Notons que depuis novembre 2011, l'Assemblée nationale a fonctionné dans la légalité (timing conforme à la Constitution). Après 2016, les députés sont tombés dans un statut leur accordé par l'Accord de la Saint Sylvestre (31 décembre 2016). Et pour faute d'élection des députés provinciaux en 2011 — lesquels devaient élire et les gouverneurs et les sénateurs — voilà ces derniers illégalement en fonction en province et à la Chambre haute ; c'est cet ''Accord du Centre Interdiocésain obtenu via la Cenco qui ''préserve'' pas la légalité, mais leur statut de ''député'', de ''gouverneur'' et de ''sénateur'' jusqu'aux élections attendues en décembre 2017 (qui font couler beaucoup d'encre tant dans tous les camps : Pouvoir, CENI, Rassemblement, Communauté Internationale)…

Ici en province, nos 54 députés provinciaux — 49 élus plus 5 coptés (tous chefs coutumiers) — ont eux aussi reçu mandat, mais le leur était de représenter la province du Kasaï-Occidental, de 2006 à 2011. Ils sont entrés en fonction depuis l'installation du Bureau de l'Assemblée provinciale (vous trouverez la composition de ce Bureau juste après le répertoire des 54 mandataires que voici en regard de leurs circonscriptions), mais les voilà encore là en poste, et nous sommes en août 2017… et qui sait ? … Il y a entorse dans le cycle électoral !

Il y a eu ainsi irrégularité, dysfonctionnement et/ou ce que l'on a appelé ''glissement voulu d'ailleurs à dessein''.

Pour mémoire, voici **LES 54 DEPUTES PROVINCIAUX** (Mandat 2006 - 2011…) :

I. Circonscription électorale de **Dekese**
1. Mfutu Tshicala Jacques/UCOBES

II. Circonscription électorale de **Demba**
1. Katanga Kuanji Kona André/Rcd
2. Mujangi Dibinga Ibrahim /Adeco
3. Ngalamulume Kadiebue Elie/Umr

III. Circonscription Electorale de **Dibaya**
1. Muamba Tshishi Sylvain/Rcd – N
2. Ntolo Kalonga Valéry/Mlc

IV. Circonscription Electorale de **Dimbelenge**
1. Mashala Bambi Gaspard/Pprd
2. Muipatayi Kabundi Valentin/Usc

V. Circonscription Electorale d'**ilebo**
1. Bulamba Karaba René/Pprd
2. Djengo Kambembo Josée/Mlc
3. Mandjuandjua L. Médard/Rcd

VI. Circonscription Electorale de **Kamonia**
1. Minjimbu Shakalawu Omer/Adl
2. Kakotshi Bondo Romain/Palu
3. Kinona Mukwama Nono
4.Komuesa Kalunga Adolphe/Pprd (il deviendra Vice-Gouverneur/Cabinet Gouverneur Kabasubabu)
5. **Madila Mubiayi** Fr./Indépendant (il deviendra Président/Ass. nlle prov. du Kasaï)
6. M'bingho M'vula Hubert/Pprd (le cabinet Kapuku l'aura comme Vice-Gouverneur)
7. Mudilele Mayi Léon/Mlc
8. Mukaya Mukaya Sylvain/Fredeco
9. Mutombo Mona Clément/Rcd
10. Nkole Tshimanga Gaston/Mlc
11. Tshihunda Tshisanda Justin/Pprd

VII. Circonscription Electorale de **Kananga – Ville**
1. Kabeya Mulempumpu Johnny/Camp de la Patrie
2. Kamuandu Pauline /Msr (Après Valéry Ntolo, elle devint Vice-Présidente de l'Assemblée, pour laisser la place à Daniel Mbayi)…
3. Kamuaye Mupanga François/Pprd
4. Kasonga Bilolo Raphaël/Cpc
5. Malumba Mbangula Jean-Marc/Mlc
6. Mbayi Daniel/Rcd
7. Mukenge Masanka Ambroise/ Uldc

VIII. Circonscription Electorale de **Kazumba**
1. Kamuitu Lubadi Augustin/ Pprd
2. Mangala Mbuyalemba Médard/Mlc
3. Ntenda Ntenda Martin/Indépendant
4. Tafu Shambuyi Hippolyte/Pds

IX. Circonscription Electorale de **Mweka**
1. Bukumba Ntomba Grégoire/Pprd
2. Miaka Miabilenge Constantin/Pprd
3. Sanga Mashala Roger ([618])/Rcd
4. Shamba Kwete Jonas/Mlc

X. Circonscription Electorale de **Luebo**
1. Bafuafua Kalala M. (Bakam)/Umr
2. Lutonga Ntumba Denis /Mlc
3. Ngindu Shindayi Espérant/Rcd

XI. Circonscription Electorale De **Luiza**
1. Isiya Clovis/Pds (il sera un ministre provincial/Cabinet Kande, puis éjecté)
2. Kabwanga K. Manix/Mlc
3. Mambomba Sasad Hassan/Rcd
4. Tshiazenga Kankunku E.

XII. Circonscription Electorale de **Tshikapa – Ville**
1. Kalemba Tshibuabua René Bazin/Mlc
2. Kawino Ndongo Deller/Pprd (le cabinet Kande l'aura comme Vice-Gouverneur).
3. Kwanga Kanzobolaka Castro/Mlc
4. Mukongo Kungu Zacharie/Ucobes
5. Tshiminyi Kande Justin/U.A

Rappelons-nous qu'à ces 49 députés élus, il a été ajouté 5 députés (coptés parmi les chefs coutumiers), il s'agit de :
1. Kanundowi Kalamba Luse Hubert/Ville de Kananga
2. Tshikenda Ntambwe Muenza /Dibaya
3. Kushidi Sha-Mungamba H./Tshikapa
4. Lukalu K. Tshimbundu/Luebo
5. Nyimi Kaweyi Pereminenge /Ilebo.

Ces 54 députés provinciaux — l'Assemblée provinciale du Kasai-Occidental (2006 – 2011) — éliront les membres du Bureau de l'Assemblée dont voici la composition :
- Président : Mijimbu Omer/Kamonia (Tshikapa)
- Vice – président : Ntolo Valery/Dibaya
- Rapporteur : Kabwanga K. Manix/Luiza
- Rapp.-Adjoint : Kawino Deller Ndongo/Tshikapa (il deviendra vice-gouverneur dans le gouvernement Alex Kande 1).
- Questeur : Ngindu Espérant Shindanyi/Luebo.

[618] En remplacement de A. Mbueshi devenu Sénateur

Retenons que nos **40** députés nationaux, nos 8 sénateurs et nos **54** députés provinciaux — ces « dignitaires » — ont siégé et siègent encore, non pour parler de leurs affaires et encore moins de leurs ménages, mais plutôt (pour) parler « nation » et « province »... Voilà ce à quoi ils ont été appelés ; et ils en avaient reçu **mandat.**

Pour l'édification des uns et des autres, recourons au « Nouveau Petit Robert » pour savoir ce qu'il dit du « mandat ».

1.4.1. Définition

Par '' mandat '' on entend :

— un acte (contrat unilatéral) par lequel une personne (le mandant) donne à une autre (le mandataire), le pouvoir de faire quelque chose pour elle et en son nom ;

— un écrit qui constate le mandat ;

— (un) pouvoir (une) procuration : ici l'on parlera alors de donner mandat à ou mandater quelqu'un.

Il existe également un *mandat légal* qui est conféré par la loi qui désigne ou fait désigner (par le tribunal, le conseil de famille) un mandataire (tuteur, administrateur légal).

L'on parle aussi de *tutelle* et/ou *mandat* qui est un pouvoir confié à certains Etats pour administrer tel territoire (cf. ''Mandat sur le Rwanda et l'Urundi'' reçu par la Belgique en 1919 ; cf. '' Mandat sur la Palestine'' qui avait été confié à l'Administration britannique). Les cas ci-haut cités ont trait au **Droit**). Tandis que dans les **Affaires,** l'on parle :

— d'un *mandat de paiement* : celui-ci est un ''Effet de commerce'' ;

— d'un *''mandat – poste''* (titre constatant la remise d'une somme à l'administration des Postes par un ''Expéditeur'' avec mandat de la verser à une personne désignée, ''Destinataire'', etc.

Mais ce ne sont pas les définitions ci-dessus qui nous concernent ; c'est plutôt celle-ci qui elle, a trait à la **Politique**. Et ici, le nouveau Petit Robert parle de *« mandat représentatif, confié par le peuple à des représentants qu'il élit.* Par extension, *« mandat législatif »* : fonction de membre élu d'un parlement (député ; sénateur) et celle-ci s'exerce en termes de la durée du mandat — dans notre cas, c'était pour 2006 à 2011, mais voilà !...

Donc, c'est très clair, nos honorables Députés, Sénateurs, Conseillers municipaux... sont bel et bien des mandataires et en conséquence, ont des comptes à rendre au peuple, au terme de leur mandat.

Notons toutefois que la constitution — pour éviter la confusion et/ou l'interférence dans leur mandat — a pris le soin de répartir les compétences entre le pouvoir central et les provinces (Art. 201). A l'art. 202, alinéas 1 à 36 sont énumérées — *« sans préjudice des autres dispositions de la constitution »* — les matières relevant de la compétence exclusive du pouvoir central, sur lesquelles une Assemblée provinciale ne peut légiférer (cf. aussi l'art. 205 §1). Vous trouverez énumérées à l'article 203, alinéas 1 à 25, les matières que le pouvoir central et les provinces traitent concurremment, tandis que l'art. 204, alinéas 1 à 29, nous renvoie aux matières de la compétence exclusive des provinces, sur lesquelles l'Assemblée nationale et le Sénat ne peuvent légiférer — cf. aussi l'article 205.

Et lorsque nous nous penchons sur ce travail auquel est appelée une Assemblée provinciale, nous découvrons qu'il lui est reconnu d'autres dispositions où il est dit entre autres que :

1) quand bien même il est mis fin — par l'Assemblée nationale et le Sénat — à une délégation de pouvoir qu'ils auront donnée par une loi, à une assemblée provinciale, habilitant celle-ci à prendre des édits sur des matières exclusives du pouvoir central, les dispositions de ces édits provinciaux (promulgués en des matières de la compétence exclusive du pouvoir central en vertu de cette délégation de pouvoir), demeurent cependant en vigueur dans la province intéressée, jusqu'à ce qu'une loi nationale ait réglé ces matières — article 205 ;

2) « *sans préjudice des autres dispositions de la présente constitution* », les dispositions des Art. 100, 101, 102, 103, 108, et 109 sont applicables, *mutatis mutandis*, aux Assemblées provinciales.

Et nous renvoyons le lecteur qui le désire, pour plus de lumière, à la constitution spécialement à ses articles :

- 101, 102, 103 : qui traitent de la candidature et du mandat du député national ;
- 104, 105, 106 : idem, pour le sénateur ;
- 107, 108 : qui traitent des indemnités parlementaires ;
- 109 : qui traite des droits des députés nationaux et/ou sénateurs ;
- 110 : qui traite de la fin de leur mandat ;
- 111 à 114 : qui traitent du fonctionnement de l'Assemblée et du Sénat ;
- 115 à 118 : qui traitent de leurs sessions (ordinaires et extraordinaires), de l'ordre du jour et du quorum ;
- 119 à 121 : qui traitent de la rencontre en Congrès ;

3) l'Assemblée provinciale — bien qu'elle constitue avec le Gouvernement provincial[619] les institutions politiques de la province — est l'organe délibérant de la province (art. 197) ; c'est-à-dire, qu'elle délibère dans le domaine et contrôle le gouvernement provincial ainsi que les services publics provinciaux et locaux (art. 197).

[619] Le gouvernement provincial ou l'exécutif provincial est particulièrement traité aux Articles 198 ; 199 et 200, plus 146 et 147.

En outre, lorsque la loi N° 06/006 du 09 mars 2006 (CEI) portant organisation des Elections présidentielles, législatives, provinciales, urbaines municipales et locales, s'érige en une mise en garde, à propos des incompatibilités aux fonctions dans l'Assemblée nationale, au Sénat et à l'Assemblée provinciale (art. 77 et 78) en général, et particulièrement :

— à l'élection des députés nationaux (art. 115 à 119 : circonscription, mode de scrutin, éligibilité et non-éligibilité) ;

— à l'élection des sénateurs (idem que ci-dessus : art. 131 – 132) ;

— à l'élection des députés provinciaux (idem que ci-dessus : Art : 143 – 148) ;

— à l'élection du Gouverneur et vice-gouverneur (idem que ci-dessus art : 158 – 161), il va de soi que **le mandat** dont sont investis nos députés provinciaux, nationaux, sénateurs ainsi que les gouverneurs de province, n'est pas une mince affaire !

Cela étant, tous et individuellement doivent se comporter en conséquence **pour ne pas léser ou préjudicier le peuple dont ils ont reçu mandat.**

Aussi, faudra-t-il que le peuple soit suffisamment préparé, éduqué et formé, par les différentes structures spécialisées (notamment : les confessions religieuses ; la société civile ; les partis politiques stables et intègres), sur ce que l'on entend par idéaux nobles et comportements civiques ; cela afin que le peuple n'arrive à mandater ou se faire représenter par celui dont il ne pourra être déçu ! (Présentement il y a cet appel ou cette initiation à « la nouvelle citoyenneté »)…

En effet, avoir des ambitions dans sa vie n'est pas mauvais en soi. On peut sentir dans son cœur le désir ou l'appel de servir le pays, la province ou toute autre entité que nous appelons communément en Tshiluba « *Ditunga* ». Mais il est bon de se demander :

—1) Ai-je un minimum d'aptitudes pour exercer cette fonction de « mandataire » (cette fonction dite en langue locale : « *muimanyinyi…* » et/ou *« muakuidi wa ditunga »,* ce qui veut dire : « représentant et défenseur du peuple, défenseur des populations de mon entité, de mon fief électoral » ?).

Et entendons par aptitudes : des connaissances suffisantes de l'entité à défendre, c'est-à-dire son espace géographique, son relief ou milieu physique ; des connaissances suffisantes sur l'histoire du pays en général et en particulier sur l'entité, par exemple : les populations qui en forment le capital humain ou ressource humaine ; des connaissances suffisantes sur l'administration de l'entité, sur ses potentialités (son sol, son sous-sol, son économie, son environnement, ses voies d'accès et ouvertures sur les autres entités) ; des connaissances devant promouvoir le principe *''le donner et le recevoir''* et garantir par là le partenariat ; bref des connaissances suffisantes sur les réalités du milieu, sur ses problèmes spécifiques et particuliers ; des connaissances suffisantes dans l'analyse des préoccupations et attentes de l'entité y compris celles dont elle est tributaire de l'extérieur ;

— 2) Est-ce que je porte mon entité dans mon cœur ou j'en ai honte ? Ai-je honte de parler d'elle ? Mon entité n'est qu'une circonscription que j'ai choisie ponctuellement, pour les besoins de l'heure en l'occurrence la campagne électorale et après le scrutin, je m'envolerai vers « mes cieux » habituels ? ;

— 3) Ai-je une résidence principale ou même d'attache (achetée ou mieux, construite), donc une propriété, une résidence connue et fréquentée habituellement (pas seulement en temps de campagne) par mon électorat ? Est-ce que je console ma base, je compatis, je partage ses préoccupations ? ;

— 4) Est-ce que je sais discerner si ce que je revendique ou défends est défendable, possible ou soutenable ? En ai-je les arguments solides ? ;

— 5) Mes interventions sont-elles de nature à édifier ou à détruire ? ; sont-elles de nature à à unir ou à diviser ?...

Le cas de la « **motion de défiance** », à l'endroit du gouverneur Trésor **Kapuku** (à peine venait-il d'entrer en fonction), et les cas des motions à l'endroit des gouverneurs **Kabasubabo** et **Kande,** devraient nous faire réfléchir deux fois !... Retenons que de telles manœuvres ne profitent qu'à ceux qui tirent à la ficelle et c'est le peuple, pourtant « souverain primaire », qui en pâtit !...

Le peuple assiste, impuissant et sans voix au chapitre, à ces tractations et machinations diaboliques, qui laissent un camp dans le ''triomphalisme'' et l'autre camp dans la frustration et l'incertitude ; la province patauge dans un perpétuel recommencement, la province régresse... alors que là où les gouvernements provinciaux sont restés stables comme à Mbuji-Mayi chez Ngoyi Kasanji, à Goma chez Julien Paluku, à Bukavu chez le gouverneur Salumu et au Katanga chez Katumbi Shapwe, des acquis sont là !...

Une exhortation

Oui, à propos des « divisions », des prélats — ministres de Dieu — ne se sont-ils pas, en guise de rappel à l'ordre, adressés aux fidèles catholiques, aux hommes de bonne volonté et spécialement aux dirigeants politiques de leurs pays, en ces termes :

« *Nous sommes conscients de la grave responsabilité qui pèse sur vos épaules en ce moment difficile de l'histoire de nos pays. Le destin de nos peuples repose pour une part importante entre vos mains. L'autorité n'a de sens que dans la mesure où elle est exercée en vue du bien commun, et comme mandataire du peuple. Assumez donc vos responsabilités devant Dieu, prenez à cœur le destin de vos compatriotes.* (Comme l'histoire se répète, ce rappel à l'ordre a été fait par les pères Evêques de la Cenco durant les assises du Centre Interdiocésain).

Evitez de semer dans la communauté nationale tout genre de divisions, de haine et de violence ainsi que l'exploitation à des fins politiques, des différences ethniques ».

Ici chez nous au Kasayi, pour des fins politiques, des clivages d'ordre clanique et tribal n'ont-ils pas vu le jour ? — cf. ce regrettable clivage « *Bana baa*... » et *Bakwa*... », ou celui de : « nous les ''minoritaires'' et les L... » L'auteur à horreur de « *kujikula meena* » c'est-à-dire appeler ces clivages par leur nom : ce qui tendrait à les pérenniser... ! Et les prélats de conclure : « *Vous êtes tous des frères* » !... (Mt 23, 8b).

Tel a été le grand thème et/ou le postulat qui s'est dégagé du Point 8 de la Conférence Episcopale des pays des Grands Lacs, ayant réuni les Evêques de la République Démocratique du Congo (41), du Rwanda (8) et du Burundi (7), du 12 au 15 novembre 1999, à Naïrobi (au Kenya)[620].

Oui, à propos de *« tout genre de division »*, nous voyons ce clivage traduit en termes ou vocables « Est » et « Ouest » et l'on ne fait même pas cas de « Centre » parce ce mot, tu à dessein, évoquerait le « KASAI » (pourtant géographiquement, démographiquement pas négligeable). Aussi ce clivage ira-t-il conduire à l'exclusion, dans la gestion de la chose publique, de certains animateurs parce que de contrée autre que ''Est '' et « Ouest » !... Justement, pourquoi y a-t-il eu cet écartement ... ? Oui, pourquoi ?... Quand on sait qu'un fils de nos contrées y a été pour beaucoup dans ce cheminement vers « 1 + 4 » et plus loin... !...

Et en regard de *« tout genre de haine »*, nous nous demandons comment ce concept peut-il s'ériger, dans la plèbe, comme comportement : *« Soki omoni nyoka mpe Muluba, boma **Muluba**, tika **nyoka** ! »* ([621])... (Notez qu'un jour de l'année 1986, lorsque le président Mobutu venait à peine de nommer un doyen de la Faculté de Droit à l'Unaza /Kin... il recevait des coups de fil : « *Otii **Muluba*** ! », mais il laissa celui-ci quand même en place...). N'est-ce pas de la haine pure et simple ? Comment peut-on inoculer dans la tête d'un homme, de toute une population, la pensée de tuer un autre homme, son semblable (*« muntu wa matshio ne mesu ; mufuka kudi Nzambi ; ku tshimfwanyi tshia Mvidi Mukulu* — littéralement : *« ... tuer un être humain ; qui a des oreilles et qui a des yeux ; créé par Dieu ; à l'image de Dieu ! »* — au lieu d'éliminer le serpent ?... Et cette mort, qui n'est pas physique ou biologique, nous la verrons plus loin, sous quelques aspects...

---

620 « Congo-Afrique », décembre 1999 N° 340, p. 583

621 (Des) propos qui se disent ici et là, dans la capitale, à Kinshasa et qui peuvent se traduire ainsi : si vous avez à vous débarrasser de l'un de ces deux êtres — un serpent et un Muluba — ne soyez pas dans l'embarras : laissez aller le serpent, et éliminez le ''Muluba'' ! ; Et dire que cette bête, partout et à travers les âges est l'ennemi juré de l'homme, donc depuis le jardin d'Eden !

Cela étant, nous pensons que ce petit recueil de préalables ou comportements, à réunir, en vue de l'exercice de ce métier combien noble — nous n'avons cessé de le dire — combien délicat, de **« Mandataire »**, pourra être d'une grande utilité et à « l'électorat » (« propriétaire de ses voix et souverain primaire »), et à tout futur ''**candidat**'', à tout futur **Mandataire**''. Oui, la relecture de l'histoire du pays n'aura de cesse de nous édifier, et l'on ne peut se dire ''mandataire du peuple'' sans une connaissance suffisante de son histoire... La relecture d'une partie de celle-ci, tirée de l'Exposé des motifs ayant servi d'Introduction à la Constitution de la République Démocratique du Congo — cf. La Constitution (février 2006) — ainsi qu'une publication spéciale C.E.I., ad hoc, p. 29 avec la loi n°6 /006 du 9 mars 2006 portant élections... s'avère utile.

Pour terminer avec cette question de représentativité du Kasaï dans les institutions de la République, il y a lieu de signaler que pendant la période de transition 2003 - 2006 avant les premières élections générales, le Kasaï a été représenté au Parlement national par entre autres les honorables que voici :

- Pierre TSHIMPANGA Batekela ;
- Léonard MUKENGE Kapinga ;
- KALUKENGU ;
- Annie BAMBE ;
- TSHISUNGU Lubamba ;
- Willy NTUMBA ;
- Gustave MALUMBA Mbangula ;
- Donat MUANZA Shikayi ;
- Omer NTUMBA ;
- Martin KASENDE ;
- Timothée MUTEBA wa Kambala ;
- Rév. Floribert WAKUTEKA ;
- Pr Gregoire BAKANDEJA wa Mpungu ;
- Pius MUABILU ;
- Gregoire KATENDE wa Ndaya ;
- Pr Evariste BABI Mbayi ...

2. Le pouvoir exécutif

En province, le chef de l'Exécutif provincial (aussi appelé Administration provinciale) est le gouverneur de province. Il est le chef du gouvernement provincial et celui-ci compose avec l'Assemblée provinciale, les deux Institutions de la province (art. 195). L'Art. 198 nous donne les composantes du gouvernement provincial qui sont :

— un gouverneur et un vice-gouverneur élus au sein ou en dehors de l'Assemblée provinciale, pour un mandat de 5 ans renouvelable une fois, par les députés provinciaux. Ils sont investis par le président de la République ;

— les ministres provinciaux désignés par le gouverneur de province, au sein ou en dehors de l'Assemblée provinciale. La composition de ce cabinet doit tenir compte de la représentativité provinciale, et le nombre des ministres ne peut dépasser dix ! Aussi, avant d'entrer en fonction, le gouverneur va-t-il présenter à l'Assemblée provinciale le programme de son gouvernement ; lorsque celui-ci est approuvé à la majorité absolue des membres qui composent l'Assemblée provinciale, cette dernière investit les ministres.

Vous noterez que les membres du gouvernement provincial peuvent être collectivement ou individuellement relevés de leurs fonctions, par le vote d'une motion de censure ou de défiance de l'Assemblée provinciale ; et que les dispositions des Art. 146 et 147 de la Constitution s'appliquent *mutatis mutandis* aux membres du gouvernement provincial. Ces deux derniers alinéas de l'Art. 198 vont être la pomme de discorde..., nous le verrons d'ici là...

2.1. Election d'un gouverneur

Nos 54 députés provinciaux (il s'agit de ces 54 frères et sœurs du Kasaï-Occidental que nos voix ont porté au pouvoir en novembre 2006) étaient déjà prêts à siéger en vue d'élire le gouverneur de province, le samedi 27 janvier 2007 lorsque surgira une correspondance qui remettra en cause la nationalité de Alex KANDE Mupompa, pressenti pourtant favori et futur gouverneur. Notez qu'une autre manœuvre était en marche au Kasaï-Oriental, à l'endroit de Dominique KANKU, gouverneur sortant, afin de l'empêcher de succéder à lui-même !...

Ce qui faisait tiquer est que, les huit autres provinces plus la ville – province de Kinshasa s'étaient déjà dotées chacune de son gouverneur, sauf par hasard, les deux KASAÏ ! Et comment la machine s'est-elle mise marche ? Nous allons le voir au travers de ce que titrait l'*Eveil* (*Politique*) n°432 du 13 au 20 février 2007 à sa page 5 :

« Mende et Kankonde : des pyromanes » ; et avec en sous – titre : '' la tension entre les Lulua et les Tetela est descendue d'un écran, grâce à l'Arrêt de la Cour suprême de justice rejetant la requête de la CEI pour défaut de qualité '' :

« Mende contacte son répondant à la CEI, le PPRD Crispin Kankonde (...) pour lui demander de procéder, sans délai, au remplacement de Kande Mupompa (Alex). Cette lettre provoque un tollé général à Kananga où personne ne comprend (pas) que le fils de ''Mukulu'' Kande Pius, grand commerçant de la ville de Kananga — nous ajouterons et de mamu Mukundi Hélène ''Muluba wa Kabamba mu Katumanga (mua Luàmba wa Bena Muya)'' — soit devenu subitement Belge. Ce qui a intrigué dans ce dossier, c'est la précipitation avec laquelle le duo Mende - Kankonde a cherché à décapiter un concurrent gênant, à quelques heures de l'élection.

Heureusement pour Alex, il détenait par dévers lui, la lettre par laquelle il avait renoncé, l'année qui suivait (août 2004), à une naturalisation imposée par les besoins de l'exil.

La question que nous nous sommes posée était celle de savoir pourquoi Mende — non encore Excellence Lambert Mende, ministre des Hydrocarbures[622] — avait-il entrepris, sur papier à en-tête de son Parti, le Ccu, cette démarche, étant donné que ce Parti n'est pas connu au Kasaï-Occidental. Mais aussi et surtout, parmi les quatre candidats ''gouverneur de province'', il n'y en a pas un, inscrit sous le label de Ccu ; et que Mende ne l'a pas fait en tant que Rapporteur Adjoint de l'AMP[623], auquel cas il aurait utilisé le papier à en – tête de la plate-forme ?... *L'Eveil*'' de continuer : « Kankonde aurait dû commencer par vérifier l'information qu'il venait d'avoir... La population voulait déjà attaquer les parents de Kankonde »... Et pourtant, les parents de Kankonde et ceux de Kande se réclament tous du même ''clivage'' et les deux : Kande et Kapuku sont des branches greffées sur un même arbre. *Tshimanga Mushilu* n'est-il pas leur arrière-grand-père !...

En outre, Mende comme Me Kankonde ayant été mis à l'avant-plan de ce dossier, il y a lieu d'accepter ce qu'a dit le président Mobutu un jour nous citons : *« Tango makambo ayaka ndongo, tango makambo eyaka ndongo, ba colonialistes basalaka ndenge nini ? Soki bamoni tee, ba moyen ya koya kotiya biso mobulu ezali te, baakamati ba ndeko na biso mooko, mpo na koya kotiya biso mobulu. »*, fin de citation... Oui, il y a du vrai dans ce qu'a dit le Maréchal — comme l'histoire se répète !...

Mais revenons à notre dossier : Mende (avant de devenir ministre en charge de la Communication et Porte-parole du Gouvernement) et Kankonde, avant d'être ''CEI'', ils sont d'abord « KASAYI », et il y a lieu de se demander pourquoi pas d'autres ''CEI'' qu'eux !... L'*Eveil* continuait :

« Comme les Lulua menaçaient de chasser les (ba) Tetela — (la Ville de Kananga dénombre beaucoup de nos frères qui y ont ouvert des magasins et boutiques ; qui font le ''*buyanda*'' et gèrent des écoles, le promoteur Jean **Assaka** est un cas à exalter ; nombreux sont fonctionnaires dans l'Administration publique, Santé et Enseignement et s'y sentent plus épanouis qu'à Mbuji-Mayi au Kasaï-Oriental dont ils dépendent politico-administrativement) — pour qu'ils aillent au Sankuru faire leur commerce, il a fallu une grande action de dissuasion des dirigeants de l'Union pour la Nation, particulièrement des députés nationaux '' U N'' [624] présents à Kananga (voilà entre autres le job dévolu à nos mandataires : Se faire (des) artisans de la paix, gérer et éduquer son électorat ou sa base) pour tempérer les ardeurs des uns et

[622] Il est présentement ministre de l'Information et Porte-parole du Gouvernement.
[623] AMP : Alliance pour la Majorité Présidentielle ; une plate-forme concurrente de l'Union pour la Nation ; présentement elle est devenue ''MP'' (Majorité Présidentielle).
[624] Veuillez lire : '' u - énième''

des autres qui voulaient entamer de telles actions de représailles »… Et ''l'Eveil'' de renchérir :

« Mais le vrai extincteur de l'incendie, c'est le verdict de la Cour suprême de Justice. En effet, l'incertitude était totale la journée de vendredi 9 février, et la tension était perceptible dans la ville… Le chef Nkonko dont relève coutumièrement Kankonde était même obligé de poser la question à ce dernier s'il n'y avait personne d'autre qui pouvait signer cette lettre-là, que lui ? »...

Nous faisons un petit pas en arrière pour signaler que « *le Phare* » du mardi 6 février 2007 dans sa page 3 réservée à la rubrique politique, laissait lire, en marge de l'élection du gouverneur du Kasaï- Occidental, ce qui suit :

« La Cour d'Appel siégeant en matière du contentieux de candidature ; le Ministère public entendu, déclare recevable, mais partiellement fondée la requête de l'Union pour la Nation, en sigle '' UN '' ; en conséquence : annule la lettre n°029/CRC – rdc : CAB-Prés./07 du 25 janvier 2007 de la Commission Electorale Indépendante — CEI — portant décision de retrait de candidature de Gouverneur de Province de Monsieur Kande Mupompa Alexandre ; dit que Monsieur Kande Mupompa Alexandre est candidat Gouverneur de Province sur la liste de l'Union pour la nation dans la circonscription électorale du Kasaï-Occidental ; dit n y avoir pas lieu à condamnation de la CEI aux dommages-intérêts même symboliques ; ordonne que le dispositif du présent arrêt soit notifié à la Commission Electorale Indépendante, à la requérante et soit publié ; met les frais de l'instance à charge de Trésor. Ainsi, la Cour d'Appel (CA) de KANANGA annulait, en date du 3 février, la décision de retrait de la candidature. L'élection allait avoir lieu le 10, sauf rebondissement spectaculaire qui ne ferait qu'amplifier l'effet boomerang, avec en main le ticket '' U N'' pour le gouvernorat du Kasaï-Occidental. (Mais rebondissement il y a eu affectivement, car) La CEI saisira la Cour suprême de justice. Et la tension montera, pour ne se rabattre que dans la soirée du vendredi 9 février, lorsque cette haute juridiction tranchera en rendant le verdict, rejetant le recours de la CEI pour défaut de qualité et confirmant la participation aux élections, de KANDE et KANKU (candidat gouverneur à Mbuji-Mayi). Tout Kananga et même plus loin à Tshimbulu, Tshikapa…, des foules en liesse se jetteront alors dans les rues pour jubiler au son des voitures, motos, bicyclettes et cris d'allégresse »...

Voyez-vous, un gouverneur de province, ce n'est pas une mince affaire ! Remarquez combien d'encre cela a fait couler… ! Et ici, un avertissement s'impose. En effet, d'autant plus que, au regard de l'article 3 de la Constitution, qui stipule nous citons :

« Les provinces et les entités territoriales décentralisées (Ville, Commune, Secteur, Chefferie) de la République Démocratique du Congo, sont dotées de la personnalité juridique, et sont gérées par les organes locaux ; et qu'elles jouissent de la libre administration et de l'autonomie de gestion de leurs ressources économiques, humaines, financières et techniques »…

Il faudrait en conséquence confier la province, à des hommes dont le profil est à même de maîtriser la gestion de ces ressources ; d'harmoniser ces organes, de concilier l'autonomie avec l'apport extérieur des provinces limitrophes ainsi que de lointains partenaires dont la province-sœur de Lunda Norte et CREC 7, dans l'intérêt supérieur de la province et partant, de la nation !... (Il y a présentement un fils en qui on trouve ces prédispositions et compétences, mais hélas, le ''phénomène ''milices''... qui a engendré une insécurité, depuis août 2016 freine et obstrue cet élan)... Après cette remarque, et avant qu'on en arrive aux urnes, épinglons ce que « *Africa Liberté* » n°17 du lundi 12 février 2007 nous laisse lire en exergue, à sa page 3, nous lisons ceci :

Election des gouverneurs dans les deux Kasaï

« La Cour suprême de justice déclare la requête de la CEI irrecevable pour défaut de qualité. La loi ne reconnaît pas la CEI comme partie. La Commission électorale n'est pas candidate au poste de gouverneur pour pouvoir contester l'éligibilité des candidats Alex Kande Mupompa et Dominique Kanku. Cet échec de la CEI : ses juristes. L'opinion publique se demande où serait passée la partie requérante (CCU, de Mende O.) qui a initié ce dossier... Difficile à répondre. '' Sé'' Jonas Tshiombela K.'' »... Qu'à cela ne tienne. La même source porte à notre connaissance, la Décision n°009/CEI/Bur/07du 09 février 2007, portant modification de la Décision n° 0071/CEI/Bur/07 du 20 janvier 2007 relative l'élection des Gouverneurs et Vice-gouverneurs dans les provinces du Kasaï-Oriental et du Kasaï-Occidental, en ces termes :

« Le Bureau,
Vu la Constitution...
Vu...
Vu..., [625]
Considérant les Arrêts numéros RCE/ADP/010 et RCE/ADP/012 du 9 février 2007 de la Cour Suprême de Justice déclarant irrecevables les appels relevés contre les Arrêts numéros RCDC 001 et RCCE 001 rendus respectivement le 26 janvier 2007 et le 3 février 2007 par la Cour d'Appel de Mbuji-Mayi et par la Cour d'Appel de Kananga ;
Considérant les éléments de réponse réservés aux lettres de la CEI n°028/CEI–rdc/CAB-Prés./07 du 25 janvier 2007 invitant respectivement le Mouvement de Libération du Congo et l'Union pour la Nation à évaluer leurs candidatures aux postes de Gouverneur et de Vice-gouverneur dans les provinces du Kasaï- Oriental et du Kasaï-Occidental, conformément aux Art. 10 de la Constitution ainsi que 9 ; 16 alinéa 2 et 161 de la Loi n°06/006 du 9 mars 2006 portant organisation des élections présidentielles, législatives, provinciales, urbaines, municipales et locales, traitant le cas d'inéligibilité ;
Considérant que ces éléments de réponse et les pièces en annexe méritent un examen qui n'est pas de la compétence matérielle de la CEI ;

[625] Les textes au regard des différents ''Vu...'' sont en rapport avec l'identification et l'enrôlement des électeurs ; l'organisation des élections présidentielles et législatives ; l'ouverture de l'inscription des candidats aux élections des sénateurs, gouverneurs et vice-gouverneurs ; à la prolongation de l'inscription ; à la publication de la liste provisoire et au calendrier électoral.

Considérant l'importance de conduire le processus électoral à bonne fin, dans les délais et selon le calendrier en vigueur (ce qui est très noble et très bénéfique à la population qui croupit dans la misère depuis des décennies) ;
Vu la nécessité et l'urgence ; après débat et délibération du Bureau de la Commission Electorale Indépendante au cours de sa réunion du 9 février 2007 ;
L'Assemblée plénière en DECIDE :
Art. 1er : L'élection des Gouverneurs et Vice-Gouverneurs dans les provinces du Kasaï-Oriental et Kasaï-Occidental est fixée au jeudi 15 février 2007.
Art. 2 : La campagne électorale relative à la présente élection s'ouvre ce samedi 10 février 2007 et prend fin le mardi 13 février 2007.
Art. 3 : Sont abrogées toutes les dispositions antérieures et contraires à la présente Décision qui entre en vigueur à la date de sa signature.

Pour le Bureau, **Abbé Apollinaire Malumalu M.**
Président ».

Oui, à un moment, il faut savoir faire appel à la conscience et honorer sa personnalité. Cela a été très louable de la part du Bureau au lieu de continuer à tergiverser (ce qui n'aura été qu'un des points inscrits à son Passif, par rapport au volume du travail que la CEI, avec à sa tête, le ''pauvre'' Révérend Abbé Apollinaire Malumalu, a abattu après tout)... Il restait aux « grands électeurs » que sont les députés provinciaux, d'aller dans le sens du choix fait par le peuple dont ils ont reçu mandat, mais les choses ne sont pas allées comme souhaité... Et avant de continuer, comprenons ce qu'est :

La campagne électorale

Celle-ci est justement ce temps imparti aux candidats, au cours duquel chaque candidat — avec ou sans sa base (cela dépend) cherche à convaincre son électorat, par sa prestance, par sa personnalité ; en rappelant ses prestations antérieures, en le convainquant de son plan d'action et surtout des tenants et aboutissants de ce plan ou ses moyens d'action.

La campagne c'est la période au cours de laquelle les électeurs (dans notre cas, nos 54 députés provinciaux, devenus ''électeurs'' pour choisir le gouverneur et les sénateurs) ''mûrissent'' les candidats ; les pèsent et les repèsent en termes d'avenir et d'efficacité, en termes d'amour que ces candidats portent pour la province, en termes d'intérêts de la province dont ils recevront mandat pour défendre, mais également en termes de conscience tranquille et apaisée vis-à-vis de la population — pourquoi pas — et vis-à-vis du candidat...

La campagne étant ainsi ''définie'', les électeurs — dans notre cas nos 54 frères et sœurs députés — devaient avoir une conscience non chargée et surtout après avoir promis chacun, « main sur le cœur », de réserver sa voix à... Oui, nous savons que « *le choix est cornélien, l'on doit choisir entre un ami, un frère, entre condisciples* », nous dit Mokolo wa Mpombo in ''*Monuc Magazine*'' de Juin 2006, p. 13, et qui continue en disant ceci :

« *l'on peut opérer un choix de cœur, un choix de raison ou simplement vous avez en ligne de mire l'intérêt général* ». C'est ce choix que nos frères et sœurs devaient opérer. Ils devaient se mettre ensemble pour « penser province » ; surtout au regard de l'art. 3 de la constitution, et construire par l'alternative cette équation :

''Province = 54 députés provinciaux'' ou cette autre :

''Province du Kasaï + Province du Kasaï-Central = 6 circonscriptions + 6 circonscriptions = 12 circonscriptions = 54 députés provinciaux''.

Voilà que nos frères et sœurs sensés nous représenter ; sensés traduire nos aspirations, ont eux, raisonné en termes de plates-formes ; eux ont vu « Union » et « Alliance » au lieu de voir province, et cela, à cause des promesses... Et beaucoup ont ainsi chargé leur conscience. S'ils avaient été sincères, ils n'allaient pas se livrer à ce jeu-là. Mais que nos mandataires sachent que ceux dont ils ont reçu mandat — le peuple — ne sont pas bêtes. Ce peuple qui n'est pas dupe, sait aussi analyser leur comportement. Et selon les évaluations faites au sein des deux camps, il devait y avoir eu des alternatives ci-après, après ce scrutin (de 2006) de 26 voix ''Union'' et 28 voix ''AMP'' :

1) pour l'Union[626]

S'il y a eu une défection de 2 voix dans son camp, cela aurait entraîné cette opération : 24 – 2 = 22. Et puisqu'il y a eu une voix effective ex « indépendant » et une autre voix effective ex « cooptation » (c'est-à-dire un chef coutumier), cela a dû faire : 22 + 2 = 24.

Ainsi, pour arriver à totaliser 26 voix, l'Union doit avoir repêché du camp adverse 2 autres voix ! Ce qui doit avoir été très probable... Une autre hypothèse :

L'Union s'est fidélisé ses 24 députés, bien. Si elle avait gagné à sa cause ne fut-ce que 1 député ''Indépendant'' et 4 députés ''chefs coutumiers'' (les constats en étaient prometteurs), elle se retrouverait avec 29 voix ; tandis que les 25 autres voix (54 – 29) feraient le lot des composantes de l'AMP — c'est-à-dire : PPRD, RCD, PALU, ... Or les choses ne se sont pas produites

---

[626] L'Union pour la Nation (incarnant l'opposition) et l'Alliance pour la Majorité Présidentielle sont deux plates-formes nées un peu avant l'envol des législatives et présidentielles de 2006.
Interrogé pourquoi cette prolifération des forces et familles politiques préélectorales ; interrogé sur le rôle des forces de coalition ou plates-formes politiques naissantes en RDC, **Mokolo wa Mpombo** avait répondu qu' « il faut qu'il y ait formation des regroupements politiques pour faciliter l'élection présidentielle et un programme commun pour gagner ». Il trouve normal qu'à la veille des élections, il y ait des restructurations et des déstructurations qui sont nécessaires dans la vie politique et dans toute démocratie saine ». — cf. Monuc Magazine, o. c. p. 13.

ainsi… Mais que l'une ou l'autre de ces deux alternatives ait été prise en compte, au moins quatre chefs traditionnels n'auraient tenu à leur engagement et pourtant, ces frères-là viennent de la noblesse — ***« m'Bamfumu, ba mfumu ba kâbukulu », « Bakalenga ba Nkashama[627] », donc « Bantu ba mikenji, ba mikanyi, bapidi ba majanyi »… !***

En plus, la cooptation leur a conféré la députation, une autre dignité qui elle, est précédée du vocable « *Honorable* », donc un attribut de respectabilité !... Et ce manque de culture de la parole donnée se serait également trouvé dans le chef de quelques autres députés, messieurs et dames confondus !... Posons-nous alors cette question : pourrait-on confier une mission d'Audit à des parlementaires de ce genre et en attendre un rapport véridique, fiable ?... Enfin, c'est un problème de morale, éthique obligée !...

2) pour l'AMP[628]

Ici, les analystes pensent que le PPRD (pièce maîtresse de cette plate-forme) et les partis de son obédience, le RCD ainsi qu'autres indépendants s'étant ligués pour les besoins de la cause, auraient pu produire une machine coriace capable de terrasser le camp adresse, non par 28 voix contre 26 mais bien au-delà ! Comme ce fut le cas à Mbuji-Mayi où l'AMP (mieux « la province ») s'est arrogé 51 voix — c'est-à-dire presque tous les électeurs derrière Alphonse Ngoyi Kasanji) contre 13…

Parlant « Kananga », nous dirons que non seulement le candidat perdant (un challenger de taille) est sorti tête haute, mais aussi, le portail de sa résidence — 387, Av. Inga — était resté grandement ouvert pour recevoir la population qui venait lui exprimer sa déception, pensant remonter son moral, alors qu'Alex restait serein… Et comme la vérité est têtue… Kande deviendra chef de l'Exécutif provincial, plus tard…

Enfants du Kasayi et en particulier du Kasaï (jusqu'alors) Occidental, nous vous faisons remarquer que tout ce que nous venons d'épingler, n'est qu'une modeste leçon devant nous aider à porter des corrections là où il en faudra…

Aussi, ce qu'a écrit Lamartine en son temps, s'ajoute-t-il à cette leçon ? Lisons :

''La première élection au suffrage universel''

Au lever du soleil, les populations recueillies et émues de patriotisme se formèrent en colonnes à la sortie des temples, sous la conduite des maires, des curés,

---

627 ''Bakalenge'' : pluriel de ''mukalenge'' c'est-à-dire ''seigneur'' — ''nkashama'' = léopard ; par ''Bakalenge ba nkashama'' est un des attributs des chefs coutumiers, car ces chefs traditionnels prennent souvent comme symbole de leur pouvoir le léopard : un animal fort, puissant, ferme et résolu. Et lors de l'intronisation, le chef coutumier reçoit des mains du garant du pouvoir la peau de léopard, s'y assoit ou y pose ses pieds…

628 Alliance pour la Majorité Présidentielle qui deviendra MP (Majorité Présidentielle).

des instituteurs, des juges de paix, des citoyens influents, s'acheminèrent par villages et hameaux aux chefs-lieux d'arrondissement, et déposèrent dans les urnes sans autre impulsion que celle de leur conscience, sans violences les noms des hommes dont la probité, les lumières, la vertu, le talent et surtout la modération leur inspiraient le plus de confiance pour le salut commun et pour l'avenir de la République. Il en fut de même dans les villes ». — Lamartine, Histoire de la révolution de 1848 (in ''Espace Européen'')...

Revenant à « Election d'un Gouverneur », nous irons retenir que tout pouvoir vient de Dieu (Jn. 19,11a ; Col. 2,10) ; qu'il n'y a pas d'autorité qui ne vienne de Dieu » (Rm. 13,1 et 1P. 2 ; 13-14)... Des félicitations ont été présentées au nouveau gouverneur et le peuple avait attendu voir le chef de l'Exécutif s'atteler à répondre à ses attentes...

Le gouvernement « tresor Kapuku Ngoyi »

Avant que celui-ci ne soit formé, l'on verra le gouverneur Trésor KAPUKU et son vice Hubert MBINGHO M'VULA aller vite en besogne (''il faut que les affaires courantes soient expédiées''... vous comprenez...) ; les ministres de ce gouvernement ne seront désignés que trois mois plus tard et la représentativité conformément à l'Article 198 n'aura pas été respectée (les Territoires de Dimbelenge et Kazumba se retrouveront dans la direction du cabinet et parmi les conseillers). Voici leurs noms, en regard de leurs fonctions :

1) Territoriale et sécurité : **Bokele Serge**/ Dekese
2) Aménagement du Territoire : **Muntu Jérôme**/Luiza
3) Développement du Territoire, Agriculture, Pêche et Elevage : **Musangana Mayi Johnny**/Dibaya
4) Budget, Planification et porte – feuille : Mme **Ngalulu Astrid** /Tshikapa
5) Economie, Finances, Industrie, Petites et Moyennes Entreprises (IPMA) : **Bashiye Lubukayi** /Dimbelenge (puis Mutambayi François/Dibaya) ;
6) Education, Culture, EPSP, ESU, Recherche Scientifique, Jeunesse, Sports et Loisirs, Information et Presse : **Mbengele Alidor**/Mweka (il est également porte – parole du gouvernement provincial) ;
7) Santé publique, Condifa, Affaires sociales et humanitaires : **Dr. Ntumba Tshitoko**/ Luebo
8) Mines, Hydrocarbures et Energie : **Ndambo Laurent**/Ilebo
9) Transports et communications, Echanges Commerciaux, PPT et Technologie de l'information : Mme **Tshiaba Pasua Nzambi Chantal**/Demba
10) Travail, Prévoyance sociale, Fonction publique et Inspection du travail : **Kande Mpanda M. Emmanuel**/ Demba.

Le Secrétariat général du gouvernement sera confié à **Ignace Mfwamba,** un ancien notable natif de Demba. (Depuis le décès de celui-ci, ce poste restera vacant... C'est Mme **Innocente Bakanseka** nommée par Kande Mupompa qui l'occupera depuis 2013 puis deviendra Ministre de la Santé et Porte-parole du gouvernement). Et voici la composition du Cabinet :

- Le Cabinet du Gouverneur (Dircab et Conseillers) :
- Directeur de cabinet : Prof. **Wetu Becker** /Dimbelenge
- Conseiller spécial : **Epeko Monga Nkasi Damien**/Dekese
- Conseiller juridique : **Kayembe Kamuena Bantu**/Dimbelenge
- Conseiller en Questions politiques : **Makita Mfwamba Martin**/Kazumba
- Conseiller aux Finances, Economie et Budget : **Mutambayi François**/Dibaya
- Conseiller en Développement : Mme **Mbokashanga Bushabu**/Mweka
- Conseiller aux Affaires sociales : Mme **Ngondo Basuakuamba Marie** – L. /Kananga (Kanyuka)
- Conseiller à la Santé et Assainissement : Mme **Ilenda Kiena**/Ilebo
- Conseiller en Infrastructures et Aménagement : Mutshipayi wa Bibola/ Kazumba
- Conseiller aux Mines et Energie : **Balabebe Kevain**/Dimbelenge
- Conseiller aux Echanges et à la Coopération : **Kalombo Kabantu**/Tshikapa
- Conseiller Coordonnateur d'Etudes : **Kadiebwe Tshidika Laurent**/Dibaya
- Secrétaire de cabinet : **Malubungi Victor**/Dibaya

- Les chargés de :
1) Politique et Institutions : **Sekelayi Bijimine Floribert**/Dibaya
2) Développement, Economie et Coopération **: Ivan Merlein**/Belge
3) Missions près le Vice – gouverneur : **Mwangu Nsamb Benjamin**/ Tshikapa
4) Questions sociales : **Tshimanga Mpanda**/Demba.

Quelle pléthore ! Et pour quel Budget... En outre, beaucoup de ces ''animateurs'' tombent d'en haut c'est-à-dire sont nommés et/ou envoyés par Kinshasa et partant, n'obéissent qu'à leur *''autorité morale''* ou *''famille politique''*…

2.2. Une motion de défiance…

Comme pour introduire la motion de défiance à charge du gouverneur KAPUKU — intervenue dix jours après la communication de la composition de son cabinet, ***Miroir du Kasayi*** apparaissant à Kinshasa laissait lire à sa page 31 de son Edition n°00 du 15 juillet 2007 laissait lire à sa page 31 : « *l'Histoire ne se répète qu'à Kananga* »… En effet, cette triste histoire de querelle entre l'Assemblée provinciale et l'Exécutif provincial n'est pas à sa première apparition. Cependant, lorsque nous interrogeons l'histoire sur les faits, et/ou motifs évoqués par l'Assemblée provinciale d'alors pour rédiger la motion contre le gouverneur MUKENGE en 1962 (voir plus haut), nous trouvons qu'ils ne sont pas les mêmes que ceux ayant fait l'objet de la motion l'Assemblée provinciale réunie en session extra-ordinaire, plus exactement le 7 juin 2007, pour « en finir » avec le gouverneur KAPUKU, alors que celui-ci se trouvait être « en mission » à Kinshasa... Avant de continuer, prenons connaissance de ce qu'avait relaté « *Miroir du Kasai* » :

« Pour la petite histoire, au plus fort des pillages qui avaient suivi le départ des Belges (...), le gouverneur Mukenge, ahuri d'apprendre que l'on s'adonnait à cœur joie à ces actes de vandalisme, avait décrété l'arrêt de ces pillages ; en chargeant le président de l'Assemblée Modeste Badibake et le Maire de la ville, Emile Mulumba Diulu [629], de verrouiller les immeubles, afin de protéger les biens qui n'étaient pas encore pillés. D'une part, le président de l'Assemblée en remplacement de Mr. Manono Dominique, par l'entremise de ses services, avait trouvé que l'opération était en soi assez juteuse (...), d'autre part, le gouverneur, informé du dérapage de l'opération, voulait voir le président de l'Assemblée s'expliquer sur ces forfaits commis par ses protégés. Mais celui-ci, conseillé par certaines personnes dans l'ombre se décidera de précéder l'événement... Profitant de l'absence du président provincial (c'était le vocable pour désigner le gouverneur de province au lendemain de l'Indépendance) le président de l'Assemblée montera une cabale contre le gouverneur et, réussira à lui opposer l'Assemblée provinciale : une motion de défiance fera tomber son gouvernement »...

Mais la victime, Mukenge Shabantu lui-même, nous a dit que cette séance le déposa, lui — au profit d'André Guillaume Lubaya — plus Kayembe Samuel (alors ministre des Finances)... Et « *Miroir du Kasayi* » de terminer son article en ces mots :

« Commencèrent alors à Kananga, les querelles de clocher et les opérations souterraines entre tribus sœurs. Celles-ci s'érigeront en camps hostiles et s'afficheront par des cloisonnements exploités, à fond, des décennies durant, ... (nous, nous ajouterons, jusqu'à ''la motion Kapuku'' et jusqu'où encore, hélas, mon Dieu !)... par les vendeurs du vent, chacun songeant beaucoup plus à son positionnement politique et aux prébendes qu'à la Province ».

Nous vous faisons remarquer cependant que lorsque cet article du « *Miroir...* » a paru, son auteur (au bas de l'article) portait notre nom (Germain Mania), mais ce ne fut pas nous ! Quelqu'un à la Rédaction de ce journal et qui doit certainement nous connaître) aura laissé cette erreur (à dessein, pour se masquer ou garder son anonymat et pourquoi ?...)... Mais revenons à la ''défiance gouverneur Kapuku''. Oui, on y a parlé des griefs à sa charge entre autres ceci :

— manque d'égards à l'endroit de l'Assemblée provinciale ;

— des tournées ou rondes à travers la province sans en informer l'Assemblée, la Sécurité, idem pour les sorties à l'extérieur de la Province ;

[629]Nous vous ferons remarquer ainsi qu'à Miroir du Kasayi, qu'à cette époque le vocable ''Maire de la ville'' n'existait pas ici dans la nomenclature territoriale : celui qui exerçait cette fonction s'appelait Premier bourgmestre, et que Mulumba Diulu était encore Bourgmestre de la Commune de Ndesha. Nous recommandons ceux qui veulent lire cet épisode en long et en large de lire Malu a mu Kasayi, ouvrage rédigé par Mulumba Diulu lui-même.

— rejet du revers de la main des demandes d'audiences lui adressées ;

— refus de répondre au cahier des charges des élus du peuple (entendez l'Assemblée provinciale).

Toutefois, griefs fondés ou pas fondés (cela n'est d'ailleurs pas l'objet de notre ouvrage), ne peut-on pas se demander si l'action initiée (entendons la rédaction de la motion) n'a pas été une besogne vite faite ?... Souvenons-nous que Mukenge Shabantu a su se défendre et refaire surface (et il n'était alors qu'''un corps enseignant'' de son état)... A plus forte raison, celui dont on voulait faire « l'infortuné » — Trésor Kapuku — juriste de formation, allait certainement et vite, recourir aux textes, son ambition, sa dignité et son honneur se trouvant entamés !... Aussi, allait-il être soutenu par son parti et pas un petit, le RCD (un '' allié '' au pouvoir), celui-là même qui avait tout mis en œuvre pour que Kande Mupompa ne passât gouverneur en 2007 ! ..., mieux dit, pour que la province ne revînt à MLC comme à l'Equateur chez le gouverneur Makila du MLC (présentement ministre des Transports/Gouvernement Tshibala Nzenza) !

Mais c'est aux textes surtout, notamment à l'Art. 198 que revenait le privilège de trancher ou de départager. Il y est stipulé entre autres :

« le Gouverneur et le Vice-gouverneur sont élus pour un mandat de cinq ans renouvelable une seule fois par les députés provinciaux au sein ou en dehors de l'Assemblée provinciale ». (Notons que Kapuku venu de la députation nationale s'y est fait remplacer par son premier suppléant Mulamba alias *Mitterrand*). Cet alinéa continue :

« Ils sont investis par ordonnance du Président de la République. Avant d'entrer en fonction, le Gouverneur présente à l'Assemblée provinciale le programme de son gouvernement ». (Ici le texte ne dit rien à propos du délai imparti au gouverneur élu pour la présentation de son programme ; d'où l'inquiétude qui a animé les membres de l'Assemblée !). Et l'alinéa se termine par ceci : *« Lorsque ce programme est approuvé à la majorité absolue des membres qui composent l'Assemblée provinciale, celle-ci investit les ministres »...*

L'on se posera alors cette question : les ministres désignés par Kapuku jouissaient-ils de l'investiture lors de la motion ?... Une autre question : l'Assemblée était-elle dans la légalité ? A vous d'en juger ! Mais est-il que, Kapuku Ngoy fut maintenu gouverneur !... *Ba Nyika bâkamba ne : « muntu mupîle ùtù wâbinga biandi »* — nous traduisons : Et nos ancêtres de dire : « l'incriminé peut (un jour) se racheter et se faire reconsidérer ».

Qu'il fut « *mupîle* » (= incriminé), nous ne l'avons pas dit ; mais il aurait été tenu pour tel... En conséquence, il devait, par la suite, prouver que l'on s'était trompé de cible. Bien qu'accusé faussement, il reste un fils de la province sur qui compter ; un « mandataire » qui n'accordera pas la place aux machinations sourdines que créent des forces obscures et plus avisées, qui ne sont là que pour affaiblir l'homme du Kasaï par des divisions ; pour exploiter sa naïveté, afin de déstabiliser le Kasayi ; de jeter et tenir le KASAYI dans la médiocrité… Mais (la) suite il y en aura…

Le peuple qui a souhaité voir son gouverneur s'atteler — en synergie ou étroite collaboration avec ses élus (l'Assemblée provinciale) — aux travaux devant amener à la transformation de la province, le peuple verra le gouverneur s'arroger les ¾ des membres de l'organe délibérant qui iront au jour le jour, fermer les yeux sur les bévues de l'autorité provinciale. Ces forfaits ainsi que le comportement de nos députés provinciaux (ceux-là mêmes sensés contrôler, reprendre et sanctionner le chef de l'Exécutif) auront été (et resteront) des actes de trahison du peuple Ouest-kasaïen… En effet, le ''forfait de Luandanda'' ayant été l'heure indiquée pour une motion à charge du gouverneur, l'on a vu l'Assemblée provinciale (plutôt ceux que le peuple du Kasaï-Occidental a choisis pour le représenter et défendre ses intérêts), se taire !…

Puis il y eut d'autres forfaits dont l'affront à l'endroit du Vice-gouverneur M'Bingo ainsi que celui infligé à un agent ''Quin-Med''. Et Nos députés continueront à s'illustrer par leur grand silence ! N'avaient-ils pas en leurs mains une procédure — pour mettre la *''persona non grata''* loin de la *''res publica''* — une motion de défiance ?... Non, ils ont attendu que le pouvoir central fasse leur travail.

Oui, après que le pouvoir central eut reçu le pouvoir de limoger un gouverneur de province (pourtant ayant été porté à ce poste par voie élective) — mécanisme mis en place lors de la révision de la Constitution[630] (le 20 janvier 2011) — (le gouverneur) Trésor Kapuku recevra une notification mettant fin à son mandat de gouverneur, et ce, depuis le mercredi 23 février 2011 ; et l'on ne sait pas exactement si c'est ''la démission'' qui a précédé la notification ou vice versa. Toutefois, l'autorité compétente en était arrivée à cette conclusion en ayant tenu compte du rapport du Vice-ministre de l'Intérieur, Adolphe **Lumanu Mulenda Buana Nsefu**, dépêché à Kananga pour recueillir les avis des groupes politico-socio-professionnels de la province sur ce dossier brûlant de l'heure. — cf. l'*Eveil* n° 489 du 24 février au 2 mars 2011, p. 2 qui a traité le gouverneur Kapuku de ''têtu comme une mule (…)''.

Et l'*Eveil* d'avoir renchéri : *« Si Kapuku nous avait écoutés dès le début de son mandat, il ne serait pas noyé dans les égouts comme l'ont précipité les vautours et autres lèche-bottes autour de lui »* — idem. Et la fin du mandat est devenue effective dès réception de sa lettre de démission… La CENI (Commission Electorale Nationale Indépendante — nouvelle structure ayant remplacé la CEI) se mit alors à pied d'œuvre pour recevoir les candidatures et procéder à l'élection d'un autre gouverneur, élection prévue

[630] La constitution promulguée le 18 février 2006 a subi quelques modifications notamment huit articles dont l'article 71.

pour le 18 avril 2011, afin de combler le vide juridique, jusqu'aux législatives de novembre 2011... A suivre...

Mais avant d'en arriver à la Direction de Province, nous avons le devoir d'informer l'opinion qui l'aura oublié, qu'un ''Gouverneur de province'' n'est pas n'importe qui ! Pendant la Colonie, ce fut la plus haute charge administrative que confiait l'Administration (territoriale) en province. Donc, ce personnage — le gouverneur de province — reçoit les honneurs militaires et à sa voiture flotte le drapeau national (ce auquel n'ont pas droit d'autres sommités de la province et même les ministres du gouvernement central, et cela parce que lui représente le Chef de l'Etat en province. Donc, nous sommes avertis.

2.3. La direction de province

Dans sa lourde tâche de l'Administration de la province, le Gouverneur de province était épaulé par le Directeur de province (autrefois appelé) Commissaire provincial). Le dernier Commissaire provincial Belge fut Mr. Henroteau et Mr. Simon Pierre Tshibuyi alias *Monsengwo* est le dernier fonctionnaire qui a été en charge de la Direction de province. Tous ceux qui jusque-là ont assumé cette fonction ont été nommés Inspecteurs principaux de la Territoriale. Notons que jadis, le Directeur de province, tout en coordonnant le fonctionnement de l'appareil administratif de la province, assumait l'intérim de l'Autorité provinciale lorsque le Gouverneur est empêché, et son vice l'étant également.

Depuis le retour de l'Exécutif provincial (« à dix ministres pas plus »'), c'est le ministre de l'Intérieur qui en principe expédie les affaires courantes (mais le gouverneur peut laisser cet intérim à un ministre autre que celui ayant en charge l'intérieur. Notons également que Simon Tshibuyi est l'exemple d'un fonctionnaire tous azimuts ; en effet nous sommes témoins de la patience, obéissance, serviabilité, courage et que sais-je, vertus dont il a fait montre à travers les charges de l'Agent de Bureau ; de Chef de Protocole d'Etat ; du Commissaire de Zone-Assistant ; de Commissaire titulaire (même en Territoire éloigné, Dekese) ; de Maire de la Ville de Kananga.

2.4. Les divisions provinciales

Nous ajouterons qu'autour du gouverneur de province s'articulent également les chefs de Divisions provinciales qui sont en fait, des chefs de départements techniques d'appui à l'autorité provinciale. Avant d'en arriver à ce vocable, c'était des ministres provinciaux. Sont Chefs de Divisions en ce moment de la rédaction de l'ouvrage, les nommés ci-dessous en regard de leurs Divisions :

1. **Agriculture** : Musawu Akatany Oruye/ Mweka
2. **Affaires Foncières** : Odia Claudine/Kazumba (en poste après Kankonde qui avait relevé Théodore Kanshingu)
3. **Affaires Sociales** : Mme Bilonda Kasanda (première Dame Chef De Division en Province)/Lukonga
4. **Anciens Combattants** : Ilunga Badibanga/Demba
5. **Budget** : Pollycarpe Walukonka Tsh./Dimbelenge
6. **Cadastre** : Mukeba Kapambu/
7. **Commerce Extérieur** : Kabasele Longo / Demba
8. **Condifa** : Kelendende D./Luiza… Presentement C'est Mme Ndaya Chantal
9. **Culture et Arts** : Kabasele Mafwata/Dibaya
10. **Droits Humains** : Ngalamulume Katumba/ Dibaya
11. **Economie** : Tshimbamba Katumba/Kazumba
12. **Energie** : Gabriel Mupenda/Dibaya
13. **Envirronement et Conservation de la Nature, Eaux et Forets** : Julien Kweto/Ilebo
14. **Epsp** : Nestor Ntumba Ndaye/Dibaya
15. **Finances** : Mutombo Mutoke/Dibaya
16. **Fonction Publique Active** : Kabongo Yombo/Dibaya
17. **Fonction P. Passive** : Mputu Kabeya/Kazumba
18. **Hydrocarbures** : Kayembe Mutombo/Luiza
19. **PMEA** : Luaba Kam – Kay/Dibaya
20. **Intérieur et Securité** : Tshitende M./Kazumba
21. **Jeunesse** : Lumana Bilolo/Demba
22. **Justice et Garde des Sceaux** : Raymond Samasaka/Luiza
23. **Meteo** : Martin Mukanda Kabanze/Demba
24. **Mines** : Bamwe André/Ville de Kananga (Kanyuka)
25. **Percivil** : Kitenge/Demba
26. **Plan** : Bitema Mbwanya/Dibaya
27. **Postes et Télécom** : Ilunga J./Kazumba
28. **Presse et Info** : Maurice Mbala Mupemba /Lukonga
29. **Prévoyance Sociale** : Kadiebwe/Demba
30. **Inspection du Travail** : Maximilien Kabesa/Dibaya
31. **Santé** : Dr. Mulamba (Mip : Médecin Inspecteur Provincial)
32. **Sports et Loisirs** : Katumbisa Mubi Wa Mbombo/Kazumba
33. **Tourrisme** : Kabuabua Bashikilayi/Dibaya
34. **Transports et Communications** : /Kabinda
35. **Travaux P. et Infrastuctures** : Mande L./Kazumba
36. **Urbanisme** : Charles Mukinayi Kazumba/Mweka
37. **Travail** : Makinda Emmanuel/Ilebo
38. **Habitat** : Shamatshieyi /Mweka

Les Territoires à côté des noms des Chefs de Division sont ceux dont ils sont natifs. Et notons qu'avec le retour du Gouvernement provincial, une harmonisation a dû s'imposer entre les attributions des ministres provinciaux et celles des chefs de Divisions, qui du reste sont d'un appui non négligeable aux ministres et leur restent des collaborateurs attirés.

Pour mémoire de 1950 à 1952, le Gouvernorat de province a fonctionné dans le Bâtiment qu'occupe présentement l'Inspection Provinciale/Etat-Major de la Police Nationale Congolaise (PNC), à côté du Stadium de l'Espoir, en diagonale avec ce que fut Hôtel Pax (présentement un « Détachement de l'I.M.C.K [631] »).

Entre 1952 et 1954, le Cabinet du Gouverneur ; le Secrétariat provincial ainsi que les diverses directions provinciales jusque-là disséminées à travers la Ville déménageront vers ce bijou qu'est l'actuel Bâtiment Administratif : le célèbre « *''ku Batima '', kudi bena tuzaku ne bena maneta bituilangane* » (nous traduirons : «'' Au Bâtiment'' où fourmillent fonctionnaires, agents et travailleurs confondus, aux vestes de tous genres et portant d'imposantes paires des lunettes) ». Et dans la culture locale, ces deux ports (vestes et lunettes) symbolisent à la fois le pouvoir ou l'autorité à ses différents échelons, le savoir, l'intellect. Les deux symboles toujours dans l'entendement ou culture du milieu, appelleraient au respect et à la crainte. Ah !... A propos des « lunettes » : un oncle paternel, commis à l'intérieur de la province, nous racontera la petite histoire que voici :

« Un Blanc de la Colonie donnera la tâche à une équipe d'indigènes qu'il surveillera pendant un temps. Le soleil du jour ayant été une véritable canicule, le Blanc s'éloignera du lieu de la corvée pour aller s'abriter sous un chêne, un peu plus loin de là ; mais il aura pris le soin d'ôter ses lunettes (verres fumés communément appelés « anti soleil » qu'il déposera discrètement en regard des tâcherons. Ces derniers, dès le départ de ''Mutoke'' — entendez ''le Blanc'' — arrêteront le travail pour prendre le souffle... Mais lorsque l'un d'eux découvrira la présence de cette paire des lunettes et le fera remarquer au groupe, chacun avait été convaincu que sa passivité était bel et bien repérée par les deux yeux du Blanc, et tout le groupe se remit à la besogne, avec plus de vigueur, malgré l'absence du ''Kumanda'' » — lisez ''Commandant '' (entendez ''le Blanc'') »...

Revenons au Bâtiment Administratif de Kananga (qui est le Siège-même de l'autorité provinciale), pour signaler que cet édifice n'a pas son pareil en d'autres provinces. En effet, en plus des cabinets du gouverneur et vice-gouverneur, de la salle des réunions avec 180 places (mais qui a également servi de cadre pour les plénières de l'Assemblée provinciale parce que,

[631] IMCK : Institut Médical Chrétien du Kasaï, un complexe médical comprenant un Hôpital de Référence, une formation des Infirmières et Infirmiers A 2 (internés), des résidences pour Médecins, un ISTM, un Centre nutritionnel, une Centrale hydroélectrique sur la Lubi et une Morgue et dont le gros des services ainsi que l'Administration centrale sont à Nkonko (à 20 km du centre Ville de Kananga) — site autrefois appelé ''Tshikaji'' du nom de l'ancien chef coutumier d'avant 1960.

rappelons-nous, le bâtiment qui fut le sien et qui abrita les travaux ayant produit « **la Constitution de Luluabourg** » en 1964 ayant été vandalisé), ce bijou abrite aussi quelques Divisions provinciales.

Vous trouverez dans l'enceinte même du Bâtiment Administratif, un immeuble au style très ancien, qui servit de résidence des chefs de Territoire de Luluabourg puis de Division provinciale de Tourisme, mais où fonctionne présentement la Bibliothèque Nationale. Et les Divisions qui fonctionnent en dehors du Bâtiment Administratif sont :

— la Division de la Culture et Arts (à côté de l'Immo – Kasaï/Rond – point) ;

— la Division des Travaux Publics plus celle des Droits Humains : dans le même bâtiment que la Direction de l'Office des routes, non loin de l'Hôtel de Ville ;

— la Division du Plan : non loin de l'hôtel Amika (ex Victory Hôtel) sur l'Avenue de la Concorde ;

— la Division des Postes, Télégraphes et Télécommunications (PTT) : au Rond-point ''ex Capelutto, présentement Rond-point du 17 Mai (date de renversement du régime Mobutu par Mzee Kabila) ;

— la Division de la Condition Féminine et Famille : en face de la Commune de Kananga et de la Station Mona – Luxe ;

— la Division des Anciens Combattants : sur l'Avenue Dibanda (ex-Commandant Descamps) ;

— Celle du Développement rural : en face de Tabacongo (et/ou BAT – *British American Tobacco*), sur l'Avenue du 20 mai [632] (qui fut anciennement ''Commandant Michaux'' et à sens unique : rien que la descente), à l'instar de l'Avenue De Macar (sens unique : montée) et cela pour décongestionner la circulation dans ce centre commercial, mais hélas présentement !...

— la Division de la Jeunesse : voisine de la Station *Mona – Luxe*, au coin des Avenues 20 mai et de la Mission.

Nous signalerons aussi que ces bâtiments abritant les Divisions que nous venons de citer ont été fichés par le programme « Rendre Espoir » du cabinet Claudel André Lubaya (alors gouverneur de province) pour leur retouche ; comme si ces travaux de remise en état (rafraîchissement des murs, renforcement de la toiture et réaménagement de l'immeuble de l'Education aussi appelé '' Division de l'Enseignement Primaire, Secondaire et Professionnel — EPSP — sur la ''Place de la Nation'' en face de la gare SNCC), n'attendaient que ce programme… Et tant que l'on est encore non

[632] Date à laquelle l'on commémorait la création du MPR (Mouvement Populaire de la Révolution), parti unique qui a soutenu le pouvoir de Mobutu plus de 30 ans et date qui ne s'efface pas facilement de la mémoire des Congolais ; la preuve est là : cette avenue continue à porter le nom de ''20 mai'' (bien que surnommée « avenue de la mort », car la mort n'est pas loin de quiconque l'emprunterait ; cette avenue étant réputée bondée de ''professionnelles vendeuses de plaisirs de mort'').

loin de l'EPSP — Place de la Nation — allons-nous omettre de signaler cet autre cachet qu'aura laissé le cabinet Lubaya au cœur de KANANGA ? Cela ne serait pas honnête de notre part, lorsque nous avons devant nous, ce modeste monument, qui contribue à l'embellissement de la ville ! (Rappelez-vous qu'un illustre patriarche, voir plus haut, a exhorté les siens à embellir Bruxelles !).

Cet ouvrage qui a été érigé en l'honneur de la Nation congolaise, il comprend :

— **une boule** ou un globe stigmatisant l'unicité, la cohésion, la conscience nationale, la solidarité, et ce globe est auréolé…

— **des palmes**[633] : prônant la paix et l'excellence ! En effet, ne devons-nous pas faire de notre pays, et en particulier de notre KASAYI, de notre KANANGA, « un pays plus beau qu'avant ! », ''une contrée de paix'' (en pansant nos plaies, en essuyant nos larmes, en réunissant notre courage après tout ce que nous avons vécu et enduré à travers le ''phénomène Kamuina'' — à l'instar de l'Allemagne, de l'Europe occidentale, du Japon…) ; et — **11 mâts** : auxquels ont flotté l'emblème national (représentant les 10 provinces de l'intérieur plus la ville-province de Kinshasa) et auxquels il vient d'être ajouté 15 nouveaux mâts (pour avoir 26 provinces), formant ainsi un même et un seul pays, la République Démocratique du Congo (mais sur qui pèse une menace récurrente ou cyclique de balkanisation). L'ordonnance en rapport avec la délimitation de nos 26 provinces a été promulguée le 21 mars 2015… Ici nous ouvrirons une parenthèse :

Ce site — délimité par la Gare de Luluabourg (actuelle **Gare de Kananga**), *Hôtel des Aviateurs* (présentement Immeuble EPSP), la Pharmacie *Cophaco* (immeuble occupé maintenant par *Roffe-Congo*) et la *SEDEC* (bâtiment ayant abrité l'Agence *C.A.A.* puis l'Agence *Air Kasayi…*) — aura fait couler de la salive ! Oui, dès que le premier coup de pioche pour son aménagement avait été donné par le gouverneur Claudel Lubaya implantant ''le chantier'' de l'actuelle « **Place de la Nation** », une opinion ira dénoncer « la profanation du lieu jusque-là considéré comme « sacré » ; lieu où résiderait « enterré » le « *Nkuembe* » ou « esprit » protecteur de la ville »… Pour les uns c'est une réalité pour les autres c'est un mythe. Mais qui les départagerait ?... La parole de Dieu ne nous recommande-t-elle pas de prier pour la ville… afin qu'elle connaisse la paix, qu'elle devienne prospère… ? En effet, il est écrit : « *Intercédez auprès de l'Eternel en faveur de votre ville, parce que votre bonheur dépend du sien* » Jérémie 29, 7. Aussi, n'est-il pas écrit : « *Si l'Eternel ne garde la ville, celui qui la garde veille en vain* » — Ps. 127,16.

---

633 Présentement, il est décerné aux meilleurs athlètes des médailles (or, bronze, argent), coupes, ballons et disques d'or ; dans les temps anciens (Rome antique…), il leur était décerné des palmes que l'on cernait autour de leur tête.

Mais veillons toutefois à ne pas perdre de vue qu'une dimension de la culture qui a conditionné toute la vie de nos ancêtres et qui est loin de s'effacer même en nos jours — cette séculaire culture considérée comme une des composantes du patrimoine nous légué par nos patriarches — est la dimension métaphysique et/ou spirituelle, traduite dans et par les rites...

Et ce que nos villes du Kasayi et en particulier nos communes de la Nganza, de Katoka ; Tshimbulu, Tshikapa, Luebo vivent depuis mars 2016 suscite de longues réflexions, un autre comportement et un autre ouvrage...

Voyons ce qu'a été l'organigramme de l'Administration du Territoire en province jusqu'avant l'entrée en fonction du gouvernement provincial tel que défini par ou au regard de l'Art. 198 de la constitution :

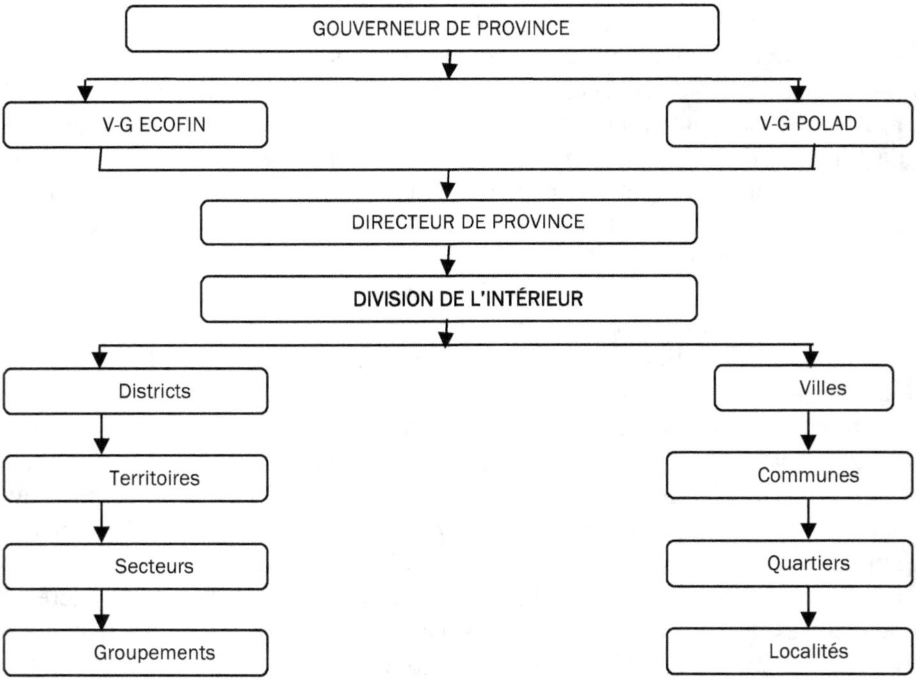

- - Ecofin : (en charge de l') Economie et des Finances
- - Polad : (en charge des affaires) Politiques et de l'Administration.

2.5. Les districts et territoires

2.5.1. Les Districts

Le Kasaï-Occidental compte jusqu'à ce jour, deux Districts :

- Le District du Kasaï avec Siège administratif Luebo (200 km de Kananga) ; et

- Le District de la Lulua avec Siège administratif Tshimbulu (117 km de Kananga).

Notons qu'en rapport avec le ''nouveau'' découpage (un premier avait accouché de 21 provinces), les Districts sont appelés à devenir des nouvelles Provinces. (Et l'on ira voir que le cas de Tshikapa comme chef-lieu en lieu et place de Luebo n'aura pas respecté le principe, idem pour Lodja et Lusambo).

2.5.2. Les Territoires

Cinq Territoires composent le District de la Lulua, à savoir :

— Demba (65 km de Kananga, sur rail vers Ilebo) ;

— Dibaya (129 km de Kananga) ;

— Dimbelenge (122 km de Kananga) via lac Munkamba ;

— Kazumba (100 km de Kananga via Pont Lulua et Matamba) ;

— Luiza (200 km de Kananga) ; que l'on peut atteindre via Matamba (après le pont Lulua ou via Kamponde (qui est sur rail vers Muene-Ditu).

Les cinq autres Territoires ci-dessous forment eux, le District du Kasaï ;

— Dekese (410 km de Kananga) via Domiongo ;

— Ilebo (400 km de Kananga, sur rail). Ilebo (anciennement Port **Franqui** — du nom d'un expéditionnaire), est le Terminus-même du Chemin de fer SNCC parti de Sakania (Lubumbashi – Kamina — Kananga) ;

— Luebo sur la Lulua (200 km de Kananga via Mbulungu sur la route Tshikapa) ;

— Mweka (244 km de Kananga) sur rail vers Ilebo ;

— Tshikapa : avec siège à Kamonia (340 km de Kananga). Notons que Tshikapa, l'ancien Territoire avait son siège à Tshikapa - même (situé à 265 km de Kananga) ; mais comme Tshikapa venait d'être élevé au rang de Ville, Kamonia (distant de Tshikapa de 75 Km) a eu le privilège de devenir Siège du Territoire).

Chacun de ces 10 Territoires — (la République en compte 145) — est subdivisé en Cités et Secteurs. Autrefois, sous la 2e République, les Secteurs étaient appelés « Collectivités ». Les Secteurs sont à leur tour découpés en Groupements et Chefferies et les Cités elles, en Quartiers. Notez que les Cités sont des agglomérations non encore érigées en Villes ou en voie de le devenir ; c'est le cas des Cités de Demba, de Bena-Leka, de Luiza, Kamonia..., tandis que les Districts qui autrefois appelés « Sous-Régions » dans la 2e République, ont rang de Ville. Notons que la République compte au total 145 Territoires.

Voici quelques Secteurs des Territoires de la Province du **Kasaï Central** : Bena Mamba ; Dibanda ; Dibatayi ; Diofwa ; Kafuba ; Kamuandu ; Kasangidi ; Kavula ; Kunduyi ; Lombelo ; Lubi ; Lubudi ;

Lukibu ; Lunsonge ; Mashala ; Matamba ; Mboyi ; Mbulungu ; Miao ; Muanza Ngoma ; Muswaswa ; Mutefu ; Tshibote ; Tshishilu ; Tshitadi…

Ceux qui suivent sont dans les Territoires de la **Province du Kasaï** : Bakwa Nyambi ; Kasadisadi ; Kasangidi ; Kasayi Luanga Tshimo ; Kasayi Kabambayi ; Kasayi Lunyeka ; Luebo Kabambayi ; Luebo Lulengela ; Luebo Wedi ; Tshikapa…

2.6. Les villes

Jusqu'en 2003, le Kasaï-Occidental ne comptait qu'une ville : **Kananga**, anciennement Luluabourg ; et depuis mars 2003 une agglomération a été élevée au rang de Ville, c'est **Tshikapa**.

2.6.1. La Ville de KANANGA

Les origines de la Ville de Kananga remontent à l'arrivée en octobre **1881**, dans le village de **Kalamba** Mukenge Matadi situé sur la rive gauche de la rivière Luluwa, du Dr Paul **Pogge** et Lieutenant Hermann von **Wissmann**, explorateurs allemands, pour compte de *la Deutsche Afrikanische Gesellschaft von Berlin.* Pogge y construit une station qui portera son nom. Il y reste pendant que Wissmann regagne l'Allemagne… Mais las d'attendre et malade, Pogge juge bon de regagner son pays, mais la mort le rejoint à Loanda. Revenu le 8 **novembre 1884**, Wissmann scelle la présence allemande sur les lieux en implantant (le 10 novembre) un campement toujours sur la rive gauche de la Luluwa, mais à 12 Km de la ''Pogge Station'' (en ruines d'ailleurs), campement qu'il dénomme « **Luluabourg** ». Ses porteurs (**''Bimbadi''** recrutés en Angola) donneront à ce site le nom de « *Malandji* » en souvenir de leur village natal.

En **1885**, l'E.I.C. — une Administration créée par le roi Léopold II après que ces terres qui deviendront le territoire congolais et dont fait partie « *Luluabourg-Malandji* » lui soient reconnues par les autres grandes puissances à la Conférence de Berlin comme ''propriété'' — (l'E.I.C.), par Décret Royal du **17 juillet 1885**), fait de ce site ou campement ''Luluabourg'' un **Poste d'Etat** faisant partie du District du Kasayi. Et depuis Luluabourg deviendra successivement :

— **Territoire** en **1913** par Ordonnance n° 168/2 du **28 novembre 1913** (relative à l'organisation du District du Kasaï — ces Districts avaient été créés au nombre de 22 par Arrêté Royal du 28 mars 1912) ;

— **Chef-lieu de Territoire** (des Lulua) par Ordonnance n° 77/S.G. du **22 septembre 1917**.

L'on notera qu'en **1925**, il y a la construction de ''Lulua-gare'' — une halte sur le Chemin de fer B.C.K. dont le tronçon **Port-Franqui** (présentement c'est Ilebo) – **Bukama** avait débuté en 1923. Et en rapport avec cette innovation, Tshijuka Kabongo dira dans son « Evolution économique et sociale dans la zone du rail au Kasaï (1928 – 1959) » —

Thèse de doctorat en Histoire, Université de Provence, Aix-en-Provence, 1978, p. 144 — que « C'est ainsi que **Kananga** fut l'émanation de l'implantation du rail. En effet, ce fut le rail qui a été l'agent actif créateur des agglomérations modernes au Kasaï » (cf. Préface in ''Les Dirigeants de la Ville de Kananga… '', o. c., p. II). Oui, **Tshijuka Kabongo** continue : *« Les gares du chemin de fer étaient des centres capables d'attirer une population nombreuse (…)… C'est ainsi que l'Ordonnance n° 78 du 22 juin **1927** a fait de l'agglomération s'étant créée de part et d'autre de Lulua-Gare une **''circonscription urbaine''** ».*

En **1928** le roi **Albert 1er** inaugure le Chemin de fer avec notre ''Lulua-gare''. Depuis cet événement, le site kanangais (traduit en Tshiluba par « *mpata'a Kananga* ») connaîtra une expansion démographique et socio-économique qui fera que l'on ordonne le **transfert de** l'Administration qui jusque-là avait son Siège à **Luluabourg-Malandji,** de cette colline aux dimensions réduites et située à une vingtaine de km du chemin de fer, **vers** le site kanangais.

Ce transfert est consacré par l'Ordonnance n° 31/AIMO du **21 mars 1932**. Et comme cette ordonnance parle de ''Lulua-gare'' alors que l'ordonnance de 1929 et bien d'autres parlaient de ''Luluabourg-gare'', il y eut confusion. Celle-ci sera dissipée par l'ordonnance n° 228 du **17 août 1935** dont l'Article premier désignait **cette circonscription urbaine** par le nom de « **Luluabourg** » — (Bulletin administratif, 1932, p. 190 ; 1935 p. 418 in Bakajika, o. c. p. V.).

En **1950**, il est créé la **Province du Kasaï** par **Arrêté du Régent** du **20 juin 1950** modifiant l'Arrêté Royal du 5 février 1935) et **Luluabourg** devient **Chef-lieu de** (cette nouvelle) **province** (en remplacement de Lusambo sur la Sankuru, cf. supra). Et déjà entre 1932 et 1948, il y eut de nombreux déménagements (tant de L'bourg-Malandji que de l'ancien chef-lieu Lusambo vers Luluabourg (à cause du Chemin de fer) et non par suite de cette victoire que remporta (en effet il y eut cette victoire de) l'équipe de football venue de Lulabourg, sur celle de Lusambo, en 1948 (l'épopée laisse entendre que les deux équipes avaient été mises en compétition en rapport avec le transfert du chef-lieu de province…).

En **1954**, Luluabourg est toujours chef-lieu de province et à la fois : Chef-lieu du District de la Lulua (qui sera transféré à Tshimbulu en 1966) ; Territoire et Chef-lieu de Territoire de Luluabourg (Ord. N° 21/427 du 8 décembre 1954).

En **1958**, **Luluabourg** est élevée au rang de **Ville** par ordonnance n° 12/357 du **6 septembre** 1958 du Gouverneur Général du Congo-Belge (voir le texte intégral ad hoc plus haut).

En **1960**, lors de l'accession du pays à l'indépendance, Luluabourg garde son statut de Ville (cf. Loi fondamentale du 19 mai 1960, et l'Ordonnance n° 67/177 du **10 avril 1967** respectera le même statut)…

En **1971**, de suite des mesures prises en rapport avec ''le recours'' et/ou ''la philosophie de l'authenticité zaïroise'' par le nouveau régime en place (depuis le 24 novembre 1965), **Luluabourg** devient **Kananga.** Et sur le plan territorial : la Ville de Kananga devient :

— Sous Région de Kananga (Loi n° 73/015 du 5 janvier **1973**) ;

— Sous Région Urbaine de Kananga (Loi n° 77/028 du 19 novembre **1977**), en rapport avec une décentralisation partielle du territoire ;

— Ville de Kananga (Ordonnance-Loi n° 82/006 du 25 février **1982**) — statut qu'elle garde jusqu'à ce jour (voir le décret-loi n° 081 du 2 juillet **1998**).

Cette Ville qui est sillonnée par plus d'une dizaine de ruisseaux dont Katoka, Lukonga, Lungandu (qui a donné son nom à l'Aéroport de Kananga), Malole, Muamba, Ndesha, Nganza, Ngoya, Tshibashi, Tshinsambi, Mpaji, Matete, aurait pu prendre pour nom l'un de ces cours d'eau comme c'est souvent le principe — cas de Lubumbashi, Tshikapa… (Ailleurs, un personnage qui se serait élogieusement distingué verra son nom, même à titre posthume, dédié à une localité — cf. Washington ; Ho Chi Min - Ville ; Aéroport Charles De Gaule…) ; mais on l'a baptisée « **Luluabourg** ».

« Si le mot Luluabourg tire son origine de la rivière Lulua, le mot Kananga fait l'objet de plusieurs spéculations dont aucune ne fait l'unanimité. Propos extraits du discours prononcé par Me **Mupondo** Mafundi, alors Maire de la Ville, le 25 juillet 1985, lors de la signature du Livre d'Or de la Ville par le gouverneur de Région, B. **Bangala** Basila, clôturant sa visite à travers la Ville de Kananga », cf. Bakajika, o. c., p. 41. Nous croyons que Wissmann devait avoir certainement prononcé ***Luluaburg*** (le **u** en allemand se prononçant comme **u** en tshiluba et/ou en français).

Et pour ce qui est de **Kananga,** nos investigations menées auprès des notables dont chef **Kabamba Kanyuka** (qui a tenu cela de son père) nous font savoir que le site sur lequel s'est érigé la Ville se nomme ***« mpata'a Kananga*** » entendez : ''plateau de Kananga''. Un homme du nom de **Kalubi**, un sujet des Bakwa Mbuyi, s'était isolé et habitait en solitude à l'endroit où il y a présentement l'entrée ou l'accès vers le Centre Kimbanguiste à Tshinsambi. Chasseur de son état, Kalubi disposait de grands stocks de gibier qu'il faisait sécher au feu comme au soleil, ce qui se traduit en Tshiluba par « *kunânga* » d'où son signalement « ***paa Kalubi ''Kananga (ka minyini)*** '' » entendez : chez le ''sécheur de gibier''… Nous n'allons pas polémiquer dessus…

La Ville, anciennement **Luluabourg** (de par l'ordonnance n° 12/357 du 06/9/1958 élevant également Bukavu, Coquilhatville et Stanleyville), s'appelle présentement **Kananga.**

Elle compte cinq Communes : ***Kananga, Ndesha, Nganza*** (cf. Arrêté n° 111/228 du 09/10/1958 du gouverneur de la Province du Kasaï — signé par le Secrétaire Provincial Mr Clerin — Arrêté qui avait aussi créé la Zone-

Annexe de Tshikaji) plus ***Lukonga*** (créée par élévation du Quartier Lumumba, l'un des Quartiers de la Commune de la Ndesha, en une Commune qui a pris le nom de Lukonga — cf. Arrêté n° 2072/032/CAB/INT/66 du gouverneur de province Fr. Luakabuanga) et ***Katoka*** (un autre Quartier de la Commune de la Ndesha dite pour ce faire ''Commune – mère'') par Arrêté n° 68/080 du 4 mai 1968. (Notez que les deux derniers Arrêtés ne seront ratifiés qu'en 1969, aux termes de l'Arrêté ministériel n° 0223 du 18 juillet 1969 portant ainsi à cinq le nombre des Communes composant la Ville de **Kananga** — cf. Bakajika, o. c. pp. 103 – 4 et cet auteur propose de la page 139 à la page 143, un projet d'extension territoriale de la Ville de Kananga)...

La Station Météo de la Ville de Kananga, **indicatif 64 235**, nous donne les coordonnées ci-dessous :

- latitude : 5° 53 Sud
- longitude : 22° 25 Est
- altitude : 654 m

La Ville de Kananga, comme tous les autres milieux de la province, est balayée globalement par des vents qui proviennent en général du Tropique de Capricorne et qui se dirigent vers l'Equateur, et qu'on appelle les Alizés. (Ces vents subissent dans leur parcours beaucoup de changement en direction et en force...). Et selon les études météorologiques faites, la direction de vent prédominante pour Kananga ou n'importe quel milieu de cette région, est de l'Est à l'Ouest ou vice versa ; l'orientation de la piste de l'Aéroport de Kananga a été faite pour respecter cette norme. (La première piste d'atterrissage, à l'emplacement actuel de l'église Kamayi St Alphonse, en terre battue, avait été orientée par la Sabena, en 1928, en respectant cette prédominance).

« De Urbe Condita » ou « **De la Fondation de la Ville** »

Oui, avant de dire un mot sur la Ville de Tshikapa, nous irons ici, demander à la Mairie de Kananga comme à l'autorité provinciale, d'envisager de célébrer le 130e anniversaire de la Ville de Kananga ceci pour des raisons entre autres celles-ci :

En prenant en compte la date de novembre **1884** — date à laquelle le vocable **Luluabourg** a vu le jour — nous comptabilisons 25 ans en **1909** (soit une année après l'Annexion). La Colonie et plus particulièrement l'administration locale à Luluabourg-Malandji a dû mettre l'accent sur l'implantation du pouvoir que chercher à fêter cette tranche de 25 années. Il en sera de même en **1934** lorsque s'accomplira la deuxième tranche de 25 ans ; en effet l'on a dû ignorer ce ''cinquantenaire'', car toute l'attention devait être focalisée sur les réalités de l'heure qui s'opéraient à la rive droite de la Lulua : activités liées au trafic ferroviaire mis en place depuis 1928 ;

travaux en rapport avec le transfert de l'Administration (délocalisée en 1932 de Luluabourg-Malandji qui accusait un espace réduit) vers ce site plus vaste, qui recevra en 1935 l'appellation de « Luluabourg » à laquelle l'on ajouta « *Malandji wa Nshinga* ». Lorsque les 75 ans de la Ville s'accompliront en **1959**, l'insécurité qui régnait tant dans la périphérie que dans le chef-lieu de la province devenu Ville depuis 1958, n'a pu non plus permettre de fêter un tel anniversaire.

Nous apprenons qu'en octobre **1984,** Mayilamene Itsitsar, alors Commissaire urbain, convia, sur recommandation de l'autorité provinciale, les officiels et notables, à une rencontre. Après échanges, il fut retenu de célébrer le 100e anniversaire de la Ville de Kananga, en novembre. Mais hélas, cela n'a pas été… Et nous voici vers la fin de l'année 2017…

Nous exhortons qui de droit de mettre tout en œuvre, afin d'honorer en novembre **2018,** la Ville de Kananga, pour ses **130 ans**, bien qu'avec un grand retard de trois années et proposons, que par la même occasion une avenue de la Ville soit dédiée à Hermann Von **Wissmann** et une autre à **Mukenge Kalamba**, à défaut, nous proposons de fêter cet événement **en novembre 2024,** lorsque **Kananga** accomplira **ses 140 Ans !**

2.6.2. La Ville de Tshikapa

Cinq Communes composent la Ville de Tshikapa qui a été élevée au rang de Ville par décret n°004/2003 du 28 mars 2003. Il s'agit de **Kanzala ; Dibumba 1 ; Dibumba 2 ; Mabondo et Mbumba**. Le Maire Laurent Kambulu Mputu préside présentement aux destinées de la Ville de TSHIKAPA.

Notons que la province sœur du Kasaï-Oriental (entité créée, rappelons-nous, par la bravoure d'un peuple à l'instar du sionisme qui, en 1948, amena à la création de l'Etat d'Israël), compte également deux villes :

— la Ville de **Mbuji-Mayi,** éloignée de Kananga de 180 km, et comme Kananga sa sœur aînée, Mbuji-Mayi est sur la Nationale N°1. Anciennement **Bakwanga (**du nom du clan des natifs de ce site — *Bakwanga* est le pluriel de *Mukwanga* ; aussi existe-t-il des sites qui portent le nom d'un clan ou celui des résidents tels « *Bakwa Bowa* » ; « *Bena Nshimba* »), cette agglomération changera de nom en 1964 pour devenir **Mbuji-Mayi**, du nom de la rivière qui traverse la Ville. Notons que de vieilles cartes ont retenu l'orthographe ''**Bushimaie** '' ;

— la Ville de **Muene-Ditu**. Elle est à 132 km de Mbuji-Mayi par route (et à 250 km de Kananga par rail vers Lubumbashi, Zambie et le ''Sud''. (Muene-Ditu est devenue, de par le démemembrement de la province du Kasaï-Oriental, le chef-lieu de la province du Lomami).

Retenons toutefois que, à l'instar de la province du Kasaï-Occidental (démenbrée conformément à l'art. 2 de la Constitution en 2 provinces : **la Province du Kasaï** et **la Province du Kasaï-Central**, la province du Kasaï-Oriental a été éclatée elle, en 3 nouvelles provinces :

1) **la province du Kasaï-Oriental** : celle-ci englobe les Territoires que voici : Kabeya Kamuanga (chez notre chère maman Mulanga wa Kande *muena Mulopo*, à 45 km après le lac Munkamba — *mu baa* Tshisekedi wa Mulumba *mukwa Ntombolo* — et 45 km de Mbuji-Mayi) ; Katanda (chez la maman de ma belle-mère, Malu *muena Nshimba*) ; Miabi et Tshilenge, sans oublier le chef-lieu (Ville de) Mbuji-Mayi ;

2) **la province du Sankuru** : elle est formée par ces Territoires : Katako Kombe ; Lomela ; Lubefu ; Kole ; Lodja et Lusambo. Ces deux dernières agglomérations ont statut de Ville et **Lodja** est chef-lieu de province.

Notons qu'une Ville — ***''Lumumbaville''*** — est en gestation dans le Sankuru ; une décision du Gouvernement central, afin d'honorer encore davantage, la mémoire de l'ancien Premier ministre Patrice Emery Lumumba, assassiné en 1961, le 17 janvier, à Lubumbashi. Le site de cette ville a été choisi dans le Territoire de Katako-Kombe, non loin de la Mission Catholique Tshumbe Ste Marie (à 8 km du village **Onaluwa** — village natal de Lumumba). Une décision est là, attendons voir son exécution…

3) **la province du Lomami** : elle a en son sein les Territoires ci-après : Luilu (à ne pas confondre avec « Luilu » une entité territoriale et banlieue de la ville de Kolwezi, connue pour ses usines Gécamines d'Électrolyse) ; Kamiji ; **Kabinda** ; Lubao et Ngandajika (y compris la Ville de Mwene Ditu) — Source : Constitution et C.E.I.

Le but de notre ouvrage n'étant pas de traiter en détail de l'Administration de nos entités, nous renvoyons ceux que cette matière intéresse aux ouvrages traitant de la décentralisation. Jean **Makolo Jibikilayi** a à propos longuement entretenu les participants au Conclave du Grand Kasaï en la Salle du Collège Boboto qui s'est tenu du 1er au 2 mai 2015, à travers ce thème : *« Décentralisation et Découpage territorial, cas de 5 provinces de l'espace Grand Kasaï »*. D'autres Auteurs ainsi que la Constitution (spécialement à son Art. 196 où il est stipulé que : « Les provinces sont organisées conformément aux principes énoncés à l'Art. 3 de la Constitution ; et les subdivisions territoriales à l'intérieur des provinces sont fixées par une loi organique » peuvent être consultés. Le 2e alinéa de cet Art. 3 nous énumère ces entités territoriales décentralisées qui sont la Ville, la Commune, le Secteur et la Chefferie. (Veuillez noter que le District n'est pas ressorti dans cet alinéa). Puissent nos frères natifs du Kasaï-Oriental et autres chercheurs aller en profondeur afin d'étancher la soif de ceux qui veulent en savoir plus sur l'administration de ces entités.

3. Le pouvoir judiciaire

3.1. Définition

C'est le pouvoir chargé de rendre la justice » (Petit Larousse Illustré).

On parle de « pouvoir judiciaire », suite au partage constitutionnel des pouvoirs qui le distingue et le dissocie du *pouvoir législatif* et du *pouvoir exécutif.* En d'autres mots : le Pouvoir judiciaire **est indépendant** du Pouvoir législatif et du Pouvoir exécutif. Aussi, le Pouvoir exécutif ne pourra-t-il donner des injonctions au juge dans l'exercice de sa juridiction, ni statuer sur les différends, ni entraver le cours de la Justice, ni s'opposer à l'exécution d'une décision de Justice (al. 1 de l'Art. 151). De même, le Pouvoir législatif ne peut statuer sur des différends juridictionnels, ni modifier une décision de Justice, ni s'opposer à son exécution (al. 2 de l'Art. 151). Non plus, toute loi qui a pour objectif fournir une solution à un procès en cours est nulle et de nul effet (al. 3 l'Art 151). En outre, le Pouvoir judiciaire garantit les libertés individuelles et les droits fondamentaux des citoyens (al.1 de l'Art.150) ; et dans l'exercice de leurs fonctions, les juges ne sont soumis qu'à l'autorité de la loi (al. 2 de l'Art. 150). Le croquis ci-dessus illustre manifestement la séparation de ces trois Pouvoirs :

Pouvoir	**Pouvoir**	**Pouvoir législatif**

Et le pouvoir judiciaire est dévolu aux et/ou comprend les Cours et Tribunaux regroupés sous le Conseil d'Etat, la Cour de Cassation et la Cour Constitutionnelle, que l'ordre judiciaire de 2013 reprend dans ces deux organigrammes :

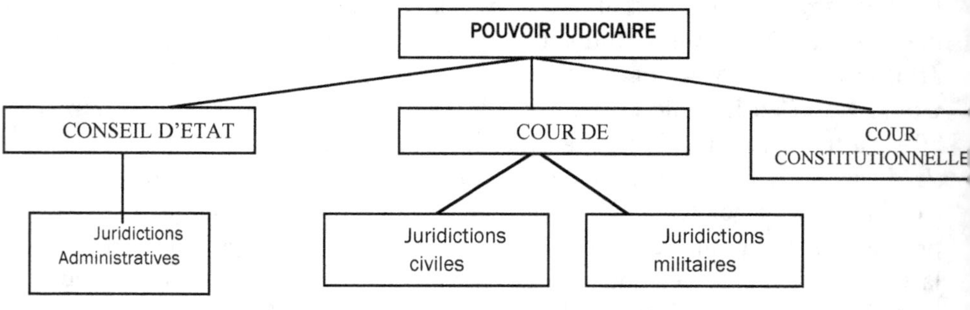

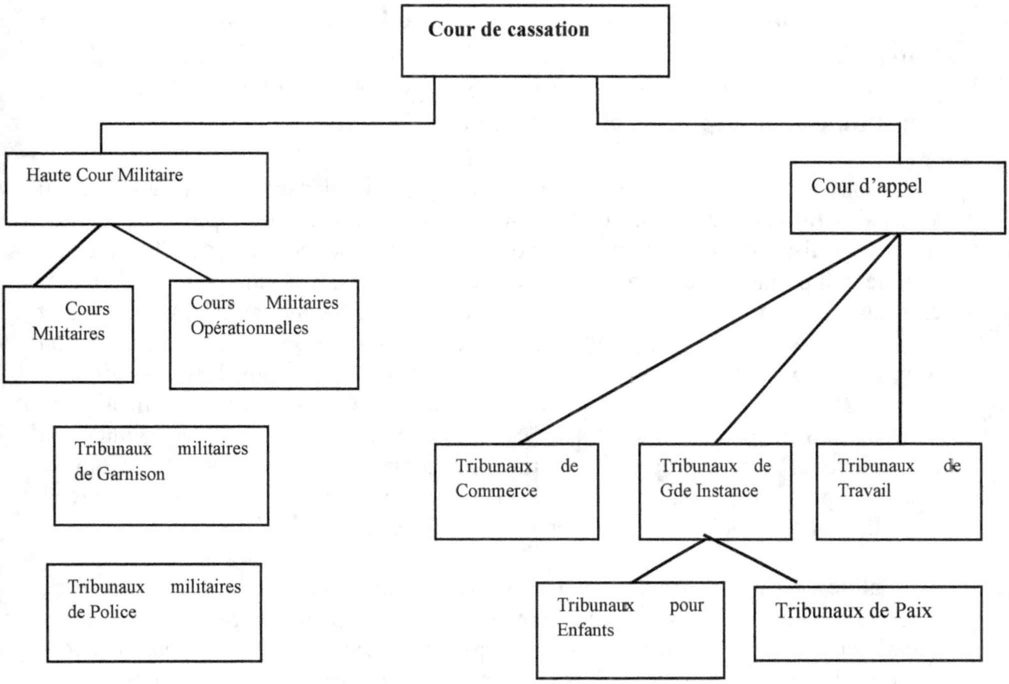

Comme pour commenter les deux organigrammes, nous retenons que :

— *Le Conseil d'Etat* chapeaute les juridictions administratives ;

— *La Cour de cassation* trône sur les juridictions de l'ordre judiciaire civiles et militaires. Et l'alinéa 1 de l'Article 149 (et 150) signale que les Parquets sont rattachés à ces Cours et Tribunaux civils et militaires. (La Loi Organique n° 13 /010 du 19 février 2013 a fixé la procédure devant la Cour de cassation — J. O. N° spécial février 2013). « Le Conseil Supérieur de la Magistrature » (Art. 152) en est l'organe de gestion.

— L'Art. 157 parle de *La Cour Constitutionnelle* (Art. 157) ; les autres articles la concernant vont de 158 à 169. Elle est la juridiction pénale du Chef de l'Etat et du premier ministre, dans les cas et conditions prévus par la Constitution (Art. 163). Cette Cour est composée de 9 membres dont 3 sont désignés par le Président de la République ; 3 viennent du ''quota Assemblée nationale'' et les 3 derniers sont un quota de la Magistrature.

L'on y note aussi une abondante arborescence des juridictions militaires qui, pourtant, concernent moins de 0, 5 % de la population, nous font remarquer Marcel Yambili et Emile Lamy dans leur ouvrage intitulé Les Juridictions Judiciaires (organisation, fonctionnement et compétence) en R.D.C., en 2013, p. 63.

Cependant, en rapport avec l''indépendance du Pouvoir judiciaire'', le professeur Auguste **Mampuya** ira retenir ces quatre mots : « *L'indépendance judiciaire en recul* » (et/ou ''Petit florilège de violations de textes légaux''). En effet, dans sa réflexion à travers l'article **''Le respect**

des textes légaux comme problème d'éthique de gouvernance au Congo'', publiée dans la Revue de l'U.KA, Volume 1, n. 1 en février 2013, pp. 145 – 155, il parle de ''violations graves et intentionnelles de la Constitution'' et explicite cela en ces termes :

« Notre article 149 était rédigé dans une logique implacable : dans l'alinéa 1er il affirmait **l'indépendance judiciaire** ; dans l'alinéa 2, sans doute pour la première fois dans l'histoire constitutionnelle, il définissait avec bonheur ce pouvoir judiciaire comme comprenant « **les cours et tribunaux** : la Cour constitutionnelle, la Cour de cassation, le Conseil d'Etat, la Haute Cour militaire, les cours et tribunaux civils et militaires **ainsi que les parquets rattachés à ces juridictions**. D'abord, la révision supprime *le pouvoir judiciaire comme corps*, notamment dans la disposition de l'alinéa 2 de l'art. 149, d'où disparaît l'heureuse définition du pouvoir judiciaire, *de nouveau limité aux seuls cours et tribunaux sans les parquets.* La mauvaise intention était telle que, dans la proposition initiale, disparaissait de même l'alinéa 1er qui dit que '' le pouvoir judiciaire est indépendant du pouvoir législatif et du pouvoir exécutif, donc l'énoncé essentiel même de l'indépendance judiciaire''.

L'alinéa 2 de cet article, avant sa révision, était ainsi **une forte avancée de l'Etat de droit**, en incluant les parquets dans le pouvoir judiciaire et en les faisant bénéficier de l'indépendance de leurs corps. On pouvait alors chez nous résoudre une question que même les vieilles démocraties débattent encore aujourd'hui : celle d'un ministère public indépendant ; **nous étions en avance**. En amputant *le pouvoir judiciaire* d'une de ses composantes *comme pouvoir indépendant*, la nouvelle version **méconnaît et viole incontestablement l'indépendance de ce troisième pouvoir et fait de l'une des composantes d'un pouvoir indépendant un appendice de l'exécutif.** A moins d'avoir du droit une lecture purement formaliste et primaire. De fait — dit-il — l'action judiciaire commence par **la mise en accusation** ; celle-ci ne peut-être séparée de la fonction judiciaire. En quoi, dès lors, le pouvoir judiciaire sera-t-il indépendant si les poursuites sont ordonnées ou ne peuvent être actionnées que par l'exécutif, si la plénitude de l'action publique n'est plus au parquet général, mais au ministère de la Justice ?

Nous ne parlons pas de cas, fréquents, où des jugements sont dictés ou rendus inopérants par des ingérences inadmissibles de l'exécutif, comme c'est le cas lorsque l'exécution de nombre de jugements dépend souvent de la décision du ministre, illégalement. Dans la conception moderne, l'indépendance du pouvoir judiciaire concerne également le ministère public ; en tout état de cause, ce fut l'option innovante et révolutionnaire du constituant congolais, au regard de ce que les autres appellent ''règle classique'' et qui ne l'est plus dans bien des pays ; réviser cette disposition, comme l'a fait la révision, va bien à l'encontre de la lettre et de l'esprit de la constitution en son article 149 sur l'indépendance de la justice, contrairement à l'interdiction de l'art. 220 ».

3.2. Les juridictions

3.2.1. Les Juridictions de l'Ordre judiciaire

En font partie les Cours et Tribunaux civils et militaires et la Cour de cassation connaît des pourvois (en cassation) formés contre les arrêts et jugements rendus, en dernier ressort par les Cours et Tribunaux civils et militaires (Art. 153).

Dans les conditions fixées par la Constitution et les lois de la République, la Cour de cassation connaît en premier et dernier ressort des infractions commises par :

— Les membres de l'Assemblée nationale et du Sénat — donc, nos Mandataires) ;

— Les membres du Gouvernement autres que le premier ministre ;

— Les membres de la Cour Constitutionnelle ;

— Les magistrats de la Cour de cassation ainsi que du Parquet près cette Cour ;

— Les membres du Conseil d'Etat et les membres du Parquet près ce Conseil ;

— Les membres de la Cour des comptes (Art. 178) et les membres du Parquet près cette Cour ;

— Les Premiers présidents des Cours d'Appel ainsi que les Procureurs généraux près ces Cours ;

— Les Premiers présidents des Cours Administratives d'Appel et les Procureurs près ces Cours.

N.B. : Le même Art. 153 retiendra notre attention, car il a trait aux infractions commises par les Gouverneurs, les vice-gouverneurs de province et les ministres provinciaux (cf. son point 9), ainsi que celles commises par les Présidents des Assemblées provinciales (cf. son point 10).

Aussi, l'Art. 180 vient-il en appui aux points 9 et 10 de l'Art. 153, en ce que, la Cour des Comptes contrôle, dans les conditions fixées par la loi, la gestion (des finances de l'Etat, des biens publics) ainsi que les comptes des provinces, des entités territoriales décentralisées (ainsi que des organismes publics). Ici, nous en appelons à l'ordre nos Mandataires pour ne pas préjudicier nos entités.

3.2.2. Les Juridictions de l'Ordre Administratif

Nous dirons ici, à titre indicatif, qu'il est institué un Ordre de juridictions administratives composé du Conseil d'Etat et des Cours et Tribunaux Administratifs (Art.154) ; et que *le Conseil d'Etat* connaît, en premier et dernier ressort, des recours pour violation de la loi, formés contre les actes, règlements et décisions des autorités administratives (Art. 155, al.1). Une loi organique fixe l'organisation, la compétence et le fonctionnement de ces juridictions d'ordre administratif.

3.2.3. Les Juridictions Militaires

Celles-ci connaissent des infractions commises par les membres des Forces Armées et de la Police Nationale. (Art. 156). Et ici, nous appelons à l'ordre nos frères de Kananga en particulier, et ceux de l'arrière-province en général, pour qu'ils cessent de recourir au règlement de leurs différends — souvent sans objet — par devant « l'**Auditorat** » (l'omission est souvent faite de l'attribut ''**Militaire**'') dit aussi « ***Ku Basalayi*** », alors qu'ils sont civils (et le plaignant et l'accusé), au nom de ''votre'' slogan : « *Ndi nkuenzeja* », « *ne umanye tshindi* » (ce qui se traduit : « je vais te faire faire, je vais te faire marcher », « tu sauras qui je suis »)... Et sachez que nos frères gradés et officiers qui sont là ne demandent pas mieux que de vous voir venir avec vos plaintes et (de) ''statuer'', au nom de la « compétence générale », car ils y trouvent leurs comptes. Ils se disent en effet : *''Toyaki pamba te''* (entendez « Nous ne sommes pas venus nous amuser, nous devons retourner à la maison avec ''quelque chose'' » !)...

Et au Kasaï-Occidental fonctionnent les Cours, les Tribunaux et les Parquets ci-dessous :

a) Pour la juridiction civile :

— 1 Cour d'appel à Kananga

— 1 Parquet général à Kananga

Ces deux institutions fonctionnent dans un même immeuble, au « Palais de Justice », sur le boulevard Patrice E. Lumumba, en face du Bâtiment administratif ;

— 4 Tribunaux de Grande Instance : celui de Kananga et à Kananga ; celui de Luebo et à Luebo ; celui de Tshimbulu et à Tshimbulu et celui de et à Tshikapa. Le T.G.I. de Kananga et son Parquet fonctionnent sur le boulevard Lumumba après l'immeuble Immolua. La SCCM (Société congolaise de construction moderne) est à pied d'œuvre pour offrir un nouvel immeuble au TGI qui momentanément est hébergé dans l'immeuble du Dr Tshiamu Odilon, sur l'Avenue Kasa-Vubu ex Grande Corniche.

(Notons que ce nouveau bâtiment, à l'instar du Palais de Justice, de la Banque Centrale, du Bâtiment administratif et de l'Hôtel de Ville, va contribuer à la beauté de Kananga. Cependant, ''Le Barreau'' (c'est déjà quelque chose que celui-ci se soi doté d'une ''référence'') mais tel qu'il est là, il ne répond pas au profil pour boulevard ou ''*prince*'' ; ''l'Urbanisme'' qui a approuvé ce type de plan et pour cet emplacement étant en cause ; il est invité à s'amender pour des *''Autorisations de bâtir''* ultérieures)...

— 11 Tribunaux de Paix (communément appelés ''Tripaix'') : chacun des 10 Territoires que compte la province du Kasaï-Occidental en dispose plus un Parquet secondaire et la Ville de Kananga mêmement (le Tripaix fonctionne en face de la Commune de Katoka) ;

b) Pour la juridiction militaire

Les hommes servant sous le drapeau sont gérés, en matière judiciaire, par la juridiction militaire. Ici en province ces deux organes fonctionnent :

— 1 Auditorat supérieur : de et à Kananga, bien connu sous le vocable '' (ku)'' ou ''à l'« Auditorat » ;

— 2 Auditorats de Garnison : à Kananga et à Tshikapa.

Pour mémoire une Cour d'ordre militaire, instituée par feu Président Mzee Laurent Désiré Kabila a siégé ici à Kananga et dans d'autres villes, de 1998 à 2001. Durant cette période dite « d'un pays en guerre » toutes les juridictions avaient cessé de fonctionner, toutes les affaires étaient déférées devant la Cour d'ordre militaire.

L'alinéa 2 de l'Art. 156 (qui stipule qu'« En temps de guerre ou lorsque l'Etat de siège ou d'urgence est proclamé, le Président de la République, par une décision délibérée en Conseil des ministres, peut suspendre sur tout ou partie de la République et pour la durée et les infractions qu'il fixe, l'action répressive des Cours et Tribunaux de droit commun, au profit de celle des juridictions militaires. Cependant, le Droit d'appel ne peut être suspendu »), rejoint la disposition qui a prévalu de 1998 à 2001.

En conclusion nous retenons ceci :

1) L'Auditorat est un Parquet près une juridiction militaire ; une Cour siège pour juger ;

2) Les Cours et Tribunaux (la magistrature assise) ont préséance sur les Parquets (la magistrature debout) qui sont rattachés à ces Juridictions (cf. Art 149 al. 1 plus 150) ;

3) Toutes ces juridictions sont inspirées et agrées par Dieu ; en effet, en **Exode** 18, 21 – 36, les versets 21 et 22 nous font savoir qu'ici, il y a à la fois un impératif et une exigence de la part de Dieu, qui se retrouvent dans cette formulation : **'' il faut''** discerner parmi le peuple ; « **discerne**... », « ... **des hommes de valeur, craignant Dieu, des hommes attachés à la vérité et qui haïssent le gain malhonnête, établis-les... qu'ils jugent le peuple...** ».

En **Nombres** 11, 16 - 17 : il est démontré comment Dieu, personnellement, intervient pour investir les hommes, afin que les juridictions prennent corps ; et **en Deutéronome** 16, 18 – 20 : il est écrit : « Tu établiras pour toi des juges et des magistrats dans toutes les villes que l'Eternel ton Dieu te donne (...) ; ils jugeront le peuple avec justice. Tu ne porteras pas atteinte au droit, tu n'auras pas égard à l'apparence des personnes et tu ne recevras pas de présents, car les présents aveuglent les yeux des sages et pervertissent les paroles des justes. C'est bien la justice que tu devras suivre ». Voilà en quelques mots ce qui est exigé, des hommes de la loi ! ;

4) Il y a également **''le Barreau''**, l'assistance judiciaire et la représentation en justice, dont il est dit à l'Art. 122 point 7, que la loi fixe les règles concernant leur organisation.

Notons qu'il est présentement question de la suppression du ''corps des Défenseurs judiciaires'' (qui sont des gradués voire des D 6), pour ne maintenir que les Avocats (des licenciés et 3ème cycle). Cependant la prudence invite le législateur à s'y attarder, car il y a non seulement problème de couverture (le pays est immense et à l'arrière-pays il y a prévalence de la juridiction coutumière), mais aussi ce coût élevé des frais exigés par le Barreau aux ''candidats Avocats'' pour l'inscription et le concours, alors que ceux-ci sortent soit fraîchement de la ''Fac'' soit d'un stage dont ils ont supporté d'ailleurs les frais, donc sans ressources ;

5) Les gouvernés ou administrés tant de Kananga, du Kasaï-Occidental que du reste du pays, sont exhortés à se conformer à ces quelques consignes bibliques :

— « Mon fils, crains l'Eternel et le roi ; ne te mêle pas aux hommes remuants… (Prov 24,21) ;

— A cause du Seigneur, soyez soumis à toute institution humaine, soit au roi comme souverain, soit aux gouverneurs comme envoyés par lui pour punir ceux qui font le mal… » (1Pi 2,13-14) ;

— « Que toute personne soit soumise aux autorités supérieures ; car il n'y a pas d'autorité qui ne vienne de Dieu, et les autorités qui existent ont été instituées par Dieu. C'est pourquoi celui qui s'oppose à l'autorité résiste à l'ordre de Dieu, et ceux qui résistent attireront une condamnation sur eux-mêmes ; les gouvernants ne sont pas à craindre quand on fait le bien (…). Veux-tu ne pas craindre l'autorité ? Fais-le bien et tu auras son approbation ; car elle est au service de Dieu pour ton bien (…). Elle porte l'épée, étant au service de Dieu pour montrer sa vengeance et sa colère à celui qui pratique le mal ». Vous trouverez ces citations dans l'Epitre de l'Apôtre Paul aux Romains, à son chapitre 13, versets 1 à 5.

En outre, au regard de cette maxime ***''Dura Lex Sed Lex''*** (cf. le fronteau de l'Auditorat/Kananga sur le boulevard Kabila et qui se traduit : ''la loi est dure, mais c'est la loi'' »), la citation ci-après : « *Il est donc nécessaire d'être soumis, non seulement à cause de cette colère, mais encore par motif de conscience* », contribue aussi grandement à ''l'éducation à la nouvelle citoyenneté''. Aussi allons-nous nous attarder sur cette dernière citation (verset 5) dans laquelle ces quatre mots « *par motif de conscience* » nous recommandent de retenir que cette conscience ne concerne pas uniquement les gouvernés, mais aussi tout homme de loi. Oui, qu'un chacun se réfère à sa conscience, à l'homme intérieur qui est au-dedans de lui. Si ce que vous requérez, si ce que vous arrêtez alourdit votre conscience, n'agissez pas ! Demandez-vous : « mon arrêt, mon verdict est-il judicieux, équitable ? »

En effet, le comportement de certains hommes de la loi a beaucoup influé sur la société et en particulier en nos contrées, au Kasayi. La méchanceté ainsi que l'amour de l'argent ont fait naître la trouille et le traumatisme quand bien même on est dans ses droits ! N'est-il pas aussi écrit : *« Honorez tout le monde ; aimez vos frères, craignez Dieu »* (1Pi 2, 17) ? Pour en savoir plus, nous vous recommandons de lire la Section 4 du TITRE III de la Constitution — Organisation et Exercice du Pouvoir — qui traite du Pouvoir judiciaire de l'Art. 149 à 169.

4. Les appuis aux trois pouvoirs

Retenons que les Institutions ci-après, l'Armée et la Police, ainsi que certains Services spécialisés, viennent en appui aux pouvoirs exécutif, législatif et judiciaire.

4.1. Services spécialisés

Ceux-ci sont ainsi définis par Petit Larousse : *connaissances de tous ordres utiles aux pouvoirs publics et au commandement militaire, nécessaires à la Défense*. Donc, ce sont des départements, agences ou bureaux ayant en charge « l'intelligence », « la récolte » et « le traitement des renseignements » en rapport avec la sécurité et autres besoins spécifiques. En dehors de notre pays fonctionnent ces quelques organes :

Le Fédéral Bureau of Investigation (**FBI**) et la ''Central Intelligence Agency'' (**CIA**), tous deux Services américains de renseignements (intérieur et extérieur) — cf. l'apport de cette intelligence, en synergie avec l'Interpol, dans le dossier encore d'actualité : ''FIFA 2010 et 2022 /''Pots de vin… '' ; le **Scothland Yard** : Services de renseignements britanniques ; le **Zhong Diaochabu** : Services de renseignements chinois ; le Komitet Gossoudarstvennoï Bezopasnosti (**KBG**) : Services de sécurité soviétiques ; la Direction Générale de la Sécurité Extérieure (**DGSE**) : Services français de renseignements ; le **Mossad** et/ou le **Shin Beth** : services secrets israéliens, etc.

Ici chez nous nous avons entre autres : L'ANR : Agence Nationale de Renseignements autrefois la « Sûreté (nationale) » ; le « CND » (Centre National de Documentation), « CNRI (Centre national de recherche et investigation) et ses antennes provinciales plus le Conseil provincial de sécurité et autres ministères provinciaux et/ou Divisions provinciales telles Anciens combattants ; Inspection judiciaire ; Douanes et Assises ainsi que la DGM (Direction générale des Migrations). L'on y ajoutera aussi la Presse ; les Agences de voyages ; les Régies des Voies Aériennes et fluviales ; les Parkings ; les Maisons des communications ; les Hôtels Auberges et Guest-

Houses ; les Parquets (Greffe, Brigade de Criminologie, etc.) ; La Police ; les Départements T 2 autrefois S 2 de l'Armée ; les Banques et autres Institutions analogues (Transfert des fonds). En effet, ces derniers cités sont également une banque de données utiles aux trois Pouvoirs.

4.2. L'armée

Pour sécuriser la partie du territoire national qui revient au Kasaï-Occidental, l'Etat congolais a doté la province des unités ou détachements de l'Armée. Et celle-ci est ainsi définie par le P. Larousse : *« ensemble des forces militaires d'une nation... comprenant plusieurs divisions »*. L'allusion étant faite à la spécificité, l'on aura les Forces terrestres, la Marine et/ou la Force navale, et l'Aviation. Ici chez nous, ces trois corps constituent les « Forces armées de la République Démocratique du Congo » en abrégé : ''FARDC'' et la matière qui les concerne sont traitées par la Constitution à ses Art. 187 à 192. Notons que nos Forces armées ont porté tour à tour les appellations ci-après : « l'Armée Nationale Congolaise (ANC) » ; « Forces Armées Zaïroises (FAZ) » ; « Forces Armées Congolaises (FAC) ». Elles ont donc pour mission : « Défendre l'intégrité du territoire national et les frontières » (Art 187)... Et n'est-ce pas triste lorsque nos populations apprennent que nos frontières sont violées et le restent depuis 1998 dans le Nord-est comme à l'Est du pays (cas de ces éleveurs dits ''Mbororo'' dans le Territoire de Dungu en province Orientale et autres groupes armés équipés et soutenus à l'extérieur et que l'on fait passer pour des rebelles, dont le fer de lance est le ''Mouvement des Accords du 23 mars'' 2009, ''M 23'' en sigle... Rappelons-nous que dans cet imbroglio et pendant que plus d'une personne se demandaient en quoi consistaient ces ''Accords'', le 20 novembre 2012 **Goma** tombait... Souvenons-nous qu'en 2007 ce fut le tour du Sud-ouest, principalement **Kahemba** dans le Bandundu...

Nous craignons que cette « revendication » plutôt, cet empiétement — mieux, cette ''occupation'' — ne se dégénère en conflit armé et/ou que l'on continue à revendiquer plus encore, voire même un coin du **Kasaï** et/ou autres portions du pays !...

N'est-il pas dit : « *Si vis pacem, para bellum* » ou « *Qui vult pacem parat bellum* », ou encore « *Qui desiderat pacem, preparet bellum* » (cf. Végète Fl dans « Traité de l'Art militaire », cité par Petit Larousse) et qui signifie l'un comme l'autre : que pour éviter d'être attaqué, le meilleur moyen est de se mettre en état de se défendre, donc de préparer la guerre (même si Hébreux 12, 14_a nous donne l'antithèse de cette disposition : « *Cherchez la paix avec tous, et la sanctification sans laquelle personne ne verra le Seigneur* ».)

4.2.1. La Force navale

Elle opère dans nos eaux territoriales (fleuve, rivières et lacs) qui ont des frontières communes avec l'extérieur ; c'est le cas avec le fleuve Congo ; les lacs Albert, Edouard, Kivu, Tanganyika, Moero et Bangwelo ainsi que dans celles longeant la côte atlantique. Ici au Kasaï-Occidental, des unités de cette Force sont présentes dans nos Territoires de Luiza et Tshikapa.

4.2.2. La Force aérienne

Quelques officiers et hommes de troupe sont en détachement sur le site de tous les Aéroports que compte le Kasaï-Occidental. Cependant, la position géostratégique qu'occupe KANANGA — le centre du territoire national — qui est à 800 Km de chacun des autres chefs-lieux de provinces (les 10 avant démembrement) et hormis Mbuji-Mayi et Bandundu-ville, ferait envisager de doter un coin de Kananga (Mbulungu ou Bilomba) d'une base aérienne si pas comme Kamina, mais une base de second rang, en vue d'une riposte éventuelle, et/ou intervention à impact rapide...

4.2.3. La Force terrestre

Cette dernière est présente au Kasaï-Occidental, répartie dans les différentes garnisons qui forment avec celles du Kasaï-Oriental, une région militaire (la 21è) ; cette dernière plus la 22è (comprenant les garnisons du grand Katanga) composent la 2e Zone de Défense. Et cette Force gère les fantassins ou militaires de l'**Infanterie** (dont Petit Larousse dit que c'est l'ensemble de troupes capables de combattre à pied, motorisé ou non. Mécanisée, aéroportée ou parachutée, l'Infanterie assure la conquête de l'occupation et la défense du Territoire et la position de l'Infanterie en fin de combat matérialise le succès ou l'échec d'une opération. Notons qu'au point de vue commandement et effectifs, les unités et/ou détachements des Forces Armées sont structurés en Brigades, Régiments, Bataillons, Compagnies, pelletons, Sections, etc. et le badge que porte chaque gradé ou officier est arboré soit sur les épaulettes, soit sur les manches ou au-dessus de la poche gauche de la chemise de l'uniforme. Notons également que les distinctions (symboles et passants) qu'ont portées nos vaillants hommes de nos Forces terrestres jusqu'à la veille du 50e anniversaire de notre indépendance ont été revues et recadrées. Aussi, devons-nous nous familiariser avec les nouveaux symboles parce qu'il va de notre comportement vis-à-vis de leurs détenteurs ; en effet, ceux-ci tiennent au respect de l'échelon et du badge dont ils sont porteurs !... N'allez pas apostropher par exemple un ''Capitaine'' « mon Adjudant » !...

4.3. La police nationale

Définition : Selon le Nouveau Petit Robert (du grec : polis : cité) : ensemble des règles imposées aux citoyens afin de faire régner l'ordre et la sécurité. Les pouvoirs de ''police'' appartiennent aux autorités administratives et judiciaires… **Que nous dit le passé ? :**

Cette discipline a cohabité avec les Forces armées pendant la colonie. Les Policiers —— « *mpulushi* » en Tshiluba — étaient vêtus d'une culotte atteignant les genoux et d'une chemise à épaulettes, en tissu dit « *kazangulu* » c'est-à-dire d'un bleu très foncé (et c'est le même tissu qui est là) et coiffés d'une « *chéchia* » (du mot arabe « *châchiya* » : une coiffure, un chapeau de forme cylindrique, on dirait un petit seau dit *mbeketshi* ou *kanti* en Tshiluba) d'un rouge très vif, d'où le vocable « *musheshe* » pour taquiner. Notez que l'auteur ne s'est pas désolidarisé de ses pairs de 8 à 12 ans pour bouffonner les « *Misheshe* » (pluriel de *musheshe*). Et comme ces derniers portaient sur eux une matraque ressemblant à une pompe de vélo — cela a inspiré les gosses à entonner à l'endroit des policiers la mélodie, dont les paroles, ci-après :

''Musheshe we musheshe we
Musheshe mungiba mpompi ! (bis)
''Mpingajila mpompi wanyi
Wangata mbekesthi webe !'' (bis) — traduisez : ''Toi-là Policier ! Policier tu m'as volé ma pompe. Remets ma pompe et reprends ton seau ! ''

Aussi allez-vous noter que leurs pieds étaient nus, mais les mollets bandés de compresses du même tissu que leur uniforme, et cet accoutrement « bizarre » les rendaient comiques. Ceux qui ont l'occasion de regarder les films de **MATA-MATA** (et **PILI-PILI**) peuvent passer quelques quarts d'heure pleins d'humour à ce propos !... (**Kasonga Bebeja** un *Mujila Kasanga* et **Panumpakole Martin** *Luntu wa Ku Mayi* sont les noms de famille de ces deux personnages et l'auteur a été filmé, avec les gosses de son âge 8 – 10 ans, dans certaines des séquences des métrages ''Mata-Mata''). Cependant, quelques deux ou trois de leurs plus gradés pouvaient enfiler un pantalon de *kaki* gris-ciel, avec chaussures et un képi. Mais l'air comique ou pas, le rôle dévolu à ces Agents jadis comme présentement, n'a pas changé et reste très noble ! Ces êtres chers sont appelés à nous sécuriser ainsi qu'à protéger nos biens ; à maintenir, à rétablir l'ordre public. Leurs prestations ont été très appréciées pendant la colonie parce que bien payés et à temps, disposant de logements décents au camp, d'un dispensaire et d'une carte d'ayant-droit dans les formations médicales.

C'est vers la fin des années 60 que le rôle combien noble (nous l'avons dit) de cette discipline s'est vu terni ; la deuxième République est allée jusqu'à faire des Agents de la Police (devenus par moment Gendarmes) des corruptibles et même des mendiants, sans gêne aucune ! Nous espérons que la loi organique devant fixer l'organisation et le fonctionnement de la Police Nationale contribuera à redorer cette branche, dont les couleurs sont ternies par des pratiques qui ne l'honorent pas ! Nos parents et aînés ne nous ont-ils pas raconté que lorsqu'une personne était menacée et en quête de refuge, et qu'elle apercevait (même à distance) **un Policier**, elle pouvait faire un

« **ouf** » de soulagement et se dire « *Nzambi waanyi nakupanduka* » ! Ce qui veut dire : ''mon Dieu, je suis sauvé '' ! Alors qu'actuellement, l'infortuné s'exclamera : *« Tatu dikenga dianyi »,* car le sensé lui apporter secours, ''y trouvera son compte'' voire même ''deux comptes '' : le menacé comme l'agresseur ayant à remettre chacun au « Protecteur » plutôt à l'« *Agent-désordre* » ce que celui-ci aura exigé !...

Et plus fort !, que dire du « protecteur » qui se fait « incitateur » ? Tenez : J'étais alors logé par la M.A.S. dans une maison jumelée, non loin du Stadium, plus exactement en face de Police/District de Luluabourg (P.D. — voir site où fut la « BSRS », sur l'Avenue Kasayi dans la Commune de Kananga). Je me reposais sous l'ombre du palmier devant la parcelle (ce site abrite présentement l'Hôtel Quin-MED)... Il allait être 16 heures, lorsque j'aperçus un ''Gendarme'' dans un « monologue »... Je m'approcherai sans toutefois l'inquiéter... Que se disait-il ? : « Voici bientôt 16 heures, je vais pouvoir être relevé, m'en irai-je à la maison mains vides ? ». Et cet ''agent de l'ordre'' d'avoir continué ses incantations : « *Mu bula emu kamuenaku bantu bâluangana, baatapangana, balua apa, napeta bianyi mueyelu ?* ». Comprenez que cet Agent lançait des ondes négatives de là où il était, afin qu'' il surgisse querelle quelque part à la cité, que les gens en viennent aux mains, qu'il y ait coups et blessures, que le sang coule ; que l'affaire soit déférée devant lui avant qu'il ne quitte le poste'' ! — Quel esprit mes frères !... Cet Agent ou son semblable de qui est-il Agent, de l'ordre ou d'un esprit dont je tais le nom ?... Dans sa « prière » plutôt dans ses '' incantations '' dites en Tshiluba *« **kuela tshipumba** »*, cet Agent est même pire qu'un fabriquant de cercueils, parce que celui-là dira : '' Eternel, n'as-tu pas dit : « que chacun mange à la sueur de son front... et que si quelqu'un ne veut travailler, qu'il ne mange non plus », daigne bénir mon travail ! '' et ne dira pas : « Seigneur qu'ils meurent autant que possible et mon job se trouvera béni ! »...

Pour clore ce volet de la Police Nationale, nous vous rappellerons que l'ordre public, son rétablissement et son maintien sont la raison d'être et la tâche dévolue à cette branche des Services spécialisés de l'Etat, qui relève du Ministère de l'Intérieur et Sécurité, et que la plus haute hiérarchie des unités ou détachement de la Police Nationale en Province, ici au Kasaï-Occidental est l'Inspection Provinciale de la Police — son Etat-Major est situé à Katoka, à côté de *Tshinseleka*, en face de IPKa (ex Epro) ; le Général Gilbert **Vumilia** en assure le Commandement.

Notons que bien que certaines de ses unités soient armées, la Police Nationale n'est pas une force combattante. Elle est plutôt et reste une force de et pour le rétablissement et le maintien de l'ordre public ; d'ailleurs il vient d'être créé en son sein, une nouvelle branche : « Police de Proximité » et ici nous irons saluer cette main-forte que la coopération britannique vient de prêter à notre pays au bénéfice de la **''Police de Proximité''**/Kananga en dotant celle-ci de quatre nouveaux immeubles (un au Centre-ville ; deux à la

Ndesha et l'autre à Katoka) et en accordant à nos éléments composant cette nouvelle branche une formation appropriée de trois mois sur le site ''Malole/Mgr Bakole''. Nous ajouterons que cette même coopération vient de contribuer à l'élaboration d'une loi en rapport avec le recrutement (cf. l'Art. 66 qui exige entre autres un minimum de six ans post-primaire), l'organisation et le fonctionnement de la Police Nationale, et qui fait de celle-ci une Police ''citoyenne et républicaine — loi qui a été promulguée le 3 juin 2013 par le Président de la République.

Mais lorsque la Police est en présence d'autres forces — des manifestations ayant envahi les rues avec violences, des conflits-armés et émeutiers n'obéissant pas à leurs injonctions — ces unités peuvent être amenées à user de la force : matraque, jets d'eau, tirs en l'air (armes légères et non de guerre et/ou létales), grenades lacrymogènes, etc. (suivant la tension ou l'ampleur des faits), afin de calmer, disperser, maîtriser, dissuader les manifestants et/ou émeutiers dont l'action entame l'ordre public.

Nous souhaitons que le Pouvoir fasse de la Police Nationale une Police professionnelle, dotée d'un barème conséquent et autre égard à l'endroit des Policiers afin d'éradiquer ''un laisser-aller'' ; ''la mendicité'' et ''la corruption''. Aussi saluons-nous l'intervention du Général **Vumilia**, le n° 1 de la Police au Kasaï Central pour avoir demandé à ses éléments (représentés par un Détachement en place au Guest House de la Police sur l'Avenue Dibanda le 15 janvier 2016), d'œuvrer de façon à mériter la confiance de nos populations.

Notons également que la Police Nationale (comme l'Armée ainsi que la Magistrature) est ***apolitique***. Elle est au service de la nation congolaise.

« Nul ne peut la détourner à ses fins propres, Art 183 ». C'est-à-dire, qu'elle ne peut être au service d'un individu ou groupe d'individus — exception faite des éléments mis à la disposition des hautes autorités pour leur protection rapprochée, ainsi que ceux mis à la disposition de quelqu'un s'étant senti en insécurité (un liquidateur, un présumé héritier — pendant que la solution à la succession est en voie), sur demande de ce dernier et sous certaines conditions.

4.4. Le gardiennage

Allons-nous omettre qu'il existe aussi à côté de la Police Nationale une Police privée ? Une entreprise de transport disposera d'un Corps de surveillance pour assurer le contrôle de billets de parcours ; pour maintenir l'ordre et la tranquillité pendant le voyage ; pour sécuriser son Personnel, son matériel (fixe et roulant) ainsi que ses installations. Ces unités sont communément appelées (le) « Corsu » ou « Malonda » à la Société Nationale du Chemin de fer du Congo (SNCC) ; Gardes Industriels « (G.I.) à la Gécamines, « Blondo » à la Miba…

Ici à Kananga, quelques Maisons bénéficient des services des éléments de gardiennage : il y a par exemple la BraSimba (anciennement Bracongo) qui est sécurisée par « Securitas » ; Air Tel (ex Zain et Celtel) par ''KK Security'' ; la Soficom et Solidaire par ''Delta''...

Ces éléments ne sont pas armés, mais ils ont reçu une formation para-policière et sont voulus assez coriaces pour protéger la maison ainsi que leur propre personne. Dans certains grands magasins de la capitale et ailleurs, cette surveillance est assurée par des vigiles — non en tenue — disséminés dans le lot des clients qui fourmillent à l'intérieur du magasin. Aussi des caméras de surveillance sont-elles installées ici et là, discrètement ; elles balayent rayons et allées et aident à mettre la main sur les voleurs et les suspects... Si saisis, les inculpés sont soit entendus et déférés devant les Instances compétentes, en respectant la procédure.

Le Titre IV de la Constitution traite des Institutions d'Appui à la Démocratie qui sont :

4.5. La commission électorale nationale indépendante

La CENI, cette institution d'appui à la Démocratie devient un véritable ''Appui'' de par les prérogatives lui assignées par la La Constitution de la République (cfr Art. 211). Dotée de la personnalité juridique, elle a pour mission d'organiser en toute indépendance, neutralité et impartialité, des scrutins libres, démocratiques et transparents. A cet égard, la CENI est tenue à assurer un processus électoral **régulier**, notamment la publication du calendrier électoral ; l'enrôlement des électeurs et la tenue du fichier électoral ; la convocation des candidats ; les opérations de vôte ; le dépouillement, afin de répondre à sa vocation républicaine qui est celle d'organiser les élections présidentielles, législatives, provinciales, urbaines, municipales et Locales telles que fixées par la Loi électorale, voire même un Référendum. (Notons que la loi électorale n°15/001 du 12 février 2015 semble être tombée en désuétude...).

Une loi organique fixe l'organisation de la CENI. Aussi, le peuple invite-t-il celle-ci à fonctionner comme ''l'Eglise au milieu du Village'' pour ainsi éviter des querelles post électorales. Mais, hélas, que d'interférences de l'Exécutif sur cette Institution !...

4.6. Le Conseil National Supérieur de l'Audiovisuel et de la Communication (Cnsac)

La Constitution lui a réservé l'Article 212. Doté également de la personnalité juridique, le CNSAC a pour mission de garantir et d'assurer la liberté et la protection de la Presse ainsi que de tous les moyens de communication des masses dans le respect de la loi. Une loi organique en fixe son organisation. Ici également l'on s'en plaint, lorsqu'un signal est brouillé ou retiré ; lorsqu'il y a fermeture d'une chaîne pour opinion et non-conformité.

4.7. Le comité national du suivi (de l'accord...)

Cet organe (à joindre aux Institutions d'Appui à la Démocratie) vient de voir le jour de par la volonté des codébateurs (les pères Evêques de la Cenco et Médiateurs ; ''la Majorité'' et le ''Rassemblement'' - plate-forme de l'Opposition), lors des assises du Centre Interdiocésain (en décembre 2016), à Kinshasa, qui ont réussi à produire l'*Accord* dit *de la St Sylvestre,* dans le souci de veiller et booster la tenue des élections, conformément au timing consensuel. La présidence de ce Comité revenait au Rassemblement...

Sixième partie
De la viabilité de la province Région du Kasai-Occidental

Un fait est là. Il y a **un paradoxe** : d'une part nos contrées disposent d'une panoplie de potentialités et d'autre part, elles pataugent dans une médiocrité caractérisée.

Chapitre I
Ressources naturelles

Le Créateur, l'Eternel Dieu a doté le KASAYI en général, et le KASAI - OCCIDENTAL en particulier de diverses ressources naturelles dont : eaux, forets, terres, gisements, etc.

1. Eaux

Nous l'avons vu dans l'Hydrographie, le Kasaï-Occidental possède des cours d'eau ainsi que des lacs qui sont des atouts pour la survie de la Province. Ceux-ci offrent à la Province : moyens de transport ; pêche ; opportunités pour le développement du tourisme ainsi que celles devant accroître la production de l'énergie électrique.

2. Forêts

Oui, nos forêts regorgent des essences ligneuses au bois de qualité très recherchée particulièrement par la Gécamines et autres entreprises du Katanga. Ici au Kasayi, le bois de nos forêts est grandement consommé par la Miba et bien sûr par les Scieries et Ateliers de Kananga. Retenons que jadis, le bois produit par l'Exforka /Kakenge — les *lusanga ; tshimayi ; munkulumbu ; tshikalakala* — apportait un plus au Trésor de la province et que les dérivés de ces essences (à partir de la cellulose ou fibres) — sont appelés à servir dans la fabrication du papier.

3. Terres ou domaines fonciers

De par sa superficie —156.967 Km^2 — la province du Kasaï-Occidental dispose de grands espaces qu'elle gère et fait gérer par le biais de ses départements des Affaires Foncières, Mines, Agriculture ; Environnement, etc. Ces espaces sont des terres à vocation agricole, favorables à la culture du caféier, du palmier à huile, du cotonnier, de l'arachide (comme cultures industrielles) ; mais également favorables à la culture du soja ; de l'ananas[634]

---

[634] Me Trésor Kapuku Ngoyi, alors Gouverneur de province, emboîtera le pas de nos frères refoulés du Katanga qui se sont convertis en paysans et en des corporations (à

du manguier et de ''la pomme-citerne'', du mandarinier ; du citronnier ; du bananier ; du papayer comme cultures agro-alimentaires) ; ainsi que du maïs et du manioc (comme aliments de base même pour nos frères Batetela qui jadis avaient pour aliment de base le riz), sans oublier le riz et le haricot (comme compléments ou supports) [635].

4. Gisements

En plus de ce que nous avons épinglé au volet « Sous-sol »[636], l'Article intitulé :

« **Ce qu'il faut savoir de l'utilisation des métaux congolais** »[637] nous apprend que : « Le sous-sol congolais renferme des gammes de métaux stratégiques variées. La plupart de ces métaux sont utilisés actuellement dans les NTIC (Nouvelles Technologies de l'Information...).

A ces métaux recherchés, s'ajoutent le **gallium,** le **rhénium,** le **scandium** et le **rubidium**. A cette liste, viennent s'ajouter **le platine, le cobalt et le palladium**. Mais les sept premiers cités sont ceux utilisés essentiellement dans les industries de téléphone cellulaire, de construction des satellites et autres appareils dont la fabrication exige des aciers spéciaux ».

Un autre Article : '' **Les enjeux de nouveaux matériaux métalliques** '' (publié par Chistrian Hocquard de BRGM en juilletaoût 2005 dans le premier numéro de la Revue *Géosciences* et repris dans *Economie* de juillet-août 2005) nous dit ceci : Nous y lisons :

« Dans son analyse, l'auteur fait état, dans les jours à venir, des crises structurelles potentielles dans la demande de certains métaux. Il s'agit, à court terme, de la crise de **sélénium**, d'**indium** et de **germanium**. A moyen terme, c'est-à-dire d'ici l'an 2010 — et nous croyons que c'est déjà le cas comme nous sommes en septembre 2017 — le **gallium** sera très recherché. Ce minerai, on le sait, intervient surtout dans la fabrication des appareils utilisant le système Laser (principalement les lasers *blueray*) et la diode ''à vraie lumière blanche '' contribuant à l'économie d'énergie électrique »...

Tshimpidinga...) pour cultiver l'ananas. Ces vaillants jeunes gens fournissent à la Ville de Kananga des quantités non négligeables de ce fruit. L'ananas de Kananga est tellement prisé non seulement par les Kanangais mais aussi par tout passager ou touriste ayant foulé le sol de *''Tshimanga'a Mulamba''* que lorsqu'on vient ou revient de Kananga sans en avoir emporté devient un crime !... Il ne manque qu'investisseurs et électricité pour la conservation et la transformation de ce fruit.

[635] Le riz (*losa*) et le haricot (nkunde) sont considérés par les ¾ des Kasaïens comme aliments non de base, mais plutôt dits ''supports'' ou ''compléments'' — en Tshiluba : *''bikunyibua bikumbaji didia''*.

[636] Cf. Partie Deuxième de notre ouvrage, Chap I : l'Identité de la Province

[637] Article paru dans « Renaître »n° 6 du 31 mars 2006, p. 32

Mes frères, quand les autres cherchent à économiser ce qu'ils ont comme énergie électrique, nous nous recherchons encore... et jusqu'ici nous ne disposons même pas de deux mégawatts, c'est très triste !...

Parmi ces matières premières qui attirent aussi bien les investisseurs que les prédateurs figurent notamment le **tantale,** le **niobium ou coltan,** le **germanium**. (Egalement) A long terme, soit en 2020, Christian Hocquard prévoit la demande du titane et du platine ». Mais ce qui nous intéresse en particulier dans cet article c'est ce qui suit :

« Des études géologiques sont régulièrement menées en République Démocratique du Congo. Il s'agit principalement des recherches prospectives. Il y a peu, une firme australienne, *Grawity Diamonds*, a découvert **dans la Province du Kasayi** — chez nous, chez vous — une étendue de 2000 à 3000 Km² riche en **cuivre** et en Or. D'où, en plus du **diamant**, cette Province renferme aussi les deux minerais récemment découverts »...(Il semble que c'est dans le Territoire de **Dibaya**)... Et qui sait, si d'autres ne pourront pas être mis aussi à jour ?...

Aussi, lorsque l'auteur de l'Article que nous a permis « *Renaître* » de lire termine son Article en demandant : ***« Au politique congolais de prendre le taureau par les cornes »***, allons-nous nous retenir d'éveiller nos mandataires là-dessus ?...

Nos ancêtres n'ont-ils pas dit : **« Beela nshiba mua matshio, mêsu biawo ne mmone »** ! (ce qui veut dire que lorsque l'on avertit les oreilles d'être prudentes, que les yeux en profitent ; qu'ils ne cherchent pas à voir d'abord... et alors, prendre cela en considération)... **Prédateurs**, non ! **Investisseurs**, oui ! Et avec effets socio-économiques collatéraux (investisseurs et province) ; en effet, que chacun y trouve son compte, n'est-ce pas ?... La Gécamines au Katanga a contribué au « social » avec des Hôpitaux ; des Logements ; des Minoteries (Kakontwe) ; des Ecoles professionnelles et techniques (Mutoshi) ; des Routes bitumées et Foyers sociaux. Voilà les investissements dont nous avons aussi besoin dans nos contrées au Kasaï : « *je mange, tu manges* ». La Miba au Kasayi n'a pas fait assez ; elle a laissé à la bravoure du peuple et des ses vaillants opérateurs économiques, le soin de la survie de la Ville de **Mbuji-Mayi**... La cotation de la Forminière en rapport avec le social dans nos contrées à **Tshikapa**, Charlesville (présentement **Ndjoku-Punda**), **Kamonia, Kabemba**... est maigre. Nous pensons qu'avec la reprise des activités avec force (nous venons de l'apprendre), par les Huileries ''HCB'' à **Mapangu,** ces dernières iront songer à faire encore mieux en rapport avec le social.

Chapitre II
La gestion de l'héritage colonial

La Province dispose également d'un patrimoine hérité de la Colonie lors de l'accession du pays à l'indépendance, ainsi que de quelques nouvelles acquisitions. Ce patrimoine est composé entre autres de :

1. Biens meubles

Ici nous dénombrons entre autres : le mobilier des bureaux qui est au Bâtiment Administratif, dans les Divisions Provinciales, au Palais de Justice et au Parquet de Grande Instance, à la R.V.A. ; le mobilier et équipements des Complexes hospitaliers ; le mobilier et matériel des Instituts Supérieurs (ISP, ISSDR) ; le matériel roulant (voitures officielles et autres, bus, camions, bulldozers, niveleusesengins, tracteurs)… Ah !, la belle époque, la nôtre ! En effet, des bus scolaires (n° 9, 10 et A pour l'Athénée Royal et 11, 14 et C pour le Collège Saint Louis nous ont conduits aux cours les avants et après-midi (les années scolaires 60 – 61, 61 – 62 et 62 – 63). Ces bus étaient gérés par T.P./Mécanisation et l'accès à bord était conditionné par la présentation d'une Carte d'Abonnement (trimestriel). Un des chauffeurs de ces bus, « *Dionyi' a ba Ngala* » vit encore sur cette Ville, Dieu lui a fait grâce et en plus, le Seigneur a fait de l'un de ses enfants, un Médecin, n'est-ce pas une récompense pour avoir conduit les enfants des autres vers l'excellence ? *« Il n'y a pas de sot métier... ! »*

2. Biens immeubles

Ici interviennent :

— les équipements d'Ateliers et garage : les tours et autres machines-outils de l'Office des Routes et T.P. Brigade (à Tshièla dit ''Quartier Industriel'') ; les transfos et groupes électrogènes de la SNEL ; les pompes et installations de la Regideso et équipements pour Complexes Hospitaliers et Maisons de passage ;

— les routes d'accès à la Province, ponts et bacs, ainsi que les routes de desserte agricole ;

— les immeubles : l'Etat et/ou la Province a construit par ses services (de génie civil et/ou militaire) ou a fait construire par des tiers (et certains immeubles sont revenus à l'Etat par voie de Justice — ''ventes publiques'') ;

— des édifices ou bâtiments publics pour marquer sa présence dans et sur les lieux aux fins d'y faire siéger son autorité et exercer cette autorité à partir de ces Sièges ainsi que pour offrir un cadre de travail à ses Agents ou Mandataires et en même temps, offrir au public les références de leurs sollicitations... ;

— des résidences officielles et maisons d'habitation pour certains responsables de la province et de la Ville et même quelques gîtes d'étape ;

— des complexes hospitaliers, scolaires et socio-économiques.

De tout ce lot, nous allons, pas à titre d'audit (nous n'en avons ni mandat ni qualité...), mais à titre purement indicatif, dénombrer quelques-unes de ces constructions et en faire, tant soit peu l'état des lieux ; ces infrastructures ayant certainement un impact sur l'implantation et la viabilité d'une entité administrative décentralisée.

Rappelons-nous pourquoi plusieurs ''provinces'' en leur temps (en 1962), n'ont pu tenir ; il y eut entre autres raisons, ce manque d'infrastructures devant contribuer à la présence physique et matérielle de l'Etat — le cas de BAKWANGA (l'actuelle Ville de MBUJI-MAYI) ayant été l'exception confirmant la règle... (Nous ne défions pas le gouverneur du Sud-Kivu qui a laissé entendre — en rapport avec le découpage — que ''si Stanley avait attendu qu'il y ait des bâtiments, il n'aurait pas implanté l'Etat indépendant'' — il y a du vrai, mais cela ne justifie pas pour autant le déficit de son apport au développement de la province, ce qui lui a valu une motion)...

Parmi ces infrastructures, nous relèverons (au point 2.1.) quelques-unes affectées au Gouvernorat de province, à la Mairie, aux Districts, aux Communes et Territoires.

2.1. Le gourvenorat

Ceux qui ont déjà foulé leurs pieds tant à l'extérieur qu'à l'intérieur de la résidence officielle du Gouverneur de province (lors d'un dîner officiel, cocktail, bal populaire, séance de travail, présentation des civilités et/ou vœux de nouvel an, etc.), peuvent convenir avec nous que, une telle construction en province plus celles qui suivent :

le **Bâtiment Administratif** (Siège-même du Gouvernorat) ; la **Banque Centrale**/Direction provinciale de Kananga ; la **résidence du Directeur de la Banque Centrale** (ici notons que le président Mobutu a transformé cet immeuble et en a fait une de ses résidences en province à Kananga et depuis, ce bijou est passé à la ''Présidence'' — ce n'est pas grave : l'on a ''déshabillé Saint-Pierre pour habiller Saint Paul'', tout est « l'Etat ») ; la **Mairie de Kananga** avec le **Complexe communal de la Ndesha**/Siège communal ; le Bureau des Postes/Ndesha et le Commissariat de la Police Nationale/Ndesha, ainsi que les autres ouvrages qui seront retenus aux volets « Armée/Police/Justice/Santé/Enseignement… », sans omettre ces belles avenues et ces larges boulevards entrecoupés de zones vertes et Ronds-points bien tracés et bordées de réverbères vous donnant le plaisir à conduire ; sans omettre non plus le **complexe aéronautique** ni les **bâtiments de Télécommunications** abritant également l**a RTNC,** ne présageaient ou ne militaient qu'en faveur d'une éventuelle mutation du chef-lieu de la Colonie de **Léopoldville** vers **Luluabourg**.

En effet, dans ces années 50, lorsque les autres chefs-lieux de Province n'étaient pas encore dotés d'infrastructures comparables à celles que possédait Luluabourg et que Léopoldville connaissait une expansion mal urbanisée, cela ne pouvait que faire exprimer Mr. Moritz [638]en ces termes :

« …Luluabourg, capitale du Kasaï est le Centre géographique du Congo, en plus, le centre névralgique qui par ses avantages de toute nature, s'impose de plus en plus au titre de nouvelle capitale gouvernementale, Siège du futur gouvernement… Déjà, le ministre a décidé de transférer à Luluabourg dans toute la mesure du possible, les parastataux métropolitains et il envisage favorablement et sérieusement d'y installer les futures institutions qui préfigurent la chambre des Députés et le Sénat ». — (25 juillet 1959)…

Le Révérend pasteur **Théodore Mugalu** — dans un espace lui accordé par la RTNC /Kin le dimanche 12 avril 2015 — a démontré une nécessité d'installer les deux Chambres à Kananga, cœur du pays (à l'instar du cœur humain qui propulse le sang dans tout le corps)… N'a-t-on pas déménagé de Rio de Janeiro à Brasilia, de Casablanca à Rabat, de Lagos à Abuja, d'Abidjan à Yamoussoukro ?...

Nous saluons la construction du Siège de la Commune de Lukonga par le gouverneur Claudel Lubaya : une innovation, une nouvelle acquisition non laissée par aucun de ses prédécesseurs. Par contre, nous déplorons ces destructions méchantes des symboles de l'Etat qui sont documentés lors des affrontements entre les forces armées et '*'les éléments Kamuina Nsapu"* ici et là depuis septembre 2016 ; nous dénonçons mêmement l'état de la plupart des maisons d'habitation occupées par des hauts fonctionnaires de la province (Magistrats, Directeur de Province, Chefs de Divisions et autres responsables de la Ville), qui souffrent d'une usure non-traitée depuis des dizaines d'années.

La Province et la Ville sont-elles en mesure de sauver ces immeubles ou bâtisses ? Et déjà, quelques-unes d'entre elles sont passées de l'Etat aux particuliers — on a parlé de ''spoliation des biens de l'Etat'' !... Et une

[638]Mr. Moritz : Président d'honneur de la Chambre de Commerce — l'actuelle FEC — de Luluabourg (1959) devant une mission de prospection de Chanimétal in : Les dirigeants de la Ville de Kananga, o. c. p. 51.

Commission a fait une descente en province à cet effet… A nos mandataires de chercher à en savoir mieux…

Toutefois, procédure respectée ou pas, un fait est certain, les « nouveaux propriétaires » sont en train de vêtir la Ville d'une nouvelle robe, au travers de ces vielles maisons qu'ils reconditionnent et transforment en villas — lesquelles, pour plus d'un, restent exposées ou (sont) en instance de redevenir « propriétés » et/ou « patrimoine » de l'Etat. En outre, qui résoudrait le problème du logement des fonctionnaires en droit d'être logés ? Cette problématique devra donner matière à réflexion aux uns et aux autres…

Une Réflexion :

Oui, penser politique de l'habitat pour l'ensemble de la population, il le faut…, Kananga n'est pas seulement le Centre-ville avec ces vieilles habitations de l'Etat. Aussi et de grâce, ce n'est pas au soir de sa carrière qu'il faut penser « habitation ». Un coup de chapeau pour le gouverneur Kapuku qui a compris le danger ; il a ''reconditionné'' quelques-unes de ces habitations pour en faire des offices publics (ministères provinciaux)… Mais un particulier, voire même un fonctionnaire qui « réussit » à décrocher une maison de l'Etat a-t-il contribué au développement de la Province ? Non. Il n'aura ajouté aucune nouvelle unité à ce qui existe... alors que la Ville doit s'étendre !…

Et c'est par rapport à cela, qu'à notre humble avis, nous n'avons pas apprécié que le gouverneur ait autorisé le lotissement en face de ''Batetela''… et ''Procure'' (Il y a problème d'exutoire en cas de panique ; il y a problème d'aération ; il y a problème de gestion de toutes ces eaux de pluie déversées sur la chaussée qui s'est même rétrécie à cause du trafic, des stationnements et autres usages informels. Il faut toujours raisonner en termes d'avenir, en effet, d'ici-là l'expansion démographique de Kananga exigera un sens ''montée'' et un sens '' descente'' sur l'Avenue Lulua appelée à devenir un boulevard… Pourquoi pas !...

2.2. Armée, police et sécurité

L'**Armée** et la Province sont fières de disposer dans le chef-lieu d'un camp militaire bien construit ; le visiteur sera émerveillé de découvrir ses jolies villas pour Officiers, ses belles maisons d'habitation pour soldats, ses résidences pour hommes de troupe célibataires, sans oublier les salles de classe ainsi que les bâtiments de Commandement ; le tout bordé et parsemé des manguiers (ces arbres plantés par la Colonie et donnant l'ombrage et des fruits succulents qui font l'affaire surtout en cette période de crise ! Et notons que ces manguiers sont en même temps un ''pare-brise'', un ''coupe-vent'' sur ce plateau très sollicité par des vents violents).

Rappelons-nous que feu Président Mobutu a évolué dans les années 50 sur ce site alors **''Camp Général Janssens''**, comme élève à l'Ecole Centrale. Depuis l'avènement de la deuxième République, le **camp** porte le nom de Général **Bobozo** (Louis de Gonzague, oncle du Maréchal Mobutu) et notons que ce camp de Luluabourg, sur la rive gauche de la rivière Nganza, était bien connu à cause de cette célèbre **''Ecole Centrale''** qui a formé l'élite de la première heure de la Force Publique en Comptabilité, Secrétariat, Transmission et Commandement — cf. ces sous-officiers et Adjudants 2e Classe : Léonard Mulamba, Louis Bobozo et autres — ainsi qu'à cause de son élogieux contingent dit '' 8e Bataillon ''.

Plus tard, l'instruction d'une future élite ayant débuté avec des écoliers admis dans un établissement dit **''Ecole des Pupilles''** continuera avec l'**Ecole des Cadets** (enseignement secondaire) pour atterrir sur l'EFO (une œuvre du Président Mobutu, créée en 1969, un peu après son avènement au pouvoir, car jusqu'en 1960, la Colonie n'avait formé que quelques Adjudants et aucun Officier). L'**EFO-Kananga** dispose d'un Amphithéâtre, des salles de classe, dortoirs et villas pour Officiers instructeurs. Nous n'allons pas oublier de signaler, en complément d'infrastructures, la présence sur le même site d'une formation médicale comprenant : un Hôpital avec une trentaine de lits, un Labo et un Dispensaire. Cet espace appuyé et même géré par la Coopération belge, répondait aux problèmes de santé de nos éléments servant sous le drapeau. Dans le volet « **Enseignement Supérieur** », plus loin, nous reviendrons sur cette Ecole de Formation des Officiers. Les « Grands Collégiens »[639] se sont reproduits au grand amphi de l'EFO, en 1989, dans la célèbre pièce de théâtre « ***Montserrat*** », une pièce d'Emmanuel **Roblès** (où il est exalté la bravoure et le patriotisme de Simon Bolivar).

Et cet autre aspect ou dimension ne devait pas manquer : la dimension spirituelle. En effet, il n'y a pas que les problèmes de santé physique ou de culture à résoudre. Nos jeunes vaillants hommes ayant également besoin d'un tonus spirituel, une belle petite église catholique (c'est la Paroisse St Augustin confiée à l'Abbé Major et Aumônier Jeannot Mandefu, non loin de l'Hôpital « EFO ») ouvre ses portes pour la dévotion matinale dans la semaine et pour l'Eucharistie du dimanche. Ces offices ainsi que ceux de l'Aumônerie protestante œuvrent à apporter CHRIST et ses enseignements sur le site, au camp, afin d'affermir les soldats et leur hiérarchie ; afin de les amener à accepter chacun, **Jésus-Christ** comme son **Seigneur** et son **Sauveur** personnel. Nous avons oublié de signaler qu'avant de monter au

---

[639] Une troupe théâtrale montée par les anciens élèves du Collège St Louis, présentement responsables à travers la Ville (dont Constantin Mubadibantu Kandindi ; Raphaël Kayembe Ngudie ; Marie José Loma ; Henri Tshibuabua ; Kamudimba ; Mande Dessi ; Mukenge Kalafuanda ; Bernard Katumbisa Mubi wa Mbombo ; Nelly Mbombo ; Remy Kankonde ka Batakalua *alias* '' Stoud'' ; Clément Katsaningu ; Bob Mukenge Tshibamba ; ''Mas'' Kabata ; ''Antonazas'' Makelele, avec comme directeur et metteur en scène : l'auteur.

Camp Bobozo (cette belle cité militaire qui n'a pas d'égal en d'autres provinces à part les Bases de Kamina au Katanga et de Kitona au Congo-Central), vous trouverez un camp nommé « Camp P.M. » ; il est construit sur la rive droite de la Nganza, à gauche, en descendant vers le petit pont.

Aussi, n'allons-nous pas omettre, parlant toujours des infrastructures que possèdent nos Forces armées particulièrement au chef-lieu de la Province, de compter la Base Logistique mais qui est dans un état de délabrement « très avancé » pour ne pas dire total, ainsi que le Camp « Philippe Rolin » (avec ses bâtiments de commandement fort usés ; habitations des hommes de troupe idem et résidences pour officiers mêmement).

Notons que toutes ces infrastructures ont été vandalisées par deux fois[640] — comme si la première n'avait pas donné satisfaction — et par qui ?, parce qu'aucun civil n'y avait accès !... Il y a lieu de noter également que la route d'accès vers le comp Bobozo et Efo, qui est dans un état de délabrement très avancé, exige une réfection totale et imminente, faute de quoi la ligne **Ville – Efo** qu'exploitent les **Bus *Transcac*** restera fermée pour longtemps !... Et pourtant une Ligne très salutaire pour femmes et enfants des militaires. Je suis une fois monté dedans pour me rendre à l'Efo à un deuil et ai été heureux de constater que ces dames et enfants achetaient chacun son ticket !

Quant à la **Police nationale**, elle dispose des immeubles que voici :

— la résidence du Général Inspecteur Provincial (anciennement résidence du Premier Bourgmestre présentement dit ''Maire'') ;

— un vieux bâtiment « BSRS » plus un autre (don de la coopération britannique) qui est le nouveau Siège du District PNC de Luluabourg ;

— l'ancien bâtiment de Commandement (non loin du Stadium), qui fut, nous l'avons dit, jusqu'en 1952, le Cabinet du Gouverneur de Province du Kasayi) et

— le bâtiment en ruines de la B.R. (Brigade routière ou Police spéciale de Roulage) ;

— l'ancien Camp de Police (à Kamayi, à côté de la Base Logistique) ;

— les différents bâtiments abritant les Commissariats à proximité de chaque Commune ainsi que les trois nouveaux immeubles à un et deux niveaux (sous le label ''Proximité''), construits à Katoka (à côté du marché *Tshinseleka* et en face de l'Epro) ; à la Ndesha (à côté du Bureau Communal et de la Poste) et en Ville (à côté du Stadium), par la coopération britannique.

---

[640] L'on se rappellera les pillages qu'ont connus Kinshasa et autres Villes dont Kananga, en septembre 1991 et janvier 1993 ; et ces pillages — véritable crime économique — avaient également causé mort d'hommes et désolation…

2.3. Justice

La Cour d'appel et le Tribunal de Grande Instance siègent au Palais de Justice ; un bel édifice aux coupes bien stylées. Le fronton de sa façade principale laisse lire cet écriteau :

« ***Justicia Veritas Non Severitas*** », maxime de droit prônant ces ''trois vertus dans l'exercice de cet art du bien et du juste'' (cf. Digeste) : la justice, la vérité et la non-sévérité...

Cette façade principale ainsi que les deux latérales sont revêtues (comme celles du Bâtiment Administratif et de la Banque Centrale) des dalles garnies de granulés de cailloux contribuant ainsi à la beauté des murs et rendant ceux-ci inaltérables malgré les rayons solaires, l'humidité, brève, les intempéries. (Nous nous demandons si ces cailloux ne provenaient pas de tas extraits de la rivière Nganza par les scouts et Louveteaux de l'Unité Notre-Dame, sous le Père Kabata, au bénéfice des Entrepreneurs et Architectes. Et nous ajoutons que cette même main-d'œuvre y compris l'auteur a produit — sur le site dit ''Domaine scout'' devenu présentement la Localité « « Katoka Epro » — la braise ou *makala* à partir du bois des manguiers, que l'Unité Notre-Dame fournissait à la Prison, pour s'autofinancer.

Dans le carré avant d'arriver au Palais de Justice, vous avez le nouveau bâtiment en voie d'achèvement où siégera le Parquet de Grande Instance de Kananga, et un autre bâtiment dit ''Maison du Barreau'' que nous trouvons à notre humble avis, ne pas honorer le boulevard... Il y a lieu de repenser mieux — question de profil ou de doter le boulevard d'édifices stylés et à plus d'un niveau... Et nous ne pourrons terminer ce volet « immeubles » sans parler de la Prison centrale. Oui, quand nous on grandissait, dans les années (dix-neuf cents), 50 ce Pénitencier s'appelait **« mu Boma »**[641] , et dernièrement « Mua *Tshiamala* »[642].

Nous exhortons l'autorité de tutelle, de veiller aux conditions sanitaires : les incarcérés ou pensionnaires sont des personnes humaines, créées par Dieu, et à l'image de Dieu.

Purger une peine n'est pas synonyme d'être privé d'hygiène. Imitons les autres pays qui eux les premiers, ont créé ou institué ces lieux de détention (les Amigos, Maisons d'arrêt et Prisons), avant nous.

Nous saluons la direction pénitentiaire (de Kananga) pour la tenue des lieux dans un état impeccable, qui lui a valu une bonne cote de la part de l'AGR Emile Tshishimbi lors de sa visite à la Prison Centrale de Kananga en début d'octobre 2014. Nous remercions le Révérend père **Yvo** de la Maison provinciale Kananga, le **Bureau Monusco** en charge des Droits humains, la **Caritas** Kananga et Rotary-Club qui veillent aux conditions de détention,

---

[641] '' mu Boma'' : du nom de l'ancienne capitale du Congo

[642] Tshiamala fut durant des décennies gestionnaire ou directeur de ce pénitencier ; son long séjour en ce lieu et surtout son comportement sévère et méchant ou puritain avait rendu son nom ''célèbre''.

sans oublier la ''Maison **Omos**'', les **Paroisses** de la Ville, les **Ba Mamu Tabulukayi**, les **Mamans catholiques**, les **Ba Mamu ba Mishonyi** et le **Full Gospel**, qui chaque dimanche (à tour de rôle) restaurent les détenus. Puisse le Seigneur les bénir pour cette attention particulère à l'endroit des prisonniers !

2.4. Santé

Petit Larousse Illustré définit la maladie comme étant *« une altération dans la santé, dans l'équilibre des êtres vivants »*. Et plus ces êtres deviennent nombreux, plus il faudra veiller au maintien de cet équilibre, qui peut se (faire) rompre soit par des rigueurs du climat ou intempéries (ces derniers temps nous sommes en train de connaître des changements climatiques) ; soit par (un) manque d'hygiène, soit par (une) malnutrition, des vecteurs ou agents pathogènes dits microbes, bactéries et/ou virus dont le VIH/Sida (qui fait des victimes à travers le monde tant chez les adolescents que chez les adultes voire même chez les nouveaux-nés si parents porteurs) et celui d'Ebola (qui a emporté des milliers de victimes au Libéria ; ici en RDC, ce virus a été signalé dans la Province orientale, au Bandundu, à l'Equateur/Boende-Djera et a également sévi nos populations d'entre Luebo et Mweka.

Rappelons-nous que des notions et principes de santé — sur la prévention, le traitement curatif et autre soin — ont été dictés par le Créateur à Moïse, en vue du bien-être de son peuple. Au sujet de la lèpre : les lépreux devaient vivre en dehors de la ville (cf. Lév 13, 45-46), c'est-à-dire dans un état d'isolement, de quarantaine. Au sujet des impuretés de la femme : il y a interdiction des relations sexuelles pendant l'indisposition de celle-ci (cf. Lév. 15, 19 et 24). Des instructions précises avaient été données aux Israélites pour éviter l'infection des aliments en particulier la manne (cf. Ex 16, 19 – 20a). Même en regard de l'assainissement de l'eau, des instructions ont été données (cf. Exode 15, 23 –25).

Ces quelques passages bibliques (dont références) ci-dessus, nous prouvent à suffisance que le Créateur veut s'occuper de l'homme, l'œuvre de sa main. Tenez cette autre action préventive décrite dans 2 R4, 38-41 : il s'agit d'un antidote qui a pu éviter la mort qu'allaient causer des coloquintes sauvages. Et il y a aussi cette autre intervention divine dans la guérison du roi Ezéchias : non seulement Dieu décide et annonce la guérison, mais il en fixe le jour, ainsi que le mode de traitement et le remède même. Et le plus spectaculaire dans ce dossier est que Dieu décida de la prolongation de la vie d'Ezéchias, de quinze années ! Si vous pouvez dire avec l'auteur « *Amen* » ! — cf. 2 R 20, 1 – 11 et/ou Es. 38, 1-8.

Retenez que notre Dieu n'est pas un Dieu qui n'a opéré que dans le Premier Testament ; Il est également à l'œuvre dans le Nouveau où nous Le voyons guérir non seulement le corps, mais aussi l'âme, au travers de

JESUS, son Fils : cf. la guérison du paralytique. Oui, dans Marc 2, 5 et 11, comme pour confirmer que ''le *Fils de l'Homme a sur la terre le pouvoir de pardonner les péchés''* Jésus dit au paralytique : *« tes péchés te sont pardonnés »* ; et ira ordonner à l'invalide *: « prends ton lit et va dans ta maison »,* et cela fut ! Aussi, Jésus n'a-t-il pas seulement été à l'œuvre durant son temps terrestre : de par son ordre : « *Allez, faites de toutes les nations...* » (cf. Mathieu 28, 19 – 20), nous Le retrouverons dans les premiers temps de la pénétration en nos contrées, faire de l'*Administration* et de l'*Evangélisation* ses outils de travail, pour assurer à son peuple de cette partie de l'Afrique, la santé nécessaire à son épanouissement. N'a-t-on pas vu l'une et l'autre se pencher sur ce qu'a été ce fléau « **La maladie du sommeil** » qui a atteint son point culminant au KASAYI pendant la première décade du siècle dernier ?...

Voici ce qu'écrit à ce propos, le père Marcel Scheitler, in Histoire de l'Eglise Catholique au Kasayi, o. c. pp. 111, 112 et 113 :

« En effet, comme l'on demeura longtemps sans connaître le mode de propagation de cette maladie et les moyens de la combattre, malheur au village sur lequel s'abat la maladie... Les habitants, pour éviter la contagion, abandonnent leurs malades et prennent la fuite, laquelle le plus souvent a lieu trop tard : les fuyards déjà contaminés ne font que transporter dans un autre endroit, le terrible fléau. En furent témoins, les Pères Kerkhoven, Garmyn et Boghemans...
Cette maladie s'est répandue au KASAYI, sans doute en passant par Mpania-Mutômbo, où étaient assemblés une foule immense d'esclaves, fruit des razzias et des brigandages... ».

Et le père Marcel de renchérir :
« Rachetés, libérés, ces gens se répandirent dans le **Kasayi** et avec eux, la maladie. Les premières recherches sur la nature et la cause de la maladie furent faites en 1903, par une expédition de Médecins de l'Ecole de Médecine tropicale de Liverpool, invités par le Roi Léopold II... On cherchera plus longtemps encore avant de découvrir l'agent propagateur de la maladie : la mouche « **Tse-Tse** », qui ayant piqué un malade, absorbe le microbe appelé **Trypanosome** et l'injecte à de nouveaux sujets à plusieurs kilomètres plus loin. Dès 1907, et encore en 1909, l'Administration Centrale réglementa les mesures à prendre pour enrayer la maladie. En 1909, un remède (pas définitif) fut trouvé et employé avec succès... Et en 1919, des cours de médecine tropicale furent organisés à Kinshasa, sous la direction du Dr Broden. Plusieurs missionnaires, Pères (dont le Père Remy Callewaert de Mikalayi) et Sœurs, suivirent ces cours. Ce fut un constant et exaltant travail. Il faut rendre hommage à tous ceux qui s'y sont employés : médecins, agents sanitaires, assistants médicaux congolais, infirmiers et infirmières, religieux et autres autochtones et étrangers »
— Ibidem.

C'est cette même injonction qui a animé l'Administration coloniale sur le sol congolais, qui animera les Administrations postérieures. Injonctions ou devoirs que toute Constitution assigne au Gouvernement, afin que ce dernier veille à la Santé, et à la sécurité alimentaire de la population. Cf. Art. 47 de notre Constitution de février 2006 ; il y est stipulé : *« La loi fixe les principes fondamentaux et les règles d'organisation de la santé publique et de la sécurité alimentaire... »*

En vue de maintenir et d'améliorer l'état sanitaire de la population, nous souhaitons que la Troisième République soit conséquente au regard de cet article parce que ce que le pouvoir précédent a légué à la Province comme équipements et/ou infrastructures est insuffisant, pour une population qui dépasserait les dix millions d'habitants ; équipements d'ailleurs vétustes et mal gérés !...

2.4.1. Les Districts et Aires de Santé

La gestion ou l'administration du secteur de Santé au Kasaï-Occidental découpe celui-ci en 5 Districts totalisant 44 Zones de Santé que voici :

District de Kananga : 10 Zones de Santé : Kananga (0), Katoka (4), Lukonga (9), Ndesha (5), Tshikaji (23), Bobozo (2), Mikalayi (36), Demba (65), Mutoto (60), Bena-Leka (130).

District Lulua : 8 Zones de Santé : Lubunga (187) ; Lubondaie(...) ; Bunkonde (80) ; Bena Tshiadi (317) ; Dibaya (136) ; Katende (150) ; Mwetshi (245) ; Tshikula (80).

District de Luiza : 8 Zones de Santé : Luiza (200) ; Maswika (295) ; Luambo (280) ; Bilomba (100) ; Ndekesha (130) ; Kalomba (230) ; Tshibala (200) ; Yangala (320).

District du Kasayi : 9 Zones de Santé : Bulape (290) ; Dekese (595) ; Mikope (500) ; Mweka (240) ; Mushenge (365) ; Ndjoko-Punda (265) ; Kakenge (190) ; Luebo (200) ; Ilebo (430).

District de Tshikapa : 9 Zones de Santé : Banga-Lubaka (400) ; Mutena (350) ; Nyanga (382) ; Kanzala (265) ; Kalonda/Ouest (250) ; Kamwesha (165) ; Kitangwa (340) ; Kamonia (340) ; Tshikapa (265).

Et ces Zones de santé sont à leur tour découpées en Aires de Santé qui se chiffrent à 622. (Le chiffre à côté de chaque Zone de Santé est la distance par rapport à Kananga).

2.4.2. Les Infrastructures de Santé

Celles-ci se répartissent en :

— **Hôpitaux de Référence** : 30 Unités dont le principal est celui de Kananga dit « Hôpital Général » qui, avec la Clinique et le Laboratoire Médical Provincial, compose le Complexe Hospitalier de Kananga (CHK). De ces 30 Hôpitaux de Référence, l'unité « cadette » est l'Hôpital de Katala, non loin de Tshimbulu, et la Clinique St Georges en face de *Tshinseleka* est en voie d'achèvement.

— **Centres de Santé** : 596

— **Etablissements spécialisés** : le Centre National Neuropsychiatrique (CNNP) de Katuambi) (15 Km) ; la Léproserie de Tshimuanza (90 Km) dans le Territoire de Dibaya ; le Centre de Santé de l'Onchocercose à Luebo (200 Km) ; les Centres de Dépistage et de Traitement de la Trypanosomiase de Kananga (0) ; de Dimbelenge (122 Km), de Kakenge (180 Km) et de Maswika (195 Km). Et nous ajouterons à ces sept établissements spécialisés le Bâtiment de l'Hygiène Publique qui abrite l'Antenne Provinciale de l'Organisation Mondiale de la Santé (OMS) — Sous-Bureau du Kasaï-Occidental).

Toutes ces formations s'emploient tant bien que mal à assurer aux populations — souvent en mal de finances — un minimum du bien-être. Il est aussi souhaitable que l'Exécutif provincial s'investisse et soutienne les actions des organismes tant locaux qu'internationaux installés chez nous : Unicef ; OMS ; FNUAP, Health Net, FAO, B.I.T. ; PNUD, IRC ; CTB ; Union Européenne (via CADIMEK, BCCO, ADIR, BDOM, CARITAS, SANRU, ASSP, etc.)…

Ne dit-on pas « Aide-toi et le ciel t'aidera » ?... Oui, que la Province donne le ton, en réhabilitant les formations médicales, en les appuyant avec une logistique conséquente, en privilégiant les relations humaines...

Nous saluons cette action qu'a posée un fils de la place, qui est rentré honorer ses promesses faites lors de la campagne, en remettant au Complexe Hospitalier de Kananga — et ce, après que les législatives et la course à l'Exécutif provincial aient éteint leurs lampions et que de ce fait, pour beaucoup, rien ne pouvait plus motiver ses libéralités. N'est-ce pas là une culture à exalter, une culture à prôner : honorer ses engagements, respecter la parole donnée ? Cet appui comprenant des vivres, lits sur roulettes, matelas, tables d'accouchement, le tout « tout new » ; ainsi qu'une ambulance toute pimpante avec 5 zéros à l'écran kilométrique et équipée pour répondre aux premières exigences… Et l'on a vu Mme Dr Eugénie MISENGA Kangoji, Médecin Directeur du CHK, veiller sur la maintenance de ce véhicule… Mais deux années plus tard, ce véhicule (un don), se trouvera déclassé : (et pour) cause : excès de vitesse et sans même un seul malade en détresse à son bord, à l'heure à laquelle a eu lieu l'accident et qui le conduisait ? Un médecin !

Ce qui a aussi touché la population de Kananga, c'est ce fait que l'honorable Alex KANDE Mupompa — parce que c'est de ce bienfaiter qu'il s'agit — ait fait le déplacement de Kinshasa à Kananga, afin de compatir avec le Gouverneur de province d'alors et de consoler les blessés de « la **catastrophe ferroviaire de Kakenge** ». (Des sources concordantes ont signalé qu'il y eut plus de 200 morts !... Suite à ce déraillement des huit wagons (fermés et ouverts) qui ont projeté et écrasé en se couchant, des passagers clandestins ; pendant que d'autres trouvaient la mort coincés entre les containers et la paroi intérieure des wagons)... L'accident s'est produit dans la nuit du 31 juillet au 1er août 2007 à peine que ce ''train marchandises'' venait de quitter la gare de Kakenge vers Kananga, non-loin du **pont de la rivière Luembe**[643]. Et notons que le Chef de l'Etat Joseph KABILA s'est rendu personnellement sur les lieux du drame pour lequel un deuil national a été décrété !...

Oui, nous avons laissé entendre plus haut '' populations en mal des finances''. En effet, le coût des examens, le coût de la prise en charge... pèsent sur la bourse du malade, car, rien ne se fait pour rien ; les services qui nous sont rendus au sein de nos formations médicales sont chiffrés et se paient. Il y a l'achat de la fiche, la consultation, les examens de labo, la radiologie, l'échographie et, autres préalables... L'argent que verse le malade qui un ''contribuable'', mais, malade, est une contribution aux charges de la formation médicale. Cependant nous voilà obligés de recourir à l'illustration ou à l'adage : « *Tubela nswa, tubela kamonia* »... Nous identifierons nos « *toubibs* » entendez ''Médecins'' aux « *nswa* » et les malades à « *kamonya* ». Cela étant, nous irons dire ceci aux premiers : Chers ***Minganga*** [644] (entendez ''le corps soignant'') : votre intervention d'abord, c'est humanitaire !... et votre exigence, mieux, votre dû après !...

Nous ouvrons ici une parenthèse pour le cas d'un médecin (d'autres cas louables ne manquent pas, mais nous avons retenu celui-ci) qui, dans toute formation médicale où il a eu à passer, tant dans la capitale, à Lubumbashi qu'à Kananga, a laissé de bonnes impressions. Il s'agit du Dr **Tshibamba Marcel,** celui-là même qui eut le premier le privilège de réciter le *Serment d'Hippocrate* comme premier médecin Congolais avant tous ses confrères qui viennent après lui ! Et plus d'une personne répondra de lui, même si c'est à titre posthume !... Marie-Rose, ma femme la plus ceci et la plus cela et moi-même, avons personnellement connu « *Van Tshib* » (nom que lui avaient donné les ''*Kassapards*'' lorsqu'il fut Vice-Recteur).

Nous avons connu Marcel Tshibamba comme mari de « ya Cathy » Tshibamba née Catherine Kadikele Kanyonga[645] (sœur aînée d'un regretté ami et tante de l'ancien ministre provincial de la Santé, Kanyonga, présentement Chef de cabinet du Gouverneur A. Kande), mais aussi comme Vice-recteur de l'U.O.C. à Lubumbashi, et un fils de l'auteur — cadre dans une Compagnie aérienne — porte son nom. Ce qui est édifiant c'est ce que

---

[643] La rivière et le pont Luembe sont au point kilométrique 878 depuis le Katanga et Kakenge est à 190 km de Kananga.

[644] ''*Minganga*'' : son singulier est ''*munganga*''= docteur, médecin, guérisseur (celui qui a l'art traditionnel de guérir), voire même tout personnel soignant (par extension ; c'est ainsi que même les infirmiers et infirmières, accoucheuses, sages femmes et gardes-malades sont « *Minganga* ».

[645] Elle vient de rentrer chez le Seigneur ce vendredi 18 décembre 2015 en la Clinique Ngaliema.

nous vous faisons savoir : la carrière de ce mari et père s'est caractérisé par une compassion assortie d'une générosité légendaire ; même les démunis avaient droit à la salle d'opération ainsi qu'aux soins ; la note pouvait être honorée ''*pashishe*'' comme disent nos frères protestants (c'est-à-dire ultérieurement) tout comme elle pouvait tomber dans des *libéralités*. La veuve et la succession ne sont pas restées minables pour autant !... Revenons au « patrimoine » ou « Biens de la Province ».

2.5. L'Enseignement

''Enseignement'' est ainsi défini : action d'enseigner, manière de transmettre des connaissances ; il peut être une leçon par les faits ou l'expérience. Il est aussi métier ou profession. Et l'éducation elle est, l'ensemble des services chargés de l'organisation, de la direction, du contrôle et de la gestion de tous les ordres de l'Enseignement — cf. Petit Larousse.

L'Art. 43 de notre Constitution stipule entre autres ceci : « L'Enseignement national comprend les Etablissements Publics[646] et les Etablissements privés Agrées » ; « *Toute personne à droit à l'éducation scolaire » ; « L'Enseignement primaire est* ***obligatoire*** *et* ***gratuit*** *dans les Etablissements Publics »*... (Et nous souhaitons que cette gratuité devienne effective) ; « *La Loi fixe les conditions de création et fonctionnement de ces établissements* », cf. à ce propos, la Loi-cadre de l'Enseignement National n° 86/005 du 22 septembre 1986.

Mais l'Etat n'a pas commencé à la date de promulgation de cette loi-cadre. Camille Janssens, qui fut Gouverneur général en 1886 écrit ceci dans un rapport de 1909 :

« L'ancien Etat du Congo, constitué politiquement en 1885 seulement sous la souveraineté du Roi Léopold II n'a, au début guère eu le loisir de s'occuper de l'enseignement à donner aux habitants du Pays. Le premier soin de l'Etat a été d'organiser toute une administration, d'**occuper le pays**, d'empêcher les luttes intestines et de veiller à la défense de ses droits. Il s'en est remis, pour ce qui concerne l'instruction, aux **Missionnaires** qui ont établi de nombreuses Missions sur le territoire de l'Etat.

Quant aux écoles où les Missionnaires donnent l'éducation à des enfants — écrit le Gouverneur Général dans un rapport au Roi, du 16 juin 1892 — elles ne sont pas reconnues par nos lois, mais il est cependant vrai de dire qu'elles constituent un véritable enseignement libre. Il semble que l'Etat n'ait pas intérêt — actuellement du moins — à s'ingérer dans l'organisation des écoles, qui n'ont d'ailleurs aucune existence légale » — Cf. Van Keerberghen, o. c. p. 15.

C'est que, avant 1906 (date à laquelle ira intervenir une première convention ayant trait à l'Enseignement, entre l'Etat et les Missions nous dit Van Keerberghen), les missions — au lendemain de leur implantation — ouvraient

---

[646] Public : qui relève de l'Etat

des écoles dont les premières tâches consistaient à enseigner, à lire et écrire ; à obtenir des catéchistes et à obtenir des collaborateurs (maçons, menuisiers, charpentiers, tailleurs, etc., à partir des premières notions des métiers manuels). Il en fut ainsi avec les premières missions : Mikalayi St Joseph créée le 7 décembre 1891 ; Mérode Salvador (Tshilundu) créée le 14 avril 1894 (ici l'on notera qu'en cette même année les Sœurs de la Charité de Gand ouvraient la toute première école pour filles à Mikalayi) — Lusambo St Trudon créée le 20 mars 1895 ; Hemptine /Bunkonde St Benoit créée en février 1897 ; Lusambo St Antoine sur la rive gauche du Sankuru créée le 28 juillet 1904 (et le 7 août 1907, une autre mission fut créée à la rive droite sous la même appellation St Antoine...). Donc, la fondation d'une Mission signifiait en même temps, ouverture d'une école. Le début se faisait sans cérémonie : on essaya de réunir quelques enfants pour leur donner des leçons de catéchisme, mais bien vite on y ajouta des leçons d'apprentissage de l'écriture, de la lecture et du calcul » — Cf. Van Keerberghen, o. c., p. 17.

2.5.1. Naissance des établissements Scolaires

Depuis **1906**, à Boma, Léopoldville et Stanleyville, existaient des écoles professionnelles dirigées par des laïcs Blancs — écoles dites « officielles » parce que leur pouvoir organisateur était l'Etat. Quatre, cinq années plus tard, la direction de ces établissements sera confiée à des congrégations religieuses des Frères enseignants : les Frères des Ecoles Chrétiennes (à Boma et Léopoldville) et les Frères Maristes (à Stanleyville). Cependant c'est l'Etat qui prenait la charge de toutes les dépenses.

Comme à cette époque il n'existait pas de Direction de l'Enseignement, ces écoles dépendaient de la Direction de la Justice (qui avait également en charge les Cultes). Nommés par l'Etat sur proposition de leur hiérarchie, les religieux en service dans ces écoles étaient des fonctionnaires de l'Etat, mais avec une rémunération inférieure à celle des fonctionnaires ordinaires.

La collaboration des congrégations religieuses permit à l'Etat d'étendre son réseau d'écoles professionnelles dites également *Ecoles officielles congréganistes* parce que Ecoles de l'Etat mais gérées par une congrégation religieuse.

En **1910,** arrivent au Kasayi, les Frères de la Charité de Gand, pour y fonder deux écoles professionnelles : une à **Lusambo** et une autre à **Kabinda**. Depuis le 25 juin 1910, le Ministre des Colonies, Renkin avait déjà instruit le père Cambier à ce propos... A Lusambo, compte tenu du niveau bas des élèves qui sortaient du primaire, les Frères durent d'abord reprendre ce degré, et ce depuis **1911,** pour faire « une préparatoire » à l'école professionnelle après laquelle une sélection s'imposait aussi comme préalable... Et l'Ecole put ouvrir ses portes en **1913** avec les sections ci-après : bois, fer, cordonniers et tailleurs, la section imprimeurs-relieurs sera introduite en **1916**... Notons que l'école primaire — pépinière de l'Ecole professionnelle — qui s'étalait sur 4 ans jusqu'en 1921, passera de 4 à 5 ans en 1922. Pour Kabinda, les portes furent ouvertes en **1919,** car il a fallu attendre qu'une mission y fût d'abord créée (en 1913 — Kabinda St Martin) au sein de laquelle évoluerait d'abord une école primaire…

L'Etat avait aussi tenté d'ouvrir les écoles spéciales pour l'éducation des fils des chefs (coutumiers) au sein des groupes scolaires officiels. A partir de **1920** ils pouvaient suivre la section pour candidats-commis, mais dès 1925, ces sections pour les fils des chefs allaient disparaître, car peu d'entre eux arrivaient à dépasser le primaire.

Les deux Ecoles iront en progression, mais avec toutefois cette difficulté : les cours étaient dispensés en **tshiluba** ; il aurait été impossible d'employer **le français** comme langue d'enseignement vu que les connaissances de cette langue au cours des 1ères années étaient insuffisantes. Mais le Gouvernement insista pour que les élèves sortis de ces écoles aient une connaissance du français parce qu'ils devaient travailler avec les Européens.

C'est ainsi que le *Rapport annuel sur l'Activité de la Colonie belge* présenté aux chambres législatives de **1925** écrit à la page 89 : « Les Directeurs des principales écoles officielles ont été invités à faire la place plus large à l'enseignement du français… L'expérience à démontré qu'une connaissance plus étendue de cette langue assurait une meilleure formation et rendrait les élèves plus aptes aux fonctions qu'ils sont appelés à remplir »[647]… Et cette préoccupation est d'actualité [648] : le Président Kabila a fait un don de milliers de Larousse (Dictionnaire de Poche/60.000 mots) à plusieurs Etablissements scolaires (si pas toutes), mais aussi en guise de cadeau du cinquantenaire.

Cependant, au cours des années après 1925, l'on verra ces Ecoles Professionnelles de Lusambo et Kabinda délivrer un nombre toujours croissant de diplômes et, grand est le mérite des Frères de la Charité qui y ont donné le meilleur d'eux-mêmes pour l'éducation et la formation de tant de jeunes. Mr. Renkin, ministre des Colonies à Bruxelles a eu à apprécier en son temps, la collaboration des Congrégations religieuses. Il fut d'avis qu'on ne pouvait songer raisonnablement à confier le soin des pareilles écoles à des instituteurs isolés, sans surveillance efficace, sans cesse déplacés pour divers motifs… Aussi, une autre difficulté surgira : l'abandon de beaucoup d'élèves, séduits par des forts salaires dans les sociétés avant même la fin du cycle des études (3 ans)… Pour endiguer cette perdition, un décret du 19 juillet **1926** allait sanctionner tout élève concerné, ainsi que tout employeur qui prenait en charge un tel élève. Et cela sans même tenir compte qu'il fut procédé en 1920, à l'ouverture d'une section pour candidats commis… En **1937,** un subside est octroyé à ces Ecoles…

[647] Cf. Van Keerberghen, o. c. pp. 74 – 76

[648] A la connaissance du français s'ajoutent l'anglais, l'espagnol et qui sait, même le chinois, avec cette loi de la connexion universelle et/ou de la mondialisation.

Malgré les événements de cet ''après **1960**'', ces écoles de Kabinda et Lusambo ne sont pas saccagées. L'auteur a été Chef de Secteur MAS/Kabinda au début des années quatre-vingt ; il a pu constater avec étonnement que les bâtiments scolaires et leurs équipements étaient en place : vitres et serrures non touchées, quelle bonne culture ! Et à Lusambo où nous fûmes également Chef MAS, ce fut le même constat !... Mais quand plus tard, la Miba aura tenté de reprendre le complexe scolaire des Frères de la Charité de Lusambo pour y former des hommes de métiers pour ses Ateliers, il y eut refus et empêchement… « Mbuji-Mayi vient nous prendre ce qui est à nous, Sankuru »… Ce sont des comportements à bannir. L'auteur propose à la haute hiérarchie militaire, de négocier avec les Frères de la Charité… pour faire de ce complexe, un centre d'instruction et/ou d'entraînement ; en effet, les infrastructures sont là ; et le relief du site Lusambo (l'hydrographie, les hauteurs et autres particularités) est un atout, il s'y prête bien…

2.5.2. Premières Ecoles Catholiques

Il se tint une réunion des Supérieurs Ecclésiastiques en date du 21 février 1907 à Léopoldville ; réunion à laquelle prit par notre Père Cambier de Mikalayi, alors Préfet Apostolique du Haut-Kasayi.[649] Grand point à l'ordre du jour : l'application de la convention signée entre le Saint-Siège et l'E.I.C. en date du 26 mai 1906. Dans cette Convention, ce sont les articles 1 à 4 qui nous intéressent, car ayant trait aux Ecoles.

Ces premières dispositions sur l'Enseignement découlaient d'un engagement que venait de prendre l'E.I.C. pour octroyer à chaque poste de Mission, une concession gratuite et perpétuelle de 100 à 200 hectares de terre (Art ; 1) ; et qu'en contrepartie, chaque établissement de Mission s'engageait à créer une école où les Indigènes recevront l'instruction (Art. 2). Quant au programme des cours, il sera soumis au Gouverneur Général et les branches à enseigner allaient être fixées de commun accord. (Art 3). Aussi, à des dates périodiques, l'envoi d'un rapport au Gouverneur Général était-il exigé : il devait porter sur l'organisation et le développement des écoles, le nombre d'élèves et l'avancement des études. (Art. 4). Alors, avec l'implantation des Missions, s'ouvrirent les premières écoles, dans lesquelles l'accent avait été mis sur la formation des catéchistes (formation laissée à l'initiative individuelle de chaque prêtre)…

Or, l'Etat ainsi que les Sociétés commerciales qui avaient besoin des collaborateurs autochtones ayant certaines connaissances élémentaires des travaux de bureau et de la comptabilité, c'est-à-dire des commis, n'en recevaient que des écoles protestantes et en petit nombre. Alors l'Etat

[649] En ces temps-là, le découpage de l'espace ecclésiastique comprenait également cette préfecture du Haut-Kasayi.

insistera auprès des Missions catholiques pour que soient ouvertes des écoles pour commis-comptables.

Il fut ouvert, dans chaque circonscription ecclésiastique, une école qui donnerait une solution et, au manque de catéchistes (pour l'évangélisation) et, à la formation des commis-comptables. Les candidats élèves commis devaient être parmi les meilleurs sélectionnés par le directeur de chaque école primaire ; « surtout les garçons mulâtres devaient y être admis » — cf. Van Keerberghen, o. c., p. 26. Sans toutefois connaître sa date d'ouverture, une telle école a fonctionné à Mikalayi, dite « *Kalasa ka français* »[650]. Un rapport de 1911 en parle et dit qu'elle était bien suivie par des élèves choisis, venus même d'autres Missions et ayant terminé leur école primaire de 3 ans. Le père Alidor Samain (*Tshishi*) en fut Directeur jusqu'en 1913 ; et en 1914, cette école devint l'Ecole Normale de Mikalayi, avec comme Directeur le Père de Cock (*Mutombo wa balongi*).

En 1908, le 18 octobre, l'E.I.C. devenait la Colonie… L'article 2 de la « Charte Coloniale » déterminait les droits et les libertés des habitants de la Colonie. Un de ses points concerne l'Enseignement et stipule — par référence à la Constitution belge — que l'enseignement au Congo-Belge est libre. Cette liberté se définit en ces 4 points :

- les parents sont libres d'envoyer leurs enfants à l'école de leur choix ;
- les parents peuvent envoyer leurs enfants à l'école ou ne pas les y envoyer ;
- il ne faut pas d'autorisation pour ouvrir une école ;
- tout le monde peut enseigner, il ne faut pas remplir des conditions spéciales pour enseigner.

C'est que le gouvernement belge n'avait pas l'intention d'organiser à grande échelle un réseau d'écoles officielles et par conséquent, entièrement à charge de l'Etat. Les Missions de Scheut, de 1891 (début de l'Evangélisation au Kasayi) jusqu'en 1906 (lorsqu'intervint une 1ère Convention), se chiffraient à huit. Et de 1908 à 1925 — lorsque viendra intervenir une 2e Convention entre le Gouvernement de la Colonie et les Missions nationales (entendez Belges), en matière d'enseignement — le nombre d'écoles augmentera. L'on en dénombrera plus de vingt, dont : une à **Demba** (1908), avec le père Abel Demol, suite à la demande de la C.Ka. (Compagnie du Kasayi) ; une à **Luebo** Sacré-Cœur (1909) ; une à **Kabinda** St Martin (1913) ; une à **Katako-Kombe** (1915) ; une à **Lodja** (1916) ; une à **Lubefu** (1916) ; une à **Mai-Munene** (1917) ; une à **Ndekesha** (1917) et une à **Brabanta** en 1926, avec le père A. Samain (à la demande de la Société HCB).

Les Supérieurs Ecclésiastiques se réunirent une deuxième fois en 1910 à Stanleyville. En 1913, ce fut à Kinsantu de les accueillir ; idem en 1919.

---

[650] Kalasa (de « classe ») ka (= de) français : une classe où les cours se donnaient (en son temps) en français

Après la fin de chaque rencontre il était édité une brochure : « Instructions aux Missionnaires », et déjà en 1913 il fut introduit des vocables : « Ecoles rurales » (pour les villages), « Ecoles centrales » (pour les Missions) ; « Ecoles spéciales (pour aspirants comptables, pour fils des chefs et pour catéchistes).

L'Ecole pour catéchistes était réservée aux jeunes gens qui donnaient les espérances pour le Séminaire. Pour eux, il faillait veiller à la formation du cœur et du caractère ; l'enseignement du français ne fut pas indispensable (il ferait même dévier les élèves vers les positions de clercs ou d'employés comptables). Aussi, cette dernière formation, pour qu'elle portât ses fruits, était-elle voulue suffisamment prolongée...

Après la Première Guerre mondiale (1914 – 18), le Gouvernement n'avait toujours pas l'intention de donner une grande extension au réseau des écoles officielles : il n'en avait ni les moyens financiers, ni un personnel compétent et dévoué. Aussi, s'était-il décidé pour une plus grande collaboration avec les missionnaires d'origine belge. Un projet de Convention scolaire sera proposé aux Missions par le Gouvernement. La plupart des Ordinaires — entendez les Evêques — se sont opposés à ce projet dont ils jugeaient certaines dispositions inadmissibles, aussi, optaient-ils pour la liberté entière de l'enseignement. Le Comité Permanent des Evêques se réunira à cet effet le 13 mai 1921.

Mgr De Clercq remettra une note à propos, au ministre des Colonies à Bruxelles. Il y insiste sur l'effort fourni par les Missions pour établir au Congo un enseignement qui, bien que pas encore très développé, a des ramifications dans tout le pays et compte, outre les écoles primaires, des écoles professionnelles, des écoles de moniteurs, etc.

''Il faut reconnaître'', dit-il, ''cet effort et l'expérience des Missionnaires ; et ne pas vouloir, en créant des écoles gouvernementales (en) prendre l'entière direction et en être responsable[651], mais les aider et les subsidier''. Nous avons la confiance que le Gouvernement ne se refusera pas à la spéciale compétence des Missions catholiques en matière d'enseignement, et qu'il ne lui répugnera pas de faire crédit à l'Autorité ecclésiastique, pour l'organisation et le contrôle des Ecoles qu'elle a fondées et qu'elle s'efforce de multiplier tout en les perfectionnant »[652]...

Par la suite, Mr Franck, ministre des Colonies d'alors, constitue une commission — nous sommes en juillet 1922 — devant définir un statut scolaire bien déterminé. Entre autres les principes ci-après devaient servir de base : adapter l'école aux réalités du milieu ; asseoir une prédominance de l'éducation sur l'instruction ; donner de l'importance aux langues congolaises dans la première formation ; **donner de l'importance à**

[651]N'avait-il pas raison ?... Qu'est devenue Lovanium et autres écoles conventionnées, après la ''zaïrianisation'' ?
[652] Van Keerberaghen, o. c. p. 82.

l'éducation des filles ; développer des écoles normales pour accroître le nombre des enseignants congolais…

En 1923, les Ordinaires discutent âprement de la question ; ils tomberont du moins d'accord sur le principe de reconnaissance par l'Etat, de l'Enseignement libre. Une discussion et les échanges de vue continueront entre les Missionnaires (Mgr De CLercq, Mgr Devos, le Supérieur général de Scheut) et Mr De Jonghe[653], délégué du ministre des colonies. Mais après toutes ces tractations, cette réglementation scolaire dite « Convention » fut signée au mois de juillet 1925, par Mgr Devos, Préfet Apostolique du Kwango et Fondé de pouvoirs des Supérieurs Ecclésiastiques du Congo-Belge. Elle n'avait retenu qu'une seule sorte d'école pour enseignants : « l'Ecole normale » ; celle-ci devait donner aux élèves ayant terminé l'école primaire qui elle, s'étalait sur 5 ans, une formation postprimaire de 3 ans.

Seule cette formation normale serait acceptée et subsidiée par l'Etat. Aussi l'octroi de subsides devait-il entraîner nécessairement un contrôle administratif. Toutefois, comme ces écoles n'étaient pas à même de produire assez d'enseignants, de petites écoles pour catéchistes, non reconnues et non subsidiées de catéchistes ont continué à exister dans de nombreux postes de Mission. En plus des Ecoles normales, ces options ont été également retenues :

Ecoles pour candidats-commis ainsi que les Écoles professionnelles. Toutes ces écoles subsidiées relevaient directement d'un Missionnaire-Inspecteur, désigné par le Vicaire ou le Préfet Apostolique. Le père Camile Leuridan est le premier à être nommé (en 1926) à ce poste pour les Ecoles du Vicariat du Kasayi dont Mgr De Clercq avait la charge.

En 1927, la Convention créera la fonction d'Inspecteur Gouvernemental de l'Enseignement ; celui-ci devait faire observer les programmes et horaires arrêtés pour chaque catégorie d'école. Il devait en outre vérifier sur terrain s'il été nécessaire de subsidier, et d'aider les organisations de l'enseignement à faire de leur enseignement, des classes valables. Et en cette même année (1927), un corps d'Inspecteurs officiels [654] est créé, tandis que dix ans plus

[653] Ce nom rappelle à l'auteur ainsi qu'à ses congénères de beaux moments de loisirs passés avec ''le Cirque De Jonghe''. Celui-ci était composé de prédistitateurs, acrobates, jongleurs, dompteurs de fauves (lions), comédiens (dont le plus célèbre fut surnommé ''Tshimanga njeku'', car nain de son état), chimpanzés, etc. Les roulotes de ce Cirque allaient de ville en ville et lors de leur passage à Luluabourg, elles ont une fois campé sur le site devenu présentement ''St Pie X (Institut Ditungunuka) avec ''Les Ba-Mamu Tabulukayi'', et une fois sur l'espace au-devant de l'Hygiène Publique (voir ''Croix-Rouge'').

[654] Un Inspecteur Général à Léopoldville et trois provinciaux dont 1 à Léopoldville pour Léo et l'Ouest du Congo ; 1 à Elisabethville pour le S-est (y compris notre Kasayi) sans les Missions de Kabinda et Tielen (Tshilomba) qui se retrouvaient sous la juridiction d'Elisabethville ; et un à Bukavu pour le N-est.

tard — soit en 1937 — l'Enseignement est détaché de (la Direction) de la Justice et adjoint à la Direction des Affaires Indigènes. Prenons cette déclaration en compte :

« Monseigneur De Clercq se dévoua sans relâche à l'organisation de l'enseignement dans son Vicariat. Sous sa constante impulsion et grâce au zèle infatigable du Père Camille Leuridan, Missionnaire-Inspecteur, *les écoles du Kasayi furent vite les plus avancées, les plus fréquentées de tout le Congo* ». (Le père Leuridan gardera ces fonctions jusqu'en 1942, mais déjà janvier 1937, le père Jules Deckers était à ses côtés pour l'épauler).

En outre, Monseigneur le Délégué Apostolique, lors de sa visite à Scheut — en Belgique — en octobre 1937, fit savoir ceci : *« **Le Kasayi** est à la tête de toutes les missions du Congo pour l'enseignement et les écoles »,* fin de citation — cf. Van Keerberghen, o. c., p., 90. Voici ce qui avait été également retenu : *« Sous l'influence du missionnaire William Cutchen **Morrison**, le choix des peuples à évangéliser en priorité se tourna vers les Baluba* — entendons ‘‘ Kasaï ‘‘ — *dont les rapports de **Livingstone, Cameroun** et **Wissmann** étaient unanimes à souligner la grande aptitude intellectuelle »* — R. Cornevin, o. c., p. 134.

Cela était-il resté un éloge ou une inquiétude ?... Au lecteur de répondre… Et que comptait d'ailleurs le Kasayi comme grandes écoles en ce temps-là ?

a) Ecole normale de mikalayi (Garçons)

Cette école pour garçons est créée depuis septembre 1914. Veuillez prendre connaissance de cette lettre qui fut rédigée un peu avant sa création :

« Luluabourg St Joseph, le 30 mai 1914

Chers confrères,
Le besoin extrême que d'avoir de bons catéchistes m'a fait décider la création d'une école de catéchistes à la Mission de Luluabourg.
Avec les bénédictions du ciel, que nous implorons tous ensemble, cette école pourrait devenir une pépinière de bons Evangélisateurs, voire une institution préparatoire à un futur Petit Séminaire
Je vous prie donc de diriger sur St Joseph, pour le premier septembre prochain, quelques enfants choisis, doués de bonnes qualités intellectuelles et surtout morales. Il faudrait qu'ils sachent au moins lire et écrire. Pour le moment les adultes, même mariés, ne sont pas exclus ».

De Boeck Egide /Préfet Apostolique du Kasayi.

Dix années après l'ouverture (1914) jusqu'en 1925, l'Ecole Normale avait admis un total de 1.460 élèves dont 243 obtinrent leurs diplômes : **Lusambo** 6 ; **Mikalayi** 60 ; **Katende** 14 ; **St Trudon** 19 ; **Tielen** St Jacques

24 ; **Hemptine** 33 ; **Demba** 15 ; **Luebo** 7, **Mérode** 26, **Mpangu** 9, **Kabinda** 19, **Ndekesha** 2, Inconnus 19.

Il y a lieu de noter que déjà, dès l'ouverture même de l'Ecole, **des natifs fils du Kasayi se sont mis au travail et leur application leur a valu d'être retenus au sein du corps enseignant.** Donc, en dehors des pères Emile de Cock (premier Directeur en 1914, Edmond Van Roey, Aimé Van Zandijcke, Remy Callewaert et Firmin Demarez), l'on a pu compter dix enseignants ou instituteurs laïcs Noirs, natifs du Kasayi :

-Mpolesha François	1914 – 37	- Kankolongo Léon	14 – 16
- Mulumba Louis	14 – 17	- Nkongolo Jean	16 – 30
- Mbiye Jacques	17 – 18	- Ilunga Jean	18 – 21
- Ntumba Joseph	19 – 20	- Kamana Joseph	20 – 28
- Kazumba Léon	21 – 28	- Kalala Dominique	21 – 28

Mpolesha et Kankolongo ont aidé à enseigner en 1ère et 2ème années, en étant eux-mêmes élèves de la 3e année — cf. Van Keerberghen, o. c. pp. 59-62.

La même source renseigne que lorsque l'Ecole Normale de Mikalayi reçut en date du 18 juillet 1925 la visite du Prince Léopold (fils du Roi Albert 1er, héritier du trône et futur roi Léopold III[655]), celui-ci assista à quelques leçons et fit lui-même faire quelques exercices de calcul et de français. Il déclara qu'il s'était étonné des connaissances des élèves…

Point n'est besoin de faire l'éloge de cette Ecole Normale de Mikalayi. Sa renommée s'est vite répandue même en dehors du Kasayi : on trouva d'anciens normaliens de Mikalayi dans toutes les grandes Villes du Congo Belge. Le premier gouverneur Noir du Kasayi (au trente 30 juin 1960), Barthélemy **Mukenge (Shabantu)** est un ancien de l'Ecole Normale de Mikalayi… et il a su tenir « la chose publique » en mains. En effet, « les Annales » ne laissent pas entendre une mégestion quelconque de son Administration…

Donc, **le Kasayi** n'est pas un sous-peuple ! **Mais présentement, que fait-il de son cerveau ? … Il le prostitue ! On l'exploite ! (Sauf le ''Sphynx'', l'icône de la démocratie congolaise qui vient de nous quitter** le 1er février 2017 **et certains d'autres)…**

Remarquons que quand fut ouverte l'Ecole Normale de Mikalayi en **1914**, il fut pratiquement impossible aux Missions en terre batetela d'y envoyer des candidats, en raison de trop grandes distances ainsi que de la

[655]Léopold III, frère du Régent Charles et père de la Princesse Joséphine-Charlotte, du Prince puis Roi Baudouin (son épouse la reine Fabiola de la noblesse espagnole vient de le rejoindre depuis le 5 décembre 2014 à Bruxelles, âgée de 86 ans) et du Roi Albert II qui vient de céder le trône à son fils Philippe.

langue ; c'est ainsi que Tshumbe qui avait une école des catéchistes (durée 2 ans) depuis 1915, ajoutera une 3e année en **1925**. C'est alors que l'on parlera d'une **Ecole Normale de Tshumbe,** avec le père Jules Deckers comme Directeur.

b) Petit séminaire

Fin **1916**, deux normaliens, Charles Mbuya et Evariste Kalonji, avaient exprimé le désir de devenir prêtres... C'est ainsi que ce choix avait conduit les responsables d'alors à débuter en février 1917 les premières leçons de latin avec ces « appelés » qui seront rejoints, la même année, par deux autres ; et plus tard, il sera admis des candidats souvent catéchistes venant des Missions autres que Mikalayi. Tel fut le début du Petit Séminaire à **Mikalayi** même. C'est en **1928** qu'il est transféré de Mikalayi à **Kabwe** ; et depuis, le Petit Séminaire, et quelques six années après, le Grand Séminaire de Kabwe, n'ont cessé d'aller de renommée en renommée... Pour mémoire, en 1923, l'on dénombrait 9 petits séminaristes à Mikalayi ; le père Aimé Van Zandijike (*Kasonga*) était à la fois Directeur de l'Ecole Normale de Mikalayi et Directeur du Petit Séminaire de Mikalayi. En 1928, en octobre, lors de l'ouverture de l'année : ils dépassaient la soixantaine :

- 4 en Poésie, parmi lesquels Tshilenge Georges, Mukenyi Amandus et Mukuna Joseph ;
- 13 en Quatrième, parmi lesquels Kabamba Etienne, Kabuya Barthelemy, Katende Joseph et Nkanka Emery ;
- 20 en Cinquième, parmi lesquels Kapanga Jacques (wa babaanyi) et Tshibenji Victor ;
- 24 en Sixième latine, dont Mukanga David et Nkongolo Jacques.

Charles Mbuya et Tshibuabua René étaient eux déjà en Philosophie, au Grand Séminaire de Baudouinville (présentement Moba) et l'on notera que le premier prêtre Congolais sera l'Abbé **Kaoze Stéphane** (de Beni-Marungu), ordonné des mains de Mgr Auguste Huys le 21 juillet **1917** à Baudouinville... En 1929, le Conseil Central de la Congrégation de Scheut désigne Kabwe comme futur Grand Séminaire central pour les 3 Vicariats de Scheut au Congo et en février 1930, 8 séminaristes (5 pour la 2e philo et 3 pour la rhéto arrivent à Kabwe) auxquels s'ajouteront 5 autres (tous pour la rhétorique) en octobre 1930. L'Abbé **Mbuya** *(Mukwa Mbumba)* sera ordonné le 1er juillet **1934** (né en 1893, il quittera ce monde en 1945).

Les études au Petit Séminaire étaient du niveau des humanités latines, réparties sur 6 ans : la 6e, 5e, 4e, 3e, la poésie et la rhétorique... Les humanités demeuraient conditionnées par le *terminus ad quem* : Philosophie et Théologie. De ce fait, elles devaient être en harmonie avec l'objectif à atteindre. Le corps enseignant était très exigeant ; la sélection très sévère. Et il était rappelé sans cesse que le Petit Séminaire n'était pas une école quelconque ouverte à tous ceux qui voulaient étudier, mais une école formant des futurs prêtres. Il n'était retenu que les élèves qui arrivaient à donner des preuves de qualités intellectuelles et morales indispensables en vue du sacerdoce. Toutefois, ceux qui se faisaient renvoyer allaient poursuivre d'autres études à Léopoldville pour devenir Infirmier ou Assistant médical ; d'autres se faisaient engager dans l'Enseignement, dans l'Administration (Etat), dans les Sociétés commerciales et industrielles. Voilà un mot sur le Petit Séminaire, cet Etablissement qui reste constant dans la rigueur et garde sa renommée jusqu'à ce jour…

c) Ecole spéciale des candidats-commis

Déjà, lors de la réunion des Supérieurs ecclésiastiques tenue à Kinsantu en 1919, il avait été soulevé le problème de la formation de commis et comptables pour les services de l'Etat et des Sociétés commerciales… L'option d'ouvrir des écoles pour commis fut retenue.Une semble avoir été ouverte à l'Equateur, en 1916, à la demande de la Société « Huileries du Congo-Belge » et une autre s'ouvrira à Léopoldville en 1923… Au Kasayi, une telle école a ouvert ses portes avec le Père Joseph Van Kasteren qui était déjà à Mikalayi depuis 1920. En 1924 — 1ère année — le nombre d'élèves était très restreint : 20 à 25 (tous de Mikalayi). L'Ecole fonctionnait sous la direction du prêtre (lui-même enseignant), aidé par deux autres enseignants congolais… A partir de janvier 1931, l'Ecole pour commis de Mikalayi n'a plus accepté d'élèves… Déjà en 1928, Mgr De Clercq avait fait savoir que pour mettre sur pied cet enseignement, il faut être sûr de disposer toujours d'un personnel enseignant qualifié…

d) Ecole moyenne de Katoka

Une 1ère année de cette école débute le 2 janvier 1931, une deuxième s'ajoute en 1932 et une troisième en 1933. Jusqu'en 1936, l'école comprend trois années d'études et s'appelle officiellement « Ecole des Candidats-Commis ». Lorsqu'une quatrième année s'ajouta en 1937, l'école prit alors le nom de « Ecole Moyenne ». Tous les cours s'y donnant en français, une année préparatoire (qui correspondait à une 6e primaire) fut introduite en 1939, afin de relever le niveau du français chez les élèves venus des écoles où le français était peu enseigné. Les diplômés de l'Ecole Moyenne de Katoka — œuvre des pères Josephites, exigeants et qui dispensaient un enseignement de qualité — trouvaient facilement un emploi dans les entreprises bancaires, commerciales ou industrielles au Kasayi, au Katanga et même à Léopoldville. Et cette Ecole se fit célèbre.

Mr Pierre Ryckmans, Gouverneur Général, qui était lui favorable à cette formation demandera alors — le 3 février 1943 — à Mgr Demol, de voir comment combler le déficit du corps enseignant, vu que le nombre de finalistes était très limité. (Des 683 élèves ayant débuté leur première année, entre 1931 et 1947, 135 ont obtenu leur diplôme, soit 20%. Il est vrai que le problème du déficit enseignant s'était posé, à cause des hostilités (cf. la guerre 40 – 45) mais même un peu plus tard, le nombre des diplômés est resté faible.

Nous avons tenu de nos proches parents Shikayi Louis, Kashale Grégoire, Mabi Evariste, Banyishayi André, Ntumbua Joseph, Kanumbedi Emery, sortis diplômés de cette célèbre Ecole Moyenne, que ''la formation de et à l'Ecole Moyenne de Katoka était jugée produire avec diligence une élite qui inquiéterait d'ici-là''...

e) Ecole normale de Mikalyi (Filles)

Celle-ci a ouvert ses portes le 6 janvier 1934 avec 16 filles ; parmi elles, Sœur Lumingu (dont le nom est donné à la célèbre Ecole **Mamu Lumingu** des Sœurs de la Charité à Kananga, non loin de la Clinique de Kananga).

C'est sous l'impulsion de la Sœur Donat (née Marthe Olivier, à Izegem, en Flandre-Occidentale/Belgique) que cette Ecole a vu le jour et elle la dirigera pendant 24 ans (de 1934 à 1958)[656]. Figure de proue tant dans les milieux ecclésiastiques qu'officiels, la Sr Donat était convaincue que pour réussir, l'éducation des filles devait être confiée à des femmes qui auraient les mêmes compétences que leurs collègues masculins. Avait-elle tort ?... En 934, le 28 octobre, le Gouverneur Général Tilkens écrira aux Vicaires et Préfets Apostoliques, une lettre ayant trait au développement de l'Enseignement. Il y est dénombré :

— *22 Ecoles Normales* dont 3 étaient pour jeunes filles. L'autorité considérait ces écoles comme les plus importantes, car, appelées à fournir en nombre et en qualité suffisante, les instituteurs et institutrices que réclame le développement de l'enseignement primaire ;

— *9 Ecoles de Commis* dont 5 officielles ;

— *14 Ecoles Professionnelles* : 8 libres et 6 officielles. De ces 6 dernières, celle de Luluabourg dite « EPRO », créée en 1952 [657] (chez le « doyen » **Ngoyi Tshipanda** en face de *Tshinseleka*), connut d'abord un programme de 3 ans puis 4, et avait trois options : Bois, Maçonerie et Mécanique. (Ces options sont encore au programme, mais celui-ci n'est plus de 4 ans, mais 6 ans avec *Exétat*. C'est ainsi que l'Epro est devenue l'IPKa (Institut Professionnel de Katoka) ;

— *9 Ecoles Ménagères* dont 3 seulement exploitent le cycle complet de 3 années.

Après cet inventaire, la conclusion est celle-ci : « Un *statu quo* pour ce qui concerne les Ecoles de Commis — il ne faut pas une formation

---

[656] La Sr Donat est arrivée au Congo en 1926 ; elle y est restée jusqu'en 1963. Partie malade, elle succombe en 1969 à la Maison Mère à Gand, âgée de 77 ans.

[657] Par le R.P. Willem Callewier, que nous rencontrerons plus loin...

surabondante de Commis »[658] ; « idem pour les Ecoles professionnelles qu'il faut mettre au ralenti et favoriser à la place, l'artisanat en vue d'améliorer les conditions matérielles de vie chez les autochtones » — (le Gouvernement)[659]...

f) Ecoles d'agriculture

Ici, il y a à retenir d'une part que bien que la Convention de 1925 insistait fort sur la nécessité de donner à tous les élèves tant du Primaire que du Secondaire une formation pratique d'agriculture et d'élevage, espérant endiguer ainsi la fuite de la jeunesse vers les centres urbains, le programme ne prévoyait pas de cours d'agriculture à l'Ecole primaire.

Il sera alors demandé aux Instituteurs des petites écoles répandues à travers le pays, de posséder une petite exploitation agricole. Leur façon de cultiver, de diriger leur élevage, pouvait constituer un puissant exemple pour les élèves et même pour tous les indigènes du village[660]... Et que d'autre part, il existe des adages que voici :

— « ***Budimi ki ditunga*** » traduisons '' l'agriculture (ou le champ) c'est le pays, c'est la survie de celui-ci '' ;

— « ***Tudimine baba, nkudia kuetu*** » traduisons ''défrichons un champ et plantons pour maman, notre nourriture en dépend ; c'est de là que nous tirerons notre manger'' ;

— « ***Kadima minu, ne Kadima ntunku*** » :

1) *Kadima minu* (du verbe *kudima* qui veut dire *labourer, défricher un champ* et du mot *minu,* le pluriel de *munu* et qui veut dire *doigts*) : se dit de celui qui défriche en esprit, avec son doigt (souvent **l'index**) en disant : « **aujourd'hui** j'arrive **là**, demain **là**, après-demain **là-bas**... etc. sans se mettre au travail ;

2) *Kadima ntunku* : *ntunku* est un adverbe de manière et *Kadima* ici, c'est toujours notre homme, mais qui n'utilise pas son index ni toute sa main. Ce *Kadima* est effectivement au travail, dans son champs, contre vents et marées il laboure (à la manière du ''*Laboureur*'' de **Jean de Lafontaine** — j'espère que nous savons encore réciter « Le laboureur et ses enfants ») ; et il est exalté, honoré et pris comme référence ; tandis que le premier cité est l'objet de moqueries...

---

658 Le notable Gaston Makidi nous livre ce témoignage qu'il a vécu ce dimanche-là 21/5/1959 —— il est alors élève à l'Ecole Moyenne d'Idiofa : Monsieur Leman : Administrateur d'Idiofa : « Je n'ai pas besoin de bureaucrates ; j'ai besoin des coupeurs de no ix ».

659 Van Keerberghen, o. c. pp. 193-4.

660 cf. '' Instructions relatives aux programmes à suivre et aux méthodes à employer dans les écoles de la Colonie (Brochure « verte » éditée en 1931 par l'Inspection Générale de l'Enseignement), citée par Van Keerberghen, o. c. p.223,

Nous ajouterons cet autre dicton : « *Nzala wa Kavuambu, diukuta wa Muyuki* » à harmoniser avec « *Le ventre affamé n'a point d'oreille* ». Cela prouve l'importance qui était et est attachée à l'Agriculture... quand bien même il fut introduit de nouveaux métiers (tels : le maçon, le charpentier, le menuisier, le tailleur, etc.)... Il était recommandé à tout majeur d'avoir un ou deux champs ainsi qu'une basse-cour voire un petit bétail.

Ce qui n'est pas aisé à obtenir, c'est changer les méthodes agricoles séculaires... On est encore loin de '' ***Bukanga Lonzo*** '' dont la vulgarisation d'ici-là et à travers nos contrées, à travers le pays, sera d'un grand apport dans cette « révolution de la modernité »...

g) Centres pratiques d'agriculture

Comme réponse à la préoccupation de l'autorité, Mgr De Clercq informera le Gouverneur à Lusambo que Luluabourg, Kabwe, Hemptine, Kajangayi, St Trudon, Mérode, Mayi-Munene, sont retenus pour recevoir des Centres Pratiques d'Agriculture... En janvier 1936, Kabwe (avec le Père Victor Laemont) et Kajangayi (avec le Frère Achille Van Ongevalle) ouvrirent leurs Centres dont l'objectif était de former des paysans à installer le long du rail BCK. En 1937, ce fut le tour de Mayi-Munene (qui devait former des paysans vivriers et maraîchers à installer dans la région de Tshikapa) et Kabinda (qui devait lui, former des paysans producteurs de légumes et de produits de petit élevage à écouler dans le chef-lieu de District de Kabinda... Notez que déjà fin 1932 le Vicariat se trouvait obligé de fermer ces quatre centres faute de subsides durant toute l'année 1934 — et pourtant l'autorité s'était décidée de « subsidier cet enseignement (outillage, cheptel, volailles, moniteurs...) au prorata du nombre d'élèves — cf. Lettre circulaire ci-haut citée. (Donc, le comportement du Pouvoir Central de Léo ou Kin — au regard des engagements à honorer — ne date pas d'aujourd'hui !)... Le Père Van Keerberghen écrira : « si le Gouvernement avait soutenu ces Centres en envoyant les subsides à temps [...], le Vicariat aurait sans doute pu continuer l'action de ces Centres »...

Après fermeture du Centre Pratique d'Agriculture de Kabinda, les Frères de la Charité tenant toujours à leur projet de Section agricole, ont débuté en janvier 1941, une Ecole Professionnelle Agricole (EPA), dans les bâtiments qu'occupaient les Sections Bois et Fer (sections qui se sont retrouvées progressivement fermées entre 1940 et 1942). Le 16 juillet 1941 le Gouvernement agréa l'EPA et en fixa la durée des études : 2 ans.

Cependant, il a fait fonctionner deux ''EMA'' (Ecole Moyenne Agricole) d'une durée de quatre ans : une à Kinsantu et l'autre à Bunia — « Pour le moment, des raisons d'opportunité m'ont fait décider de limiter à 2 les Ecoles Moyennes d'Agriculture (Kinsantu et Bunia) destinées à former des auxiliaires agricoles indigènes », écrivait le Gouverneur général, le 16 août 1934, cf. Van Keerberghen, o. c., p. 243...

Le **Kasayi** n'était pas retenu pour ce genre d'école. Alors que le Délégué Apostolique au Congo, Mgr Dellepiane, avait fait savoir qu'une troisième Ecole Moyenne d'Agriculture s'imposait au **Kasayi**, car selon lui, les moniteurs agricoles pour le Kasayi devaient sortir du Kasayi (Idem) — ce qui n'était que normal (ceux-ci connaissant mieux que quiconque, les cultures et les sols de leur milieu). Nous en arrivons au point...

h) Le « cadulac » de Kamponde

Pour la création de cette Ecole Moyenne d'Agriculture, le Centre Agronomique de l'Université de Louvain — CADULAC — avait les yeux pointés sur Kabinda où les bâtiments étaient en place (cf. l'Ecole Professionnelle) ainsi qu'un corps enseignant (les Frères de la Charité). Cependant, Mgr De Clercq a fait remarquer ceci : « *le Pays* (c'est-à-dire Kabinda) *est peut-être pittoresque, mais que des désavantages !* » (cf. Van Keerberghen, o. c., p. 244). Après échanges, avis et considérations — (entre le Professeur Antoine de l'Université de Louvain et président du Cadulac), Mgr De Clercq, le Gouverneur Général, le Gouverneur de Province à Lusambo ainsi que les Frères de la Charité de Gand) — la région de Dibaya est retenue pour y implanter une Ecole Moyenne Agricole.Voici comment avait répondu toujours à propos, le Gouverneur de Lusambo à Mgr De Clercq :

> « Le Gouverneur Général entend placer l'Ecole Moyenne Agricole sous le statut des écoles subsidiées par le budget de l'Agriculture et placées sous le contrôle de ce Service. [...] Une telle école moyenne ne recruterait pas ses élèves uniquement dans la région voisine ; sa population devrait être composée d'élèves diplômés des écoles primaires de toute la Province »...

Ici nous ouvrons une parenthèse pour dire que, lorsque nous prenons connaissance du nombre de ce que furent les lauréats de la première décennie (entre 1942 et 1948), il y a lieu de constater et de paraphraser le père Van Keerberghen qui a écrit : *« ces chiffres nous laissent perplexes et nous font réfléchir »...*

En effet, des 61 diplômés (10 en 1942 ; cinq en 43 ; six en 44 ; treize en 45 ; six en 46 ; huit en 47 et treize en 1948) : 45 furent Baluba ; 8 Basonge ; 3 Bakua-Luntu ; 2 Bena Lulua ; 1 Mutetela ; 1 Muena Kanioka et 1 « autre »... Notons que lorsque le Père s'est posé la question de savoir « Pourquoi tant de Baluba ? » — il y a répondu lui-même : « *Sans doute parce qu'ils provenaient d'un peuple d'agriculteurs et qu'ils estimaient beaucoup l'agriculture »* — Van Keerberghen, o. c., p. 248. C'est un point de vue ; cependant nous n'irons pas nous demander si les villages Songe, Lulua, Luntu, Kanioka, vivaient des champs baluba ?... Mais est-il que, ce que nous avons vu plus haut — dans le Chapitre ayant parlé des « immigrations » à partir de 1894, reste établi : à l'arrivée de nombreuses vagues d'immigrants Baluba chez leurs frères Lulua, les hôtes étaient en mesure de les accueillir ; il y avait et, abris et, assez de quoi les nourrir... avant qu'ils ne se prennent en charge. Donc, si le Père Van Keerberghen a dit *« néanmoins, ces chiffres nous laissent perplexes et nous font réfléchir »*, la réponse est à trouver ailleurs (Voir dans ''Comportemennt'' et non dans l'amour de ce travail)...

Et la suite des instructions du Gouverneur général était en ces termes : « Les diplômés de l'Ecole Moyenne d'Agriculture seraient non pas des moniteurs, simples surveillants de la tâche des planteurs indigènes, mais des auxiliaires des Européens du Service agricole, capables de faire comprendre aux populations les nécessités du travail rationnel et méthodique... »...

L'on arriva alors au problème du choix de l'emplacement de l'Ecole dans la région (déjà retenue) de Dibaya (Territoire créé le 28 novembre 1913, qui a fêté ses 100 années d'existence le dimanche 25 mai 2014 et d'où est parti le triste ''Phénomène Kamuina Nsapu'' depuis août 2016...). Un endroit situé à l'est de Mfuamba, entre ce village et la rivière Lukula, au sud-ouest de la Mission de Mérode, fut proposé. Ce choix (fait par Mr. De Wilde Directeur du Centre Agronomique de Kinsantu diligenté par le Cadulac sur les lieux) tomba au profit du site que présenta le père Jules Mommens (Supérieur Provincial Scheut au Kasayi) : **Kamponde** (situé à 7 Km de la Gare du même nom ; un endroit meilleur au point de vue nature du sol et il y avait vacance de terre). Rappelons-nous que lorsque l'Ecole Moyenne Agricole ouvrit ses portes le 31 octobre 1938 à Kamponde, avec 30 élèves (certifiés du primaire qui comportait 5 années), le Directeur fut un laïc, Mr Debra, envoyé par Cadulac ; les Frères de la Charité formaient le corps enseignant et s'occupaient de l'internat... A partir 1941, l'on n'accepta que les élèves ayant terminé la 6e primaire et la sélection était sévère. Aussi le vice-gouverneur général avait-il déjà signalé le 18 septembre 1940 aux Supérieurs Ecclésiastiques l'importance qu'il attachait à cette branche d'enseignement : « La Colonie garantit aux élèves qui terminaient leurs études avec fruit (entendez 70 %, présentement l'on parle de ''distinction'' tandis que ''grand fruit'' est remplacé par ''grande distinction''), un engagement à son Service, au titre d'Assistant Agricole...

Pour notre part, si ces EMA auraient pu être multipliées par deux, pour ainsi en avoir 6, donc une par Province, compte tenu de l'immensité du territoire, et avec des motivations en conséquence telles : rémunérations appropriées — *''à travail égal salaire égal''* et même *''rang social''* — il y aurait eu chez les jeunes, un grand goût de l'enseignement agricole. L'on aurait compté beaucoup de cultures vivrières ainsi que beaucoup de fermes[661], pour alors consommer local : *''made in ...''*. En effet, les produits

[661] Les ''ex Rhodésie'' du Nord (devenue Zimbabwe) et du Sud (présentement Zambie) comptent chacune des centaines de fermes — des véritables unités de production, bien que

tels : le lait, le fromage, la charcuterie, les œufs, la viande de bœuf et la volaille n'auraient pas été un mythe ou tabou pour les Indigènes. Et l'on devait avoir résolu le problème de l'énergie électrique nécessaire à la transformation et conservation… Mais, malheureusement l'on a pu compter que trois de ces Ecoles : Kinsantu, Bunia et Kamponde pour tout le territoire ou la Colonie !…

Les Frères de la Charité (dont Les Frères Juventinus Areydius et Linus) sont restés attachés à cette école jusqu'en 1948. Mais en cette année, un différend surgira entre les Frères et le Directeur de l'E.M.A… Les Frère ont été alors remplacés par les Pères de Scheut dont le Père Willem Callelwier (nous le retrouverons encore plus loin). Et cette école qui aura formé des spécialistes agricoles très appréciés, changera de nom à partir de cette même 1948, pour devenir une Ecole d'Assistants Agricoles (E.A.A.). Une année dite ''7e préparatoire'' [662] précédait les 6 années que comportaient les études. Ces 6 ans secondaires se composaient de : 3 années moyennes de formation générale suivies de 3 autres années de formation en agriculture.

Et c'est de cette Ecole d'Assistants Agricoles de Kamponde qu'est sorti **Albert Kalonji** devenu « Kalonji Ditunga/Mulopwe », qui s'est couché auprès de ses pères en terre de Katende, Territoire de Miabi depuis mai 2015).

L'E.A.A. de Kamponde restera un établissement du « CADULAC » jusqu'en 1950, puis sera reprise par le Vicariat de Luluabourg que dirigeait Mgr Bernard **Mels**. (C'est ce Vicariat qui deviendra Diocèse, puis Archidiocèse de Luluabourg en 1959 sous S.E. Mgr Mels et devenu Archidiocèse de Kananga dont les Archevêques Emérites **Bakole** et **Mukengue** ont eu la charge qu'assume présentement l'Archevêque **Madila**).

i) Les collèges

Dans le Vicariat Apostolique du Haut-Kasayi, une première formation dite « Humanités » verra le jour en 1916. En effet, en cette année deux d'entre les élèves normaliens de Mikalayi (nous l'avons vu) avaient exprimé leur désir de devenir prêtres ; ils ont été alors admis à commencer une

---

depuis un temps un différend y soit surgi à propos (principalement au Zimbabwe), opposant le pouvoir aux colons britanniques — alors que le grand Congo — le nôtre — arrive difficilement à en dénombrer des dizaines (DAIPN… à Kin… et quelques-unes dans le Kivu). Aucun enfant au Kasayi n'a une idée sur ce que c'est une ferme ! C'est l'un des points sombres de la Colonie, par rapport au grand travail qu'elle a abattu, après tout. Et le même manquement nous l'attribuons aux différentes administrations qui ont pris la relève.

[662] Cette forme d'année d'études — ''7ème Préparatoire'' — venait après la 6è primaire. L'auteur a passé par cette classe et sa promotion est la toute dernière (l'année scolaire 1959 – 1960). Ce fut une 7è attachée au Collège Pie X où évoluaient nos aînés déjà en 6è et 5è moderne, sous le père Directeur Franz alias Tshishiba. Un instituteur Belge, Mr Roger et deux moniteurs Congolais formés à Mikalayi (4 ans) — MM Bonaventure Bibombe et Ambroise Biselele — animaient cette classe.

formation de futur prêtre. Ils ont continué à suivre certains cours avec les normaliens, mais avaient des cours particuliers tels le latin… Cette formation naissante prendra le nom de Collège et/ou Petit Séminaire. Les deux vocables cheminèrent côte à côte ou simultanément, mais en 1928, cette formation particulière est dissociée de l'Ecole Normale de Mikalayi pour être transférée à Kabwe et là, il ne fut retenu que le vocable « Petit Séminaire », car l'Etablissement ne poursuit que la formation exclusive de futurs Prêtres… Mais en 1946, lorsqu'il sera question d'étudier une nouvelle Convention Scolaire qui intervint d'ailleurs en 1948, pour remplacer celle de 1925 — on envisagea de nouvelles sections d'Enseignement secondaire telles des Humanités latines et des Humanités modernes, à ouvrir au sein d'un vrai Collège à implanter à Kamponde, à côté du Cadulac (qui y fonctionnait depuis 1938)…

- Le college de kamponde

En 1947, on débuta par une année préparatoire à la mission de Mérode, pendant que se construisait des bâtiments à Kamponde. Et c'est en janvier 1948 que s'ouvrit l'année scolaire 1948-49 avec deux classes : une 7e Préparatoire et une 6e Latine. Comme corps enseignant des premières heures il est retenu les noms que voici : père Louis Van Ryckeghen (en même temps Directeur jusqu'en 1958) ; père Louis Van Roosmaelen et frère Achille Van Ongevale.

Fin Année scolaire 1953 – 54, « **St Jean Berchmans** », ce célèbre Collège de Kamponde a sorti ses premiers lauréats : Mabika Kalanda Auguste ; Tshibangu Muyembi ; Lutumba Zacharie et Ilunga Félicien. Toute cette première promotion fut admise à l'Université Lovanium. (Y fut également admis, Tshibamba Marcel venu lui, du Petit Séminaire)… De la deuxième promotion Kamponde sont sortis 8 lauréats dont : Nyime ; Kadiosha Auguste ; et **Tshisekedi Etienne** (devenu Tshisekedi wa Mulumba, le leader maximo de l'UPDS).

- Le collège (St Joseph) de Bulongo

Fin 1950, la concession des Pères Josephites à Katoka est reprise par les pères de Scheut, qui en ont fait la résidence pour leur Supérieur Provincial et ses divers services. Les Pères Josephites se regroupent dans les Missions de Mweka, Port-Franqui et environs.

Au lendemain de leur arrivée dans cette contrée, les Pères Josephites ouvrent à Bulongo (à 17 Km au nord de Mweka), un beau complexe scolaire : le Collège de Bulongo, dont la renommée n'a pas tardé à se faire connaître.

Voici quelques noms de ceux qui sont sortis de ce Collège : **Ndala Kasala** Bruno (devenu Gouverneur du Bas-Zaïre, puis ministre…) ; Me Simon Marie **Bakajika** ; **Muipatayi** Fréderic (devenu Directeur Général de la SONAS) ; **Kantshiama** Félicien (un cadre de Direction à la SNEL/D.G).

Nous citerons encore les Norbert Kanyinda, Mpuila Laurent ; Mampuya Etienne, Mulaba Florent, **Bushab** Evariste (Professeur, ancien Directeur de Cabinet du Chef de l'Etat J. Kabila, Président de l'Assemblée Nationale, Secrétaire National du PPRD, Vice-premier ministre en charge de l'Intérieur et Sécurité dans le cabinet Matata Ponyo…), **Muanza** Shikayi Donat (Député honoraire) et autres…

- Le collège St Louis et l'institut Janua Coeli

Nous venons de voir qu'à l'intérieur, Kamponde, Mikalayi, Bulongo et Kabwe, préparaient une élite indigène — bien qu'à compte-gouttes (ou avec « échelonnement ») pour ne pas « vite » inonder l'espace scientifique avec « trop » de cadres (ou intellectuels) indigènes (qui inquiéteraient la pérennisation ou l'élasticité de la colonisation). Ça, c'est l'intérieur de la Province et le volet jeunesse autochtone.

Au chef-lieu de la Province, dans les débuts des années (19) 50, des Sœurs de la Charité ont entamé, non loin de St Clément, l'éducation des filles blanches. Au début des années 60, nous avons vu les Rdes Soeurs **Christophora, Anduye, Jean-Dominique** (*Zadio*), **Béatrice** et **Stella** (de la même Congégation, et épaulées par entres Mlle Octave, et Mr Van Marck), continuer l'œuvre qui avait pris pour nom (un nom latin) « **Janua Coeli** » (= Porte du Ciel), et avec comme élèves, des filles Congolaises dont Mesdemoiselles :

Mputu Shikayi Cathérine ; Malu Shikayi Marie-Rose (celle-là même qui deviendra notre fiancée et chère mère de nos enfants) ; Muenda Marie-Jeanne ; Ngalula Astrid Kalamba ; Kapinga Tshipamba Astrid ; Mudimbe Angélique ; Muamba-Nzambi Cathérine ; Nyunga Kande Godelieve ; Ngondo Kande Alphonsine ; Ngalula Simone, Kupankona Véronique ; Ngalula Marthe Wafuana ; Kashale Monique ; Mudiayi Pauline ; Mudiayi Adolphine ; Diavua Yamanisa Marie-José ; Ngalula Mpungu Mathilde ; Munzimba Marie-José ; Mbuyi Godelieve ; Bisuabiabu Hélène ; Bumpangishe Louise ; Ntumba Kitenge *Fifi* ; Bayindu Bernadette ; Ngongo Célestine ; Kadibidia Thérèse ; Amungela Julienne ; Osho Anne ; Kadibidia Dorothée ; Marie-José Abrantches ; Bungabualu Marthe ; Josephine Baditembi ; Onema Madeleine ; Loma M. J. ; Mutanga Kayembe Généviève ; les Loma Diese ; Clémentine Ngalula ; Ngalula Nkashama Esther ; Mbombo Nkashama Thérèse ; Bitangilayi Béatrice ; Kama Madeleine ;

Menabunyi Louise ; Ntumba Marie-Claire ; Dominique Lowatte ; Tessera Carioca ; Kabina Kayembe Christine ; Ntumba Marie-Madeleine ; Mukenge Jeanne ; Ntumba Tshishimbi ; Nyimbu Marguerite ; Lushiku Marie ; Tshiela Angélique ; Lushiku Christine ; Ngondo Hélène ; Ngalula Mabi Rosalie ; Ngalula Bernadette ; Cozis Tixa ; Mbombo Charlotte Manyanga ; Lupetu Anne ; Mangaabu Marie ; T. Sarcado ; Mulumba Madeleine ; Mianda

Bernadette ; Mvidie Charlotte ; Mulanga Denise ; Muenga Véronique ; Bakamanya Anastasie ; Badiambi Léonie ; Jacqueline Melick ; Alice Claverie ; Ivone Christine ; Kapuwa Kande Monique ; Munankamba Rose ; Kasongo Thérèse ; Lushiku Josephine ; Ayake Micheline ; Inga Elisabeth ; Luntumbwe Marie-Jeanne ; Mbelu Monique ; les Ntumbwa Godelieve, Marthe et Marie ; Maluabu Biduaya Marie ; Mputu Marie-José ; Tshibola Victorine, Mbuyamba Jeanine…

Notons que l'Institut **Janua Coeli** avait aussi admis quelques garçons, dont Mbangama André, Kewa Louis, Ntumba Kalotshi, qui ont eu pour camarades les Akake Emilie, Mulumba Thérèse et autres… Plus tard des Sœurs congolaises prendront la relève… C'est l'actuel « Lycée ***Buena Muntu*** » (une des Oeuvres des Sœurs de la Charité — Congrégation dont la charge est assumée présentement par la Rde Sœur Dr Rosette **Kabena**). Les Rdes Sœurs **Lukadi** Adolphine et **Mbuyi** Claudine Mbuyi y ont été Préfets. Présentement c'est la Rde Sr **Kalela** wa Mulumba Sophie qui en est Préfet…

Le Collège Saint Louis

Cet Etablissement commença par ouvrir ses portes au début des années 50 à côté de la **Procure/St Clément**), afin d'y recevoir les garçons belges, italiens, grecs, portugais, juifs, dont le nombre croissait depuis que Luluabourg était devenue chef-lieu de Province. En effet, l'Administration ainsi que l'accroissement des activités commerciales y avaient attiré plusieurs ménages des expatriés. (La Section primaire dite ''Collège St Clément'' et/ou ''petit Collège'' y évolua jusqu'après 1960. L'Abbé **Van de Busche**, Mr **Alberts** puis Mr **Muyila Mufwedi** ont été les principaux encadreurs. Par la suite, le *''Petit Collège''* est devenu le Complexe scolaire Nsanga Bantu I et Nsanga Bantu II — chez le Directeur Mukengeshayi Mayi Bunyi).

L'année scolaire 56 – 57, le Collège St Louis — le Secondaire — quitta ce site du centre-ville pour aller s'installer à son emplacement actuel à Luluabourg II, non loin du village Kambote ; avec son célèbre Directeur le vénérable et R.P. **Rombouts Désiré** (un Scheutiste), qui a su tenir durant des décennies (jusqu'en 1974) dans une discipline de fer et, Enseignants et, élèves[663] !

Nous vous ferons remarquer que, entre 57 et 58, quelques parents indigènes ont pu obtenir de casser ce mythe ou tabou — nous voulons dire cette fréquentation scolaire exclusive du Collège par les enfants Blancs. Les quelques parents qui ont bénéficié de ce privilège sont :

Kabese Bernard (Assistant Médical) ; Mudingayi Sylvestre (Commis à la BCB) ; Bokanga Gabriel (Agent de l'Administration) ; Nzuzi Henri

---

[663] Mr Charles Copain, qui a choisi Kananga comme sa deuxième patrie, est l'un des pionniers du Collège St Louis, il réside présentement à côté de l'Hôtel Musube.

(Assistant Médical) ; Ngoyi Somwe (Assistant Médical) ; Matamba François, Diba Laurrent, et une extension de cet Etablissement au programme dit « métropolitain » — s'ouvrit à ''Katoka Ville'' — cf. le Quartier du Siège Communal de Katoka présentement — et y reçut quelques écoliers indigènes dont : Kalonga, Lupumba, Munsense, Michel Buana Kanyonga, Tshingambu Samy ; Gaston Kalubi Kabasele (devenu journaliste) ; Luboya Alphonse (jeune frère de l'auteur, devenu cadre à la SNEL) ; Basue Thérèse (fille Mukenge Shabantu, devenue Mme L. De Man, Avocate au Barreau de Bruxelles)...

C'est en septembre 1960 que ces Etablissements « Métropolitains » ouvriront grandement leurs portes. La raison est que d'une part ils ont connu un dépeuplement massif, avec l'exode des élèves blancs ayant fui avec leurs parents les tracasseries de juillet 1960 dont ils ont été l'objet de la part des éléments de la Force Publique et d'autre part, l'arrivée non seulement des certifiés du Primaire de Luluabourg (que nous étions), mais également des certifiés ainsi que de quelques humanistes venus du Katanga d'où ils ont été vomis (cf. la première vague des ''Refoulés'' en 1960 – 61) et d'ailleurs (suite à l'insécurité généralisée qui fait dire à un chacun : « *nya kufuila kuetu* » — ce qui veut dire : « que j'aille mourir chez nous plutôt que chez autrui ! »).

Ainsi de **Kamponde** sont arrivés pour continuer et terminer au **Collège St Louis** dit « le Grand Collège », nos aînés dont voici quelques noms : Yawone Joseph (devenu plus tard un haut cadre à l'INSS...) ; Kasuku Justin (présentement Inspecteur Chef de Pool du Secondaire ; Kabamba Gervais (autrefois ministre, présentement Professeur) ; Mulumba Katshi Vincent (idem) ; Kabanga Ntabala Clément (Professeur) ; Beya Florimond (Médecin) ; Mpunga Pierre (Administratif Lovanium) ; Lumpungu Quintin (frère aîné de Mgr Valentin Masengu Evêque de Kabinda) ; Tshitenge Bernard, Tshibengu Alphonse... Ces aînés avaient achevé la Poésie[664], d'où ils venaient, et le Collège St Louis les admit en *Rhétorique*, qu'ils ont affrontée avec les Somwe Claude et Bokanga Philippe (ayant évolué, eux, avec les enfants belges). A ceux-ci est venu s'ajouter Tshibuabua Albert venu lui de **Kabwe** (il devint Me et Honorable Tshibuabua « *Ashila-paashi* » *mu tshifwadi mmua m'bende* et père de l'honorable Clément Kanku wa Tshibuabua qui s'est fait ministre dans le cabinet Samy Badibanga puis aura des démêlés au sujet de l'insécurité à Dibaya).

Venaient également de Kamponde, mais de la 3e pour la *Poésie* — les Kabwe Charles (il devint Professeur) ; Pakabomba Sylvestre (frère aîné du

---

[664] Les pomotions se comptaient, pour les Humanités anciennes : 6è Latine ; 5 Gréco-latine ; 4è ; 3è ; Poésie et Rhétorique. Tandis que pour les Humanités modernes, l'on parlait de : 6è moderne ; 5è moderne ; 4è ; 3è ; la Seconde et la Première.
Notons que la section littéraire (présentement) après les 2 années du Secondaire, est l'émanation des humanités anciennes et il n'y a que les Etablissements tenus par les Pères Orthodoxes qui ont maintenu le grec.

Pr Bakandeja) ; Kuamba François (il devint Médecin) ; Tshibengu Alphonse, Badibanga Nicodème, Ntumba Achile, Okitakula Valentin, Kabalu Pierre (devenu Médecin) ; Mulumba'a Kabuya (André, devenu Ingénieur et mort à la Miba) ; Badibanga Ambroise (Ingénieur) et autres… C'est en cette même année scolaire 60-61 que l'auteur et ses camarades (dont Kapongo Donatien ; Mumonayi Joseph ; Kapanga Charles, Kashale Justin, Mutshipayi Gérard), commencèrent leur première année des Humanités : la 6e latine… Ici, retenez que chaque samedi, le Père Rombouts remettait à chaque élève, selon sa conduite et son application, soit une carte blanche, soit une jaune, soit une rouge (avec ''Retenue'' = une punition, un travail manuel le samedi après-midi), ou bleue (= exclusion, cas rare). Une parenthèse :

Un samedi, le Père Directeur respectant sa tradition, dit devant mes camarades de classe, qu'il ne savait quelle carte me remettre et que je pouvais choisir entre la rouge et la bleue, car grand bêtisant je le fus, mais doué et appliqué je le fus également… Lorsque je lui répondis « Père, ni lune ni l'autre », toute la classe éclata de rire et même le Titulaire sourit (parce que aucun professeur ne pouvait rire devant Rombouts !)…

Kanku Mayor et Malumba Liévin, voilà deux autres dérrangeurs. Et lors d'une leçon de dessin que donnait Mr Lang (venu de la Chine), toute la classe se mit en effervescence, exigeant de Malumba, qui avait arboré sur son bras gauche un brassard en papier sur lequel il avait gravé avec un bic bleu ***ONUC***, d'arrêter d'aller d'une rangée de pupitres à l'autre (chacun avait son pupitre). Que du tapage ! Alors arriva en cet après-midi-là le Père Rombouts qui respectait la lecture de son bréviaire dans le grand couloir longeant les salles de classe.

A la vue du Père (qui n'avait pourtant pas ouvert sa bouche, il n-y eut que le croisement des deux regards), notre Lang (au maigre français) crut que le Directeur lui reprochait le manque d'autorité sur la classe. Pour toute défense, il ne trouva que cette formulation en deux mots : « *L'ONU Là* », désignant Malumba au brassard « Onuc ». Ce qui tira Rombouts de son caractère figé, de marbre ; il rit (pour une fois) et baissa ses yeux sur son bréviaire. Nous fermons la parenthèse.

La mémoire nous rappelle que les dames que voici ont passé par St Louis : Lufika Henriette, Kabedi Georgette, Nyunga Francisque, Tshibola Tshimanga Henriette, Kebaluebe Josephine, Mbombo Justine, Ntumba Astrid, Ndaya Geneviève, Misenga Régine, Ngalula Monique. La mémoire nous rappelle que Dr Sylvain Muteba, Mathias Nzanda Buana Kalemba, Ir Mupangila Edmond, Idikayi Sylvain, Ilunga Tshikenda Jean-Marie, F. Lumbala *Me Patelin* et autres braves ont également été moulés chez Rombouts…

Le corps enseignant — toutes sections confondues — était formé de prêtres et laïcs dont voici quelques noms qui nous reviennent en esprit :

- Le Père Rombouts Désiré /philo
- L'Abbé Bernard /latin
- L'Abbé Staquet /latin
- Le Père Yansens Emmanuel alias ''Kapott''/maths
- Le Père Vertonghen/géographie
- Le Père Van de Voorde Werner /maths
- Le Père Heernaert Henri alias '' Tshifulu ''/religion
- Le Père Gaston De Man/anglais
- Le Père Joseph (« Dgindger »)/anglais
- Le Père Albert Clisters alias '' Nkutshi ''/français
- Le Père Achille/latin
- Le Père Dutry/français
- Le Père Casteleen alias ''Shambuyi''/maths
- Mr l'Abbé De Mulder Paul/grec
- Le Père Van den Avenne/latin
- Le Père Cyrille/français
- Mr Adriens (« Calorie »)/physique, chimie
- Mr Mukongo Clément/maths et éducation physique
- Mr Vanneste/histoire
- Mr Delombarde/éducation physique
- Mr Gislain Charbon/français
- Mr Boucherie Jean-Marie/français
- Mr Willy Permans/français
- Mr Coulier/géographie, histoire
- Mr Devos Eric/comptabilité des sociétés et industrielle
- Mr Petrus /gymnastique
- Mr De Ramerer Aurel/chimie, maths
- Mlle Mercedes Renotte/musique
- Mr Mubiayi Clément/éducation physique
- Mlle Elisabeth /sténographie et dactylographie
- Mr Lang Long Song/dessin
- Mr Romain Rose alias *Mbuma moto*/histoire
- Mr Schenkel/physique
- Mr Bertiaux/droit commercial et économie politique
- Mme Bertiaux/correspondance commerciale
- Rde Soeur Irène/arithmétique commerciale et comptabilité générale
- Mr Wens/anglais, allemand

Il nous revient aussi en mémoire, MM. Verbecelt ; Duvieussart alias ''Caramba'' et Gouverneur. (Nous demandons l'indulgence si l'orthographe de tous ces noms de famille n'est pas correcte, le temps ayant fait son travail).

Notez que les jeunes qui sont venus après nous — entre autres Vincent Beya Ngindu (Cordo Enseignement cath.), Prof. Grégoire Bakandeja wa Mpungu, Vital Kamerhe (Député), Richard Kapena (cadre / Sonas), Boucard Kasonga Tshilunde (Journaliste), Jean Pierre Mutuale (cadre /Banque), Alex Kande Mupompa (Gouv.), Loma Marie-Josée, Nelly Mbombo, Colonel Omer Nsangamayi *Zayo* , V. Kabeya Kayembe *Rococo,* Célestin Kabeya, Cément Mutombo, Henri Tshibuabua *Mikado,* Buana Marcel, Nkongolo Albert, Claude François Kabulo (Journaliste), Lemba Lemba *Molière* (Journaliste), Nzuji Albert, Adolph Onosumba (Député), Bruno Tshiawuke (Commerçant), Bamwe André (Chef de Divis.), (Me) Carine Mbuyangandu, (Dr) Sam Mbuyamba, (Me) Kabukapu Edouard, (Me) Kankonde Crispin, Kayombo Marcel, Marcel Mutombo, (Me) Roger Makolo, Trudon Ntumba (Société civile/Kga), (Père) Tshisekedi Emmanuel, col. Makombo Roger, (Abbé) Kangombe Mathieu — ont connu les formateurs ci-dessus et nous ajouté MM Huys Marc (anglais), Malachie Malak (géo) et De Bonte.

Le Père Van de Voorde Werner et Mr Willy Peremans sont devenus amis de notre ménage.

Notons qu'en plus d'un enseignement de qualité que dispensait ce corps professoral, le Collège St Louis emboîta le pas à **Kamilabi** (qui dispose d'une Fanfare créée depuis 1958 par le père **Urbain,** Curé de la paroisse Sacré Cœur Kamilabi et dont la renommée est allée au-delà de nos frontières), en se dotant lui aussi, en 1963, d'une **Fanfare** (don de l'Abbé Paul Demulder — celui-ci avait été prêté par le Diocèse de Bruges à l'Eglise de Kananga). Cette Fanfare fonctionna sous la direction de l'élève Charles Kapanga, un pionnier de Kamilabi et l'auteur y a évolué en jouant sur le 2e *Tuba.* Une année après, le Collège se dota d'un **Orchestre** que dirigea l'Auteur tantôt *à la Kallé* tantôt *à la Rochereau* ; Tarcice Kanunu, Elias Okitadjamba et Baudouin Ngoyi en ont été les grands piliers.

Après notre départ, la direction de l'Ensemble qui prit le nom de ***« Echos Rouges »*** a été assumée par ''Zaïo'' Omer Nsangamayi puis par Alex Kande avec comme poulains les Mande Dessi, Richard Kapena, Kabeya Roccoco et autres… Ce sont ces talents qui ont animé la soirée dansante de notre mariage (samedi le 12 octobre 1968) en présence du R.P. Rombouts et de ses professeurs ; la bière (en tonneaux sous pression) avait coulé aux robinets du comptoir installé pour la circonstance par Brakasayi à la belle-famille et le vin portugais en damejeannes avait fait l'affaire. L'auteur n'omettra pas de signaler que, lui et sa ''clique'' de huit gaillards s'étaient arrangés pour s'évader de l'Internat, après 21 h — Chez Rombouts, au fin fond de Luluabourg II, en ces temps-là, en l'année 1964 (avril), pour aller voir Franco et **l'O.K. Jazz** (Verkys Kiamuangana Mateta, Vicky Longombe étaient de la partie), invités pour inaugurer le Bar ''Katansi-Bar, sur l'Av. Tshimbulu, à la Ndesha. Le répertoire était composé entre autres : de *Polo* *ooh* ; *Bolingo ya bougie*... L'on regagna le bercail à 5 h du matin... et cela permit de découvrir un voleur — le nouvel amplificateur de l'Orchestre a été retrouvé !... Notre dossier fut classé sans suite... (Nous ne demandons pas aux jeunes gens qui nous lisent d'imiter ce forfait).

- Le collège (St) Pie X

Celui-ci ouvre ses portes en 1957 à Luluabourg, avec un programme des Humanités modernes, que précédait une 7e préparatoire (voir Notes de bas de page, Puce 665). Le Père Franz Bernaert dit « ***Tshishiba*** », Directeur de Pie X ainsi que son corps enseignant, ont produit des jeunes gens qui se défendent bien dont Claudel Lubaya... C'est également en 1957 que les Frères de la Charité dont Munongo Albert avaient ouvert à Mikalayi...

L'**Institut St Dominique Savio** dit « *Mu Lusanga* ». Cette Ecole primaire chère et au programme musclé, dispensait une base solide qui a fait que ses élèves soient devenus des personnages bien formés et de haute culture. Nous citerons entre autres Me Emery Kalamba Wafuana ; le poète Mande *Dessi,* l'écrivain Buana Kabwe, Me Beya Mukoko... Alors qu'en cette même époque, les petits Blancs fréquentaient l'Ecole primaire ''St Clément'' qui sera envahie en septembre 1960 par des jeunes frères, dont Shikayi Hilaire, Kalamba Clément...

j) Les lycées

- LYCEE BUENA MUNTU

(entre la Clinique de Kananga et la pro-Cathédrale St Clément, nous en avons dit un mot plus haut). Les Humanités littéraires, Biochimie et coupe-couture y fonctionnent présentement.

- LYCEE DISUMINYINA

Une école primaire pour filles indigènes, ouverte également par les Sœurs de la Charité à Luluabourg-Notre Dame fin des années 40, progressa et dès le milieu des années 50, un degré secondaire recevait des filles adultes dans ce qui fut appelé « Ecole Ménagère » (3 ans après le primaire)... Sur ce site évolue présentement un cycle complet du Secondaire (avec les options commerciales et coupe-couture). Le complexe est dénommé « Lycée Disuminyina » tenu par les Sœurs diocésaines. Une Auxiliaire de l'Apostolat (communément appelée *sœur laïque*) Marie Jeanne **Tudimuena** y a été Préfet des Etudes.

k) Ecole des infirmières

Un Fonds dit : « F.B.I. » (Fonds du Bien-être Indigène — nous en avons dit un mot plus haut) permit de créer à Mikalayi, en 1952 une école formant au départ, des Aide-accoucheuses puis des Aide-infirmières... Cette école débuta avec un programme de trois années postprimaire ; par la suite une quatrième année s'ajoutera, jusqu'à devenir un I.T.M. (Institut des Techniques médicales), à l'instar de l'ITM/Tshikaji au sein de l'I.M.C.K. (Ces ITM forment des Infirmières A_2 ; Mme R. Tshiamala (née Marie Bakankengesha et sœur cadette de l'Auteur) est diplômée de l'ITM/Mikalayi tandis que notre fille aînée Lydie Thérèse Mulanga est diplômée de ITM/Tshikaji puis graduée de lSTM et diplômée de l'ENF — Ecole Nationale des Finances).

l) Ecoles techniques

- I.T.I.KA (Ecole Technique Industrielle de Kananga)

Le Père Willem Callewier qui aura fondé l'Ecole Professionnelle de Luluabourg en 1952 (nous l'avons vu) ouvre en 1958, juste à côté de l'« EPRO », un Etablissement d'études techniques industrielles. Cet Etablissement en progression deviendra un cycle de six ans des humanités techniques — option Electricité industrielle. La première promotion sortira fin année scolaire 1963 – 1964 ; parmi les lauréats : Ntumba Omer (devenu Ir Tumba de l'I.B.T.P., vice-ministre et honorable Ntumba Shabanyi wa Ngandu). Un des lauréats de la 2e promotion est également devenu Ir Mutshipayi Marcel, professeur et beau-frère de l'Auteur.

L'I.T.I.KA (ex ETSI) est une école de grande renommée ; ses produits trouvent facilement l'emploi dans les grandes Entreprises à travers le pays. Un fils de l'auteur en est sorti diplômé D 6 sous le rigoureux et célèbre préfet Léonard **Nsangamayi**, et après un cycle de graduat suivi de licence (deuxième promotion) le voilà Ir, moulé par l'ISTA (Kin).

- I.T.A. /TSHIBASHI

Notons que l'E.A.A. fut jusqu'en 1950 un Etablissement du **Cadulac.** Le Vicariat de Luluabourg reprit cette école qui continua à fonctionner à Kamponde jusqu'en 1961. Mais suite aux incursions répétées de la Milice du Sud-Kasayi ; l'Ecole sera transférée (de Kamponde) à Kananga-Tshibashi (15 Km du Centre-ville sur la route Demba), et prit le nom de I.T.A. Le père G. Vanneste y a travaillé avec beaucoup de zèle à la formation des jeunes techniciens agricoles A2 et y entreprit des expériences sur la production du soja dont se servit l'Usine Bisoka de Ntambwe St Bernard (pour la fabrication des biscuits très riches en protéines, afin d'éradiquer le kwashiorkor, exploit qui fut porté à l'actif de Mgr Bakole). C'est sur ce site de Tshibashi que naquit l'actuel I.S.D.R. (que nous trouverons plus loin).

En conclusion

1) Nous nous rendons compte que l'Enseignement dispensé par l'Eglise catholique a cheminé côte à côte avec l'Evangélisation. L'Enseignement primaire, parti de rien en 1891, a atteint à partir de 1947, tous les villages du Kasayi ; de telle sorte que les enfants qui voulaient suivre l'enseignement de base en avaient la possibilité, dans les écoles centrales des postes de Mission

comme dans les écoles rurales. Cependant, nonobstant tous les efforts consentis par les Missionnaires et Abbés autochtones, les filles étaient 5 fois moins nombreuses dans les écoles que les garçons. Ce n'est qu'à partir de 1948 que l'on verra la proportion descendre ; elle sera de 1 fille pour 2 garçons. Nous nous rappelons que la Mission Luluabourg/Notre-Dame est fondée en septembre 1947 et les Sœurs y sont arrivées en 1951.

En 1952 lorsque nous avons commencé notre première année primaire à Notre Dame/Basongo[665], nous quittions la maison et cheminions parallèlement avec des filles de notre âge. Mais notons que, quand nous on grandissait, « le genre » était de rigueur ; il n'y avait pas de classe mixte. Et même à l'église, les mamans et filles gardaient le côté gauche, les hommes le côté droit. Les filles prenaient distance des garçons et vice-versa, on se tenait mutuellement en respect, pas comme présentement où les jeunes, même et surtout les filles sont « *mesu mapanda mûlu ; bâ atonuena too ne baledi babo badi babálela !* » — ce qui se traduit : ''(que) présentement, les jeunes filles (même celles de 13 -14 ans) ont l'audace de faire des avances aux hommes aussi âgés que leurs parents ! ''

2) Avouons que l'éducation « séparée » avait aussi son bon côté… Cf. à ce propos ce qu'a dit la Sœur Donat (nous l'avons vu plus haut) ; et

3) Nous irons rejoindre le père Van Keerberghen lorsqu'il dit que le personnel enseignant de ces écoles primaires mérite notre reconnaissance, en raison de **son engagement et dévouement.** En effet, nous le dirons avec le Père Van Keerberghen : « De nombreux enseignants sont restés **longtemps au travail** pour **un petit salaire** ; sans eux cet enseignement n'aurait pas progressé »…

Ici, je rendrai un hommage particulier à ces « artisans » qui nous ont façonnés au niveau du primaire. Quelques noms sont là :

- Mvita François (dit ''arbitre en chef'') : en Préparatoire (dite « *Tshibuashibuashi* »)
- Bukasa Etienne (dit '*'Mantonta tshitema''*) : en 1ère
- Malemba François : 3e
- Dibanda Boniface : idem
- Wishiya Ambroise : 4e
- Tshiamuine Gérard : idem
- Ndibu Léon : 5e
- Kanyinda Joseph (dit « *Mufuankolo* ») : idem
- Mukenge Barthélemy (dit « *Mr en tout cas* ») : 6e

[665] Les locaux ou salles de classe de l'école primaire N-D pour garçons classes de première et de deuxième étaient construits de part et d'autre de l'avenue Basongo à la Ndesha. Les vestiges : murs en briques cuites et toiture en tuiles sont encore visibles ça et là (voir les habitations ou ''résidences'' qui en sont l'émanation. Les classes de 3è, 4è fonctionnaient elles sur le site où est présentement MPANDULU ; les 5è et 6è elles, là où est EP Njila Muipe à côté de Tshinseleka.

Si nous remontons plus haut pour reparler « *petit salaire* » et « *longtemps au travail* » (pour ne pas dire ''longue carrière''), il y a quelqu'un qui va certainement se demander comment ces deux concepts ont pu cheminer ensemble ? Mais nous vous dirons que la préoccupation de ce lecteur ne trouvera pas l'explication dans « *les à côtés* » (comme motivation) parce qu'en ces temps-là, ces vocables « *les à côtés* » comme « *prime des enseignants » ; « contribution des parents (pour la clôture de l'école)* » — (clôture qui ne se construit jamais ou est mal façonnée afin que cette exigence devienne récurrente !) » ; « *prise en charge (par les parents) des frais de ''fonctionnement''* » ; « *le syllabus* », etc., n'existaient pas !... Si nos enseignants continuaient à s'y accrocher, la réponse est à trouver ailleurs. Nous irons la trouver dans le « *Réveillez-vous !* » du 8 mars 2002 pp. 3 à 13, à travers son article « ***Pourquoi n'ai-je pas renoncé ?*** » où nous pouvons lire :

— « Enseigner est difficile et exténuant, mais quand je vois les enfants tout excités d'apprendre ; quand je les vois faire des progrès, c'est parti pour un tour ». Telle est la réponse de **Leemary**, enseignante à New York ;

— **Giuliano,** enseignant en Italie, dira lui : « Quel bonheur de voir les visages des élèves ! » ; tandis qu'Oscar, qui enseigne à Mendoza (en Argentine) se dit « que cela en vaut la peine, quand je rencontre mes élèves dans la rue ou ailleurs, et qu'ils me remercient pour ce que je leur ai enseigné » !

— Alors que **Yoshiya**, 54 ans, Japonais, laisse entendre : « j'ai décidé de chercher un travail où je serais davantage en contact avec les gens qu'avec les choses. Le professorat est incomparable. On travaille avec des jeunes. C'est humain ! » Il était alors dans une usine et bien rémunéré…

— **Valentina** qui vit à Petersburg de dire « je suis institutrice depuis 37 ans. J'aime travailler avec les enfants, surtout avec les plus jeunes. J'adore mon métier et c'est pour cela que je n'ai pas encore pris ma retraite » !

— A la question de savoir quels sont les enseignants qui marquent le plus les élèves ? **William Ayers** répond dans son livre <u>Enseigner</u> : <u>le parcours du professeur</u> (angl.) cité par *Réveillez-vous* du 8 mars 2002, p. 4 : « un bon enseignant est avant tout un enseignant prévenant, attentionné, qui se dépense sans compter pour ses élèves. L'Enseignement est avant tout une question d'amour »… Et nous irons terminer ces réflexions en livrant les propos de…

— **Timothée**, qui vit en Grèce : « Je me souviens encore de mon professeur de sciences… Il a suscité en nous la passion pour le savoir et l'amour de la réflexion » — tiré de l'article '' Les Enseignants, pourquoi sont-ils indispensables ? '' — toujours dans le même *Réveillez-vous !*

C'est vous dire, cher lecteur, qu'il doit exister « un cordon ombilical » entre le maître et l'élève ; et si c'est réussi dès le bas degré, le pari est gagné… Nos enseignants encore en carrière et ceux de demain, doivent comprendre qu'ils ont le devoir de façonner le **Kasayi** de demain par leur dévouement. Ça c'est leur part ; l'Etat et particulièrement la Province ont la leur… Retenons que ces pays dont les noms cités dans la réflexion ci-haut (tirée de notre *Réveillez-vous !*, ainsi que les autres que vous classez parmi les pays prospères et/ou émergents, ont fait de l'Enseignement une des courroies de transmission dans leur « machine à développement »... Et le budget alloué à l'instruction y est conséquent... Au **Kasayi,** d'en faire de même, en vue de l'émergence de nos contrées !

Et avant de passer au point suivant, nous irons jetter des fleurs à cet autre Enseignement que dispense depuis les années 80, l'**Eglise** catholique **Orthodoxe**, particulièrement dans la Ville de Kananga. En effet, après qu'elle ait réussi à implanter un Enseignement Primaire de qualité sur le site qui fut Merilco (au Quartier Industriel dit aussi ''Mu Tshiela''), elle a mis sur pied un programme des Humanités anciennes (avec des leçons de Grec). La rigueur, la ponctualité et la proprété sont de mise, dans ses Etablissements dits « **Lumière des Nations** ».

2.5.3. Ecoles Protestantes

Vous aurez toutefois remarqué que notre relecture sur l'Enseignement a plus concerné les écoles d'obédience catholique, du fait de n'avoir pas pu réunir assez de sources nous instruisant sur les Etablissements de confession protestante, sinon cette éphéméride contenant des dates historiques de l'implantation des « Stations » ou « Missions ». (Notons que « Mishônyi » est la prononciation tshiluba du mot anglais ou anglo-américain de « *Mission* » et qui est devenu synonyme de « **Eglise protestante »** et que celle-ci demeura longtemps « reléguée » ou « circonscrite » loin à l'intérieur de la Province — cf. **Bibanga, Bulape, Luebo**), avant de se s'approcher du chef-lieu, pour s'implanter à **Lubondayi ; Mutoto, Katubwe** et **Ndesha-Mission**)...Voici quelques grandes dates de l'Eglise protestante au Kasayi :

- 1886 : décembre : arrivée du Dr Summer William R., Missionnaire méthodiste à Luluabourg-Malandji ;
- 1888 : 25 mai : décès du Dr Summer (à Tshinyama/ « Malandji Makulu ») ;
- - 1891 : arrivée à Luebo (le 18 avril) des premiers Missionnaires APCM [666] William H. Sheppard (dit '' ***Shapeta*** '') et Samuel N. Lapsley. En juin : fondation de la première école ;
- 1892 : le 29 avril : arrivée du Missionnaire G.D. Adamson et son épouse à Luebo. (Mme Adamson première dame européenne à avoir foulé le sol du Kasayi, a été enterrée à Luebo le 16 février 1894) ;
- 1895 : le 10 mars : premier baptême (7 fidèles) ;
- 1896 : arrivée du Dr Coppedge, premier Médecin APCM ;
- 1897 : ordination du premier Ancien et des Diacres ;
- 1899 : installation de l'Imprimerie à Luebo ;

[666] APCM = American Presbyterian Congo Mission (= *Mishonyi*)

- 1913 : fondation de l'Ecole des Moniteurs (*Bayîshi*) et ''Catéchistes'' (*Batangidiki*), à Luebo ;

- 1915 : fondation de l'Atelier d'Apprentissage (« C. Industrial School ») ;

- 1916 : - ouverture du premier Hôpital à Luebo

- publication du premier Evangile en Tshiluba

- ordination des premiers Pasteurs Kabeya Lukengu ; Katshiunga et Musongela

- 1918 : fondation de l'**Ecole de Moniteurs** à Mutoto ;

- 1919 : octobre : tenue du premier Presbytère et sortie du Journal « Lumu lua bena Kasayi » ;

- 1926 : sortie de la Bible entière en Tshiluba ;

- 1947 : fondation de l'**Ecole de Moniteurs** à Bibanga ;

- 1948 : agrégation et subsidiassions des Ecoles protestantes par l'Etat

- 1949 : fondation de l'**Ecole Secondaire** à Mutoto ;

- 1951 : fondation de l'**Ecole de Moniteurs** à Kankinda ;

- 1952 : fondation de l'IMCK à Lubondaie ;

- 1957 : fondation de l'**Ecole Secondaire** à Katubwe — (les préfets **Kabutakapua** et **Shamba** y seront très célèbres — Johnny Katompua, notre fils en est sorti D 6) ;

- 1959 : Autonomie du Synode de l'Eglise Presbytérienne au Congo ;

- 1960 : commissionnement (en septembre) de Mr **Mulumba Kabasele** comme Directeur d'Ecole primaire protestante de la Ndesha ;

- 1960 : obtention (en décembre) de la Personnalité civile par l'Eglise Presbytérienne au Congo

- 1962 : Mulumba Kabasele est officiellement nommé Directeur d'Ecole primaire par le Gouvernement Central ;

- 1964 : - organisation de l'Eglise Presbytérienne au Congo en Assemblée générale avec 3 Synodes régionaux ;

- ouverture de l'Institut Médical Chrétien du Kasayi à Nkonko (ex Tshikaji) ;

- 1966 : Mulumba Kabasele a été élu Représentant Légal de l'EPC et proposé au poste d'Inspecteur de l'Enseignant Primaire Protestant ;

- 1967 : en mars : le Révérend Pierre **Bakatushipa Katombe** est élu Représentant Légal. (Il semble que ''Légal'' ne l'arrangeait pas parce qu'ayant été « Représentant Légal » et, pour le Kasaï-Oriental et, pour le Kasaï-Occidental et qu'en conséquence, ''Légal'' devait être remplacé par un autre mot à retrouver dans son expression '' *Loko* wakushila nyioko ! '', ici ''Loko'', dans son entendemement, étant le pluriel de ''Légal'' alors que celui-ci fait ''Légaux''). Il sera relevé par le Professeur et Révérend **Rémy Tshipamba** (Dr en Histoire dont le regretté Bakatushipa remettait en cause son doctorat en disant : ''Dr, Dr, il a déjà déchiré combien ? » — « *déchirer* » et « *opérer* » signifient la même chose en Tshiluba :

''*kupanda*''. Retenons que si Mgr Bakatushipa avait eu à refaire ses études bibliques en français, ç'aurait été une autre histoire ! Il a laissé une grande renommée à Kananga à telle enseigne que quand il s'agit de Mgr, c'est Bakatushipa ; Bakole, Mukenge, Madila sont Evêques et/ou Archevêques — — une fille de l'Auteur, petite-fille de Mgr Bakole a eu à répondre ainsi devant la Sr Directrice de Mamu Lumingu !). Le Révérend Tshipamba sera relevé à son tour par le professeur et Révérend **Bope Martin Marcel** alias *Bomar* qui a remis le tablier au Révérend **Zacharie Mboyamba**)[667].

Notons que le Rév. Mulumba Mukundi, Secrétaire Général/E.P.C. a quitté la terre des hommes en avril 2017 et que l'Imprimerie Protestante du Kasayi (**Improka**) assortie d'un Cyber avec connexion Internet fonctionne à Kananga et fournit des travaux de qualité ; l'Ancien **Simon Ntumba Tshitenge** en assume la Direction. Là, a été un mot sur l'Enseignement que dispense l'Eglise Presbytérienne loin de la Ville de Kananga. A Ndesha fonctionne l'Ecole Bitulu, à Katoka II l'Ecole 20 Mai…

Les **Eglises Méthodiste** (à Kananga II/Salongo) ; **Adventiste** (au Quartier Industriel) et **Ménnonite** (à Bikuku) forment elles aussi tant au Primaire qu'au Secondaire.

2.5.4. Ecoles Kimbanguistes

Rappelons-nous que le fondateur de l'Eglise Kimbanguiste, le Prophète **Simon Kimbangu**, fut arrêté en 1921 à **Kamba** dans le Bas-Congo. Transféré au Katanga en prison, il y rendu l'âme le 12 décembre 1951). Nous ne disposons pas d'assez de données sur cette Eglise. Mais nous retiendrons toutefois que cette confession religieuse est introduite au Kasayi non sans peine au début des années 50 par un fidèle, Aaron Boniface Beya… En 1961, il réussit à créer des Ecoles primaires ici et là, qui restèrent insubsidiées jusqu'en 1965. En 1963, Aaron Beya en devient le Représentant Légal… Et depuis, **l'Eglise Kimbanguiste** dispense un Enseignement Primaire, un Secondaire et même Universitaire (sur son site de Tshisambi à Kananga). Et remarquons que…

L'**Eglise Néo Apostolique**, les **Assemblées chrétiennes** (Brahnam et ''Réveil et Pentécotistes (toutes dénominations confondues), ne contribuent jusqu'à présent, ni à la Santé physique ni à l'instruction de nos populations. Cependant, nous saluons la ''*Fondation Mgr Bakatushipa*'' et le Révérend **Willy Tshipamba** (cf. ''les Amis de David''), pour avoir pensé à créer des Complexes scolaires sur la ville.

Et nous en arrivons à redire un mot sur les Etablissements Publics :

---

667 Source : Annuaire du Kasayi-Occidental Service Provincial de l'Information, Section Relations publiques et Documentation 1968 p. 167 – 168).

2.5.5. Ecoles Laïques

Nous avons signalé plus loin que nous reviendrons sur les établissements publics… Oui, jusque dans les débuts des années 50, les écoles des Missionnaires (catholiques — nous venons d'en dire un mot — et protestants ouvertes à Luebo « Mishonyi », Lulengele, Mutoto, Lubondayi, Katubwe, etc.) évoluaient sans inquiétudes. Et dans la Métropole, les gouvernements qui se succédaient jusque-là se revendiquant « chrétiens » et de tendance « conservatrice », obstruaient l'émergence des « socialistes » et ne pouvaient cautionner la réforme de l'enseignement en vue d'en augmenter le niveau ou améliorer la qualité. (Et ici, il n'est pas question de banaliser le travail abattu par l'Eglise[668], mais plutôt un problème d'apport ou d' « un plus » à injecter — en matière éducationnelle — de la part du Ministre Buisseret et ses camarades libéraux, arrivés au pouvoir. Aussi, cela ne fut-il pas chose facile !)... En effet, c'est après des campagnes sans relâches que l'impulsion « socio-libérale » réussit à introduire ce genre d'enseignement dit '' écoles laïques'' parce que gérées par des non religieux — donc laïcs de leur état. Aussi le cours de religion n'y était-il pas donné ; supprimé, il était remplacé par le cours de « morale ».

Une des premières difficultés auxquelles il a fallu faire face fut le recrutement et des élèves et des enseignants. En outre, convaincre les parents et leurs enfants devant commencer leur première année primaire, de ne plus les faire inscrire chez les « Educateurs traditionnels (les Missionnaires), était une chose, et trouver sites et locaux (donc, la logistique, en était une autre). Pour les classes montantes, un dépeuplement au sein des établissements déjà sur terrain s'imposait ; aussi a-t-il fallu les tirer de là. Ceux qui avaient mordu à l'hameçon, il fallait les contenir et où, sans infrastructures et avec quels enseignants ?... Des méthodes d'approche ou appâts verront alors le jour :

- distribution gratuite des objets classiques de qualité, ainsi que des uniformes bien cousus
- distribution de lait et casse-croutes ;
- collations et/ou primes aux Enseignants ;
- introduction du français dans le Primaire
- admission des filles à côté des garçons

[668] Rappelons-nous que les élèves sortis de Mikalayi et Kabwe (Ecole des Moniteurs et Petit Séminaire), de l'Ecole Moyenne et de l'Ecole des Infirmières, de Kamponde et Katubwe, ont su se défendre. Mukenge Shabantu a tenu les rêves de la Province juste après le départ des Blancs ; Mulumba Diulu (dit *Diulu wa Ndesha)* a bien administré la municipalité ; de nombreux commis se sont fait apprécier dans les Entreprises Minières, dans les sociétés de transport, dans les Sociétés commerciales, ainsi que dans les Banques ; les cas tels que celui de ''Yaya'' (gde sœur) Nzuji wa Mbombo (Nzuji : nom de papa Henri et Mbombo : nom de maman Alice) qui a su se défendre dans la carrière médicale et plus tard dans la politique (comme Gouverneur, Membre du bureau Politique, Membre du Comité Central…) ne sont pas à omettre.

- introduction du Scoutisme avec équipement plus alléchant que chez les confessionnels
- bus pour élèves et pour professeurs, etc.

Les cours ou plutôt les premières leçons ont débuté sur la pelouse (du Stade de football devenu plus tard *''Stade Nkashama''* et actuellement un complément du grand Marché) ou sur les banquettes de fortune...

2.5.5.1. Ecole Primaire

Peu après, le nouveau conquérant de l'espace scolaire n'a pu trouver des terrains que vers le fin fond des agglomérations : les Quartiers **Kamilabi** (sur l'Avenue principale au bout de la montée, en diagonale avec la « Paroisse Sacré-Cœur ») ; **''Anciens combattants''**, après le Rond-Point Christ-Roi ; **Nganza** (après le terrain de football Ste Thérèse sur la route vers le Pont Nkombwa de la Codesko) ; **Katoka II** (sur la principale après l'Avenue Hirondelle/*Kandindi* en Tshiluba). Ces quartiers, éloignés de Notre Dame où étaient concentrées presque l'ensemble des Ecoles (les premières sur terrain), recevront chacun 2 blocs de 6 classes du primaire avec des installations mieux que chez leurs parents. Pour le Quartier « **Kele Kele** » — Quartier de l'Auteur — 2 blocs ont été implantés presque au fond du Quartier, sur l'Avenue Ndjoku-Punda (ex Charlesville) et Ndesha fera plus ou moins l'exception, car il trouvera une bande de terre sur l'Avenue Lusambo vers son croisement avec Kakenge. (Kande Alex y a commencé son école primaire). En dehors du C.E.C., les villages **Kanyuka** et **Luandanda** bénéficient également de ce quota... Et notons que cette implantation ne s'est pas opérée sans contre-courants...

En effet, comme il y eut d'un côté un Enseignement dispensé par les confessions religieuses (cf. les Ecoles dites aujourd'hui « Conventionnées catholiques » ; « Conventionnées protestantes »...), au travers duquel le savoir allait de pair avec l'Evangélisation et de l'autre un Enseignement ''officiel'' (ce nouveau venu prétendant et se vantant d'être d'un niveau plus élevé), un conflit s'ouvrit !... Les Missionnaires avaient alors encadré les parents catholiques, nos parents, à travers une *''Association des Parents pour la défense de l'Enseignement Catholique''*. Celle-ci avait pour tâche de pouvoir obtenir de l'Autorité, la suppression de l'Ecole laïque. Et parallèlement à la démarche des parents, nous écoliers et nos enseignants devions à la place des cours des après-midi, réciter des prières et exécuter des cantiques à travers un labyrinthe tracé dans le bois (site devenu le Centre '' Thabor'' et Katoka-Epro. Mr Buiserez descendra par deux fois à Luluabourg à cet effet[669]...

Ah ! Que des taquineries, que des harcèlements de la part de nos condisciples ayant quitté nos bancs pour l'école laïque !... Il y a eu

[669] cf A. Nyembo, o. c, p. 38 plus propos recueillis de Louis Shikayi (notre regretté beau-père)

dépeuplement, mais en dépit de cela, la population scolaire confessionnelle continua à garder sa grandeur numérique... Et le grand problème restait (nous l'avons dit) : trouver des sites pour construire des locaux...

2.5.5.2. Ecole secondaire

- ATHENEE INTERACIAL

Trouver des sites libres à large rayon et surtout à l'avant plan c'est-à-dire, le long des principales artères, afin d'imprimer leur impressionnante présence, n'a pas été chose facile pour les promoteurs de l'Ecole laïque (on l'a vu déjà plus haut pour l'Ecole primaire). Ceux-ci iront se contenter du « Triangle délimité par : la voie ferrée en direction de la Carrière BCK (devenu SNCC)/Nganza), l'Avenue Lulua et la jonction de celle-ci avec l'Avenue Boma.

Et très décidés à y implanter leur cachet ou l'impressionnante présence de l'« Ecole laïque », les promoteurs feront sortir du sol à partir de 1956, sur ce lopin de terre, ce Complexe imposant comprenant :

- 3 immeubles identiques à deux niveaux chacun ; et

- 1 immeuble à quatre niveaux, destiné lui à recevoir des internes (avec une cuisine et leur réfectoire), et surplombant une cave polyvalente (pour la gymnastique, les spectacles et comme salle de « promotion ») devenue présentement la célèbre « Salle-Cave » ISP/Kananga.

On a vu évoluer sur ce site des jeunes indigènes (entendez Noirs ou Congolais) à côté de quelques jeunes expatriés (Belges, Italiens, Portugais) devant des enseignants laïcs blancs (Belges), d'où le vocable « **Athénée Interacial** ». Parmi les quelques premiers élèves indigènes nous citons : (Me) S. Mutombo ; (Ir) C. Kabasele ; (Dr) Kalume Tartarin ; Katenga Théodore (Pharmacien), Mbala Donatien ; A. Mampuya, Ngalamulume Stéphane. Après 60, par manque de professeurs ils iront continuer à l'Athénée Royal. Et c'est cet Athénée interracial (1957 – 1960) qui deviendra après 60, le Lycée de Kele-Kele d'abord, puis ce ''*monstre*'' qu'il est présentement. L'honorable Mashala Gaspard est l'un des Chefs d'Etablissement d'après 60 — le Préfet Mashala — ayant eu à gérer ce complexe combien pimpant en son temps ; Sow Dominique (devenu Ingénieur et honorable Sow) et tant d'autres anciens en savent mieux. Eux comme nous, se souviennent de leur Surveillant, connu en son temps à cause de son français traduit littéralement de « sa, de notre langue maternelle, le Tshiluba (pourvu que le message passe), du genre :

- *« ... avec les yeux déchirés en haut »* ; ce qu'il tirait du Tshiluba : « *ne mesu mapanda mulu* » ;

- *« ... les problèmes des souliers pas fermés »,* tirés également du Tshiluba : « *shinga ya bisabata kayiyi misuika* » (ceci en parlant des lacets des chaussures, qui ne sont pas noués)...

Et de telles formulations, ce papa — moi je l'appelai '' *tutu* Lumu '' en avait à revendre, c'est ainsi que cela franchit même les limites du Lycée pour nous atteindre loin, au Collège, à l'Athénée.

Nous avons dit plus haut « ce monstre » en effet : ce complexe abrite présentement plus de six Etablissements scolaires du Secondaire et même une Ecole primaire d'Application, qui ont fonctionné dans un état de délabrement total : toitures ou plateformes effondrées et où a poussé une végétation spontanée ; vitres et portes emportées ; latrines hors usage, etc. … Et dire que ce « bijou », lorsqu'il a été construit sous nos yeux dans (les années 56 – 58) pour quelque 600 élèves, il n'avait son pareil nulle part au Congo-Belge, comme site scolaire officiel pour enfants des Indigènes ! Présentement, bien que réhabilité — les trois Immeubles du Secondaire ont été remis en état par l'Entreprise **''Tequiero Construction''** que nous félicitons — les conditions d'application dans ce Complexe demeurent difficiles à cause entre autres du surpeuplement scolaire qui engendre l'insalubrité (ordures, installations mal utilisées par manque de culture en cette matière)...

En effet, plus de quatre mille élèves (et veuillez noter que dans l'enceinte du Lycée, chaque Etablissement (*Institut Commercial ; Institut Littéraire ; Institut Scientifique*, etc.) a son Chef d'Etablissement ou Préfet, qui le gère différemment de son collègue d'à côté, d'en bas ou du dessous, suivant la position dans l'immeuble), évoluent dans une même enceinte confinée, étreinte entre les Avenues Lulua et Boma avec une voie ferrée que l'on croyait être une toile de fond, mais hélas !...

A l'arrière-plan de ce rail, deux autres complexes scolaires (dont ''Mgr Bakatushipa'') ont ouvert leurs portes (sans oublier l'IBTP qui vient de voir le jour — Année académique 2014 - 15 — sur le même site) et avec comme conséquences : surpeuplement et risque d'érosion. Oui lorsque toutes ces eaux de pluie découlant des toitures de ces immeubles ne seront pas gérées, il y aura pire…

Notre ouvrage tient les Services fonciers pour responsables de ces lotissements ''additionnels'' ! Aussi, cette cohabitation — à l'exception de l'Ecole d'Application attelée à l'ISP — « élèves (du Secondaire) et Etudiants (du Supérieur au moral ''campussard'') dans une même enceinte, a-t-elle des implications sur le moral et l'agir de chaque composante, car n'ayant pas la même impulsion.

Et nous souhaiterions voir TEQUIERO décongestionner ce Complexe en lui offrant une grande aération — l'air devant passer par des claustras et barreaux — et en le dotant de deux autres portails afin de gérer une panique éventuelle… Effectivement panique il y a eu en septembre 2016. Il a été documenté 3 morts et des blessés, lorque une rumeur avait laissé entendre que des éléments et/ou ''milices'' de Kamuina Nsapu allaient investir le Complexe !..

Et pour quelle fin ?...

- ATHENEE ROYAL

Cet Etablissement scolaire d'obédience officielle et/ou laïque ouvrit ses portes en 1957 pour recevoir les enfants blancs et concurrencer ainsi l'enseignement dispensé par l'Eglise. Tous ses profs sont des laïcs.

En septembre 1960, l'Athénée Royal reçut un grand nombre d'élèves tant pour le Primaire que pour le Secondaire. Mais lorsque s'ouvrit l'année scolaire 1962-1963, un grand nombre de professeurs belges étaient rentrés chez eux. Parmi les plus courageux restés en place nous citons : Mlle **Marie Fassote** (le célèbre Préfet), Mlle Jeannine Dalchet, Mr Jean Grimberieux, Mr Romeden… (pour l'Athénée Royal), et Mr Ordis (pour la Section Normale attachée à l'Athénée).

L'Athénée Royal c'est présentement ce « conglomérat » formé des Etablissements que voicici :

- Institut Kananga I (Humanités : Commerciales ; Scientifiques Bio-Chimie, Math-Physique) ;
- I.T.C. (Institut Technique Commercial) ;
- I.P.KA. (Institut Pédagogique de Kananga) où le Préfet **Ntumba Lumbamba** a été très célèbre ;
- Institut d'Etudes Sociales ;
- Institut Diku Dietu, etc…

Ces différents Etablissements réunissent également des milliers d'élèves. Et comme si cela n'a pas suffit, la situation se complique davantage avec la présence, sur ce même site : des auditoires forgés par l'ISDR ainsi que par la présence des Internes de l'ISP (''ISP / Kamayi'') qui occupent à l'instar de l'ISDR, les Bâtiments qui furent l'Internat de l'Athénée Royal (construit pour une centaine d'internes blancs). Et toujours à cause du surpeuplement, l'ex Salle de gymnastique est devenue ''polyvalente'' : elle sert de salle de classe ; de Centre de santé et même d'église !... Une section maternelle a fonctionné par là, mais un peu en biais, c'est l'actuelle « Alliance Franco-Congolaise » (que gère le Professeur J. **Badibanga Kantshiama**), avec ses extensions : Bibliothèque, Vidéothèque, Informatique, terrasse-conférences et même une Ecole secondaire « les génies » ; tout ceci sur cet espace confiné…

En effet, cette configuration (Etablissements scolaires du Secondaire, Auditoires et Internat pour Etudiants du Supérieur ; Assemblées chrétiennes) est assortie d'un marché : le *Marché Kamayi Athénée* dit aussi ''Marché Douane'', dont le bruit est amplifié par les vibrations des moulins (à manioc et maïs). Aussi des habitations serrées les unes contre les autres, ne disposant même pas d'assez d'espace pour les installations hygiéniques, tout au tour de ce Marché, ont-elles gâché (ensemble avec ces moulins et dépôts), l'environnement de ce que fut « notre » **ATHENEE ROYAL** que nous avons connu dans les années 60, aux bâtiments et espaces verts, aux tracés géométriques qui faisaient la fierté extérieure de cet Etablissement !...

Mais difficile ou pas difficile, il faudrait qu'un jour, l'on entreprenne à récupérer cet espace (jusque-là spolié) pour donner au Complexe son esthétique d'alors ; et il y va aussi de la santé mentale et physique, et des élèves et de la population de Kamayi. L'Etat reste après tout l'Etat, non !...

- ECOLE DES CADETS

Avant de parler de cet établissement du Secondaire, nous vous ferons remarquer qu'il a existé au camp Philippe Rolin (présentement ''Camp Kamayi'') une école officielle dénommée ''Ecole des Cadets''. Celle-ci a été inscrite au programme de la visite qu'effectua le Roi Baudouin, arrivé à Luluabourg lundi le 23 mai 1955 à 12 h 30 à bord d'un avion de la compagnie SABENA. (De là, le cortège royal descendit à la cité ''Indigènes'' où le Roi — qui avait pris place à bord d'une voiture '' cadillac '' décapotable noire, louée pour la circonstance à Lopes alias ''millionnaire'', un ressortissant Portugais, garagiste et célibataire de son état — a été vivement acclamé par un bain de foule, de part et d'autre des deux principales artères de notre ''Cité'' entendez Ndesha et Kelekele, et l'Auteur était de la partie. Le jeune monarque nous quitta le même jour, à bord d'un ''train royal'' qui partit de Luluabourg vers 18 h 00 pour continuer son périple au Katanga via Kaniama).

Après 1960, cette Ecole déménagea vers le site devenu l'EFO et souffrit du manque de professeurs, l'année scolaire 1964 – 1965. La hiérarchie envoya alors les ''Cadets'' dont Joseph Bofwa et Stanislas Bakatupingana (qui devint par la suite Me Baka) — en leur tenue militaire — poursuivre leur formation scientifique au Collège St Louis.

2.5.6. Baisse du Niveau Scolaire

Pour pallier à ce manque généralisé de professeurs après 1960, l'Administration de l'Enseignement de l'époque ira introduire dans le corps enseignant, via ONUC, des volontaires ou coopérants Egyptiens, Libanais, Haïtiens, Chinois, etc., recrutés par l'Unesco (une des composantes du systhème de Nations Unies. Nous nous souvenons entre autres de MM. Sanchez, Maalouf, Anoush, Robspierre, Luc Simon, Jean Luc, Li, Lang Long Song, Tchen, Tchang… Certains parmi eux se défendaient, mais la plupart n'avaient pas qualité d'enseignant, avons-nous appris plus tard… De « l'exilé politique », tel se retrouvait « professeur », à côté de ses « collègues » congolais qui étaient sans expérience… C'est le début alors d'un Enseignement au rabais !, Enseignement qui avait en même temps subi des reformes sous le vocable « Cycle d'Orientation » (depuis 62-63), et autres pratiques…

Oui, nous nous attardons sur ce volet « Instruction/Education et/ou Enseignement », car il est à la fois la base et le creuset du savoir et de la culture ; la clé des orientations, l'ouverture des horizons et vers un développement durable… Si cette base n'est pas solide et consolidée (comme c'est le cas depuis la fin des années soixante-dix voire même quatre-vingts), le niveau et/ou bagage est en déficit. Ce qui compromet la poursuite des études au niveau supérieur, ou l'emploi que l'on aura débuté juste après des études lacunaires. C'est ainsi que l'on retrouve présentement beaucoup d'incompétents à tel ou tel poste — « *balundamanapu* (traduisez ''assis à tel poste en toute fierté sans le mériter'') — grâce à ce bouclier : *« Maintenez-le quand même ; c'est… le…, l'enfant de… Ne savez-vous pas que c'est le… frère de… »*… Oui, se retrouver porteur d'un diplôme, ils le sont — c'est une chose —, mais défendre ce diplôme est une autre chose !… Car les tares de leur formation incomplète, médiocre ou insuffisante les rattraperont.

Ici ce que nous n'approuvons pas et condamnons ce fait de voir les nantis — notre classe dirigeante — envoyer leurs enfants à l'extérieur pour y recevoir une instruction de qualité, au lieu de palier à ce déficit collectif…

Ah ! Quel privilège que d'avoir eu à savourer une bonne instruction, comme l'expérimentèrent les aînés, entre autres : les professeurs Mabi Mulumba « *Eva* », Mampuya Auguste, Lumu Fortunat ; le Dr Kalume Mulamba Tartarin ; les Honorabes Kasende Martin, Muntu Ngalamulume, le ministre Kabamba Emmanuel Fléchet (dit *Kef*) ; les Magistrats Lusambo Emmanuel, Kapuba Samuel et Tshishimbi Emile, l'Honorable et Me Mutombo Symphorien ; l'Ingénieur Kabasele Constantin, Philippe Tshimanga (Pompei), Mutombo Wiliam, Katenga Théodore ''Mayence'', Ilunga Melchoir, Kapinga Théo, Tshiya Verdonck, Katshiunga Joseph, Joseph Luyamba, Kasonga Cyprien, qui ont évolué en cet **Athénée Royal.**

Toujours dans cet âge d'or, quelques têtes ont pu émerger après les aînés ci-dessus, nous citerons par exemple le Dr et Professeur Mvita Pierre, Lukengu Nsantu alias ''*Moscou*'', Tshibamba *Eros*, Ir Ngandu Wiliang, Djambombo… Mais l'après « fin soixante dix »… jusqu'en ce moment est une période de beaucoup de détresse pour l'Enseignement secondaire Officiel : locaux sans maintenance (manque total d'entretien) ; pléthore scolaire ; manque de laboratoires ; semi-qualification du corps enseignant ; monnayage des points et, partant un Enseignement au rabais !…

Ah que des « antivaleurs », à combattre ! En effet, de tous les temps, les *Laboratoires* se trouvent être des unités ou départements spécialisés dans les formations médicales, dans les usines textiles, dans les usines métallurgiques et agro-alimentaires, où l'on procède aux analyses des échantillons (sang, urines, selles, sols, teneur des minerais, semences, plantes, récoltes, motifs textiles, composantes pour peintures et/ou colorants, etc.), mais également des salles de classe où l'on expérimente des réactions chimiques telles la décomposition de l'eau… Mais quand les « labos » deviennent des services spécialisés lors des Examens d'Etat, c'est le comble !…

Ce qui est dit au Kasaï Occidental, l'est aussi pour le reste du pays, et même pour le Secondaire des Ecoles Conventionnées :

- Le Dr Ngalamulume Jean-mar (Banque Centrale/Kinshasa)
- L'Auditeur Supérieur colonel Kalombo Hubert (Hukalo)
- Le Prof. Dr. Mvita Bakatubia Pierre
- IPP Kizito Ntumba
- L'ancien Ministre Kapita Paul (Shabanyi)
- Les Chefs de Département Mubadi Bantu Constantin et Kayembe Ngudie Raphaël
- Le Chef de Division de l'ESP Ntumba Ndaye
- L'Honorable Kamuitu Augustin (Président de l'Assemblée provinciale)
- Le Bourgmestre Paul Bernard Kande Mukinayi ;
- Le Bourgmestre Mukendi Kabalu
- Le Prof. et Directeur de la Bibliothèque Nationale Mulumba Georges
- Les Chefs de Division Katumbisa Mubi wa Mbombo et Katsaningu ;
- Les Coordinateurs Sylvain Kasonga et Vincent Beya Ngindu
- François Katekesha (minéralogue), les Kaluila Pascal, Beya Jean Bosco, Kunkadi Pierre, Musawu Gérard, Ilunga Georges, Matanda Joachim, Iyayi, Mulenda, Ebondo Jérémie, Tshialu Remy pour ne citer que ceux-là, savent dans quelles conditions ils ont passé les épreuves de fin des humanités — Exétat 1967 (qui fut d'ailleurs la toute première promotion 66/67)…

Retenons que pour cette toute première promotion... et cinq/dix années après, la cote pouvait encore se défendre, mais après… les élèves sont devenus à la fois victimes et responsables de leur sort :

a) Victimes : parce que l'Enseignement a été matraqué ; mutilé et raccommodé… En effet, il y a eu entre autres :

- *des réformes inappropriées* ;
- *la banalisation de la profession de l'Enseignant*, du formateur, de celui qui doit sortir son savoir de sa tête, pour l'inoculer dans la tête d'un enfant qui n'est pas le sien — (ça, il faut le faire…) — et dont l'épouse fut traitée de cette manière : *« Udi mu diala (awu) nganyi ? »,* entendez « qui est dans mon *petit jardin* (et/ou '' *coin à ordures*'' ou mieux dans mon *potager*) —— sous-entendu pour y cueillir des légumes ?... Donc, en parlant de l'épouse de l'Enseignant mal payé et en souffrance d'impaiement depuis des mois…

Et lorsque les « vaincus » d'hier — ces Enseignants ainsi ridiculisés — iront alors brandir leur arme : « le rançonnage » des élèves ; ''« la prime » des enseignants'' ; « la contribution des parents » ; « le préceptorat » et même le monnayage des cotes, vous connaissez la suite !… Oui, le salaire maigre et irrégulier, assorti du manque de « transport » et de « soins médicaux », a terni la valeur et le prestige de l'Enseignant qui s'est vu découragé. Comment s'est comporté l'Enseignant par la suite ? Il a commencé par bâcler ses leçons… et les perdants sont les élèves !... Ça devait aller de soi !... En sont également ''victimes'' par ricochet, leurs parents qui ont vu leur « investissement » en d'autres mots leur « protection en devenir » ou ''consolation'' (en futuring) tombée dans l'eau !, et aussi parce qu'il y a eu :

— *le manque de bibliothèques et autres appuis ou supports didactiques ;*

— *le non-achèvement des programmes des cours ;*

— *le coût de l'instruction* (diverses dépenses à engager par l'élève lui-même, ses parents ou tuteurs, dépenses au-delà de leur bourse, d'où l'abandon par certains).

A nos Mandataires d'y veiller, car il y va de l'avenir de la province !...

b) Responsables :

— parce que, ne s'appliquent pas assez pendant l'année scolaire ;

— parce que se faisant confiance et comptant récupérer le temps perdu dans ce qu'ils appellent « *le maquis* » et ce, juste un peu avant les « Exétat » ; et pire encore ;

— parce que s'assurant qu'un « *labo* » non loin du Centre et du local pendant les épreuves leur viendrait à la rescousse ;

— parce que ne s'étant borné qu'à ce qui a été donné comme matière, sans recourir à la recherche personnelle pour connaître davantage via la lecture (des ouvrages, revues, magazines et journaux), la radio, via la télé : et ici, dès qu'un « Documentaire » annonce son entrée, la main est vite sur la télécommande pour couper et chercher une chaîne qui pompe la musique et danse)… Comme c'est triste !...

Et pourtant, certains des hommes célèbres (tout au long de leurs fonctions d'homme d'Etat…) ont été des « *self-made-men* » ! D'autres ont pu même atteindre un niveau jugé post universitaire !...

2.5.7. Naissance des Ecoles Privées

Certains ''promoteurs'' en mal de finances trouveront bien indiquée l'ouverture d'un Etablissement scolaire Primaire et/ou Secondaire pour regarnir leur bourse. Notons que dans ce cas ils y tiennent, et sont décidés quand bien même les conditions ne sont pas réunies (site sans espace, locaux non décents, corps enseignant non à la hauteur de sa tâche, manuels et matériels didactiques inexistants ou insuffisants, etc.) Mais par contre, d'autres, ayant été scandalisés par cet Enseignement au rabais, ont senti le besoin de contribuer au relèvement en dispensant un Enseignement de qualité. Ils ont alors recruté un personnel compétent qu'ils traitent bien (salaire et autres allocations conséquentes). Ici nous citerons entre autres ''Bon Berger''chez maman Agnès Mvita (à l'Oasis) ; ''La Renaissance'' (œuvre Jean Asaka sur les Avenues de la Concorde et Kasa-Vubu) ; ''Le Complexe Eternal'' (non loin de l'Hygiène publique)…

Notons que ce genre d'écoles n'est pas à la portée des moins nantis… Les enfants des démunis fréquenteront soit les Ecoles privées dites ''Conventionnées'' soit les Ecoles de l'Etat, et là ils ne seront pas épargnés pour autant, car la ''contribution des parents'' les y attend.

Ainsi il y a eu et il y a à la fois cette naissance des Ecoles privées et l'envoi, par les plus friqués de leurs enfants étudier à l'étranger.

Un mot sur l'administration de l'EPSP[670]

L'Etat dispose d'un bâtiment — anciennement « Hôtel des Aviateurs » puis Hôpital pour Blancs[671] — dit « Immeuble » (de l'Education), à côté de la Gare de Kananga et en face Place de la Nation. Dans ce bâtiment sont gérés les Etablissements scolaires de la Province tant officiels que conventionnés (catholiques, protestants, kimbanguistes et islamiques) bien que chacune de ces confessions dispose de sa propre « Coordination » s'occupant du fonctionnement de ses Ecoles. Cette gestion comprend une Administration ainsi qu'une Inspection Principale Provinciale (IPP) avec des Inspecteurs de Pools et la Paie (cf. SECOPE). Ce fut d'abord une seule Division qui s'occupait de l'ensemble de ces services provinciaux ; mais comme il y a eu croissance numérique et des Etablissements et des élèves sans oublier celle du corps enseignant, la Division s'est éclatée en deux unités ou provinces éducationnelles : l'une dite ''EPSP/K.OCC 1''fonctionnant à Kananga et l'autre ''EPSP/K.OCC 2'', fonctionnant dans la Ville de Tshikapa (et c'est certain que cet éclatement sera revisité avec la venue des nouvelles provinces)… Ici, nous n'hésiterons pas de citer cette dame — Bernadette **Mayi Bunyi** — pour s'être hissée parmi ses paires et au milieu de ses collègues masculins, jusqu'aux fonctions et grades de IPP.

Une parenthèse : Avant cette promotion, il avait été confié à Mademoiselle Ndaya de coordonner l'administration des Ecoles conventionnées catholiques (Diocèse de Kananga) après le départ de l'Inspectrice Noella de Roover et du Cordinateur Tshipamba Katalayi. Comme on peut le voir, *Mamu* Ndaya qui est une auxiliaire de l'Apostolat est une véritable *''mamu tabulukayi''*. Elle a eu également à diriger, après Mlle Noella, une Structure pour émancipation des Mamans à Kananga (les ***Ba Mamu Tabulukayi !*** = *'' Mamans Emancipez-vous ! ''* — une impulsion de Mgr Bakole wa Ilunga qui, en son temps, lança ce défi (un *kaboobo*) aux Mamans : « Ba Baba meme neenu, nyama uye ! » — nous traduisons : ''Les

[670] EPSP : Enseignement Primaire, Secondaire et Professionnel

[671] Exceptionnellement, un indigène y a été admis en février 1960, il s'agit de Mukenge Barthelemy, dans les circonstances que l'on connaît — une flèche lui fut enfoncée au foie lors du « pré-conflit Lulua-Baluba — heureusement que Mr Raymond. Bertrant (un Agent de la Forminière) viendra passer par là, d'où Mukenge fut d'abord vite conduit à l'Hôpital de Mikalayi — veuillez lire Mukenge Shabantu dans son ouvrage op. c. p.158 — la Clinique n'était pas encore achevée (d'ailleurs, jusqu'à ce jour les ascenseurs ne sont pas encore installées) et elle n'allait admettre que les Blancs si l'indépendance était retardée.

Mamans, je suis là avec vous et la bête nous échappe ! ", et cela en vue de combattre l'oisiveté, l'analphabétisme et les pratiques funéraires avilissantes, mais surtout promouvoir chez les Mamans l'Entreprenariat (élevage, savonnerie, cultures maraîchères, production de jus, petit commerce...), ainsi que les techniques de Coopérative (travail collectif, ristourne...).

Les quelques braves Dames et Papas que voici lui ont prêté main-forte : mamu Ndaya Véronique, mamu Tshitshia, mamu B. Mujinga Mbenga, mamu Hélène Ntumba Dibaya, mamu Ngalula Adèle, mamu Simone De Wolf, mamu Nsonga Emérance, mamu Buambavi Thérèse, mamu Mbombo Pauline, mamu Malu Marie Rose, tatu Tshishiku Crispin, tatu Ntumba Meyi J.P. Elle est présentement IPP /Kinshasa. Cette dame ainsi que mamu **Kapinga Zoé**, aussi auxiliaire de l'Apostolat, soutiennent l'instruction des jeunes filles : elles sont promotrices des complexes scolaires qui se défendent. Nos jeunes filles ont un exemple à suivre ! Nous fermons la parenthèse.

N'oublions pas qu'une innovation vient d'être introduite par le Ministère de tutelle : « Initiation à la Nouvelle Citoyenneté » d'où le sigle « EPSP-INC ».

2.5.8. Enseignement Supérieur & Universitaire (ESU)

L''E.S.U'' dépend du Ministère du même nom et comprend des Etablissements d'Enseignement Supérieur (dits ''**Instituts Supérieurs**'') et des Etablissements Universitaires (dits ''**Universités**''), qui peuvent être pour les deux catégories, publics ou privés. Les Etablissements d'Enseignement Supérieur dits ''Instituts Supérieurs'', sont appelés à former des cadres intermédiaires également de haut niveau, c'est-à-dire, des techniciens qui maîtrisent parfaitement les applications scientifiques, pédagogiques, techniques et technologiques. Les Universités elles, doivent former des cadres de haut niveau également, mais plus voués à la recherche et à la conception.

2.5.8.1. Les établissements et leurs structures

Il existe presque autant d'Universités qu'il y a des Villes au Congo ; il en est de même pour les Instituts Supérieurs surtout les ISP et ISTM. La durée de formation est la même dans les Universités et Instituts Supérieurs publics ou privés : un premier cycle de 3 ans décerne le diplôme de Graduat[672] ; un deuxième cycle de 2 ans après le graduat décerne le diplôme de Licence (ès Lettres ; en Sc. Economiques ; en Droit ; en Pharmacie, en Anglais ; en Génie civil diverses options ; en Architecture ; en Agronomie, etc.)... Une

---

[672] Jusque dans l'an soixante-douze, ce premier cycle s'étalait sur trois années (pour la Faculté de médecine) et deux années (pour les autres Fac) appelées « candidature », cycle sanctionné par un diplôme de candidature — notre cas.

exception : le 2e cycle de la Faculté de Médecine comprend lui, 4 années d'études (''le doctorat'') auxquelles s'ajoute un stage interné (9 à 18 mois) et ici, la réussite est sanctionnée par un diplôme de Docteur en médecine humaine ou vétérinaire.

Le Tableau ci-dessous présente quelques opportunités qu'offrent les Etablissements Supérieurs :

N°	OPTION/DISCIPLINE	INSTITUT	LOCALISATION
1	Animation Culturelle	INA	Kinshasa
2	Arts Dramatiques	INA	Kinshasa
3	Arts Graphiques	ABA	Kinshasa
4	Arts Plastiques	ABA	Kinshasa
5	Architec./Bât./Ponts/Chaus.	IBTP	Kinshasa
6	Aviation	ISTA	Kinshasa
7	Coupe Couture/Modelisme	ISAM	Kinshasa
8	Edition du Livre	IFASIC	Kinshasa
9	Education Physique	UPN	Kinshasa
10	Electricité industrielle	ISTA	Kinshasa
11	Electronique	ISTA	Kinshasa
12	Géométr./Topo/Urbanisme	IBTP	Kinshasa
13	Hôtesse/Hôtellerie	ISP/Gombe	Kinshasa
14	Ingénieurs Industriels	Unilu	L'shi
15	Interprétariat Traduction	UPN	Kinshasa
16	Journalisme	IFASIC	Kinshasa
17	Kinésithérapie	ISTM	Kinshasa
18	Marketing	ISC	Kinshasa
19	Maths/Electron./Inform.	UPN	Kinshasa
20	Mécanique	ISTA	Kinshasa
21	Médecine Vétérinaire	UNILU	Lubumbashi
22	Météorologie	ISTA	Kinshasa
23	Musique	INA	Kinshasa
24	Pharmacie	UNIKIN	Kinshasa
25	Physique/Technologie	UPN	Kinshasa
26	Polytechnique	Unikin/Unilu	Kin & L'shi
27	Psychologie/Sc. de l'Educ.	Unikin/Unikis/ Unilu, UPN	Kin, L'shi /Kisangani
28	Relations Publiques	IFASIC	Kinshasa
29	Secrétariat de Direction	ISC	Kinshasa
30	Sc.Sociales/Pol. et Adm.	Unikin/Unilu	Kin & L'shi
31	Agronomie et Dével. Rural	IFAD	Kinshasa

(Malu Mania, une fille de l'Auteur est sortie licenciée de L'ISP/Gombe et sa cadette Bakambamba Mania est sortie licenciée de l'IFAD).

Mais il existe sur place à Kananga, les disciplines ci-après :

- Biologie/Chimie : UKA
- Droit : UKA et UPRECO
- Géographie & Sciences Naturelles : ISP/Kananga
- Géologie et Gestion de l'Environnement : idem
- Histoire : idem
- Lettres : idem
- Informatique de Gestion : UKA
- Médecine humaine : idem
- Etudes sociales : ISES/Kga
- Sciences commerciales & administratives ; Gestion… /ISP Kananga
- Usam : Bukasa

Notons que l'UKA dispose d'une Faculté d'Agronomie sur son Campus de Kabinda.

Cela étant, nous poserons alors cette question aux enfants du Kasayi moins nantis (et ils sont nombreux ceux-là) : les études qu'ils comptent aller entreprendre ailleurs, loin du Kasayi ne sont-elles pas dispensées sur place au Kasayi ?... Ici, il y a lieu de concilier la proximité et l'économique des frais (transports, hébergement, prise en charge et autres tracasseries) avec l'utile… Sinon, ce serait alors aller à Kin parce que c'est à Kin et à L'shi parce que c'est à L'shi, donc par complaisance… Aussi, n'allons-nous pas omettre de donner cet extrait de « la réponse » à la question : **comment choisir les études à entreprendre ?**

Ici, il y a lieu d'éclairer les jeunes et, sur le comment faire le choix et, sur le pourquoi de tel choix ?… En effet, celui-ci doit être fait avec discernement… pas choisir au hasard, c'est-à-dire, sans tenir compte de certains facteurs…

Il faut se poser un certain nombre de questions dont les plus importantes sont les suivantes :

— *« J'aime faire..., je veux devenir... Mais la formation que je possède me permettra-t-elle d'aborder les études que je voudrais choisir ?...*

— *Serai-je capable de financer les études choisies ?... »...*

Il est évident que les études supérieures coûtent chères, et comme les moyens financiers ne suivent pas le choix fait, en d'autres mots, sont difficiles à réunir, mieux vaut alors choisir des études moins coûteuses et/ou moins longues ! Et nous donnerons ce conseil à ceux qui sont tenaces : s'ils tiennent à poursuivre leurs études, qu'ils cherchent alors à concilier les études avec un « Job » qui devient ainsi un support aux études. Aussi, allons-nous paraphraser le *''Magazine Muanga''* (p. 10) : *« Les conseils des parents, des aînés et amis avertis pourraient aider dans ce choix, mais attention, le choix doit finalement relever d'une décision personnelle ».*

N.B. : Certaines pièces doivent être réunies et certains formulaires remplis et présentés avant l'admission. Et la période d'inscription va souvent de septembre à novembre, mais la date du début et de la fin des inscriptions est fixée par le Ministère de l'ESU.

Le candidat peut prendre son inscription avant d'entrer en possession de son diplôme d'Etat, mais il devra obligatoirement produire la preuve qu'il a réussi ses examens d'Etat, lorsque cela lui sera exigé[673].

2.5.8.2. De la qualité de l'enseignement

Les Etablissements d'Enseignement Supérieur tant Privés que Publics ont en commun entre autres ces préoccupations :

— S'assurer de la qualification du Corps enseignant ainsi que celle des Autorités académiques qui doivent avoir au moins le grande de Professeur ;

— Ne recruter que les détenteurs des titres scolaires réglementaires.

Le Professeur Bibombe Muamba dit de ces conditions ou préoccupations qu'elles sont « les pré-requis », nécessaires et suffisants pour la validité de l'Enseignement universitaire — Cf. ''Notes de Cours…'', o. c., p. 1 et il y a ajouté d'autres avis et considérations.

L'initiative du prof Bibombe Muamba et ses partenaires a été très louable. (Notez que Bibombe Muamba fut co-promoteur de l'Université de Kananga et cela a épargné à un grand nombre de jeunes de beaucoup de peines. L'initiative de l'honorable Bapa Mbanza (et suite) pour la création de l'UFI était aussi à saluer, mais hélas !... Quand on torpille, quand on obstrue (on aurait mis les bâtons dans les roues) !…

Nous félicitons les Evêques du Kasayi : Bakole wa Ilunga Martin-Léonard ; Mukenga' a Kalond Godefroi ; Kinga ; Shungu ; G. Mulumba Kalemba ; Kabongo Kanundowi Emery ; Tshibangu Tshishiku Tharcice et Kasanda Léonard, ainsi que l'implication personnelle de l'Abbé Recteur **Nyeme Tese** (il nous a quittés le 26 novembre 2010 à Tshumbe) soutenue par des collaborateurs dont les Professeurs : l'Abbé **Kabasele Mukenge** André (nouveau Recteur) ; les Abbés Stanislas Kangudie (d'heureuse mémoire), Kande Katanku René et Banyingela Kasonga Rigobert ; les Dr Munabe wa Kambala Ka-Muyaya Patrice ; Mvita Bakatubia Pierre ; Tshitala Donat ; Malangu Prosper et Malu Kanku Philippe ; Mme Bitota Muamba Joséphine ; G. Bakandeja wa Mpungu ; père Mashala Bituakamba Grégoire ; Tshisungu ; Mgr Ndjonjo Molondo Maurice ; l'Abbé Katikishi Muzembe Blaise ; Mgr Kalumbu Ngindu Gilbert… sans oublier les Eglises Presbytérienne et Kimbanguiste, pour leur ténacité et efforts dans

[673] Ce cas a été très fréquent jusque dans l'année 2008-2009 et ceux qui n'arrivaient pas à fournir cette preuve, se trouvaient victimes du temps perdu, de l'énergie perdue et certainement de l'argent perdu (frais d'inscription,) frais d'obtention de pièces exigées frais de transport et syllabus ; aussi les frais de reprise de la 6è les attendent-ils… Mais, nous saluons les efforts menés par le Ministre Macker Famba de l'EPSP qui a réussi à informatiser le traitement des « Exétats » — correction avec diligence — ce qui permet ainsi de fixer les finalistes en temps utile.

l'implantation de ces ''moules à savoir'', particulièrement au Kasaï-Occidental.

Aussi, encourageons-nous les nouveaux mécènes et/ou promoteurs latents qui hésitent, qui n'osent pas encore, de sortir de leur terroir, de leur égoïsme, de leur réticence, pour mettre au service de nos contrées, certains de leurs biens et avoirs, afin que le Kasayi émerge. Voyez combien de nos jeunes gens sortent annuellement du Secondaire dans nos contrées et en particulier à Kananga. Tous n'ont pas la facilité de sortir de la province… et localement, le « Supérieur » jusque-là en place ne saurait les absorber tous ! Autant alors vous aussi : autorité provinciale, hommes d'affaires, chercheurs, penseurs, mandataires, vous globaliser pour assurer un avenir meilleur à nos enfants !

Bien que le mot d'ordre du moment soit « soyons ensemble ! »... ne compromettons pas leur avenir, l'avenir du Kasayi, avec des Etablissements qui auront fait passer des années aux jeunes et à certains adultes pour enfin se faire entendre que leurs formateurs n'avaient pas qualité… Que ceux qui aiment le Kasayi, qui ont des moyens, mettent ceux-ci qui logement, qui titres de voyage ou billets d'avion, qui véhicules (pour courses en ville), qui restauration, à la disposition du corps enseignant qualifié, afin de le convaincre à venir dispenser son savoir chez nous, parce qu'il se sera senti bien accueilli, mis à l'aise. Et puisse le Très Haut bénir de tels mécènes pour leurs libéralités au bénéfice de l'excellence, au bénéfice de l'émergence !

2.5.8.3. Instituts supérieurs (d'état et des confessions)

1966 : La genèse de ces structures nous apprend qu'en 1966, il fut créé une **Ecole Normale Moyenne** (dans un local du Lycée de Kelekele). Elle est considérée comme « l'ancêtre de l'ISP/Kananga…

1969 : En cette année est créée à Luluabourg, l'Ecole pour la formation des Officiers (au sein du Camp militaire Général Bobozo, ex-Camp Général Janssens, dans le Complexe qui fut l'Ecole des Cadets).

EFO (c'est le sigle de cette école) est l'œuvre du Président **Mobutu**. Ah, ça, il faut le reconnaître. En effet, jusqu'en 1960, vu que la Colonie n'avait pu former que quelques Adjudants dont Léonard Mulamba, Louis Bobozo, Bosango, Musambayi, Tshimanga, etc., le général Mobutu (ancien soldat gradé de la Force Publique devenu président de la République et Lieutenant Général), trouvera qu'il s'avérait nécessaire de créer une Ecole de formation des Officiers pour la jeune Armée. **Luluabourg** étant le centre du pays et disposant des infrastructures[674], voilà qui faisait la chose. Le Président

[674] Ici il faut entendre l'ancien complexe Ecole des Cadets (salles des classes), dortoirs, réfectoires, habitations pour instructeurs, etc.Et déjà pendant la Colonie, Luluabourg avait offert son cadre pour le fonctionnement d'une école dite Ecole Centrale ; le caporal Mobutu y est lui-même passé dans les années 50. Et devenu Président, il a fait reprendre dans ce que fut le complexe de l'Ecole Centrale, les mêmes formations : Dactylo, Comptabilité, Infirmerie, Infanterie, Transmission, Génie, etc. (cf. ETTR ; ESVADM…).

Mobutu s'impliqua personnellement dans cette structure qu'il fit dépendre de la Présidence : EFO ira bénéficier des dotations particulières de la présidence ainsi que de l'appui (en logistique et en instruction) de la part de la Coopération militaire belge (la CTM) et son directeur, un Colonel, relevait de la Présidence (d'où le plus haut gradé de la CTM devait nécessairement être aussi un colonel — dans l'Armée belge, on accède difficilement même au grade d'Adjudant… (Parmi ceux qui ont la CTM en charge nous citons le Commandant Blistein et le Colonel Bonte). Notons que des temps en temps, une animosité ou incompréhension a pu s'observer entre le Commandement EFO (à cause d'une attention particulière dont il était l'objet de la part de la Présidence) et le Commandement de la Circonscription militaire. Les Commandants EFO qui nous reviennent en tête sont les colonels Kasongo, Kibonge, Bondjuka et Kinsempia. Kibonge est revenu à Kananga, général Kibonge, en charge de l'Académie militaire (depuis fin octobre 2014, puis a été appelé à d'autres fonctions). Et en complément d'infrastructures, l'EFO disposait d'un Hôpital (qui fut en son temps appuyé par la coopération belge, avec la collaboration des Sœurs de la Charité de Heull).

Cet Hôpital est une référence pour les problèmes de santé des élèves-officiers, soldats et personnel civil dit ''*per civils*'', voire même pour les malades qui viennent de la Cité. Il a une capacité d'accueil de 30 lits et disposait d'un Labo bien équipé ; aussi une maternité y facilite-t-elle les mamans à accoucher dans de bonnes conditions. Notons que la mère de l'auteur y fut suffisamment suivie avant de succomber en 1988. Un fils de la place, Lieutenant-Colonel de son état, Dr Lumangu Kapambu, Médecin du Département Médical de l'Etat Major (ancien voisin de l'Auteur en diagonale sur l'Avenue du Sapin au centre-ville) supervisait le Centre hospitalier, mais la gestion était assurée par la Coopération. Comme corps médical responsable, nous avons retenu en dehors du Dr Lumangu : le Dr Katuiki (Major et Médecin Directeur), le Dr Dehaes Guido (capitaine), le Dr Geisels Luc (lieutenant)… Présentement, le Dr Bofi, colonel venu de Kamina, en est Médecin Directeur, secondé par le Dr Grégoire.

Les « Grands Collégiens » — Troupe théâtrale sous la Direction de l'Auteur, composée d'anciens élèves du Collège St Louis devenus des responsables ici et là sur la Ville — se sont reproduits en 1989 sur la scène de l'Amphithéâtre de l'EFO, dans la célèbre pièce militaire ***''Montserrat''*** d'Emmanuel Roblès, une mise en scène de l'Auteur, lui-même ancien acteur (chaque année au mois de février, lors de la fête de ''St Louis'' au Collège, il était sur la scène (au Collège, à Luluafilm, et quatre fois dans le rôle principal). Le Commandant de l'Ecole félicita la Troupe en ces termes : « Vous avez bien fait d'avoir demandé de vous reproduire chez nous. Le thème de votre pièce stigmatise le sens de l'honneur ainsi que le sacrifice suprême auquel est appelé le soldat. Votre reproduction vient illustrer et appuyer — en culture — ce que nos élèves reçoivent comme instruction scientifique. J'admire comment les rôles militaires ont pu être incarnés presque à la perfection par des civils. Mes félicitations ! » Et la soirée se termina par un rafraîchissement au Mess des Officiers…

Mais hélas, trois années plus tard, c'est-à-dire en 1991, ce beau complexe et bien équipé sera l'objet d'un pillage systématique : lits, matelas, chaises avec écritoires, rideaux, armoires, livres et autres manuels sans oublier les portes, furent emportés ! … Et en tout cas, pas par des civils, mais par des éléments servant sous le drapeau (soldats, gradés et officiers) !... Il a fallu attendre plus de quinze ans, pour que le complexe soit réhabilité, et par qui s'il vous plaît ?, par un détachement militaire belge, venu dans un programme dit « *Kuya Kumpala* » (= Aller en Avant) également appelé « Formation Génie Continue » — le Lieutenant Rob Schepers en avait assuré le commandement. Cette action a aidé à redorer le blason de ce plateau où s'est ouvert par la suite une Académie Militaire. C'est quand même une honte pour le pays !... Quelle culture que l'on a,toujours à détruire, puis tendre la main aux Structures et Organismes extérieurs !... L'Auteur vous informe qu'il s'est fait faire à l'Hôpital ''Efo''en septembre 2014, un examen ''E. C. G.'' parce que ce complexe médical dispose seul du nécessaire en cette matière et tout pimpant — un don du Détachement belge…

Enfin !... l'EFO, ce fut cette célèbre Ecole, un Etablissement militaire d'Enseignement officiel supérieur produisant après un cycle de trois ans après les humanités, une élite avec le grade de Sous-lieutenant. Des pays amis et voisins y ont également envoyé évoluer leurs jeunes gens doués en sciences et mathématiques, car c'était l'option de l'Ecole. Cette formation dispensée au pays et particulièrement à Kananga était identique à celle qu'ont pu recevoir les fils revenus d'Arlon, de Sandhurst, de St Cyr, de Laeken, de Sandford, de Westpoint etc. (Un cycle de 9 mois est réservé aux Licenciers, Ingénieurs et Médecins qui optent de travailler sous le drapeau). Le Sénateur Jean Baptiste Iyolo, natif d'Ilebo (Secteur Mapangu) est l'un de la toute première promotion de l'EFO 1971 ; comme fonctions, il fut l'Officier d'Ordonnance du Président Mobutu, et il est parti de l'Armée avec le grade de Colonel.

-1970 : **Le Grand Séminaire « Theologicum » de Malole** ouvre ses portes.

Quatre années d'études de théologie préparent les grands séminaristes ayant achevé 3 années de philosophie dans l'un de leurs grands séminaires (de Kabwe, Mbuji-Mayi, Lodja) à la prêtrise. Donc ce Grand Séminaire de Malole est interdiocésain — l'Archevêché de Kananga compte huit diocèses — et il est construit à l'image d'un campus, avec amphi, pavillons ou résidences pour étudiants et professeurs, réfectoire, bibliothèque, auditoires et évidemment une chapelle. Le Grand Séminaire de Malole, vu la qualification de son corps enseignant (dont le Professeur Abbé Recteur Richard **Kitengie**) ainsi que son programme, a été admis comme une composante des Facultés Universitaires (de Théologie catholique de Kinshasa) et partant, à la fin de ces 4 années de théologie, ces grands séminaristes sont des gradués en Théologie.

Nous regrettons que ce Grand Séminaire ait été saccagé et vidé le samedi 18 février 2017, des suites des altercations entres une jeunesse se disant ''Eléments du grand Chef Kamuina Nsapu'' (qui avaient installé leur ''foyer'' dit *« tshiota »* derrière le Grand Séminaire) et les forces armées — ce qui a ébranlé ainsi le site et ses alentours. le Grand Séminaire et le Monastère des Révérendes Sœurs Carmelites ont été fermés, et cela jusque quand ?...

—**1976** : la **Théologie protestante** ouvre ses portes à Ndesha-Mission.

—**1977 :** Ouverture du Centre Interdisciplinaire pour le Développement et l'Education Permanente (**CIDEP** en sigle).

—**1981** : L'Ordonnance n°81/147 du 3 octobre 1981 porta création de l'Institut Supérieur Pédagogique de Kananga, en sigle : **ISP/Kga.** Et depuis, chaque année, gradués et licenciés sortent de cette Institution, formés pour aller exercer la profession noble de Pédagogue, d'Enseignant au Secondaire… Mais hélas ! Combien se laissent-ils embaucher par l'Enseignement ?... La raison d'être de cette Institution est sapée alors que l'Etat, en créant ce type d'Institution, a voulu procurer et doter l'Enseignement Secondaire des Educateurs ou Cadres compétents ; il a voulu implanter cette formation dans chaque ville ou grand centre, vu que le degré primaire produit chaque année un nombre toujours croissant des certifiés prêts à commencer leurs études du Secondaire, mais n'ayant pas suffisamment de professeurs, d'où l'entassement pléthorique dans les classes ; ce qui devient pénible pour tout le monde !... Pourquoi cette carrière n'est pas alléchante ? Nous en avons dit un mot plus haut. Il faut que l'Etat, en particulier la province redore la profession d'Enseignant !... Et le résultat, vous le connaissez !...

Voici comment se présentaient les populations estudiantines de l'ISP Kananga 1982 :

TABLEAU 1 : SECTION SCIENCES HUMAINES

G	F	TOTAL	PROV. D'ORIGINE
241	20	261	KASAI- OCCIDENTAL
168	4	172	KASAI- ORIENTAL
40	8	48	BANDUNDU
13	1	14	SHABA *
12	1	13	KIVU**
6	-	6	EQUATEUR
4	1	5	BAS-ZAIRE***
2	-	2	HAUT- ZAIRE****
486	**35**	**521**	

Source : Rapports Académiques au 01/8/1985

TABLEAU 2 : SECTION SCIENCES EXACTES

	G	F	TOTAL	PROVINCE D'ORIGINE
	98	7	105	KASAI OCC.
	68	2	70	KASAI OR.
	34	1	35	BANDUNDU
	15	-	15	SHABA
	9	2	11	KIVU
	4	-	4	BAS-ZAIRE
	2	-	2	EQUATEUR
	1	-	1	HAUT- ZAIRE
TOTAUX	**231**	**12**	**243**	

Source : Rapports Académiques au 01/8/1985.

Nota Bene : Vous remarquerez qu'il n'est pas tenu compte dans ces deux tableaux des effectifs originaires de Kin, la ville-province de Kinshasa étant une Ville cosmopolite.

Le total des effectifs des 2 tableaux pour le Kasaï Occidental nous donne en son temps : 261 + 105 = 366 étudiants, répartis comme suit :

- Dibaya : 67
- Kazumba : 55
- Demba : 50
- Dimbelenge : 41
- Luiza : 30
- Tshikapa : 27
- Ilebo : 25
- Mweka : 22
- Dekese : 17
- La Ville de Kga 23

Source : Service des Inscriptions ISP/Kga.

EVOLUTION

I.- ANNEE ACADEMIQUE 1985 - 1986 (quatre années après) : les statistiques nous donnent les renseignements que voici :

1 : SECTION LETTRES ET SCIENCES HUMAINES

1.1. ANGLAIS CULTURE AFRICAINE : 96 (dont 32 en G 3 et pas de filles)
1.2. FRANCAIS – LATIN : 42 (dont 9 en G3 et pas de filles)
1.3. FRANÇAIS/LING. AFRICAINE : 230 (dont 45 en G3 avec 3 filles ; 18 en L2 et pas de filles
1.4. HISTOIRE/SCIENCES SOCIALES : 214 (dont 36 en G3 avec 3 filles ; 11 en L2 sans filles)
TOTAL : 582

2 : SECTION SCIENCES EXACTES

- GEO/Sc NAT : 132 (dont 2 Filles en G1 ; 5 en G2 et 3 en G3)
- MATHS /PHYS : 87 (dont 3 Filles en G1 ; 1 en G2 et 1 en G3)
- PHYS /TECHNOL. : 119 (dont : 1 Fille en G3)
TOTAL : 338

Grand TOTAL pour les 2 SECTIONS : 582 + 338 = **920**

II. ANNEE ACADEMIQUE 1994 – 1995

- SECTION LETTRES & SCIENCES HUMAINES

	G1		G2		G3		L1		L2		TOTAL
	G	F	G	F	G	F	G	F	G	F	
Anglais	22	7	12	6	9	8	5	-	-	6	75
Fran./Lat	12	1	5	1	7	-	-	-	-	-	26
Fran./l.Afr.	49	7	48	9	23	2	13	-	15	3	169
Hist./Sc.nat	33	7	26	3	23	6	7	1	9	-	110
	116	**22**	**91**	**19**	**62**	**16**	**25**	**1**	**30**	**3**	**380**

- SECTIONS SCIENCES EXACTES

1. BIO-CHIM.	37	5	23	2	22	2	91
2. GEO/S. NAT.	12	1	16	-	14	-	33
3. MATHS-PH.	6	-	13	1	33	1	54
4. PHYS.-TEC.	4	-	17	-	21	-	42
	59	**6**	**69**	**3**	**90**	**3**	**230**

TOTAL (pour les 2 SECTIONS) : 380 + 230 = **610**

III. ANNEE ACADEMIQUE 2005 – 2006

Le tableau synthétique ci-dessous nous donne le volume des effectifs à ce point d'arrêt :

OPTION	
LATIN	$G_1 - G_3$
FRANCAIS/LINGUISTIQUE AFR.	$G_1 - L_2$
ANGLAIS	$G_1 - L_2$
AGRO/VETERINAIRE	$G_1 - G_3$
BIO-TEC APPLIQUEES	$G_1 - L_2$
MATH-INFORMATIQUE	$G_1 - L_2$
PHYSIQUE/TECH. APPLIQUEE	$G_1 - L_2$
HISTOIRE	$G_1 - L_2$
ORGANISATION SCOLAIRE	G_2 ————————
GESTION ADMINISTRATIVE	G_1
HOTELLERIE	G_1
SC.COM/ GESTION FINANCIERE	$G_1 - L_2$
GESTION ''SOIR''	$G_1 - G_4$
GRADUAT SPECIAL	…………………… ……………..

Et les effectifs à actualiser en ce jour, seraient de l'ordre de 800.

Nous constatons que depuis 1986 à ce jour, les effectifs des Cadres pédagogues vont « décroissant » ; il y a donc lieu que les « Animateurs » en la matière y veillent afin que l'avenir des enfants de nos contrées ne soit compromis ! En effet, il faut arriver à faire aimer la carrière d'Enseignant au Primaire comme au Secondaire (qui sont de véritables bases), par des conditions alléchantes. Il faut remercier ceux qui se disqualifient par l'incompétence (et ne pas les laisser s'y accrocher !). Il faut dénicher les cumulards (ceux qui sont et, au Supérieur et, au Secondaire, parce qu'essoufflés à cause de ce ''cumul'' journalier, leur rendement est médiocre).

En outre, puissent nos futures mandataires qui sortiront des prochaines législatives (tant nationales que provinciales, et que nous souhaiterions être de véritables et des mandataires responsables, se mettre en tête et/ou inscrire chacun à son agenda comme entre autres dossiers : les dossiers ISP et ISDR. Oui, il a été construit un ISP dans d'autres Villes sauf par hasard à Kananga !... Ici, il n'a pu être érigé qu'un baraquement de fortune dit « Bâtiment de Licence », sur l'Avenue Uvira, à côté de la « Mini-Foire » ou « Kermesse » (un terrain INSS) ; et un autre aussi modique que le premier, servant lui de Cabinet du D.G. au bas de l'imposant immeuble (du Secondaire) qu'occupe l'« ISP » à Kelekele !... Mais soit, ces deux « bâtisses » auxquelles s'ajoutent la résidence du D.G. au croisement des Avenues Uvira et Muhona, une maison sur l'Avenue Gécamines et un bloc d'Appartements à Bianchi, pour Professeurs, sont à verser au patrimoine de l'Institution.

A vous donc nos frères Mandataires de demain — *nuenu bâlua Bakuidi ba ditunga makelela ; nuenu bâlua Batuakuidi betu, bâsomba mu nkuasa ku meyi ne tutshi tuetu tunuelela* — un défi vous est lancé !... Faites construire un ISP (qui occupe jusque-là les Immeubles de Secondaire) ainsi que d'autres bâtiments publics. Cela augmentera numériquement les infrastructures de la Province et décongestionnera la Ville… Il y a de l'espace, et la Ville connaîtra une expansion…

Une ordonnance présidentielle de fin 2015 donnait une nouvelle mise en place à l'ISP/Kga :

Professeur **Nyoka Mozart** : DG (il a remplacé le Pr Abbé P. **Tshimbombo** mis en retraite) ; Pr Kanku Tubenzele : Sec/Académique ; l'Abbé Loko : Sec/Administratif et C.T. Thérèse Mulumba : Administrateur du Budget.

- **1981** (toujours) : L'Archidiocèse de Kananga créée en cette année, l'Institut Supérieur des Sciences Religieuses (**ISSR** en sigle), en vue de renforcer les capacités des « Pasteurs » et/ou « Bergers » dits (les) (*Bakulu* (= Anciens), (des) *Balami* ou « Commis catéchistes »…

Cet Institut est situé entre le couvent des Frères de St Joseph (après le Centre ''Jukayi'') et Thabor, ou juste en face de l'Eglise Ste Famille. L'Abbé Gustave Tshilumba *Washara* en est présentement le Recteur (après les Abbés Lambert Museka, Bruno Kabemba et Mgr Lufuta Mujanyi)...

Nous avons vu qu'après 1960, la formation des « Agronomes » congolais, qui était jusque-là dispensée à Kamponde, a pu reprendre à Tshibashi, non loin du CNNP/Katuambi... et ce, depuis 1961... Un peu après, cette E.A.A. (Ecole d'Assistants Agricoles) deviendra l'I.T.A. (Institut Technique Agricole) ; le Père G. Vanneste en fut le principal animateur épaulé par l'Abbé P. Tshimbombo.

Le manque, la précarité, la pénurie des protéines tant d'origine animale que végétale qui a prévalu dans les temps d'après 60, amenèrent Mgr Bakole, le P. Vanneste et leurs collaborateurs de près et de loin[675], à entreprendre des recherches et analyses, afin d'apporter secours aux mamans enceintes, aux bébés et enfants ''kwashiorkors'', voire même aux adultes en mal de protéines. Les chenilles telles les ''*mansamba*'' furent retenues comme source de protéines (comme le sont les insectes, larves, viande de bétail et volaille), mais le soja se démarqua : sa culture étant facile à maîtriser et sa moisson s'étant avérée abondante.

C'est ainsi que plus tard « BISOKA », une usine de fabrication de biscuits à base de soya sera implantée par l'Archidiocèse de Kananga à Ntambwe St Bernard — à 12 Km du Centre-ville. Durant les années quatre-vingt, cette usine aura fait parler d'elle. Les attentes des promoteurs avaient été là : des biscuits ''Bisoka'' riches en protéines se vendaient tant à Kananga dans chaque coin qu'à l'intérieur, ainsi que la farine de soya aussi très nourrissante, à en croire ce tableau que donne le Père G. Vanneste, sur la composition chimique (en en moyennes comparées) du soya et de la viande (que beaucoup de gens ne savent pas se procurer)[676] :

	SOJA	**VIANDE**
Eau	9,9 %	65 %
Protéines	36,5 %	17,5 %
Lipides	17,5 %	16 %
Extrait non azoté	26,5 %	-
Cellulose	4,3 %	-
Sels minéraux	5,3 %	1,5 %
		100 %

[675] Cfr A. D'HEER, Utilisation du Soya, in R.I.A. Ministère de l'Agriculture, Kinshasa, sept 1967 p. 11, cité par Tshimbombo Mudiba, o. c. p. 288

[676] cf. Tshimbombo Mudiba, o. c. p. 288.

Oui, bien que des jeunes gens sortis de l'I.T.A./Tshibashi soient des techniciens tout faits, prêts pour aller œuvrer sur terrain, beaucoup parmi eux laissaient entrevoir leur désir d'aller plus loin avec leurs études… Alors, Mgr Bakole (prêtre de son état, mais également ''agent de développement'' et ayant compris que pour développer, il faut écourter les distances et réduire ainsi les frais, le(s) coût(s), le temps, etc.), ira initier au début des années 80 (après avoir construit des ponts ici et là pour rapprocher les Missions et Centres Pastoraux, et toujours préoccupé par la problématique « proximité »), la création sur place au Kasayi, à Kananga, d'une « *Ecole Technique Supérieure Agricole* » ; les étudiants (ainsi que leurs parents) y gagneraient. Aussi, cela devait-il cadrer avec l'adage : ***« Ngala muana kébee, keba musa ; musa ku tshibelu tshiebe, keba musa… »***[677]**.**

Cette école ouvrit ses portes dans l'enceinte de l'Institut Technique Agricole de Tshibashi (ITA/Tshibashi) puis deviendra, par l'Ordonnance-loi n° 29/81 du 3 octobre 1981 portant création de l'Institut Supérieur de Développement Rural, l'**ISDR** en sigle. C'est à partir de 1985 que cette nouvelle Institution de l'Etat est transférée de Tshibashi (Zone ou Commune de Lukonga) — mais où (?) s'il vous plaît ? — dans deux des bâtiments du Secondaire de l'ex **Athénée Royal** où évoluait l'ITC/Kananga, qui sont convertis en « Auditoires », ''Direction'' et/ou ''Administration'', et en Home pour Etudiants internes de l'ISDR !...

Ce qui a été dit de l'ISP l'est également pour l'ISDR ; nos mandataires sont priés de suivre le chantier ISDR-Kananga sur le site Ntambwe (Budget alloué et type de consrtuction).

Pour mémoire voici comment se sont succedés les Directeurs Généraux de l'ISDR/Kga :

- Professeur l'Abbé P. Tshimbombo : 1982 – 86
- Professeur Crispin Malu-Bungi : 86 – 90
- Professeur l'Abbé Jos Nshimba : 90 – 91
- Chef de Travaux Nsangu Welo : 91 – 93
- Professeur P. Kande Nkula : 96 – 97
- C.T. Sangu Welo : 97 – 98
- Professeur l'Abbé Modeste Bukasa : 2002 à fin 2015.

---

[677] Cet adage contenu sous forme de mélodie est contenu dans un jeu populaire auquel s'adonnent les enfants la nuit (au clair de la lune) autour d'un cercle et qui consiste à cacher derrière l'un du groupe, à son insu, un objet (un foulard, souvent une noix) pendant que l'on contourne le cercle en courant ; les autres sont tenus de garder la discrétion… Il signifie tout simplement que l'objet à découvrir n'est pas loin de soi, mais juste à côté…
L'Abbé O. Bimwenyi n'a-t-il pas invité l'assistance, en la Salle *Lulua-Film*, à chanter avec lui le '*'Ngala Muana keba musa, musa ku tshibelu tshebe…*'', lors d'une séance académique ayant suivie l'ouverture solennelle de l'Université N.D. du Kasayi (UKA) pour convaincre que nous avons, non loin de chez nous, ici même, une *Alma Mater* ?

Depuis cette date, le Comité de Gestion ISDR se compose comme suit :

DG. : Pr Tshilumbayi Musawu ; Académique : Mérimé Bakalowabu ; Administratif & Financier : Benoît Lupaka.

Retenons que la tâche dévolue à l'ISDR est de former des Techniciens en Développement Rural (TDR du niveau A_1 et A_0 — gradués et licenciés) : des hommes et des femmes capables de collaborer, d'aider à relever les défis, à répondre aux attentes de nos communautés paysannes ou rurales. Pour ce faire, des études théoriques (en Planification régionale, en Organisation sociale, en Gestion des Entreprises, en Administration de développement…) sont complétées par des activités sur terrain… Mais hélas, combien qui, après la formation restent-ils attachés aux problèmes de nos milieux ruraux, voire même à la problématique agro-pastorale que pose l'hinterland de nos centres urbains ?...

Il faudra que le pouvoir (ESU et ministère du Plan), la tutelle de l'ISDR ainsi que l'Inspection Provinciale du Développement Rural [678] arrivent à motiver les jeunes gens tant sur les bancs qu'après les études, de manière à les gagner afin qu'ils trouvent l'engouement à travailler à l'organisation et l'encadrement des masses paysannes. Ce qui amènera à endiguer l'exode rural ou le dépeuplement de nos campagnes. Il s'en suivra un accroissement et une diversification de la production. Et cela contribuera à la réduction de la pauvreté, il y aura amélioration des conditions de vie traduite par : des habitats décents ; l'accès à l'eau potable ; l'accès à l'instruction, aux structures et soins primaires, etc.

— En l'an **2002**, l'Institut Supérieur des Techniques Médicales — **ISTM** en sigle — viendra s'ajouter à la gamme des Instituts Supérieurs. Ce qui a été dit de l'ISP et de l'ISDR l'est également pour l'ISTM (qui a dû d'abord occuper deux ailes du Complexe Hospitalier de Kananga)...

Pour en finir avec les Instituts Supérieurs, nous irons récapituler, sous forme de tableau en chiffrant leur nombre et en les localisant à travers la Province.

[678] Ceux-ci devant être à l'œuvre à travers leurs structures entre autres :
- SG : Services Généraux : administration et relations humaines, gestion financière et du matériel
- EP : Etudes et Planification — DCO : Développement Communautaire (instruire et former les communautés à se prendre en charge) — ECOR : Economie Rurale (utilisation rationnelle des ressources et leur transformation) — GR : Génie Rural (aménagement physique de l'espace : assainissement des sources pour la desserte en eau potable, assainissement des routes de desserte agricole, etc.) — VAR : Vulgarisation et Animation (devant amener la population à préserver l'écologie et accepter les innovations).

N°	FORMATION	Nbre & DESIGNATION	LOCALISATION
1	PEDAGOGIE	3 ISP	Kananga/Ilebo/Tshkapa
2	DEVEL. RURAL	1 ISDR	Kananga
3	TECH. MED.	6 ISTM	Ilebo/Dimbelenge (Katende)/Kananga/Luebo /Tshikapa/Tshimbulu
4	AGRONOMIE	1 I ISEA 1 IFAF	Kamponde Bena Longo
5	COMMERCE	2 ISC	Ilebo Tshikapa
6	DEV. ETED. PERM.	6 CIDEP	Demba/Ilebo/Kananga /Kazumba/Luebo/Mweka
7	OFFICIERS	1 ACADEMIE MIL (en remplacement de l'EFO)	Kananga
8	CONFESSIONNEL.	1 ISSR 2 GRAND-SEMINAIRE 1 IST PENTECOTISTE	Kananga Kabwe (Philo) Malole (Théo) Kananga/Bianchi

Et depuis l'Année Académique 2014 – 2015, l'IBTP avec so DG Antoine Mukeba s'est ajouté à ces Instituts ci-haut cités.

2.5.8.4. L'Université

Ici, nous prendrons en compte cet « avertissement » venu de la part du Professeur Bibombe Muamba. Il l'avait donné lors de l'ouverture de l'Université de Kananga (**UNIKA**), le 2 novembre **1991**. Voici ce qu'il déclara :

« La jeune Université de Kananga […] se veut une Université, pleine, remplissant les conditions de toutes les Universités Officielles et Privées du monde entier. Parmi ces conditions, celle concernant les titres scolaires réglementaires pour le recrutement des étudiants, ainsi que, celle portant sur les Autorités académiques qui doivent avoir au moins le grade de Professeur sont, nous semble-t-il, les pré-requis, nécessaires et suffisants, pour la validité de l'enseignement universitaire. Il est certes vrai que l'enseignement universitaire va de pair avec la recherche scientifique d'où l'importance des outils indispensables de travail comme bibliothèques et laboratoires.

Cependant, ces instruments ne remplacent pas l'enseignement lui-même ni le Professeur qui le dispense ; […] en d'autres termes, les bâtiments les plus beaux, bien équipés en matériels (laboratoires modernes et bibliothèques actualisées dans tous les domaines de la science) mais, sans professeurs les plus qualifiés[679] et sans

[679] Ici, nous en appelons aux cerveaux – fils du Kasayi — imminents professeurs de leur état (et ils sont là), de créer un organe de concertation afin d'assurer un enseignement de qualité à leur '' base''. Nous les exhortons également à ne pas hésiter à solliciter — au nom du partenariat ou synergie — le concours de leurs estimés confrères non natifs, mais qui disposent du savoir, de la qualification et/ou spécialité que les natifs n'ont pas ; la même

étudiants minutieusement sélectionnés, on ne se trouve pas en présence d'un enseignement universitaire, et même pas dans un institut supérieur sérieux et crédible. Et le Pr Bibombe (un des promoteurs de l'UNIKA) ajouta :

Si ces matériels nécessaires ne sont pas réunis avant l'ouverture d'un enseignement universitaire, ils doivent, dans un délai le plus bref, se construire petit à petit, pour qu'à l'issue de la première année tout au moins, ils permettent un début de mise en place »[680]...

UNIKA ayant fonctionné dans les locaux ''ex Rodina'' et ''P.E.K.'' (devenu ''AMIKA'') — au Quartier Tshinsambi (cf. Château-d'Eau, Hôtel Palace, Centre Protestant et autres) — a sorti ses premiers juristes licenciés en Droit dont Me Beya Mukoko, Henri Tshibuabua... en 1996 et puis sombra...

UFI — Université Francophone Internationale de son côté évolua dans la concession de l'Honorable Bapa-Mbanza (co-promoteur), non loin de l'Immeuble de l'Education et Roffe-Congo)... puis sombra également...

UKA, Université Notre-Dame du Kasayi sur la colline de Kambote (via le Collège St Louis) a ouvert ses portes par une année préparation en **1996**. Le G1 en Médecine (unique Faculté...) débuta l'Année académique 1997 – 98 avec 61 étudiants. La première promotion a été à l'honneur le 7 juillet 2005, avec la collation de grades à 12 premiers Docteurs en Médecine dont deux dames :

Diyoyo Mamba Philomène	-	Monamundi B. Esther
Ekanga José	-	Mukendi Clément
Ilunga Marcel	-	Mulatu Jean Jacques
Kapinga Mulume Blaise	-	Pongo Olowa Patrick
Muamba Tshiela Célestin	-	Ngal Ngala
Mbuyi Nicole	-	Tshiasuma Pipo

Nos vives félicitations sont allées à ces lauréats de première heure ainsi qu'à leurs formateurs — les imminents Professeurs et Chefs de Travaux :
Munabe wa Kambala ka Muyaya Patrice (Anatomie, Chirurgie)
Sr Walo (Maths)
Malu Kanku (Méd. Int + Cardiologie)
Mputu Lobota et Malangu Prosper (Biol. Moléculaire + Microbiologie)
Kasende (Chimie)
Beya (Anatomie)
Fuku Fwati (Physique)
Tshitala Donnat (Chirurgie)
Punga (Biologie)
Nday Muenze Claire-voyance (Entomologie)

---

sollicitation de ''l'extérieur'' vaut pour les disciplines maîtrisées par les natifs, mais cela au nom de la complémentarité.

680 Ce fut le schéma suivi entre autres par l'UKA.

Mulumba Thérèse (Psychologie générale)
Pongombo (Physiologie)

Les professeurs Kindiaka, Kadioto, Kayembe, méritent également notre admiration sans oublier l'Abbé Adalbert Nyeme Tese que l'on a vu emboîter le pas aux illustres disparus Luc Gillon et Martin Bakole (dit « bac au lait » par les étudiants dans les années 61 – 66 [681]), premier Recteur de l'UKA, devenu également ''illustre disparu'' (il se repose en paix à Tshumbe dans sa terre natale). C'est l'abbé André Kabasele qui est présentement aux commandes...

Nos remerciements reviennent également à leurs Excellences nos Evêques du Kasayi, pour leur louable initiative de créer au Kasayi une Université de cette trempe ; et enfin à tous les bienfaiteurs dont Mr **Tshikenkula** *Tshikem*, les chefs de terre **Kabamba Kanyuka** et **Kambote** (qui ont bien voulu se déposséder d'une ortion de leur concession) ainsi que ces Structures allemandes de bienfaisance, afin que soit construite l'UKA.

Tant que nous sommes encore sur ce volet des premiers Médecins de l'UKA, nous vous exhortons vous, vieux praticiens, vous leurs nouveaux Confrères ainsi que vous tous leurs Auxiliaires (Assistants, Infirmiers, Aide-accoucheuses et sages-femmes, Garde-malades bref, tout le corps médical), à avoir, en plus des recommandations vous consignées dans le Serment d'**Hippocrate**, les sentiments qu'avait Christ — Christ était « Amour ! ».

La compassion qui animait Christ fut déjà annoncée au temps du prophète Isaïe : « *Il a pris nos infirmités, et il s'est chargé de nos maladies* » (Es 53, 4). Elle est reprise en Mt 8, 17 et nous retrouvons les mêmes prédispositions du Christ dans Psaumes 103, verset 3 à 4 :

« ... *c'est Lui qui pardonne toutes les fautes et qui guérit toutes les maladies... qui te couronne de bienveillance et de compassion* ».

Nous vous exhortons donc de vous appuyer sur Christ, le Médecin par excellence, qui a guéri tout l'homme et qui continue à guérir !... A vous d'opérer, à vous de traiter, et à Lui de guérir ! Nous vous exhortons à ne pas

---

[681] ''bac au lait'' : les étudiants ne manquent pas d'humour (en rapport avec la phonétique du nom Bakole), mais un fait est là : effectivement, le lait coulait sur cette colline dite ''inspirée'' — le Mont Amba — sous forme d'enseignement de qualité, d'administration et de gestion saines, de maintenance suivie, ainsi que sous forme du socioculturel : hébergement aéré, soins médicaux, transports réguliers et confortables, restauration abondante et équilibrée contre des bons ''prépayés'' (vous voyez que l'histoire se répète avec les ''prépayés'' cellulaires), sans oublier l'approvisionnement sur la Colline même en articles vestimentaires, appareils électroménagers (pour étudiants mariés), autres effets et articles de première nécessité, à prix réduits (''académiques'') contre des Bons ou Timbres dits « Micro- Gillon ». Nous parlons de ce que nous avons vécu lors de notre visite sur ce site, lorsque l'oncle Bakole fut Vice-recteur (le tout premier et un Noir) de Lovanium ; il y eut même des fontaines d'eau fraîche à boire dans les coins des restaurants... Ah, « kiaadi ! » comme disent nos frères Bakongo — ce qui se traduit : ''que c'est triste (parce que cela n'est plus) !...

chercher à vous rendre célèbre par des procédés ou initiations occultes, spiritistes. Ces pratiques vous éloignent de Dieu (cf. Dt 18, 10 –13).

Certes, l'achat de la Fiche ; voire même la sortie de celle-ci du classement ; la consultation ; l'intervention et les soins se chiffrent. Nous savons que vos prestations comme celles des Magistrats et des Enseignants ne sont pas honorés comme il se doit ! Et c'est pour cela que ces trois Secteurs ne cessent de monter au créneau, mais de grâce, nous vous exhortons : soyez compatissants. Est-ce impossible ?... Et pourtant quelqu'un l'a fait et s'est fait appeler « *le bon Samaritain* » : ce quelqu'un de la Samarie, compatissant, à l'endroit d'un Juif : Luc 10, 27. Evitez de devenir, de loin ou de près, « auteur » ou « co-auteur » des cas lamentables documentés ici et là : « ''une femme en travail...'' puis ''mort d'homme'' » !

Si des comportements nobles existent — nous l'avons dit plus loin, le cas de notre premier Médecin congolais — vous aussi Dr X et Y (vous) pouvez faire de même. ''La succession Dr Tshibambant'' n'est pas minable, le Seigneur continue à les soutenir, nous en sommes témoins... Nous vous supplions : veuillez privilégier l'intervention...

Ici *tuakubela ''nswa''* (= nous venons de rappeler à l'ordre le corps médical) ; il nous revient d'interpeller l'autre camp dit *''kamonya''*, en ces termes :

Nuenu bienu bana betu wa yaya, le Seigneur Jésus, lui-même le grand compatissant n'a-t-Il pas ordonné à ce lépreux guéri : va te montrer au sacrificateur et présenter une offrande pour ta purification comme Moïse l'a prescrit ? — Luc 5, 13 – 14...

Lekelayi kuikala nuenza malu ku bukole !
Lekelayi kuikala nuya mu londapu bianza bitupu, penu nuenu ne mushindu ! Lekelayi kulowa !
Lekelayi mupongo ! Lekelayi Kuamba lupemba lua mukuenu ne ''ntshipembapemba'' !

Ce qui se traduit : Ne vous obstinez pas à faire le mal. Cessez de vous rendre dans une formation médicale sans frais, mains vides ! Cette façon d'agir c'est comme pour dire que la profession ou la prestation de vos frères et sœurs '' corps soignant'' vient plus bas que votre propre ''job''...

Lekelayi mupongo ! Abandonnez **la sorcellerie ! Lekelayi kabindi** (cette autre forme du négativisme)...

Nous irons terminer avec l'UKA en disant qu'en plus de la Faculté de **Médecine** (à Kananga qui a offert au pays plus de 50 ''Dr en Médecine'' dont certains ont même distingué) et de celle d'**Agronomie** (Campus de Kabinda), l'UKA a ajouté l'**Informatique** (à Kananga) qui elle, a sorti ses premiers licenciés fin 2008 – 2009, **''le Droit''** (ses premiers lauréats, moulés par entre autres les éminents professeurs Bakandeja wa Mpungu,

Mme Josephine Bitota, pauvre Greg Basue et l'Abbé René Kande, sont sortis de l'Année académique 2009 – 2010 ; la troisième promotion a ajouté à ces juristes et à ceux qui les ont suivis des nouvelles unités (2011 – 2012) dont Hermine Mania, fille de l'Auteur ; l'UKA a retenu ceux qui avaient distingué, les autres ont été récupérés par le Barreau de Kananga et les Maisons commerciales à Lubumbashi, à Kinshasa), et dernièrement l'**Economie**.

UPRECO : (Université Presbytérienne au Congo et dédiée à deux Pasteurs américains, Sheppard un Noir et Lapsley), a ouvert ses portes sur le plateau de la Ndesha-Mission début des années 80. L'Institut de Théologie a été son précurseur (en 1978). Deux Facultés y fonctionnent présentement : la Théologie et le Droit.

UNILU : une extension de l'Université de Lubumbashi a fonctionné à Kananga, au Quartier Tshinsambi aussi appelé ''AZDA'' (site appelé par ma génération ''DIFCO'' : un garage qui revendait les véhicules Volkswagen ('' VW'' en sigle) *coccinelles* et *kombis*.

Ce Centre universitaire, pour avoir connu des problèmes dont présence irrégulière voire même absence de professeurs et manque d'auditoires, fermera ses portes, et ses Services (Apparitorat, Rectorat, Facultés…) ont été par la suite récupérés par l'Université de Kananga (UNIKAN). Elle loue une partie des Bâtiments de la RTNC pour ses Auditoires et le Rectorat qui a d'abord fonctionné à l'AZDA (dans la maison qu'a occupée le directeur de l'Interfina, papa Makombo), s'est installé sur l'Avenue colonel Tshiatshi. Nous avons eu l'occasion d'assister à la défense (deuxième Session) du Mémoire d'un finaliste en Sociologie devant le jury composé de l'ancien Recteur **Mulowayi Dibaya**, du Professeur Associé Bien Aimé Kabemba et du Chef des Travaux Renatus Bakenge Kankonde, dans un des locaux de la RTNC, en août 2013. Et à cette gamme vient s'ajouter l'…

U.S.K. : **Université Simon Kimbangu** (chez le Recteur Blaise **Muyoyo Musangu**), sur le site Tshinsambi, qui produira d'ici là ses premiers gradués en Droit.

Pour clôturer avec ce volet « ENSEIGNEMENT », nous apprenons[682] qu'une réforme est à l'étude aux fins de convertir les cycles en vigueur ''GLD'' en ''LMD'' et qu'une proposition de Loi[683] est en gestation, loi devant redéfinir la durée des études primaires — celle-ci pourrait être portée de 6 à 8 ans tandis que celle pour les secondaires se verrait réduite de 6 à 4 ans !...

Si cela cadre avec l'élévation du niveau d'instruction, tant mieux... A notre humble avis, la formation d'un grand nombre de bons pédagogues

---

[682] Cf. Radio Okapi du 01 octobre 2009 ; « …cela au regard du taux d'abandon et du taux de transfert au secondaire… et en vue d'harmoniser ces taux avec l'innovation '' gratuité '' scolaire ».

[683] Initié par le Ministère de l'EPSP

(professeurs du Primaire comme du Secondaire), un budget repensé avec barème ''promo'', voilà aussi une priorité sinon la première. Et prenons en compte cette citation, qui est toujours d'actualité :

« Si le cordonnier fait mal son travail, tous les Athéniens seront mal chaussés. Mais si l'éducateur fait mal le sien, cela conduira la nation à la ruine » — Platon.

Nous en arrivons à d'autres ''Biens Immeubles'' :

2.6. Les télécommunications et l'information

Si l'immeuble des Télécommunications où opère également « *Tshiondo Tshikulumpe* »[684] se défend encore malgré la toiture qui suinte et où a poussé une végétation spontanée (donc que la Colonie n'a pas léguée ensemble avec l'immeuble !), il y a lieu de renouveler les équipements devenus vétustes, pour doter ainsi la Station de Kananga des kits plus performants, à l'instar des Radio TV privées. En effet, il ne faut pas que l'Etat donne une piètre figure. Les « Télécom » disposent même d'un autre grand immeuble sur le plateau dit « Télécom » dans la Commune de la Nganza, qui ne fait qu'accuser des ''manques à gagner''… Aussi, l'OCPT (Office des Postes et des Télécommunications) doit-il se comporter en véritable « tutelle » des Cellulaires ; toute compromission étant à proscrire, il y va de l'intérêt de la Province.

2.7. L'habitat

En plus des maisons d'habitation pour fonctionnaires, léguées par la Colonie, à travers la Ville, Districts et Territoires — principalement dans la Commune de Kananga plus ''Katoka Urbain'' — la Province et/ou la Ville disposent de deux camps dits « Camps Colonie » construits pour loger les commis indigènes de l'Administration publique. L'un se trouve à Kele-Kele le long de l'avenue Lulua sur le site communément appelé « ***pa Batetela*** » ; et l'autre camp est à Katoka III. Certaines de ces maisons de l'Etat seraient passées du patrimoine de l'Etat aux privés : spoliation ou procédure en bonne et due forme (?!). Aux Mandataires d'éclairer l'opinion… Mais ce que nous savons est que, l'Etat (et dans notre cas c'est la Province ou la Ville) n'a pas su réparer ni entretenir ces maisons ; et pire, il n'a pas su ajouter des nouvelles unités à ces vielles — c'est-à-dire — il n'a pas su maintenir ni promouvoir « la politique de l'habitat » qu'avait la Colonie.

---

[684] «Tshiondo Tshikulumpe » : appellation donnée à la RTNC Station de Kananga : 1) Tshiondo : instrument traditionnel de communication, transmission de messages d'un village à l'autre ; seul un initié sait lancer et/ou capter le message, aussi faut-il être initié pour déchiffrer ou décoder ; 2) Tshikulumpe : du mot mukulu c'est-à-dire l'aîné, car cette station de radiodiffusion se trouve être l'aînée (en service) par rapport à KHRT, CMB, NDUDI, RDD, Malandji TV, Radio MARIA et autres

Rappelons-nous qu'il a existé l'Office des Cités Africaines (O.C.A.) ailleurs, et que le « Fonds d'Avance » a fonctionné ici chez nous à Luluabourg[685].

De cette politique de l'habitat, plusieurs ménages ont pu obtenir un logement relativement décent.

L'objectif assigné à ces structures (O.C.A. et Fonds d'Avance) était de faciliter l'obtention d'un ''crédit-logement'' aux Indigènes qui remplissaient certaines conditions[686], car construire seul, sans support, n'était pas facile !...

Ce genre de contrat à remettre en usage doit aller de pair avec des nouveaux lotissements. Et qui dit cela voit l'expansion de la Ville (et pas confiner tout sur ''Batetela''), en respectant les normes urbanistiques. Aussi cela avait-il concouru, au temps colonial, à résorber le chômage, car maçons et aide-maçons, charpentiers et menuisiers, camionneurs et aide-chauffeurs, mécaniciens, peintres, etc. y trouvaient leur compte. Notons que si l'Etat ne facilite plus l'acquisition de logement et autres biens d'équipement et que les individus continuent à chercher à s'en procurer par tous les moyens, comment entend-on en finir avec la tricherie, le vol, la fraude, l'érosion financière, les détournements?...

[685] Le Fond d'Avance a fonctionné dans le Bâtiment qui est présentement la Brigade de la Police Routière, au coin des Av. Kasa-Vuvu (alors Grande Corniche) et Kinkole (ex-commandant Chaltin). Cette structure a laissé ses empreintes tant au chef-lieu de la Province qu'à l'intérieur, cf. Tshimbulu, Dibaya, Mweka, Ilebo etc.

[686] Le Père de l'auteur fut parmi eux qui avaient pu bénéficier de ce prêt en 1956 (pour notre ancien toit paternel à Kelekele, sur l'avenue Albertville).

Voici un modèle de contrat ou ‘’ convention’’ « Fonds d’Avance ».

Dossier N° 1193

FONDS D’AVANCE
PRETS AUX INDIGENES POUR CONSTRUCTION
CONVENTION

Entre le Centre Extra-Coutumier représenté par le chef de Centre *Beya Barthélemy*

Et Monsieur *Katompua Jean* d’autre part Immatriculé – non immatriculé

Il a été convenu :

Article premier :
Le Centre Extra-Coutumier de Luluabourg consent à Monsieur Katompua Jean un prêt de : *Cinquante Quatre Mille Francs*.- pour se construire – pour aménager – une habitation en matériaux durable

Article deuxième :

Monsieur *KATOMPUA JEAN* remboursera cette somme de *: CINQUANTE QUATRE MILLE FRANCS* dans un délai : 15 ans

Article troisième
Ce prêt sera productif d’un intérêt de… 3% l’an au profit du Centre-Extra Coutumier de Luluabourg.

Article quatrième :
La construction de l’habitation à l’aide des Fonds, sera faite par un entrepreneur européen-congolais.

Article cinquième
Les fonds empruntés ne seront en aucun cas remis à l’emprunteur lui-même, mais payés à l’entrepreneur au fur et à mesure de l’achèvement des travaux et ce après Expertise par un membre du Service des Travaux Publics.

Article sixième
En cas de contestation, la juridiction compétente tranchera sur la base du Droit écrit.
La présente convention prend cours 31/10/19 56
Ainsi fait en deux exemplaires à Luluabourg, le 31/10/1956.

Pour le Centre Extra-Coutumier,

Le Bénéficiaire,

Le Chef de Centre,
(Imp. Houssa – Dupont Luluabourg)

Notez que lors de la remise de l’ouvrage — clés sur portes — il était dressé par le Centre-Extra-Coutumier un PV de Constat reprenant le nom du Béneficiaire, celui de l’Entrepreneur, la date du début des travaux, le nombre des jours de retard (si pas c'était ''*néant*'') et éventuellement le constat suivant : *« Maison terminée sans remarque suivant plan et devis en annexe au dossier ».* Aussi, le bénéficiaire signait-il '*'reconnais avoir réceptionné la maison complètement achevée et renonce à toutes réclamations non fondées concernant cette maison''*. Voilà la culture à faire renaître…

Chapitre III
Les ressources financières

Pour que la province tourne, il faut qu'elle couvre ses besoins en finances et, pour ce faire, ses Services spécialisés (Régies Financières), Entreprises paraétatiques, Maisons commerciales et autres Contribuables doivent lui procurer des liquidités ou sommes d'argent, qu'elle affectera aux diverses dépenses tant déjà budgétisées que celles ponctuelles.

1. Les régies financières

1.1. DGDA (ex OFIDA)

Notons d'emblée que cette Direction Générale des Douanes et Accises, à l'instar des autres, se trouve à Kinshasa, mais il a été implantée une antenne de cette Direction dans chaque chef-lieu de province. Ici à Kananga, quant on voit ces bâtiments qui abritent cette composante du Ministère des Finances on sent que là, il y a encore lieu de lire la culture de la maintenance (bâtiments bien tenus, propres)… Aussi, n'allez pas dire que c'est parce que là à la ''DOUANE'' — juste derrière la Gare SNCC et en diagonale avec la RTNC — *« badi mua kupanga nfranga ? »,* c'est-à-dire « là à la Douane, peuvent-ils manquer de l'argent ? ». Non, d'ailleurs, ce qu'on y encaisse doit être moins que ce qui est escompté — (que ce qui leur est assigné, car là on parle en termes d' « Assignations ») — étant donné que ce que KANANGA s'attend à percevoir est déjà perçu par la Douane d'une autre province — cf. les impositions et autres pénalités dont les opérateurs économiques de nos contrées du Kasayi sont sommés de payer, avant de voir leurs wagons cheminer chez nous.

Kabasele *Mutshima wa Biuma*, Président honoraire de la F.E.C./Kasaï-Occidental — il a quitté cette terre des hommes en décembre 2014 — est l'un des opérateurs vexés par cette pratique. Et il n'a pas caché de nous livrer qu'il a écopé quelques jours de détention là-dessus, comme si **Kananga** et/ou le **KASAÏ** sont moins « Etat » que le **Katanga** !... Voici un dossier parmi tant d'autres, qui invite nos Mandataires de monter au créneau !... KANANGA n'est-il pas dans le besoin de maximiser aussi ses recettes ? Il y va de la viabilité de la Province. Et il faut à la Province d'autres ouvertures…

1.2. DGI, DGRAD, DGR KOC

1.2.1. La DGI

La Direction Générale des Impôts à Kananga (anciennement ''La Direction Provinciale des Contributions'') fonctionne au coin des avenues Kasa-Vubu et 20 mai. Ici comme à Kinshasa, on parle un même langage : « impôts [687]; assignations ; maximisation, déclaration ; perception ; contribuables ; fisc ; vérification ; fraude ; érosion fiscale ; recouvrement ; assiette ; fiscalité ; base du calcul », assujettis, coulage des recettes, etc.

A voir le Bâtiment et les Annexes qui abritent ses divers Services, on ne lui reconnaîtrait pas le rôle lui assigné de « grand générateur des recettes !... « L'habit fait le moine » a-t-on changé… Et toujours à son propos, que dire lorsqu'une Régie financière (composante du Trésor), devient locataire des contribuables ici et là à travers la Ville ?... Cette situation de fait ou l'agir du '' locataire'' (DGI) peut s'expliquer par son souci de s'approcher des contribuables (ce qui n'est pas mal : ceux-ci ayant de moins en moins la culture d'aller d'eux-mêmes devant les guichets pour s'acquitter, voire même pas !)... Et que dire également lorsque les préposés sensés œuvrer à renflouer le Trésor, s'adonneraient à sous-alimenter celui-ci par des subtilisations et autres manœuvres de complaisance profitables à eux ainsi qu'aux contribuables devenus ''leurs clients'' ou ''protégés'' ?...

Ici, le changement de mentalité s'impose également là-dessus !... Nous exhortons chaque Préposé à faire une relecture de la déontologie et de faire sienne l'éthique en la matière. Et l'exemple doit venir d'en haut. Que les plus hauts (Magistrats ; Elus du peuple…) ne couvrent ni ne protègent ! Que l'exercice du commerce leur soit défendu ! Que des dossiers disciplinaires soient ouverts ! Que ceux qui exercent cette activité en leurs lieu et place et sous leur parapluie soient tenus à l'œil !...

Puisse cette Régie (qui va être délocalisée, apprend-on, vers le boulevard Lumumba — à côté de l'Immokasaï — où elle sera abritée dans un ''bel immeuble'' (modernité exige !) et portera le nom de **''Centre des Impôts''**, apporter un plus à la préoccupation de la Province ?...

1.2.2. DGRAD

La Direction Générale des Recettes Administratives et Domaniales, elle est en service, depuis sa création (récente) dans une ex-maison d'habitation de l'Etat, en face de la DGM (Direction Générale de Migration), non loin du rond-point Immokasaï. Ce qui est dit de la DGI, l'est également pour la DGRAD ainsi que pour la DGR - Koc.

---

[687] Impôt : du latin *impositum* (du verbe ''*imponere*'') qui signifie « prélèvement obligatoire, opéré par l'Etat et les entités locales afin de subvenir aux charges publiques.

1.2.3. DGRKOC

La Direction Générale des Recettes du Kasaï-Occidental /non encore démembré (anciennement Brigade de Mobilisation des Recettes, sous le gouverneur Kapuku) fonctionne aux coins des avenues Muhona et Dibanda, toujours dans la Commune de Kananga.

2. Les marchés

2.1. Le marché urbain

Ce marché appelé d'abord ''Marché Couvert'' et présentement « Marché Central » se situe à Kele Kele dans la Commune de Katoka. Il a été construit dans les années 57 – 58, lorsque la Ville de Kananga comptait à peine 100.000 habitants (présentement la population est est estimée à plus d'un million d'habitants). Une réfection interviendra en 2005 — donc, plus de cinquante années après — et grâce à un appui tiers, nous avons cité l'USAID[688]. Ici, est-il nécessaire qu'il faille faire remarquer que si cette enveloppe [689] avait été entièrement libérée et judicieusement utilisée cela aurait conduit à la remise en état des lieux avec plus de satisfaction ?...

Allons noter que si le dessus des pavillons a pu être reconditionné, mieux remodelé en lui donnant le profil de toitures à charpente en bois et tôlées, il était plus que temps en effet, quand on se rappelle qu'à la réception de l'ouvrage, les pavillons étaient couverts de béton. Et celui-ci a fini par céder, vu que le revêtement (enduits pour étanchéité) n'avait pas été renouvelé durant des décennies. (Ah cette culture de maintenance qui nous fait défaut !).

Par la suite, des affaissements et fissurations ont mis à nu les hourdis et/ou armatures, et les mamans marchandes, boutiquiers, clients, personnels du marché, visiteurs et autres « *chêgue* »[690] vivaient sous un danger dont ils ignoraient le jour de ses exploits… Mais si Dieu veille sur ses créatures, il ne faut abuser de Lui, chacun doit faire son job… Et dire que ce marché est l'un des principaux générateurs de recettes pour la contrée !...

Il y a également lieu de signaler que si le hall pour produits d'abattage (viande de bœuf, porc, chèvre) et autres vivres frais (poisson dit '' *mpiodi* '', poulets…) communément appelé *« Mu bena ngombe »* ou encore *« mu bena minyinyi »,* offre encore des conditions hygiéniques (cf. le carrelage des murs et comptoirs comme ce fut le cas au temps de l'inauguration en 1958 et

688 USAID : Traduit de l'anglais : Aide des Etats-Unis au Développement. Cette antenne est présentement entre les mains de IRC (*International Rescuee Comitee*)

689 Le projet avait retenu 62.413 dollars, dont 15.000 ''contribution gouvernorat''…

690 Chêgue : vocale pour designer l'ensemble des enfants en rupture de famille et/ou en conflit avec la Loi, anciennement dits ''orphelins'', ''désœuvrés'', ''*enfants de la rue*'', ''*enfants dans la rue*'', etc..

quelques années plus tard), si ce hall assez baigné de luminosité grâce à une demi-douzaine de tôles translucides et que si certaines aires d'étalage et allées ont vu leurs surfaces revêtues de béton et/ou bitume, hélas, la culture de l'usage des latrines publiques manque !... Et les égouts, canalisations et autres avaloirs ne sont pas curés.

Il y a aussi lieu de signaler cette inquiétude : au centre-même de ce Marché dit aussi « *Mu Tshisalu Tshinene* », s'il y a danger un jour (bagarres sanglantes, incendie et autre impulsion bizarre), il ne pourra être facile d'éjecter dehors toutes ces vies humaines, 3 à 4.000 personnes qui y fourmillent. D'où il faut réaménager les issues ou dégagements en place, déjà obstrués et, par des étalages encombrants (donnant même directement sur une réserve importante des inflammables bien qu'en sous-terrain), et par ce bâtiment massif, et sans goût, érigé au cœur-même de ce Marché, qui est venu enlever à l'ouvrage toute son esthétique lui imprimée par l'Architecte italien De Rubeis, en 1958, et qui de surcroît, empêche la ventilation du site. (D'ici-là, Kananga accusera certainement une croissance démographique !)...

Notons qu'en vue de décongestionner ce Marché, une solution en son temps avait été trouvée en accordant aux exploitants, des lopins de terre qui ont formé le contour de l'enceinte de ce que fut le Stade « Nkashama »[691]. Le Commissaire Sous-Régional Urbain (c'est de cette manière que l'on désignait le premier Bourgmestre et/ou un Commissaire de District sous la deuxième République). **Gangale Nze Sikulu** (1977 – 1979) en avait fait la proposition ; le Conseil de ville l'adopta, l'Arrêté du Gouverneur de Province n° 605. 4 /0015 du 22 août 1985 l'approuva… L'acquisition de ces lopins de terre ainsi que la jouissance (exploitation des boutiques, pharmacies et dépôts qui ont été d'ailleurs érigés sans goût) ont été assorties d'une convention entre les bénéficiaires et l'Autorité urbaine d'alors **Emile Bongeli** notamment : non-paiement du loyer pendant 10 ans avant de redevenir propriété de la Ville… La suite nous l'ignorons… Nous irons même proposer le remodèlement, par voie de soumissions (cahiers des charges), de ces deux Marchés…

2.2. Les marchés de commune et/ou de quartier

Un seul complexe bien qu'aux dimensions trois fois moins que le Marché Central a été construit par l'Etat ; une impulsion de Daniel **Munguya**, Gouverneur de Province d'alors. Il s'agit du Marché « ***Salongo*** » à Kananga II. (un marché qui donne l'impression de mieux tourner en fin des après-midi surtout entre 17 heures et 20 heures et à l'extérieur du complexe). C'est le

[691] du nom d'un ancien 1er Bourgmestre Nkashama Thomas (de 1962 à 1964) et qui fut également un des meilleurs arbitres de football. Ce Stade s'écroula complètement, suite à un orage sans précédent qui s'abattit sur la Ville en 1975.

produit d'une Braderie organisée en juillet 1971 sur le terrain de l'Hôtel de Ville, qui permit de financer la construction de ce Marché.

Le même Gouverneur aura laissé d'autres griffes : la construction des bâtiments ayant abrité l'ancien Siège communal de Lukonga plus une Maternité devenue l'actuel Centre de Santé Tudikolele ! Mais voilà, aucune Avenue ne lui a été dédiée au centre-ville ; Paul Pogge, Mgr Bakole et Tshiongo mêmement… alors que nous ne retrouvons aucun souvenir ou acquis légué par le cabinet Muhona… Monguya Mbenge a également un autre acquis à inscrire à son actif : l'élargissement du tronçon de route entre le Lycée de Kelekele et le Grand Marché sur l'Avenue Lulua qui est un tronçon de la Nationale N°1, plus celui entre l'Avenue Kamuandu et Kabwe devant la Maison Communale de la Ndesha. Et vous savez à combien revient 1 m^2 de route bitumée ; donc ce n'est pas impossible, c'est la volonté qui manque… En plus de cela, il a construit 2 maisons d'habitation pour les fonctionnaires sur une ruelle dite ''Av. Bakole'', au Quartier Mobutu, à Kananga II.

En dehors de ce Marché **Salongo**, il existe dans chaque Commune, des petits Marchés (du Quartier) aux stands de fortune, mais qui dépannent les résidents ne sachant arriver à Kelekele et/ou voulant s'approvisionner promptement ('' *un temps*'' comme on le dit ces jours-ci) :

- **Lukonga** en a 2 : un à **Dibambe** et un autre entre le Couvent des Sœurs de St Vincent de Paul et le Centre de Santé, et un autre à l'Abattoir ;
- **Kananga** en a 7 : un à **Tshiamba-N'diba** (et en durables, inauguré en octobre 2013 par le Maire de la Ville, Mme Dr Kapinga Tshibuyi) ; un à **Kamayi (''Douane'' ou ''Athénée'')** ; un à **Kamayi St Alphonse** ; un à **Bianchi** (devant la Paroisse Saints Pierre et Paul) ; un à Tshinsambi (à côté du Centre Protestant ou devant Hôtel Palace) et enfin un à **Muamba-Mbuyi** ;
- **Ndesha** : 1 à côté de la Maison Communale ;
- **Nganza** : 1 à côté de la Maison Communale ;
- **Katoka :** 3 — un à côté de l'Eglise **St Jean Katoka II** ; un en face de l'Ecole Technique ; le marché dit « ***Tshinseleka*** » (qui ne se tient qu'entre 17 h 00 et 18 h 00, il est très célèbre pour le poisson frais de la Lulua et autre gibier frais) ; et un à **Kapanda**.

3. L'abattoir public

Entre le Grand Marché et le « Marché Nkashama » s'ouvre une artère partant de l'Avenue Lulua vers la droite et c'est la longue avenue communément appelée « *Route Ilebo* ».

Celle-ci passe par la façade postérieure de la Maison Communale de la Ndesha et devant la « Cathédrale protestante », puis descend et décrit un grand arc qui sera rejoint par une autre grande artère — l'Avenue de la

Révolution (ex Av. Roi Baudouin) venant de la Commune de Katoka et traversant tout Ndesha, pour remonter en se déployant en un petit boulevard, devant le Siège communal de Lukonga. Après la « Commune » et la Paroisse St Paul de Lukonga, la route descendra pour traverser le rail et la Tshibashi ; et les deux voies — routes et rail — ont ensemble Ilebo comme point de chute.

Mais un peu après avoir dépassé la Cathédrale protestante, cette route a ouvert une bretelle à sa droite, laquelle, ayant traversé notre rail vers Ilebo, vous conduit sur le site de l'**Abattoir Public,** autour duquel toute une agglomération s'est articulée avec l'arrivée de la première vague des « Refoulés du Katanga » en 1961), entité qui porte depuis, le nom de « **Abattoir** », mais prononcé communément « ***ambattoire*** » (et il est très difficile de faire revenir la population à la correcte prononciation). Dans cette infrastructure technique léguée par la Colonie — hangars, couloirs, hall d'abattage, laboratoire et bureaux — les bêtes y sont de moins en moins abattues, car la viande de bœuf se vend chèrement à Kananga, et les « invendus » posant (le) problème de conservation… Aussi, les quelques bêtes y abattues sont-elles disséquées à même le sol, les équipements à cet effet s'étant volatilisés !... Puissent les opérateurs économiques et la Province composer pour viabiliser et rentabiliser cette unité de production…

4. Le stade de football & le stadium

La Ville de Kananga perdit son Stade — le Stade ''Nkashama'' — suite à un orage qui l'écroula en 1975… Heureusement qu'un peu avant, en 1972, un stade légèrement plus grand que le premier — œuvre de « *Mumpère* **Kabata** » — recevait déjà les équipes juniores… Notez que ce Stade, de plus ou moins 25.000 spectateurs (dans la localité **Kapanda**, Commune de Katoka) serait passé de l'Archidiocèse de Kananga à l'Etat depuis 1973. En outre ce Stade présentement appelé « Stade des Jeunes », mais que nous aimerions voir être baptisé '' *Stade* ***Père Kabata*** '' — nous l'avons dit plus haut — ne fait qu'être l'objet des dépenses : presque tout Gouverneur ; le Chef de Division des Sports ; les Comités AFKANA et autres, chacun voulant s'illustrer par une intervention en vue de la remise en état ou aménagement des lieux, alors que les recettes devraient en être le partenaire de premier ordre !...

Et nous irons également signaler que les Sports et le Football en particulier étant devenus une industrie multisectorielle, Mairie, architectes ou constructeurs des Stades, fédérations, équipes et/ou clubs, athlètes et maisons d'équipements (dont sièges, latrines, douches, équipements électriques, équipements sportifs, pelouse synthétique et autres produits d'entretien…) sans oublier les transporteurs, hôteliers et restaurateurs, y trouvent chacun son compte, une raison de plus pour s'y impliquer… Faut-il rappeler qu'en 1964, une première pierre a été posée par le président **Joseph Kasa-Vubu**, pour la construction d'un Stade sur le site dit « *Tshinseleka* » ... et depuis ?!...

Que le Stade des Martyrs, cet ouvrage du génie chinois soit construit dans la capitale, c'est normal ; « à tout seigneur tout honneur », c'est la capitale. Cependant, nous demandons à nos mandataires d'initier et de soutenir le projet de construction d'un Stade à l'instar de celui de la Kenya à Lubumbashi. Pourquoi un tel Stade à Kananga ? Parce que **Kananga** est au centre du pays — nous n'avons cessé de le dire. En effet, Kananga est à 800 km à vol d'oiseau de la capitale ainsi que de presque tous les autres chefs-lieux de province. (Mbuji-Mayi est en voie d'obtenir son Stade, ce qui n'est pas mal... ''l'abondance ne nuit pas'')...

Mais une telle occasion permettra ainsi aux spectateurs qui veulent vivre l'ambiance du match en étant sur place au Stade de ne pas s'inquiéter, de ne pas se demander comment quitter Lubumbashi pour un match à Kinshasa, si loin ; comment quitter Mbuji-Mayi, comment quitter Tshikapa, Demba, Muene-Ditu, Goma, Bukavu, etc., pour assister à des compétitions se déroulant toujours à Kinshasa ?... Donner ainsi l'occasion aux spectateurs de l'arrière-pays de vivre de grandes compétitions, voilà de quoi aussi promouvoir l'unité nationale !... Et pour ce faire, il y a lieu d'y aller méthodiquement :

- proposition de deux et/ou trois sites suivie d'une levée d'option ;
- créer un ou deux nouveaux lotissements afin de reclasser en premier ordre ceux qui auront été dépossédés de leurs habitations et aux conditions à définir ;
- cartographier (vues, levées topo, localisation et quadrillage du site en fonction des dimensions du Stade et ses accessoires)...

Afin d'aider les ''décideurs'' qui statueront là-dessus, nous leur faisons d'ores et déjà cette proposition : le site « Camp SNCZ ». En effet, ce camp se trouve être au centre des agglomérations présentes et futures (car la ville est en train de s'étendre). En outre, dans ce camp, une centaine de maisonnettes (les unes à deux et les autres à trois pièces) y ont été construites depuis mi-1940 et sont présentement fatiguées d'exister à cause de l'usure très avancée. Dans les années 80, une vingtaine de maisons style jumelée y a vu le jour et ce site compte en plus un petit Hôpital d'environ 80 lits, deux blocs de salles de classe, une cantine, un cercle d'agrément, un espace de fortune pour football (afin de recréer le Personnel d'exécution). Or depuis plus de trois ans, la Compagnie — mieux ''l'Employeur''— incriminée par son Personnel (d'Exécution, de Maîtrise et ses Cadres) pour ne l'avoir pas rémunéré (la SNCC aurait à sa charge plusieurs dizaines des mois d'arriérés) a jugé bon d'apurer ou de ''solder'' ces redevances en se dépossédant, en amputant son patrimoine, avec bien sûr la bénédiction de l'autorité de tutelle (avons-nous appris), donc une compensation...

Vu que presque la moitié des bénéficiaires de ces habitations (ceux qui y ont résidé comme personnel logé) se sont expropriés en vendant aux tiers leur ''compensation'' (et l'on est ainsi allé d'expropriation en expropriation), nous proposons que l'Autorité, avec le concours de ses services compétents, s'attelle à cet exercice d'expropriation, au nom de l'intérêt public, et en tenant compte d'un dédommagement équitable.

Et avant de passer au point suivant, nous irons exhorter l'autorité de parachever le ''Stadium de l'Espoir'', car ouvrage non achevé !...

5. Le tourisme

Nous retiendrons ici d'emblée qu'il est dédié la date du 27 septembre de chaque année au Tourisme. Et celui-ci, de par les activités qu'il couvre, est devenu une « industrie ». L'hôtellerie, les villégiatures, les compagnies aériennes, les chemins de fer, les agences de voyages et bien d'autres prestataires de services sont de véritables engrenages qui, en s'emboîtant, génèrent des masses d'argent. D'où nous irons exhorter l'exécutif provincial, la Ville et nos mandataires à travailler en partenariat, afin de promouvoir cette branche d'activités de développement chez nous, en rentabilisant les sites existants et en aménageant les nouveaux. Pour ce faire, quelques préalables doivent être satisfaits, entre autres : remise en état des routes ou voies d'accès aux sites ; contacts avec les investisseurs en la matière ; présentation des projets et/ou propositions concrètes ; octroi des sites aux conditions attrayantes et exonération des matériaux et équipements nécessaires à la mise sur pied des infrastructures d'accueil et/ou d'hébergement, formation des Préposés en nos Aéroports et Garesà la courtoisie et éthique, etc.

En outre, le Tourisme, un des volets de la culture occidentale, créera chez nous des emplois dans la maintenance des voies d'accès et des sites ; le transport ; l'hôtellerie ; etc. (Retenez que le Tourisme offre **400 000 emplois en Tunisie,** et ce, en dépit de l'attentat de triste mémoire qu'a connu le Musée ''Bardo'' en mars dernier). Et de petites et moyennes entreprises verront ainsi le jour tant sur le parcours que sur les sites : les touristes consommeront nourriture et boisson de la place et le reste de leur bourse se videra aux objets d'art et en art de nos contrées ou autres qu'ils emporteront comme souvenirs, etc.

Aussi, le Tourisme a-t-il ce mérite de contribuer à sauver nos paysages et ce qu'ils contiennent comme flore et faune, l'écosystème se voulant être préservé. Francesco Frangialli [692] n'a-t-il pas dit, lors d'une conférence au Moyen-Orient que : « Le Tourisme et la paix sont inséparables. Les forces que le tourisme met en œuvre et incarne sont si puissantes qu'elles ont la

[692] Francesco Frangialli : Secrétaire général de l'OMT cité par Réveillez-vous ! du 22 août 2005 p. 3.

capacité de faire bouger des institutions que l'on croyait figées, d'opérer des rapprochements que l'on estimait hors de portée » ?...

Oui, n'est-il pas un grand plaisir lorsqu'on a l'occasion de voyager... et surtout de voyager pour admirer, contempler des beautés et d'autres charmes qui sont ailleurs que chez soi !... En effet, la terre, où que vous soyez, vous offrira constamment des spectacles ; crépuscules diaprés, cieux constellés et scintillants, paysages, flore et faune d'une variété infinie, lacs romantiques, chutes merveilleuses, etc. Et au-delà de tout cet enchantement, il y a rencontre avec des gens d'une culture différente de la vôtre ; c'est l'altérité, les préjugés tombent et l'on admettra les autres tels qu'ils sont — il y aura tolérance mutuelle — et les liens d'amitié se noueront.

Cependant : **Prudence exige !** L'aisance qu'affichent les Occidentaux en visite dans les pays en développement, l'aisance qui se lit à travers les équipements de confort dont ils disposent, éveille les convoitises. Des autochtones aimeraient posséder aussi ces articles, mais ils ne peuvent se les procurer. Un : faute de bourse et deux : certains vêtements que portent ces étrangers scandalisent et/ou portent atteinte aux us et coutumes de la place. Ici nous paraphraserons James Mak[693] qui aura fait remarquer que *« l'expansion du Tourisme peut mener à la perte d'identité culturelle [...] et créer dans des sociétés traditionnelles des heurts »*.

En rapport avec cela, l'on notera que certains touristes se croient tout permis et font des choses qu'ils ne feraient pas s'ils étaient chez eux avec leurs familles et leurs amis. L'immoralité de ces gens-là pose problème. James Mak aura ajouté que *« le monde s'inquiète de plus en plus des effets du Tourisme sur la prostitution infantile. En 2004, l'Agence de presse CNN rapportait : '' Des estimations fiables font état de 16.000 à 20.0000 enfants victimes de prédateurs sexuels au Mexique, principalement dans les zones frontalières urbaines et touristiques '' »*[694].

D'autres inquiétudes se signalent faisant état de l'extinction de certaines espèces pourtant rares de par leur espèce et surtout de par la prédation, et suite aux actes que revendique le terrorisme (cas de fusillade au Musée du Bardo à Tunis en mars dernier), ce phénomène empêcherait de nombreux touristes de découvrir certains sites qu'ils souhaiteraient visiter. Aussi, sur le plan environnemental, le Tourisme pose-t-il problème : il pollue — selon une évaluation du PNUD — à raison de 1 kg d'ordures par jour et par touriste, et qu'il faut gérer[695] !

Toutefois, si « Tourisme » est ''générateur de recettes'', on nous fait voir que la plus grande partie des capitaux retourne aux nations développées via les voyagistes et les hébergements gérés par des étrangers — cf. la Banque

---

[693] James Mak, auteur de « Le tourisme et l'économie (angl.), in ''*Réveillez-vous* !'' du 22 août 2005 pp. 8

[694] Cf. idem

[695] cf. ''*Réveillez-vous*'' du 22 août 2005 p. 7.

Mondiale, citée par « *Réveillez-vous !* », o. c., p. 8 — et que les pays d'accueil ne voient tomber dans leur escarcelle que ce qui reste... D'où y veiller, pour tirer le drap de notre côté !

5.1. Quelques sites touristiques de la province

5.1.1. Sites Naturels

- les rapides ou Chutes **Mbombo**, à Tshibambula, sur la Lulua (à 34 km du centre-ville de Kananga, via Tshikaji, ou à 11 km via Nganza St Thérèse) ;
- les Chutes **Katende** (à 80 km de Kananga), sur la Lulua, via Kabwe (Territoire de Kazumba) ou via Bunkonde (Territoire de Dibaya) ;
- Lac **Munkamba**, dans le Territoire de Dimbelenge (à 90 km de Kananga via Muamba Mbuyi, sur la Nationale n°1 vers Muji-Mayi...) — d'ici là : construction d'un hôtel de luxe, avec une salle de conférences... à suivre ;
- Lac **Fwa**, situé à 167 km, à Bana baa Ntumba, dans le Territoire de Dimbelenge ;
- Lac **Tukombe**, à 700 km de Kananga, dans le Territoire de Dekese ;
- Le Parc de la **Salonga**, à 680 km de Kananga, dans le Territoire de Dekese ;
- La Réserve de chasse de **Mubinza** ;
- La traversée de **Nsanga-Nyembwe**, sur la Lulua à 8 km de Kananga via bretelle Paroisses Ste Marie (Bena Mukangala) et Ste Albertine (Tshilumba).
- Source : Division Provinciale du Tourisme/Rapport de l'Exercice 1999.

5.1.2. Sites Historiques

- **-Malandji - Makulu** (premier point de chute de Pogge et Wissmann ainsi que du père Cambier)
- **Résidence du Gouverneur à Lusambo** (rive droite de la Sankuru)
- **Résidence du Gouverneur à Kananga**
- Habitation du 1er Chef de Poste de Luluabourg (présentement la Bibliothèque Nationale)
- **Bâtiment Administratif** et la **Gare de Kananga**
- **Château d'Eau** de Kananga (devant Palace)
- **Place de l'Indépendance (Grand'Place de Kananga)**
- **Hôtel de Ville** de Kananga
- Ruines ''Salle de la Constitution de Luluabourg''
- **Village artistique de Mushenge** à 305 km de Kananga via Mweka
- **Musée de Kananga** — Ce bâtiment vient d'être démoli en avril de cette année 2014 afin que son site reçoive le chantier immeuble ''Centre des

Impôts''. Cependant, nous craignons que le patrimoine du Musée ne se volatilise en attendant sa nouvelle localisation…

Aussi, revient-il à la Mairie en partenariat avec les opérateurs économiques de soutenir et d'investir dans l'Artisanat, de créer des points d'exposition ainsi que des parcs à loisirs... Nous notons avec satisfaction la remise en état voire même une imitation des ''Champs Elysées'' — par le gouvernorat de province — de part et d'autre du Boulevard Lumumba — depuis avril 2014… Et nous avons encore comme moyens d'action de la province ce qui suit :

6. Entreprises paraétatiques et privées

6.1. Entreprises paraétatiques

Ici nous citerons entre autres : la SNCC, la SNEL, la Regideso, la SONAS, l'O.C.C., le Fonds pour la Promotion de l'Industrie (FPI), l'OCPT, l'Office des Routes, l'ex ONATRA, la RVA, FPT (Fonds pour la Promotion Touristique), TRANSKAC (Transport en commun au Kasaï Central). Et nous exhortons nos élus à veiller à ce que ces Entreprises œuvrent à procurer à leurs électeurs — populations de nos contrées — un bien-être auquel ils aspirent et ont droit. En outre, nous en appelons d'une part à la conscience professionnelle et au caractère intègre, que doivent avoir les Préposés ou Mandataires prestant aux destinées de ces Entreprises, et d'autre part la culture d'éthique, de l'honnêteté et de civisme, en s'acquittant de leurs obligations.

6.2. Entreprises privées et services

De nombreuses Entreprises étant de taille petite et/ou moyenne, elles se sont fait regrouper au sein de PMEA (Petites et Moyennes Entreprises et Artisanat). Nous ne ferons que les énumérer, suivant leurs spécificités :

— **Alimentation** (Maïs, Manioc, Haricot, Sel, Sucre, Farine de Froment, Riz, Poissons) : Marchés central et Marchés de Quartiers ; Chambres froides (SAM BILANGA, MONA LUXE) ; les Mamans « Bouchères » du Grand Marché ; la Boulangerie Kabongo Nseda et les Mamans panetières) ; les *Bayanda* ;

— **Pharmacie** : CADIMEK, Pharmagros/Clinique vétérinaire Dr Beya et plusieurs « Etablissements » ou points de vente des produits pharmaceutiques à travers la ville dont ''la Main de Dieu'', Pharmacie ''la Bonne'', Arauphar…

— **Hôpitaux, Cliniques, Centres de Santé** : IMCK/Tshikaji, Hôpital de Katala à Tshimbulu ; Hôpital de Mikalayi ; Hôpital de Bunkonde, Cliniques Universitaires UKa Clinique Saint Georges (Archidiocèse) ; Clinique St

Luc ; Hôpital de Bulape, Mutoto et Lubondayi (Eglise Presbytérienne) ; Clinique SAMATHA ; Clinique *El Rapha* ; divers Centres de santé dont José Oudney ;

— **Restaurants** : Mona-Luxe, Fine fleur ; Valéry (Grand-Hôtel) ; Thabor (sur commande) ; « Monde Arabe » (Biduaya Muamba) ; Quin (Hôtel) Méd ; Thartumb ''Douze Maisons'' et Ould Land ; ''Régal'', et les divers **Cabarets** et ''**Nganda**'' dits aussi ''**Malewa**'' ;

— **Hôtels, Gest-Houses et Coins de Recueillement :** Grand Hôtel ; Fine Fleur ; « Monde Arabe » chez Biduaya Muamba Aimé ; Hôtel Méd ; Néo-Apostolique ; Canaries ; Elite ; Amika ; Ekaf ; Thabor ; Mont Carmel (Pères Carmes) ; Centre Protestant ; Hôtel Musube et « Aux Douze Maisons » ; Flats Maman Fatumat ; Hocentshi ; Appartements BraSimba ;

— **Sociétés Brassicoles : -** l'Usine **BraSimba** (ex Bracongo /Unibra) : la production est arrêtée et on en a fait un ''Dépôt'' desservi par BraSimba /Mbuji-Mayi dont le convoi gâche la route en terre ;

- Dépôt **Bralima** '' Mukuna Kalenda *Fondé* '' : fermé ;

— **Produits chimiques :** peintures « New Kasaï-Paint » ;

— **Maisons de Communications cellulaires :** Voda*com*, Airtel (Celtel, Zain), CCT, Orange ;

— **Commerce général :** Papa Justin, Biduaya Muamba, Quin MED, Ets OMOS, Ets Jean ASAKA, Ets Maman FATUMA, Ets Maman LOLO, BELTEXCO, Maison EKAF (Kalubi) ; Ets U.A.C./Hero (India) ; Tshionza Malandji ; Tshikamiko ; Ndaya Buana ; Bishaka ; Tonton André, Libairie Kankash ainsi que autres Boutiquiers ;

— **Audiovisuel** (Radio-télé) : KHRT, Radio Télé-Chrétienne, CMB, AMAZONE, RTC, Radio-Télé Malandji, Full Contact/Ndudi (*Muakuidi mulowa kale*) ;

— **Internet :** IMPROKA, Maison Provinciale, Malandji-Net, Alliance Franco-Congolaise, Abdoul Houdrouj ; La Cellule don Olivier ;

— **Compagnies Aériennes, Agences de Voyages et de Fret :** Air Kasaï ; (défunte) Hewa-Bora (HBA) ; *Fly* CAA ; FILAIR ; GOMAIR ; SERVICES AIR Cargo ; « Petits porteurs » (Méthodiste et autres), ITAB et LAC (anciennement Air Congo, en veilleuse…) ;

— **Banques :** Banque Centrale du Congo ; Banque Commerciale du Congo ; *FN* Banque ; Banque de Famille (CADECO) ;

— **Agences et Maisons de Transfert d'Argent :** Western Union ; Mister Cash (Money Trans) ; JESUS SEUL ; SOLIDAIRE ; SOFICOM… ; Western Union ;

— **Sociétés et Agences Immobilières :** Immokasaï ; Immolua ;

— Articles électroménagers et mobiliers de bureau : Maison U. A. C. /Hero ;

— **Entrepreneurs et Entreprises de fourniture des Matériaux** (moellon, caillasse, sable) : Ets Kantu Mobe, Ets Muibu, Ets Nzungu ya

Kala, Honorable Diop ; Poto ; Doppel, Ir Tshitenge ''Tshitshi'', Mike Kasenga Mulenga, D. Kendi Munda, etc. ;

— **Compagnies d'Aviation** : CAA ; Malila et ''Congo Airways''

— **Briqueteries & Carrières artisanales** : ''Mutar'', Abouba, ''Doppel'', Maison AS et autres (cf. carrières Ntambwe, Nganza, Bena Mukangala, Lulua, Kanyuka, Tubuluku, Tshibashi, Lubi) ;

— **Quincaillerie** : Ciment, chaux, peinture : Quin Med, Mona-luxe, Thims, Takas, Moïse & Fils, Papa Justin, Papa Katy ; Tarntum ;

— **Produits Pétroliers** : Cohydro /''Abs'', SEP/Congo, Mukoma ''Pétro Muphilis'', Biduaya M., Mona-Luxe, ELF, ENGEN, Oil MED, TWL, Shembo, Mobil Oil ainsi qu'autres détaillants communément appelés « *KADAFI* » ;

— **Entreprises Minières**, **Comptoirs, Trafiquants** et **Négociants** de **Diamants** et **Or** (ANCDO sur Av. Lusambo) : MIBA (représentation, prospection) ; **Cardoso Muamba wa Kena ;** Mukendi *Ndiendie*, Kakomo ''Diamant'' ; feu Emaxon Polising (taille…) ; The Beers (prospection, mais ils ont plié bagages) ; Comptoirs (Tshikapa/Konyi…) ainsi que les Négociants de Kananga)… ;

— **Ateliers :** Ateliers de Soudure (Travaux métalliques : portes, fenêtres, portails…) ; Menuiserie (Tshiela, Notre-Dame, Mpandilu et autres) ; Garages (ATC /Maison Provinciale, ''Tshizo''… ; Photographie : L. Michel, Chasseur d'Images Badibanga /Mat Photo… ;

— (Pas de **''Dancing & Night Clubs''** depuis que ***Baninga*** ; ***Lotus*** ; ***''Discothèque''*** et ***Eperon*** ont sombré) ;

— **Scierie : Menuiserie Tshiela ; Mpandilu** (chez Ma Sœur Muanji), EXFORKA à Kakenge (est en veilleuse) ; et nous n'allons pas omettre les :

— **Libéraux :** Avocats et Défenseurs Judiciaires : les Bâtonniers honoraires Me Mabika, Diamano et Musuamba ; l'actuel **Bâtonier Kambala** Dominique ; les **Me Djamano, Mubalu, Célestin Beya Mukoko, Georges Kabuaki…** ; Promoteurs d'Ecoles ; Artistes Peintres, Musiciens, Sculpteurs ; Hommes de métier (Tailleurs, Coiffeurs, Ferblantiers, Pousse-pousseurs…) ; Médecins et Consultants ; Boutiquiers ; Marchands y compris le « commerce de tête » des Mamans ainsi que diverses ONGD et Associations (Meuniers, les Vendeurs de charbon ou braise) ; Taximen et bien sûr les ''*Bayanda*''. Nous reviendrons sur ces Entreprises plus loin.

Notons que jadis et un peu après 1960, les Maisons et Etablissements ci-après ont contribué à l'essor de nos contrées. **Commerce général :** Vale Nogueira ; Levy ; Rollo & Cie ; Nepa ; Carvalho ; Jean Odar ; Albert Avzaradel. **Habillement :** Cruz (*Tshitoko)* Maître-Tailleur, Chez Glaubert, Jean Coelo, Madame Santos, Oliveira Santos, Redondo, Yanakacos, Koukakis, Vale Nogueira, Alhadeff, Rodina, Cozis Théodore (dont un fils prit le nom de *''**Lushiku**'' wa Bakwa Beya*), Koukoulis *Ngalula et* Koukoulis *Mua Ngalula*. **Quincaillerie** : SYNKIN. **Alimentation :** Sopoka (Société portugaise du Kasaï), Printania, Cremer, Carioca, Halles St Louis.

Librairies : Jacques, Mestag. **Chaussures :** ***Bata*** et **Moderna** *Shoes.* **Pâtisseries/Boulangeries :** Wastiau et Peclaris. **Photographie** : ''**Bel-Photo**'', Photo **Maweja wa Bajikila. Electro-ménagers** : Philipps, Callaerts. **Bicyclettes** : Royal Nord (Vélos *King A, Ralleyh, Triumph*). **Bijouterie** : Vendôme. **Pharmacies** : Cophaco /Unicongo. ''**Plomberie**'' : Mr Beckers. **Poissonerie** : Frigo Kasayi, Mistris Constantin, Paul *wa tubobo.* **Commerce en Gros** : Léon Hasson et Frères, SIMIS, Sedec Magasin, Amato Frères, Solbena (Solom Benatar), Vale Nogueira, Socominka, C.Ka, African Luxe. **Garages, Montage et Distribution de véhicules :** Piesauto, CEGEAC (veh. *Ford, Opel, Dogge, GMC, Zodiac, Zephir, Consul....*), Sedec Motors (*véhicules Chevrolet...*), Difco (qui devint AZDA : *véh. Volkswagen*), Capelutto (véh. *Chrysler, Plumouth, Pontiac, Fiat...*). **Anti-Incendie** : H. Sapeurs-Pompiers. **Pétroliers :** Fina, Shell, Texaco, Socopétrol (devenue SEP/Congo), B. P. ;

Transporteurs : Sabena, BCK, MAS, Mr Remy ''*Tutuba*'' (= Kombis), Bakole Samuel, Tshingambu Samy, Tshitenge Samuel, Tshimanga Félix, Mbayo, Alidor Hodister *Zabulo...* **Hôtels** : Elite-Bar / La Bonne Auberge/ Victory / Palace/ Atlanta/ Moderna / Pax / Philipps / Oasis. **Cinéma :** Ciné Pax, Ciné Palace et Luluafilm. **Imprimeries** : I. Katoka, I. du Kasaï, I. Houssa-Dupont. **Chambre froide** : Frigo Kasaï. **Garages :** Sedec Motors, Cegeac, Piesauto, Deutz ; Lopes ''millionaire'', Difco, Fereira, Capelluto. **Boucheries** : ''Kataku'' et ''Calabo''. **Savonnerie** : Merilco ; Savinkas. **Minoterie :** Moulins Amato et Capellen (*Milen ya Kapela*). **Scierie :** ''Ancke'', Ngoyi Kumpanyi, Claverie, Ndumba Victor ; **Construction** : Galassi, Auxeltra-Béton, Sernels ''*Kalambayi*'', Jean Terken, Trabeca, Maurice Dilens, Dumont & Van der Vin Congo, Palombela, Bastin, Gualinetti, Vacca ; **Assurance** : ''Charles Le Jeune'', ''Boels & Begaul''. **Tenanciers** (Bars) Mbikayi '', Au Café des Sports '', '' Quatre Saisons '', ''Kasayi Bar '', '' Samy Bar '', '' Au Flamingo '' , ''Kazi Bar'' (sur Tshikapa chez *Miky avec son ensemble ''Loupe Jazz'' — Lumumba P. Emery*), ''Katansi Bar'' (sur Tshimbulu chez *Cova avec son ensemble ''Santa Fé''*), Chez Mme Jacobs.

Et les **Sociétés et Entrepreneurs** que voici ont contribué la construction de la Ville Kananga : Alfredo (Immeuble Aladjem 1949 — en face du Complexe scolaire ''La Renaissance'' J. Asaka) ; Delmatre (Centre Protestant 1940 – 46/Bâtiment de la Gare et le Camp BCK 40 – 47) ; De Rubeis (Immeuble INSS 48/Immeuble PAX 48 - 54/Usine Bracongo 50 – 54/Grand Marché 54 – 58/Immeuble Palace 56 – 58) ; Bianchi (Immeuble Contributions anciennement ''Impôts''1946 – 48/Immeuble Auditorat 56 – 57) ; Catella (Banque Commerciale 52 – 53/Cercle de Kananga 52 – 54) ; Boulanger Marc (Immeuble ANR 56 – 57/et Immeuble SIMIS 57 - 58) ; Trabeco/Auxeltra Béton/Bianchi (Q. Malandji 57 – 58) ; Callaerts (Hôtel Philipps l'actuel Diab's Hôtel 50 – 57) ; Sibenaler et Sernels *Kalambayi* (Atlanta devenu Grand Hôtel + Immeuble Immolua 55 – 58) ; Safricas

(Immeuble Immokasaï 55 – 59) ; Rossio (Immeuble Autogare MAS 39 – 40 voir l'actuel ''*Caac*'') ; Saragossi (Imprimerie Protestante 47) ; Bastin (Hôtel Oasis 40 – 48) ; Callaerts (Hôtel Pax 48 – 54) ; Catella / Safricas / De Rubeis (Complexe EPRO 48 - 58) ; Aliu (Immeuble Regideso 50 – 51) ; Safricas (Centrale SNEL 49 – 52) ; Mission Catholique (Salle Lulua-Film / Thabor 50 – 54) ; Sobeco (Caisse d'Epargne 52 – 54), sans oublier Gualinetti et Vacca ; Jean Terken ; Palombela ; Cangelaris ; Galassi… (les chiffres à côté de chaque immeuble indiquent l'année de construction).

Ici, il y a lieu de noter que les immeubles qui font la fierté de Luluabourg sont érigés après le passage du Roi Baudouin en 1955, c'est le cas du Complexe ''Lycée de Kelekele'' (56 - 59 et l'auteur qui n'habitait non loin de là a vu de ses yeux les travaux d'implantation de ce chantier) ; de l'Immokasaï (Safricas 55 – 59) ; de la Salle FEC (Scadeco 55 – 56) ; de l'immeuble Télécoms/RTNC ; de l'Athénée Royal ; du Collège St Louis ; du Palais de Justice ; de la Banque centrale (Auxeltra Béton 57 – 58) ; de l'Hôtel de Ville ; des Quartiers Bianchi et Luluabourg II (ex ''Kabinda'') et de la Clinique (La Résidence officielle et le Bâtiment Administratif étaient déjà en place en 49 et en 52).

L'asphaltage des principales artères de la Ville s'est fait entre 1957 et 59 (par Dumond et Van der Vin/Congo et par Bastin — comme jeunes curieux de ces travaux, nous nous sommes mis à suivre les engins affectés à cette fin…).

Voyez-vous, Luluabourg est construit entre 1956 et 59, donc en 3 ans ! (et suivant un plan d'aménagement approuvé par le Gouverneur de province en 1951)**… Et qu'avons-nous fait de nos (bientôt) 60 années, après le départ du Belge ?...**

Aussi pourra-t-on se poser la question : l'Agriculture n'impacte-t-elle pas la viabilité de la province ? Si, elle devrait même compter plus, avec l'Agriculture.

7. Agriculture

7.1. Production agricole

Il y a paradoxe entre étendues de terre qui vont jusqu'à perte de vue, dont disposent nos contrées et un déficit de développement agricole de notre province. Aussi, cela est-il visible lorsque la province est comparée à certaines entités à la même superficie qu'elle. ! Et comment peut-on prétendre arriver à produire des quantités à la hauteur de nos étendues arables, le travail se faisant jusqu'à ce jour à la houe, qu'utilisent les ¾ de nos populations paysannes et qui ne produisent que des quantités pour la subsistance.

Pour arriver à développer l'agriculture dans nos contrées, nous nous joignions à la Monographie du Kasaï-Occidental pour d'abord inventorier tant soit peu, les contraintes et ensuite, les conditions nécessaires au développement agricole…

7.1.1. Les Contraintes au Développement Agricole

1) pauvreté du sol

Celui-ci déjà sablonneux par endroits, est appauvri par le brûlis et n'est pas nourri par d'intrants riches ;

2) techniques et/ou outils de travail à faible rendement

Ici, tant que notre agriculture ne sera qu'entre les mains de la femme paysanne et la houe, notre agriculture restera sûrement en retard par rapport à d'autres contrées plus développées. En effet, de celle-ci, déjà accablée, courbée par des tâches domestiques (corvée d'eau ; ramassage de bois de chauffe ; lessive ; soins de la maisonnette et éducation des enfants ; préparation de la nourriture), on ne saurait attendre qu'une production de subsistance dont elle soutirera d'ailleurs quelques kilogrammes à vendre afin de se procurer certains articles qui lui manquent et s'acquitter des frais scolaires des enfants.

Voici comment se chiffre la production moyenne par ménage agricole d'au moins 7 membres, obtenue sur une superficie d'environ un Ha :

- manioc tubercules fraîches	2790 kg
- maïs grains secs	270 kg
- paddy (riz)	2 kg
- banane plantain	9 kg
- haricot grains secs	2 kg
- arachides gousses sèches	10 Kg ;

3) insuffisance voire manque d'unités de production agricole de type moderne

Et dire qu'ici il y eut une affectation des tracteurs *Fiat* et camions ''*Bucengi*'' par le régime Mobutu aux Commissaires du peuple. Dernièrement, le gouvernement Matata Ponyo a envoyé des tracteurs *''Johnn Deerre''* à chaque province. Mais dans les deux cas, les bénéficiaires n'ont pas su capitaliser ces intrants ! C'est triste !;

4) manque d'encadrement des paysans

Les techniciens D 6, A2 et A1 sont de moins en moins produits et les quelques rares se font embaucher ailleurs que dans le Secteur agricole.

Ici, il y a que l'enclavement des Territoires entiers suite à la destruction des ouvrages d'art (ponts, bacs…), à la détérioration des routes et de la voie ferrée (pour vétusté, par manque d'entretien et/ou réhabilitation. Et une alimentation pauvre (la même et non diversifiée) ; le manque de sources d'eau assainies et d'habitats décents ainsi que de Centres de Santé, compromet même cette production de subsistance ;

5) banalisation de l'activité agricole

L'on notera ici que la libéralisation de l'exploitation artisanale du diamant a favorisé chez les jeunes gens le désintéressement des activités agricoles et ceci, avec l'exode rural, a limité les disponibilités en main d'œuvre agricole et a amputé le secteur agricole de ses éléments les plus jeunes et dynamiques. Ceux-ci abandonnent ainsi en nos campagnes une main d'œuvre vieillissante, dont la productivité et les capacités d'adaptation sont extrêmement limitées ;

6) enclavement de nos contrées et manque de réhabilitation des routes de desserte agricole

Ici, il y a que tant que les voies d'accès à nos campagnes accusent une défection totale et/ou une détérioration avancée (routes boueuses et/ou avec banc de sable ; ponts détruits ou cassés ; bacs en panne ; voie ferrée et matériel roulant vétuste…), le développement agricole de nos contrées sera compromis ;

7) insuffisance de ressources financières

La province ne bénéficie que de quelques interventions ponctuelles faites par Oxfam et Union Européenne à certaines Associations de développement dont « Aprobes » ;

8) fiscalité désordonnée et excessive

Au Kasaï-Occidental, les activités économiques (production et commercialisation) sont frappées par une taxation qui est également couplées à des méthodes d'harcèlement abusives (cfr des barrières après tous les deux kilomètres, où siègent 4 à 6 ''Préposés : Roulage ; Commune ;Territoire ; Secteur ; Hygiène ; ANR ; ''Commandant'') ; ces pratiques découragent des initiatives des opérateurs économiques.

7.1.2. Conditions nécessaires au Développement agricole

Le développement agricole de la province ne peut s'opérer sans la suppression ou la réduction (à opérer d'une manière progressive et selon les moyens dont dispose la province), des goulots d'étranglement susmentionnés. Aussi, des partenaires sont-ils invités à se greffer dans cette harmonie pour réaliser ensemble cet objectif. Cela implique :

— une réhabilitation urgente des infrastructures de base (transport ferroviaire et routier régulier, eau courante, électricité) en nos contrées — ce qui réduirait l'exode rural ;

— une réorganisation et un renforcement des structures d'encadrement et de vulgarisation avec tâches de regrouper les paysans en associations d'intérêt commun ou groupement coopératif ;

— création d'une nouvelle classe d'exploitants agricoles, capables de faire usage des techniques d'exploitation agricole moderne et/ou semi-moderne, en d'autres mots : capable de passer de la houe à la mécanisation ;

— réhabilitation des ITA et Institut de Développement Rural, formation et motivation des cadres ;

— relance de la culture des produits agro-industriels (cotn ; canne à sucre ; café ; palmier à huile…) ;

— restructuration des Départements en charge de l'Agriculture ;

— suppression des barrières et conception d'une politique fiscale devant permettre la promotion des PME agricoles.

7.2. Production animale

7.2.1. Bovins

L'état des lieux nous fait savoir que :

- les vaches de Luiza et Bunkonde ne comptent que quelques milliers de têtes de bœufs peu nourries et mal soignées ;
- il y a eu relâchement de l'intervention des vétérinaires peu motivés d'ailleurs ;
- il n'y a pas de croisement pour améliorer l'espèce ;
- il y a des conflits de proximité (villageois et concessionnaires) occasionnant des actes de vandalisme (destruction des bêtes), d'où rétrécissement du cheptel… ;
- la chèvre (dont la viande est très prisée) et le porc, sont un élevage de subsistance sinon pas de prestige pour la famille, et par conséquent ne peuvent venir suppléer ou combler ce que manquent de fournir les ranches.

Donc il y a déficit criant en produits carnés entraînant à son tour une dépendance de l'extérieur, la hausse de prix, la carence en protéine. Pour y remédier, il faudra reconstituer le cheptel ; rechercher des géniteurs hautement productifs, créer des centres de saillie ; augmenter les capacités des gestionnaires des ranches ; motiver les vétérinaires ; introduire des cultures fourragères devant assurer au bétail une alimentation de qualité, sans oublier l'accès au crédit.

7.2.2. Volaille

Elle est également un élevage de subsistance jusqu'à ce jour, dans nos contrées. On laisse la basse-cour aller chercher, picoter soi-même autour de la maison ou chez les voisins et souvent, elle est décimée par une grippe communément appelée ici chez nous « *bomba* ». Un beau coq pour visiteur (dit « *Muku* » = beau-fils et/ou belle-fille) [696] revient à 10 - 12.000 FC et la tradition ou la coutume refuse d'offrir à un visiteur un « *chicken* » (dit ''*tshibembe*'' en Lingala ou ce poulet communément appelé et catégorisé P_{11} P_{12}.... P_{16} et dont le prix varie entre 7.500 et 8.500 FC).

Notons que depuis presque 10 ans, certains éleveurs tentent de faire venir du Katanga ou de Kinshasa des poussins de race améliorée... Et pour lutter contre la pauvreté, CARITAS Développement /Kananga a distribué aux « indigents », des canetons de l'espèce « *barbari* », via les structures en place (Eglises, ONGD, Associations, etc.)... Et des murmures n'ont pas manqué, car il n'a pas été facile de faire la part entre « l'indigent » et celui qui ne l'est pas... et, ceux qui en avaient bénéficié n'avaient pas été en mesure de les nourrir...

Voici comment la Monographie du Kasaï-Occidental, o. c. p. 273, a chiffré l'élevage moyen ou têtes gérées par ménage agricole :

— bovin	:	0,105
— ovin	:	0,420
— caprin	:	1,378
— porcin	:	0,554
— volaille	:	7,559

7.2.3. ***Pêche***

Celle-ci est également peu développée au Kasaï. Le Kasaïen en général n'est pas « l'homme de l'eau » dit en Tshiluba ''*muena mayi*'' comme ses frères de l'Equateur, de la Province Orientale, du Kivu et du Katanga — à part peut-être nos frères d'Ilebo et Dekese, riverains. Quelques riverains ici et là font de la pêche leur profession tandis que d'autres vont pêcher par complaisance et/ou pour la subsistance. Cela étant, toute la Province est tributaire en poisson, de l'extérieur :

— **du Katanga** lui viennent, comme poisson fumé : les *Tubcbo, Milongo* ; comme poisson salé : des *bitoyo* (*makayabu* de Kasenga) et les *makayabu* de Bukama (dont les « *muana kende* », moins bons que les premiers) ; ainsi que les *Mikebuka* (très prisés par les enfants surtout lorsque mélangés aux « ntente » ; les *ndakala* (*mayelé*) aussi appelés « fretins » sans oublier les « *céviles* » ; les « *kafindondo* », les « *sendama* » et les « *malawi* »

[696] Ici en Afrique, un coq ne se tue pas par complaisance ; il est immolé (par le chef de famille ou du clan) pour un motif bien défini, en règlement d'un litige ou en guise de réparation — cas de péché (= *tshibindi*) commis par tel membre du clan, ayant transgressé la coutume. D'autres motifs ou occasions bien définis sont les grandes fêtes (mariage, diplôme, consécration à la vie religieuse, etc.) ou le deuil. Donc, le coq (nzolo) — même si la poule s'appelle également « *nzolo* », avec cette différence que la poule est « nzolo wa *tshikuku* » et le coq « *nzolo watshitala* » — n'est pas un repas habituel, il est jusqu'à présent, un menu rituel ou de circonstance.

(fretins de qualité inférieure), mais plus consommés puisque accessibles aux bourses les plus démunies ;

— **de Kinshasa** : les deux chambres froides de Kananga (Sam Bilanga et Mona-Luxe qui fonctionnent sur groupe Diesel reçoivent les *Mpiodi* (chinchards). Un Kilo de ces poissons ''surgelés'' et dont on ne connaît même pas la durée de la conservation depuis leur capture, revient à 2.800 FC.

Comme on peut le constaté, il y a lieu de déplorer ce contraste entre l'existence de tant de cours d'eau et la pénurie de poissons ainsi que l'insuffisance de maïs, de manioc, etc. — aliments de base, lesquels, en rupture de stock — lorsque le train « *TOM* » (Train Ordinaire Marchandises) n'est pas programmé ou a déraillé — font pleurnicher la population de Kananga et son hinterland, estimée à plus d'un million et demi d'habitants, ainsi qu'une partie de la Ville de Mbuji-Mayi !...Tant d'espaces ! Tant de cours d'eau... et insuffisance voire même carence !... Quel paradoxe !...

Est-il dit que le manioc et le maïs ne doivent provenir que de « *Ku manda* » (littéralement du « bas-pays » — dans notre cas — de la contrée comprenant les Territoires de Demba, Mweka et Ilebo), donc d'un seul axe ?... Et si celui-ci tombait dans la disgrâce : mauvaise récolte ou autres cas fortuits ?... Il faut arriver à diversifier les sources d'approvisionnement, c'est plus prudent ; ça contribuera à la concurrence qui elle, entraînera, la baisse de prix...

Quelques réflexions

Doit-on continuer à consommer le riz ''long grain'' communément appelé « *losa lua Kana* » (lisez riz en provenance du Ghana), le riz venant de l'Italie, le riz venant de Thaïlande, etc. ! Et ce riz-là est-il même meilleur ? Ce riz-là dit aussi « importé » a-t-il bon goût que notre riz (Kindu et autre ''riz local'' appelé « *mupunga* » ou « *losa lua Batetela* » qui a son arôme et qui n'a pas subi trop de traitement le rendant moins riche ?. Doit-on continuer à faire venir du Sud-est asiatique (Singapour, Malaisie, etc.) de l'huile de table communément appelée « *mafuta a luila* » ou « *mafuta a salata* », voire même de la margarine alors que des palmeraies abandonnées sont là, à **Tulume** (Luiza), à réhabiliter, à remettre en état, à recapitaliser par l'entretien et l'apport de nouveaux plants : « les palmiers nains » !... Nous irons ici faire une réflexion, toujours à propos de l'Agriculture, en prenant en compte cet élément : **l'eau...**

Pour la bonne lecture, tenez :

« **L'eau** est un élément vital dans les pays du Moyen-Orient. Or, en Israël[697], un quart seulement des terres était fertile. Le principal cours d'eau du pays est le

[697] Israël : dans ses frontières actuelles — qui ont été reconsidérées ou redéfinies après 1967 (guerre de Six jours) ; en 1973 (guerre de Kippour) et en 1979 (cf. Traité entre Israël et

Jourdain qui est alimenté par les eaux de ruissellement provenant du Liban, de la Syrie (le Yarmouk), de la Jordanie (le Bannas) et d'Israël (le Dan). Israël exploite au maximum ses ressources limitées en eau. La principale canalisation d'eau d'Israël mesure 2,50 m de diamètre. L'irrigation a permis à l'Etat d'Israël d'augmenter considérablement sa production agricole et d'exporter des tonnes de fruits vers les marchés européens. Avant la guerre des Six Jours, tout près de Jérusalem, on pouvait suivre la frontière à la limite de la verdure. Côté jordanien, c'était le désert aride, rocailleux, sans moindre végétation[698] . Côté israélien, le même sol débarrassé de ses cailloux et bien irrigué, portait des vignes magnifiques » — cf. Pierre Lanarès Mystère d'Israël, 1978, pp. 286 à 289.

Comme vous le voyez, ce texte date de 1978, trente années après la création de l'Etat d'Israël !...

Encore **une relecture** toujours à ce propos :

> « L'eau a toujours constitué un problème dans le pays d'**Israël**. On trouve dans le Néguev, des vestiges, d'antiques civilisations qui avaient développé des systèmes de conservation et d'adduction d'eau. Les hydrologistes israéliens ont utilisé ces méthodes anciennes pour mettre au point de nouvelles techniques. Depuis 1964, l'ensemble des ressources d'Israël en eau douce est groupé dans un réseau national dont l'artère centrale — la Conduite Nationale d'Eau — transporte de l'eau de la Mer de Galilée (Lac de Tibériade ou Lac Kinnereth vers le Sud, par des canaux et canalisations). Cela a permis de porter la superficie des terres irriguées de 80.000 hectares en 1948 à plus de 200.000 en 1980 ; tout en assurant les besoins d'une population et d'entreprises industrielles en croissance constante.
> De nouvelles techniques sont constamment mises au point pour utiliser au maximum les ressources en eau : bombardement et insémination de nuages, qui ont contribué à accroître sensiblement les quantités de pluies[699] ; récupération des eaux d'écoulement et dessalement d'eau de mer depuis quelques années déjà »[700]...

Au regard de ce qui vient d'être épinglé, peuple du Kasayi (en particulier, et cela vaut également pour le peuple congolais en général), une question ne nous sera-t-elle pas posée, un jour : **« Qu'avez-vous fait de ce que le Créateur a mis à votre disposition ?** Gratuitement d'ailleurs ! »...

Ne nous comportons pas comme ce serviteur qui enfuit son talent en terre ! (cf. Mt 25, 25)...

N'est-ce pas que dans le répertoire de nos cantiques catholiques présentement au point, nous reprenons en chœur : « ... *Mutupa ditunga dia bubanji, bubanji muinshi ne pa mutu... Udi Mulopo tshipapayi, mutupi wa*

---

l'Egypte) — s'étend sur 26.000 Km2 (cf. Centre d'Information d'Israël in Lettre d'Israël (1985), p. 4 — (Israël est 1/6 de la superficie du Kasaï Occidental)

[698] '' Côté jordanien'' le constat a dû certainement changer depuis, pensons-nous.

[699] Il ne pleut que durant les mois d'hiver (novembre - mars). La moyenne des pluies va de 500 à 600 mm dans le Nord et à quelques dizaines de mm dans les déserts du Sud.

[700] Cf. Lettre d'Israël, o. c. pp. 5.

bibishi ne biosha !... » ? — nous traduisons : (Il — en parlant du Créateur) — nous a donné un pays riche, des richesses tant au sous-sol qu'à la surface... Tu es Dieu pourvoyeur, qui nous donnes et, recettes crues, et celles déjà prêtes à consommer !...).

Mes frères du Kasaï-Occidental, mes frères du Kasayi, au regard de l'hydrographie, climat et saisons, températures, précipitations ; sols, végétations et ressources géologiques dont sont dotées nos contrées, votre Kasaï n'est-il pas votre (jardin d'Eden) que le Créateur vous a donné pour le soumettre et le dominer ? — Gn 1,28 — et, cela par rapport à Israël, pays rocheux et en démêlées constantes avec ses voisins, entre autres à cause de l'eau !...

Attention : « *on demandera beaucoup à qui l'on a beaucoup donné ; et on exigera davantage de celui à qui l'on a beaucoup confié !* » — Luc 12,48 b.

D'où l'interpellation des Politiques, Mandataires ou Elus du peuple, Opérateurs économiques, Activistes ou Société Civile de la province. Ils doivent se mettre en synergie pour relever nos défis ; pour faire fi à ce ***paradoxe !...***

Qu'aucun partenaire ne cherche à étouffer l'autre dans ses bonnes dispositions de redresser la situation, dans la recherche du bien-être pour tous ! Et un adage dit : « *Tubela Nswa, tubela Kamonia* » (nous l'avons dit plus haut) et cela se traduit : « Nous exhortons les uns et les autres » c'est-à-dire que : « Lorsque nous rappelons l'un à l'ordre, cela ne veut pas dire que nous ménageons l'autre, ou celui dont on a tu le nom, est épargné ! »... Concrètement, nous exhortons ici en premier lieu :

— **L'Autorité** (toutes catégories confondues) :

Oui, puisse celle-ci ainsi que ses Préposés offrir aux opérateurs économiques, des conditions de travail les meilleures ! Puisse ce camp '' Autorité'', ''Pouvoir'' éviter de matraquer, tracasser, rançonner, extorquer, exposer à corrompre ou à frauder... Puisse ce « camp » (le camp de tous ceux qui ont une parcelle de pouvoir) comprendre que les contribuables (filles et fils natifs de nos contrées et non natifs y résidant) sont des « Corbeaux » dont se sert le Créateur (comme dans le cas d'Elie), dans les Centres d'approvisionnement (en nos Gares, Ports, Aéroports, Marchés et autres points d'échanges), pour fournir à la Ville et à la Province ce dont elles ont besoin pour la survie. « *J'ai ordonné aux corbeaux de te nourrir là...* » — cf. 1R 17,6. En effet, 1 R 17, 6 nous renseigne que ces oiseaux apportaient à Elie du pain et de la viande le matin ; du pain et de la viande le soir !...

Veuillez noter que les opérateurs économiques qui sont chez nous (les natifs comme les non natifs) n'ont pas reçu mandat d'un pouvoir public quelconque ; mais de Dieu, qui a placé en eux des talents qu'ils mettent au service de la pourvoyance... Mais quand les dépôts de maïs sont scellés au ''Marché Kamayi'' pour non-paiement d'une ''taxe incendie'' et que le jour même le prix du bol dit ''*méka*'' monte de 1500 à 1800 Fc n'est-ce pas une incitation au soulèvement ?...

Ici, nous invitons les divers Départements, leurs Animateurs et/ou Préposés, de se comporter d'une manière correcte vis-à-vis de leurs frères. Aussi, qu'ils véhiculent la « perception » au Trésor. En outre, les Préposés sont exhortés à ne pas décourager ces « bonnes initiatives », car alors celles-ci décideraient d'aller opérer ou investir ailleurs que dans nos contées, au détriment de Kananga, au détriment de la Province. « *N'exigez rien au-delà de ce qui vous a été ordonné... Ne faites violence à personne et ne dénoncez personne à tort, mais contentez-vous de votre solde* » — Cf. Luc 3, 13 – 14.

En second lieu, nous irons exhorter…

— **Les Opérateurs Economiques :**

Ici, grands comme petits, sans oublier les mamans dites « *Tukunyema* » ou « *Bêla ngela* », que chacun et chacune ne se mettent à jouer au sale jeu : de cacher les vivres et autres produits de première nécessité, pour créer la rareté, afin de les revendre aux enchères !… Et il y a de quoi remercier Dieu, car cette pratique, ayant porté autrefois le nom de « Campagne de Maïs », ne refait plus surface. Notez que cette « campagne » de triste mémoire consistait dans l'achat de tout le stock de maïs qui était sur la Ville, le cacher ou le faire disparaître (certaines quantités étaient même jetées dans la Lulua). Et non satisfait d'avoir opéré sur Kananga, le même exercice était mis en chantier plus loin, « *Ku Mande* » où ces disciples de Machiavel se faisaient meilleurs offrants (en espèces et surtout en troc !) et en entraînant même certains « Préposés au transport » ainsi que les ''Demandeurs de wagons'', dans ce crime !...

En effet, les wagons vides ne pouvaient être mis à la disposition des planteurs et/ou revendeurs que par le biais des gens dits « les demandeurs » — personnes ne possédant ni emballages, ni produits et encore moins un fonds de commerce !...

Aussi, cette mise à la disposition de ces ''demandeurs'' se faisait-elle d'une façon entrecoupée et/ou à compte-gouttes ; le trafic arrivait même à être inexistant ; la rareté était ainsi créée et entretenue, et la misère était alors à son comble, car à la carence venait s'ajouter une flambée du prix du bol de maïs et quel bol ? : Le « *bule ban* » — veuillez lire « blueu band » (un mot anglais : bande bleue) !... Allez-y comprendre quelque chose : 600 FC. pour ce bol jaune de maïs, qu'attendaient 8 personnes composant un ménage moyen, dans les années 1999 et 2000 !... Mais Dieu merci, car le gouverneur d'alors — Claudel Lubaya — ira prendre une série de mesures… et fera introduire sur le marché, un autre bol : le « *Meka* », contenant deux fois et demie le premier ; et au prix de 640 Fc, prix qui resta plus au moins constant, dépassant difficilement les 1000 Fc jusqu'à la veille des législatives de 2006. Présentement — sous Alex Kande — ce bol revient à 600 Fc.

Nos frères Opérateurs économiques, nous ne cessons de vous reprendre ; nous vous exhortons à craindre Dieu, à éviter le châtiment… Ne falsifiez ni (les) balances, ni (les) mesures (***ekolo, sipa, meka*** — à Kin on parle de ''*Sakombi*'', ''*Mipiku*''…). Ne leur faites pas porter « le *silipe* » (c'est-à-dire : un fond du bol dissimilé dans ce récipient) pour en diminuer la contenance, lorsque vous vendez ; et ne les faites pas dilater non plus pour les agrandir afin de vous en servir lorsque vous allez vous approvisionner…

Ne concevez pas en vous-mêmes la pensée de nuire ; n'ingurgitez pas ces questions en votre for intérieur :

« Quand la nouvelle lune sera-t-elle passée, afin que nous revendions nos denrées ? » Quand finira le sabbat afin que nous ouvrions les greniers ? (Cf. Amos 8, 5 – 6). Et ne dites pas : *» nous falsifierons les balances pour tromper ; nous achèterons les indigents et le pauvre pour une paire de sandales (!) Et nous vendrons* ***le déchet du blé*** *»* (chez nous l'on parlera de ''**bikuluidi**'')…

Mes frères, les citations que nous venons de tirer des Ecritures s'achèvent par un « **Mind** ! » un « **Warning** ! » ; un « **Achtung** ! », un « **Avertissement** ! ». L'Eternel l'a juré par l'orgueil de Jacob *: « Je n'oublierai jamais aucune de leurs actions »* (Amos 8, 5 – 7). Mes frères, au regard de cet « **Avertissement** », n'avez-vous pas peur ? **Craignons Dieu, Non !...** Nous interpellons ceux qui s'adonnent à ces pratiques. Nous leur lançons un « *KABOOBO* » (= cri d'alarme) :

Bu panuikale nuakufukibua kudi Nzambi, banangibue ba mu Tshimenga tshia Kananga, ba ku mpenga yatshi ne nuenu betu bonso badi mu Kasayi ka baa Nkambua, Kasayi ka baa Nyinka :

LEKELAYI « KABINDI » anyi « BUPUANGA » (en Tshibindi) — ce qui se traduit : Si vous êtes (réellement) créés par Dieu, très chers (ou bien aimés) qui résidez à Kananga et ses alentours, ainsi que vous tous qui vivez dans ce Kasaï de nos ancêtres : Abandonnez **la négativité (et/ou vos œuvres ténébreuses).**

— Cessez de vous comporter en « Spéculateurs » ; **la spéculation nuit à l'économie** et provoque la misère.

— Ne thésaurisez pas vos avoirs en vos demeures : *« Oh, mbianyi, bikale… »*… Et cela comme pour dire : *''ils restent mes biens même si je ne les écoule pas vite''* ! Faites plutôt des rotations ! Souvenez-vous de celui qui a enfui son talent dans la terre ! — Mt 25, 25… Sortez vos masses d'argent de vos coffres ; **la thésaurisation freine la prospérité** ; impactez le flux monétaire, faites circuler votre argent ; placez-le ;

— Composez, unissez-vous, formez des ensembles où l'on sait qui fait quoi, et dans la transparence ;

— Créez des emplois ; donnez à vos prochains l'occasion de glorifier leur Dieu lorsqu'ils auront trouvé un emploi, chez vous, par votre créativité.

Ici nous louons le geste qui a été posé en son temps par Muamba wa Kena en remettant une enveloppe de 20.000$ au gouverneur Claudel Lubaya pour contribuer à la remise en état de la voirie urbaine de Kananga (bien que l'intention du donateur n'ait pas été respectée pour lui dédier l'avenue Shabunda ex De Macar), ainsi qu'une cagnotte de 100.000$ remise encore par Cardozo au gouverneur Alex Kande lors d'une fête en son honneur chez le chef Emery Kalamba, avant qu'il n'entre en fonction.

— **Payez vos redevances à l'Etat** — dans notre cas à la Ville, à la Province. **Ayez la culture fiscale**. Imitez cette dame de fer, Maman Monatshiebe (« MONA LUXE »), à laquelle BIDUAYA MUAMBA (*Jeune pour Jeunes*) ; QUIN MED (Makenga Médard) ; NTUMBA Tharsis (*Hôtel ''Aux Douze Maisons''*) ; Jean Assaka ; Maman Fatumat ; ''Eternal'' et autres ont emboité le pas, par leurs chantiers et savoir-faire…

Nous remercions les chaînes KHRT, CMB, AMAZONE, RTC, ''Ndudi''(*Muakuidi*), Radio Télé-Malandji, Radio MARIA, RDD, Radio ''Télé-Espérance'' (Kanku wa Tshibuabua) ; RTPK… pour leur couverture médiatique, car elles contribuent à l'éduquer la population et leur demandons de produire beaucoup de programmes éducatifs et en rapport avec « l'initiation à la nouvelle citoyenneté », afin de rappeler le Kanangais et l'Homme du Kasayi, à l'ordre…

Chapitre IV
Les ressources humaines

Nous venons de parler des Régies, Entreprises et Services en tant que ressources financières. Et qui parle ''Ressources Humaines'' (y) voit d'abord des populations qui ont certainement leurs origines ou provenance, et ensuite les occupations et/ou activités auxquelles ces populations s'adonnent, obéissant ainsi à l'ordre qui leur a été intimé par le Créateur, de soumettre la terre. (« *C'est à la sueur de ton front que tu mangeras du pain* » — Gen 3, 19.

Oui parce que chacun compte, parce que c'est l'intelligence et la main de l'homme qui créent les entreprises, ce sont ses mains qui font tourner les machines, en assurent la maintenance, parce que c'est le savoir-faire de l'homme qui offre des services et gère les structures, il va de soi que l'ensemble des hommes et femmes occupés dans ces divers chantiers soit appelé, à juste titre, ''**Ressources Humaines**''. Et nous irons dire un mot sur les origines de ces ressources humaines, c'est à dire d'où elles viennent avant de s'établir en nos contrées. Oui, parce que chaque individu compte — nous irons, tant soit peu, parler des populations du **KASAÏ** et particulièrement du Kasaï-Occidental — lesquelles, en plus d'être un échantillon des populations du **KASAÏ**, un échantillon des populations du Congo, un échantillon des populations de l'Afrique et également un échantillon des populations du globe, sont de véritables Ressources humaines en vue du maintien et de l'accroissement de la viabilité de la Province.

1. Des origines

Plus haut, nous avons vu qu'une grande partie de nos populations se sont dispersées à partir de NSANGA'A LUBANGU. Mais... Quid de leur vécu antérieur à Nsanga' a Lubangu ? Et elles sont de quel apport dans le vécu présent, et celui de demain ?

1.1. Découvertes

Van der Kerken nous fait savoir que des études ont établi qu'à une époque reculée (il y a peut-être 1 million d'années ou 1.500.000 d'années), l'Afrique a été habitée par des Hominidés, lesquels se subdivisent en :

- Anthropiens (Préhominiens), auteurs des industries du Paléolithiqueancien ;
- Hominiens (Protohumains), auxquels on attribue les industries du Paléolithique moyen ;
- Humains (dits *Homo Sapiens*), auxquels sont attribués les industries du Paléolithique récent et les industries ultérieures dont celles des Ages des Métaux[701] (cfr Van der Kerken in « Les populations Africaines/Encyclopédie du Congo-Belge, T. I, pp. 81–82).

Van der Kerken ira également nous apprendre que « **ces découvertes** :

1) celle de l'*Africanthrope* : Anthropien apparenté aux Pithécanthropes de Malaisie et aux Sinanthropes de Chine, découverte faite par Khol - Larson en 1935 en Afrique orientale — aussi, ne peut-on faire actuellement des hypothèses au sujet des précurseurs des Anthropiens ;

2) celle de l'*Hominien* de Broken Hill en Rhodésie du Nord (entendez l'actuelle Zambie), trouvé en 1921 à 20 mètres sous le sol et apparenté aux Néandertaliens d'Europe ;

3) celle faite à Rabat au Maroc en 1934, d'un crâne ayant des affinités (a-t-on prétendu) avec des Hominiens et/ou Néandertaliens, ont donné à croire que :

— les Anthropiens auraient été répandus sur toute la surface de l'ancien monde (Afrique, Asie, Malaisie) ;

— que les Hominiens semblent avoir habité toute la surface de l'ancien monde (Europe, Afrique, Asie) ;

— qu'au niveau des Hominiens comme au niveau des Anthropiens, tous les individus n'étaient pas semblables, il existait entre eux une certaine marge de variation comme il en existait une antérieurement entre les Anthropiens ;

— que les *Hominiens* semblent avoir évolué vers l'*Homo Sapiens* dans les temps relativement récents ; l'époque et l'endroit de cette mutation étant inconnus…»…

Nous arrêtons cette relecture pour vous faire savoir qu'à propos, des professeurs de l'Université Catholique de Louvain/UCL — *Katholieke Universiteit Leuven,* ainsi que ceux d'autres universités sont allés jusqu'à

[701]cf. Van der Kerken

dénoncer les dangers du créationnisme pour l'enseignement des sciences, et (jusqu'à) faire une mise en garde par rapport à ces idées créationnistes, qui trouvent des relais politiques et médiatiques en Europe.

Retenons que l'article d'**Alice Thelen** « ***Gare aux idées créationnistes*** », paru dans le bimensuel *UCL /Louvain* n° 172 de février – mars 2008, pp. 11 -12, fait état de l'adhésion aujourd'hui, de la plupart des scientifiques, à la théorie synthétique de l'évolution issue des travaux de **Darwin**. Mais l'Article, tout en rapportant que ce cadre conceptuel a été depuis consolidé par les apports de la génétique et de la biologie moléculaire, signale qu'aucune université en Belgique ne suit les mouvements créationnistes. Par contre à Paris, un institut supporte '' l'*Intelligent Design* ''. Selon cet institut, ce mouvement (…) ne rejette pas le fait que les espèces vivantes aient évolué, mais affirme que « **le monde vivant est tellement complexe et parfait qu'il ne peut résulter que de l'action d'une intelligence suprême** ».

Comme pour conclure, l'Article précité aura évoqué l'*Atlas de la Création* (version **Harun Yahya**) qui compare *« espèce par espèce, des fossiles vieux de plusieurs millions d'années à leur forme actuelle — en guise de mire — pour prouver que, du singe à l'homme, il n'y aurait pas d'évolution »* ; et que comme pour admirer la complexité du monde vivant, l'article laisse croire à « **l'Idée d'un Créateur unique, idée qui trouve apparemment de plus en plus de crédit** ».

Cela étant dit et avant de continuer avec notre préoccupation **''Origines''**, nous reconnaissons que les travaux qui ont été menés par des chercheurs et scientifiques attitrés, entrepris parfois sur des sites à haut risque, travaux coûteux et de longue haleine, suscitent l'admiration. Ces efforts ont pu mettre à nu certaines ombres ayant enveloppé des civilisations très reculées qui déjà à ces époques, ont su inventer la pierre taillée, puis la pierre polie, l'industrie des métaux, la céramique ou poterie, et même posséder la maîtrise des procédés de conservation de leurs morts…

Un autre apport dans le domaine des recherches vient de s'ajouter : le paléoanthropologiste **J. Jacques Hublin** et un autre chercheur Yves Coppens nous parlent de la ''découverte au nord de l'Afrique, dans la région de Jeb Irhoud **au Maroc**, des crânes humains de la génération de *l'Homo Sapiens* ayant existé il y a 300 millions d'années, ce qui combat le record de *l'Homo Sapiens* trouvé dans le sud de l'Afrique (qui reste le berceau de l'humanité) il y a 200 millions d'années''… (Télé France 24 du mercredi 7 juin 2017). Cela prouve à suffisance qu'**il excite un Créateur qui est là depuis la nuit des temps !...**

Une autre dimension nous parle des ''origines'' ; elle est d'ordre spirituel et est relatée au point ci-dessous :

1.2. Révélations

Oui, l'Histoire étant tissée du passé et du présent, personne ne peut mieux nous faire connaître les origines du « Monde » que Celui qui est à la fois le Maître de l'histoire, le Maître des temps et des circonstances, « *Dieu d'éternité ; l'Eternel qui a créé les extrémités de la terre* » (Esaie 40, 21) ; *El Olam* : le Dieu des siècles... Aussi, plus d'une personne pourront-elles se remémorer ces quelques passages bibliques :

''Dieu créa l'homme à son image (Gn 1, 27) ; l'Eternel Dieu forma l'homme de la poussière du sol ; Il insuffla dans ses narines un souffle vital, et l'homme devint un être vivant (Gn 2, 7) ; l'Eternel Dieu forma une femme de la côte qu'Il avait prise à l'homme et Il l'amena vers l'homme.... (Gn 2, 21 – 22) ; Homme et femme [702] Il les créa (Gn 1, 27) ; Dieu les bénit et Dieu leur dit *« soyez féconds, multipliez-vous, remplissez la terre et soumettez-là »*'' (Gn 1, 28)...

La Bible continue à nous éclairer sur **les origines du monde** de cette manière :

L'homme connut Eve [703] sa femme ; elle devint enceinte et accoucha de Caïn. Elle accoucha encore de son frère Abel (cf. Gn 4, 1 – 2). La même source nous donne « le livre de la postérité d'**Adam** (à Noé) » — Gn 5, 1 – 32...

Elle nous fait également savoir qu'il y eut la perversion du genre humain, lorsque les hommes eurent commencé à se multiplier (Gn 6, 1) et que leur méchanceté[704] devint grande sur la terre (Gn 6, 5). Et cette perversion déclencha la colère de Dieu (Gn 6,7) connue sous le vocable « **Déluge** », auquel Dieu mit fin après 40 jours et duquel survécurent **Noé,** par faveur de l'Eternel (Gn 6, 8) ainsi que ses fils **Sem, Cham, Japhet** (Gn 6, 10), sa femme et ses belles-filles : au total 8 personnes (Gen 6, 10). Gn 9, 19 nous renseigne que les trois fils de Noé repeuplèrent la terre ; c'est à partir d'eux que les nations se sont reparties sur la terre après ''le déluge'' (Gn 10, 32 fin).

Il nous est dit au chapitre 11 de la Genèse que : toute la terre parlait un même langage avec les mêmes mots. Partis de l'Orient, ils trouvèrent une vallée au pays de Chinéar[705], et ils y habitèrent. Ils se dirent : '' Allons ! Bâtissons-nous une Ville et une tour dont le sommet touche au ciel et

[702] Homme et femme : comprenez « mâle et femelle »

[703] Eve : de l'hébreu : havva ; nom qui vient d'une racine très voisine de haya : vivre (cf. Gen 3, 20) et vie cf. Encyclopédie idem, p. 204

[704] Méchanceté : Gn 6, 11 parle d'une terre corrompue, et le verset 13 d'une terre pleine de violence

[705] Encyclopédie Biblique, o. c. p. 480 renseigne *SHINAR* ; celui-ci est l'ancien nom de la plaine située entre l'Euphrate et le Tigre, connue plus tard sous le nom de Chaldée, Babylone et Mésopotamie — Encyclopédie cite G en 11,2 ; Gn 14, 1-9 ; Es 11, 11 ; Dan 1,2 et Za 5, 11.

faisons-nous un nom, afin que nous ne soyons pas disséminés ''… L'Eternel dit :

> « Voilà un seul peuple ! Ils parlent tous un même langage, et voilà ce qu'ils ont entrepris de faire. Allons ! Descendons : et là, confondons leur langage, afin qu'ils n'entendent plus le langage les uns des autres. L'Eternel les dissémina loin de là sur toute la surface de la Terre ; et ils cessèrent de bâtir la Ville… C'est pourquoi l'on l'appela du nom de tour de Babel[706], car c'est là que l'Eternel confondit le langage de toute la terre, et c'est de là que l'Eternel les dissémina sur toute la surface de la Terre ».

Cher lecteur n'avons-nous pas une même et/ou seule souche ? Ne sommes-nous pas frères ! Il y en a qui ne verront dans ce recit biblique qu'une légende. Mais pour nous les croyants, édifiés par le verset 16 du chapitre 3 de la 2e Epitre de l'Apôtre Paul à Timothée (2 Timothée 3, 16), nous rendons gloire à Dieu pour ses révélations. D'ailleurs, qu'est-ce qui serait difficile à Dieu ? De tirer quelque chose du néant ou d'en ordonner l'existence ? Ou de l'anéantir ?... Malachie 2, 10 nous fait cette réflexion : « N'avons-nous pas tous un seul Père ? N'est-ce pas un seul Dieu qui nous a créés ? » Si les incrédules nient l'existence de Dieu et ne Lui reconnaissent pas ses œuvres, plusieurs voix proclament l'existence de Dieu : toute la création témoigne sa grandeur ; la conscience de plus d'une personne dont Neil Armstrong (ce premier homme à avoir posé son pied sur la Lune le lundi 21 juillet 1969, dans la mission « Apollo 11 » mêmement. Et plusieurs Ecritures sont là pour nous prouver l'existence du Créateur entre autres le verset 5 du chapitre 42 du livre d'Esaie : « Ainsi parle Dieu, l'Eternel, qui a créé les cieux et qui les déploie, qui étend la terre et ses productions, qui donne la respiration à ceux qui la peuplent ». Oui, bien qu'invisible, car de par sa nature, Dieu est Esprit (Jn 4 : 23 – 24), la foi[707] nous fait accepter nous chrétiens, que Dieu existe et qu'Il est le rémunérateur de ceux qui Le cherchent (Heb 11, 6)…

---

[706] Babel (traduit par Encyclopédie Biblique o. c. p. 60 par « confusion), c'est une Ville du royaume de Nimrod (Gn 10, 10) par qui elle aurait été appelée Bab - Il (la porte de Dieu, en babylonien) — [cf. également Louis Secod et qui renseigne que Babel est expliqué par le verbe Balal, confondre]. L'Encyclopédie continue : « c'est là que les descendants de Noé, un siècle après le déluge s'entendirent pour bâtir une ville et une tour dont le sommet atteindrait jusqu'aux cieux. Leurs efforts furent anéantis par Dieu qui confondit leur langage (Gn. 11, 1 – 9). L'expression « jusqu'aux cieux » signifie d'une très grande hauteur, la tour devait proclamer la conception hardie et la gigantesque imagination de l'homme pour se faire un nom, une réputation et une autorité. Aussi, pour parler de Babylone, elle dira encore « confusion » ou Babel : ancienne capitale du pays de Shinar et plus tard, de la Chaldée (2 R 17, 30) Aujourd'hui Hillé. Bâtie par Nimrod (Gn 10, 10) agrandie par Nebucadnestar (Dan 4, 30).

[707] « La foi vient de ce qu'on entend, et ce qu'on entend vient de la parole de Christ » — Rm 10, 17 ; et elle est « l'assurance des choses qu'on espère, la démonstration de celles qu'on ne voit pas ». — Hé 11, 1.

Oui, « … **sur toute la surface de la terre** » avons-nous vu plus haut, donc, jusqu'ici chez nous, au **Kasaï.**

Nous en arrivons au point :

1.3. La préhistoire du Congo

La carte du Congo préhistorique ressemble de façon frappante à la carte des ressources minérales. Elle comporte un immense « blanc » correspondant assez exactement à la grande forêt équatoriale d'une part, et des zones privilégiées correspondant aux régions minières ou aux environs de la capitale, d'autre part. C'est en effet seulement la périphérie de la cuvette congolaise qui a pu favoriser les établissements humains et seulement à certaines époques de la préhistoire, situées entre les maxima des périodes pluviales où la forêt envahissait tout et les maxima des périodes arides où le désert du Kalahari remontait jusqu'à la cuvette congolaise. La variété des industries lithiques retrouvées dans le sol congolais permet d'affirmer que l'homme et ses ancêtres y ont vécu depuis le début de la préhistoire.

Il y a plus d'un milliard d'années, des *Australopithécides*, cousins du *Zinjanthrope* découvert par Leakey à Oldoway (Tanganyika) en 1959, fabriquaient des galets grossièrement aménagés ou « Pebble tools » dont on a découvert des exemplaires dans les régions minières du **KASAYI** et du KATANGA, et dans le fossé du lac Edouard (province du Nord Kivu). Il y a peut-être 400.000 ans, des *Pithécanthropidès* fabriquaient des bifaces chelléo-acheuléens et des hachereaux. Le stade suivant de l'humanité (et sans doute longtemps concomitant) correspond aux *Néanderthaliens*, relativement proches de l'homme actuel sur le plan anthropologique. C'est avec eux que débute une culture forestière particulièrement bien représentée dans tout l'Ouest du Congo et appelée *Sangoen* (de Sango, village de l'Ouganda près du lac Victoria).

Le Sangoen est caractérisé par des bifaces taillés suivant la technique acheuléenne et nettement adaptée au travail du bois. Débuté dans la périphérie de la cuvette congolaise (avant une période très sèche, correspondant sans doute à l'aride post-Kanjérien et daté de 100.000 ans), il a été trouvé d'abord en grande quantité dans la province de Léopoldville d'où le nom de *Tumbien* (du lac Tumba) puis, celui de *Kallinien* (de Kallina). La prospection préhistorique des pays voisins du Congo a montré que cet outillage lithique des forestiers était répandu en réalité dans toutes les régions de l'Afrique Centrale où la forêt avait pu être exploitée avant l'âge des métaux, c'est-à-dire, là où elle n'était pas trop touffue ni trop humide. En dehors de la province de Léopoldville on le rencontre dans les terrasses des rivières et dans les fouilles des mines de diamants au **Kasayi**, et dans les régions de Kolwezi et Luena, au Katanga.

Après la dernière grande période aride est survenue la 3e et dernière grande période pluviale du *Pléistocène* appelée *Gamblien* et datée de - 90.000 à - 10.000 environ av. J.-C. Le bourrelet congolais n'a dû être rehabité par l'homme qu'à la fin des temps gambliens, lorsque l'*Homo sapiens*, forme actuelle de l'humanité, était déjà apparu en Afrique. Ces *Homo-sapiens* ont fabriqué des outils à bois analogue à ceux du Kallinien, mais aussi de nombreuses armes en pierre. Leur industrie est appelée *Sangoen moyen* ou plus souvent *Djokocien* et *Lupembien*. Les Djokociens du **Kasayi** ont été datés par le carbone 14 de –10.000 av. J.-C. Ils fabriquaient des poignards aigus et allongés finement retouchés. Les *Lupembiens* qui leur ont succédé vers –7.000 av. J.-C. étaient d'une habileté remarquable.

A la même époque, l'Est du Congo était occupé par une savane claire, très favorable aux grandes migrations. En effet, au nord de l'actuel lac Edouard, à Ishango, des pêcheurs ont laissé une industrie très évoluée en os comprenant des harpons à un ou deux rangs de barbelure et des aiguilles ; et il existe à Ishango des meules, des broyeurs et des objets de parure en pierre polie.

Les pêcheurs d'**Ishango** ont dû fuir à l'époque des grands bouleversements géologiques qui ont séparé les deux lacs Albert et Edouard. Le climat a continué à se transformer pendant les millénaires suivants.

Vers –2000 av. J.-C., des bûcherons ont envahi le bourrelet périphérique de la cuvette congolaise. Leur industrie est appelée *Tshitolien* ou « Sangoen final », du nom du plateau des **Bena Tshitolo** dans le **Kasayi** où elle est particulièrement bien représentée, ainsi que dans l'ensemble de la province de Léopoldville. L'outillage et l'armement des *Tshitoliens* sont remarquables par leur petite taille et la finesse de la retouche, ceci laisse supposer que selon les hypothèses avancées par certains historiens, le travail de fer aurait été l'œuvre des autochtones (bien que des traditions de certaines régions parlent du fer amené au cours des migrations parties du Nord vers le Sud[708]).

Le *Tshitolien* sert de transition entre le *Lupembien* IV et le ''Néolithique''. L'arrivée au Congo des populations ''Néolithiques'' connaissant l'agriculture est difficile à dater. Elles sont sans doute venues du Sahara où l'assèchement était devenu définitif entre – 2500 et – 5000 av. J.-C. Elles ont en tout cas été arrêtées par le bloc de forêt dense et n'ont pu s'installer que dans la région de l'Ouélé et dans le Bas-Congo.

2. Occupation des espaces

Ici nous irons d'emblée, avant d'aller en profondeur sur ce volet, dire un mot sur les peuples que vous ne rencontrerez ou qui sont rares en nos contrées. Il s'agit entre autres de :

---

[708] cf. R.Cornevin, Histoire du Congo, Ed. Berger – Levraut, Paris, 1970, pp. 23 – 25.

— **Bochimans** : ceux-ci se nomment eux-mêmes « Kwai-Kwai ». Ils sont d'une taille plus haute que les Pygmées, mais, comme ces derniers, leur principale préoccupation est la chasse. Van der Kerken (o. c., p. 9), cité par Tshimbombo (o. c., p. 51) les décrit comme ayant une peau jaunâtre, des cheveux crépus et réunis en touffe sur une tête dolichocéphale. Le mot même du bushmen indique combien de mépris les Anglais les désignent comme des gens de brousse.

Les Zoulous de leur côté les appellent « Abatua » avec un certain accent de mépris également. Ils durent soutenir de nombreuses guerres meurtrières contre les divers envahisseurs dont les plus exterminateurs furent naturellement les hommes blancs[709]. (Pensez ''apartheid'').

— **Nilotes :** nom que le Nil, le plus long fleuve du monde a donné à un ensemble de peuples, très distincts entre eux, mais avec une certaine unité ethnographique et linguistique. De haute taille, peau noire, nez épaté, ils sont dolichocéphales et prognathes avec un front fuyant. Eleveurs de gros bétail, il semble que dans un passé non trop éloigné, ils étaient tous des nomades et guerriers très redoutés pour la défense de leurs cheptels et l'agrandissement de nouveaux pâturages. Mais avec le temps et surtout le contact avec des sédentaires, beaucoup de peuples nilotiques, comme les Tutsi, ont, tout en continuant l'élevage du bétail, adopté le système sédentaire, tandis que d'autres, comme les Massaï, continuent jusque de nos jours à pratiquer un véritable nomadisme avec leur élevage[710]...

— **Hamites** : ceux-ci sont des peuples d'origine européenne ou asiatique, appartenant comme le décrit Van der Kerken (o. c. p. 9) aux populations caucasiennes à teint foncé. Dolichocéphales, au nez droit et à la figure quadrangulaire, les plus connus de ces peuples sont les Berbères (cf. les Lybiens, Maures et autres Numides). Les Egyptiens et les Ethiopiens (au visage brûlé) — cf. R.Cornevin, Histoire de l'Afrique des origines à la 2e Guerre mondiale, Payot, Paris 1964, p. 99, cité par Tshimbombo, o. c. p. 55 — que l'on tient pour un mélange des Hamites et des Nègres, refoulèrent sans aucun doute ces derniers vers le sud. Puis les Ethiopiens eux-mêmes ont dû émigrer vers le Sud-est. Selon **Cheik Anta Diop**, toute l'Afrique du Nord était plusieurs millénaires avant le Christ, habitée par des Noirs ; les anciens Egyptiens et Ethiopiens étaient des Noirs — cf. Cheik A. Diop, « Nations Négres et Culture » in Présence Africaine, Paris, 1955, pp. 27- 48, cité par Mukenge Shabantu, o. c., p. 27.

— **Arabes** : Ces derniers sont un peuple sémitique, blanc, qui émigra au nord de l'Afrique avant le 1er siècle av. J.-C., jusqu'au 10e siècle apr. J.-C. L'Arabie, leur pays d'origine, est « sur le plan géographique, climatique et

---

[709]Ici Tshimbombo, o. c. pp. 51 – 52 cite H.Descamps, Histoire générale de l'Afrique Noire, T.I., P.U.F., Paris, 1970, p. 64.

[710] cf. H.Baumann et D. Westermann, cités par Tshimbombo Mudiba, o . c. p. 54.

humain, un prolongement du continent africain » — cf. R.Cornevin, o. c. p. 252, cité par Tshimbombo, o. c. p. 56.

Donc, ici au Kasayi, si vous êtes en présence des personnes telles que décrites ou peintes comme Bochimans ; Nilotes ; Hamites ; arabes ou autrement que nous, ce sont des sujets isolés, soit en transit ; soit en tourisme ou en mission quelconque — ici nous pensons à Mr Abdoul Hadrouj, homme d'affaires libanais et ses compatriotes gérants des Maisons de commerce et/ou de Transfert d'Argent (Soficom), ainsi qu'aux Indiens de ''Beltexco'', de ''Serve Air Cargo'' et de la Maison U.A.C./Hero, aux Chinois de la CCT et de CREC 8 et 7, etc. — et pas tout un peuple de ces ressortissants cohabitant avec nous depuis de longues dates.

2.1. Les Pygmées

On ne sait pas parler avec exactitude de leur origine. Mais tous les spécialistes en matière d'anthropologie, ethnologie et linguistique sont unanimes à dire que les Pygmées sont avec les Bochimans, la plus ancienne strate de population de notre pays. Certains continuent à vivre en petits groupes dans la forêt. Equipés d'arcs et de flèches dotées d'une pointe en pierre taillée, ils sont très bons chasseurs et semblent n'avoir pas connu la métallurgie. Ils ont vu leur territoire envahi par des vagues successives, populations noires venues de la savane septentrionale et qui ont pénétré en flots dans le hile du noyau. Et tout le monde s'accorde à considérer les Pygmées comme les premiers occupants de l'Afrique Centrale.

De nos jours, les Pygmées sont dispersés dans toute la forêt équatoriale (du Kasaï jusqu'au Tanganyika et du Shaba à L'Uélé) — ici Tshimbombo Mudiba (o. c. p. 4) et moi-même citons Van der Kerken (cf. « Populations Africaines », in Encyclopédie du Congo-Belge, T.I. p. 104). Leurs noms varient suivant les régions : ''Bafoto'' (de la région comprise entre Lopori et le fleuve Zaïre) ; ''Aka'' (dans le Haut Bomokandi) ; ''Batembo'' (au Lac Moero) ; ''**Basua**'' (dans la région de la Lindi) ; ''**Batua**'' (dans la région de la Busira et au **Kasayi**) ; ''Bafet'' (au Lomani inférieur) ; ''Efet'' (au Nepoko supérieur) ; ''Mato'' (dans la Haute Lukenie) ; ''Atikiti'' (dans le bassin du Bomokandi et de l'Aruwimi) ; ''Wambuti'' (dans les hautes forêts équatoriales du Haut-Zaïre — entendez Province Orientale) — Cf. H.Baumann et D.Westermann, o. c., p. 32, cités par Tshimbombo, o. c., p. 12.

Vivant en petites communautés comprenant 2 à 20 familles réunies sous les ordres d'un chef de famille, les Pygmées restent des vrais nomades et ne font généralement aucune plantation vivrière. Pour s'approvisionner en certaines denrées importantes comme le manioc et le, mais (plantations qui exigent qu'on soit sédentaire pour tous les soins de plantation et d'engrangement), ils vont chez leurs voisins sédentaires à qui ils apportent des produits de la cueillette et surtout de la chasse et reçoivent en retour des armes à feu, des poteries, des vivres, des farines, des tissus, etc. Tous les Bantu qui habitent dans le voisinage des Pygmées savent que ceux-ci nourrissent un vrai respect des choses d'autrui.

Réfléchissons, quelle culture chez ces êtres humains ! « Dans beaucoup d'endroits — écrit Tshimbombo, o. c., p. 46 — les Batua apportent leurs produits déjà bien emballés dans des grandes feuilles de forêt, les déposent à côté du sentier et se retirent à distance ; les villageois viennent et se servent en déposant à la place une valeur correspondante en ou de vivres. Mais souvent, ils ont été contraints de faire le vide devant le puissant envahisseur '' bantu'' et même à se réfugier dans la profondeur des forêts. Cependant, là où ils sont nombreux (ici, Tshimbombo, o. c., p. 50 cite J.Vansina (Introduction à l'Ethnographie du Congo, CRISP, Bruxelles 1966, p. 57), ils ont gardé, comme dans l'Ituri, dans la région de Bandundu, des liens d'échange d'objets avec les villageois Bantu. On croit même, chez les Bantu voisins, déceler certains traits pygmoïdes qui indiqueraient que très probablement il y aurait eu pour certains Bantu des liens matrimoniaux avec les Pygmées (ici Tshimbombo, o. c., p. 110 a cité Van der Kerken — « Les Populations Africaines ». A l'heure actuelle, ils vivent en symbiose avec les peuples agriculteurs, troquant leur gibier contre les produits des champs et autres.

Avant la fin des années soixante-dix, le Président Mobutu entreprit le dénombrement systématique des Pygmées (ces êtres, également créés par Dieu, nos compatriotes pourtant, mais considérés pendant longtemps comme sujets de curiosité[711]), afin de les intégrer dans les diverses composantes des forces vives du pays, armées, etc. Nous déplorons-les démêlées et/ou altercations qui ont eu lieu entre leurs communautés et celles des Bantu dernièrement dans le Nord-Katanga (à Manono, Nyunzu, Kabalo, Moba... Une enquête parlementaire s'impose afin d'établir les responsabilités — l'on parle des mains obscures, aux fins politiciennes !... (Un plaidoyer fait par un des leurs milite pour décrocher jusqu'à quatre ministères, et cela va être une première dans leur histoire depuis 1960).

2.2. Les Bantu

Il est admis qu'il a existé un « noyau bantu primitif », des *proto-bantu*, ancêtres des Bantu [712] actuels. Et retenons que les ¾ de la population du pays et en particulier du Kasayi, sont « Bantu ». L'on signale que l'archéologue

[711] En effet, pour un grand nombre des Kasaïens (et qui vivent en savanes), les Pygmées sont restés un peuple énigmatique ; leur petit nombre et leur vie retirée dans la forêt en ont fait de grands inconnus.

[712] *Bantu* : terme inventé par l'allemand Bleek, il y a près d'un siècle, pour caractériser la parenté existant entre tous les dialectes parlés en Afrique centrale et méridionale – au sud du 5e parallèle – (et il ne correspond nullement à des caractères physiques particuliers) — R. Cornevin, o. p. p. 25

B. Fagg aura découvert dans le plateau de Baoutchi, au Nigeria, une civilisation néolithique avancée, appelée « *Nok culture*[713] », qui connaissait le fer. Cette civilisation s'étendait jusqu'au sud de la moyenne (de la) vallée de la Bénoué (jusqu'au début du néolithique, le Sahara n'était pas encore devenu désert). Mais lorsqu'il se dessécha, cela draina des masses de populations noires et de taille plus grande que les Pygmées. Celles-ci entreprirent des déplacements plus vers le Sud. Une forêt dense les fit obliquer vers l'Est. Elles progressèrent à travers les savanes des actuels Cameroun et Centre-Afrique. Une fraction réussit à descendre par voies navigables (sur l'Ubangui et le Congo) pour s'établir dans la zone des savanes qui commencent loin au nord de Léopoldville. Un ''noyau bantu occidental'' s'y constitua, puis s'étendit jusque dans ce qui fut la province de Léopoldville, le nord de l'Angola et le Congo Brazzaville. Une autre faction, rebelle à la navigation, alla elle plus à l'Est. Arrivée à la limite de la forêt d'Ituri, elle longera le rebord montagneux du graben occidental, pour atteindre la région du **Maniema**. C'est là, du Maniema jusqu'au lac **Kisale** que se situerait, d'après les linguistes, le ''noyau bantu oriental'', d'où les Bantu auraient diffusé dans toutes les directions.

N. Nenguin (cf. *Notes on some earl pottery culture in northern Katanga*, Journal of african History, IV, 1 (1963) pp. 19-32 et **J. Hiernaux**, cités par R. Cornevin (o. c. p. 28) , ont fouillé entre 1957 et 1959, deux vastes cimetières de l'âge des métaux : l'un à **Sanga**[714] au bord du lac Kisale, l'autre à Katoto sur le Lualaba supérieur près de Bukama. « Cette datation (renchérit Cornevin), ouvre des perspectives (absolument impensables il y a seulement 5 ans —son ouvrage est édité en 1970), sur la protohistoire bantu, car les fouilles ont ramené, en plus de nombreux squelettes qui semblent très proches de ceux des actuels **Baluba,** une abondante poterie très différente de l'actuelle ; mais surtout de nombreux objets en cuivre et en fer.

En outre, l'existence de lingots de cuivre en forme de croix de Saint-André appelés ''croisettes '' (*nkanu ya biombo* en Tshiluba), apparaît particulièrement intéressante, car ils étaient certainement destinés à l'exportation et prouvent que cette Afrique Centrale réputée inaccessible et à l'écart de ''civilisation'', avait bel et bien des relations commerciales avec l'extérieur, à l'époque où l'Europe occidentale était elle-même assez peu civilisée »[715]. Mais comment… ?...

Alors, cela ne nous dit-il rien ?... Cela ne vous dit-il rien ?... **Pourquoi ces cotes ou mentions à l'endroit de nos ancêtres ont-elles disparu ? (Continuez vous-même ce questionnement)…** Revenons à notre relecture.

Pendant qu'une autre vague bantu remontait vers le Nord jusqu'à l'Uélé, et une autre dans la région inter lacustre, il y a eu d'autres vagues non bantu.

---

[713] Le carbone 14 la date du 1er millénaire av. J.-C., cf. R. Cornevin o. c. p. 27.

[714] Le carbone 14 a permis de dater celui de Sanga du VIIIe ou IXe siècle.

[715] R. Cornevin, o. c. p. 28.

En seront issus : les Zande - Nzakara ; les Banda et les Gbaya (qui ont reflué vers l'Ouest) ainsi que les Adamawa dans le Haut-Mbomu et les Mangbetu (nilotiques refoulés vers le Nord vraisemblablement par la poussée bantu). Tous ces peuples créeront des empires (Baluba et Lunda) et les royaumes (Kongo, Kuba, Mongo, Azande, Mangbetu), ainsi que des royaumes inter lacustres (Hunde, Nyanga, Havu, Shi, Furiru, Nande) avec un mwami à la tête, chef de terre et de bétail. (Mais nous n'irons nous attarder que sur les royaumes et empires ayant une connotation particulière avec le **Kasayi**).

Les Bantu forment la plus grande partie de la population des pays d'Afrique centrale, donc nos contrées y compris. Ces peuples à la forme, aux traits physiques, langues, culture et mœurs très proches, sont un ensemble de peuples noirs, émigrés du nord-ouest du continent Africain par la vallée de Bénoué.

Voici comment Van der Kerken — cité par Tshimbombo, o. c., p. 57 — peint les Bantu :

''Les Bantu présentent une stature en général moins haute que celle des Nilotiques. La tête est moins allongée ; un prognathisme moindre, un nez plus étroit et une coloration de la peau allant du noir au brun. Sans doute à cause de tous ces mélanges, les Bantu offrent-ils des types d'hommes ressemblant tantôt aux Négrilles ou Bochimans, tantôt aux Nilotiques et aux Hamites, voire aux Sémites''.

Selon Tshimanga wa Tshibangu, leurs migrations sont liées au dessèchement du Sahara qui, au début du Néolithique, n'était pas encore devenu un désert (mais il l'est devenu à la fin de cette période). Cela déclenchera la séparation de l'Afrique tropicale des pays de la Méditerranée. Et « cet isolement » va être « l'une des principales causes du retard technique de l'Afrique Tropicale par rapport au foyer méditerranéen »[716]. Ces populations habitaient une vaste région qui va en gros de Douala au Cameroun à la rivière Tana au Kenya. Partis de la Bénoué, les Bantu s'enfonceront dans la forêt, puis la contourneront pour peupler les savanes immédiatement au Sud, refoulant les anciens habitants peu à peu vers l'Afrique méridionale. Ils s'établissent dans le Bas-Congo, le Mai-Ndombe, le Bandundu…

A propos du terme « Bantu », R.Corvin nous fait remarquer que « le mot Bantou ne correspond nullement à des caractères physiques particuliers. C'est un terme linguistique inventé il y a près d'un siècle par l'Allemand **Bleek** pour caractériser la parenté de quelque 360 langues parlées d'une ligne sensiblement horizontale passant un peu au nord de la frontière septentrionale du Congo. L'homogénéité relative de ces langues

[716]Tshimanga wa Tshibangu, o. c. p. 13

agglutinantes, à préfixes et à suffixes, s'oppose à la diversité extrême des langues soudanaises »[717].

Cornevin nous renseigne également que J.Hiernaux[718] avait entrepris des fouilles sur plusieurs sites au Rwanda et au Kivu. Ces fouilles l'ont amené à découvrir des traces (certaines) de la métallurgie du fer ainsi qu'une poterie très différente de l'actuelle, caractérisée par un bord biseauté, une fossette à la base et une décoration en bande horizontale variée et originale. Il renchérit qu'une poterie analogue avait été découverte au Kenya, sur la rive nord-est du lac Victoria, par l'Anglais Leakey à laquelle il donna le nom de « *dimple based pottery* », en raison de la fossette basale. Et que par la suite, des sites de *''dimple based pottery''* sont repérés dans le centre du Tanganyika et au Congo dans la province du **Kasaï** et celle de Léopoldville. Aussi, ayant remarqué la répartition de tous ces sites en territoire linguistique bantou, J.Hiernaux ira-t-il en déduire que ces sites marquent sans doute des étapes sur les voies de migrations des ''proto-bantou'', ancêtres des (60) millions de bantous actuels.

A la fin du 1er millénaire, ces ''proto-bantou'' (possédant la technique du fer et grâce à leurs armes et outils agricoles), ont pu s'étendre progressivement vers le Sud et l'Est, et s'imposer ainsi aux peuples peu nombreux, cueilleurs et chasseurs de leur état, « mésolithiques », qu'ils ont trouvés sur leur passage. Contrairement à ce que l'on pensa, que Méroé, la capitale de l'ancien royaume de Kouch située au nord de l'actuel Khartoum avait été le seul foyer de la métallurgie du fer en Afrique — (des montagnes de scories prouvent en effet qu'il exista à partir du IVe siècle avant Jesus-Christ et peut-être du Ve, une véritable industrie du fer) — l'archéologue anglais B.Fagg aura découvert au Nigeria, dans les mines d'étain du plateau de Baoutchi, une civilisation néolithique avancée, appelée « Nok Culture », qui connaissait le fer ; le carbone 14 lui donne cette date : 1er millénaire avant Jésus-Christ… '' Il est donc possible que la métallurgie du fer inventée par les Noirs de Nok, ait précédé celle de Méroé, attribuée, elle, à des influences assyriennes'', conclue Cornevin, o. c. p. 27.

La Zone d'extension de la « Nok Culture » dépassant au Sud la moyenne vallée de la Bénoué, on peut alors imaginer avec quelque vraisemblance une surpopulation de cette région de Nigéria aux derniers siècles avant Jésus-Christ, due à l'arrivée massive de néolithiques sahariens fuyant l'assèchement du désert, entre – 2.500 et – 500. C'est alors que le « noyau primaire proto-bantou » aurait entrepris une migration vers le Sud. Mais la forêt dense commençant à 200 Km au sud de la Benoué, ce noyau dû

---

[717] R.Cornevin, o. c. p. 25

[718] La Ville de Luluabourg a connu fin des années 50 et début 60 un Mr. Hiernaux, Directeur de l'Imprimerie du KASAYI (qui publiait le grand journal de la place, le Journal '' KASAYI ''), et grand arbitre de football comme papa Fr. Luakabuanga et Thomas Nkashama.

obliquer vers l'Est (Tshimanga l'a fait voir plus haut), à travers les savanes des actuels Cameroun et République Centre-Africaine…

Comme dernier mot sur l'occupation du territoire : nous retiendrons que l'on admet généralement qu'il y a eu deux grands courants migratoires pour le peuplement de notre pays. D'une part, il y a eu l'axe principal de migration des peuples de langues négritiques orientales dirigé de l'Ouest vers l'Est, qui est parti de la vallée de la Bénoué et a pénétré dans le domaine des langues ''bantu'' et celui des langues nilotiques jusqu'à la vallée du Zaïre (lisez Congo). D'autre part, le second courant migratoire s'effectue du Nord vers le Sud. En sont issus, les Banda et les Gbaya, lesquels, après s'être déplacés vers l'Est, ont reflué vers l'Ouest au XVIIIe siècle devant l'expansion *Zande – Nzakara*. Après d'autres grandes migrations bantu se sont étalées du 1er au XVIe siècle ; déplacements qui se sont opérés du Nord en tournant par l'Est le massif forestier de l'Ituouri, puis se sont infléchis vers le Sud à la hauteur du Lac Mobutu (lisez lac Albert). Une autre vague *Adamawa – Orientale* atteint le haut-Mbomu par le Nord, en même temps qu'une vague bantou descendait le Congo et remontait vers le Nord jusqu'à l'Uélé. En même temps, les Mangbetu (nilotiques refoulés vers le Nord vraisemblablement par la poussée bantu) créaient un royaume sur le haut-Uélé vers le XVIIIe siècle. L'action décisive des Bantu ira se concentrer surtout dans les savanes du Sud — Ibidem.

ROYAUMES ET EMPIRES

Royaume Kongo *:* Ce royaume fut fondé par un certain Nimi a Lukeni entre le début du XVe siècle et le début du XVe siècle. Il s'étendait entre le Kwuilu-Niari au Nord, passait par le Pool Malebo (ex Stanley-Pool), longeait le Kwango à l'Est. Les provinces qui constituaient le noyau du royaume étaient Mpemba (la capitale), Soyo, Mbamba, Nsundi, Mpangu et Mbata. Le règne d'Alfonso 1er (1506 – 1543) inaugure la grande réforme administrative imitée du Portugal. Les premiers contacts de ce royaume avec l'Europe se sont établis à partir de 1482.

Durant le règne d'Antonio 1er (1660 – 1665) eut lieu la guerre de Mbwila, au cours de laquelle le roi et plusieurs nobles périrent. Il s'en suivit de nombreuses querelles dues à la prétention au trône. Celles-ci ainsi que la perte de plusieurs millions d'êtres humains valides emportés outre-mer dans le commerce triangulaire surtout après l'*asiento* du mois d'août 1701, affaiblirent le royaume — Cf. Tshimanga wa Tshibangu, o, c., pp. 15 – 17. Pour autres détails, voir supra.

Royaume Kuba : Les populations constituant ce royaume occupent la contrée entre le Sankuru au Nord, le Kasaï à l'Ouest, la Lulua au Sud, exactement à la limite de la cuvette congolaise (la courbe hypsométrique de 500 m d'altitude le traverse) qui correspond à cette latitude (4° Sud) à la limite de la forêt dense. Les Bakuba se nomment eux-mêmes '' *Bashi Bushongo* '' [719] c'est-à-dire, le peuple du couteau de jet (leur ancienne arme). Sous le règne de Shamba Bulongongo, le royaume s'accrut jusqu'à contenir la plupart des peuples voisins. Le *Moaridi,* historien en charge des traditions orales à la cour royale, avait pour mission exclusive de conserver dans sa mémoire les légendes se rapportant à l'installation dans le pays et aux généalogies royales. L'art de la sculpture et de la décoration sont des particularités de ce peuple. Les œuvres Kuba[720] : masques, tambours, boîtes à fards, coupes, statues royales donnent à ce peuple une place de choix dans les musées — Cf. R.Cornevin, o. c., pp. 40 – 41... Pour autres détails, cf. supra.

Empire Lunda (ou des Balunda)[721] **:** les Lunda et les Tshiokwe constituent une confédération des peuples organisés en petites chefferies matrilinéaires, commandées par des chefs de terre. Nous sommes au XVe siècle.Vers les années 1600, Tshingudi et Tshinyama, deux fils du chef Lunda Muaku Nkond, manquèrent de respect à l'endroit de leur père. Celui-ci les désapprouva et transmit le pouvoir à sa fille Lueji qui, par la suite épousa Tshibinda Ilunga, un chasseur Muluba et fils de Kalala Ilunga (le fondateur du Second Empire Luba).

Mais lorsque Lueji remit à son mari l'anneau (ou le '' *Lukanu* '' c'est-à-dire le bracelet en fer entouré de nerfs de bœuf) — insigne du pouvoir — que portaient les chefs Bungu dans le Sud-ouest du Katanga actuel), ses deux frères quittèrent définitivement le pays.

Tshingudi partit vers l'Ouest ; il traversa le Kasayi et fonda le royaume ***Ibangola*** sur le Kwango dans l'actuel Angola. Et l'origine du royaume Tshokwe est à attribuer à Tshinyama et ses partisans qui eux, prirent la direction du Sud et se sont installés sur la rivière Luena en Angola. Mwaant Lusindji Naweji, fils de Tshibinda (se prononçant Kibinda au Katanga) — né d'une seconde femme, car Lueji était stérile — se mit à organiser ce grand ensemble. Mais c'est son fils et successeur, **Mwaant Yaav** qui régna de 1660 à 1670, qui fut le véritable architecte de l'empire Lunda ; et son nom est devenu le titre royal du pays qui s'est étendu vers le Sud entre le Kasayi et la Lulua, avec **Musumb** comme capitale.

Dans la seconde moitié du XIXe siècle, les Bayeke de **M'siri** à l'Est, les Tshiokwé et les Luena au Sud, attaquent l'empire. Ces Tshiokwe établis dans le nord de l'Angola, dans la zone des savanes aux sources de la rivière **Kasayi**, trafiquaient avec les Portugais qui leur fournissaient des armes à feu, contre de l'ivoire et les esclaves. Ils ont été les premiers à appeler les

---

[719] Luntumbwe, o. c. p. 9, leur ajoute ces autres vocables : Bashi – Bushongo, Bapiang, Bambala, Bangende, Bangongo.

[720] Le nom « Kuba » signifie éclair et leur a été donné par les Baluba terrorisés par ces fameux shongo ou couteaux de jet (sic).

[721] '' Lunda '' signifie ''amitié''

habitants de la vallée de la Lulua du nom de ''Bena Lulua''. Ils se lièrent d'amitié avec le chef Mukenge Matadi qui deviendra **''Kalamba''— nom d'origine Tshiokwe** signifiant ''grand roi, en Tshiluba ''Mfumu munene'' ou ''Muannangana''.

Une parenthèse : Voici ce qu'écrit P. Raucq[722], à propos de ce Mukenge et son peuple :

« Le 30 octobre 1881, l'explorateur allemand Paul **Pogge**, accompagné de son jeune compatriote, le lieutenant Hermann Von **Wissmann**, arrivaient en vue de la rivière Luluwa, à la hauteur du 6e parallèle Sud. Cette arrivée avait été précédée chez les populations riveraines, d'une période d'attente de quelques années, où s'étaient noués des contacts avec une tribu qui entretenait des relations avec les Portugais établis en Angola, les Tshiokwe. En fait, c'est l'insistance d'un chef des bords de la Luluwa qui avait, dans une large mesure, décidé la mission de l'*Afrikaanische Gesellschaft in Deutshland*, à s'enfoncer ainsi au cœur du bassin du Congo. Le chef, qui venait de prendre le nom de **Kalamba** (= grand chef en langue Tshiokwé) appartenait à une tribu divisée en multiples petites unités politiques, qui avaient adopté depuis peu — en innovant un rituel sur la consommation du chanvre à fumer — le nom de Bena Moyo (= ceux qui ont la vie). Les Tshiokwé les appelaient Bashilange ; eux-mêmes ne se connaissaient auparavant d'autre nom que celui de Baluba, car ils étaient issus de cette grande ethnie dont ils parlaient la langue, le Tshiluba ; ce n'est que plus tard qu'on les désigne sous une appellation géographique pour les différencier des autres rameaux de cette ethnie, ils sont devenus les Luluwa ». Nous fermons la parenthèse.

Empire Luba : Quand on interroge les **Bena Lulua**, les **Bakua Luntu**, les **Baluba, etc**. sur leur origine, les réponses sont toujours assez identiques. Ils connaissent parfaitement leurs ancêtres patriarcaux des dernières 4 ou 5 générations. Si l'on insiste pour remonter plus haut, ils ne savent plus… Finalement ils se rappellent quelques expressions qui indiquent que leurs ancêtres viennent de '' *Ku Nsanga' a Lubangu* '' (= du côté des chênes à entailles), ou '' *Ku mukuna''* (= en amont), ou ''*Ku Miabi''* (= là où se trouvent des arbres-fétiches à écorce blanche)[723], ou '' *Ku mpata ya makasa mangi* '' (traduisez : ''des plaines à innombrables pieds'' — entendez ''à populations denses''), ou bien encore '' *Ku Mbilanji ibidi''* (= de la région des 2 rivières Lubilanji)… L'explication de ces expressions nous mènerait trop loin, mais leur interprétation nous indique que les ancêtres sont venus du côté de l'Est. Si l'on insiste encore, on entendra des noms d'une

---

[722] P.Raucq, Les relations entre tribus au Kasaï, dans '' Africa Tervuren'', VII, 2 (1961) 47, cité par Tshimbombo, o. c. pp. 79 – 80.

[723] Allez voir ce type d'arbre de part et d'autre du petit boulevard qui passe devant le Château – d'eau de Kananga) vers le Centre Protestant

généalogie finissant presque toujours par... *Mutombo wa Nkole, Nkole wa Bende, Bende wa Mulopo waakafuka bantu bonso* (= l'Etre Suprême qui a créé tous les hommes) — cf. Joseph Van Keerberghen, Origine des populations du Kasayi, Ed. Archidiocèse, Kananga, 1990, p. 11.

D'après **E.Verhulpen**, Baluba et Balubaïsés du Katanga, p. 23, cité par Mabika Kalanda, o. c., p. 67. les Baluba sont « un groupe linguistique formé par les populations parlant divers dialectes luba ». Ce groupe comprend : les Baluba du Kasayi, les Bena Lulua, les Bakwa Luntu (Bena Konji), les Bena Kanyoka, les Bakwa Kalundwe, les Baluba Shankadi, les Baluba Hemba, les Baluba Sanga, les Wazula et quelques groupes Wagenia. Le R.P. **Vandermeiren** dit que les Baluba Hemba sont intimement apparentés aux Baluba de l'Ouest et du Sud-ouest dont ils partagent les croyances, les coutumes et la langue (Cf. J. Vandermeiren, Vocabulaire Kiluba-Hemba, p. 5, cité par Mabika Kalanda)— Ibidem. Il y eut un Premier puis un Second Empire Luba, voir supra.

Royaume Mongo : il aurait été constitué par les Lia entre les XIVe et XVIe siècles, dans les environs du lac Maï-Ndombe. Dans ces divers groupes mongo se développe l'institution du *Nkumu* ou chef sacré. Les « Bamongo » semblent être des immigrés venus du Nord et des envahisseurs assez récents de la boucle du fleuve. Ils ont refoulé dans la forêt les premiers habitants qui étaient les Pygmées, ainsi que les autres peuples bantu qui se livraient à la chasse et à l'agriculture. Les **Tetela**, un groupe de cet ensemble **mongo**, seraient venus de l'embouchure du Lomami. Au XIXe siècle, ce groupe de l'Est a participé activement à la traite des esclaves pratiquée par les Arabes. C'est ainsi que Ngongo-Lutete s'était engagé au service de Tippo – Tip, et avait mis de nombreux Batetela à son service. Des postes arabes ont été créés à Nyangwe, Kasongo et Kibombo. L'Etat indépendant du Congo (E.I.C.) ira mener une lutte contre cette traite dans la dernière décennie du siècle. Pour autres détails, voir supra.

Royaume Azande : Les Azande seraient partis, à la fin du XVIIe siècle, de la zone centrafricaine occupée par les Nzakara et se sont dirigés vers le Sud. Nous les trouvons surtout dans la plus grande partie de la savane entre Mbomu et Uélé, tandis que les forêts situées plus au sud sont occupées par les Mangbetu et leurs voisins. Ces régions ont d'abord été occupées par les Pygmées, ensuite par les Bantu qui furent refoulés plus loin à leur tour par de nouveaux arrivants originaires du Soudan. Ils ont créé au XVIIIe siècle, une monarchie dirigée par la dynastie *ngbandi*. Après 1850, le royaume mangbetu qui s'était constitué dès le XIXe siècle se fractionne en deux grandes parties. Les Mangbetu comme les Azande avaient reçu des armes des mains des Arabes venus du Soudan et se sont alors livrés au trafic des esclaves et de l'ivoire — Cf. Tshimanga, o. c., p. 21 – 22.

Royaumes inter lacustres : Des populations bantoues marchant vers le Sud s'installent dans la région inter lacustre, vers le 1er millénaire. La nature du sol y est fertile, car d'origine volcanique. Elles assujettissent les populations trouvées sur place, les Pygmées, et s'adonnent à l'agriculture et à l'élevage bovin. Vers le XVIe siècle, les populations Lega venues du Nord-est se sont avancées jusqu'au Maniema, suivies par d'autres immigrants, dont les Hunde, Nyanga, Havu, Shi, Furiru et Nande. Chaque groupe s'est doté d'institutions assez centralisées et d'un roi, mwami, à la tête, chef de terre et du bétail — Ibidem.

3. Origines des populations du Kasayi (suite)

Ici nous irons survoler ce qu'a retenu l'élite du **Kasaï** à propos de nos origines. Nous reconnaissons à cette élite autochtone, la probité intellectuelle, car, elle a enrichi sa contribution en citant entre autres les travaux de J.Vansina, H. Bauman et D. Westermann ; E. Verhulpen ; R.P. Colle ; R.P. Dénolf, R.P. Van Caeneghem, R.P. De Clercq, Dr Ludwig ; Wolf, etc. Et bien que nous avons eu à parler des ''Baluba'' et ''Lulua'' plus haut, nous reviendrons sur ces deux clans en tant que composantes des ressources humaines de nos contrées. Voici ce que nous dit cette élite à propos :

'' malgré leur unité linguistique, ethnologique et culturelle, les liens qui unissaient les Baluba, le lien politique en particulier, se sont relâchés depuis plus d'un siècle. Cette situation procède de l'émiettement du premier puis du deuxième empire muluba. La chute du Premier Empire (XVIe siècle) fut suivie des migrations vers et à travers le Kasaï... Les Baluba du Katanga, les Lulua, les Bakwa Luntu, les Bena Kanyoka, les Basonge ainsi que ceux qu'on appelle vulgairement les Baluba au Kasaï, sont tous des Baluba authentiques'' — Cf. Mabika Kalanda, o. c., p. 68... De son côté Luntumbwe écrit :

> « Bien qu'ils paraissent quelque peu filandreux, les récits que nous avons écoutés, dont certains ont été notés, conduisent à la vérité : les Baluluwa sont originaires de l'Est. Selon Bakajika Bampange Mafuala et Nkashama Lubuebue : Nkole Luabanya fut un puissant seigneur. Il engendra, dans cette station de l'Est plusieurs enfants parmi lesquels :
> Bemba Muansa, ancêtre des Babemba ;
> Ilunga Kunda, ou Kakobu, ancêtre des Bakunda, desquels viennent les Bena Ilunga, parfois appelés Baluba;
> Kaonde, ancêtre des Bakaonde ;
> Lamba Lamba, ancêtre des Balamba ;
> Lunda a Luej, ancêtre des Balunda ou Ba Ka Lunda ;
> Lupemba (Mupemba) Mushilangenyi, ancêtre des Bapemba qui s'appelleront plus tard Bashilange (le diminutif de ''Ba a Mushilangenyi ''), Bena Moyo, Bena Luluwa ;
> Mpemba a Nkole, mère des Bana ba Mpemba ou Bahemba ;

Muyembi Nkaasa, ancêtre des Bayembi ou Basonge;
Mpendé Tangwa, ancêtre des Bampende ;
Musanga Mukulu, ancêtre des Basanga ou Bayeke ;
Mulolo sha' a Mukadi, ancêtre des Ba Shankadi;
Tabua, ancêtre des Batabua ;
Ngola Cimbadi, ancêtre des Bena Ngola (Bibandi);
Yombe, ancêtre des Bayombe…

Après la mort, ses enfants connurent une dissension qui entraîna leur dispersion. Profitant des querelles du groupe resté sur place, Nkongolo Luba — (Tshimanga wa Tshibangu lui, parle d'un immigrant Musonge, Nkongolo Muamba, et rejoint ainsi Mabika Kalanda qui parle d'abord de Nkongolo tout court, cf. p. 69 et lui ajoute Muamba à la page 70, qu'il fait venir de Maniema au-delà de Kabambare de la tribu des Basonge, de la maison de Muyembi Nkaasa) — prit le pouvoir et se fit empereur de la région située entre le Lualaba et la Lubilashi, entre le XIV et le XVe siècles. Les populations soumises à son autorité furent appelées '' Baluba ou Bena Luba '', gens ou sujets de Luba. Mais s'étant comporté en véritable despote, Ilunga Kalala ou Ilunga Mbidi ou *Muibidi* (fils de Ilunga Kunda ou Ilunga Mukole ; c'est-à-dire Nkongolo), le renversa et se proclama empereur. Ses gens prirent le nom de '' *Bena Ilunga* '' ou ''*Balungu* ''… Après Ilunga Mbidi, son fils Ilunga Kakobu n'aurait pas réussi à garder l'unité du pays et les invasions étrangères provoquèrent des migrations vers les Etats forts, tel que celui de la Luluwa, de Bushongo, etc. » — Cf. Luntumbue, Histoire de la Luluwa, Ed. Jeune Afrique, Edition Conseil, Paris 1982, pp. 20 – 22. Tshimanga wa Tshibangu revient pour nous faire savoir ceci :

« Dans l'empire, les chefs héréditaires étaient les membres du lignage de Nkongolo ou de Kalala Ilunga[724]. Le pouvoir se fonde sur le concept de « bulopwe », une qualité sacrée inhérente au sang du porteur, transmise par les hommes et donnant en même temps le droit et *les moyens surnaturels* pour régner. L'empereur est assisté par un conseil des sages et des fonctionnaires titrés dont le « tuite », chef militaire. (Mais nous nous irons joindre à « *tuite* » l'attribut « *Luabanya makalenge* » c'est-à-dire le '' garant du pouvoir '' ou celui qui investit, tandis que le chef militaire est le '' *Muadi'a mvita* '' pendant que la '' *inabanza* '' est la gardienne des emblèmes et/ou attributs du pouvoir)…

Des tendances à l'expansion s'observent dès le règne de Kadilo et ses successeurs au XVIIIe siècle. La pression s'exerce d'abord vers le Nord et amène les Songe à émigrer vers le Nord-ouest. Ce fait est à l'origine du mouvement migratoire des ''Luba – Kasaï'' en direction de la vallée de la Lulua. Et là, à partir de 1860, les habitants de la vallée de la Lulua, une branche des Baluba du Kasaï appelés plus tard Bena Lulua, entrent en contact avec les trafiquants d'esclaves et d'ivoire venus d'Angola. Grâce à ces rapports, Kalamba se procure de nombreuses armes à feu.

[724] Voici la tradition que nous donne Mabika Kalanda : Kahatua, fils de Kazadi, vint de l'Ouest, d'au – delà de Lomani et s'établit sur les bords du lac Kisale. Son épouse Ndayi issue des Baluba met au monde un garçon qui reçut le nom de Nkongolo Muamba, ainsi que deux filles Bulanda et Keta. Bulanda s'unira à Mbili Kiluhe grand chasseur et grand chef venu de l'Est, l'enfant qui naîtra est normé Kalala Ilunga.

Et lorsque Lumpungu des Basonge, en collaboration avec Ngongo Lutete, attaque les Baluba qui subissent en même temps les razzia des Tshokwe qui s'étaient infiltrés dans la région à travers les territoires des Bena Kanioka, une fraction importante des Baluba émigra et se plaça sous la protection du chef Kalamba. Pendant ce temps, l'empire Luba du Katanga se divise en deux lors d'une lutte de succession entre Kasongo et son frère Kabongo » — Cf. Tshimanga, o. c., pp. 20 - 21.

Nous venons ainsi, tant soit peu de situer, de circonscrire les populations du Kasayi par rapport aux autres populations ayant appartenu, les unes et les autres, à leur royaume. Cependant, ce que nous rapporte le père Van Keerberghen (qui a lu pour nous « ***Aan de rand van de Dibese*** » écrit par le père Denolf, et s'est servi en plus de la documentation traitant de l'un ou l'autre aspect de l'histoire du Kasayi, ainsi que du sommaire français du livre du père Prosper Denolf composé par le père G. Van Bulck et publié par l'Institut Royal colonial Belge, à Bruxelles en 1954), est plus qu'édifiant.

Notons que l'intitulé de l'ouvrage du père Denolf, qui est un recueil composé de divers cahiers, se traduit en Français : '' *Au bord de la forêt Equatoriale* '', car le mot flamand ''*Dibese* '' signifie : grande forêt impénétrable[725]. (C'est ainsi que ce mot ''*Dibese*'' entra dans notre vocabulaire Tshiluba et est prononcé ''*dibesu* ''). Ecrit en 1950 et comprenant 800 pages, ce ''livre'' du père Denolf[726] — nous dit Van Keerberghen — '' est fort connu dans les milieux universitaires qui étudient l'ethnologie de l'Afrique Centrale. Mais étant écrit en néerlandais, il est resté inconnu du grand public ''. ''Nous voulons '', continue-t-il, '' par le présent livret ''— entendez son petit ouvrage de 46 pages : Origine des Populations du Kasayi, Ed. Archidiocèse, Kananga, 1990 collection Ponts, n°15) — fournir au grand public, les lignes essentielles du livre du père Denolf et mettre ses conclusions scientifiques et historiques à la disposition de tous les hommes et femmes de bonne volonté. Car plus que jamais, ce livre est d'actualité et peut apporter une contribution dans **la lutte contre le tribalisme et le favoritisme** à base clanique'' — Cf. Van Keerberghen, o. c., p. 4.

En guise de **conclusion**, il y a à retenir entre autres ceci :

— « … que ''les migrations au Kasayi qui ont duré environ 200 ans au moins, ont été à la base d'un tel brassage entre les tribus que l'ensemble de celles-ci, en réalité, constitue maintenant une seule et grande famille (…), la grande famille des habitants du Kasayi '' — Idem, §4 ;

---

[725] Cf. Van Keerberghen, o.c.p. 3

[726] Le père P.Denolf, Scheutiste, a passé 30 ans de sa vie comme missionnaire au Kasayi. Prêtre routier, chargé de visiter les chrétiens des villages éloignés, il a consacré une grande partie de ces 30 ans à questionner les gens, leur faisant raconter les traditions et inscrivait tout. Après 30 ans, il possédait des centaines de petits cahiers, une richesse pour un éthologue. Idem.

— que, ''comme l'a dit l'Apôtre Paul aux Galates nous citons : *Il n'y a plus ni Juif, ni Grec ; il n'y a plus ni esclave ni homme libre ; il n'y a plus l'homme et la femme ; car tous vous n'êtes qu'un seul en Jésus-Christ* » — Cf. Gal. 3, 28 — ainsi, il n'y a plus ni Muluba, ni Muena Lulua, ni Mukua Luntu, ni… Il n'y a que des Frères!'' — Idem p. 5…

(Ici il y a lieu de vous signaler qu'un des responsables de l'Hôpital de Naria, en Galilée, a énoncé lors d'une émission télévisée par la Chaîne *I 24* (*''aï twenty-four* ou ''i vingt-quatre'') — entendez Israël 24, cette vérité en ces mots : '' **lorsqu'on entre ici, on cesse d'être** Juif, **d'être** Arabe, **d'être** Israélien, **d'être** Syrien, **d'être** chrétien ; **ici on est *corps soignant* et *malade*** ;

— que ''toujours à propos de l'origine des Bantu en Afrique centrale, les connaisseurs de l'histoire des peuples d'Afrique pensent que, aux temps les plus reculés, les Bantu habitaient la région qui s'appelle maintenant le Nigéria. Partis en migration, ils auraient franchi des régions de l'actuel Cameroun, celles de l'actuelle Centrafrique, et atteint le fleuve Zaïre (lisez Congo) pour s'installer dans la Cuvette centrale. Une partie de la population ''Bantu'' descendit vers le sud de l'actuel Zaïre (lisez Congo) et l'Angola ; une autre bifurqua vers le Kivu et de là descendit vers le Sud et l'Est africain. La population actuelle du Kasayi a été formée par des apports venus d'une part de l'Ouest et d'autre part de l'Est.

Ainsi, le **KASAYI** a été le creuset où différentes populations se sont rencontrées et se sont confondues ensemble pour finalement former un nouveau peuple. » — Idem, p. 6.

Et ce nouveau peuple ne s'appelle-t-il pas ***'Bena Kasayi* '' ;** au Katanga il est appelé ***« Ba Kasayi »*** et dans le reste du pays on nous désigne '' Baluba'', ce dernier vocable incarnant ''*Tshiluba,* '' le parler '' qui, tout en se faisant entendre loin du Kasayi, est devenu le plus grand commun communicateur des natifs, des '' peuples'' du Kasayi. Et pourquoi ne pas en être fier ? Chaque peuple n'a-t-il pas son identité ; n'a-t-il pas son histoire ? Et Dieu l'a voulu ainsi !... **C'est le Très Haut qui a donné un héritage aux nations, qui a fixé les limites des peuples** — cf. Dt 32, 8… Oui, un nouveau peuple, dont les composantes occupent telle et telle portion de l'espace devenu **'' le Grand Kasayi** '' !

Pour ce qui est de l'occupation lointaine de cette aire géographique — délimitée de la façon suivante : à l'Ouest : le fleuve Kasayi ; au nord et à l'est : la rivière Sankuru (appelée Lubilanji ou Lubilashi en son cours supérieur) ; au Sud : la frontière méridionale des 2 Kasayi actuels (Occidental et Oriental) avec le Shaba (lisez Katanga) et l'Angola — que le père Van Keerberghen a appelée :

''l'*Entre – Kasayi – Sankuru* '', et à l'aide des données diverses contenues dans le livre du père Denolf, nous retenons une reconstitution historique très sommaire que voici :

Dans un passé lointain, la région de l'''**Entre-Kasayi-Sankuru**'' était habitée par des peuplades (...) du genre ''Pygmoïdes''. A l'heure actuelle, il n'en reste plus que peu de survivants à l'état pur dans les forêts des zones de Mweka et de Lusambo. On leur a donné les noms de Tuyeke, Batua, Batshua ou autres expressions de ce genre. Bien plus tard, il y eut l'immigration des peuples matrimoniaux dans toute cette région : les Babindi, les Bakete, les Balualua, les Basala Mpasu (...) — populations venues de l'Ouest, c'est-à-dire du côté du Kwilu et du Kwango. — Cf. Van Keerberghen, o. c., p. 8.

Selon leurs traditions, les Babindi ''Bashi Mboyi'', c'est-à-dire les Babindi du Sud, sont venus de l'Ouest. Ayant pénétré dans la région jusqu'au lac Munkamba et même jusqu'aux rivières Lubi et Mbuji-Mayi, ils se sont heurtés aux Bakua Mputu et Bapemba-Baluba, qui les ont repoussés en direction du Sud-ouest. Après avoir traversé la Lulua, la Miyawu et la Lutshiatshia, ils se sont fixés à leurs emplacements actuels. D'autres peuplades sont venues, probablement du Nord-ouest, c'est-à-dire du côté du lac Maï-Ndombe. Elles se sont fixées dans la région qui est actuellement la Zone ou Territoire de Mweka ; leur point central était Mushenge. Il s'agit des peuplades que nous appelons maintenant d'un nom commun : les Bakuba, mais eux-mêmes s'appellent Bashi Bushongo, Bapianga, Bambale, Bangende, Bangongo.

Au Nord-est, il y avait aussi la tribu très ancienne des Bakua Mputu dans la région qui s'étend entre les sources de la Lukibu jusqu'à Lusambo. Les Babindi *ba Nkusu* disent qu'ils sont apparentés aux Bakua Mputu. Telle était la situation dans l'« Entre – Kasayi – Sankuru » au début du 17e siècle. Et que, en ce qui concerne les vagues de migrations — vers le Kasayi — on doit remonter jusqu'au premier royaume Luba. — Van Keerberghen, o. c., pp. 8 - 9.

En outre, Van Keerberghen ira nous rappeler que de l'union d'une fille de Nkongolo avec un certain Ilunga Mbidi (aussi appelé Kakenda) venu du lac Upemba, naissent deux fils, Kisulu et Kalala Ilunga. C'est ainsi qu'il parlera de trois vagues d'immigrations :

Première vague

Une guerre de succession opposera Kisulu à son frère Kalala Ilunga ; ce dernier en sort vainqueur et devient le fondateur du deuxième royaume Muluba, qui sombrera, suite à un autre différend pour la succession. Une grande famine — « *lukota* » ou « *tshiyole* » [727] — s'en suivit et une partie de la population du royaume quitta la région et marcha vers l'Ouest, en quête de paix, de bonnes terres, de forêts et de nourriture. Cela se passa vers 1650.

[727] (Cette famine) était causée par le manque de pluies et par les sauterelles — ''mpasu ya mikumbi'' (criquets) qui mangeaient tout sur leur passage.

Le premier groupe d'émigrés vient s'installer dans la vallée de la Luilu et la Lubilanji ; ils y sont jusqu'à ce jour et s'appellent les **Bena Kanioka** [728] (la graphie permet aussi Kanyoka, la phonétique est la même). Un autre groupe marchera en direction de la rivière Mbuji-Mayi, traverse la Lubi et pousse vers la vallée de la Lulua et ceux-ci se dispersent dans toute la région du centre du Kasayi ; ces émigrés se mêlent à la population locale (les **Bakete**) et seront appelés plus tard les **Bena Lulua**. Ces nouveaux venus sont des patriarcaux et parlent le '' Tshiluba ''. Ils répandent cette langue ''partout dans toute la région où auparavant se parlait le Tshikete ou quelque autre langue apparentée ''— Cf. Van Keerberghen, o. c., pp. 11 – 14.

Deuxième vague

Celle-ci partira également de chez les Baluba Shankadi, vers les années 1700. Constituée par un groupe qui s'est avancé vers l'actuel Dimbelenge et s'y est fixé, elle bouscule les **Babindi ba Nkusu** et les **Bakua Mputu** ; ces nouveaux émigrés seront appelés **Bakua Luntu**.

Troisième vague

Celle-ci eut lieu au début du 18e siècle, et elle était constituée par ceux qui se sont fixés dans la région entre les rivières Lubilanji à l'Est et la (grande) Lubi à l'Ouest — plus précisément dans les zones actuelles de Mbuji-Mayi, Ngandanjika et une partie de Muene-Ditu.

Les autres terres devant eux ayant été occupées par les vagues précédentes. Ceux qui ont constitué cette troisième vague seront appelés **Baluba du Kasayi**[729]— Idem pp. 15 – 16. Plus tard, deux guerres viendront perturber ces fixations. La première [730] est celle que les Bena Kanioka de Tshipama (eux- mêmes émigrés de chez les Baluba Shankadi et venus s'installer dans la région de la rivière Luilu et des collines de Mulundu) feront contre les Bakete et les Baluba. (Muzembe soumit toute la région jusqu'à la rivière Mbuji-Mayi au nom du roi des Baluba Shankadi auquel lui-même payait tribut. Ce fut entre les années 1750 et 1800).

Cette guerre fit déplacer une grande partie de la population qui habitait la rive droite de la Mbuji-Mayi et vint se fixer sur la rive gauche dans le pays des **Bakete** et l'arrivée de nouveaux venus ne posa pas de problème, car cette région était peu peuplée. (Il s'agissait des **Bakwa Mulumba** venus d'au-delà de la Lubi pour se fixer à Bena Tshilundu à la Lubi ; des Bena Ndumbi et des **Bakwa Mbumba** qui vinrent également se fixer chez les Bakete ; des Bakwa Kande qui se fixèrent près de l'actuelle Mission

---

[728] Bena Kanioka ont eu pour chef Tshipama ; avant lui ce fut Muzembe et plutôt encore Tshiame et Kabw'a Sabue ; Kanda
Kanda est une création de la colonisation —Van Keerberghen, o. c. p. 16

[729] Parce qu'il y a aussi Baluba Shankadi (ceux qui n'ont pas émigrés et qui sont restés au Katanga) aussi appelés Baluba ba Lolo ou ba Kabongo. On appelle également les Baluba du Kasayi ''Baluba ba Mbuji Mayi '' ou ''Baluba'' tout court.

[730] La deuxième sera celle de Ngongo Lutete entre 1891 et 1894 — Cf. supra.

catholique de Tshilundu ; des **Bakwa Kalonji** *''ka Tshimanga''* comme ceux de (Bakwa Kalonji) *''ka Mpuka''*.

Ces derniers envahiront par après les **Bajila Kasanga** habitant la région fort peuplée près du confluent des rivières Lubilanji et Mbuji-Mayi, qui iront s'installer d'abord dans le voisinage du lac Munkamba, ensuite près des sources de la Muanza-Ngoma et de la Lubi'a mpata ; ce qui a forcé les **Bena Tshilundu de Kasonga Mfwamba** de se déplacer vers le Sud et les **Bakwa Kasanzu** vers l'Ouest pendant que les **Bena Kabiye** traversaient la Moyo pour atteindre la rive droite de la Lulua. **Les Bena Mukuna, les Bakwa Tshishimbula, les Bena Kayembe de Shimata et les Bakwa Lule de Nsantu'a Kapongo** iront se fixer près de la rivière Tshibungu.

Alors que les **Bakwa Muanza** traversent la Lulua non loin de la Mission de Bunkonde, les Bakwa Katawa — (anciens voisins des **Bakwa Mushilu** considérés comme ''population plus ancienne de la région autour de Kananga et probablement d'origine locale'') — franchissent la Lulua près de l'actuelle Ville de Kananga. Idem pp. 16 -20.

L'on notera que les Bakwa Kasanzu sont probablement une tribu autochtone qui habitait déjà au Kasayi avant l'arrivée des premiers Bapemba-Baluba et auxquels ils se mêlèrent. D'autres Bajila Kasanga ont traversé la Muanza-Ngoma et vont s'installer dans la zone de Demba ; d'autres encore pousseront plus loin vers les zones actuelles de Luebo où ils refoulent les Bakete au-delà de la rivière Luebo et même de Tshikapa…

(En lisant Muina Kapangi, Les Bajila Kasanga et Autres Enfants de Kole, vous irez découvrir que les '' Wa Bashila'', l'une des grandes si pas la plus grande famille du clan lulua, ont des (re) groupements même en Angola).

En bref, pendant environ 200 ans, il y eut des émigrations et immigrations aux nombreuses et profondes conséquences entre autres :

— le peuplement en grand nombre de la contrée ''Entre – Kasayi – Lubilanji'' ;

— le Tshiluba, langue apportée par les Bapemba et autres Baluba venus de l'Est, après avoir cheminé avec la langue parlée par les tribus Bakete, a fini par s'imposer devant le Tshikete ;

— ces nouveaux venus apprendront aux populations trouvées en place comment planter le manioc, car jusque-là les hommes ne s'adonnaient qu'à la chasse ; ils apprirent également à ces populations de s'habiller de vêtements d'Europe introduits par les Portugais — (avant les nouveaux venus, on se couvrait de façon sommaire de ''madiba'' ou tissus indigènes tissés de fibres de raphia ; de peaux de bête voire même de *''mpeku''* entendez fibres de raphia, ou de feuilles des plantes) ;

— avec l'arrivée de nombreux immigrants, de nouveaux villages se créèrent entre les rares villages existants qui étaient souvent éloignés les uns des autres, coupés entre eux par des galeries forestières et des forêts (*''Dibese''* en Flamand d'où *''dibesu''* en Tshiluba), et qui vivaient en autarcie, sans relation avec d'autres ;

— par ce rapprochement des villages, des unions (mariages) entre personnes de villages différents virent le jour ; et comme les *Bapemba–Baluba* voyageaient beaucoup, se rendant mutuellement visite (cela, se fait encore de nos jours, une culture identique se répandit partout dans la région : la même langue, mêmes proverbes, les mêmes coutumes ;

— les immigrés (la strate de recouvrement), ont introduit le patriarcat que les Bakete, **Basala-Mpasu, Babindi et les Balualua** ont admis alors qu'auparavant, la famille maternelle (*dikuvu*) exerçait la tutelle sur les enfants ; (pendant que) les Bakuba maintiennent encore dans toute sa signification la loi du matriarcat ;

— et il y a effacement de certaines traditions ou « *malu a ba nkambua* » au nom du temps et de l'éloignement, s'accommodant à ce dicton : *''bikulukulu bishile bipiabipia muaba''*, ou à celui-ci : *''mianda ya kale kale ki nya lelu''*, ou encore à cet autre : *'' Malandji di wasala wàshila Kananga''*, la société de « l'**Entre – Kasayi – Sankuru** » est en mutation culturelle certaine ;

— bien que des critères anthropologiques (tels que le type robuste à attribuer aux vagues venues de l'Est et le type malingre à coller aux populations locales ou le substrat) ainsi que des critères ethnologiques — entre autres : la chasse et le travail des champs comme base de vie économique de l'ancienne population et de la nouvelle venue ; la structure clanique, mariage, dot, éducation, succession, disposition du village et forme de case, les mets et leur cuisson, les loisirs ; ''le recours à des pratiques magiques (le *buanga* entendez un fétiche collectif ou individuel), la croyance à un Etre Suprême et aux esprits, le culte des ancêtres, les tabous, les rites funéraires, les soins du corps (tatouage, emploi des ''*tukula*'' ou fards rouges, habillement, etc.) comme vie sociale, matérielle et religieuse — aient servi le père Denolf à différencier les deux composantes de la société actuelle du Kasayi, celle-ci a certainement été l'objet d'un grand mélange. — Van Keerberghen, o. c., pp. 30-31.

En outre, voici ce qu'écrit Muine Kapangi wa Lukunyi, o. c., pp. 203 – 205 :

« A leur départ des hauts plateaux du Katanga vers l'Ouest…, les descendants de Kole en famine et en guerres intestines (…) ne constituaient pas des blocs tellement solides et organisés avec des chefs en tête pouvant conduire les gens suivant leurs familles compactes et unies''. La loi du plus fort primait dans l'aventure, les familles qui avaient des chefs puissants pouvaient garder plus ou moins leur homogénéité. Beaucoup de gens se plaçaient sous l'autorité des hommes puissants… Plusieurs familles devinrent ainsi mixtes. Dans de nombreux arrêts qu'ils faisaient avant d'arriver à leurs emplacements définitifs il y a deux siècles, il y a eu un mélange des familles à tel point qu'à l'heure actuelle, certains ne connaissent plus leur appartenance clanique ou familiale ».

Toujours à propos, le Père Van Keerberghen, o. c. p. 41, revient pour faire remarquer que ce n'est pas seulement chez les gens ordinaires que ce mélange a eu lieu dans le passé ; certains chefs actuels sont les descendants des personnes qui, il y a quelques générations, sont venues se fixer chez les habitants d'un village, qui ont pu s'y marier et — par leurs qualités personnelles — (ont pu) obtenir la fonction de chef et/ou succéder à l'ancien chef. Il cite le père Denolf qui écrit, qu'« à l'origine, les Bena Kashiye de Kalamba habitaient ensemble avec les Bena Nsamba et les Bakwa Mpemba '' *Ku luepu lua Dishi* '' (= près des marais salins des Bakwa Dishi) dans le pays de Dimina Mbembele non loin de l'actuelle Mission catholique de Tshilundu (Mérode), et que **Tunsele** (ascendant du chef **Kalamba Mukenge** qui accueillit les Allemands Pogge et Wissmann) — ''Mukwa Mpembe'' ou ''Mushila Mbembele'' — était originaire de cette contrée des Bena Mulenga et Bakua Dishi, qui vint avec un certain nombre de ses gens, se fixer chez les Bakwa Tshipamba des Bena Mande, groupe autochtone du pays, où il put se faire accepter comme chef, aux environs des années 1750 — Idem p. 22.

A ce cas décrit ci-dessus s'ajoutent d'autres, mais retenons celui du **chef Katênde wa Bakwa Muanza** dont l'arrière-grand-père, Kapanga Katênde, **était venu de Bakua Dishi**, en possession d'une lance (dit ***dikonga***) qui est devenue l'emblème du pouvoir ; ainsi que de Muamba Nkufulu dont le grand-père, originaire des Bakua Tshiala au-delà de la Lubi, avait été serviteur du Commandant Le Marinel et qui, pour ses bons services aux Agents de l'Etat avait été désigné chef des Bena Nkelende en 1892. — Idem p. 43.

En résumé, dans leurs généalogies, les habitants de '' *l'Entre – Kasayi – Sankuru* '' citent Kasonga, Kapuku Muluba, Kanioka et surtout Mutombo, Nkole et Bende, comme noms de leurs ancêtres communs. Selon le père Denolf, les mots Nkole et Mutombo étaient des titres honorifiques portés par plusieurs grands chefs. Les Baluba parlent surtout de Nkole' a Bayembi ; les Bena Lulua citent surtout Nkole' a Tshilonda, mais nous connaissons encore Nkole' a Kapuku, Nkole' a Kasansu, Kabamba Nkole, Mutombo Nkole, Lukusa Nkole, Kabue Nkole, Muyembi Nkole, Kapinga Nkole et Mutombo Katshi, Mutombo Mukulu, Kasongo Mukulu et autres. Le père Van Keerberghen ajoute ceci : « le nom de Mutombo semble avoir été synonyme de Nkole et de nos appellations actuelles : '' *Mfumu'' ; '' Mukalenge '' ; '' Muanangana '' ; '' Kalamba* '', etc. — Ibidem.

Avant de continuer, il y a lieu de s'arrêter sur **ce monstre de '' Mutombo – Katawa ''**. Et

nous irons ici faire de la réflexion du père Van Keerberghen notre propre réflexion, en nous posant comme le père Van Keerberghen cette question : « Cette distinction, d'où vient-elle — (il s'agit de '' *Bena Mutombo* '' et de '' *Bakwa Katawa*'') — dont on commença à faire usage, depuis un moment donné, entre certaines parties du peuple des Bena Lulua **?** ».

Et comme pour donner réponse à sa préoccupation, Van Keerberghen fera remarquer que Prosper Denolf, qui a écrit son livre en 1950, n'y mentionne nullement cette distinction...

Il ajoute :

« Nulle part dans son gros livre de 800 pages, il (= le père Denolf) ne fait mention d'une supposition quelconque qui pourrait laisser deviner cette distinction. C'est donc que celle-ci n'était pas connue par la population avant 1950. Alors inconnue à l'époque, n'a-t-elle pas été inventée après 1960 pour les besoins d'une cause politique et pour semer la zizanie parmi la population ? » — Van Keerberghen, o. c. pp. 38-39.

Bien chers frères du Kasayi, celui qui a fait cette réflexion et cette analyse est venu de très loin (de Leeuwen - St Pierre/Brabant — Belgique) et il a vécu comme et en serviteur de Dieu, de surcroît !... Chez lui, la devise de son pays est ''*L'Union fait la Force* '' !... Pour notre part, un fait reste là ! **Toutes ces machinations ont fragilisé nos contrées et leurs auteurs qui sont bien connus et se connaissent, répondront devant l'histoire**. L'Administration coloniale a sa part de responsabilité ; les « leaders » des premières heures après 1960 ont la leur. Et le pouvoir Central a la sienne : celle d'avoir divisé. Ils ont tous la responsabilité d'avoir entretenu la division et de pérenniser les divisions. Et rappelons-nous que le mot ''diable'' tire son origine du mot grec ''***diabolos***'' qui signifie **''celui qui divise'' !...**

L'Histoire jugera tout activiste de division des peuples, y compris tous ceux qui facilitent et opèrent le dédoublement des partis politiques pour pérenniser les divisions...

Chapitre V
De la question de la maîtrise du développement du grand Kasai

A propos du développement économique de notre espace, des études ont établi que, « quatre vingt pour cent des facteurs de croissance sont constitués par le potentiel humain »[731]. En effet, la fresque ethnique que composent ensemble — après le flux migratoire que nous avons vu plus haut — nos frères Babindi, Bakete, Bakua-Luntu, Bakua Mputu, Bakuba, Balualua, Baluba, Bampende, Basala Mpasu, Bashilele, Basonge, Batetéla, Batshioko et les Bena Lulua — est en mesure de fournir, sur le chantier économique de la province, du ''grand Kasaï'', autant de main-d'œuvre qu'il y a de population active dans chaque composante. Donc ici, nous parlons en termes de « main-d'œuvre » et/ou ''ressources humaines'', et non en termes de « ressortissants de » ; « nous originaires de.. » !...

Et « puisque tous les citoyens sont des citoyens d'une ethnie donnée » — selon la célèbre théorie de la citoyenneté multiculturelle de Kymlyka (cité par Ntolo)[732], nous n'avons pas à faire cas d'une ethnie. Ici ce n'est ni l'origine ni l'antériorité dans l'occupation de l'espace qui compte, mais plutôt la capacité d'être utile à la société : **Qui peut faire quoi et bien ? Voilà qui compte !...** (Les Anglo-saxons diront : « Who ?/What ?/When ?/Where ?...).

Savoir que **Jésus** était de Bethléem ou de Nazareth n'est pas mal, mais aller voir ses œuvres et l'imiter serait la meilleure chose ! **Jésus** a redressé ceux qui étaient courbés ; Il a eu la compassion pour les veuves ; Il a consolé les malades et les a tirés de leurs infirmités ; Il a rassasié ceux qui avaient faim ; les aveugles ont recouvré la vue ; Il a guéri les lépreux ; Il a rendu la vie aux morts !... Voilà les défis que doivent relever les différentes structures implantées à travers nos contrées que compte la Province ainsi que celles appelées à y voir le jour...

---

[731] Cf. Ntolo Mathieu, « Impact du pluralisme ethnique dans le développement de la future Province du « Kasaï Central » : intervention lors de la Conférence « Kasaï Central à l'horizon 2010/Défis et Perspectives » qui s'est tenue en la Salle du Centre Protestant de Kananga, en date du 06 sept 2007

[732] Idem

Savoir que la dynastie belge vient de Saxe-Cobourg c'est une chose, mais savoir que cette noblesse préserve et est même le symbole de l'unité du pays, c'est une autre chose. Nicolas Sarkozy, devant le Parlement réuni en Congrès le 27 mars 2009 à Kinshasa, a-t-il caché de définir l'objet de sa mission officielle en RDC ? :

« Je ne suis pas venu vous dire ce qu'il faut faire. Je n'ai aucune leçon à donner […]. Ma responsabilité : c'est de défendre les intérêts de la France… » ! — cf. http : //www.france, rwanda.info/article – 29684349.html du 02/04/2009, p. 3/6… Avons-nous compris ?... Comprenons cela, afin de relever les défis de nos contrées, au lieu de chercher à connaître si tel est *Lulua* comme « moi », si tel est *Mukuba* comme « nous » si tel est *Mutshioko* comme « vous » ; si tel est aussi de ''*Mboyi* comme lui''…

Ainsi dans notre problématique, nous ne traiterons pas, nous ne verrons pas tel originaire, mais plutôt l'homme comme pièce maîtresse dans les réflexions, analyses et recherches des opportunités et/ou pistes de solutions aux problèmes qui se posent tant à leur existence qu'à leur émergence. En tenant compte de ce que nous avons vu plus haut, à propos de « la démocratie et de l'économie » — via Bibombe Muamba au Chapitre III de la Troisième Partie de notre ouvrage — nous allons tenter de voir ce qu'est l'homme ailleurs et l'homme brave...

1. L'homme comme potentiel humain

Retenons que la population du Kasaï-Occidental reste jeune, nous en sommes témoins, et la Monographie — o. c. p. 30 le démontre à travers la pyramide des âges. Oui, un peu plus d'1/3 (soit 35 %) de cette population est représenté par une tranche de jeunes de 0 à 14 ans et plus de la moitié (soit 54 %) est composée d'hommes et des femmes adultes âgés de 15 à 59 ans, valides. En rapport avec le sexe, la composition démographique présente un nombre d'hommes inférieur à celui des femmes.

Et qui parle de personnes valides doit s'attendre à voir celles-ci dans la recherche de la satisfaction de leurs besoins, dans la production des biens et services.

Et parce qu'il y a accroissement de la population — celle-ci a doublé (+ de 5.000.000 à 10.000.000) de 1998 à 2006 et elle croîtra davantage (les jeunes qui avaient moins de 18 ans en 2006 ont dépassé cet âge requis pour le vote et sont devenus à leur tour géniteurs) — une gestion bien pensée de cette jeunesse valide s'avère nécessaire afin de faire de cette population une composante du facteur ''capital humain'', sinon celle-ci devient une bombe à retardement lorsqu'elle ira se livrer à la drogue et autres pratiques dévalorisantes. Les cas des ''Kuluna'' et ''Milices'' et/ou ''Eléments'' sont les conséquences de l'erreur de ne s'être pas occupé de cette frange de la population, ce qui est **un frein au développement**.

En effet, une jeunesse non occupée, désoeuvrée, est vouée à l'endoctrinement, à l'instrumentation…

Les deux phénomènes ''Kuluna'' (né en pleine ville) et ''Eléments Kamuina Nsapu'' (parti lui d'un village…) ont en commun ces conséquences : insécurité ; psychose ; mort d'hommes ; désolation ; arrêt de travaux des champs ; dysfonctionnement du circuit économique et flambée des prix ; rupture des fréquentations scolaires voire un faible taux d'enrôlement et partant, moins de sièges… Une parenthèse :

'' Drame « **Kamuina Nsapu** » ''

Le présent ouvrage ne s'intitule pas « De ''Kamuina Nsapu'' ». Ce drame a vu le jour en ces temps où notre travail est en quête de partenaires pour finaliser sa publication. Ce que nous relatons ci-dessous n'est qu'un survol du dossier.

Kamuina Nsapu est le nom d'une famille régnante — ''mua Nsapu'' (= ''chez Nsapu'') — dans ce qu'a été la Chefferie ''Kamuina Nsapu''. Il est également le nom d'un Groupement (''le Groupement Kamuina Nsapu''), dans le Secteur de Dibatayi, Territoire de Dibaya, Province actuelle du Kasaï Central. Dans le Secteur de Dibatayi, Kapinga'a Kamba, Mashata, Mbondo, Nkufulu, Ntambwe Tshintanku, Ntenda, Tshimbalanga, Tshimbawu, Tshinsuyi, autres clans Bajila Kasanga, s'émanciperont et sont également devenus (des) ''Groupements''. Il en a été de même de Ngala Kashi, Katumba et Kamuandu, qui ne sont pas très éloignés de Kananga.

Tout dignitaire qui monte sur le trône dans la famille régnante ''Kamuina Nsapu'', en plus de son nom propre, prend le nom, de ''Kamuina Nsapu''. Et **''Kamuina Nsapu''** dont découle le drame de l'heure a pour nom celui de son arrière-grand-père (voir photo en Annexes), **Kamuina Nsapu** Mathias Pandi Kashinde. Venu de l'Afrique du Sud, il est monté au pouvoir après la mort de son oncle paternel et ancien Officier d'ordonnance du Maréchal Mobutu, le chef Anaclet Ntumba **''Kamuina Nsapu''** (et après que **Jacques Kabeya**, fils de ce dernier aie décliné le trône…).

L'attente de l'octroi de son Arrêté de reconnaissance de son pouvoir par le pouvoir central (le Mininter & Affaires coutumières) et ce depuis plusieurs mois — et semble-t-il — dans l'irrespect de la procédure, provoque sa frustration et un comportement conséquent. Alors viendront se greffer sur ce précédent :

— la perquisition de sa résidence (sur ordre de l'Auditeur Supérieur de Garnison de Kananga, des suites d'un rapport faisant état de détention d'armes de guerre et munitions ;

— la ''profanation de ses attributs de pouvoir'' et une violence (qui aurait été) faite à sa femme, alors qu'i se trouvait au Sud.

En août 2016, la tension montera d'un cran. Le chef Kamuina se rendant lui-même justice, enverra ses ''éléments'' incendier le village Ntenda qu'il aura trouvé comme ''traître''… Il s'en suivra le placement des barrières ici et là sur son espace… L'Etat en la personne du Vice- Premier et ministre de tutelle d'alors, E. Boshabu, à Kananga, tiendra un Conseil de Sécurité à Kananga… Les circonstances dans lesquelles le Chef Kamuina aura trouvé la mort resteront à être élucidées… (L'Autorité provinciale aurait pu laisser la hiérarchie annoncer cette mort, mais elle aura marché sur une peau de banane).

Un autre recoupement est que : Un fils du Groupement Kamuena Nsapu, prétendant devenir député national (et décédé avant les événements), aurait rencontré sur son parcours « le dauphin du député Kanku », soutenu lui par le chef du Groupement Ntenda. Animosité et altercations s'en sont suivies jusqu'à saccager le village Ntenda et même le village Tshintshanku voisin. Lorque Tshintshanku chez qui Ntenda s'était réfugié le sommera de rentrer chez lui, celui-ci aurait laissé entendre à son protégé qu'il ne pouvait rentrer à Ntenda, « Kamuena Nsapu disposant d'armes de guerre ». D'où perquisition et la suite.

Voilà la région fortement militarisée ; des personnes physiques, biens et symboles de l'Etat violentés, violés et outragés ; écoles fermées ; le Grand Séminaire de Malole fermé ; marchés et boutiques en débandade ; atrocités et meurtres à la Nganza et ailleurs ; des populations (des dizaines de milliers de femmes et d'enfants surtout) en déplacement de nos contrées jusqu'à Kikwit sans assistance aucune ; psychose généralisée et dysfonctionnement de l'appareil judiciaire ; insomnies et peur du lendemain !... Et il y a même pire, quand on apprend qu'il y a certains acteurs — à identifier, l'histoire nous dira qui ? — qui se seraient compromis dans l'instrumentalisation de la jeunesse, aux fins de leurs intérêts, sous le label ''Kamuina Nsapu'', dans les actes inciviques, de vandalisme et de l'irrespect à l'endroit des oints prêtres de Dieu, des lieux saints et des objets sacrés ; jusqu'à mettre fin à la vie des deux repoters — **étrangers** de surcroît (une Suédoise et un Américain) — dépêchés en mars 2017 sur les lieux pour éclairer nos lanternes sur '' le phénomène de l'heure '', alors que des égards particuliers, des égards bienveillants, sur de telles personnes, doivent être de mise !...

Deutéronome 24, 17 – 18 ne recommande-t-il pas ceci : « *Tu ne porteras pas atteinte au droit de **l'immigrant** (...). Tu te souviendras que tu a été (esclave) en Egypte, et que l'Eternel, ton Dieu t'en a libéré ; c'est pourquoi je te donne cet ordre à mettre en pratique »...*

Les noms qui suivent sont ceux des quelques-uns des fils et filles — qui sont déjà dans l'au-delà, et qui relevaient de l'un ou l'autre Chef et/ou Capita Bajila Kasanga cités ci-dessus : Luaba Kam Kay ; Kayombo Fernand ; Mpuka Thomas ; Shikayi Louis ; Badibake Modeste ; Muine Kapangi Remy ; Tshishimbi Kasaka ; Bakamba et Kabongo Nsenda ; Musube André ;

Nkashama Thomas ; Mukanya Tshisungu ; Tshimanga Désiré ; Tshitashi Emery ; Katembwe Katende ; Biduaya Daniel ; Mulenga Isaac ; ''TWL'' ; Kavulu Mathieu ; Mgr Bakatushipa Katombe ; Mukenge Joseph ; Lumu Pierre ; Nkengela Samuel ; Tshimbalanga Modeste ; Ntumba Victor ; Abbé Tshinyama Boniface ; Beya Alphonse ; Ngandu Katuala ; Me Tshibuabua Ashila Pashi ; Kayembe Samuel ; Kabula Jean ; Nkongolo *Mulele* Léonard ; Kapambu Kabesa ; Balekelayi Louis ; Lumbala Augustin ; Kalulambi *Commis ;* J. Mukenge wa Mfumu ; Mitangu Honoré ; Kasonga Kadiobo ; Célestin Katuala ; Ngalamulume Katumba ; Chef Ntumba Kamuina Nsapu (le père de Jacques Kabeya nouveau Chef…).

Un adage tshiluba dit : **« Ba tatu kabafu kale, muakambabo muajimina !** » — taduisons : « (Et pourtant) Nos pères sont morts il n'y a pas si longtemps, comment pouvons-nous oublier ce qu'ils nous disaient — (comment ils remettaient les choses en ordre ?) »…

Ce grand clan Bajila Kasanga regorge de notables crédibles. Le peuple auquel appartiennent ces notables vit en harmonie avec ses frères Bakete ba Ntambwe wa Muenze ; Bena Kabiye ; Bena Ngoshi ; Bakwa Kasanzu ; Bakwa Mamba ; Bena Kasase ((pour les trois derniers cités, Tshikula St Gabriel est leur commune Mission) qui eux aussi, comptent des notables crédibles vivants au Kasayi, sur terrain. Il y a lieu d'écouter ces personnes. Que le Pouvoir les écoute… en vue des lendemains meilleurs…

Souvenons-nous qu'il y eut des altercations entre le pouvoir colonial et le pouvoir coutumier (les **Kalamba**) ; on y mit fin par une négociation. Présentement, il y faut que les responsabilités soient établies et que chacun reconnaisse ses torts et failles ; qu'on enterre la hache de guerre. Et pourtant, bien avant qu'on en arrive à ce drame, on aura — tenons-nous des sources dignes de foi — presque épuisé toutes les pistes jugées résoudre ''le conflit'' : le pouvoir coutumier de la contrée de Dibaya (le Territoire ; les Secteurs) a été sollicité ; le Clergé, l'Assemblée provinciale, l'Exécutif provincial et même la Monusco ont été mis à contribution…

Nous saluons ce fait que le Président J. Kabila ait reconnu lors de son adresse au Congrès, le 5 avril 2016, que les ''Dédoublements de chefs dans les Groupements est un problème''. Nous saluons et encourageons le Chef J. Kabeya — nouveau Chef Kamuina Nsapu — ses appels à tout ''élément'', de cesser d'opérer… Voici ce que nos premières fouilles pouvaient vous relater… Mais cette matière réclame la récolte d'autres données et (des) analyses plus fouillées, plus approfondies, en rapport avec ce ''phénomène Kamuina Nsapu''… Ceci s'ajoute à ce que nous avons épinglé au Point 4 du Chapitre I de la Partie I de notre Ouvrage. Nous fermons la parenthèse.

1.1. L'homme ailleurs

A propos du potentiel humain, le Professeur **Bolaluete Mbwembo** nous reproduit le tableau que voicici, avec lequel il appuie son article :

« *Seuls l'Etat de Droit et l'Education constituent les richesses d'un Pays* », paru dans « Renaître »[733].

FACTEURS DETERMINANTS DE LA RICHESSE DES NATONS [734]

FACTEURS	POURCENTAGE
1. Capital intangible (capital immatériel)	
A. Institutions B. Education	57%
	36%
SOUS-TOTAL	93%
2. Capital matériel (Entreprises, infrastructures et immobilier)	5%
3. Capital naturel (richesses naturelles)	2%
TOTAL	**100%**

Oui, le Professeur a découvert cette vérité consignée dans le tableau ci-dessus dans '' l'excellent '' ouvrage de **Guy Sorman** intitulé « l'économie ne ment pas » paru aux Editions Fayard à Paris, (France) en février 2008. Et cette vérité est à notre portée grâce à la réponse que le Professeur Bolaluete a donnée à « RENAITRE » qui lui avait posé la question que voici : *« Pourquoi, en dépit de ses innombrables richesses, la RDC ne décolle-t-elle pas depuis les années 1960 sur le plan économique ? »...* Aussi, allons-nous ramener la réponse du Professeur à l'échelle de la province, pour mieux comprendre, notre préoccupation. La réponse de Bolaluete est celle-ci : (que) « selon l'auteur de l'ouvrage en question, *la richesse des nations vient de loin'' »...*

A la page 31, Sorman s'est fait cette réflexion : *« Pourquoi certaines nations sont-elles si riches, d'autres si pauvres, et pourquoi le sont-elles, les unes et les autres, depuis si longtemps ? Depuis deux siècles,* ***d'Adam Smith*** *à* ***Karl Marx****, de* ***Fréderic Bastiat*** *à* ***Max Weber****, on avance bien des hypothèses, à savoir : le climat, la géographie, le féodalisme, la culture, la religion, la politique ».*

Le Professeur Bolaluete partage la réflexion de Sorman — et nous aussi — en posant les questions que voici :

— *« Fallait-il, pour se développer habiter un port, comme les* ***Italiens*** *ou les* ***Néerlandais*** *avec respectivement Venise et Amsterdam ?*

[733] n° 15 – 16 août – septembre 2009, pp. 43 – 44

[734] Source : SORMAN, Guy, ''l'économie ne ment pas'', p. 44.

— *Fallait-il détruire la féodalité comme au* ***Japon*** *lors de la révolution Meiji de 1868 ?*

— *Fallait-il être protestant comme en* ***Allemagne****, ou confucianiste comme en* ***Corée du Sud*** *?*

Mais — aura continué Bolaluete — *la Suisse n'est pas maritime ; l'Italie n'est pas protestante ; Singapour est tropicale. Comme on peut le constater, à chaque hypothèse s'opposent autant d'exemples qui la contredisent »* — a-t-il conclu.

Continuant notre analyse en nous servant du raisonnement de **Bolaluete** — qui lui, parle de la RDC — nous disons que, lorsque l'on examine le cas de nos contrées et particulièrement celles qui composent l'Ouest-Kasayi, on se rend compte que notre ''province'' regorge — nous l'avons vu plus haut (cf. le Chapitre I de notre Cinquième Partie) — d'énormes potentialités : importantes ressources minières et agricoles ; forêts abondantes ; faune et flore immenses ; importants cours d'eau dont le Kasayi a donné son nom au **Grand Kasayi**, ainsi que la Lulua qui elle a donné le sien à Luluabourg-Kananga (*Malandji wa Nshinga Ditunga dia Kuendela Buenyi*, mais hélas, endeuillée présentement !)... Alors, la question que d'aucuns se posent est celle de savoir :

Pourquoi malgré tous les atouts dont nos contrées disposent, l'économie de la province (dont la majorité de la population est composée de croyants[735]), ne décolle toujours pas à ce jour, à l'instar des pays dits « émergents » ?

L'économie de notre contribution à cette préoccupation va être faite à travers deux illustrations : la première mettra en comparaison un pays donné (**Israël** dans notre cas) avec le Kasaï-Occidental — cf. tableau ci-dessous et suite — et la deuxième mettra aussi en comparaison un pays donné (ce sera le **Sénégal**) avec le Kasaï-Occidental.

1.1.1. Première Illustration

N°	PAYS ou PROVINCE	SUPERFICIE km^2	POPULATION	DENSITE km^2
1	ISRAEL	< 26.000	6.352.117	(289 Hab/km2)
2	KASAÏ-OCC.	156.967	10.000.000	68,6 Hab/km2

Notons que la superficie retenue pour Israël ci-haut est calculée en tenant compte de diverses lignes formant les frontières en 1985 notamment : au Nord la ligne d'armistice israélo-libanaise tracée après la Guerre

[735] En effet, les chrétiens catholiques (Orthodoxes et Romains), Protestants (toutes dénominations confondues y compris les Eglises de réveil), adeptes de l'Islam et ''Saints des derniers jours'' ont tous et chacun, l'obligation tel que l'a ordonné le Créateur en qui ils croient et confessent, de soumettre la terre, de bâtir… (Jér 29,5) et de progresser à tous égards (3 Jn 1, 1).

d'Indépendance en 1948 ; la ligne de désengagement des forces militaires israélo-syriennes, établie au Nord-est, après la guerre du Kippour en 1973 ; la ligne de cessez-le-feu israélo-jordanienne à l'Est, établie au lendemain de la guerre des Six Jours en 1967 ; et enfin la frontière internationale entre Israël et l'Egypte, définie par le traité entre ces deux pays en 1979 (cf. Une Lettre d'Israël, Centre d'Information d'Israël, Jérusalem B.P. 13010, Imprimé par TZATZ, Tel-Aviv 1985, p. 4. — Lire également le sous-titre ''Les frontières'', de la page 279 à la page 282 in Mystère d'Israël de Pierre Lanarès) ; et que la population est de 2006 selon *Encarta.*

Pour Mémoire : (vous êtes sans ignorer) l'histoire de ce peuple (qui) débute avec l'avènement des Patriarches **Abram, Isaac** et **Jacob** ; de ce peuple qui sortira d'Egypte sous **Moïse** ; qui connaîtra la monarchie sous **Saül, David, Salomon** (et suite) ; de ce peuple qui se divisera après la mort de Salomon en deux royaumes (deux clans ont formé le royaume de Juda avec Jérusalem comme capitale et 10 autres clans ont formé le royaume d'Israël avec Samarie comme capitale). Puis ces deux royaumes seront conquis : Israël en 721 av. l'ère chrétienne par les **Assyriens** ; et Juda, en 586 av. l'ère chrétienne, par les **Babyloniens** qui détruisirent le Temple. Les populations du premier comme celles du deuxième royaume furent déportées. Les Juifs reviendront sur leur sol après la chute de Babylone renversée par les **Perses** en 528 av. l'ère chrétienne. Le temple est reconstruit sous la direction de Ezra (et/ou Esdras) et Néhémie.

Après la domination perse (environ 4 siècles) viennent les **Grecs** (332 – 168 av. l'ère chrétienne auxquels s'opposera la révolte des *Maccabées* en 168 et les Juifs sont de nouveau libres. Mais les **Romains** à leur tour viendront investir le pays après 60 av. l'ère chrétienne. Une nouvelle révolte juive éclata en 66 – 70 contre cette domination romaine, mais Jérusalem et son Temple seront détruits. La terre d'Israël est alors conquise successivement par les **Arabes** (673 – 1072), les **Seldjoukides** (1072 – 1099), les **Croisés** (1099 – 1291), les **Mameluks** (1291 – 1517) et les **Turcs ottomans** (1517 – 1917). Suite et à cause de toute cette instabilité de nombreux Juifs quittent le pays et s'en vont vivre à l'étranger… Mais jamais le peuple juif n'a considéré que son exil fût définitif.

En 1897, à l'appel de **Théodore Herzl**, le Sionisme (mouvement de libération nationale du peuple juif) prend une forme organisée lors du premier congrès sioniste à Bâle…

Quelqu'un me posera la question de savoir où je veux en arriver avec ce rétrospectif historique (?). Je lui répondrais que ma préoccupation est de citer ce peuple comme référence…

Oui, des milliers de Juifs répondront à cette idéologie sioniste en rentrant au pays. Ils assèchent les marécages, défrichent des terres abandonnées depuis des siècles, plantent des forêts sur les collines et montagnes dénudées par l'érosion, cultivent, créent des institutions et des industries. Lorsque la

Première Guerre éclate, la population juive du pays d'Israël — le *Yishow* — compte 85.000 âmes.

En 1922, la **Société des Nations** (SDN) reconnaissant *« les liens historiques du peuple juif avec la Palestine et... le fondement de reconstitution d'un foyer national dans ce pays »*, confie à la **Grande-Bretagne** la responsabilité de *la « création dans le pays des conditions politiques, administratives et économiques qui assureront* ***la création d'un Foyer National Juif*** *»* tel qu'il avait été envisagé dans la **Déclaration Balfour** (1917).

Cependant les Anglais n'appliquèrent les termes du Mandat qu'à la partie occidentale de la Palestine (23% du territoire) et créèrent dans la partie orientale (couvrant 77% du territoire), à l'Est du Jourdain, l'Emirat de Transjordanie. Des éléments nationalistes arabes extrémistes s'opposèrent à la création du Foyer National Juif, même sur cette zone réduite de la Palestine...

Et le comble pour le peuple juif se lit dans l'**holocauste**[736] qui intervint entre 1939 et 1945 : sur les 7 millions de Juifs vivant dans les pays tombés sous le joug nazi, 6 millions furent extrémités ! Quelques survivants et rescapés des camps de la mort furent sauvés par ces Alliés. A partir de 1945, toutes les tentatives en vue d'une réconciliation judéo-arabe ayant échoué, la Grande-Bretagne décida de porter la question de la Palestine devant les Nations Unies.

En 1947, l'Assemblée Générale des Nations Unies vote une résolution prévoyant le partage de la partie occidentale de la Palestine en deux Etats. La Communauté Juive, qui comptait alors 650.000 personnes, accepta ce compromis, les Arabes le rejetèrent.

En **1948**, le 14 mai, l'Etat d'Israël proclame son **indépendance** sur le territoire qui lui est attribué par la Résolution de partage des Nations Unies. En réaction, les armées de cinq Etats Arabes envahissent le nouvel Etat... mais en juillet 1949, des accords d'armistice sont signés entre Israël et chacun des Etats arabes voisins.

Notre réflexion

Quand on observe le cheminement de cet Etat, buté aux menaces des pays voisins (voire même à l'intérieur (cf. cette insécurité qui serait causée par certains ''Palestiniens'' devenus ''Israéliens'', travaillant à Jérusalem...), à la petitesse de son territoire, à l'état de son sol (ici et là des

[736] Dans le Premier Testament, l'holocauste est un sacrifice d'action de grâces. Improprement, on a longtemps désigné ainsi l'extermination de six millions de Juifs pendant la Seconde Guerre mondiale. On préfère aujourd'hui parler de « Shoah », mot hébreu qui signifie ''destruction totale, catastrophe'' puisque, par-là, le régime nazi a cherché à anéantir systématiquement tous les Juifs, pour la seule raison qu'ils étaient juifs. — Cf. Dominique de la Maisonnière, Le Judaïsme (la vie du peuple de Jésus), Ed. du Livre Ouvert, Mesnil Saint-Loup, 1999, p. 59.

plateaux rocheux, dunes de sable et déserts), au manque d'eau, et ce qu'il est devenu, il y a de quoi admirer ce « petit pays » et s'en inspirer !... Certains me diront que cet Etat est soutenu par la Communauté Internationale (Union Européenne et les Etats-Unis). Mais l'on ne peut soutenir un fainéant !...

En effet, lorsqu'on se rend compte que l'économie israélienne est marquée par plusieurs facteurs dont :

— l'absence de ressources naturelles et le manque de terres arables — ici, le Kasaï-Occidental peut-il s'en plaindre ?...

— le développement accéléré de l'infrastructure économique afin de faire face à une consommation publique et privée en croissance constante,que voyons-nous ici au Kasaï-Occidental ? :

— la Brasserie qui produisait moins d'hectolitres de bière et de sucré qu'il y a 30 ans, et la voilà même réduite au rang de Dépôt ;

— l'usine de pompage d'eau ne tourne pas à plein régime et la distribution d'eau par la Regideso se fait à compte-gouttes, d'où réticence des Abonnés à payer les factures ; c'est le même comportement à l'égard de la SNEL ;

— la SNCC (le chemin de fer) n'est plus en mesure de répondre aux attentes de la population toujours croissante et pour cause, vétusté de la voie, ainsi que vétusté du matériel roulant consommant trop et souvent en panne, causant ainsi beaucoup de manque à gagner…

Aussi certaines Maisons commerciales et Entreprises qui autrefois ont fait la fierté de nos contrées ont-elles fermé carrément, c'est le cas de la Forminière, Huileries de Tulume, l'Exforka de Kakenge, la Savonnerie Savinkas, les Minoteries Solbena et Alhadjem, la Biscuiterie Bisoka, la M.A.S., Alhadef, Sopoka, Interfina, Sedec, Simis, Nogueira, Hasson - Frères, Boucherie ''Kataku'', Boucherie ''Calabo'', Alimentations ''Cremer'' et ''Printania'', Rodina, Redondo…

Alors que l'économie israélienne est également marquée par la solution à l'intégration de nouveaux immigrants (dont des milliers d'Arabes devenus Israéliens et qui viennent de décrocher, lors des législatives de 17 mars 2015, 13 sièges qu'ils occupent aux côtés des élus du *Likoud* et de l'*Union sioniste*, au *Knesset*), le Kasaï Occidental assiste au dépeuplement de la population active pour d'autres cieux, en quête d'emplois, parce ceux-ci étant inexistants dans nos contrées.

Alors que l'économie israélienne est également marquée par l'absence de relations économiques avec la plupart des pays voisins et la nécessité de rechercher des marchés lointains (avec ce que tout cela comporte comme frais), et que la situation politique exige que la plupart des ressources soient consacrées à l'effort de guerre, l'on constatera paradoxalement que l'économie israélienne s'est rapidement industrialisée ; il y a de quoi admirer ce peuple travailleur ! Oui il y a de quoi, car en 1950, cette économie était essentiellement agricole, reposant traditionnellement sur la culture d'agrumes, mais depuis quelques années, de nombreuses cultures possibles ont été introduites dans le pays ; des melons et avocats par exemple sont devenus de grands produits d'exportation. Depuis 1948, la superficie des terres cultivées est passée de 165.000 hectares à 427.000 dont près de la moitié sous irrigation.

Ici, nous poserons la question : la province dispose de combien d'hectares de terres et a-t-elle besoin d'irrigation ?... N'est-ce pas que l'« *On demandera beaucoup à qui l'on a beaucoup donné et on exigera davantage de celui à qui l'on a beaucoup confié* » **?** — Luc 12, 48 b.

Par le travail, intense et ordonné, le Produit National Brut (PNB) d'Israël a augmenté en moyenne de 6%, en termes réels, par an. Le tableau ci-dessous peut-il nous édifier ?

Quelques Indices Economiques Significatifs (en milliards de $)						
	1950	**1960**	**1970**	**1980**	**1981**	**1982**
PNB	1,3	2,4	53	19,9	21,3	22,2
Exportations*		0,4	14	10,1	10,8	10,5
Déficit courant*	0,3	0,3	12	3,9	4,3	4,9
Dette extérieure		0,9	31	16,5	18,2	20,9

* = moins de 100 millions de $ — Source : Une Lettre d'Israël, o. c. p. 38.

Après moins de quatre décennies d'indépendance et malgré ses problèmes spécifiques, l'économie israélienne a atteint un niveau très élevé d'industrialisation et de diversification, et elle produit des articles de qualité à la fois pour la consommation intérieure — là chez eux, la T.V.A. a raison de porter ses fruits — et pour l'exportation tandis que le niveau de vie de la population ne cesse de s'élever. Rappelons-nous, plus loin, lorsque la Belgique s'est sentie petite, elle a recherché le soutien des grands tel l'Allemagne et les Etats-Unis, pour la reconnaissance de l'A.I.C. Israël l'ayant également compris, il s'est lié par une série de traités de commerce avec la plupart de grands pays industrialisés. Près de 37% de ses importations et 33,7% de ses exportations se font avec la Communauté Economique Européenne (il y a un accord sur les produits industriels) et, avec les Etats-Unis, ses relations commerciales représentent 19% des importations et 21% des exportations.

Cela étant, pourquoi la **Ville de Kananga** ne chercherait-elle pas à renouer avec la Ville de Plessysville (au Canada) dans le cadre du Jumelage des deux villes ? Et pourquoi pas non plus avec la ville de **Bruxelles** dont le symbole — le *Manneken-Pis* — fut également érigé ici à Luluabourg devant le Château d'Eau ? Ce sont des relations à mettre à contribution voire même en créer avec d'autres Villes et d'autres Provinces ! Nous souhaitons voir se concrétiser le jumelage ''**Kananga - La Rochelle**'' nous annoncé par le gouverneur **Alex Kande**… (Fin novembre 2014 il rentrait de Kinshasa où il a participé aux échanges de vues avec les régions françaises décentralisées)…[737] et nous faisons nôtre le vœu de Clément Mutombo — cfr Mutombo, o. c., p. 88 — de voir les responsables des deux villes : **Rostock** (ville natale de Paul Pogge) et **Kananga** penser à les jumeler.

Nous appelons de tous nos vœux l'aboutissement du désenclavement de la province du **Kasaï-Occidental** — et par ricochet, celui de la province-sœur du **Kasaï-Oriental** ainsi que celui de la province du **Maniema** et même celle de la partie Sud-ouest du Katanga — (Sakania et Matadi étant en effef très éloignés de nos contrées) — avec l'ouverture de l'axe **''Kalamba Mbuj / Lunda Norte'',** et le premier qui semble compatir avec nous est le Président **Joseph Kabila** parce que père de la nation.

Pierre Lanarès nous fait savoir que Théodore Herzl[738] a lui, compris une telle nécessité lorsqu'il écrit dans ses Mémoires (Première Partie, à la page 133) :

« Nous devons avoir accès à la mer en raison de l'avenir de notre commerce extérieur (…) »…

Aussi revient-il à nos mandataires (gouvernants, députés tant nationaux que provinciaux), à nos opérateurs économiques ainsi qu'à nos Hommes de Dieu d'y penser. Puisque vous avez été élevés en dignité comme conducteurs, meneurs d'hommes et serviteurs de votre peuple, vous devez entreprendre, susciter et créer des opportunités pour vos frères…

Y a-t-il du mal à se référer ailleurs ?... Non. Alors ?...

Voilà comment, par d'importants programmes de Recherche et Développement (R & D) Israël, menacé de disparaître (Israël ne cache pas son inquiétude en rapport avec le programme nucléaire entrepris par ses voisins), parti du néant, s'est positionné à l'avant-garde des innovations (en matière d'électronique ; fabrication aérospatiale ; génie médicale ; agro-technologie ; graphique des ordinateurs softwares et énergies de remplacement). Trois Israéliens sur 1.000 sont engagés dans des travaux de recherche et chaque dollar dépensé en R & D assure 12 $ d'exportation ; une collaboration étroite existe entre les Instituts de recherche, des Universités et les Industriels. Son programme intensif de recherche scientifique, ses méthodes révolutionnaires d'irrigation et ses techniques modernes de récolte font que bien de pays en développement s'en inspirent. — cfr Une Lettre d'Israël, o. c. pp. 38 – 40.

---

[737] Cf. Mystère d'Israël, o. c. p. 280.

[738] « En 1894, T. Herzl est profondément bouleversé par l'affaire Dreyfus… En 1896, il publie son livre « Der Yudenstaat » (l'Etat juif) dans lequel il démontre la nécessité d'un Etat juif et esquisse en outre son organisation. Il souhaite voir s'établir un foyer juif en Palestine, ''patrie historique, inoubliable, dont le nom constituerait un cri de ralliement d'une irrésistible puissance '' » — cf. Mystère d'Israël, o. c. p. 196. (Notons que plus de la moitié des députés Français viennent de reconnaître le ''principe de l'établissement d'un Etat palestinien'')…

Un des exemples d'application de recherche est le regroupement de l'ensemble des ressources d'Israël en eau douce dans un réseau national dont l'artère centrale (la Conduite Nationale d'Eau) transporte de l'eau de la Mer de Galilée vers le Sud. par des canaux et canalisations. Cela a permis d'augmenter la superficie des terres irriguées (de 80.000 ha en 1948 à 200.000 en 1989) tout en assurant les besoins d'une population et d'entreprises en croissance constante. Et il y a aussi ces nouvelles techniques qui sont constamment mises au point pour utiliser au maximum les ressources en eau :

— bombardement et insémination de nuages, ce qui a contribué à accroître sensiblement les quantités de pluie ;

— récupération des eaux d'écoulement et,

— dessalement d'eau de mer depuis quelques années, idem, pp. 5 – 6.

1.1.2. Deuxième Illustration

Ici nous prendrons un pays plus près de nous, le **Sénégal**, pour le mettre face à face avec notre province.

Voici ce que nous avons retenu de l'Article « **L'économie sénégalaise de 1963 à 1978** », paru dans le Jeune Afrique n° 914 du 12 juillet 1978 p. 169 :

« … pays sahélien, sans pétrole, sans minerais métalliques […], affecté d'un climat qui exclut la culture des produits tropicaux les plus demandés […] ; tributaire de l'arachide (*tumbele, tutudi tunaya naatu kuetu kunu* — traduisez : les cacahouètes (ou arachides), que nous négligeons de capitaliser (comme ailleurs) ; culture coloniale couvrant 1.150.000 hectares assurant une production moyenne de 800.000 à 900.000 tonnes, celle-ci représente encore aujourd'hui 40% des exportations globales, 10% des recettes budgétaires et 50% des revenus agricoles monétaires ».

Deux officiers du contingent sénégalais MONUSCO/Kananga avec qui nous avons échangé nous ont dit que « la fréquence de la tombée de pluie, ici, nous est une bénédiction qui ne l'est pas et cela comparativement au Sénégal où la pluie n'a que deux mois et demi sur l'année voire même pas certaines années ».

Et malgré cela… notre article cité plus haut fait savoir que **« la diversification de l'économie agraire** (développement des productions de céréales, de primeurs, du sucre et du coton) **est menée avec volonté** » ! L'Article renchérit :

« Mais en ayant tiré un meilleur parti des phosphates de Taïba et de Thiès — autres ressources de base — et surtout en mettant en place un tissu industriel, le Sénégal peut se targuer de présenter une structure économique inverse de celle de nombreux autres pays africains.

Certes, **le primaire** domine encore avec 34,2 % dans le P.I.B., mais le **secteur de l'industrie** — en progression constante, notamment dans la chimie et le textile — atteint 27,1 %. Quant au **commerce** et aux **services**, leur part s'élève à 38,7 % (...). Il reste que, plus que tout autre pays, le Sénégal ne pourra résoudre ses problèmes qu'en acquérant la maîtrise de **l'eau**. En dix-huit années d'indépendance (l'Article a paru en 1978 ; le Sénégal a eu son indépendance le 5 septembre 1960), il a connu neuf années de sécheresse ! Une maîtrise des fleuves (Sénégal et Gambie) s'avère donc indispensable pour assurer le développement de l'agriculture et fournir davantage d'énergie aux industries naissantes ».

Des ambitions : « L'objectif du président **Senghor** est de faire entrer le Sénégal dans la société industrielle de l'an 2000 et de faire passer, d'ici là, le revenu annuel par habitant de 300 dollars (année 1977) à plus de 600 dollars (...)... ».

Une réflexion : **Est-ce qu'au Sénégal, est-ce qu'en Israël, l'homme y a six bras au lieu de quatre ?** Filles et fils de nos contrées, à vous de répondre !...

Et puisse le tableau ci-dessous — venant du Sénégal et auquel nous avons greffé un volet reflétant, à titre comparatif, le Kasaï-Occidental — nous édifier !

	A = SENEGAL			**B = K. OCC.**
	Il y a 15 ans	Aujourd'hui***	2010	2010
Population	3.326.000	5.114.630	11.000.000	10.200.000
PNB*	174,9	325,9	684,3	-
Exportatios*	34,63	99,1	208,11	-
Importatios*	44,2	124,6	261,66	-
Elèves	230.000	400.000	840.000	1.130.883
Etudiants	2.545	7.097	14.804	9.050
Superfic. **	196.200		196.200	156.967

Commentaires du Tableau :

* = en milliards de Francs CFA et leurs chiffres dans la colonne ''2010'' sont estimés par rapport aux 30 années après 1978 ;

** = Superficie ; *Encarta 2006* chiffre celle-ci à 196.722 km2 ;

— '' il y a 15 ans'' n'est autre que 1963 et cela par rapport à 1978, date de confection et de publication du tableau par Jeune Afrique n° 914 du 12 juillet 1978, notre Source. (Présentement selon *Encarta*, la population se chiffre à 12,5 millions d'habitants) ;

*** = année de publication de cet article = 1978 ;

— (L'année) 2010 ajoutée au tableau est une actualisation des données pour une meilleure comparaison entre les deux entités ; tout un pays et une province ayant une population et une superficie presque identiques, mais pas les mêmes réalités socio-économiques ;

— La population scolaire (1.130.883) est la sommation de la population de la province éducationnelle du « Kasaï-Occidental **2** (qui a pour Siège :

Tshikapa), pour 2010 (obtenue via Kasaï-Occidental **1**), et celle du Kasaï-Occidental **1** (qui n'a pu mettre à notre disposition que les statistiques pour Maternelle, Primaire et Secondaire) 2008 - 2009, que nous avons extrapolées sur 2010 ;

— Si au volet B du tableau, dans les 2 premières colonnes, la population n'est pas chiffrée, c'est parce qu'en 1963, l'entité « Kasaï-Occidental » n'existait pas encore, et les chiffres de 1978 font défaut faute d'archives. Il en est de même de ses Importations et de ses Exportations) ;

— Quant au PNB, nous sommes d'accord avec Tshimbombo (o. c. pp. 254 à 260) qui, après avoir analysé l'économie du Kasayi a dit ceci : « ... exception faite des revenus qui proviennent du commerce général (articles d'habillement, alimentation, fournitures scolaires, produits pharmaceutiques et pétroliers), et de quelques rares usines de transformation comme Minoteries et Brasserie, la grande part à la contribution nationale du Kasayi provient du sol et son sous-sol. Toute la production des diamants zaïrois provient du **Kasayi** : Mbuji-Mayi au Kasaï-Oriental produit les 98 % et Tshikapa au Kasaï-Occidental les 2 % [739]. Grâce à cette production, le Zaïre — lisez le Congo — occupe la première place dans le monde comme le plus grand producteur de diamants industriels ».

Les chiffres en notre possession sont les suivants :

Carats	**Année**
14.198.000	1959
12.489.768	1965
12.417.565	1966
12.153.602	1967
11.352.733	1968

Source : Marchés Tropicaux et Méditerranéens, n° 1269, du 17 /3/1970, p. 240, in Tshimbombo Mudiba, o. c., p. 256.

Pour mémoire, il signale que le Ministère des Colonies avait chiffré la production de diamants industriels et de joaillerie à 879.700.000 FB pour l'année 1954 ; et que les ventes de diamants en 1968 ont pu rapporter au Zaïre la somme de 32.284.600 $ — Tshimbombo, o. c., p. 255.

Cette économie du pays, florissante entre 1967 et 1973 (grâce à une abondante production du cuivre et du diamant ainsi qu'à la montée de leurs prix) sera entamée, une année seulement après les mesures de **zaïrianisation** et l'instauration du **Parti-Etat** qui mit sur pied le dédoublement des Institutions. Il s'en suivit la multiplication des charges ; les dépenses de

[739] Ici Tshimbombo doit avoir trouvé l'apport du diamant produit en province orientale comme négligeable.

prestige et un auto-enrichissement, au détriment du Trésor. Et lorsque les pillages du début des années 90, la guerre d'agression ainsi que les groupes armés sont venus s'ajouter, voilà le comble !...

Mais il y a quand même lieu de se demandera comment ce produit — le diamant — qui aurait largement contribué à faire face à ''la guerre d'agression'' (car la Gécamines en crise et les ¾ de ses travailleurs refoulés au Kasayi), pût devenir ''un porte-malheur'' pour ces milliers de travailleurs de la MIBA et leurs familles ?...

Nous avons vu plus haut que l'apport du Kasayi au PNB provenait de son sol et sous-sol, et nous venons de dire un mot sur son diamant. Pour ce qui est de la production agricole, celle-ci connaît une grosse baisse, depuis fin 1960. Mais avant cette date, l'on se rappellera que le Kasayi fut considéré comme ''le grenier'' du Katanga'' et à juste titre. En effet, pendant que la Colonie soutenait la production agro-industrielle (canne à sucre au Maniema et dans le Bandundu ; coton et palmier à huile au Kasayi ; café, thé et quinquina dans l'Est du pays), le Kasayi fournissait au Katanga divers produits vivriers (manioc, maïs, haricot, arachides, ananas, huile de palme, etc.). Notons que ces produits, achetés sur place et acheminés au Katanga par des négociants Grecs, Italiens, Portugais et Juifs arrivaient non avariés parce que les horaires de transport étaient respectés, et ces produits ne restaient jamais invendus, car les routes entretenues étaient là, et les consommateurs étaient là et disposaient d'un pouvoir d'achat.

Mais lorsque des rivalités naîtront entre les peuples ; lorsque des sécessions et fermetures de frontières feront parler d'elles ; lorsque les sabotages du rail et le refoulement des ***''Baa Kasayi''*** en 1992 entreront en jeu, voilà un coup dur porté à l'agriculture dans nos contrées. Et cela s'explique aussi par le fait que le pouvoir d'achat des populations avait fortement baissé, le trafic ferroviaire irrégulier, voire même inexistant pendant que les paysans restés en place après exode de leurs pairs voient passer devant eux — une fois tous les trois mois — deux ou trois camions de fortune (vieux de soixante années) dite ''*Jupiter*'', ''*M.A.N*'', ''*Silawuka*''... Depuis peu, des O.N.G.D. à caractère ou vocation agricole essaient présentement ici et là de soutenir le paysannat, mais beaucoup reste à faire : la mentalité doit changer ; les méthodes de travail doivent changer ; les méthodes de gestion doivent également changer, etc. Et nous irons achever les commentaires ci-dessus, d'abord en publiant ces statistiques de la production agricole en notre possession :

PRODUCTIONS AGRICOLES DE 2007 - 2009 (en Tonnes)

	Manioc	Maïs	Arachide	Haricot	Paddy	Soja	Voandzou	Millet
2007	2.941.823	523.388	178.602	91.272	44.067	1.210	6.850	6.805
2008	2.000.659	533.836	171.244	97.079	26.040	959	7.584	5.007
2009	3.725.586	544.037	188.175	138.662	64.723	887	7.209	5.065
2010	-	220.636	42793	83.969	137.731	-	-	-

Source : Inspection Provinciale de l'Agriculture, Pêche et Elevage, avec l'autorisation du Ministère de tutelle, que nous remercions pour ce faire.

Ci-dessous, les commentaires s'y rapportant, fournis par la même source :

« D'après ce tableau représentatif de la production agricole de 2007, 2008 et 2009, chaque culture s'est comportée de la manière suivante :

a) les années 2007 et 2008 par rapport à 2009 ont connu une baisse de production pour les raisons ci-après :

— les pluies de contre-saison se sont abattues pendant la période d'incinération ; les paysans n'ont pas incinéré leurs champs de forêt, d'où la chute des productions de maïs et de paddy ;

— les pluies pendant la période de végétation ont occasionné les maladies cryptogamiques, d'où la chute des productions des légumineuses (le niébé, l'arachide…) ;

— l'utilisation des boutures infestées de manioc a favorisé la multiplication des maladies (bactériose, mosaïque africaine, pourridié), d'où la baisse de production de manioc ;

b) le manioc, le maïs, l'arachide, le niébé et le paddy ont augmenté en 2009 pour les raisons ci-après :

— pas de perturbations climatiques ;

— le calendrier agricole bien appliqué ;

— les paysans intéressés beaucoup plus aux cultures rentables ;

— les creuseurs de diamant qui, après avoir constaté la baisse de prix dans leurs activités, se sont intéressés aux activités agricoles ».

Veuillez noter que ces quantités ne sont pas valorisées et que particulièrement pour l'arachide, il n'a pas été spécifié s'il s'agit de l'arachide ''graines'' ou en gousses.

Conclusion : nous dirons ici que si nos espaces et notre climat étaient confiés au Sénégal, celui-ci produirait plus que le Kasaï-Occidental ! Ou plutôt, s'il est demandé à nos frères Sénégalais de venir habiter nos contrées et à nous les leurs, les enfants de papa Senghor produiront, sur le même sol (qui aura été le nôtre) et avec le même climat bien plus que nous ; et nous chez eux, nous corrigeons, en notre ''nouvelle patrie'', produirons beaucoup moins que quand ils y ont été ! La cause : nous sommes fainéants et ne sommes pas aussi intelligents qu'eux !

Nous demandons à nos Institutions de tutelle et organismes d'appui, d'aller prendre en compte ces analyses et de se comporter en conséquence...

Avouons que pour arriver à des telles réalisations, l'homme en est l'intrant de première force, l'animateur principal et/ou de premier ordre ; en effet, c'est l'homme qui crée les institutions et les anime, et c'est l'homme qui assure l'éducation, l'instruction et l'initiation.

Aussi, en rapport avec l'éducation, allons-nous nous rappeler que dans le tableau des *''Facteurs déterminants de la richesse des Nations''* nous livré par le Professeur Bolaluete, vu plus haut, **les institutions interviennent à raison de 57% tandis que l''éducation contribue à la richesse des nations à raison de 36%.**

L'on notera que la Banque Mondiale a mené une étude récente sur les **institutions comme clé de la richesse.** Cette étude reprise dans l'ouvrage de Guy Sorman à la p. 44, a essayé de quantifier la valeur économique des institutions. Il ressort de cette étude que **l'Etat de droit (existence de bonnes institutions et pratique de la bonne gouvernance) et l'éducation — capital intangible — représentent à eux deux : 93% des richesses des nations** (cf. Bolaluete, in Renaître, o. c. pp. 43 – 44). Or, c'est depuis plus de trente ans que des voix se sont élevées et s'élèvent en vue d'instaurer un Etat de droit, la plus forte vient de s'éteindre, mais son école (avec la Radio Okapi, les Activistes des droits humains, la Société Civile... sont sur terrain).

Le professeur avait également renchéri que : « l'expérience a montré que **la présence de vrais leaders à la tête de bonnes institutions, selon la Banque mondiale, explique à elle seule, les 57% de la richesse des nations du monde en général, et celle des pays émergents, en particulier.** Et des pays comme les USA, le Japon, l'Allemagne, le Royaume-Uni, la France, la Chine et la Corée du Sud se sont développés **en mettant l'accent sur l'éducation** à laquelle ils allouent **un budget important.**

A titre d'exemple, la France a alloué à l'éducation et à la recherche un budget de 80 milliards d'Euros en 2007 tandis que la Corée du Sud a prévu environ 30 milliards d'Euros en 2002 ». — idem p. 44.

Ici, nous irons rejoindre la réflexion du professeur Bolaluete, parlant du pays, et en faire nôtre, et paraphraser le professeur en disant que si nous continuons à disposer des institutions — la province a les siennes — corrompues (comme c'est le cas aujourd'hui à titre d'exemple on peut citer le cas des 13 Députés présumés corrompus de l'Assemblée nationale avec l'ancien DG de la DGI ; celui de plusieurs ministres du Gouvernement jamais traduits en justice (a-t-on appris) ; la corruption de la Justice elle-même tant décriée par le Chef de l'Etat...) — le développement de nos contrées risque de se voir remis aux calendes grecques.

Pour éviter d'en arriver là-bas, nous souhaitons — et ce sont des recommandations que nous formulons, à l'instar des Evêques membres de la CENCO — que la population puisse élire aux prochaines élections qui se pointent à l'horizon, des élus honnêtes, capables de s'occuper du bien-être de tous et non de leurs nombrils.

Quelqu'un me dira que la province ne peut être comparée à l'un de ces pays, **mais la province est aussi une entité avec un budget propre dans lequel ce qui est à allouer à l'éducation doit être revu conséquemment...**

Une autre réflexion

Oui parlant toujours économie, développement, problématique, viabilité de la province, nous irons réfléchir avec Léon **Kengo wa Dondo**. D'abord cet homme politique — il est juriste et présentement Président de la Chambre haute ou Sénat — nous donne ci-après « **les attributs d'un Etat de droit** » :

— Etat dans lequel règne la primauté du droit ;

— un Etat dans lequel les gouvernants et les gouvernés sont tous soumis au droit sans discrimination ;

— un Etat dans lequel il y a existence d'un système de règles juridiques suffisamment intériorisées, qui assure cette primauté, qu'il s'agisse de la Constitution, des lois, des règlements ou des décisions de justice ;

— un Etat dans lequel il y a présence d'une culture juridique apte à promouvoir cette primauté dans la conduite des affaires publiques ; et cette culture est processuelle ».

Ensuite, il nous explique ce qu'est le *leadership.*

Selon Léon **Kengo wa Dondo**, « le leadership c'est la capacité de mobiliser les énergies des autres autour d'un idéal et de conduire le groupe vers le progrès ».

Il renchérit que « dans le cadre de la gestion de la cité, le leader s'identifie avec les intérêts du groupe. Par ses aptitudes intellectuelles et son sens élevé de l'éthique, il sait percevoir les besoins des autres et les amener à jouir pleinement des droits fondamentaux reconnus à la personne humaine » et d'ajouter :

« j'ai eu à citer, à titre d'illustration, certains modèles, certes archétypes de leaders que l'histoire a légués, notamment **Périclès** dans l'histoire grecque, **Moïse** et **Jésus** dans la tradition judéo-chrétienne, et ainsi de suite »...

Et ici plus près de nous, n'avons-nous pas vu un homme de Dieu — nous avons cité Mgr Bakole — se comporter comme leader ? Ne l'avons-nous pas vu s'identifier au groupe, percevoir les besoins des autres et chercher à amener les siens à jouir pleinement des droits fondamentaux reconnus à la personne humaine ? Ce Prélat a compris que les divers regroupements de son peuple ont besoin de se rapprocher les uns des autres. C'est ainsi qu'il a lancé des ponts pour écourter les distances entre les Missions et centres pastoraux. En outre, ayant constaté chez son peuple la carence en protéine, il a, avec le concours du Père G. Vanneste, vulgarisé la culture du soja à travers sa province ecclésiastique et construit l'Usine (de) BISOKA à

Ntambwe St Bernatd dès 1974 (usine fabriquant les biscuits à base de soja, fonctionnant avec un groupe Deutz de 80 KVA et un groupe Lister de 100 KVA pour actionner les torréfacteurs et les fours ; et vite, les biscuits ''Bisoka'' ont couvert toutes nos contrées et la Ville de Kananga avait le privilège de goûter au café et au pain de qualité également sortis de cette usine)...

N'a-t-on pas vu également, entre 1976 et 1981 un autre fils de la place chercher à compatir avec les siens, en mal d'eau potable ? Et ce fut au temps fort de la 2e République où rien ne pouvait être entrepris sans l'aval du ''Timonier''... L'on a vu alors une usine moderne de traitement des eaux s'ériger sur le site à côté de « *Maman Maboke* » ainsi que son unité de pompage à la rivière Tshibashi (site Kanyuka), implantations qui ont exigé le renouvellement du réseau de distribution. Et ces ouvrages sont signés « Sadelmi/Cogepi (un consortium italien) et **Tshiongo** » — Tshiongo pourtant pas au pouvoir, mais un gestionnaire d'Entreprise paraétatique au sens managérial très poussé...

D'aucuns me poseront la question de savoir ce que sont devenues ces réalisations ? **L'Usine de Traitement des Eaux** comme **la Station de Pompage** ne pouvaient continuer à supporter une exploitation sous mazout que consommaient des groupes électrogènes (deux à l'usine : un *ABC* de 750 KVA et un *Cummins* de 1000 KVA et six pompes à Tshibashi).

En effet, comme le coût des consommables — fuel comme lubrifiants — devait se répercuter sur la facturation, le recouvrement du prix de cette denrée — **l'eau** — n'a pas suivi. Conséquence : la fourniture d'eau est rabattue à quelques mètres cubes d'eau par tous les 3 jours et par Quartier, à tour de rôle ainsi que sur trois points de vente (cf. Bornes-fontaines à côté de l'Hygiène Publique, au bas du Château d'Eau et en face de ''OMOS'' sur « *Batetela* »)... Allez noter que ce Château d'Eau (qui fut même le symbole de la Ville de Luluabourg à travers les cartes postales ''Bel Photo'') a été construit en 1952 pour pomper l'eau par gravitation et desservir une population qui a atteint 400.000 habitants en 1959.

Présentement envahi par un environnement malsain et n'est pas en mesure de couvrir les besoins de la Ville de Kananga dont la population est de l'ordre de 1. 600.000 habitants (soit 4 fois plus qu'en 1959).

Et dire que, au 3e millénaire, au lieu de dire à l'eau : « **toi eau viens à moi** ! », même par des procédés modestes tel que le fait l'ONGD ''ADIR'' (avec ses pompes immergées entre 60 et 80 m de profondeur où il y a la nappe aquatique), l'homme continue à aller vers l'eau ! Et quelle eau ? Ces eaux polluées captées des sources dans les vallées qui quadrillent et entrecoupent les différents Quartiers de la Ville de Kananga. Et ici, il y a lieu de remercier particulièrement l'Ingénieur Sow Kapajika, promoteur de ''ADIR'', pour avoir compati avec les siens (nous pensons aux « internés » — ainsi qu'aux populations avoisinant les Centres de Santé de Lukonga, Nganza SS. Martyrs, Kananga II... qui ont accès à un point d'eau potable), alors que d'autres fils du pays investissent en dehors du pays s'illustrent ailleurs.

Cet exemple a été suivi, au Quartier Abattoir, par une dame, qui n'est pas ''politique'', vivant en dehors du pays et qui a fait don d'une borne-fontaine à la population qui l'a vue grandir...

Mais n'allons pas nous en prendre à nos frères du Kasayi, « cerveaux » de surcroît, qui décident de s'installer ailleurs, car, ***renaître*** (o. c., p. 11 qui appelle ces cerveaux « *éminences grises de la diaspora* »), **Kengo** wa Dondo ainsi que nous-mêmes, reconnaissons que s'il y a fuite de ces cerveaux, les pouvoirs publics ont leur part de responsabilité. Ils doivent créer des conditions nécessaires et suffisantes pour arrêter cette fuite des cerveaux et permettre le retour au pays des cadres nationaux, penseurs, chercheurs de leur état, afin qu'ils apportent ''leur plus'' à l'accroissement du niveau de vie dans nos contrées.

Ensuite, voici comment Kengo wa Dondo — il dirige le Sénat depuis plus de 10 ans — entend faire profiter au peuple appauvri les richesses de ses sols et sous-sol (la question à cet égard et en rapport avec la fuite des cerveaux lui avait été posée par *Renaître,* o. c., p. 11) : *« Pour ma part* — a-t-il répondu — *il faut* ***assurer à nos compatriotes les conditions matérielles et sociales dignes de leur rang*** *; leur assurer la liberté et la sécurité qu'ils recherchent et, les employer là où il faut »...*

Mais que voyons-nous par rapport à cette partie de sa réponse ? Nous voyons que les Pouvoirs publics ne sont pas disposés à agir en ce sens, depuis plus de cinquante années, à assurer à nos populations, les conditions matérielles et sociales meilleures — il y a un intervenant sur Radio Okapi du 20 novembre 2014 qui a qualifié notre **Budget 2015 —** (neuf milliards) — d'insuffisant et moins que celui du Rwanda (et d'ailleurs il a été rabattu de la moitié) ; plus bas que celui de l'Université de Montréal ; plus bas que celui de l'Armée de l'Angola !... Il n'est pas admissible que toute une province manque de cardiologues (cas du Bas-Congo), ou ne dispose que d'un seul (cas du Kasaï-Occidental) et de surcroît mal équipé !...

Il est aussi retenu que généralement, lorsque, au sein de la population, certains cerveaux ont cherché — comme **Prométhée**[740] — à apporter à leurs semblables, quelques arcanes devant leur permettre de créer une civilisation nouvelle et de se développer, de s'organiser et d'agir contre le déterminisme de la nature, ils ont été contrariés et obstrués dans leur action…

[740] Prométhée : dans la mythologie grecque : « un dieu grec qui est monté dans l'Olympe dérober le feu aux immortels et leur prendre quelques arcanes pour aller les confier à la race des humains qui étaient en train de péricliter et de disparaitre, attaqués par les fléaux de la terre » — cf. Mabika Kalanda, La Remise en Question, thème de sa conférence au Zoo, en avril 1968, à Kinshasa, p. 57.

Et *« l'histoire récente,* nous dit Mabika Kalanda (o. c. p. 58), *nous montre qu'en Afrique aussi, il y a eu, il y a toujours des hommes — des Prométhée — qui se lèvent et disent '' non, ne marchons pas dans ce sens ! ''* ».

Il a cité **Simon Kimbangu** et **Lumumba** (et nous de citer Tshisekedi), qui ont été incompris et, par les leurs et, par l'extérieur. Cela étant, pouvons-nous considérer aussi Mutombo Dikembe, ce fils du pays, basketteur de son état, comme (un) ''*Prométhée*'' pour avoir offert, à la population de Kinshasa, un hôpital de haute technicité ?...

Alors, autant acceptons-nous ce que nous donne Frankel (cité par M.J. Herskovits, o. c. p. 240) comme transformations par lesquelles doit passer une société de type préindustriel (que nous sommes au Kasayi) avant de devenir émergent, entre autres :

— transformation dans l'organisation du travail et dans l'habitat ;

— modification des réactions des consommateurs venant de l'augmentation du revenu individuel ;

— modification des formes des flux économiques… et

— une plus grande connaissance des découvertes faites par la science et la recherche, etc.,

autant posons-nous que, pour atteindre ces transformations, l'électricité a une part non négligeable, car elle fait passer le travail des pratiques traditionnelles à l'automatisme, et permet d'accéder aux recherches, aux découvertes et leurs applications.

2. « La longue marche… » ou « *Tshilumbu tshia nzembu* »

Oui, d'aucuns se posent la question : *« Nzembu ya Kananga, Kapia mu Kasayi, mbikuata ku tshinyi ? »* — traduisez : « L'électricité pour Kananga, le courant au Kasayi cloche à quoi ou est contrecarré par quoi et qui ? »

Pour y répondre, interrogeons l'histoire.

Fin des années soixante-dix, Mgr Bakole wa Ilunga entreprendra de construire un barrage hydroélectrique sur les chutes « Mbombo » sur la Lulua. Mgr Bakole est parti de ce double constant :

— Pour trouver ou repositionner des objets dans la maison, chez soi-même, cela n'est pas facile quand il y fait noir, il faut éclairer la pièce ;

— Il a également vu que le couvent des Pères à la Mission de Kabwe Ste Thérèse comme les Petit et Grand Séminaires sont éclairés ! L'électricité — 35 KVA — est produite par une microcentrale (dynamo « stamafor ») érigée sur le ruisseau Mbula-Ntampi. Mgr Bakole a fait le même constat à Mikalayi : l'Archevêché, le couvent des Pères, le couvent des Sœurs de la Charité ainsi que celui des Frères (à Lusanga) ; l'Hôpital, l'Internat des filles et celui pour garçons ainsi que les résidences des laïcs (Cadres des Structures de la place) sont alimentés par une microcentrale même dynamo qu'à

Kabwe, construire sur Mapôlo et produisant également 35 KVA 24 heures sur 24 sans problème ! Et notons que ces deux « ouvrages » datant d'avant 1960, sont l'œuvre des Missionnaires de Scheut. (Mgr Madila et son Architecte David Kendi se sont dernièrement rendus sur les lieux, en visite de maintenance…)…

Ensuite Mgr Bakole qui, par deux fois, a fait le tour du monde lorsqu'il fut Vice-recteur de l'Université Lovanium, se sera rendu compte de l'apport de l'électricité au développement des pays qu'il a visités… Alors il s'est dit : « parce que le pouvoir qui aurait dû le faire n'a pas pu, ma contribution — pas comme « industriel » préparant, soutenant un investissement, mais comme un pasteur entouré de ses « brebis » vivant dans l'obscurité et surtout sans eau potable pour se désaltérer — sera de doter la Ville de Kananga ne fut-ce que de l'éclairage public et domestique, en attendant que des interventions ultérieures, plus coriaces (**Pouvoir public** et/ou **autres partenaires** potentiels) viennent s'impliquer pour construire une centrale avec une grande puissance installée ».

Ainsi, une fois « Mbombo » opérationnel, les enfants de Dieu de cette partie du pays, de celui-là même qui a ordonné : « *Que la lumière soit !* » (« *Et la lumière fut* ! »), jouiront des bienfaits de l'électricité : confort ; allègement des travaux domestiques (conserver, cuisiner, lessiver…) ; allègement des travaux d'atelier (soudure, plomberie, menuiserie, ajustage…).

Et le Chantier Mbombo (pour produire 3 Mégawats) allait se construire avec le soutien sollicité auprès des chrétiens de l'extérieur disposant d'un revenu mieux que celui des populations de nos contrées et disposés à soutenir des initiatives locales louables… Mais voilà que ce projet, un peu avant son lancement se verra voué à sombrer parce que les sentiments s'y sont mêlés !... *« Va-t-on honorer la mère de Bakole en lui dédiant une centrale ? »*... Et nous de nous demander : la mère de Bakole ne s'est elle pas appelée **Kêyi** ? — Donc **pas Mbombo** ! *Bana betu ambayi bienu !* (= une exclamation Tshiluba voulant dire : ''N'en est-il pas ainsi, mes frères ! ''… En d'autres mots : ''Quand on ignore, autant se taire ! ''

Aussi, ces mains obscures sont-elles allées jusqu'à attirer l'attention du ''Timonier'' — entendez le Président Mobutu — que si cet exploit réussissait, un calotin s'arrogerait un honneur au détriment du Parti-Etat !... *Unvuayi bienu* (= ''Découvrez cela !)... Et les « maîtres à penser » ne furent autres que des fils de la place (comme qui dirait : *« tshîshi tshidiadia lukunde, ntshidi munda mua lukunde »*, traduisez, « l'insecte qui ronge le haricot c'est celui qui est dans le haricot ». Souvenons-nous que celui qui trahit Jésus était à table avec Lui » et que nos frères-là — des fils de la place — n'ont ni résidence construite ni investissement quelconque chez eux ! Aussi, ce négativisme — communément appelé ici « **kabindi** » — sera-t-il appuyé par cet autre « courant » contenu dans cette interrogation : *«... celle* *électricité de Mbombo couvrira-t-elle Mweka, Dekese, Luiza... ?* — alors qu'il est dit que *« un tiens vaut mieux que deux tu l'auras »...*

(Nous nous demandons si ce n'est pas le même comportement qui a vu le jour fin juin 2015 dans le but de contrarier l'aboutissement du désenclavement de la province — avec l'ouverture de la route *''Kalamba-Mbuji''* — et celui de l'électrification, ouvrages pourtant avalisés par le président Kabila, en ne jurant que par le départ de son collaborateur Kande ? — comme il en est encore le cas présentement avec l'affaire Kamuina Nsapu alors que la ''conception'' et la ''gestation'' du cas — de ce conflit malheureux — sont à trouver ailleurs)...

Interrogeant ou faisant toujours appel à l'histoire, nous verrons que par la suite et concomitamment, à l'instar de leurs frères du Kasaï-Oriental qui, en vue de concrétiser leur souhait de doter la province d'outils pour plus de production, avec comme fer de lance une source d'énergie électrique capable de couvrir leurs besoins, avaient mis sur pied, une structure dénommée « CODEKOR » (« Conférence pour le Développement Economique du Kasaï-Oriental »), un groupe des fils du Kasaï-Occidental à la bonne vision, iront créer la ''CODESKO'' (''Conférence pour le Développement Economique et Social du Kasaï-Occidental), avec également comme objectif prioritaire l'énergie électrique. Et la construction sur la Luluwa, de la Centrale dite « **KATENDE** »[741] est décidée...Une initiative louable après tout, dans sa conception, mais pas facile pour sa faisabilité...

2.1. Inga et Mobayi

Pourquoi la Codesko a-t-elle fait de « KATENDE » une préoccupation majeure et prioritaire ? Nous irons le comprendre dans la relecture de l'historique des barrages INGA et MOBAYI. Allons-y !...

Le site Inga est découvert au siècle dernier (notre source de documentation date de décembre 1889). Ce site s'est fait remarquer à cause de ses rapides, sérieuses difficultés de navigation pour les Explorateurs qui remontaient le fleuve à partir de l'océan. Les premières études sur ce site portaient sur l'idée de vaincre ces rapides... ainsi que sur des questions : faut-il des écluses ou un chemin de fer ?... Pour un capitaine Anglais, ce site est un véritable potentiel énergétique à exploiter... Mais l'immensité de ce site a fait que son exploitation ne put s'imposer compte tenu de la technologie d'alors. A cette époque, une centrale thermique couvrait d'ailleurs les besoins de Kinshasa d'alors et de Matadi. Et quand bien même les centrales de Sanga et Zongo (construites début des années 1930) se retrouveront dépassées, « les colonisateurs ont hésité très longtemps et n'ont

[741] « KATENDE » : ce vocable vient de « Tshibila tshia Katènde ». Tshibila, bien que c'est au singulier, se traduit par chutes (au pluriel) ; et Katènde est le nom du village de Bakwa Muanza ba chef Mbuyi Katènde, Territoire de Kazumba.

pu oser prendre la décision d'exploiter Inga, alors que les études étaient pratiquement achevées.

En 1968, le Président Mobutu (qui venait de prendre le pouvoir en novembre 1965) fait démarrer les travaux. Raison économique ?... Prestige ?... Cependant, si ces deux raisons tenaient, une troisième vibrait en sourdine, purement politique celle-là. Cette raison devrait faire que le Katanga — enclin aux appétits sécessionnistes — soit enjoint à obéir au gouvernement central à Kinshasa, à ne pas se désolidariser du reste de la République.

En 1972, Inga I était achevé et opérationnel. Ce premier barrage est l'œuvre d'un consortium italien (coordonné par la firme Astaldi), et la même année débutaient les travaux d'Inga II, réalisation confiée au consortium franco-belgo-allemand, qui s'acheva en 1982… (Nous sommes encore loin de INGA III — un projet WESTCOR, REYNOLDS DS, BHP BILLITON, CVRD ENERGY etc. Et des officiels se sont rencontrés à ce propos en date du 09 mars, en la salle Lubumbashi de l'Hôtel Pull Man ex Grand Hôtel) ainsi que du grand Inga où tout le fleuve devra être barré.

Notons que cet historique ou relecture est tirée de l'entretien qu'a eu en son temps, « *Jeune Afrique Economique* » avec Tunasi Atanga, Ingénieur électricien en charge de production régionale (SNEL Ouest) et responsable de ce complexe hydroélectrique d'Inga. (Vous trouverez cet entretien — questions/réponses — dans le « *Jeune Afrique Economique » n° 126 de décembre 1989*, à l'article intitulé ‘ ’ *Le plus fort potentiel électrique de toute l'Afrique* ‘ ’, de la page 328 à la page 349).

A la question de savoir : « Est-ce qu'au moment du lancement du projet, celui-ci s'est-il imposé à tous et, notamment, aux bailleurs de fonds, comme un projet utile, nécessaire ? » Ir Tunasi répondra :

« les problèmes financiers ne relevant pas de son domaine, il ne pouvait y donner de réponse. Cependant, il nous fera savoir que le projet devait s'intégrer dans un vaste plan d'aménagement de la Zone franche d'Inga. Inga devait aller de pair avec un complexe de transformation de l'alumine ; il y avait également en vue le complexe sidérurgique de Maluku. Donc un vaste programme de développement de toute la région était prévu ».

Toujours selon l'Ingénieur : « Un certain nombre de projets qui devaient s'intégrer dans cet ensemble n'ont pas pu être réalisés à cause de la crise. C'est pourquoi, dix ans après, les projections économiques qui avaient été effectuées au moment de la conception d'Inga n'ont pas pu être réalisées à cause de ces mêmes bouleversements dus à la crise du Zaïre »…

A propos de l'importance de la consommation de ‘‘ l'étranger ’’ Mr Tunasi répondra que « Récemment, le Congo — (entendez le Congo Brazzaville) — achetait 50 mégawats. Pour l'heure, et pour faire face à ses difficultés actuelles, la Zambie consomme une centaine de mégawats de notre production. La production vendue à l'Angola est négligeable, il s'agit de la consommation d'une petite ville frontalière ».

Et à la question de connaître « son » plus gros consommateur, l'Ingénieur de répondre (tout en reconnaissant que la consommation totale d'énergie est plus importante au Shaba que dans toutes les autres régions du pays) : « contrairement à ce qu'on peut penser, notre client principal est la Ville de Kinshasa et non le Shaba (entendez le Katanga). Mais toute considération « politique » mise à part, le Katanga a des problèmes spécifiques ».

« En effet (nous dit Ir Tunasi Atanga), le Shaba est situé à la source du fleuve, d'où il n'y a pas assez d'eau dans son système hydrologique, tandis qu'Inga se trouvant au bout de la course du fleuve, bénéficie de presque toutes les forces du système. Et cela fait qu'il y a tellement d'eau à Inga que l'on n'a pas besoin de lac de retenue ; les bassins de mise en charge suffisent et par conséquent la présence d'Inga permet de palier aux variations climatiques — (en saison sèche par exemple ou lorsqu'il y a eu une mauvaise pluviométrie) — qui affectent la production des barrages du Shaba. C'est ainsi qu'il a fallu transporter le courant de Inga au Katanga. Le transport de ce courant sur 1.800 Km vers le Shaba a coûté 200 millions de dollars (Van Reybrouck, o. c., p. 471 fait voir que ce fut 850 millions). Et cette ligne à ''très haute tension en courant continu'' a constitué à l'époque, une première mondiale sur le plan technologique »...

Autant a-t-on admis que le Katanga — déjà électrifié (il dispose des Barrages Muadingusha, Nseke, Nzilo, Dikologo, Kalemie, Kamina... érigés avant Inga) — a ses problèmes spécifiques (entre autres faire venir 400 Mw d'**Escom** en Afrique du Sud), autant a-t-on admis que la région de Mobayi a les siens : « La distance qui sépare Inga de Mobayi est si importante que l'on ne pouvait pas engager un projet visant à transporter l'énergie de Inga à cette région par une ligne en courant continu, pour une consommation somme toute assez négligeable. Gbadolite consomme à peine 2 mégawatts. Donc, transporter l'énergie eut été une folie d'un point de vue économique. Il était plus judicieux de construire une petite centrale comme celle qui vient d'être inaugurée pour Gbado-Lite et qui peut alimenter toute la région » — avait renchéri l'Ir Tunasi.

Une réflexion

Pourquoi ne pas admettre également que nos contrées ont, elles aussi, **leurs problèmes propres, spécifiques,** lesquels, si pas résolus, poseront toujours problème... Et qui dit nos contrées voit entre autres les deux chefs-lieux de Province Kananga et Mbuji-Mayi, Tshikapa, Muene Ditu, Ilebo, Luiza, Mweka, Tshimbulu, Dimbelenge, Lusambo, Kabeya-Kamuanga, Miabi, Tshilenge, Ngandajika, Luputa, Kabinda, Lubao, Kamonia, Luebo (pour ne citer que quelques-unes de nos grandes agglomérations), où des personnes humaines — plus de 25 millions pour le Grand Kasayi, des contribuables — sont condamnées à vivre dans les ténèbres sans que cela inquiète !...

Nos contrées — et particulièrement Kananga, Mbuji-Mayi, Tshikapa — se sentent marginalisées… On peut s'en rendre compte quand on scrute **le Plan Directeur de Développement** élaboré par la SNEL (en son temps). Selon ses auteurs, « le Plan Directeur de Développement de Systèmes électriques à l'horizon 2005 repose sur le postulat selon lequel le développement intégré de l'électrification du territoire ne peut se concevoir que par la mise en œuvre de solutions intégrées d'électrification au moindre coût, qui soient à la fois techniquement fiables, économiquement justifiées et répondant à la demande à long terme » — cf. Plan Horizon 2005 in ''Jeune Afrique Economique'' n° 126, décembre 1989 p. 332, et nous voici dans la deuxième moitié de l'an 2017 ! …

A partir de ce postulat fondamental, quatre objectifs prioritaires ont été définis, auxquels doivent répondre les projets mis en œuvre :

— Assainir les installations de production et les réseaux associés, afin d'améliorer la qualité des prestations fournies ;

— Rentabiliser les investissements hydroélectriques (actuellement sous-utilisés) notamment à travers l'extension des réseaux de transport et de distribution et la promotion des exportations ;

— Consolider la gestion ainsi que réduire le déficit financier engendré par le Secteur thermique, soit par réhabilitation des équipements existants soit en favorisant une substitution progressive… ; et enfin

— Electrifier de nouvelles zones de consommation à partir de sources d'énergie peu coûteuses.

Quel est l'objectif à atteindre ? « Il faut — et nous approuvons cela — accroître le taux d'électrification du pays et participer d'une manière efficace et déterminante au programme de développement du Zaïre qui s'appuie essentiellement sur la relance de l'agro-industriel, de l'industrie minière et du secteur manufacturier, trois secteurs qui sont de grands consommateurs d'électricité » — Ibidem

Et ici, nous nous poserons cette question : « le Zaïre » — lisez Congo — il l'est sans nos contrées ? Nous répondrons : le Congo compte avec nos contrées, et ce, depuis l'E.I.C.

Nos contrées ont leur part dans l'effort de deux Guerres, dans la consolidation de l'économie de la Métropole et du pays, dans la genèse de l'indépendance, dans le maintien des acquis de la lutte de libération et dans le combat pour et vers la démocratie… (Un de ses fils, une figure de proue, vient de mourir l'arme à la main !).

Et même si le tracé du fleuve n'a pas emprunté le sol de nos contrées (cela est visible tant sur la carte qu'à travers la chanson du célèbre chanteur compositeur François Luambo Makiadi, alias ''*Franco* (*de mi amore*)'' où il est dit : *« Ebale ya Zaïre ebandi na Shaba, Kivu na Haut-Zaïre ; Equateur ekomi na Bandundu, Bandundu etioli na Kinsasa, Kinsasa etindi na Bas-Zaïre, Bas-Zaïre nà la mer »…*), le Kasayi (''rivière'') déverse à Kwamouth ses quantités et quantités d'eau dans le fleuve et reste son principal affluent !...

Revenons à leur plan directeur : « Dans le cadre de la réalisation du '' plan directeur de développement à l'horizon 2005 '', les experts ont, après la nécessaire expertise des installations, suivi trois étapes dans leur étude — nous informe ''Jeune Afrique'', o. c. p. 333 :

— Ils ont étudié l'évolution de la demande potentielle sur une période de vingt ans (1985 – 2005). C'est en règle générale, la durée moyenne retenue pour les études de planification dans le secteur de l'électricité, en raison de l'importance des équipements à mettre en place qui ont généralement une durée de vie minimale de vingt ans.

— Une approche macro-économique a permis d'établir, sur la base de modèles mathématiques, des prévisions de consommations d'électricité, à partir de l'évolution passée et de la projection dans le futur des indicateurs macro-économiques que sont les produits intérieurs bruts (PIB), la contribution des différents secteurs au PIB, ainsi que l'affectation de celui-ci.

— L'approche analytique a, elle, consisté à établir des précisions de la demande, à la fois sur une base géographique détaillée et selon les secteurs à approvisionner (…). Enfin, lors de la phase finale de cette analyse de la demande, les résultats obtenus à travers les deux approches ont été comparés et ont débouché sur les conclusions qui guident la stratégie actuelle de la SNEL »…

Et nous de nous demander — même si nous ne sommes pas du domaine — ces conclusions et cette stratégie s'obstinent-elles à ne pas électrifier nos contrées ?... Revenons encore une fois au **''Plan directeur''** : Ainsi, il ressort de cette étude que le taux de croissance annuel moyen de la demande d'électricité au cours de la période 1985 – 2005 doit atteindre 3,6%, ceux de la population et du PIB étant respectivement de 3% et 2,5% » — Ibidem.

Tous peuvent être demandeurs d'électricité et pas nos contrées, pas Kananga, pas Mbuji-Mayi, pas Ilebo, pas Tshilenge, pas Tshimbulu, pas Dimbelenge, pas Demba, pas Mweka…? Et avec ça tout homme de la rue qui se sera posé la question : « Pourquoi, il n'y a pas l'électricité dans nos contrées ? » il répondra lui-même : ''parce qu'il n'y a pas d'industrie dans nos contrées pour consommer celle-ci ''. Et à cette autre : « Pourquoi il n'y a pas d'industrie dans nos contrées ? » il répondra : ''parce qu'il n'y a pas l'électricité pour faire fonctionner l'industrie''. **Cela paraît vulgaire et bizarre, mais ça fait mal au cœur !...**

Nous sommes encore à leur *Plan Directeur…*

« Selon les hypothèses les plus hautes, la consommation finale devrait évoluer ainsi :

En	1985	1990	1995	2000	2005
Gwh	4.793	5.496	6.749	7.912	9.308

Il faut noter que l'hypothèse a été vérifiée pour 1985, où la consommation globale est établie à 4.823 gWh. Par ailleurs le nombre d'abonnés passe de 116.000 en 1985 à 537.000 en 2005, soit un taux de croissance annuel du nombre de clients privés de 8%, avec un taux de desserte de 9,6% en 2005 contre 3,8% en 1985.

A partir de cette première étape d'étude, un inventaire et une évaluation économique ont été réalisés. L'inventaire a porté sur toutes les formes d'énergie primaire afin d'envisager une éventuelle utilisation. L'examen complet des énergies alternatives que sont le charbon, l'uranium, le gaz naturel, le solaire, la biomasse et la géothermique, a montré que, pour des raisons techniques, elles ne pouvaient être retenues dans le cadre de l'étude et que, seuls les hydrocarbures et l'hydraulique pouvaient faire l'objet d'un examen plus approfondi » —.

Rappelons-nous que l'article dont est tiré le paragraphe ci-dessus est consigné dans le *''Jeune Afrique Economique''* n° 126 de décembre 1989. Si 15 ans plus tard, soit en 2005, *Réveillez-vous !* du 8 mars 2005 consacre plus de cinq pages à l'analyse des Energies, cela veut dire que le problème vaut son pesant d'or… Allons parcourir cette analyse :

— Energie solaire

Notre *Réveillez-vous !* écrit ceci : « L'homme construit des cellules photovoltaïques qui convertissent la lumière solaire en électricité, lorsque les rayons du soleil excitent les électrons qu'elles contiennent. (Un avion sans aucune goutte de kérosène, avec deux pilotes à son bord — Piccard et son compagnon — a fait le tour du monde, en 35 escales…). Au total, près de 500 millions de watts sont ainsi produits et le marché de cellules solaires croît de 30% par an. Mais pour l'instant, leur rendement est relativement faible et l'électricité qu'elles produisent est chère par rapport à celle obtenue à partir des combustibles fossiles »… Et dire que c'est cette source d'énergie qui semble nous être promise d'ici là ! (N'anticipons pas)... *Réveillez-vous !* renchérit : « De plus, des produits toxiques comme le sulfure de cadmium ou l'arsénique de gallium entrent dans leur fabrication. Ces produits chimiques mettant des siècles à se décomposer (fait remarquer *Biosciences*), le recyclage et le traitement des matériaux des cellules hors d'usage risquent de constituer un problème majeur ».

Ne peut-on pas alors se demander : le pouvoir central et encore moins la province sont-ils en mesure de se permettre des dépenses de cet ordre ? Si oui tant mieux… (Lors d'une rencontre avec plusieurs Maires des Villes d'Afrique, mi-avril 2015 à Paris, Jean Louis Borloo — ancien ministre,

Député et Président de ''Fondation pour l'Electricité de l'Afrique'' a laissé entendre qu'il est possible d'électrifier tout le continent en moins de 10 ans et pour un coût total de 250 milliards d'euros ; et que cela contribuera à la croissance de l'Europe. Pour ce faire, il a cité les énergies renouvelables principalement l'énergie solaire) — *Israël 24* du 17 avril 2015.

— Vent

« Ce type d'énergie » — renseigne le même *Réveillez-vous !* — dite énergie éolienne, dont on se sert depuis longtemps pour faire avancer des voiliers, faire tourner des moulins et pomper de l'eau, a été récemment l'objet d'un vif regain d'enthousiasme. Des éoliennes ultra-perfectionnées produisent désormais une énergie non polluante et renouvelable qui suffit à alimenter en électricité 35 millions de personnes dans le monde. 13.000 éoliennes produisent de l'électricité aux Etats-Unis ; le Danemark tire d'ores et déjà 20% de son électricité de cette source d'énergie ; l'Allemagne, l'Espagne et l'Inde s'y mettent eux aussi rapidement » — Ici, nous dirons qu'il n'y a que des géants pour se le permettre.

— Géothermique

La source ci-haut citée fait savoir ceci :

« Ceux qui vivent près des sources thermales ou de fissures volcaniques ont plus facilement accès à la chaleur terrestre. Dans 58 pays — dit-il — l'eau chaude ou la vapeur provenant des points chauds de l'écorce terrestre servent à chauffer les maisons ou à produire de l'électricité. En effet, continue-t-il, si on creusait un trou dans l'écorce terrestre en direction du noyau de la terre, la température que l'on estime à 4000° C au niveau de ce noyau, augmenterait en moyenne d'une trentaine de degrés par kilomètre parcouru. Des pays comme l'Australie envisagent d'exploiter l'énergie piégée dans de grandes plaques de roches chaudes et sèches situées à seulement quelques kilomètres sous terre, et que l'énergie géothermique couvre la moitié des besoins énergétiques de l'Islande ».

Si, comme le pensent certains chercheurs (ici notre *''Réveillez-vous ! ''* à sa page 8 a cité *''Australian geographic''*), ''qu'en injectant de l'eau à très haute pression dans la roche brûlante, puis en pompant l'eau ainsi chauffée et en l'utilisant pour faire tourner des turbines, on pourrait produire du courant…'', ce ne sont en tout cas pas nos contrées qui se livreraient à de telles expériences : de un, elles sont dépourvues de sources thermales et de deux, leurs finances ne le leur permettent pas. On vient de découvrir au **Kenya** (dans les terres du chef Masaï Maenga Kisotu), des sites géothermiques qui sont déjà en exploitation, mais où les villageois posent problème : comment éviter la profanation des sépulcres de leurs êtres chers et quelle va être une indemnisation équitable de la par des investisseurs, en rapport avec leur déguerpissement des lieux ?...

— Gaz naturel

« On estime que le gaz naturel sera sur le plan mondial, la source d'énergie primaire qui connaîtra la plus forte croissance dans les 20 prochaines années » ; la terre en comporterait d'immenses réserves, signale le rapport *''I E O 2003''*, cité par notre *''Réveillez-vous ! ''* du 8 mars 2005, p. 6.

(Le transport de ce produit de la Russie vers l'Union européenne via l'Ukraine est un problème sérieux présentement)... Nous ne nous étendrons pas longtemps sur ce gaz d'autant plus qu'il n'est signalé dans aucune de nos contrées (et celles-ci ne savent même pas quand le gaz méthane leur parviendrait depuis le lac Kivu !)...

— Energie atomique

Notre *''Réveillez-vous ! ''* fait remarquer ceci : « malgré les fissurations et la corrosion[742] ; malgré l'éventualité de catastrophes telles que celle survenue en 1985 à Tchernobyl dans l'Union Soviétique, « quelque 430 réacteurs nucléaires produisent environ 16 % de l'électricité mondiale », rapporte *''Australian Geographic''*, et que leur nombre ne cesse de croître.

Le rapport *IEO 2003* signale en effet que 35 réacteurs — dont 17 dans des pays asiatiques en voie de développement — étaient en construction en février 2003".

Et notons ici que même l'Union Minière du Haut-Katanga (devenue la Gécamines), avec sa mine de Shinkolobwe présentant une caractéristique qui faisait d'elle un cas unique dans le monde à cause de « son minerai, la *pechblende*, incroyablement concentré en uranium... »[743], n'a pas produit de l'électricité à partir de cette matière première, alors que « Shinkolobwe atteignait [...] des concentrations fabuleuses »[744]. Et cela peut s'expliquer :

— la Colonie ne pouvait pas, pour produire de l'électricité, utiliser ce minerai tant convoité par les chercheurs à l'*Atomic Energy Commission (AEC)* en Amérique, et ailleurs ;

— les installations pour la production de l'énergie atomique étant des sites à haut risque et sous haute surveillance, on ne peut les implanter sans précautions particulières et/ou préalables.

Voici à ce propos ce que nous relevons :

« Lors du Conclave de Lovanium, le campus fut transformé ''en un camp retranché '' : force barbelés ; chevaux en frise ; sacs de sable ; bazookas ; mortiers... Et comme le Recteur (Monseigneur Gillon) avait insisté auprès de Dag Hammarskjöld (Secrétaire Général) pour que ces trois restrictions soient prises et respectées : pas de visites, d'alcool et de femmes — le séjour des élus du peuple

---

[742] *New Scientist* cité par *Réveillez-vous !,* o. c. p. 6, rapporte que « les réacteurs américains sont fissurés et corrodés » et qu'en 2002, ''le réacteur Davis-Besse, dans l'Ihio, est passé à deux doigts d'une fusion du cœur à cause de la corrosion''.

[743] Luc Gillon (Mgr), Servir en actes et en vérité, Ed. Centre de Recherches Pédagogiques, B.P. 1800, Kinshasa, 1995, p.57

[744] Ibidem

[744] Toujours à propos de ce minerai de Shinkolobwe, L. Gillon ajoute ceci : « dans la plupart des pays producteurs, on trouve tout au plus quelques dizaines de kilos par tonne de minerai ; qu'il arrive même que des mines soient exploitées, en France ou en Suède par exemple, pour ne produire que trois cents grammes d'uranium par tonne de minerai », et « que durant toute la guerre, on parvint à y extraire de la pechblende donnant jusqu'à huit kilos d'uranium à la tonne, ce qui en vérité, constituait de l'oxyde d'uranium quasiment pur ». – ibidem p. 5.

devait être '' suffisamment inconfortable'' pour que ne leur prenne pas l'envie de le prolonger indûment — on le prit au mot : « exclure de l'enceinte de Lovanium, tout membre de l'Université, Recteur y compris. Or, il fallait quelqu'un pour protéger le réacteur atomique ; non seulement le réveiller, mais aussi en assurer la gestion technique. On trouva un nouveau compromis : l'ONU tailla une brèche dans les barbelés pour — c'est Mgr Gillon, o. c., p. 173 (Recteur et docteur en physique qui parle) — me permettre d'accéder aux installations de Triga et de dorloter chaque jour mon enfant chéri ».

— Hydrogène

Il est dit ici ceci :

« l'Hydogène est un gaz combustible et le plus abondant des éléments de l'univers. Egalement présent dans les combustibles fossiles, il brûle cependant plus proprement qu'eux et avec un meilleur rendement. L'hydrogène étant aussi un des deux constituants de l'eau, on peut décomposer l'eau en hydrogène et en oxygène, en y faisant passer un courant électrique », signale le journal *''Science News Online''*, cité par *''Réveillez-vous !''*, o. c., p. 9.

Mais si on peut de la sorte produire de grandes quantités d'hydrogène — ajoute ce journal — ce procédé apparemment simple n'est pas encore bon marché'' ; et la majeure partie de sa production est utilisée dans la fabrication d'engrais ou de produits d'entretien... Aussi, bien que son extraction dégage du monoxyde de carbone (un gaz toxique) et du dioxyde de carbone (un gaz à effets de serre), l'hydrogène est vu comme le plus prometteur des combustibles de remplacement, et beaucoup pensent qu'il peut combler les besoins énergétiques de l'humanité. Cet optimisme s'appuie sur les avancées spectaculaires réalisées récemment en rapport avec un appareil appelé « pile à combustible »

— *Ibidem*... Avouons que nos contrées sont encore loin de s'offrir de tels procédés.

— Piles à combustible

Notre *Réveillez-vous !* renseigne ceci : « Ces piles produisent de l'électricité à partir de l'hydrogène, non en le brûlant, mais en le combinant à (de) l'oxygène, au cours d'une réaction chimique surveillée. En 1839, Sir William Grove, juriste et physicien anglais, a construit la première pile à combustible, fabrication qui fut toutefois onéreuse : le combustible et les composants difficiles à trouver. Tombée alors dans les oubliettes, elle sera perfectionnée à partir des années (19) 60 pour alimenter en énergie les vaisseaux spatiaux américains. Et depuis, les engins spatiaux modernes tirent énergie des piles à combustible. Aussi améliore-t-on ces piles en vue d'applications terrestres. On les adapte afin qu'elles puissent remplacer les moteurs à combustion internes des voitures ; alimenter en courant des bâtiments commerciaux et d'habitation, etc. A l'heure actuelle, l'électricité produite par les piles à combustibles stationnaires revient quatre fois plus cher que celle produite à partir de combustibles fossiles ».

Autant nous tourner ailleurs, modestie et économie obligent !... N'est-ce pas ?...

— Charbon

« Cette source d'énergie est le plus abondant des combustibles fossiles et les centrales thermiques au charbon fournissent près de 40 % d'électricité mondiale. Selon le communiqué du *Worldwatch Institute*, « le charbon est le combustible fossile qui dégage le plus de carbone en brûlant 29 % de plus que le pétrole par unité d'énergie, et 80 % de plus que le gaz naturel. Il est responsable de 43 % des émissions annuelles mondiales de carbone, soit quelque 2,7 milliards de tonnes ».Voilà ce que nous apprend notre *Réveillez-Vous !...*

Et nous n'irons pas nous attarder sur ce combustible que nous savons être à Luena et à Kalemie (au Katanga), et un peu plus loin à Wankie en Zambie, et encore plus loin, en Belgique, aux USA… et pas en nos contrées…

— Pétrole

A la page 5 de notre *''Réveillez-vous ! ''*, nous irons retenir ceci : « Chaque jour le monde consomme pas moins de 75 millions de barils de pétrole ; et que sur les quelques 2 milliards de barils (estimation des réserves mondiales), 900 milliards ont déjà été utilisés et au rythme actuel de production, on prévoit que les réserves dureront encore une quarantaine d'années. Cependant, le *New Scientist* prévient que si la production chute alors que la demande ne cesse d'augmenter, le prix du pétrole risque fort de monter en flèche ou de devenir incontrôlable, avec à la clé, des menaces de chaos économique ; des difficultés pour transporter la nourriture et d'autres produits, et même des guerres internationales pour la possession du peu de pétrole encore disponible »…

Voici ce que le même *''Réveillez-vous ! ''* nous fait remarquer, en rapport avec la dépendance au pétrole de ne serait-ce qu'un pays : « Au Royaume-Uni, les 26 millions de véhicules que compte le pays sont à l'origine d'un tiers des émissions de dioxyde de carbone (qui contribue au réchauffement planétaire) et d'un tiers de la pollution de l'air (qui tue près de 10.000 personnes chaque année) »…

Ici, « *Réveillez-Vous !* », o. c., p. 5 a cité La « *Commission Australienne de l'Audiovisuel* » comme source de cette révélation. Et s'il vous plaît, quelqu'un a-t-il déjà compté combien de victimes le dioxyde de carbone libéré par nos lampes (il y a au moins 3 lampes dans chaque ménage et une chez chaque étudiant) a- t- il déjà faites ?...

De telles analyses ne suffisent-elles pas pour nous inquiéter, nous, dans nos contrées, tributaires de la voie ferrée à la traction diesel qui traverse toute la province au prix de tonnes de gasoil que consomment des locomotives, construites pour une durée de 30 ans, mais que voilà encore en ligne, plus âgées donc que la longévité leur assignée par le constructeur !... Et tant que ce combustible que nous n'avons pas au Kasayi — une réserve est signalée à Dekese — continuera à faire tourner nos centrales thermiques SNEL (Kananga ; Lusambo ; Kabinda ; Mweka ; Ilebo) ; à faire tourner la Brasserie, Ateliers, Minoteries et Moulins, Boulangeries ; Chambres froides ainsi que nos quelques maisons d'habitation, nous stagnerons dans la pauvreté et notre santé est exposée !...

— **Eau**

Ici, bien que *''Bioscience''* cité par notre *''Réveillez-vous ! ''* nous met en garde en soutenant que « les retenues d'eau recouvrent souvent des vallées alluviales fertiles, précieuses pour l'agriculture [...] et que les barrages perturbent les plantes, les animaux et les micro-organismes de cet écosystème », nous nous rallions — eu égard à toutes les considérations évoquées plus haut — au rapport de l'*International Energy Outlook 2003* (repris par *''Réveillez-vous ! ''*) posant que : « l'essor des énergies renouvelables proviendra principalement, au cours des 20 prochaines années, de grands projets hydroélectriques dans les pays en voie de développement, en particulier dans les pays d'Asie ». Et nous d'y ajouter : nos contrées aussi ! Pourquoi pas ?...

Revenant à notre *''Jeune Afrique Economique''* de décembre 1989, nous y trouvons l'article *Plan Horizon 2005* qui nous renseigne (à partir de la page 333 et suite) ceci : « Un inventaire des ressources hydroélectriques pour la couverture de la demande a été réalisé sur l'ensemble du territoire. Cet inventaire a porté sur les possibilités d'extension des sites équipés et sur les aménagements nouveaux de potentiel supérieur à 1 mégawatt (mW), susceptibles de fournir de l'énergie à des localités proches. (Et ici, quelqu'un pourra se poser la question si le site de Katende est d'un potentiel inférieur à 1 mW ?)...

« Les sites de moins de 1 mW — continue le ''Plan Horizon 2005'' (et nous voici fin de l'année 2017) — ont été écartés en raison de leur manque de compétitivité par rapport aux solutions hydrauliques de grande capacité ». (Ici nous avons pensé entre autres à Tshibashi et Lubi [745]...). Et « les experts ont en outre procédé à l'identification au moindre coût, et ce, pour les centres de consommation retenus, car tous ces projets ont été classés en fonction de leur rentabilité économique bien sûr et de leur importance géopolitique... » Ici, l'on comprend pourquoi **Mobayi** a été, et **Katende** pas (jusqu'alors) !

« Sur la base de ces études, analyses et autres évaluations — (lesquelles ? !) — des stratégies de couverture ont été énumérées. Au nombre de cinq, elles visent à satisfaire les besoins en énergie et en puissance de pointe des diverses localités (pour 2005), électrifiées ou non, et par n'importe quel mode d'alimentation pour celles qui sont déjà électrifiées.

Des comparaisons entre les centrales de production thermique fonctionnant à base d'hydrocarbures et les diverses possibilités de mise en œuvre des moyens de production hydraulique ont permis l'étude de cinq stratégies :

---

[745] Cependant, quelle n'a pas été la joie de la population de Kananga, lorsqu'elle vit *l'Hôpital Bon Berger* communément appelé *''Tshikaji tshinene''* alimenté, 24 heures sur 24, par le courant en provenance d'une petite centrale, sur la Lubi, et grâce auquel (courant), les corps de nos morts peuvent être conservés trois/cinq jours et même plus, en attendant que les membres de la famille devant venir de loin débarquent pour les funérailles... Puissent le Très-Haut bénir cet Hôpital de Référence ainsi que les chrétiens bienfaiteurs qui ont financé la matérialisation de ce vœu des Kanangais, une morgue avec frigo fonctionnant avec le courant produit par ce mini barrage sur la Lubi, de moins d'1 mW !... Mais la voici en panne voilà bientôt une année, ''bu bia tshianda !''.

— **Stratégie A : le Thermique** : Il s'agit d'installer des sites de production thermique (diesel) pour couvrir la demande de la localité étudiée. Elle a été choisie comme référence dans les analyses économiques ;

— **Stratégie B** : l'**Hydraulique locale** : Elle a pour objectif le développement d'un site hydraulique et sa liaison à la localité ou à un ensemble de localités voisines, grâce à une ligne de transport à haute tension qui tient de la puissance garantie du site en question — (dans ce lot, KATENDE, site de Bunkonde, ne pouvait se disqualifier ?...) ;

— **Stratégie C** : **le Soutirage** : Il consiste à raccorder les localités à une Station de soutirage située sur la ligne à courant continu Inga – Shaba… Mais non, '' les convertisseurs pour ce faire coûtent très cher '' — a-t-on entendu ! ; c'est vrai, mais pas plus cher que ce qu'a coûté la ligne Inga-Shaba (nous l'avons vu plus haut)…

Et ce qui a fait tiquer, c'est lorsque la Miba, encore en bonne posture en 1996, se proposera d'intervenir dans l'achat des Convertisseurs chez ABB à installer à Tshimbulu, pour que le courant soutiré de là (60 mW), couvre Mbuji-Mayi et Kananga — les comptes Miba en ce moment-là étaient en mesure de libérer environ 100 millions de dollars avait laissé entendre l'Ir Katende Muya, (P.A.D. de la Miba), lors de la Conférence/débat tenue à cet effet en la Salle Luluafilm en 1996 — il le lui sera refusé par le Ministre de tutelle d'alors ! …

Nous nous souvenons que lors de ces assises (auxquelles nous avions pris part), à la question posée par nous-mêmes sur l'inquiétude éventuelle que pourrait connaître la ligne, le PAD avait répondu que la ligne Inga-Shaba étant appelée à desservir plusieurs demandeurs à l'extérieur du pays — ce que le Président Mobutu avait appelé ''la vocation africaine du Zaïre''— est en toute sécurité !... Mais sous M'zee Laurent Kabila, Inga, la source-même, a été inquiété : le Bas-Congo (c'est au Bas-Kongo présentement) et Kinshasa ont été enténébrées !... Heureusement que la ''Sadec'' vint au secours !... ;

— **Stratégie D** : **L'Extension** du réseau de transport : Elle a pour but de faciliter le raccordement d'une ou plusieurs localités proches à un réseau à haute ou moyenne tension existant, alimenté par une source hydroélectrique ;

— **Stratégie E** : **La Combinaison** : L'objectif ici est de combiner de façon optimale les quatre stratégies précédentes ».

Le même Article ajoute que par ailleurs, des comparaisons économiques des coûts des cinq stratégies ont été menées en tenant compte du coût total qui comprend les coûts d'investissement, les frais d'exploitation et le coût du combustible, en cas de maintien ou de développement de la production thermique. Ces comparaisons ont permis de mettre en évidence des constatations majeures que voici :

1) Il apparaît en effet que la génération thermique est, dans certains cas, la solution d'électrification la moins onéreuse par rapport aux autres stratégies. (''Dans certains cas'' , oui, nous l'admettons aussi, mais ces cas sont ceux de ceux qui produisent des quantités suffisantes de pétrole ou charbon, ou manquant de sites

hydrauliques, mais disposant d'assez de moyens financiers pour se procurer des stocks de ces combustibles en vue de la génération thermique) ;

2) Par ailleurs, l'extension du réseau de transport déjà installé, alimenté par une source hydraulique, demeure, dans la majorité des cas, la solution la moins coûteuse comparée aux autres références ;

3) Tandis que la solution associant l'hydraulique locale au thermique et au soutirage, bien que présentant une certaine souplesse sur le plan local, se traduit par des coûts actualisés nettement plus élevés que la solution de l'extension du réseau de transport — dont a bénéficié Bandundu-Ville — si l'on considère l'électrification de façon intégrée de plusieurs localités ;

4) Ce constat a mené à l'abandon des Stratégies de l'hydraulique locale, du soutirage et des combinaisons possibles. Ceci a conduit à écarter le soutirage sur la ligne Inga-Shaba à Muene-Ditu pour l'alimentation de Kananga, Mbuji-Mayi, Muene-Ditu, Ngandajika et Kabinda. — Hélas ! ;

5) Parallèlement, des projets de centrales électriques précédemment adoptés ont été abandonnés et des solutions de remplacement envisagées pour plusieurs régions :

En ce qui concerne le **Bandundu** et l'**Equateur** : les projets de Bandundu (4 mW), Kakobola /Kikwit (6 mW) et Mbandaka (12 mW) ont été abandonnés au profit de lignes de transport à haute tension (220 KV et 132 KV) au départ de Kinshasa desservant les villes de Lenge, Masimanimba, Bulungu, Lusanga (ex Leverville), Mushie, Bandundu et Mbandaka... ».

Selon des sources concordantes, il n'y a que Bandundu qui jusque-là a pu être desservi à partir d'un embranchement sur Inga-Shaba, c'est sa chance !... Plus fort, Radio OKAPI, dans son ''flash-info'' du lundi 24 janvier 2011, à 11 heures (heure de Kin), annonçait le début des travaux à **Kakobola**, par des Indiens !, quelle autre chance, mais elle — cette chance — s'explique par la présence de deux premiers ministres, natifs et décidés !... (Le Kasayi en a un présentement, mais comme autres fois, avec peu de mobilité).

> « A propos du KIVU (il n'était pas encore éclaté en 2 Kivu et Maniema) : le projet de centrale hydroélectrique à Kisala (7 mW) pour l'alimentation de BENI et BUTEMBO[746] a été écarté au profit d'une ligne à haute tension au départ de Goma, qui desservira au passage les Villes de Mweso, Vitshiumbi, Rwindi et Rutshuru ».
>
> Et l'article en question de continuer : « Il apparaît ainsi que les stratégies faisant appel au thermique ou à l'extension du réseau de transport alimenté par hydroélectricité sont retenues chaque fois que le coût global actualisé est le plus faible... Cette stratégie de l'extension du réseau présente, en outre, l'avantage de développer de façon intégrée, l'électrification du territoire par la couverture simultanée de plusieurs villes, sous-régions ou régions. C'est sur ces bases qu'a été élaboré le plan de développement pour la période 1987-2005 dont les caractéristiques fondamentales étaient :

---

[746] Butembo qui n'aura pas vu son électrification à partir de Goma, ira s'arranger avec une entreprise Sud-africaine '' Klarkson Power''...

• le maintien des unités hydroélectriques existantes, lorsque les calculs économiques en ont démontré l'intérêt ;
• le développement au moindre coût d'un réseau national interconnecté couvrant 8 régions[747] sur les 9 (que comptait le pays) et intégrant les réseaux Ouest et Sud actuels reliés par la ligne Inga-Shaba (ligne de 1.800 km transportant le courant depuis Inga jusqu'au Shaba qui a retrouvé son ancien nom '' Katanga'', à Kolwezi précisément, et réalisée grâce à un contrat avec la compagnie ''Aca'', filiale du groupe helveto-suédois ABB) ;

Ces extensions permettront en outre la substitution de la génération thermique dans 15 centrales sur les 27 actuellement en exploitation et l'électrification de 15 localités ». Ce fut une proposition qu'on salua, étant donné qu'à **Kananga, Kabinda, Lusambo, Mweka**, cette génération tourne à peine, voire même pas (et si Ilebo fait exception, c'est grâce à la présence de l'ONATRA et de la SNCC) ;

• l'application d'une politique tarifaire appropriée permettant d'atteindre des taux de rentabilité convenables et de réduire le déficit financier (en effet), du secteur thermique pour les 12 centrales restant en exploitation » ; et enfin…
• l'asainissement des réseaux de distribution et leur développement ».

Voici comment ce plan ventilait la demande en mW :

	Année			
	1990	**1995**	**2000**	**2005**
Secteur industriel	3940	4770	5510	6380
Secteur tertiaire	700	910	1060	1220
Secteur domestique	890	1070	1350	1710
Ensemble	**5490**	**6750**	**7920**	**9310**

Source : Jeune Afrique Economique n° 126, o. c., p. 334.

Mais hélas, continuant notre relecture, que voyons – nous ? :
''Plan Horizon 2005'' (cf. idem p. 335) nous renseigne que « les projets abandonnés sont ceux de KATENDE I (11,4 mW) ; KATENDE II phase I (18,3 mW) ; TSHILOMBA (2,4 mW) ; LUBILANJI II (4,2 mW) et KILUBU (9,9 mW). Il leur a été préféré une ligne à 220 KV au départ de N'Seke (au Katanga), desservant dix villes : Kamina, Kamina Base et Kaniama, dans le Nord du Shaba ; Muene-Ditu, Ngandajika, Tshilenge , Mbuji-Mayi et Kabinda, dans le Kasaî-Oriental ; Kananga et Tshimbulu, au Kasaï-Occidental »…

[747]Autrefois, pendant la 2e République, les Provinces ont été appelées « Régions » et les Districts « Sous-Régions ».

Et lorsque nous nous demandons ce qui a été matérialisé à ce propos ? La réponse est **rien** !… Aussi cette matérialisation devait-elle être pressentie non aboutissant, étant donné qu'au Congo, un engagement pris, mieux, le parler politique, ne reste souvent que ''discours et promesses'', en lieu et place des actions…, et, au vu de tout cela, l'opinion dans nos contrées s'est rendu compte qu'il y a **'' deux poids deux mesures''.**

En effet, il y a eu de quoi et des raisons pour construire le barrage de **Mobayi**[748], au profit de Gbadolite (une ville non laissée par la métropole, mais sortie du sol de par la volonté du président Mobutu — un exploit tout de même), avec du matériel précédemment destiné à **Katende**[749] **!…**

Selon Franco Carminati, le directeur des travaux qui a fait partie du bureau d'Ingénieur-conseil Tractabel — nous dit *Jeune Afrique,* o. c., p. 333 — « les perspectives de développement économique de la région de Gbadolite […] va très rapidement porter à 80 % le taux d'utilisation de la puissance disponible. Et les consommateurs peuvent désormais bénéficier d'une énergie à faible coût, 30 à 80 Zaïres selon l'usage, alors que la Banque Mondiale avait estimé il y a quelques années le prix de revient du Kilowatt/heure à 90 Zaïres. Une économie appréciable pour la communauté, dans la mesure où un seul litre d'essence coûte près de 300 Zaïres et que les groupes électrogènes sont de gros consommateurs de fuel »… Et nous de nous demander : ce qui est dit du coût des consommables n'est-il valable que pour la région de Mobayi ?

Une autre question : quand on nous dit (cf. Idem) que « Mobayi permettra d'approvisionner en électricité la ville de Gbadolite, qui bientôt comptera près de 100.000 habitants ainsi que la région Nord-Equateur, dès que les lignes de transport seront installées (il faut compter 2 millions de francs belges le kilomètre), la ville de **Kananga** elle en compte présentement combien ?, n'est-ce pas presque deux millions ? (Même s'il faut soustraire quelques milliers comptabilisés dans le dépeuplement des suites du « Phénomène Kamuina Nsapu ») … Aussi, lorsqu'on considère que le coût de la première partie des travaux du projet Mobayi qui fournit de l'électricité depuis le 18 octobre 1989 est de l'ordre de 60 millions de dollars (cf. *Jeune Afrique Economique*, o. c., p. 329) et que, en phase finale, le montant total de cet investissement représentera près de 120 millions de dollars dont 25 % à la charge du Zaïre — entendez la R.D.C. — **il y a deux poids deux mesures…**

Ayant pris conscience que l'on ne fait cas ni de KANANGA ni d'un autre coin du KASAYI et, ayant fait leur, la conviction de l'Ir Mutamba Dibwe,

---

[748] La mise en service du premier groupe de la centrale hydroélectrique de Mobayi a eu lieu le 24 novembre 1989, en présence de l'Honorable Kengo wa Dondo, alors Premier Commissaire d'Etat, sous la conduite du PDG/SNEL, l' Ir Mutamba Dibwe.

[749] Cette révélation aura fait connaître des déboires à L. Mpopola, un fils du Kasayi œuvrant alors à la SNEL…

PDG de la SNEL, qui a déclaré — lors de l'inauguration de Mobayi — que ***« l'Electricité est la clé de l'industrialisation et du confort ! »*** (cf. Jeune Afrique Economique o. c., p. 323), ces fils du Kasaï-Occidental qui ont désiré voir le développement prendre pied dans leurs contrées, se voudront des ''Prométhée ''… Ils iront chercher à matérialiser leurs pensées en vue de la croissance et de l'émergence de leur province, au sein d'une structure dénommée « CODESKO » qui a installé un comité de gestion à Kinshasa (où résident la plupart d'entre eux) et un Bureau d'Exécution à Kananga… Mgr BAKOLE wa ILUNGA ; Me Emery KALAMBA WAFUANA ; Gilbert TSHIONGO alors PDG Regideso ; le professeur Mathias BUABUA wa Kayembe ; le PAD/Shell Paul KATENDE ; Tim MUTEBA wa Kambala ; Mr André MUSUBE wa Mulumba ; Médard MULANGALA Luakabuanga ; Martin KASENDE ; Pierre KWETE Minga ; le professeur Grégoire BAKANDEJA wa Mpungu ; Mr l'Abbé G. TSHILUMBA *Washara*, Mlle Bernadette MAYI-BUNGI — pour ne citer que ceux-là — en ont été des principaux animateurs…

2.2. De ''Katende''

Le site de **Katende** est un véritable don de l'Eternel à nos contrées. Des sources concordantes — Regideso, Energo Invest, Engetec, Bureau d'Exécution CODESKO et autres — lui reconnaissent une vallée qui existe à l'état naturel, qui n'est pas à créer comme dans d'autres sites. La topographie des lieux s'y prête bien et permet un travail qui nécessiterait ailleurs des investissements très importants.

Le coût de l'ouvrage (9 MW soit 3 turbines de 3 MW chacune et clés sur portes) ayant été chiffré à 18 millions de dollars américains, le comité de gestion lancera un mot d'ordre que voici : « 1 $ pour **Katende**, chacun ! ». La population (avec empressement) y souscrit massivement et la CMRF (Commission de Mobilisation des Ressources Financières), avec en son sein des mobilisateurs de la trempe de Gilbert Tshiongo et de l'Abbé Tshilumba, réussit en peu de temps, à réunir plus de 4 millions de dollars !... A titre illustratif et pour mémoire, nous retenons que ''yaya'' Mputu Buabua Agnès *(mukaj'a Bilolo' a Kanyuka, alias « Maman Maboke »)*, libéra 50 $!

Cette dame sans grande instruction, mais véritable ''femme d'affaires'', voyait dans l'électricité, la prospérité de son commerce (elle était tenancière d'une Terrasse où les « maboke » de poisson et/ou de gibier, autour d'une bière refroidie par des blocs de glace que fabriquait la Brasserie. ''Tatu'' Katompua Fernand versera à la caisse 50.000 NZ ; ''Pilote'' Mukengeshayi s'acquittera de sa souscription de 1000 $; Mgr Bakole wa Ilunga remit un chèque de 600.000 FB ; Tshiongo Tshibinkubula wa Tumba un chèque de 2500 $; le Gouvernorat et l'Hôtel de Ville de Kananga contribueront respectivement avec 25 000 et 15 000 $. Et dire que ni **Maman Maboke, ni Bakole wa Ilunga, ni Katompua Fernand, ni Pilote Mukengeshayi, ni**

Chef Emery Kalamba et certainement d'autres que nous n'avons pas cités, ont trépassé, sans avoir vu KATENDE ! Mais, ils ont posé leur acte **pour la postérité** ! Voilà qui est noble !...

En effet, la postérité nous jugera (sur les actes que nous posons aujourd'hui et plus fort encore, l'Eternel nous jugera ! ... sur ce que nous avons pu faire avec ce qu'Il a mis a notre disposition...

Notons toutefois que cette partie de l'ouvrage ne fait pas l'audit par rapport aux finances (Mr Thoms Bakajika ira, pour des raisons que l'on ignore, retirer sa contribution en 2012), mais l'auteur essaie de retracer ce qui se fit, ce qu'il sait, ce qu'il a vu et ce qu'il apprit. En effet, continuant notre cheminement, nous verrons une délégation CODESKO, composée des membres du conseil de gestion auxquels s'est joint le Gouverneur **Tshibuabua Kapia Kalubi**, descendre en Afrique du Sud auprès de ''Sulzer'' « constructeur »... Nous n'entrerons pas dans les détails de ce qui s'y passa, comme altercations, querelles et manque d'égards des uns envers les autres... (il aura fallu l'intervention de Madame **Nzuji wa Mbombo**, trouvée sur place, pour calmer les esprits de ceux qui ont manqué d'égards à l'endroit de patriarches qui faisaient partie de la délégation...) ; mais voyons plutôt ce qui édifie...

De retour au pays, des appels d'offres ont été lancés et plus de dix entreprises de par le monde présenteront leurs cahiers des charges. Parmi elles, quatre ont été retenues :

- une firme chinoise
- une firme italienne
- une firme française
- une firme belge.

Elles ont été classées en ordre utile, selon leur coût et leur timing d'exécution.

Pendant qu'il y avait échange de correspondance entre la CODESKO et la première entreprise, certains travaux (préliminaires ou préalables dits « implantation du chantier ») furent entrepris par le Bureau d'Exécution/CODESKO, confié à Mgr Bakole (ce Bureau a fonctionné dans les annexes de la Procure/St Clément, à l'aile où il y a présentement la Coordination provinciale des Ecoles Conventionnées Catholiques. Et '*'à quelque chose malheur est bon''*, dit-on. Des ingénieurs refoulés du Katanga : Ambroise Badibanga, Edmond Mupangila, François Katekesha, Constantin Kabasele, auxquels se sont joints Ir Victor Kendi, les Administratifs Pascal Kande (en charge des Finances), Anaclet Tshimbalanga (en charge du Personnel), Dominique Makenga, Edmond Kalumbu et l'Auteur (chargés des problèmes techniques), prendront en mains l'acquisition de la logistique (location, entretien et maintenance des engins) nécessaire au terrassement, à la fragmentation des rocs gênants et à l'aménagement de la route d'accès vers le site. Un grand baraquement a même été construit pour accueillir l'équipe chinoise attendue, ainsi que les bureaux CODESKO /Chantier. (Nous avons de nos mains planté deux cocotiers devant le baraquement, un a tenu)…

Toute œuvre humaine et de surcroît naissante connaîtra des dérapages : l'on notera qu'après l'implantation du chantier et celle des services administratifs, les rémunérations des deux premiers mois étaient si haut que cela nécessita de remettre la pendule à l'heure et le travail s'exécutait avec la même impulsion qu'à la Gécamines… Nous sommes toujours dans la relecture de la « **Longue Marche vers l'Electricité** ».

En mission officielle à Kananga en juillet 1995, **Kengo** wa Dondo qui aura fait une descente aux Chutes MBOMBO, sera touché par ce « *Kayanda* »[750] ou défi que se sont lancés ses administrés de cette partie de la République. Il décide alors de soutenir la CODESKO par cette promesse d'homme d'Etat : « **Mon gouvernement encourage l'avancement des travaux entrepris avec 1.000.000 de dollars** » !... Que des acclamations !... Et comme ses collaborateurs concernés par cette opération traînaient les pas pour exécuter l'ordre du Chef de gouvernement (qui se trouvait en une autre mission à l'extérieur…), **Malumba** Mbangula alors Vice-premier ministre en charge de l'Intérieur, saisira « l'homme de parole »… Un « O.V. » au bénéfice de la CODESKO, en Nouveaux Zaïres (couvrant l'engagement pris par un chef) fut présenté à la Banque… et la CODESKO convertit le même jour cette cagnotte en dollars…

Mais lorsque l'on ne verra pas arriver les Chinois — le début de « la guerre de libération » a dû certainement avoir sa part dans cette réticence, prudence exige ! — un programme minimum des travaux fut maintenu, notamment la construction des deux ouvrages sur la rivière NKOMBUA et sur la NTSHIMA — axe le plus court vers les chutes Mbombo (dites aussi ''KATENDE I '') — en effet, via la Paroisse Ste Thérèse Nganza, Nkombua, Ntshima c'est plus court que par Nkonko ou ''Tshikaji.

Ces travaux de génie civil se sont exécutés sous la direction de l'Ir **Malolo**, secondé par l'Ir **Lutonda**. Mr Tshiongo avait pu obtenir leur détachement de la Regideso pour ce faire, et l'auteur parle de ce qu'il connaît parce qu'il a assumé dans ce '' programme minimum'', la charge de gestionnaire de chantier (logistique et ressources humaines)… Oui, ces deux ouvrages sont là : deux ponts en béton et à double sens — construits par et

---

[750] Ici nous recommandons le lecteur à lire KASONGA Kadiobo (qui vient de nous quitter le 21/12/20015), Le Phénomène « Bayanda » et le diplômeuniversitaire/Approche praxéo-sociologique du commerce à longue distance, combat contre la pauvreté. A travers cet ouvrage il a essayé de définir ce vocable « kayanda » (chez les Lulua et Tshickwe) ; « kayinda » (chez les Salampasu) ; « kayenda » (chez les Lwalwa) ; « gayanda » (chez les Pende) — cf. p. 6) — un défi à relever et une recherche de cadre concepto-définitionnel de « Buyanda »…

''propriété CODESKO'' — par où passera du matériel attendu pour et par la centrale, et qui serviront à une circulation aisée des populations bénéficiaires du lotissement qui s'y annonce…

Et comme l'arrivée de nos Chinois s'éloigna de plus en plus, notre **KATENDE** se trouva renvoyé aux calendes grecques !... Aussi allons-nous rappeler qu'au lendemain de la prise du pouvoir par **Kabila père**, il lui aurait été conseillé de traiter le dossier « KATENDE », ainsi, les « Baa Kasayi » regagneraient leur bercail pour de bon et laisseraient les *''Batoto ya mama''* tranquilles, chez eux » ! … Mais un autre son de cloche retentira à l'oreille du Chef : « **M'zee**, ç'aura été une grosse bêtise que de pouvoir donner du courant au Kasayi ; toute cette main d'œuvre viderait nos Usines, Ateliers, Chantiers et autres domaines et structures ! »… Et des avis restèrent controversés, jusqu'au moment où certains milieux proches du pouvoir auraient présenté au ***Raïs*** le dossier KATENDE comme « un appât » par rapport à un « électorat sûr », qui serait « acquis à sa cause », lors des présidentielles 2011 à l'horizon… « A ces gens-là, si on leur rassure le courant, ça y est ! »… Et l'on s'informa de ce qu'« ils » — c'est-à-dire les fils et filles du Kasaï-Occidental — ont déjà fait et où « ils » en sont, avec « leur » KATENDE…

2.3. Le pouvoir-clarckson-codesko

Alors l'on verra descendre avec diligence, ''une mission'' sur KANANGA, composée entre autres du Président CODESKO Tshiongo, du Vice-président Muteba, des membres du comité de gestion Pierre Kwete, Médard Mulangala… Par la voix des ondes, le « souverain primaire » du patrimoine CODESKO (avoirs, immobilisés et autres biens) fut invité à prendre part à une assemblée extraordinaire en la Salle des réunions du Bâtiment Administratif. La salle fut pleine à craquer. Toutes les forces vives représentant la province furent présentes : Clergé, Pouvoir traditionnel, Administration publique, Médias, Opérateurs économiques, Enseignants et Professeurs du Supérieur, Travailleurs, Femmes commerçantes, Fonctionnaires, etc. L'Autorité provinciale empêchée fut représentée par Maker Famba, Vice-gouverneur. Ce fut au mois de février 2004.

Apres un court « Exposé des motifs » et/ou « Etat des lieux » à l'adresse de l'assistance, il fut demandé a cette dernière — en tant que « souverain primaire » — si elle consentait à céder, en guise d'apport ou contribution de sa part, au pouvoir central, ce dont la CODESKO disposait encore comme fonds… Sur le fonds de caisse de l'ordre de 1.200.000 $ disponibles, il fut proposé et autorisé un décaissement de 1.000.000 $.

Pour concrétiser cet acte de courage, mais aussi de ''risque'', un Memo ad hoc a été rédigé par une sous-commission de circonstance — séance tenante — et lue par Mademoiselle Ndaya Mayi- Bungi, à l'attention de la plénière qui y apposa, chacun à tour de rôle, sa signature.

Enfin, tous comme un seul homme, l'assistance se recueillit en une prière oh combien émouvante, qui fut adressée à l'Eternel, Dieu de nos ancêtres, par l'homme de Dieu, le Pasteur Frédy Kanku, pour Lui recommander l'aboutissement du projet !...

Quelques trois mois après, qu'elle n'a pas été la joie de la population, de voir trois envoyés d'une entreprise Sud-africaine dénommée **« Klarkson Power »** — celle-là même qui fut à l'œuvre à Butembo (avions-nous appris) — débarquer à Kananga pour ouvrir son Bureau de liaison. Des accords intervenus entre Klarkson et Kinshasa prenaient en compte non pas le site « MBOMBO », mais celui de « KATENDE » (via la Mission Catholique **Bunkonde** à 80 Km de Kananga), toujours sur la Luluwa... Patrice Lumumba n'a-t-il pas dit : « *l'Afrique écrira sa propre histoire* »...

Nous continuons notre '' **Longue Marche (vers l'électrification) ''** ou '' **Tshilumbu tshia Nzembu** '', traduisez : « **Affaire ''Courant''** »... Mi-2005, Klarkson fait parvenir sur le site un container plus du matériel roulant à affecter aux travaux de terrassement : une benne basculante, une pelle chargeuse et un bulldozer (matériel qui accusait une vétusté donc, n'inspirant pas confiance !)... Et entre cet arrivage et fin 2005 ce fut un grand silence !...

La '' Permanence Klarkson ''— qui s'était installée dans un local de l'IMMOKASAI, en face du bâtiment où fut Hewa Bora (présentement c'est la Banque ''TMB'' qu'y a ouvert ses guichets) — interrogée à ce sujet, nous répondra que « le problème se situe au niveau d'une part du Pouvoir qui jusque-là, n'a versé à Klarkson que 1/3 (entendons 10.000.000 $) de ce qu'il doit (30.000.000 $), et d'autre part au niveau du transporteur, la SNCC, qui de son coté, n'a pu jusque-là mettre à la disposition de Klarkson, des wagons appropriés, pour l'acheminement d'un premier lot de matériel venu du Sud, déjà dans ses installations à Sakania »... Et nous voilà !... (Peut-on dire '' nous voilà floués ?''...)... Aux murs de ce local Klarkson, quelques photos des turbines ''en construction''... ainsi que le croquis ou schéma de la centrale : ''la prise d'eau '' ; des tuyaux d'amenée (vers la salle des machines), et ''la restitution'' (à la rivière)... **A quand l'électricité ?... ; qui nous consolera ?... ; qui nous dira la vérité ?... ; que sont devenus nos 1.000.000 de $?...** Voilà autant de questions sans réponses et nous nous arrêtons là avec ce briefing... Et le problème « KATENDE » reste pendant !...

L'on a parlé de son rebondissement avec l'arrivée de **Kande** Mupompa à la tête de la province, qui a tenté de percer le mystère avec le concours de tous — entendons : le Pouvoir central, l'Autorité budgétaire de la province, l'Exécutif provincial (parce qu'elle est quand même dotée de ''la personnalité juridique'' qui lui confère le pouvoir de contracter et d'engager la province), l'Ambassadeur de la RDC en Inde **Balumuena**, ainsi que les bénéficiaires que nous sommes... Nous avons vu le gouverneur Kande nous présenter en la Salle des réunions du Bâtiment Administratif, un visiteur de taille — en Tshiluba l'on dira « *muenyi wa tshisaka* » — de nationalité chinoise, répondant au nom de **Li Shaoyou** (un Monsieur de son état, et patron du « CREC 7 »), prêt à relancer pour le compte de la province, les travaux d'électrification ainsi que d'autres ouvrages dont une route en Territoire de Luiza afin de relier nos contrées à la province-sœur de Lunda Norte, chez notre frère le gouverneur Ernest **Muangala** (ce qui désenclavera l'espace kasaï), et l'asphaltage de 26 km de voirie urbaine y compris l'élargissement de la route depuis le centre-ville jusqu'à l'Aéroport.

Mais l'on ira voir cet élan entravé par entre autres trois coups dont le premier est la somme des affres générées par ''les miliciens Kamuena Nsapu'' de triste mémoire qui s'étaient déferlées sur l'espace kasaï ; le deuxième est cette Mission de service prolongée du Gouverneur Kande (et ce indépendamment de sa volonté), depuis février 2016 jusqu'au jour de l'adoption par 17 voix contre 4 d'une motion à sa charge (le 4 octobre 2017), cette motion s'identifie au troisième coup porté à la province. A notre humble avis, tout en reconnaissant ce droit dévolu à l'Hémicycle provincial de procéder à une mise en accusation d'un ou plusieurs hauts fonctionnaires — aussi est-il que le(s) concerné(s) présente(nt) ses moyens de défense — nous trouvons que cet agir a été vite diligenté, et surtout pas en ce moment ''post-crise Kamuena'' et ''post-réconciliation…''

Nous nous demandons si cette pratique récurrente ainsi que le ''phénomène Kamuena Nsapu'' ne sont justement pas ce ''Kabindi'' entendons ce négativisme ou toute entrave à un processus tendant vers le bien-être de tous. Et nous nous demandons en outre si le nouvel Exécutif provincial (à mettre sur pied pour le temps qui court jusqu'aux prochaines élections) va disposer d'un budget qui ira réparer les tares vieilles de onze ans !

OUI, à quand '' notre '' KATENDE ?... Voilà « le dossier » prioritaire auquel nos élus (ceux encore en poste, ''par défaut'' et ceux à venir, qui siégeront en province comme à Kinshasa), ensembles comme un seul homme, doivent faire face, au lieu de ne se mettre d'accord que lorsqu'il s'agit de fixer ou porter haut leurs émoluments ; au lieu de ne chercher qu'à s'épanouir eux-mêmes. L'Apôtre Paul n'a-t-il pas écrit : « **Que personne ne cherche son propre intérêt, mais celui d'autrui** » ? — (cf. 1 Cor 10,24)….

Réfléchissons ! Mes frères et sœurs, réfléchissons !... Lorsque **Kabasele Yampanya** (alias Pépé Kallé) a chanté :
« Kuetu kudi bionso !
Kuetu kudi bowa, kudi kampapa ;
Kudi matela (a mapulukusu) ;
Kuetu kudi nshisha, kudi mankenene ;

Kuetu kudi tubobo, kudi tushi — tuela ku ntete wewa kufua bidia !...
Kuetu kudi tshiombe tshia kabiola, kudi ndakala, kudi nyinyi waamb…muela ku tshikota…
Kuetu kudi nswa, kudi bintunte, kudi dilombolombo, kudi mvuadi-vuadi », il n'a pas tort !, mais pas jusqu'à dire (que) « … chez nous il y a tout ! » — en Tshiluba : « *Kuetu kudi bionso (tatu)* », **car… le courant y manque ! ; l'électricité n'y est pas !**...

Nous avons beau incriminer « l'autre » ; oui, « cet autre », sa part de responsabilité est là, mais celle des fils de la place y est aussi : ces fils qui sont nommément connus, qui ont eu le privilège d'occuper chacun à son tour, un espace proche du pouvoir, mais qui ont manqué de peser de leur poids sur « le dossier » et qui de surcroît sont allés jusqu'à contrecarrer celui-ci !...

Non !... Aussi, ne pouvons-nous pas omettre ce qui allait vraiment être une aubaine, « cette trentaine de millions de dollars » payée par un pays limitrophe pour couvrir ses redevances vis-à-vis de la SNEL[751] …

Cette somme aurait pu être proposée à l'autorité pour en finir avec notre KATENDE !... Hélas, cela n'a pas été, on a manqué de le faire, qu'on se pardonne… Mais que nos Mandataires qui sortiront de cette mandature qui s'est dilatée… et ceux qui seront produits d'ici-là (!?) le cycle électoral ayant été perturbé (en principe, les Assemblées nationales et provinciales auraient dû être dissoutes) n'aillent pas se frottent pas les mains en disant chacun à sa conscience : « Ma conscience, sois apaisée ! Ces gens-là, ils ont eu chacun un képi, un polo et un ''sipa'' de sel lors dans ma campagne ! »…

Non, ''un *Livre des Souvenirs''* reste ouvert (comme au temps de Mardochée, mais Mardochée lui a été récompensé et honoré)… Ce que ''Notre Livre des Souvenirs'' couchera sur ses pages c'est leurs compromissions, leur égoïsme, leurs égarements, tous les torts qu'ils auront faits à leurs Electeurs ! Exerçons-nous à la culture de l'altruisme : ''le combat pour le bien des autres''. Nelson **Mandela**, ce grand ''modèle''qui vient de s'éteindre le 5 décembre 2013, vient de nous laisser un grand héritage, mieux un devoir. Chères sœurs et chers frères qui avez élu et allez élire bientôt, votre bulletin de vote n'est pas à marchander ! Votre voix coûte

[751] Cf. Xavier HAREL, Afrique Pillage à huis clos, Ed. Fayard, Paris, 2006, pp 133-139 : à travers ces pages, Harel explique comment « Le Congo Brazzaville, riche en pétrole, mais pauvre en électricité… doit en importer une part importante du Congo Kinshasa ; comment, au fil des années et des guerres civiles, la SNE — entendez la Société Nationale d'Électricité (du Congo) — a accumulé une dette de 46 millions de dollars vis-à-vis de son homologue du Congo-Kinshasa, et comment finalement la SNE s'est acquittée de cette redevance via un schéma complexe, à travers des intervenants qui ont dû en retirer plus de 11 millions de dollars de commissions !... »… (Veuillez noter que les attentes de la SNEL, pour ses fournitures en face, vont grandement fléchir… ; Brazzaville venant de se doter de sa propre centrale, depuis quelques mois…).

très cher par rapport à 200, trois cent, cinq cents, mille francs ou même plus !... Parce que nous tous nous ne pouvons aller siéger à l'hémicycle, votons alors « utile » !...

Nous sommes convaincus que certains de nos frères-là, en toute conscience, ils doivent s'être dit : « *Tshiambi nansha !...* » — entendez : « J'aurai pu dire un mot !... J'aurai pu agir positivement ! »... Mais pour les autres (et plus nombreux), leur obstination dans ce négativisme doit avoir été l'application de ce dicton : « *Meme amu tshibelu !* », entendez : « A moi : rien que la cuisse ou rien ; les autres ce n'est pas mon affaire ! » cela par rapport au site MBOMBO auquel ils préféraient KATENDE...

Et voilà tout ce retard dans l'électrification de ne fut ce que le chef-lieu de nos contrées !... Mais pour arriver loin, l'on part d'abord de quelque part, on commence par un premier pas ! Bats-toi, pour obtenir ne fut-ce que le bras de la bête !... Ne dit-on pas : « un tiens vaut mieux que deux tu l'auras ! »... Si en son temps, l'on avait compris la préoccupation de Mgr Bakole (et pourtant, ***« kayi mukaji, kayi muana »*** — traduisez : n'ayant ni femme, ni enfant ! — et, d'ailleurs, sa résidence n'était pas en mal d'électricité, un « lister HA » de 15 Kva y tournait) !... Aussi, ce courant qui allait sortir de MBOMBO, comment allait-il distinguer les habitations des ressortissants de tel Territoire, de tel clan ou de tel autre, pour n'alimenter que ''celles-ci'' ainsi que les couvents, et (en) priver telles autres ?... Et bien que le KASAYI compte des centaines de tribus, celles-ci devraient appliquer l'adage ***« tuye lumwe, butshia lukasa ! »*** — traduisez : « allons dans la même direction, et il fera vite jour ! »... Comme pour dire que quand on va tous dans la même direction, cela écourte la nuit !... En effet mes frères, sachons que l'ennemi de notre essor, de notre progrès, a utilisé nos faiblesses qui ne sont autres que nos querelles ethno-tribales. Quand on dit « autant de têtes, autant d'idées ! », ces idées sont censées être de nature à construire...

Cela étant, nous irons paraphraser Mathieu Ntolo[752] en disant (par rapport à la multitude de clans à travers la province) que :

— « ... ce pluralisme ethnique, cette fresque ethnique au Kasayi est un patrimoine ; cette fresque ethnique est une véritable réserve culturelle de valeurs et de sagesse ; un capital humain composé de savants, d'intellectuels, des hommes de Dieu, des hommes et des femmes dynamiques, d'une jeunesse exubérante ! » ;

— « si cette constellation ethnique fait de la consolidation de l'unité un devoir qui, comme tous les devoirs nobles, demande de l'abnégation et un sens élevé de dépassement et d'amour désintéressé, voilà un des défis relevés ! » ;

---

[752] M. NTOLO, in '' *Impact du pluralisme ethnique dans le développement de la future Province du Kasai Central'' ;* une intervention lors de la Conférence ayant eu pour thème : Kasaï - Central à l'horizon 2010, qui s'est tenue — sous l'impulsion du Sénateur Modeste Mutinga Mutuishayi, le 6 septembre 2007 au Centre Protestant de Kananga, pp. 2-4.

— « si chacun, dans son mental, lutte contre l'ethnophobie : cette autre forme de xénophobie ; cette haine viscérale contre les autres ethnies parce qu'étrangères à la mienne ; cet intégrisme consistant dans le refus de l'autre et de la différence — voilà un autre défi de relevé ! » ;

— « dès lors que les Lulua pourront — par ethno-phobie — mépriser ou haïr les non Lulua ; les Bindi faire de même et, ainsi de suite, au bout du compte, la fermeture de la boucle c'est la désintégration de la province ; (et qu'enfin)

— entretenir une mise en garde contre l'ethno-latrie (qui est une recherche de la domination d'une ethnie sur les autres, par amour exagéré — sous forme paranoïaque — de sa propre ethnie), voilà qui est de nature à relever un autre défi ! » En effet, complète Ntolo, « des attitudes ethnolatriques, lorsqu'elles s'enracinent dans les esprits, finissent par désarticuler les équilibres sociaux, et c'est la province qui en sort perdante »...

Et sachons préparer et gérer tous ces esprits dès à présent, car, si pas fait, lorsqu'interviendra le découpage — (nous actualisons, celui-ci est déjà là bien que tardivement par rapport aux 36 mois lui impartis par la Constitution de février 2006 : l'ordonnance délimitant les nouvelles provinces sortira fin mars 2015 et alors a eu lieu l'installation de celles-ci, avec certaines retombées) — ces esprits non ou mal préparés se comporteront comme au temps des 21 « **provinces** ! »... Effectivement, que se passe-t-il depuis des mois au Nord Katanga (Tanganyika) et présentement à Tshikapa — province du Kasaï (où au nom de la xénophobie, les lubaphones et même les ''Dekese'' sont l'objet de déguerpissement ! Et les violons ne s'accordent pas entre deux provinces-sœurs : Maniema et Tshopo à propos des limites !

Apprenons donc aux **Batetela** qui sont à Tshumbe, qu'ils sont les mêmes que ceux qui sont à Kananga. Apprenons aux **Bakwa Mulumba** qui sont à Ilebo qu'ils sont les mêmes que ceux qui sont au Kasaï-Oriental ; aux **Bena Kaasa** ba Kabodi qui sont venus s'installer au-delà de Munkamba, de vivre en frères avec les **Bakwa Kande** (Luntu) avec qui ils s'abreuvent une même eau ; aux **Bakuba** de Lusambo et à ceux de Mweka qu'ils sont tous Bakuba et sont frères ; aux Bakuba *aile* Mbengele'' (''*Bushongo*'') et à ceux de l'*aile* ''*Bangende*'' qu'ils sont frères ; et aux **Bakete** de Kamiji ou de Kamponde et à ceux de Mweka qu'ils sont frères tout en étant frères des **Kanioka, des Lulua, des Sala, des Songe**, des **Luntu**, des **Tshiokwe, des Pende, des Lelé**, etc... Abram n'a-t-il pas dit à Loth son neveu (ceci) : « *...qu'il n'y ait pas, je te prie, de dispute entre moi et toi, ni entre mes bergers et tes bergers, car nous sommes frères* ! » — Gn 13, 8...

Notre Constitution n'offre-t-elle pas cette opportunité aux provinces, de se mettre ensemble — nous l'avons dit plus haut — dans l'intérêt de leurs populations ?... Aussi, ne sommes-nous pas à l'ère de la globalisation ? ; l'Europe — l'Ancien Monde — l'a compris en créant l'Union Européenne ;

les entités devenues les Etats-Unis d'Amérique en ayant donné le ton bien avant, avec la mise en commun des 13 provinces et suite… Et bientôt là, l'Union Asiatique et l'Union des pays de l'Amérique latine !...

Ici nous irons paraphraser encore une fois Ntolo : Oui, face à la crise tant morale qu'économique qui secoue nos villes et nos cités, face à cette espèce d'absence de repères dans une société visiblement en chute, le recours aux standards de conduite édictés par la sagesse ethnique est une véritable garantie de survie.

Ce qui vient de se passer sur le sol américain depuis l'avènement de **Obama,** doit être un repère plus en vue ! Et cela fut précédé d'une vision, mais aussi d'une conviction qu'eut Martin **Luther King** et dont Bruno Chenu[753] nous donne un aperçu du contenu que voici :

> « Je vous le dis mes amis, malgré toutes les difficultés qui nous attendent aujourd'hui et demain, je fais encore un rêve. C'est un rêve profondément enraciné dans le rêve américain : un jour, cette nation se lèvera pour vivre selon le sens véritable de son credo — nous tenons ces vérités pour évidentes par elles-mêmes — que tous les hommes sont créés égaux.
> Je rêve qu'un jour, sur les collines rouges de Géorgie, les fils d'anciens esclaves et les fils d'anciens propriétaires d'esclaves pourront s'asseoir ensemble à la table de la fraternité… Je rêve que mes quatre petits-enfants vivront un jour dans un pays où ils ne seront pas jugés sur la couleur de leur peau, mais sur la qualité de leur personnalité. Je fais un rêve aujourd'hui !...
> C'est avec cette foi que nous pouvons travailler ensemble, prier ensemble, luter ensemble, aller en prison ensemble, résister pour la liberté ensemble, sachant que nous serons libres un jour…
> Quand nous permettrons aux carillons de la liberté de s'élever de tous les villages et de tous les hameaux, de tous les Etats et de toutes les cités, nous pourrons hâter le jour où tous les enfants de Dieu — les Noirs et les Blancs, les Juifs et les Gentils, les Catholiques et les Protestants — pourront se prendre par la main et chanter comme il est dit dans le vieux negro Spiritual : libres enfin, libres enfin, merci Dieu tout puissant, nous sommes libres enfin ! »…

Et ce jour de la liberté parut s'éloigner un peu plus quand les Noirs perdirent celui qu'ils considéraient comme un ami, **John F. Kennedy**, assassiné le 22 novembre 1963…

« *I have a dream…* » — traduisez : « Je fais un rêve… »… Et ce dont rêva Martin Luther King s'accomplit dans et autour de **Obama**. Et l'Amérique a démontré par là — « chacun a ses défauts » dit-on (ici chez

---

[753] Bruno CHENU, Dieu est noir (histoire, religion et théologie des Noirs américains), le Centurion/Floch-Mayenne, France, 1977, pp. 198-199. Les propos de Martin Luther King que nous lisons dans l'ouvrage de B. Chenu sont un extrait de la traduction du discours de ce pasteur Noir américain, discours prononcé le 28 août 1963 sur les marches du *Lincoln Memorial* (à Washington) et consigné dans *Cahiers de la réconciliation*, avril 1969, pp. 40 - 43 (Idem).

nous l'on dira : « *mulengel'a kabulaa kalema...* ») — qu'il est un grand peuple !... Et comment pas, lorsque l'on sait que, Obama, cet homme d'origine africaine — de père Kenyan et de mère américaine — Noir comme vous et moi, a décroché des voix nécessaires pour devenir Sénateur dans son Etat d'Illinois ! Et qui plus est, lorsque les Délégués démocrates à la Convention du parti, le 28 août 2008, ont eu à décider sur lequel des deux militants — **Hillary Clinton** (épouse du président sortant ou l'ex First Lady) et Barack Obama — ira en compétition avec le candidat républicain John Mc Cain, c'est Obama qui sera pointé ! (Ce succès s'était déjà fait voir dès le « super Tuesday du 5 février » ; les quelques victoires d'Hillary le 4 mars dans l'Ohio, le Rhode Island et le Texas... n'ont pu empêcher l'homme Noir dans ses avancées). Mais, qu'a-t-on vu en **cet homme** ?... Certainement pas sa couleur (ou ''hits skin color'') ; ce peuple de haute culture ayant relégué la question de peau à cette soutenance :

« *A pigment called melanin determines skin color : dark skin contains more melanin that ligtht skin does* »[754], n'a pu voir en Barack Obama que ce qu'il possède et à mettre au service de la nation américaine. C'est ainsi que même les « grands électeurs » n'ont pas hésité à le plébisciter !...

De cette manière, à la lumière de cette illustration, arrivons à ne prendre en compte que ce qu'il y a d'utile, pour nos contrées (nos communes, nos villes, la province), dans tel ou tel fils ou fille... Cette fille ou ce fils (du Kasayi) est-il Mubindi ; est-il Mutshoko ; est-il Musala ?... Ne l'en empêchons pas ! Laissons-le mettre ses talents au service de l'intérêt supérieur de nos contrées. Et toujours à propos de cette illustration, voyons ce que nous dit l'article « Barack Obama, premier Noir élu Président des Etats-Unis d'Amérique », écrit par Bernard Nzemba Niathi et Vincent de Paul Lifetu, article paru dans « Renaître » n°21 du 15 novembre 2008, p.12 :

« Jamais une élection présidentielle aux Etats-Unis n'a déchainé des passions à travers le monde comme celle qui a porté M. Barack Obama à la Maison Blanche. Ce n'est pas parce que le successeur du président sortant George W. Bush, n'a pas les atouts nécessaires, mais plutôt à cause de ses origines. Barak Obama, de père noir originaire du Kenya et de mère blanche américaine, est ainsi le premier Noir élu président des Etats-Unis d'Amérique. Mais au-delà des clivages idéologiques et raciaux, l'élection du jeune sénateur démocrate comme 44ème chef de l'Etat américain, est un grand symbole de l'unité et de la volonté d'un peuple qui sait que la valeur d'un homme n'est pas dans la couleur de sa peau, mais plutôt dans ses idées.

Les sondages qui le donnaient pour favori avant même la tenue de l'élection n'ont pas menti [...] Le coup d'envoi des primaires, le 3 janvier 2008, dans le petit Etat d'Iowa présageait déjà cette victoire. Dans cet Etat ou plus de 95 % des habitants sont blancs, le jeune Sénateur Illinois avait en effet obtenu 38 % contre 29

---

[754] Cf. Word Book Encyclopedia, Ed. Word Book Inc, a Scott Fetzer Company, T. 16. Q.R., Chicago, 2001, p.55. Ce qui est dit ici en anglais se traduit : ''un pigment appelé « mélanine » détermine la couleur de la peau ; la peau sombre ou foncée contient plus de mélanine que ne l'aurait une peau claire'.

pour Hillary Clinton. [...] Ce fut aussi le cas, le 8 janvier, dans le New Hampshire, Etat à majorité blanche (97 %) où il avait séduit même des ex-électeurs de Bush et obtenu 9 délégués comme Hillary Clinton ».

Notons que dans ce ''pays de l'Oncle Sam'', « les Noirs n'ont commencé à jouir de leurs droits civiques que depuis moins d'un demi-siècle »... Et « **Barak Obama, 47 ans**, a été largement élu **le 44 ème président Américain**, à l'issue de l'élection présidentielle du **mardi 4 novembre 2008**. Selon les derniers résultats, Barak Obama a obtenu 364 voix contre 163 pour son principal challenger, le républicain **John McCain** — (alors que) 270 voix sur 538 sont requises pour avoir la majorité)... Barak Obama entrera officiellement en fonction **le 20 janvier 2009**. [...]

Oui, Barack Obama — lui dont le pays est déjà connu pour sa croissance spectaculaire multisectorielle — voici comment il prend un engagement solennel, de conduire avec son Administration, l'Amérique encore plus haut (duc in altum comme diraient les Latins) :

« En ce jour, nous nous rassemblons parce que nous avons choisi l'espoir plutôt que la peur, l'unité tendue vers un but commun plutôt que le conflit et la discorde. En ce jour, nous proclamons la fin des **rancunes et des promesses non tenues**, **des récriminations** et des dogmes éculés qui ont trop longtemps étranglé notre politique »...

Ici comprenons cela : éradiquons l'exclusion !... Tout compte ! Chacun compte !... Nos contrées aussi comptent !... Pourquoi pas !...

> « Nous restons une nation jeune, mais pour citer les Ecritures, il est temps de '' faire disparaître ce qui était de l'enfant '' — ici Obama s'est référé à Eph 4, 14 — il est temps de réaffirmer notre force de caractère ; de choisir une histoire meilleure ; de porter ce cadeau précieux, cette noble idée transmise de génération en génération ; la promesse obtenue de Dieu que nous sommes tous égaux, tous libres et méritons tous une chance d'aspirer à la plénitude du bonheur ». (Donc, un Etat de droit).

Oui, pourquoi nos contrées n'aspireraient-elles pas à ce bonheur, que leur procurerait l'électricité : emplois et confort ?... Et Obama d'ajouter :

> « En réaffirmant la grandeur de notre nation, nous comprenons que la grandeur n'est jamais donnée. Elle doit être gagnée. Notre cheminement n'a jamais fait de raccourcis et de résignation ! »...

En effet voilà une leçon pour nous ! Cessons donc, s'il vous plaît, de nous résigner : ***« Aaa, tukaa bibidile » ; « Aaa, wowu mmusambu wa ditunga » ; « Luvila kutopa mvula nkuetu kua kale »*** — que nous traduisons : ''Ah, à cette misère, nous nous sommes accoutumés'' ; ''Ah, c'est la chanson du pays'' ; (et Luvila est un oiseau qui se dit que ''être mouillé de pluie est son sort ou celui de tous ses pairs'' »... **Non**, mes frères ! Cessons d'attendre qu'on nous donne, qu'on nous apporte !... Et Obama avait renchéri :

« Cela n'a pas été le chemin des timorés, de ceux qui préfèrent l'oisiveté aux travaux […] Non, cela a été le chemin de ceux qui prennent des risques, qui agissent ; de ces hommes et femmes qui ont rassemblé leurs maigres possessions et traversé les océans en quête d'une vie nouvelle ; de ces hommes et ces femmes qui ont œuvré dans l'obscurité, qui ont sué sang et eau et conquis l'Ouest (qui ont) enduré la morsure du fouet et labouré la terre dure ; de ces hommes et ces femmes qui ont lutté, se sont sacrifiés et se sont usés les mains au travail pour que nous puissions vivre une vie meilleure…
« Ils — (ces hommes et ces femmes, dit-il) — ont vu dans l'Amérique, plus que la somme de nos ambitions individuelles ; plus que toutes les distinctions de naissance, de richesse ou de clan. C'est le cheminement que nous continuons aujourd'hui… Et bien que nous demeurions le pays le plus prospère, le plus puissant sur terre […], nous devons nous secouer et nous mettre à construire l'Amérique ! »…

Mais, rendez-vous compte, mes frères, eux (c'est-à-dire les Américains) que nous croyons avoir atteint le top ! Voilà comment ils sont décidés à aller encore de l'avant !...

« En effet — a enchaîné Obama — où que nous regardions, il y a du travail à abattre […] et nous agirons pour créer de nouveaux emplois, pour jeter les bases d'une nouvelle croissance. Nous construirons les routes et les ponts… » …

Vraiment, eux qui en disposent déjà, et de quelle qualité !...

Oui, ce n'est pas déjà mal de moderniser Kinshasa, c'est la capitale, mais l'arrière-pays aussi existe, avec ses problèmes !… (Et qui sait ?... L'Egypte va d'ici-là, déplacer la capitale plutôt construire une nouvelle, à l'Est ; Le Caire avec ses 18 millions d'habitants étant devenue saturée). Avec la même somme — '' 58 millions de dollars — qui a donné à Kinshasa 11 Km de « Boulevard triomphal »'', on peut donner à Kananga une centrale hydroélectrique, pourquoi pas ! Six cent mille habitants (ou plus de la moitié des Kanangais) seront connectés ; la demande de braise va automatiquement baisser ; l'environnement et l'écosystème seront protégés **!...** Cette réalisation sera un plus dans la lutte contre la déforestation, un plus pour lutter contre le réchauffement planétaire ! Aussi, autant d'abonnés SNEL, n'est-ce pas quelque chose pour capitaliser cet investissement ? Les Maisons de communications cellulaires sur place (Vodacom, Celtel, Zain, Airtel, Tigo, CCT, Orange) peuvent témoigner du climat des affaires sur terrain, elles aussi trouveront leurs comptes.

Dans cette attente de la promesse faite par le président Kabila, en rapport avec ''KATENDE'' (dont la concrétisation était confiée au génie des partenaires Indiens — l'on a même signalé l'arrivée d'un premier lot de matériel dont deux turbines à Tshimbulu *wa Minyele* où s'était rendu le 26 juin 2013 le ministre national **Kabanji** de l'Hydraulique et de l'Electricité), l'énergie solaire devait être mise à contribution. (L'on parle de 4.000 panneaux qui ont été installés et qui ensemble, produiraient 3 mW — gloire à Dieu ! — comme ''KATENDE'' n'interviendra qu'en… ?! alors que le Ministre Kabanji avait parlé de 2016.

Un premier essai de ces panneaux (24 heures sur 24) a eu lieu à la veille de la Noël 2015 pendant deux jours (24 heures 24) sur les dix jours sollicités par l'Entreprise sud-africaine **''MEGATRON FEDERAL''** à la SNEL (car c'est elle qui dispose d'un Réseau de distribution) a été concluant. Gloire à Dieu. Les Directeurs/Snel Kga Benoît Tshikala et Bruno Tshibuabua et la population peuvent en témoigner.

En ce qui concerne KATENDE, il y a lieu de noter ici que les travaux allaient bon train : le 4 juin 2015, le gouverneur Kande — (au nom du président KABILA Kabange, chef de qul'Etat, et ayant invité nos ancêtres à se joindre à notre travail et obéissant ainsi à l'ordre de l'Eternel qui a créé les cieux et la terre et a ordonné à l'homme de soumettre la terre) — a donné le ton au coulage du béton consolidant les parois du canal d'amenée, en présence du n° 2 de l'Entreprise indienne ''**Angelic**'', maître d'œuvre, des ouvriers ainsi que d'une nombreuse population du site. En mars 2015, l'actuel ministre de l'Energie et des Hydrocarbures, Mr **Matadi Nenga**, s'était rendu aux Chantiers Katende en compagnie du Gouverneur de province et quatre mois plus tard, plus précisément le mardi 11 août 2015, le ministre Matadi arrivé à Kananga la veille est de nouveau descendu à Katende.

L'Auteur qui a fait le voyage dans la suite de l'autorité provinciale s'est rendu compte de ce qui est fait sur terrain et selon les explications fournies aux visiteurs de marque par le Directeur Adjoint de ''ANGELIC '', l'état d'avancement des travaux se chiffre à 62 %. Un taux supérieur aurait été noté si la SNCC ne détenait pas à elle seule, les deux principales contraintes : un grand tonnage de ciment en souffrance dans installations d'Ilebo et un grand nombre d'équipements lourds également en souffrance en sa Gare de Sakania, pour faute de wagons ; et à cela est venue s'ajouter l'insécurité dans la contrée suite aux altercations entre les ''Eléments'' de Kamuena Nsapu et les forces armées !…

Et lorsque le Ministre de l'Energie ira laisser entendre — lors de son Point de Presse tenu le mercredi 12 août en la Salle des Réunions du Bâtiment Administratif — que *''si la production générée par Katende ne trouve pas de consommateurs potentiels, on va envoyer celle-ci ailleurs''*, cela nous a poussés à demander la parole et de faire voir à l'Excellence que la production que nous appelons de tous nos voeux sera rentabilisée, car les consommateurs potentiels sont là : dont le premier devra être la SNCC (ses Ateliers et Installations de Kananga, le tronçon de sa voie ferrée à jalonner de caténaires — la traction électrique supprimera le coût des consommables (sauf les lubrifiants), réduira la tarification, permettra plusieurs rotations, fera respecter les horaires…) ; La Regideso ; les Entreprises, PME et Ateliers existants ainsi que de nouvelles Entreprises qui seront séduites par Katende ; la SNEL (partenaire de Katende parce que disposant d'un réseau de distribution), et enfin les Abonnés (dont Mairie, Armée, Police, Gouvernorat, Assemblée provinciale, Administration Publique qui devront se comporter effectivement en Abonnés civiques, contribuant au développement de la province).

Notez que l'auteur a demandé à Mr le Ministre de peser de son poids auprès des instances supérieures afin d'obtenir l'allègement des formalités de constitution des Sociétés et Entreprises appelées à consommer l'électricité **Katende**, formalités souffrant d'une lourde bureaucratie… (Qu'il nous soit fait grâce des '' agendas cachés '' sur ce courant !)…

Continuant son adresse à la nation (américaine) dans ce discours-programme, Obama ajoutera :

« Nous rendrons sa place à la science et exploiterons les merveilles de la technologie, pour améliorer la qualité des soins de santé et abaisser leur coût ».

Et comment mes frères, dans ce domaine, peut-on entreprendre de telles recherches et atteindre de tels exploits, sans électricité ?... Avant d'aller clôturer, le président Américain ira exhorter ses compatriotes en ces termes :

« Et ceux d'entre nous qui gèrent les dollars publics devront rendre des comptes, pour dépenser sagement, changer les mauvaises habitudes, travailler au grand jour, parce que ce n'est qu'ainsi que nous pouvons restaurer la confiance cruciale entre un peuple et son gouvernement »…

(Ceci est un extrait — traduction — du discours d'investiture de Barack Obama. Source : htlp : //fr. news. Yahoo. Com/3/20090120/twl – usa – obama – investiture – texte – 224 d 7 fb, html du 21/01/2009).

Ici chez nous, notre peuple n'est-il pas représenté par ces mandataires, ces honorables députés qui siègent à l'hémicycle provincial, l'organe délibérant de la province habileté à contrôler et non à piéger, à jeter des peaux de bananes à l'exécutif provincial, à confectionner des motions de défiance puis se rétracter — quelle complaisance !… Mes frères, pourquoi ne pas nous inspirer de ce qui se passe ailleurs, de ce que font ceux qui sont dans la (bonne) gestion de *la chose publique* bien avant nous !...

Si ton proche a porté une belle veste ; si ta voisine est dans une belle robe, est-il interdit de lui demander de t'indiquer le shop ou la maison de couture ; est-ce une honte ? Nous ne le pensons pas. Il existe des modèles…, il existe des références. Les quelques hommes que nous avons cités ici et là ont certainement chacun son savoir-faire, chacun à ses talents, mais aussi suivent-ils des directives, des impératifs ou objectifs arrêtés par leurs partis, car chacun en a un et chacun est l'émanation de son parti qui l'a porté au pouvoir (exception faite d'un ''indépendant''). Et ces objectifs ont en commun ces caractéristiques :

— ils sont élaborés et consignés dans un document dit « projet de société » et dont ils respectent le chronogramme et/ou l'exécution ;

— ce ''projet de société'' est un outil de travail, un aide- mémoire, un vade-mecum, un recueil d'indicateurs qui, en harmonie avec un chronogramme, servent à évaluer l'exécution et l'aboutissement, en vue d'une société meilleure.

2.4. Quelques recommandations

Avant de les formuler, demandons-nous si les hommes qui veulent nous mener, disposent d'un projet de société ?... S'ils en ont un, l'ont-ils exécuté même à moitié, ou ils n'ont fait qu'amasser durant le mandat, afin de préparer celui qui est en vue ?... Et partant de ce principe : *presque tout « projet de société » est alléchant, bien pensé*, nous exhortons tout celui qui se sent appelé, non pas à commander, non pas à s'enrichir, non pas à supplicier ses semblables, mais plutôt à servir, de prendre en compte ces principes :

— Dieu est le Créateur de toute chose. Au centre de sa création , Il (y) a placé l'homme, créé à son image et à qui Il demandera des comptes ! (Allons relire Luc 12, 48 ainsi que la parabole des talents en Mt 25, 14-30) ;

— Ce n'est pas au hasard que Dieu ait doté nos contrées qui forment le **Kasayi** de tant de ressources humaines (parmi lesquelles l'on dénombre beaucoup de cerveaux), ainsi que de tant de richesses du sol et sous-sol. Ces ressources, dans son plan merveilleux, sont une provision mise par Dieu à la disposition de la province pour sa restauration. En effet Dieu connaît les desseins qu'Il forme à notre sujet : *« ce sont les desseins de paix et non de malheur, pour nous donner un avenir fait d'espérance »* — Jér. 29, 11 ;

— Notre **Kasayi** appartient à tous, chacun a le devoir de l'aimer, de la protéger, de contribuer là son développement. Et c'est surtout à vous nos élus de vous impliquer davantage en vue de son émergence…

C'est vraiment triste, que quelqu'un venu de très loin, s'arrange à descendre au cœur du Kasyi, pour se rendre compte, pour palper les affres engendrées par les altercations qui ont eu lieu entre ''les Kamuena Nsapu'' et les forces de l'ordre, nous avons cité le Nonce Apostolique en RDC **Mgr Montemayor** dépêché par le Saint-Siège sur les lieux, pour consoler nos populations ! Et n'avons-nous pas honte d'entendre ce visiteur de haut rang (il y a passé 5 jours du mois de septembre 2017) taxer **notre classe politique du Kasayi**, de ne s'être pas levée comme un seul homme, pour dénoncer la gestation ''Phénomène Kamuena Nsapu'', sa venue dans cette partie du monde dite le Kasayi, son développement et ses désolations ! Nous avons suivi Mgr le Nonce (qui s'est fait accompagner dans ce voyage de **Mgr Marcel Utembi**, Président de la Cenco) à la Radio Okapi dont il a été l'invité le mercredi 13 septembre 2017.

Et dire que ce sont ces mêmes élus encore dans leur confort (*bu bia tshianda* = comme par miracle) qui, d'ici là, seront devant nous (*tuetu biluwa biabu* = leurs idiots) avec leur képi, pour nous arracher nos voix ! De grâce, qu'ils se sentent humiliés, qu'ils s'abstiennent à ne pas se présenter ! Et nous peuple ne soyons plus dupes !

Batu **Tshiala Muana** wamba ne : **« Luayi tuibake, luayi tuibake Ditunga ! Ditunga edi ndietu ! »** — à l'instar de Néhemie (Né 2, 16 b et 20) — mbafue anyi m'baa moyo ?... A traduire : ''Ceux que l'Artiste musicienne Tshiala-Muana exhorte en ces termes : *« Venez ! Bâtissons le pays, car ce pays nous appartient ! », sont-ils des vivants ou des morts ?''* ;

— **L'homme du Kasayi doit naître de nouveau, c'est-à-dire, connaître un changement intérieur et abandonner des antivaleurs** dont : *mupongo ; mutshiawudi ; kabindi ; nshiya ; lubabu ; difundangana ; majangi ne dipangilangana ; dikosoloja dia bantu ; kapeja ka mukuabo ne ka tshisamba tshidi katshiyi tshienu ; didivuluka ne ditebelela amu bena luebe luseke anyi tshisa tshienu,* **etc.**

Les antivaleurs ci-dessus — à dénoncer, à rejeter, à bannir, à éradiquer — nous les traduisons à peu près en ces termes : exclusion des autres (qui prend sa source dans la peur morbide de l'autre) ; divisions et instrumentalisation des personnes humaines ; éloignement physique ou professionnel des autres ; favoritisme éhonté (se traduisant par le recrutement des animateurs des institutions et la mise en place des fonctionnaires ou collaborateurs sur des bases clientélistes et tribalo-ethniques) ; abus de pouvoir, s'y cramponner jusqu'à se rendre justice ; faire sourde oreille aux revendications sociales légitimes ou justifiées ; harcèlements, tracasseries policières et autres de tous ordres : barrières à chaque km de route et multiplicité des taxes ayant pour effet la flambée des prix — **''trop d'impôts tue l'impôt''** ; trafic d'influence, confiscation du monopole des marchés publics importants par un groupe d'hommes ; recours aux pratiques avilissantes telles que le fétichisme, la sorcellerie (dite aussi « le merveilleux » ou « le para- normal » et/ou tout autre occultisme ou spiritisme — souvenez-vous de ce qui se dit autour de ''tshizaba''), etc.

Continuant avec nos recommandations, nous irons **exhorter** chacun de ceux qui ont la charge de conduire le peuple : Enseignants, Serviteurs de Dieu, Responsables des Mouvements des Jeunes, Responsables des partis politiques, etc., d'**éduquer nos populations à bannir le gaspillage**, à **gérer de façon rationnelle** les richesses et les ressources de nos contrées, dans l'intérêt des générations non seulement présentes, mais aussi de celles à venir (souvenez-vous que l'on ne laissa rien par terre ; les morceaux de pain après que le peuple fut rassasié ont été récupérés dans 12 paniers – Cf. Mt 14, 20).

Nous irons également demander à **la classe politique de parler d'une seule voix, celle privilégiant** les préoccupations majeures, **l'intérêt supérieur de nos contrées.**

Ici, comment ne pas revendiquer ce qui doit revenir à la province en termes de **rétrocession** et même de **« péage »** ?... Péage oui, en effet, le courant venant d'Inga et qui traverse nos contrées fait fonctionner les usines au Katanga et le Katanga en jouit ! Alors !...

Aussi, ce courant a-t-il traversé la province pour aller donner un plus et, au Katanga et, à l'extérieur du pays !... Oui, l'extérieur en a besoin et l'on ne peut le lui refuser... ; mais qu'est **le compte de la province dans tout cela** ?... **Le péage** — ici en rapport avec le passage obligé de ce courant par le Kasayi — **n'est pas une invention de l'Auteur !...**

Parlant toujours « électricité », une opportunité vient d'être présentée au pouvoir — entendons Gouvernement, Assemblée et Sénat — pour ratifier et faire promulguer la loi sur la **libéralisation de l'électricité (projet de loi** présenté le 20 mai 2011 par Mr. Tshiongo, alors ministre de l'Energie — opportunité devant avoir certainement son impact ou ses retombées sur... KATENDE... Aussi allons-nous inviter nos Mandataires, nos techniciens, investisseurs et Pouvoir (tant central que local) — la Constitution leur accordant des matières à traiter concurremment, cf. Article 203, spécialement ses alinéas 9 ; 11 ; 13 ; 16 ; 19 ; 21 ; 23 et 24 — à se mettre de temps en temps autour d'une table, pour aplanir les divergences, pour harmoniser leurs points de vue...

A vous nos élus du peuple de vous unir et de parler un même langage ! Néhémie n'a-t-il pas dit aux grands, magistrats et reste du peuple : **« l'ouvrage est considérable et étendu et nous sommes dispersés [...], rassemblez-vous [...], combattez pour vos fils et vos filles, vos femmes et vos maisons ! »**... cf. Né 4, 8 et 14. ...

Aussi, est-il du devoir du pouvoir (central), au regard de l'article 204, spécialement à ses alinéas 1 ; 6 ; 12 ; 16 ; 18 ; 19 ; 25 ; 26 et 29, de soutenir nos aspirations, d'encourager les efforts du Pouvoir provincial ainsi que ceux de la Société civile, pour arriver à relever ce défi qu'est l'électrification de nos contrées !... Dans le cas contraire, **le pouvoir sera également accusé de « non-assistance à des contrées en danger pour faute d'électricité et suite ou effets collatéraux »...**

Mais nous signalerons cependant que le pouvoir central en la personne du président Joséph Kabila — *''wa benyewe''* (en Swahili), *''wa bende''* (en Tshiluba), l'un comme l'autre se traduisant par ''lui au moins''— venait de s'impliquer, en assistant personnellement à la signature des accords intervenus le lundi 11 juillet 2011 à 16 h 20 sur la place de l'Indépendance, entre la République Démocratique du Congo (représentée par ses ministres des Finances et de l'Energie) et la République de l'Inde. Mais de l'avis de l'opinion publique, tant que (le démarrage des travaux et) l'aboutissement de ce projet ne sont pas encore là — carte sur table — ceci, s'inscrit dans notre sous-titre **« La Longue Marche... »**.

Et si cela aboutissait, alors grand merci au Président ! (qui aura réussi ce qu'aucun de ceux qui ont été là avant lui n'a réussi)...

Nicolas **Sarkozy**, ancien Président français, n'a-t-il pas dit, lors de son adresse au Parlement le 2 avril 2009 ceci : « Et vos fleuves puissants —

pensons à notre Luluwa — concentrent une ressource d'énergie immense et inépuisable [...] ! En sus d'une nature opulente, vous disposez d'un autre capital précieux : vos hommes, votre peuple, sa jeunesse [...] ! »

Donc, comme les ressources non humaines sont là, qui n'attendent que d'être mises par l'homme, au service de l'homme, alors il y a problème d'hommes ! De l'homme du KASAYI lui-même, y vivant ou domicilié en dehors de sa contrée et appelant chez lui « ***kuenu aku*** » (traduisez : « chez vous là !) », de l'homme non natif de la contrée, qui n'est là que pour se servir du natif afin d'arriver à ses fins, ou de tout homme qui, disposant d'une parcelle de pouvoir, utilise ''son pouvoir'' pour empêcher et/ou n'orienter les Projets et Investissements destinés au Kasayi ailleurs qu'à nos contrées et qui dit de celles-ci : « *Esika wana, mboka wana...* » — (traduisez : « Ce coin-là »)...

Winu uwulela !... Witu yawu !... Witu yinu !... (en Tshibindi)
Kuenu Kukulela !... Kuetu neenu !... Kuetu neebe !... (en Tshiluba).

« **Lumumba** et ses amis n'avaient pas de références mais nos hommes politiques d'aujourd'hui ont le bénéfice de plus de 40 ans d'histoire pour éclairer leur chemin ». [755]... Et nous de dire plus, plus de cinquante ans !...

Notons que la page dont nous avons tiré cette citation renchérit en ajoutant ceci : « *Ce sont là des paroles d'un homme qui n'a certainement pas plus de six années d'études formelles, mais qui est doté d'une sagesse acquise durant sa longue formation à l'école de la vie (...) et que même assis, le vieillard voit plus loin que le jeune* »...

Non ! Non ! Notre publication est un refus ! **Nous refusons le dénigrement, nous disons non à la médiocrité.** Aimons nos contrées ! Oui, parce que nous avons le devoir d'aimer nos contrées, **travaillons à leur développement durable**. Que chaque fils, que chaque fille de nos contrées mette tout en œuvre pour faire de celles-ci des contrées dont on ne doit pas parler en mal, mais plutôt en bien ; des contrées prospères ! Et parce que ceci doit se traduire dans un combat, que ''notre'' Ouvrage et ses recommandations deviennent et restent aussi « Notre Plaidoyer » !

Nous avions souhaité être également à Kananga à côté et ensemble avec les autres intervenants pour contribuer de vive voix au succès du **Forum « Paix/Réconciliation/Développement de l'Espace Kasaï »**.

Ce que nous aurions pu y dire et d'ailleurs en peu de temps (car la Police des débats n'aurait accordé qu'une quinzaine de minutes de parole), se trouve avec forces détails à travers l'Ouvrage que vous venez de parcourir et qui est justement l'économie de notre contribution permanente.

---

[755] Propos d'un grand-père qui a travaillé avec l'ONUC au lendemain de l'indépendance et recueillis par Madnodjo Mouhoubai, in MONUC Magazine de juin 2006, p. 4 (Pas de démocratie sans démocrates).

Et comme l'abondance ne nuit pas, nous invitons tel et tel autre à l'explorer, à y déceler et exploiter ce qui aura été oublié lors du Forum.

« Mbemba diawidi, tshikudiawidingi wage lubombo! » (Tshibindi) ;
« Nyunga diakuile !... Nee kudiakuile ut'aa kabomba ! » (Tshiluba).
Les deux dictons disent exactement la même chose que nous traduisons :
'' Bats-toi, bec et ongles, monte au créneau ; défends ta cause ou tu sombres ! ''.

Conclusion générale

L'historien Joseph **Ki-Zerbo**[756] dit ceci : « Etre Historien, c'est aussi choisir son sujet ; ses centres de documentation ; ses sources, ses arguments ; sa présentation ; son style ; son public ». Et il ajoute : « l'Historien cherche non seulement la vérité, mais '' sa vérité ''. Néanmoins, cela ne signifie pas que l'Historien doit cultiver le rôle de fournisseur d'armes pour les guerres d'aujourd'hui »... Cela étant, que pouvons-nous dire de ''nos centres de documentation et de nos sources '' ? Nous dirons à leur propos que nous n'avons pas à faire de longs commentaires là-dessus ; c'est comme pour la roue dont nous nous servons — qui est là, inventée — voilà des siècles ! L'Ecclésiaste n'a-t-il pas écrit : « ce qui a été, c'est ce qui sera ; et ce qui s'est fait, c'est ce qui se fera ; et qu'il n'y a rien de nouveau sous le soleil ! » — Ecc. 1, 9.

Ceci dit, nous avouerons nous aussi que nos sources de documentation, nous ne les avons pas inventés. En effet, nous avons eu à recourir obligatoirement et c'est la règle d'ailleurs en matière de publication, nous avons eu à emprunter cette voie obligée qu'est la « Bibliographie » : cette science et banque des documents écrits contenant énoncés, analyses, descriptions, classifications, publications et autres références ; bref, cet ensemble de livres, cet écueil ou répertoire des écrits relatifs à des sujets spécifiques.

Quant à nos arguments, nous les avons voulu convaincants et vérifiables et le style lui, nous l'avons voulu direct, simple, accessible à la classe montante dont on dit qu'elle est peu outillée, moins chaude et peu portée à la lecture. Mais pour ce qui est du sujet, nous vous ferons savoir que l'un de nos pré-lecteurs et pour qui nous avons d'ailleurs de la déférence — nous avons cité le professeur H. **Mukadi Luaba** — nous a demandé, parmi ses avis et recommandations, « reformuler le titre de l'ouvrage en fonction du contenu de la matière ».

Nous avons pris en compte son conseil et l'ouvrage auquel nous avions d'abord donné le titre : « Pourqoui pas Kananga ! Pourquoi pas le Kasaï ! » s'intitulera « Grand Kasaï : Du Retard au Développement durable de nos Contrées ». Et sur proposition du Préfacier, notre publication porte l'intitulé gravé sur la couverture. Cependant, nous avons gardé ''Kananga'', nous

[756] Ki-Zerbo, in Kabatu-Suila, o. c. p. 12

avons gardé ''Kasayi'' (et ''Pourquoi pas'') comme (mots) génériques de notre réflexion.

Oui, tout au long de notre travail, ''Kananga'' et '' le Kasayi '' comme « **entités** », en forment la toile de fond ; c'est Kananga et le Kasayi qui reviennent plusieurs fois et sont traités par rapport à d'autres sites, espaces ou contrées, ainsi que par rapport au temps (leur genèse, leur cheminement jusqu'à l'indépendance et plus de cinquante années après celle-ci) ainsi que par rapport à leur avenir… Notez que l'ouvrage aurait pu tout aussi bien s'intituler *« Nyunga diakuilee, nee kudiakuile utaakabomba ! »* (Traduisez : « Nyunga, plaides, défends ta cause toi-même, ou tu sombres ! ») ; ou *« Muena buebe wabuamba bikole, nanku bena paashe bakuambishabu »* (à traduire : « Toi l'intéressé (ou le concerné), parles-en haut et fort ; défends-toi bec et ongles ! ») ; ou encore « Connaître et Aimer ses Contrées : un Préalable à leur Développement »…

Oui, pour livrer un tel combat, il n'y a que celui qui connaît sa contrée et qui l'aime, qui s'y engagerait pour la défendre ; qui entreprendrait des efforts nécessaires à son développement. Et comme cela est un travail de titan, à ne pas abattre seul sans le partenariat extérieur, nous avons rédigé notre ouvrage en français (langue officielle du pays) afin que ceux qui ne sont pas natifs de nos contrées — y vivant ou résidant loin du Kasayi , se trouvent en présence d'un travail portant un titre et rédigé en une langue qu'ils comprennent ; ils en saisiront ainsi la portée, compatiront avec nous et soutiendront nos aspirations ainsi que nos efforts, en vue de relever les défis qui sont les nôtres et lesquels se résument en ces quelques mots : « remplacer la haine par l'amour » et « convertir la médiocrité en prospérité ». Mais vous noterez toutefois que ce texte en ''français'' est entrecoupé de citations et relectures en langues de nos contrées (exaltant ainsi notre culture) ; la ''Succession'' et ''Amis de la Culture africaine'' iront certainement un jour traduire cette publication en langue locale.

Nous en arrivons au « public ». Celui-ci nous l'avons voulu ''pluriel''. En effet, notre ouvrage est rédigé pour atteindre entre autres « un haut public », c'est-à-dire ''le Pouvoir'', l'ancien comme l'actuel qui a commémoré le cinquantième anniversaire de l'indépendance de notre pays. Oui, rappelons-nous que plusieurs personnalités venues de par le monde, dont l'ancien Prince de Liège, Sa Majesté **Albert II**, roi des Belges (il ira laisser le trône à Son Altesse Royale le Prince **Philippe,** son fils de 53 ans, lors de la fête nationale belge le 21 juillet 2013), avaient rehaussé de leur présence à Kinshasa cet événement. (Bientôt-là nous serons à notre 58 è Anniversaire).

Mais tout compte fait, **Kananga** pouvait-il être en veilleuse pour fêter '' les cinquante années'' de l'indépendance ? Nos contrées (et/ou **le Kasayi**) pouvaient-elles être embarquées dans ce ballet des festivités de cet anniversaire ?... Oui et non… mais, la réponse la plus correcte nous vient de **Lénine** *: « La meilleure manière de commémorer un anniversaire* — a-t-il dit — *est de rappeler ce qui n'a pas été accompli et qui reste donc à faire »*.

Béchir Ben Yahmed, cet illustre et distingué chevalier de la plume qui rapporte la citation ci-dessus dans son *Jeune Afrique* du 12 juillet 1978 portant le n° 914, à la page 210 renchérit que : « Une tradition bien établie dans le monde, fort honorée en Afrique par les gouvernements, veut au contraire qu'on égrène ce qu'a été réalisé : une manière comme une autre d'endormir les foules... ».

Et dans ce statu quo, le Kasayi avec ses grandes agglomérations : **Mbuji-Mayi, Tshikapa, Luebo, Ilebo, Mweka, Ngandajika, Mwene-Ditu, Luiza, Tshilenge, Luputa, Kabinda, Tshimbulu, Lubao, Lusambo, Dimbelenge et,** certainement **Kananga**, le Kasayi subit ; **le Kasayi** vit et patauge dans « cette manière d'endormir les foules » et ce, depuis plus de cinquante années après l'indépendance...

Oui, ouvrage rédigé pour atteindre un haut public — « le pouvoir » avons-nous dit ; particulièrement :

— le Pouvoir post-colonial :

Celui-ci se trouve être peint en deux tableaux : le pouvoir qui a assumé la première législature et qui lui, n'est pas à traiter durement, car ayant connu un tâtonnement généralisé dans la reprise de ''la chose publique''(la '*'res publica''* ou ''Affaires de l'Etat''), tâtonnement dû à l'impréparation, aux rébellions, etc. Notons que nous sommes allés tout droit au ''Pouvoir post colonial'', étant donné que la Métropole — bien qu'elle eut pointé en premier ordre la **partie Ouest** du pays — entendez Léopoldville (chef-lieu de la colonie) et Matadi — pour l'alimenter à partir des centrales **Sanga** (1923) et **Zongo** (1955) ; **la partie Est** (particulièrement Costermansville qui deviendra Bukavu) pour être desservie par la centrale de la **Ruzizi** I (construite depuis 1950 et l'on ira-même parler de la Ruzizi III dont la mise en chantier était retenue pour 2016, qui produirait 147 mW à consommer par 3 pays, pour un coût de 750 millions...) ; **la partie Nord-est** (Stanleyville qui deviendra Kisangani) desservie par la centrale de la **Tshopo** construite depuis 1955 et qui vient d'être ''retouchée en avril 2010/juillet 2013 par une Entreprise belge la ''**Sogelec**'' à travers une action dénommée ''AFEK /Appui à la fourniture de l'électricité à Kisangani (18 Mw), coût : 16 millions d'Euros dont 1 financé par la RDC, la 3e turbine devait être fournie fin 2013, et surtout **la partie Sud** (ou le Katanga), pour la desservir avec ces centrales : **''Le Marinel'', ''Delcommune'', ''Muadingusha'', ''Dikolongo'',** etc., afin de produire davantage le cuivre et ses associés ; le ciment et autres. La Métropole (pouvoir colonial) est excusable.

En effet, nos investigations ont retenu que la Métropole avait entrepris dès l'année 1950 et via la haute Direction de la **Regideso** (Régie de Distribution d'eau et d'Electricité, elle ira céder en 1979 la branche production et distribution du courant à la SNEL naissante), des études sur le comportement de la rivière Lulua (étiages, etc.) ; ce qui présageait la construction d'une centrale hydroélectrique non loin de Kananga. Et cela s'expliquait parce que, la centrale thermique, l'actuelle, construite entre 1949 et 1951, mais pas avec cette présente puissance installée, ne pouvait plus répondre aux sollicitations de Luluabourg, agglomération accusant déjà une nette expansion et bénéficiant d'un potentiel naturel à capitaliser, juste à proximité : les rapides ''Mbombo'' (sur la Lulua) dites aussi **''Katende I''**.

En admettant que c'est l'avènement de l'indépendance qui fit surseoir ce « projet », nous rejetons par-là les propos selon lesquels la Métropole aurait voué la contrée (entendons Kananga et le Kasayi) à la pénalité contenue dans cette sentence : « pas d'électricité pour ce peuple qui nous a livré la guerre pendant 16 ans » (veuillez vous rappeler ce qui fut appelée « *l'insoumission de Kalamba Mukenge* », que paya Kalamba Tshisungu, son fils, par une relégation à Banana), propos qui constituent une anti thèse et il serait mieux de s'interroger pourquoi il y eut ces altercations entre le ''pouvoir conquérant'' et le pouvoir trouvé en place ou le chef de terres…

Non, la Colonie allait-elle vraiment être si haineuse ! Nous ne le pensons pas ; d'ailleurs on dit que l'homme blanc oublie facilement. Chez lui, la querelle est vite transcendée par ce qui est utile. Aussi, cette « insoumission » dans le chef des Kalamba par rapport à la ''mission d'exploration'' — cf. la participation, mieux la contribution de Kalamba Mukenge avec ses 150 hommes à **l'exploration** du Kasayi jusqu'à Léopoldville en 1885 (mission confiée à Von Wissmann par le roi Léopold II), (par rapport) à la lutte contre **la traite (**par rapport) à l'**évangélisation** et **l'alphabétisation** (actions auxquelles les Kalamba prêtèrent main-forte), cette « *insoumission* » pouvait-elle vraiment être prise en compte ?...

Une autre explication, toujours à propos du manque de centrales hydroélectriques dans nos contrées — à part celle de **Lungudi** à Tshikapa et celle de **Tshiala** à Bakwanga (et juste pour les besoins de la Forminière et la Miba) — Mukenge Shabantu nous laissera entendre que ''le coin'' ne disposant pas d'industries et son ''élite'' (pouvant jouir des bienfaits de l'électricité) étant recrutée et expédiée vers les grands centres loin du Kasayi, il ne restait au ''coin'' que de devenir un ''client potentiel'' de par les Entreprises de la place et surtout la voie ferrée pour consommer des inflammables, ces produits pétroliers raffinés par des Entreprises de droit étranger, transportés par leurs bâtiments en haute mer et commercialisés par leurs Préposés locaux. Shabantu a tenu cela d'un Mr S. (un Luxembourgeois).

Mais pour ceux qui s'inquiéteraient des débouchés de leurs consommables, qu'ils se rassurent que quand bien même une centrale — notre « **Katende** » — aura été opérationnelle, les besoins en consommables ne s'effaceront pas pour autant. Ce que consomment les groupes SNEL (2000 litres de fuel ou gasoil par heure et par groupe et 1000 litres de lubrifiants après les 3.000 heures et par groupe), plus ce que consomme la traction diesel sur la voie ferrée depuis Kamina jusqu'à Ilebo (un jour cette section ou ce tronçon de voie ferrée sera certainement jalonnée des caténaires), seront résorbés d'une part par le trafic routier entre Kinshasa, les deux Kasayi et le Katanga via la Nationale N°1 en voie d'être très sollicitée, et d'autre part, par le trafic ''intérieur'' c'est-à-dire « Kasayi - Lunda Norte (Angola) ainsi que cet autre trafic ''exclusivement intérieur'' une fois que les voies de desserte agricole seront rétablies et entretenues. Et nous arrivons au deuxième pouvoir :

— ***le Pouvoir dit « 2e République »*** :

Oui, celui-ci est reconnu par les populations de nos contrées, comme n'ayant pas la volonté politique pour donner de l'énergie hydroélectrique à cette partie du territoire alors que les atouts sont là !... Nous l'avons vu lorsque nous avons parlé de Mobayi ; et par rapport au 3e pouvoir dit…

— ***le ''Pouvoir en place''*** :

N'a-t-on pas laissé entendre que lorsque Kabila « *Mukole* » (entendons « **Mzee** Laurent Désiré ») — au lendemain de sa prise de pouvoir en mai 1997 — avait retenu « KATENDE » parmi les chantiers à mettre sur pied pour valoriser le pays, il lui aurait été déconseillé de le faire : « l'électricité, clé de l'industrialisation, va dépeupler le Katanga des **« Baa-Kasayi »**, qui sont une « main-d'œuvre nombreuse et hautement qualifiée ». Alors, quel paradoxe criant quand on veut une chose et son contraire !… Aussi, les avis restèrent-ils partagés entre les tenants de l'électrification du Kasayi et ceux de la marginalisation d'un peuple…

Enfin, « faute de mieux, l'on se contente de ce que l'on a », dit-on… Mais la population de Kananga — qui n'a pas manqué toutefois de saluer (après promesse faite et tenue) la dotation, par le chef de l'Etat **Joseph Kabila**, de deux groupes ABC de 1250 KVA chacun — se demande si elle doit se contenter de la présence de ces deux machines, qui consomment d'énormes quantités de fuel et lubrifiants et dont le coût se répercute sur les Abonnés (ceux-ci paient plus de 38.000 Fc soit 42 dollars (au taux de 1550 Fc) le mois et consommation non prélevée donc « forfait », c'est quand même une fortune !...). Cependant, l'on n'oubliera pas que le chef de l'Etat qui fut l'objet d'un accueil sans précédent de la part des Kanangais en juin 2009, promit de faire mieux : la pose de la première pierre du pylône « Arrivée Katende » a eu lieu dans l'enceinte même de la Centrale SNEL /Kananga, par la main propre du Président…

« L'histoire de l'humanité ne retiendra que les noms des bâtisseurs » — (Mao Tse-Tung)…

Dans cette attente, les Abonnés SNEL jouissent de 6 heures de fourniture par jour (2 h 30 le jour et 3 h 30 la nuit) — grâce au respect des instructions de l'autorité provinciale et ce, depuis mars 2013 (date d'entrée en fonction d'Alex Kande Mupompa) — tandis que le reste de la population de Kananga se contente d'apercevoir ces quelques points lumineux ici et là, générés par des tout petits groupes de marque « Tiger », « Elemax » et/ou « Astra /

Korea » qui leur permettent de recharger leurs appareils cellulaires et d'alimenter leurs appareils de musique et vidéo.

Pour ceux qui ne disposent pas de « Tiger », mais possèdent des batteries, ils rechargent celles-ci grâce à une turbine de fortune, installée sur la Nganza en aval du pont, développant 50 KVA : exploit d'un jeune homme **« Papa Lewis »** — de son vrai nom : Kabasele Bilolo — *''tshintu'a Bakwa Mbuyi.*

Notons cependant qu'au lieu d'encourager ce génie, il lui serait contraint de ne pas chercher à aller au-delà de cette puissance jusque-là installée ; de ne pas multiplier des activités à partir de cette source ni même raccorder les voisins au site ! …

En plus du ''pouvoir'', notre ouvrage est rédigé également pour atteindre cet autre public : celui du *« **monde des affaires** »* aussi appelé *« Les Investisseurs »* surtout en ce moment où il est plus question de « l'amélioration du climat des affaires » — ***''le « doing business »''*** — que de « l'Aide au développement ». Et d'ailleurs, le professeur Grégoire **Bakandeja** recommande de quitter la politique de l'Assistanat ?…

Oui, notre ouvrage s'est voulu aussi un prospectus pour cette catégorie du public : *«* **les opérateurs économiques** *»* : Pouvons-nous nous rappeler que, jusqu'un peu avant 1974 et même après… sauf pour le Pentagone et autres scientifiques, la quasi-totalité des descendants de l'« Oncle Sam » ne savait ce que c'est le Congo ; ce que c'est Kinshasa, et encore moins se les situer sur la carte ! Pour qu'ils se retrouvent à propos de ces deux vocables : « Kinshasa » et « Congo », il a fallu recourir à deux autres mots : « Ali » et « Foreman », et alors, l'on put entendre : *Oka*y ; *Yes* : Ali !… Fôman ! (c'est la phonétique anglo-saxonne), Okay ! »… Voilà alors toutes les réalités que renferment Kinshasa et Congo — le nôtre, la RDC — (réalités) ramenées à Ali et Foreman, ces deux stars du monde de la boxe, qui furent en tête d'affiche en octobre 1974 (pour mémoire, ce combat dit « du siècle » se solda par la victoire de Mohamed Ali, anciennement Casius Clay)… Et c'est ce que nous ne voulons pas.

Nous refusons que les réalités de nos contrées, que les réalités de Kananga, que les réalités du Kasayi soient ramenées sur une échelle analogue ; à un événement, au concept « **ivoire** », au concept « **caoutchouc** » et au concept « **diamant** », car nos contrées renferment des réalités plus que celles-là. Aussi, en rapport avec ce '' mieux-être '' devenant un postulat, notre ouvrage s'est-il voulu cette approche visant à attirer des **partenaires potentiels** vers le Kasayi : industriels et hommes d'affaires lointains, afin de se rendre compte sur place, des réalités qui sont à la fois : « le passé sans eux », « le présent sans eux » et « l'avenir, à façonner **ensemble** avec eux, avec le pouvoir central ; avec le pouvoir et les forces vives de la province, dans l'intérêt de tous. Le professeur Bakandeja n'a-t-il pas dit que « le sous-développement n'est pas une fatalité » d'autant plus que '' le sauf-conduit '' qui a tenu nos contrées isolées des investisseurs et autres partenaires est levé ; cette sentence qui a pesé sur le **Kasayi** tout au long de la 2e République ! ...

Aussi, parlant toujours « public », notre ouvrage se veut « un plus » pour **les natifs, bénéficiaires privilégiés** des attentes qu'appelle sa publication. En effet, il faut que nos enfants qui l'ignorent le sachent ; que nos congénères qui l'auront oublié se le rappellent, en prennent conscience et apprennent à leurs enfants ce milieu, ces contrées dont ils sont issus, ce milieu où ils évoluent et ce que nos contrées attendent d'eux.

C'est ainsi que nous avons entrepris comme pour compléter nos estimés confrères de la plume qui nous ont précédés, de faire découvrir et connaître nos contrées : Kananga (« *Tshimanga' a Mulamba ...*) et son immense hinterland qu'est le profond Kasayi.

Et chercher à découvrir ces deux sites s'est fait en recourant à la relecture de l'histoire gravée par ces intrépides et courageux navigateurs et/ou chercheurs, ce que l'on a appelé « Les Premières Explorations », dont les rapports ont conduit les métropoles à commanditer des missions scientifiques (d'ordre écologique...), bien, mais qui se sont avérées plus d'ordre stratégique, matériel et économique, qu'humanitaire. Cela s'est observé dans le survol des faits qui ont émaillé cette partie de l'histoire dominée par la recherche de meilleurs positionnements sur les côtes africaines comme à l'intérieur du continent. Ici l'on a retenu l'arrivée de Diego Câo à l'Ouest de nos terres ''congolaises'' ; les découvertes de Stanley envoyé pour retrouver Livingstone ; l'histoire précoloniale depuis les ''Sociétés géographiques'', en passant par ce qu'a été la préoccupation de la Belgique dans sa conviction de se doter et comment se procurer des colonies. Cette lecture a constitué les idées forces de la **Première Partie** de notre Ouvrage.

Ensuite est venue la relecture se rapportant à la création de l'Etat Indépendant du Congo, précédée par la Conférence de Berlin qui partagea l'Afrique entre les grandes puissances d'alors ; à la Lutte contre les négriers, à l'Occupation effective, aux Abus et aux premières Réformes administratives. Ce fut là, la matière traitée dans la **Deuxième Partie**.

Cette période est suivie par celle de l' « l'*Annexion* » et l'histoire coloniale qui s'est étalée de 1908 à 1960, en principe... Cela a été la **Troisième Partie** de ce travail.

Puis, nous avons fait un survol de l'histoire du pays en général au lendemain de son accession à « l'indépendance », avec une halte sur cette partie du pays qu'est le Kasayi dont les ¾ de sa population (actuelle) sont des descendants d'émigrés du Katanga (qui ont anciennement occupé les régions des lacs Upemba et Kisale puis les régions de Kongolo, Kabongo et Kamina). L'on aura noté qu'un grand nombre de ces natifs du Kasayi ont regagné le Katanga qu'ils ont choisi, avant comme après la sécession, comme leur deuxième « patrie » — heureusement que la Constitution garantit cette disposition. Ceci, ensemble avec les sécessions ; rébellions ; création de nouvelles provinces ainsi que la relecture de l'histoire particulière de Kananga et du Kasayi Occidental, contrées ayant joué ici à « l'échantillon du Grand Kasayi », a fait l'objet des **Parties Quatrième et Cinquième** de l'Ouvrage.

Enfin, pour achever notre réflexion, du moins pour le moment, nous nous sommes arrêtés pour répondre à ceux qui, jusque-là plongés à nous lire, ont continué à se poser la question sur le bien-fondé de la rédaction de cet ouvrage. La réponse à leur donner n'est autre que ces inquiétudes qui s'affichent et qui sont vécues tant par tout parent soucieux du lendemain des siens que par toute notre jeunesse qui — au regard de ce vécu quotidien dit « *au taux du jour* » se demande quel va être leur avenir ?... Et qui dit inquiétudes doit aller plus loin pour trouver, proposer et entreprendre des actions afin de les éliminer.

En effet, qui ne ferait pas cas de chez lui — quand ça ne va pas — doit être dans le subconscient ! (Néhémie, bien avant nous s'est soucié des siens et de Jérusalem — cf. Né 1,1 - 4). Quand on voit qu'ailleurs où tout est mis en œuvre pour diversifier, pour produire plus, à la chaîne et au faible coût ; quand on voit qu'ailleurs où tous les efforts sont réunis pour dynamiser la croissance, pour atteindre des performances, pour maximiser les recettes, pour redistribuer équitablement celles-ci bref, pour émerger, pour atteindre un niveau social meilleur, et que l'on y voit également des penseurs ne ménager aucun effort pour analyser les phénomènes sociaux de l'heure, qui affectent, qui caractérisent leur société présentement et qui ont certainement un impact ou des répercussions sur leur avenir, comment ne peut-on pas se pencher sur ces inquiétudes et ces défis à relever ?...

Et ici, parce que cette préoccupation doit être de premier ordre, *« le Nouvel Observateur »* n° 2325 du 28 mai au 3 juin 2009, pp. 34 à 38 — Article signé **François Arpanet** et **Gilles Anquetil** — nous cite **Robert Castel** (sociologue et auteur de nombreux ouvrages et qui vient de publier au Seuil : la Montée des incertitudes, Travail, protections, statut de l'individu) ainsi que **François Dubet** (professeur de Sociologie à l'Université de Bordeaux, il a publié entre autres « *Dans quelle société vivons-nous* ? » ; « *Injustices* », etc.), qu'il a mis face à face pour les confronter, par rapport à leurs analyses sur les « injustices » ; sur les « inégalités » ; sur une émergence d'un « mouvement social » au sein de la société française…

Et si des géants que nous croyons n'avoir rien de quoi s'inquiéter s'interrogent sur leur présent, sur leur avenir et en se référant même à ce qu'ils ont appelé *les « Trente glorieuses »* (comme on appelle souvent en France la période qui a suivi la Seconde Guerre mondiale et par rapport auxquelles R. Castel a dit que « Dans les années 1970, presque tout le monde pensait que demain serait meilleur qu'aujourd'hui, c'est ce qu'on appelait le progrès social. Aujourd'hui nous sommes placés face à l'incertitude des lendemains, avec le sentiment que si le pire n'est pas certain, le mieux n'est certainement pas assuré »), à plus forte raison nos contrées ne devraient-elles pas s'inquiéter de leur devenir ?...

Oui, les fils de KANANGA, oui les fils du KASAYI ont bel et bien raison de se poser la question dans leur langue : ***« Tuetu tudi baa Ngala'a Mbudi anyi ?*** Traduisez : « nous de Kananga, nous du Grand Kasayi, sommes-nous de la ***Ngala'a Mbudi*** (comme pour dire : sommes-nous de cette mère *délaissée*, qui chaque fois qu'il y a partage il lui arrive de manquer, et qui se nomme ***''Ngala'a Mbudi''***) ?... C'est cette réflexion qui nous a conduits dans la nuit des temps, pour retracer la genèse de nos entités, leur passé précolonial et colonial ; puis dans le présent pour en faire l'état des lieux, et **nous** sommes arrivés à cette conclusion — après avoir épinglé comment nous nous sommes comportés après le départ de l'Administration coloniale, donc de 1960 à nos jours — il y a eu un retard, il y a eu une régression multisectorielle, engendrée par **nous** comme Population ; **nous** comme Pouvoir en Province ; **nous** comme Pouvoir central et Régime ; **nous** comme Société civile et Souverain primaire lors des législatives de 2006 et 2011 ; cela a fait l'objet de la **Sixième Partie** de notre ouvrage.

Donc, les responsabilités par rapport à cette régression (elles) sont partagées ; il y a lieu que chacun, là où il est, reconnaisse son tort et/ou sa part de responsabilité ; nous disons bien l'individu ou un chacun, les mandataires, l'autorité locale comme le pouvoir central. Et comme un redressement s'impose (François Dubet — ibidem — a dit que **« dans ce changement, c'est l'individu qui devient le centre de l'affaire, puisque c'est à lui qu'on va demander de fabriquer la vie sociale, alors qu'on avait l'image d'institutions et d'organisations qui le structuraient »**), celui-ci va exiger des animateurs, hommes et femmes intègres, braves, vertébrés, rigoureux, ayant une connaissance approfondie du milieu et ayant un altruisme, une compassion pour leurs conatifs...

Aussi invitons-nous ici chacun à se laisser habiter par « **l'esprit de vie** », qui inciterait à la culture de l'excellence, dimension à laquelle on parvient lorsqu'on passe nécessairement par une école. Et celle-ci devra inscrire à son programme, entre autres ces matières :

culture participative (à la gestion de la ''*res publica*'' ou ''*la chose publique*'' ; culture du bien commun ; culture du respect des textes ; culture de la fiscalité ; culture de la transparence et bonne gouvernance ; culture des vertus (éthique, honnêteté, probité...) ; culture de l'amour du travail bien fait ; culture de la compétence, de l'homme qu'il faut à la place qu'il faut ; culture d'encouragement des initiatives privées, de la libre entreprise, de l'entreprenariat ; culture de la compétitivité ; culture de l'attachement à sa contrée ; culture de l'alternance et de l'acception de l'autre ; culture de la parole donnée et du respect des échéances. Bref, la culture de la loyauté, de l'unité et de la crainte de Dieu.

En outre, nous recommandons au lecteur d'aller se ressourcer davantage à travers les articles *« Le développement durable/Notion, enjeux et défis pour notre société »* — réflexion de l'Abbé professeur Blaise Katikishi — in Revue de l'U.KA, vol. 2 n. 3, pp. 5 à 25 ; *« Les droits humains en R.D.C. : de la déclaration à la mise en œuvre/Approche diachronique »* — analyse de l'Abbé professeur R. Kande, pp. 43 à 51 — (ibid.) et *« Qu'en est-il du droit au travail consacré à l'article 23 de la DUDH et à l'article 36 de la Constitution de 2006 ? »* — question que s'est posée Mme J. Bitota, professeur, pp. 63 à 84 — (Ibid.).

Notons qu'aller relire le passé du Kasayi n'est pas mal, c'est un ressourcement, mais c'est son présent et surtout son avenir, teinté d'inquiétudes et d'angoisses qui nous ont amenés à parler de la ''**Problématique**'' ou **Viabilité** de la Province. Ici, deux secteurs — parmi tant d'autres — auront retenu notre attention : le secteur minier et le secteur agricole.

En rapport avec le premier, l'on notera que la *Formonière*, après avoir exploité les mines de diamant dans les régions de Tshikapa et Charlesville (présentement Ndjoku-Punda) pendant une cinquantaine d'années, n'a laissé comme trace sur terrain, que l'immeuble *Immokasaï* lequel, bien qu'imposant n'a pas un impact direct sur le social de la contrée. Toujours dans ce secteur, l'on notera que dans les années qui suivirent la liquidation de la Forminière (1962) lorsque les quelques fils du Kasayi dont :

les **Ilunga wa Tshimbanku, Kanumuambidi Jean Pierre, Mukendi *Ndiendie*, Ndemba Benjamin, Kabata Mutshiatshia, Tshipamba Matayi, Mupemba François wa Bakole, Tshimanga *Ndia-bintu*** (Diab's Hôtel), **Fontshi, ''Vantraska'', Kalala wa Nkata** et autres aînés de **Cardosso Muamba wa Kena** se livreront à trafiquer ces pierres précieuses qu'ils achetaient auprès des creuseurs dans une exploitation artisanale — ces négociants dits ''trafiquants''seront l'objet d'une filature systématique : séquestrations, confiscations, emprisonnements et autres contraintes. Et des barrières sur tous les dix kilomètres, où la méchanceté de la part de la ''Police des Mines'' et autres Services ''bidons'' et/ou ''informels'' était de mise, découragèrent et fragilisèrent les exploitants, creuseurs et négociants et les quelques-uns qui réussissaient à marchander leurs colis n'avaient aucune notion d'investissement, et le pays se mourait…

Dans la partie Sud-est du Kasayi, à Mbuji-Mayi plus particulièrement, ce fut pareil et même pire : même filature… ; beuverie, gaspillage dans l'exhibitionnisme (jusqu'à nettoyer vélos et autres véhicules avec de la bière) et dans la polygamie… Si la ''Colonie'' n'avait légué à Bakwanga ces camps pour Travailleurs appelés communément « Baudine I, II et III… » — du nom du tout premier Directeur de la ''MIBEKA'' devenue la MIBA, Jules Baudine — et un « centre urbain » dont quelques habitations pour cadres et un site récréatif (le Club Miba) ; si la Colonie n'avait légué cette voie ferrée parcourant le Kasayi ; et si la Colonie n'avait légué ce réseau de routes (bien qu'en terre battue, mais qui étaient soumises à une discipline de maintenance et d'entretien permanent — système de cantonnage) sillonnant notre sous-continent que desservait la Messagerie Automobile du Sankuru (la M.A.S.), et si les quelques fils de la contrée, dont **Tatu Nkolongu (*Tanko*), ''Vantraska'', '' Dieu m'a donné'', Alphonse Ngoyi Kasanji, PDG Pambu, Groupe Petit BEA, Hôtel Kabe, Hôtel Nkumbikumbi, Hôtel Métropole** et autres non pas donné le ton, le Kasayi serait resté à l'état primitif.

Certes, la terre est là, la géologie est là et le diamant est là (mais ne sera pas là pour toujours). Si le matériel est là aussi, celui de sondage comme celui d'exploitation, il reste à prendre en compte l'homme et, c'est le plus important, le plus difficile et le plus complexe.

Tenez, « un seul sondage revient parfois à 1000 $ U.S. par mètre ; à 600 m c'est 600.000 $. US., et si vous oubliez d'accorder une attention particulière à l'homme qui travaille, car c'est lui qui guide tout et qui a entre ses mains le matériel d'exploitation, **c'est la catastrophe !...** » — propos du P.A.D. Luabeya, cf. ''Cœur d'Afrique'' n° 10-11 de février – mars 2004, p. 108.

Oui, **c'est la catastrophe, comme elle est là maintenant !** … Certes, il y a eu des fluctuations du cours du diamant sur le marché international (la demande par rapport à l'offre), mais en arriver à une « catastrophe » telle que l'on est en train de la vivre c'est très fort !... et le P.A.D./MIBA avait renchéri : « … Quand le Botswana produit 1.000.000 de carats, la Miba n'arrivait qu'à produire 240.000 alors que ce pays a le même potentiel que nous ! … La Miba n'a pas rencontré les attentes de son environnement, c'est une honte ! Après plus de 90 ans d'existence (depuis 1913), l'on devait avoir 5 **MIBA** au maximum ! »…

Cela étant, nous irons remarquer que, ne compter que sur un seul secteur, et dans le cas d'espèce, le secteur minier, il y a vulnérabilité, car justement, le diamant ira un jour s'épuiser… D'où penser à intéresser les investisseurs à l'exploitation d'autres minerais… Et en rapport avec le deuxième secteur — le secteur agricole — l'on se rappellera que, jadis, **le KASAÏ** fut appelé « ***Grenier*** » à cause de sa production agricole diversifiée. Pendant que l'on attend voir le Pouvoir redynamiser le secteur minier, l'agriculture doit revenir sur la scène. Oui il faut encourager les masses paysannes.

Nous saluons pour ce faire, l'arrivée en date du 15 octobre 2014 de Mme Geneviève Inagozi, Ministre du Genre en compagnie de son collègue de l'Agriculture, Pêche et Elevage, Jean Chrysostome Baramuiti, à **Malandji *Makulu,*** site choisi par Kinshasa pour commémorer la ''Journée mondiale de l'Alimentation'' sous le thème *« Agriculture familiale/Nourrir le monde/Préserver la planète ».* Mais de grâce, que les produits de nos mamans paysannes à qui l'on a demandé de produire davantage ne restent pas *invendus* pour faute de routes de desserte agricole et/ou pour faute d'argent.

C'est ainsi que la réhabilitation de ces routes s'impose ; que l'enveloppe salariale soit indexée au taux et que la paie régulière soit de mise. Et comme ce secteur à son tour posera problème, car nous ne sommes plus au Moyen-âge, l'on doit partir de la culture de production de subsistance à l'agro-industrie c'est-à-dire que l'on doit passer de la simple production agricole à la transformation et à grande échelle, le poids démographique et la modernité le recommandent. Oui, qui dit transformation, dit électricité dont nous avons eu à parler dans la *Sixième Partie* de notre ouvrage sous le thème : ***« La Problématique de la province ».***

Et lorsqu'on ne sait pas résoudre son problème ; lorsqu'on ne voit pas ses attentes se réaliser ; lorsqu'on se bute aux obstacles, peut-on ne pas, tout en prenant son courage, tout en cessant ses jérémiades, s'arrêter et en faire le point ?... Un cri se dégagerait certainement de cette halte. Et un cri s'est dégagé, justement à cause de ce paradoxe criant : « potentialités immenses et pauvreté criante », mais nous ne le voudrions pas fataliste comme au temps d'Ezéchiel où le peuple se dit : **''nos os sont desséchés, notre espérance est évanouie, nous sommes perdus''** — Ez 37, 11.

Il y a donc ce cri de ces hommes, femmes et enfants vivant cette pauvreté criante, qui pataugent dans ce bourbier alors qu'ils ont droit à un mieux-être. Le soupir, de ces personnes humaines ayant retenti dans le cœur et vibré à l'oreille de l'auteur que nous sommes, nous a sommés d'écrire pour eux et d'apporter plus loin leur cri, notre cri.

Alors nous nous sommes mis à rédiger l'ouvrage que vous avez en mains. Ils ont certainement invité l'auteur à vulgariser cette connaissance de la terre d'attache, à amener et faire aimer nos contrées, à vendre l'image de nos contrées en vue d'amener les fils et les filles à travailler sans relâche pour sortir nos contrées de ce bourbier, de ce paradoxe.

Oui, par cet ouvrage, nous ne voulons voir les fils et filles de nos contrées se comporter comme une vache regardant passer le train ! Nous avons voulu, à travers ce travail — où lectures et relectures, analyses, réflexions et questionnements se sont articulés — ouvrir toute une école d'application qui initierait aux vertus. Moulés dans une telle école : éducateurs ; chefs spirituels et/ou pasteurs ; gouvernants, responsables des partis politiques, administrés, opérateurs économiques, partenaires extérieurs — chacun là où il est — ayant un comportement regardant, feront **éradiquer ''le paradoxe''** et feront **cesser de soupirer « *aa, tukaa (di) bibidile* »** (entendez : ''qu'il en soit ainsi, nous sommes habitués à cette médiocrité'' — ce qui est une résignation, un suicide !)...

Non... Puissent les animateurs que voici : Hommes de Dieu qui ont la charge des âmes, membres de la Société civile, responsables des partis politiques, pédagogues, parents présents et géniteurs de demain, concourir à notre préoccupation !...

Certes, les difficultés sont là ; les forces du mal ou mains obscures que l'on traduirait par un seul vocable « *kabindi* » sont là, mais libérer nos contrées, libérer **le Grand Kasayi** du joug du mal est un combat et non pas une utopie ! Et nous y arriverons par Celui qui fait de nous « plus que vainqueurs » — Rm 8, 37. C'est là notre espoir ! Clémént Mutombo n'a-t-il pas dit à sa page 33 nous citons : « **C'est en donnant un avenir à notre passé que nous ferons mieux face aux défis qui nous attendent demain** » ?...

Nous devons faire de nos faiblesses présentes des atouts de demain ! Nous avons de sérieuses raisons d'envisager l'avenir avec sérénité et confiance. Et nous ne cesserons de le dire, de le clamer avec détermination : commençons nous-mêmes et avec l'apport d'une bonne volonté, par traduire nos espaces et nos potentialités en richesses réelles.

Comme mot d'ordre : Battons-nous ! Et l'idée force qui est dans ce dicton ('' Battons-nous'') est exprimée ainsi en langue Londengese (en Territoire de Dekese) :

« Nsombo bonene, ndeko noome onoyatshikaka » ; elle se retrouve également dans ce dicton Tshiluba :

« Nyunga diakuile nee kudiakuilee utaakabomba » !...

Les peuples formant l'espace Kasayi qui est en quête de son identité et son développement durable et par conséquent de son bien-être ont vraiment besoin de se plonger dans leur histoire pour se ressourcer.

Nous irons achever en ces termes — paraphrasant Esaie (Es 62, 1) :

« A cause de mon je ne me tairai pas ; à cause de ma ville, je n'aurai de cesse que sa justice paraisse comme l'aurore, et son salut comme un flambeau qui s'allume ! ».

« *Inyo tvo lampe* ! » = (là où tu es né !)
« *Lakale !* » = (chez toi !)
« *Lakiso !* » (= chez nous !) — en langue Londengese
« *Kuenu kukulela !* »
« *Kuetu neebe !* »
« *Kuetu neenu !* » — en Tshiluba.

Et comme vous êtes bel et bien à la fin de notre Ouvrage, nous vous prions de prendre connaissance de cette « Bibliographie », de ce « travail » oh combien louable de nos chers aînés, constituant justement leurs pensées, réflexions et analyses dont nous nous sommes servi comme cheval de bataille, qui nous ont servi de support, pour cette première mouture de notre publication.

Bibliographie de travail

I. Archives/ouvrages officiels

1. Atelier sur les Conditions de Développement Economique de la Province du Kasaï-Occidental, sur base de l'Entreprenariat, du 21 au 23 mai 2003, Edité par COPEMCO (Petites et Moyennes Entreprises).
2. Bulletin Officiel du Congo – belge 1910 : Décret du 10 mai sur les Indigènes et les Chefferies
3. La Constitution de Luluabourg, 1964
4. La Constitution de la République Démocratique du Congo, du 18 février 2006
5. Discours du Président Mobutu à la 28ème Session de l'ONU en octobre 1973 à New – York.
6. Document de Stratégique de Croissance et de Réduction de la Pauvreté (DSCRP) en juillet 2006
7. Loi Electorale N° 06/006 du 09 mars 2006
8. Moniteur Congolais n° 27, 4 – 12 – 1962, cité par Mukenge Shabantu
9. Monographie du Kasaï-Occidental (Mini –Agri, Kinshasa, 1998)
10. Perspective d'un nouvel élan culturel pour actualiser l'espoir du peuple/Synergie Congo, culture et développement.

II. Entretiens et/ou témoignages

NOM	SEXE	AGE	ORIGINE	PROFESSION
Bakadipanda Léonard	M	80	Dibaya	Notable
Bakajika Pierre	M	80	Kananga	Notable
Bakole Martin	M	80	Kananga	Archevêque
Basa Amandus	M	60	Dekese	Agent O.C.C
Bulamba Gauthier	M	62	Ilebo	Agent Protocole Etat
Bushabu Hubert	M	65	Mweka	C.T/ ISP
Kabamba Kanyuka	M	68	Kananga	Chef Coutumier
Kabasele Mariam	M	70	Kananga	Notable
Kabasele Mutshima wa biuma	M	65	Dibaya	Commerçant
Katima wa Kadima	M	64	Katanda	Militaire

Kadibidia Fernand	M	87	Demba	Notable
Kasonga Kadiobo	M	71	Dibaya	Biblio/ISP
Kasuku Justin	M	75	Dibaya	Inspecteur ISP
Kamongo Shambu Timothée	M	53	Luiza	Assistant ISTM
Katompua Jean	M	80	Kananga	Notable
Lukuna Tharcisse	M	74	Dimbelenge	Notable
Makidi Mushosho Gaston	M	73	Ilebo	Insp Territorial
Mbuyangandu Fernand	M	74	Luandanda	Notable
Mukanda Martin	M	80	Demba	Chef Div Méteo
Mukenge Shabantu	M	90	Dibaya	Gouv. Hon.
Mulanga Thèrese	F	61	Kabeya Kamuanga	Mère
Mulumba Diulu Emile	M	69	Luandanda	Notable
Mukulu Kande Pius	M	81	Luandanda	Commerçant
Ntumba Tshididi	M	77	Luandanda	Notable
Pamuena Ngudie	M	73	Dimbelenge	Agent Méteo
Shindanyi Pierre	M	63	Dimbelenge	SEP/CENI
Tshinuishi Céba	M	64	Luputa	Agent SNCC
Tshisungu Crispin	M	70	Kazumba	Notable
Tshishimbi Pierre	M	63	Kazumba	Agent CAZOP
Tshiya Verdonck	M	47	Dibaya	Agent CENI

III. Travaux scientifiques

A. Ouvrages generaux

A.1. BAKANDEJA wa Mpungu, G.

Les Finances Publiques, Ed. Larcier/Afrique Editions, Belgique, 2006, 359 p.

Droit Minier et des Hydrocarbures en Afrique Centrale. Pour une gestion rationnelle et transparente des ressources naturelles, Bruxelles, Larcier, 2009.

BAKOLE wa Ilunga : Chemins de Libération, Archidiocèse de Kananga, Kananga, 1991, 350 p.

BAUMANN, H, & Westermann, D, Volkerkund von Africa, Berlin, 1948 (les peuples et les civilisations de l'Afrique, Payot, Paris, 1970) cité par Tshimbombo Mudiba, Payot, Paris, 1970

BLANCHART, G & Cie, Le Rail au Congo Belge, T.I. (1890 – 1920), Bruxelles- Brussel – Brussels, D 1993/0121/1, 399 p. et Le Rail au Congo-Belge, T.II (1920-1945), Bruxelles, D/1999/0121/1, 431 p.

CARREL, Alexis, L'homme cet inconnu, Brodard et Taupin, Montrouge (Usine de la Flèche), 1982, 401 p.

CEULEMANS, P., La Question Arabe et le Congo, (1883 – 1892), ARSC, Bruxelles, 1959, 396 p.

CHENU, Bruno, Dieu est noir (histoire, religion et théologie des noirs américains), Ed. Le Centurion, Floch – Mayenne, 1977, 320 p.
CORNEVIN, Robert, cité par Tshimbombo Mudiba, Histoire de l'Afrique, Payot, Paris, 1964
DENOLF, Prosper (R.P.), cité par Van Keerberghen Joseph, Aan de rand van de Dibese, I.R.C.B., Bruxelles, 1954, 846 pages (traduction de Van Bulck, G.)
DESCAMP, H, cité par Tshimbombo, Histoire générale de l'Afrique noire, T.1., P.U.F., Paris, 1970,
DOMINIQUE de la Maisonnière, le Judaïsme, Ed. du Livre Ouvert, Mesnil St-Loup, 1999, 61 p.
DUPONT, R, L'Afrique noire est mal partie, Ed. du Seuil, Paris, 252 p.
GLASS Justine, cité par Hebga, m.p. La sorcellerie, Payot, Paris, 1972
GRAF, J., Problèmes de la Jeunesse/Mariage/Famille, Bibles et Publications Chrétiennes, Valence, France, 2014, 128p.
HEBGA, m. p., Sorcellerie chimère dangereuse ?, Ed. Inades, Abidjan, 1980, 301 p
HERSKOVITS, J., L'Afrique et les Africains, Payot, Paris, 1965, 314 p.
KERKEN (Van der) F.G., « Les populations Africaines » in Encyclopédie du Congo – Belge, T.1., Ed. Bieleved, 1954, 722 p.
LANARES, Pierre, Mystère d'Israël, Ed. Sdt, Damarie Les – Lys, Paris, 1978, 409 p
LEBRET, L. T., cité par Bibombe Muamba, Développement, révolution solidaire, Ed. Ouvrière, Paris, 1964, et Tshimbombo, Dynamique concrète du développement, Ed. Ouvrière, Paris, 1961
LUNTUMBUE wa Mafuala, Histoire de Luluwa — de la résistance (1881) aux années soixante en Afrique centrale, Ed. Jeune Afrique/Ed conseil, Paris, 1982, 111 p.
MABIKA Kalanda, Auguste, « La Remise en question (comme base de la colonisation mentale) », Kinshasa, avril 1968, texte de la Conférence (Salle du Zoo) suivi des Notes et des Questions - Réponses, 58 p.
MOELLER, A., cité par Van der Kerken, Les grandes lignes de migrations des Bantous, s. éd, Bruxelles, 1935.
MULUMBATI Ngasha, Introduction à la Science Politique, Ed Afrique, collection/savoir et connaître, L'shi, 1977, 134 p.
MUSEKA, Lambert, La nomination africaine de Jésus-Christ, (Quelle christologie ?) Louvain - La Neuve, 1988, 497 p.
PAUL VI, cité par P. Tshimbombo : - « Populorum progressio » (Encyclique) A.A.S. 59/1967
PERROUX, François, cité par B. Bibombe, Economie du XX ème siècle, P.U.F., Paris, 1964.
PRITCHARD, E., cité par Hebga .m p., Witchcraft oracles and magic, Oxford, 1965.

REISDORF, Frank – Reece, Encyclopédie biblique, Ed La croisade du livre chrétien, 1974, 550 p
SECOND, Louis, La Sainte Bible, Alliance biblique universelle, Paris, 2004, 346 p.
TIBERGHIEN, P. (Mgr), Rerum novarum (Encyclique du pape Léon XIII sur la condition des travailleurs, Ed ; Spes, Paris, 1932, 75 p
WEBSTER, H, cité par Hebga, m. p., La magie, Payot, Paris, 1952.
WORD BOOK Encyclopedia 2001/T. 16. Q – R., Ed. Word Book Inc. (a Scott Fetzer company, Chicago)

B. Ouvrages spécialisés

B.1. HISTOIRE DU CONGO

BEQUAERT, Maurice, « La préhistoire du Congo – Belge » in Encyclopédie du Congo – Belge, T.1., Ed Bieleveld, Bruxelles, 1954, 722 p.
CORNEVIN, Robert, Histoire du Congo-Belge (des origines préhistoriques à la République Démocratique du Congo), Ed. Berger - Levrault, Paris, 1970, 391 p.
GILLON, Luc (Mgr), Servir en actes et en vérité, Ed. Centre de Recherches Pédagogiques, Kinshasa, 1995, 311 p.
GOFFIN, Léon, « Histoire du Congo-Belge » in Encyclopédie du Congo-Belge, T.1., Ed. Berger- Levrault, Bruxelles, 1954, pp. 5 – 44
HAREL, Xavier, Pillage à huis clos, Fayard, Paris, 2006, 288 p.
KABATU - SUILA, Bernard E., Patrice Emery Lumumba béatifié/qui a chassé les Belges du Congo, Ed. KA – IMM, Kinshasa, 2004, 206 p.
KABUYA LUMUNA, cité par Kabatu – Suila, Histoire du Congo, Idem
MUTAMBA MAKOMBO, L'histoire du Zaïre par les textes, tome II : 1885-1955, EDIDEPS, Kinshasa 1987, 314 p.
MUTOMBO, Clément, Histoire germano-congolaise, Pistes Afric., 2013, Chastre, 191 p.
TSHIMANGA wa TSHIBANGU, Histoire du Zaïre, Ed, CERUKI, Bukavu, 1976, 196 p.
TSHOMBE, Moïse, cité par Kabatu – Suila, Quinze mois de gouvernement au Congo, 1966
KERKEN, G. (Van der), cité par Cornevin : - La politique coloniale belge, s. éd., Anvers, 1943, et Les sociétés bantoues du Congo-belge et les problèmes de la population indigène », Bruxelles, 1920, in Encyclopédie du Congo-belge, T.1., 722 p.
VAN REYBROUCK, David, Congo Une Histoire, Actes Sud, 2012, 859 p. (pour la traduction française par Isabelle Rosselin – Titre original : Congo, Een geschiedenis, De Bezige, Amsterdam, 2010).

VELDE, Emile (Van der), cité par Cornevin, La Belgique et le Congo : le passé, le présent et l'avenir, s. éd, Paris, 1911
VERAEGHEN, Benoît, « Présentation morphologique des nouvelles provinces », in Etudes Congolaises, IV, avril 1963.
YABILI Marcel /LAMY Emile+, Les Juridictions judiciaires (organisation, fonctionnement et compétence) en RDC en 2013, Auteur- Editeur, Kinshasa, juillet 2013, 200 p.

B.2. Histoire du Kasayi

BAKAJIKA Ntumba Wishiya, les Dirigeants de la Ville de Kananga (de Eddy Merckx à Ndumbi Tshingombe), Ed. la vie, Improka Kananga, 1999, 151 p.
CAENEGHEN, R (Van), cité par Tshimbombo Mudiba, La notion de Dieu chez les Baluba du Kasaï, A.R.S.C., t. IX, 2 (1956)5 – 204
COLLE, P., Cité par Tshimbombo Mudiba, Les Baluba, Ed. A. Dervit, Bruxelles, 1931
DENOLF, Prosper, cité par Van Kerberghen, Aan de rand van de Dibese, I.R.C.B., Bruxelles, Tome XXXIV, 1954, 846 p.
KEERBERGHEN, J.(Van) : - Histoire de l'enseignement catholique au Kasayi (1891-1947), Katoka/Kananga, 275 p.
- Les Origines des populations du Kasayi, Coll. Ponts, n° 15, 48 p.
LUTUMBUE wa Mafuala, Histoire de la Luluwa, Jeune Afrique, Paris, 1967, 112 p.
MABIKA Kalanda, Auguste, Baluba et Lulua, une ethnie à la recherche d'un nouvel équilibre, Ed. Remarques Congolaises, Bruxelles, 1959, 108 p.
Monographie de La Province Du Kasaï-Occidental, PNUD/MINI-AGRI/1998, 314 p.
MUENA Kapangi, Remy, Bajila Kasanga et autres enfants de Kole, Ed, Katoka, Kga, 1985, 278 p.
MUKENGE, B., De la lutte de libération du peuple Lulua, Inst. Don Bosco, Tournai, 2006, 190 p.
MULUMBA Diulu, Emile, Malu a mu Kasayi (…), Katoka, Kananga, 1983, 209 p.
NYEMBWE, Albert, N'embrassez pas la haine, Ed. Panu Bula, Louvain-La- Neuve, 1999, 140 p.
PHIIPPS, E. William, Shapeta, Tshilobo tshia mu Kasayi, Improka, Kananga, s.d., 81 p.
SCHEITLER, M., Histoire de l'Eglise cath. au Kasayi, Ed. Katoka, Kananga, 150 p.
TIMMERMANS, Paul, cité par Tshimbombo M., « Essai de typologie de la sculpture des Bena Luluwa du Kasayi », in Africa Tervuren, s. d., vol. XII, 1 (1966) 17 – 27

TSHIADUA Thérèse (Sœur), Bumfumu bua kaabukulu, CEDI, Kinshasa, 2004, 54 p.
TSHIMBOMBO, P., La famille bantu luluwa et le développement, Ed. Archidiocèse de Kananga, 1975, 294 p.
VERHULPEN, E., cité par Tshimbombo, Baluba et balubaïsés du Katanga, Anvers, 1936, 534 p.
VERVAECKE, cité par Tshimbombo, « Les Bena Luluwa », in Revue Congolaise 6 (1910) 69 – 86
WAFUANA Kapanda-Mbwebwe, Emery :
-La dynastie des Kalamba, Impr. BEAG, Kinshasa, 2003, 246 p.
-L'épopée de Kalamba, Institut Don Bosco, Tournai, 2002, 240 p.
ZANDIJCKE, Van, Pages d'histoire du Kasayi, Grands Lacs, Namur, 1953, 239 p.

IV. Périodiques/revues/magazines/journaux/articles/autres sourcesinedites

''Afrique Liberté'' n° 17 du lundi 12 février 2007
''Alerte Plus'' n° 750 du … .2005
''Cœur d'Afrique'' n° double 14 – 15/sept-oct/2004
''Cœur d'Afrique'' n° double 18 – 19/ mai-juin/2005
''Congo – Afrique'' n° 340 de décembre 1999
Discours d'investiture du Président Barack OBAMA (inhttp://fr.news yahoo.com/3/200090120 twl usa obama-invest/texte 224 d 7 fts html du 21/01/2009
Discours du Président Sarkozy, devant le Parlement réuni en Congrès, à Kinshasa, le 27 mars 2009.
''Espace Européen…''
''ETUDES CONGOLAISES'' n° 8, octobre 1964
''EVEIL'' (''l') n° 432 du 13 au 20 février 2007
''EVEIL'' (''l') n° 489 du 24 Février au 2 mars 2011
'' 'Géopolitique Africaine n° 6 Printemps – Mai 2002
« Impact du pluralisme ethnique dans le développement de la future province du Kasaï-Central »/conférence/intervention de Mattieu Ntolo au Centre Protestant à Kananga en 2007, le 6 septembre.
''JEUNE AFRIQUE'' n° 914 du 12 juillet 1978
''JEUNE AFRIQUE ECONOMIQUE'' n° 126 de décembre 1989
''JEUNE AFRIQUE'' n° 1903 du 25 juin au 1er juillet 1997
''JEUNE AFRIQUE'' n° 2612 du 30 janvier au 5 février 2011
La Belgique en 1965/Institut belge d'information – O. de Rycker

LA REMISE EN QUESTION (texte de la conférence – inédite – suivi de notes et des questions – réponses), Mabika Kalanda, 1968 au Zoo de Kinshasa
Le Nouvel Observateur, n° 2325 du 28 mai au 3 juin 2009
LETTRE (une) d'ISRAËL/Imprimerie TZATZ, 1985, B.P. 13010, Tél-Aviv
''MIROIR DU KASAYI'' n° 00 du 15 juillet 2007
'' NOTES DES COURS (inédites) « Démocratie et Développement » (Bibombe Muamba)
''LE PHARE'' du mardi 6 février 2007
LOUVAIN, bimensuel UCL de février – mars 2008 n° 172
''RENAITRE'' n° 15 – 15/août – septembre 2009
''REVEILLEZ-vous !''du 8 mars 2001
''REVEILLEZ-vous ! '' du 22 août 2005
''Revue de l'U.KA, volume 1, n. 1 (février 2013)
''Revue de l'U.KA, volume 2, n. 3 (mai 2014).

Table des matières

Troisième partie
La colonie ou le Congo belge

Quatrième partie
Les débuts difficiles de l'indépendance octroyée le 30 juin 1960

Sixième partie
De la viabilité de la province
Région du Kasai-Occidental

RÉPUBLIQUE DÉMOCRATIQUE DU CONGO
AUX ÉDITIONS L'HARMATTAN

Dernières parutions

CONGO COMMENT LE RECONSTRUIRE, Y RAMENER LA PAIX ET LE DÉVELOPPER ?
Vade-mecum pour les dirigeants
Jean-Pierre Nzeza Kabu Zex-Kongo
Préface du Pr Vitinimi Ne Mpangu Zi Kongo
D'une part, l'auteur identifie les grands enjeux actuels du Congo avecles huit défis que le pays doit relever : le défi de l'État, le défi de la sécurité, le défi de la démocratie, le défi du tribalisme, le défi de l'éducation, le défi de l'industrialisation, le défi de la maintenance et le défi de la maîtrise territoriale. D'autre part, il expose les projets mobilisateurs qui permettent d'y répondre : des mesures indispensables en ce sens que si elles sont omises, il y a peu de chance d'engager le Congo dans un vrai processus de développement économique et social.
(Coll. Études africaines, 250 p., 26 euros)
ISBN : 978-2-343-16183-9, EAN EBOOK : 9782140105418

DÉCENTRALISATION CHAOTIQUE EN RÉPUBLIQUE DÉMOCRATIQUE DU CONGO
Jean-Pierre Lotoy Ilango-Banga
Préface de Mwayila Tshiyembe
Epine dorsale du développement local, la territoriale en demeure un élément catalyseur, compte tenu de la centralité et de la transversalité qui la caractérisent. La décentralisation est le système administratif ou le mode de gestion qui permet son opérationnalité et en demeure l'expression de son efficacité. La gestion actuelle du processus de décentralisation en RD Congo souffre d'excroissance et reflète l'image du "renard affamé" devant des raisins mûrs qu'il convoite, mais incapable de les cueillir, à cause d'une difficile inculturation de ce système administratif. Doit-on abandonner la décentralisation des entités locales ?
(Coll. Géopolitique mondiale, 112 p., 13 euros)
ISBN : 978-2-343-15412-1, EAN EBOOK : 9782140105111

LÉOPOLD II LE PLUS GRAND CHEF D'ETAT DE L'HISTOIRE DU CONGO
Jean-Pierre Nzeza Kabu Zex-Kongo
Préface de Kiowa Ki Vita
Ce livre porte un autre regard sur Léopold II (1835-1909), deuxième roi des Belges, premier Congolais de l'histoire, créateur de l'État indépendant du Congo (1885) et son souverain durant un quart de siècle (1885-1908). L'auteur, congolais, met en évidence ce que le roi souverain Léopold II a laissé en héritage au pays. Il est indispensable de se souvenir que des crimes ont été commis sous son règne, mais ils ne doivent pas empêcher de mettre en valeur ses qualités et les réalisations qu'il a menées à bien lesquelles plaident en faveur d'une réhabilitation de son image et de son action.
(Coll. Études africaines, 204 p., 21,5 euros)
ISBN : 978-2-343-14991-2, EAN EBOOK : 9782140104374

CONTRIBUTION DE LA MUSIQUE CONGOLAISE À L'ÉDUCATION À LA CITOYENNETÉ
Pour une éthique du musicien
Martin Fortuné Mukendji Mbandakulu
Partant d'un constat sur le comportement des musiciens congolais depuis quelques années, l'auteur se demande si la musique congolaise peut contribuer à l'éducation, mieux à l'éducation à la citoyenneté.

C'est ainsi qu'il fait l'historique de la musique congolaise, de la traditionnelle à la moderne, tout en établissant des convergences et divergences entre la musique chrétienne et la musique profane. Il trouve que la musique a une noble mission bafouée ou banalisée par les musiciens congolais. Ainsi a-t-il initié une éthique du musicien.

(146 p., 16 euros)

ISBN : 978-2-343-15775-7, EAN EBOOK : 9782140103704

ETIENNE TSHISEKEDI WA MULUMBA

Biographie socio-politique à travers médias et témoignages

Collectif universitaire

Cet ouvrage retrace le parcours et les actions socio-politiques d'Étienne Tshisekedi, homme d'État charismatique de la République démocratique du Congo, né en 1932, décédé le 1er février 2017. Et il le fait, exclusivement, à travers textes et documents, photos, médias et témoignages. Résultat d'une recherche longue et rigoureuse dans les réseaux sociaux, médiatiques et institutionnels, ce travail consiste en un recueil de textes et documents disponibles, dûment référenciés, sans prétention aucune d'exhaustivité.

(Coll. Économies Plurielles, 236 p., 24 euros)

ISBN : 978-2-343-15445-9, EAN EBOOK : 9782140103971

LES INSTITUTIONS PROVINCIALES FACE AU DÉFI DU DÉVELOPPEMENT DE LA RDC

Emmanuel Ramazani Shadary Mu Landa

Préface de Faustin Mulamba Mvuluya - postface de Jean Kambayi Bwatshia

Ce livre rend compte de l'effectivité du fonctionnement des institutions provinciales issues de la Constitution du 16 février 2006 en République démocratique du Congo et des résultats engrangés par leur mise en oeuvre. L'auteur part de l'histoire des institutions provinciales depuis l'indépendance, à travers les diverses constitutions du Congo-Kinshasa. Il explique les conditions sociohistoriques qui ont influencé la production de ses constitutions et leurs répercussions sur la marche des entités provinciales.Il propose des mesures correctionnelles portant sur les textes, l'organisation et les hommes.

(Coll. Harmattan RDC, 330 p., 34 euros)

ISBN : 978-2-343-15807-5, EAN EBOOK : 9782140103650

LA CULTURE DU MAÏS DANS LE HAUT-KATANGA

Evolution, contraintes et solutions agronomiques

Luciens Nyembo Kimuni, Hugues Ilunga Tabu, Deogratias Mwamba Muloy Ilunga, Antoine Kanyenga Lubobo, Louis Baboy Longanza, Adrien Kalonji Mbuyi

Ce livre se penche spécifiquement sur des situations concrètes, l'analyse des dynamiques des problèmes que posent la culture et la production de maïs dans la province du Haut-Katanga en République Démocratique du Congo. Il propose des solutions pour aider les agriculteurs à surmonter les obstacles et acquérir les compétences et technologies innovantes qui leur permettront de cultiver les produits de meilleure qualité.

(Coll. Études africaines, 292 p., 30 euros)

ISBN : 978-2-343-14635-5, EAN EBOOK : 9782140103353

ETAT DES LIEUX DE LA PRESSE AUX CONGOS

Joseph Okania

Joseph Okania fait ici l'autopsie de ce mal récurrent qu'est l'amateurisme des journalistes congolais, lequel, bien que décrié par tous, gangrène le corps de la presse congolaise, rives droite et gauche confondues. Une immersion complète et une investigation de l'intérieur des médias l'ont conduit à cerner les inepties qui essaiment l'espace médiatique des deux Congos. Il appelle les journalistes au ressaisissement, en vue de redorer le blason terni de cette corporation et ainsi de redonner à la presse congolaise ses lettres de noblesse.

(Coll. Harmattan Congo-Brazzaville, 160 p., 17,5 euros)

ISBN : 978-2-343-15977-5, EAN EBOOK : 9782140103223

QUE RESTE-T-IL DE L'ÉCOLE CATHOLIQUE EN RD CONGO ?

Victor Biduaya Badiunde M.
Préface de Dries Vanysacker

"Victor Biduaya Badiunde analyse l'état et le développement de l'école catholique depuis l'évangélisation du Congo par les Portugais au XVe siècle jusqu'à ce jour. Il lance, comme prêtre catholique, un appel à tous les chrétiens vivant en R.D. Congo pour qu'ils voient dans cette institution scolaire gérée par l'Église « un cadre providentiel pour préparer l'élite laïque et pour approfondir et communiquer la foi à la jeunesse en lui proposant des valeurs fondées sur l'Évangile et une vision chrétienne du monde". Dries Vanysacker

(Coll. Églises d'Afrique, 212 p., 21,5 euros)

ISBN : 978-2-343-15231-8, EAN EBOOK : 9782140101823

MÉDIAS PIONNIERS AU CONGO

Se kukianga (1891) et Minsamu Miayenge (1892)

Jean-Chrétien D. Ekambo
Préface de Bertrand Cabedoche

"La méticulosité et la pugnacité de l'auteur l'ont poussé à croiser les références documentaires. Mais ce n'est pas seulement un récit de l'aventure médiatique de deux magazines et de deux missions protestantes européennes dans le Congo de la fi n du XIXe siècle. On ne peut qu'admirer la puissance de distanciation du chercheur : Jean-Chrétien Ekambo ne relativise rien, ni l'exploitation éhontée et brutale ; il ne légitime rien, ni la violence symbolique et physique ; il n'atténue rien, ni les responsabilités directes des acteurs ; il n'élude rien, ni la dimension marchande des expéditions coloniales. L'auteur travaille à l'écart du romantisme et de l'antiracisme". Bertrand Cabedoche

(Coll. Medias d'hier, 206 p., 22 euros)

ISBN : 978-2-343-14775-8, EAN EBOOK : 9782140101816

LA LUTTE CONTRE LA NÉOCRIMINALITÉ PROCRÉATIQUE EN RÉPUBLIQUE DÉMOCRATIQUE DU CONGO

Esquisse de politique criminelle en bioéthique

Irénée Mvaka Ngumbu
Préface d'Evariste Likinda

La néocriminalité procréatique se situe dans un ensemble des nouvelles formes de criminalités qui accompagnent ou que génèrent les technosciences. La procréatique permet à l'homme de réaliser son rêve d'être maître de l'homme en intervenant dans les secrets de la genèse de la vie en vue de l'orienter comme il veut. Mais cet homme technoscientifique aura-t-il toujours la maîtrise de sa maîtrise ?

(Coll. Harmattan RDC, 466 p., 45 euros)

ISBN : 978-2-343-15354-4, EAN EBOOK : 9782140099359

LA DÉPRÉCIATION DU FRANC CONGOLAIS (2001-2018)

Effet d'hystérèse

Blaise Sary Ngoy

Ce livre aborde la dépréciation à répétition du franc congolais, caractérisée par l'effet d'hystérèse. Il affirme qu'aucune politique monétaire ou budgétaire ne peut porter des fruits dans le contexte actuel, car la monnaie représente la santé de l'économie. Elle est malade. Tant que celle-ci souffre, la valeur de la monnaie reflète ces maux. L'auteur suggère de soigner le virus qui ronge cette économie. La stabilité de la monnaie ira de soi, dès lors que les réformes structurelles permettent l'équilibre de ses fondamentaux.

(Coll. Études africaines, 240 p., 24,5 euros)

ISBN : 978-2-343-14982-0, EAN EBOOK : 9782140098482

AGONIE ET FIN DE LA PREMIÈRE RÉPUBLIQUE DU CONGO-KINSHASA

Kayamba Tshitshi Ndouba

Préface d'Alain Lubamba wa Lubamba

De la proclamation de l'Indépendance au coup d'Etat militaire de 1965, une crise de régime politique a secoué profondément le Congo-Kinshasa. Cet ouvrage entend en expliciter les soubassements à travers deux anagrammes : l'évolution institutionnelle de séparation des pouvoirs et les dynamiques de relation des différents acteurs de la crise politique congolaise.

(Coll. Études africaines, 292 p., 30 euros)

ISBN : 978-2-343-14052-0, EAN EBOOK : 9782140097676

BOMBE "N" : RICHESSES, MYSTÈRES ET OPPORTUNITÉS DU BASSIN DU CONGO

Plaidoyer de Denis Sassou N'Guesso pour la protection de la planète

La vision verte revue et approfondie

Michel Innocent Peya

Cet ouvrage se consacre au bassin du Congo : ses richesses naturelles, ses mystères, les cadres juridiques et institutionnels nationaux, sous-régionaux et internationaux qui le protègent. Sa préservation et sa protection sur la durée sont une action de conscience, de volonté, d'engagement, de détermination, et des sacrifices pour l'intérêt de l'humanité. La nature ne peut se défendre seule, le bassin du Congo trouve parmi ses fils amoureux de la nature un porte-parole dans la personne du président de la République du Congo, Denis Sassou N'Guesso.

(280 p., 28 euros)

ISBN : 978-2-343-15369-8, EAN EBOOK : 9782140095634

LES ANNÉES UNAZA (UNIVERSITÉ NATIONALE DU ZAÏRE) (TOME 2)

Contribution à l'histoire de l'Université Africaine

Isidore Ndaywel E Nziem

Sous la direction de - Préface de Bogumil Jewsiewicki

De 1971 à 1981, l'Université congolaise a connu, sous le signe de l'Université nationale du Zaïre, une expérience originale de regroupement en un seul ensemble des trois universités existantes. L'objectif de cette réforme a été le contrôle de ces établissements par un pouvoir qui faisait ses premières armes dans la dictature. Mais elle a aussi hâté l'africanisation du Corps enseignant. Cet ouvrage en deux volumes est un recueil de témoignages de ceux-là mêmes qui ont vécu ce processus, comme étudiants ou professeurs. Complétés par des documents originaux, ces récits restituent l'ensemble de l'histoire de l'Université au Congo.

(Coll. La Région des Grands Lacs Africains, 222 p., 23,5 euros)

ISBN : 978-2-343-13478-9, EAN EBOOK : 9782140097133

LES ANNÉES UNAZA (UNIVERSITÉ NATIONALE DU ZAÏRE) (TOME 1)

Contribution à l'histoire de l'Université Africaine

Isidore Ndaywel E Nziem

Sous la direction de - Préface de Bogumil Jewsiewicki

De 1971 à 1981, l'Université congolaise a connu, sous le signe de l'Université nationale du Zaïre, une expérience originale de regroupement en un seul ensemble des trois universités existantes. L'objectif de cette réforme a été le contrôle de ces établissements par un pouvoir qui faisait ses premières armes dans la dictature. Mais elle a aussi hâté l'africanisation du Corps enseignant. Cet ouvrage en deux volumes est un recueil de témoignages de ceux-là mêmes qui ont vécu ce processus, comme étudiants ou professeurs. Complétés par des documents originaux, ces récits restituent l'ensemble de l'histoire de l'Université au Congo.

(Coll. La Région des Grands Lacs Africains, 272 p., 28 euros)

ISBN : 978-2-343-12831-3, EAN EBOOK : 9782140097126

Structures éditoriales du groupe L'Harmattan

L'Harmattan Italie
Via degli Artisti, 15
10124 Torino
harmattan.italia@gmail.com

L'Harmattan Hongrie
Kossuth l. u. 14-16.
1053 Budapest
harmattan@harmattan.hu

L'Harmattan Sénégal
10 VDN en face Mermoz
BP 45034 Dakar-Fann
senharmattan@gmail.com

L'Harmattan Cameroun
TSINGA/FECAFOOT
BP 11486 Yaoundé
inkoukam@gmail.com

L'Harmattan Burkina Faso
Achille Somé – tengnule@hotmail.fr

L'Harmattan Guinée
Almamya, rue KA 028 OKB Agency
BP 3470 Conakry
harmattanguinee@yahoo.fr

L'Harmattan RDC
185, avenue Nyangwe
Commune de Lingwala – Kinshasa
matangilamusadila@yahoo.fr

L'Harmattan Congo
67, boulevard Denis-Sassou-N'Guesso
BP 2874 Brazzaville
harmattan.congo@yahoo.fr

L'Harmattan Mali
Sirakoro-Meguetana V31
Bamako
syllaka@yahoo.fr

L'Harmattan Togo
Djidjole – Lomé
Maison Amela
face EPP BATOME
ddamela@aol.com

L'Harmattan Côte d'Ivoire
Résidence Karl – Cité des Arts
Abidjan-Cocody
03 BP 1588 Abidjan
espace_harmattan.ci@hotmail.fr

L'Harmattan Algérie
22, rue Moulay-Mohamed
31000 Oran
info2@harmattan-algerie.com

L'Harmattan Maroc
5, rue Ferrane-Kouicha, Talaâ-Elkbira
Chrableyine, Fès-Médine
30000 Fès
harmattan.maroc@gmail.com

Nos librairies en France

Librairie internationale
16, rue des Écoles – 75005 Paris
librairie.internationale@harmattan.fr
01 40 46 79 11
www.librairieharmattan.com

Librairie l'Espace Harmattan
21 bis, rue des Écoles – 75005 Paris
librairie.espace@harmattan.fr
01 43 29 49 42

Lib. sciences humaines & histoire
21, rue des Écoles – 75005 Paris
librairie.sh@harmattan.fr
01 46 34 13 71
www.librairieharmattansh.com

Lib. Méditerranée & Moyen-Orient
7, rue des Carmes – 75005 Paris
librairie.mediterranee@harmattan.fr
01 43 29 71 15

Librairie Le Lucernaire
53, rue Notre-Dame-des-Champs – 75006 Paris
librairie@lucernaire.fr
01 42 22 67 13

www.ingramcontent.com/pod-product-compliance
Lightning Source LLC
LaVergne TN
LVHW011216061026
849535LV00001BA/57
* 9 7 8 2 3 4 3 1 5 4 1 3 8 *